KB263469

영지(榮至) 김중은 구약학 공부문집 제3권

구약학 공부와 함께

영지(榮至) 김중은 구약학 공부문집 제3권

구약학 공부와 함께

초판 1쇄 인쇄 | 2025년 8월 6일
초판 1쇄 발행 | 2025년 8월 20일

지은이   김중은
펴낸이   김운용
펴낸곳   장로회신학대학교 출판부

등록   제1979-2호
주소   (우)04965 서울시 광진구 광장로5길 25-1(광장동)
전화   02-450-0795
팩스   02-450-0797
이메일   ptpress@puts.ac.kr
홈페이지   http://www.puts.ac.kr

값   30,000원
ISBN 978-89-7369-504-1   93230

구약학 공부와 함께

김중은

장로회신학대학교출판부

Together with the Old Testament Studies

Joong-Eun Kim

Presbyterian University and Theological Seminary Press

כִּי־אַתָּה תָּאִיר נֵרִי יְהוָה אֱלֹהַי יַגִּיהַּ חָשְׁכִּי:

주께서 나의 등불을 켜심이여 여호와 내 하나님이 내 어둠을
밝히시리이다(시 18:28).

Πάλιν οὖν αὐτοῖς ἐλάλησεν ὁ Ἰησοῦς λέγων·
ἐγώ εἰμι τὸ φῶς τοῦ κόσμου·
ὁ ἀκολουθῶν ἐμοὶ οὐ μὴ περιπατήσῃ ἐν τῇ σκοτίᾳ,
ἀλλ' ἕξει τὸ φῶς τῆς ζωῆς.

예수께서 또 말씀하여 이르시되, 나는 세상의 빛이니 나를 따르는
자는 결코 어둠에 다니지 아니하고 생명의 빛을 얻으리라(요 8:12).

Ἀλλὰ καθὼς δεδοκιμάσμεθα ὑπὸ τοῦ θεοῦ πιστευθῆναι τὸ εὐαγγέλιον,
οὕτως λαλοῦμεν, οὐχ ὡς ἀνθρώποις ἀρέσκοντες
ἀλλὰ θεῷ τῷ δοκιμάζοντι τὰς καρδίας ἡμῶν.

그러나 우리는 하나님으로부터 복음을 믿고 맡길만하다고
검증되었기에, 이렇게 우리가 말하는 것은, 사람들에게가 아니라
우리 마음을 검증하시는 하나님을 기쁘시게 하려는 것이라(살전 2:4).

헌사

성경을 사랑하는 과거와 현재와 미래의 모든 분들에게

머리말

세월이 정말 빠르다는 것을 새삼 느끼고 있다. 인생이 지나가는 그림자 같고 사라지는 연기 같으며, 잠깐 보이다가 없어지는 안개 같다는 성경 말씀이 생각난다. 장로회신학대학교 구약학 교수직에서 퇴직한 지 15년째 되었다. 공자는 "일흔 살이 되어서야 내 마음 속으로 하고 싶은 대로 해도 법도를 벗어나지 않았다"(孔子, 七十而從心所欲 不踰矩. 이가원 역)라고 했는데, 나는 79세가 되었는데도 내 마음에 원하는 바대로 해서는 안된다는 생각을 하고 있다. 아직도 어리석고 철이 안들었다는 생각도 한다. 90세가 되기 전에는 늙었다는 말을 하지 말라는 사람도 있다.

구약학 교수로 재직시에 처음 구약학 공부문집 제1권을 출판했다(김중은, 『구약의 말씀과 현실』, 한국성서학연구소, 1996). 이 공부문집은 구약학(舊約學, Old Testament Studies)을 전공하는 나의 글들을 모아 놓은 것이다. 이 책에 대해, 읽어보아도 무슨 말인지 모르겠다는 분도 있고, 도움이 되었다는 분도 있었다. 어쨌든, 나의 글은 나의 분신이라고 생각한다. 그동안 구약학을 공부하며 주로 청탁을 받은 제목으로 쓴 글들은 남을 위한 글이 아니고 사실은 나를 위한 글이다. 공부하는 사람은 글을 씀으로써 자신이 하는 공부의 세계를 좀 더 잘 이해하게 된다. 무엇을 공부하든지, 공부의 목적은 사람다운 사람이 되는 데 있다고 생각한다. 공부는 지식을 축적하는 것이 아니고, 지식을 먹고 소화하여 사람됨을 위한 자양분이 되게 하려는 것이다. 사람이 먼저가 아니고 사람됨이 먼저다. 후천개벽이나 정신개벽을 말하는 사람들도 있는데, 그것은 사람다운 사람이 되자는 의미이다. 특히 목사나 교수나 박사나 의사나 변호사나 유명지인은 먼저 인간(사람)이 되라고 옛 어른들은 가르쳤다. 세상이 왜 이래, 라는 말이 절로 나올 정도로 우리 시대가 혼란한 것은 우리 모두 사람되는 일에 소홀했기 때문일 것이다. 인면수심(人面獸心)이란 말도 있는데, 무엇보다 마음을 바르게 하는 것이 사람되는 길이다. '학문을 하는 것은 이로써 마음을 바르게 하는 것이다'라고 퇴계(退溪, 學文所以正心)는 제자들에게 말했고, 잠언(箴言)에서는 '모든 조심할 것 중에 네 마음을 지켜라. 마음에서 삶의 원천이 발원하기 때문이다'(잠 4:23, 개인역)라고 했다. '공부는 왜 하는가'라는 질문에 대해 다산(茶山)은 '사람답게 살기 위해서 한다'라고 했으며, '무엇이 사람다운 것인가?'라는 질문에 대해서는 '인간의 근본 도리에 충실한 것이 사람다운 것이다'라고 했다(정민, 『다산선생 지식경영법』, 306쪽).

인간의 근본도리에 충실하기 위해서는 '악한 일은 아무리 작아도 하지 말라'고 했고 (비교, 살전 5:22), "저지른 잘못을 깨닫고서 부끄러워하고 뉘우치고 고친다. 이것을 배움이라 한다"고 했다(김태희, 『정약용의 삶과 글』, 123쪽). 그래서 책 공부할 때도 '글을 읽지 말고 마음을 읽어라'고 했다(정민, 위의 책, 192쪽). 성경을 읽을 때에도 글자에만 매이지 말고, 성경의 제1저자이신 하나님 하느님의 마음을 읽고 또한 내 마음을 읽어야 하지 않을까?(비교, 롬 11:33-34; 고전 2:6-16; 고후 3:14-18).

인문학이나 자연과학이나 신학이나 모든 학문은 사람되기 위한 공부이고, 그것은 자기의 마음을 도둑맞거나 잃어버리지 않고 지키는 일이다. 맹자가 "학문의 길은 다른 것이 아니라, 그 놓친 마음을 찾는 것일 뿐이다"(孟子, 學問之道無他 求其放心 而已矣. 우현민 역)라고 한 것도 공부의 궁극적 목적이 잃어버린 양심, 상실된 인간성 (인성)을 되찾는 데 있다는 것을 말한 것이다. 영국의 시인 알렉산더 포우프(A. Pope) 가 "인류가 마땅히 해야 할 공부는 사람이다"(The proper study of mankind is man, *An Essay on Man* 중에서)라고 한 것도 같은 뜻이다. 사람들은 개나 닭이나 작은 물건을 잃어버리면 찾으려 하지만, 잃어버린 마음은 찾으려고 하지 않는다는 것이다. 우리말에, '제정신이 아니다, 정신이 나갔다'는 것은 마음을 잃어버렸다는 의미이다. 성경에는 '양심에 화인(火印)을 맞았다'는 표현도 나온다(딤전 4:2). 화인을 맞았다는 것은 마치 불에 달구어진 쇠로 살을 지지는 것과 같다는 뜻인데, 양심의 감각이 없어진 상태를 말하는 것이다. 거짓말을 예사로 하는 사람들은 자기 양심에 화인을 맞은 사람들이다. 거짓말을 하지 않기 위해 우리는 공부하며, 양심의 감각을 회복하는 것이 학문하는 도리이다(비교, 골 3:9-10). 작은 거짓말 큰 거짓말, 소극적 거짓말 적극적 거짓말이 다 거짓이다. 우리나라 국민도 거짓을 버리고 정직할 때, 우리나라의 밝은 미래가 있을 것이다. 정의구현은 따로 하는 것이 아니라 사랑구현에 내포되어 있다(요 13:35). 정의 없는 사랑은 참사랑이 아니며, 사랑 없는 정의는 자기기만이고 자기의이다(롬 10:3). 기독교가 공산주의(또는 사회민주주의, 주체사상)를 반대하는 것은 그것이 단순히 정치-경제적 이념이 아니라 유물주의이며 반신론(反神論) 사상이기 때문이다(비교, 고후 10:4-5). 고금동서를 막론하고, 세계의 모든 악마적 현상은 거짓에 뿌리박고 있으며, 성경은 사탄(마귀)의 정체를 "처음부터 살인자요 거짓말쟁이요 거짓의 아비"라고 밝혔다(요 8:44).

성경 지식이 있고, 히브리어-아람어 문법을 잘 알고, 히브리어와 헬라어 사전을 통째로 외우며, 성서학자들의 책을 읽었고, 여러 나라 말을 구사하고, 고대 언어들을 판독하는 것이 성서학(Biblical Studies, 즉 구약학과 신약학)의 공부를 잘하는 것이 아니다. 물론 출세를 위해 사법·행정·외무 고시에 합격하고 수능시험에 수석을 하고

국·영·수를 잘하는 것도 공부 잘하는 것이 아니다. 지식 자랑이 학문이 아니다(비교, 렘 9:23-24). 대중적 인기가 있고 책을 많이 쓴다고 실력 있는 학자는 아니다(비교, 전 12:12-13). 학문 세계에서는 양(量)보다 질(質)이 중요하다. 반짝인다고 다 금이나 보석은 아니다. 앞으로는 인간보다 인공지능(AI, ChatGPT)이 지식의 양과 정보를 통제할 것이다. 인간이 만든 기계가 인간의 교만을 비웃는 시대가 오고 있다. 대체로 현대 서양의 학문은 격물치지(格物致知)에 주력한 나머지 대상에 대한 지적인 파악과 소통과 통제력을 자랑하지만, 학문의 본질인 마음(양심과 인간성)의 행방이 묘연해졌다. 비단 신학이나 구약학뿐만 아니라, 무슨 학문을 하든지 공부하는 사람은 무엇보다 하나님이 주신 마음을 지키고, 하느님과 사람들 앞에서 마음이 정직한 사람이 되면 좋겠다(비교, 시 51:10=MT 51:12; 139:23-24).

퇴직 후에 나는 구약학 공부문집 제2권을 출판했다(김중은, 『옛것과 새것』, 한국성서학연구소, 2013). 과거에 썼던 글들을 모아서 수정하고 보완한 글들이다. 그 후에 다시 살펴보니, 이곳저곳에 기고했던 글들이 아직 남아 있는 것을 알게 되었다. 남아 있는 글들을 모아 보니 생각보다 분량이 많았다. 그중에 오래된 글은 지금부터 40년 전에 썼던 글도 있고, 오래전에 기고했던 글들 중에서는 기억이 잘 나지 않는 글도 있었다. 퇴직 후에도 많지는 않지만, 쓴 글들이 있었다. 이 글들을 모아서, 다시 읽어보았다. 자괴감이 들었다. 어떤 글들은 내가 쓴 글 같지 않았다. 문장이 서툴고(지금도 서툴지만), 내가 의도한 내용이 잘 정리되지 못했으며, 표현도 정확하지 않다는 생각이 들었다. 구약학을 공부하는 학도로서 나의 공부가 부족함을 절감했다. 그래서 죄송한 마음으로, 이번에도 모은 글들을 다시 고치고 지금 내가 할 수 있는 데까지 보완하였다. 그래도 여전히 만족할 수는 없지만, 이 글들이 지금까지 나의 구약학 공부의 모습을 반영하고 있다는 것은 부인할 수 없는 사실이다. 관심있는 독자와 학우 여러분의 우정있는 질정(叱正)을 바란다.

대체로 다른 학문도 그렇다고 생각하는데(동양학의 경우는 일본과 중국의 영향을 많이 받고 있다), 우리나라 기독교 신학과 구약학도 예외가 아니어서 서양 학자들의 영향을 강하게 받아 왔다. 수입신학, 수입성서학, 수입구약학이란 말을 들어도 부인할 수 없는 현실이다. 편협한 국수주의나 민족주의적 입장에서 말하려는 것이 아니다. 불필요하고 해가 되는 것도 마구잡이 수입하고 있기 때문이다. 대학교의 강단을 중심한 서양의 신학과 성서학은 지난 18세기 서구 계몽주의 철학사상의 등장 이후 성경에 대한 의심의 해석학으로 '역사—비평적 방법'에만 지나치게 의존한 나머지, 오늘에는 막다른 골목에 갇혀서 출구를 찾지 못하고 있다. 부딪힐 벽에 부딪힌 것이다. 현대 서양의 신학과 인문학과 자연과학은 소위 카르테지안(Cartesian) 인식론에 근거하여 여전히 사변적—현상적 관념론에서 벗어나지 못하고 있다. "나는 생각한다, 고로 존재한다"라는 것은 순서가 거꾸로 된 잘못된 인식논리이다. "나는 존재한다, 고로 생각한다"로 시정해야 한다. 현대 수학조차도 관념론과 순환논리에 빠져있다. 서양 학문의 전통은 두뇌를 강조하는 학문(頭學)이고 동양 학문의 전통은 마음을 강조하는 학문(心學)이다. 물론 서양에도 심리학이 있지만, 그 심리학은 인간의 의식과 무의식의 현상을 이해하고 소통하며 통제하려는 것이고, 인간의 마음공부와는 다르다. 의식과 무의식은 마음의 일부일 뿐이다. 심리학만으로는 인간의 마음을 알 수 없다. 우리말 속담에도, "열 길 물속은 알 수 있어도 한 치 사람의 마음속은 알 수 없다"고 하지 않았는가? 인간의 마음은 그 마음을 지으신 분만 알 수 있고, 알게 하실 수 있다. 예수님은 심령(영혼, 마음. state of mind, spirit)에 가난한 사람들이 행복하고 천국이 그들의 것이라고 하셨고(마 5:3. 비교, 눅 6:20), 두뇌 회전이 빠른 자들이 아니라 마음이 깨끗한 사람들이 하나님을 본다고 말씀하셨다(마 5:8. 비교, 시 15:1-5). 심령에 가난하다는 것은 인간이 하나님의 피조물로서 자신의 한계성을 인식하고, 하나님을 믿고 의지하는 겸손한 태도를 의미한다(비교, 사 57:15). 하나님은 두뇌보다는 사람의 마음을 살펴보시고, 머리가 아니라 마음으로 하나님과 이웃을 사랑하기 원하신다(신 6:4-6; 마 22:37-40). 사람의 마음은 하나님의 말씀이라는 거울에 비추어 볼 때 그 실상이 드러난다(시 33:15; 119:113; 139:13-14. 비교, 욥 27:6; 시 51:10; 잠 16:1-2; 렘 17:9-10; 마 15:19; 히 4:13; 약 1:23-25). 무엇보다 하나님은 사람들에게 영원을 사모하는 마음을 주셨다(전 3:11. 비교, 요 3:15-16; 5:24; 롬 6:22-23). 마음과 두뇌는 연결되어 있지만, 두뇌는 마음을 돕는 기관이다. 마음은 지정의(知情意)를 통괄하여 관장한다. 마음은 영혼이 깃든 곳이다. 마음의 위치는 뇌의 전두엽이나 송과체에 있지 않고, 심장과 연관된 가슴에 있는 것으로 생각된다. 인간의 마음은 영혼과 육신(두뇌)의 접점이며, 그 실체는 입자 운동과 파동성을 동시에 가진 에너지 형태(일종의 빛의 형태)로 존재하는 것으로 생각할 수 있고, 그 정확한 위치는 양자역학에서 불확정성의 원리와 같이 확정할 수 없다. 성경은 인간의 마음이 죄로 인해 하나님과 소외되고 부패했으며(창 6:5; 8:21; 마 15:19. 비교, 롬 1:21-23), 궁극적으로는 그리스도의 피가 우리의 양심을 깨끗하게 하고 살아계신 하나님을 섬기게 한다고 말씀한다(히 9:14; 요일 1:7). 현대 비평적 성서학을 포함하여 서양의 신학과 학문은 인간의 이성(理性)을 절대시하고 두뇌를 따라간 나머지 마음과 영혼을 상실했다. 이것이 현재 서양 교회와 신학의 비극의 실체이고, 현재 진행 중인 서양 문명의 몰락의 원인이다.

21세기 서양 문명의 몰락과 미래에 예견되는 비극의 실체를 보여주는 대표적인

 구약학 공부와 함께

책이 예루살렘 히브리대학교의 세계사 교수인 유발 하라리(Yuval N. Harari)의 『사피엔스』(*Sapiens, A Brief History of Humankind*, 2011)와 『호모 데우스』(*Homo Deus, A Brief History of Tomorrow*, 2015)이다. 하라리에 의하면, 약 7만 년 전에 아프리카 한 지역에서 직립보행을 하며 불과 석기 도구를 사용하여 살고 있던 하찮은 동물인 사람들이 인지능력이 생기고 말을 만들어 쓰면서 전 세계로 퍼져나가 본격적으로 현생인류의 역사가 시작되었고, 그 '사람—동물'(호모 사피엔스)이 진화를 거듭하여 지금은 그리스—로마 신화에 나오는 신들의 능력을 장착한 '사람—신'(人神, 호모 데우스. "The Animal that Became a God")이 되어 조각배를 타던 사람—동물이 우주선을 타고 있으며, 전 지구 생태계의 폭군으로 군림하고 있다는 것이다. 그동안 인간은 굶주림, 전염병, 전쟁의 문제를 어느 정도 해결하고 지금은 죽음의 문제를 해결하기 위해 도전하고 있으며, 영원한 청춘을 꿈꾸며 고통 없는 행복한 삶을 추구하고 있는데, 여전히 인간은 신석기 시대 사람들보다 만족과 행복을 느끼지 못하고 있는 것 같다고 했다. 과거에도 그랬고 지금도 분명한 것은, 물질(돈, 명예, 쾌락)이 인간에게 지속적인 만족과 행복을 주지 못한다는 사실을 확인하고 있다. 사냥과 채집 생활에서 농업혁명을 이루었고, 나아가 지난 500년 이래 산업혁명과 과학혁명을 달성한 인류 역사(歷史)의 문제는 '지금 우리가 어디를 향해 가는지 아무도 모른다'는 데 있다는 것이다(Y. N. Harari, *Sapiens*, 465쪽). 이것은 마치 지금 길 가는 사람에게, '당신은 지금 어디로 가십니까'라고 물으면, '나는 지금 내가 어디로 가고 있는지 모르겠습니다'라고 대답하는 것과 마찬가지이다. 코메디도 아니고, 이 얼마나 황당한 이야기인가? 과학의 발전에 따라 그 부정적 부산물로서 엄청난 대량살상 무기가 등장했고, 인류는 지금 전대미문의 인류 공멸을 눈앞에 둔 묵시록적인 종말론적 세상에서 살고 있다. 인류의 행복과 평화와 번영을 추구한다는 현대 인류가 스스로 초래한 아이러니이다. 하라리의 세계관에는 하나님 하느님이 없고, 하라리의 인간관에는 마음과 영혼이 없다. 따라서 현재 인류가 '호모 데우스'(Homo Deus)를 지향한다고 하지만, 그 이면에는 '호모 아니말리스'(Homo Animalis)가 그 말을 비웃고 있다. 하나님 하느님도 없고 마음과 영혼도 없는 인간사회는 '동물농장'과 같다고 해도 할 말이 없다. 하라리는 무신론자이며 동성 결혼을 했고, 유대인이지만 히브리적 사고를 하지 않고, 그리스—로마의 신화적 인본주의 전통에 따라 현대 서양의 사변적—과학적 합리주의를 표방하고 있다. 인간의 종교(宗敎)도 초월적 존재에 대한 믿음이 아니라, 인간사회가 복잡하게 진화하고 거주 영역이 확대됨에 따라, 그 사회의 안정을 추구하고 생각이 다른 사람들의 통합을 강화하기 위해, 돈과 국가권력과 함께 등장한 인간이 만든 규범과 가치 체계라고 한다. 하라리는 영국 옥스퍼드대학교에서 중세기 역사와 생물학의 상관관계를 연구하여 철학박사 학위를 받았는데, 하라리의 역사관에는 우연히 진화된 동물인 사람에 대한 현상적 관찰과 과학적 분석은 있는데, 정작 인간 역사와 인간 이해의 본질인 마음(양심과 인간성)과 영혼에 대한 성찰과 인류 역사의 지향점이며 궁극적 관심인 진리와 자유와 정의와 사랑에 대한 주의와 설명이 부족하다. 아니, 하라리 교수는 인간의 역사에는 정의(justice)가 없다고 주장한다. 물론 하라리가 '역사에는 정의가 없다'고 한다고 해서 정의가 없는 것은 아니지만, 성경이 말하는 하나님 나라 역사에서 예언자들이 하나같이 외친 공의(公義, righteousness)와 정의(正義, justice)의 메시지와는 너무나 대조되는 입장이다(암 5:24; 사 5:7; 미 6:8; 렘 22:3; 마 6:33! 비교, 암 5:7; 갈 3:28 등). 히브리 예언자들이 외친 역사(歷史)의 공의는 하나님과 인간, 인간과 인간, 그리고 인간과 피조세계와의 올바른 인격적 관계를 의미하며, 정의는 그 하나님의 법(이를테면 창조질서에 따른 양심의 법과 언약의 법인 십계명)을 지키는 것이다. 최근 하라리 교수는 그의 신작 『넥서스』(*Nexus*, 유발 하라리, 김명주 옮김, 2024)에서, 석기시대부터 오늘에 이르기까지 인간의 역사와 사회를 연결하는 힘은 정보라고 주장하며, 이러한 관점에서 역사의 진정한 주인공은 호모 사피엔스가 아니라 '정보'(information)라고 했다. 어폐가 있는 말이다. 넥서스란 용어는 이러한 인류의 '정보 네트워크'를 지칭하며, 이 정보 네트워크의 중심 연결점이 인간의 통제를 벗어나서 인공지능(AI)으로 넘어가고 AI 독재시대가 도래할 위험성을 지적하고 있다. 그러면서, 우리가 제대로 된 정보에 입각한 선택을 함으로써 최악의 결과를 막을 수 있다고 한다(31쪽). 그러나 지금까지 새로운 넥서스가 지속적으로 증가하고 있지만, 이와 함께 거짓, 오류, 망상의 정보도 끊임없이 따라오는 현상을 막을 수 없다(56-57쪽). 하라리는 지금까지 성경과 인간 사회의 관료제도, 교회제도(특히 로마 가톨릭)가 인간의 대표적인 대규모 정보 네트워크인데, 이 정보 네트워크들도 결국은 인간이 만들어낸 발명품이라 설명한다. 그렇다면 하라리가 그의 책 넥서스에서 제공하는 정보들도 결국 하라리와 그의 팀이 만들어낸 허구나 집단 망상에 불과하다는 것인가? 역사는 과거를 연구하는 것이 아니라, 변화를 연구하는 것이라고 하라리는 말하는데(30쪽), 오히려 변하는 역사 가운데서 변하지 않는 진리(원리)를 연구하는 것이 역사학이 되어야 하지 않을까? 인류의 역사에서 가장 고귀하고 불변하는 가치인 자유와 평등, 평화, 사랑은 사변적-과학적인 정보 네트워크에 기초하는 것이 아니고, 하느님이 주신 정직한 마음에서 발현하는 것이다(비교, 신 6:5; 눅 10:27; 롬 2:14-15). 역사의 주인공이 '정보의 네트워크'라고 하는 것은 하라리의 대단한 착각이고, 역사의 진정한 주인공은 존재의 네트워크이다. 정보는 정보를 연결할 수 있으나 정보를 생산할 수 없고, 최초의 정보를 생산하고 입력하는 것은 인격적인 존재다. 성경에서 하나님은 사람의 외모나 두뇌(아이큐)를 중요하게 보시지 않고, 사람의 마음을 보신다고 했다(삼상 16:7; 왕상 8:39; 시 44:21; 잠 15:11; 21:2; 24:12. 비교, 렘 17:9-10; 마 15:18-20; 벧전 3:4 등). 성경을 읽을 때도 잔머리를 굴리며 읽으라는 사람이 있는데, 몰라서 하는 말이다. 성경은 머리가 아니라 마음으로 읽고, 하나님의 말씀은 머리가 아니라 마음에 새겨야 한다(신 6:6; 시 37:31; 119:11; 잠 3:3; 6:21. 비교, 눅 2:19,51). 감옥에 가서도 성경을 읽으면 좋지만, 감옥 가기 전 평소에 읽으면 더 좋다.

학문은 진리(眞理) 탐구이고 발견한 진리 안에서 기뻐하며 감사하는 생활이며(비교, 살전 5:16-18), 진리는 하나님 하느님을 하나님 하느님으로 바로 알게 하고 사람을 사람답게 하는 것이다. 철학의 진리가 관념적 이론이라면, 기독교의 진리는 인격적(자아의식과 자아책임적)이다. 예수 그리스도는 "내가 그 길이요 그 진리요 그 생명이다"라고 말씀했다(요 14:6). 예수님은 길인데, 그 길은 진리로 인도하는 길이며, 그 진리는 하나님과 사람을 사랑하고, 죄와 죽음의 구렁텅이에 빠진 사람들을 구원하여 참 생명(영생)을 얻게 하는 것이다(요 3:16; 17:3). 신앙생활과 신학(학문)은 별개의 것이 아니고 하나이다. 성경에 나타난 기독교의 진리는 두 가지 속성이 있는데, 첫째는 죄인이 회개하여 새사람 되게 하는 능력이다(요 8:12; 롬 6:6-7; 13:11-14; 고전 5:17; 엡 4:21-24; 골 3:9-10; 딤전 1:13; 벧전 4:1-5 등. 비교, CBS TV '새롭게 하소서'). 둘째로 성경이 말하는 인격적 진리는 인간을 죄악과 죽음의 지배와 두려움으로부터 해방하며(요 8:34-36; 갈 5:1! 비교, 롬 6:14-23), 우상과 이념과 자기 의와 미신과 맹신과 광신에서 사람을 자유롭게 하는 능력이다(딤전 4:1-5. 비교, 고전 6:12-13; 8:9). 나는 플라톤이나 칸트나 볼테르나 헤겔이나 쇼펜하우어나 니체나 프로이트나 하이데거나 마르크스-레닌이나 모택동이나 스탈린이나 김일성의 말을 듣고 죄인이 회개하여 새사람이 되고 참 자유를 얻었다는 말을 들어본 적이 없다. 찰스 다윈의 종의 기원을 읽고, 아인슈타인의 상대성 이론과 스티븐 호킹의 빅뱅과 블랙홀 이론과 슈뢰딩거의 양자역학 이론을 배우고, 리처드 도킨스의 책을 읽는다고 악인이 의인이 되었다는 사례를 들은 기억이 없다. 셰익스피어나 괴테나 톨스토이나 프란츠 카프카나 사르트르나 까뮈나 버트런드 러셀이나 D. H. 로렌스나 헤밍웨이나 니코스 카잔차키스의 작품을 읽고 죄악된 생활과 어둠의 세계에서 벗어나게 되었다는 증언을 들은 적이 없다. "신을 통해 구원을 받을 것이 아니라, 우리가 신을 구원해야 한다. … 구원의 문은 우리 손으로 열지 않으면 안된다. 주인의 명령이 없어진 지금 … 신의 빈자리를 우리가 차지해야 한다"고 주장하는 카잔차키스는 막말과 어불성설을 넘어 실성한 사람처럼 보인다(니코스 카잔차키스, 『그리스인 조르바』, 이윤기 역, 열린책들 미니북 개역판, 2014, 567, 580쪽). 카잔차키스는 희망의 유혹을 떨쳐버리고 희망을 가지지 않을 수 있는 자유, 무슨 말이나 행동을 해도 후회하지 않고 아무것도 두려워하지 않는 자유를 가진 자유인이라고 자신을 내세우지만, 설득력이 없고 동의하기 어렵다. 그에 비해, 성경이 말하는 자유는 거짓으로부터의 자유, 죄악과 어둠의 세계로부터의 자유, 죽음의 지배에서 벗어나 영생을 얻는 자유, 진리와 함께 기뻐하고 감사하는 자유를 말하며, 참 하느님을 섬길 수 있는 자유를 말한다. 세계적인 문학상을 탄 작품을 읽고 죄인이 변하여 새사람 되었다는 경우도 들어본 기억이 없다. 예외는 있겠지만, 작품의 세계와 작가의 세계는 종종 이율배반적인 세계라는 것을 우리는 알고 있다. 스포츠나 음악이나 미술이나 다른 분야도 마찬가지다. 오해가 없기 위해서, 이러한 모든 것이 다 무익하고 쓸데없다는 것이 아니고, 보수와 진보의 진영 논리나 이념적 편견이나 지적인 착각과 오해, 자기기만과 교만, 심미적 도착 그리고 상술의 거품과 함께 대체로 그 가치가 지나치게 과장되고 과대포장되어 있다는 점을 말하려는 것뿐이다.

자기가 죄인인 것을 모르거나, 평소에 자기가 똑똑하고 잘난 줄로 생각하는 사람은 예수 믿기가 어렵다(비교, 요일 1:8-10). 예수 그리스도의 복음(福音)은 죄인이 회개하여 새사람 되고 구원을 받는 진리이다(마 9:13; 막 2:17; 요 6:39-40; 롬 5:8-10; 딤전 1:15; 요일 4:9 등). 그럼에도 기독교가 말하는 진리는 세상 사람들에게 매력이 없다. 그것은 마치 빛이 어둠에 비치되 어둠이 빛을 깨닫지 못하는 이치와 같다(요 1:5). 세상 사람들이 빛으로 오지 않는 것은 익숙해진 어둠의 삶에서 벗어나기를 싫어하고, 변화를 두려워하기 때문이다. 예수님은 제자들에게 말씀하셨다. "세상이 너희를 미워하면 너희보다 먼저 나를 미워한 줄을 알라. 너희가 세상에 속하였으면 세상이 자기의 것을 사랑할 것이나, 너희는 세상에 속한 자가 아니요 도리어 내가 너희를 세상에서 택하였기 때문에 세상이 너희를 미워하느니라"(요 15:18-19. 비교, 요 7:7; 15:24-25). 기독교가 세상에 매력이 있게 해야 한다는 생각은 성경적이 아니며 잘못된 것이다(비교, 고전 1:18-25). 기독교가 말하는 진리의 관심은 인간의 먹고 사는 문제(신약 그리스어로, '비오스')에 있지 않고, 하느님과 동행하는 삶(신약 그리스어로, '조에')에 있다. 먼저 하나님의 말씀에 따라 바르게 살면 먹는 문제도 해결된다(신 8:3; 마 4:4; 6:30-31 등). 세상의 논리는 비오스와 조에의 순서를 거꾸로 하기 때문에 잘못된 것이다.

진리와 생명은 인간의 관념에 있지 않고 존재(存在)에 있으며, 모든 존재와 진리와 생명의 근원은 삼위일체이신 하나님 하느님이다(출 3:14; 사 44:6; 45:5-7; 요 1:1-4; 14:6; 계 22:13). 하나님이 있다고 생각하는 사람에게는 하나님이 있고, 하나님이 없다고 생각하는 사람에게는 하나님이 없다고 하는 것은 하나님을 모르기 때문에 하는 말장난에 불과하다. 하나님이 없다고 생각한다고 해서 하나님이 존재하지 않는 것은 아니다(시 10:4; 14:1; 53:1; 90:1-2). 하나님을 떠나 살면 인생을 허송세월할 수밖에 없고, 결국은 허망한 죽음을 맞이하게 된다. 현재 인류는 하나님을 떠났기 때문에 물질적 풍요에도 불구하고 만족이 없고 행복을 누리지 못한다. 진리는 인간이 만드는 것이 아니고, 진리는 진리가 드러낸다(마 11:27; 13:35; 눅 10:22; 요 8:31-32; 17:17; 롬 16:25-27; 엡 1:13,17; 시 119:160). 신약성경에서 진리는 그리스어로 '알레테이아'인데, 이 단어는 부정 접두사와 '레도, 란다노'(숨겨져 있다, 보이지 않다) 동사의 결합에서 파생한 명사로서 '드러난 것'(unconcealed)을 의미한다(비교, 마 10:26; 13:35; 롬 16:25-26; 엡 3:9; 골 1:26-27). 칠십인역(LXX)에서 '알레테이아'($\dot{\alpha}\lambda\dot{\eta}\theta\epsilon\iota\alpha$)는 구약 히브리어 '애매트'(אֱמֶת)를 번역한 용어이며, 진리로 번역되는 히브리어 '애매트'의 사전적 정의는 '불변성, 영속성'이다. 성경이 말하는 진리는 그러므로 하나님이 예수 그리스도안에서 나타내신 창조와 구원의 경륜이고(마 13:35; 롬 16:25-27; 고전 2:6-7; 엡 3:9; 골 1:26-27. 비교, 시 78:2; 롬 1:18-25), 그 진리는 불변하며 영속성을 가진다(요 17:17; 히 13:8; 계 1:8; 22;13!). 변하는 것은 진리가 아니다. 현상은 변화하지만 본질은 불변한다.

소아시아의 에베소 출신인 그리스의 철학자 헤라클레이토스가 "변하지 않는 것은 오직 변한다는 사실뿐이다"라고 한 것은 참 하나님 하느님과 진리에 대한 개념이 없기 때문이다. 오히려 동양사상의 주역(周易)에서, "易而不易 不易而大易"(변하지만 변하지 않는다. 그 변하지 않음이 바로 참다운 변화다)라고 한 것이 헤라클레이토스의 관념적-현상적 변화 개념보다 존재론적이며 훨씬 더 본질적으로 심오하다(비교, 조윤제, 『신독, 혼자있는 시간의 힘』, 222쪽). 현대 서양의 신학은 고대 그리스-로마의 낭만적 상상력에 근거한 철학과 18세기 서구 계몽주의의 관념적 철학에 기초하기 때문에 성경적 진리에서 멀어졌다(골 2:8). 오히려 동양학에서 한국사상이 성경의 진리와 접촉점이 있다. 류승국 교수는 "생명존중의 특징은 한국의 민족성이다. 이러한 토대 위에 받아들인 유·불·도 사상은 갈등과 반목보다는 조화와 평화를 추구하게 된다. 이 점이 중국이나 서구 등과 구별되는 한국적 특징이라 할 수 있다"라고 했는데(류승국, 『한국사상의 연원과 역사적 전망』, 591쪽), 그렇다면 한국에서 기독교를 받아들이고 오늘 한국교회가 성장하여 세계의 주목을 받게 된 것이 첫째는 하나님의 은혜이며, 그 바탕에는 성경의 진리가 생명존중의 한국사상 전통과 접촉점을 가지고 있기 때문이라고 생각한다. 서양의 철학자들과 과학자들과 비평적 신학자들은 자신들이 생각해 낸 사상적 체계(세계상과 세계관, 교의학)가 진리라고 착각하고 있다. 인간은 스스로 하나님의 존재나 자신의 존재를 알 수 없다. 기독교가 진리라고 하는 의미는 참 하나님의 존재를 알게 하고, 인간이 무엇이며 누구인지를 알게 하기 때문이다(출

34:6-7; 신 7:9; 호 6:6; 렘 9:24; 왕상 18:39; 시 100:3; 요 14:6; 롬 16:25-27; 요일 5:20 등; 비교, 마 11:27; 눅 10:22). 독일의 철학자 하이데거(Martin Heidegger)가 말하는 존재와 시간도 관념론적이며 진실(진리와 사실)과는 유리된 허구이다. 하이데거를 읽기가 매우 어렵다는 말을 하는데, 그 이유는 하이데거 자신도 모르는 것을 말하고 있기 때문이다. 사탕발림에 넘어가면 안 된다. 인간의 언어를 존재의 집이라고 하는 것은 관념론적이며 잘못된 표현이다. 인간 존재의 집은 언어가 아니라 인간의 몸이며, 그리스도인의 몸은 하나님이 임재하시는 성전이다(고전 3:16; 6:19; 고후 5:1. 비교, 고전 12:12-27; 엡 1:23; 골 1:18). 언어가 존재를 규정하는 것이 아니라 존재가 언어를 규정한다. 집의 가치와 의미는 그 집에 누가 사는가에 달려있다. 언어의 의미와 가치도 그 언어 자체에 있지 않고, 같은 언어라도 그 언어를 사용하는 주체가 누구냐에 따라 달라진다. 김훈 작가는 자신이 "말의 감옥 안에 스스로 갇혀서 그 안에서 말을 섬기면서 살아왔으니 불쌍하다"라고 했으며, "하느님과 인간 사이에서 벌어지는 일을 인간의 언어로 모두 설명할 수는 없다"라고 했다(김훈 산문, 『허송세월』, 2024, 39, 233쪽). 언어는 인간 존재가 사용하는 편리하지만 불완전하고 상대적인 의사소통의 도구이다. 일찍이 노자는 "사람이 파악한 진리는 참된 진리가 아니다"(老子, 道可道 非常道. 『노자』, 이기동 역)라고 설파했는데, 관념론에 빠진 현대 서양의 학자들이 이 말귀를 알아들었으면 좋겠다. 물론 노자도 사람으로서 진리를 파악했다고 볼 수 없지만, 적어도 노자는 진리가 인간의 관념(의식)에 있지 않다는 것을 깨우친 것이다. 모든 참된 지식은 믿음에 기초하고, 우리에게 선한 믿음을 더한다(고후 4:13). 의심은 믿음의 그림자일 뿐이다. 물론 의심(의혹)과 의문은 다르다. 학문하는 사람은 의문(질문)을 포기하면 안 된다. 옛 선진들은 질문을 해야 해답이 열린다고 했다. 참된 공부는 지식의 양에 비례하지 않는다. 지식이 늘어날수록 그에 따라 무지(無知)의 세계도 기하급수적으로 확대된다. 공부를 하면 할수록 겸손해진다는 것이 그 뜻이다. 자신이 무엇을 모르는지 아는 사람이 학자다.

육신의 양식에도 좋은 음식과 유해한 음식이 있듯이, 마음의 양식에도 유익한 음식과 나쁜 음식이 있고, 먹으면 생명을 위협하는 최악의 음식도 있다. 오늘 21세기 인류의 심각한 문제는 건강과 생명을 해치는 최악의 음식들(마약과 거짓 정보를 포함하여)이 인간의 몸과 마음을 병들게 하는 것이다. 특히 인간의 마음(정신)을 병들게 하는 사이비 학설과 파편적 지식들이 진리로 위장하고 있다. 사회생물학자인 최재천 교수가 공개강연에서 "생명의 기원은 알 수 없다"고 한 것은 솔직한 태도이다. 그러나 "… 일지도 모른다"는 전제를 가지고 무생물이 생물이 되고, 이 원시생물이 지구의 수십억 년의 세월을 지내오면서 수학적 확률로는 불가능한 우연들로 인해 지금과

구약학 공부와 함께

같은 다양한 생태계로 진화하여 현생인류(호모 사피엔스)가 그 정점에 있으며, 따라서 인간은 진화 유전자의 조종을 받고 있는 자연생태계의 한 물리-화학적 생체조직으로서 인간의 특별한 의미는 없다고 한 것은 관념적 허구이며, 과학적 추론이라기보다는 과학적 용어들을 사용한 엄청난 신앙고백에 가깝다. 생물학적 진화론은 성경의 창조론보다 더 큰 믿음을 요구하기 때문이다. 최재천 교수의 말대로라면, 인생은 의미도 없고 윤리-도덕의 근거도 없으며, 선악의 구별도 없고 양심의 근거도 없다. 범죄해도 죄의식이 없으며 인권도 없다. 약육강식의 정글 법칙이 지배할 뿐이다. 지나친 추론은 본의 아니게 거짓말이 되기 쉽다. 유일하게 하나님의 형상에 따라 지음받은 인간의 천부인권 사상과 만인평등 사상은 성경의 계시에 근거한다(창 1:26-28. 비교, 갈 3:28). 차별은 인간적 흠결이지만, 구별은 신성한 창조질서이다(창 1:6,25; 행 15:8-9; 고전 12:12 등). 차별과 구별 개념을 혼동하여 차별금지를 명분으로 구별을 없애려는 시도는 잘못이다.

기독교 신학에서는 하나님의 계시(啓示)를 영감(靈感)으로 기록한 성경(聖經)이 믿음과 지식과 정보의 근거이다(딤후 3:15-17; 벧후 1:20-21). 성경의 문학양식은 신화나 서사시나 전설이나 민담(독일어로 Sage, 자게)이나 소설이 아니다. 성경은 하나님이 인류에게 보내시는 사랑의 편지이며, 하나님과 동행하는 삶으로의 초대장이다. 과학과 성경(기독교 신앙)은 모순되지 않는다. 무신론과 반신론 과학자들과 일부 신학자들의 견해 차이 때문에 충돌이 있을 뿐이다. 세부적인 설명에서는 차이가 있지만, 세계의 기원에 대해 현대 천문학의 설명과 창세기가 말하는 성경의 설명은 그 본질적 원리들에서는 동일하다고, 미국 나사(NASA, 국립 항공 우주국)의 고다드 우주연구소 소장이며 컬럼비아대학교의 천문학과 지질학 교수인 라버트 재스트로우 박사는 그의 책에서 말한다(Robert Jastrow, *God And The Astronomers*, Norton, 1978, 14쪽 이하, 특히 116쪽). 현재 관측 가능한 우주의 반지름은 약 465억 광년의 거리라고 한다. 2021년 이후 제임스 웹(James Webb) 우주 망원경은 지구에서 150만 킬로미터 떨어진 우주 공간에서 약 930억 광년 거리 내에 있는 수많은 별들과 은하들에 대한 탐색을 하고 있으며, 기존의 빅뱅 이론에 대한 재고와 함께 지금까지 우주의 모델에 대한 과학적 이론들을 수정하도록 도전하고 있다. 현재 우주 과학자들이 아는 우주에 대한 지식은 5% 정도라고 한다(비교, 창 19:1-6).

성경에서 보면, 죄악으로 인하여 인간의 몸은 죽을 병이 들었고, 인간의 영혼도 죽은 상태가 되었다(창 2:15-17. 비교, 마 8:22; 요 5:25; 엡 2:1,5). 이제 하나님의 음성(말씀)을 들어야 인간은 자기 정체성을 알 수 있고(비교, 창 1:26-28; 3:9-10,22-23; 시 8:4-6; 삼하 7:18-22), 죽은 몸도 고침을 받고 영혼이 되살아나 사람다운 생활을 하게 되며(요 5:24!; 요일 3:14; 5:11-12), 인생의 의미(또한 각 개인의 소명)와 함께 바른 역사의 방향과 목표와 목적을 확인할 수 있다(비교, 렘 15:16; 겔 3:1-3; 요 6:35,53-56; 딤후 4:7-8; 계 10:7-11; 21:1-8; 22:10-15,20 등). 우리의 몸을 구성하는 육신은 죽어 흙의 티끌로 돌아가고(창 3:19), 선한 사람들의 영혼은 즉시 하늘나라(낙원)에 가서 쉬게 되며(눅 23:43; 계 14:13), 악한 사람들의 영혼은 지옥에 들어간다(마 5:22,29; 23:33; 막 9:43; 눅 12:5. 비교, 벧후 2:4). 마지막 하나님의 심판의 날에는 선인이든 악인이든 우리 모두는 변화된 몸으로 부활하여 하나님의 심판대 앞에 설 것이다(마 25:31-33,46; 요 5:29; 고전 15:51-54. 비교, 사 26:19; 단 12:2-3; 롬 8:18; 요일 3:2-3; 계 20:11-15; 21:8).

이미 구약성경에서 주전 8세기 이사야 예언자는 "너희가 어찌하여 양식이 아닌 것을 위하여 은을 달아주며 배부르게 못할 것을 위하여 수고하느냐 내게 듣고 들을 지어다"(사 55:2)라고 했고, 아모스 예언자는 "양식이 없어 주림이 아니며 물이 없어 갈함이 아니요 여호와의 말씀을 듣지 못한 기갈이라"(암 8:11)고 깨우쳤다. 오늘 세계의 석학들과 한국의 지식인(지성인)들도 비타민D 결핍증이 아니라 하나님의 말씀을 먹지 못한 진리 결핍증에 걸려있지 않은가 하는 생각도 하게 된다. 하나님의 말씀인 성경이 말하는 진리는 죄로 말미암아 죽은 사람을 살리는 능력이며, 인간을 하나님께로 인도하는 지혜이다(요 3:16; 5:39; 14:6; 롬 5:12; 6:23; 딤전 2:4; 벧후 3:8-9 등. 비교, 창 2:17; 약 1:15). 공자가 "아침에 도를 들으면 저녁에 죽어도 좋으리라"(朝聞道 夕死可矣. 우현민 역)라고 한 것은 참된 진리를 갈구하는 마음의 표현이며, 참된 공부의 태도를 보여준다. 도를 듣는다는 것, 곧 진리를 깨닫는 것은 '옛사람은 죽고 새사람이 되는 것'을 의미한다(롬 6:6-11; 엡 4:21-24; 골 3:9-10. 비교, 조윤제, 위의 책, 221쪽). 한국에서 기독교 신학과 성서학(특히 구약학)은 마음공부를 강조한 동양학의 전통을 기억하고, 무엇보다 생명존중의 사상을 특징으로 가지고 있는 한국사상과의 대화를 심화해야 하며, 두뇌를 강조하는 현대 서양 신학의 비평적 성서해석학과 사상적 패권주의에서 벗어나야 한다. 인성(人性)을 잃어버린 이성(理性)만으로는 학문을 할 수 없다. 머리는 마음을 이길 수 없다. 현대 서양의 관념적 비평적 성서학에 우리가 종노릇하거나 휘둘릴 하등의 이유가 없다(갈 4:9). 동양학과 한국사상 전통에서 경천애인(敬天愛人)이나 홍익인간(弘益人間)의 사상은 성경의 진리와 접촉점이 있다. 오늘 한국에서 기독교 신학을 하고 성서학, 특히 구약학을 공부하는 학도들은 진리를 갈구하는 구도자의 자세를 가지고(요 5:39; 비교, 신 4:29; 렘 24:7; 29:13), '믿음의 인식론'(고후 4:13; 히 11:1-3,6. 비교, 시 10:4)으로써 서양 학문의 '관념적-현상적 인식론'을 극복하며, 성경을 이해함에 있어서 '경전적-전개 방법'(canonical-unfolding method. 개혁신학의 전통적 용어로는 '역사적–문법적–신학적 방법', historical–grammatical–theological method)으로 '역사–비평적 방법'(historical–critical method)을 넘어서서, 해석학적 지평을 넓혀가야 한다.

이번에 제3권 구약학 공부문집 출판을 위해 여러분들의 도움을 받았다. 김도현 목사(장신대 구약학 박사과정, 한국성서학연구소 전임연구원)가 흩어져 있던 글들을 모으고 신구약 성경 원어 교정과 편집하는 일을 도왔다. 장성민 박사(장신대 성서학연구원 특별연구원)는 영문으로 된 성경공부 자료를 우리말로 번역했고, 김현이(장신대 구약학 박사과정) 학우와 김진태(장신대 구약학 석사과정) 학우가 원고 교정을 도왔다. 정주언(장신대 신대원) 학우는 몇 개의 원고 타이핑 작업을 맡았고, 변성국 전도사(영락교회 국제예배부 준전임)는 두 개의 영문 원고들을 교정해 주었다. 성구 색인은 이학성(장신대 신대원) 학우와 이진경(장신대 신대원) 학우가, 인명 색인은 김현이 학우와 최철규 목사(장신대 구약학 박사, 예수품안교회 담임)가 맡았다. 마지막 편집본의 오탈자는 최철규 목사가 교정을 보았다. 수고한 분들에게 감사한다. 장신대 출판위원회에서 이 책을 출판하는데 본교 출판부 이름을 사용하도록 허락해 주어서 고맙다는 말씀을 드린다. 이 책의 출판 업무를 맡아준 창공 출판사 차상헌 대표와 출판과정에서 도움을 준 양정호 교수에게 감사한다. 이 책은 처음부터 단일한 주제를 가지고 쓴 것이 아니고, 구약학 공부를 하면서 지난 40여 년간에 걸쳐 썼던 다양한 주제의 글들을 모아 놓은 것이다. 각 글의 출처는 권말에 밝혀두었다. 비슷한 제목으로 중복된 내용도 있다. 독자의 양해를 구하며, 어디서나 관심 가는 곳에서 읽으면 된다고 생각한다. 언어 철학자 비트겐슈타인은 "인간이 나이 든다는 건, 자신의 언어를 정밀하게 세련화하는 과정이다"(김종원 역)라고 했는데, 이 책에서 내가 사용한 언어들이 나의 나이에 비례하여 조금은 더 정밀하고 세련되어 읽고 소통하기에 편한 글이 되었으면 하는 바람이다. 이 책을 준비하는 동안 옆에서 함께 해준 아내 김귀엽과 내가 오래 컴퓨터 앞에 앉아 글을 쓰면 건강이 나빠진다고 걱정해 준 막내 아들 형전에게 사랑을 전한다. 떨어져 살지만 형우 가정과 형주 가정을 위해 늘 기도하며 고마운 마음을 가지고 있다.

남양주시 퇴계원읍,
집 앞에 흐르는 용암천을 바라보며,
2025년 2월 23일, 영지(榮至) 김중은 쓰다.

목차

구약학 공부와 함께

01

구약성경은 어떤 책인가?

성경에서 구약(舊約, Old Testament)이라는 명칭은 기독교적 용어이다. 하나님이 예수 그리스도를 통해 교회와 세우신 구원의 약속을 신약(新約, New Testament) 곧 새 언약(마 26:28; 눅 22:20; 고전 11:25 등. 히 7:22; 8:6에서는 '더 좋은' 언약)이라고 이해할 때, 구약은 이와 연관하여 그 동일하신 하나님이 일찍이 모세를 통해 이스라엘 백성에게 주신 옛 언약(특히 출 19:3-6; 24:3-8; 요 1:17; 고후 3:14-17 등)을 지칭한다. 옛 언약이라는 의미의 '구약'이나 새 언약이라는 의미의 '신약'이라는 개념들은 이미 주전 600년 전후에 활약했던 남 왕국 유다의 예언자 예레미야에 의해 소개된 바 있다(렘 31:31-33). 역사적인 예수 그리스도의 성육신 사건을 분기점으로, 그 이전에 하나님과 이스라엘 백성 간의 구원사적 관계를 계시적 차원에서 증언하고 있는 성경을 구약이라고 표현한 최초의 기록은 고린도후서 3장 14절이다: "그러나 그들의 마음이 완고하여 오늘까지도 구약을 읽을 때에 그 수건이 벗겨지지 아니하고 있으니 그 수건은 그리스도 안에서 없어질 것이라." 구약과 신약의 문맥에서 분명한 것은 구약에서 행동하고 말씀하시는 하나님은 바로 예수 그리스도를 통해 행동하고 말씀하는 그 동일하신 하나님이라는 대전제이며(히 1:1-2; 13:8; 고전 10:1-4 등), 따라서 예수 그리스도라는 해석학적 열쇠를 가지고서만 구약성경의 올바른 이해와 해석과 설명이 가능하다(눅 16:31; 24:27,44-45; 요 5:39; 롬 1:2 등). 달리 말하자면, 신약 없이 구약의 해석은 불가능하고 구약 없는 신약의 이해는 불완전하고 불충분하다. 신약과 구약의 관계는 동전의 양면과도 같이 불가분리의 관계이다. 구약과 신약의 일관성과 일체양면성의 요점을 히브리서 저자는 다음과 같이 잘 요약해 놓았다:

"하나님께서 옛날에는 예언자들을 통해서 조금씩 그리고 여러 가지 모양으로 우리 조상들에게 말씀하셨고, 이 마지막 때에는 아들을 통해서 우리에게 말씀하셨습니다. 그 아들은 하나님께서 만물의 상속자로 삼으신 분이시며, 그를 통하여 세상을 만드셨습니다. 그분은 하나님의 영광의 광채이시며 그의 실체의 표상입니다. 그리고 그는 능력있는 말씀으로 만물을 부지하고 계십니다. 그는 죄를 정결케 하는 작업을 하신 후에 높은 곳에 계시는 지존자의 우편에 앉으셨습니다."

(히 1:1-3, 박창환 역, 『신약성경』, 코리아엠마오, 2007).

구약은 그러므로 옛날에 하나님께서 이스라엘 백성의 역사를 중심으로 예언자들을 통하여 여러 부분과 여러 방법으로 말씀하신 내용이 기록된 문서로서, 오늘날 한글 번역 구약성경에서는 모세오경 5권, 역사서 12권, 시가서 5권, 예언서 17권, 모두 4부 39권의 책들로 구성되어 있다(비교, 히브리 성경의 배열에 따르면 3부 24책이다). 그것은 적어도 1000년 이상의 오랜 세월 동안 빈부귀천이나 유무식의 차별 없이 하나님의 성령의 감동하심을 입은 사람들을 통해 구전(口傳)과 서전(書傳)의 과정을 거쳐 결국 하나의 책인 구약성경으로 우리에게 전달된 것이다(딤후 3:16; 벧후 1:21; 비교, 요 21:25). 일반적으로 성경(聖經, the Holy Bible), 또는 성서(聖書, the Holy Scriptures)라는 명칭은 구약성경 39권과 신약성경 27권을 총칭하는 기독교 경전(經典, canon)을 가리킨다. 성경이라는 말을 영어로는 '바이블'(Bible, 독일어로 '비벨', 불어로 '비블')이라고 하는데, 이것은 라틴어 명사 '비블리아'(biblia, 책)에서 왔다. 라틴어의 비블리아는 다시 그리스어 '비블리온'(또는 '비블로스', 즉 두루마리, 책)에서 온 용어로서, 그 그리스어 어원은 이집트산 파피루스 종이 또는 거기에 기록된 글 또는 문서라는 뜻에서 유래했다. 그리스-로마 문화권에서 주후 2세기 중엽부터 기독교의 성경은 그리스-로마의 고전적 문헌들과 구별되어 '그 책(들)'이라는 명칭으로 굳혀진 것은 주지하는 대로 성경이 '책 중의 책'임을 시사하는 의미라고 볼 수 있다. 어쨌든 성경 자체 내에서 성경을 언급할 때, 신약에서는 주로 "기록된 바"(마 2:5 이하), 또는 "기록되었으되"(마 4:4 이하)라고 표현했고, 명사적 용법으로는 정관사와 함께 '그 기록(들)'이라는 용어(마 22:29; 막 14:49; 눅 24:27; 요 2:22; 10:35; 행 17:2,11; 롬 1:2; 15:4; 고전 15:3; 갈 3:8; 딤전 5:18; 딤후 3:16; 벧전 2:6 등)를 사용했다.

물론 신약(예수 그리스도와 초기 교회)이 말하는 하나님의 말씀으로서 '성경'은 구약을 지칭하는 것인데, 이 구약성경은 성별된 글들 또는 거룩한 기록들(눅 1:70; 4:16-20; 24:27; 행 3:21-24; 롬 7:12; 엡 3:5; 벧후 3:2; 딤후 3:15; 롬 1:2; 4:3; 15:4; 벧전 2:6 등)로 인정되었다. 구약성경 본문의 형성과 그 본문 전승 과정에서 구약은 '율법과 선지자의 글' 또는 '모세의 율법과 선지자의 글과 시편'(행 13:15; 눅 24:44 등),

또는 '모세의 글'로 알려졌으며, '주의 율법'(눅 2:24)이라는 명칭으로도 불렸다. 구약 자체 문맥에서는 '그 책들'(단 9:2. 개역에는 '서책'; 또는 단 10:21, '진리의 글')이라는 용어를 사용하며, 이사야 예언자는 "풀은 마르고 꽃은 시드나 우리 하나님의 말씀은 영영히 서리라 하라"(사 40:8)고 선포함으로써 예언자들의 말씀은 곧 '하나님의 말씀'이라는 인식을 새롭게 하고 있다.

구약 본문에서 최초의 기록 활동은, 이스라엘 민족이 하나님의 백성으로서 고대 서아시아(고대 근동) 역사의 무대에 출현하게 된 사건인 출애굽의 지도자 모세와 밀접한 관계를 가지고 있으며(출 17:14; 24:4; 34:27-28; 민 17:2-3; 33:2; 신 31:9,22 등), 계속하여 모세의 후계자 여호수아도 기록 활동을 한 것을 알 수 있다(수 8:32; 24:26!). 고대 서아시아 문화권(주로 메소포타미아와 이집트 문명)은 이미 기원전 3,000년 전후 이래로 괄목할 만한 문자(文字) 생활을 보여 주었으며, 이러한 배경에 비추어 볼 때 구약 문서의 형성사에서 기원전 1,450년경부터 모세의 기록 및 본문 전수 활동에 대한 역사적 신빙성은 담보될 수 있다고 본다(비교, 행 7:22).

기독교회가 신구약 성경을 정경(正經, canon)이라고 하는 것은 그것이 기독교 신앙과 생활의 옳고 그름을 판별할 수 있는 유일한 규범이고 기준이요 표준이라는 의미이다. 성경의 정경성을 말할 때 일반적으로 4가지 요소를 지적하게 되는데, 이는 (1) 하나님의 계시와 권위(revelation and authority, 롬 1:1-2; 벧후 1:21-22 등), (2) 영감(inspiration, 삼하 23:2; 딤후 3:16 등) (3) 한정된 범위(구약 39권 + 신약 27권 = 66권. 비교, 외경[外經]과 위경[僞經]의 범위) 및 (4) 불가감성(신 4:2; 12:32; 렘 26:2; 잠 30:6; 마 5:18; 계 22:18-19 등)이다. 경전으로서 신약성경 27권의 범위는 다 같은데, 구약 성경의 경우 경전의 범위와 각 책의 구분과 배열에 관해서는 개신교와 유대교, 로마 가톨릭(천주교), 그리고 그리스 정교회의 전통에 따라 다소 차이가 있다. 유대교는 구약성경을 히브리 성경(the Hebrew Bible), 또는 '타나크'(Tanakh: 토라, 느비임, 크투빔의 첫 글자를 딴 용어)라고 부르며, 그 내용은 개신교 구약성경의 내용과 동일하고 3부 24책으로 구분한다(비교, 눅 24:27,44 등). 개신교의 경우는 종교개혁 시대부터 성경 번역의 전통에 따라 히브리 성경을 구약 경전으로 확인하였으며, 다만 그 구분과 배열을 칠십인역(LXX) 전통에 따라 4부(율법서, 역사서, 시가서, 예언서) 39권으로 정리하고 있다. 히브리 성경에서는 첫 책이 창세기이고 마지막 책이 역대기인데, 개신교 구약성경에서 첫 책은 같은 창세기이지만 마지막 책은 말라기로 되어 있다. 천주교는 16세기 트렌트 공의회(Council of Trent, 1545-1563)에서 히에로니무스(제롬)가 번역한 라틴어 성경인 소위 불가타(Vulgata)를 공식적인 경전 본문으로 삼았으며, 히브리 성경에는 없으나 불가타에 수록되어 있는 책들을 '제2의 경전'(Deuterocanonicals)

으로 받아들였다. 현재 한국 천주교 구약성경은 개신교의 39권 외에 개신교에서는 외경(外經, Apocrypha)으로 간주하는 7권의 책들(토빗기, 유딧기, 마카베오기 상권, 마카베오기 하권, 지혜서, 집회서, 바룩서)을 더하여 모두 46권이며, 에스더와 다니엘에는 각각 첨가된 본문이 있다. 그리스 정교회 구약 정경은 천주교 경전보다 제3 마카비서와 제1 에스라(외경)를 추가했고 제2 에스라는 히브리 성경의 에스라에 해당하며, 느헤미야는 따로 분리했고, 바룩서에서 '예레미야의 편지'를 떼어서 한 권으로 정리했다. 따라서 그리스 정교회 구약정경은 모두 49권이다. 시편에는 칠십인역 전통에 따라 마지막에 151편이 추가되어 있다. 로마 가톨릭에서는 제1 에스드라스(1 Esdras, 또는 I Esdrae), 제2 에스드라스(2 Esdras, 또는 II Esdrae)라는 용어를 사용하기도 하여 다소 혼란이 있는데, '에스드라스'는 히브리어 에스라(에즈라)의 그리스어 음역으로서 라틴어 명칭도 이것에 따르며, 실제로 제1 에스드라스는 개신교 경전의 에스라를, 제2 에스드라스는 느헤미야에 상응한다. 그러나 주의할 것은, 그리스 정교회 전통에서 '제1 에스드라스'(1 Esdras)라고 할 때는 위에서 언급한 대로 칠십인역에 수록된 외경을 지칭하며, '제2 에스드라스'(2 Esdras)는 히브리 성경 에스라를 지칭한다(비교, 그러나 정작 칠십인역에서 Esdrae I/1 Esdras는 외경을, Esdrae II/2 Esdras는 에스라와 느헤미야를 함께 포함하고 있다). 동방 정교회 전통에 속하는 에티오피아 교회는 여기에 더하여 제1 에녹서(1 Enoch)와 희년서(Jubilees)를 경전으로 받아들였다.[1]

구약성경의 경우 경전으로서 공식적인 출현은 먼저 시내산에서 십계명의 선포를 위시하여(출 20:1 이하; 21:1 이하 등), 언약서의 낭독(출 24:4,7 이하)과 매 7년 곧 면제년의 초막절에 온 이스라엘 회중과 거류하는 타국인들 앞에서 모세의 율법책(모세5경의 초기 원본)을 낭독하는 전통에서 구체적으로 시작되었다고 볼 수 있으며(신 4:6-8; 31:9-13; 수 1:7-8; 8:32-35; 24:25-27), 하나님의 말씀으로서 구약의 기록과 그 전승은 예언자 사무엘(삼상 10:25) 이후 다윗과 솔로몬 시대(왕상 2:3!)를 거쳐 분열왕국 시대를 관통하여 계속되었다(호 4:6; 8:1,12!; 12:10; 암 8:11; 왕하 17:34-40; 22:8,13; 렘 36:1-8 등). 주전 458년경 아론의 16대손으로서 제사장이요 율법학자인 에스라가 바벨론 포로에서 예루살렘으로 귀환하면서 모세오경으로 알려진 율법책을 모든 백성들에게 가르치기 시작함으로써(스 7:6-9; 8:34; 느 8:1-12; 9:38 등 참조) 구약 경전의 중요성과 그 의미가 새삼 강조되면서 후속되는 경전 수집이 이루어졌고, 바벨론 포로에서 귀환한 유다 공동체에서 제2 성전을 중심으로 예언서와 시편을 위

---

1) 좀 더 자세한 그리스 정교회와 로마 가톨릭 그리고 개신교의 경전 범위와 그 구분과 배열에 관한 도표는 다음을 참고할 수 있다. *The Orthodox Study Bible*, Prepared by the Academic Community of St. Athanasius Academy of Orthodox Theology (Thomas Nelson, 2008), p. XIII.

시한 나머지 크투빔(성문서)의 책들이 경전으로 확인되었으며, 히브리 성경(구약성경)의 정경의 범위는 말라기 예언자가 활약한 주전 400년경 전후로 일단락된 것으로 볼 수 있다(말 4:4-5. 비교, 마 17:10-13). 역사적으로 히브리 성경은 주후 70년 예루살렘이 멸망한 이후 팔레스틴의 서편 해변 길 중간쯤에 있는 아스돗에서 북쪽으로 위치한 항구도시인 얌니아(Jamnia, 마카베오1서 5:58; 비교, 또는 '얍느엘', 수 15:11; '야브네', 대하 26:6)에서 유대교 학자들이 주후 90-100년경에 종교회의로 모여서 그 경전의 범위를 정했다는 소위 '얌니아설'이 전해지고 있으나, 확실한 근거는 없다.

　　신약성경의 경우는 예수 그리스도의 십자가 사건, 부활 승천, 오순절 성령 강림 이후 초기 교회에서 역사적 예수 그리스도의 성육신과 그의 공생애 사역에 대한 기억과 기록이 보존되면서, 스데반이 순교한 주후 34년경부터 예수 그리스도의 복음에 대한 구전과 서전 활동이 활발해졌다(마 1:1; 11:13; 막 1:1; 눅 1:1-4!; 24:27,44; 요 6:45,68; 17:8,17; 20:30-31 등). 신약 학자들의 연구에 따르면, 그리스도인이 된 유대인들을 중심으로 초기 예루살렘 교회가 성장하고, 유대인들의 박해로 인해 예루살렘 교회의 유대인들이 흩어지게 되면서(행 8:1-3), 주로 흩어져 사는 유대인-그리스도인들을 위해(행 11:19 참조) 예수님의 12제자 중 한 사람인 마태(또는 레위, 막 2:14; 눅 5:27-28)가 주후 50년 전반기에 마태복음을 먼저 기록했을 것으로 본다(물론 마태복음의 내용이 마가복음에 의존하는 경향이 있다는 점을 들어 '선마가복음설'을 주장하는 학자들의 의견도 있다). 이와 더불어 주후 35년경에 다메섹 도상에서 회심한 바울이 주후 49년경부터 갈라디아와 데살로니가전·후서를 위시하여 초기 교회들에게 보내는 서신들을 기록하기 시작했고, 그 서신들은 초기교회에서 하나님의 말씀으로서 그 권위를 인정받았다(살전 2:13!; 고전 2:12-13; 갈 1:11-12; 4:14; 엡 3:1-4; 벧후 3:15-16 등; 비교, 마 10:20). 또 '예수의 어록'(소위 Q 자료)이 수집되었다는 학설이 있는데, 그러나 Q는 어떤 기록에도 근거가 없으며, 그 실체가 발견된 적이 없는 가설일 뿐이다.[2] 로마 황제 네로의 박해 때인 주후 64년경 바울과 베드로가 로마에서 순교하였는데 이때를 전후로, 그리고 로마제국에 항거하는 '유다 전쟁'(Jewish War, 주후 66-73)으로 인해 주후 70년에 예루살렘이 티투스(Titus) 장군이 이끈 로마군에 의해 멸망하면서, 다른 복음서들과 일반서신들도 기록되기 시작했다(눅 1:1-4; 행 1:1-5; 요 21:24-25; 요일 1:1-4; 5:9 등). 주후 90년대에는 계시록과 신약의 나머지 책들이 모두 기록되었다고 본다. 신약성경은 예수님의 성경인 구약에 대한 재해석이라고 볼 수 있으며, 신약이 히브리 성경(구약)에서 직접 인용하고 있는 경우는 271개소이고 칠십인역에서

---

2) 비교, Mark Goodacre, *The Case Against Q*, Trinity Press International, 2002.

74개소이며, 모두 합하여 345개소이다. 그 외에도 구약의 내용을 전제하거나 연관하여 언급하는 구절들까지 다 합하면 신약에서 구약을 인용하거나 원용하는 내용은 약 32%에 달한다.[3]

신약 경전 목록이 역사적으로 확인되는 것은 주후 2세기 후반부터이다. 지금까지 알려진 가장 오래된 신약 경전의 목록은 라틴어로 쓴 것으로서, 그것을 발견한 사람(L. A. Muratori, 1672-1750, 이태리 출신 로마 천주교 사제로서 도서관 사서, 역사가, 신학자)의 이름을 따라 소위 '무라토리 경전'(Muratorian canon)이라고 알려졌는데, 여기에는 히브리서, 야고보서, 베드로전·후서가 확인되지 않는다. 어쨌든 주후 4세기 후반부터는 아타나시우스의 편지(369년경)나 카르타고 공의회(397년) 등의 공식 문건들을 통해 신약 27권의 경전 목록이 확인되고 있다. 일반적으로 신약 경전의 표준은 그것이 사도들이나 그들과 가까운 동지들의 글이며, 사도시대에 기원했고, 초기 교회와 속사도 교부들에게서 그 권위를 인정받았다는 데 있다.

이러한 관점에서 기독교의 경전으로서 구약성경과 신약성경의 성립을 이해하는 데 있어서 가장 본질적이고 핵심적인 점은 처음부터 그것이 살아계신 하나님의 계시(啓示)의 말씀으로 전달되었다는 점과, 동시에 그 말씀의 기록은 결국 하나님으로부터 영감된 것이며(딤후 3:16-17) 신적인 권위를 가진 것으로 받아들여졌다는 사실이다(벧후 1:20). 신구약 성경은 적어도 약 1,500년간에 걸쳐 약 40명 이상의 다양한 하나님의 사람들을 통해 기록된 것이 사실이지만, 성경의 제1 저자는 역시 살아계신 삼위일체 하나님이시다. 그러므로 성경의 경전성(經典性)을 논할 때, 역사적 경전성(historical canonicity)보다는 존재론적 경전성(ontological canonicity)이 더 설득력이 있다.[4] 존재론적 경전성이란 처음부터 주어진 성경의 말씀은 하나님의 말씀으로서 권위(계시와 영감)를 가졌다는 입장이다. 인간적인 동기와 필요에 의해 어떤 개인이나 종교회의를 통해 어떤 역사적 과정을 통해 경전으로 정해졌기 때문에(역사적 경전성) 비로소 구약이나 신약이 하나님의 말씀이 되는 것은 아니다. 신구약 성경의 기록된 내용과 범위는 궁극적으로 그 말씀의 주인이요 저자이며 공급자이신 하나님 자신의 주권과 경륜에 속한 것으로 보아야 한다. 다시 말하자면, 처음부터 하나님의 말씀은 인간 편의 인정, 불인정이나 즉각적인 이해, 몰이해의 차원을 넘어서서 신적 권위를 가진 하나님의 말씀으로 선포된 것이 사실이다(렘 1:7-9; 15:16; 단 12:8-10; 요 6:60,67-69; 17:17; 갈 1:11-12; 살전 2:13 등. 비교, 히 4:12). 이러한 존재론적 경전성과

---

3) G. K. Beale and D. A. Carson(eds.), *Commentary on the New Testament Use of the Old Testament*, BakerAcademic, 2007.

4) 비교, L. M. McDonald, *The Biblical Canon: Its Origin, Transmission, and Authority*, Hendrickson, 2007.

기록된 성경의 계시와 영감을 인정하는 성경관의 입장을 분명히 할 때, 서구의 계몽주의 이후 역사-비평적 방법을 통해 제기되는 성경본문 내용의 역사적 사실성에 대한 과도한 의심과 오해를 넘어서서, 올바른 학문적 성경연구의 방법과 길이 열릴 수 있다고 생각한다(비교, 벧후 1:16; 요일 1:3; 행 4:20 등).

기독교는 이러한 관점에서 단순히 인간들이 만들어 낸 종교가 아니라 진리이며, 기독교의 신앙과 신학적 인식(認識)의 근거와 출발은 신구약 성경이다. 구약성경을 이해하려는 경우에도, 그것은 옛 이스라엘의 성현(聖賢)들이나 히브리인 종교적 천재들이 기록한 유대교의 옛 종교문서를 의미하지 않는다. 구약을 올바로 이해한다는 것은 오늘도 구약에 기록된 말씀을 통해 살아계신 하나님의 음성을 듣고 하나님의 진리(眞理)를 깨달으며, 하나님이 보내신 예수 그리스도를 나의 구주로 믿고 영접하는 데 그 궁극적인 의미가 있다(요 1:12-14; 5:25,39,46-47!; 17:17; 20:30-31 등). 또한 구약성경에 기록된 하나님의 말씀에 대한 이해는 신약에 기록된 하나님 말씀과의 유기적인 연관 속에서 그 연속성(continuity, 마 5:17; 눅 24:44; 요 5:46; 롬 3:31; 15:4 등)과 증가분(increase, 마 5:17,22,28 등) 및 그 불연속성(discontinuity, 눅 16:16; 행 10:9-16; 갈 3:23-25; 골 2:16-17 등. 비교, 롬 3:31)의 관계를 성찰해야 한다. 그러므로 구약과 신약을 구분하는 것은 가능하지만(비교, 눅 16:16; 요 1:17; 롬 3:31; 갈 3:23-29 등), 그 둘을 역사적으로 분리하고 주후 2세기의 이단인 마르시온주의자들(Marcionism)이나 20세기 독일 마르부르그대학교의 신약학 교수 불트만(R. Bultmann, 1884-1976)의 경우처럼 구약의 경전성을 부인하는 이분법은 잘못이며 성경을 바르게 이해하는 데 도움이 되지 않는다.

어떤 사람들은 신구약 성경 없이도 순전히 자연계를 통해서 또는 하나님과 인간과의 직접적인 신비 관계 속에서 직통계시로 하나님의 음성을 듣고 하나님의 진리를 깨달을 수 있다고 하며, 또는 타종교의 경전들과 인간의 양심과 이성에 근거한 도덕-윤리-철학적 성찰과 진리 탐구를 통해서 절대자이신 하나님과의 신비한 영적 교제가 가능하다는 주장을 하기도 한다. 그러나 자연계나 인간의 이성과 양심, 또는 타 종교들의 신앙 경험과 경전 등등을 통해 얻어지는 진리 이해는 어느 정도 상대적인 타당성과 부분적인 적합성이 있을 수 있으나(행 14:16-17; 롬 1:20-23; 시 19:1-4; 사 40:21-26; 비교, 시 147:20 등), 신구약 성경이 계시하는 바와 같은 삼위일체 하나님 이해와 예수 그리스도의 복음과 진리 이해에는 미치지 못한다. 하나님의 말씀인 기록된 성경의 말씀을 통해 성령의 조명하심으로 인간의 진리 인식은 시작된다(요 14:26; 고전 13:9-12. 비교, 계 1:8; 21:6; 22:13!). 이러한 신학적 입장은 20세기 미국의 구약학자 에드워드 제이 영(Edward J. Young, 1907-1968)도 언급한 대로 '기독교 신관'(Christian theism), 즉 삼위일체교리(三位一體 敎理, the doctrine of the Trinity)를 전제로 할 때 가능한 것이다.

고금동서를 막론하고 인간의 궁극적 관심인 '죄와 고통과 죽음'에 대한 모든 문제의 근원은 인간의 하나님과의 소외 및 망각과 그로 인해 야기되는 인간의 자기 기만적 교만이다. 이에 대한 치료약(治療藥)으로서 신구약 성경은 인간들에게 예수 그리스도 안에서 하나님을 올바로 찾고 기억하고 참 하나님을 섬기며 교제하게 하는 하나님의 사랑과 구원의 편지이다(요 3:16; 롬 5:8,15-17 등. 비교, 암 8:11). 언젠가 어느 장로님이 필자에게 자기는 매일 아침 좋은 보약을 먹는다고 말했다. 무슨 보약이냐고 물었더니, 신약과 구약이라고 말씀해서, 같이 웃었다. 성경의 하나님 말씀을 통해 인간은 비로소 예수 그리스도 안에서 죄의 고통과 죽음의 절망에서 벗어나 영생을 얻게 되고(요 5:24!), 세상을 구원하고 회복하시는 창조자요 구세주시며 삼위일체이신 하나님을 만나게 되며, 또한 비로소 인간 자신의 정체성(正體性)을 알게 된다(창 1:27; 시 8:4-5; 눅 5:8; 롬 7:15-25; 고후 5:17 등). 나아가 자연(自然)과 역사(歷史) 속에서 사물(事物)의 본질과 현상을 제대로 식별하고, 인간과 세계의 관계성에서 그 의미를 올바로 탐구하게 된다. 신구약 성경에 대한 이해는 무엇보다 이러한 관점에서 우리 모두에게 필수적인 동시에 유익과 흥미를 주는 것이다. 현재 우리 한국인들에게 동양의 고전(공자, 맹자, 노자, 장자 등)과 서양의 헬레니즘(Hellenism) 고전(소크라테스, 플라톤, 아리스토텔레스 등)은 비교적 많이 알려져 있으나, 헤브라이즘(Hebraism)의 고전인 히브리 성경(구약)의 내용이 교회 밖의 일반인들에게는 물론이고 대학 교육의 영역에서조차 잘 소개되지 않는 것은 오늘의 서양 문명 세계(그리스-로마 인본주의 사상과 히브리 신본주의 사상이 양대 산맥을 이루고 있다)와 매일 마주하고 그 영향을 피할 수 없는 상황에서 우리의 부족함이고 약점이 아닐까 생각한다. 구약성경 중에서도 모세오경(토라)과 예언서 중에서 이사야, 예레미야, 호세아, 아모스 그리고 문집의 시편, 욥, 잠언, 룻기, 전도서, 에스더 등은 대학교의 교양 도서 목록에서도 추천할 만한 고전들이다.

02

구약신학은 어떻게 발전되어 왔는가?

화란의 구약학자 프리젠(Th. C. Vriezen, 1899-1981)은 주장하기를, "구약신학의 출발점은 구약의 목표가 신약에 놓여있음을 인식하는 것"이라고 했다. 이것은 구약신학의 과제가 신약이 증언하는 그리스도 예수와의 불가분의 연속선상에서 구약의 메시아 언약을 이해해야 하는 것임을 다시 한번 분명히 한 것이다. 구약성경은 하나님의 위대하신 창조(創造)와 구원경륜(救援經綸)의 역사를 통해서 메시아 즉 그리스도의 직무가 무엇인가를 인식하게 하며, 나아가 그 메시아의 직무들을 통전(統全)하는 앞으로 '오실 그분'으로서의 종말론적 메시아를 약속하였다(행 3:24). 신약은 구약에서 약속한 그 그리스도가 바로 아브라함과 다윗의 씨(자손)인 나사렛 예수임을 확증하였다(마 1:1). 구약은 오실 메시아가 무엇을 하실 분인가를 예표론적으로 약속하고 있고, 신약은 오신 메시아가 누구이신가를 증언하고 있다.

태초에 하나님이 천지를 창조하신 행동으로부터 시작하여 계속 진행되는 하나님의 구속사의 경륜은 예수 그리스도의 성육신과 그분의 공생애 사역에서 완성되었다(마 5:17; 요 19:28-30; 롬 10:4 등). 그리고 구약의 묵시 문서에서 말하는 새 하늘과 새 땅이 이루어지는 최후의 심판과 역사의 종말은 예수 그리스도의 재림의 약속을 통해 보증된다. 예수 그리스도의 새 언약이 있기까지는 아담의 행위 언약, 노아의 무지개 언약, 아브라함(이삭, 야곱. 레 26:42)의 할례 언약, 모세의 율법 언약, 레위의 제사장 언약(민 25:13. 비교, 히 7:11), 다윗의 왕권 언약, 그리고 예언자들의 새언약(렘 31:31-34)의 약속이 이어졌으며, 결국 하나님의 언약을 배반한 이스라엘 백성에게 내려진 북왕국 이스라엘의 멸망(주전 722년)과 남왕국 유다의 바벨론 포로(주전 586년)라고 하는 심판, 그리고 바벨론 포로에서의 귀환을 통해 하나님의 약속에 따라 구원과 용서의 역사가 계속 진행되었다. 구약성경의 이러한 구속사적인 언약(약속)의 역사는 예수 그리스도의 성육신 사건에 이르기까지 계속되었다. 구약의 율법과 선지자(옛 언약)는 세례자 요한의 때까지이다(마 11:13-14; 눅 16:16). 예수 그리스도를 통해 이제 새언약이 시작되었다(눅 22:20; 롬 10:4; 히 8:13 등. 비교, 고후 3:6). 구약신학은 구약성경이 진술하는 하나님이 약속하신 구원사(救援史)의 다양성과 통일성(일관성)을 파악하여, 신약이 증언하는 예수 그리스도 사건의 목표를 향한 의미를 정리하여 오늘 우리가 알아들을 수 있는 말로 되풀이하여 설명하려는 것이다(비교, 히 1:1-3; 롬 3:31; 15:4; 벧전 3:15-16 등).

구약신학의 학문적 과제는 독일 튀빙겐의 19세기 구약 신학자 구스타프 욀러(G. F. Oehler, 1812-1872)가 바르게 지적한 대로, 구약 역사에 나타난 하나님의 구원 경륜에 관한 '유기적이며 역사적인 통찰'(die organischgeschichtliche Erkenntnis)을 얻으려는 것이다. 좀 더 구체적으로 말하자면, 구약신학은 구약 원전(마소라 본문, 즉 히브리 성경)에서 그것이 기록될 당시의 역사적-문화적 정황과 그 기록자들이 사용한 언어의 문법을 파악하고 해석하는 역사적-문법적 주석(historical-grammatical exegesis)에 기초하여, 그 구약 본문의 규범적 메시지를 신약과의 관련 아래(마 5:17-18), 오늘의 기독교 신앙과 생활의 맥락에서 재현하고 설명하고 적용하는 과제를 가진 구약학의 한 분야이다. 구약신학은 구약학의 한 분야로서, 구약언어, 구약개론, 구약 역사 그리고 구약주석과 함께 구약의 규범적 메시지를 계시의존적인 관점에서 신약신학과 대화하면서 정리하고 체계화하는 작업이다. 구약신학은 고대 히브리 민족종교나 유대교(Judaism)의 본질을 역사적인 관점에서 탐구하는 종교학(宗敎學)이 아니다. 고대 이스라엘의 종교에 대한 연구가 과거 이스라엘 백성이 무엇을 믿고 어떻게 신앙생활을 했는가에 그 초점이 놓여있다면, 구약신학은 과거 이스라엘 역사를 통하여 여호와(야웨, 야훼) 하나님이 예언자들을 통해 자기 백성에게 계시(啓示)하신 말씀을 공부하는 것이다(눅 10:26 등). 다른 한편, 구약성경의 구속사를 탈역사화(脫歷史化)하거나 비신화화(非神話化)하여 실존적 의미로만 환원(축소)시키는 것은 잘못이며, 그것은 신구약 계시의 사실 역사성과 삼위일체이신 하나님의 역사적 주권을 무시하는 일이 될 것이다(골 2:8-10; 딤후 1:4; 4:7; 벧후 1:16; 요일 1:1-4 등). 구약성경이 진술하는 역사를 '사실 역사'(Historie)와 분리하여 '믿어진 역사'(Geschichte)로 설명하는 서양의 비평적 성서신학자들도 있는데, '사건 없는 해석은 공허하고, 해석 없는 사건은 맹목적이다'라는 깨우침을 우리는 잊지 말아야 한다.

17세기 초에 독일학자 크리스트만(W. J. Christmann)이 처음 '성서신학'이란 용어를 사용한 이래 신구약 성경에 대한 연구는 그전까지 기독교 교리를 뒷받침해 주는 성경 구절들을 그 계시의 역사적 맥락과는 상관없이 무시간적 진리로 체제화하거

나 주제별로 목록화하던 차원에서 떠나, 점차 성경 본문을 통한 하나님 말씀의 역사
적 차원을 중요시하는 역사적 성격의 학문성을 추구해 나가게 되었다. 18세기에 유
럽에서는 독일을 중심으로 계몽주의(the Enlightenment, Aufklärung)가 대두되어 믿
음의 논리보다는 이성(理性)의 논리를 앞세우는 소위 합리주의(rationalism)를 표방
하게 되었고, 성경의 역사적 성격을 강조하는 성서신학도 합리주의적 역사 이해의
강한 영향을 받게 되었다. 이러한 계몽주의 사조를 배경으로 성서학이 교의학에서
결별할 것을 선언한 사람이 독일 신학자 가블러(J. P. Gabler, 1753-1826)였다. 그는
1787년 3월 30일 알트도르프(Altdorf)대학교 교수 취임에 즈음하여 '성서신학과 교의
학의 바른 구분과 그들이 추구하는 목표의 올바른 정의에 관하여'라는 제목의 강연
을 통해 성서학의 독립적 성격을 천명했다. 가블러에 의하면, 교의학(敎義學, Dog-
matics)이 교육적 성격을 가지고 한 신학자가 여러 가지 신학적 주제들에 관해서 그
가 살고 있는 시대와 장소와 교파 등의 제반 여건에 따라 기독교 신앙의 규범적 내용
을 체계화하여 가르치는 것이라면, 성서신학(聖書神學)은 역사적 성격을 가지고 과
거 성경의 기자(記者)들이 신학적 문제들에 관해 그들의 시대 배경에서 그들이 사고
한 내용을 파악하여 가능한 한 그대로 이해하고 설명하는 것이라고 하였다. 다시 말
하자면, 가블러의 성서신학은 과거 성경에 나타난 여러 인간 기자(記者)들의 역사
적-신학적 사상들을 파악하여, 그 사상들이 발전되어 나온 역사적 과정과 그 정황
들을 파악하여, 각 시대에 나타난 신학적 메시지의 특징들을 비교하고 구분해 보면
서, 그중에서도 어느 시대에나 일관되게 보편 타당성을 지니는 메시지의 내용을 특
정하여 정리하려는 작업이라고 하겠다.

가블러가 주창한 성서학의 역사적 성격과 그 과제를 구체화한 첫 작품은 독일 에
어랑겐대학교의 교수 폰 아몬(C. F. von Ammon, 1766-1850)의 '순수한 성서신학의
구상'이란 책이었고(여기서 '순수한'이란 교의학에서 독립했다는 의미이다), 그 뒤를 이어
독일 알트도르프대학교 교수 바우어(G. L. Bauer, 1755-1806)는 1796년에 처음으로
『구약신학』이란 제목의 책을 출판하고, 이후 1800년에 『신약신학』을 출간하였다.[1]
바우어 이래 구약신학과 신약신학의 역사적인 구별과 분리도 점차 관습적인 당연지
사로 받아들이게 되었다. 그것은 성경의 계시가 역사적 성격을 가지고 있고, 또한 단
계적이며 점진적인 성격임을 감안할 때, 종래에 신구약을 단순히 하나님의 말씀이라
는 무시간적인 동일 차원에서 취급하던 입장에서 좀 더 발전하여, 계시의 역사적 성

---

1) Hans-Joachim Kraus, *Geschichte der historisch-kritischen Erforschung des Alten Testaments*, Neukirchener Verlag, 3.
erweiterte Aufgabe, 1982, 151쪽. 크라우스 교수는 폰 아몬이 1792년에 "Entwurf einer reinen biblischen Theologie'란
제목으로 출판한 책이 가블러의 뒤를 따른 최초의 구약신학이라고 한다. 그러나 '구약신학'이란 제목을 자신의 책에 붙
인 것은 바우어가 처음이다.

격에 맞도록 학문적인 관점과 방법론을 개선한 결과라고도 볼 수도 있다. 그러나 다른 한편으로는 성서신학이 구약종교를 신약종교와 완전히 분리하여 구약을 신약의 기독교를 탄생시키는 하나의 역사적인 준비 단계 내지는 역사적 진화과정으로 이해하려는 소위 종교사학파의 우려할 만한 입장도 생겨났다. 어쨌든, 서구의 합리주의를 표방하는 계몽주의 철학을 바탕으로 가블러-아몬-바우어로부터 이어지는 현대 서양의 성서신학의 방향 재조정은 성서비평학(Biblical Criticism)으로 구체화되었고, 오늘에 이르기까지 다음과 같은 내용으로 그 입장을 요약해 볼 수 있다.

1) 인간 이성(理性)이 진리 인식과 올바른 지식 획득의 최종 근거요 표준이며, 기록된 성경이 오류 없는 신적 계시라는 성서 권위의 전제는 인정하지 않는다. 일찍이 독일 성서학자 제믈러 (J. S. Semler, 1725-1791)가 밝힌 대로, "하나님의 말씀과 성경은 반드시 일치하지는 않는다"라고 주장한다. 더욱이 성경의 영감(靈感, inspiration. 비교, 딤후 3:16; 벧후 1:21 등)도 포기하였다. 물론 성경이 진술하는 초자연성(supernaturalism)에 대한 어떠한 인정도 거부한다.

2) 성서신학은 이제 전통적 교의학에 맞서서 독립된 역사적-비평적 학문의 성격을 띠게 된다. 현대 성서신학은 성경의 내용에 대해 "무엇이 정말로 일어났느냐?"라고 하는 '역사실증주의적' 물음과 함께, 이성(理性)으로써 검증할 수 있는 내재적인 자연-역사 법칙 아래에서 인과관계를 추적하는 '역사실증주의적' 학문의 성격을 뚜렷이 나타내게 되었다. 따라서 성경연구의 방법은 기존의 '역사-문법적 방법'(historical-grammatical method)에서 소위 '역사-비평적 방법'(historical-critical method)으로 대체되었다.

3) 그러므로 방법론적으로 육하원칙에 따른 철저한 문학비평(Literary criticism)이 성경 연구에 적용되었다. 문학비평은 본문비평(Textual criticism, 즉 Lower criticism)과 대조하여 고등비평(高等批評, Higher criticism)이라고도 부르며, 구약 고등비평의 대표적 학자로는 19세기 독일 괴팅겐대학교의 벨하우젠(J. Wellhausen, 1844-1918)을 들 수 있다. 구약의 고등비평은 사상사적 진화론과 일반 종교사적 관점에서 고대 이스라엘 종교의 형성사(形成史)를 재구성하며, 구약본문의 저자들과 그들이 사용한 언어와 문체, 신학적 의도, 종교적 사상 등을 비교 연구하여 구약본문을 구성하는 역사적 문서자료들의 신빙성과 가치를 분석하고, 구약성경 자체 내에서 서로 모순되는 신학사상들이나 중복되는 내용 등을 역사적 인과관계 속에서 합리적으로 서로 연관시켜 설명하려는 작업이다.

이러한 합리적-역사적-비평적 구약사상 연구는 결국 이스라엘 종교가 처음에는 원시적 종교 형태인 정령숭배(Animism)에서 출발하여, 귀신종교(Demonism), 다신교(Polytheism), 단일신교(또는 배일신교, Henotheism)의 단계들을 거쳐 결국 주전 8세기 히브리 예언자들의 '윤리적 유일신교'(Ethical monotheism)에서 그 최고봉에 도달한 것으로 보았다. 그럼에도 고등 비평적 연구는 고대 서아시아(고대 근동) 세계의 수많은 종교 중에서 유독 이스라엘의 히브리 종교만이 도덕적-윤리적인 유일신 사상을 확립할 수 있었던 분명한 역사적 근거나 그 필연적 인과관계를 설명해 주지 못하고 있다. 모세오경에 대한 소위 'J-E-D-P'의 문서가설(the documentary hypothesis)도 창세기에서 신(神)명칭을 '앨로힘'과 '여호와(야웨)'를 상이하게 사용한 것에 착안하여 발전되었으나(창 1:1 이하와 창 2:4 이하 비교), 아직까지 성경의 내적 증거나 성서 고고학적 증거가 결여된 하나의 추상적인 가설로 보아야 한다. 문서가설의 논리는 어디까지나 '순환논리'(circular reasoning)로서 학자들 나름대로의 전제와 주관적 논리에 기초하고 있고, 학자들마다 그 문서의 범위와 연대가 일치하지 않고 서로 다르게 주장되고 있는 사실은 아이러니로 생각된다. 신명칭 앨로힘의 용법은 일반명사로서 대체로 보편적인 서술(예컨대, 창조이야기) 맥락에서 이스라엘의 참 신(神)을 지칭할 때 주로 사용한 것으로 보며(창 1:1 이하), 여호와(야웨, 야훼)는 고유명사로서 그 이름이 가지는 신학적-인격적인 의미의 특수성이 반영되어 있다(창 2:4 이하; 출 3:13-14; 6:3; 34:5-7 등; 비교, 요 17:26)고 볼 수 있고, 이러한 관점은 앞으로 문서가설의 대안을 위해 주목할 만한 점이다.

19세기 중엽부터 위에서 언급한 성경에 대한 고등비평과 서구 대학교 강단에서 종교사학파의 득세와 과도한 패권주의에 맞서서 일단의 복음주의 구약학자들은 계몽주의 철학을 기반으로 하는 역사 내재주의와 초월을 부인하는 자연과학적 세계관에 대해 본격적으로 저항하기 시작했다. 그들은 역사-비평적 방법의 전제들을 비판하고, 보다 계시 의존적 입장에서 고고학적인 근거를 가지고 역사-문법적 접근 방식을 추구하는 시도를 전개하였다. 그 대표적인 학자들로는 독일 베를린대학교의 구약학 교수로 활약했던 헹스텐베르그(E. W. Hengstenberg, 1802-1869)와 튀빙겐대학교의 아돌프 슐라터(Adolf Schlatter, 1852-1938)를 꼽을 수 있다. 영어권에서는 미국 프린스턴신학교의 구약학 교수였던 그린(W. H. Green, 1825-1900)과 로버트 윌슨(Robert Dick Wilson, 1856-1930) 그리고 그린 교수의 권유로 프린스턴신학교의 성서학 교수가 된 게르하르더스 보스(Geerhardus Vos, 1862-1949), 20세기 전반에 미국 보수주의 웨스트민스터신학교의 구약학 교수인 에드워드 제이 영(Edward J. Young, 1907-1968), 그리고 프린스턴신학교의 구약학 교수에서 웨스트민스터신학교로 자리를 옮긴 오스왈드 앨리스(Oswald T. Allis, 1880-1973) 및 영국의 제임스 오르(J. Orr, 1844-1913)와 런던대학교의 셈어학자이며 구약학 교수인 와이즈먼(D. J. Wiseman,

1918-2010), 리버풀대학교 고대 근동 학자이며 애굽학 명예교수 키친(Kenneth A. Kitchen, 1932-), 캐나다 토론토대학교 위클리프칼리지의 구약학 교수인 해리슨(R. K. Harrison, 1920-1993) 등이 있다.[2]

특히 그라프-벨하우젠 학파의 오경 문서가설에 반대하여 대안을 제시한 예루살렘의 히브리대학교 성서학 교수들이었던 유대교 성서학자들은 20세기 전반에 활동한 카수토(Umberto Cassuto, 1888-1591)와 그 이후 세갈(Moshe H. Segal, 1905-1985)의 이름들을 기억할 수 있다.[3] 우리나라에서는 장로회신학대학교 구약학 교수직을 그만두고 총신대학교 교수를 역임한 배제민 교수가 모세오경의 문서가설에 반대하는 책을 출판했다.[4] 지금까지 성서비평학에 대한 대안 제시와 반론이 계속되고 있으나,[5] 정작 서양의 비평학자들이 복음주의 학자들과의 대화에 무관심하거나 기피하는 상황에서, 학문적 토론이 제대로 이루어지지 않고 있는 성서학계의 현실은 답답하기만 하다.

20세기 전반기로 접어들면서, 구약신학계에는 벨하우젠 학파의 역사주의의 횡포를 벗어나, 구약 계시의 역사적 성격을 인정하면서 구약의 규범적 신앙 세계를 파악하려는 새로운 성서신학의 부흥 운동이 나타나게 되었다. 독일의 구약신학자 쾨니히(Eduard König, 1846-1936)의 1922년 '구약신학'의 출간으로부터 시작하는 새로운 구약신학의 부흥 운동은, 독일의 비평적 구약학자 아이스펠트(O. Eissfeldt, 1880-1973)가 주장하는 이스라엘종교와 구약신학의 이분법, 즉 신앙-학문적 입장과 이성-학문적 입장을 구분하는 이원론적 논쟁을 넘어서서, 스위스 바젤대학교의 구약학자였던 아이히로트(Walther Eichrodt, 1890-1978)에 이르러 신정통주의적 입장에서 자유주의 종교사학파에 대응하는 구약신학의 관점을 정립할 수 있었다.[6] 신정통주의 성서신학의 입장은 비평적 성서연구의 방법을 적절히 사용하면서도 전통적인 성경의 하나님의 말씀의 권위를 새롭게 설명해 보려는 것이었다. 달리 말하자면, 성경본문의 역사적 성격과 오늘의 하나님의 말씀으로서의 상관관계를 재정립하려는 노력이었다. 아이히로트는 그의 구약신학에서 공시적(共時的) 방법(syncronic meth-

---

2) 20세기에 성서비평학에 맞서 복음주의 성경해석에 앞장선 대표적 성서학(특히 구약학) 학자들 35인에 대한 비교적 자세한 정보는 다음의 책을 참고할 수 있다. Walter A. Elwell & J. D. Weaver(eds.), *Bible Interpreters of the 20th Century*, A Selection of Evangelical Voices, BakerBooks, 1999.

3) U. Cassuto, *The Documentary Hypothesis and the Composition of the Pentateuch*, ET by Israel Abrahams, Jerusalem Magness Press, 1961/1972; M. H. Segal, *The Pentateuch, Its Composition and Its Authorship*, Jerusalem Magness Press, 1967.

4) 배제민, 『새로운 형태의 모세오경 연구』, 문서설 비판을 중심하여, 총신대출판부, 1984.

5) 비교, 티모시 라슨 편집, D.W. 베빙톤, 마크 A 놀 편집고문, 『복음주의 인물사』, 이재근, 송훈 옮김, 기독교문서선교회, 2018.

6) 발터 아이히로트, 『구약성서신학 I, II』, 박문재 옮김, 크리스챤다이제스트, 1994.

od)인 소위 '횡단면적 방법'(cross-section method)을 사용하여, 구약 이스라엘의 구속역사의 진행 과정에서 그 역사의 단면마다 나타나는 하나님과 이스라엘의 핵심 관계 개념인 '시내산 언약'이 전승되고 확장되면서도 일관성(언약 관계)을 유지하면서, 신약의 새 언약 역사에까지 연결되는 과정을 역사적으로 탐구하는 구약신학의 내용을 제시하였다. 그는 구약의 여호와 하나님과 그의 백성 이스라엘 사이에 맺어진 역사적인 '시내산 언약'(출 19:1-6) 사건에서 출발하여 신약의 예수 그리스도를 통한 새 언약 사건과 연결되는 역사적 과정을 기술하는 것을 구약신학의 과제의 핵심으로 보았다. 그러나 아이히로트는 구약 본문 해석에서 역사-비평적 방법과 그 결론들을 버리지 않고 함께 사용하였기 때문에, 그의 구약신학은 설득력이 약화되었고 빛이 바랬다. 달리 말하자면, 구약성경의 초월의 차원을 역사내재적 방법과 함께 해석함으로써 무리가 있었다. 성경해석에서 성령의 역사와 하나님의 말씀으로서 성경의 실존적 차원을 강조하는 신정통주의적 성서신학 운동은 그 의도는 좋았으나, 성경해석에서 초월적 계시의 차원과 역사실증주의적 입장을 다 같이 포용하는 그 방법론적 모순과 갈등 때문에 결국 20세기 후반으로 오면서 등장한 신자유주의적 성서신학에 자리를 내어주게 되었다. 간단히 말해서, 신자유주의는 구약신학의 경우 '무엇이 정말 일어났는가'라는 자유주의의 역사실증주의적 탐구가 실패하였고, 신정통주의 역시 역사(歷史)의 틀(사실 역사가 아니라 믿어진 역사) 안에서 헤어나지 못한다고 판단하여, 그 후속적인 새로운 탐구의 대상을 역사가 아닌 성경 본문의 '언어 현상'으로 이동한 것이 과거의 자유주의나 신정통주의 입장과의 차이점이다.

20세기 후반으로 오면서 신자유주의 구약신학 입장의 대표적 학자인 독일 하이델베르그 대학교의 구약학 교수 폰 라트(G. von Rad, 1901-1971)는 가블러(J. P. Gabler, 1753-1826) 이래의 구약신학은 그 본질적 대상인 '이스라엘이 역사적으로 하나님에 관해 증언한 두드러진 핵심 내용'을 아직 붙잡지 못했다고 지적하면서, '역사 속에서 계시로서 주어진 하나님의 말씀과 그 전승 활동' 이것이 이스라엘 신앙의 본질적 내용이라고 보았다. 그리하여 구약성경에 나타난 이스라엘의 최초의 '작은 역사적 신앙고백(들)'을 찾아내고(예컨대, 신 26:5-9), 그 신앙고백이 이후 역사적 맥락에서 어떻게 다양하게 확대 전승되었는가를 탐구하는 것이 구약신학의 과제라고 주장했다. 다시 말하자면, 폰 라트의 이러한 소위 '전승사 구약신학'은 초기 이스라엘의 역사적 신앙고백(들)이 구약 본문의 어디에서 어떻게 나타나 있는가를 확인하고, 그 신앙고백이 변화하는 이스라엘 역사의 삶의 조건들에 따라 어떻게 다양하게 변화하고 되풀이하여 이야기되면서 전승되었는가(Nacherzählung)를 통시적(通時的) 방법(diachronic method)으로 정리하려는 것이다. 폰 라트의 이같은 전승사(傳承史) 구약신학은 이스라엘의 신앙고백 전승의 다양성에 초점을 맞추어 강조하는 반면, 구약과 신약의 연관성에서 일관된 계시적 메시지가 가지는 경전적 규범성을 약화시킨 점이 문제라고 본다. 또한 폰 라트가 특정하는 최초의 작은 역사적 신앙고백(예컨대, 신 26:5-9)도 주관적 성격이 강하며, 비평학자들 중에도 그 신빙성에 동의하지 않고 있다. 구약 본문이 진술하는 내용에 대해 객관적인 역사적 사실성 파악에 실패한 역사-비평적 방법을 반성하여, 구약 본문에서 이스라엘의 신앙고백이라는 언어현상 또는 언어양식에 초점을 맞추어 이스라엘 신앙세계을 이해하려는 신자유주의 입장은 어느 정도 이해할 수 있으나, 역시 사실 역사를 배제하거나 무시하고 신앙고백 언어현상에 대한 통시적 탐구만으로는 구약성경 본문이 말하는 계시적-규범적 의미를 제대로 파악하기에는 무리와 한계가 있다고 생각한다. 신앙고백 언어도 중요하지만, 그 언어는 신앙을 표현하는 다양한 상대적인 도구들 중의 하나이며, 언어가 역사를 대체할 수는 없다. 다른 한편, 아이히로트의 언약(계약) 신학에서는 신구약을 아우르는 계시의 일관성과 언약의 규범성은 어느 정도 강조되었으나, 시내산 언약 사건에서부터 구원사의 사실 역사성을 인정하려는 입장과, 또한 비평적 문서가설의 임의적인 사용은 아이히로트의 구약신학의 약점으로 지적되어야 한다.

지난 20세기 후반에 등장한 미국 구약학자 월터 브루그만(W. Brueggemann, 1933-)의 구약신학은 폰 라트 구약신학의 또 다른 한 아류로서, 구약의 신앙세계는 신앙언어의 세계이며 그 수사학적 언어현상의 뒤에 실재하는 것은 아무것도 없다고 주장했다. 브루그만은 자신의 심리적이며 시적인 상상력에 의존하여 구약 본문의 세계를 '증언과 반론, 그리고 변호'라는 구도에서 해석하고 있다. 그는 심지어 그의 구약신학에서 "구약신학의 하나님은 구약본문의 수사학적 실행 안에서, 함께, 그리고 그 아래에서 살고 있으며, 다른 어떤 곳이나 다른 방식으로는 존재하지 않는다."라고 강조하며, "야훼(여호와)는 이스라엘의 본문(구약)에서 하나의 명확한 언어표현으로서 이해되어야 한다."라고 했다.[7] 이에 대해 동시대의 미국 복음주의 구약학자 브루스 월트키(Bruce K. Waltke)는 "브루그만은 그의 이단적 신학을 그의 잘못된 주석에서 이끌어온다"라고 지적했다.[8] 월트키의 구약신학의 입장은 성경의 무오(inerrancy)와 불오(infallibility)에 기초하여, 구약본문을 역사-문법적 방법으로 주석해야 하며[9], 역사-비평적 구약학은 결국 무신론에 귀착한다고 경고한다.[10] 구약신학은

---

7) Walter Brueggemann, *Theology of the Old Testament*, Fortress Press, 1997, 특히 66, 69쪽 이하.

8) Bruce K. Waltke, *Old Testament Theology*, Zondervan, 2007, 특히 71쪽 이하.

9) Bruce K. Waltke, 위의 책, 81, 101쪽 등.

10) Bruce K. Waltke, 위의 책, 54쪽.

구약본문에 대한 주석과 함께 계시 의존적 관점에서 구약성경이 진술하는 하나님에 대한 지식을 오늘의 사람들에게 과거의 역사적 교훈이 아니라 오늘도 우리에게 말씀하고 있는 현재진행형의 '메시지'로 전해야 한다고 월트키 교수는 주장한다. 하나님에 대한 참된 지식을 인식할 때 비로소 인간은 자신이 누구이고, 이 세상은 무엇이며, 그 안에 살고있는 나(우리)의 위치와 소명을 알게 되고, 결국 내(우리)가 어떤 선택을 하면서 살아야 하며, 어떻게 행복을 찾을 수 있는가 등등의 인간 실존의 핵심적 문제들에 대한 해답도 발견할 수 있다는 것이다. 이러한 과제를 수행하기 위해 구약신학은 신약신학과 협력하면서, 조직신학과 교회사의 분야와 대화를 지속할 필요가 있다.

어쨌든, 21세기에 들어와서 서양의 자유주의나 신정통주의나 신자유주의 구약신학은 점점 쇠퇴하는 모습을 보이고 있으며, 여전히 고대 이스라엘의 종교사(宗敎史) 탐구에 집착하는 경향을 보이고 있다. 다른 한편, 복음주의 구약학자들은 16세기 교회개혁의 완성자로 불리는 쟝 깔뱅(J. Calvin, 1509-1564)이 제시한 구약의 그리스도의 3대 직무(제사장, 예언자, 왕)에 '지혜자'의 직무를 추가하여, 구약에서 약속한 메시아의 4대 직무와 신약의 예수 그리스도를 통한 그 언약의 성취를 향한 하나님의 구원사의 경륜을 계시 의존적으로 이해하고, 그 메시지의 규범성을 탐구하는 작업에 집중하고 있다. 또한 이미 실증 역사적-객관성 추구에 실패한 역사-비평적 방법의 성서해석 결과에 의존하지 않고, 오히려 사도신경, 니케아 신조, 하이델베르그 신조, 그리고 무엇보다 17세기 정통주의(개혁주의, 복음주의)의 웨스트민스터 신조 등 역사적인 교회의 신앙고백을 성서신학의 전제로서 존중하는 방향으로 성서신학의 방향 재조정이 이루어지고 있다.

현대 성서신학에서는 신약신학의 중심을 예수 그리스도라고 할 때, 구약신학의 중심을 말하기가 어렵다는 문제를 제기한다. 지금까지 구약신학의 중심을 나타내는 신학 용어들로서, '언약(계약)', '하나님의 나라', '하나님의 주권', '하나님의 이름', '하나님과 인간의 교제', 또는 '하나님 자신' 즉 '살아계신 여호와(야훼) 하나님' 등이 거론되었다. 이러한 상황에서 결국 우리는 구약신학(이나 신약신학)의 중심은 삼위일체이신 하나님의 말씀, 그 성육하신 말씀, 그 기록된 말씀의 3중적 말씀을 성서신학의 중심으로 파악해야 하지 않을까 생각한다. 다시 말해서, 성서신학은 성경을 통해 기록된 하나님의 말씀의 다양성과 통일성을 이해하고 설명하면서, 오늘 우리의 신앙과 생활에 적용하려는 학문적 노력이다.

구약신학이나 신약신학은 둘이 아니라 하나의 성경(성서)신학의 관점에서 보아야 하고, 동일하신 하나님이 계시하신 말씀으로 읽고 이해해야 한다.[11] 하나님의 말씀을 오늘의 언어로 들을 수 있게 하는 일은 비단 성경번역이나 설교의 과제로만 국한할 것이 아니며, 구약신학과 신약신학이 연대하여 성경을 통하여 주시는 하나님의 말씀을 창조와 구속사를 통해 그 다양성과 일관성을 파악하여 오늘의 동시대인들에게 생명의 양식(영의 양식)으로 공급하는 것을 과제로 삼아야 하지 않을까 생각한다(요 5:39; 6:63,68 등). 현대 성서신학은 양식아닌 불량하고 유해한 식품, 오염된 식수를 팔고있지 않은지 깊이 성찰해야 한다(사 55:1-2; 비교, 렘 2:13). 일찍이 주전 8세기에 아모스 예언자(주전 760-750년에 활동)는, "주 여호와의 말씀이니라 보라 날이 이를지라 내가 기근을 땅에 보내리니 양식이 없어 주림이 아니며 물이 없어 갈함이 아니요 여호와의 말씀을 듣지 못한 기갈이라"라고 했고, 예수님도 "내가 곧 생명의 떡이니라 … 나를 먹는 그 사람은 나로 말미암아 살리라"고 하셨는데, 그 예수님의 몸을 먹고 피를 마신다는 상징적 표현은 바로 예수님이 말씀하신 '로고스'(요 1:1-7) 곧 '영생의 말씀'(요 6:67-68)을 먹는 것을 의미한다(비교, 렘 15:16). 신약의 로마서 10:17-18에도 이렇게 기록되었다: "믿음은 들음에서 나며, 들음은 그리스도의 말씀으로 말미암았느니라. 그러나 내가 말하노니 저희가 듣지 아니하였느뇨, 그렇지 아니하다. 그 소리가 온 땅에 퍼졌고, 그 말씀이 땅끝까지 이르렀도다 하였느니라." 그러므로 성서신학의 중심은 '3중적 말씀'(삼위일체이신 하나님의 말씀, 성육하신 말씀 예수 그리스도, 기록된 성경 말씀)이며, 구약신학을 공부하는 궁극적 목표는 기록된 신구약 성경의 말씀을 통해 주시는 하나님의 생명의 양식과 생수를 공부하는 사람이 먼저 맛보고(신 8:3; 렘 1:9; 15:16; 겔 3:1-3; 마 4:4; 계 10:8-11 등), 그 양식과 생수를 다른 사람들에게도 공급하는 것이 되어야 한다. 구약신학은 본문에서 그 역사적이며 규범적인 계시의 메시지를 탐구하면서, 구약과 신약에 기록된 하나님의 말씀을 통해 어떤 인간들의 목소리, 이를테면 아브라함이나 모세나 사무엘이나 다윗이나 엘리야나 아모스나 이사야나 욥이나 다니엘의 이야기를 듣는데 머물지 말고, 오늘도 그들을 통해 말씀하시는 살아계신 삼위일체 하나님의 음성을 들을 수 있고 또 들을 수 있게 해야 한다(비교, 사 28:9-13; 29:13-14 등). 성경은 물론 어느날 하늘에서 떨어진 책이 아니고, 역사속에서 하나님의 사람들이 성령의 감동으로 기록한 책이지만, 잊지 말아야 할 것은 성경의 제1 저자는 삼위일체이신 하나님이시라는 점이다. 우리가 성경을 통해 인간 기자들의 목소리나 사상이 아니라 하나님의 살아계신 음성을 들을 때 비로소 진리를 깨닫고, 이 세상에 속한 사람이 아니라 하나님 나라의 백성으로서 참 자유와 생명과 지혜를 얻게 될 것이기 때문이다(요 10:3-5; 딤후 3:15-17 등).

---

11) David L. Baker, *Two Testaments, One Bible*, 2010.

03

기독교적 복과 행복 이해

"예수 믿으면 복(福) 받는다." 또는 "예수 믿고 축복(祝福) 받았다."는 말을 한다. 반대로, "예수 믿어도 별 볼 일 없다."든지, "예수 믿고 복받을 줄 알았는데, 망했다."는 사람도 없지는 않다. 작년과 금년에 한국 기독교는 백 주년의 역사를 맞이하여 여러 가지 기념행사들과 함께 과거에 대한 회고와 정리 및 미래 한국교회의 진로와 방향을 의미 있게 하기 위한 반성과 계획을 하고 있다. 이러한 맥락에서, 오늘 한국교회가 반성하지 않으면 안 될 것은, 기복신앙(祈福信仰)으로 대변되는 기독교 신앙의 무속화(巫俗化) 현상이다. 무속신앙은 한마디로 자기 소원성취를 위한 종교행위이다. 많은 교회와 신자들이 신앙과 생활이 유리된 채 '성공적'이라는 세속적, 물량적 기준에 현혹되고 있으며, 목회자들도 소위 '성공적 목회', '성공적 교회성장'을 추구함에 따라 그리스도인으로서의 정체성을 망각하고, 결과적으로 세속화(世俗化)에 빠져들고 있음은 개탄스러운 일이 아닐 수 없다. 이러한 문제점은 한번 짚고 넘어갈 정도의 것이 아니라, 앞으로 21세기에 한국교회가 참된 교회의 정체성을 회복하고 사명을 바로 실천할 수 있게 하기 위해 우리 모두가 기도해야 할 제목이고 올바른 해결책을 찾아내기 위해 함께 노력해야 할 한국교회 사활(死活)의 문제라고 생각한다.

기독교의 본질은 인간으로 하여금 진정한 의미에서 축복된 생활, 행복한 삶을 살도록 하는 데 있다. 그렇다면 성경을 통해 기독교 신앙이 약속하고 지향하는 참된 축복, 진정한 행복의 정체는 무엇인가? 정말로 예수 믿고 복 받는 행복한 삶의 내용이 무엇인가를 다시 한번 확인할 필요가 있다고 본다. 바울 사도는 일찍이 그리스도인의 복된 삶에 대해서 다음과 같이 적절한 교훈을 말씀했다. "항상 기뻐하라. 쉬지 말고 기도하라. 범사에 감사하라. 이는 그리스도 예수 안에서 너희를 향하신 하나님의 뜻이니라."(살전 5:16-18). 예수 그리스도를 개인적인 구주로 영접하고 구원을 받았다고 하면서도, 실제 생활에 있어서는 '기쁨과 기도와 감사'의 생활보다는 여전히 세속적 염려와 불안과 원망과 체념 속에 사는 사람들의 수도 적지 않다. 그것은 무엇보다 성경을 통해 약속하신 기독교적 축복 이해가 부족하거나 잘못된 데서 오는 현상이라고 생각한다. 예수 믿고 구원받았다고 하면서도 왜 행복한 삶을 맛보지 못하는가? 다시 말하지만, 그 이유의 핵심은 할 수만 있다면 교회와 기독교 신앙을 이용해서라도 나의 '소원성취'를 하려는 기복신앙의 잘못 때문일 것이다.

인간의 소원성취의 내용은 인간 자신의 온갖 소유욕에서부터 시작하여 소위 '하나님을 위한다'고 하는 자기 기만적 소원성취에 이르기까지(요 16:2 참조), 실로 다양한 모습으로 나타날 수 있다. 에덴동산에서 아담과 하와의 범죄 사건도 결국은 그들의 기복신앙 즉 소원성취욕에서 찾아볼 수 있다. 선악을 분별하는 일은 오직 하나님과의 인격적인 관계에서 그분의 말씀에 근거해야 함에도 불구하고, 아담과 하와는 사탄의 꼬임에 따라 하나님과 같이 되려는 자신들의 욕심으로 먹음직도 하고 보암직도 한 선악과를 따먹음으로써 그들 자신의 '소원성취'를 추구했던 것이다. 그러나 한편 다윗의 신앙은 기복신앙을 극복한 진정한 신앙인의 축복받은 모습을 보여준다. 다윗은 하나님의 성전을 건축하고 싶은 소원을 가졌었다. 다윗이 예언자 나단에게 그의 성전 건축 계획을 의논했을 때, 나단도 즉석에서 "여호와께서 왕과 함께 계시니 무릇 마음에 있는 바를 행하소서" (삼하 7:3 이하)라고 격려했다. 그러나 하나님께서는 다윗이 성전 건축하는 것을 허락하지 않으시고 그의 아들 솔로몬이 성전을 건축하게 하신다는 뜻을 알고(대상 22:6-12), 다윗은 더 이상 자신의 뜻과 소원성취를 위해 고집하지 않았다. 어떻게 생각하면, 하나님의 성전을 건축하는 것처럼 좋은 일, 선한 소원이 어디 있겠는가? 그러나 아무리 하나님을 위하고 선한 일이라고 하더라도, 하나님의 뜻과 계획과는 달리 자신의 뜻을 끝까지 관철하고 자기 소원을 성취하려는 것은 전혀 다른 것이고 자기기만이며, 사실은 가장 경계해야 할 무속적 신앙임을 깨달아야 한다. 다윗은 솔로몬이 성전을 잘 건축할 수 있도록 준비만 하고 가겠다고 했다(대상 22:5; 28:2-3).

예수님도 겟세마네 기도를 통해, "그러나 내 원대로 마옵시고 아버지의 원대로 하옵소서."(마 26:39)라고 기도하심으로 복된 그리스도의 사명을 완수하셨다. 기독교 신앙이란 달리 표현하자면 '하나님과 인간 사이의 인격적 대화'인데, 따라서 그리스도인의 축복과 행복은 자기의 주장 관철이나 소원성취가 아니라 성경 말씀과 대화(기도)를 통해 하나님의 뜻을 깨닫고 그의 말씀에 순종하는 삶에서 구현되어야 한다. 일반적으로 구약성경에서 축복과 행복은 현세적인 물질적 축복에 그 관심이 집중되어 있다고 한다. 가령 자손 번성이나, 젖과 꿀이 흐르는 땅을 소유하는 것이나, 건강하게 장수하는 것이며, 재물을 많이 소유하는 것, 전쟁에서 승리하고 원수들의 침략과 위협 없이 평안히 사는 것 등이다. 그러나 우리가 오늘 분명히 기억해야 하는 것은, 이 모든 구약의 현세적 축복들은 먼저 구약 성도들의 '소원성취 목록'에 따라 종교적 의식을 이용하여 조작되거나 쟁취된 것이 아니라는 것이다. 세상 만물의 창조주시며 역사의 주관자이신 여호와(야웨, 야훼) 하나님은 당신의 자녀들에게 현세적 물질적인 복도 필요한 것을 아시고, 하나님의 은혜의 선물로서 허락하셨다(마 6:32; 비교, 대상 29:14; 시 24:1; 잠 8:18-21 등). 그러므로 그리스도인들이 먼저 구할 것은 하나님의 나라(하나님의 통치)와 그의 의(공의와 정의)이다(마 6:33). 성경은 처음부터 마지막까지 인간에 대한 하나님의 축복(강복)으로 일관하고 있으며, 사실 신구약 성경은 인간의 복과 행복을 위한 책이다(창 1:28; 12:1-3; 민 6:24-26; 계 19:9; 22:7 등).

또 한 가지 놓치지 말아야 할 점은 성경 계시의 역사적 맥락에서 진정한 복은 궁극적으로 예배하는 삶의 자리에서 확인되고 있다는 사실이다. 먼저 구약에서 복과 행복의 대표적인 내용이 제사장의 축도(민 6:24-26)와 시편 1편에 잘 집약되어 있다. 제사장 축도문에서 하나님이 주시는 복은 세 가지이다. 첫째는, 하나님이 지켜주신다는 것이다. 둘째는 하나님이 은혜를 베푸시는 것이다. 셋째는 하나님이 주시는 평강(평화, 평안), 즉 히브리어로 '샬롬'이다. 샬롬은 앞서 말한 두 가지 복을 포함한 하나님의 복을 모두 포괄하는 용어이며, 그 뜻은 '부족함이 없는 상태'이다. 시편 1편은 하나님이 주신 복을 누리는 상태, 즉 행복에 관해 말하고 있다. 행복한 사람은 세 가지를 하지 않는 사람이고, 한 가지를 실천하는 사람이다. 행복한 사람이 하지 않는 세 가지는, 첫째 하나님이 없다고 하는 죄인들의 생각이나 계획을 따르지 않는 것이다. 둘째는 악행을 일삼는 사람들과 동업을 하거나 생활을 같이 하지 않는다. 셋째는, 남을 업신여기는 교만한 사람들과 친구가 되지 않는 것이다. 반면에 행복한 사람이 실천하는 한 가지는 '하나님의 말씀'(여호와의 율법, 성경)을 즐거워하며 그 말씀을 늘 사모하고 공부하며 그 말씀대로 실천하려고 노력하는 사람이다. 이 두 가지 본문에 나타난 대로, 구약의 복과 행복 사상은 인간의 예배적인 삶, 즉 하나님과의 인격적인 관계에서 확인된다. 구약성경에서 복의 근거는 '하나님과 인간과의 올바른 관계 회복'이라고 보았고, 이러한 상태를 부족함이 없는 '샬롬'(평강, 평안, 평화)으로 표현하였으며, 구약성경이 강조하는 복의 내용은 하나님이 지켜주고 은혜(곧 하나님이 사랑으로 너그럽게 대해주시는 삶)를 베풀어 주시는 삶에 있다. 따라서 구약에서 말하는 불행한 사람은 세상에서 물질적 축복을 받지 못한 사람이 아니라, 하나님과 소외된 생활을 하는 사람, 하나님이 없다고 하는 사람이며, 세상 풍조에 따라 방황하는 사람이다(시 1:4; 비교, 창 3:8; 4:14; 시 14:1 이하 등).

신약에서도 구약의 복사상은 면면히 이어지고 있는데, 무엇보다 예수님의 산상 수훈 가운데서 8복 교훈의 말씀을 통해 기독교가 말하는 복의 진면목이 온전히 드러난다. 예수께서는 심령에 가난한 자들("the poor in spirit", 즉 자만하지 않고 하나님을 찾는 마음), 애통하는 자들, 온유한 자들, 의에 주리고 목마른 자들, 자비한 자들, 마음이 깨끗한 자들, 화평케 하는 자들, 예수 그리스도의 복음과 의를 위해 핍박을 받는 자들이 복이 있다고 했다(마 5:1-12; 눅 6:20-23). 그 복의 구체적 내용은 천국(하늘나라)에서 받을 상(賞)이다. 천국은 하나님의 통치 주권이 미치는 모든 영역이요, 하나님의 법과 질서가 지켜지는 곳이다. 신약의 8복사상의 내용도 첫 번째 마음에 가난한 자들의 축복과 마지막에 예수 그리스도의 복음의 의를 위하여 핍박을 받는 자들의 축복으로 크게 두 기둥으로 정리될 수 있다고 생각한다. 먼저 '심령에 가난한 자들'의 의미인데(눅 6:20에서는 '가난한자들'), 가난은 무엇보다 경제적 용어이다(눅 6:20-23; 약 2:5). 가난은 부족과 결핍을 의미한다. 심령에(그리스어로 '토 프뉴마티', 영혼 곧 마음 상태)에 가난하다는 것은 함축적인 표현으로서, 내가 내 자신의 주인이 아니라, 언제 어디서나 나의 주인이신 하나님을 전적으로 필요로 하는 결핍 의식이다. 달리 말하자면, 심령에 가난은 한마디로 '자기부인'(自己否認)이다. 그러므로 예수께서 자기를 따라오려는 제자들에게 무엇보다 먼저 "자기를 부인하라"(마 16:24) 하신 것과도 일치하는 말씀이다. 자기를 부인하고 자기 십자가를 지고 따르라고 하셨는데, 이것은 두 가지 서로 다른 내용이 아니고, 자기부인은 예수의 제자됨의 본질(本質)이고 십자가를 지는 것은 그에 따라오는 현상(現象)이다. 또한 예수께서는 오히려 "자기를 비웠다"(빌 2:7)고 하신 말씀대로, 심령에 가난함은 하나님의 뜻을 이루기 위해 자신의 뜻을 온전히 비운다는 의미와도 같다. 내가 내 마음을 독차지하고 주인 노릇 할 때 하나님이 다스리는 천국은 이루어지지 않는다. 기복신앙의 본질은 이미 지적한 대로 자기의 소원성취에 있기 때문에 결코 자신을 비우거나, 자기부인을 할 수 없다. 기복신앙의 태도는 자기부인이 아니라 오히려 '타자 부인'(他者否認)이며, 궁극적으로는 '하나님 부인'까지 나타나게 마련이다. 기독교가 약속하는 복은 그러므로 하나님과의 인격적 만남과 그 관계의 회복, 그리고 자기 부인을 통해 자기 십자가를 지는데 있음을 명심해야 한다(비교, 계 3:20-22 등). 인간은 자기 수단과 방법으로 잠시 쾌락을 느낄 수 있지만, 하나님을 떠나서는 결코 참된 만족과 행복을 누릴 수 없다.

팔복을 통해 둘째 기둥이라고 할 수 있는 기독교의 진정한 복의 내용은 예수 그리스도의 복음의 의(義)를 위해 고난 받는 삶으로 귀결한다. 진정한 자기 부인과 예수 그리스도의 의를 위한 고난의 삶, 이것이 성경을 통해 기독교가 증언하는 기독교의 복의 핵심이다. 다른 모든 복은 여기에 따라오는 것들이다. 그러므로 기독교의 복과 행복은 무엇보다 이 세상에서 출세하고 무사안일과 물질적 풍요와 보상을 추구하는 이를테면 탈고난(脫苦難)의 신앙이 아니다. 그래서, "너희는 먼저 그의 나라와 그의 의를 구하라. 그리하면 이 모든 것을 너희에게 더하시리라"라고 예수님은 약속하셨다(마 6:33-34). 이러한 관점에서 볼 때, 요즈음 유행하는 해방신학(解放神學)이나 민중신학(民衆神學)이 민중의 현재 받는 고난을 극대화하여 정치, 경제, 사회, 교육, 문화의 모든 영역에서 '탈고난의 해방운동'으로써 민중들의 한(恨)을 풀어주고 민중이 원하는 해방과 자기 '소원성취'를 약속한다면, 그것은 민중을 구원하고 민중을 위하는 것이 아니라 오히려 민중을 기만하는 무속적인 우상신학이 될 위험이 크다. 기독교의 구원은 인간의 원통한 한을 푸는 것이 아니라, 예수 그리스도의 십자가와 부활로 인해 인간의 본질적인 죄와 죽음의 문제를 해결하며, 인간이 예수 그리스도 안에서 하나님의 형상을 회복하고 궁극적으로 부활과 영생을 얻는 데 있기 때문이다 (마 1:21; 3:1-2; 4:17; 요 5:24 등 참조). 지금 한국의 민중신학은 민중을 신격화하고 민중은 죄(罪)가 없다고까지 강변하며, 독재정권에 대항하여 민주화 투쟁이나 열악한 노동조건 개선을 위해 젊은 대학생들이나 청년들이 분신자살하는 것을 어린 양의 희생의 피라고 미화하는데, 이것은 더 이상 '민중(民衆)-신학(神學)'이 아니라 '민중신(民衆神)-학(學)'으로 변질된 사이비 기독교 신학이다. 오늘 민중신학은 자기부인이 아닌 타자부인을 통한 자신들의 한(恨)풀이나, 민중 자신이 역사(歷史)의 주인이되고 자신들의 힘으로 지금 이곳에서 '민주화'를 쟁취하려는 '자기의'(自己義)의 우상(偶像)을 버리고(롬 10:1-3 참조), 오히려 철저히 자기를 부인(否認)하고 ― 결코 자살 등과 같은 자해나 자학행위가 아니라 ― 심령(마음)마다 참 주인에 대한 결핍과 가난을 느끼며 삼위일체 하나님과의 올바른 관계를 회복하고, 이 세상에서 하나님의 의를 위하여 고난받는 것을 오히려 기뻐할 수 있을 때(마 5:10-12; 벧전 3:17 이하), 거기에 진정한 하나님 나라 역사(歷史)의 의미가 있고, 고난의 역사를 통한 삼위일체 하나님의 위대하신 행동(구원과 심판)과 축복을 경험할 수 있게 될 것이다. 착각하지 말아야 할 것은, 민주화 운동이 곧 하나님 나라의 운동은 아니지 않은가?

성경에서 하나님의 백성의 고난의 이면(裏面)에는 언제나 하나님의 구원과 축복의 섭리가 있다. 주안에서 고난과 축복은 일체양면의 관계이다. 시편의 시인은 그러므로 자신의 신앙을 이렇게 고백하였다: "고난 당하기 전에는 내가 그릇 행하였더니 이제는 주의 말씀을 지키나이다."(시 119:67). 성경에 기록된 하나님의 말씀을 듣고 지키는 것이 이 세상 역사의 부조리를 극복하는 지름길이며, 그것이 복이고 행복이다. 고난을 한(恨)의 응어리로 경화(硬化)하지 않고, 고난을 통한 하나님의 의(義)와 구원의 섭리와 계획을 믿음의 눈으로 바라볼 때, 그때 우리는 성경이 가르치는 바른 인생관과 역사의식(歷史意識)을 가지고 주(主)안에서 약속된 복과 행복을 기대해도 좋을 것이다. 복(福, 히브리어로 '브라카'. 영어로는 'blessing')은 하나님으로부터 받는 것이고, 행복(幸福, 히브리어로 '아쉬레'. 영어로는 'happy, happiness')은 그 받은 복을 누리는 데 있다.

04

레위기의 제사예식과 예배정신

레위기는 일반 그리스도인들뿐 아니라 신학을 공부하는 신학도들에게도 흥미 없는 책으로 여겨지기 쉽다. 구약시대 이스라엘 백성의 제사예식 및 개인의 생활 규칙들과 각종 절기 수칙들에 관한 레위기의 내용은 그 전문적인 성격과 함께 그 역사적-문화적인 거리감 때문에 오늘날 일반적인 접근을 어렵게 하는 것이 사실이다. 구약신학 연구사에서도 독일 구약학자 벨하우젠(J. Wellhausen, 1844-1914)이 『고대 이스라엘 역사서설 연구』(1878)에서 모세오경의 4자료 문서설을 발표한 이래, 소위 종교사학파적 입장에 선 비평적 구약학자들은 구약성경을 히브리종교의 사상사적-진화론적 발전과정의 산물로 파악하면서, 히브리종교의 최고 가치를 주전 8세기 예언자들인 아모스, 호세아, 이사야, 미가 등이 강조한 '윤리적 유일신 신앙'에서 찾아왔다. 따라서 비평적 구약학자들은 주전 8세기 고전적 예언자들의 제사예식에 대한 신랄하고도 부정적인 비판을 통해 구약의 신앙세계를 제사종교와 예언종교의 대립 관계로 파악하였으며, 이러한 맥락에서 구약의 예언신학에는 많은 관심을 쏟아왔으나, 상대적으로 제사신학에 대한 연구는 소홀히 취급되고 약화된 느낌을 주었다. 비평학자들에 의하면, 레위기에 나타난 정교한 제사제도는 역사-비평적으로 고찰해 볼 때 히브리종교 발달 과정의 마지막 단계의 신학사상을 반영하고 있으며, 그것은 바벨론 포로귀환 이후 예루살렘의 제2성전 건축과 함께 유다의 신앙공동체 재건을 위해 제사장 서클(주로 에스라와 레위인들)을 중심으로 주전 5세기경에 편찬된 소위 '제사장문서'(the Priestly Document: 기호 'P'로 표시함)의 핵심으로 보았다. 제사장 문서에서는 사제 계층의 역할과 사제와 성전의 재정적 수입에 대한 관심이 증가되어 있고, 또한 레위기에는 제2성전 신앙공동체를 엄격히 통제하기 위해 필요한 형식주의적이며 율법주의적 성격이 강하게 드러나 있는데, 이러한 특징은 예루살렘의 제2

성전 제사 중심 신학과 함께 이후 이스라엘 역사를 통해 회당(synagogue) 중심 유대교가 형성되는 토양이 되었다는 것이다.

그러나 20세기 캐나다 위클리프칼리지의 보수적 복음주의 구약학자인 해리슨(R. K. Harrison, 1920-1993) 교수가 지적한 대로, 일반적으로 고대 서아시아(고대 근동)에서 일찍부터 실행되고 있었던 제사 의식(儀式)의 오랜 연대를 감안할 때, 레위기의 제사 예식은 모세 전승에 역사적 근거를 두고 있다고 보는 것이 오히려 신빙성이 있으며, 결코 주전 5세기경에 창작된 P문서로 주장할 수 없다는 것이다. 역사비평적 학자들도 오늘날 레위기에 나타난 소위 'P'문서(Priestly Source)는 이스라엘 역사에서 상당히 고대 자료를 반영하는 것으로 대다수가 의견을 수정하고 있다. 대표적으로 독일 하이델베르그대학교의 구약학자 렌토르프(Rolf Rendtorff, 1925-2014)는 구약의 제사역사 연구의 결론에서 P문서에 나타난 제사예식을 도식적으로 바벨론포로기 이후로 보는 것은 분명히 잘못이라고 지적했다. 또한 튀빙겐대학교의 구약학자로서 폰 라트 신학의 후기 학자로 알려진 로마 가톨릭 사제인 게제(H. Gese, 1929-) 교수도 벨하우젠 아류의 종교사학파 견해와는 다른 관점을 표명했는데, 소위 P(제사장 문서)에 나타난 제사예식과 그 정신은 무엇보다 죄(罪) 문제에 대한 심도 깊은 이해를 나타내며, 하나님과의 온전한 교제를 이루어 하나님의 거룩에 참여하는 이스라엘 제사의 본질적 이해를 반영해 준다고 보았다.

예언신학과 제사신학을 이분법적 대립으로 보는 것은 분명히 서양 비평학자들의 잘못된 입장이다. 구약시대 예언자들은 제사장들의 타락과 형식적이고 잘못된 제사를 비판한 것이지 결코 제사의 본질(하나님께 대한 헌신과 순종) 자체를 부인한 것은 아니기 때문이다(겔 20:40; 사 56:7!; 60:7. 비교, 호 6:6; 암 5:21-25; 미 6:6-8; 삼상 15:22 등). 이스라엘 역사에서 대제사장과 그 가문의 타락이 극에 달한 이야기는 사사시대(士師時代)의 마지막에 실로 성소에서 엘리 대제사장과 그의 두 아들들의 이야기에서 볼 수 있다(삼상 2:12-17,22-25,27-36). 엘리 가문에 입적하여 자라난 사무엘은 그러나 대제사장 가문의 악행에 물들지 않고 하나님이 세우신 예언자가 되었다(삼상 2:18,26; 3:19-21). 사무엘 예언자로부터 구약의 본격적인 예언활동이 시작되었다고 볼 수 있다(행 3:24 참조). 달리 말하자면, 제사장과 제사의 타락이 구약의 예언활동의 원인을 제공했다고 할 수 있다. 엘리 가문의 몰락 이후 제사장들의 타락과 제사예식의 잘못된 관행은 고쳐지지 않았고, 주전 8세기에 이르러 북왕국과 남왕국의 예언자들은 한목소리로 이러한 제사의 잘못을 깨우쳤다. 서양의 비평학자들은 구약성경에서 주전 8세기 예언자들이 이스라엘과 유다의 타락한 제사를 경책하는 본문을 피상적으로 읽은 것이다.

주전 8세기 말 남왕국의 이사야 예언자는 8세기 예언자들의 메시지를 총괄하여 마음과 같은 섬뜩한 메시지를 전했다. "여호와께서 말씀하시되 너희의 무수한 제물이 내게 무엇이 유익하뇨. 나는 숫양의 번제와 살진 짐승의 기름에 배불렀고 나는 수송아지나 어린 양이나 숫염소의 피를 기뻐하지 아니하노라. 너희가 내 앞에 보이러 오니 이것을 누가 너희에게 요구하였느냐. 내 마당만 밟을 뿐이니라. 헛된 제물을 다시 가져오지 말라 … 성회와 아울러 악을 행하는 것을 내가 견디지 못하겠노라 … 너희가 손을 펼 때에 내가 내 눈을 너희에게서 가리고 너희가 많이 기도할지라도 내가 듣지 아니하리니 이는 너희의 손에 피가 가득함이라. 너희는 너희 악한 행실을 버리며 행악을 그치고 선행을 배우며 정의를 구하며 학대받는 자를 도와주며 … 고아와 과부를 위하여 변호하라 하셨느니라."(사 1:11-17). 이러한 메시지가 어떻게 예언과 제사의 신학적 대립구도에서 나온 것이겠는가? 이미 주전 8세기 전반에 북왕국의 예언자 호세아는 "나는 인애(仁愛, 히브리어로 '헤세드')를 원하고 제사를 원하지 아니하며, 번제보다 하나님을 아는 것을 원하노라"라는 말씀을 전했는데(호 6:6), 그 말의 진의(眞意)는 제사를 반대하며 제사를 드리지 말라는 뜻이 아니고 하나님이 기뻐 받으시는 의로운 제물, 하나님이 원하시는 인애가 중심이 되는 제사를 드리라는 의미이다. 역시 주전 8세기 남왕국 유다의 미가 예언자는 더 구체적으로 하나님이 원하시는 제사에 대해 이렇게 말했다. 여호와께서 기뻐하시는 제사는 번제물 송아지나 숫양의 강물 같은 기름이나, 심지어 사람의 몸에서 태어난 맏아들을 바치는 것이 아니라고 단언하고, 여호와께서 네게 구하시는 것은 "오직 정의(正義)를 행하며 인애(仁愛)를 사랑하며 겸손(謙遜)하게 네 하나님과 함께 행하는 것"이라고 미가 예언자는 올바로 지적했다(미 6:6-8). 이것은 제사의 형식이 중요한 것이 아니고, 제사(예배)의 본질(마음)과 그 정신이 중요한 것을 말한 것이다. 정신 나간 제사, 본질을 망각한 제물은 여호와께서 미워하는 제사이다(잠 15:8; 전 5:1; 비교, 시 40:6; 50:9,13 등).

주전 8세기 전반에 남왕국 예언자 아모스도 당시 사람들이 많이 모이고 유명한 제사 중심지(中心地)인 벧엘이나 길갈을 찾지 말고, "너희는 나를 찾으라 그리하면 살리라 … 너희는 여호와를 찾으라 그리하면 살리라"라는 하나님의 말씀을 전했다 (암 4:4-5; 5:4-6). 제사(예배)는 하나님과의 만남이 그 본질인데, 이스라엘의 제사는 인간의 욕망이 앞을 가리어 하나님을 만날 수 없는 제사였다. 또한 아모스는, "내가 너희 절기들을 미워하여 멸시하며 너희 성회들을 기뻐하지 아니하나니, 너희가 내게 번제나 소제를 드릴지라도 내가 받지 아니할 것이요 너희의 살진 희생의 화목제도 내가 돌아보지 아니하리라. 네 노랫소리를 내 앞에서 그칠지어다. 네 비파 소리도 내가 듣지 아니하리라"라고 책망했다(암 5:21-23). 이어서 아모스 예언자의 유명한 메시지가 나온다. "오직 정의(正義, justice)를 물 같이, 공의(公義, righteousness)를 마르지 않는 강 같이 흐르게 할지어다"(암 5:24). 여기서 정의는 하나님의 주권(主權)을 인정하고 그의 계명을 지키는 것이고, 공의는 하나님과 및 이웃과의 올바른 관계, 그리고 나아가 창조세계와 올바른 관계를 의미한다. 그러므로 정의가 없는 화려한 절기 행사, 떠들썩한 음악 행사나 공의가 없는 제사는 하나님이 기뻐하지 않으실 뿐 아니라 미워하신다는 말씀이다(암 5:25; 비교, 행 7:39-43!). 이것은 이스라엘 백성이 절기도 지키지 말고 찬양도 하지 말고 제사도 드리지 말라는 의미가 아니지 않는가? 이 문맥에서 아모스의 제사의식(祭司儀式)에 대한 날카로운 책망이 아모스 5장 22, 25, 26절에서 다소 무디어진 것은, 이 구절들이 아모스 메시지의 날카로움을 누그러뜨리기 위해 후대에 보완된 삽입 구절이라고 설명하는 서구 비평학자들의 견해 역시 예언과 제사를 이분법으로 보는 잘못된 전제에서 비롯된 것이다.

분열왕국 시대 북왕국 이스라엘과 남왕국 유다의 제사장들의 타락과 불의한 제사(예배)는 불행하게도 요시야 왕(주전 641-609 통치)의 신앙 개혁운동에도 불구하고 개선되지 못했고(왕하 22:8-13; 23:1-23), 주전 721년 북왕국이 먼저 멸망하고, 주전 586년 유다 왕국의 멸망에 이르기까지 계속되었다. 아나돗의 제사장 힐기야의 아들 예레미야는 젊은 나이에 유다 왕 요시야의 통치 제13년에(주전 627년경) 예언자로 부르심을 받았다(렘 1:1-10). 예레미야는 예루살렘 성전의 입구에 서서 성전에 들어가는 유다 백성들을 향해 이렇게 외쳤다. "여호와께 예배하러 이 문으로 들어가는 유다 사람들아, 여호와의 말씀을 들으라. 만군의 여호와 이스라엘의 하나님께서 이와 같이 말씀하시되 너희 길과 행위를 바르게 하라. 그리하면 내가 너희로 이곳에 살게 하리라. 너희는 이것이 여호와의 성전이라, 여호와의 성전이라, 여호와의 성전이라 하는 거짓말을 믿지 말라. 너희가 만일 길과 행위를 참으로 바르게 하여 이웃들 사이에 정의(正義)를 행하며 … 다른 신(神)들 뒤를 따라 화를 자초하지 아니하면 내가 너희를 이곳에 살게 하리니 곧 너희 조상에게 영원무궁토록 준 땅에니라."(렘 7:2-7). 예언자 예레미야가 전한 메시지는, 여호와 하나님이 보실 때 예루살렘 성전은 더 이상 여호와 하나님의 성전이 아니라, "도둑의 소굴"이었다(렘 7:11; 비교, 마 21:13; 막 11:7; 눅 19:46)! 그렇다면 오늘 우리 한국교회의 형편은 과연 어떠한가? 구약 역사에서 이렇게 제사장들과 제사(예배)의 타락을 보면서도, 다른 한편으로는 예언자(선지자)들도 타락하였고 거짓 예언자들이 큰소리치고 오히려 백성의 환영을 받는 상황을 만나게 된다(렘 23:9-12 및 이하; 28:1-17; 비교, 마 7:22-23). 여기서 한 가지 덧붙여 둘 것은, 구약성경에서 거짓 예언자와 참 예언자의 구별이다. 성경에서는 그 분별의 기준들을 몇 가지 찾아볼 수 있으나, 그중에서도 가장 드러나는 표시는 참 예언자는 하나님의 말씀(성경)에 의지하여 언제나 단독자(單獨者)로서 나서는 반면에, 거짓 예언자도 똑같이 하나님의 말씀을 말하지만 실제로는 자기 생각과 주장을 내세우고 대중이 듣기 좋은 말로 대중을 선동하며 언제나 다수(多數)를 이용하여 힘을 과시하고 목적 달성을 위해 폭력도 불사한다는 점이다(왕상 18:19,22; 19:10; 22:5-28; 렘 28:1-17; 29:8-9; 겔 13:1-16; 행 5:34-37 등).

여기서 거짓 예언자들이 사용하는 '폭력'의 실체는 언어와 행동을 통해 상대방에게 압박을 가하는 물리적인 강제력으로 볼 수 있는데, 성경은 근본적으로 '폭력'(히브리어로 '하마스'. 영어 violence, 독일어로 'Gewalttat')을 반대한다(사 2:4; 53:9; 60:18; 렘 22:3; 겔 45:9; 시 7:16; 잠 1:18-19; 말 2:16; 마 26:52; 약 5:1-6; 벧전 2:22-23; 비교, 욜 3:10=MT4:10). 성경은 인간이 범죄 타락한 이후부터 폭력을 사용함으로 세상이 부패했다고 한다(창 6:11-13; 8:20; 겔 7:23; 시 11:5; 140:1,11; 욥 16:17; 잠 3:31; 10:6,11; 21:7 등). 그런데 구약시대에 여호와 하나님도 전쟁의 폭력을 사용하며, 모세 율법에서도 죄인들을 폭력(돌로 쳐 죽이는 것 등)으로 다스리지 않았는가? 나사렛 예수도 노끈으로 채찍을 만들어 성전을 더럽히는 자들을 내쫓고, 환전상들의 탁자를 엎어버리고 그들의 돈을 쏟아 버린 것은 폭력행위가 아닌가(마 21; 12-17; 눅 19:45-48; 요 2:13-17)? 이러한 물음들에 대해 여기서 자세한 토론과 설명을 할 수 없기 때문에 간단히 요점을 말하자면, 인간은 언제나 자신의 이기적 욕망을 이루기 위해 악행의 도구로서 폭력을 사용하지만, 하나님은 사랑에 기반하여 세상의 죄악을 다스리시며(참 예언자들도 마찬가지다), 죄악을 심판하시는 도구로서 한시적으로 폭력(?)을 허용하셨다. 인간의 죄와 악행이 극에 달했을 때 하나님은 자주 전쟁을 통해 심판하셨다. 가나안 땅의 정복 전쟁을 통해 이스라엘 백성이 여호와의 명령으로 수행한 거룩한 전쟁에는 인간의 무자비한 폭력에 한계를 정하는 전쟁법이 주어졌다(신 20:1-20). 가나안의 일곱 족속들을 진멸(殄滅, 히브리어 '헤렘'. 영어 ban, 독일어는 Bann)하는 경우에도 그 목적은 이기적인 약탈이나 전쟁에서 승리하기 위해 수단 방법을 가리지 않는 잔인한 전술이 아니라, 어디까지나 원수들의 가증한 악행이 회복 불능의 상태에 달한 데 대한 하나님의 심판이고 그대로 그것을 방치할 경우에는 이스라엘 백성도 그 악행에 전염되어 여호와 하나님께 범죄할 것이 분명한 상황을 방지하기 위함이었다(출 23:23-28,32-33; 민 21:1-3; 신 7:1-4; 20:16-18; 수 7:1 이하). 성경에서 이러한 거룩한 전쟁과 헤렘은 어디까지나 전면적이거나 무시간적인 것이 아니고 제한적이며 한시적인 조치였고, 그 본질은 하나님의 정의(正義) 실현이며 죄와 악행을 심판하시는 경우이다(욜 3:10=MT4:10). 성경에서 여호와 하나님은 전쟁을 원하지 않으시며(사 2:4; 9:3-7; 미 4:3 등), 하나님이 일방적으로 무조건 폭력을 사용하셨다는 표현이 없다. 하나님이 폭력을 사용하셨다면 그것은 사랑의 매라고 할 수 있다. 하나님은 사랑이시기 때문이다(출 34:5-9; 요일 4:16. 비교, 호 6:1-2).

다윗 왕은 하나님의 마음에 합한 사람이었지만(행 13:22), 그는 전쟁에서 많은 사람의 피를 흘리게 했기 때문에 예루살렘 성전을 짓겠다는 그의 소원을 하나님은 허락하지 않으셨다(왕상 5:3; 대상 22:6-10; 28:2-3). 이스라엘의 역사에서 북왕국이나 남왕국이나 수많은 전쟁을 했는데, 그 전쟁들은 대체로 하나님의 전쟁법(신 20:1-20)에도 맞지 않을 뿐 아니라, 하나님의 뜻이라기보다 왕들이나 군대 지휘관들의 욕심과 편견에 기인한 경우가 대부분이었다(삿 9:24; 왕상 2:5; 15:16; 왕하 13:11; 14:8 이하; 호 8:4 등). 인간들의 전쟁과 여호와 하나님의 거룩한 전쟁은 폭력으로 보이는 현상은 비슷할지 몰라도 본질적으로는 전혀 다른 것이다. 대체로 인간이 사용하는 폭력은 아무리 명분이 있다고 해도 정당화하기 어렵다(비교, 마 26:52). 예수께서는 그래서 원수를 미워하지 말고 원수까지도 사랑하라고 우리에게 말씀했다(마 5:43-45; 롬 12:18-21).

구약의 예언자들 중에는 엘리야가 유일하게 바알의 예언자(선지자)들을 폭력으로 제거하는데 나섰는데, 이것은 당시 이스라엘의 아합 왕 시대에 바알 우상숭배가 극에 달했고 참 예언자들은 죽임을 당하는 극한 상황에서(왕상 18:13), 450명의 바알 예언자들 및 400명의 아세라 예언자들을 상대로 엘리야 혼자 갈멜산에서 대결하는 것을 시종 지켜보던 이스라엘 백성들의 의분(義憤)에서 촉발된 행동이었다(왕상 18:19-21,39-40; 19:1). 엘리야는 이러한 폭력을 사전에 계획하거나 선동하지 않았고, 그 후에도 되풀이하지 않았다. 예외는 어디든지 있으며, 예외를 가지고 본질을 왜곡하면 안 된다. 예수님이 행하신 일견 폭력행위(?)도 사실은 인간적인 폭력이 아니었고(요 2:17), 공생애에서 두 번 다시 되풀이되지도 않았다. 문제는 거짓 예언자들이 상습적으로 거짓말과 폭언과 폭력을 자행한다는 것이고(왕상 22:11,24; 렘 28:10 등), 인간의 이기적이고 계획적이며 잔인한 폭력행위가 문제이다.

구약성경의 마지막 예언자 말라기도 주전 430년경에 당시 제사장들의 타락과 더럽혀진 제물에 대해 신랄한 책망을 했다(말 1:12-13; 2:1-9). "내 이름을 멸시하는 제사장들아 나 만군의 여호와가 너희에게 이르기를 … 내가 주인일진대 나를 두려워함이 어디 있느냐 하나 너희는 이르기를 우리가 어떻게 주의 이름을 멸시하였나이까 하는도다. 너희가 더러운 떡을 나의 제단에 드리고도 말하기를 우리가 어떻게 주를 더럽게 하였나이까 하는도다."(말 1:6-7). 그리하여 말라기는 "너희가 내 제단 위에 헛되이 불사르지 못하게 하기 위하여 너희 중에 성전 문을 닫을 자가 있었으면 좋겠도다. 내가 너희를 기뻐하지 아니하며 너희 손으로 드리는 것을 받지도 아니하리라"

라고 만군의 여호와의 말씀을 대언하고 있었다(말 1:10). 이어서 말라기는 예상치 못한 놀라운 예언의 말씀을 전했다. "만군의 여호와가 이르노라 해 뜨는 곳에서부터 해 지는 곳까지의 이방 민족 중에서 내 이름이 크게 될 것이라. 곳곳에서 내 이름을 위하여 분향하며 깨끗한 제물을 드리리니 이는 내 이름이 이방 민족 중에서 크게 될 것임이니라"(말 1:11). 여기서 말라기 역시 예언자로서 불의한 제사에 대한 잘못을 지적한 것은 결국 하나님이 기뻐하시는 의로운 제사를 드리기 위함이라는 것을 분명히 하고 있다. "만국의 여호와가 이르노라 … 그가 은을 연단하여 깨끗하게 하는 자 같이 앉아서 레위 자손을 깨끗하게 하되 금 은 같이 그들을 연단하리니 그들이 의로운 제물을 나 여호와께 드릴 것이라"라고 했다(말 3:1-4). 특히 말라기 1장 11절의 예언이 오늘 우리가 살고 있는 지구상에서 이루어진 것을 보고 있는 것은 정말 놀라운 일이 아닌가?

오늘날 서양 신학교의 신학과 서양 교회의 예배 현장은 비참할 정도로 황폐화 되고 있고(불행하게도 우리나라에 일찍이 복음을 전해준 영국 교회와 스코틀랜드 연합장로교회, 미국 연합장로교회와 캐나다 연합장로교회, 그리고 호주 연합장로교회도 여기에 포함된다), 우리 한국 신학교의 신학과 교회의 예배 현장도 세속화의 물결에 휩싸이고 있으며, 신학자와 목회자의 신앙(경건)과 신학(학문)적 수준이 저하되고, 교인들은 신앙과 생활의 부조화로 인해 위기상황에 처해 있다. '성수주일 하면 됩니다, 십일조 하면 됩니다, 기도하면 됩니다, 큐티하면 됩니다, 이렇게 하면 됩니다, 저렇게 하면 됩니다, 잘 되고 있습니다'를 주문 외우듯이 반복하지 말고, 지금 우리는 성경에서 말라기와 예레미야와 이사야와 아모스와 같은 참 예언자들이 전한 책망의 메시지를 심각하게 귀담아들어야 할 때가 되지 않았는가? "너희가 살려면 선을 구하고 악을 구하지 말지어다. 만군의 여호와께서 너희의 말과 같이 너희와 함께 하시리라. 너희는 악을 미워하고 선을 사랑하며 성문에서 정의를 세울지어다."(암 5:14-15). 성문에서 정의를 세운다는 의미는 재판의 공정성을 말하는 것이다. 우리나라의 재판도 공정하게 시행되고 있는지 살펴보아야 한다. 다시 한번 말하지만, 구약의 예언자들은 제사(예배)를 반대한 것이 아니고, 어디까지나 하나님이 기뻐 받으시는 올바른 예배(제사)를 드릴 것을 촉구했다(겔 20:40; 사 56:1-8; 60:7 등).

시편 51편 19절에서는 "그 때에 주께서 의로운 제사와 번제와 온전한 번제를 기뻐하신다"라고 했고, 시편 50편 5절에서는, "나의 성도를 내 앞에 모으라 곧 제사로 나와 언약한 자니라"라고 했으며, 같은 장 마지막 23절에서 "감사로 제사를 드리는 자가 나를 영화롭게 하나니 그 행위를 옳게 하는 자에게 내가 하나님의 구원을 보이리라"고 말씀했다(비교, 암 5:14-15). 요컨대, 구약의 참 예언자들이 제사에 대해 책망한 것은 본질을 망각한 제사(예배), 외적으로만 화려한 절기 행사를 꾸짖은 것이다. 본질을 망각했다는 것은 사랑과 정의와 공의가 결여되었다는 말이고, 정신이 나갔다는 의미는 절기행사를 통해 하나님을 기쁘시게 하기보다는 사람들을 기쁘게 하는데 관심을 쏟고, 자신들의 계획과 욕망과 만족을 추구하는 것을 말한다(암 4:4-5!). 다시 강조하지만, 이스라엘이 애굽의 종살이에서 탈출하여 약속의 땅을 향해 나설 때부터, 그 해방과 자유의 목적은 참 신(神)이신 여호와 하나님을 섬기는 데 있었다. "내 백성을 보내라 그리하면 그들이 나를 섬길 것이니라."(출 4:22-23; 7:16; 8:1 이하 여러 번. 출 12:31!). 이제 출애굽 이후 이스라엘 백성은 하나님의 소유(자녀)가 되었고, 여호와 하나님을 섬기는 '예배공동체'로서 자기 정체성을 분명히 인식하게 되었다(출 19:1-6; 24:4-8; 시 50:5 등). 이스라엘은 더 이상 혈연공동체(히브리 민족)도 아니며, 제국주의와 봉건주의의 정치-경제-사회적 압제에 대항하여 평등 이념으로 뭉쳐서 봉기하는 고대 서아시아(고대 근동) 지역에서 떠돌이나 소외자들로 구성된 사회학적 하위계층(소위 '하비루', 또는 '아피루')으로 알려진 혁명집단은 더욱 아니었다. 구약의 이스라엘 백성의 존재 이유는 애굽의 우상숭배와 죄악 생활에서 해방되어 거룩하신 참 하나님을 섬기는 예배공동체로서의 자유를 누리는 데 있었다(출 8:1; 레 19:1-2; 비교, 롬 6:17-23).

이스라엘 백성이 하나님을 섬기는 제사(예배)를 이해하기 위해 또 한 가지 중요한 점은 제사(예배)는 이스라엘 백성이 종교적 필요에 따라 생겨난 자발적 현상이 아니라, 어디까지나 여호와 하나님의 요구였다는 사실이다(비교, 요 4:23!). 제사는 출애굽한 이스라엘 백성이 하나님의 구원의 은혜에 대한 자발적인 '응답'이 아니라는 점이다. 대체로 이방종교의 제사에서는 사람들이 그들의 신들을 기분 좋게 하거나 비위를 맞추어 자신들의 소원을 들어 달라는 것이 목적이다(비교, 고전 10:20-21). 그러나 이스라엘 백성의 제사(예배)는 거룩한 여호와 하나님의 요구이며 시내산 언약 백성 이스라엘이 예배 공동체로서 거룩한 하나님의 백성답게 살게 하기 위한 하나님의 계획이고 방법이었다. 출애굽 이후 예배 공동체가 된 이스라엘의 제사(예배)에서 이스라엘 백성과 여호와 하나님과의 기본 관계는 '부모와 자녀'(특히 아버지-아들)의 관계로 표현되었다는 점이 중요하다(출 4:22-23; 호 11:1 등; 비교, 요 1:12!). 따라서 이스라엘 백성이 하나님을 '섬기는 것'(제사, 예배)은 고대 서아시아(고대 근동)의 신화(神話)에서처럼 인간이 노예로서 신들을 섬기는 것이 아니다. 이를테면 이스라엘의 제사는 주-종 관계에서 비인격적인 섬김의 관계가 아니라, 어디까지나 자녀가 어버이를 사랑하고 공경하는 의미에서 인격적이고 윤리-도덕적인 섬김의 성격을 분명히 하고 있다(신 32:6; 시 89:26; 사 63:16; 렘 3:4; 말 2:10; 비교, 마 5:48; 6:9!). 고대 서아시아권에서 '신의 아들(자녀)'이라는 칭호는 통치권자인 왕이나 일부 지배계층에 국한되었으나, 여호와 하나님께 제사(예배)하는 이스라엘 백성은 누구나 하나님의 아들(자녀)로 인정되었다는 것은 인류역사상 놀랍고도 혁명적인 인간관의 변화이다(비교, 요 1:12-13; 갈 3:28-29). 구약신학적 관점에서 이스라엘 백성의 제사(예배) 역사에 대한 자세한 설명과 일관성 있는 제사예식의 예배 모범을 찾아내거나, 그 상징적인 제사의식의 구체적인 의미를 이해하고 정리하는 것은 매우 어려운 과제로 인식되고 있다. 그럼에도 불구하고 구약성경에서 이스라엘 백성의 존재 이유가 예배공동체이며(사 43:21), 이스라엘의 역사 자체가 '예배의 삶'으로 규정되었다는 것은 이미 언급한 바이지만, 구약성경에서 하나님이 찾으시고 기뻐 받으시는 제사(예배)의 본질과 정신이 무엇이냐고 하는 물음에 대한 답을 구하는 것은 결코 어렵거나 불가능한 것은 아니다(비교, J. H. Kurtz, *Offerings, Sacrifices and Worship in the Old Testament*, Hendrickson, 1998; Andrew B. McGowan, *Ancient Christian Worship*, BakerAcademic, 2014). 구약성경에서 말하는 참된 제사(예배)의 정신과 본질은 무엇보다 예배의 책인 레위기의 5대 제사법에서 찾아볼 수 있다.

일반적으로 구약시대의 제사의식과 절기예식에서 일관되고 자세한 과정과 그 구체적 의미를 정리하기는 어려우나, 주로 다음과 같은 요소들이 등장하고 있다: 1. 기도 2. 찬양과 기악 연주 3. 춤을 추는 것 4. 두 손을 드는 것 5. 금식과 애통 6. 각종 제사와 헌물 7. 함께 먹고 마심 8. 순례와 예식행렬 9. 하나님의 말씀 낭독 및 해설 10. 제사장의 신탁 11. 정결예식 등이다. 그중에서도 대다수 성경학자들의 견해로는 '제사' 행위가 구약 예배의 중심이라고 본다. 구약성경에서는 제사법에 대해 가장 정리된 규정들을 모세 5경의 세 번째 책인 레위기(Leviticus)가 가르쳐 주고 있다. 특히 레위기 1장부터 7장까지는 구약의 소위 '5대 제사'를 규정하는 제사법을 말하고 있다. 예배동공체인 이스라엘 백성의 첫 예배장소인 성막(또는 회막)은 출애굽한 지 제2년 정월 1일에 시내산 아래에 위치한 광야 진영에서 완공되었다(출 40:17). 한편 민수기 10장 11절에서는 출애굽한 지 제 2년 2월 20일에 이스라엘 백성이 시내산 진영을 출발하여 약속의 땅으로 행진하기 시작한 것으로 나타나는데, 그렇다면 5대 제사법에서 시작하여 레위기 전체 내용은 그동안의 기간인 약 50일 동안 하나님께서 모세(와 아론)를 통해 지시하신 것을 정리한 것으로 볼 수 있다. 레위기는 모두 27장인데, 거의 매 장마다 적어도 50회 이상 여호와 하나님이 시내산 진영의 회막에서 모세를 불러 그에게 제사법과 규정들과 계명을 말씀하고 명령하셨다고 기록하고 있다(레 1:1; 6:8; 11:1; 13:1; 15:1; 17:1; 19:1; 21:1; 23:1; 24:1; 25:1; 27:1,34). 서양의 비평학자들이 주장하는 대로 레위기가 바벨론 포로기 이후에 제사장들이 작성한 후대의 P

문서(Priestly document)의 대표적인 문서라면 역사적 모세와는 상관이 없는 문서라는 말인데, 정말 그렇다면 레위기는 역사적 모세를 내세워 거짓말을 하는 셈이 된다. 우리는 서양의 비평학자들의 잘못된 레위기 P문서 주장에 동조하거나 휘둘릴 이유가 없다. 또 레위기 25장의 안식년 규정과 희년 규정부터 마지막 장인 27장까지도 시내산에서 여호와께서 모세에게 말씀하신 내용을 수록하고 있다(레 25:1; 27:34).

독일의 20세기 복음주의 구약학자 뮐러(W. Möller)는 레위기의 성격을 요약하여 출애굽기 19장 5-6절의 시내산 언약을 실현하기 위한 것이라고 했다. 사실 모세 5경의 문맥에서 레위기는 창세기와 출애굽기의 역사적 과정을 거치고, 이제 출애굽한 이스라엘 백성은 모세를 통해 시내산 언약을 맺고 여호와 하나님을 섬기는 예배공동체가 되었으며, 여호와 하나님의 보배로운 소유로서 '제사장들의 나라'와 '거룩한 백성'의 실현을 위해 십계명과 언약의 책을 받았고, 또한 성막(곧 회막, 출 40:2) 건립의 지시를 받았다. 모세와 이스라엘 백성은 하나님의 지시에 따라 성막을 건립하고 모든 제사 도구를 갖추고, 아론과 그의 아들들을 제사장의 직분을 행하도록 했다(출 40:13-15). 이스라엘 백성이 이 세상에서 하나님의 거룩한 백성으로 현존할 수 있는 유일한 길은 다른 무엇이 아니라 하나님께 제사(예배)하는 삶에 있었다. 자기 백성에게 하나님이 요구하시는 것은 다른 무엇이 아니라 제사(예배)이다. 하나님은 무엇이 부족하여 제사(예배)를 드리라고 요구하시는 것이 아니다(시 24:1; 51:8-13 등). 하나님의 제사(예배) 요구는 인간이 하나님 앞에서 인간답게 살 수 있는 길을 위해 인간을 위한 은혜의 선물이다(비교, 막 2:27-28). 예배 없는 삶은 하나님 나라 백성의 삶이 아니다. 이러한 관점에서 레위기는 한마디로 '예배의 책'이며, 시내산 언약을 구현하기 위한 안내서(교과서)라고 볼 수 있다. 이 글의 성격과 지면의 제약 관계로 레위기 전반에 나타난 제사법의 내용을 자세히 검토할 수는 없다. 그러나 레위기에 나타난 '5대 제사'의 원리와 그 예배 정신을 살펴보고, 이와 연관하여 신약(新約)이 언급하는 예배의 정신(요 4:23-24; 롬 12:1 이하)과 히브리서에서 강조하고 있는 예수 그리스도의 대속적 희생제사의 의미(히 9:11-22)를 연결해 보면서, 오늘 우리 그리스도인들이 드려야 할 참된 예배에 대한 이해에 조금이라도 도움이 되었으면 한다.

먼저 레위기 5대 제사의 공통적인 특징은 희생제물의 피흘림이 없이는 죄 사함이 없다는 대속의 원리와(소제는 곡식제물로서 예외이다), 제사는 하나님이 기뻐 받으시도록 드려야 한다는 원리이다. 구약에서 '피'는 생명의 상징으로 나타나 있다(창 9:4-6; 레 17:11,14. 비교, 히 9:22). 이스라엘은 애굽의 종살이로 상징되는 죄와 죽음의 세력에서 구원받은 하나님의 자녀로서 생명의 근원이신 여호와 하나님과 교제하기 위해서는 제물의 '피'로 상징되는 생명의 접촉을 통해서만 가능하다는 것이다. 생명은 생명을 통해서 만남이 가능하다. 이러한 원리는 이제 우리가 더 이상 제물로서 동물의 피가 아니라, 하나님의 독생자 예수그리스도의 '피(생명)'로 말미암아 사망에서 생명으로 옮겨 하나님과 교제하는 새로운 피조물이 되었다고 하는 복음의 계시를 오늘도 우리의 예배 현장에서 재확인할 수 있다(마 26:28; 눅 22:20; 요 6:53-56; 행 20:28; 롬 5:9; 고전 10:16; 엡 1:7; 2:13; 골 1:20; 히 9:12,14; 10:19; 벧전 1:2,19; 요일 1:7; 계 1:5; 5:9-10; 7:13-17 등). 또한 레위기의 5대 제사의 꼼꼼하고 자세한 실행 규정들은 우리에게 번거롭고 귀찮다는 인상을 주기 쉽다. 그러나 이러한 엄격한 제사 규정들은 인간이 거룩하신 하나님께 나아가 예배할 때 결코 자기 마음대로 적당히 취미 삼아 드리는 것이 예배가 아니라는 것을 깨우치고 있다. 레위기의 제사 규정들은 여호와 하나님이 모세를 통해 이스라엘 백성과 제사장들에게 지시하신 것으로서, 제사(예배)는 준비 없이 아무렇게나 함부로 드릴 수 없으며, 하나님이 원하시고 기뻐하시는 방식으로 드려야 한다는 것을 가르쳐 준다. 이것은 인간을 괴롭게 하려는 것이 아니고, 예배의 가치와 의미를 깨닫게 하기 위함이다.

제사(예배)를 드린다고 하나님이 다 받으시는 것은 아니다. 창세기에 기록된 최초의 제사에서 아벨의 제사는 하나님이 받으셨으나 가인의 제사는 받지 않으셨다(창 4:3-7; 히 11:4). 레위기에서도 대제사장 아론의 아들들이며 제사장들인 나답과 아비후는 "여호와께서 명하시지 않은 다른 불"을 향로에 담아 여호와 앞에 분향하다가 그 자리에서 벌을 받아 죽은 기록을 볼 수 있다(레 10:1-7). 그러므로 성경에서는, "악인의 제사는 여호와께서 미워하셔도 정직한 자의 기도는 그가 기뻐하시느니라"(잠 15:8; 비교, 눅 18:9-24)고 했고, "공의와 정의를 행하는 것은 제사드리는 것보다 여호와께서 기쁘게 여기시느니라"(잠 21:3)고 했으며, "악인의 제물은 본래 가증하거든 하물며 악한 뜻으로 드리는 것이랴"(잠 21:27)라고 말씀했다. 그러므로 하나님을 경외하고 하나님의 말씀에 순종하는 것이 어떤 외형적인 제사(예배)보다 우선한다. 일찍이 사무엘 예언자는 사울 왕에게 "여호와께서 번제와 다른 제사를 그의 목소리를 청종하는 것을 좋아하심 같이 좋아하시겠나이까 순종이 제사보다 낫고 듣는 것이 숫양의 기름보다 나으니"(삼상 15:22)라고 했다. 다윗 왕도 그가 하나님께 범죄하였을 때 드린 참회의 기도에서, "주께서는 제사를 기뻐하지 아니하시나니 그렇지 아니하면 내가 드렸을 것이라. 주는 번제를 기뻐하지 아니하시나이다. 하나님께서 받으시는 제사는 상한 심령이라 하나님이여 상하고 통회하는 마음을 주께서 멸시하지 아니하시리이다"(시 51:16-17)라고 했다. 예배도 중요하지만, 먼저 예배자의 하나님과의 관계가 바로 되어야 하고, 그것은 곧 하나님을 경외하고 말씀에 순종하는 마음과 태도이다. 전도서 5장 1절에는 다음과 같은 인상적인 말씀이 기록되어 있다.

"너는 하나님의 집에 들어갈 때에 네 발을 삼갈지어다. 가까이하여 말씀을 듣는 것이 우매한 자들이 제물 드리는 것보다 나으니 그들은 악을 행하면서도 깨닫지 못함이니라." 여전히 악을 행하면서 드리는 제사와 제물이 헛된 것임을 깨닫지 못하고 있다.

구약 예배의 중심이 되는 레위기의 5대 제사법에는 번제, 소제(곡식제), 화목제, 속죄제 그리고 속건제가 있다. 레위기 1장부터 6장 7절까지는 이스라엘 백성이면 누구든지(레 1:2; 2:1; 3:2; 4:1; 5:1) 성소에 와서 제사장을 통해 5대 제사를 드릴 수 있는 규정이 먼저 나오고, 이어서 6장 8절부터 7장 38절까지는 5대 제사에서 특히 제사장들이 지켜야 할 규정들을 제시하고 있다. 먼저 번제(燔祭, 히브리어로는 '올라'. Burnt Offering, 독일어로 Brandopfer)는 헌제자가 자신이 드리는 번제물인 짐승의 머리에 손을 얹어 안수한 다음 그 제물을 죽이고, 제사장은 그 피를 받아 번제단 4면에 뿌린다. 제사장은 준비한 번제물을 모두 제단 위에 올리고 제단 불로 태워서 그 연기를 향기로운 냄새로 여호와 하나님께 올려드린다(레 1:3-17; 6:1-6). 번제물인 짐승의 가죽은 제사장에게 주고, 나머지는 모두 완전히 제단의 불로 태워야 한다는 의미에서 번제를 '온전한 번제'(신 33:10; 삼상 7:9; 시 51:19=MT51:21, 여기서 번제에 연속하여 온전한 번제가 나오는 것은 강조 용법이다)라고도 한다. 번제를 통한 예배의 본질과 정신은, 여호와 하나님께 대해 헌제자(예배자)가 자신의 몸과 마음을 온전히 바치는 자기위탁(自己委託)을 의미한다. 번제에서 예배자의 온전한 자기위탁은 달리 말하자면 자기부인(自己否認)이다. 자기위탁과 자기부인은 일체양면의 관계이다. 달리 표현하자면, 나의 생명의 주인은 내 자신이 아니라 여호와 하나님이시며, 나의 인생을 온전히 주인이신 하나님께 맡겨드린다는 고백이다. 번제를 통해 헌제자가 제물의 머리에 안수하는 것은 자신의 죄를 제물에 전가하는 것이며, 번제물의 피로 속죄함을 받는 것은 앞으로 설명할 속죄제(고범죄)의 경우와 구별하여 인간의 원죄(原罪)에 대한 속죄의 의미라고 볼 수 있다(레 1:4; 비교, 욥 1:5). 죄를 가지고 인간은 하나님께 나아갈 수 없다. 인간이 번제를 통해 하나님께 나아갈 때 제물인 동물이 대신 피를 흘리는 것을 주목하게 된다. 레위기에서는 피흘림이 없이는 죄의 용서가 없다는 원리를 확인하고 있다(레 17:10-11; 히 9:22). 이제 예수 그리스도께서는 황소나 양이나 염소와 같은 짐승의 피로 하지 않으시고 우리의 죄를 대속하시기 위해 자신이 제물이 되어 십자가에서 피흘리심으로 '단번에 영원히' 우리를 죄에서 구원하셨다(히 10:4,10-18; 마 26:28; 요 6:53; 롬 5:9; 엡 1:7; 벧전 1:2,19; 요일 1:7; 계 1:5 등). 로마 천주교에서는 사제의 미사 집전을 통해 예수 그리스도의 대속의 희생제사(살과 피)를 반복해서 재현하는 것(소위 '화체설')은 잘못된 성경해석에 근거한 잘못된 예배이다.

예수 그리스도 자신의 대속의 번제는 '단번에 영원한' 효력을 가지기 때문이다. 요컨대, 번제 예배의 본질(정신)은 삼위일체 하나님께 대한 예배자의 자기위탁이며 나아가 자기부인(自己否認)이다(눅 9:23).

둘째로, 소제(素祭, 히브리어로는 '민하'. Grain Offering, 독일어로 Speiseopfer)는 다른 제사들과 달리 그 제물이 동물이 아닌 곡식으로 드리는 '곡식제사'이며(레 2:1-10; 6:7-11), 특히 소제는 전제와 함께 제사장이 성막(성전)에서 아침과 저녁으로 날마다 드리는 번제인 상번제(常燔祭)에 속한다(출 29:38-46; 민 28:1-8). 히브리어로 소제를 의미하는 '민하'는 본래 예물, 조공, 선물의 의미로 사용되었는데, 소제물은 하나님께 드리는 예물로서 주로 '고운 밀가루'를 드렸다. 우리 개역성경에서 '소제'라고 번역한 것은 '번제'와 마찬가지로 중국어 성경의 용어를 차용한 것이며, 한문에서 '素'는 '흴(흰빛) 소'인데, 소제물을 대표하는 흰 밀가루를 떠올리게 하는 명칭이다. 한자어 소복(素服)이 흰옷을 의미하듯이, 소제(素祭)의 문자적인 의미는 '흰(하얀) 제사'라는 뜻이 되겠다. 우리말 새번역 성경에서는 '곡식제(곡식제물)'로 번역했다. 고운 밀가루일수록 밀의 낟알을 분쇄하고 잘 갈아서 얻어지는 것이다. 우리 동양의 한문 사자성어에 '분골쇄신(粉骨碎身)'이란 말이 있듯이, 소제 예배의 본질(정신)은 여호와 하나님께 대한 예배자의 충성과 희생과 봉사의 정신을 나타낸다고 하겠다. 번제를 통해 자기위탁과 자기부인을 한 헌제자는 이제 소제를 통해 하나님께 충성하고 하나님과 이웃을 위해 희생과 봉사의 생활을 다짐하는 것이다. 달리 말하자면 헌제자 자신이 밀가루가 되고 떡이 되고 누룩 없는 빵이 되겠다는 다짐이다. 이것은 예수께서 십자가에서 대속의 피를 흘리실 뿐 아니라, 자기 몸을 생명의 떡으로 주신 의미와도 연결되는 것이다(요 6:32-35). 바울 사도가 "너희 몸을 하나님이 기뻐하시는 거룩한 산 제물로 드리라"(롬 12:1-2)고 한 것은 이러한 소제의 예배 정신을 의미한 것이다. 그러므로 어떤 이기적인 동기나 목적으로 드리는 제사는 진정한 예배라고 할 수 없다. 히브리서에서 말하는 "오직 선을 행함의 제사"(히 13:6)도 소제의 정신을 의미하며, 자기희생과 봉사의 정신을 말하는 것이다.

이러한 소제에서 또한 주목하는 점은, 세 가지는 소제물과 함께 드리되 두 가지는 함께 드리면 안 된다는 규정이다. 반드시 드려야 하는 세 가지는 올리브기름과 유향과 소금이며(레 2:1-2,13), 드리면 안 되는 두 가지는 누룩과 꿀이다(레 2:11). 레위기 본문에는 왜 세 가지는 드려야 하고 왜 두 가지는 드리면 안 되는지에 대한 설명이 없다. 그러나 성경의 문맥에서, 이것들이 상징하는 의미를 읽어낼 수 있다. 먼저 기름(올리브)은 성령의 능력(레 4:3; 7:36; 민 35:25; 삼상 10:1; 욜 1:28; 렘 31:14; 슥 4:14; 시 23:5; 눅 4:18 등)과 기쁨(사 61:3; 히 1:9) 그리고 치유(사 1:6; 막 6:13; 약 5:14)

를 상징한다. 또 유향(frankincense)은 분향(焚香)에 쓰는 향(香) 재료이며(출 30:34), 또한 소제물에 향기를 내는 것인데(레 2:1; 24:7), 이것은 성도들의 기도를 상징한다(시 141:2; 눅 1:9-10; 계 5:8; 8:3-4 등). 소금은 이스라엘 백성의 하나님과의 시내산 언약관계를 의미하며 '언약의 소금'이라고도 부르는데(레 2:13; 대하 13:5. 비교, 민 18:19), 소금은 부패를 방지하고 변치 않으며 맛을 내는 역할을 한다(마 5:13; 눅 14:34; 막 9:50). 다른 한편, 두 가지 함께 드리면 안되는 것으로, 누룩은 밀가루 반죽을 발효하여 부풀리는 기능을 하며, 꿀을 소제물에 바르면 단맛을 내지만 쉽게 파리나 곤충들을 유인하여 소제물을 상하게 할 우려가 있다. 이것은 소제 예배의 삶을 살 때, 누룩으로 반죽을 부풀리듯이 희생과 봉사를 자랑하고 떠벌리지 말라는 것이고, 꿀을 바르듯이 달콤하게 하지 말라는 의미라고 생각한다. 전제(奠祭, drink-offering. 출 29:40; 30:9; 비교, 빌 2:17)나 성소의 등유와 관유 및 분향(焚香, incense. 출 25:6; 비교, 눅 1:8-11)도 소제에 속하는 예물이다.

이상의 내용을 정리해 보면, 하나님께 소제로 예배하는 삶을 살 때에 꼭 필요한 세 가지는, 첫째 내 힘과 의지가 아니라 성령의 도우심과 능력을 받아 이웃에게 상처를 주지 않고 도움과 치유를 주는 희생과 봉사가 되어야 하고, 또한 희생과 봉사는 억지로 하는 것이 아니라 기도하면서 향기로운 봉사를 해야 하고, 또 소제의 희생 봉사는 하나님 앞에서(마 26:28; 막 14:24 눅 22:20) 음식의 소금과 같이 맛을 내도록 해야 한다. 희생 봉사의 삶이 부담스러울 때는 잠시 쉬거나, 불평이나 짜증이 날 때는 하지 않는 것이 좋다. 또 희생과 봉사 생활을 할 때 피해야 하는 것 두 가지 중에, 먼저 누룩을 넣어서는 안 된다고 한 것은 희생과 봉사 생활을 할 때 마치 누룩을 넣은 것처럼 자신의 희생과 봉사를 부풀리거나 떠벌리고 자랑하면서 광고하지 말라는 뜻이다. 예수님은 바리새인들과 사두개인들과 헤롯당의 이러한 누룩을 주의하라고 제자들에게 가르치셨고(마 16:11-12; 막 8:15; 비교, 눅 13:20-21), 바울 사도 역시 교회에서 절기(명절)를 지킬 때는 이러한 '묵은 누룩을 내어버리고 순수함과 진실함의 누룩 없는 떡으로 하자'라고 권면하였다(고전 5:6-8). 또한 꿀을 금지한 것은 희생과 봉사 생활을 할 때 사람들의 인기를 끌려고 꿀 같이 달콤하게 하면 안 된다는 뜻이다. 꿀을 소제물에 바르면 쉽게 파리나 곤충들이 달라붙거나 발효가 되어 소제물이 상하게 된다. 이외에도 소제물의 나머지는 제사장들의 식생활을 해결해 주는 주요 방편이기도 했다(레 2:3). 요즈음 교회의 목회자가 생활비를 보충하기 위해 목사직 외에 다른 직업(이중직)을 가져도 된다는 주장이 있는데, 예외는 있겠으나 원칙적으로 목회자는 교회에서 나오는 수입으로 생활해야 하는 것이 성경의 가르침이다(레 7:6-10; 민 5:9-10; 18:8-24,30-32; 신 18:1-5; 고전 9:4-15).

셋째는 화목제(和睦祭, 히브리어로는 '재바흐 슬라밈'. 영어는 Peace Offering, 독일어로 Heilsopfer)인데, 앞서 설명한 대로 번제와 소제가 이스라엘 백성 각 개인이 자원해서 드리는 제사인 동시에 번제와 소제는 제사장이 성막(성전)에서 아침과 저녁으로 매일 드려야 하는 제사라면(비교, 겔 46:13-15), 화목제는 레위기 3장과 7장 11-21절에서 볼 때 제사장이나 이스라엘 백성이면 누구든지 다음과 같이 세 가지 경우에 드리는 제사이다. 1) 기도의 응답에 대한 감사(감사제). 2) 하나님의 사랑과 선하심에 대해 제사와 예물 드리기를 스스로 원하는 마음이 생길 때(낙헌제). 3) 서원한 것이 이루어졌었을 때(서원제)이다. 화목제는 다른 희생 제사들과 달리 그 희생제물을 헌제자(예배자)가 하나님께 드리는 몫과 제사장의 몫으로 나누고, 제사장이 제물의 피를 제단 4면에 뿌리며 내장과 내장의 기름과 두 콩팥과 기름진 꼬리를 제단 위에서 제단 불로 태워드린 다음, 나머지 제물은 헌제자가 다시 받아서 가족, 친지, 이웃들과 함께 나누며 식사하는 일종의 '잔치' 제사이다(레 7:15-21; 신 12:6-7; 잠 7:14). 특히 내장과 콩팥(신장)을 제물로 강조한 것은 이 부위가 사람의 생각과 감정을 담고 있는 기관으로서 의미를 가지는 것으로 생각된다. 화목제를 드리는 경우, 우리의 이기적인 생각과 감정에 거리낌이 없는 화목제(예배)가 되어야 한다. 그러나 제물의 내장에 있는 기름은 먹어서는 안 되는데, 그 이유는 내장의 기름은 값진 것으로서 여호와 하나님의 몫이기 때문이다(레 3:3,16-17; 7:23-24; 비교, 대하 29:35). 그러나 이것 역시 하나님이 제물의 기름을 필요해서 요구하시는 것이 아니다(미 6:6-8). 하나님께 가장 귀한 것을 바치는 그 마음은 인간을 위해 필요한 것이다. 또한 화목제에서부터 제물의 피를 먹지 않도록 강조하고 있으며, 그 이유는 피가 생명을 상징하기 때문이다(레 3:17; 7:26; 17:10-14; 19:26; 창 9:4; 신 12:16,23-25; 비교, 요 6:53-58). 화목제의 제사(예배) 정신은 앞서도 언급한 바와 같이 그 제사를 드리는 세 가지 계기를 통해 잘 나타나 있다. 즉 기도 생활을 통한 하나님의 응답에 대한 감사(感謝), 하나님의 선하심을 기억하고 제사드리고 싶은 자원(自願)하는 마음, 그리고 서원(誓願)한 것을 갚는 신실함이다(레 7:11-18). 이러한 감사제(렘 17:26; 겔 45:15; 시 56:12-13; 107:22; 116:17; 대하 29:31; 33:16; 골 3:15! 등)와 자원제(또는 '낙헌제', 출 36:3; 레 22:23; 23:38; 민 15:3; 신 12:6-7; 16:10; 23:23; 시 54:6; 119:108; 고후 8:3,17 등)와 서원제(레 22:18-23; 23:38; 27:2; 신 12:6-7; 23:18,21; 삼상 1:21; 삼하 15:7; 시 76:11; 116:14; 전 5:4; 사 19:21; 렘 44:25; 나 1:15; 욘 2:9; 행 18:18 등)는 하나님께서 베푸신 은혜와 복을 이웃과 더불어 나누는 데 있으며, 거기에 하나님과 사람, 사람과 사람 사이에 평화(평안)가 있고 하나님이 기뻐하시는 예배가 된다(비교, 롬 12:1-2,13). 히브리서의 다음과 같은 말씀은 매우 인상적이다. "오직 선을 행함과 서로 나누어 주기를 잊지 말라. 하나님은 이같은 제사를 기뻐하시느니라.”(히 13:16; 빌 4:18). 화목제는 나눔의 제사이다. 오늘날 교회의 예배에서도, 화목제의 이러한 나눔의 예배가 성도들과의 교제를 통해 드러나야 한다. 감사함으로 드리는 화목제(감사제)에서는 희생제물 외에도, 소제물에 사용하는 무교병이나 유교병까지도(!) 함께 드릴 수 있다(레 7:12-14).

화목제에서 중요한 것은 되돌려 받은 헌제자 몫의 화목제 제물은, 감사제의 경우는 제사를 드린 당일에 다 먹어야 하고, 서원제나 자원제의 경우는 그 당일에 먹고 남은 것은 그 다음날까지는 다 먹어야 하며, 셋째 날까지 남은 것은 먹지 말고 불살라야 한다는 규정이다(레 7:15-18). 이러한 자세한 규정이 필요한 것은 잔치제사의 음식은 하루 이틀을 넘기면 상하기 쉽기 때문이란 이유가 있으며, 또한 화목제는 그 잔치 음식을 그 당일이나 다음날까지 소비하지 않고, 두고 두고 먹겠다는지 이기적인 이유 때문에 남겨두지 말고 나누라는 것이다. 이것은 감사나 자원이나 서원의 식탁교제는 뒤로 미루지 말고 즉시 실행하라는 의미가 아닐까 생각한다. 지금까지 번제와 소제는 위로 올려드리는 예배 정신을 의미했다면, 화목제를 통해서는 수직적인 의미와 함께 헌제자(예배자)의 몫을 가족과 이웃과 더불어 식탁교제를 통해 나누는 수평적인 차원을 함께하는 예배정신을 생각할 수 있다. 감사와 자원과 서원의 화목제 예배는 혼자만 드리는 것이 아니고 이웃과 함께 할 때 하나님이 기뻐하시는 예배가 된다. 나눔이 있는 곳에 친교와 평화가 있다. 초기교회에서는 이러한 화목제 예배가 생활화되어 있었고, 서로 가진 것을 유무상통(有無相通)했다고 한다(행 2:44-47).

넷째로, 속죄제(讚罪祭, 히브리어로 '핫타트'. 영어로는 Sin Offering, 독일어로 Sündopfer)는 제사장이나 이스라엘 회중이나 지도자들이나 이스라엘의 평민이나 가난한 자나 누구나를 막론하고 여호와의 계명을 부지중에 범한 죄를 속죄하기 위한 것이다(레 4:1-5:13; 6:17-22). 알면서 의도적으로 범죄한 '고범죄'가 아니라(참조, 민 15:30-31; 마 12:31; 히 6:4-6), 부지중에 또는 알지마는 연약함과 실수에서 저지른 죄이다. 그런데 일 년에 한 차례씩 이스라엘 달력으로 제7월 10일에 시행되는 '속죄일'에 특별히 드리는 속죄제의 경우는 지성소와 성막(회막)의 기구들과 제단을 포함하여 대제사장 및 제사장들과 이스라엘 백성의 일체의 부정함과 죄를 속죄하여 성결케 하는 경우로서, 고의적인 모든 죄까지 포함한 것으로 볼 수 있다(레 16:16-34; 비교, 히 10:11-12). 속죄제에 사용된 히브리어 명사 '핫타트'는 일반적으로 죄를 의미하는데, '표적에서 빗나가다, 길의 목표에서 벗어나다'라는 의미의 히브리어 동사 '하타'에서 왔다(BDB, '하타' 항목 참조). 이 단어는 칠십인역(LXX)과 신약에서 죄를 짓는다는 그리스어 '하마르타노'로 번역되었고, 여호와 하나님의 계명(구체적으로 '십계명')에 불순종하고 하나님의 거룩한 백성으로서 그 실존적 목표에서 빗나감을 의미한다.

속죄제의 제사예식은 화목제와 비슷하지만, 그 차이점은 제물의 피와 제물 고기의 처리에 있다. 속죄제의 특징은 죄지은 사람의 신분에 따라 그 제물과 피의 예식이 다르게 결정된다는 것이다. 5가지 죄인의 구분은 제사장(레 4:3), 이스라엘 회중(레 4:13), 백성의 지도자(레 4:22), 평민(레 4:27) 그리고 평민 중에 극빈자(레 5:11)의 경우이다. 어느 누구도 죄인의 범주에서 벗어날 수 없다. 여기서 죄인의 구분은 신분차별이 아니며, 속죄제를 드릴 때 공적인 책임 여부와 경제적 능력을 고려한 것이다. 예컨대, 제사장이 범죄하면 다른 죄인들의 경우보다 더 중하고 심각한 문제가 되는데, 제사장들은 제사(예배)를 인도하는 자로서 제사장의 범죄는 자기 자신에게서 끝나지 않고 백성들에게 누를 끼치고 전파되는 심각성이 있다는 것이다(레 4:3; 9:2; 16:3 등). 평민 중에 극빈자의 경우는 고운 밀가루 에바 십분의 일을 속죄제물로 드릴 수 있는데(히브리어로 '에바'는 건량 단위로서 1 에바는 약 22.9 리터이며, 에바 십분의 일은 약 2.29 리터이다), 이것은 피 흘림이 없이도 죄 용서를 받는 예외적 경우이다. 레위기 5장 6절은 속죄제에 관한 문맥에 속하는데, 히브리어로 '아샴'이란 단어가 이 구절에 나오면서 이 단어를 한글 개역성경에서 '속건제'로 번역하여 다소 혼란이 있었는데(비교, 레 5:14 이하), 개역개정에서는 이 '아샴'을 같은 절의 '하타트'(속죄제)에 상응하는 의미로 보아 혼란을 피하기 위해 '속죄제'로 개정 번역했고, 각주에서는 그것이 '벌금'(penalty, *The Jewish Study Bible, Oxford*, 2004 참조)의 의미라고 밝힌 것은 개선된 번역이라고 생각한다.

이 속죄제의 예배정신은 하나님의 구원받은 백성이라 할지라도 이 땅에서 사는 동안에는 누구나 실수하고 연약함으로 인해 원하지 않는 죄를 지을 수 있다는 점을 인식시키는 것이다. 속죄제를 드림으로 죄로 인해 가로막힌 하나님과의 관계를 다시 회복하기 위한 것이 속죄제의 예배 원리이다. 마르틴 루터(Martin Luther)가 일찍이 그리스도인을 '의인(義人)인 동시에 죄인(罪人)'이라고 한 것도 이러한 배경에서 볼 때 그 의미가 더욱 분명해진다. 의인은 없나니 한 사람도 없다는 것이 성경의 가르침이다(롬 3:9-20; 시 51:1-5 등). 만약 우리가 죄가 없다고 하면 스스로 속이는 것이며 하나님을 거짓말하는 이로 만드는 것이라고 성경은 말하고 있다(요일 1:8-10). 하나님께 나아가는 사람은 누구든지 자신의 죄를 돌아보고 회개하는 마음으로 예배해야 한다. 바울 사도도 자신은 '죄인의 수괴'라고 고백했다(딤전 1:15). '나는 죄인이다'(천주교에서는 '내 탓이오')라는 고백은 진정한 예배자만이 할 수 있는 말이다. 이러한 예배자들이 모인 교회에서는 분쟁과 분란이 있을 수 없다. 예배당에 와서 예배드리면서 이웃의 죄와 실수를 생각하고 말하는 것은 예배에 합당한 태도가 아니다. 예수님 시대에 어떤 바리새인은 성전에서 기도할 때에 자신은 불의한 죄인 세리와 같지 않다고 자기 의를 드러냄으로써 하나님이 받으시는 기도에서 제외되었고, 반면에 세리는 자기 가슴을 치면서 '나는 죄인입니다. 나를 불쌍히 여겨주십시오'라고 기도함으로 하나님이 그 세리를 의롭다고 인정하셨다(눅 18:9-14). 자신의 경건과 믿음과 공적을 드러내고 과시하는 현장이 예배가 아니라, 진심으로 자신의 죄와 잘못을 인정하고 예수 그리스도의 대속의 피로 용서받은 죄인으로서 나의 나된 것은 전적으로 하나님의 은혜라고 고백함으로써 오늘도 우리는 진정한 속죄제의 예배를 경험할 수 있다(벧전 1:2,18-19; 요일 1:7; 히 9:11-14 등). 덧붙여서, 한글 개역성경과 새번역에서도 요한일서 2장 2절과 4장 10절에서 '하나님이 그의 아들 예수 그리스도를 우리 죄를 위해 화목제물로 보내셨다'라고 번역한 본문 중에 '화목제물'은 '속죄제물'(그리스어 '힐라스모스', 라틴어로는 'propitiatio')로 바로잡는 것이 옳다(박창환 역, 『신약성경』, 코리아엠마오, 2007). 영국의 구약학자 웬햄(G. J. Wenham)이 속죄제의 "… 가장 첫째 되는 목적은 하나님의 임재를 그의 백성 중에 계속될 수 있도록 하기 위한 것이다"라고 한 것은 깊이 있는 통찰이다.

마지막으로, 속건제(贖愆祭, 히브리어로 '아샴'. 영어로는 Trespass Offering, 독일어로 Schuldopfer)는 속죄제와 그 제사 예식이 비슷하지만(레 7:1-7), 다른 점은 하나님께 속한 것(지성물이나 십일조 등)이나 이웃의 소유에 대해 경제적인 손실을 초래했을 때 그 잘못한 죄에 대해 보상(補償)하기 위해 드리는 제사이다(레 5:14-26; 7:1-7). 속건제의 명칭 역시 한문성경에서 차용한 용어이며, 속건(贖愆)이라는 한자에서 속(贖)은 '살 속' 자이고 건(愆)은 '허물 건' 자이기 때문에, '속건'의 문자적 의미는 허물곧 '잘못 저지른 실수를 사서 없애주는 것'을 말한다. 앞서 설명한 속죄제의 의미도 죄를 사서 없애는 것을 의미한다. 신학 용어로 대속(代贖)도 속죄나 속건과 같은 뜻으로 사용하며, 예수께서 인류의 죄와 허물을 십자가의 보혈로 대신 사서 없이하신 것을 말한다. 레위기의 속건제는 손해를 끼친 것에 대해 그 원금의 1/5(20%)을 더하여 보상하고, 또한 지정된 제물을 가지고 허물에 대한 용서를 받기 위해 드리는 제사이다(레 5:14-16; 민 5:5-8).

인간은 사실 하나님과 이웃에게 유익을 끼치며 살기보다는 많은 경우 부지불식간에 손해를 끼치며 사는 것이 현실이다. 레위기에서 하나님께 대한 경제적 범죄는 하나님의 성물에 대한 사적인 취급과 십일조 불이행 등이 있다. 이웃의 소유권 침해 경우는 전당물에 대한 부정, 도둑질, 임금 착취, 분실물 불법 취득 등을 들 수 있다. 인간의 이러한 경제·사회적인 죄악을 레위기 제사법에서는 곧 하나님께 대한 범죄로 규정하고 있다는 점을 주목해야 한다. 시내산 언약에서 십계명 이외에도 하나님의 백성 이스라엘이 지켜야 할 일상생활의 규정들을 모세가 하나님의 명대로 '언약서'(출 24:7)에 기록했는데, 여기에는 이스라엘 백성의 사회생활에서 이웃에 대한 경제적 침해가 있을 때 경우에 따라서는 다섯 배를 갚아주도록 했다(출 22:1-17). 레위기에서는 이러한 보상을 일괄적으로 5분의 1로 낮추어 통일하고 있으며, 보상과 함께 또한 속건제를 드려야 할 것을 명하고 있다. 그 외에 나병 환자의 정결예식에도 속건제를 드렸고(레 14:10-20), 나실인의 헌신예식에서도 속건제를 드렸다(민 6:12). 나실인이나 나병 환자의 경우는 사회생활에서 정상적인 경제활동이 불가능함으로, 이러한 맥락에서 속건제를 드린 것이 아닌가 추측한다. 오늘의 속건제의 예배 정신은 구원받은 그리스도인들이 이 세상에서 살 때 채권자 의식이 아니라 '채무자 의식'을 가지고 살아야 할 것을 깨우쳐 준다. 왜냐하면 우리는 부지불식간에 우리의 이기심 때문에 하나님과 이웃의 소유에 대해 잘못 취급하는 경우가 많기 때문이다. 남의 것을 이용하고 빼앗고 받아내려고 하는 채권자의 삶이 아니라, 하나님의 것을 존중히 여기고 이웃의 소유도 귀중히 여기며 혹시 부지중에 침해가 있었다면 보상해주려는 선의의 '빚진 자'의 의식은 속건제 예배(제사)의 삶이며 하나님의 자녀들의 거룩한 삶의 모습이라고 하겠다. 신약 문맥에서 이러한 속건제 예배의 현장은 여리고의 세리장 삭개오가 예수님을 영접한 후 자신의 소유의 절반을 가난한 사람들에게 나누어 주고, 남의 것을 뺏은 것이 있으면 4배나 갚겠다고 하는 변화된 삶에서 확인할 수 있다(눅 19:1-10; 비교, 마 5:23-26).

지금까지 설명한 레위기 제사의 본질은 고대 서아시아(소위 '비옥한 초승달 지역')의 제사 관행과는 달리 예배자가 하나님으로부터 무엇을 받기를 기대하여 먼저 하나님의 비위를 맞추기 위해 드리는 행위가 아니라는 점이다. 구약의 예배는 하나님으로부터 먼저 창조함을 받고 구원함을 받은 이스라엘 백성이 하나님의 자녀로서 예배 공동체가 되어 하나님께 감사하고 하나님을 기쁘시게 하기 위한 사랑과 순종의 행위가 그 본질이다. 오늘도 하나님은 이러한 '영과 진리로 드리는 예배'(요 4:23-24)를 기뻐 받으시고, 자기의 자녀들인 예배자들을 만나주신다. 영안에서 드리는 예배는 하나님이 인정하시는 예배이며, 진리안에서 드리는 예배는 하나님의 말씀안에서 드리는 예배이다(요 6:63). 레위기 5대 제사인 번제, 소제, 화목제, 속죄제 그리고 속건제의 예배 정신은 바울 사도가 로마서 12장 1-3절에서 기록하고 있는 성도들의 일상의 삶을 통한 '거룩한 산 제물'을 이해하는 데까지 연결되어야 한다.

05

삶과 교육의 주제로서 지혜
– 구약의 지혜교육을 중심으로

사람의 인격(人格, personality. 곧 자아의식과 자아 책임)과 그 사람의 인간됨(자아실현, 성숙)은 교육을 통해 이루어진다. 사람이 교육을 받지 않으면 인간이 될 수 없다. 교육은 또한 삶의 문제들에 적절하게 대처하기 위한 준비이며, 인간으로 하여금 인간다운 올바른 삶을 살게 하기 위한 것이다. 교육을 통해 인간은 인생관, 세계관, 가치관을 형성하게 된다. 잘못된 가치관, 불분명한 인생관(예컨대, 대중가요 "하숙생"의 가사와 같은), 불확실한 세계관은 결국 불행한 삶을 초래하고 인생을 허송세월하게 한다.

성경에는 일찍부터 젊은이들을 교육하여 올바른 삶을 살 수 있게 도와주려는 본문들이 나타나 있다. 먼저 구약성경에서 보면, 교육은 가정에서 시작되었다. 하나님의 창조 질서에 근거하여 실제적인 삶의 경험들과 그러한 삶의 경험들이 전승을 통해 축적된 귀납적 삶의 지혜가 사회의 기초 단위가 되는 가정 교육을 통해 조상과 부모로부터 자녀들과 자손들에게 전달되었다(창 18:19; 신 4:9; 6:6–7; 시 78:2–4; 잠 1:8 등. 비교, 사 59:21). 가정을 중심한 이러한 지혜교육은 나아가 마을과 부락에서 어른들(장로들)의 교육을 통해 공동체적 삶의 지혜로서 확장되었고, 이러한 사회 공동체의 지혜는 이스라엘 백성의 성막과 성전을 중심한 신앙공동체 교육을 통해 통합되면서 그 지혜의 규범성이 전승되었다.

구약학자들 중에는 구약 본문에 "학교"라는 단어가 한 번도 나타나지 않는다는 점에 주목하여 구약시대 이스라엘의 교육제도 존재에 대해 문제를 제기하기도 하지만('배움의 집'이라는 의미로 사용되는 학교라는 전문용어는 구약 외경의 집회서 51:23에서 처음 확인된다), 그러한 전문용어 사용 여부에 구애받지 않고 구약세계에는 가정교육과 사회교육 그리고 나아가 성막과 이후 성전에서의 신앙교육과 예언자 학교의 교육 활동이 있었던 것을 알 수 있다. 구약시대의 교육은 앞에서도 언급한 대로 가정을 그 배움의 근거지요 출발점으로 삼고 있으며, 넓은 의미에서 '아버지'(또는 어머니)라는 호칭은 곧 '선생'(가르치는 사람)이란 말과 동의어로 사용되었고, '아들'(자녀)이라는 호칭도 학생을 지칭하는 용어로 사용되고 있었던 것을 알 수 있다(출 12:26; 신 4:9; 6:7,20 이하; 잠 1:8,10 이하; 시 78:3-4 등). 비록 '학교'라는 전문용어는 사용되지 않았으나, 구약 족장 시대 이야기에 나오는 "모레 상수리나무"(창 12:6)라는 용어에서 "모레"라는 히브리어의 문자적인 의미는 "가르치는 사람"(teacher)이라는 뜻인데, 그것은 가나안 원주민의 교육 전통과의 접촉을 시사하지만, 이스라엘 초기 역사에서 마을의 큰 상수리나무가 있는 공간은 교육의 장소로서 사용되었던 것을 짐작하게 한다(창 12:6; 신 11:30; 삿 7:1 등).

가정을 중심으로 한 구약의 교육 전통은 부권(父權) 교육이라고만 보면 잘못이다. 어머니와 여성을 통한 교육 전통도 결코 무시할 수 없기 때문이다(잠 4:3; 6:20; 7:4; 9:1-6; 31:1-9; 비교, 삼하 14:2 이하. 비교, 딤후 1:5 이하). 구약 교육의 기본 현장인 가정에서 가족의 조상과 부모는 일차적인 선생(교사)의 역할을 했다고 볼 수 있다. 이러한 가정교육은 그러나 점차 필요에 따라 제도적 교육의 현장으로 전환되고 발전되는 경우를 보게 된다. 이를테면, 성소의 제사장들을 통한 율법 교육(신 33:10; 참조, 삼상 1:11), 예언자 생도들의 교육(왕하 2:3 이하; 사 8:16; 50:4), 왕궁의 인재들을 양성하기 위한 교육(왕하 10:5 이하; 비교, 단 1:3 이하; 에 2:12) 등을 지적할 수 있다. 특히 궁중의 인재 교육과 관련하여 구약에서는 '서기관'(scribe. 히브리어로, '소페르')의 직분이 최초로 직업적 교육자의 등장이라고 할 수 있다(삼하 8:16-18; 왕상 4:1-6 등). 한편 이스라엘의 '장로'들도 공동체 생활의 스승으로서 사회의 교육적 기능을 담당했다고 여겨진다(겔 7:26; 왕상 12:6-7. 비교, 마 15:2).

이상의 관점을 요약하면, 구약성경의 교육 전통은 가정의 부모를 실제적 교사로 하여 출발되었고, 그러한 가정교육의 전통은 여호와를 경외하는 신앙을 기초로 하나님의 백성의 인격(자아의식과 자아책임)과 인성을 도야하는 생활인 교육에 그 중점을 두고 있다(잠 1:7-9 이하). 초기에는 직업교육(훈련)도 가정에서 가업을 잇는 방식으로 이루어졌다(잠 31:26-29). 이러한 가정교육을 바탕으로 필요에 따라 점차적으로 성전학교 교육, 예언자학교 교육, 궁중학교 교육, 장로들의 사회교육, 그리고 전문적인 장인(匠人) 교육의 전통이 생겨났다. 구약의 교육 현장에는 '학교'라는 전문용어는 사용되지 않았으나, 선생, 학생, 배우다, 가르치다, 듣다, 기억하다, 전하다 등등의 교육 용어들이 빈번히 나타나고 있으며, 히브리어의 '토라'(Torah)라는 용어도 '야라' 동사(히필. '가르치다'는 뜻)에서 파생한 명사로서 그 문자적인 의미는 '가르침'(in-struction)이란 뜻이다.

구약시대의 교육을 오늘 우리의 교육 현실과 비교해서 고찰해 볼 때, 우리의 교육은 가정교육이라고 하는 원초적이고 기본적인 토양에 뿌리 내리고 있지 못한 점이 가장 큰 문제점이라고 지적하고 싶다. 제도적인 교육의 장으로서 유아원과 유치원에서부터 시작하여 초등학교, 중고등학교, 대학교와 대학원의 교육과정에 이르기까지, 부모를 통한 가정교육의 바탕 없이는 인격교육과 인성교육(심성교육)은 물론이고, 나아가 가치관, 인생관, 세계관 교육에는 큰 성과를 기대하기 어려운 현실이다. 제도적 교육기관들과 교육에 종사하는 직업적 교육자들이 물론 의식적이든 무의식적이든 교육의 가정적 범례(패러다임)를 원용하려는 것은 이해할 수 있다. 그러나 "스승을 부모같이, 학생을 자녀같이"라는 오늘의 구호는 역설적으로 제도적 교육 현장의 문제점을 단적으로 드러내는 증거라고 볼 수밖에 없다. 기독교 학교와 교회학교 교육도 마찬가지로 가정교육과의 연계 없이는 제대로 신앙교육의 목적을 달성하기 어렵다. 성경적─신학적으로 표현하자면, 가정은 '하나님의 학교'라고 부를 수 있다. 하나님의 학교인 가정을 통해서 사람은 그 인격이 형성되고 심성이 바르게 자라나며, 올바른 삶의 방향과 가치관을 터득하고 학습하게 된다. 가정을 떠난 모든 제도권의 교육(교회학교를 포함하여)은 주로 지식(정보) 전달과 기술 전수에 그 일차적 과제가 있다. 자아의식(나는 누구인가?)과 자아 책임(나는 무엇을 해야 하는가?)을 일깨우고, 인간성(심성)을 성숙시키는 사람 교육이 오늘 지식(정보) 전달이나 기술 전수의 제도권 교육을 통해서 이루어지는 것을 기대하기는 어렵다.

구약성경에 나타난 교육 문제를 논할 때, 한 가지 어려운 점은 구약 본문에서 구체적인 교육제도나 구체적인 커리큘럼(교과과정)을 찾아보기 어렵다는 것이다. 가정교육의 경우도 이스라엘의 가정교육이 구체적으로 어떤 교육과정을 가지고 진행되었는지 그 본보기 교육 내용과 교육과정을 시대별로 재구성해 보기가 어렵다는 점이다. 그럼에도 불구하고 구약성경에서 교육의 기초인 가정교육의 목표는 '지혜교육'이라는 용어로써 그 특징을 요약할 수 있으며(잠 1:7; 9:10; 15:33; 30:3; 욥 28:28; 시 111:10; 비교, 딤후 3:15-17; 약 3:17 등), 구약시대의 지혜교육의 내용과 그 전통은 구약의 '지혜문학'(wisdom literature. 주로 잠언, 전도서, 욥기, 룻기, 아가, 에스더 등; 신약의 경우, 야고보서 등)에서 정리되고 전승되었다고 본다(비교, 신 6:4-9; 시 1:2 등).

지혜문학(또는 지혜문서)은 달리 표현하자면 구약시대 가정교육의 교과서라고 할 수 있으며, 하나님의 백성으로서 인생을 올바로 살기 위한 교육적 관심과 경험과 노력이 축적된 산물인데, 지혜문학은 주로 이스라엘 백성의 신앙공동체 생활경험이 농축된 일상생활의 철학을 담고 있다. 구약성경이 말하는 '지혜'는 인간이 '어떻게 살 것인가?'에 대한 대답이요 가르침이다. 지혜를 사랑하는 것이 철학(philosophy)의 본 뜻이라면, 구약의 지혜문서는 인본주의인 그리스-로마 철학과 대조적으로 신본주의에 기초한 히브리 철학을 가르쳐 주고 있다. 구약의 율법서, 역사서, 예언서와 구별하여 지혜문학(주로 잠언, 욥기, 전도서 및 외경 중에는 집회서=시락서, 솔로몬의 지혜서 등이 여기에 속한다)은 신앙교육에 기초한 일상생활 교육에 그 강조점을 두고 있는 것이 특징이다. 율법과 역사서와 예언서가 하나님과의 수직적 관계에서 '신앙적 지혜'를 가르쳐 준다면, 지혜문학은 여호와 하나님 경외를 기초로 수평적인 이웃과의 관계에서 '생활의 지혜'를 가르쳐 준다. 구약성경이 말하는 히브리 철학 교육은 참된 지혜(신앙의 지혜+생활의 지혜)를 얻게 하는 데 그 목적이 있다. 성경에서 지혜의 동의어는 지식이 아니라 인생의 문제를 해결하는 '능력'이다. 바른 신앙을 실천하는 능력, 올바른 삶을 살 수 있는 능력이 지혜이다. 지혜와 능력은 일체양면의 개념이다. 이러한 맥락에서, 바울 사도가 "내게 능력 주시는 분 안에서 내가 모든 것을 할 수 있다"고 고백을 한 것을 이해할 수 있다(빌 4:13). 이러한 능력과 지혜는 하나님이 주시는 것이다(약 1:5). 그리스-로마의 인본주의 철학이 '잘 사는 지혜'를 추구하는 데 그 강조점이 있다면, 히브리 철학의 지혜는 '올바로 사는 지혜'에 그 주안점이 있다. 이러한 관점에서, 구약성경의 지혜교육은 율법교육, 역사교육, 예언교육과 연계하여 신앙과 생활의 조화를 추구하는 히브리 교육의 생활철학의 내용이라고 할 수 있다.

오늘 기독교교육과 교회교육이 성경적인 기초와 뿌리를 보다 튼실하게 하려면 무엇보다 성경이 말하는 '지혜' 대한 이해가 선행되어야 한다고 제언하고 싶다. 위에서도 언급한 대로, 구약의 율법과 역사서와 예언서가 신앙의 지혜를 강조한다면, 주로 성문서(히브리어로, '크투빔')에 편집되어 있는 소위 지혜문서들(지혜문학)은 생활의 지혜를 강조하고 있다. 우리 한국교회나 기독교교육에서는 그동안 신앙교육에 무게를 두었고, 일상생활의 교육에는 다소 소홀하지 않았는가 생각해 보게 된다. 구약성경의 지혜교육 전통에서는 신앙의 지혜와 함께 생활의 지혜의 조화를 추구하고 있다는 점을 주목해야 한다. 구약교육의 핵심적 주제로서 '지혜'(히브리어로 '호크마', 그리스어는 '소피아')에 대한 이해와 그 중요성은 신약교육의 이해와도 직결되어 있으며(딤후 3:15-17; 참조, 약 1:5; 3:15-17), 나아가 하나님의 지혜 자체이신 예수 그리스도에 대한 궁극적 이해(지혜 기독론)와도 연관된다(고전 1:24,30; 골 2:3; 비교, 마 12:42; 눅 2:40,52 등). 랍비나 선생님으로 호칭되었던 예수님은 공생애에서 제자들과 백성들을 가르치실 때 지식(또는 기술)을 위주로 가르치신 것이 아니고 '지혜(능력)'를 보여주셨고, 지혜(능력)를 가르쳐주셨다. 이것이 예수님의 가르침이 당시 율법선생들이었던 서기관들의 가르침과 현저하게 다른 점이었고, 이 점에서 예수님의 가르침을 듣고 본 사람들이 다 놀랐다고 하는 복음서의 기록을 우리는 오늘 우리의 교육 현실에 비추어 깊이 생각해 보아야 한다(마 7:28-29; 13:54; 22:33; 막 1:21-22; 4:33-34; 6:2; 눅 4:31-32 등). 과연 오늘 우리의 기독교교육과 교회교육과 신학교육에 하나님의 지혜를 가르치고 배우는 놀라움이 있는가? 우리의 교육에 '놀라움'이 없다면 그 이유가 무엇인가?

구약성경의 본문에서 신앙과 생활 교육의 핵심적 주제로서 '지혜'에 대한 가장 정리되고 깊이 있는 설명이 잠언의 전체 서론으로 볼 수 있는 잠언 1:1-7에 요약되어 있다. 아마도 이 서론 부분은 이스라엘 역사의 르네상스 시대라고 불리는 솔로몬 시대의 '지혜운동'(왕상 4:29-34 참조)을 구심점으로, 이스라엘의 지혜교육에 대한 이해를 포괄하고 있다고 생각한다. 잠언은 구약의 지혜문학 중에서도 대표적인 생활교육 교과서이고, 그 강조점은 신앙의 지혜(토라, 율법서)나 역사의 지혜(느비임, 예언서)보다는 일상생활의 지혜에 그 강조점이 있다.

책의 제목으로서 잠언(箴言)이라는 한자는 한문성경에서 차용한 용어인데, 국어사전에서는 "교훈이 되고 경계가 되는 짧은 글의 형식"이라고 풀이한다. 잠언의 잠(箴) 자는 '바늘 잠'인데, 잠언의 문자적인 뜻은 마치 바늘과도 같이 '따끔하게 찌르는 말'로서 인생의 이치를 깨우치는 지혜로운 말이다. 잠언의 히브리어 명칭은 그 책의 첫 글자를 따라 '미쉴레'인데, 미쉴레의 단수 명사 '마샬'은 '비유'(영어로 'parable', 독일어로는 Gleichnis)란 뜻이다. 잠언의 서론에 나타난 이스라엘 지혜교육의 성격과 특징을 잠시 살펴보면 다음과 같다. 먼저 잠언에서 교육의 대상은 인생에 대한 직접적 경험이 없는 미성년자들, 즉 유아기를 지나 부모의 가르침을 들을 만한 나이의 소년 소녀로부터 결혼 전까지의 남녀 젊은이들을 대상으로 하고 있다. 잠언에서 지혜교육의 관심은 어떻게 하면 여호와 하나님의 백성들(자녀들)이 이 세상에서 보람되고 의미 있는 삶을 살 수 있는가에 있다. 달리 말하자면, 잠언의 지혜교육은 신앙의 생활화에 그 목표가 있다. 19세기 영국의 생물학자 다윈(Charles Darwin, 1809-1882)의 생물학적 진화론적 인간관을 가진 입장에서는 무생물에서 시작하여 단세포 생물의 출현이후 수십억 년에 걸쳐 우연한 진화를 거듭한 끝에 지금으로부터 500만 년 전쯤 (?) 우연히 지구상에 뒤늦게 나타난 침팬지의 사촌쯤 되는 고등동물인 인간(사피엔스)의 의미를 묻는 것 자체가 무의미하다고 볼 수 있다. 그러나 천지 만물을 창조하고 특히 사람을 하나님의 형상에 따라 지으신 여호와 하나님을 믿는 창조신앙을 가진 사람의 인생관은 자연히 인생의 의미와 가치에 대해 묻게 된다. 잠언은 우리 인간이 하나님이 창조하신 질서에 따라 생활하는 것이 인생의 올바른 길이고, 인간을 향하신 하나님의 목적과 계획에 따라 사는 것이 가치 있고 보람된 인생이라고 말한다. 잠언이 가르치고 있는 인생철학에서 올바른 생활의 지혜는 9가지 단계들(개념들)로 구성되는데(잠 1:2-4), 그 구체적인 내용을 간략하게 살펴보기로 하자. 잠언의 서론에서 이러한 9가지 지혜의 단계는 점층법적인 평행기법으로 표현되고 있다.

첫째는 창조신앙을 바탕으로 모든 천지 만물과 인간을 창조하신 하나님이 계시고 그 여호와(야웨, 야훼) 하나님이 이 세상을 다스리신다는 것을 가르치고 깨닫는 지혜이다(잠 8:22-31. 비교, 계 3:14). 이 창조질서의 '지혜'를 가르치는 첫 단계를 잠언에서는 히브리어로 '무사르'(discipline, instruction)라는 개념으로 표현했다. 무사르는 '훈련하다'(discipline, instruct)는 뜻의 동사 '야사르'에서 파생한 명사이며, 한글 개역성경에서는 '훈계'(訓戒)로 번역했다. 국어사전에서는 훈계를 "타일러서 잘못이 없도록 주의를 줌"이라고 풀이하고 있는데, 무사르는 훈계보다는 교훈(敎訓, 가르치고 깨우침)으로 번역하는 것이 좋다고 생각한다. 창조자 여호와 하나님이 만드신 창조세계 질서에 대한 지혜는 먼저 가정에서 부모의 교육을 통해 주어진다. 이 점이 중요하다. 제도화된 오늘의 일반 학교에서 창조자 하나님을 인식하는 창조세계의 지혜에 대한 교육은 기대하기 어렵기 때문이다. 기독교 학교들이나 교회학교에서도 창조주 하나님과 창조세계에 대한 지혜 교육내용이 부족하다고 생각한다. 성경은 천지를 창조하신 하나님이 없다고 주장하는 사람을 한마디로 '어리석은 자'라고 말하고 있다(시 14:1; 53:1; 비교, 히 11:6). 창조주 하나님이 없다면, 인간은 우연히 진화된 동물에 불과하며, 윤리 도덕이나 인권, 정의, 사랑, 평화 등등의 개념도 공허하게 들릴 뿐이다. 어려서부터 가정에서 부모나 조상을 통해, 그리고 교회학교에서 무엇보다 먼저 창조주 하나님이 계시다는 지혜를 가르치고 훈련하는 것이 매우 중요하다는 것을 알 수 있다(비교, 딤후 3:15). 잠언의 지혜교육에서 첫째로 중요한 내용과 목적은 창조신앙을 통해 인생관과 가치관과 세계관을 형성하도록 도와주는 일이다(비교, 전 11:9-12:1; 욥 38:1-4 등). 성경이 가르치는 창조신앙의 지혜를 가진 사람은 결코 인생에서 방황하거나 실패하지 않을 것이기 때문이다(잠 8:33-36).

둘째로, 지혜의 첫째 개념인 부모의 교훈(훈계)을 통해 하나님의 창조세계에 대한 지혜를 가진 사람은 다음 단계로 선과 악, 옳고 그름에 대한 분별력(판단력)을 가지도록 하는 교육이 필요하다. 이러한 분별력의 지혜 개념을 히브리어로는 '빈' 동사(분별하다. 영어로 'discern')와 거기서 파생한 '비나'(분별력. 영어로 'discernment')라는 명사를 사용하여 표현했다. 한글 개역성경에서는 '빈' 동사를 '깨닫다'로, 그 명사는 '명철'(明哲)로 번역하고 있다. 먼저 창조지혜를 교육한 다음으로 잠언의 지혜교육의 두 번째 개념(단계)은 옳고 그른 것을 분별하여 옳은 것을 택할 줄 아는 지혜(능력)를 키워주려는 것이다. 오늘 우리 청소년들이 세상에 나가 악하고 음란한 현실에 직면하여 혼란스럽고 방황하며 유혹에 쉽게 넘어가는 것은 가정에서부터 이러한 분별력 교육이 부족하기 때문이 아닐까, 생각한다. 잠언에서는 분별력 교육을 위해 구체적인 경우를 예를 들어 설명하였다. 가령 나쁜 친구들이 남의 돈을 뺏는 일에 가담하라고 유인할 때, 그러한 유혹에 빠지지 말라고 부모는 자녀에게 미리 분별력 교육을 하고 있다(잠 1:10-19). 오늘 우리 청소년들이 유해 환경에 노출된 상황에서, 어떤 분별력과 판단력을 가지고 살아야 하는지 구체적인 생활의 사례들을 통해 가정교육과 기독교 학교 교육과 교회학교의 교육과정을 통해 분별력의 지혜와 능력을 기를 수 있도록 하는 지혜교육이 필요하다.

셋째로, 창조와 분별력의 지혜교육에 뒤따르는 것은 실천력의 훈련이다. 실천력을 히브리어에서는 '하스켈'이란 용어를 사용했는데(잠 1:3 상반절), 이 단어의 뜻은 올바른 것을 실천할 수 있는 삶의 능력(skillful living)을 의미한다. 한글 개역성경에서는 이 단어를 "지혜롭게"라고 번역했는데 오역이며 개정이 필요하다. 새번역에서 "지혜롭게 실행하도록"이라고 '실행'을 강조한 것은 원문에 더 가까운 번역이다. 창조신앙과 분별력을 통해 얻은 지혜를 가지고 옳은 일을 알면서도 실행하지 못한다면, 이것처럼 답답한 일이 있을까? 하나님의 창조 질서와 그 질서에 따른 분별력을 가지고 있지만, 막상 일상생활에서 옳고 그른 것을 분별하여 옳은 일을 실천하지 못한다면 지혜로운 인생을 살 수 없다. 히브리어 '하스켈'은 이러한 맥락에서 실천의 개념을 강조하는 용어이고, 이러한 실천적 지혜를 가져야 올바른 인생을 살게 된다는 뜻에서 '성공한다'는 의미도 담고 있다. 다시 말하자면, 잠언의 지혜교육은 올바로 분별한 내용을 실천하도록 강조하고 있다.

넷째로, 바로 위에서 말한 세 번째 실천력의 지혜(능력)와 연관하여, 구체적으로 인생에서 실천해야 할 중요한 지혜의 덕목들을 이하에서 말하고 있는데(잠 1:3 하반절), 그 실천의 덕목으로서 지혜교육의 네 번째 단계가 '공의'의 실천이다. 공의(公義)는 히브리어로 '채대크'(righteousness)인데 '올바른 관계'를 의미한다. 공의는 먼저 하나님과 인간의 올바른 관계, 올바른 인간관계, 나아가 창조세계와의 올바른 관계를 포함하는 모든 올바른 관계 안에서 삶의 내용과 실천이 이루어지는 것을 의미한다. 옳은 일을 한다고 다 옳은 것은 아니다. 그 옳은 일은 언제나 바른 관계 속에서 그 관계에 적합하게 실행할 때만, 바람직한 그리고 공의로운 일이 되기 때문이다. 그리고 여기서 그 공의, 즉 올바른 관계는 하나님과 이웃과 창조세계에 대한 사랑에 기초할 때 가능하다는 것을 성경은 우리에게 말씀하고 있다(마 22:34-40; 막 12:28-34; 눅 10:25-28).

다섯째로, 공의(公義) 다음으로 실천이 강조되는 지혜의 단계(개념, 덕목)는 정의 (正義)이다. 히브리어로 정의는 '미쉬파트'(justice)인데, 이 용어는 '심판하다, 재판하 다'는 뜻의 동사 '샤파트'(judge)에서 온 명사이다. 문자적으로 미쉬파트는 '하나님의 법(계명, 명령)'을 의미한다. 성경에서 정의(미쉬파트)를 구현한다는 것은 공의로운 심 판자이신 '하나님의 법(계명)'을 지키는 것을 말한다. 성경에서 대표적인 하나님의 법 은 하나님의 창조와 구원에 기초한 십계명이다(출 20:1-17; 신 5:1-21; 비교, 마 19:16-22; 막 10:17-31; 눅 18:18-30). 십계명은 하나님 나라의 헌법이다. 정의는 내 (우리)가 옳다고 생각한 것을 실행하는 것이 아니고, 먼저 하나님의 법(法)을 인지하 고 그 하나님의 법(계명)에 따라 행동하는 것이 정의로운 행동이고 정의로운 삶이다. 앞에서 '공의'가 하나님의 사랑과 연결되는 개념이라면, 정의는 하나님의 주권(主權, 또는 왕권)과 직결되는 개념이다. 우리 인간은 자신의 인생과 우리 자신의 역사와 우 리의 세계에 대해 주인이나 최종적 심판자가 될 수 없다. 천지와 삼라만상과 우리 모 두를 창조하고 다스리시는 주권자이며 주인은 삼위일체이신 한 분 하나님이시다(요 1:1-3; 롬 12:36; 골 1:13-20 등). 어떤 인간 독재자나 전체주의 권력 집단이 우리의 주 권자나 심판자나 주인이 될 수 없다. 우리의 유일하신 왕과 주권자와 주인은 하나님 이시라는 것을 알고 그 하나님의 법(계명)을 실천하는 것이 성경이 말하는 정의로운 삶이다. 성경이 말하는 정의(正義)란 어떤 자본주의나 공산주의나 사회주의나 민주 주의 이념을 따르는 정의 개념이 아니라, 하나님의 주권을 인정하고 하나님의 계명 (법)을 지키는 것이다. 물론 하나님의 법은 경제적 정의에 대해서도 분명한 지침을 제시하고 있다(출 23:6,11; 신 15:5,7-11; 잠 14:31; 17:5; 22:2; 비교, 약 5:1-6).

여섯째로, 공의와 정의 다음으로 잠언의 지혜교육이 목표로 하는 단계는 공평(公 平)의 개념(덕목)이다. 공평은 히브리어로 '메샤림'이라고 했는데, 한글 개역성경에서 는 '정직(正直)'이라고 번역했다. 정직(영어로는 honesty)이라는 번역도 잘못된 번역이 라고 하기는 어렵지만, 히브리어 사전이나 다수의 영어권 성경번역에서는 히브리어 명사 '메샤림'을 'equity'(공평)라는 단어로 번역하고 있다(KJV, ASV, JPS, NJPS, NRSV, ESV 등). 우리 말에서 정직은 일반적으로 거짓의 반대말인데, 영어로 '이쿼티'(equi- ty)로 번역한 '메샤림'은 히브리어 동사 '야샤르'(바르게 앞으로 나아가다, 'go straight on'. 비교, 잠 9:15)에서 파생한 명사로서 '공평, 공정, 형평성'을 의미한다. 영어로 '이 퀄리티'(equality)가 평등(平等)의 개념이라면, '이쿼티'(equity)는 획일적인 평등을 넘 어서서 각 사람의 형편에 알맞는 공평을 의미한다. 잠언이 말하는 지혜의 덕목으로 서 '공평'(equity)의 개념은 단순한 '평등'(equality) 개념과 차이가 있다. 평등(平等)의 사전적 의미가 '차별 없이 고르고 한결같음'이라고 한다면, 공평(公平)은 '어느 한쪽으로 치우침이 없이 고름'을 의미한다. 달리 말하자면, 생활에서 구체적으로 공평은 우(右)로나 좌(左)로 치우치지 않고 올곧게 바른길로 나아가는 생활태도를 말한다(수 1:7; 신 5:32; 28:14; 잠 4:25-27 등). 일상생활의 현실에서 이렇게 불편부당한 정도(正道)를 택하기는 결코 쉽지 않은 일이다. '메샤림'은 구약에 모두 19번 사용되었는데, 한글 개역성경에서는 아홉 번을 정직(함)으로 번역했고(사 26:7; 33:15; 45:19; 시 9:9; 잠 1:3; 2:9; 8:6; 23:16; 대상 29:17; 비교, 왕상 15:5), '공평'으로 번역한 곳이 세 번(시 17:2; 96:10; 98:9), '올바르게(바르게)'로 두 번(시 58:1; 75:2), '순하게'(잠 23:3), '마땅하다'(아 1:4), '미끄럽게'(아 7:10)가 한 번씩, 그리고 '화친'(단 11:6)으로 번역한 것이 한 번이다. 개역성경 시편 99:4에서 메샤림을 '공의'라고 번역한 것은 오역이므로 개정이 필요하다.

오늘 우리나라의 현실은 혈연, 지연, 학연, 이념, 경제력 등에 따라 편을 가르고, 보수와 진보, 좌파나 우파로 갈라져서 갈등과 다툼이 너무 심하지 않은가 생각한다. 이럴 때일수록 잠언이 말하는 좌로나 우로 치우치지 않는 '공평'의 지혜교육과 훈련이 꼭 필요하다고 생각한다(비교, 잠 18:5; 24:23; 출 23:1-3; 레 19:15; 눅 23:23-25; 막 15:15; 약 2:9 등). 우리의 가정교육과 기독교교육과 교회학교 교육, 그리고 신학교육을 통해 공평(equity)의 개념을 체득하고 공평을 실천하는 것은 매우 중요한 지혜교육의 내용이고 목표이다. 공평의 지혜를 가진 사람은 작당을 하거나 편파적이지 않다. 공생애에서 예수님은 좌파인가 우파인가? 쉽게 대답할 수 없는 질문이다. 왜냐하면 예수님은 좌파도 우파도 아니기 때문이다. 예수님은 파당을 조직한 것이 아니고, 좌우 이념을 초월하여 하나님 나라의 실현을 위해 공평한 정도(正道)를 걸으셨고, 이를 위해 대속의 십자가를 지셨다. 공평의 지혜교육은 쉽게 얻어지는 것이 아니다. 지금까지 설명한 잠언의 지혜교육 과정에서 볼 때 공평의 교육은 여섯 번째 단계에 자리하고 있는데, 이것은 공평의 지혜와 능력이 갑자기 교육한다고 되는 것이 아니고, 먼저 ①교훈(창조지혜)과 ②분별력과 ③실천력과 ④공의와 ⑤정의의 교육단계를 거친 다음 여섯 번째 단계에서 제시되는 지혜교육의 과제요 목표이기 때문이다. 이 공평의 개념에는 평등과 정직의 개념도 함께 내포되어 있다고 생각한다.

일곱 번째, 공평 다음으로 잠언 지혜교육의 목표는 '슬기(로움)'이다. 여기서 슬기는 히브리어로 '오르마'(영어로는, shrewdness)인데, 악한 자의 속임수에 넘어가지 않고 그것의 정체를 알아차려서 재빨리 그 올무에서 벗어나는 지혜와 능력을 말한다. 예컨대, 잠언의 '오르마' 교육 현장에서는 부모가 자녀들에게 낯선 여자(또는 남자)의 유혹에서 벗어나는 슬기를 강조하고 있다(잠 2:16; 5:3, 20; 7:25-27; 9:13-18; 27:27-28 등). 특히 이 오르마(슬기)가 사용되는 문맥에서는 '어리석은 자들'을 슬기롭게 한다고 했는데, 여기서 어리석은 자들은 히브리어로 '프타임'이며, '프타임'은 '파타'(단순하다, 또는 열려있다) 동사에서 파생한 명사로서 문자적으로는 '열려있는, 또는 단순한 자들'이란 의미이고, 인생사에 경험이 없거나 부족하여 남의 그럴듯한 말에 잘 속아 넘어가는 순진한(?) 사람들을 의미한다. 아담과 하와를 유혹한 그 뱀이 '간교하다'(개역, 새번역)라고 했을 때(창 3:1), 그 '간교하다'(히브리어로 '아룸')는 히브리어 단어와 '오르마'는 같은 동사의 어근 '아람'(교활하다, 영리하다)에서 왔다. 예수께서, '너희는 뱀처럼 지혜롭고(슬기롭고) 비둘기처럼 순결하라'(마 10:16)고 하신 말씀은 뱀과 같이 되라는 말씀이 아니고, 뱀이 교활하게 속이는 것을 알아차리고 그 유혹과 속임수에서 벗어날 수 있는 지혜(곧 슬기)를 가지라는 말씀으로 설명할 수 있다(비교, 롬 16:19). 달리 말하자면, 뱀의 지혜에 지지 않는 맞수가 되어 뱀의 속임수에 넘어가지 않는 슬기의 지혜(능력)를 가지라는 의미이다. 우리 자녀들이 성장하여 세상에 나가서 세상의 죄악과 음란한 현실에 노출될 때, 그 죄악의 유혹을 알아차리고 그 유혹에서 재빨리 벗어날 수 있는 능력, 곧 슬기(오르마)를 갖추고 있다면 부모가 무슨 걱정을 하겠는가? 잠언에서 이러한 슬기(로움)는 가정교육에서 시작되며, 이러한 슬기는 우리의 기독교 학교와 교회교육과 신학교육을 통해서도 꼭 필요한 지혜교육의 내용이고 목표이다.

여덟 번째로, 앞서 청소년들에게 슬기의 교육을 강조한 다음, 잠언의 지혜교육은 인생의 성공을 위해 '젊은이들'에게 필요한 '지식과 계획성'이란 두 가지 덕목을 추가하고 있다. 먼저 여기서 젊은이(히브리어로 '나아르')란 아직 결혼을 하지 않은 사람을 가리킨다. 결혼을 앞 둔 젊은 사람들에게는 인생 선배들이 산전수전 공중전까지 다 겪어본 인생의 살아있는 지혜(예지, 지식)을 전수받아야 할 필요가 있다는 것이다. 먼저 인생을 살아 본 믿음의 조상과 부모와 선배들의 '경험적 지식'(덕담)을 지혜교육을 통해 배운 젊은이는 인생에 실패하지 않을 것이다. 조상들과 부모나 선배들의 가르침을 시대에 뒤떨어진 쓸데없는 '잔소리' 정도로 생각하고 거부하는 젊은이는 인생에 실패할 가능성이 크다. 그러므로 여기서 잠언의 지혜교육이 말하는 '지식'(히브리어로 '다아트'. 영어로, knowledge)은 어떤 사변적 이론적 지식이 아니라 조상들과 어른들의 생활 전통에서 축적되고 우러난 '경험적 지식'으로서 대대로 전승된 지혜, 이를테면 예지(叡智, 사물의 이치를 꿰뚫어보는 지혜)를 가리키는 개념이다. 특히 노인들을 통해 전수되는 경험적이며 직관적인 예지에 대해 젊은이들이 존경심을 가지고, 젊은이들이 그 이야기를 듣고 이해하며 자신의 인생에 적용하는 지혜(능력)를 키우는 훈련이 필요하다는 것이다. 노인들이 하는 말을 알아듣는 젊은이는 지혜의 8단 정도라고 할 수 있다.

아홉 번째는, 지혜교육의 마지막 단계로서 여기서는 다시 젊은이들을 위해 '계획성'의 덕목을 제시하고 있다. 계획성(計劃性, the ability to make plans)으로 번역할 수 있는 이 히브리어 단어는 '므짐마'라는 여성 단수 명사이다. 이 여성 명사는 '깊이 생각하다, 계획하다'는 의미의 '자맘' 동사(plan, determine)에서 왔다. 한글 개역성경에서 이 단어를 '근신'이라고 번역한 것은 개정이 필요하다(새번역에서는 이 단어를 '분별력'으로, 천주교 성경에서는 '현명함'으로 번역한 것도 일종의 오역이다). '근신'은 국어사전에서 '말이나 행동을 삼가고 조심함'이라고 풀이하고 있다. 잠언에서 히브리어 '므짐마'는 계획성, 또는 생각하는 능력을 의미한다. 잠언은 앞서 교육한 지혜의 개념(단계)들인 ①교훈(창조지혜), ②분별력, ③실천력, ④공의, ⑤정의, ⑥공평, ⑦슬기, ⑧지식(예지)를 넘어서, 인생의 미래를 깊이 생각하고 설계할 수 있는 지혜(능력)를 배양할 것을 젊은이들에게 권하고 있다. 먼저 슬기와 전승된 지식인 예지의 중요함을 강조한 다음, 잠언의 지혜교육은 젊은이들에게 인생의 진로를 생각하고 계획하고 결정할 수 있는 능력을 갖추도록 조언한다. 물론 사람이 자신의 인생에 대해 계획을 할지라도, 그 계획을 인도하시고 이루시는 분은 하나님이라는 것을 잊지 말아야 한다(잠 16:1-3; 19:21 등). 잠언이 교훈하는 이러한 계획성 있는 인생의 지혜는 동양의 오랜 지혜로서 한문에서 잘 알려져 있는 '진인사대천명(盡人事待天命)'의 철학과도 일맥상통하는 점이 있다. 오늘 우리의 가정교육, 기독교교육, 교회교육, 그리고 신학교육을 통해서도 우리 젊은이들이 자신들의 인생을 깊이 생각하고 계획할 수 있는 창조적인 사고력 공부와 훈련이 요청된다고 하겠다.

이제 위에서 언급한 아홉 가지 지혜의 단계(덕목, 개념)를 교육받은 사람은 '지혜자'(히브리어로 '하캄')의 인격(人格, 자아의식과 자아책임)을 가지게 된다. 이 지혜자는 여기서 머물지 않고 한 걸음 더 나아가 오늘 우리가 일반적으로 말하는 고등교육(전문학교와 대학과 대학원 등)에서 받을 수 있는 학교공부를 통해 '학식'(學識)(히브리어로는 '래카흐'. 영어로 'increase in learning')을 더하게 된다(잠 1:5 상반절; 4:2; 7:21; 9:9!; 16:21,23). 반면에 지혜의 아홉 가지 덕목으로 훈련된 인격과 인성(심성)을 갖추지 못한 사람이 전문학교와 대학교에 진학하여 학식과 기술을 더한다고 해도, 그 기술과 학식은 자신과 이웃에게 유익한 자산이 되지 못하고 도리어 해가 될 뿐이라고 할 수 있다. 동양의 현자인 공자(孔子, 주전 551-479)의『大學』첫 장 첫 구절의 내용도 잠언이 말하는 학식의 본질과 성격에 대해 그 뜻을 같이한다고 생각한다: 大學之道 在明明德 在親(新)民 在止於至善(대학의 도는 밝은 덕을 밝히는 데 있으며, 백성을 새롭게 하는 데 있으며, 지극한 선에 머무르는 데 있다). 고등교육(대학)에서 얻은 학문(학식)을 가지고 입신양명하고 출세하고 부귀영화를 누리려고 하는 것은 공부를 잘못하는 것

이며, 그 결과는 인생이 피곤하고 허망한 것이 될 것이다(비교, 전 1:18; 12:12). 학문
(학식)이 더 할수록 지혜자는 그 학문을 가지고 자신의 인격과 인성(심성)을 더욱 도
야할 뿐 아니라, 하나님 나라를 위하고 가정과 사회와 교회와 민족과 국가와 세계와
이웃에 봉사하는 자산으로 사용할 때 비로소 그 학문은 빛이 나고 보람되고 가치 있
게 된다.

　　지혜자가 이렇게 학식(학문)을 얻게 되면 비로소 그는 다른 사람들을 이끌어 주
는 '지도력'(히브리어로 '타흐불로트'. 영어로 'steering a ship', 독일어는 'Führungskunst')
을 얻게 된다. 잠언 1장 5절 하반절에서 한글 개역성경은 "명철한 자는 모략을 얻을
것이라"라고 번역했는데, 여기서 '명철한 자'는 히브리어로 '나본'이며, 앞서 잠언 1장
2절에서 지혜의 두 번째 덕목으로 말한 '분별력'(개역은 '명철')과 같은 어근에서 온 단
어로서 '분별력 있는 사람'으로 번역해야 한다. 한글 개역(개정) 성경에서 '모략, 또는
지략'으로 번역한 히브리어 명사 '타흐불로트'는 동사 '하발'(밧줄로 묶는다. 영어로
'bind')에서 파생했고, 그 문자적 의미는 배를 운항하는 기술(배의 돛대에 밧줄을 묶어
배를 조종하는 능력)을 의미한다. 분별력이 뛰어난 지혜자가 학식을 더하면, 그는 비
로소 여객선의 믿음직한 선장과 같이 배와 함께 사람들을 안전하게 목적지 항구로
이끌어 주는 '지도력'을 가지는 사람이 된다. 잠언에서 히브리어 '타흐불로트'는 위에
서 언급한 대로 인생항로에서 사람들을 안전하게 항구로 인도하는 선장의 항해술과
지도력을 의미한다. 그러므로 '타흐불로트는 자신을 포함하여 다른 사람들을 올바른
방향으로 이끌어 주는 능력, 곧 지도력(指導力)이라고 번역하고 설명하는 것이 좋다
(비교, 잠 11:14; 20:18; 24:6; 욥 37:12).

　　이제 학문(학식)과 지도력을 갖춘 지혜자는 마침내 '말'을 알아듣고 이해하는 사
람으로 드러난다. 잠언 1:6에서 "잠언과 비유와 지혜있는 자의 말과 그 오묘한 말을
깨달으리라"라고 했는데, 구체적으로 잠언(proverb), 비유(parable), 지혜자들의 말
들(wise sayings) 그리고 그들의 수수께끼 같은 말들(riddles)도 이해하는 사람이 된
다. 9가지 지혜의 덕목을 갖춘 지혜자가 학문과 지도력을 겸비한다고 해도 하나님의
말씀과 사람들의 말을 제대로 이해하지 못한다면 지혜자로서 그는 성공했다고 할 수
없을 것이다. 잠언의 지혜는 말을 잘하는 사람이 되는 것보다, 말을 잘 알아듣는 사
람이 진정한 지혜자라고 가르치고 있다. 우리 말에도 "듣기 명창(名唱)은 있어도 하
기 명창은 없다"는 속담이 있는데, 다른 사람의 말을 잘 알아듣고 그 뜻을 바로 이해
하는 것이 말을 잘하는 것보다 더 중요하다는 이치를 깨우쳐 주고 있다(비교, 전 5:1-
3; 약 1:19; 3:1-12). 잠언의 지혜교육은 결국 무엇을 배우고 무엇을 가르치는가도 중
요하지만 가르치고 배워서 결국 어떤 사람이 되느냐, 어떻게 살 것인가를 마지막으

로 묻고 있다.

결론적으로, 잠언이 말하는 지혜교육은 여호와 하나님을 경외하는 신앙의 지혜를 기초로 일상생활에서 사람이 인간답게 살아가는 인간상(人間像)을 목표로 제시하고 있다. 이제 잠언의 지혜교육은 부모(선생)가 자녀들(학생들)에게 9가지 단계에 따라 지혜의 덕목을 가르치고 훈련하여 인격과 인성(심성, 마음)을 바르게 함양하려는 것이다. 나아가 9가지 덕목을 갖추고 분별력(판단력) 있는 지혜자는 학문을 연마하여 자신과 이웃이 다 함께 올바른 삶의 방향으로 나아가도록 이끄는 지도력을 얻게된다. 그리고 지혜자는 궁극적으로 하나님의 말씀과 사람들의 말(言語)을 이해하는 경지에까지 도달한다. 말이 안 통하고 의사소통이 안되는 지도자는 지혜가 부족한 지도자이다. 여기서 말은 사람들의 말과 하나님의 말씀(성경)을 다 포함한다. 물론 지혜자는 말만 듣고 이해하는데 머무르지 않고, 듣고 이해한 그 말을 실천하는 사람이다. 잠언의 지혜교육은 호기심 충족이나 어떤 이기적인 동기유발에 의해 시작되거나 완성될 수 없으며, 천지만물과 인간을 창조하시고 다스리시며 구원하시는 여호와 하나님을 믿고 경외(敬畏)하는 데서 출발하고 그 목적을 이룰 수 있다. 오늘의 가정교육과 기독교교육과 교회교육과 모든 진정한 교육의 출발점과 종착점도 성경이 말씀하는 "여호와 하나님 경외"에서 확인되어야 한다(잠 1:7; 8:13; 9:10; 욥 28:28; 시 111:10).

06

교회와 신학과 신학교

건물이나 프로그램보다 사람에게 투자해야

개신교 2세기를 맞이하는 한국교회는 양적인 성장도 지속해 나가야 하겠지만, 보다 절실한 문제는 교회의 질적인 성숙에 놓여있다. 교회의 질적인 성숙은 목회자를 양성하는 신학교육의 질적인 향상과 연관되어 있다. 그것은 구체적으로 경건과 학문을 통한 신학교육에서 교역자의 인격(자아의식과 자아책임)의 성숙도가 문제라고 하겠다. 우리 주위에 이미 수십억, 수백억의 건축비를 들인 교회당들이 세워지고 있으며, 초대형 초호화 교회당 건축이 일반사회의 우려와 비판의 대상이 되기도 한다. 이와는 대조적으로 너무 쉽고 허술하게 아무 데나 십자가만 갖다 붙이면 예배당이 되어버리는 식의 무질서한 교회 개척도 심각한 문제가 아닐 수 없다. 지금 이 모든 문제들은 지난 세기를 지나오면서 한국기독교의 신앙과 신학의 현주소를 적나라하게 보여주고 있는 것은 부인할 수 없는 사실이다. 이제 우리 한국교회는 2세기를 맞이하여 계속 가난한 교회와 부자 교회의 양극화를 보여주면서, 경쟁하듯이 건물과 시설과 프로그램에만 투자할 것인가? 예배당 건축하고, 교육관 짓고, 교회 차량 구입하고, 기도원 짓고, 교회 묘지(수목장 시설) 사고, 선교지 여행(?)하는 것이 공식화되고 있다. 교회의 구성원인 교역자들과 교인들에 대한 관심은 어디로 숨어 버렸는가? 사람이 중요한데, 교회시설과 프로그램에만 관심이 있다는 것인가? 올바로 교회 건축을 할 수 있는 사람, 올바른 목회를 할 수 있는 사람, 올바로 교회 교육을 할 수 있는 사람, 올바로 기도원을 운영할 수 있는 사람, 올바로 교회 생활하고 사회에 나가 빛과 소금의 역할을 할 수 있는 그리스도인에 대한 관심은 어디로 사라져 버렸는지 잘 보이지 않는다.

무엇보다 예수님이 먼저 예배당을 건축하거나, 회당을 짓거나, 묘지를 구입하거나 기도원을 따로 만드셨다거나, 평소에 타고 다닐 좋은 말이나 나귀를 구입하셨다는 기록은 성경에서 한 군데도 찾아볼 수 없다. 예수께서는 천국 복음을 전파하고 가난한 사람들을 돌보시며 병자들을 고치고, 죽은 사람들을 살리며, 제자들을 부르시고 그 제자들을 가르치고 훈련하는 일을 주로 하셨다(마 11:2-6; 눅 7:18-23; 비교, 행 1:4,8). 한마디로, 예수님의 관심은 사람들에게 있었다. 이제 2세기를 맞이하는 한국교회가 신앙과 신학이 질적으로 성장하고 성숙하기 위해서는 사람을 중요하게 여기고, 사람에게 투자하고 사람을 키우는 일을 해야 한다. 100억짜리 교회 건물과 그 교회에서 목회할 한 사람 교역자 중에 어느 쪽이 더 중요하냐고 누가 묻는다면, 우리는 100억짜리 건물이 더 중요하다고 선뜻 대답하기 어려울 것이다. 두말할 필요 없이 제대로 목회할 수 있는 한 사람이 그에 못지않게 중요하기 때문이다.

구약시대로부터 신약시대에 이르기까지 저 화려하고 유명했던 예루살렘 성전은 두 번 건축되었고, 제2 예루살렘 성전은 헤롯 대왕 이후 46년에 걸쳐 증축되었으나(요 2:20), 주전 586년과 주후 70년에 각각 다 파괴되어 무너지고 말았다. 오늘까지 그 예루살렘 성전의 폐허와 주후 691년부터 그 자리에 대신 들어선 이슬람의 소위 '황금지붕 사원'의 건축물이 말 없는 역사적인 교훈으로 우리를 깨우치고 있다(마 24:1-2; 막 13:1-2; 눅 21:5-6). 당시 유대인들이 예수님에게 그의 권위를 증명할 표적을 요구해 왔을 때, "너희가 이 성전을 헐라. 내가 사흘 동안에 일으키리라"고 대답하심으로써, 이 말을 들은 유대인들은 그 의미를 이해하지 못하여 당황하였고, 하늘과 땅의 수준 차이를 드러내었다(요 2:18-22; 마 26:61). 사실 성경은 어떤 건축물이 아니라 우리 그리스도인 한 사람 한 사람이 성령이 거하시는 하나님의 성전이라고 가르치고 있다(고전 3:16-17; 비교, 요 4:21,23-24). 오늘도 저 유대인들과 같이 예수 그리스도를 믿고 성도들을 생각하지 않고, 건축물인 성전(교회당)을 더 중요하게 생각하는 사람들이 없다고는 못할 것이다.

인간을 변화시키는 올바른 신앙과 신학이 정립되어야 한다

어쨌든, 한국교회 2세기에는 사람을 중요하게 생각하고 교회와 신학교에서 올바른 신앙과 신학을 재정립해 나가는 일이 급선무이며, 신앙과 신학이 바로 된 사람들이 올바른 교회 건축, 올바른 교회 시설, 올바른 교회 성장, 올바른 사회봉사, 그리고 올바른 전도와 올바른 선교도 할 수 있을 것이다. 신학이란 성경적으로 올바른 신앙을 가진 사람을 키워내는 학문이다. 신학(神學, theology)을 문자적으로 풀이하여 '신을 탐구하는 학문' 정도로 생각한다면 잘못이다. 성경이 계시하는 기독교의 삼위일체 하나님은 인간의 이성으로 탐구하여 파악할 수 있는 연구 대상이 아니기 때문이다. 신학의 목표는 예수 그리스도 안에서 의롭게 되는 인간, 즉 죄로 말미암아 죽었던 인간이 예수 그리스도 안에서 새 생명을 얻고 새로운 피조물이 되는 데 그 초점이 놓여있다(요 3:16; 롬 5:8; 13:11-14; 고후 5:17; 엡 4:22-24 등). 신학은 예수 그리스도 안에서 변화된 새 사람의 믿음의 논리(論理)요 설명이다. 신학의 과제는 성경에 계시된 하나님의 말씀을 통해 성령의 역사로 인간이 질적으로 변화되는 것을 인식하는 데 있으며, 이제 변화된 인간은 자신의 변화를 통하여 인간이 무엇을 믿어야 하고 무엇을 희망할 수 있는가에 대해 대답하려는 것이다(벧전 3:15-16; 갈 3:25-28; 4:9 등). 물론 신학은 하나님의 선물인 이성(理性)을 무시하거나 배제하지 않으며, 신학적 논리는 '믿음에 의해서 계몽된 이성'(reason enlightened by faith)에 의해 뒷받침된다. 성경에서는 신학의 성격을 다음과 같이 정리해 주고 있다. "너희가 서로 거짓말을 말라. 옛사람과 그 행위를 벗어 버리고 새사람을 입었으니, 이는 자기를 창조하신 자의 형상을 좇아 지식에까지 새롭게 하심을 받는 자니라"(골 3:9-10). 예수 그리스도 안에서 새 사람으로 거듭남과 변화가 없는 신학은 사이비 신학이다. 철학(哲學)이 인간과 세상의 신비(神祕)를 그 탐구의 대상으로 삼는다면, 신학(神學)은 성경을 통해 인간이 예수 그리스도 안에서 질적으로 변화된 사실을 탐구의 대상으로 삼는다(비교, 요 3:1-12).

오늘 한국교회와 신학교에 올바른 신앙과 신학이 없다는 말은, 옛사람을 벗어버리고 새사람이 되는 변화가 없다는 말과 상통한다. 회개는 있으나 회개에 합당한 열매가 없는 오늘의 한국교회 모습, 거듭남은 말하지만 성장이 멈춘 유아기 상태에 머물러 있는 안타까운 현실(고전 13:11. 비교, 벧후 1:5-11 등), 구원은 받았다고 하나 기쁨과 감사와 기도와 찬송과 봉사가 생활화되지 못한 교회는 올바른 신앙과 신학이 정립되지 못했기 때문이다. 신앙과 생활이 유리된 채 교회에서는 그리스도인이지만 교회당 문만 나서면 다시 세상사람이 되는 이중인격적인 신앙생활(?)을 하는 현대판 기독교인과 교회 지도자들(교역자와 장로와 교회 직분자들)을 2세기 한국교회와 신학교는 계속 양산해 낼 것인가? 이러한 문제를 해결하기 위해서 올바른 신앙과 신학의 확립이 무엇보다 필요하다는 인식을 가져야 한다.

개신교 신앙과 신학의 4가지 기본 과제 확인이 필요

오늘 우리 시대는 교회의 신앙과 신학교의 신학에만 괴리와 문제가 있는 것은 아니다. 일반 교육, 정치, 경제, 사회, 문화, 예술 등 한국의 모든 영역에서 현실은 모든 피조물과 함께 '하나님의 자녀들'의 나타남을 고대하고 있는 말세적 상황임을 우리는 통찰해야 한다(비교, 롬 8:19-21). 이러한 관점에서 개신교 신앙과 신학의 4가지 기본 과제들을 다시 확인하는 것도 필요할 것이다. 먼저 개신교 신앙과 신학의 첫 과제는 예수 그리스도 안에서 성경에 계시된 삼위일체 하나님의 위대하신 창조와 구원 행동을 선포하고 찬양하며 감사하는 일이다. 이러한 과제는 무엇보다 교회의 예배를 통해 구현되는 것이다. 그러므로 교회를 무시하고 예배를 등한시하는 신앙과 신학은 사이비이다. 교회의 예배는 신앙과 신학이 사건화되는 하나님 나라의 핵심적인 현장이기 때문이다. 하나님 나라와 교회는 이분법적인 개념이 아니고, 동심원적인 관계이다. 요즈음 교회에 소위 '가나안'(즉 '안나가') 성도들(?)이 증가하는 것은 위험 신호이다.

둘째로, 개신교 신앙과 신학의 과제는 신앙고백의 생활화이다. 예수 그리스도 안에서 하나님의 자녀로 변화된 새로운 사람(요 1:12-13; 갈 3:26 등)은 자신의 가족과 일가친척을 포함하여 이웃과 동족과 세계인들에 대한 복음전파의 사명과 책임이 있다. 이러한 책임과 사명 의식은 교회가 하나님 나라의 역사 현실에 참여함을 통해 증거되어야 한다. 올바른 신앙과 신학적인 삶은 세상에서 은둔하고 도피하거나 방관하는 생활이 아니다. 오늘 하나님의 자녀들은 소금으로서 세속의 현장에 녹아들어 가야 하고, 빛으로 세상의 어둠을 비추고 어둠을 몰아내는 삶이어야 한다(마 5:13-16).

셋째로, 개신교 신앙과 신학의 과제는 성경에 계시된 하나님의 말씀에 대한 올바른 해석과 이해와 적용이다. 모든 기독교 이단과 사이비 활동들은 성경을 잘못 해석하고 왜곡하는 것에서 시작한다(비교, 벧후 1:20; 3:16). 목회자(교역자)는 무엇보다 설교와 성경공부를 통해 교인들에게 성경의 하나님의 말씀을 올바로 해석하고 적용할 책임이 있다. 교회학교는 다양한 인간관계 활동과 재미있는 프로그램을 제공하는 곳이 아니고, 어린이로부터 노년에 이르기까지 성경을 올바로 가르치고 배우는 것을 가장 중요한 교육의 과제와 목표로 삼아야 한다.

넷째로, 개신교 신앙과 신학의 과제는 기독교 신앙에 대한 변증(변호)이다. 그리스도를 마음속에 주님으로 모시는 그리스도인의 소망에 관해 묻는 사람들에게 적절한 대답을 준비하고 설명하는 능력을 기르도록 해야 한다(벧전 3:15). 신앙과 신학적인 변증의 목표는 다음과 같은 성경 구절에 요약되어 있다. "모든 이론을 파하며, 하나님 아는 것에 대적하여 높아진 것을 다 파하고, 모든 생각을 사로잡아 그리스도에게 복종케 한다"(고후 10:5). 위에서 언급한 개신교 신앙과 신학의 4가지 기본 과제들이 한국교회 2세기의 질적 향상과 성숙을 위해 실천되도록 힘써야 한다. 새로운 시설과 프로그램을 만드는 것보다 새로운 사람들을 길러내는 것이 더 중요하다. 21세기를 위해 준비된 사람들을 본 교단 교회와 본 교단 신학교가 협력하여 양성할 수 있으면 좋겠다.

교회는 신학교에 관심을 가지고 적극적인 투자를 해야

지나간 한국교회 1세기를 돌아보면, 교회의 양적 성장뿐 아니라 신학교 역시 놀라울 정도로 양적으로 팽창했다. 그런데 교회의 양적 성장이 질적 성장에 정비례하지 않는 것 같이, 신학교에 신학생들의 증가에도 불구하고 교역자 양성의 질적 수준은 오히려 퇴보하고 있는 것이 아닌가 우려된다. 믿을만한 통계자료에 의하면, 1986년도 한 해에 우리나라의 4개 기독교 종합대학의 신학과들과 10개의 신학대학들과 교육부가 학력 인가한 신학교들을 통해 배출된 신학교 졸업생 총수는 1,570여 명에 이르고 있다. 여기에 군소 교단들이 운영하는 소위 무인가 신학교의 졸업생 수를 합하면 이보다 훨씬 더 많은 목사(교역자) 후보생들이 해마다 양산되고 있는 현실이다. 오늘 우리 신학교의 문제는 신학교에서 가르치는 교수들과 신학교를 지망하는 학생들의 소명 의식과 자질이 부족한 점이다. 또한 그에 못지않은 문제는 신학교와 교회 간의 의사소통 부재로 인해, 교회 따로 신학교 따로라는 괴리 현상과 신학교에 대한 교회의 무관심이다. 신학교 이사회도 제 구실을 다하지 못하고 있다.

사람의 몸에 비유하건대, 교회가 얼굴이라면 신학교는 교회의 심장과 같다고 말하기도 한다. 교회를 군대에 비유하자면, 신학교는 군대의 간부를 양성하는 사관학교라고 할 수 있다. 그런데, 현실은 교회가 신학교에 관심이 없고, 자립교회로서 교회 재정이 있어도 신학교를 돕는데는 관심이 없다. 심장은 눈에 보이지 않고 심장 박동은 심장 근육이 자율적으로 알아서 하기 때문에, 생명과 직결된 장기이지만 그 심장의 건강에 대해서는 평소에 신경을 쓰지 않는 것이 현실이다. 우리말 속담에, "손톱에 가시 든 줄은 알아도, 염통 곪는 줄은 모른다"라는 말이 있는데, 오늘 우리의 교회와 신학의 현실에 비추어 생각해 보아야 할 말이다. 각 군의 사관학교는 그 생도들을 교육하는데 국가가 그 재정을 담당하고 있다. 사실 신학교에서 교역자 훈련을 받는 신학생들의 학비와 생활비는 노회를 통해 소속 교회가 지원하는 것이 정상적이다. 신학생이 학비를 위해 야간에 아르바이트를 해야 하는 현실이 과연 정상적인가? 신학교에서 제대로 훈련과 교육을 받지 못한 한 사람의 교역자가 교회의 목회 현장에서 가져다줄 피해는 생각만 해도 끔찍한 것이다. 이러한 관점에서, 오늘 한국교회의 문제와 혼란의 책임이 우선 교역자들에게 있으며, 그 원인제공은 신학교의 교육 부실에 있다고 해도 할 말이 없다. 교회가 노회와 총회를 통하여 신학교를 제대로 운영하고 교역자 교육을 올바로 한다면, 한국교회 2세기의 앞날은 희망이 있고 교회의 신앙과 신학을 위해 질적으로 성숙한 미래를 약속할 수 있을 것이다.

우리나라에서 신학교와 교회와의 관계가 바람직 하지 않은 원인은, 역사적으로 볼 때, 신학교는 처음부터 외국 선교사들이 설립하고 운영하는 것이라는 잘못된 전이해 때문일 것이다. 이제 서양 선교사들이 신학교를 설립하고 운영하던 시대는 이미 지나갔다. 한국교회는 신앙과 신학의 질적 성장을 위해, 신학교 운영과 신학교육은 한국교회의 책임이라는 주인의식을 가지고 물심양면의 투자를 해야 한다. 미국 웨스트포인트에 있는 육군사관학교에서는 한 사람의 초급장교를 양성하는데 우리 돈으로 약 2억여 원이 소요된다고 한다. 우리나라 삼군사관학교에서도 생도 한 사람에 적어도 4-5천만 원의 교육비가 드는 것으로 들었다. 그렇다면 한국교회(노회와 총회)는 현재 신학교와 신학생들에게 어떤 관심과 계획과 투자를 하고 있는가? "심은 대로 거둔다"라는 성경말씀대로(고후 9:6; 갈 6:7), 신학교가 황폐화되고 직업적 성직자(?)들이 양산될 때, 그 열매는 한국교회가 자초한 것으로 보아야 한다. 아직은 늦지 않았다고 생각한다. 개신교 2세기 역사의 첫 발걸음을 내딛는 1986년, 금년 이 시점부터 한국교회의 신앙과 신학의 질적 향상과 성숙의 목표를 향해 교회와 신학교가 생명적 유대 관계임을 인식하고, 신학교에서 가르치는 교수들과 훈련받고 있는 신학생들을 위해 교회(노회와 총회)가 기도와 함께 관심을 가져야 한다. 말로만 하지 말고, 재정적으로 자립교회는 매년 예산의 백분의 일이라도 소속 교단의 신학교에 지원해야 한다.

07

이단에 이끌리는 여러 요인들

　　이단(異端, heresy)이 위험하고 나쁜 줄은 다 아는 사실인데, 왜 어떤 사람들은 이단의 속임수에 끌려 넘어가는가? 우리는 이단이 사람들을 유혹하는 몇 가지 요인들을 점검해 봄으로써 이단에 대한 경계를 삼고자 한다. 첫째로, 이단은 사탄(마귀)의 활동이며, 사탄의 수하에 있는 귀신들과 악령과 미혹의 영과 거짓의 영과 더러운 영들의 정체를 알지 못하면 그들의 속임수에 빠지게 된다. 디모데전서 4장 1절 이하에 기록된 분명한 말씀을 들어보자. "그러나 성령이 밝히 말씀하시기를 후일에 어떤 사람들이 믿음에서 떠나 미혹케 하는(거짓된) 영들과 귀신들의 가르침을 좇으리라 하셨으니, 자기 양심이 화인 맞아서 외식함으로(가면을 쓰고) 거짓말하는 자들이라." 겉으로 볼 때는 예수 믿는 사람들이고 교회의 직분을 맡은 사람들(목사, 장로, 안수집사, 권사, 집사)도 사탄이 부리는 귀신들과 특히 미혹의(거짓된) 영들의 속임수에 따라가는 사람들은, 실상은 그들이 먼저 믿음에서 떠나있고 양심에 화인을 맞았기 때문이다(비교, 벧후 2:1-3).

　　이단은 주로 교회 안에서 일어난다(행 20:29-30). 이들은 양심에 화인(火印, 불로 지져진 듯 마비됨)을 맞은 자들로서 교회의 직분과 특히 선지자의 가면을 쓰고 거짓말을 하고 거짓을 믿게 한다(비교, 겔 14:7-11). 우리 주님도 말씀하신 대로, 이러한 거짓의 영들은 광명의 천사로 가장하고 믿음을 떠나 양심이 마비된 사람들에게 들어가며, 양의 모습으로 가면을 쓰고 교회 안의 성도들에게 접근하여 모든 수단과 방법을 동원하여 그들을 넘어뜨리게 한다(고후 11:14; 마 7:15-16,22-23; 살후 2:9-12 등). 이렇게 교회안에서 믿음을 떠나고 양심이 마비되어 사탄과 거짓 영들의 조종을 받는 자들이 이단들이다. 가령 피갈음의 교리를 내세우는 혼음종교의 일종인 통일교 이단은 교회라는 이름을 사용하면서 교육기관을 이용하고 리틀 엔젤스를 내세워 자신의 정체를 위장하고, 마치 예술을 통해 선한 일을 하는 것처럼 꾸미는 것은 널리 알려진 사실이다. 교회 안에서 예수 그리스도의 제자가 되어 성경의 가르침을 따르는 대신, 이단들은 자신들이 내세우는 교주(敎主)를 대신 재림주 메시아로 신격화하고 그 교주가 가르치고 주장하는 특별한 이단의 교리를 따르도록 한다. 통일교의 경우는 『원리강론』이 그 대표적인 이단교리이다. 지금 우리나라에는 적어도 수십 명의 거짓 메시아들이 있다고 한다.

기성 교회를 욕하고 성경을 잘 못 배웠다고 유인하며, 교주가 지정하는 결혼을 해야 하고, 어떤 음식은 먹지 말라고 하는 등(딤전 4:3), 이단들의 주장은 다양하게 나타난다. 악마 스크루테이프가 조카 웜우드에게 그리스도인들을 유혹하고 타락하게 하는 방법들을 알리는 31편의 편지들에 나오는 내용에서 보면, 악마가 즐겨 사용하는 방법들 중에는, '이웃은 증오하고, 멀리 있는 미지의 사람들에게는 선의를 가지도록 하는 것'과, 교회의 예배, 기도, 성례전, 사랑의 봉사보다는 이념에 근거하여 '인권, 민주주의, 개혁운동' 등을 더 중요시하게 하는 것이 있다.[1] 이 책에서 사탄의 꿈은, "모든 존재를 집어삼켜서, 모든 존재가 오직 그를(사탄) 거쳐서만 '나'라고 말할 수 있게 되는 것"이라고 했다.[2] 주목할 것은 이단에 미혹된 사람들은 그들의 양심이 마비되고 감각이 없어졌기 때문에 비양심적인 말과 행동도 태연히 하는 위선자들이다. 그러므로 성경은 무엇보다 우리에게 '거짓이 없는 믿음'을 가지고 '거짓말'을 하지 말며(골 3:9; 요일 2:21; 엡 4:25; 롬 1:25; 사 9:15; 59:3; 렘 6:13; 13:25; 23:25; 잠 13:5 등 참조), '선한 양심'을 가질 것을 촉구하고 있다(딤전 1:5; 딤후 1:3; 벧전 3:16 등). 예수님은 사탄(마귀)의 조종을 받는 사람들에게 다음과 같이 경책하셨다. "너희는 너희 아비 마귀에게서 났으니 너희 아비의 욕심대로 너희도 행하고자 하느니라. 그는 처음부터 살인한 자요 진리가 그 속에 없으므로 진리에 서지 못하고, 거짓을 말할 때마다 제 것으로 말하나니 이는 그가 거짓말쟁이요 거짓의 아비가 되었음이라"(요 8:44). 사탄의 특징은 거짓말하는 것이고, 이단에 속한 자들도 거짓말을 예사로 하게 된다. 거리낌 없이 거짓말하는 사람은 이단에 속한 사람이다.

모든 이단들의 활동은 사탄의 사업이다. 그러므로 요한일서 4장 1절에, "사랑하는 자들아, 영(靈)을 다 믿지 말고 오직 영들이 하나님께 속하였나 시험하라. 많은 거짓 선지자가 세상에 나왔음이니라"라고 경고하였다. 사탄(마귀)이나 귀신들이나 미혹의 영들은 '있다고 생각하는 사람에게는 있고 없다고 생각하는 사람에게는 없다'고

---

1) C.S. 루이스, 『스크루테이프의 편지』, 김선형 옮김, 홍성사, 2018, 45, 51쪽.
2) 위의 책, 198쪽.

가르치는 사람들이 있는데(비교, 행 23:8), 이러한 가르침은 성경의 가르침과는 다른 주장이며, 무책임하고 잘못된 생각이다(삿 9:23; 삼상 16:14; 왕상 22:19-23 참조).[3] 성육신하신 예수 그리스도를 살아계신 하나님의 아들로 믿지 못하도록 하는 것은 미혹의 영이 가르치는 이단이다(요일 2:22; 4:3; 요이 1:7). 영적으로 맹인이 되고 귀가 들리지 않게 되면 쉽게 이단의 미혹에 이끌리게 된다(렘 5:21; 6:9-10; 겔 12:2; 마 13:13-14; 막 8:18; 딤후 4:4 등).

평소에 탐욕과 정욕과 불의한 이익을 추구하는 사람은 이단에 넘어가기 쉽다(딛 1:10-11; 딤전 6:3-5; 벧후 2:1-3 등). 일찍이 구약시대에도 '두어 움큼의 보리와 두어 조각 떡을 위하여' 거짓 예언자들이 이단을 전파하였다(겔 13:19; 미 3:5). 오늘날도 어떤 부흥사들이나 사설 기도제단, 자칭 능력의 종, 자칭 선지자들이 '돈'을 강조하고 헌금을 강요하는 것은 그들의 이단 가능성과 정비례한다고 볼 수 있다. 박태선의 전도관이나 문선명의 통일교가 종교 활동의 미명 아래 위장된 경제활동을 통해 재물(돈)을 추구하는 것도 결국 이러한 더러운 이익을 탐하는 이단의 속성과 결코 무관하지 않다(벧후 2:3). 경제적인 욕심뿐 아니라, 성경이 지적하는 이단들은 특히 음란한 정욕(계 2:6,15; 벧후 2:2 등)과 명예욕, 세상 권력을 추구하는 것과 언제나 밀착되어 있음을 알아야 한다(롬 16:17-18). 이러한 '육신의 욕심, 눈의 욕심, 삶의 자랑'에 사로잡히면 이단에 빠질 수밖에 없다(요일 2:16).

호기심이나 교만 때문에도 이단에 넘어가기 쉽다. 무지(無知)에서 오는 단순한 호기심으로부터 학문적인 호기심에 이르기까지 호기심(好奇心)이 하나님의 말씀인 성경에 대한 의심과 만나면 이단에 빠지기 쉽다. 그리하여 성경의 하나님의 말씀을 부인하며 비웃게 되고, 자기 의를 통해 자신의 주장을 내세워 교만을 드러내게 된다. 그 교만의 구체적인 내용은 "다른 복음"(갈 1:6-9), "다른 그리스도"(마 24:5)를 전파하는 것으로 나타난다. 그러므로 우리는 우리 각자에게 주신 믿음의 분량에 따라 절제하며, 성경의 테두리를 넘어가서 과도한 호기심과 교만에 빠지지 않도록 주의해야 한다. 그러므로 성경은 "누가 철학과 헛된 속임수로 너희를 노략할까 주의하라. 이것이 사람의 유전과 세상의 초등학문을 좇음이요 그리스도를 좇음이 아니니라"(골 2:8)고 경계하였다. 하나님 아는 것을 대적하여 높아진 모든 사상과 이론과 행위들이 곧 이단임을 깨닫고 헛된 호기심과 교만을 버릴 때 이단의 올무에서 벗어나게 된다. 이러한 호기심과 의심과 교만에서 출발하는 이단의 특징은 무익한 변론과 허탄한 말 장난뿐임을 알아야 한다(딤전 6:20-21). 호기심과 의심과 교만을 통한 이단의 유혹이

---

3) 신정통주의 신학자 칼 바르트가 '마귀는 무'(無, Das Nichtige)라고 표현한 것은 대단한 잘못이다. 김명용, 『칼 바르트의 신학』, 이레서원, 2007, 224쪽 이하.

얼마나 심각한 것인가에 대해서 성경은 다음과 같이 경계하였다. "때가 이르리니 사람이 바른 교훈을 받지 아니하며 귀가 가려워서 자기의 사욕을 좇을 스승을 많이 두고, 또 그 귀를 진리에서 돌이켜 허탄한 이야기를 좇으리라"(딤후 4:3-4). 이러한 관점에서 볼 때, 대체로 20세기 서양의 대학교 강단(講壇) 신학의 주도권을 장악한 소위 '자유주의 신학'은 성경의 진리를 수호하기보다는 불행하게도 사람들의 사상과 교훈을 앞세우고 이단 사설이 난무하는 현장이 되었다(비교, 마 15:8-9; 사 29:13-14).

사람들은 이단의 주장에도 일견 일리가 있기 때문에 따라간다. 이단은 교묘하고 효과적인 방법으로 현대인의 지성과 감정에 호소하는 경우가 있는 것이 사실이다(골 2:4; 엡 5:6-7). 특히 신약시대의 이단들은 주로 죽은 자의 부활과 예수 그리스도의 재림과 십자가의 도를 어리석고 믿지 못할 것으로 비방하며 반대하였다(벧후 3:3-5; 고전 1:18; 15:12-19 등). 또 사람들 앞에서 인정을 받고 인기를 끌기 위해 어떤 이단들은 '인간의 무죄'를 주장하며 (요일 1:8), 금욕생활을 강조하기도 했다(딤전 4:3; 골 2:20-23). 이단에도 어떤 일리는 있어 보이지만, 이단에는 결코 진리가 없다는 사실을 우리는 깨달아야 한다. 예수께서 광야에서 40일을 금식하신 후 굶주리실 때에 사탄이 와서 먼저 돌로 떡을 만들어 먹으라고 한 말은 당장 필요한 것이고 일리가 있는 말이다(마 4:1-4; 눅 4:1-4). 굶어 죽게 되었는데 우선 먹고 봐야지 가릴 것이 무엇인가? 그러나 예수께서는 사탄의 계략을 꿰뚫어 보시고 기록된 성경 말씀으로 마귀의 유혹(이단)을 물리치셨다. "사람이 떡으로만 살 것이 아니요 하나님의 입으로 나오는 모든 말씀으로 살 것이라"(마 4:4; 신 8:3). 성경은 사탄과 적그리스도의 영들의 미혹이나 속임수인 이단과 싸울 때 무엇보다 "성령의 검 곧 하나님의 말씀을 가지라"고 우리에게 권면하였다(엡 6:17; 약 4:7; 벧전 5:8-9). 그리스도인이라면 늘 성경을 가까이 하고 중요한 요절은 마음에 새겨야 한다. 그리스도인들이 이 땅에 사는 동안 이단에 빠지지 않으려면, 기록된 하나님의 말씀인 성경을 읽고 공부하여 그 내용을 숙지할 필요가 있다. 이단을 물리치는 가장 효과적이며 강력한 무기는 성경에 기록된 하나님의 말씀 밖에는 없기 때문이다. 기록된 하나님의 말씀인 성경, 곧 성령의 검을 준비하지 않았기 때문에 영적으로 무방비 상태에서 이단의 공격에 넘어지고, 그 속임수에 넘어가는 것이 아닌가!

디도서 3장 10절에서는 "이단에 속한 사람을 한두 번 훈계한 후에 멀리하라"라는 실제적인 교훈을 하였다. 또 요한2서에서는 이단에 관해 "…그를 집에 들이지도 말고 인사도 말라. 그에게 인사하는 자는 그 악한 일에 참예하는 자임이니라"(요이 1:10-11)라고 경계하였다. 이단을 관용하고 적당히 용납하기 때문에 오히려 이단에 물드는 경우도 있다. 이단이라는 사실을 알았을 때는 좀 야박한 것 같지만 그와의 교제를 단호히 끊는 것이 이단에 속지 않는 길이다. 거짓 예언자들과 거짓 선생들은 이단을 '가만히(몰래)' 끌어들이기 때문에, 우리가 방심하는 사이에 이단의 속임수에 넘어갈 수 있기 때문이다(벧후 2:1).

이단은 파당을 짓고 교회의 분열을 일으키는 특징(유 1:18-19)이 있다. 예수 그리스도의 몸 된 교회는 하나됨(요 17:21-23)을 힘써 지키는 것이 중요하다. 그래야 교회는 이단의 피해를 예방할 수 있다. 물론 교회 내에서도 생각을 달리하는 개인이나 집단이 있어서 의견의 일치를 보기가 어려운 경우도 있으나, 결국은 올바른 방향으로 의견이 정리되고 한마음으로 나아가도록 힘써야 한다(고전 1:11-13; 3:21-23. 비교, 고전 11:18-19). 교회사의 교훈에서 보면, 이단이 발호할수록 하나된 교회는 건실한 신앙고백과 교리를 정리하여 이단에 맞섰고, 교회의 신앙과 신학을 더욱 바르고 든든하게 세워나갔다. 교회 안에서 사이비 파당을 만드는 자들의 공통된 명분은 언필칭 '정의(正義)'를 구현하기 위해서라는 것이다. 우리나라 천주교의 '정의구현사제단'도 그 한 예이다. 정의구현사제단에 속하지 않는 사제들과 교우들은 정의와는 거리가 먼 사람들이라는 말인가? 그러나 대부분의 경우 정의를 위해 파당을 짓는 그 사람들 자체가 불의한 경우가 많다. "이단자들은 역사적 발전 과정에 있어서 엘리트들이었다"라든지, "기성교회에 맞선 이단은 언제나 옳다"라든지, 심지어 "모든 진리는 다만 이단설에서 찾아야 한다"라는 그럴듯한 거짓 구호와 선전에 우리는 결코 미혹되지 않아야 한다. 이단은 어디까지나 이단이며, 진리는 어디까지나 진리이기 때문이다(요 17:17).

모든 이단의 공통된 특징은 하나님의 말씀인 성경을 잘못 해석하고 잘못 적용하는 거짓 가르침에 근거하고 있다. 교회 목회자의 직무는 무엇보다 성경에 기록된 하나님의 말씀에 대한 바른 해석과 적용을 가르치는 것이다. 따라서 교인들은 무엇이 성경의 올바른 해석이며 올바른 적용인지에 관해 먼저 자신이 출석하는 교회의 목사에게 묻고 배워야 한다. 혹시 자기 교회의 목사가 설명하는 것이 이상하거나 마음에 들지 않을 경우에는, 다른 믿을만한 목사나 신학대학교에서 성경을 전공으로 가르치는 교수에게 도움을 청할 수도 있다. 혼자서 고민할 필요가 없다. 그래야 이단에 끌리지 않게 된다. 베드로후서 1장 20절에서, '먼저 알 것은 성경의 모든 예언은 사사로이 풀 것이 아니라'는 말씀과 함께, '무식한 사람들과 믿음의 안정이 없는 사람들은… 성경을 억지로 해석하다가 그들 자신의 멸망을 가져온다'는 경고의 말씀도 우리는 꼭 기억해야 한다(벧후 3:16).

08

요나서 강해 1.
요나 1:1-16, 다시스로 가는 배

요나(Jonah)는 구약의 12소선지서(소예언서)에서 5번째에 나오는 책 이름인 동시에, 주전 8세기 북왕국의 왕 여로보암 2세(통치연대: 주전 787-747) 당시 활동했던 이스라엘의 예언자 이름이다(왕하 14:25). 예언자 요나의 고향인 가드헤벨은 예수님의 고향 나사렛에서 동북쪽으로 약 5킬로미터 떨어진 곳인 갈릴리의 스불론 지역에 위치하였고(수 19:13), 그의 아버지 이름은 아밋대였다. 히브리어로 '요나'는 문자적으로 '비둘기'라는 뜻이다. 모두 4장 48절로 구성되어 있는 요나서에는 북왕국의 예언자였던 요나가 주전 8세기 전반에 여호와의 명령으로 당시 강대국인 앗시리아(앗수르) 제국의 수도 니느웨에 가서 심판 예언을 전했고, 그 심판예언을 들은 니느웨 사람들이 회개하고 임박한 재난에서 구원받은 이야기가 기록되어 있다. 주인공 요나를 일관되게 3인칭으로 서술한 것으로 볼 때, 저자는 요나 예언자의 제자들 중의 한 사람이었을 것으로 추정할 수 있다. 요나서가 바벨론 포로기 이후 유다 사회의 외국인(이방인)들에 대한 극심한 배타적 상황을 완화하기 위한 목적으로 여호와 하나님은 이방인들도 회개하면 용서하고 사랑하신다는 메시지를 전하기 위해 무명의 저자가 요나 예언자의 이름을 빌려 쓴 우화적인 단편소설이라는 비평적 성서학자들의 주장도 있으나, 역사적 근거가 불충분한 추측에 불과하다.

요나서의 기록에 따르면, 당시 니느웨의 인구는 약 12만 명이었다(욘 4:11). 요나의 심판 예언을 들은 니느웨 사람들은 회개했고, 그들에게 내리기로 한 하나님의 재앙은 내리지 않았다. 그러나 니느웨는 그 후 앗시리아 제국의 멸망과 함께 주전 612년에 신흥 바벨론 군대에 의해 결국 파괴되었다(비교, 나 1:1 이하). 요나는 이스라엘의 원수와도 같은 니느웨에 가서 심판예언을 하라는 하나님의 지시를 거부하고 멀리 다시스로 가는 배를 타고 도망하려 했으나 실패했고, 바다에 던져져 큰 물고기의 뱃속에 들어가게 된다. 요나는 회개의 기도를 했고(욘 2:1-9), 여호와께서는 그에게 다시 한번 니느웨에 가서 회개를 선포하도록 사명을 주셨다. 요나의 심판예언, "사십 일이 지나면 니느웨가 무너지리라"라는 경고를 듣고 니느웨 사람들은 회개했고, 하나님은 그들이 악한 길에서 회개한 것을 보시고 뜻을 돌이키사 심판을 내리지 않으셨다(욘 4:10). 요나는 니느웨를 용서하시는 하나님에 대해 불만을 토로했으나, 하나님은 이방인들도 회개하고 구원받기를 원하는 사랑의 하나님이시라는 메시지로 끝을 맺는다(욘 4:11).

구약 신학적 관점에서 보면 요나의 예언자적 메시지는 단순히 바벨론 포로기 이후 유다 사회에 만연한 이방인 배타주의를 완화하기 위한 일시적인 처방이 아니라(비교, 느 13:23-31), 일찍부터 하나님이 시내산 언약을 통해 이스라엘을 택하시고 하나님의 백성으로 삼으신 이유를 상기시키기 위함이다. 다른 예언서들의 메시지와 같이 요나서의 신학은 이스라엘의 잘못된 선민사상을 바로잡기 위한 것이다. 이스라엘을 선택하고 하나님의 백성을 삼으신 것은 이스라엘이 특별하고 잘나서가 아니라, 이스라엘을 통해 이방 민족들도 구원하시기 위한 하나님의 계획이었다(출 19:3-6. 비교, 창 1-3). 자기 의에 근거한 이스라엘의 선민사상(選民思想)은 잘못된 생각이다. 이것은 구약의 예언자들의 한결같은 메시지이고, 예언자 신학의 핵심 사상이다(암 9:7; 사 19:23-25; 49:6; 말 1:11 등; 비교, 마 3:9; 24:14; 28:19-20; 행 1:8; 갈 3:26-29 등). 그러므로 이스라엘이 하나님의 백성으로서 자기 공로나 자기 교만이나 배타적인 자기 의를 내세운다면, 여호와 하나님의 의(공의와 정의)와 구원계획과 사랑 앞에서 설 자리가 없다(신 7:6-11; 비교, 롬 10:1-4). 이스라엘의 존재 이유는 이방에 빛이 되는 것이기 때문이다(사 9:1-7; 42:1,6; 49:6; 60:1-3. 비교, 눅 2:30-32 등). 이미 이것은 아브라함을 택하시고 부르실 때부터 분명하게 하나님의 뜻과 구원계획으로 말씀한 내용이다(창 12:1-3; 18:18; 22:18; 26:4; 비교, 행 3:25; 갈 3:28-29). 요나서는 단순히 바벨론 포로기 이후 유다 사회에서 이방인을 혐오하는 상황에 대한 한시적 대응책이 아니라, 구약 예언자 신학의 메시지에서 일관되고 중요한 주제인 하나님의 언약 백성의 정체성 및 사명과 연관되어 있다. 구약의 많은 예언자들 중에서도, 요나는 이스라엘을 괴롭히는 원수 나라의 수도 니느웨에 파송을 받은 구약의 첫 국외 선교사로 볼 수 있다. 요나서는 이스라엘의 존재 이유와 사명을 다시 강조한 구약의 선교학 교재(敎材)라고도 할 수 있다. 아래에서는 요나서의 히브리어 본문(MT/BHS)에 따라 차례로 본 필자의 개인역을 먼저 제시하고, 그 본문 내용에 대해 될수록 간명하게 설명을 하려고 한다.

1 그리고 여호와의 말씀이 아밋대의 아들 요나에게 임하여 말씀하셨다. 2 "일어나 저 큰 성 니느웨로 가서 그들의 악함이 내 앞에 올라왔다고 그 성에 대해 외쳐라." 3 그러나 요나는 일어나 여호와 앞을 떠나서 다시스로 도피하려고, 욥바로 내려가 다시스로 가는 배를 만나 뱃삯을 주고 여호와 앞을 떠나서 그들과 함께 다시스로 가기 위해 그 배에 내려갔다. 4 그러나 여호와께서 큰 바람을 그 바다에 내던지시니 그 바다에 큰 폭풍이 생겨서, 그 배가 부서질 것 같았다.

5 그래서 그 선원들이 두려워하여 저마다 자기 신(神)들께 부르짖으며 자신들을 위해 가볍게 하려고 그 배에 있는 물건들을 그 바다에 내던졌다. 그러나 요나는 갑판 아래 후미진 곳으로 내려가 누워서 깊은 잠이 들었다. 6 그러자 선장이 그에게 다가와서 그에게 말했다. "어떻게 당신이 깊이 잠들 수 있소, 일어나 당신의 신께 외치시오. 행여나 그 신이 우리를 생각해 주시면 우리가 망하지 않을 것이오."

7 그리고 저마다 자기 동료에게, "자 우리가 주사위들을 던져 누구 때문에 이 재난(災難)이 우리에게 닥쳤는지 알아보자"라고 말했고, 그들이 주사위들을 던졌는데 그 주사위가 요나에게 떨어졌다. 8 그때 그들이 그에게 말했다. "누구 때문에 이 재난이 우리에게 닥쳤는지 우리에게 이제 알려주시오. 당신의 직업은 무엇이며 어디서 왔으며 당신의 나라는 어디며 당신은 어느 민족이오?" 9 그래서 그가 그들에게 말했다. "나는 히브리인이며, 바다와 육지를 만드신 하늘의 하나님 여호와를 나는 경외합니다." 10 그랬더니 그 사람들이 큰 두려움으로 두려워하여 그에게 말했다. "어쩌자고 이런 일을 저질렀소!" 이는 그가 여호와 앞을 떠나 도피하고 있다는 것을 그들에게 알려주어 그 사람들이 알았기 때문이었다. 11 그래서 그들이 그에게 말했다. "우리가 당신에게 어떻게 해야 바다가 우리를 위해 잠잠해지겠소?" 이는 바다가 점점 거칠어지고 있었기 때문이었다. 12 그래서 그가 그들에게 말했다. "나를 들어서 나를 바다에 내던지시오. 그러면 바다가 당신들을 위해 잠잠해질 것이오. 이는 이 큰 폭풍이 당신들께 닥친 것이 나 때문인 줄 내가 알고 있기 때문이오." 13 그러나 그 사람들은 육지로 되돌아가기 위해 노를 저었으나 할 수가 없었는데, 이는 바다가 그들에게 점점 거칠어졌기 때문이었다. 14 그래서 그들이 여호와께 외치며 말했다. "여호와여 간구하오니, 이 사람의 목숨 때문에 이제 우리가 망하지 않게 하시고, 무죄한 피를 우리에게 두지 마소서. 이는 여호와 당신께서는 뜻대로 행하셨기 때문입니다." 15 그리고 그들이 요나를 들어 그를 그 바다에 내던졌다. 그랬더니 그 바다가 날뛰는 것이 멈추었다. 16 그래서 그 사람들은 큰 두려움으로 여호와를 두려워하였고, 여호와께

희생제물로 제사하며 서원(誓願)들을 서원하였다. (개인역)

1. 참 예언자와 거짓 예언자(욘 1:1)

요나서의 첫머리는 히브리어 문법에서 소위 '연속의 바브 미완료 동사'로 시작한다(이것은 에스겔에서도 마찬가지다). 이러한 히브리어 말투는 어떤 이야기를 시작하는 문체인데, 아마도 요나서에 기록된 이야기 이전에 이미 알려진 예언자 요나의 활동과 그에 관한 정보를 전제한 것이라고도 볼 수 있다. 구약성경에서 요나라는 이름과 관련된 곳은 요나서 외에는 열왕기하 14장 25절에만 나타나 있다. 이 구절에서는 요나 1장 1절에서와 마찬가지로 요나는 아밋대의 아들 예언자로 소개되고 있는 것으로 보아, 이 두 곳에서 아밋대의 아들 요나는 서로 다른 사람이 아니라 동일인으로 보는 것이 자연스럽다. 예언자 요나의 고향은 납달리 지파와의 접경인 스불론 지파 지역에 있는 가드 헤벨(수 19:13)인데, 이곳은 신약시대의 갈릴리 지역으로서 예수님의 고향인 나사렛에서 동북쪽으로 약 5km 지점에 위치한 곳이다(비교, 요 7:52). 히브리어로 요나의 아버지 이름 아밋대는 '진실'이라는 의미이고, 요나라는 이름은 '비둘기'라는 뜻이다. 요나의 아버지 이름 아밋대를 명시한 것은 예언자 요나의 가문이 이스라엘 사회에 알려져 있었음을 시사하는 것이다.

예언자 요나의 활동 시기는 북왕국 이스라엘 예후 왕조의 세 번째 계승자인 여로보암 II세(통치연대: 주전 786-746) 때로서, 이 시기에는 경제나 정치적인 면에서 북왕국 이스라엘이 비교적 번영과 안정을 누렸다. 외교, 국제정치, 국방 면에서도 여로보암 II세의 통치하에 북왕국 이스라엘은 성공을 거두고 있었다(왕하 14:25-28). 이러한 시대적 배경에서, 다른 한편에서는 잘못된 선민사상과 민족주의적 배타주의가 팽배했고, 또한 북왕국 전통의 단과 벧엘의 성소들을 중심으로 송아지 우상을 만들어 섬기면서 위선적 신앙과 형식화된 종교예식이 만연하였고, 윤리-도덕적인 부패가 용인되고 있으며 불법과 폭력이 일상화되고 있었다. 당시 북왕국의 예언자 호세아(활동 시기: 주전 755-725)는 이러한 이스라엘의 죄악에 대해 심판예언을 했으며(호 4~13장), 이러한 북왕국의 시대적 죄악에 대해 특히 남왕국 출신 예언자 아모스(주전 약 750년경)도 심판을 예언했다(특히, 암 2:6-16; 3:9-4:12 등). 호세아와 아모스 예언자들의 심판예언 내용들을 통해 우리는 예언자 요나가 활동하던 당시 북왕국 이스라엘의 시대상을 읽을 수 있다(특히, 호 7:1-16; 8:4; 암 9:7-10). 구약의 열왕기 역사에서 북왕국 이스라엘의 19 왕들은 예외없이 모두 여로보암 I세의 죄를 따르는 '악한 왕'으로 평가되었고(왕상 13:33-34; 14:16; 비교, 호 8:4!), 예언자 요나 시대의 여로보암 Ⅱ세도 예외가 아니었다. 그럼에도 요나는 악한 왕 여로보암 Ⅱ세를 통한 이스라엘의 영토 확장과 이스라엘의 구원을 예언했다(왕하 14:25-29). 아모스나 호세아와 비교해 볼 때, 인간적으로 요나는 어쩌면 편협한 민족주의자이거나, 거짓 예언자는 아니라 하더라도 잘못된 선민사상을 가진 문제의 인물이 아닌가? 라는 생각도 할 수 있다. 그럼에도 하나님은 문제가 있는 요나를 부르시고 고쳐서 쓰셨다(비교, 눅 18:24-27).

구약과 신약시대는 물론, 오늘날도 참 예언자와 거짓 예언자의 식별에 대한 긴장과 요구는 계속되고 있다(마 7:15-23 참조). 참고로, 구약성경에서 일반적으로 거짓 예언자의 식별은 다음 다섯 가지 정도로 요약될 수 있을 것이다. ①여호와 하나님을 떠나서 다른 신(神)들을 따르게 한다(신 13:1-5; 18:20-22). ②부도덕한 생활을 하며 불의의 소득을 탐한다(렘 6:13-15; 23:11-15; 습 3:4; 미 3:5; 겔 34:10) ③하나님의 말씀에 근거하지 않고 자기 마음대로 예언한다(겔 13:1-7,17-23) ④죄의 지적을 기피한다(겔 3:17-21; 33:8-9) ⑤무리를 지어 수적인 위력과 물리적 폭력으로 자신들의 목적을 이루려고 한다. 그에 비해 참 예언자는 단독자(單獨者)로 나선다(왕상 18:19; 19:10; 22:10-28).

요약하면, 예언자(선지자)를 구약 히브리어로는 '나비'(נָבִיא)라고 하는데 그 문자적 의미는 '부르심을 받은 자'(One who has been called)라는 뜻이다. 구약의 모든 참 예언자들은 여호와 하나님의 부르심을 받았고, 그분의 말씀을 선포하기 위해 그분의 말씀이 자신에게 임했다는 소명 의식을 가지고 있다(사 6:1-3,5-13; 렘 1:4-5; 암 7:14-15; 겔 1:3; 호 1:1 등). 다른 한편 거짓 예언자는 여호와 하나님으로부터 부르심을 받지도 않았고 하나님의 말씀이 임하지도 않았는데, 여호와 하나님의 이름을 빌려 자기 마음에서 나오는 대로 말하는 스스로 속이는 자이다(사 29:13-14; 렘 14:14; 23:16,21; 28:15; 겔 13:2-6 등. 비교, 마 7:22-23). 요나는 거짓 예언자는 아니었으나, 하나님의 부르심에 불순종하고 이스라엘의 선민사상에 대한 민족적 편견을 가졌으며, 화를 잘 내며 사람과 가축도 사랑하지 않는 등 인간적으로 문제가 있는 요나를 하나님은 버리지 않고 고쳐서 쓰셨다(욘 1:1-3; 3:1-3; 4:1-4,9-11).

2. 무엇을 전하고 외칠 것인가?(1:2)

여호와 하나님은 요나에게 "일어나 저 큰 성 니느웨로 가서 그들의 악함이 내 앞에 올라왔다고 그 성에 대해 외치라”고 명령하셨다. 참 예언자는 하나님의 뜻을 전하고, 하나님의 말씀을 외쳐야 한다. 티그리스강 북쪽 상류에 위치한 앗시리아 제국의 수도인 니느웨로 가서 그 주민들의 악함이 하나님께 상달되었다는 것을 외치라는 여호와의 명령은 오늘 우리에게 무엇을 의미하는가? 역사적으로 볼 때, 니느웨 사람들의 악행은 주로 그들의 비인도적인 잔인성과 음란한 문화를 지적한 것이라고 생각된다(나 3:1-4; 비교, 계 18:2-3).

구약에서 이방 선교에 대한 관심은 아브라함의 소명(창 12:1-3)에서부터 구체화되었고, 솔로몬의 성전 봉헌기도(왕상 8:41-43)와 특히 주전 8세기 문서예언자들인 아모스, 이사야, 요나와 미가에서 이스라엘 신앙의 보편성과 세계 만민들을 향한 선교적 성격이 뚜렷해지고 있다(암 9:7: 사 2:2-4; 19:18-25; 욘 4:11; 미 4:1-3 등). 구약에서 아브라함과 다윗의 자손으로 오실 약속된 메시아는 전 세계적인 선교적 사명을 가진다(사 11:10-11; 49:6; 56:7-8 등. 비교, 마 28:18-20; 행 1:8). 이러한 관점에서 구약 예언자들이 전한 이방 심판의 메시지도 이방 민족들에 대한 하나님의 구원의 관심과 사랑의 표현으로 이해되어야 한다(암 1:3-2:3; 사 13:1-22; 렘 46-51장; 겔 25-32장 등). 니느웨 선교사 요나의 메시지는 니느웨의 죄악을 지적하고 그 결과로써 임박한 멸망을 경고하는 것이지만, 그 배후에는 니느웨 사람들의 회개를 바라는 하나님의 사랑이 있다는 것은 의미심장한 것이다(욘 4:11).

오늘 우리도 해외선교 또는 국제선교의 차원에서 무엇을 먼저 전하며 외쳐야 할 것인가를 생각해 보아야 한다. 삼위일체이신 우리 하나님은 오늘 우리에게 무엇을 외치라고 말씀하고 있는가? 미국의 수도 워싱턴이나 러시아의 수도 모스크바나 중국의 수도 북경이나 영국의 수도 런던이나, 프랑스의 수도 파리나 독일의 수도 베를린이나, 스위스의 수도 베른이나 일본의 수도인 저 큰 도시 도쿄나 북한의 수도 평양에 가서 그 지도층과 주민들의 악행과 음란함을 지적하고 그 죄악을 쳐서 하나님의 심판이 임박했다고 외칠 수 있을까? 니느웨에 가서 여호와 하나님의 임박한 심판을 선포하도록 명령을 받은 예언자 요나는 고민이 많았을 것이다. 이스라엘 국내문제도 심각한데, 강대국인 적국 앗시리아의 수도 니느웨로 가서 임박한 멸망을 예언하는 것은 매우 위험하기도 하고, 불요불급한 일이 아닌가? 거기까지 가는 경비도 문제고, 문화와 언어적 장벽도 문제고, 무엇보다 혼자 가서 약소국의 국민이 강대국 니느웨 사람들의 죄악을 책망하여 심판을 외치면 당장 신변에 위협이 오고, 결국 아무도 모르게 잡혀 죽을 것이 아닌가?

어쨌든 요나서 1장 2절이 오늘 우리에게 주는 메시지는, 참 예언자의 사명은 나의 생각, 나의 신학이나 나의 유불리를 앞세우는 것이 아니라, 여호와 하나님의 말씀을 듣고 그 명령을 따르는 데 있다는 것을 말하고 있다. 오늘의 참 예언자도 무엇보다 하나님의 말씀인 성경에 귀를 기울여 듣고, 성경이 말씀하는 것(예수 그리스도의 복음, 즉 하나님의 구원과 심판)을 전하며 외쳐야 한다. 그러나 불행하게도 오늘 많은 선교사들이 성경을 등한시하고, 성경말씀에 무지하다는 지적은 가슴 아픈 일이다. 선교학에 관한 책들을 읽고, 선교지의 언어와 문화를 배우며 선배 선교사들의 이야기와 경험을 소중히 생각하는 것보다, 먼저 선교사의 생명은 기도하며 성경말씀을 공부하고 그 말씀을 전하는 데 있다. 선교지 주민들을 위한 의료사업, 생활(주택, 음식과 식수) 개선사업, 교육사업 등도 해야 하지만, 성경을 숙지하고 성경을 통해 오늘도 말씀하시는 하나님의 살아있는 생명의 말씀을 전하는 것이 선교사의 제1의 사명이다.

주전 8세기 예언자 요나와 동시대인 예언자 아모스는 이렇게 외쳤다. "주 여호와의 말씀이니라. 보라 날이 이를지라. 내가 기근을 땅에 보내리니, 양식이 없어 주림이 아니며 물이 없어 갈함이 아니요, 여호와의 말씀을 듣지 못한 기갈이라. 사람이 이 바다에서 저 바다까지, 북쪽에서 동쪽까지 비틀거리며 여호와의 말씀을 구하려고 돌아다녀도 얻지 못하리니, 그날에 아름다운 처녀와 젊은 남자가 다 갈하여 쓰러지리라"(암 8:11-13). 오늘 우리는 목회자나 선교사나 신학생들도 '여호와의 말씀을 듣지 못한 기갈'이 이 세상의 고난과 고통의 원인임을 인색해야 한다. 요나에게 말씀하고 명령하셨던 동일하신 여호와 하나님은 오늘도 예수 그리스도 안에서 성경을 통해 우리에게 말씀하시고 명령하신다. "땅끝까지 이르러 내 증인이 되라!"(마 28:18-20; 행 1:8; 요 3:16-21).

3. 다시스로 가는 배(1:3-16)

니느웨로 가라는 분명한 명령을 들은 요나는 그러나 그 명령을 따르지 않고 반대 방향인 다시스로 도피하기 위해 배삯을 주고 다시스로 가는 배를 탔다. 여호와 앞을 떠나 욥바 항구로 내려가서 다시스로 가는 배를 탄 요나가 결국은 폭풍을 만나 바다에 내던짐을 당하기까지, 하나님의 명령을 거부하고 불순종하는 예언자의 전형적인 모습이 간결한 이야기 속에 그림같이 선명히 드러나 있다. 다시스로 가는 배를 탄 요나의 모습은 사실 이스라엘 백성이 불순종하는 삶의 축소판인 동시에, 오늘도 불순종하는 하나님의 자녀들의 삶의 모습이기도 하다. 일찍이 시편의 시인은 이렇게 기도하지 않았던가. "여호와여 주께서 나를 살펴 보셨으므로 나를 아시나이다. 주께서 내가 앉고 일어섬을 아시고 멀리서도 나의 생각을 밝히 아시오며, 나의 모든 길과 내가 눕는 것을 살펴 보셨으므로 나의 모든 행위를 익히 아시오니, … 내가 주의 신(神)을 떠나 어디로 가며 주의 앞에서 어디로 피하리이까 … 내가 새벽 날개를 치며 바다 끝에 가서 거할지라도 곧 거기서도 주의 손이 나를 인도하시며 주의 오른손이 나를 붙드시리이다"(시 139:1-10). 하나님 앞에서 피할 곳은 아무 데도 없다. 다시스로 가면 정말 여호와 하나님의 낯을 피할 수 있으리라고는 요나도 생각하지 않았을 것이다. 요나는 잠깐 착각을 한 것이고, 하나님의 분명한 명령에 대한 거부는 그와는 반대 방향으로 어리석은 도피의 길로 들어서게 한다. 하나님의 따끔한 책망의 회초리가 내릴 때까지! 오늘날 다수의 성경학자들은 성경의 기록과 고문헌 자료에 근거하여 다시스는 그 당시 페니키아의 식민지 무역항으로서 주로 두로와 욥바를 통해 지중해의 무역 거래를 하던 남부 스페인에 위치했던 항구도시로 본다(왕상 10:22; 대하 20:36-37; 시 48:7; 겔 27:12 등). 구약에서 다시스는 이스라엘 땅에서 멀리 떨어진 도피 장소로 묘사되었다(비교, 사 66:19).

오늘의 다시스는 어디인가? 그곳은 어디나 하나님의 낯을 피할 수 있다고 생각되는 곳이다. 십자가도 없고 교회당도 보이지 않고, 찬송 소리도 들리지 않고, 더 이상 하나님의 말씀인 성경도 필요 없는 곳이다. 예수의 이름으로 귀찮게(?) 하는 사람도 없는 완전히 낯선 곳일 것이다. 그러나 사실상 그러한 곳은 지금 지구상의 어디에도 존재하지 않는다. 또한 여호와 하나님은 자기의 종 예언자가 불순종하고 다시스로 도피하여 거기서 혼자 늙어 죽도록 내버려 두거나 무관심하신 하나님이 아니다.

다시스로 가는 배를 탄 예언자 요나에게서 우리는 무슨 교훈을 배우는가? 먼저 요나는 죽을 고생을 사서 했다는 사실이다. 많은 주의 종들도 이러한 사실을 오늘도 경험하고 간증하고 있다. 둘째로, 다시스로 가려면 고향에서 가까운 두로항을 이용할 수 있는데도 멀리 욥바까지 내려간 것은, 하나님의 낯을 피해 불순종하는 길은 평소에 가까운 사람들을 만나지 않고 이웃의 눈을 피해 다니는 삶이라는 것을 보여주고 있다. 셋째로, 요나는 다시스로 가는 배의 요금을 지불하였다. 그 당시 다시스로 가는 비용은 오늘 한국에서 생각할 수 있는 가장 멀리 떨어진 장소까지의 항공요금보다 비싼 요금이었을 것이다. 다시스에서 쓸 경비까지 챙겨갔다면, 요나는 하나님께 불순종하는 대가로 아마도 전 재산을 날렸을 것이다. 넷째로, 요나는 다시스로 가는 배에 타자마자 갑판 아래로 내려가 깊은 잠에 곯아떨어져서 배에서 무슨 일이 일어나는지조차 알 수 없을 정도로 피곤하고 무기력한 모습을 보여주었다. 만사가 귀찮기만 하고 이를테면 '깊이 잠들게 하는 신(神)'의 지배를 받고 있는 것이다(사 29:10; 롬 11:8 참조). 다섯째, 요나는 이방 사람들의 질책을 당하게 되고, 그들을 통해 역설적으로 신앙의 도전을 받게 되며, 결국은 이방 사람들에 의해 거친 바다에 내던 져지는 일을 당하게 된다. 이러한 도피행각 과정에서도 요나는 그러나 자신이 히브리인이요, 하늘의 하나님 여호와를 섬기는 사람임을 끝까지 숨기지 않았다는 것은 주목할 만하다. 오늘 다시스로 가는 배에는 예수 믿는 것조차 부끄럽게 생각하여 자신이 교회에서 직분을 맡은 그리스도인임을 숨기는 사람은 없는가? 여섯째로, 또 요나는 폭풍을 만나 배가 파선하려는 위험과 재난이 "나 때문인 줄 알고 있소"라고 솔직하게 자신의 잘못을 고백하고 인정하는 용기를 보여주었다. 비록 한 때 불순종했더라도 자신의 잘못을 인정할 줄 아는 솔직한 예언자는 하나님이 다시 고쳐서 쓰실 수 있어도, 비굴하고 끝까지 거짓말하는 예언자는 아무 쓸모가 없어 버림받을 수밖에 없을 것이다.

09

요나서 강해 2.
요나 2:1-11(개역 1:17-2:10), 불순종과 순종

요나 2장 1-11절

1 그런데 여호와께서는 요나를 삼키기 위해 큰 물고기를 예비하셨고, 요나는 그 물고기 배 속에서 사흘 낮과 사흘 밤을 있었다. 2 그래서 요나는 그 물고기 배 속에서 그의 하나님 여호와께 기도했다. 3 그리고 그가 말했다. "나의 고통 때문에 여호와께 부르짖었더니 내게 응답하셨으며, 스올의 깊은 곳에서 도움을 간구하였더니 내 목소리를 들으셨습니다. 4 그런데 바닷속 깊은 곳에 나를 던지셨으므로 물길이 나를 에워싸고, 당신의 모든 파도와 당신의 물결이 내 위로 지나갔습니다. 5 그래서 나는 말했습니다. 당신의 눈 앞에서 쫓겨났지만, 그럼에도 나는 당신의 성전을 다시 바라보겠습니다. 6 물이 나를 목숨까지 휩싸고 심연이 나를 에워쌌으며, 바다풀이 내 머리에 뒤얽혔습니다. 7 산들의 밑바닥까지 내려갔으며 땅은 그의 빗장들로 내 뒤를 영영 막았으나, 여호와 나의 하나님 당신께서 내 생명을 구렁에서 건져 올리셨습니다. 8 내 목숨이 내게서 쇠할 때 여호와를 기억하였고, 내 기도가 당신께로 당신의 성전에 이르렀습니다. 9 거짓되고 헛된 것들을 섬기는 자들은, 그들의 의리를 버립니다. 10 그러나 나는 서원한 것을 갚기위해 감사의 목소리로 당신께 희생 제사를 드리겠습니다. 구원은 여호와께 있습니다." 11 그래서 여호와께서 그 물고기에게 말씀하시니, 요나를 육지에 뱉었다. (개인역)

1. 절망 속의 희망(2:1 MT/개역 1:17)

요나는 여호와의 부르심과 니느웨에 가서 심판 예언을 전하라는 사명에 불순종하는 죄를 지었고, 결국 불순종의 죄로 인해 사망의 문으로 들어서고 있었다. 다시스로 가는 배에서 폭풍과 사나운 파도가 몰아치는 바다에 자의 반 타의 반으로 내던져진 요나는 그러나 그 바다에 빠져 죽지 않았다. 본문에 의하면, 여호와께서 '큰 물고기'를 준비하여 요나를 삼키게 하셨기 때문이다(2:1/개역 1:17). 그 물고기 배 속에서 요나는 사흘 낮과 사흘 밤을 있었지만, 기적적으로 질식하여 죽지 않았다. 이것은 무엇을 의미하는가? 죽음으로써 모든 것이 끝장이라는 인간적 생각은 엄청난 착각이라는 것을 우리는 알아차려야 한다. '불순종 – 범죄 – 도피 – 죽음'으로 이어지는 인간의 실존적 현실 속에서, 살아계신 여호와 하나님의 강권적인 사랑의 관심과 구원의 행동은 인간의 마지막 우상인 '죽음'이 결코 마지막 해답이 아니라, 죽음의 세계도 하나님의 주권 아래 있음을 일깨워 주고 있다. 큰 물고기 배 속에서도 요나가 죽지 않았다는 본문의 메시지는 여호와 하나님의 현존에 대한 신비감과 경이감을 깨닫게 해준다.

죽음은 인간의 문제에 최종적 해답이 될 수 없다. 파도가 휘몰아치는 깊은 바다와 큰 물고기의 배 속도 살아계신 여호와 하나님의 주권과 통치 아래 있음을 보아야 한다. 큰 물고기 배 속에서 사흘은 한마디로 인간적인 모든 희망과 가능성이 끝장난 것을 의미한다. 인간의 불순종과 실패와 두려움과 절망 속에서도 하나님의 사랑과 구원의 빛은 꺼지지 않는다(비교, 마 8:23-27; 막 4:35-41; 눅 8:22-25). 그러므로 예수께서는 "요나가 밤낮 사흘을 큰 물고기 배 속에 있었던 것 같이 인자도 밤낮 사흘을 땅속에 있으리라"(마 12:40)라고 요나 사건을 인용하여 예표론적으로 자신의 십자가 죽음을 언급하셨고, 바리새인들과 사두개인들이 하나님의 주권과 현존을 무시하고 표적을 보이라고 요구할 때, "악하고 음란한 세대가 표적을 구하나 요나의 표적 밖에는 보여줄 표적이 없느니라"(마 16:4; 눅 11:29; 비교, 막 8:11-13)라고 말씀하셨다.

2. 요나의 회개(2:2-3 MT/개역 2:1-2)

죽는 줄 알았던 요나는 자신이 아직 살아있음을 알고 그 큰 물고기 배 속에서 그의 하나님 여호와께 기도했다. 요나가 그의 하나님 여호와께 기도했다는 의미는 요나의 회개를 의미한다. 여호와 하나님께로 향한 진정한 회개 기도는 죽음의 현실이 생명의 현실로 전환되는 전환점이다. 이러한 요나의 회개 기도가 이루어지는 장소가 큰 물고기 배 속이라는 점을 주목하게 된다. '고난받는 때와 장소는 기도를 위함'이라고 깔뱅(J. Calvin, 1509-1564)이 그의 요나서 주석에서 언급한 바와 같이, 시편의 시인도 '고난당한 것이 내게 유익이라'(시 119:71)고 고백하였다. 하나님의 구원 계획에서 주어진 고통과 고난은 불순종과 죄악으로부터의 돌이킴을 가능하게 한다(비교, 눅 15:11-32). 하나님의 명령을 의도적으로 저버리고 도피하는 불순종의 예언자 요나는 스스로 죽음의 길로 들어선 셈이다. 인간 요나에게서는 회개와 새로운 시작을 기대할 수 없다. 요나의 회개 기도는 자원해서 이루어진 것이 아니고, 여호와 하나님의 강권적 역사 속에서 이루어졌다. 큰 물고기는 그러므로 하나님의 심판의 도구인 동시에 구원의 도구로 이해되어야 한다.

불순종한 예언자 요나가 큰 물고기에게 삼켜져 극심한 고난을 통해 회개의 기도를 한 것같이, 남왕국 유다도 불순종하므로 결국 하나님의 심판으로 신흥 바벨론 제국에게 삼킴을 당하고(렘 51:34), 예루살렘 성전이 불타며 극심한 고통 속에 빠져 있을 때, 예레미야 예언자는 그 고난의 의미를 이렇게 설명하였다: "주께서 인생으로 고생하며 근심하게 하심은 본심이 아니시로다"(애 3:33). 그러므로 예레미야는 "우리가 스스로 우리의 행위들을 조사하고 여호와께로 돌아가자"(애 3:40)라고 회개를 촉구하였다. 그러므로 구약 예언신학의 결론은 여호와 하나님께로 돌아오라는 회개(히브리어로, '슈브')의 메시지에서 찾아야 한다. 예언자의 하나님은 죄인의 죽음을 기뻐하시지 않기 때문이다. 예언자의 하나님은 죄악과 음란의 역사적 현실에도 불구하고, 죄인이 돌이켜 회개하고 새로운 삶을 살기를 바라신다(호 6:1-3; 암 5:4-6; 겔 18:30-32 등). 예언자 요나의 경우를 통해서도 분명히 볼 수 있는 바와 같이, 참된 회개는 인간의 결심과 노력의 산물이 아니라 하나님의 사랑의 강권적 역사라는 점을 이해하는 것이 중요하다. 달리 말하자면, 인간은 자신의 깨달음과 노력으로 용서받는 것이 아니라, 예수의 이름을 믿음으로 죄사함을 받는다(요 3:16; 롬 3:23-25; 5:8; 엡 1:7; 요일 1:6-10 등). 사람은 사람을 고쳐서 쓰는 것이 거의 불가능하다고 말하지만, 하나님은 요나를 고쳐서 다시 쓰셨다.

3. 요나의 기도(2:4-10 MT/개역 2:3-9)

요나의 기도는 대다수의 성경 주석가들이 동의하는 바와 같이 시편의 감사시편의 양식을 보여주고 있다(비교, 시 31; 116편 등). 본문에 수록된 요나의 기도문은, 요나가 큰 물고기 배 속에서 드린 기도를 하나도 빠짐없이 기록한 것이라기보다는, 나중에 요나가 자신의 드렸던 기도를 회고하면서 정리한 일종의 '기도집' 같은 자료가 기초가 되어, 그중에서 발췌하여 기록한 것으로 생각할 수 있다. 요나의 기도시편에서 인상 깊은 것은, 그 형언할 수 없는 고통과 정신을 가다듬기조차 어려운 고난 속에서도 요나의 기도는 중언부언하거나 무질서하게 부르짖는 외마디 비명 같은 것이 아니라는 점이다. 큰 물고기 배 속에서 드린 요나의 기도는 평소에 그의 신앙생활과 기도생활의 모습을 반영한 것으로 보아야 할 것이다. 거의 무의식적으로 나오는 기도였을 터이지만, 요나의 회개와 감사기도는 명확하고 간결한 것이 특징이다.

요나의 기도는 앞서 언급한 대로 시편의 감사시편의 전형적인 양식소(樣式素)들을 보여주고 있는데, 즉 ① 고난 중에 응답받은 기도에 대한 요약(2:3/개역 2:2) ② 자신이 겪은 죽음의 위험과 고통에 대한 묘사와 하나님의 구원하심에 대한 보고(2:4-8/개역 2:3-7) ③ 찬양 서원(2:9-10/개역 2:8-9)으로 구분해 볼 수 있다. 이 세 가지 양식소들의 의미는 다음과 같이 설명할 수 있다. 첫째는 여호와 하나님은 죽음의 위협과 극심한 고난 중에 부르짖는 하나님의 백성의 기도를 들으시고 응답하신다(비교, 시 31:1,22; 38:15; 118:5; 120:1 등). 비록 불순종했지만, 하나님의 살아계심과 불순종에 징계하심을 깨닫고 회개하며 고난 중에서 도움과 구원을 호소하는 요나를 여호와 하나님은 버리지 않으셨다. "당신께서 내 목소리를 들으셨습니다"(2:2). 시편의 시인도 이렇게 기도하며 노래했다. "나의 환난 날에 내가 주께 부르짖으리니 주께서 내게 응답하시리이다"(시 86:7). 동양의 현인 공자(孔子, 주전 551-479)는 '獲罪於天 無所禱也'(획죄어천 무소도야. 하늘에 죄를 지으면 빌 곳이 없다)라고 가르쳤으나, 성경은 하나님(하느님, 하늘)께 죄를 지어도 진심으로 기도로 회개하면, 다시 살 수 있는 길이 열려 있음을 가르치고 있다(비교, 미 7:18-19; 렘 50:20; 잠 28:13; 시 51:1; 마 1:21; 행 5:31 등). 둘째로 성경에서 하나님의 구원 이해는 죽음과 같은 고통과 절망을 전제로 한 것이다. 죄의 열매는 사망이며(롬 5:12; 6:23; 약 1:15), 하나님의 구원 행동은 죽음의 문제를 해결하고, 새생명을 얻게 하며 새로운 순종과 새로운 사명을 수행하게 하신다. "나의 하나님 여호와여, 주께서 내 생명을 구덩이에서 건지셨나이다"(욘 2:7). 이 짤막한 요나의 고백이 회개를 통해 받은 새 생명의 첫 신호이며, 어린아이가 세상에 태어나 처음 발하는 새 생명의 소리와 같은 의미를 가진다. 죽음의 위협과 고난의 현실은 하나님의 구원을 이루는 통로이다(비교, 시 18:6; 69:1,13-14; 103:3-5; 142:1-7 등). 셋째로 요나의 감사기도의 마지막 결언은 "구원은 여호와께 속한 것입니다"(욘 2:9/MT 2:10)로 끝나고 있다. 이것은 구약의 모든 예언자들의 하나님 이해의 핵심적 메시지이다. 여호와 하나님으로부터 받은 구원의 경험은 언제나 감사와 서원의 깊음을 통해 찬양의 생활로 증거된다. 요나의 서원은 결코 겉치레로 하는 피상적인 것이 아니었다. 그것은 무슨 금식기도나, 특별헌금이나, 어떤 기념행사나, 당시의 유행하던 순례행위 등에 관한 것이 아니었다. 요나의 서원 내용은 '감사의 목소리'를 통해 드리는 제사(예배)이며, 감사와 찬양의 생활 그 자체이다. 진정한 회개와 순종은 진정한 감사로 표현된다. 이러한 감사는 일상생활에서 찬양으로 나타난다. 하나님이 다시 불러 쓰시는 종의 준비된 모습은 '감사와 찬양'임을 확인할 수 있다(비교, 시 50:14-15,23; 107:20-22; 116:12-14,17-19 등).

4. 큰 물고기와 여호와 하나님(2:11 MT/개역 2:10)

요나를 삼켰던 '큰 물고기'는 요나를 질식하게 하고 소화시킬 수 없었다. 그 큰 물고기도 요나를 삼킨 후 큰 불편을 겪었을 것이다. 현대판의 큰 물고기는 무엇일까? 불순종하는 하나님의 종을 집어삼키는 세력들은 어디든지 있다. 모든 무신론적 사상들, 교회를 핍박하는 여러 세력들, 기독교를 박해하는 종교들, 특히 20세기에 공산주의를 큰 물고기에 비유해 본다면 지나친 것일까? 어쨌든 '큰 물고기'도 여호와 하나님이 사용하시는 도구로 지정하셨고, 하나님의 주권하에 있으며, 하나님이 말씀하시니 요나를 육지에 토해놓을 수밖에 없었다. 그 큰 물고기는 결국 하나님의 징계(벌)의 도구인 동시에 구원의 도구 역할을 했다.

요나서 2장 전체를 통해서 우리는 독일의 구약학자 볼프(Hans Walter Wolff)가 지적한 대로, 오늘도 하나님의 부르심과 사명 위탁을 거부한 사람들, 그래서 다시스로 가는 도피선을 타고 깊이 잠들어 있거나 벌써 뱃전에서 바다로 던져진 교회들, 그래서 큰 물고기에 삼키어 그 배 속에 들어가 있는 교회들에게도 아직 여호와 하나님의 구원의 희망은 남아 있다는 경이로운 메시지를 2장 11절(개역 2:10)의 말씀과 함께 들을 수 있어야 하겠다(H. W. Wolff, *Studien zum Jonabuch*, Neukirchener Verlag, 1975, 104쪽).

10

요나서 강해 3.
요나 3:1-10, 니느웨 사람들의 회개

요나 3장 1-10절

1 그리고 여호와의 말씀이 두 번째 요나에게 임하여 말씀하셨다. 2 "일어나 저 큰 성 니느웨로 가서 내가 네게 말하는 그 외쳐야할 것을 그 성에 외치라." 3 그래서 요나는 여호와의 말씀대로 일어나 니느웨로 갔는데, 니느웨는 걷는 데 사흘이 걸리는 하나님 앞에 큰 성이었다. 4 그래서 요나는 그 성에 들어가기 시작하여 하루를 걸으면서 외쳐 말했다. "사십일만 있으면 니느웨가 뒤집어진다." 5 그랬더니 니느웨 사람들이 하나님을 믿고, 금식을 선포하며 그들의 큰 자로부터 그들의 작은 자에 이르기까지 거친 베옷을 입었다. 6 그리고 그 말이 니느웨 왕에게 들어가니 왕좌에서 일어나 입고 있던 그의 왕복을 벗기게 하고, 거친 베옷으로 가리고 재 위에 앉았다. 7 그리고 니느웨에 선포하게 하여 말하기를, "왕과 그의 대신들이 포고하여 말한다. 사람이나 짐승, 소 떼나 양 떼는 아무것도 맛보지 말고 먹지 말며 물도 마시지 말라. 8 그리고 사람도 짐승도 거친 베옷을 입도록 하고 힘써 하나님께 부르짖으며, 각 사람은 그의 악한 길로부터 그리고 그들의 손아귀에 있는 폭력으로부터 돌이키라. 9 그 하나님이 돌이켜 뜻을 바꾸어 그의 맹렬한 노여움에서 돌이키시면 우리가 망하지 않을지 누가 알겠느냐?" 10 그래서 하나님은 그들의 행위 즉 그들이 악한 길에서 돌이킨 것을 보시고, 그들에게 행하기로 말씀하셨던 그 재난에 대해 뜻을 바꾸어 시행하지 않으셨다. (개인역)

1. 두 번째 사명위탁(3:1-2)

큰 물고기 배 속에서 회개하고 새 생명을 얻고 감사하는, 과거에 불순종했던 예언자 요나에게 여호와 하나님은 두 번째로 사명을 위탁하셨다. 하나님은 한번 실패한 죄인에게도 다시 하나님의 일을 할 수 있는 기회를 주신다. 마치 탕자의 비유에 나오는 아버지가 이제 집으로 되돌아온 둘째 아들에게 "제일 좋은 옷을 내어다가 입히고, 손에 가락지를 끼우고, 발에 신을 신기라"(눅 15:22)고 그 종들에게 명한 것과 같이, 과거에는 불순종하고 하나님의 앞을 떠나 도피했으나 이제 돌이켜 순종하는 요나에게 하나님은 예언자로서의 지위를 회복해 주시고 다시금 니느웨로 가서 하나님이 위탁하신 말씀을 선포할 수 있는 기회를 주셨다. 이것은 예수님의 12 제자들 중 특히 베드로의 경우에도 해당된다. 예수님을 모른다고 세 번씩이나 부인하여 결정적인 실패를 했던 베드로, 부활하신 예수께서는 갈릴리 바다로 돌아가 예전처럼 물고기를 잡고 있는 그 베드로에게 세 번 '네가 나를 사랑하느냐' 물으시고, "내 어린 양을 먹이라… 내 양을 치라"(요 21:15-17)고 다시 기회를 주셨다. 누가 요나를 정죄하고 비난할 수 있는가? 하나님은 불순종하고 인간적인 약점이 있는 요나를 버리지 않으시고 다시 예언자의 사명을 위탁하셨다. 로마서 6장 12-14절에는 이런 말씀이 기록되어 있다. "그러므로 너희는 죄로 너희 죽을 몸에 왕 노릇하지 못하게 하여 몸의 사욕을 순종하지 말고, 또한 너희 지체를 불의의 병기로 죄에게 드리지 말며, 오직 너희 자신을 죽은 자 가운데서 다시 산 자 같이 하나님께 드리며 너희 지체를 의의 병기로 하나님께 드리라. 죄가 너희를 주관하지 못하리니, 이는 너희가 법 아래 있지 아니하고 은혜 아래 있음이니라."

요나에게 주어진 두 번째의 기회는 '법대로'가 아니라, 문자 그대로 여호와 하나님의 '오직 은혜'였다. 요나에게 말씀하신 첫 번째의 사명 위탁과 두 번째의 사명 위탁은 물론 밀접히 연결된 내용이며 비슷하다고도 볼 수 있으나, 좀 더 자세히 보면 그 강조점에 차이가 드러나 있다. 첫 번 사명은 니느웨의 죄악이 하나님 앞에 이르렀다고 그 죄악을 지적하는 사명이 강조된 반면에(1:2), 두 번째 사명은 3장 2절에는 명시되지 않았으나 계속되는 4절에 나타나 있는 바와 같이, 구체적으로 니느웨의 멸망을 경고하는 것이었다. "사십 일이 지나면 니느웨가 무너지리라".

2. 여호와의 말씀대로(3:3-4)

'여호와의 말씀대로'는 참 예언자의 식별 근거이며, 참 예언자의 행동 수칙이다
(비교, 신 18:20; 렘 28:15; 마 7:21-22 등). 다른 이유가 아니라 예언자 요나는 오직 여
호와의 말씀에 따라 니느웨로 갔다. 요나가 니느웨로 가는 동기부여는 한 가지 여호
와의 말씀대로 뿐이다. 따라서 오늘의 요나도 예언자(선교사)의 사명을 수행함에 있
어서 처음부터 마지막까지 언제나 확인해야 할 것은 '여호와의 말씀대로 하는가'하는
점일 것이다. 예언자는 자기 생각이나 말이 아니라, 여호와 하나님의 말씀을 전하는
것이 그의 본분이다(비교, 호 1:10; 사 46:11; 48:15; 렘 1:7; 13:2; 19:2; 23:28!; 겔 2:1
등). 요나가 여호와의 말씀대로 순종했다는 것과 연관하여, 깔뱅(J. Calvin)이 그의 요
나서 주석에서도 지적한 바와 같이, 요나가 니느웨 성에 들어가는 첫날부터 즉시 하
나님이 위탁하신 말씀을 선포한 그 '신속성'에 우리는 주목하게 된다. 본문 어디에서
도 요나가 먼저 니느웨 성의 분위기를 살피거나, 니느웨 사람들의 생활 습관이나 기
질, 그들에게 가장 접근하기 쉬운 방법, 또는 가장 위험부담이 적은 최선의 방법 등
을 고려했다는 근거는 없다.

니느웨가 큰 성이라는 정보는 이미 주어진 것이고(욘 1:2), 여기 3장 3절에서는
좀 더 구체적으로 '걷는 데 사흘이 걸리는 하나님 앞에 큰 성'이라고 추가해서 소개하
고 있다. '하나님 앞에' 큰 성이라고 하는 표현은 히브리어의 최상급을 표현하는 관
용어법으로서, 니느웨는 앗수르 지역에서 오래되고 유명한 성이며, 역사적으로 앗수
르(앗시리아) 제국의 종교와 정치의 중심지였다(왕하 19:36; 사 37:37; 나 1:1; 3:1-7; 습
2:13). 니느웨 성에 들어가기 시작하면서 외친 요나의 메시지는 히브리어로 여섯 단
어로 이루어진 매우 절제되고 간결하며 건조한 내용이다. "사십 일만 있으면 니느웨
가 뒤집힌다"(욘 3:2하). 예언자는 말을 잘하는 사람이 아니고(비교, 고전 1:17;
2:1,4,13; 고후 10:10 등 참조), 사명으로 받은 하나님의 말씀을 가감 없이 전달하는 사
람이다. 요나서 전체의 내용과 문체에서 파악하건대, 물론 요나는 불과 여섯 단어로
된 심판 메시지 외에도 다른 말씀도 전했을 것으로 판단된다. 또 니느웨 사람들도 요
나의 메시지를 듣고 그와 대화를 가졌다고 보아야 할 것이다. 그럼에도 "사십일만
있으면 니느웨가 뒤집힌다"는 메시지는 요나의 심판예언 선포에서 반복된 핵심적 내
용이었을 것이다. 당시 니느웨 사람들은 아마도 아카드어나 고대 아람어 방언을 사
용했을 것으로 보는데, 현실적인 언어 장벽 때문에 요나는 될 수 있는 대로 간단하게
메시지를 정리해서 아람어로 선포했을 가능성이 크다.

비교적 짧은 분량의 요나서에 아람어 투와 아람어 단어들이 등장하는 것은 요나

서가 바벨론 포로기 이후에 쓰여진 증거라고 성서비평학자들은 말하는데, 고대 앗수르 사람들은 이스라엘 사람들이나 아람 사람들과 같이 셈족에 속하는 사람들로서 당시 공통적 통용어인 고대 아람어를 사용한 것으로 보는 것이 자연스럽다. 주전 8세기 말경(주전 701년) 앗수르 왕 산헤립이 히스기야 왕이 다스리는 유다를 침공했을 때도 쌍방의 언어소통을 위해 '아람어'가 등장하는 것을 볼 때(왕하 18:26), 주전 8세기 전반기 요나 시대에도 아람어는 이 지역에서 국제통용어로 사용되었을 가능성이 크다. 어쨌든, 요나의 니느웨 멸망에 대한 심판 예언은 종말론적인 수사학을 동원한 웅변이나 말세에 대한 감정을 자극하는 흥분된 연설이 아니었음에 틀림없다. 그러므로 우리는 요나의 메시지를 통하여 "하나님의 나라는 말에 있지 아니하고 오직 능력에 있음이라"(고전 4:20)라는 말씀을 기억할 필요가 있다.

역사적으로 볼 때 주전 8세기 전반기에 요나가 니느웨에 등장할 당시 앗수르(앗시리아)는 자체 내부의 분열과 허약한 통치자들의 계승 등으로 어려운 시기를 맞이하고 있었고, 주전 763년에 이 지역에 있었던 개기일식(total solar eclipse) 및 홍수와 기근 그리고 전염병의 만연은 요나의 니느웨 멸망 경고 메시지에 큰 효과를 주었다고 볼 수 있다(*New Bible Dictionary*, IVP, Second edition, 1982, 836쪽 이하. 'Nineveh' 항목. 비교, 레온 우드, 『이스라엘 역사』, 김의원 역, 기독교문서선교회, 1985, 366쪽 이하). 니느웨가 '뒤집힌다'는 히브리어 동사는 특히 소돔과 고모라가 멸망한 것을 묘사하는 것과 같은 동사로 사용되었다(비교, 창 19:25; 신 29:22-23; 암 4:11 등).

3. 니느웨 사람들의 회개(3:5-9)

니느웨 사람들은 요나의 심판 메시지를 듣고 하나님을 믿었고(욘 3:5) 금식하며 회개하는 뜻으로 거친 베옷을 입었다. 니느웨 왕도 왕복을 벗고 거친 베옷을 입고 재 위에 앉았다. 인간적으로 볼 때 도저히 불가능한 일이 일어난 것이다. 심판예언의 목적은 죄인들이 죄악에서 떠나 하나님께로 돌이키는 회개에 있다. 요나서에 나타난 '회개'에서 흥미로운 것은, 불순종했던 예언자 요나의 경우는 '도피—하나님의 강권적 간섭—물고기 배 속'으로 연결되는 복잡한 과정을 거친 반면에, 이와는 대조적으로 니느웨의 이방인들은 요나를 통한 심판예언의 '말씀'을 들음으로써 단순하면서도 즉각적으로 회개에 이르는 것을 볼 수 있다는 점이다. 니느웨는 본문에서 보는 바와 같이 죄악과 음란과 폭력의 도성이다(욘 3:8. 비교, 사 10:12-14; 나 3:1-4). 니느웨의 사람들이 회개하였다는 메시지는 오늘 우리에게 무엇을 시사하는가? 이것은 오늘도 폭력과 음란과 죄악의 현대 도시들과 거기에 사는 현대인들이 어떻게 구원받을 수 있는가에 대한 성경적인 해답을 말해주고 있는 것이 아닐까? 니느웨의 회개는 다른 어떤 방법도 아닌 한 사람 예언자 요나를 통한 하나님의 말씀, 즉 심판예언 선포를 통해 이루어졌다. 하나님의 말씀은 살아있고 운동력이 있어서 죄인을 변화시키며, 폭력과 음란의 요새와 죄악의 성벽을 무너뜨린다(비교, 히 4:12; 벧전 1:23; 살전 2:13; 엡 6:17; 비교, 호 6:5; 렘 23:29; 단 2:34-35,45 등). 폭력의 우상과 음란과 죄악의 파도 앞에서 오늘의 교회는 용기를 잃거나 좌절하지 말고, 무엇보다 하나님의 말씀(성경)의 올바른 선포가 중요함을 재인식해야 할 것이다. 요즈음 '민주화'라는 말이 거의 지상명령처럼 되고 있지만, 교회의 사명은 민주화가 아니라 하나님 나라이며, 말씀이 육신이 되신 예수 그리스도의 복음을 먼저 올바로 전파하는 것임을 망각해서는 안 된다(비교, 마 6:33).

니느웨의 회개는 왕이나 지도층 일부의 몇 사람에 국한된 것이 아니라, 그 주민 전체와 심지어 짐승과 가축들까지 포함하는 총체적인 것이었다. 이것은 니느웨 상황의 심각성과 긴급성을 의미하는 것으로 이해되며(비교, 외경 유딧 4:9-15), 니느웨의 회개는 그 주민들의 대인과 소인들로부터 확산하여 지배층인 고관들과 왕에게까지 번져나간 상향적인 성격을 보여준다(욘 3:5-6). 회개는 어떤 특정인이나 상류사회 지배층만 하는 것이 아니라, 빈부귀천을 막론하고 모두 함께해야 한다. 대통령이나 국회의원들이나 판검사들이나 정치인들이나 고급공무원들만 악하고 국민은 다 옳다는 말은 성경적이 아니다. 일찍이 이사야 예언자는 이렇게 회개를 촉구하지 않았던가? "너희 소돔의 관원들아, 여호와의 말씀을 들을지어다. 너희 고모라의 백성아, 우리 하나님의 교훈에 귀를 기울일지어다"(사 1:10). 지배층은 소돔 사람들과 같고 일반 백성들은 고모라 사람들과 같다는 말씀이다. 한 나라나, 사회의 구성원 모두가 함께 죄인이라는 의식을 가져야 한다. 니느웨 사람들이 금식을 선포하고 회개한 것은 그들이 자신들의 죄악의 심각성을 깨닫고 하나님의 진노를 두려워했기 때문이며, 3장 9절에서 "그 하나님이……불타는 노여움에서 돌이키시면 우리가 멸망하지 않을지 누가 알겠느냐?"라고 말함으로써 간절히 하나님의 용서와 구원을 바라는 회개의 마음이 나타나 있다(비교, 욜 2:12-14; 겔 24:12-14 등). 요나서에서는 하나님의 이름이 약 34번 나오는데, 대체로 이방인 관련 문맥에서는 하나님(히브리어로 '엘로힘')을, 요나와 하나님과 관련해서는 여호와(야웨, 야훼)의 이름을 구별하여 사용하고 있다(예외, 욘 1:9,14-16; 4:6-9).

예수님도 니느웨 사람들의 회개를 인용하신 적이 있다. 예수께서 권능을 가장 많이 베푸신 고을들이 회개하지 아니하므로 책망하셨으며(마 11:20-24), "심판 때에 니느웨 사람들이 일어나 이 세대 사람들을 정죄하리니, 이는 그들이 요나의 전도를 듣고 회개하였음이거니와, 요나보다 더 큰 이가 여기 있느니라"(마 12:38-41; 눅 11:29-32. 비교, 막 8:12)라고 거듭 회개를 촉구하셨다. 오늘 우리의 눈에는 회개의 눈물 대신 원망과 미움의 광기가 번득이고, 우리의 입은 증오의 말을 내뱉고, 내 눈의 들보는 보지 못하고 형제의 눈에 있는 티를 빼겠다고 덤비고 있지는 않은가? 우리의 마음은 하나님의 말씀의 씨앗이 떨어져 싹터서 자랄 수 없을 만큼 신작로와 돌짝밭이 되고 가시덤불로 황폐화되어 있지는 않은가? 불순종했던 요나의 회개가 먼저 있은 다음에 니느웨 사람들의 회개가 뒤따라 연결되어 있는 요나서 이야기의 구도도 우연한 것은 아니라고 생각한다.

4. 하나님이 뜻을 바꾸심(3:10)

하나님도 정하신 뜻을 바꾸기도 하시는가? 그렇다! 니느웨 사람들이 악한 길에서 돌이켜 회개하는 것을 보시고, 하나님도 '마음을 바꾸어서'(히브리어 '나함' 동사의 니팔형, to change one's mind) 요나를 통해 경고하신 니느웨의 멸망을 시행하지 않으셨다. 이 '나함' 동사(니팔)는 문맥에 따라 '마음을 누그러뜨리다, 불쌍히 여기다'라는 의미로도 사용된다. 인간의 역사에서 하나님의 심판예언은 절대적이 아니며 인간 편의 변화에 따라 그 시행 여부가 결정되기도 한다. 이 말의 의미는 예레미야 18장 7-10절에 잘 요약되어 있다. "내가 언제든지 어느 민족이나 국가를 뽑거나 파하거나 멸하리라 한다고 하자. 만일 나의 말한 그 민족이 그 악에서 돌이키면 내가 그에게 내리기로 생각하였던 재앙에 대하여 뜻을 돌이키겠고, 내가 언제든지 어느 민족이나 국가를 건설하거나 심으리라 한다고 하자. 만일 그들이 나 보기에 악한 것을 행하여 내 목소리를 청종치 아니하면 내가 그에게 유익하게 하리라 한 선에 대하여 뜻을 돌이키리라."(비교, 렘 4:28; 겔 33:10-20; 욜 2:12-14 등).

하나님이 심판하실 뜻을 돌이키심에 대해 신약의 이해는 그 의미를 더욱 강화하고 있다. "주의 약속은 어떤 이의 더디다고 생각하는 것 같이 더딘 것이 아니라 오직 너희를 대하여 오래 참으사 아무도 멸망하지 않고 다 회개하기에 이르기를 원하시느니라"(벧후 3:9). 예수님의 재림과 하나님의 최후 심판이 이루어지지 않는다고 의심하는 자들에 대해 하나님의 사랑과 은혜와 하나님의 기다리심을 강조하는 말씀이다. 요나서는 분명히 구약의 다른 책들보다 이스라엘의 선교 사명과 이방인들에 대한 하나님의 보편적인 사랑과 구원의 가능성을 강조하고 있다. 여호와 하나님은 이스라엘의 수호신이 아니다. 하나님의 사랑과 구원은 이스라엘 백성만의 독점물이나 특권이 될 수 없다는 것이다. 오늘의 교회와 오늘의 요나는 불신 사회에 대한 일방적인 편견과 배타성을 철저히 반성해야 한다(마 28:19-20; 막 16:14-15; 행 1:8; 10:9-16 등). 그리고 오늘의 교회와 오늘의 요나는 앗수르 제국의 수도 니느웨와 같이 폭력과 음란과 죄악의 중심지인 오늘의 강대국들의 수도와 도시들로 가서 하나님의 말씀으로 임박한 하나님의 심판을 선포하여, 그들도 멸망하지 않고 구원에 이르는 회개의 기회를 주어야 하지 않겠는가(비교, 민 13:30-33)?

11

요나서 강해 4.
요나 4:1-11, 요나의 신학과 하나님의 신학

요나 4장 1-11절

1 그러나 요나는 기분이 아주 나빠져서 화가 났다. 2 그래서 여호와께 기도하며 말했다. "오 여호와여, 제가 고향 땅에 있을 때 제 말이 이렇게 된다는 것이 아니었습니까? 그러므로 제가 서둘러 다시스로 도피하였는데, 이는 제가 당신은 은혜롭고 자비하신 하느님이시며 성내기를 더디하고 인애가 많으며 재난에 대해 마음을 바꾸실 줄 알았기 때문입니다. 3 그러니 이제 여호와여 제발 제 목숨을 제게서 거두소서, 이는 저의 죽는 것이 저의 사는 것보다 낫기 때문입니다." 4 그래서 여호와께서 말씀하셨다. "네가 화를 내는 것이 잘하는 것이냐?" 5 그래서 요나는 그 성으로부터 나가서 그 성의 동쪽에 자리 잡고, 그 성에 무슨 일이 일어나는지 보기까지 자신을 위해 거기에 오두막을 만들어 그 아래 그늘에 앉아 있었다. 6 그런데 여호와 하나님께서 한 덩굴 식물을 예비하고 요나의 위로 자라나게 하여 그의 머리 위에 그늘이 되어 그를 위해 그의 기분 나쁜 것을 풀어주게 하시니, 요나가 그 덩굴 식물에 대해 큰 기쁨으로 기뻐하였다. 7 그러나 하나님께서는 다음 날 새벽이 밝아 올 때 벌레를 예비하셨고, 그것이 그 덩굴 식물을 치매 시들어버렸다. 8 그리고 해가 떠올랐을 때 하나님께서 뜨거운 동풍을 예비하셨고, 그 해가 요나의 머리에 내리쬐니 그가 기진맥진하여, 그 자신이 죽기를 원하여 말했다. "저의 죽는 것이 저의 사는 것보다 낫습니다." 9 그래서 하나님께서 요나에게 말씀하셨다. "네가 그 덩굴 식물 때문에 화내는 것이 잘하는 것이냐?" 그러자 그가 말했다. "죽기까지 제가 화내는 것이 잘하는 것입니다." 10 그래서 여호와께서 말씀하셨다. "네가 그것을 위해 수고도 아니하고 그것을

기르지도 아니하였으나 그 덩굴 식물을 아꼈는데, 그것은 하룻밤의 아들로 생겼다가 하룻밤의 아들로 없어졌다. 11 그런데 그곳에는 그의 오른쪽과 그의 왼쪽도 구별하지 못하는 사람이 12만 명보다 더 많고 또 많은 가축이 있는데, 내가 이 큰 성 니느웨를 아끼지 않겠는가!"

1. 요나의 신학(4:1-5)

니느웨 사람들이 "사십일만 있으면 니느웨가 뒤집힌다"는 요나의 선포를 듣고 회개하였고, 따라서 하나님은 니느웨의 악행으로 인해 그 성에 내리기로 하셨던 재난을 시행하지 않으신다는 것을 알고서, 요나는 기분이 나빠져서 화를 내었다. 그래서 요나는 "내가 죽는 것이 내가 사는 것보다 더 낫다"고 불만을 털어놓았다. 일찍이 주전 9세기 북왕국 예언자 엘리야는 당시의 이스라엘 백성들이 바알 우상을 섬기고 하나님의 말씀을 순종하지 않음으로 해서 자신이 죽는 것이 낫겠다고 말했는데(왕상 19:4), 이와는 정반대로 니느웨 사람들은 요나가 선포한 하나님의 심판 경고를 듣고 회개함으로써 객관적으로는 요나의 사명이 성공적으로 완수되었다고 볼 수 있는 상황인데도 예언자 요나가 오히려 기분이 나쁘고 화를 내는 것은 무슨 까닭인가? 여기에 대해, 하나님이 니느웨에 요나가 선포한 재난을 내리지 않으시면 결국 요나의 선포는 신용이 없어지고, 그렇게 되면 요나는 거짓 예언자로 낙인찍히게 될 것이 싫어서 그랬다는 설명이 있으나(비교, 신 18:22), 이 경우에는 설득력이 없다. 요나는 하나님이 이방인들에게도 자비와 사랑을 베푸시는 것이 싫거나, 또는 자신의 선포가 불신을 받는 것에 대해 불쾌해서 그런 것이 아니라, 오히려 니느웨의 악행을 징벌해야 한다는 요나의 '정의감' 때문에 화를 낸 것이 아니겠는가?

이러한 관점에서, 4장 1절에서 요나가 '매우 싫어하고 성을 냈다'라고 하는 이해하기 어려운 요나의 행동은, 독일의 하이델베르그대학교 구약학 교수 볼프(H. W. Wolff)도 지적한 대로, 4장 2절의 요나의 기도를 통해 해명되는 것 같다. 즉 요나는 자기 나름대로 확고한 전통적이며 보수적인 징악(懲惡, 악한 일을 징계함)의 신학을 가지고 자기주장을 표출한 것이다. 이와 함께 여기에서는 또한 왜 요나가 처음에 하나님의 소명에 불순종하고 다시스로 도피행각을 벌였던 가에 대한 요나 자신의 진짜 이유와 사연도 드러나 있다. 요나를 이해하는 것은 결코 단순하지 않고, 요나의 언행은 평소 요나 자신의 신학에 기초하고 있다. 여기서 요나의 신학은 일종의 신정론(神正論, theodicy)의 문제과 연관되어 있다. 볼프 교수는 요나의 신정론 신학을 다음과 같이 분석하고 있다. 순간적이며 일시적인 회개가 누적된 죄악을 말소시킬 수 있는가? 니느웨는 다시 옛 죄악에 빠져들 것이 거의 확실하지 않은가? (사실 니느웨는 결국 주전 612년에 신흥 바벨론 제국에게 멸망당했다). 이러한 심판 유예는 하나님의 정의(正義)를 의심받게 하고, 심판예언의 확실성은 설 자리가 없는 상황이 되는 것이 아닌가? 만약 언제 어디서나 사랑의 하나님은 어떠한 악한 죄인도 회개하면 용서하신다고 하면, 평소에 신앙을 가지고 올바로 살려고 노력하는 것이 무슨 필요가 있으며, 이러한 현실 앞에서는 차라리 지금까지 신앙의 지조를 지키기 위해 고생한 것을 생각하면 억울해서 죽어버리는 것이 더 낫다는 생각까지 드는 것은 이해할만 하지 않은가?(H. W. Wolff, *Studien Zum Jonabuch*, 1975, 119쪽). 그러나 이러한 요나의 신학 이야말로 니느웨의 죄악에 못지않은 잘못이며, 니느웨에 임박했던 '재난(재앙)'과도 같이 부정적인 것이다. 본문 4장 1절에서, 요나가 '기분이 매우 나빠져서'(또는, 요나가 '매우 싫어하고', 개역)라고 번역한 히브리어 원문에서는 니느웨의 '악함'(wickedness, evil. 1:2; 3:8)이나 하나님께서 니느웨에 내리시기로 했던 '재앙'(judgment. 3:10)이나 요나의 '기분 나쁨, 또는 싫어함'(displeasure. 4:1)이 꼭 같은 히브리어 단어 '라아'로 언표되고 있다는 것은 흥미로운 점이다.

정의감과 자기의(自己義)를 앞세운 요나의 신정론 신학의 문제는 신약 마태복음 20장에 나오는 '포도원 일꾼들의 원망 이야기'에서도 반복되고 있음을 볼 수 있다. 여기서는 먼저 온 품꾼이나 나중 온 품꾼이나 모두 약속한 대로 한 데나리온씩 똑같이 품삯을 받게 되었는데, 그때 먼저 온 일꾼들의 불평은 충분히 일리가 있는 것이었다. "나중 온 이 사람들은 한 시간만 일하였거늘, 그들을 종일 수고와 더위를 견딘 우리와 같게 하였나이다"(마 20:12). 여기에 대해 포도원 주인의 답변은 확고부동하다. "내 것을 가지고 내 뜻대로 할 것이 아니냐. 내가 선하므로 네가 악하게 보느냐"(마 20:15). 이것은 하나님의 구원의 주권적 자유를 의미하는 비유이다. 요나가 그의 기도에서 '구원은 여호와 하나님께 속한 것이라'(욘 2:9하)고 한 것은 구원이 하나님의 주권적 자유에 속하는 것이라는 의미이다. 요나는 자신이 기도한 내용도 잘 이해하지 못했던 것 같다. 요나가 기분이 나빠져서 화를 내고 있을 때 하나님은 요나를 꾸중하거나 버리지 않으시고, 요나가 스스로 깨닫도록 계속 대화하시며 기다리셨다(욘 4:4,9-11).

요나의 신학은 전통적이며 성경적인 하나님 이해를 전제한 것이었고(비교, 출 34:6; 욜 2:13-14; 시 103:8; 145:8-9 등), 그 나름대로는 충분히 일리가 있는 것이었다(비교, 창 18:20-21; 출 34:7; 욜 3:12; 암 1:3-2:3; 미 4:3; 사 51:5; 66:16; 시 7:11-12; 37:38-40 등). 그러나 요나의 신학은 어디까지나 자기의(自己義)에 기초한 신정론이 없고, 구원하시는 하나님의 자유와 하나님의 주권(主權)이 가려져 있다는데 그 결정적 잘못이 있다. 니느웨 사람들이 회개하고 하나님의 사랑으로 무서운 심판을 면하게 되었을 때, 요나도 함께 기뻐하며, 선하신 하나님을 찬양할 수는 없는 것일까? 요나의 마음은 자기도 모르게 신학적 편견을 가지고 병들어 있었고, 이것을 우리는 '요나 콤플렉스'라고 불러도 좋을 것이다. 그것은 아마도 잘못된 이스라엘의 선민사상 내지는 이와 연관된 신앙적 우월감, 또는 신앙적 교만에 뿌리박고 있다고 생각된다.

어쨌든 오늘 나와 내가 속한 교회와 신학교와 선교단체는 이러한 '요나 콤플렉스'에 걸려 있지는 않은가? 오늘의 다양한 현대 선교신학들도 '요나 콤플렉스'에 오염되어 있지는 않은가? 우리는 오늘 요나 콤플렉스를 극복하기 위해 무엇보다 '자기의'의 굴레를 벗어버리고, 여호와 하나님의 사랑과 역사를 주관하시는 여호와 하나님의 주권을 인정하고, 하나님의 의를 앞세우며 구원받은 하나님의 백성들과 함께 기뻐하고 하나님을 찬양해야 할 것이다(비교, 출 33:19; 34:7; 마 5:45; 눅 6:35-36; 행 17:26; 롬 11:33-36; 골 1:14-23 등). 요나 콤플렉스의 징후는 불평하며 화를 잘 내는 것이다. 니느웨 사람들이 회개한 것이 요나가 화를 내야할 일인가? 하나님은 기분이 나빠서 화를 내고 있는 요나에게 말씀하셨다. "네가 화를 내는 것이 잘하는 것이냐"(욘 4:4,9; 비교, 창 4:6). 또한 요나 4장 2-3절까지 비교적 짧은 분량의 두 번째 요나의 기도에서는 무려 9번이나 일인칭 단수 대명사 '내가'('내', '내게서' 포함)를 집중적으로 반복하고 있는 것 역시 자기중심적인 요나 콤플렉스의 뚜렷한 징후로 진단될 수 있을 것이다.

요나의 신학이 우리에게 주는 교훈은, 오늘 교회의 지도자들과 그리스도인들과 신학자들과 오늘의 선교사들은 '자기 생각'에 너무 집착하여 하나님의 뜻과 하나님의 계획을 받아들일 여지가 없어진 것은 아닌가 하는 것이다. 나의 신학이 하나님의 신학에서 동떨어진 아집은 아닌가? 일찍이 이사야 예언자는 이렇게 말씀을 기록했다. "확실히 내 계획들은 너희 계획들과 같지 않으며 너희 길들은 내 길들과 같지 않다. 여호와의 말씀이다. 이는 하늘이 땅보다 높은 것같이, 내 길들은 너희 길들보다 그리고 내 계획들은 너희 계획들보다 높기 때문이다."(사 55:8-9, 개인역). 오늘의 교회는 더 이상의 교권 싸움이나 유익이 없는 신학과 교리논쟁이나 선교 지역에서 자기 주장을 내세워 서로 다투는 감정싸움을 그만하고, 우리 하나님 사랑과 이웃 사랑의 계명(마 22:37-40; 요 13:34-35; 15:7-17)을 따르고 실천하는 본분으로 방향 전환을 해야 할 것이다. 40일이 지나도 자신이 선포한 대로 재난(재앙)이 니느웨 성에 임하지 않는 것을 보고 기분이 나쁘고 화가 난 요나는, 하나님이 니느웨 사람들과 그 성의 가축들까지도 아끼신다는 말을 듣고도, 아무런 반응이 없이 요나서는 끝을 맺고 있다. 요나는 정말 변하지 않았는가? 정말 고집이 센 요나다.

2. 덩굴 식물과 요나(4:6-9)

불순종하고 다시스로 도피하는 요나를 버리지 않으시고 큰 물고기를 예비하여 요나를 돌이키게 하신 하나님은, 이번에도 기분이 나빠 화를 내고 있는 요나를 혼자 버려두지 않고 한 덩굴 식물을 통해 하나님의 뜻을 깨우치도록 도우셨다. 개역성경에서 '박 넝쿨'로, 공동번역성서에서는 '아주까리'로 번역한 이 식물 명칭은 히브리어로는 '키카욘'인데, 구약에서는 요나서 4장에서만 사용된 단어이다. 키카욘의 정확한 번역에 대해서는 논란이 있는데 성경 학자들에 의하면 이 키카욘 식물은 아마도 피마자(ricinus) 계통의 식물로 생각되나 확실한 것은 아니고, 칠십인역 전통에 따라 '박'(gourd) 종류인 일종의 덩굴 식물로 보는 견해도 있다. 성서비평학자들 중에는 요나가 큰 물고기 뱃속에 들어갔다가 살아서 돌아왔다든지, "하룻밤에 났다가 하룻밤에 말라 버린 이 박넝쿨"(4:10)이란 표현을 문제삼아, 요나서의 이야기는 사실이 아니고 일종의 우화같은 단편소설이라고 주장하기도 하는데, 이것은 언어가 지니는 묘사의 한계와 표현의 다양성을 모르는 것이고 문자적인 해석에 얽매이는 것이다. 아무나 물고기 뱃속에 들어갔다가 살아서 돌아온다고 주장하면 이상하지만, 요나의 경우는 여호와 하나님이 예비하신 특별한 과정에서 일어난 일이다. 이것도 못믿겠다면, '전능하사 천지를 만드신 하나님 아버지를 내가 믿습니다'와 같은 사도신경의 내용은 어떻게 고백할 수 있는가? 또 '하룻밤에 났다가 말라버린 박넝쿨'의 표현도 얼마든지 수사적인 용법으로 가능한 표현이다. 오늘 우리도 일상에서 '일년이 눈 깜박할 사이에 지나가 버렸다'와 같은 표현을 얼마든지 하고 있지 않는가?

키카욘은 잎이 크고 키는 4m 정도까지 빨리 자라는 식물이다(키카욘에 관해서는, B.F. Price and E.A. Nida, *A Translator's Handbook on the Book of Jonah*, United Bible Societies, 1978, 74쪽; 로버트 쿱스, 『성서 속의 식물들』, 대한성서공회, 2015, 157쪽 이하; 최영전 엮음, 『성서의 식물』, 아카데미서적, 1996, 245쪽 이하 참고). 4장 6절에서 여호와 하나님은 한 덩굴 식물(키카욘)을 준비하여 자라게 하셔서, 요나의 기분을 풀어주고 화내는 것을 진정시키기 위해 요나의 머리 위로 그늘을 만들어 주게 하셨다. 이때 아주 인상적인 장면은 요나가 그 키카욘 식물에 대해 "큰 기쁨으로 기뻐하였다"는 것이다. 니느웨 지역의 뜨거운 동풍과 뙤약볕을 감안해 볼 때, 그늘을 지어주는 식물이 곁에 있다는 것은 확실히 큰 기쁨이 될 수 있을 것이다. 그러나 이때 하나님은 벌레를 준비하여 그 벌레가 키카욘을 갉아 먹으니 그것이 곧 시들어버리고 말았다. 기쁨은 잠깐이었고, 요나는 다시 화를 내며 "내가 화를 내다 죽어도 좋습니다."라고 하면서 불평과 불만이 대단했다.

이것은 우리에게 무엇을 의미하는가? 자신의 곁에서 그늘을 제공하는 키카욘 식물에 대해서는 '큰 기쁨'으로 기뻐할 줄 알면서도, 하나님의 사랑으로 니느웨 사람들이 회개하고 재난에서 구원받은 데 대해서는 오히려 언짢아하고 화를 내는 요나의 모습은 오늘 우리 자신의 모습은 아닌가? 나와 관계된 유불리에는 재빠르게 반응하면서, 이웃의 행불행에는 관심이 없는 나는 과연 무엇을 위해 살고 있는가? 다른 사람들의 죽고 사는 문제에 대해서는 편협하고 사랑 없는 무자비한 정의(正義)를 따지는 사람들! 요나가 크게 기뻐했던 키카욘은 오늘을 살고 있는 요나들에게도, 내가 진정으로 크게 기뻐하는 것이 무엇인지 다시 한번 자신을 되돌아보게 해 준다(비교, 눅 15:7,10).

3. 하나님의 신학(4:10-11)

요나서 이야기는 미괄식(尾括式)이다. 요나서의 신학적 주제는 마지막 4장 10-11절에 결론적으로 요약되어 있다. 그것은 요나의 편향적인 신정론적 신학에 근거한 편협성과 하나님의 보편적 사랑과 구원 신학의 대비라고도 볼 수 있다. 여호와 하나님의 사랑과 구원은 어떤 특정 인종과 민족이나 종교와 집단에 제한되거나 국한되지 않는다(사 19:23-25; 행 10:34-35; 갈 3:28 등). 하나님이 구약의 이스라엘과 신약의 교회를 하나님의 백성으로 택하신 것은 선물인 동시에 사명이다(비교, 창 12:1-3; 18:18; 사 42:5-7; 49:6; 눅 12:48 등). 요나서는 구약의 선교학 교과서는 아니라 할지라도, 국외 선교에 대한 신학적 성찰과 함께 성경적 선교에 대한 안목을 넓혀주는 것이 사실이다. 천지 만물의 창조자이며 죄인들을 구원하는 구원자이신 여호와 하나님께서 보실 때 비록 니느웨는 폭력과 죄악과 음란의 도시이며 이스라엘과는 적국의 수도지만, 거기에는 12만 명이 넘는 많은 사람이 살고 있고, 하나님은 그들에게도 사랑의 관심을 가지고 계시며, 니느웨 사람들도 회개하고 임박한 멸망에서 벗어나기를 원하신다. 심지어 니느웨 성에 있는 많은 가축에도 관심을 가지고 아끼시는 하나님이다. 악인들은 반드시 망해야 한다는 기계적이며 차가운 신정론이 아니라, 여호와 하나님은 죄인들을 사랑하시며 그 죄인들이 회개하고 새 생명을 얻는 것을 기뻐하신다(비교, 겔 18:32; 33:11,14-16,19; 눅 15:7; 행 11:18; 딤후 2:24-26; 요일 4:14-21 등).

이것이 요나서가 강조하는 하나님의 사랑의 신학이며 하나님의 기쁨의 신학이다.

그러나 요나는 키카욘은 크게 기뻐하고 아끼면서, 죄악 가운데 죽어가는 니느웨의 사람들을 아끼는 마음이 없었고 그들이 회개하고 멸망을 피한 것에 대해서는 함께 기뻐할 수 없었다. 그것은 마치 하루살이는 거르고 낙타는 삼켜버리는 엄청난 아이러니와 다를 바가 무엇인가(비교, 마 23:24-28)! 니느웨 성에서 12만 명이 넘는 사람들이 그들의 오른손과 왼손을 분별할 줄 몰랐다는 표현은, 그들의 죄와 그들의 악행을 그들이 알지 못하고 행하고 있었다는 의미일 것이다(비교, 신 5:32; 17:20; 28:14; 수 1:7; 23:6; 왕하 22:2; 잠 4:27). 예수님도 십자가상에서 말씀하지 않으셨던가? "아버지 저들을 사하여 주옵소서. 자기들이 하는 것을 알지 못함이니이다"(눅 23:34). 예수님의 이 기도는 오늘의 니느웨 사람들 뿐만 아니라 요나에게도 함께 적용되어야 할 것이다. 요나서는 결론적으로 여호와 하나님의 보편적 사랑과 죄의 용서와 구원의 보편성을 강조하고 있다. 위에서 언급한 대로 하나님의 사랑은 가축들에게도 연장된다(비교, 롬 8:19-22; 사 11:6-9; 65:25; 시 36:6; 50:10-11; 104:11-12,14 등). 오늘 우리의 목회 현장과 국외 선교지역에서도 가축(동물)까지 아끼시는 하나님의 넓은 사랑을 생각하고, 우리에게 맡겨주신 자연의 생태계를 잘 돌보아야 할 책임감도 가져야 한다.

현대의 비평적 성서학자들은 요나서가 주전 5세기경 바벨론 포로기 이후 예루살렘의 제2 성전시대에 이방인들에 대한 유대주의자들의 경직된 민족적 배타성에 대처하기 위해 산출된 대안으로서 비유적 의도를 가진 '풍자적 단편소설'이라고 평가하며, 예언자 요나 이야기의 사실 역사성은 무시해 버리는 경향이 있다. 그러나 역사적 사실과 상관이 없는 성경의 비유문학 양식(樣式)에서는 구체적인 역사적 인물이나 역사적 사건 현장이 등장하지 않으며, 사실이 아닌 풍자 이야기에서 여호와 하나님이 역사적 사건에 직접 개입하여 구체적인 역할을 하시는 것으로 묘사하는 경우는 없다. 요나서의 역사성(歷史性)을 부인하면, 결국 요나서 이야기에 나오는 예언자 요나의 역할이 사실이 아니었다는 말이 되며, 여호와 하나님을 주어로 묘사한 하나님의 모든 역사적인 행동과 말씀도 결국 어떤 무명의 작가가 임의로 지어낸 허구(虛構 fiction)로 취급될 수밖에 없는 심각한 문제에 부딪히게 된다. 우리는 스스로 고립되지 않기 위해 서양 성서비평학자들의 성경해석도 참고는 하지만, 그들의 주장이 다 옳은 것은 아니고 유익한 것이 있으면 받아들이지만, 그들의 주장에 일방적으로 휘둘릴 이유가 없다. 물론 요나서 이야기에서 기적적인 사건들을 문자 그대로 받아들이기 어려운 점이 있지만 그것은 어디까지나 인간의 입장에서 그렇다는 말이고, 하나님에게는 불가능이란 없다(비교, 마 19:23-26). 요나서 이야기의 사실 역사성을 부인하면 그것에만 국한하지 않고, 성경에 기초한 기독교 신앙의 역사적 근거를 상실하는 더 큰 어려움에 우리가 직면할 수밖에 없다(비교, 마 12:38-41). 천지만물과 인간을 창조하시고 다스리시는 여호와 하나님을 믿는다면, 성경에 기록된 초자연적인 사건들도 역사적 사실로 받아들일 수 있다고 생각한다(창 1:1; 시 19:1-12; 렘 32:26-29; 요 2:1-11; 20:26-29; 행 26:8,24-25; 고전 13:9-12; 계 22:13 등). 어쨌든, 옛 니느웨 지역에서 20세기에 성서고고학자들이 발굴한 결과로, 과거 니느웨는 두 개의 언덕을 중심으로 이루어진 큰 성으로 확인되고 있으며, 그중에 한 언덕은 그 지역 방언으로 오늘날까지 '예언자 요나'(Nebi Yunus)의 언덕으로 알려져 있다(Andre Parrot, *Nineveh and the Old Testament*, SCM, 1955, 33쪽 사진 참조).

12

목회 현장을 위한 성서신학의 모색

Ⅰ. 목회 현장과 신학의 현실

예수께서 12제자들을 부르시고 목회 현장에 보내실 때, "보라, 내가 너희를 보냄이 양을 이리 가운데 보냄과 같도다"(마 10:16; 눅 10:3)라고 하신 말씀은 동서고금을 막론하고 목회 현장 현실의 진면목을 그대로 드러낸 것이라고 생각한다. 오늘 우리 시대의 일반적 목회 현실은 "목회 직무가 극도로 땅에 실추되고 멍든 이 시대에 있어서 병든 목회 직무"[1]라는 염려스러운 표현으로 집약되고 있으며, 한국의 목회 현장에서는 "교회가 아닌 교회가 난무하고 목회가 아닌 목회가 판을 치는 목회"[2]에 대한 자성의 소리가 들려오고 있다. 목회자 임택진 목사는 오늘 한국교회의 현실을 진단하면서, 일제 식민지 탄압 아래의 역사를 거쳐 6.25의 고통을 겪고 80년대에 이른 현재 한국교회는 과거의 한국교회가 아니라는 인식을 분명히 하면서, "교회도 변했고 교인도 변했고 따라서 목사도 변했다… 그런데 잘 변했는가, 잘못 변했는가가 문제일 뿐이다… 오늘의 교회 현실은 잘못되어도 여간 잘못된 것이 아니다."[3]라고 기술하였다.

이러한 오늘의 목회 현장과 현실 속에서 우리의 신학은 무엇이며, 신학은 무엇을 할 수 있는가? 이 글의 주어진 제목과 같이, 목회 현장을 "위한" 신학의 모색이 어떻게 가능할 것인가라는 문제의식을 가지고 해결 방안을 생각해 보려고 한다. 먼

---

1) 토마스 C. 오덴, 이기춘 역, 『목회신학-교회의 본질』, 한국신학연구소, 1986, 24쪽; 비교. 토마스 C. 오덴, 오성춘 옮김, 『목회신학-교역의 본질』, 대한예수교장로회 총회출판국, 1987, 33쪽 이하.

2) 토마스 C. 오덴, 이기춘 역, 위의 책, 13쪽.

3) 임택진, "한국교회의 허실", 〈빛과 소금〉, 1987년 9월호, 28-29쪽.

저 오늘의 목회 현장의 현실이 이토록 악화된 데에는, 지금까지 한국교회에 건전한 신학이 없었거나, 아니면 신학이 있었다 하더라도 모든 것이 변질되는 과정에서 신학마저도 잘못 변질되어 버린 것이 아닌가? 라는 생각이다. 그동안 기독교 신학은 독일에서 만들어지고 영국에 건너가서 수정된 다음 미국에 가서 부패한다는 말이 있었다. 미국에서 부패한 신학이 다시 한국으로 무분별하게 수입되고 있다는 것이다. 사실 오늘 한국의 신학 현실도 목회 현실 못지않게 신학 아닌 신학이 난무하고 있으며, 무분별한 수입 신학의 사조에 의해 오염되어 있다고 생각한다.

특히 목회와의 관련에서, 소위 '성공적인 목회'를 표방하는 목회 신학의 타락상은 한마디로 한국교회 2세기의 앞날을 어둡게 하고 있다. 여기서 성공적인 목회의 성공의 척도와 기준은 철저하게 인본적이며, 세속문화적이며, 물량적인 것이다. 수단과 방법을 가릴 것 없이, 최소한 천 명 이상 수만 명에 이르기까지 교인 숫자를 늘려야 하고, 수백억의 돈을 들여 크고 화려하고 안락한 교회당을 지어야 하며, 현대인인 교인들의 종교적–문화적 욕구들을 충족시켜 주어야 하는 것이다. 여기에는 자연히 '신학'의 설 자리는 없어지고, 어느 틈에 '인간학'의 기준과 가치가 중요한 자리를 차지하게 된다. 목회는 현대 기술사회에서 또 하나의 종교적 '기술'로 평가되고 있다. 따라서 현실 목회에 세상적으로 예민한 목회자들은 "신학교에서 배운 것은 아무 쓸 데가 없다"고 불만과 자만의 목소리를 높이며, 오늘 세상적으로 똑똑한(?) 신학생들이라면 케케묵은 신학교의 커리큘럼에 반기를 들고 당장 현장에서 써먹을 수 있는 신학적인 다양한 '기술'을 가르쳐 줄 것을 요구하는 것도 어쩌면 당연한 현상인지도 모르겠다. 얼마 전에 만났던 한 젊은 목사님이 "요즈음 목회 잘하려면 '배스 앤드 푸드'(bath and food, 목욕하고 먹고 마시는 것)를 잘해야 합니다."라는 말을 서슴없이 하는 것을 듣고, 오늘 한국교회 목회와 신학의 수준이 어디까지 와 있는가를 새삼 느끼게 해주었다(비교, 롬 14:17).[4] 이러한 한국교회의 목회와 신학적 현실 앞에서, 목회와 신학은 무엇이며, 그 양자 간의 바람직한 관계는 어떠한 것이어야 하는가? 특히 오늘의 목회 현장의 회복과 개선을 위한 신학의 내용을 제시할 수 있는가?

Ⅱ. 목회와 신학의 관계와 그 성격

미국 풀러 신학교의 레이 앤더슨(Ray S. Anderson) 교수는 바람직한 목회와 신학

---

4) 비교, 이수영, "교회가 교회되게", 〈빛과 소금〉, 1986년 4월호, 40-42쪽.

의 관계 정립을 위한 글을 쓰면서, 오늘날 과거의 전통적인 소위 '순수 신학'(pure theology)과 '응용 신학'(applied theology)의 잘못된 이분법은 극복되어야 함을 강조하고, "목회가 신학에 선행하고 신학을 산출하며, 그 역순은 성립되지 않는다."[5]라는 근본적인 명제를 제시한 것은 의미심장한 것이다. 여기서 목회는 구약의 이스라엘과 함께 시작되어 예수 그리스도와 교회 안에서 절정을 이루는 하나님 자신의 이 세상에서의 계시와 화해의 사역에 의해 결정되고 시행되는 것으로 이해된다. 달리 말하자면, 목회는 본질적으로 하나님을 위한 세상의 일이 아니라, 세상을 위한 하나님의 일로서 하나님의 목회인 동시에 예수 그리스도의 목회인데, 이것은 사도들의 목회를 통해 우리에게 계승되었으며, 그 내용은 하나님께서 예수 그리스도를 통해 이 세상을 사랑하시고(요 3:16), 세상 죄인들과 화해하시며(고후 5:19), 죄인들을 구원하시는 사역(행 16:31)이 목회의 기초이다. 이것을 실현하기 위해 성령의 임재와 은사를 통해(행 1:8) 목회의 현장인 교회가 존재한다.[6] 신학(神學, theology)도 예수 그리스도의 복음에 나타난 하나님의 계시와 화해의 상호 복합구조(the mutual involution)의 기반위에서 성령의 사역을 통해 이룩되고 계속되는 그리스도의 사역이며, 그것은 공동체로서의 교회의 삶과 증언 속에서 이루어지는 것으로 본다.

따라서, 앤더슨 교수는 하나님의 목회와 인간의 목회를 구분해야 함을 지적하면서, 구약의 이스마엘과 이삭의 경우를 유비(類比)로 사용한다. 즉 아브라함은 인간적인 이해와 방법을 가지고 하나님의 약속을 실현하는 과정에서 이스마엘을 산출했으나 분명히 그것은 하나님의 사역이 아니었음이 드러났으며, 인간의 수단 방법과 가능성이 배제된 곳에서 출생한 이삭이야말로 하나님의 사역의 현실로 입증되었다는 것이다.[7] 오늘날 인간학(또는 철학)에 의해 오도되고 변질된 신학과 목회는 이스마엘로 비유될 수 있으며, 바람직한 목회와 신학은 이삭을 통해 그 의미가 드러난다는 것이다. 한마디로, 오늘 목회와 신학의 갈등은 이스마엘이냐 이삭이냐의 위기의식으로 압축될 수 있다(창 21:12; 롬 9:6-8; 갈 4:21-31). "인간의 불가능은 곧 하나님의 가능"이라는 목회 신학적 범례는 창조 이야기와 출애굽 구원 사건과 이스라엘 역사와 예수 그리스도의 동정녀 탄생과 예수의 공생애 사역과 십자가의 죽음과 부활을 통해 기독교의 해석학적 이해로 정립된 것이다. 따라서 우리는 앤더슨 교수의 결론과 함께, 목회자와 신학자의 인간적인 절망은 진정한 신학과 목회의 출발점이라고 말할 수 있으며, 그럼에도 인간적인 착각은 잘 없어지지 않고, 신학적인 오해는 가장 강력

---

5) Ray S. Anderson, "A Theology for Ministry", *Theological Foundations for Ministry*, T. & T. Clark/Eerdmans, 5, 7쪽.

6) Ray S. Anderson, 위의 글, 8쪽 이하.

7) 위의 글, 17쪽.

한 저항 세력이라고 말할 수 있을 것이다.[8]

　여기서 다시금 목회가 먼저냐 신학이 먼저냐를 물고 늘어질 필요는 없다. 양자는 일체 양면의 성격을 지닌 것이 분명하며, 구체적인 설명이 필요하다면 신학과 목회의 관계는 운동 경기의 규칙(rule)과 시합(play)에 비견해 볼 수도 있을 것이다. 시합 없는 규칙은 공허한 것이며, 규칙 없는 시합은 그 자체가 불가능한 것이다. 사실 오늘날 혼란된 목회 현장을 위한 신학의 관심은 목회자의 자질(인격)과 목회자의 신학 및 직무 능력에 대한 논의에 새롭게 집중되고 있으며, 그리스도 안에서 삶과 신학과 목회를 기반으로 하는 '목회의 정체성'(pastoral identity)이 불분명하거나 상실된 것이 문제의 핵심으로 지적되고 있다.[9] 그러므로 실제에 있어서 오늘날 신학이 목회 현장을 위해 할 수 있는 작업은 목회의 정체성을 분명히 하고, 그것이 불분명하거나 상실되었다면 그 이유를 찾고, 그 정체성을 되찾아 확립시키려는 노력이 될 것이다.

Ⅲ. 목회 현장을 위한 신학

　신학과 목회는 서로 유리되어 존재할 수 없다. 실천적 현장이 없는 신학은 확실히 공허한 것이다.[10] 예수 그리스도의 몸인 교회의 목회 현장을 가능하게 하는, 이를테면 목회 현장을 위한 신학의 정체성은 부활하신 예수 그리스도께서 베드로에게 목회 사역을 위탁하시는 대화 속에서 확인할 수 있다. 요한복음 21장 15-17절에 기록된 그 대화의 핵심은 부활하신 예수 그리스도를 "네가 사랑하는가?"라는 물음에 놓여 있다. "요한의 아들 시몬아, 네가 나를 사랑하느냐?" 세 번 반복되는 물음에서 아가파오(ἀγαπάω)와 휠레오(φιλέω)의 주석적 차이가 어떠하든지 간에, 분명한 사실은 예수 그리스도의 목회 사역 위탁의 근본적 자질과 자격은 부활하신 주님 예수 그리스도에 대한 사랑이 가장 우선한다는 점일 것이다. 신학을 하는 신학자의 자격과 인격(자아의식과 자아책임)도 마찬가지다. 목회 현장을 위한 신학은 무엇보다 이 점을 언제나 분명히 하고, 이것을 목회자의 자격과 목회자의 정체성으로 주지시키고 확인하는 임무를 게을리하지 말아야 할 것이다.

　우리는 위에서 주어진 대화 속에서 언제나 베드로가 "주님, 그렇습니다. 제가 주님을 사랑하는 줄을 주님께서 아십니다."라고 대답했을 때, "내 양을 먹이라.", "내

---

8) 위의 글, 5쪽 및 21쪽.

9) 토마스 C. 오덴, 오성춘 옮김, 위의 책, 31, 34쪽.

10) John Macquarrie, *Theology, Church and Ministry*, SCM Press, 1986, 5쪽.

양을 치라.”는 목회의 위탁이 주어진 것을 알 수 있다. 부활하신 예수 그리스도를 주님으로 사랑함이 없이, 성급하게 먼저 양 무리에게로 오는 자들은 목회 신학적인 입장에서 볼 때 그들이 바로 도둑들이요 강도들인 것이다(비교, 겔 34:7-16; 요 10:8-10). 이들은 양가죽을 쓴 이리들로서 양을 도둑질하고 잡아먹기 위해 양 무리에게로 접근한다(마 7:15; 행 20:28-35!). 목회 현장을 위한 신학은 이러한 흉악한 이리들의 접근을 막고 물리쳐야 하는 사명도 있는 것이다. 왜냐하면 이러한 자들이 사용하는 양가죽은 종종 신학의 명분과 성경을 인용하는 탈을 쓰고 있기 때문이다.

오덴 교수는 지금까지 목회의 정체성을 오도한 잘못된 신학을 이렇게 제시한다. “(1) 안수 목회와 평신도 목회 사이에는 실제적인 중요한 차이점이 없다. (2) 성례전은 살아계신 예수 그리스도의 임재가 아니라 문화적이고 상징적인 모형이다. (3) 부활은 역사적 사건이 아니며 신앙의 핵심이 아니다. (4) 죄책감은 인간의 신경과민증이며, 하나님이 나를 사랑한다는 것만이 중요하다. 하나님의 조건 없는 사랑은 우리에게 아무것도 요구하지 않으며, 따라서 도덕폐기론을 내세운다.”[11] 이러한 잘못된 신학은 비단 미국이나 서구의 목회 현장만 파괴하고 황폐시켰을 뿐 아니라, 오늘 우리 한국의 목회 현장에도 여러 가지 위장된 모습으로 접근하고 있다. 이러한 잘못된 현대신학은 지난 18세기 이후 서구의 계몽주의 철학의 영향을 받은 자유주의 신학에서 기인하는 것이다. 신학적 자유주의의 성서해석 방법인 소위 ‘역사-비평적 방법’(the historical-critical method)의 철학적 전제들에서 그 문제점이 드러나고 있다.[12] 이러한 성서비평학을 통해 하나님의 계시에 대한 무오한 기록인 성경의 영감과 권위는 약화 내지 부인되었고, 독일 신학자 제믈러(J. S. Semler, 1725-1791)의 “하나님의 말씀과 기록된 성경은 전혀 동일하지 않다”는 명제는 서구 대학교의 강단 신학에서 “성서 해석학의 혁명”의 촉매제로서 역할을 했다.[13] 근래에 스코틀랜드 애버딘신학교의 신약 성서학자 하워드 마샬(I. Howard Marshall)은 ‘역사-비평적 방법’에 전제되는 특별한 철학적 원리들을 세 가지로 요약하여 제시했다. (1) 성경의 모든 역사적 진술은 의심되어야 하며, 역사-비평적 해석자는 모든 증거에 ‘의심하는 마음’으로 접근해야 하고, 그의 연구 결과는 다만 가능성을 제시하는 것이지 결코 확실한 것일 수 없다. (2) 과거에 일어난 일들의 성격에 관해서는 우리 자신들의 현재 경험에서 얻은 유비(analogy)에 의해 규명할 수 있고, 규명해야 한다. (3) 역사 속에서

---

11) 토마스 C. 오덴, 이기춘 역, 위의 책, 29쪽 이하; 비교, 오성춘 옮김, 위의 책, 40쪽.

12) Edgar Krentz, *The Historical-Critical Method*, Fortress, 1975. 비교, Gerhard Maier, *Das Ende der historisch-kritischen Methode*, Brockhaus Wuppertal, 2. Auflage, 1975.

13) G. Hasel, *Old Testament Theology: Basic Issues in the Current Debate*, Revised and Expanded Third Edition, Eerdmans, 1982, 18-19쪽.

발생하는 모든 사건은 자연적인 인과율(causality)의 지배를 받는다. 초자연적인 기적들이나 하나님의 역사 개입 행동은 불가능하다. 이러한 계몽주의 철학적 전제들을 가지고 출발하는 역사–비평적 방법의 성경해석 입장을 '의심의 해석학'(hermeneutics of suspicion)이라고도 한다.[14]

일찍이 계몽주의 철학의 대표적 주창자인 칸트(I. Kant, 1724–1804)는 계몽주의란 "인류가 자기를 위해 스스로 세워 놓았던 후견인으로부터의 탈출"이라고 그 성격을 규정했다.[15] 이것은 성경이 말하는 '하나님'은 더 이상 인간들에게 후견인으로서 필요하지 않으며, 이제부터는 이성(理性)의 능력을 가진 계몽된 인간이 자신과 이 세상 역사의 주인이라는 것을 선언한 것이다. 이러한 계몽주의의 입장과 그 철학적 전제들의 영향 아래 세워진 비평적 성서연구 결과와 그와 연결되는 신학이나 목회 현장의 문제는 명약관화한 것이다. 하워드 마샬은 계속해서 그 문제점을 이렇게 서술하였다.

> "이러한 전제들 위에서 수행된 성서연구는 하나님의 행동들에 관한 책인 성경을 진실하지 못하고 신뢰할 수 없는 것으로서 간주하지 않을 수 없게 한다. 첫 출발부터, 역사–비평적 방법은 성경 그 자체가 설명하는 것과는 다른 기독교에 관해 설명하는 임무를 맡게 되었다. 단순히 성경의 부분들이 잘못될 수 있다는 가정이 아니라, 실제로 잘못되어 있다는 전제가 그 방법론 속에 구조적으로 자리 잡고 있다."[16]

신학교에서 성서 비평학을 처음 접한 신학생들 중에는 그 수가 많지는 않지만 '경이롭고 유익하며 새로운 성서의 세계에 눈을 뜨게 되었다'는 소감을 말하는 경우도 있지만, 구체적으로 무엇이 그렇게 새롭고 경이롭고 유익한가를 물으면 제대로 대답을 하지 못하는 경우가 대부분이다. 서양의 성서비평적 학자들은 '지적(知的)인 정직성'을 앞세운다고 하지만, 성경이 말하는 사건들의 역사성과 초자연성을 모두 의심하거나 부인할 만큼 정말 인간의 지식이 충분하고 완전한 가는 의문으로 남는다. 어쨌든 이러한 성서비평적 신학은 기독교 신앙의 미신화(迷信化)를 방지하고 성경의 권위를 이용하여 권세를 휘두르는 교권주의자들의 횡포를 어느 정도 막아 주었

---

14) 비교, 프랑스 철학자 폴 리꾀르(Paul Ricoeur, 1913-2005)가 주장하는 '의심의 해석학'은 기존의 성서해석 내용들을 의심해야 하며, 그 해석들이 본의든 아니든 권력과 억압과 여러 가지 형태의 차별을 정당화하는 데 사용되지 않았는지 점검해야 한다는 것이다.

15) Jaroslav Pelikan(ed.), *The World Treasury of Modern Religious Thought*, Little Brown, 1990, 7쪽에서 재인용함: The Enlightenment was "the exodus of humanity from its self-imposed tutelage."

16) I. Howard Marshall, *Biblical Inspiration*, Eerdmans, 1982, 84쪽 이하.

다는 평가를 받는다.

　　그럼에도 위에서 마샬 교수가 지적한 대로, 역사―비평적 성서해석(또는 고등비평)
은 성경이 가르치는 기독교 신앙과는 본질적으로 다른 입장이다. 신학교에 입학하여
목회자의 길을 택한 신학생들이 신대원 필수과목 중의 하나인 주석방법론 수업에서
일방적인 역사―비평적 방법에 대해 주입식 교육을 받고, 마음이 심란해지고 교회에
서 자란 성경적 신앙과 신학함에 대해 회의를 품게 되는 것도 이러한 이유가 있기 때
문이다. 현대 역사―비평적 방법에 대한 정통신학(개혁신학, 깔뱅신학, 복음주의신학)의
대안은 16세기 종교개혁 시대 이후부터 '역사―문법적 방법'(historical-grammatical
method, 또는 the literary-historical method)이다.[17] 이 방법은 종교개혁 시기 이후
산출된 개신교 교단들의 '신앙고백서'를 전제로 하는 것이 그 특징이다. 대한예수교
장로회(통합)의 경우는 1647년에 나온 '웨스트민스터신앙고백'과 175개 항목의 '요리
문답', 그리고 1986년에 제정된 '대한예수교장로회 신앙고백서'가 중요하며, '21세기
대한예수교장로회 신앙고백서'에서는 "우리는 사도적 복음과, 사도신경과 니케아―
콘스탄티노플 신조에 나타난 삼위일체 하나님을 포함한 사도적 신앙을 공유하고 있
는 모든 교회들과 더불어 함께 한다"는 것을 천명했다.[18] 이러한 교단과 개신교 정통
신조들을 전제하면서 역사―문법적 방법은 "성경은 하나님의 말씀이다"라는 성경관
을 분명히 하며, 성경해석에서 번역본이 아닌 신구약 성경의 원전 주석을 중요시한
다. 성경이 기록된 역사적 배경과 함께 그 문학 양식들을 고려하면서 원전의 언어가
가지고 있는 문법과 사전적인 의미를 우선시한다. 이와 함께 성경이 진술하는 역사
적 사건들과 하나님이 행하시는 초자연적 사건들의 진정성도 받아들인다. 앞서 언급
한 역사―비평적 방법이 성경 본문 내용의 사실 여부에 대한 의심과 함께 인간의 이
성적 판단과 경험을 그 사실 여부를 판정하는 잣대로 삼으며 역사속에서 하나님의
계시나 관여를 선험적으로 배제하는 것과는 달리, 역사―문법적 방법은 하나님의 말
씀으로서 기록된 성경에 대한 믿음을 전제로 하나님의 계시(revelation)와 성령의 영
감(inspiration)을 받아들인다. 그리고 역사 내재적 인과관계만 아니라 하나님의 섭리
(攝理, providence)와 역사 개입을 인정한다. 성서비평학(또는 고등비평)은 성경 본문
내용에서 수많은 오류(errors)와 모순(contradictions)을 지적하지만, 역사―문법적 방

---

17) Gerald Bray, *Biblical Interpretation*, InterVarsity Press, 1996, "The grammatico-historical method", 354-356쪽. 비교,
　　Gerhard Maier, *Biblical Hermeneutics*, Crossway, 1994, "Grammatical-historical exegesis", 54, 255, 302, 335쪽. 마이
　　어는 '문법-역사적 방법'이라는 용어보다는 성경이 성경을 해석하고 성경이 말하는 역사를 수용하는 '성경적-역사적
　　해석'(Biblical-historical interpretation)이 더 좋은 용어라고 제안하고 있다. 현재 문법-역사적 방법의 실제적 방안과 내
　　용에 대해서는 다음을 참고할 수 있다: S. R. Swain, "Scripture, Interpretation of the Bible as", in *Evangelical Dictio-
　　nary of Theology*, 3rd ed., ed. by D. J. Treier and W. A. Elwell, BakerAcademic, 2017, 790-792쪽.
18) 대한예수교장로회총회, 『헌법』, 한국장로교출판사, 2007.

법을 사용하는 복음주의(정통주의, 개혁주의, 깔뱅주의) 신학은 오류 대신 차이(differ-ences)를, 모순 대신 난제(difficulties)를 말한다.

여기서 잠깐 그동안 서구 계몽주의 철학의 해석학(hermeneutics)의 변화와 그와 연관하여 역사-비평적 방법을 사용하는 성서해석학에도 큰 변화가 있었다는 점을 언급하는 것이 필요하다. 자세한 내용은 논할 수 없으나, 대표적으로 계몽주의 철학적 해석학에 새로운 바람을 불어넣은 독일의 대표적 학자들로서 가다머(Hans-Georg Gadamer, 1900-2002)와 위르겐 하버마스(Jürgen Habermas, 1929-)를 들 수 있다. 그의 주저 『진리와 방법』(*Wahrheit und Methode*, 1960, 1972, 3판)으로 널리 알려진 가다머는 "해석학의 본질은 인간의 한계를 경험하는 경험이다"라고 설파했다.[19] 따라서 모든 인문학적 방법론의 한계를 인식하는 것이 중요하고 방법론 밖에서 해석자에게 영향을 미치는 영역들(하나님과의 관계, 인간관계, 특히 가족관계, 정신적-육체적 건강 상태, 직관, 믿음, 학력, 성격, 상식, 상상력, 판단력, 기억력, 감수성, 착각, 오해, 경제적 상태, 이념적 성향, 인종적-민족적-문화적 편견, 원하지 않는 나쁜 생각, 호불호, 취미 등등)에도 주목해야 한다고 보았다. 한마디로, 본문의 해석자는 진공 속에 있지 않고 전통의 '영향사'(Wirkungsgeschichte) 안에 있다. 본문과 해석자는 객관적으로 분리될 수 없다. "사람됨의 지고의 가치는 자기 자신의 한계를 인식하고 또한 보이지 않는 것들에 대해 열려있는 마음이 아닐까?"라고 가다머는 묻고 있다.[20] 계몽주의 이후 현대 철학의 해석학에서 인간 이성(理性)에 대한 무제한적 신뢰와 절대적 객관적 권위 부여에 이의를 제기하고, 그와는 대조적으로 이성을 포함한 인간 인식의 한계에 대한 겸손이야말로 가다머 해석학 혁명의 핵심이다. 본문에 대한 진정한 해석과 이해는 그러므로 본문의 역사적 상황(본문 지평)과 해석자의 역사적 상황(해석자 지평) 사이에 의사소통이 일어남으로써 가능하다. 이것이 가다머가 말하는 소위 '지평융합(地平融合)의 해석학'이다. 이것은 조직신학자 윤철호 교수도 지적한 대로 철학적 해석학뿐 아니라 기독교신학(특히 자유주의)과 나아가 비평적 성서해석학에도 새로운 자극과 성찰의 계기를 제공했다. 성경 본문에 대한 비평적 이해와 해석에서 이제 더 이상 본문을 객체화하고 해석자가 이성을 가지고 객관적이며 불편부당한 올바른 해석을 할 수 있다는 주장은 불가능하다. 다른 한편 하버마스는 가다머의 이성에 대한 비판에 지나친 면이 있다고 보고 이성의 '반성적 힘'을 강조하면서, 영향사에서 왜곡된 전통이나 전제들을 비판하고 이성적 해석학으로 이성적인 주체들 간의 자유로운 상호 의

---

19) Jean Grondin, *Hans-Georg Gadamer, A Biography*, Yale, 2003: "14. Truth and Method", 283-300쪽.
20) Jean Grondin, 위의 책, 286쪽.

     12. 목회 현장을 위한 신학의 모색

사소통을 통해 집단지성의 규범을 산출할 수 있으며, 이러한 집단지성을 바탕으로 인간과 사회와 역사의 '진보와 개혁'이 가능하다고 주장한다. 그러나 하버마스가 말하는 '자유로운 이성적 대화'는 의식적이든 무의식적이든 자유로운 의사소통에 내포된 '거짓말'(또는 착각과 오해로 인한 부정확한 인식과 불확실한 지식, 과장된 지식)의 현실을 직시하지 못하고 있다는 문제점이 있다. 인간 이성(理性)도 거짓과 착각과 오해(자기 자신을 속이는 자기 의를 포함하여)에서 자유로울 수 없기 때문이다(비교, 레 19:11-12; 시 12:1-2; 116:11; 사 59:3,13-15; 미 6:12; 렘 6:13; 8:8; 17:9; 요 8:44-45; 롬 1:25; 3:4; 엡 4:25; 골 3:9; 살후 2:9-12; 약 3:14; 벧후 2:1; 요일 4:1; 계 21:8 등). 어쨌든 하버마스의 해석학은 폭력과 지배를 정당화하는 이론인 이데올로기를 비판하고 넘어서는 '해방의 해석학'으로 이해될 수 있다는 것이다. 그러나 그 해방의 주체가 누구이며 그 주체를 과연 믿을 수 있는가라는 문제(예컨대, 현재 북한의 주체사상에서 주체 문제)와, 그 해방의 구체적인 과정이 불확실하고, 그 해방이 목표로 하는 집단지성의 적합성과 자유의 실체도 현실적으로 확인하기 어렵거나 불분명하다. 다시 말해서, 하버마스의 해방의 해석학에서는 '거짓(착각과 오해)으로부터 해방'의 차원이 결여되어 있다. 우리는 어떻게 거짓 정보와 잘못된 인식과 거짓 지식으로부터 자유로울 수 있는가? 그럼에도 하버마스의 해석학의 함의는 성서해석학에서도 전통적으로 왜곡된 성경해석이나 성경의 해석을 독점하여 그 해석의 권위를 오용하고 남용하는 잘못을 반성하고 고칠 수 있게 자극한다고 본다.[21] 또 다른 한편에는, 현대 프랑스 철학자로서 철학적 해석학뿐 아니라 성서해석학에 대해서도 많은 글을 썼고 인용되고 있으며 '가다머와 하버마스의 중간적 위치'에 있다는 평가를 받기도 하는 폴 리꾀르(P. Ricoeur, 1913-2005)가 있다. 철학자로서 리꾀르는 자신의 입장을 "헤겔 이후의 칸트주의"(post-Hegelian Kantianism)라고 하는데, 여기서 헤겔 이후라는 의미는 과거 계몽주의 철학의 역사-비평적 본문 해석에서 이성의 권위주의적 비평이나 이성의 획일주의적 인식이 아닌 이성(理性)의 다양한 얼굴(역사, 시, 문화, 예술, 종교 등)을 인정하고 탐구한다는 뜻이고, 칸트주의라고 말하는 것은 역시 '이성의 한계'를 인식하고 초월의 세계에 대한 여지를 남겨두겠다는 의미라고 생각한다.[22] 리꾀르는 프랑스 위그노 깔뱅주의 전통(the Calvinist Huguenot tradition)에서 자랐다고 알려진 바와는 달리,[23] 그의 신학적-성경적 해석학은 개혁교회 전통의 성경관(계시와 영감

---

21) 윤철호, "기독교 전통의 위기와 회복, 그리고 성서 해석학", 〈성서마당〉 제 147호, 2023 가을, 40-51쪽.

22) Kevin J. Vanhoozer, "Ricoeur, Paul", *Dictionary for Theological Interpretation of the Bible*, ed. by Vanhoozer, BakerAcademic, 2005, 692-695, 특히 694쪽.

23) R. D. Geivett, "Ricoeur, Paul", in *Evangelical Dictionary of Theology*, eds. Daniel J. Treier and Walter A. Elwell, 3rd ed., BakerAcademic, 2017, 754쪽.

론)이나 교리(예컨대, 삼위일체 신관, 기독론, 성령론, 사도신경, 웨스트민스터 신앙고백 등)
와는 상당히 다른 입장을 취하고 있는 것이 이상하기도 하고 놀랍게 여겨진다. 어쨌
든 지난 세기 후반부터 본격적으로 논의되기 시작한 철학적 해석학은 계몽주의 철학
에 입각한 역사-비평적 본문 해석에서, '과거에 무엇이 정말 일어났는가?'에 대한
객관적이며 역사실증주의적 규명은 사실상 불가능하다는 것을 인정하게 되었고, 이
에 따라 과거 역사의 실체(實體) 규명을 통해 인간과 세상의 실재(實在, reality)를 이
해하려는 역사 패러다임은 변화와 전환이 불가피하게 되었다. 이러한 철학적 본문
해석학에서 범례(範例, 본보기, 패러다임)의 변화는 역사(歷史)에서 언어(言語)로 그 전
환을 가시화했고, 리꾀르는 이러한 언어 패러다임 전환의 흐름의 한복판에 서 있는
대표적인 소위 포스트모던(탈 현대) 철학자들 중의 한 사람이다. 리꾀르에 의하면, 본
문 해석에서 해석자는 더 이상 본문의 뒤에 가려져 있는 과거지향적인 의미 탐구가
아니라, 이제는 본문의 언어를 통해서 투사되는 미래지향적인 자기 자신과 세상과
인간의 의미에 대해 더 새롭게 더 잘 이해할 수 있게 된다는 주장이다. 리꾀르의 철
학적 본문 해석학에서 핵심적인 주장의 특징은 언어를 입말(口語)과 글말(文語)로 구
분하고, 입말이 글말이 되어 본문(本文)으로 존재하는 때부터 '기록된 본문'은 의미와
해석의 자율성(自律性)을 가지게 된다고 주장하는 것이다. 본문의 '의미론적 자율성'
은 본문 언어의 '창조적 개방성'을 가리킨다. 리꾀르가 말하는 이러한 본문의 의미론
적 '자율성'이나 '창조적 개방성'이란 용어들은 사실 매우 사변적이며 철학적으로도
난해한 불분명한 개념들이다. 어쨌든, 이제 본문은 해석의 대상이 아니라, 해석자와
세상의 실재를 해석하는 주체가 된다.[24] 본문에서 역사적 저자가 의도했던 본문의
문자적 의미는 더 이상 확인하기도 어렵고 중요한 것이 아니다. 이러한 리꾀르의 언
어 철학적 해석학의 원리(곧 '본문 언어의 자율성 원리')를 성경해석에 적용하면 어떤 결
과를 얻을 수 있을까? 먼저 성경본문을 문자 그대로 읽고 해석하고 믿는 것은 독자
의 '일차적 순진함'(first naivete)이며, 이것은 죄와 벌의 도식에 갇혀있는 세상의 도
덕 질서에 함몰되는 것이다.[25] 이제 성경본문 언어의 자율성과 창조적 개방성을 전
유(轉有, appropriation)하는 독자는 상징적 기호로서 본문 언어가 가지고 있는 문장
론이나 양식비평과 주석적 연구와 의심의 해석학이라는 우회로를 거쳐 그 내재적 의
미와 함께 '이차적 순진함'(second naivete)을 가지고 본문이 지시하는 앞에 있는 미
래의 자기 자신과 세계에 대한 의미를 파악해야 한다는 것이다. 예컨대, 성경본문이

---

24) 윤철호, 『신뢰와 의혹』, 통전적인 탈근대적 기독교 해석학, 대한기독교서회, 2009. "제11장, 리쾨르의 텍스트 해석학",
   321-348, 특히 328쪽 이하.
25) Kevin J. Vanhoozer, 위의 책, 694쪽.

말하는 예수 그리스도의 과거 '부활' 사건을 문자 그대로 해석하고 믿는 것은 일차적 순진함이고 그것은 성경을 제대로 이해하는 것이 아니며, 이차적 순진함으로 성경본문의 창조적 의미의 자율성을 전유하고 보면 '부활이란 죽음에 대한 승리'로서 그것은 이웃(타인)에 대한 봉사의 상징으로 해석할 수 있으며, 또한 부활은 세상 안에 있는 인간 존재가 자신을 희생하는 삶의 방식으로 교회 안에서 계속해서 역사적 예수 그리스도의 몸을 구현하는 것으로 이해하고 설명할 수 있다는 것이다.[26] 이러한 관점에서 리꾀르의 성서해석학은 일종의 '독자반응 비평'으로 평가하기도 한다. 어쨌든 성경본문에 기록된 언어는 상징과 은유와 신화적 언어로서 성경본문의 언어는 '시적인 기능'을 하며, 이때 시적 담화의 기능은 해석자에게 하나님의 말씀에 대한 계시적 깨달음과 이해를 촉발하여, 실존적 자아의 위선과 세상의 왜곡된 질서를 파괴하고, 해석자 자신과 세계의 불안과 절망으로부터 기쁨과 희망을 주는 새로운 존재의 가능성을 열어준다는 것이다.[27] 의미의 자율성을 가진 성서본문의 시적 담화를 통해 해석자가 궁극적으로 맛보는 실존적 기쁨과 세상에 대한 희망이 곧 계시의 내용이라고 한다. 전통적으로 성경본문의 진정한 의미에 대한 주권(主權)을 가지신 분은 하나님 이신데, 이제 리꾀르의 성서 해석학에서는 본문(本文)의 언어가 의미의 자율성을 가지고 하나님의 자리에 들어선 것이다. 이제 성서본문은 하나님이고 하나님은 성서본문 안에 있다. 리꾀르의 이러한 시적 담화로서 성서본문 해석학은 '상징-은유-신화적' 상상력의 해석학이며, 수정된 '계시개념의 해석학'이고, 또한 이러한 성경본문의 시적 담화를 전달해준 '사도적 공동체'의 연장선상에 있는 해석자의 '증언의 해석학'으로 볼 수 있다는 것이다.[28]

그런데 과연 오늘 교회의 성경본문 해석과 적용이 리꾀르가 설명하는 이렇게 철학적-언어학적-해석학적- 상징적-시적-주관적-실존적 상상력 과정의 복잡성과 난해성을 거쳐야 하는지 의문으로 남는다. 구약성경 십계명의 본문은 이렇게 기록하고 있다. "네 부모를 공경하라 그리하면 네 하나님 여호와가 네게 준 땅에서 네 생명이 길리라. 살인하지 말라. 간음하지 말라. 도둑질하지 말라 … 네 이웃에 대하여 거짓 증거하지 말라. 네 이웃의 집을 탐내지 말라 …"(출 20:12-17, 개역). 이렇게 분명한 십계명의 말씀에 대한 해석이 리꾀르식의 '본문의 자율성'으로 어떻게 설명하겠다는 것인지 이해하기 어렵다. 예수께서는 자신에게 돌로 빵을 만들어 먹으라는 사탄(마귀)의 유혹을 모세가 기록한 율법의 본문을 인용하여 물리치셨다. "성경에 기록하

---

26) Kevin J. Vanhoozer, 위의 책, 같은 쪽.
27) 윤철호, 『신뢰와 의혹』, 위의 책, "제12장, 리꾀르의 성서해석학", 349-383, 특히 377쪽 이하.
28) 윤철호, 『신뢰와 의혹』, 위의 책, 371쪽 이하.

기를 '사람이 빵으로만 살 것이 아니라, 하나님의 입에서 나오는 모든 말씀으로 살 것이다' 하였다"(마 4:4, 새번역. 비교, 신 8:3). 또 예수께서는 말씀하셨다. "공중의 새를 보라 심지도 않고 거두지도 않고 창고에 모아들이지도 아니하되 너희 하늘 아버지께서 기르시나니 너희는 이것들보다 귀하지 아니하냐 … 들의 백합화가 어떻게 자라는가 생각하여 보라 … 그러므로 염려하여 이르기를 무엇을 먹을까 무엇을 마실까 무엇을 입을까 하지 말라."(마 6:26-31, 개역). 이렇게 분명한 말씀을 꼭 리꾀르식의 해석학을 전용(專用)해야만 그 참 의미를 알 수 있다는 주장은 받아들이기 어렵다. 또, "예수께서는 이 책에 기록되어 있지 않는 다른 표징들도 그의 제자들 앞에서 많이 행하셨다. 그런데 이것들이 여기에 기록된 것은, 여러분들로 하여금, 예수가 메시아요 하나님의 아들이라는 것을 믿도록 하려는 것이며, 또 믿음으로써 그의 이름 안에서 생명을 얻도록 하려는 것이다"(요 20:29-31)[29]라는 말씀에서도 알 수 있는 바와 같이, 성경은 무슨 암호를 해독하는 것과 같이 난해한 내용이 아니다. 오늘 우리가 위에서 인용한 이런 성경본문들을 해석하고 이해하고 적용하는데 과연 리꾀르의 성서 해석학이 얼마나 도움이 될 것인가? 한두 가지 덧붙여 둘 것은, 먼저 신구약 성경본문의 다양한 문학양식들을 의미론적 자율성을 가지는 '시적(詩的) 담화'로 환원(reduction)한다는 것은 리꾀르의 착각과 오해가 아닐까 생각한다. 신약의 문학 양식들은 물론이고, 구약의 문학 양식들도 그 의미론적 관점에서 하나의 기능으로 수렴한다면, 그것은 '시적(詩的) 담화'가 아니라 '서신적(書信的) 담화'이다. 서신(書信, 편지) 또는 서간문(書簡文)의 기능은 주체 간의 인격적인 의사소통이며, 그 의사소통의 해석학적 특징은 그 발신자와 수신자 사이의 인격(자아의식과 자아 책임)적 신뢰 관계가 없이는 그 본문을 제대로 읽고 해석하고 이해하며 적용할 수 없다는 것이다. 성경은 하나님을 위한 인간의 책이 아니고, 인류를 위한 하나님의 사랑의 편지이다. 이러한 관점에서, 서신으로서 성경본문의 발신자와 제1의 저자는 삼위일체이신 하나님이며, 그 수신자는 우리 인간들, 특히 그리스도인들이다. 성경은 하나님이 인류에게 보내신 편지이며, 하나님의 생각과 계획을 알려주시는 계시 말씀이다(비교, 사 55:6-9). 리꾀르의 성서 해석학에서는 인간의 지적 경험과 시적인 상상력은 말하면서도 인간의 영적 경험과 기도(祈禱, prayer)의 신비와 능력에 대해서는 어떤 언급도 찾아보기 어렵다. 개혁교회 전통(복음주의와 경건주의, 깔뱅주의)에서 성경 읽기와 기도는 일체양면(또는 '들숨과 날숨')의 생명적 관계이며, 기도 없는 그리스도인의 성경 읽기와 해석과 적용은 불가능하기 때문이다.[30]

---

29) 박창환 역, 『신약성경』, 코리아엠마오, 2007.

　　이상에서 논의한 가다머와 하버마스와 리꾀르의 철학적 해석학과 그에 직·간접적인 영향을 받은 21세기 포스트모던(탈 현대, 현대 이후) 시대의 성서 해석학에서 주목할 점은, 이제 본문 해석의 범례(패러다임)는 역사(歷史)에서 언어(言語)로 전환되고 있으며, 계몽주의 철학에 기반한 낭만주의적 해석학의 구시대적 유물인 역사—비평적 성서 해석은 그 적합성과 객관성이 상대화되었고, 서양 대학교의 강단 신학에서도 성서비평학의 배타적—지배적인 위세는 현저히 약화되었다는 것이다. 성경해석과 주석방법론에서 역사—비평적 방법은 사실 처음부터 '필요불가결한 결정적 도구'는 아니었다. 미국 칼빈대학(캘빈 칼리지)의 철학 교수였고 대표적인 현대 기독교철학자 중의 한 사람인 앨빈 플랜팅가(Alvin C. Plantinga, 1932-)는 기독교 2천 년 역사를 이어오는 '전통적인 성경주석'('확장된 아퀴나스—깔뱅 모델')과 대비하여 현대의 '역사적 성서비평'(고등비평)은 그와는 전혀 다른 성경연구이며, 성경은 하나님이 주신 특별한 말씀이라는 것을 전혀 고려하지 않는다고 지적했다. 이러한 비평적 성서연구는 기독교 주류 사상과 명백히 충돌하는 일이 자주 일어나고 있으나, 이러한 비평적 성서연구(고등비평)의 논리는 종교다원주의 사상이나 신정론의 문제 제기와 함께 결코 성경적인 기독교 신앙을 파기하거나 파괴하지는 못한다고 정리했다.[31] 그리고 플랜팅가 교수가 역사적 성서비평은 "방법(method)이라기보다 기획(project)"이라고 그 성격을 올바로 규명한 것은 매우 중요하고 타당성 있는 통찰이다.[32] 신학 석사와 박사 논문을 쓸 때도 반드시 '역사—비평적 방법'을 사용해야만 학문적인 권위가 있으며 수준이 높다고 평가하는 것은 무지의 소치이고 잘못이다.[33] 최근 세계 구약학회

---

30) 스위스 바젤대학교의 신약학 교수 오스카 쿨만(Oscar Cullmann, 1902-1999)은 그의 생애 마지막 책으로 신약성경의 기도에 관해 집필했고 "신약의 신학은 기도에 뿌리박고 있고, 신약의 기도는 구약의 기도에 뿌리박고 있다"고 했다. 쿨만 교수는 또한 "어떤 기도든지 기도에서는 피조물과 창조주의 만남이 이루어진다"고 했고, "예수가 기도하며 하나님의 뜻과 일치시킨 것은 모든 기도의 전형이다"라고 했다. 오스카 쿨만, 김상기 역, 『기도』, 대한기독교서회, 2007, 15, 80쪽. 우리는 성경 본문에 대한 주석과 함께, 기도로써 하나님과 예수 그리스도에 대한 바른 인식이 가능하다(마 11:27; 눅 10: 22).

31) 앨빈 플랜팅가, 『지식과 믿음』, 박규태 옮김/강영안 해설, IVP, 2019, "역사적 성경비평이 파기자인가?", 167-197쪽, 특히 172쪽 이하. A. C. Plantinga, *Knowledge and Christian Belief*, Eerdmans, 2015.

32) 앨빈 플랜팅가, 위의 책, 183-4쪽. 역사적 성서비평이 '기획'(企劃, project)이라고 플랜팅가가 규명한 것은 그 성서비평이 칸트(I. Kant, 1724-1804)의 계몽주의 철학에서 비롯한다는 데서 착안한 것이다. 계몽주의(Aufklärung)란 칸트의 정의에 의하면, '인간이 자기 스스로 세워 놓았던 후견인으로부터 탈출'이다. 여기서 후견인은 하나님이고, 그 하나님의 존재와 권위는 성경에서 나온다. 그러므로 계몽주의 철학의 기획은 성경의 권위를 상대화하는 것이고, 그 영향을 받은 서구 자유주의 신학의 기획은 무엇보다 성서에 대한 의심의 해석학을 기초한 역사-비평적 해석을 통해 성경의 권위를 약화하고 무너뜨리는 것이다. 성경의 권위를 부인함으로써, 비로소 계몽된 인간은 성경이 말하는 하나님을 떠나 자율(自律)을 얻게 되며, 그에 따라 대학교의 모든 학문 분야에서는 신학 없는 인식론에 기초하여 진리를 탐구하고, 나아가 제도화된 교회 없는 사회를 지향하며, 성경 없는 인간의 보편적 도덕율을 세워나간다는 것이 그 기획의 골자이다. 이러한 계몽주의 철학과 역사적 성서비평학의 기획이 그동안 서양 대학교를 중심으로 추진되어 왔고, 그 결과 신학으로 출발한 서양 대학교에서 신학과는 퇴출 위기에 직면하여 종교학과로 개편하도록 압력을 받고 있으며, 대학교의 강단 신학에서 공부한 개신교회 목사들을 통한 목회와 설교와 성경해석은 기존 교회의 신앙을 약화하고 황폐하게 하였다. 현재 21세기에 우리는 그 기획이 가져온 세속화 세상에서 살고 있는 것이다. 서구 자유주의 신학의 기획과 동향에 관해서는 다음의 책을 참고할 수 있다. J. Moltmann, *Was Ist Heute Theologie?*, Herder, 1988, 특히 24쪽 이하.

의 학술지(*Vetus Testamentum*) 권두언에서도 '역사비평주의 패권시대'는 지나갔다고 선언하고 있다.[34]

앞서 언급한 대로, 지난 20세기 후반부터 과거 계몽주의 역사–비평적 해석학에 대한 반성과 함께, 해석학의 관심과 대상은 역사가 아니라 언어로 전환되기 시작했으며, 새로운 철학적 해석학의 이론과 방법론들의 출현은 성경 해석학에도 변화의 자극을 주었다. 후기 폰 라트(G. von Rad, 1901–1971) 학파에 속한 미국의 성서비평적 구약학자 월터 브루그만(W. Brueggemann, 1933–)은 이러한 변화된 상황을 의식하면서, "교회 안에서 그리고 교회를 위한 성경해석은 과거의 비평학적 이론들에 과도하게 구애될 필요가 없으며, … 이제 성서학은 매우 새로운 방향으로 나아가고 있다는 것을 인식하고, 과거 비평학의 방법들은 대체로 그 역할을 다했고 성경해석 작업에 더 이상 우리에게 크게 도움이 되지 않을 것이다"라고 했다.[35] 브루그만은 그의 저서『구약신학』에서 가다머를 인용하여, "계몽주의는 편견에 대한 또 하나의 편견을 가지고 있다."는 지적에 동조하면서[36], "지난 세기에 역사비평학이 본문 뒤에 있는 세계를 추적한 것은 그 본문을 질식하게 하는 패권(a suffocating hegemony)을 행사해 온 것이다."라고 비판했으며,[37] 또한 "어떤 입장도 옹호하지 않는 객관적 본문해석이 존재 가능하다는 것은 참으로 계몽주의의 망상(an illusion)이다"라고 정리하였다.[38] 21세기 세계의 구약학계에서도 과거 독일 자유주의 신학의 역사실증주의 횡포나 역사–비평학의 패권주의(헤게모니) 시대는 지나갔다는 것이 공론이다. 조직신학자 김명용 교수는 "… 성경 내의 모순, 착오, 불일치, 오류들이 밝혀지면서 17세기의 옛 정통주의 신학의 지주였던 성경의 축자 영감설은 붕괴되었고, 유럽에서는… 19세기부터… 자유주의 신학의 발전과 더불어 성경에 대한 역사비평학(미국에서는 고등비

---

33) 현재 장로회신학대학교 구약학 교수인 김진명의 장로회신학대학원 구약학 박사학위 논문에 대한 평가의 경우는 특기할 만하다. 김진명의 박사논문은 레위기 19장에 대한 신학적-성경해석학적 연구인데, 본교 대학원 심사 과정에서는 역사-비평적 방법을 사용하지 않았다는 지적과 함께 낮은 평가를 받았다. 그러나 김진명은 2009년 영국 캠브리지대학교에 박사후과정 방문연구자로 초청장을 받았고, 거기서 신학과의 구약학 교수 그레이엄 데이비스(Graham I. Davies) 박사를 만났다. 데이비스 교수는 영문으로 번역된 김진명의 박사논문을 읽고 그 학문적 성과를 인정했고, 자신의 교실 학생들에게 그 내용을 소개하였으며, 그 논문에 쿰란문서에서 레위기 19장을 언급하는 구절들을 보완할 것을 지도해 주었고, 그 결과물을 유럽의 〈구약학 대화 총서〉에서 출판하도록 추천하여 책으로 출판되었다. 김진명은 데이비스 교수에게, 자기는 역사-비평적 방법을 사용하지 않았는데 성서비평학자인 데이비스 교수가 어떻게 이 논문을 인정할 수 있는가 하고 물었다. 이 질문에 대해 데이비스 교수는 학문적인 논문에서는 분명한 방법의 일관성이 중요하며 역사-비평적 방법만이 절대적인 것은 아니라고 대답했다고 한다. 김진명의 박사논문에서 사용한 방법은 복음주의 전통의 역사-문법적 방법을 확장한 '경전적 전개 방법'(a canonical unfolding method)이었다. Jin-Myung Kim, *Holiness & Perfection: A Canonical Unfolding of Leviticus 19*, Das Alte Testament im Dialog, Vol. 3, Peter Lang, 2011.

34) 〈Vetus Testamentum〉, IOSOT/2013, 'Preface', 1쪽.

35) Walter Brueggemann, *An Introduction to the Old Testament*, WJK, 2003, 19-20쪽.

36) Walter Brueggemann, *Theology of the Old Testament*, Fortress Press, 1997, 14쪽.

37) Walter Brueggemann, 위의 책, 57쪽.

38) Walter Brueggemann, 위의 책, 63쪽.

평학이라고 많이 언급됨)이 성경 연구에 없어서는 안 될 결정적인 도구로 신학계에서 인정받게 되었다."라고 했는데,[39] 이러한 주장은 성서 해석학 역사의 흐름과 20세기 후반 이후 그 변화의 내용을 제대로 모르고 있거나 잘못 알고 말하는 잘못된 주장이다. 성서비평 학자들의 반성과 패러다임 전환뿐만 아니라, 이제 정통주의(복음주의, 개혁주의, 깔뱅주의) 성경해석 학자들은 과거에 잘못된 '의심의 해석학'으로서 성서비평학으로부터 성경적인 '신뢰의 해석학'으로 방향 전환을 활발하게 다시 논의하고 있다.[40]

그럼에도 불구하고, 오늘 우리 한국 신학교육의 현실은 아직도 서양 문명과 문화의 막강한 영향 아래 수입신학에 의존하고 있으며, 여전히 역사–비평적 방법에 포로가 되어 있다는 생각을 떨쳐버리기 어렵다. 신학대학원의 석사, 박사학위 논문에서 역사–비평적 방법을 사용하지 않으면 학문적이 아니라거나 학문적 수준이 낮다고 평가하는 오해와 편견이 있다는 것은 한심한 일이다. 앞서 언급한 대로, 서양의 계몽주의 해석학이나 비평적 성서해석 방법론에도 변화의 기운과 함께 범례(패러다임)의 변화가 새롭게 진행되고 있는데도, 우리 한국의 성서신학계에서는 이러한 변화에 대한 감수성이 무디고 대응이 늦어지고 있는 것이 아쉽다. 지금까지도 역사–비평적 성서해석에 근거한 서양의 잡다한 현대신학의 이론들이 오늘의 우리 신학과 목회 현장에도 파고들어 목회의 정체성에 혼란을 유발시키는 요인이 되고 있음을 목회 현장을 위한 신학은 지적해 주어야 한다. 구약에 대한 역사–비평적 연구는 독일의 구약학자 율리우스 벨하우젠(J. Wellhausen, 1844–1918)이 1878년(1883년 제2판)에 출판한『이스라엘 역사 서설』(Prolegomena zur Geschichte Israels)이 그 분수령이 되었다. 이 책의 출판을 통해 소위 J–E–D–P라는 5경의 문서가설이 성립한 이후, 이 가설은 오늘까지 주로 서양 대학교의 강단 신학에서 정설로 자리 잡게 되었다. 벨하우젠의 5경 문서가설은 전통적으로 구약 율법서(5경)의 저자가 역사적 모세라는 것을 부정하고, 실제로 5경(창세기, 출애굽기, 레위기, 민수기, 신명기)은 아마도 주전 10세기경 이스라엘의 왕국 성립 이후 바벨론 포로기까지 수백 년에 걸쳐 J, E, D, P라는 기호로 대표되는 무명의 개인 작가들이나 주로 제사장 집단에 의해 축적되고 편집된 문서라는 주장이다. 오늘 우리의 목회 현장에서도 학문적인 관심이 있고 신앙적으로 양심적인 목회자들은 이러한 구약의 문서설을 어떻게 설교의 메시지와 목회 사역(성

---

39) 김명용,『열린신학 바른 교회론』, 장로회신학대학교출판부, 1997, 200-201쪽. 김명용 박사의 성경관과 잘못된 주장에 대한 좀 더 자세한 설명과 대응은 다음을 참고할 수 있다. 김중은,『옛것과 새것』, 한국성서학연구소, 2013: "49. 21세기 오늘 우리의 신앙과 목회와 신학의 현실", 481-534쪽. 특히 '성경관에 관하여', 492-520쪽과 '성경의 오류문제', 520-531쪽.

40) 비교, W. H. Brackney and C. A. Evans, *From Biblical Criticism To Biblical Faith*, Mercer, 2007.

경 공부)에 적용해야 할 것인지 갈등과 신학적 고심을 경험하는 줄 생각한다. 그런데 주목할 만한 한 가지 사실은, 그 문서가설을 확정시켰던 벨하우젠 자신도 이 문제에 대해 엄청난 갈등을 겪었으며, 결국은 자신의 신학적 입장과 가르침이 교회의 목회자를 양성하는 데 적합하지 않음을 솔직히 시인하고 그의 신학교 교수직을 사임하고 철학과(셈어학) 교수로 자리를 옮겼다. 이러한 사실을 알 수 있는 내용이 1882년 4월 5일자 프로이센의 문교부 장관 앞으로 보낸 벨하우젠 자신의 편지에 다음과 같이 드러나 있다:

> "존경하는 장관께서는 제가 1880년 부활절에 장관께 드린 청원건, 즉 가능한 한 철학과로 자리를 옮겨 주실 것과 동시에 이러한 청원을 드리게 된 이유들을 설명드리려 한 것을 아마 기억하실 줄로 압니다. 저는 성경을 학문적으로 연구하는 데 흥미를 느꼈기 때문에 신학자가 되었으며, 그 후에야 점차로 신학 교수는 학생들로 하여금 개신교 교회에서 목회하기 위한 준비를 시키는 실천적인 임무도 동시에 가진다는 것을 생각하게 되었고, 제가 이러한 실천적 임무를 감당하지 못했을 뿐 아니라, 더욱이 제 자신의 모든 자제하는 노력에도 불구하고 저의 강의를 듣는 학생들을 그들의 목회 직무를 위해 오히려 쓸모없게(untüchtig) 만들었음을 알게 되었습니다. 이때부터 저의 신학 교수직은 저에게 양심상 무거운 부담(schwer auf dem Gewissen)이 되고 있습니다. …"[41]

이러한 벨하우젠의 솔직성과 학자적 양심은 평가되어야 한다. 5경의 문서가설을 확립한 본인 스스로 자신의 비평적 학문이 교회에서 목회를 준비하는 신학생들에게는 적절하지 않다는 것을 고백하고 있으며, 그로 인해 벨하우젠은 자신의 신학 교수직이 '양심에 부담'이 되고 있다고 공개적으로 고백한 것은 오늘 목회를 위한 신학을 논의하는 우리에게도 시사하는 바가 매우 크다. 이러한 관점에서 오늘 우리 신학교의 교실과 교수들의 출판물에서 필요한 성찰과 책임감 없이 서구의 유명한 학자들의 권위를 빌려 주입식으로 신학생들에게 전달하고 있는 역사—비평적 방법과 그에 근거한 '5경의 문서설'과 같은 가설들은 내일의 바람직한 목회 현장을 위해 재검토되어야 하고 적절한 대안을 통해 극복해야 할 과제로 인식된다.[42]

---

41) Hans-Joachim Kraus, *Geschichte der historisch-kritischen Erforschung des Alten Testaments*, Neukirchener Verlag, 1959/69, 256쪽에서 재인용. 벨하우젠의 이 편지는 이제 다음의 책에서 그 전문을 읽어 볼 수 있다. *Julius Wellhausen Briefe*, hrsg. von Rudolf Smend, Mohr Siebeck, 2013, 98-99쪽.

42) Raymond F. Surburg, "Wellhausenism Evaluated After A Century of Influence", *Concordia Theological Quarterly*, 1979, 78-95쪽. 비교. 김지철, "복음주의적 성서해석을 위한 역사 비평의 가능성", 〈교회와 신학〉 제XI집, 1979, 164-

다른 한 편, 오성춘 교수가 세계교회 신학의 동향을 살피면서 "목회신학의 어제와 오늘"이라는 글을 통해 목회 현장을 위한 목회신학의 과제를 밝힌 것은 시의에 적절한 것이라고 생각한다. 오성춘 교수는 우리 시대의 목회 방향이 두 방면에서 새로운 도전을 받고 있음을 지적하면서, "아마 1980년대의 목회학은 전통적인 제사장 중심적인 목회에 예언자적인 목회의 차원과 영적 센터를 찾는 영성 훈련의 차원을 어떻게 목회에 통합시킬 수 있을 것인가를 추구하는 것이 가장 중요한 목회신학의 과제가 될 것이다"[43]라고 전망하고 있다. 이러한 시각에서, 오늘의 목회 현장을 위한 신학을 모색함에 있어서 제사장적인 것과 예언자적인 것, 그리고 영성에 관한 신학적 내용과 의미를 더욱 분명하게 하는 작업이 필요할 것이다.

첫째로, 제사장적인 내용의 신학적 틀은 '화해'(reconciliation)와 '죄용서'라는 것을 인식해야 한다. 신학적으로 이러한 화해(사랑)와 죄 용서(거룩)가 이루어지는 사건의 근원은 교회의 '예배'에서 시작된다(고후 5:19). 예배를 통해 하나님과 인간의 화해와 죄 용서를 확인하고, 사람과 사람 사이에서도 화해와 죄용서가 이루어진다(비교, 마 5:24). 오늘 우리의 예배 현장은 화해나 죄 용서가 필요 없는 의인들만 가득하지 않은가? 오늘 목회 현장에서는 겉치레 예배가 습관처럼 되풀이되고 있지는 않은가? 화해와 죄용서와 연계하여, 하나님은 '영과 진리로' 예배하는 자를 찾으신다고 성경은 말한다(요 4:23-24). 오늘의 목회 현장을 위한 신학은 무엇보다 이러한 영과 진리로 드리는 예배의 의미가 무엇인지 설명하고, 예배의 바른 정신을 찾게 해주어야 한다. 영과 진리안에서 드리는 예배의 본질은 예수 그리스도의 십자가와 부활의 새 언약을 통한 세상(죄인들)과 하나님과의 화해와 죄 용서의 사건이며, 그 예배의 진정성은 예배자의 생활 즉 "산 제사"로 증거되어야 한다(롬 12:1-3). 그런데 이러한 예배 신학을 목회 현장에서 적용하려면 '예배의 책'으로 알려진 구약성경 레위기의 5대 제사(예배)에 대한 이해에서 그 원리를 찾아야 한다(레 1~7장 참고). 레위기 5대 제사(번제, 소제, 화목제, 속죄제, 속건제)의 예배 신학적 원리는 다음과 같이 정리해 볼 수 있다. 번제(燔祭)의 정신은 창조주요 구속주이신 하나님께 대해 피조물인 인간의 전적인 자기위탁과 자기부인이다. 이러한 번제의 원리는 인간이 자기 의가 아닌 하나님의 의(義)에 대한 전적인 헌신이며, 이것은 또한 성경적인 인생관과 역사관과 세계관의 기초이다. 소제(素祭)는 자기위탁과 자기부인에 기초한 희생과 봉사의 원리로서,

---

82쪽. 이러한 문제의식은 신약의 소위 Q-자료 가설에서도 마찬가지이다. 신약의 공관복음서, 특히 마태와 누가가 사용한 것으로 주장하는 역사적 예수의 어록인 'Q-자료설'도 입증되지 않은 가설이며, 그에 대한 대안적 논의는 다음을 참고할 수 있다. Mark Goodacre, *The Case Against Q*, Trinity Press International, 2002.

43) 오성춘, "목회신학의 어제와 오늘-지금 어디까지 왔나", 〈기독교사상〉, 1986년 7월호, 98쪽.

인간의 삶의 의미와 가치를 깨닫게 해준다. 이러한 번제와 소제의 원리는 제사장적 목회의 핵심으로 교회를 통해 예수 그리스도의 양들을 먹이고 돌보며 치유하고 그 삶을 지탱하게 하는 내용이다. 화목제(和睦祭), 속죄제(贖罪祭), 속건제(贖愆祭)는 양들의 삶을 풍성케 하고 윤택케 하는 원리들이다. 화목제의 정신은 하나님과 인간의 화해가 구체적으로 인간의 감사와 서원의 갚음과 하나님의 사랑과 은혜에 대해 보답하고자 하는 자원하는 마음의 표현임을 보여준다(레 7:15-16). 그것은 동시에 인간과 인간과의 사랑의 교제와 서로를 위한 나눔의 원리를 보여준다(히 13:16). 속죄제는 하나님과 화해하고 죄 용서 받은 인간이 자신의 실존적 모습을 깨닫게 하며, "의인인 동시에 죄인"으로서 겸손한 삶의 원리를 말해 준다(비교, 마 9:13; 눅 18:9-14; 딤전 1:15). 속건제는 인간이 하나님과 이웃에 대한 채권자가 아니라, 진정한 의미에서 채무자임을 알게 하는 원리이다. 우리의 목회 현장은 이러한 예배 신학의 원리들을 적용할 수 있는 실제적인 교육과정을 개발해야 할 것이다.

둘째로, 목회 현장을 위한 예언자적 목회의 신학적인 틀은 '회개'(repentance)와 '새사람됨'(또는 새역사)의 변화에 있음을 기억해야 한다(비교, 마 3:8; 7:15-21; 롬 12:2; 고후 5:17; 엡 4:24 등). 목회 현장에서 개인적인 성격과 인격의 변화, 그리고 사회구조 변혁을 위한 훈련은 예언자들의 한결같은 메시지의 핵심인 '공의와 정의'를 실천하라는 하나님의 말씀에 순종함을 통해 이루어진다(암 5:24; 미 6:8; 렘 22:3 등). 하나님의 말씀을 선포하기 위해 부름받은 오늘의 예언자(목회자)들은 회개를 통한 개인과 사회의 변화의 과제를 수행하기 위해 하나님 자리에 들어서 있는 우상(偶像)들의 정체를 폭로하고, 그리스도인들이 우상들에 저항하고 싸워 승리할 수 있는 하나님의 말씀의 능력을 길러주어야 한다(고후 10:4-5; 엡 6:10-17). 이제 교회는 세상을 향한 양심(良心)의 등불로서 건전한 윤리(빛)와 도덕적 생활(소금)의 모범이 되며, 예수 그리스도의 사랑을 가지고 부단히 죄악에 대한 지적과 저항을 통해 죄악을 미워하며 죄악에서 떠날 수 있는 힘을 길러주어야 한다. 대중적 촛불시위에 앞서 각 사람의 마음에는 양심의 등불이 켜져야 한다.

마지막으로 셋째는, 오늘의 목회 현장을 위해 신학적 영성(sprituality)이 강조되는 것은 그 핵심이 현대인들의 인간성 상실의 회복이 그 어느 때보다 절실하게 필요하다는 의미이다. 사람은 동물과 달리 그대로 놓아두면 사람 구실을 하지 못한다. 사람이 사람으로서 인간 구실을 하기 위한 조건이 '영성'을 되찾는 일이다(비교, 벧후 1:4). 이러한 영성 신학의 틀은 인간의 '하나님의 형상'(imago Dei) 이해에 놓여 있다(창 1:26-28; 5:1; 9:6; 골 3:9-10; 약 3:9). 오늘날 현대인의 인간성은 유물론적 무신론 내지 반신론 사상에 오염되어 있으며, 생물학적 진화론에 근거하여 인간의 기원과 인간 존재를 동물적 관점에서 설명하고 교육함으로써 그 결과 인간성은 황폐되었고, 인권은 일종의 고등 동물권으로 변질되었다. 그러나 성경은 결코 사람을 동물에 비교하지 않는다. 인간은 어디까지나 '하나님의 형상'으로 지음받음으로써 동물과 모든 삼라만상과 구별되는 '영적' 존재이며, 하나님께서는 인간을 "하나님(또는 천사)보다 조금 못하게 하시고 영화와 존귀로 관을 씌우셨다"(시 8:4-6; 히 2:5-16). 하나님의 형상 이해는 신약에서 예수 그리스도가 하나님의 형상이며 그 안에서 인간은 하나님의 형상을 회복하는 것으로 강화되었고(요 14:9; 고후 4:4; 5:17; 빌 2:6; 골 1:15-17), 예수 그리스도를 영접하고 그 이름을 믿는 인간은 하나님의 자녀로 삼아주신다는 약속에서 그 절정을 이룬다(요 1:12; 갈 3:26-28; 요일 5:18-21 등). 인간의 하나님 자녀 된 모습은 인간의 궁극적인 자기실현의 내용이다. 현대인들은 하나님을 떠나 하나님과 소외되어 있으므로 하나님 자녀의 정체성(하나님의 형상)을 상실했고, 그로 인해 온갖 세상의 죄악과 음란의 종노릇을 하고 있는 것이다. 목회 현장에서 영성 신학의 적용은 그러므로 어떤 종교적 열광주의나 탈세속주의(격리된 수도원 생활)나 신비주의로 오도되어서는 결코 안 될 것이다. 죄인이 회개하고 변하여 새사람되는 것이 목회의 영성이다. 왜냐하면 진정한 성경적-신학적 영성은 예수 그리스도 안에서 진정한 '인간성의 회복'에서 언제나 확인되어야 하기 때문이다(요 8:12; 롬 6:4-7; 12:2; 고후 5:17; 갈 2:20; 벧전 4:3; 요일 2:17 등). 목회 현장을 위한 신학은 위에서 지적한 원리들이 상호 균형을 이루어 유기적인 연관 속에서 어느 한쪽으로 치우치지 않고 수행될 수 있도록 도와주어야 한다.

13

구약원전 신학용어 사전

20세기 후반에 들어와 세계의 구약학계에서는 구약성경(히브리 성경) 원전(原典)의 중요한 신학용어들을 설명하는 전문적 신학사전으로서 주로 예니(Ernst Jenni)와 베스터만(C. Westermann)이 공편하여 독일어로 출판한 *Theologisches Handwörterbuch zum Alten Testament* I, 1971(154개 항목); II, 1976(171개 항목)와, 보터벡(G. J. Botterweck)과 링그렌(H. Ringgren)이 공편하여 1970년부터 역시 독일어로 출판하기 시작하여 아직 계속 중인 *Theologisches Wörterbuch zum Alten Testament*을 주로 사용하고 있다. 주지하는 바와 같이 위의 두 구약 원전어 신학용어사전들의 성격은 서양의 구약 신학자들이 역사—비평적 방법을 기초로 신학적 자유주의나 신정통주의 성경해석의 입장에서 그동안 연구한 내용들을 집대성한 것이다. 이 두 신학용어사전들은 구약학계의 호응을 받아서, 영어로 각각 번역되고 재편집되어 출판되었다: E. Jenni and C. Westermann eds., *Theological Lexicon of the Old Testament*, 3 vols., Hendrickson, 1997; G. J. Botterweck, H. Ringgren and H-J Fabry eds., *Theological Dictionary of the Old Testament*, 15 vols., Eerdmans, 1974–2006.

덧붙여서, 세계 구약학계가 그 권위를 인정하는 히브리 성경 어휘사전은 영어권에서는 브라운(F. Brown), 드라이버(S. Driver), 그리고 브릭스(C. Briggs)가 편찬한 *A Hebrew and English Lexicon of the Old Tetament*, Oxford University Press, 1907이 있다. 이 사전은 독일어판 게제니우스(Gesenius)의 히브리어—아람어 사전을 기초로 만들었고, 그 세 편찬자들의 이름 첫 글자를 따서 'BDB'(비디비)라는 약어로 알려졌으며, 옥스퍼드대학교 출판사에서 처음 출간했기 때문에 '옥스퍼드 히브리어 사전'으로 불리기도 한다. 독일어권은 물론이고 서양 구약학계에서 20세기에 가장 권위 있는 히브리 성경(구약) 어휘사전은 독일 학자 빌헬름 게제니우스(Wilhelm Gesenius, 1786-1842)가 편찬하고 1915년에 역시 독일 학자 프란츠 불(Frants Buhl)이 추가 편집하여 완결된 제17판 사전이다: W. Gesenius, *Hebräisches und Aramäisches Handwörterbuch über das Alte Testament*, 17. Auflage, Springer-Verlag, 1962. 이 사전은 그 두 명의 편찬자 이름의 첫 글자를 따서 'GB'(게베, 게제니우스-불)라는 약어로 알려졌다. 게제니우스-불의 제17판은 그동안 20세기 구약 성서학의 학문적 성과를 반영하는 새로운 편집판을 목표로 독일 예나(Jena) 대학교의 구약학자 루돌프 마이어(Rudolf Meyer)가 개정작업과 재편집에 들어갔고, 마침내 2013년에 킬(Kiel) 대학교의 헤르베르트 돈너(Herbert Donner) 교수에 의해 제18판이 완간되었다: *Wilhelm Gesenius, Hebräisches und Aramäisches Handwörterbuch über das Alte Testament*, 18. Auflage, Springer, 2013. 이 사전은 편의상 그 이름을 '게제니우스 18판'(Gesenius, 18. Auflage)이라고 부른다.

21세기에 들어와서 고전 히브리어에 대한 또 하나의 획기적인 사전편찬과 출판이 이루어졌다. 1993년에 시작된 이 사전은 영국 쉐필드대학교의 데이빗 클라인스 교수가 편찬하여 총 8권(색인 포함하여 9권)으로 2014년에 출간한 방대한 분량의 고전 히브리어 사전 이다: David J. A. Clines, *The Dictionary of Classical Hebrew*, Sheffield Phoenix, 1993-2014(약어로 DCH). 이 고전 히브리어 사전의 특징은 과거 전통적인 히브리 성경 어휘 사전들의 범위를 넘어서서, 히브리 성경의 어휘는 물론이고 주후 200년경까지 자료들인 벤 시라(시락서, 집회서)와 사해사본들, 그리고 지금까지 알려진 고고학 발굴에서 나온 히브리어 금석문들까지 모두 포함하는 최초의 '고전 히브리어' 사전이라는 점이다. 또한 한눈에 파악할 수 있도록 이 사전에 나오는 단어 항목마다 먼저 그 출처 자료에 따라 번호를 표시하고(1번은 히브리 성경, 2번은 벤 시라, 3번은 사해사본 두루마리, 4번은 고고학 발굴굴자료인 금석문), 각각 그 번호 순서에 따라 그 빈도수를 표시하고 있다. 예컨대, '앨로힘'의 경우는 1. 히브리어 성경에 2,603회, 2. 벤 시라에 29회, 3. 사해사본에 213회 그리고 4. 금석문에 3회가 나온다는 것을 알려준다. 고맙게도 편집자 클라인스 교수는 이 엄청난 분량의 사전을 실용적으로 쉽게 사용할 수 있도록 다시 한 권으로 편집하여 출간해 주었다: *The Concise Dictionary of Classical Hebrew*, ed. David J. A. Clines with David Stec and Jacqueline C.R. de Roo, Sheffield, 2009(약어, CDCH).

다른 한편, 1980년에 *Theological Wordbook of the Old Testament* (약어, TWOT)라는 제목으로 무디(Moody) 출판사에서 2권(이후 1권으로 재편집 통합됨)으로 발행된 이 구약 원전어(히브리어와 아람어) 신학용어 사전은 그 편집자들이 서문에서 밝힌 대로 영어 성경 *New International Version* (NIV) 번역에 참가했던 다수의 복음주의 학자들에 의해 집필되었다. 이 히브리 성경(구약) 신학용어사전을 편찬한 해리스(R. Laird Harris)는 NIV 성경번역위원회의 위원장이었으며, 아처(Gleason L. Archer, Jr.)와 월트키(Bruce K. Waltke)는 20세기 후반 북미 영어권을 중심으로 알려진 복음주의 구약학자들이다. 집필자들 중에 월터 카이저 2세(Walter C. Kaiser, Jr.), 도널드 와이즈맨(D. J. Wiseman), 바르톤 페인(J. Barton Payne), 레온 우드(Leon Wood) 등의 이름들도 우리에게 낯설지 않은 복음주의 구약학자들의 이름들이다. 흔히 보수적-복음주의 학자들은 서구의 비평학자들에 비해 다소 학문적 수준이 낮다는 의심을 받기도 하는데, 이 사전의 집필에 참여한 다수의 복음주의 학자들은 이러한 의구심을 불식시키고, 구약학의 전문성과 학문적인 정확성(正確性)과 철저성(徹底性)을 보여주고 있다. 이 신학용어사전의 어휘 배열방식은 BDB와 KB(L. Koehler – W. Baumgartner, *Lexicon in Veteris Testamenti libros*, Leiden, 1958)의 장점을 절충하여, 히브리어 알파벳순서 배열과 어근을 전제로 한 파생어들의 배열을 함께 제공하고, 각 어휘에 고유번호를 부여하여(Strong의 *Exhaustive Concordance of the Bible*에 따라) 서로 연관된 단어를 쉽게 찾을 수 있도록 장치한 '고유번호 상호참조 체제'(numerial cross reference)를 도입한 것은 히브리어에 친숙하지 못한 독자들에게도 이용의 편리를 제공한다. 이 사전의 작업원칙으로서는 1) 각 어휘가 성경 문맥에서 사용되는 용례 파악(성구사전 사용), 2) 어원적 배경, 3) 동족어들과의 비교, 4) 고대역본들과의 비교, 4) 동의어, 5) 반의어, 6) 신학적 의미 정리 등이 강조되고 있다. 또한 구약원전에서 사용되는 용어의 신학적 의미는 실제로 그 용어가 구약 문맥에서 사용되고 있는 용례가 그 단어의 의미를 확정하는 최상의 표준이며, 이러한 관점에서 성구사전들(concordances)을 활용하는 데 중점을 둔다. 히브리 성경의 성구사전으로는 비교적 사용하기에 편리한 다음 두 종류를 추천하고 싶다: A. Even-Shoshan, *A New Concordance of the Old Testament*, Baker, 1984; G. Lisowsky, *Konkordanz Zum Hebräischen Alten Testament*, Dritte verbesserte Auflage, besorgt von Hans Peter Rüger, Deutsche Bibelgesellschaft, 1993. 후자 리조브스키의 히브리 성경 성구사전은 각 어휘마다 독일어, 영어, 라틴어 순으로 그 주된 뜻을 제시하며, 이 책은 편찬자인 리조브스키가 그 모든 성구 내용을 일일이 자신의 손으로 쓴 것을 그대로 인쇄한 특징을 가지고 있다.

　　일상생활과 신앙생활을 분리하기 쉽지 않은 구약본문에서 특별히 '신학적 어휘'를 선별하는 것은 생각보다 어려운 일이다. 이 복음주의 구약원전 신학용어사전(TWOT)에서는 인명, 지명 등의 고유명사를 제외하고(그러나 고유명사 중에서도 하나님의 이름 'Yahweh'와, 아브라함, 예루살렘 , 요단 등은 그 신학적 의미의 중요성 때문에 포함시키면서), 히브리어 신학용어 2,552개 항목과 아람어 신학용어 515개 항목을 제공하고 있다.

현대 영어의 어휘가 약 75만 단어를 상회하고, 현대 한국어 어휘도 약 30만 단어를 웃도는 데 비해, 구약 원전성경 어휘의 총수는 약 8,679개로 집계된다. 그중에 고유명사 약 3,000 단어를 빼면 실제 구약 원전의 일반 어휘 수는 약 5,679 단어이다. 스위스 바젤대학교 구약학 교수 예니(E. Jenni, 1927-2022) 박사의 조사에 의하면, 구약 원전 본문에서 약 8,679개 어휘들 중에 단 한 번만 사용된 단어(소위 '하팍스 레고메논', hapax legomenon)는 1,630개(고유명사 900개를 포함하면 2,530개)이다.[1] 히브리 성경에서 활용된 모든 단어의 총 빈도수는 419,687회이며, 그 중에 총 빈도수의 55%를 차지하는 단어는 불과 50개이며, 80%를 차지하는 단어가 642개이고, 90%를 차지하는 단어는 1,903개이다.[2] 히브리 성경에서 불과 50개 단어의 문법적 활용을 숙지하면, 본문 분량의 55%를 읽을 수 있다는 통계는 실로 놀라운 것이다. 히브리 성경에서 히브리어 본문은 모두 23,135절이며, 아람어 본문은 269절(약 1.1%)이다. 아람어가 나오는 구약의 본문은 다음과 같다: 창 30:47; 렘 10:11; 단 2:4 하-7:28; 스 4:8-6:18, 7:12-26. 구약 아람어 어휘 총수는 716개이며, 그중에 하팍스 레고메논이 266개이고, 고유명사는 42개이며, 두 번 이상 사용된 어휘는 450개이다.[3]

이에 비해 그리스어 신약원전의 경우는, 모두 약 5,436개의 단어가 사용되었고 그중에서 10회 이상 사용된 단어는 약 1,100개 이며, 25회 이상 나오는 단어는 513개이다.[4] 국립국어연구원에서 발표한 한국어 학습 어휘 목록에는 1단계에서 982개의 단어를 학습할 것을 제시하고 있는데, 위에서 언급한 대로 구약 히브리어 본문을 읽기 위해서는 50개의 히브리어 단어 활용만 공부하면 구약 원전 본문 분량의 약 55%인 절반 이상을 이해할 수 있게 된다는 것으로서, 이러한 히브리 성경 본문의 어휘 통계는 구약 히브리어를 공부하는 사람에게는 도전하고 싶은 마음과 용기를 갖게 한다.

---

1) Jenni-Westermann, THAT Bd. II, "Statistischer Anhang", 541쪽. 비교, F. E. Greenspahn, *Hapax Legomena in Biblical Hebrew*, Wipf & Stock, 1984.

2) M. V. Van Pelt and G. D. Pratico, *The Vocabulary Guide to Biblical Hebrew and Aramaic*, 2nd ed., Zondervan, 2019, 'preface' 참조.

3) *Biblical Aramaic, A Reader & Handbook*, Hendrickson, 2016 참조; 비교, 위에서 언급한 Van Pelt와 Pratico의 히브리어와 아람어 어휘 학습사전.

4) 브루스 M. 메츠거, 류근상 옮김, 『신약성경 헬라어 단어집』, 크리스챤출판사, 2003. '제1부. 빈도수에 따른 분류', 1쪽 이하. Bruce M. Metzger, *Lexical Aids for Students of New Testament Greek*, 3rd edition, Baker Books, 1998.

끝으로, 신구약 성경을 두루 연구하는 데 필요한 참고서적과 문헌 정보에 대해서는 해설이 붙어있는 실용적 안내서로서 우리말로 번역되어 있는 다음의 책이 있다: 데이비드 R. 바우어 지음, 황의무·왕희광 옮김, 『성경 연구를 위한 손안의 서재』, 새물결플러스, 2014. 가끔 좋은 구약 주석책을 소개해 달라는 학우들에게는 깔뱅의 주석책들(*Geneva Series of Commentaries*, Banner of Truth 출판사)과 교회개혁(종교개혁) 이후 약 500년에 걸친 교회사에서 고전적 주석서들을 선별하여 알리스터 맥그라스(Alister McGrath)와 팩커(J. I. Packer)가 공동 편집인을 맡고 있는, *The Crossway Classic Commentaries* (Crossway Books)를 추천한다. 또한 지난 19세기 대표적인 복음주의 주석서로 알려졌으며 목회에 여전히 도움이 되는 C. F. Keil and F. Delitzsch, *Commentary on the Old Testament*, 10 vols. Hendrickson, 1996, Reprint와 20세기 이후 지금까지 좋은 평을 받고 있는 *Tyndale Old Testament Commentaries* (TOTC, IVP Academic)를 소개한다. 21세기에 들어와 출간되고 있는 *Apollos Old Testament Commentary* (D. W. Baker and G. J. Wenham eds., InterVarsity, 2002–)도 추천하고 싶은 주석이고, 역시 금세기에 시작하여 주목을 받고 있는 *Brazos Theological Commentary on the Bible* (BrazosPress)은 기존의 역사–비평적 방법을 사용하는 성서비평학을 넘어서서 정통주의(복음주의, 개혁주의) 신조와 신앙고백들을 존중하는 입장에서 교회를 위한 바람직한 주석 방법론과 내용을 확보하려고 시도하는 주석서이다. 그 외에도 외국의 여러 성경 주석서들에 대한 안내와 해설은 다음의 책을 참조할 수 있다: John F. Evans, *A Guide To Biblical Commentaries, and Reference Works*, 10th ed., Zondervan, 2016.

단권으로 된 간편한 '연구용 성경'(Study Bible)으로서 성경 공부와 설교와 목회에 도움이 되는 것으로는 다음의 몇 가지를 추천한다. 영어권에서는, *The Reformation Study Bible* (ESV), Ligonier Ministries, 2005; *The Billy Graham Training Center Bible* (NKJV), *Thomas Nelson*, 2004; *ESV Study Bible*, Crossway, 2008; *Zondervan TNIV Study Bible*, Zondervan, 2006 등이다. 독일어권에서 나온 연구용 성경들은 1992년에 독일성서공회가 발행한 *Stuttgarter Erklärugsbibel* (Lutherbibel)이 있고, 2010년에는 취리히 신학출판사를 통해 출간된 *Erklärt-Der Kommentar zur Zürcher Bibel*이 있다. 전자는 루터(Martin Luther)가 신구약성경 전서를 독일어로 번역하여 1534년에 완간한 전통을 계승하고 현재 독일 루터교회의 성서 해석 입장을 반영하는 것으로서, 1997년에 대한성서공회가 이 해설판 성경본을 번역하여 출판하였다:『해설·관주 성경전서』(개역한글판), 독일성서공회판, 대한성서공회, 1997. 후자 취리히 성경 해설은 취리히에서 목회하던 츠빙글리(U. Zwingli)를 중심으로 스위스 개혁교회가 신구약 성경전서를 스위스인들이 선호하는 독일어로 번역하여 최초로 1531년에 완간한 전통에 따라, 오늘 스위스 개혁교회의 성경 이해를 보여주고 있다. 이 취리히 성경해설도 대한성서공회가 번역하여 2021년에 출간했다: 『취리히성경해설 성경전서』(개역개정판), 대한성서공회, 2021. 현재 독일의 루터교회 해설성경이나 스위스 개혁교회의 취리히 성경해설의 성경분문 이해는 둘 다 그동안 서구의 자유주의 내지 신정통주의 성경해석 방법인 역사—비평적 방법에 근거하고 있다. 대한성서공회가 출판한 이 두가지 한글 번역본들에서는 이러한 독일과 스위스의 성서비평학의 해설 내용이 한국교회를 자극하고 물의를 일으키지 않도록 그 비평적 내용을 선별적으로 다소 완화하고 조심해서 소개했다고 한다. 그래서 한글판 루터 해설성경의 머리말에서는 다음과 같이 말하고 있다. "이 해설 성경은 학문적인 성과를 될 수 있는 대로 폭넓게 소개하면서도 어느 하나를 강요하지 아니하였으며, 전문적인 주석의 난해성에 빠지지 않고 각 단락의 핵심적인 의미를 충분히 밝혔다. 이것은 평신도들에게뿐만 아니라 신학도나 목회자들에게도 성경의 어느 구절을 이해하려고 할 때에 안심하고 참고할 수 있는 길잡이가 될 것이다." 그런데 한가지 예를 들면, 창세기 1~11장의 해설에서는, "조금 더 자세히 살펴보면 창세기의 첫 열한 장에는 하나의 통일된 '원역사'가 있는 것이 아니라 원역사에 대해 제각기 특색 있는 두 가지 서술이 들어있음이 드러난다"라고 했으며, 노아 홍수 본문에 대해서도, "홍수 예고와 경과에 대한 내용도 서로 독립적이었던 두 가지 자료가 합쳐져서 하나의 본문으로 되었음은 특정한 표지들을 근거로 알아낼 수 있다"라고 설명하고 있다. 그런데 이러한 해설에서 사용하고 있는 용어들인 '원역사'(Urgeschichte)의 개념이 무엇이며, '두 가지 자료'가 정확히 무엇을 의미하는지 평신도나 신학생들은 물론이고 목회자들에게도 이해가 되는지가 의문이다. 물론 그에 앞선 '모세 오경 안내'에서 '야훼문서'나 '엘로힘문서'를 말하고 '제사장문서'를 언급하지만, 이러한 가설적 문서자료들은 그 존재가 성경에서 한 번도 언급된 적도 없고, 고대문서들에서나 고고학적으로도 그 존재에 대한 언급이나 흔적이 단 한 건도 없으며 실증된 적이 없다. 순전히 지난 19세기 독일학자 벨하우젠(J. Wellhausen)의 가설로서 '오경의 문서설'을 전제하는 성경해설을 과연 한국교회의 성경 이해와 설교와 목회에 정말 '안심하고 참고하여 길잡이'로 사용할 수 있는가는 의문으로 남는다. 오늘날 21세기 세계 구약학계에서도 역사—비평적 방법의 시대는 지나갔고, 오경의 문서설은 더 이상 일관성 있게 정설로서 주장할 수 없을 정도로 수정이 가해지면서 그 가설의 문제점들이 드러났으며, 실제로 오경의 문서설은 가설로서의 수명이 다했기 때문이다.

취리히 해설성경의 발간사에서도, "집필자들은 21세기 초까지 놀랍도록 발전해

온 성서학의 열매를 일반 독자들도 맛볼 수 있도록 애쓴 것으로 보입니다. 그런 만큼 새로운 내용이 적지 않아 한국의 독자들로서는 상당히 낯설어하거나 당황스러움을 느낄 수 있습니다. 그렇지만 취리히성경해설집을 통해 한국의 독자들은 세계 성서학의 최근 성향까지 소개받으면서 성경을 다양한 관점에서 읽는 법을 배우게 될 것입니다."라고 했으며, 이어서 창세기 소개 내용에서는 창세기 내용이 '꽤 오랫동안 입으로 전해 내려온 부분들'이 있고, 창세기를 기록한 시기는 '기원전 1000-200년쯤'이라고 했다. 창세기는 그러므로 적어도 800년에 걸친 오랜 세월 동안 여러 가지 구전들과 무명의 저자들이 쓴 문서자료들이 편집된 결과물이라는 주장이다. 출애굽기 소개에서는 출애굽기가 기원전 7세기와 4세기 사이에 기록되었고 쓴 사람은 역사적 모세가 아니라 예루살렘의 '율법학자들과 제사장들'이라고 했다. 지금까지 신구약의 전통과 유대교 전통에서도 그렇고 2천년 기독교 역사에서 구약의 5경은 모세의 저작(또는 기원)으로 인정되어 왔다. 창세기에는 누가 기록했다는 명시적인 구절이 없으나, 출애굽기부터 신명기까지는 적어도 9번 역사적 모세의 기록 활동을 말하고 있다(출 17:14; 24:4; 34:27,28; 민 17:2,3; 33:2; 신 31:9,22). 그런데 신명기 기록도 비평학자들은 기원전 720-400년에 걸쳐 여러 단계에 걸쳐 가필되었다고 하고, 쓴 사람은 '북왕국 이스라엘에서 망명해 온 사람들, 왕궁 관리들, 사로잡혀 간 지식인들'이라고 한다. 이런 해설을 하는 서구의 비평학자들이 성경의 기록은 오류이고 자신들의 주장하는 가설이 맞다고 하는 근거는 무엇인가? 사실은 서구 비평학자들도 잘 모르면서 아는체할 뿐이다. 동양의 현인 공자(孔子)는 '知之爲知之 不知爲不知 是知也'(論語 爲政. 아는 것을 안다 하고 모르는 것은 모른다고 하는 것, 이것이 참으로 아는 것이다)라는 명언을 남겼는데, 서양 비평학자들은 자신들이 모르는 것을 모른다고 말하지 않을 따름이다.

　히브리 성경에서는 역사적 실존 인물로서 모세의 이름을 약 766번 언급하고 있으나, 서양 비평학자들의 주장에 따르면 역사적 모세는 증발해 버리고 모세는 실존 인물이 아닌 셈이다. 이것은 성경의 역사가 우리에게 말해 주는 설명과는 다른 해석이다. 구약의 율법(5경)은 역사적 모세를 통해 주어졌다는 사실을 예수님도 인정하지 않으셨는가(마 8:4; 19:7-8; 23:2-3; 막 1:44; 7:10; 10:3; 12:26; 눅 2:22; 5:14; 16:29-31; 20:28; 24:27,44; 요 1:17,45; 3:14; 5:45-47; 7:19,22-23; 8:5; 9:28-29; 비교, 행 7:20-45)? 취리히 성경해설 한글 번역판 발간사에서는 '21세기 초까지 놀랍도록 발전해 온 성서학의 열매를 맛보게 하는 새로운 내용들이 적지 않다'라고 했는데, 그렇다면 한국교회의 독자들은 기뻐하고 감사해야지 왜 '상당히 낯설어하거나 당황스러움을 느낄 수 있다'고 지레짐작하는 것일까? 참으로 이상한 일이다. 한국교회 목회자나 신학생들이나 평신도들은 수준이 낮아서 놀랍도록 발전한 21세기 서양 성서학의 열매의 맛을 즐길 능력이 없고, 아무리 설명해도 21세기 세계 성서학이 이루어 놓은 업적을 이해할 수 없다는 뜻인가? 그렇지 않다. 정말 낯설게 느끼고 당황해한다면, 그것은 성경이 가르치는 교훈과는 전혀 다른 해석과 설명을 하고 있기 때문일 것이다(사 29:13; 행 20:29-31; 갈 1:6-10; 벧후 1:20-21; 3:15-16 등 참조). 신구약 성경은 아무나 읽고 이해하기에 쉬운 책은 아니지만, 그렇다고 무슨 암호해독이 필요한 책도 아니고, 서양의 학자들이나, 신학 박사, 교수만 이해하고 설명할 수 있는 난해한 책이 아니다. '성경은 성경 자신의 해석자이다'라는 명제는 16세기 교회개혁 이래 정통 기독교 성경해석의 표어이다. 또 하나님은 영(靈)이시기 때문에 성경에 기록된 하나님의 말씀은 성령의 조명하심으로 이해하게 된다(요 14:26; 15:26-27; 16:13-14 등). "… 곧 영적인 것들을 가지고 영적인 것들을 설명해 주는 것"이 그러한 의미이다 (고전 2:14. 박창환 개인역, 『신약성경』, 코리아엠마오, 2007). 오늘날 21세기에 독일 루터교회와 스위스 개혁교회를 위시하여 서양의 기독교와 교회가 몰락하는 이유들 중에 한 중요한 원인이 성경을 인간 이성(理性)의 한계 안에 가두어 두고 계몽주의 철학의 전제들 아래 성경을 비평적으로 연구하며 해석하는 데 있다고 생각한다. 그러나 우리는 이러한 성경이 가르쳐주는 내용과는 전혀 다른 비평적 성경해석을 만날 때에 그것을 백안시하고 무시하기보다는, 그것을 일종의 반면교사(反面教師)로 삼아서 그러한 위험하고 잘못된 길로 가지 않도록 미리 예방하고 조심하는 계기로 삼을 수 있다.

그동안 비교적 잘 알려지지 않았으나, 독일 개신교 경건주의 전통에서 원전에 더욱 충실한 직역(直譯)을 고수하는 독일어 성경번역이 '엘버펠트 성경'(Elberfelder Bibel)이다. 이 성경 이름은 독일 부퍼탈(Wuppertal) 서쪽의 한 지역 명칭인 '엘버펠트'(Elberfeld)에서 유래했는데, 이곳을 중심으로 1871년에 초판 독일어 엘버펠트 신구약 성경전서가 출판되었다. 그후 수정과 개정을 거치면서, 1985(신약)/1991(구약) 개정본문을 사용하여 2004년에는 일종의 연구용 성경으로서 해설을 붙인 '엘버펠트 해설성경 희년판'이 출판되었다: *Die Jubiläumsbibel, Elberfelder Bibel mit Erklärungen*, R. Brockhaus Verlag, Wuppertal, 2004. 이 엘버펠트 성경 희년판의 해설내용은 자유주의 성서비평학의 영향을 받지 않고, 전통적인 독일 개신교 복음주의-경건주의 성경해석을 그 기본으로 삼고 있다. 한국의 교회와 평신도들과 신학생들과 목회자들에게는 위에서 언급한 루터 해설성경이나 취리히 해설성경보다 엘버펠트 해설성경이 더 안전하고 유익한 성경해석의 길잡이가 될 수 있다고 생각한다.

14

레위기 연구 서설

레위기(Leviticus)는 구약성경(히브리 성경)의 모세 5경(Pentateuch)으로 알려진 '토라'(תּוֹרָה)의 다섯 책 중 중간에 위치한 셋째 책이고, 총 27장 859절로 이루어진 5경에서 가장 짧은 분량의 책이다.[1] 모세 5경은 하나님의 백성 이스라엘이 세계사의 역사 무대에 출현한 이야기와 함께 하나님이 선택하신 이스라엘 백성을 통해 하시고자 하는 구원 섭리와 계획을 알려주고 있다. 먼저 창세기 1~11장에는 태초에 하나님이 천지와 삼라만상과 인간을 창조하셨는데, 인류의 시조 아담과 하와가 에덴 정원에서 하나님의 명을 불순종하여 범죄 타락한 사건 이후 인간 사회의 죄악을 홍수로 하나님이 심판하신 이야기와, 노아 홍수 이후 노아의 여덟 식구를 통한 새로운 인류 역사의 시작과 바벨탑 사건으로 인한 인간사회의 거듭된 하나님께 대한 불의와 그로 인해 하나님이 민족들의 언어를 서로 소통이 되지 못하게 하시고, 그들을 온 지면에 흩어져서 살게 하셨다는 이야기가 나온다. 이러한 태초 이야기를 통해 하나님의 백성 이스라엘은 인류 공통의 시원 역사를 공유하고 있음을 알려주고 있다.

하나님은 노아의 세 아들 중 셈을 택하셨고, 셈의 10대손 아브람까지 족보 기록이 나온다. 태초 이야기 마지막에 왜 이렇게 무미건조한 족보 기록이 나오는지 알 수 없는데, 그 이유는 바로 다음 12장 첫 절부터 분명해진다. 여호와 하나님은 세상의 창조 질서 보존과 함께 거듭된 인간의 불의와 타락에 대한 하나님의 구원의 계획으로 아브람(후에 아브라함)을 택하시고 그의 씨(후손)를 통한 구원의 계획을 보여주셨다 (창 12:1-3; 18:19; 마 1:1; 행 7:2-8; 롬 4:13,16,20-24; 갈 3:16 등). 창세기 12~50장은

---

1) 토라 전체는 창(50)+출(40)+레(27)+민(36)+신(34)=187장 모두 5,845절로 되어 있다. *BHS* 신 34:12 이후 맛소라 후기 (Masora finalis) 참조. *BHS* 및 맛소라 자료 사용법은 다음의 책을 참고할 수 있다. Reinard Wonneberger, *Understanding BHS: A Manual for the Users of Biblia Hebraica Stuttgartensia*, ET from the German by D. R. Daniels, Rome, 1984.

아브라함–이삭–야곱의 족장 역사를 통한 하나님의 구원계획의 전개와 강화를 이야기하고 있다. 이어서 출애굽기 1장에서 신명기 34장까지는 하나님의 백성 이스라엘이 약속의 땅 가나안에 들어가기까지 세계 역사 무대에서 진행된 역사 이야기를 다루고 있다. 출애굽으로부터 가나안 땅 정복 직전 모세의 죽음까지 약 40년간 이스라엘 민족 형성사는 다음과 같이 다섯 단계로 나누어 볼 수 있다:

1. 약 400년 동안 애굽에서의 종살이를 통한 히브리 민족을 배경으로 한 이스라엘의 출애굽 사건(출 1~13장).
2. 홍해를 건너 시내 산까지(출 14~18장).
3. 시내산 진영에서 시내산 언약과 성막(회막) 건립과 예배공동체로서의 이스라엘의 자기 정체성 확립(출 19~민 10장).
4. 시내산 진영 출발로부터 광야 생활을 거쳐 요단 동편 모압 평지까지(민 10~36장).
5. 지도자 모세의 고별사와 죽음, 그리고 모세의 후계자 여호수아의 등장(신 1~34장).

위에서 언급한 이러한 역사적 맥락에서 레위기의 내용은 시내(시나이)산 언약 전통과 밀접한 관계를 가지고 있다.[2] 레위기는 출애굽한 지 제2년째 정월 초하룻날(출 40:1-17) 시내산 진영에서 '성막'(또는 '회막', 출 40:2) 건립 이후에 성막을 중심으로 계속된 역사적 사건들과 여호와 하나님의 지시 사항들에 대한 내용을 보여준다. 민수기 10장 11절에 보면, 이스라엘 백성은 출애굽한 지 제2월 20일에 시내 광야를 떠나게 되는데, 그렇다면 레위기의 내용은 성막 건립부터 시내 산 진영을 떠날 때까지 약 50일 동안 여호와 하나님께서 모세(와 아론)에게 일러 주신 규례(하훅킴)와 법(함미쉬파팀)과 율법(핫토로트)을 정리한 것이다.

Ⅰ. 내용과 구조

레위기는 1장 1절부터 "여호와께서 회막에서 모세를 부르시고 그에게 말씀하여 이르시되"라고 시작하여 마지막 27장 34절에서 "이상은 여호와께서 시내산에서 이

---

2) 비교, M. Noth, *ATD: Das dritte Buch Mose, Leviticus*, 1966, 1쪽 이하. 노트에 의하면, 레위기는 5경 전승에서 특히 "시내 산에서의 하나님 현시"(Gottesoffenbarung am Sinai) 주제를 취급한다.

스라엘 자손을 위하여 모세에게 명하신 계명이니라"라고 마침으로써, 시내산 성막 (회막)이 레위기 계시 내용의 역사적 틀을 제공하고 있음을 알 수 있다(비교, 레 7:38; 25:1; 26:46 등). 레위기는 총 27장 중 절반 이상이 되는 18장에 걸쳐 매번 서두에서 "여호와께서 모세에게 말씀하여 이르시되"로 시작하는 것이 특징이다(레 4:1; 6:1; 8:1; 11:1; 12:1; 모세와 아론에게, 13:1; 14:1; 모세와 아론에게, 15:1; 16:1; 17:1; 18:1; 19:1; 20:1; 21:1; 22:1; 23:1; 24:1; 25:1; 27:1). 비교적 짧은 분량의 레위기 전체에서는 여호 와께서 모세에게 말씀했다는 사실이 무려 56회나 언급되는데,[3] 이러한 레위기 본문 서사의 특징은 역사적 모세가 이스라엘 백성에게 하나님의 계명을 전달하는 사명을 가진 지도자였다는 시내산 언약 전통을 반복하여 강조하는 것이다(비교, 출 20:18- 22; 신 5:22-33). 서양 성서비평학자들이 5경의 내용과 특히 레위기의 내용이 역사적 인물인 모세가 전한 것이 아니라고 주장하는 것은 근거가 없으며, 레위기의 기록을 거짓말로 만드는 것이다.

히브리어 문체에서도 레위기 1장 1절은 첫머리에 "바이크라"(וַיִּקְרָא)로 시작하여 소위 '연속의 바브 미완료'(the Waw consecutive imperfect)를 사용함으로써 레위기 가 독립적인 또 다른 후대에 작성된 제사장 문서가 아니라, 5경 문맥에서 레위기는 선행하는 출애굽기의 시내산에서 성막 건립 이후 계속되는 사건 진행에 대한 서사적 연속성을 분명히 하고 있다(비교, 출 40:38).[4] 이러한 맥락에서 독일의 복음주의 구약 학자 묄러(W. Möller)는 레위기의 전체 내용이 출애굽기 19장 5-6절의 시내산 언약 의 약속을 실현하기 위한 것이라고 했다.[5] 출애굽 신학은 출애굽을 통해 드러나는 여호와 하나님의 구원과 해방의 목적을 분명하게 설명하는 데 있는데, 그것은 한 마 디로 출애굽을 위해 모세와 아론이 애굽의 왕 파르오(바로, 파라오) 앞에 나가 여호와 의 말씀을 전한 "내 백성을 보내라, 그리하면 그들이 나를 섬길 것이니라"(출 7:16; 8:1,20; 9:1; 10:3)라는 되풀이되는 메시지에서 확인할 수 있다. 히브리 노예들이 애굽 에서 탈출하고 해방과 자유를 맛보게 된 것은 마치 새장의 새가 새장 밖으로 날아가 는 해방과 자유가 아니다. 히브리 노예들의 출애굽은 애굽의 압제와 우상으로부터의 탈출과 해방이며, 그 자유의 목적은 참 하나님이신 여호와를 섬기는 데 있다. 레위기 는 이러한 출애굽의 해방과 자유의 실현을 위해 여호와 하나님을 섬기는 법을 알려 주고 있다.

---

3) 레 11; 13; 15장에서는 모세와 아론에게 말씀하심; Cyril Bridgland and Francis Foulkes, *Pocket Guide to the Bible*, IVP, 1987, 67쪽 참조.

4) R. K. Harrison, *Leviticus*, Tyndale OT Commentaries 3, IVP, 1980, 13쪽.

5) W. Möller, *Grundriß für Alttestamentliche Einleitung*, Berlin, 1958, 58쪽 이하.

출애굽한 이스라엘 백성은 이제 시내산 언약을 통해 더 이상 히브리 노예들이 아니고 여호와 하나님의 백성 '이며', 또 그 하나님의 백성이 '되는' 구원과 해방과 자유를 맛보게 되었다. 다시 말해서, 출애굽 구원신학의 핵심은 여호와 하나님을 올바로 '섬김'(עֲבֹדָה)에 있다. 시내산 언약에서 여호와 하나님을 올바로 섬기는 일은 곧 하나님의 '보배로운 소유'(סְגֻלָּה)가 된 것을 의미하며, 이제 하나님의 보배로운 소유(즉 하나님의 자녀)로서 이스라엘 백성의 사명은 (1) '제사장들의 나라'(מַמְלֶכֶת כֹּהֲנִים)와 (2) '거룩한 백성'(גּוֹי קָדוֹשׁ)의 정체성을 구현하는 데 있다.[6] 레위기는 출애굽한 이스라엘 백성이 제사장들의 나라와 거룩한 백성으로서 성막의 제사예식을 중심으로 일상생활을 통해 여호와 하나님을 올바로 섬기게 하는 규례와 법을 가르치는 '예배의 책'이다. 구약의 문맥에서 여호와 하나님을 '섬긴다'는 표현은 '제사한다', 또는 '예배한다'는 의미이다. 이스라엘 백성은 애굽의 우상을 버리고 천지를 창조하시고 이스라엘을 구원하신 참 신 여호와 하나님만을 예배함으로써 그의 보배로운 소유(즉 자녀)가 되는 은혜의 선물을 받았고(Gabe), 나아가 하나님의 백성은 이제 제사장들의 나라와 거룩한 백성으로서 살아야 할 사명(Aufgabe)을 가지게 되었다.

캐나다의 복음주의 구약학자 해리슨(R. K. Harrison)은 레위기가 이사야나 다니엘과 같이 그 내용상 전반부와 후반부로 나뉘는 구조가 유사함을 지적하면서, (1) 레위기 1~16장은 하나님 나라 백성의 죄와 더러움을 제거하여 하나님께로 나아가는 길을 제시한 것이 그 주된 내용이며, (2) 레위기 17~27장은 보다 적극적인 의미에서 하나님과 동행하는 거룩한 백성의 삶의 내용을 제시한 것이라고 분석했는데,[7] 독일의 복음주의 구약학자 묄러(W. Möller)는 전자(레 1~17장)를 제사장들의 나라가 되는 길로, 후자(레 18~27장)는 거룩한 백성이 되는 길로 파악하였으며,[8] 이러한 이중적 구조는 십계명의 두 돌판과도 구조적으로 상응하는 것이다. 영국의 구약학자 웬햄(G. J. Wenham)도 레위기가 논리적으로 질서 정연한 구조를 가지고 있다는 것을 지적하면서, 레위기의 두 가지 핵심 주제는 역시 출애굽기 19장 6절의 제사장들의 나라와 거룩한 백성이라는 데 동의하며, 전자는 하나님과의 만남을 통한 친밀성, 후자는 하나님의 백성으로서 거룩한 삶을 증거하는 데 그 초점이 있다고 한다.[9] 이러한 관점에서 웬햄은 레위기 내용을 좀 더 자세하게, (1) 제사(예배)의 원리와 실제를 가

---

6) 출 19:5-6의 '보배로운 소유', '제사장들의 나라', '거룩한 백성'의 구약신학적 논의와 설명에 관해서는, Walter C. Kaiser, Jr., *Toward an Old Testament Theology*, Zondervan, 1978, 특히 103-113쪽 참조.

7) R. K. Harrison, *Introduction to the Old Testament*, Eerdmans, 1975, 590쪽 이하.

8) W. Möller, 위의 책, 58-66쪽. 비교, George A. F. Knight, *Leviticus*, DBS Series, Westminster, 1981. 나이트도 레위기 내용의 이중 구분에 동의하면서, 전자는 '하나님 사랑' 후자는 '이웃 사랑'의 내용으로 파악한다. 8쪽 참조.

9) G. J. Wenham, *The Book of Leviticus*, NICOT, Eerdmans, 1979.

르치는 제사법(1:1-7:38), (2) 제사에는 하나님과 사람들 사이에 중보자로서 제사장이 필요하다는 원리를 가르치는 제사장 제도(8:1-10:20), (3) 영육 간에 죄와 더러운 것을 정결케 하는 정결규정(11:1-16:34), (4) 거룩한 백성의 생활신조와 행동 강령을 가르치는 성결규정(17:1-27:34)으로 크게 네 구분하였다.[10] 그러므로 레위기는 제사장들의 나라의 거룩한 백성이 된 이스라엘의 구체적인 예배의 삶을 지도하는 예배의 책이다. 여호와(야훼, 야웨) 하나님의 백성이 그 하나님과의 시내 산 언약 관계를 유지하는 유일한 방도는 다른 어떤 것도 아닌 오직 성막의 제사(예배)를 중심으로 거룩한 삶을 통해서라는 점에 우리는 놀라움과 함께 주목을 하게 되며, 이스라엘의 일상생활의 실정법들도 제사(예배)에 근거한다. 레위기는 하나님이 지시하신 그 제사(예배)의 올바른 원리와 생활에서의 실천을 가르쳐 준다.[11]

히브리 성경에서 레위기의 명칭은 전통적으로 그 책 첫머리의 단어를 따서 '바이크라'(וַיִּקְרָא, 즉 '그리고 그가 부르셨다')라고 하는데, 우리가 오늘날 '레위기(記)'라고 부르는 명칭은 칠십인역(Septuagint)과 불가타(Vulgata)의 번역 전통에 따른 것이다. 후기 유대교 전통에서 레위기의 명칭은 '제사장들의 규정집', '제사장들의 책', '예물의 법규' 등으로 알려졌다. 그런데 실제로 레위기에서는 레위나 레위인들이 제사장직과 관련해서 직접 언급되지 않고 있으며, 다만 레위기 25장 32절 이하에서 레위인들의 성읍에 관계된 언급이 있을 정도인 데 반해, '제사장'이란 용어는 아론과 그 아들들에게 국한되며 약 730회 사용되었다.[12] 그러므로 책 명칭에 '레위'가 드러나는 것을 적합하지 않게 볼 수도 있으나, 구약의 제사장은 엄격한 의미에서 레위 지파의 제사장이어야 하며(출 6:16-27; 민 18:6-8; 신 18:1-5 등), 오늘날까지 레위기 책 이름에 '레위'란 이름이 사용되는 것은 구약의 제사장 직분 전통에 따른 것이다(비교, 히 7:11).[13]

위에서 언급한 대로 레위기의 내용은 대체로 제사(예배)와 예식 관계 및 거룩한 삶에 관한 사항들을 취급하는데, 후반부의 18장 이하 19장은 '이웃 윤리'를 강조하고 있는 것이 두드러져 보인다. 특히 레위기 19장 18절에서 "원수를 갚지 말며, 동포를 원망하지 말며, 이웃 사랑하기를 네 몸과 같이 하라, 나는 여호와니라"는 말씀은 예수께서 율법과 선지자의 강령을 말씀하실 때(마 22:39) 인용하신 구절로 유명하다(마 19:19; 막 12:31; 눅 10:27; 롬 13:9; 갈 5:14 등).[14] 레위기는 그러므로 단순히 제사예식

---

10) G. J. Wenham, 위의 책, 4쪽.

11) W. S. La Sor, D. A. Hubbard, F. W. Bush, *Old Testament Survey*, Eerdmans, 1982, 151쪽.

12) W. S. La Sor 외, 위의 책, 150쪽. 비교, M. Noth, 위의 책, 1쪽.

13) W. H. Gispen, "Leviticus, Book of", *New Bible Dictionary*, Second ed., 1982, 693쪽 이하. 구약학에서 레위인과 제사장의 상관관계 문제는 난제 중의 하나로서 그에 관한 논의는 아래 문헌을 참고할 수 있다. D. A. Hubbard, "Priests and Levites", *The Illustrated Bible Dictionary* (IBD), Ⅲ, IVP, 1980, 1266-1273쪽.

규정집이 아니라, 예배의 생활화를 통해 하나님의 백성의 윤리-도덕적 생활 내용을 강조하고 있다. 이방 종교들의 제사예식의 경우처럼 마술적-주술적 행위가 아니라, 레위기의 제사예식은 제사(예배) 공동체의 일상생활의 '도덕적 근거'(a moral basis)와 밀접한 연관을 가지고 있는 것에 주목해 보아야 한다.[15] 달리 말하자면, 성경적 '신앙-예배'와 일상의 '윤리-도덕적 생활'은 결코 분리되지 않고 일체양면성을 가지고 있다. 레위기 16장에서 '속죄일'의 신앙적인 면(규례)과 레위기 25장에서 '희년'의 윤리-도덕적 생활의 실천적인 면(법도, 법)을 강조한 것은 레위기의 대표적인 주제들이라고 볼 수 있다(비교, 레 18:1-5!).[16] 레위기의 구조를 도표로 정리하면 다음과 같다.

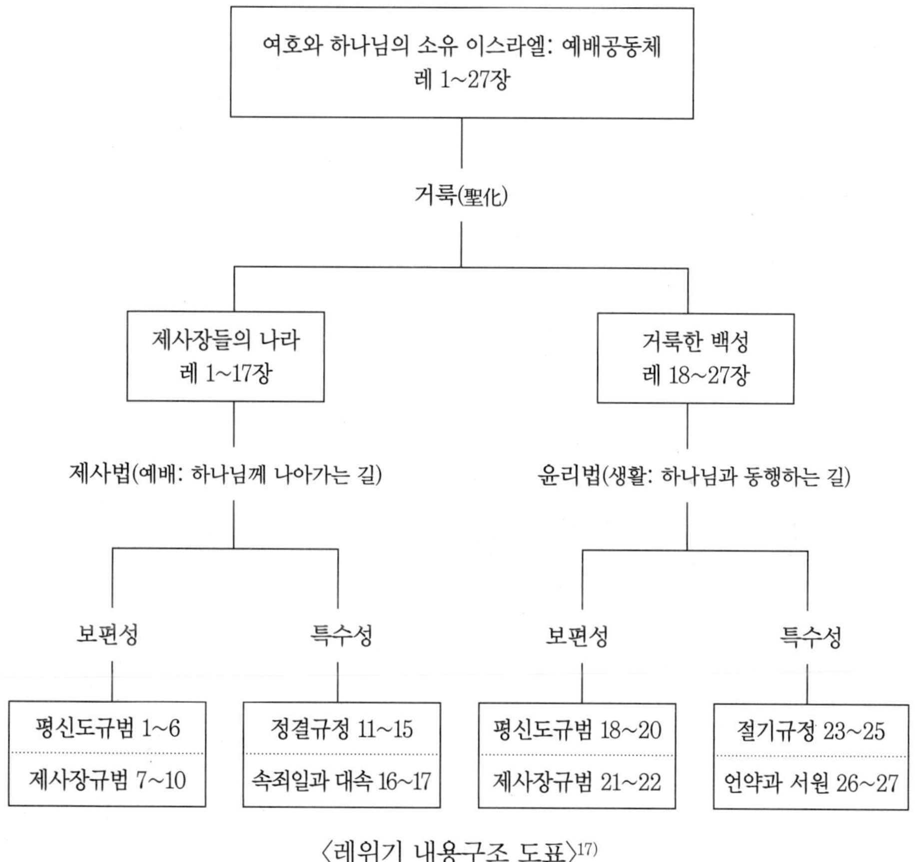

〈레위기 내용구조 도표〉[17]

---

14) R. K. Harrison, "Leviticus and the New Testament", *Leviticus*, 위의 책, 32-33쪽.

15) J. Milgrom, "Leviticus", *IDB* Supplementary Volume, 1976, 541쪽.

16) 특히 희년에 관해서, 김이곤, "희년법의 현대적 의미", 〈기독교사상〉 337, 1987년 1월, 113-33쪽.

17) Lawrence O. Richards, *The Word Bible Handbook*, Word Books, 1982, "Leviticus, The Way of Holiness", 93-106쪽. 비교, 임택진, 『레위기강해』, 서울장로회신학교총동문회, 벧엘문화사, 1988, 7쪽.

신학적으로 레위기를 대표하는 핵심 용어는 '거룩'(קָדוֹשׁ/קֹדֶשׁ)이다. 거룩은 하나님을 닮는 것이다(레 11:44-45; 19:2). 레위기가 말하는 거룩은 구체적으로 제사의 대속(代贖, substitution) 원리를 통해 죄를 제거하고 하나님께로 가까이 나아가는 삶의 태도이다. 또한 예배공동체로서 이스라엘 백성의 거룩은 일상생활에서 의식주의 정결함과 이웃사랑이 강조되며, 한마디로 레위기가 말하는 거룩은 하나님의 백성의 신앙과 생활의 온전성(wholeness)을 의미한다(비교, 마 5:48).[18]

Ⅱ. 문학비평(文學批評, Literary criticism)

문학비평의 문제는 레위기의 형성사(形成史)에 관한 물음이며, 레위기의 역사적 저자에 대한 물음과 함께 레위기 문맥의 통일성 또는 다양성을 확인하고, 레위기 문서의 역사적 위치와 그 역사적 가치를 가늠하려는 작업이다. 달리 말하자면, 육하원칙(六何原則)에 따라 레위기 문서가 언제, 어디서, 누구에 의해, 어떤 목적으로(왜), 누구를 위해, 어떻게 기록되었는가를 이해하려는 것이다. 구약학에서 문학비평의 과제는 주로 '구약 개론'에서 취급한다. 지난 19세기 후반에 독일 구약학자 벨하우젠(J. Wellhausen, 1844-1918)이 그의 책 『이스라엘 역사 서설』[19]을 출판하여 구약 5경 문서 형성사에 관해 J(여호와 문서)-E(엘로힘 문서)-D(신명기적 문서: 대표적으로 신명기)-P(제사장 문서, 또는 제사법전)라는 문서가설을 확립한 이후, 레위기는 대체로 바벨론 포로기 이후 주전 5세기 중엽에 에스겔 예언자의 제사신학(특히, 겔 44장 참조)의 영향을 받은 "P"문서(the Priestly Code, 주로 레 1~5; 11~15장) 기자에 의해 문서화된 단일 자료(a single source)라고 서양의 성서비평학자들에 의해 평가되어 왔다.[20] 벨하우젠 학파에서는 이스라엘 역사에서 모세 율법은 주전 8세기의 윤리적 유일신사상으로 대변되는 예언신학에 선행하는 것이 아니며, 오히려 예언신학 이후에 생겨난 구약의 율법신학은 자연적인 히브리종교의 인위적인 제도화 과정의 산물로서, 특히 모세5경의 중핵을 이루고 있는 레위기를 포함한 제사법전(P)의 내용은 바벨론 포로

---

18) 거룩의 개념을 표현하는 히브리어 명사 "코대쉬", 형용사 "카도쉬"와 함께 이 어근과 관계된 용어가 구약에서는 레위기에서 가장 많이 사용되는데, 구약 전체 빈도수의 약 20퍼센트에 해당하는 152회 정도가 사용되었다. Jenni-Westermann, *Theologisches Handwörterbuch zum Alten Testament*, Bd. Ⅱ, 1976, Art. "קדשׁ qdš heilig", von H.-P. Müller, 594쪽 이하. 거룩의 레위신학적 이해에 관해서는, G. J. Wenham, The Book of Leviticus, 위의 책, 18-25쪽 참조(레 11:44-45; 19:2; 20:7,26 등).

19) J. Wellhausen, *Prolegomena zur Geschichte Israels*, 1878, 영역판 1885.

20) J. Milgrom, 위의 글, 541쪽. 비교, B. S. Childs, *Introduction to the Old Testament as Scripture*, Fortress Press, 1979, "Ⅷ. Leviticus", 182쪽 이하.

귀환 이후 예루살렘의 제2성전 시대 신학을 위한 신학적 허구(虛構, fiction)로서, 레위기가 서술하고 있는 역사적 모세 시대의 시내 광야 성막(회막)이나 정교한 제사 제도는 실제로 존재하지 않았다고 주장한다.[21] 독일 하이델베르그대학교의 구약학자 베스터만(C. Westermann)은 5경에 명시된 법전 내용(Gesetzescorpora)을 시대별로 다섯 가지로 정리하여 소개하였는데, (1) 십계명(출 20장)을 이스라엘 역사의 초기 시대 산물로 보고, (2) 언약의 책(출 21~23장)은 사사 시대, (3) 신명기 법전(신 12~26장)은 주전 7세기 유다 왕 요시야 시대 이전, (4) 소위 '성결법전'(레 17~26장)은 주전 6세기, 그리고 (5) 제사법전(출 25장~민 10장)은 마지막으로 주전 6세기에서 5세기 사이에 비로소 형성된 것으로 보고, 성결법전(Das Heiligkeitsgesetz)과 함께 레위기 1~7장의 제사법과 레위기 11~15장의 정결법도 각각 독립된 단위로 전승되던 것이 P문서 편집자에 의해 최종적으로 제사법전에서 함께 통일된 문맥으로 편집되었다고 주장한다.[22] 베스터만의 이러한 주장 역시 벨하우젠 학파의 이스라엘 종교에 대한 사상사적 진화론 이해에 따른 결과이며, 이러한 설명은 순전히 비평적인 가설로서 신구약 성경의 전통과 기독교 2천 년 역사에서 모세 5경을 설명하는 것과는 정면으로 충돌되는 내용이다.

　　역시 독일의 비평학자 마틴 노트(Martin Noth, 1902-1968)도 레위기 문학비평에서 레위기 내용의 표면적—역사적 상황의 통일성과 제사예식 규정의 강도 높은 집중도에도 불구하고, 레위기는 단번에(in einem Zuge) 쓰인 것이 아니라 오래 계속된 형성 과정의 전역사(Vorgeschichte)를 전제한다고 보고, 레위기의 대부분 법 규정 양식 문체에서 벗어나는 레위기 9장의 첫 공식적인 성막 제사 거행 이야기에서 출발하여 레위기 문서 형성과정의 재구(再構)를 시도한다. 노트에 의하면, 레위기 9장의 첫 공식적 성막 제사 거행 이야기의 이해를 돕기 위해 8장의 제사장 임직법과 10장의 제사장 나답과 아비후의 사망 사건 이야기가 함께 전승맥락으로 형성되었고, 이어서 레위기 1~7장의 제사법이 그 앞에 놓이게 되었다고 본다. 또한 속죄일 규정인 16장도 내용적으로 8~10장에 연관된 부분인데 아마도 일찍부터 9장과 연결되었던 것이었지만, 후대에 11~15장의 개인 정결 예식규정을 정결예식의 절정인 16장의 속죄일 앞에 놓음으로써 그 효과를 높이려 했다는 것이다. 레위기 17~25장은 26장의 언약 규정 준수 여부에 따른 축복과 저주의 결론과 함께 본래는 일반적인 제사 예식 규정

---

21) 특히 성막과 관계된 벨하우젠의 가설에 대한 검토와 성막의 역사성에 대한 논의에 관해서는, 문동학, 「벨하우젠(J. Wellhausen)의 성막 이해에 대한 비판적 연구」, 장로회신학대학대학원 석사논문, 1988, 특히 49쪽 이하 참조. 비교, 김이곤, "성막에 관한 지시와 그 시행에 나타난 사제신학", 〈기독교사상〉 362, 1989년 2월, 230쪽 이하.

22) C. Westermann, *Abriß der Bibelkunde*, Handbücherei des Christen in der Welt, Bd. Ⅰ, 1966, 55-56쪽.

으로서 소위 '성결법전'으로 독립적으로 존재했던 것이, 성막 건립 이야기 → 제사규정 → 첫 공식 성막 제사 예식 거행 이야기에 뒤따라 첨가되었다고 보며, 레위기의 마지막 27장은 부록의 성격으로서 5경의 각 책이 구분된 후 레위기 권말에 수록된 것이라고 한다.[23] 그러면서 레위기에서 8~10장의 공식 성막 제사 거행 이야기 외에 다른 법 규정 자료들은 5경의 기본문서 자료들과는 상관없이 독자적인 전승을 가지고 존재했다고 보고, 여기서 노트는 다시 레위기의 독립 자료들이 생겨난 출처에 관해 전승사적 물음을 제기한다. 노트는 레위기의 제례 예식에 관한 독립 자료들은 구전 단계를 거쳐 오랜 전승을 거쳤다고 보지만, 제례 전승의 관습과 언행은 그 성격상 정치−역사적 상황 변천에 대해 상당히 보수적이기 때문에 그 정확한 변천 과정의 추정이 실제로 불가능할 때가 많음을 시인하면서, 레위기의 제의법 규정 자료들의 전승사적인 마지막 정착은 추측컨대 남왕국 유다 멸망의 직전이나 직후로 추정하며, 그 후에 차례로 오늘의 레위기 본문과 5경의 "P"문서의 틀 속에 삽입되고 편집된 것으로 본다. 그러나 노트는 왜 성막에서의 첫 공식 제사 거행 이야기가 반드시 레위기 문서 형성사의 단초를 여는 시발점이 되어야 하는지 충분히 납득할 만한 설명이나 증거를 제시하지 못하고 있으며, 이미 언급한 대로 제사 관련 자료들의 다루기 어려운 보수적 성격 때문에 어떤 가설이든지 유보적으로만 설명이 가능할 뿐임을 시인하고 있다.[24] 노트의 레위기 형성사에 대한 기술은 지나치게 사변적이며 부자연스럽고, 우리가 그대로 따라야 할 이유가 없다. 오히려 현재 레위기의 역사적 본문 맥락을 따르는 것이 더 자연스럽다.

어쨌든, 벨하우젠 학파의 이스라엘 역사 이해의 열쇠라고 할 수 있는 주전 8세기 히브리 예언자들에 의한 구약의 윤리적 유일신 사상의 확립 가설은 미국의 성서고고학자이며 구약학자인 올브라이트(W. F. Albright, 1891−1971)가 고대 서아시아(고대 근동)의 종교−문화적 환경을 배경으로 한 폭넓은 역사적−고고학적 비교연구 결과를 근거로 역사적 모세시대에 유일신 사상(monotheism)의 출현 가능성을 제시함으로써 극복되기 시작했다.[25] 출애굽 사건으로부터 시내산 언약으로 이어지는 모세 전통의 역사성을 부인하는 소위 알트−노트 학파(the school of Alt and Noth)의 역사적 '허무주의'(nihilism)는 이후 미국 버지니아 유니온신학교의 구약학자 브라이트(J. Bright, 1908−1995)에 의해 그 역사성이 어느 정도 회복된 것은 그나마 다행한 일이

---

23) M. Noth, 위의 책, 4-5쪽.

24) M. Noth, 위의 책, 6-7쪽; 비교, R. K. Harrison, *Leviticus*, 위의 책, 21쪽 이하.

25) William Foxwell Albright, *From the Stone Age to Christianity: Monotheism and the Historical Process*, The Johns Hopkins Press, 1957, 특히 257-72쪽.

다.[26] 브라이트는 또한 정통적 벨하우젠 사상(orthodox Wellhausenism)은 시간이 지나감에 따라 너무나 많은 수정들이 가해졌기 때문에 더 이상 그 순수한 주장을 찾기 어려움을 지적했으며,[27] 무엇보다 벨하우젠의 『이스라엘 역사 서설』이 출간된 지 100주년을 기념하는 해인 1978년에 즈음하여 이스라엘 히브리대학교의 성서학 교수인 모세 바인펠트(Moshe Weinfeld)는 벨하우젠의 5경 문서가설을 뒷받침했던 논증들은 편견에 근거한 잘못이라고 했으며, 소위 "P"문서가 "D"문서보다 오히려 시대적으로 앞선 것으로 논증한 것은 주목할 만한 변화이다.[28]

영국의 구약학자 웬햄(G. J. Wenham)은 예언자 에스겔이 레위기를 상당히 인용한 것으로 보며(레 10:10 // 겔 22:26; 레 18:5 // 겔 20:11; 레 26 // 겔 34 등), P문서의 어휘가 바벨론 포로기 이후의 히브리어를 닮지 않은 점 등을 들어 역시 레위기를 포함한 P문서의 후기 편집 가설은 인정하기 어렵다고 한다.[29] 이미 주전 2천 년대에 수메르(Sumerian) 전통을 따르는 메소포타미아의 종교문서나 애굽의 피라밋 문서들 그리고 주전 14세기경의 가나안 종교문서인 우가릿(Ugarit) 문서 등에서도 제사장과 제례규정에 관한 오랜 기록 자료의 전통이 있었음을 알 수 있고,[30] 레위기에는 출애굽기에서와 같이 역사적 모세의 기록 활동(출 17:14; 24:4; 34:27 등)에 대한 직접적인 언급은 없으나 레위기 원문에 여호와 하나님이 "모세의 손으로"(בְּיַד־מֹשֶׁה, 레 8:36; 26:46 등) 명하신 모든 말씀이라고 한 뜻은 모세의 문서 활동을 함의하는 표현으로 볼 수 있다. 또한 레위기에는 약 56회에 걸쳐 거듭하여 하나님이 모세를 불러 명하셨다는 말씀을 강조한 것, 그리고 그 시내산 성막의 역사적 배경 상황으로 볼 때, 역사적 모세 자신이 아론과 그의 제사장 아들들의 도움으로 레위기의 문서화 작업을 시작했을 가능성이 크다고 하겠다. 이렇게 시작된 레위기의 서전(書傳)은 구전(口傳)

---

26) John Bright, *Early Israel in Recent History Writing*, SCM Press, 1956, 특히 34-55쪽.

27) John Bright, 위의 책, 23쪽 이하.

28) Moshe Weinfeld, *Getting at the Roots of Wellhausen's Understanding of the Law of Israel on the 100th Anniversary of the Prolegomena*, Institute for Advanced Studies, The Hebrew University, 1979, 특히 40쪽 결론 참조. 1980년대에 진입하면서 점증하는 5경문서설에 대한 재검토의 요구 상황에 관해 독일의 비평적 구약학자 군네벡은 다음과 같이 서술하고 있다: "5경 연구에 대한 현재의 상황은 엄청나게 복잡하나 그럼에도 불구하고 다음과 같은 하나의 간단한 비유로 묘사될 수 있을 것이다. 사람들은 새로운 해안을 찾아 떠났지만 육지는 아직 오래도록 시야에 들어오지 않고 있다. 기호 JEDP로 표기되는 문서가설, 거기에 맞서는 모든 근본적으로 다른 시도들은 차라리 예외적인 것이거나 문외한들의 괴상한 생각들로 여겨졌는데, 바로 이 문서가설에 대항해서 여러 목소리들을 동반한 항의가 일어났으며, 이러한 항의는 그 자체 내에서도 통일된 것은 아니라 하더라도, 저러한 문서 자료설을 지금까지의 가설 내용에 있어서 거부한다는 점에 있어서는 일치하고 있다." A. H. J. Gunneweg, "Anmerkungen und Anfragen zur neueren Pentateuchforschung", *Theologische Rundschau*, NF 48. Jahrgang, Heft 3, Sept. 1983, 227쪽.

29) G. J. Wenham, *The Book of Leviticus*, 위의 책, 8-13쪽.

30) R. K. Harrison, *Introduction to the Old Testament*, 위의 책, 592쪽 이하. 동일저자, *Leviticus*, 위의 책, 15-25쪽. G. del Olmo Lete, *Canaanite Religion, According to the Liturgical Texts of Ugarit*, 1999, 특히 "Sacrificial Rituals", 87-138쪽. William W. Hallo and K. Lawson Younger, Jr. eds., *The Context of Scripture*, Vol. one, *Canonical Compositions from the Biblical World*, 1997 참조.

과 함께 후대로 오면서 솔로몬 시대 예루살렘 성전 봉헌과 제사예식 거행 역사와 함께 일찍부터 레위기는 기록으로 정리되면서, 오늘의 5경 문맥에서 레위기 본문의 모습은 제2성전 시대에 아론의 16대손으로서 제사장이며 율법학자인 에스라(스 7:1-11; 느 8:1-12; 비교, 스 6:15-18)가 모세의 전통에 따라 제사장들과 레위인들의 도움을 받아 최종적으로 편집하고 완결했을 가능성이 큰 것으로 여겨진다. 물론 신약 문맥에서도 레위기를 인용할 때 모세 전통의 역사성을 의심하지 않았으며, 예수께서 나병환자의 정결규정인 레위기 14장 2절 이하에서 인용하여 언급하실 때에도 역시 모세 율법의 역사적 전통을 언급하셨다는 점(마 8:4; 막 1:44; 눅 5:14; 17:14 등)은 오늘 레위기를 공부하는 우리를 위해서도 시사하는 바가 크다(비교, 롬 15:4).

Ⅲ. 레위기신학의 의의(意義)

레위기는 단순히 이스라엘 민족 형성사의 일부이거나, 히브리 종교의 고대 제사예식 자료가 아니라, 여호와 하나님께서 시내산 언약의 실현을 위해 출애굽의 지도자 모세를 통해 자기 백성 이스라엘에게 계시하신 하나님을 섬기고 생활하는 규례와 법(도)의 내용이다. 레위기신학은 모세 5경의 전체적 틀에서 보아야 하며, 특히 출애굽신학과 민수기신학의 전후 맥락과 밀접한 상관관계에서 파악해야 하고, 이때 출애굽신학에서 시내산 언약과 성막(또는 회막) 건립은 레위기신학의 역사적 기초가 된다. 영국의 구약학자 웬햄(G. J. Wenham)은 레위기신학의 주제를, (1) 하나님의 임재(the presence of God), (2) 거룩(holiness), (3) 제사의 역할(the role of sacrifice), 그리고 (4) 시내산 언약(the Sinai Covenant)으로 정리했다.[31]

모세 5경의 신학적 틀을 구속사(救贖史)적인 관점에서 보면 다음과 같이 요약해 볼 수 있다. 창세기신학은 하나님 나라 구현을 위한 여호와 하나님의 선하신 창조 질서로부터 인간이 범죄하고 타락함으로써 '죽음'을 초래했고, 이후 인간은 하나님의 구원 없이는 죄와 죽음의 문제를 해결할 수 없는 실패한 존재라는 점을 강조한다. 창세기신학은 한 마디로 인간의 실패를 확인한다. 창세기에 이어서 출애굽기는 실패한 인간을 구원하시는 여호와 하나님의 구원사를 나타낸다. 실패한 인간은 범죄와 죽음으로 모든 것이 끝나는 것이 아니라, 여호와 하나님께서는 구원사의 계획을 가지고 일찍부터 인간 구원의 복음을 약속하셨고(창 3:15. 비교, 사 7:14; 마 1:23; 갈 4:4 등),

---

31) G. J. Wenham, "Ⅵ. Theology of Leviticus", *The Book of Leviticus*, 위의 책, 15-32쪽.

이후 노아 언약과 아브라함 언약으로 구속사의 계획을 강화하면서, 이스라엘 백성을 역사적 출애굽 사건을 통해 구원하심으로써 인간은 죄악과 사망으로 표상되는 애굽의 종살이에서 벗어나 '젖과 꿀이 흐르는' 약속의 땅으로 인도되어 참 신이신 여호와 하나님을 섬기는 진정한 자유와 참된 생명을 누리는 구원역사를 경험하게 된다는 것을 출애굽 신학은 강조한다. 출애굽을 통해 계시된 하나님의 이름 여호와(야웨, 야훼)는 무엇보다 '구원'을 강조하는 이름이며(출 3:14; 6:3; 비교, 시 3:8; 사 43:11; 45:21; 호 13:4!; 욘 2:9 등), 출애굽 사건은 인간의 범죄와 실패의 역사를 구원과 회복의 역사로 바꾸시는 여호와 하나님의 재창조 신학이다. 출애굽을 통해 구원받은 하나님의 백성은 '어린 아들'(호 11:1; 출 4:22-23)에 비유된다. 이제 여호와 하나님은 구원받아 새 생명 얻은 자신의 어린 자녀들을 돌보시며 하나님의 계획과 뜻을 알게 하시고, 하나님과 동행하는 삶으로 자라가게 하기 위해 레위기를 주신다. 이러한 의미에서 레위기신학은 "너희는 거룩하라, 나 여호와 너희 하나님이 거룩함이니라"(레 11:44-45; 19:2)라고 요구하시는 성화(聖化)의 신학이다. 여기서 성화는 하나님을 닮아가는 성숙함과 온전함을 의미한다. 달리 말하자면, 레위기신학은 제사(예배)를 통해 하나님께 나아가는 규례와 또한 윤리-도덕적 생활을 통해 하나님과 동행하는 법을 가르침으로써, 신앙과 생활이 조화된 거룩한 인간성을 구현하기 위한 신학이다. 하나님의 백성으로서 이스라엘 예배공동체의 집단이나 개인을 막론하고, 레위기신학이 가르치는 성숙한 인간상의 목표는 출애굽 직후 시내산 언약의 약속 내용인 여호와 하나님의 소유(자녀)로서 '제사장들의 나라와 거룩한 백성'(출 19:5-6)을 실현하려는 것이다.

오늘날 한국의 개신교는 제2세기의 문턱에 들어서면서, 신앙과 생활의 급속한 세속화(世俗化)와 신앙과 생활의 이율배반적인 괴리 현상으로 병들어 가고 있다. 구약 신학적으로 진단해 본다면, 구원받았다는 출애굽 신학은 있는데(종종 출애굽의 해방과 자유의 진정한 의미도 세속화되고 정치적 이데올로기로 변질되고 있지만), 이제 장성한 사람으로 자라가야 할 레위기의 성화의 신학이 제대로 연결되지 못하는 데서 오는 부작용이 아닐까? 비유컨대, 새 생명이 태어났는데 자라지 않고 왜소증에 걸렸다면 참으로 불행한 일이 아니겠는가. 대한예수교장로회(통합) 원로인 임택진 목사가 1988년에 참 목회자상을 위한 신학 강좌에서 레위기를 강해한 것은 그러므로 매우 시의적절하며, 그 강해 서설에서 "특별한 흥미와 감동으로 출애굽기를 읽은 독자라도 레위기는 어지간한 인내력이 없이는 통독하기 어려울 만큼 무미건조한 율법책이다. 그러나 레위기는 모세 오경의 셋째 책으로 그 위치가 중간에 있어서가 아니라 모세 오경의 중심이요 구약성경의 중심 되는 진리를 기록한 책이다"라고 설파한 것은 우리 모두가 귀담아들어야 할 탁견이다.[32] 레위기는 구원에서 성화로 자라가는 진리를 가르쳐주기 때문이다.

동서양을 막론하고, 개신교에서는 레위기를 잘 공부하지 않는 경향이 있지만, 일찍이 유대교에서는 주후 70년 예루살렘성전 파괴 이후 디아스포라 시대에도 레위기가 특별한 숭앙(in particular reverence)을 받아 왔고, 유대교 가정의 어린이들이 히브리 성경을 공부하기 시작할 때 제일 먼저 읽는 책은 창세기가 아니라 레위기라고 한다.[33]

성화를 통해 인간의 온전성을 추구하는 레위기신학 뒤에 따라오는 민수기신학은 이를테면 광야의 신학인데, 그 주제는 놀랍게도 하나님의 백성의 "불평과 원망"(특히 민 14장 참조)으로 나타난다. 레위기 신학은 창세기신학과 출애굽기신학을 전제하고 하나님의 백성의 신앙과 생활에서 성숙과 온전성을 가르쳐주고 있지만, 시내산 진영을 떠나 가나안 땅으로 출발한 이스라엘 백성은 광야에서 40년 가까이 유리하면서 '훈련'을 받아야 했다. 이스라엘 백성의 신앙과 생활에서 성화(聖化)의 목표는 분명하게 제시되었지만, 광야 생활의 불리한 조건에서 출애굽을 원망하고 불평을 일삼던 "목이 곧은" 출애굽한 제1세대는 다 죽고, 결국은 새로운 제2세대가 훈련되고 재조직되어 여호수아의 인도 아래 약속의 땅을 밟게 된다. 민수기신학은 이러한 의미에서 '광야교회'를 통한 하나님의 백성의 반성과 훈련(discipline)의 신학으로 정리할 수 있다. 이스라엘 백성이 광야교회(행 7:38)에서 훈련을 받았다는 의미는, 오늘 교회에서도 구원받은 단계를 넘어서서 성화의 목표제시와 함께 신앙과 생활의 훈련이 필요한 것을 시사한다. 앞으로 한국교회는 신앙과 생활의 일치를 가르치는 레위기의 성화신학의 다음 단계로서 교회의 훈련과 권징과 치리권을 올바로 시행하도록 가르치는 민수기신학에도 마땅히 관심을 기울여야 한다. 성화의 목표는 인내와 함께 훈련을 요구한다. 훈련의 신학으로서 민수기 신학은 다시 한번 오직 한 분이신 여호와 하나님만 사랑하고 그의 계명을 듣고 전심으로 순종하는 신명기 신학으로 재정리되어야 한다(신 6:4 이하 참조). 인간은 망각의 약점을 가지고 있다. 창세기신학, 출애굽기신학, 레위기신학, 민수기신학을 거쳐오면서, 이스라엘 백성은 여호와 하나님의 진리의 가르침과 훈련을 받았음에도 불구하고, 기억상실증에 걸려 하나님이 원하시는 신앙생활을 버리고 딴 길로 가는 경우가 많았다. 신명기에서 자주 되풀이 되는 중요한 단어는 '들으라'(신 4:1; 5:1; 6:3-4; 9:1; 20:3; 27:9; 28:1; 31:12-13 등)와 '기억하

---

32) 임택진, 『레위기강해』, 서울장로회신학교총동문회, 벧엘문화사, 1988, 5쪽.

33) Solomon B. Freehof, *Preface to Scripture*, Union of American Hebrew Congregations, New York, 1964, 26쪽 이하.

라'(신 5:15; 7:18; 8:2,18; 9:7; 11:2; 15:15; 16:312; 24:9,18,22, 25:17; 32:7 등)는 말씀이다. 듣고 기억을 위한 최선의 방법은 되풀이하는 것이다. 신명기(申命記, Deuterono-my)라는 책의 명칭도 문자적으로 하나님의 '명령을 되풀이 한다'는 뜻이다. 신명기 신학은 하나님의 계명을 되풀이 하여 기억하고 그 말씀을 순종하는 신학이다(비교, 요 14:15; 요일 2:3).

모세 5경(토라)의 마지막 장인 신명기 34장은 모세의 죽음으로 마감됨으로써, 광야에서 훈련받은 제2세대 이스라엘 백성이 약속의 땅 가나안에 들어가는 구속사의 성취감을 맛볼 수 없는 아쉬움이 남게 된다. 5경의 구속사 신학을 완결하는 가나안 땅 정복은 모세의 후계자로서 '지혜의 신'(신 34:9)이 충만한 여호수아의 지도 아래 비로소 여호수아서에서 이루어진다.[34] 그러므로 구약 신학자들 중에는 완결된 구속사 신학의 맥락을 강조하기 위해 5경(Pentateuch) 신학보다 6경(Hexateuch) 신학을 말하기도 한다. 결론적으로, 레위기신학은 무엇보다 출애굽신학의 연속이고, 시내산 언약의 계승과 전개이다(출 19:5-6!). 레위기의 제사신학에서는 이스라엘 백성의 거룩성 구현을 위해 특히 하나님의 임재와 동행이 중요하며, 무엇보다 "희생 제사의 피"(the sacrificial blood)가 인간의 죄를 깨끗하게 하는 대속(代贖)의 원리(레 17:11)임을 강조하고 있다.[35] 그러므로 복음주의 구약학자 조지 나이트(George A. F. Knight)는 레위기 신학을 "십자가의 신학"(a theology of the cross)이라고 부르고 있다.[36] 우리는 이미 구약의 예언자들, 이를테면 미가(미 6:6-8; 비교, 시 50:10-15)나 신약의 히브리서 기자(히 8~10장)가 레위기의 제사 제도에 의문을 던진 것을 기억하고 있다. 히브리서 10장 4절은 황소나 염소의 피가 죄를 영원히 없이하는 것은 불가능함을 지적한다. 그러나 예수 그리스도의 십자가 사건은 레위기의 제사신학과 예표론적 해석(typological interpretation)의 관계를 맺고 있음이 사실이며, 구약의 제사를 완전하게 하시는 예수 그리스도의 대속의 보혈이 '단번에 영원한' 속죄를 이룬 것을 성경은 말하고 있다(마 26:28; 막 14:24; 눅 22:20; 히 9:11-15; 10:14; 벧전 1:18-21 등). 이것은 레위기 제사신학에 대한 기독교 성서 해석학의 올바른 입장이다.[37]

이상의 논의를 전제로 시내산 언약신학의 맥락에서 레위기가 오늘 우리에게 주는 신학적 의의(意義, significance)를 정리해 보면, 영국의 구약학자 웬햄(G. J. Wen-ham)이 올바로 지적한 대로, 레위기의 제사-예식 규례와 생활의 법은 이스라엘의

---

34) 구원사의 완결 문맥에서 여호수아의 이름이 신약의 예수의 이름과 어원적으로 연결되고 있음도 우연은 아닐 것이다. 비교, 성종현, "예수-그 이름 속에 담긴 복음", 〈기독교사상〉 362, 1989년 2월, 211쪽 이하(비교, 히 4:8!).

35) G. J. Wenham, *Leviticus*, 위의 책, 26쪽 이하.

36) George A. F. Knight, *Leviticus*, DSB Series, Westminster, 1981, 9쪽.

37) 비교, W. S. La Sor, D. A. Hubbard, F. W. Bush, *Old Testament Survey*, 위의 책, 161쪽 이하.

역사적인 구원 사건(출애굽)이 선행한 이후 후속 조치로서 따라오는 하나님의 은혜의 선물로서 주어졌다는 사실이다. 즉 레위기신학에서도 구원(복음)이 선행하고 법(율법)은 후속한다. 또한 출애굽의 해방은 자기 마음대로 판단하고 누리는 자유 즉 '방종'을 의미하지 않고, 하나님이 주시는 계명과 사명에 '순종할 수 있는 자유'를 의미한다. 죄와 불의와 우상숭배와 부정부패의 삶을 떠나 하나님의 계명(특히 십계명)을 순종함이 곧 진정한 해방이고 거룩한 자유며 참된 생명임을 레위기는 밝혀 준다. 그러므로 하나님의 언약 백성이 불순종할 때는 마땅한 심판이 경고된다(레 26:24-28; 비교, 신 28; 암 3:2 등). 그러나 여호와 하나님과 그의 백성의 언약은 영원하다. 계속되고 반복되는 이스라엘 백성의 불순종은 반복되는 심판을 초래하지만, 결코 언약의 전면 취소나 무효를 가져오는 것은 아니다(레 26:42-45!). 언약은 하나님의 사랑(חֶסֶד)에 근거하기 때문에, 여호와 하나님은 아브라함, 이삭, 야곱과 맺은 언약을 기억하시며(출 3:6; 4:5; 비교, 창 12:1-3), 그 약속을 지키시기 위해 시내산 언약으로 그 성실하심을 나타내시고, 가나안 땅에서도 반복해서 범죄하는 이스라엘 백성들에게 새 언약(렘 31:31)을 약속하시며, 마침내 예수 그리스도 안에서 그 새 언약의 실현을 성취하셨다(눅 22:20; 요 10:28-30; 19:30; 고후 3:6 등; 비교, 겔 37:13; 애 3:22; 느 9:29-33 등).[38] 시내산 성막(회막)에 임재하신 여호와 하나님은 예수 그리스도의 성육신하심으로 우리 가운데 장막 성소로 함께 임재하신다(요 1:14; 비교, 마 28:20).

레위기는 제사예식을 담당하는 성직 계층으로서 제사장들이나 레위인들만의 규정집은 아니다. 왜냐하면 시내산 언약을 통해 모든 이스라엘 백성들은 각자가 '제사장들 나라'의 제사장이 되어야 한다는 시내산 언약의 구현이 레위기 신학의 기본 사상이기 때문이다(출 19:5-6; 비교, 계 1:6; 5:10; 20:6).[39] 레위기의 만인제사장 신학에 기초하여 사도 베드로는 새 언약 백성이요 새 이스라엘 백성인 오늘 우리에게 베드로전서 2장 5절과 9절의 말씀을 통하여 우리 그리스도인의 정체성과 사명을 일깨워 주고 있다. "너희도 산 돌 같이 신령한 집으로 세워지고 예수 그리스도로 말미암아 하나님이 기쁘게 받으실 신령한 제사를 드릴 거룩한 제사장이 될지니라 … 너희는 택하신 족속이요 왕 같은 제사장들이요 거룩한 나라요 그의 소유가 된 백성이니 이는 너희를 어두운 데서 불러내어 그의 기이한 빛에 들어가게 하신 이의 아름다운 덕을 선포하게 하려 하심이라".

---

38) 비교, G. J. Wenham, *Leviticus*, 위의 책, 31-32쪽.
39) W. S. La Sor 외, 위의 책, 150쪽.

15

레위기 5대 제사, 평신도지침을 중심으로
(레 1~5장)

애굽 왕 파르오(바로. 파라오)에게 모세와 아론이 말한 출애굽의 명분은 히브리인들(이스라엘)이 그들의 하나님이신 여호와께 제사(예배)를 드리러 가야 한다는 것이었다(출 4:23; 5:1; 7:16; 8:1 이하). 시내산 언약(출 19-24장)을 통해 볼 때 하나님의 보배로운 소유(즉 자녀)인 이스라엘 백성이 제사장들의 나라와 거룩한 백성의 사명을 실천하는 것은 다른 무엇보다 제사(예배)의 올바른 수행에 있다. 하나님은 예배를 통해 그의 백성과 만나신다(출 29:42-46; 요 4:24-24). 이러한 관점에서 레위기의 제사(예배)는 여호와 하나님과 이스라엘 사이의 시내산 언약 관계를 확증하는 초석(주춧돌)이다.[1] 네덜란드의 구약학자 프리젠(Th. C. Vriezen, 1899-1981)은 이스라엘의 제사예식(the cult)의 존재 이유에 대해 '하나님과 사람 사이의 올바른 관계를 유지하기 위한 것'으로 보면서, 그것은 여호와 하나님이 그의 언약 안에서 세우신 화해와 속죄를 통해 하나님과 사람 사이의 친교(communion)를 온전하게 하는 방도라고 정리했다.[2]

구약에서 제사의 역사는 최초로 가인과 아벨의 제사(창 4:1-5)에서 시작된다. 그후 노아의 제사(창 8:20 이하)와 아브라함을 위시한 족장 시대 제사(창 12:7 이하)와 출애굽 시대까지 제사의 역사는 계속되었다.[3] 레위기의 제사규정은 그러므로 오랜 셈족 문화권의 제사 전통과 그 역사를 전제하고 있으며, 이것을 간단히 정리하면 모세 이전의 제사는 창조주 하나님께 대한 유화(宥和, propitiation)적 성격이 두드러진 반

<hr>

1) Samuel J. Schultz, *Leviticus*, Moody Press, 1983, 65쪽.

2) Th. C. Vriezen, *An Outline of Old Testament Theology*, Oxford, 1958, 280쪽.

3) 곽안련, 『標準聖經註釋 레위기』, 대한예수교장로회총회 宗教教育部, 1957, 62쪽 이하 참조.

면에, 모세 이후 레위기 제사의 특징은 여호와 하나님과의 언약 관계에서 화해(rec-
onciliation=atonement)와 속죄(贖罪, expiation)에 강조점이 있다. 독일 하이델베르
그대학교의 구약학자 렌토르프(Rolf Rendtorff, 1925-)는 고대 이스라엘의 제사예식
의 역사에 대해 하나의 통일된 견해를 이룩하는 작업이 비평학적 구약연구에서는 오
늘날까지 성공을 거두지 못하고 있다는 점을 지적하면서, 그 이유는 무엇보다 구약
자체 내의 통일성이 없는(uneinheitlich) 자료 상태에 기인하는 것이라고 하였다.[4]
스웨덴의 구약학자 링그렌(H. Ringgren, 1917-2012)은 그러나 구약의 제사 역사 연구
를 통해 두 가지 중요한 통찰을 제시한다. 첫째로 고대 이스라엘의 제사는 당시 고대
서아시아(고대 근동) 세계의 제사문화와 공통적인 보편성을 가지면서 주로 (1) 하나님
께 대한 감사, (2) 하나님과의 친교, (3) 죄의 대속(expiation)의 기능을 수행한다는 것
과, 둘째는 율법적이고 형식적인 제사 자체만으로는 하나님을 예배하는 데 충분치
못하다는 영적 통찰력이 생겼다는 것이다. 즉 제사예식 자체보다는 예배자의 올바른
마음과 생활 태도가 더 중요하고 본질적이며, 주전 586년에 예루살렘 성전이 파괴되
었을 때부터 성전 제사가 불가능하므로, 오히려 찬양과 기도가 제사에 상응하는 것
으로 이해되었고, 인간의 죄악의 심각성은 여호와의 종의 대속적인 '속죄제'가 필요
하다는 데까지 이르렀다는 것이다(사 53장 참조). 이러한 두 가지 역사적 배경에서 신
약의 제사 이해와 함께 궁극적으로는 예수 그리스도의 대제사장직과 대속적 희생제
사(히 9~10장)에 관한 이해가 연결되어야 한다고 본다.[5] 아모스 5장 25절과 예레미
야 7장 22절의 해석에서도, 출애굽 직후 광야 생활 시대에는 구약의 제사 제도가 없
었다고 하는 것은 잘못된 해석이며(비교, 호 6:6), 프랑스 로마가톨릭 사제로서 성서
고고학자인 드 보(R. de Vaux, 1903-1971)의 설명대로 그것은 수사학적으로 일종의
'변증법적 부정'(a dialectical negation)으로서 제사제도 자체를 부인한 것이 아니라
내적 진실이 없는 외식적인 제사를 질책한 것으로 보아야 한다는 것이다.[6]

　　지금까지 성서비평적 학자들은 레위기 1~5장의 제사규정은 바벨론 포로기 이후
에 확정된 것으로 취급하는데, 그럼에도 불구하고 드 보(R. de Vaux)에 의하면 그 배
경에 있는 이스라엘 제사의 고대성(antiquity)과 그 근본적 유대성(the fundamental
unity)을 잊어서는 안 되며,[7] 특히 렌토르프(Rolf Rendtorff)의 결론에 의하면 소위 제
사장문서에 담겨진 제사전승 내용을 '당연히 후대의 것'(ohne weiteres als spät)으로

---

4) Rolf Rendtorff, *Studien zur Geschichte des Opfers im Alten Israel*, Neukirchener, 1967, 1쪽.

5) H. Ringgren, *Sacrifice in the Bible*, World Christian Books No. 42, London, 1962, 73쪽 이하.

6) Roland de Vaux, *Ancient Israel, Its Life and Institutions*, edited by John McHugh, London, 1974, 428쪽 및 454쪽. 정
규남, "구약에 있어서의 예배," 〈聖經과 神學〉 제6권, 한국복음주의신학회, 1988, 7쪽 각주 4번.

7) R. de Vaux, 위의 책, 432쪽.

처리하는 것은 근거 없는 견해라는 것이다.[8] 이러한 관점에서 독일 튀빙겐대학교의 후기 폰 라트 학파에 속하는 로마가톨릭 구약학자 게제(H. Gese)의 이스라엘 제사에 대한 반성적인 통찰은 주목할 만하다. 게제에 의하면, 바벨론 포로기 이후 이스라엘의 제사예식 제도는 대속(atonement)의 개념으로 정의되면서, 지금까지 이스라엘 제사의 전개과정과 계시 역사의 마지막 단계를 올바르게 보여준다는 것이다. 그러므로 제사장문서(the Priestly Document)나 후기 이스라엘 제사 제도에 단순히 '예식주의' (ritualism)의 딱지를 붙이는 것은 근본적으로 판단의 잘못이며, 이러한 예식주의가 사람들에게 예식 행위 제공을 통해 거짓된 안정감을 도모하며 종말론적 내용이 없는 자족적—자기기만적 확신을 심어 주는 신정론 체제를 구축했다고 비난하는 것은 신학적 편견이며 잘못이라는 것이다[9] 최근에 미국의 구약학자 베이커(David W. Baker)는 페니키아 식민지였던 고대 카르타고 전통의 주전 약 5~3세기의 제사규정 문서를 레위기 1~7장과 양식사 비평의 방법으로 비교하여, 레위기 제사규정은 '제사예식의 지시규정 양식'(the genre of prescriptive ritual texts)을 대표하는 것이며, 이러한 양식의 '삶의 자리'(Sitz im Leben)에서의 기능은 헌제자나 제사장의 지침서(a reference document) 역할을 한 것으로 파악하고, 현재 레위기의 제사규정은 적어도 왕국시대에, 말하자면 D문서 이전에 이미 존재했을 것으로 평가했다.[10]

성서신학적인 관점에서, 레위기 제사예식의 진정한 의미와 목표는 예표론적으로 대제사장이신 예수 그리스도 자신의 희생제사로 '단번에 그리고 영원히' 모든 사람을 위해 성취되었다(히 10:10-22; 비교, 엡 5:2; 벧전 1:18-19; 마 20:28; 고전 11:25; 계 5:6-10 등). 레위기의 율법적 제사 행위는 예수 그리스도 안에서 문자 그대로 폐기되었다(히 7:11-28). 그러나 구약의 레위기 제사예배의 본질인 "영과 진리로 드리는 예배"(요 4:23-24)의 정신은 오늘도 그리스도인의 예배와 삶 속에서 계속해서 확인되어야 한다. 이러한 맥락에서 바울 사도는 그리스도인 각 사람에게 "너희 몸을 하나님이 기뻐하시는 거룩한 산 제물"(롬 12:1)로 드리라고 말하고, 베드로 사도는 "영적 제사를 드리는 거룩한 제사장이 되시오"(벧전 2:5)라고 했으며, 예수께서도 하나님은 "영과 진리로 예배하는 자를 찾으신다"라고 말씀하셨다(요 4:23-24). 율법의 레위기에서 규정된 제사는 예수 그리스도 안에서 문자적으로 폐지되었고(제1의 사용), 예수 그리스도 자신이 "단번에 영원한" 속제물이 되심으로 율법 제사의 요구를 완전하게

---

8) R. Rendtorff, 위의 책, 260쪽.

9) H. Gese, "The Atonement," *Essays on Biblical Theology*, Augsburg, 1981, 93-116쪽, 특히 114쪽.

10) David W. Baker, "Leviticus 1-7 and the Punic Tariffs: A Form Critical Comparison," *ZAW* 99, Band 1987 Heft 2, 188-97쪽, 특히 193쪽과 196쪽 이하 참조.

하셨다(제2의 사용). 이제 하나님이 찾으시는 예배는 예수 그리스도안에서 드리는 '영과 진리'의 예배이다. 이것이 복음주의 개혁신학에서 말하는 '율법의 제3의 사용'이고, 바울 사도가 말하는 '도리어 율법을 굳게 세우는' 의미이며(롬 3:31), 오늘도 우리가 레위기 제사를 공부하는 이유가 될 것이다. 레위기 1~5장에서는 번제, 소제, 화목제, 속죄제, 속건제의 '5대 제사'를 평신도 지침을 중심으로 지시하고 있는데, 이제 그 구체적 내용과 신학적 의미를 지면이 허용하는 한도 내에서 살펴보기로 하자.

Ⅰ. 번제(레 1:1-17)

구약에서는 명시적으로 노아가 제일 먼저 번제를 드렸고(창 8:20), 아브라함도 번제(창 22:13)를 드렸으며, 욥도 번제를 드렸다(욥 1:5). 공식적인 번제는 제사장들이 성막(또는 회막)에서 매일 아침과 저녁으로 전체 이스라엘 회중을 위해 소제와 함께 드리는 상번제(常燔祭)로 규정된다(출 29:38-46; 민 28:1-10 참조). 그런데 레위기 1장에서 말하는 번제는 이스라엘 백성 중에 **누구든지** 여호와께 예물(히브리어로 '코르반')을 드리고자 하는 사람은 개인적으로도 제물을 성막으로 가져와서 제사장을 통해 번제를 드릴 수 있도록 개방하고 있다. 번제(燔祭, the Burnt Offering)는 히브리어로 '올라'(עֹלָה, LXX ὁλοκαύτωμα)인데, '위로 올라가다'라는 뜻의 히브리어 동사(칼) '알라'(עָלָה)에서 파생된 명사로서, 제물을 제단 위에서 완전히 태워서 그 향기로운 냄새를 하나님께 올려 바친다는 뜻이 있다. 번제는 제단 불로 태우는 화제(火祭)로서, 그 제물의 가죽 외에는 제물을 완전히 불살라야 하기 때문에 '온전한 번제'(히브리어로 '카릴'. 신 33:10; 시 51:19 등)라고도 한다. 번제예식의 핵심적 요소는 제물을 완전히 제단에서 '소각하는 행위'에 있으며,[11] 그것은 유보 없는 자기위탁과 헌신(獻身)을 의미한다.[12] 평신도의 번제물은 소, 양, 염소의 흠 없는 수컷이며, 가난한 자는 멧비둘기(히브리어로 '토르', turtledove. 개역성경은 '산비둘기')나 비둘기(히브리어로 '요나', pigeon. 개역성경은 '집비둘기') 새끼로도 드릴 수 있다. 번제 제물에 흠 없는 수컷을 강조한 것은 가장 원기 왕성하고 값진 것을 의미한다고 본다. 번제예식의 과정에서는 헌제자인 평신도의 역할이 제사장의 역할과 구분되며, 헌제자와 제사장들이 6 대 4 정도의 비율로 협력하여 제사예식을 거행한다. 번제예식의 기본과정은 다음과 같다

---

11) R. Rendtorff, 위의 책, 235쪽.
12) S. J. Schultz, 위의 책, 54쪽.

(괄호 속의 번호는 제사장 역할이다).[13]

1. 헌제자가 회막 문 앞으로 번제물을 가져온다.
2. 번제물의 머리에 안수한다.
3. 번제물을 죽인다.
(4) 제사장들이 그 피를 제단 4면에 뿌린다.
5. 번제물의 가죽을 벗긴다(가죽은 집례한 제사장의 몫, 레 7:8).
6. 번제물을 저며서 조각으로 자른다.
(7) 제사장들은 제단 불과 나무를 준비한다.
(8) 제사장들은 조각난 제물과 그 머리와 기름을 제단 불 위의 나무 위에 올린다.
9. 제물의 내장과 다리 정강이를 물로 씻는다.
(10) 집례하는 제사장은 그 준비된 번제물 전부를 제단 위에서 불사른다.

가난한 자가 새(멧비둘기나 집비둘기)로써 드리는 번제물의 경우(1:14-17)도 헌제자가 그 번제물을 가져오면 제사장(들)이 헌제자와 협력하여 그 예식을 수행한다. 이러한 평신도 번제의 신학적 의미는, 그것이 어디까지나 여호와 하나님께 자원(自願)해서 드리는 예물 즉 히브리어로 '코르반'(קָרְבָּן)이라는 점과(비교, 막 7:11), 레위기 제사의 전문용어인 '향기로운 냄새'(רֵיחַ נִיחֹחַ)로서 여호와 하나님을 기쁘시게 하는 뜻이 있다. 이 두 가지는 번제뿐 아니라, 소제와 화목제에서도 함께 나타나는 공통적인 요소이다. 그러므로 제사(예배)는 먼저 예배자의 자원하는 마음이 중요하며, 사람을 가까이하고 사람을 기쁘게 하는 행사가 아니라 예배자가 하나님께 가까이하려는 마음을 가지고 여호와 하나님을 기쁘시게 하려는 것이 그 기본 정신이다. 또 번제를 드리는 헌제자가 제물의 머리에 안수하고 그 제물을 죽인 다음 제사장들은 그 피를 제단 4면에 뿌리며 헌제자를 위해 속죄하는 것(레 1:4-5; 17:11; 마 26:27-28; 롬 3:25; 엡 1:7; 요일 1:7; 히 9:11-12; 계 1:5; 비교, 히 10:4)은 의미심장하다.[14] 레위기에서 '속죄(贖罪)하다'(to make atonement)는 표현에는 히브리어 동사(피엘) '키페르'(כִּפֶּר)를 사

---

[13] 구약 제사 역사에서 왕국 시대 후기로 오면서 제사예식에서 점차 제사장과 레위인들의 역할이 증가하는 반면에, 평신도 헌제자의 직접 참여는 오히려 감소하는 것을 볼 때(대하 29:34; 30:16-17; 35:10-14; 겔 44:11; 스 6:20 등), 레위기 제사규정에서 평신도 역할이 두드러진 것은 레위기 제사전통이 바벨론 포로기 이후에 생긴 것이 아니라 모세 시대와 그 이전의 고대 제사 배경을 반영하는 것으로 평가할 수 있다. Paul Heinisch, *Das Buch Leviticus*, Bonn, 1935, 23쪽 이하 참조.

[14] 제물 안수의 의미는 단순히 죄를 제물에게 떠넘기거나, 제물이 헌제자의 것임을 확인하는 절차가 아니라, 헌제자 자신을 제물과 동일시하는 의미로 보아야 하며, 속죄제에서와 같이 이때 죄의 고백기도가 있었을 것이다(비교, 레 16:21). H. Gese, 위의 글, 104쪽 이하, 특히 106쪽. 비교, M. Noth, *Das dritte Buch Mose*, ATD 6, 1966, 13쪽.

용하는데(구약 전체 101회 사용 중 레위기에만 49회), 그 문자적 의미는 사형수가 사형 집행에서 벗어나기 위한 몸값 즉 '코패르'(כֹּפֶר)를 대신 지불한다는 의미이다. 따라서 속죄(또는 대속)의 의미는 마땅히 죽어야 할 사람을 그 죽음으로부터 건져내는 것이며, 이때 그 사람에게 요구되는 것은 몸값을 지불한 분에 대한 전적인 승복(承服)이다.[15] 번제에서 헌제자에 대한 속죄는 실정법적인 범죄와 관련된 속죄제의 경우와는 달리 타락한 인간 본성의 죄악(원죄)과 관계된 것으로 본다(창 3:6-7; 8:21; 시 51:5; 전 7:29; 롬 1:21-23; 5:12,19; 엡 2:1-3 등 참조).

이러한 고찰을 통해서 볼 때, 결국 신학적으로 번제의 핵심적 의미는 제물을 온전히 태워서 하나님께 올려바치는 내용에서 찾게 되며, 그것은 헌제자 곧 예배자의 삶을 온전히 하나님께 위탁하는 것으로 파악된다.[16] 그러므로 오늘의 헌신예배는 번제의 예배이다. 번제 예배를 통해 인간이 하나님께 자기를 위탁한다는 것(自己委托)은, 달리 표현하자면, 이제부터 자신의 삶의 주인(主人)은 자기 자신이 아니라 여호와 하나님이라는 고백이며, 이것은 곧 '자기를 부인'하는 삶으로 이해된다(비교, 마 16:24; 갈 2:20 등). 자기 위탁과 자기 부인(否認)의 번제 예배 정신의 의미는 신약으로 오면서 예수 그리스도의 이름을 찬양하는 '찬미의 제사'(히 13:15; 엡 1:6-7; 시 69:31-32=개역 69:30-31; 비교, 사 43:21 등)로 확장된다.[17] 하나님을 찬양하는 삶은 곧 번제 예배의 생활화이다. 번제는 곧 사람이 자기의(自己義)가 아니라, 하나님의 의(義)를 앞세우고 우리 주님이신 예수 그리스도를 찬양하며 자기 십자가를 지고 따라가는 원리를 가르친다.

Ⅱ. 소제(레 2:1-16)

소제(素祭, the Grain Offering; the Meat Offering, KJV)는 동물의 피 제사가 아닌, 곡물을 제물로 드리는 제사이다('곡식제', 새번역). 소제는 히브리어로 "민하"(מִנְחָה, LXX θυσία)인데, 때로는 광범위한 의미에서 희생제물까지 다 포함하는 용어로 사용되며(창 4:3-4; 삼상 2:17; 26:19 등), 일반적 의미로는 정치적으로 봉신이 그 주군에게 충성이나 우호의 표시로 바치는 '조공'(삿 3:15; 삼하 8:6 등)이나 선물(창 32:19; 43:11 등)에도 사용된다. 일찍부터 가인의 제사(창 4:3)나 멜기세덱(창 14:18)을 통해

---

15) 비교, H. Gese, 위의 글, 99쪽. G. J. Wenham, *The Book of Leviticus*, Eerdmans, 1979, 59, 61쪽 이하.
16) 곽안련, 위의 책, 66쪽.
17) S. J. Schultz, 위의 책, 55쪽.

소제의 오랜 전통을 알 수 있다. 소제 역시 공식제사에서는 매일 드리는 제사로서 번제와 함께 드려지며, 여기에는 올리브기름과 유향과 소금, 그리고 전제(奠祭 또는 獻酒, libation)가 따라온다(출 29:41; 민 28:5 이하; 비교, 빌 2:17; 딤후 4:6). 또 '진설병(陳設餠, '차려놓은 빵' 새번역)'도 일종의 소제이며(레 24:5-9; 삼상 21:3-6), 분향(焚香) 제사도 일종의 소제로서 제사장이 성소의 향단에 매일 아침과 저녁에 드리는 공식 제사이다(출 30:7-8 참조).

레위기 2장의 소제는 이스라엘 자손 누구에게나 허락되는 개인 제사로서, 그 주요 제물은 고운 밀가루와 식용 기름(올리브기름)과 유향과 소금이다. 개역에서 '소제'(素祭)라는 번역용어는 한문성경에서 온 것으로서, 여기서 한자로 '소(素)'는 '희다'는 뜻으로 '흴 소'인데, 소제의 주요 제물인 '흰 밀가루'에서 유래한 용어라고 생각된다. 소제는 곡식 재료로 화덕과 철판과 냄비에서 빵과 부침개와 과자를 만들어 드리며, 첫 곡식의 이삭을 볶아 드리거나, 갓 찧은 곡식을 드린다. 이스라엘 백성이 드린 소제물의 남은 것은 제사장과 그 가족의 몫이다. 그러나 제사장이 드린 소제물은 온전히 불사르고 아무도 먹어서는 안된다(레 6:14-23). 소제의 기본예식은 다음과 같다.

1. 헌제자가 소제물(곡식, 올리브기름과 유향, 소금)을 준비한다.
2. 소제물(주로 '고운 밀가루') 위에 올리브기름을 붓고 그 위에 유향을 더한다.
3. 헌제자는 준비된 소제물을 회막에서 아론 자손 제사장들께로 가져온다.
(4) 집례하는 제사장은 그 소제물 중 고운 밀가루 한 줌과 모든 유향을 취한다.
(5) 집례하는 제사장은 그것을 "기념물"로서 번제단 위에서 불사른다.
(6) 소제물의 남은 것은 지극히 거룩한 성물로서 아론과 그 자손들(제사장들)의 몫이 된다.

소제는 특히 토지 소산의 첫 열매를 수확하는 데서 볼 수 있는 것과 같이(레 2:12,14; 신 26:2 이하), 하나님의 은혜와 축복에 대한 감사의 응답이며, 소제의 정신은 일상생활에서 헌제자(예배자)의 희생 봉사와 선행(주로 자선과 나눔)으로 드러난다. 소제물은 지극히 거룩한 것으로 제사장들의 음식으로 주는 것은, 하나님이 베푸신 은혜와 물질적 축복을 영적 지도자들과 함께 나누는 원리를 말한다(고전 9:13 참조). 소제물의 핵심적 특징은 역시 '고운 밀가루'(סֹלֶת)의 상징적 의미에 있다. 고운 밀가루는 밀을 부수고 갈아서 얻어지는 것으로서, 그 의미는 헌제자가 하나님과 사람들 앞에서 자신의 삶을 바쳐 희생하며 봉사하겠다는 다짐을 뜻한다. 달리 말하자면, 분골쇄신(粉骨碎身)하도록 하나님의 나라를 위해 하나님의 뜻에 따라 살겠다는 희생과 봉사의 정신이다. 또 구약에서 올리브 기름은 성령(삼상 10:1)과 기쁨(사 61:3)을 상징하며, 유향은 성도의 기도를 의미하는데(시 141:2; 계 5:8 등), 소제에 올리브기름과 유향을 첨가하는 것은, 예배자의 희생 봉사와 선행의 실천은 자기 의지가 아니라 성령의 도우심으로 기도하면서 기쁨으로 해야 함을 시사한다. 소제에 누룩과 꿀을 넣지 말라는 것은 레위기 본문에서 그 이유를 분명하게 설명하지 않으나(레 2:11), 두 가지 다 발효물질로서 변하는 성질을 가진 것이다. 그러므로 희생봉사와 선행은 변덕이 있어서는 안 되며, 누룩 없는 빵과 같이 순전함과 진실함으로 해야 한다(고전 5:6-8 참조). 또 누룩은 밀가루가 부풀게 하는 작용을 하는데, 이것은 희생봉사나 선행을 뻥튀기 식으로 떠벌리면서 하면 안된다는 의미로 읽을 수 있으며, 꿀은 달콤한 것으로서 쉽게 파리나 곤충을 유인하여 소제물을 손상시킬 염려가 있으므로 주의를 환기시키는 의미가 있다. 이러한 소제의 정신은 봉사와 선행을 할 때 사람들에게 달콤하게 해서는 안 된다는 의미로도 볼 수 있다(비교, 마 6:1-4).

소제에는 반드시 소금을 치게 되어 있다. 누룩과 꿀이 변질되게 하는 성질이 있다면, 소금은 변치 않게 하는 것이고, 나아가 맛을 내는 것이다. 고대 셈족과 아랍인들은 언약을 체결하고 공동식사를 할 때는 소금을 먹는 풍습이 있었다고 한다. 소금은 소제에서 하나님과 예배자의 변치 않는 언약 관계를 의미하며,[18] 희생봉사와 선행은 소금과 같이 하나님의 백성의 일상생활에서 살맛이 나게 하는 원리이다(비교, 마 5:13; 막 9:50; 눅 14:34-35; 요 12:24 등). 번제단 위에 태우는 소제물을 "기념물"(אַזְכָּרָה)이라고 한 것은, 그것이 여호와 하나님께서 기억하신다는 의미로 볼 수 있으며, 이것은 희생 봉사와 선행의 삶은 사람들이 알아주는 것이 아니고 하나님이 알아주신다는 원리를 나타낸다.[19] 이러한 소제의 원리는 예수 그리스도께서 자기 몸을 빵(떡)으로 우리에게 받아먹도록 주신 거룩한 희생과 봉사의 삶과도 연결된다(비교, 요 6:33-35; 고전 11:23-24). 바울 사도가 로마서 12장 1절 이하에 거룩한 산 '제사'(θυσία)의 삶을 말한 것도 자기희생과 봉사와 선행을 통한 소제의 원리를 권면한 것으로 읽어야 한다. 그러므로 히브리서의 "오직 선을 행함의 제사"(히 13:6)는 오늘 모든 그리스도인들을 위한 소제 예배의 원리로 해석할 수 있다.[20] 그 외에도, 아내의 부정을 의심할 때 그 해결을 위해 성소의 제사장을 찾아가서 남편이 드려야 하는 '의심의 소제'(민 5:15)와, 속죄제물의 경우에 피흘리는 제물 대신 극빈자가 드리는 고운

---

18) G. J. Wenham, 위의 책, 71쪽. R. K. Harrison, *Leviticus*, IVP, 1980, 55쪽(비교, 소금언약: 민 18:19; 대하 13:5).

19) A. Noordtzij, *Leviticus*, Zondervan, 1982, 44쪽. 비교, R. de Vaux, 위의 책, 422쪽.

20) S. J. Schultz, 위의 책, 57쪽.

밀가루의 소제물(레 5:11 이하)도 있다. 아내의 부정을 의심하여 남편이 드리는 소제
물은 남편이 느끼는 질투심과 의심을 하나님 앞에 내어놓고 최종 판단은 하나님의
판단에 맡긴다는 의미로 읽을 수 있다.

Ⅲ. 화목제(레 3:1-17)

화목제(和睦祭, the Peace Offering)는 히브리어로 "재바흐 셜라밈"(זֶבַח שְׁלָמִים, LXX
θυσία σωτηρίου)인데, 화목제에서는 헌제자가 제물의 일부를 자신의 몫으로 되돌려
받고 그의 가족 및 이웃과 함께 잔치를 베풀고 기쁨으로 제물을 나누어 먹는 것이 특
징이다. 이러한 화목제는 유월절의 식사(출 12:1-10)와도 연관이 있다고 보며, 일종
의 회식을 동반하는 제사는 모세 이전부터 그 유래를 볼 수 있다(창 31:54; 출 18:12;
24:5 등). 렌토르프(R. Rendtorff)는 역사적으로 '셜라밈'과 '재바흐'는 각각 독립된 제
사 종류였는데, 셜라밈은 본래 번제에 따라다니는 마무리 제사(출 20:24; 32:6; 삿
20:26 등)였으며, 재바흐는 번제와 독립된 비공식 제사로서 가족과 같이 제한된 범위
내에서 제사장의 참여 아래 이루어진 잔치제사(출 23:18; 34:25; 삼상 1:21 등)로 보고,
후대로 오면서 '재바흐 셜라밈'으로 통합된 것으로 추정한다.[21] 그러나 이러한 주장
은 하나의 가정일 뿐이고, 오히려 잔치 제사의 성격상 화목제는 다른 어떤 제사보다
많은 사람이 선호하고 어디서나 자주 거행된 제사 종류로 볼 수 있으며, 따라서 그
제사 명칭과 더불어 시대와 환경에 따라 다른 어떤 제사보다 많은 변천과 외형상 변
화를 겪었다고 보는 것이 타당하지 않을까 생각한다.[22] 어쨌든, 프랑스 로마가톨릭
학자 드 보(R. de Vaux)에 의하면 재바흐는 제물을 도살하는 방법을 표시하고 셜라밈
은 하나님과 예배자 사이의 좋은 관계를 재확립하고 유지하기 위해 바친 일종의 조
공(a tribute)을 의미한다고 본다.[23] 그러나 영국의 구약학자 웬햄(G. J. Wenham)은
화목제의 기능에 대한 견해가 '셜라밈'의 번역에 따라 달라질 수 있음을 지적하면서,
친교제(Fellowship Offering), 마무리제(Concluding Sacrifice), 언약제(Covenant Sac-
rifice), 헌물제(Gift Sacrifice), 평안제(Peace Sacrifice) 등으로 해석할 수 있는 가능성
을 소개하였다.[24] 현재 레위기 3장 문맥에서는 언제 어떤 목적에서 화목제를 드릴

---

21) R. Rendtorff, 위의 책, 237쪽.
22) 화목제에서 제사장 몫은 레위기에서는 (1) 흔든 가슴과 (2) 흔든 뒷다리(레 7:34; 10:14)로 규정하나, 신명기에서는 (1)
   앞 넓적다리와 (2) 두 볼과 (3) 위(胃)로 정하고 있으며(신 18:3), 또 실로 성소에서는 타락한 제사장들이 솥에 삶은 제
   물고기를 갈고리로 찍어서 가져갔다(삼상 2:13-14).
23) R. de Vaux, 위의 책, 427쪽.

수 있는지에 관해 언급이 없으나, 제사장 규범인 레위기 7장 12-17절에서 보면, (1) 감사(תּוֹדָה)과 (2) 서원(נֶדֶר), 그리고 (3) 자원(נְדָבָה)의 경우에 화목제를 드릴 수 있다(비교, 레 22:18-30). 화목제의 제물은 소나 양 또는 염소의 흠 없는 수컷뿐만 아니라, 번제와는 달리 그 암컷도 드릴 수 있다. 화목제의 기본예식은 다음과 같다.

1. 헌제자가 제물을 회막 문 제단 앞에 가져온다.
2. 제물에 안수한다.
3. 제물을 죽인다.
(4) 제사장들은 그 피를 제단 4면에 뿌린다.
5. 내장과 두 콩팥과 허리와 간에 붙은 기름, 그리고 기름진 꼬리를 콩팥과 함께 따로 구별한다.
(6) 제사장(들)은 그것을 제단 위에서 태운다(화제 → 향기로운 냄새 → 여호와께 드리는 음식물! 비교, 레 3:11,16).
(7) 제물의 흔든 가슴과 든 우편 뒷다리는 제사장들의 몫이다.
8. 나머지 제물은 헌제자의 몫으로 되돌려지고, 그는 가족과 이웃과 잔치를 열어 함께 제물을 먹고 즐긴다(레 7:15-21; 신 12:7; 16:9-11; 삼상 16:13; 잠 7:14 등).

화목제에서는 제물의 모든 기름이 제단 위에서 태워지고, 피와 기름을 먹는 것을 금하였는데(레 3:16-17), 이것은 기생충 감염이나 콜레스테롤 증가와 같은 위생상의 문제 때문이 아니라, 기름은 가장 좋은 것(창 45:18; 신 32:14)으로 여겼고, 피는 생명을 위해 대속하는 특별한 기능이 있으므로 먹지 말라고 했고(레 17:10-11), 특히 두 콩팥을 내장의 기름과 함께 드린 것은 이 부위가 사람의 여러 가지 감정을 담고 있는 기관으로 여겨졌던 것으로 보아, 헌제자의 감정과 뜻과 정성을 모아 드리는 의미가 있다.[25] 감사와 서원과 자원의 계기를 통해 드리는 화목제는 하나님께 드린 제물의 일부를 헌제자가 다시 받아서 나누어 먹음으로써 하나님의 백성으로서 생의 만족과 평안과 기쁨을 누리는 것이며,[26] 그것은 화목제의 특징인 잔치를 통해 가족과 이웃과 함께 나눔을 통한 사귐으로 드러난다. 오늘날 화목제의 예배 정신은 그 핵심이 하나님이 주신 복과 은혜를 이웃과 함께 나누는 삶에 있다. 가족과 친척과 이웃

---

24) G. J. Wenham, 위의 책, 76쪽 이하.

25) S. J. Schultz, 위의 책, 58쪽; 정규남, 위의 책, 13쪽.

26) N. H. Snaith, "Sacrifices in the OT", *VT*, vol. VII, 1957, 313쪽. 예배자가 거룩한 제물을 먹는다는 의미는 상징적으로 "하나님"을 먹는 행위로 볼 수 있다(비교, 요 6:54-56. "내 살을 먹고 내 피를 마시는 자는 영생을 가졌고 … 내 살을 먹고 내 피를 마시는 자는 내 안에 거하고 나도 그 안에 거하나니").

간에 나눔이 있는 곳에 평안이 있고 사귐이 있고 인생의 기쁨과 즐거움이 있다. 지금 여기서 나의 도움이 필요한 사람이 곧 나의 이웃이다(비교, 눅 10:29-37). 우리의 신앙생활에서 기쁨과 즐거움이 없다면 화목제의 정신을 다시 회복해야 하지 않을까? 그러므로 히브리서는 "서로 나눠주는 제사"(히 13:16)를 잊지 말라고 강조했으며, 이 같은 제사(예배)는 하나님이 기뻐하신다고 깨우친다. 다른 한 편, 개역(개정) 성경 요한일서 2장 2절과 4장 10절에서, 예수 그리스도가 우리를 위한 '화목제물'(그리스어 '힐라스모스'는 속죄를 의미하는 atonement나 expiation보다 유화를 의미하는 propitiation 을 강조한다)이라고 번역한 것은 '화유(和宥)의 제물'로 개정하는 것이 좋다고 생각한다.[27] 왜냐하면 구약의 '화목제(물)와 혼동할 수 있기 때문이다.[28]

Ⅳ. 속죄제(레 4:1-5:13)

모세 시대 전에는 속죄제가 없었으며, 번제가 속죄제의 기능을 포함하고 있었고 (욥 1:5 참조), 대속(代贖, atonement. 남의 죄를 대신하여 당하거나 대신 속죄함) 제사로서 속죄제와 속건제는 시내산 언약을 통한 모세율법 이후에 생겼다.[29] 공식적으로는 아론과 그 아들들의 제사장 임직예식에서 속죄제가 요구되었고(출 29:10-14), 이스라엘 회중은 매년 한 차례씩 유대력으로 제7월 10일 속죄일(the Day of Atonement. 히브리어로 '욤 학킾푸림', 레 23:27. 영어 음역으로는 'Yom Kippur')에 속죄제를 드려야 한다(레 16장). 속죄제(贖罪祭, the Sin Offering)는 히브리어로 '하타트'(חַטָּאת, LXX ἁμαρτία) 인데, 하타트는 죄의 상태를 의미하는 용어(창 18:20)인 동시에, 하나님의 소유(즉 자녀)인 이스라엘 백성이 하나님의 계명을 어기고 시내산 언약의 목표(제사장들의 나라와 거룩한 백성)에서 빗나간 삶을 살았을 때, 그 죄로 말미암아 일시적으로 가로막힌 하나님과의 관계를 회복하기 위해 드리는 제사이다(비교, 민 15:30-31). 구약에서 하타트의 어근인 히브리어 동사 '하타'(죄를 범하다)는 약 580회가 나오며, 그 기본적인

---

27) '화해의 제물', 『신약전서 새번역』, 대한성서공회, 1973. 비교, 박창환 역, 『신약성경』, 코리아엠마오, 2007. 박창환 교수는 요일 2:2와 4:10에서 '속죄(의)제물'로 번역했다. 이것 역시 레위기의 속죄제(물)과 혼동할 가능성이 있다.

28) 로마서 3장 25절에서 원문의 그리스어 '힐라스테리온'도 '화목제물'보다는 '화유(和宥, propitiation)의 제물'로 번역하는 것이 좋다(비교, 히 9:5 '속죄소'. 출 25:17 '속죄소' 곧 시은좌, 은혜의 자리. 레 16:2; 민 7:89 등). 신약전서 새번역(1973)에서는 '속죄의 제물'로 번역했고, 박창환 역(2007)에서는 '화목제물'로 번역하고 각주에 '화유의 제물'이란 대안을 제시했다. 그런데 2021년 판 『새한글성경, 신약과 시편』에서는 '힐라스모스'를 '희생제물(화목제물)'로, '힐라스테리온'은 '죄덮는제물(화목제물)'이라고 번역했는데, 히브리서 9장 5절에서는 '속죄판'(출 26:34 '속죄소', 각주 2번 '시은좌 곧 은혜의 자리' 참조)으로 번역했다. 비교, G. Abbott-Smith, *A Manual Greek Lexicon of the New Testament*, T&T Clark, 3rd ed., 1986, 216쪽, '힐라스모스'와 '힐라스테리온' 항목 참조. 개역(개정)이 히브리서 10장 6절의 시편을 인용한 구절에서 '속죄제'로 번역한 그리스어는 '하마르티아'이다(『새한글 성경』에서는 '죄 없애는 제사').

29) 곽안련, 위의 책, 67쪽 이하.

의미는 '과녁에서 빗나가다, 길에서 벗어나다'라는 뜻이다.[30] 하타트 명사는 구약에서 약 290회 사용되었다. 영국의 구약학자 웬헴(G. J. Wenham)은 속죄제의 가장 중요한 목적은 하나님의 임재를 그의 백성 중에 계속될 수 있도록 하기 위함으로 파악했다.[31]

속죄제의 특징은 죄지은 사람의 신분에 따라 그 제물과 제사예식이 다르게 결정된다는 점이다. 죄인의 구분은 (1) 제사장(4:3), (2) 이스라엘 회중 전체(4:13), (3) 백성의 지도자(4:22), (4) 평민(4:27), (5) 가난한 자, (6) 극빈자로 나뉘며, 제사장과 이스라엘 회중의 죄는 같은 등급으로 취급되어 속죄물은 흠 없는 수송아지로 드려야 하고, 백성의 지도자는 흠 없는 숫염소, 평민은 흠 없는 암염소나 어린 암양, 그중에서도 가난한 자는 멧비둘기 둘 또는 집비둘기 새끼 둘, 그것도 어려운 극빈자의 경우는 특별한 예외로 고운 밀가루 에바 십분의 일을 드리도록 했다.[32] 제사장의 죄는 그 영향이 백성들에게 미치기 때문에 각별히 주의를 해야한다(레 4:3). 이로써 하나님 앞에서 모든 사람은 죄인이라는 것을 알 수 있다(요일 1:8-10; 롬 3:9-12 등).

속죄제의 제사예식은 화목제와 비슷한데, 다만 두드러진 차이점은 (1) 제물의 피와 (2) 제물 고기의 처리에 있다. 먼저 제사장 자신을 위한 속죄제의 경우, 제사장이 제물의 피를 가지고 성막 안에 들어가 손가락으로 그 피를 찍어 성소와 지성소 사이의 휘장에 일곱 번 뿌리고, 또 성소의 향단 뿔들에 피를 바른 다음, 남은 피는 가지고 나와 번제단 밑에 쏟는다. 온 회중의 속죄제의 경우도 비슷한데, 향단 뿔들에 피를 바르는 대신 제단 뿔들에 피를 바르는 데서 차이가 있다. 백성의 지도자와 평민의 경우는, 제사장이 제물의 피를 번제단 뿔들에 바르고 나머지는 제단 밑에 쏟는다. 속죄제물의 고기는 제사장들과 회중의 범죄 경우에는 모든 제물 고기를 진 바깥 재 버리는 곳에서 불태운다. 그러나 지도자들이나 평민의 속죄제 제물은 지극히 거룩한 성물로서 제사장들이 그 고기를 먹어야 한다(레 6:18-19 = 개역 6:25-26). 속죄제는 부지중에 지은 죄로서, 고의적인 범죄(고범죄)가 아닌 경우 그 죄를 깨달을 때가 전제된다(레 4:14 이하). 특히 주목할 것은 제사장들이 범죄하면 그 결과가 백성에게 누(累, 정신적으로나 물질적으로 입는 피해나 괴로움)를 끼치는 심각성이 있다(4:3. 비교, 렘 23:11; 말 1:6-10; 2:1-9 등).

속죄제를 통해서 제물의 피가 죄를 속죄하는 원리가 분명하게 드러나며(레

---

30) Harris, Archer, Jr., Waltke, *Theological Wordbook of Old Testament*, Moody Publishers, 1980, 277쪽 이하 '638 하타' 참조.

31) G. J. Wenham, 위의 책, 101쪽.

32) 구약성경에서 히브리어로 '에바'는 곡물의 부피 단위로서 약 22리터 용기이다. 에바 10분의 1은 약 2리터의 분량이며, 한 사람의 1일분 양식에 해당한다(출 16:36 참조).

17:11-12; 마 26:28; 롬 3:25; 엡 1:7; 히 9:12,22; 벧전 1:2,18-19; 요일 1:7 등), 번제단 뿔들과 향단 뿔들에 피를 바르고, 성소 휘장에 피를 뿌리는 것은 그 이유를 본문에서는 자세히 설명하지 않았으나, 피는 생명의 상징으로서 제물이 피를 흘려 그 피를 제단과 성서 휘장에 뿌리고 바르는 것은 죄를 대속하는 예식을 통해 죄의 심각성을 일깨우는 것과 함께, 죄의 용서는 궁극적으로 하나님만 하신다는 의미를 강조한 것으로 볼 수 있다. 그러므로 레위기 문맥에서 '죄를 대속한다'는 의미의 히브리어 동사 '키페르'와 함께, 속죄제에서 언제나 하나님만이 주어로 사용되는 히브리어 '살라흐'(סָלַח) 동사가 '죄를 용서한다'는 의미로 처음 사용되기 시작하는 것은 주목할 만하다(레 4:20,26,31,35; 5:10,13,16,18,26; 19:22).

속죄제의 피와 연관하여 신약성경에서는 예수 그리스도의 피가 죄를 깨끗하게 함을 말한다(마 26:28; 벧전 1:2; 히 9:22; 요일 1:7 등). 히브리서는 예수께서 "오직 자기 피로 영원한 속죄"를 이루셨기 때문에 우리들의 양심을 깨끗하게 하고 죽을 행실을 떠나 살아계신 하나님을 섬기게 하는 것이라고 설명한다(히 9:11-14; 비교, 사 53:4-6, 10-12). 앞에서도 잠시 언급한 바와 같이 레위기에서 속죄제의 강조점은 구원받은 하나님의 백성이라 하더라도 제사장으로부터 평민의 극빈자에 이르기까지 어느 누구도 범죄 가능성과 범죄의 현실에서 배제되는 사람은 없다는 것이다. 바로 이 점이 오늘도 그리스도인들이 예배를 통해 다른 사람보다 먼저 자기 자신이 하나님 앞에서 죄인이며 용서받아야 할 사람임을 인정하고 고백해야 하는 진실을 말해 준다. 따라서 속죄제(예배)의 원리는 예배자가 하나님 앞에서 자기 자신이 죄인임을 고백하고, 일상생활에서도 겸손한 삶의 태도를 요구하는 것이다. 바울 사도는 그러므로 자신이 '죄인들 중에도 우두머리 죄인'이라고 고백했고(딤전 1:15), 마르틴 루터(M. Luther)는 그리스도인을 정의하여 "의인인 동시에 죄인"(simul justus et peccator)이라고 했다. 예수께서는 성전에서 기도하면서 자기의 의를 자랑하는 바리새인을 책망하시고, 자기 자신이 죄인임을 고백하고 통회하는 세리를 인정하신 것도 같은 맥락에서 이해할 수 있다(눅 18:9 이하). 성경은 '의인은 없나니 한 사람도 없다'고 선언했다(롬 3:9-18; 시 14:1-3; 53:1-3). 구약에서 노아나 욥이 의인이라고 한 것은 다른 사람들과 비교해 볼 때 그렇다는 것이고 칭찬하는 의미에서 하는 말이며(창 6:9; 7:1; 욥 1:1,8), 본질적으로 의인이라는 뜻이 아니다.

레위기 5장 1-13절은 속죄제를 드려야 할 구체적인 예로서, (1) 법정증언 기피 (2) 부정한 것 관리 소홀 (3) 맹세한 것에 대한 약속 불이행 등을 제시하고, 이러한 구체적인 죄를 깨닫게 될 때 반드시 그 죄를 고백하고(5:5), 누구든지 가난한 자나 극빈자도 가난을 핑계하지 말고 속죄제를 드리도록 규정한다. 개역성경(개정판, 2005년 4

판 이전)의 레위기 5장 6절에서 나오는 '속건제'는 '대속물'(또는 '벌금')로 번역하는 것이 좋으며, 같은 절의 '속죄제'와 동의어로 읽어야 한다.[33] 이상의 설명과 논의에서 드러나는 오늘의 속죄제 예배의 원리는 '겸손'이며, 겸손은 곧 하나님 앞에서 자신이 죄인임을 깨닫고 자기 죄를 인정하고 고백하는 삶의 태도라고 하겠다(비교, 요일 1:8-10).

V. 속건제(레 5:14-26 = 개역 5:14-6:7)

속건제(贖愆祭, the Trespass Offering) 역시 부지중(不知中)에 저지른 잘못의 경우에 드리는 제사로서 그 성격이나 제사예식이 속죄제와 비슷하지만, 양자를 혼동해서는 안 된다. 속건제라는 번역용어는 한문성경에서 온 것이며 여기서 한자 '愆'은 '허물(error) 건'이다. 속건제는 히브리어로 '아샴'(אשם, LXX πλημμέλεια)인데, 그 특징은 여호와 하나님이나 이웃의 소유권에 대한 침해 내지 손해를 끼치고 그 잘못을 깨달았을 때 드리는 제사이다. 이러한 관점에서 레위기의 속건제가 속죄제와 다른 점은, (1) 손해를 끼친 것에 대해 구체적으로 원금의 5분의 1 즉 20퍼센트를 덧붙여 보상하는 점(레 5:14-16, 21-26; 비교, 민 5:5-8) (2) 제물은 숫양에 국한되며 (3) 속건제는 회중 제사가 아닌 개인 제사로 나타난다는 것이다.[34]

속건제는 일찍이 블레셋 지역에서도 시행된 것으로 나타나며(삼상 6:3 이하), 이스라엘 왕국 시대에도 속죄제와 함께 속건제의 시행과 변천이 있었음을 짐작할 수 있다(왕하 12:6 참조). 현재 레위기 본문에서는 분명치 않으나 제사장 규범에 비추어 볼 때 속건제 예식은 숫양의 제물로 속죄제와 같은 제사예식으로 드린다(레 7:1-7 참조). 레위기 속건제의 허물은 경제적으로 소유권 침해라고 하는 잘못에 있다. 하나님의 소유권에 대한 구체적 침해로는 여호와의 성물(聖物)에 대한 잘못으로서 가령 누가 부지중에 제물을 잘못 먹는 일(레 22:10-16)과 기타 하나님께 속한 헌물이나 십일조(레 27 참조)를 오용하거나 남용하는 일이며, 그것은 여호와의 이름에 대한 모독죄로 여겨졌다.[35] 이웃의 소유권에 대한 침해는 구체적으로 신탁(信託)이나 전당물에 대한 부정한 처리, 도둑질, 임금 착취, 분실물 불법 취득(레 5:20-22=개역 레 6:1-3)

---

33) W. Gesenius-F. Buhl, *Hebräisches und Aramäisches Handwörterbuch über das Alte Testament*, 17, Auflage, Springer-Verlag, 1962, 72쪽 אשם 항목 참조. 비교, R. K. Harrison, Leviticus, 위의 책, 70쪽. 개역개정은 '속건제'를 '속죄제'로 개정했다. 그리고 각주 1번에서 히브리어로는 '벌금'이란 의미라고 했다.

34) S. J. Schultz, 위의 책, 64쪽.

35) G. J. Wenham, 위의 책, 109쪽.

등으로 지적된다. 이러한 경제적 침해는 본질적으로 하나님께 대한 범죄이며, 따라서 재판이나 법적인 제재보다는 스스로 잘못을 깨닫고 보상하는 원리가 중요하다. 이러한 경제적 범죄에 관한 법적인 조치로서, 일찍이 '언약의 책'에서는 이웃의 소유권 침해에 대해 5분의 1 보상이 아니라, 갑절을 배상하고 어떤 경우는 4배 내지 5배의 배상을 규정하고 있다(출 22:1-9). 그 외에도 나병환자의 정결예식에 속건제를 드렸고(레 14:10-20), 나실인의 헌신예식에도 속건제가 나타난다(민 6:12). 나실인이나 나병환자의 경우 왜 속건제를 드려야 하는지 그 이유가 본문에서 분명하지 않은데, 아마도 이 두 경우 모두 경제활동이 불가능한 것과 관련된 의미가 아닐까 생각한다.

레위기의 규정에 비추어 본 속건제 제사(예배)의 신학적 의미는 구원받은 하나님의 백성이 그가 속한 신앙공동체와 사회에서 경제적 정의(正義)를 실현하는 것이 하나님께 예배하는 것이고 예배의 생활화이다. 속건제를 드림으로써 그 예배자의 삶은 채권자의 삶이 아니라 오히려 채무자의 삶의 자세여야 함을 깨우치고 있다. 신약성경 문맥에서 이러한 속건제의 예배 정신은 여리고의 세리장인 삭개오가 예수 그리스도를 영접한 후, 자신의 소유의 절반을 가난한 자들에게 나눠주고, 이전에 남의 것을 뺏은 것이 있으면 4배나 갚겠다는 변화된 삶에서 확인된다(눅 19:8-9; 비교, 마 5:23-24).

결론적으로, 레위기 1~5장에서 일반 이스라엘 백성을 위한 제사(예배) 규정의 신학적 특징은 고대 서아시아(고대 근동)의 보편적인 제사 문화에서 나타나는 바와 같이 헌제자(예배자)가 하나님으로부터 무엇을 받기를 기대하여 먼저 드리는 행위(라틴어로, 'do ut des'. 영어로는 'I give that you may give')가 아니라,[36] 이미 하나님을 통해 구원과 은혜와 복을 받은 사람이 하나님의 백성으로서 하나님만을 의지하고 그를 기쁘시게 하며 감사와 충성을 표시하는 행위이다. 제사(예배)를 통해 하나님은 자기 백성(자녀들)과 함께하시고 그들을 만나주시며 그들의 찬송과 기도를 들으시고 그들에게 말씀하신다. 결국 제사(예배)는 하나님과 그의 백성(자녀들) 사이에 성립된 생명적 언약 관계를 확인하고 유지하는 제사장들의 나라(하나님 나라)와 거룩한 백성의 기본이다. 그러므로 형식적이고 외적인 예배와 예식보다도 예배자가 하나님과 이웃을 사랑하는 내적인 진심과 헌신과 겸손이 본질적으로 더 중요하다(비교, 마 22:34-40; 막 12:28-34; 눅 10:25-28; 약 1:26-27 등).[37] 주전 8세기의 미가 예언자는 이 점을 다

---

36) 가나안 지역의 제사 문화에 관해서는 그 자료가 충분치는 못하나, 헌제자가 신으로부터 자신이 소원하는 무엇을 얻기 위해 드리는 제사로 나타나는데, 우가릿 문서의 경우 (1) 아들을 얻기 위해 (2) 병 낫기 위해 (3) 가뭄에 비를 얻기 위해 드린 경우를 볼 수 있고, 모압 왕 메사는 전쟁의 승리를 얻기 위해 자기 아들까지 제물로 드렸다(왕하 3:27). H. Ringgren, *Sacrifice in the Bible*, 위의 책, 12쪽. 비교, 미 6:6-8; 시 50:9-15; 대상 29:14.

37) R. de Vaux, "The Religious Significance of Sacrifice", *Ancient Israel, Its Life and Institutions*, 위의 책, 451쪽.

음과 같이 분명히 하였다.

"내가 무엇을 가지고 여호와 앞에 나아가며 높으신 하나님께 경배할까? 내가 번제물 일년 된 송아지를 가지고 그 앞에 나아갈까? 여호와께서 천천의 수양이나 만만의 강수 같은 기름을 기뻐하실까? 내 허물을 위하여 내 맏아들을, 내 영혼의 죄를 인하여 내 몸의 열매를 드릴까? 사람아 주께서 선한 것이 무엇임을 네게 보이셨나니, 여호와께서 네게 구하시는 것이 오직 정의(מִשְׁפָּט)를 행하며, 인애(חֶסֶד)를 사랑하며, 겸손히 네 하나님과 동행하는 것(לֶכֶת עִם־אֱלֹהֶיךָ)이 아니냐!"(미 6:6-8).

16

새롭게 하시는 성령과 한국교회, WCC 총회 주제에 대한 연구세미나 성서연구: "성령이여 오셔서 만물을 새롭게 하소서"

WCC는 제7차 WCC 총회(1991년 2월 7-20일, 호주 캔버러)를 위한 자료들 중의 하나로서 대회 주제인 "성령이여 오소서-전 피조계를 새롭게 하소서"(Come, Holy Spirit – Renew the Whole Creation)라는 표어 아래 모두 6과로 편집된 성경공부(Six Bible Studies)를 출판했다. 이번 제7차 WCC 준비모임(예장통합, 1991년 1월 14-15일)에서는 WCC가 출판한 여섯 개의 성경공부 내용을 성서연구 시간을 통해 그 내용을 공부하며 검토하고, 우리 예장통합의 입장에서 이 주제에 관한 성경공부를 본 필자가 제7과에서 추가하려는 것이다. 먼저 WCC의 여섯 개 성경공부 주제는 다음과 같은 순서로 정리되어 있다.

1. 우리는 성령을 믿습니다
2. 오소서, 성령이여 – 전 피조계를 새롭게 하소서
3. 생명의 수여자 – 당신의 피조계를 보존하소서
4. 진리의 영 – 우리를 자유케 하소서
5. 일치의 영 – 당신의 백성으로 화해케 하소서
6. 성령 – 우리를 변화시키고 거룩하게 하소서

이러한 6가지 주제들을 통한 성경 공부에서 기대되는 결과는 다음과 같은 구절에서 잘 나타나 있다. "오순절에 성령은 사도적 공동체를 빵(밥)을 나누는 데 기초한 돌봄과 나눔의 교회 공동체로 변화시켰다. 마음의 변화를 통해 이루어진 삶의 성화 (거룩하게 됨)는 믿는 자들로 하여금 성령의 열매를 맺을 수 있게 한다(비교, 갈 5:22-23; 롬 14:17). 성령은 문화적 장벽들을 무너뜨리며 공동체의 새로운 비전들을 열어 놓으신다. 성령에 의해 이루어진 변화는 우리에게 분열을 극복하게 강권하며, 전체 인류 공동체의 갱신을 추구하도록 확신을 주신다. 그것은 삶을 비인간화하는 세력들에 대한 우리의 싸움에서 우리 힘을 북돋우며 능력을 준다. 성령에 의해 인도함을 받는 자들은 하나님의 자녀들이며, 이들은 이 세상의 가치표준에 따라가지 않는 변화된 삶을 살도록 부르심을 받았다. 성령에 의해 인도되는 삶에 대한 인식과 통찰은 구체적인 영적 갱신 운동으로 전개되며 그것은 1) 개인적 2) 교회적 3) 사회적 4) 인류의 인간성 갱신의 차원까지 확산되어야 한다.[1]

성경 공부에 관하여

1. 성경 공부는 신구약 성경을 통해 하나님께서 우리에게 말씀하고 계신 것을 듣고 순종하기 위한 배움의 과정이다. 성경을 통해 말씀하는 것을 올바로 듣기 위해서는 기도와 준비가 꼭 필요하다(시 40:1; 42:1; 119:18; 잠 2:4-5. 비교, 딤후 3:15). 2. 신구약 성경은 오늘 우리의 상황과는 다른 역사적-문화적 상황에서 주어지고 기록된 말씀이다. 성경 공부에서는 이러한 성경의 배경 상황에 대한 이해가 필요하다. 3. 성경의 말씀을 듣는 것은 이중적 확신에 근거한다. 즉, 하나님은 전 피조계와 인간의 역사에 대해 목적을 가지고 섭리하신다는 것과 이러한 섭리 안에서 하나님의 백성은 역사적인 사명을 가진다는 것이다. 4. 성경본문 자체가 직접 우리에게 말해 주는 것을 듣는 것이 최선이나, 언제나 그렇지 못한 것이 또한 사실이다. 성경 공부에서 우리는 말씀을 해석하는 사람들을 통해(주석서와 사전과 기타 해설자료 포함) 본문의 올바른 뜻을 이해하는 과정에 참여하는 것이다(느 8:8; 행 8:30 이하; 딤후 3:14; 비교, 눅 24:27,45). 5. 성경본문을 원어로 공부하는 것이 원칙이지만, 여러 번역본을 비교해 보는 것이 도움이 된다. 6. 주제에 따른 본문들에 대해 짧은 해설(exposition)을 통해 설명한 후, 본문들에 대한 논평과 증언들을 실었다(에큐메니칼 차원). 그럼에도 이러한 해설이나 논평과 증언들이 본문의 의미를 파악하는 데 완전한 것은 되지 못한다. 성경 공부에 참가하는 우리 모두는 본문을 통해 듣는 하나님의 말씀에 대해 우리 각

---

1) *Come, Holy Spirit - Renew the Whole Creation: Six Bible Studies*, WCC Publications, Geneva, 1990, P. 11.

16. 새롭게 하시는 성령과 한국교회, WCC 총회 주제에 대한 연구세미나 성서연구:
"성령이여 오셔서 만물을 새롭게 하소서"

자의 삶의 처지에서 깨달은 바를 각각 제공해야 한다. 이렇게 제공된 내용들이 전통적이든, 급진적이든, 확증하는 것이든, 질문을 던지는 것이든, 모두 함께 모여 모자이크식으로 성경본문에 대한 에큐메니칼한 이해를 형성한다. 또한 캔버러 모임에서 WCC의 성경연구 담당자(the Bible Studies Desk)에게 그 내용을 전달하고 나눌 수 있어야 한다.[2] 7. 에큐메니칼 성경 공부의 문제점들은 다음과 같다: 1) 성경 공부 그룹이 에큐메니칼적인 구성이 되고 있는가? 2) 기독교가 아닌 다른 종교의 신자들도 성경 공부에 초대해야 할 것인가? 3) 성경 공부를 인도하는 사람의 책임은 무엇인가?(Bible Study와 Biblical Studies의 구분). 4) 성경 공부 교재가 6과로 되어 있는데, 몇 번 모임을 가져야 하나? 각 과 공부를 위해 어떤 준비가 필요한가? 5) 준비된 교재 내용에 속박될 필요 없이, 자유롭게 우리 자신들의 이야기와 논평과 질문과 기도를 할 수 있어야 한다. 본 성경공부 담당자(김중은 교수)는 이러한 모든 점을 감안하여 특히 이번 예장통합 성경공부 모임을 위하여 우리들 자신을 위해 '제7과 오직 나의 영으로 – 하나님의 의'를 따로 만들어 첨부하였다.

제1과. 우리는 성령을 믿습니다

1. **시작 기도.** 고마우신 주님, 당신은 성경을 통해 우리에게 말씀하십니다. 우리가 그 말씀을 듣고, 읽고, 존중하며, 배워서 우리 자신의 것으로 삼을 수 있도록 허락하소서. 그리하여 그 말씀의 끊임없는 은혜와 위로로 말미암아 성령을 통해 우리에게 주신 영원한 생명의 축복된 소망을 우리가 붙잡고 놓치지 않도록 도와주소서. 예수님의 이름으로 기도합니다. 아멘.

2. **본문.** 왕상 19:9-18; 눅 24:36-49: 행 2:1-24, 42-47.

3. **도입.** "우리는 생명의 수여자이신 주님으로서 성령을 믿습니다"라고 그리스도인들은 니케아 신경에서 그들의 신앙을 고백한다. 그런데 이러한 신앙고백의 근거는 무엇인가? 성경은 우리에게 하나님의 영(靈. 히브리어로 '루아흐', 그리스어로는 '프뉴마')의 사역에 관해 말하고 있다. 태초에 땅이 형태도 없고 비어 있었을 때, 하나님의 영이 수면 위에 움직이고 있었다(창 1:2). 그 하나님의 영이 남녀 인간으로 하여금 하나님의 뜻을 분별하고 순종케 하며, 하나님의 뜻을 용기 있게 선포하도록 감화하시며, 인간에게 지혜의 선물들을 주시고, 판단력과 지도력과 힘을 주신다. 또 그 동일하신

---

2) *Six Bible Studies*, 위의 책, P. 13.

영이 예수님으로 하여금 그의 지상 사역을 감당케 능력을 주셨다. 구약에서 하나님의 영은 하나님의 보편적 현존을 대표한다. 그 영은 현존하는 현실인 동시에 하나님이 모든 육체에 그의 영을 부어주실 그 미래에 대한 약속이기도 하다(욜 2:28-32; 겔 36:26). 예수님도 제자들에게 "너희는 위로부터 능력을 입히는 때까지 이 성에 유하라"고 하셨다(행 1:8; 비교, 요 14:15-17). 보혜사(the Comforter)의 오심, 즉 저러한 약속된 능력을 주심은 오순절 날(the day of Pentecost)에 이루어졌는데, 오순절 날은 구약의 초실절(맥추절) 축일인 동시에 또한 시내 산에서 율법 주심을 기념하는 축일이다.

4. **본문 분석.** 본문 행 2:1-24, 42-47은 세 부분으로 구분해 볼 수 있다. 1) 오순절 사건(행 2:1-13). 약속하신 성령의 오심과 성령의 오심에 대한 묘사(비교, 구약의 하나님 현현 설명). 성령의 오심이 제자들에게 끼친 결과, 다른 방언들로 복음을 증언함(말을 할 수 있는 용기 – 듣는 사람들이 그 말을 이해함). 제자들이 술취했다고 비난하는 사람들. 오순절은 단절된 언어소통(communication)을 회복하고 바벨탑의 저주(창 11:1-9)를 폐지하였다. 2) 베드로의 오순절 설교(행 2:14-41). 성령이 충만하여 베드로는 "하나님이 너희가 못 박아 죽인 예수를 주와 그리스도로 삼으셨다"(36절)라고 담대히 증언했다. 그 설교의 결과: 사람들이 세례를 받음(3,000명). 3) 성령 충만한 초기교회 모습(행 2:42-47). 성령은 기다리며 기도하는 무리에게 임했다. 성령은 그들의 가치관과 삶의 태도를 변화시킨다. 성령의 은사들을 주신다(비교, 성령의 열매들).

5. **본문의 교훈.** 1) 제자들과 신도들을 교회 공동체의 교제로 모이게 했다. 2) 막혔던 언어소통과 이해를 회복시켰다. 3) 두려움과 불확실성 속에 사는 사람들을 새롭게 하여 그들에게 복음 전파 사명을 위한 능력을 준다. 4) 제자들의 신앙을 확증하게 하고, 새로운 공동체의식을 주며, 그들의 생활양식을 근본적으로 변화시킨다.

6. **오늘의 적용.** 성령의 오심은 굉장한 기적과 같은 사건이었다. 오늘 우리도 성령의 오심을 저러한 특별하고, 유별난 사건들과 언제나 연관시켜야 하는가? 예컨대, 왕상 19장에서는 하나님께서 엘리야와 대화하실 때 먼저 강한 바람, 지진, 불이 있었으나 그 후에 하나님은 오히려 '조용한 작은 목소리'로 말씀하셨다. 엘리야의 사명은 막중하였으나, 그 위탁의 말씀은 부드러운 속삭임이었다. 성령도 종종 우리에게 우리 일상의 삶 속에서 고요함과 침묵 중에 말씀하신다. 어떤 표적과 기적이 반드시 필요한 것은 아니다. 성령은 꼭 위기 상황이나 역사적 사건들에서만 아니라, 일상생활에서 우리와 함께 하신다.

7. **본문 묵상.** 1) "성령의 불을 끄지 말라"라는 이 성경 본문을 명상할 때 나는

(Jana Opocenska, Czecho) 15세기에 내 나라에서 일어났던 비슷한 사건을 기억하게 된다. 당시 후스(Jan Hus, 주후 약 1372-1415) 개혁의 혼란 속에서, 모든 어려움과 싸움과 고통 가운데서, 이전에는 존재하지 않았던 어떤 일이 어떤 지역들에서 나타나고 있었다. 그것은 사람들의 새로운 공동체 의식이었다. 몇 개의 지역이 - 더 정확히 말해서 지역의 성들이 - 복음으로 자유케 된 삶의 중심지가 되었다. 그 주민들은 평등한 권리와 의무를 가지고 공동체 내에서 생활했다. 그것은 모든 염려와 희망을 함께 나누어 가지는 공동체였다. 이러한 마을에서 피난처를 찾는 사람은 누구나 농토도 없고 가난한 사람들뿐 아니라 비교적 부유한 사람들까지도 환영을 받았다. 나는 체코에서 있었던 저러한 역사적 시대를 담았던 영화의 한 장면을 기억하고 있다. 성경의 지명을 따라 다볼(수 19:12)이라 부르던 한 마을의 광장에서, 여자와 남자들이 앞으로 나와서 단호한 몸짓으로 그들의 돈과 보석과 다른 소유물들을 큰 통 속으로 던져 넣고 있었다. 그들이 이러한 행동을 하게 된 것은 그들이 새롭게 듣게 되었던 하나님의 말씀의 강권하는 힘에 의해서였다. 그들은 복음이 그들에게 도전하는 말씀에 순종키로 결정했다. 그들은 예수의 제자들과 같은 삶의 방식을 따르기 원했다. 성령은 오늘도 사도 시대나 후스 시대 못지않게 확실히 활동하고 계신다. 성령의 불은 끄지 말아야 한다(살전 5:19, "성령을 소멸하지 말고", 개역). 만약 우리가 성령을 향해 우리 자신을 열어 놓으면, 우리의 창조적 역량이 발휘되어 우리 시대 지구상의 가장 어려운 문제들도 해결할 수 있게 될 것이다. 예컨대, 세계의 굶주림의 문제와 우리와 우리 자손 세대들이 행성인 지구 위에서 미래의 삶을 안전히 할 수 있는 조건들을 만드는 일이다. 인류가 멸망하지 않고 생존하는 것과 피조계가 조화롭고 온전하게 유지되는 것을 위해 일하는 것보다 더 시급한 과제는 없다. 2) 엘리야가 배운 교훈. 나의(Damianos Doikos, Greece) 독후감은 왕상 19장에 있는 엘리야의 환상에 기초한 것이다. 왕후 이세벨이 그를 죽이려 위협했을 때, 그 예언자는 호렙산의 한 동굴에 피신하였다. 그는 외로웠고 삶은 쓴맛이었다. 이스라엘 백성은 하나님과의 언약을 잊어버렸다. 우상 숭배가 승리하는 것같이 보였다. 희망의 불빛이 보이지 않는 시대였다. 이러한 매우 암울한 시간에 엘리야는 그의 환상을 보게 된다. 여기서 그는 하나님의 종은 복수심에 불타서는 안 되며, 자비하고 온유해야 한다는 것을 배운다. 폭풍(바람)과 지진과 불이 하나님의 현존을 나타내주지 못한다. 그 대신 하나님은 미풍과 같은 속삭임 속에서 말씀하신다. 그 예언자는 하나님의 뜻이 복수나 폭력 행위를 통해 표현되는 것이 아님을 배우게 된다. 하나님이 구하시는 것은 믿음을 위해 싸우는 사람들을 영적으로 재형성하시려는 것이다. 3) 가난한 자들이 없어졌다. 성령 받은 초기교회 공동체에는 몇 가지 기적이 일어났다. 특히 가진 자들이 가진 것을 팔아

서 "필요에 따라" 다른 이웃들과 나누어 썼기 때문에, 성령 공동체는 "가난한 자들이 없어졌다"고 했다. 현대 사회의 절반은 자본축적의 자유가 보장된 자본주의 세력이며, 나머지 절반은 사회주의 체제라고 볼 수 있다. 성경 공부에서는 이러한 대결되어 있는 양 체제 속에서 방황하는 수많은 사람들에게 보다 더 명확한 성령 행동의 지침과 선택의 길을 알려주어야 할 것이다. 초강대국들의 경제 정책이 무서운 전면적 대결에서 승자와 패자를 결정시켜 나가는 듯하지마는, 패배한 자들과 약한 자들 속에서 역사하시는 성령의 역사가 보다 더 구체적으로 지적되면 좋을 것이다. 가장 작은 자들과 함께 해야 할 성령 공동체가 초강대국들의 하나님을 무시한 경제, 정치, 군사적 행동을 어떻게 회개시키고, 새 하늘과 새 땅을 건설하는 하나님의 역사에 참여할 수 있겠느냐 하는 것이다. 초강대국들이 그들의 욕망을 달성하기 위해 약소국들을 분열시키고, 분단시키고, 정복하는 잘못을 중단하게 하며, 성령의 하나 된 공동체를 건설할 수 있는 대안이 구체적으로 제안되어야 할 것이다. 사도행전 2장이 보다 넓은 국제적 갈등의 역사 속에서 해석되는 것이 필요하다고 생각한다(노정선, 연세대 교수). 4) 나도 모르는 사이에. 함께 모여 기도하며 성령의 임재를 사모하던 사도들에게 은혜로 성령이 오셨던 것과는 달리 나에게는 나도 모르는 사이에 성령이 오셔서 내 속에서 역사하시며 나를 변화시켜 가고 계신다. 그 변화가 그리 급진적인 것은 아니지만 눈에 띄는 것만은 사실이다. 마가의 다락방에 모인 믿음의 형제자매들처럼 방언의 은사를 사모하고 받을 준비도 되어 있는 듯싶으나 반드시 그들처럼 살고 싶다는 생각이 안 드는 것은 왜일까? 소유의 얼마를 나누어주는 것까지는 가능하고 그렇게 살아보려고 노력하고 있으나 전 소유를 팔아 회중 앞에 내놓을 용기도 없고, 그들과 더불어 살 용기가 없음은 온전하신 성령을 내가 받지 못했음일까? 아니면, 임하신 성령의 명령을 내가 소멸시키고 있는 것일까? 자신이 하지 못하면서도 다른 사람들에게 하도록 가르치는 것이 선생 된 자의 십자가라지만, 행함으로 전하는 말씀이 가장 능력이 있음을 알기 때문에 내가 성령의 명령을 알고 믿는 대로 그대로 행할 수 있는 능력을 간구한다(전천혜, 예장총회 교육부 전도사).

　8. **토의를 위한 질문.** 1) 각자의 교회 생활에 있어서 오순절 이야기의 오늘의 의의(意義)는 무엇인가? 2) 우리의 일상생활과 또한 민족과 국가로서 공동체의 정의를 추구함에 있어서 성령을 생명의 수여자로 확언하는 것은 어떤 예상되는 결과들을 가져올 것인가? 3) 그리스도인들은 종종 정치나 경제문제 등등에 참견한다는 비난을 듣고 있다. 그리스도인들은 영적인 문제에만 전념하라는 요구를 받는다. 우리 시대에 성령이 우리에게 요구하는 영적인 문제(영성)는 어떤 것인가?

　9. **마침 기도.** 전능하신 하나님, 당신은 오순절 날 하늘로부터의 바람과 혀 같은

불길로서 제자들에게 성령을 보내시어 그들이 기쁨으로 충만케 하셨으며, 담대히 복음을 선포하게 하셨습니다. 그와 같은 성령의 능력으로 우리를 보내사 당신의 진리에 대해 증언하게 하시고, 그리하여 모든 사람을 당신의 사랑의 불 속으로 이끌게 하소서. 우리 주 예수 그리스도의 이름으로 기도합니다. 아멘.

제2과. 오소서, 성령이여 – 전 피조계를 새롭게 하소서

1. **시작기도.** 성령이신 하나님, 우리에게 그리고 우리 가운데 오소서. 바람같이 오셔서 우리를 깨끗케 하소서, 불같이 태우소서. 이슬같이 오셔서 새롭게 하소서. 수많은 마음들과 생명들에게 확신을 주시고 변화시키며 성별하시어 우리에게 큰 즐거움이 되고, 당신께는 더 큰 영광이 되게 하소서. 예수 그리스도의 이름으로 간구합니다. 아멘.

2. **본문.** 사 65:17-25; 계 21:1-5; 눅 1:46-55

3. **도입과 본문 해설.** 제1과에서 우리는 수 세기 동안 교회를 통해 내려온 신앙고백을 우리 자신의 것으로 삼으려고 노력하였다. 시대와 장소를 가리지 않고 모든 믿는 무리와 연합하여 우리는 성령을 믿는다는 것을 고백한다. 이러한 신앙고백은 오순절 날 성령을 부어주신 사건에 기초한다. 우리는 그 사건이 어떻게 적은 무리의 사람들을 감화하고 새로운 활력을 불어넣어 기독교 운동을 시작하게 하였는가를 보았다.

그러나 성령의 오심은 하나의 종결된 일회적 사건은 아니었다. 하나님께서 초기 그리스도인들에게 성령을 선물로 주신 것에 대해 우리가 감사하고, 또한 우리와 모든 믿는 자들과 함께 하시는 성령의 임재 안에서 기뻐하는 그 때에, 우리도 마찬가지로 성령을 받고 새로워질 수 있게 기도해야 하는 것이다. 우리뿐만 아니라 하나님의 피조물 전체가 그렇게 되기를! 이사야 65장의 문맥은 성령의 새롭게 하시는 사역과 일맥상통한다. 그것의 주제는 하나님의 창조 세계의 총체적이며 포괄적인 원상회복이다. 창세기 1장의 창조 이야기에서 반복되는 구절을 생각해 보자. "그리고 하나님이 보시니 좋았더라." 그런데 그 좋은 것이 없어졌다. 전 세계가 이제 회복을 필요로 하고 있다. 남자나 여자, 체제나 구조, 생물이나 무생물, 자연의 모든 것이! 이사야 예언자의 희망의 메시지는 포로 생활의 괴로운 경험에서 벗어난 사람들에게 주어진 것이고, 그것은 고통과 억압이 끝났음을 약속한다. 하나님도 다시 한번 피조계에 대해 기뻐하시며, 사람들과의 교제를 원상회복하실 것이다. 참으로 하나님은 그들이 부르기 전에 벌써 응답하시고, "그들이 말을 마치기 전에" 들으실 것이다(사 65:24). 그들의 손이 하는 일은 복을 받을 것이며(시 90:17), 그들의 수고가 헛되지 않을 것이다. 사람들이 사람들을 착취하지 않을 것이다. "그들이 심은 것을 타인이 먹지 아니하리라"(사 65:22)고 약속된 화해의 내용은 총체적인 것으로서, 하나님과 자연과 사람들 사이에 이루어진다. 계시록 21장에 투영된 새로워짐은 시공을 초월한 것이다. 그것은 종말론적인 비전으로서 마지막 일들에 대한 광경이다. 계시록의 저자는 "또 내가 새 하늘과 새 땅을 보았다"라고 기록하면서 또한 바다도 "다시 있지 않더라"라고 했는데, 바다는 성경 문맥에서 종종 혼돈과 소외의 상징으로 나타난다.

그런데 모든 것을 새롭게 하시는 분은 하나님이시다. 하나님이 그것들을 새롭게 만드신다. 새롭게함은 사람들이 책을 읽고, 다 읽은 다음에는 그 책을 치워 버리는 것 같은 것이 아니고 하나의 계속되는 과정이다. 하나님이 새롭게 하시는 것은 비단 우리와 우리 교회뿐만 아니라 모든 것들이다. 하나님이 우리와 모든 것을 새롭게 하시면서 우리와 함께 거하시고, 우리 눈에서 모든 눈물을 씻기시며, 우리로 하여금 새롭게 하는 사역에 참여케 하신다. 그러나 어떻게 이런 일이 있을 수 있는가? 마리아가 그랬던 것처럼 우리도 묻게 된다. 천사가 마리아에게 "성령이 네게 임하시고 지극히 높으신 이의 능력이 너를 덮으시리라"라고 말했다(눅 1:35). 마리아는 그녀에 대한 하나님의 계획을 수락했고, 제정신으로 성령을 영접하였다. 그녀는 그녀에게 내려진 결정에 말없이 따라가는 수동적 여성이 아니었다. 그녀는 결정했고, 세상을 구원하기 위해 하나님의 아들이 오시는 일에 그녀가 담당해야 할 역할에 대한 사회적인 결과가 무엇이라는 것을 충분히 알고 있었다.

그것은 마리아 그녀 자신이 찬양과 경배의 이러한 위대하고 전적인 헌신과 누를 수 없는 희망의 송가를 부를 수 있었다는 사실에서 찾아볼 수 있다. 마리아의 송가(the Magnificat)가 독창적인 것은 아니다. 사무엘의 어머니인 한나라는 여인이 상당히 같은 내용의 기도를 드린 적이 있다(삼상 2:1-10). 그러나 마리아의 경우 새롭게 부각되는 것은 그 당시의 상황과 그 속에서의 전적인 헌신이다. 마리아의 송가는 하나님께서 한 평범한 시골 여자인 그녀에게 행하신 일에 관한 보고로 시작한다. 그것이 그녀에게는 삶의 모든 영역의 새로워짐과 변화의 상징과 보증이 되었고, 지금까지의 역할을 뒤바꾸어 놓고 삶의 구조를 변화시켰다. 마리아의 송가가 모든 시대의 그리스도인들에게 영감과 능력을 제공해 주었다는 것은 놀라운 일이 아니다. 우리 시대에도 그것은 정치적 억압과 경제적 착취와 사회적 인종적 차별에 맞서서 싸우는 남성과 여성들에 의해 널리 사용되고 있다. 마리아처럼 그들도 성령의 능력을 믿기 때문이다.

4. 성경공부 소감. 1) 기도. 가정파탄으로 가족들이 분열하고 어린이들은 길거리로 떠밀려 나와 생존을 위한 싸움을 강요당하는 곳에, 무기와 파괴를 위해 점점 더 많은 자원이 낭비되고, 질병과 굶주려 죽는 것에는 점점 더 관심이 없어지는 곳에 성령이여 오소서. 우리의 상처들을 치료하여 전 피조계를 새롭게 하소서! 재물을 손에 넣는 데만 온 정신을 빼앗기고 인간의 가치가 그가 소유한 재산에 의해 평가되는 곳에, 우리의 공기, 나무들, 바다가 오염으로 포위되고 돈벌이에 반은 소경 된 탐욕이 우리의 환경을 위협하는 곳에, 성령이여 오소서. 우리의 상처들을 치료하여 우리의 전 피조계를 새롭게 하소서! 집단 이기주의와 인종차별로 인해 나라들마다 불화하며 무분별한 테러 행위로 죄 없이 피 흘린 곳에, 서로 죽이는 전쟁이 이 국가가 저 국가를 대적케 하고, 핵무기의 대학살이 우리의 지평선에 불길한 조짐으로 떠오르는 곳에, 성령이여 오소서. 우리의 상처들을 치료하여 전 피조계를 새롭게 하소서!(Cecil Rajendra, Malaysia). 2) 아프리카의 여성(수녀)인 나에게 이 본문은 마리아의 경우처럼, 하나님께서 특별한 방법으로 나를 위해 위대한 일들을 하셨음을 말해 주고 있다. 그분은 나를 아무것도 없는 데서 생명을 갖도록 불러주시고, 사랑과 건강과 직업의 소명을 주셨다. 마리아처럼 한 무명의 아프리카 여인을 들어 올리시고, 하나님을 모시는 자(a God-bearer)로 부르셔서 나의 전 존재를 우주의 창조자를 섬기는 데 헌신하게 하신다. 마리아의 송가로 기도를 드리면 나는 병상 중에서도 그 분위기에 젖어들게 된다. 그 노래는 특색 있는 평행대구법과 운율이 앞뒤를 연결하며 되풀이되는 양식을 보여주는데, 그것이 나의 경험 세계를 심화시킨다. 그것은 나를 완전히 귀 기울여 듣는 경험의 세계 속으로 감싸준다. 그것은 나의 마음뿐만 아니라 나의 감정과 나의 몸의 응답도 요구한다. 나라고 하는 전인이 그 송가의 의미 세계로 초대되는 것이다. 음악의 리듬이 나를 춤추도록 인도하는 것처럼, 그것은 내가 나의 전 존재를 가지고 그 본문 내용 속으로 걸어 들어가게 한다. 마리아처럼, 나도 가난한 자와 억눌림을 당하는 사람들에게 '하나님의 심부름꾼'이 된다. 생명의 말씀을 가지고(Rosemary Edet, Nigeria).

5. 토의를 위한 질문. 우리는 마리아의 송가의 본문이 우리 각자에게 가장 의미 있게 말해 주고 있는 여러 국면들에 관해 서로 의견을 먼저 나누면서 토의를 시작하는 것이 좋겠다. 다음의 질문들은 본문의 내용에 관해 토론을 계속하는 데 도움을 줄 수 있을 것이다. 1) 한 나이지리아 그리스도인이 다음과 같은 글을 썼다. "마리아는 하나님이 새롭게 하신 백성의 원형이다. 구원받은 사람들만이 그녀처럼 송가를 부를 수 있다." 당신은 이러한 견해에 동의하는가? 당신이 보기에는 마리아가 왜 하나님에 의해 선택되었는가? 오늘날 '하나님을 모시는 자들'(God-Bearers)은 누구인가?

2) 한 아르헨티나 사람은 본문에 대해 이 본문은 다음과 같은 사람들에 대한 하나의 도전이라고 평하고 있다. 즉, "그들은 성령의 세계가 시장의 거리나 전쟁터 또는 정치적 대결 장소의 세계와는 전혀 상관이 없다고 생각한다. … 그 본문은 나에게 이상한 사건 하나를 회상케 한다. 아르헨티나에서 소위 '더러운 전쟁'이 최고조에 달했을 때 군사혁명위원회는 일반시민들에게도 비밀리에 폭력행위를 일삼았으며, 그때 군부 통치자들은 마리아의 송가를 읽거나 노래하는 것이 이제부터는 국가에 대한 반역죄가 된다고 선언했었다." 당신이 속한 사회와 국가를 위해서 성령의 새롭게 하시는 사역을 믿는다는 것은 어떤 사회적, 정치적인 결과를 초래할 것인가? 3) 새로워진 교회와 새로워진 사회에 대한 당신의 비전은 무엇인가? 당신의 비전을 활성화하기 위해 해야 할 것은 무엇인가? 그러한 과정에서 당신 스스로 생각하는 당신의 역할은 무엇인가?

　　6. **마침 기도**. 오 하나님, 생명을 주시는 영이시며, 치료와 위로의 영이시며, 온전함과 진리의 영이시여, 우리는 당신을 믿고 의지합니다. 따뜻한 날개로 피조계를 품으시는 영이시며, 급한 바람과 오순절의 불로 임하시는 당신과 함께 일하며, 우리의 세계를 새롭게 하기 위해 우리는 우리 자신을 내어 맡깁니다. 예수님의 이름으로 기도합니다. 아멘.

제3과. 생명의 수여자 – 당신의 피조계를 보존하소서

　　1. **시작 기도**. 우리의 변호사요 위로자이신 성령께 우리가 찬양을 드립니다. 죽음 가운데서도 생명을 확증하도록 우리를 도우시고 파멸케 하는 세력들과 우리가 대결할 때 우리 힘을 북돋우어 주소서. 우리가 칼을 쳐서 쟁기를 만들고 창을 나뭇가지를 치는 칼로 만들도록 강권하시어 이리와 양이 평화롭게 함께 살며, 삶이 기쁨이 되며, 피조계가 회복되어 삶의 터전이 되게 하소서. 성령님이여, 우리는 당신을 찬양합니다. 우리를 도우사 죽음 가운데서도 생명을 확증하게 하소서. 우리 주 예수님의 이름으로 기도합니다. 아멘.

　　2. **본문**. 롬 8:1-27; 요 3:1-8; 창 1:1-2

　　3. **메시지**. 인간은 하나님이 만드신 것을 올바로 관리하고 보존할 책임이 있다. 우리는 지구를 돌보도록 지명된 청지기들이다. 우리는 성령으로 거듭난 새로운 피조물로서 성령님과 함께 우리의 세상을 재창조하는 사역에 동참하도록 부르심을 받았다.

　　16. 새롭게 하시는 성령과 한국교회, WCC 총회 주제에 대한 연구세미나 성서연구:
"성령이여 오셔서 만물을 새롭게 하소서"

4. 토의를 위한 질문. 1) 대부분의 종교들은 그들 자신의 창조 이야기를 가지고 있다. 여러분이 혹시 아는 창조 이야기가 있으면 성경 공부 그룹에서 이야기해 보라. 여러분 각자는 성경의 창조 이야기의 특별한 강조점이 무엇이라고 생각하는가? 2) 인간을 다른 피조물과 구별하고, 그것을 다스리게 했다는 성경의 전통이 현재 우리가 직면한 생태학적 위기에 대한 책임을 져야 할 주범이라는 이야기를 종종 듣는다. 당신은 여기에 동의하는가? 3) 우리는 하나님이 모든 만물을 창조하셨다고 확언한다. 이러한 확증이 가져다주는 결과는 무엇인가? 첫째, 우리가 개인으로서 또는 사회적으로 국가적으로 맺는 관계성에 있어서, 둘째, 우리가 인간 이외의 피조세계와 맺는 관계성에 있어서 살펴보아야 한다.

5. 마침 기도. 위대하신 성령님이여, 당신의 기운이 세상에 생명을 주시며, 당신의 목소리는 부드러운 미풍 속에서 들을 수 있습니다. 우리는 당신의 능력과 지혜가 필요합니다. 우리가 아름다움 속에서 걷게 하소서. 우리에게 붉고 자줏빛으로 빛나는 석양을 바라볼 수 있는 눈도 주시옵소서. 우리를 지혜롭게 하시어 당신이 우리에게 가르쳐주신 것을 이해하게 하소서. 당신이 모든 나뭇 잎새와 바위에 숨겨놓으신 그 교훈들을 우리가 배울 수 있게 도우소서. 깨끗한 손과 진실한 눈빛으로 우리가 언제나 당신께로 갈 수 있는 준비가 되게 하시어 스러지는 석양처럼 우리의 삶이 다하는 날 우리의 영들도 부끄럼 없이 당신께로 나아갈 수 있게 하소서. 예수님의 이름으로 기도합니다. 아멘.

제4과. 진리의 영 – 우리를 자유케 하소서

1. 시작 기도

인도자: 성령의 바람은 우리가 변화하도록 요구하십니다.

회　중: 하나님, 우리에게 변화의 요구에 응답할 수 있는 용기를 주소서.

인도자: 성령의 불은 우리가 하나님의 왕국(나라)을 바라는 열정을 갖도록 부르십니다.

회　중: 하나님, 우리를 뜨겁게 하시고 우리에게 당신의 활력을 주소서.

인도자: 성령의 기운은 우리에게 새 생명을 주십니다.

회　중: 우리도 복음을 받아들이고 이 세상에서 복음을 증언하는 삶을 살게 하소서.

인도자: 이 세상에는 가난과 억압, 폭력과 소외가 있습니다.

회　중: 하나님, 우리가 생명과 사랑을 전할 수 있게 하소서.

인도자: 이 세상에는 인종차별과 증오와 분열이 있습니다.

회　중: 하나님 우리가 하나 됨과 일치를 이루게 하소서.

인도자: 이 세상에는 무상함과 공허함이 있습니다.

회　중: 하나님, 우리가 삶의 목적과 희망을 전할 수 있게 하소서.

인도자: 하나님의 영이시여, 기쁨과 믿음, 진리와 자유 속에서 우리를 인도하소서.

회　중: 아는 길이든지 모르는 길이든지 우리가 따르게 하소서. 아멘.

2. 본문. 갈 5:1-13, 25; 요 15:26-27; 16:4-15; 사 61:1-4

3. 메시지. 예수 그리스도가 진리이며, 진리가 우리를 자유케 한다(요 8:31-32). 자유는 사랑으로 섬기는 능력이다. 성령님은 예수 그리스도를 통해 하나님과 이웃을 섬기는 자유를 얻게 하며(눅 3:22; 4:18-21; 사 61:1 이하), 성령의 열매를 맺게 한다(갈 5:22). 그리스도인은 이러한 자유를 얻은 사람이며, 그의 역할은 섬기는 데 있다(마 20:28 참조).

4. 본문 묵상. 세계 문제에 도전하는 교회. 하나님의 영이 하시는 일은 메시아로 하여금 가난한 자에게 복음을 전하게 하시고, 마음이 상한 자를 고치시며, 포로 된 자에게 자유를, 갇힌 자에게 놓임을 전파하게 하신다. 요단강에서 세례를 받고 올라오시는 예수님에게 성령이 임하여 오시므로 그는 이사야가 예언한 메시아의 사명을 감당하게 되었다. 그런데 성령이 예수님으로 하여금 이 사명을 감당하게 하려고 처음으로 그를 이끌어 간 곳은 광야였다. 거기서 40일간 기도하게 하시고 사탄에게 시험을 받게 하셨다. 예수님과 함께 한 성령은 그를 평탄한 곳으로, 문제가 없는 곳으로 이끈 것이 아니라, 고난으로 십자가로 그를 이끌었다. 인간을 얽어매는 모든 죄의 근원인 사탄과 대면하여 투쟁하게 하셨다. 인간을 자유하게 하시기 위하여 인간을 부자유하게 하는 문제에 직면하여 극복하도록 성령은 예수님을 이끌었다. 문제를 회피하게 하신 것이 아니라 부딪혀 선한 싸움으로 극복하게 하셨다. 예수님도 문제를 피하고 싶은 마음이 없었던 것이 아니었다. 그래서 겟세마네 동산에서 "아버지여, 이 잔을 내게서 떠나가게 하옵소서"라고 기도하셨다. 그러나 십자가를 지심으로 그는 승리하실 수 있었다.

오늘 우리가 사는 세계에는 많은 문제가 있다. 전쟁, 기아, 전염병, 오염, 억압, 불평등, 불의 등 이 모두가 우리가 넘어서야 할 문제들이다. 성령님은 교회로 하여금 이런 문제에 직면하게 하시는데, 교회는 이를 외면하고 있는 것은 아닌지? 성령은 교회로하여금 광야와 같은 문제가 많은 세상으로 우리를 이끄시는데, 우리는 복 받는 낙원으로만 가려고 하고 있는 것은 아닌지? 온갖 불의가 가득한 사회를 외면한 채 교회는 자기만족에 도취하여 있는 것은 아닌지? 성령이 직면하게 하시는 세계의 문제들을 바라보면서 그 문제에 과감하게 도전하는 교회가 되도록 기도해야 하겠다 (유경재, 안동교회 목사).

5. 토의를 위한 질문. 1) 독재와 압제의 상황에 직면해서, 우리는 종종 용기와 희망을 잃어버리는 수가 있다. 우리가 살고 있는 지역사회에 있어서 진리의 성령이 우리를 자유케 한다는 것은 구체적으로 무슨 의미인가? 2) 우리는 기도와 성경 공부에서 우리의 주제를 사회적 차원에 집중해 왔다. 우리는 섬기기 위해 자유하게 되었다고 확언했다. 오늘 우리는 어디서, 어떻게 섬김의 구체적 행동들을 통해 성령 안에서 우리가 자유케 된 것을 증언할 수 있는가? 3) 우리는 성령님의 자유케 하시는 사역에 관한 경험들이 있으며, 그 경험을 서로 이야기할 수 있는가? '포로 된 자에게 자유'를 선포하는 일에 참여하며, 진리의 영에 의해 인도함을 받은 사람들을 우리가 알고 있는가? 그들은 어떤 일을 해왔으며, 지금 그들이 하고 있는 일은 무엇인가?

6. 마침 기도. 전능하신 하나님, 당신은 죄의 압제를 깨뜨리고 우리의 마음속에 진리의 영을 보내주셨습니다. 우리의 자유를 당신을 섬기는 데 온전히 쓸 수 있도록 은혜를 주소서. 그래서 모든 피조물도 하나님의 자녀의 영광스런 자유에 참여하게 하소서. 우리 주 예수 그리스도의 이름으로 기도합니다. 아멘.

제5과. 일치의 영 – 당신의 백성으로 화해하게 하소서

1. 시작 기도. 하나님, 그리스도의 이름으로 의와 믿음을 증진시키기 위해 애쓰는 모든 교회의 노력들이 형통하게 하소서. 우리 자신이 진리라고 생각하는 것 위에 당신의 진리를 놓게 하시고, 어디든지 성령이 오시어 계시기 원하시는 곳에서 성령님의 임재를 기쁨으로 인정할 수 있도록 도우소서. 우리 자신의 계획을 고집하여 파당을 짓지 않도록 우리를 가르치소서. 지나간 날에 교회의 횡포와 영적인 메마름과 도덕적 무능으로 인해 우리의 교제가 단절되었던 사람들을 향해 겸손히 우리의 잘못을 고백할 수 있는 은혜를 주소서. 그리하여 교회 안에서 우리 때문에 생긴 상처들을 싸매는 일을 우리가 감당할 수 있게 하소서. 당신께 간절히 구하오니, 한 분 목자이신 우리 주 예수 그리스도 안에서 하나 된 양 무리가 되는 그날이 어서 속히 오게 하소서. 아멘.

2. 본문. 민 11:16–30; 요 4:5–24; 고전 12:1–13:3

3. **메시지.** 화해하는 것은 관계를 원상회복하는 일이다. 예수 그리스도 안에서 하나님은 세상을 자기와 화목하게 하셨다(고후 5:19). 여러 지체들이 있으나 몸이 하나인 것처럼, 은사는 다양하나 성령도 하나요, 그리스도도 하나요, 하나님도 한 분이시다. 우리 주님이 한 분이심이 우리 일치의 근거이다(엡 4:4-6).

4. **토의를 위한 질문.** 1) 당신은 당신이 속한 교회와 회중 속에서 성령의 은사들을 식별해 낼 수 있는가? 그 은사들은 모두 동등한 가치를 가지는 것인가? 그리스도인의 영역 밖에서 활동하시는 성령의 역사를 당신은 어디서 볼 수 있는가? 2) 다음과 같은 한 스칸디나비아 그리스도인의 경험에 대해 당신은 어떤 평을 할 수 있는가? 몇 년 전에 나는 성지(이스라엘)에서 있었던 방언 훈련 프로그램에 참석하도록 초대받았다. 나는 그런 것은 불가능하다고 생각했다. 왜냐하면 성경적으로 볼 때 방언은 은사(선물)이기 때문이다. 그렇지 않은가? 그럼에도 나는 참가했다. 그 모임은 매우 열광적인 친교 속에서 이루어졌고 - 좋은 분위기, 훌륭한 교사들, 멋진 음악과 함께 - 또 닷새 동안 방언을 배우지 못했다고 하더라도 참가비용이 결코 비싼 것은 아니었다. 결국 나는 방언을 배울 수 없었다! 그 모임 이후 다른 참가자들의 눈에 비친 나는 더 이상 그리스도인이 아니었고, 따라서 그들은 나와의 관계를 끊었다. 왜냐하면 저들의 생각에 나는 진정한 믿음의 분명한 표식이 결여되어 있었기 때문이다. 3) 신앙고백과 교파 간의 분열은 어떻게 발생하며, 그것은 어떻게 지속되어 오고 있는가? 어떤 문제들에 어떤 방식으로 당신은 화해의 직무를 행하도록 부르심을 받았다고 느끼는가? 당신의 상황 속에서 종교적, 사회적, 정치적 그리고 경제적으로 어떤 화해의 직무를 수행해야 하는가?

5. **마침 기도.** 아래로 내려오셔서 언어들을 혼잡하게 하심으로, 지극히 높으신 분께서 민족들을 나누셨습니다. 그러나 불의 혀를 각 사람에게 나눠주심으로 지극히 높으신 분께서 모두를 하나 되게 부르셨습니다. 그러므로, 한목소리로 우리는 지극히 거룩하신 성령께 영광을 돌립니다.

제6과. 성령 – 우리를 변화시키고 거룩하게 하소서

1. **시작 기도.** 하늘에 계신 왕, 위로자, 진리의 영이시며 무소부재하시고 모든 값진 좋은 것의 원천이시며 생명을 주시는 분이시여, 오셔서 우리 가운데 거하시고, 우리를 모든 더러움에서 깨끗하게 하소서. 그리고 당신의 선하심으로 인하여 우리 영혼을 구원하소서. 아멘.

2. 본문. 겔 37:1-4; 요일 4:1-16; 막 1:4-13

3. 메시지. 변화한다는 것은 모양을 바꾸는 것일 뿐 아니라 본질적 내용과 성격까지 바꾸는 것이다. 신약적 용어로는 옛 사람을 벗어버리고 새 사람을 입는 것이며(골 3:9-10), "새로 지음 받는 것"(갈 6:15)이다. 거룩에 대하여, 여호와(야웨, 야훼) 하나님은 모세를 통해 이스라엘 백성에게 "너희 하나님 나 여호와가 거룩하니 너희도 거룩하라"(레 19:2; 비교, 벧전 1:13-16)라고 말씀했다. 그러나 우리는 우리 스스로 옛 사람을 벗어버리고 새 사람을 입거나 거룩하게 될 수 없다. 성령만이 우리를 변화시키고 거룩하게 하실 수 있다. 마가복음에서 우리 주 예수님의 공생애가 그의 세례 이야기에서 시작되는 것은 의미심장하다. 성령으로 세례 받음은 우리의 새롭게 됨과 거룩하게 됨의 시작을 의미한다. 우리가 주의할 것은 악령의 역사를 통해서 부정적 의미에서 사람이 변하고 구별되는 경우도 있다. "사랑하는 자들아 영을 다 믿지 말고 오직 영들이 하나님께 속하였나 시험하라. 많은 거짓 선지자가 세상에 나왔음이라"(요일 4:1). 성서신학적으로 변화의 구체적 표현은 '하나님의 자녀'가 되는 것이며, 거룩의 구체적 표현은 '섬김과 사랑'이다.

4. 토의를 위한 질문. 1) 세례를 통해 우리는 성령을 받는다. 우리는 믿음의 공동체 안에 받아들여지고, 금생과 내생에 소망의 상속자가 된다. 그러나 세례에는 또한 윤리적이고 사회적인 의미들이 뒤따른다. 세례에 대한 우리의 이해는 어떠한가? 우리의 삶 속에서 세례받은 증거가 얼마나 나타나는가? 2) 예언은 성령의 선물(은사)이다. 예언자란 성령의 대변자이다. 그런데 성령은 또한 여러 다른 영들이 있음을 말한다. 우리는 어떻게 참 예언자(진리의 영)와 거짓 예언자(미혹의 영)를 구별하는가? 3) 우리는 첫째 하나님의 선물인 성령을 좀 더 잘 받아들이기 위해, 둘째 믿음의 공동체 영역 밖에서 성령이 역사하심에 대해 좀 더 개방적이기 위해, 셋째 하나님의 창조 세계와 모든 인간관계에서 정의와 평화와 세상에서 청지기 사명에 좀 더 책임감을 느끼기 위해, 어떻게 변화 혹은 성화될 수 있는가?

5. 마침 기도. 창조주 성령님이여, 태초에 당신은 수면 위에 운행하셨습니다. 당신은 모든 생물에게 생명을 불어넣으셨습니다. 당신이 없으면 모든 생명은 죽어 무로 돌아갑니다. 성령이여, 우리 속에 오소서. 위로자 성령이여, 당신에 의해 우리는 하나님의 자녀로 거듭 태어났습니다. 당신은 우리를 당신이 거하시는 살아 있는 성전으로 삼으시고, 우리 안에서 말로는 다할 수 없는 기도를 드리십니다. 성령님이여 우리 속에 오소서. 생명의 주님과 생명의 수여자이신 성령이여, 당신은 빛이시며, 우리에게 빛을 주십니다. 당신은 선이시며, 모든 선한 것의 원천이십니다. 성령이여, 우리 속에 오소서. 생명의 기운이신 성령이여, 당신은 몸 된 교회의 각 지체마다

생명을 불어넣으시고 거룩하게 하십니다. 당신은 그 각 지체 속에 거하시며, 장차 어느 날 우리의 썩어질 육신에 생명을 주실 것입니다. 성령이여, 우리 속에 오소서.

제7과. 오직 나의 영으로 – 하나님의 의(義)

1. 시작 기도. 하늘에 계신 우리 아버지 하나님, 감사와 영광과 찬송을 드립니다. 성부와 성자와 성령으로 삼위일체이신 하나님, 주님의 거룩하신 이름을 찬양합니다. 주의 이름을 위하여 우리의 몸과 마음을 깨끗하고 거룩하게 하소서. 주의 말씀으로 우리를 먹여주시고, 그리스도 예수 안에서 믿음을 통하여 구원받은 하나님의 자녀들로서 자라가는 지혜를 주소서. 예수님의 이름으로 기도합니다. 아멘.

2. 본문. 슥 4:1-14; 눅 17:5-10

3. 도입. 세상에는 두 종류의 사람이 있다. 구원받은 죄인과 구원받지 못한 죄인이다. 달리 말하자면, 두 가지 사람이란 자기 죄를 인정하는 죄인과 자기 죄를 인정하지 않는 죄인이다. 그리스도인은 구원받은 죄인이며, 따라서 '의인인 동시에 죄인'이다. 그런 의미에서 사도 바울은 자신을 "죄인들 중에 수괴"라고 고백했다(딤전 1:15). 죄의 결과는 사망이다. 죄인은 선을 행할 능력을 상실한 자이다. 바울은 그러므로 "내게 능력 주시는 자 안에서 내가 모든 것을 할 수 있다"(빌 4:13)라고 고백한다. 인간의 전적인 무능을 고백하는 것이 그리스도인의 정체이다. 하나님의 말씀을 의심하고 불순종하며, 하나님과 같이 되려는 인간의 교만이 죄의 뿌리임을 알아야 한다. 죄악의 현실을 먼저 나 자신이 아닌 다른 원인들에 돌리는 것은 잘못이다. 인간 최초의 그리고 가장 심각한 범죄가 모든 조건이 완벽한 '에덴동산'에서 저질러졌다는 사실을 우리는 기억해야 한다.

정의, 평화, 창조 질서의 보존 문제와 함께 한반도의 통일도 우리 인간의 힘만으로는 해결할 수 없다고 정직하게 고백하는 곳에, 역설적으로 그 해결을 위해 신비한 성령님의 바람이 불어올 것이다. 이사야 예언자를 통해 말씀하신 대로, "이 백성이 입으로는 나를 가까이 하며, 입술로는 나를 존경하나 그 마음은 내게서 멀리 떠났다"(사 29:13. 비교, 마 15:7-9)라는 말씀을 오늘도 우리는 기억해야 한다. 경건의 모양은 있으나 경건의 능력을 부인하는 그리스도인은 없는가? 오늘날 소위 사신(死神) 신학과 무신론 신학은 하나님의 말씀인 성경의 진리를 종교적인 신화적 상징으로 해석하여 인간의 세속적이며 내재적인 상상력이나 인간들의 말과 이념으로 환원하고 있다. 여기서 용어의 혼란이 생겨나고 있다. 같은 성경, 같은 성령, 같은 하나님의 말씀을 인용하지만, 그 속뜻은 각각 다른 데 있다. 모두 다 "오소서, 성령이여"라고 한결같이 말하지만, 그 해석은 제각기 다를 수 있다. 한마디로, 겉과 속이 다른 것이 문제이다. 이것은 일종의 바리새주의요 위선이다. "그들은 말만 하고 행하지 아니하며, 또 무거운 짐을 묶어 사람의 어깨에 지우되 자기는 이것을 한 손가락으로도 움직이려 하지 않는다."(마 23:3-4). 따라서 오늘 우리도 바리새인의 누룩을 주의해야 한다(막 8:15).

방법론적으로 성경 공부(Bible Study)와 성서 연구(Biblical Studies)는 구분하는 것이 좋다. 성경 공부의 성격을 구체적으로 보여주는 실제적인 예로서 얼마 전에 신대원을 졸업하고 군대에 가 있던 한 형제가 보내온 편지 중에서 일부를 인용한다. "한 번 하나님 앞에서 깨어지고 나니까(저의 교만이), 어찌 그리 말씀이 달고 또 모두 다 나를 향한 말씀처럼 느껴졌던지, 그리고 얼마나 말씀에 갈급하게 매어 달렸던지, 비로소 성경을 머리가 아닌 마음으로 읽게 되었던 것입니다…". 비평적 성서 연구가 객관적이며 이성적인 성서해석을 강조하고 성경의 말씀을 먼저 과거의 독자들이 받아들였던 의미로서 이해하려고 한다면, 성경 공부는 그 말씀을 오늘 여기서 내게 주시는 하나님의 말씀으로 받아들이는 공부이다. 성서 연구가 머리로 하는 공부라면, 성경 공부는 마음으로 하는 공부이다. 가능한 한 성경 연구와 성경 공부는 언제나 손에 손을 잡고 함께 가야 한다.

4. 해설과 메시지. 스가랴는 학개 예언자와 같이 바벨론 포로에서 귀환 이후 예루살렘의 제2성전 건축을 하던 시기에 유다 공동체에서 활약한 예언자이다. 주전 538년 페르시아 대왕 고레스의 칙령에 의해 귀환하기 시작한 유다인들은 총독 스룹바벨과 대제사장 여호수아의 지도 아래 제2성전 재건을 위해 힘썼으나, 그 지역의 이방인들의 방해 공작 때문에 중지할 수밖에 없었다(스 4:23-24 참조). 이러한 형편에서 경제적으로도 넉넉하지 못한 다수의 유다 백성들도 성전 건축할 때가 아직 아니라고 합리화하면서, 자기들의 집만 짓고 자기들 생활만 돌볼 뿐이었다(학 1:3-4). 주전 520년경 페르시아 다리우스 왕 2년에 학개와 스가랴는 마침내 하나님의 말씀에 따라 제2성전 건축을 다시 시작할 것을 유대 백성에게 예언했고(스 5:1; 학 1:1), 이에 따라 스룹바벨과 여호수아는 성전 건축을 재개했다. 전처럼 다시 원수들이 방해했으나, 이번에는 중단되지 않고 계속할 수 있었다(스 6장 참조). 주전 520년에 다시 시작된 예루살렘 제2성전은 마침내 주전 515년에 완공되어 봉헌되었다(스 6:15). 이러한 상황에서 특히 예언자 스가랴는 여덟 가지 밤의 환상들을 통해 포로기 이후 어려움을 당하던 유다 백성을 구원하시는 하나님의 미래의 역사를 보게 되었다(슥 1:7-6:15).

그 여덟 가지 환상 중에서 다섯째 환상이 스가랴 4:1-14에 기록되었으며, 이 환상은 하나님의 영(루아흐)의 초월적인 역사 개입으로 예루살렘 성전이 완공될 것을 미리 알려준다. 바벨론 포로에서 귀환한 유다인들은 약 5만 명 정도로서 아직 경제적 힘도 약하고, 페르시아 제국의 지배 아래서 여전히 조심하고 눈치를 보아야 했으며, 이러한 상황에서 많은 유다인들은 예루살렘 제2성전 건축이 쉽게 완공될 수 없다고 생각했다. 아니, 큰 산이 앞을 가로막고 있는 것 같은 절망감을 느끼고 있었다(슥 4:7). 대다수 유다의 현실주의자들은 성전 건축을 재개하는 것을 보고 "작은 일의 날"이라고 멸시하고 있었다(슥 4:6!). 본문에서 두 감람나무는 스룹바벨과 여호수아를 격려하기 위한 상징이다. 이러한 환상을 통한 메시지의 핵심은 다음 구절로 압축된다. "이는 힘(히브리어로 '하일'. strength)'으로 되지 아니하며 능(能, 히브리어로 '코아흐'. power)으로 되지 아니하고 오직 나의 영(靈, 히브리어로 '루아흐'. my Spirit)으로 되느니라."(슥 4:6). 문자적으로 히브리어 '하일'은 군사력과 경제력을, '코아흐'는 노동력을 의미하는데, 전자는 총독 스룹바벨의 역량을, 후자는 대제사장 여호수아(예수아)의 노력을 시사하는 것으로도 해석해 볼 수 있다. 일을 하다 보면 기름 부음 받은 자들, 감람나무와 같은 주의 종들도 자신들이 마치 일의 주인인 것처럼 착각할 수 있다. 무모하게 일을 추진하거나, 과도하게 좌절하는 것이 그 결과이다. 바울 사도는 이스라엘 백성이 "하나님의 의를 모르고 자기 의를 세우려고 힘써 하나님의 의를 복종치 아니하였다"고 지적했다(롬 10:3). 슥 4:6과 연관하여 깊이 음미해 볼 말씀이다. '하일'이나 '코아흐'로 대변되는 인간의 의(義)가 아니라 처음부터 마지막까지 하나님은 루아흐(성령)로 역사하시어 하나님의 일을 성취하신다. 여기에 인간의 의와 구별되는 하나님의 의가 있다. 그러므로 오늘 정의, 평화, 창조 질서의 보존 그리고 한국적 상황에서 통일신학을 내세우는 그리스도인들은 "우리는 무익한 종들입니다. 우리는 마땅히 할 일을 했을 뿐입니다"(눅 17:10)라고 말할 수 있어야 한다. 이것이 "성령(루아흐)이여 오소서"라고 우리가 간구하는 기도의 진정한 의미인 동시에 이유이다.

5. **본문 묵상.** 성경 공부는 궁극적으로 성경에 기록된 하나님의 말씀이 오늘도 나와 우리의 삶을 변화시키는 살아 있는 말씀이 되는 경험을 하는 데 있다. 인간의 경험과 지식과 이념과 아집이나 인간의 제도가 아니라, 오직 '여호와의 영'으로 하나님의 구원의 역사가 이루어지고 하나님의 나라가 구현되는 것을 믿어야 한다. 이제 전 피조계의 원상 복귀, 한민족의 통일과 세계의 평화, 억눌린 자들의 해방과 차별이 없는 공평과 정의로운 세상을 위해 우리 모두는 이렇게 고백해야 한다. "우리는 무익한 종들입니다. 우리는 마땅히 해야 할 일을 했을 뿐입니다."(눅 17:10). 그리고 진실

한 마음으로 삼위일체이신 하나님의 영, 곧 성령님이 온 세계에서 하나님의 나라를 위해 역사하고 계신다는 사실을 인정해야 한다.

1) 오직 여호와의 영(루아흐)으로만 된다는 예언자의 외침은 당시 이스라엘 사람들이나 현대를 살고 있는 오늘 우리에게 깊은 생각을 불러일으킨다. 이것은 하나님 앞에서 자기 의를 앞세우는 인간의 교만을 경계하는 말씀이다. 물론 이 말씀은 우리 인간의 노력이 불필요하다고 말씀하는 것은 결코 아니다. 문제는 전적으로 하나님의 능력만을 기다리는 인간적인 무능한 태도라기보다는, 그와는 반대로 인간 자신의 생각을 하나님의 뜻이라고 서슴없이 말하고 행동하는 데 있다. 그들은 하나님의 때를 기다리지 않는다. 현실의 역사현장에서는 인간들이 만들어 놓은 법과 제도나 조상들에게서 물려받은 전통이나 관습, 그리고 정치적인 이데올로기가 하나님의 말씀보다 우선 되는 경우가 비일비재하다. 오늘도 우리는 자기들의 생각을 합리화하고 주장하는 데 얼마나 힘을 쓰고 있는가? 오늘 한국교회의 현실에서, 여성들도 분명히 하나님의 부르심에 응답하여 신학을 했고, 주의 종(목사)이 되고자 한다. 그러나 아직은 아니란다. 아직은 여성안수를 용납할 수 없단다. 여성들에게도 목사의 소명을 주시는 분은 오직 하나님 한 분이시다. 이 문제의 해결을 위해 우리는 이제 목사의 소명을 주시는 하나님께 간구해야 할 때이다. 이 문제 해결도 오직 하나님의 영의 역사로 이루어질 수 있기 때문이다(이계성, 여성안수 동지회).

2) 본문(슥 4:1-14)은 스가랴 예언자의 이상을 통해서 오늘도 인간 역사의 주권(主權)이 어디에 있는가를 다시 질문하고 확인시켜 주고 있다. 오늘도 다수의 소위 정통 기독교인들조차 주님의 뜻을 따른다고 입으로는 고백하면서도 현실은 주님의 뜻(비교, 롬 11:33-34)에 자기 생각과 자기 사상을 대입시키며, 의식적이든 무의식적이든 인간의 힘과 능력으로 문제를 해결하고 이것을 하나님의 뜻이라고 주장하는 어리석음을 범하고 있는 것을 보게 된다. 그 결과 교만과 좌절이 교차하는 혼돈을 맛보고 있음을 부인하기 어려울 것이다. 우리는 성령 하나님의 주권을 인정하고 매사에 겸손을 회복해야 한다. 이러한 관점에서, 먼저 스가랴 4장 4절은 주님의 뜻을 알고자 하는 인간의 겸손한 자세를 가르쳐 주고 있다. 인간은 성령의 은혜가 아니면 하나님의 뜻을 바로 깨달을 수 없다. 하나님의 뜻을 알게 하는 성경의 모든 말씀은 결코 인간이 잔머리를 굴려서 알 수 있는 것이 아니다(비교, 벧후 1:20-21). 성경은 인간의 철학과 사상을 변호하는 도구로, 혹은 단순히 지적 호기심과 탐구의 대상으로 전락되어서는 안 될 것이다. 하나님의 뜻은 하나님 자신만이 알게 하실 수 있다(요 14:26; 롬 12:33-34; 고전 2:5,10-14 등). 그리고 슥 4:6 이하는 역사 속에서 주님의 뜻을 이루는 동인(動因)이 결코 인간이 동원하는 힘과 능력에 귀착되지 아니함을 새삼 일깨

워 주고 있다. 역사(歷史)를 섭리하고 역사의 시작과 끝이 되시는 분은 삼위일체이신 하나님이시다. 그러므로 그분을 의지하는 사람은 '큰 산'과 같은 역사의 난관을 만나도 '평지'같게 하시는 전능하신 하나님의 능력을 맛보게 될 것이다. 이것이 하나님의 영의 역사이고 하나님의 은혜이다. 세계의 문제, 민족의 문제, 개인의 문제를 앞에 두고 기독교인은 그러므로 그 문제들에 대해 먼저 하나님의 '은혜, 은혜'(슥 4:7. 개역은 '은총 은총')를 구해야 할 것이다(정연호, 장신대). 3) WCC 성경 공부를 마치는 기도: 우리에게 기도할 수 있는 은혜를 주신 하나님, 감사합니다. 그리스도인으로서 이 세상에서 바르게 살지 못함으로 인하여 생긴 많은 문제들이 이제는 더 이상 문제들 자체로만 존재하지 않고 우리의 신앙과 생존을 위협하고 있습니다. 저희의 힘과 능력으로는 문제를 인식할 수 있으나, 그것 또한 매우 부분적이며, 그 문제들을 어떻게 해결해야 하는지 알 수 없습니다. 거듭난 그리스도인으로서 바르게 살지 못함을 용서하여 주옵소서. 그리고 하나님의 영이신 성령님이 오셔서 우리의 문제를 해결해 주시고, 하나님 나라의 의(義)를 위하여 마땅히 행해야 할 일을 가르쳐 주옵소서. 또한 우리가 해야 하고 할 수 있는 지혜와 능력을 주옵소서. 예수님의 이름으로 기도합니다(유혜연, 제7차 WCC 총회 한국 대표).

    6. 토의를 위한 질문. 1) "오직 나의 영으로"라는 말씀은 인간의 노력은 결국 중요하지 않다는 의미로 해석할 수 있는가? 2) 교회나 사회나 국가적으로 도저히 인간적으로는 그 해결이 불가능해 보이는 문제들이 발생하는 예들을 찾아볼 수 있는가? 개인적인 경험으로는 어떠한가? 이러한 어려운 상황에서 성령의 역사하심을 어떻게 식별할 수 있는가? 3) 한반도 통일이 이루어진다고 보는가? 이루어진다면 어떻게 이루어질 수 있다고 생각하는지 각자의 견해를 나누어보자.

    7. 마침 기도. 알파와 오메가가 되시는 하나님, 주의 성령께서 오셔서 우리의 연약한 믿음을 강건케 하옵소서. 교만하지 않고, 좌절하지 않게 하옵소서. 필요한 지혜와 능력을 주옵소서. 우리의 한계를 깨닫게 하시고, 마땅히 해야 할 일을 하게 하옵소서. 하나님 나라의 사랑과 공의와 정의, 그리고 공평과 평화, 창조 질서의 보존을 이루어 주옵소서. 한반도의 통일을 이루어 주옵소서. 우리 인간의 의가 아니라, 하나님의 의를 위해 우리 모두에게 약속하신 성령을 부어 주옵소서. 예수님의 이름으로 기도합니다. 아멘.

질의 및 응답

사회: 전천혜

사회자: 김중은 교수님이 성경 공부를 인도하셨는데, 의문 나는 사항이나 토의하고 싶은 것이 있으면, 자유롭게 말씀해 주시기 바랍니다.

유경재: 우리가 이 성경 공부를 하는 목적은 하나님의 구원의 역사 속에서 성령이 어떤 역할을 하시는지를 찾아보려고 하는 데 있지 않은가 생각합니다. 그렇다면 김 교수님의 전공인 구약에서 성령이 어떻게 역할을 하셨는가 하는 점과 함께 성령이 어떻게 이해되고 있는가에 대해 말씀해 주셨으면 합니다.

김중은: 제가 위에서 소개한 성경 공부 제2과에서 어느 정도 그 질문에 대해 취급하고 있습니다. 간단히 말씀드리자면, 구약에서 성령에 대한 이해는 삼위일체이신 하나님의 이해와 언제나 연관이 됩니다(창 1:26; 3;22 등. 여기서 하나님이 '우리'라고 표현하신 것은 삼위일체의 관점에서 이해할 수 있습니다). 구약성경에서 말하는 성령 즉 하나님의 '루아흐'는 특히 창조자 하나님의 칭호인 엘로힘과 밀접하게 연결되고 있습니다. 성령이라는 문자적인 표현은 매우 제한적으로 나타나는데(시 51:11 등), 성령을 지칭하는 '여호와의 영'이나 '하나님의 영'이 자주 동의어로 사용됩니다(창 1:2; 출 31:3; 민 11:29; 삼상 10:10; 시 104:30; 사 11:2; 32:15; 40:13; 겔 11:5; 39:29; 욜 2:28-29; 슥 12:10 등). 구약성경에서 하나님의 '루아흐'(성령)는 하나님의 창조 행동과 연관되어 사용됩니다. 주로 하나님의 창조와 새 창조(Creation and New Creation)를 통해 일하시는 하나님의 행동을 이야기할 때 '루아흐'가 등장하고 있습니다. 이와는 대조적으로, 성령과 이에 반대되는 개념인 사탄과 악령(귀신)들의 활동도 있습니다. 그러나 사탄과 악령들의 활동은 어디까지나 하나님의 주권과 창조 질서의 통제 아래 있습니다. 구약에서 성령의 구체적인 활동에 대해 요약해서 말하자면, 위에서도 언급한 바와 같이 여호와의 구원행동과 함께 하나님의 창조(특히 생명)와 재창조(특히 새생명)의 사역의 입니다. 구약성경에는 구원신학과 창조신학이 있습니다. 구원신학의 내용은 주로 역사 내재적인 하나님의 행동이며(대표적으로는 출애굽 사건과 시내산 언약. 출 12:37-42; 19:1-6 등), 창조신학은 주로 역사 초월적인 하나님의 행동으로서(대표적으로는 마른 뼈들의 회생. 겔 37:1-14; 비교, 창 1:1-2; 사 65:17-25 등), 구원신학과 창조신학에서 하나님의 루아흐(성령)는 언제나 인간의 인식과 기대와 한계

를 넘어서는 하나님의 주권(主權)적 자유를 강조하는 의미가 있습니다.

유경재: 가령 예언자들이 예언을 할 때 자기의 능력이나 지혜로 하는 것이 아니고 결국 그들이 하나님의 영으로 예언하는 것이 아니겠습니까? 그러니까 예언 속에 역사한 영은 성령이라고 볼 수 있지 않습니까? 그리고 참 예언자와 거짓 예언자의 구별이라는 문제에 있어서도 거짓 영이 거짓 예언자들 속에 들어가서 활동하는 모습을 성경에서 볼 수 있습니다. 구약성경을 보면 영어로 파워(power)에 해당하는 단어가 성구대사전(concordance)에 상당히 많이 나옵니다. 이 파워, 즉 하나님의 능력, 하나님의 힘을 성령과 일치시킬 수 있는 것인가? 그렇다면 출애굽기 속에서 역사하신 하나님의 역사가 성령의 역사인가? 아니면 어떤 또 다른 하나님의 영인가, 즉 하나님의 또 다른 역사인가 하는 문제가 생깁니다. 그러니까 지금 창조라고 하셨지만 성령께서 구원의 역사 속에 개입하시고 또 예언자들에게 함께 하셔서 예언자들로 하여금 하나님의 말씀을 선포하게 하신 것이 성령의 역사와 어떻게 관계되는 것인가? 이런 점을 말씀해 주셨으면 합니다.

김중은: 구약의 참 예언자들은 물론 여호와 하나님의 영의 역사로 예언했습니다. 예컨대, 에스겔 예언자는 "여호와의 영이 내게 임하여 이르시되"라고 자신에게 부여된 하나님의 말씀은 여호와께로부터 온 것임을 분명하게 했습니다 (겔 11:5. 비교, 겔 2:2 등). 구약성경에서 성령의 활동하심에 관해서는 이 시간에 제가 충분하게 설명 드리기가 어렵습니다. 구약성경에서는 주로 하나님의 창조와 재창조를 이야기할 때 창조자 '하나님의 루아흐' 즉 성령 하나님의 활동을 강조합니다. 구약성경에서 성령의 활동은 무엇보다도 '무에서 유'를 창조하시는 하나님의 창조 활동에서 잘 드러납니다. 다른 한 편, '하나님의 영'이라는 표현보다 '여호와의 영'이라고 할 때는 창조 사역보다는 여호와(야웨, 야훼)의 역사적인 구원 행위에 대한 의미가 강조된다고 볼 수 있습니다. 출애굽기 3장 14절이나 6장 3절 이하에서 여호와의 이름에 대한 계시 내용에서 성령이 함께 하시는 하나님의 구원 행동이 내포되어 있습니다. 구약성경에서 여호와 하나님은 성령을 통해 구체적으로 역사에 개입하시는 것으로 이해할 수 있습니다. 구약의 사사들이나 예언자들도 이러한 맥락에서 여호와의 영의 임재하심을 통해 역사 속에서 여호와 하나님이 위탁하시는 사명을 행하고(삿 3:10; 6:34 등), 공의와 정의의 말씀을 담대하게 외칠 수 있었습니다(겔 2:2; 3:24; 11:5; 렘 7:1 이하; 욜 2:28 이하 등). 구약 예언자들에게 임한 여호와의 말씀은 곧 성령의 임재라는 의미로 해석할 수 있습니다(렘

1:4; 호 1:1; 욘 1:1; 미 1:1 등. 비교, 삼상 19:20; 대하 15:1 이하; 20:14 이하 등). 거짓 예언자들에게 임한 영은 성령과는 다른 악한 영들이라고 성경은 말하고 있습니다(왕상 22:20-24; 비교, 민 24:2; 요일 4:1-3 등).

요즈음 WCC의 신학적 상황도 변화하고 있다는 것을 느낄 수 있습니다. 포터 총무 시절만 하더라도 구속사 신학을 강조했습니다. 그러나 에밀리오 카스트로 총무가 들어온 다음부터는 창조신학을 많이 강조하는 것을 볼 수가 있습니다. 창조신학을 강조하는 맥락에서 성령의 사역도 좀 더 강조하게 되는 것이라는 생각이 듭니다. 창조신학의 입장에서 보면, 그동안 독일의 구약학자 폰 라트(G. von Rad, 1901-1971)가 구속사 신학에 편중된 것이 잘못이었다는 반성을 하고 있습니다. 폰 라트는 구약성경에서 신앙고백으로 전승된 구속사를 중요시한 나머지 창조신학을 후대에 첨가된 일종의 부속물처럼 취급했는데, 오늘 구약학계에서는 창조신학과 구속신학이란 두 개의 축을 대등한 주제로 파악하고 있습니다. 지금까지 우리는 구약신학에서 대체로 역사적인 사건들 중심으로 하나님의 구원사를 이해하려고 했습니다. 바벨탑 사건, 노아 홍수 사건, 출애굽 사건, 가나안 땅 진입 사건, 이스라엘과 유다의 왕국역사, 바벨론 포로귀환 등, 사건들 중심으로 구약성경을 이해하려고 했습니다. 그래서 그런지 우리가 교회와 사회생활에서도 주로 어떤 사건에 관심을 가지고 그 사건들을 이해하는 데 노력을 많이 했습니다. 그러나 창조신학의 관점에서 보면 구약성경의 오랜 역사 과정에서는 사건과 사건 사이에 있는 기간, 즉 특별히 기록하고 기억할 만한 사건이 없는 기간이 사실 더 많았습니다. 구속사를 중심한 폰 라트의 구약신학에서 신학자들은 이러한 '사건이 없는 기간들'에 대해서는 제대로 신학적인 이해나 평가를 하지 못했습니다. 그러나 같은 독일의 구약학자 베스터만(C. Westermann, 1909-2000)의 구약신학에서는 이 점을 보완하여 사건이 없는 기간을 여호와 하나님의 창조세계와 그 창조 질서 속에서 사는 기간으로 이해하고(창 1:28; 9:1-7), 구속사의 사건들 못지않게 이러한 하나님의 창조 질서 안에서 인생의 복과 행복을 누리는 것도 매우 중요하게 평가해야 한다는 입장을 보여주고 있습니다.

예컨대 우리가 교통사고를 당했는데 구사일생으로 살아났다고 합시다. 이것은 말하자면 구원 사건이지요. 폰 라트의 구원사 신학적 관점에서 보면, "나는 죽음에서 구원받았다, 내가 예수 잘 믿어서 안 죽고 살아났다"는 신앙고백을 할 수 있습니다. 그래서 간증도 하게 됩니다. 그러나 더 중요한

것은 우리가 매일 자동차를 타고 다니고 교통이 복잡한 거리를 지나다니지
만 한 번도 사고가 나서 죽다가 살아나는 경험을 하지 않는 그런 삶도 믿음
안에서 사는 복된 인생이라는 것입니다. 사건이 없는 이러한 평범한 일상의
삶은 하나님의 창조 질서 속에서 누리는 성령이 보호하고 인도하시는 삶이
기 때문입니다. 물론 구속사적으로 죽다가 살아나는 사건을 경험하는 신앙
체험도 중요하지만, 창조신학적 관점에서 보면 하나님이 복 주신 창조 세계
에서 성령과 동행하는 일상의 삶도 그에 못지않게 중요하다는 것입니다. 이
렇게 구속사 신학뿐만 아니라 창조신학의 중요성을 인식한다면, 창조신학
을 지탱하는 성경의 개념은 역시 하나님의 성령(루아흐)이라는 것을 알게 됩
니다(시 104:30; 욥 33:4).

황화자: 아까 김교수님이 말씀하기를 어떤 구속사적인 사건이 일어나지 않는 가운데
서도 창조자 하나님의 성령이 임재하시는 평범한 인생이 또한 구속사와 함
께 중요하게 다루어지는 창조신학의 관점이라고 들었습니다. 저는 그 말씀
을 들으면서 언뜻 예수님의 말씀 중에 잃어버린 한 마리의 양이 나머지 잘
살고 있는 아흔아홉 마리보다 더 중요하다고 말씀하신 것이 떠올랐습니다.
지금 WCC의 창조 질서의 보존이라는 소주제는 창조된 세계가 고통을 앓고
있는 문제, 즉 하나님께서 창조하신 자연 질서의 파괴라는 사건에 대해서
성령께서 역사하고 계시는가 하는 것을 새롭게 터득해 보자는 의미가 제시
되고 있다고 봅니다. 창조 문제에 대한 저의 이해와 김 교수님의 설명과 어
떤 차이가 있는가 설명해 주시기 바랍니다.

김중은: 무슨 말씀인지 알겠습니다. 구약성경에서 구속사 신학과 창조신학이 대립되
거나 창조신학이 구속사 신학에 종속되는 것이 아닌데, 지금까지 우리는 구
원사의 사건 중심으로 하나님의 나라와 성령의 역사를 이해하고 문제를 해
결하려는 경향이 강했습니다. 그런데 이제 우리는 이러한 불균형적인 하나
님 나라의 이해에 대한 한계성을 어느 정도 알게 되었습니다(마 5:43-48 참
조). 질문하신 대로 99마리의 양들을 놓아두고 한 마리 잃은 양을 찾아 나서
는 목자의 심정은 구원사적 신학의 관점에서는 중요하며 우리 그리스도인
들의 삶에서도 지침이 됩니다. 그런데 다른 한 편, 잃어버린 한 마리의 양을
찾는 사건은 자주 일어나는 사건이 아니며, 목자가 한 마리의 양을 찾으러
떠난 후 남겨진 99마리 양들의 안전도 그에 못지않게 중요하다는 사실을 창
조신학적인 관점에서 함께 고려하자는 것입니다. 창조세계에 대한 파괴와
그로 인한 고통의 문제들도 사건적인 관점에서만 접근하지 말고, 그러한 파

16. 새롭게 하시는 성령과 한국교회, WCC 총회 주제에 대한 연구세미나 성서연구:
"성령이여 오셔서 만물을 새롭게 하소서"

괴 사건이 발생하지 않는 일상생활에서도 그에 대한 문제의식을 가지고 접근하는 소위 '투 트랙' 해결 방식이 중요하다는 것을 말하려는 것입니다. 달리 말하자면, 일과 휴식(쉼)은 함께 가야합니다. 일중독은 성령의 사역이 아닙니다. 성경에서 성령 하나님은 구속사적인 사건들과 함께 창조신학적인 일상에서 역사하십니다. 가령 환경운동가는 환경파괴 사건만 찾아다니지 말고 그에 못지않게 평소에 자기 자신과 자기 가정과 이웃의 일상의 환경을 함께 돌보아야 성령께서 함께하시는 진정한 환경운동이 된다고 봅니다(찬송가 191장, '내가 매일 기쁘게' 참조). 스가랴 예언자를 통해, "힘으로도 되지 않고 능으로도 되지 않고 나의 영으로 되느니라"라고 하신 말씀은 결코 인간적인 노력을 배제하라는 말씀이 아니고, 오히려 창조자시며 역사의 주권자시고 삼위일체이신 하나님의 섭리와 하나님의 주권적 자유를 강조하는 것이라고 생각합니다. 여기서 하나님의 섭리(攝理, providence)와 주권적 자유는 창조신학적 차원과 구속사적인 차원을 함께 포함하고 있습니다. 달리 표현하자면, 오늘 우리가 하나님 나라의 일을 하는데, 사건 해결에만 몰두하여 사건이 없는 일상생활은 소홀히 하면 안 된다는 말씀입니다. 물론 예외는 언제나 있습니다. 달리 쉬운 예를 든다면, 우리가 교회 일을 하기 때문에 가정을 돌보지 않는다면, 이것은 하나님 나라의 구현에 있어서 균형이 맞지 않는다는 것입니다. 시편 127편 1-2절의 말씀도 이것을 이해하는 데 도움이 됩니다: "여호와께서 성을 지키지 아니하시면 파수꾼의 깨어 있음이 헛되도다. … 너희가 일찍이 일어나고 늦게 누우며 수고의 떡을 먹음이 헛되도다. 그러므로 여호와께서는 그의 사랑하시는 자에게는 잠을 주시는도다." 여기서 앞서 말씀드린 '가정'과 하나님이 주시는 '잠'은 창조신학이고, '교회 일'과 '파수꾼의 깨어있음'은 구속사적 신학으로 이해할 수 있습니다. 이 양자는 2분법적으로 분리될 수 없으며, 성령께서 원하시는 것은 이 두 가지가 분리되지 않고, 균형과 조화를 이루는 것이라고 생각합니다(고전 3:16-23 참조). 지금 성령 충만하여 하나님의 일을 한다고 나서는 사람들은 이 점을 놓지지 말았으면 합니다.

김용복: 좋은 성경 공부 안내를 해주셨습니다. 우리가 WCC 총회에 가서 성경 공부를 하게 될 때나 한국교회에서 성경을 읽을 때 하나님 말씀에 영감을 받은, 체험적인 이야기를 주로 많이 하는 것이 참 중요하다고 생각합니다. 오늘 김 교수님께서 군대에 간 학생의 체험 이야기를 하셨는데 사실은 그런 이야기에서부터 출발하는 것이 무엇보다도 중요하다고 생각합니다. 자칫 잘못

하면 성경 공부의 초점이 지금 '루아흐'니 '코아흐'니 하는 이런 단어로 가게 될 것 같으면 평신도들은 모르는 세계로 빠질 우려가 있습니다. 이러한 의미에서 성서연구는 하나의 배경적인 역할을 할 수 있습니다. 성령에 대한 이런 깊은 연구와 공부가 세계교회협의회를 통해서 시작이 된 것을 주목해야 합니다. 그리고 이 텍스트는 끝난 것이 아니고 시작되는 것입니다. 이것은 1989년에 시작되었으나, 앞으로도 7년 동안 계속될 것입니다. 우선 제가 개인적으로나 한국적 상황에서 성령의 역사가 중요하다고 생각하는 점을 교회 내적인 차원에서 몇 가지 이야기하겠습니다. 먼저 성령에 대한 너무 내면적인 이해를 중시하는 경향이 우리 한국교회에 있습니다. 성령을 상당히 내면적으로만 읽는 경향이 있고, 합리주의적인 사람들은 성령을 굉장히 경시하는 견해를 가지고 있습니다. 심지어는 우리가 성령의 역사를 이야기하면서도 성령을 중시하는 교회의 활동으로 설교, 성례전, 내적인 생활 변화, 교회 생활의 변화와 같은 교회 내적인 역할에 강조점을 두고 국한하는 경향이 많았습니다. 그래서 너무 내면적이고, 모호한 성령의 이해가 강조되게 됩니다. 이상한 경험만 하면 성령이라고 생각하는 분별없는 견해를 극복하는 것이 중요하다고 생각됩니다. 실제적으로 WCC 총회의 주제에 관련된 말 중에서 삶보다도 생명이라는 말이 훨씬 더 중요하다고 생각합니다. 왜냐하면 생명은 인간의 생명뿐만 아니라 생태계에 있는 모든 생명이기 때문입니다. 그래서 지금까지 사회, 경제, 정치는 물론이고 정신적으로, 문화적으로 생명을 파괴하는 것에 대해서 이 생명의 수여자, 생명을 지탱하고 유지하고 생명을 새롭게 하시는 성령을 중시하는 입장에서 고백을 하는 것이 우리의 목표가 아닌가 생각됩니다. 우리 한국적 상황에서 교회는 얼마만큼 생명의 하나님과 생명의 영을 고백하고, 생명의 영의 역사에 참여하고 있는가 하는 물음을 던져봅니다. 그래서 이 생명이라고 하는 단어는 인간 중심적인 것보다도 훨씬 더 넓은 의미에서 하나님의 창조의 역사, 하나님의 구속의 역사, 새롭게 하는, 완성하시는 역사라는 것을 제시하고 있다고 봅니다. 에스겔이라든지 요한계시록 22장에 보게 되면 새 생명, 영원한 생명이라고 하는 고백들이 있습니다. 성서는 어떤 의미에서는 생명 운동을 증언한 책이라는 생각이 듭니다. 교회는 이 생명 운동에 참여해야 하며, 세계교회는 생명 운동에 참여하는 모든 사람들과 손을 맞잡고 앞으로 나가야 하는 것입니다. 그리고 이것의 성서적 기반을 마련하기 위해서 확인하는 작업이 필요하다고 봅니다.

16. 새롭게 하시는 성령과 한국교회, WCC 총회 주제에 대한 연구세미나 성서연구:
"성령이여 오셔서 만물을 새롭게 하소서"

사회자: 질문보다는 코멘트를 주셔서 고맙습니다. 저도 그 생명이라고 하는 용어 사용에 전적으로 동의합니다. 삶의 수여자 하니까 생명이라는 의미가 조금 약화된 것 같습니다. 아까도 제가 말씀드렸지만 생명의 수여자라고 하는 것이 더 좋을 것 같습니다. 그럼 이상으로 마치겠습니다.

17

창조신학적 입장에서 보는
환경파괴에 대한 대응적 관심

I

21세기를 바라보는 오늘 지구상의 인류가 직면한 가장 큰 생존의 위협이 "환경 파괴" 문제, 즉 생태계 질서의 파괴라고 하는 데에 대다수 사람들의 인식이 일치하는 것 같다. 그 환경파괴의 일차적 원인은 서양 문명이 '과학기술'을 오용 내지 남용한 데서 기인한다는 것이 일반적 견해이다. 1972년 6월 스웨덴의 스톡홀름에서 유엔의 "인간 환경 선언문"이 발표된 이래, 지구의 환경파괴 문제는 개선되기는커녕 생태계 파괴는 더 심각해 지는 현실이라는 보고서의 내용은 충격을 더해 주고 있다. 최근 통계에 따르면, 매일 지구상 생물의 한 종(種)이 멸종되고 있으며, 매년 한반도 3/4정도 크기의 열대림 지역이 개발을 명분으로 황폐화되고 있다고 한다. 아마존강 유역의 삼림파괴로 1940년 이후 그곳의 식물 450종, 조류 204종이 멸종되었다. 또한 과도한 화석 연료(석유, 석탄, 천연가스 등) 소비로 인한 지구의 온실효과 현상(이산화탄소의 과도한 발생)으로 남극과 북극의 빙하가 급속히 녹아내리고 해수면이 십 년마다 평균 1.5미터 정도씩 높아져서 앞으로 더욱 심각한 기상이변과 더불어 해안 지역 침수로 인한 파괴적 영향이 예상되고 있다. 뿐만 아니라, 대기권의 오존층 파괴, 강과 바다의 수질오염, 대기오염, 폐기물 증가와 전 지구 생태계의 유독화(有毒化) 현상, 자원착취 및 생명공학의 오용과 시행착오 등은 대량살상 무기의 양산과 함께 앞으로 가공할 만한 인류의 "세계사적인 자살" 행위를 예견하게 해 준다는 것이다.

이러한 위기 상황에서 기독교 신학자들도 생태학(ecology)과 연관된 신학적 응답 요청에 꾸준한 관심을 나타내고 있으며, 세계교회협의회(WCC)에서는 1983년 캐나다 뱅쿠버에서 있었던 제6차 세계대회에서 이 문제와 연관하여 공식적으로 "정의, 평화, 그리고 창조 질서의 보존"(Justice, Peace and the Integrity of Creation: 이것을 첫 글자를 모아 JPIC라고 부른다)의 주제를 오늘의 전 세계 교회의 신앙적-신학적 응답의 과제와 사명으로 확인한 것은 시의에 적절한 것으로 볼 수 있다. 이러한 관점에서 장로회신학대학교 제91주년 개교기념식에서 행한 숭실대학교 총장 조요한 박사의 "환경파괴에 대한 기독교의 대응"이란 제하의 강연은 시대적 요청에 부응할 뿐만 아니라, 우리 한국교회와 그리스도인들이 특히 "창조질서의 보존" 문제에 응답해야 할 중요한 지표를 제시해 준 것으로 볼 수 있다.

II

환경파괴에 대응하는 기독교의 사명을 강조하는 입장에서, 조요한 총장은 현대 과학기술 발전의 기원으로서 그리스의 프로메테우스 신화를 소개하면서, 이 이야기의 핵심은 인간이 프로메테우스가 훔쳐준 '불'(火)과 더불어 '기술적 지혜'를 얻었지만 그 기술만 가지고는 안되고, 인간이 이웃과 더불어 살아가는 '정의와 존경심'이 그 마음에 함께 하지 않으면 인간은 결국 '사형에 처할 수밖에 없는' 존재라는 경고적 교훈을 일깨워 주고 있다는 것이다. 원래 기술(技術, technique)은 '인간을 보호하기 위한 것'이고, '다른 사람들과 더불어' 살아가기 위해 주어진 것이라고 한다. 조요한 총장은 독일 철학자 하이데거(M. Heidegger, 1889-1976)의 이론을 원용하여, 기술의 본질적 특징은 ①창업(실천에 옮기는 일)과 ②폭력을 수반하는 작용으로 파악하고, 인류의 기술문명은 프로메테우스의 '제우스에 대한 반항'이나 구약성경의 '모든 생물을 다스리라'(창 1:28)라는 자연 강압의 입장에만 치중하였기 때문에 인간의 환경파괴(고향상실)를 초래하게 되었다고 설명한다. 물론 하이데거는 구약에서 하나님의 인간창조와 사명위탁을 오해한 것이다. 또한 자연과학자들이 계몽주의 사조의 영향 아래 18세기 이후 자연의 배후에 계신 하나님에 대한 개념을 제거한 것과 생물의 창조 과정까지도 지배하려는 생명과학 기술주의가 오늘날 환경파괴의 황급한 상황을 초래한 또 하나의 원인이라고 지적한다. 조 총장은 미국의 역사학자 린 화이트(Lynn White)의 논문을 인용하여, "자연이 인간에게 봉사하는 것 이외의 어떤 존재 이유도 가지고 있지 않다는 기독교의 교리를 거부하지 않는 한 생태계의 위기를 계속해서 악화시키게 될 것이다"라고 문제점을 지적하였고, 린 화이트는 대안으로서 성프란체스코와 같은 삶의 모습을 제시하였다는 것이다. 그러나 린 화이트 역시 성경이 말하는 하나님의 자연창조와 인간이 자연을 다스리라는 위탁의 명령을 잘못 이해한 것이다(비교, 롬 8:18-22).

조요한 총장은, "우리는 모든 피조물이 삼위일체 되신 하나님께 속한 것임을 천명한다. 창조자이신 하나님은 그의 창조의 영을 통하여 창조 전체와 개개의 피조물 안에 거하시며 그의 영으로써 창조를 유지하고 존속하게 하신다."라고 전제하면서, 하나님께서 이 땅을 인간에게 주시고 다스리게 하신 것은 '사귐의 관계'에서 이해해야지 '지배의 관계'로 보아서는 안 된다는 독일 튀빙겐대학교의 조직신학자 몰트만(J. Moltmann)의 해석을 소개하였다. 소극적으로는 생태계 파괴에 대한 기독교적 대응과, 적극적으로는 창조 질서의 보존에 대한 기독교적 관심과 사명은 성경에 기록된 하나님의 창조 사역에 대한 올바른 이해가 그 기초가 되어야 한다. 이러한 관점에서, 일차적으로는 구약성경 창세기 1장 24-31절, 9장 1-7절의 내용과 함께 시편 8편의 내용이 하나님과 인간과 자연(피조계)의 조화와 질서에 관해 매우 중요한 진리를 깨우쳐 주고 있다.

III

먼저 하나님의 창조에 대한 성경의 문맥들은 우리가 인식하는 자연의 모든 존재들이 결코 '우연히' 존재하는 것이 아니라, 인격적인(자아의식과 자아 책임을 가진) 창조주 하나님에 의해서 창조되었기 때문에 존재하게 되었다고 하는 점을 강조하고 있다. 오늘날 환경파괴에 대응하는 그리스도인들의 신학적 근거는 그러므로 '진화론'이 아니라 성경적인 '창조론'에 확고히 뿌리내려야 생태계 파괴와 환경파괴 문제에 올바로 대응할 수 있다. 물론 창세기 1장 문맥에서 창조주 하나님(엘로힘)이 "… 땅은 풀과 씨 맺는 채소와 각기 종류대로 씨 가진 열매 맺는 과목을 내라 하시매 그대로 되어 땅이 풀과… 각기 종류대로 씨 가진 열매 맺는 나무를 내니라"(창 1:11-12)고 하시니 땅이 이러한 생명체들을 만들어 내는데 작용한 것으로 보아 일종의 '유신론적인 창조적 진화론'을 말하는 사람들도 없지 않다(창 1:20 이하 '물'이 생물로 번성케 하라는 문맥도 마찬가지다). 그러나 오늘날 소위 자연과학에서 주장하는 '우연한 진화론'과는 구별되는 '창조적 진화론'은 인간 이외의 생물에 적용되며 종의 창조를 인정하는 소진화의 입장으로 보아야 할 것이다. 하나님께서 여섯째 날에 역시 땅에게 명하여 육지의 모든 짐승들을 그 종류대로 "내어놓으라"(히브리어 '야차' 동사의 히필형 '토체' 사용, 창 1:24)고 명하신 다음에, 사람의 경우는 결코 땅이나 물에게 사람을 내어놓으라고 명하지 않으시고, 창조자 하나님이 하나님의 형상으로 사람을 만드시되 남자와 여자로 그들을 창조하셨음을 알려주고 있다. 이러한 관점에서 인간을 창조하셨다는 창세기 1장 27절 한 절에 구약성경의 신학적 전문용어인 히브리어 동사 '바라'(창조하다)가 세 번이나 연속적으로 사용되고 있는 것은 매우 주목할 만한 현상이다. 히브리어 동사 '바라'의 주어는 언제나 하나님이기 때문이다. 그러므로 무생물이 단 세포 생물로 진화하고, 또 그 단세포 생물이 오랜 세월 동안 수많은 우연을 통해 수백만 종의 동식물과 고등동물인 사람(호모 사피엔스)로 진화했다는 진화생물학적 설명은 정말 믿기 어려운 가설이며 잘못된 것이다. 성경이 말하는 '하나님-인간-자연'의 관계에 대한 올바른 창조신학적 이해가 환경파괴와 생태계파괴에 대응하고 창조 질서를 보존하는 신학적 입장에 매우 중요한 근거가 된다.

고대 서아시아(중동, 근동) 문화권에서는 자연의 세력들, 특히 땅이나 물은 신적인 존재들로서 그들 나름의 신적 권위와 세력을 가지고 인간의 두려움의 대상이 되었으나, 성경은 태초부터 이러한 자연신화를 비신화화 하고 있다는 점이 매우 중요하다. 이러한 자연의 세력에 대한 성경의 비신화화는 인간이 자연에 대해 이성적-과학적 사고를 가능하게 한 중요한 역사적 계기라고 볼 수 있다. 하늘이나 땅이나 물과 같은 대표적인 자연의 세력들은 창조주 하나님의 주권 아래 있으며 결코 인간과의 관계에 있어서 신적인 두려움의 대상들이 아니라는 점과 함께, 어떤 식물이나, 어류나, 조류나, 육지의 모든 종류의 짐승들도 하나님의 창조 질서 속에서는 '사람'과는 확연히 구별되는 다스림의 대상이라는 점이 또한 강조된 것이다. 여기서 인간이 자연을 다스리는 것은 단순히 사귐의 관계가 아니라, 주인이신 하나님의 뜻에 따라 자연을 관리하는 청지기의 직분을 말하는 것이다. 삼라만상 중에 '사람'만이 하나님의 형상으로 지음받았고, 하나님이 그 사람에게 모든 생물을 다스리라는 권한을 위탁하셨기 때문이다(창 1:28). 여기서 하나님이 인간에게 땅을 정복하고 모든 생물을 다스리라는 말씀은 땅과 모든 생물을 억압하고 착취하고 파괴하라는 뜻이 아니다. 하이데거나 린 화이트는 성경과 하나님과 인간의 청지기 직분을 오해한 것이다. 인간이 땅을 '어머니'라고 부른다든지, 강이나 바다를 어머니의 젖줄이나 생명의 물줄기로 표상하는 것은 성경적인 발상이 아니고, 왜곡된 신화 시적인 상상력이라고 할 수 있다. 이러한 관점에서 풀이나 꽃, 나비나 짐승, 새나 곤충들을 인간의 형제요 자매나 자녀로 부르는 것도 지나친 낭만적 상상력에서 나온 것이지, 성경적 사고의 결과는 아니다. 애완동물이나 반려견을 마치 자식처럼 딸이나 아들로 취급하고 부르는 것도 일종의 도착증세이다. 성경에서는 인간을 결코 다른 피조물이나 짐승과 비교하지 않고, 비록 인간이 범죄 타락한 이후에도 인간은 하나님의 형상을 상실하지 않았으며(창 9:6; 약 3:9), 사람은 "하나님보다 조금 낮은" 존재로 묘사하면서 "영화와 존귀"의 관을 쓴 왕적인 존재로 이해하고 있다(시 8:5). 그러므로 '인간의 존엄성(인권)'은 자연과학적 진화론이 주장하는 대로 인간을 '가장 진화된 포유동물'(또는 '벌거벗은 유인원')이라고 보는 시각에서는 결코 담보될 수 없으며, 인권은 성경에 기록된 계시 의존적인 창조론에서 말하고 있는 인간의 '하나님의 형상(image of God, 라틴어로는 imago Dei)' 이해에서만 제대로 뒷받침될 수 있는 것이다.

위에서도 잠시 언급한 바와 같이, "하나님의 형상"을 매개로 하는 창조주 하나님과 인간의 관계는 무엇보다 인간으로 하여금 하나님이 만드신 피조 세계를 '다스리라'는 하나님의 왕권위탁 명령에서 잘 드러나고 있다(창 1:28; 9:1-2). 창조주 하나님의 왕권위탁을 수행함에 있어서 비로소 인간은 의미 있는 역사적-소명적인 존재로 부각된다. 대다수의 성서학자들의 견해도 그렇지만, 하나님의 창조 사역의 목적은 "하나님의 나라" 실현에 있다고 볼 때(마 25:34; 비교, 마 3;2; 4:17 등), 하나님이 엿새 동안 창조 사역을 마감하시고 "보시기에 매우 좋았더라"(창 1:31)라는 평가와 함께 제7일을 거룩하게 하시며 하나님이 안식하셨다는 것은 하나님이 휴식(안식)이 필요해서 그렇게 하신 것이 아니고(사 40:28-29), 안식일을 통해 인간이 하나님의 창조와 구원의 역사를 기억하게 하고 인간이 하나님의 창조 질서 안에서 약속하신 '생육하고 번성하는' 복을 누리게 하기 위함이다(출 20:10-11; 31:13-17; 신 5:14-15; 비교, 마 12:8; 막 2:27-28!; 눅 6:5). 예수님이 말씀하신 대로 하나님이 안식이 필요해서 안식일을 지키라고 하신 것이 아니고 사람이 안식일을 위해 있는 것도 아니며, 안식일은 하나님이 인간을 위해 주신 은혜의 선물이다(막 2:27. 비교, 마 12:9-13). 하나님의 형상으로 사람을 창조하신 것은 인간을 "하나님 나라" 구현의 역사에 동참하도록 부르시는 의미가 있다. 그러므로 생태계파괴와 환경파괴 대응과 창조 질서 보존의 신앙적-신학적 근거는 인간의 '하나님의 형상' 이해와 함께 인간이 '하나님 나라' 구현에 부름받은 역사적 소명의식의 자각에서부터 시작되어야 한다. 예수님이 제자들에게 가르치신 기도 내용 중에, "아버지의 나라가 오게 하시며, 아버지의 뜻이 하늘에서와 같이 땅에서도 이루어지게 하소서."라고 하신 것을 달리 표현하자면, 피조 세계(자연계)의 창조질서 보존은 하나님의 나라를 이 땅에서 구현하는 것과 함께 한다. 생태계파괴와 환경파괴 현상에 충격을 받고 자연을 되살려야 인간도 잘 살 수 있다는 단순히 인간중심적 이기적 동기에서 출발하는 창조질서 보존 운동은 그 목적을 달성하기 어렵지 않을까 생각한다.

성경은 '지구의 종말'에 관해 매우 주목할 만한 예언을 하고 있다. "이제 하늘과 땅은 그 동일한 말씀으로 불사르기 위하여 간수하신 바 되어 경건치 아니한 사람들의 심판과 멸망의 날까지 보존하여 두신 것이니라… 그러나 주의 날이 도적같이 오리니 그날에는 하늘이 큰 소리로 떠나가고 체질이 뜨거운 불에 풀어지고 땅과 그중에 있는 모든 일이 드러나리로다… 그날에 하늘이 불에 타서 풀어지고 체질이 뜨거운 불에 녹아지려니와 우리는 그의 약속대로 의에 거하는바 새 하늘과 새 땅을 바라보도다.”(벧후 3:6-13). 이러한 지구 종말에 대한 성경의 예언 말씀은 우리 인간의 이기적인 자연보호운동이나 생태계 보존운동의 한계를 되돌아보게 한다. 성경은 진정한 의미에서 환경파괴의 해결과 창조 질서의 회복은 예수 그리스도 안에서 인간이 하나님의 형상 곧 ‘그리스도의 형상’을 회복할 때 비로소 가능한 것임을 시사해 주고 있다(롬 8:19-22; 고후 5:17; 엡 4:24; 골 1:15-17; 3:9-10 등). 궁극적으로는 인간이 생태계를 회복하고 만물을 새롭게 하는 것이 아니고, 창조주 하나님이 만물을 새롭게 하시는 새창조의 세계를 성경은 약속하고 있다. “보라, 내가 만물을 새롭게 하노라”(계 21:5!. 비교, 시 104:30; 마 19:28; 롬 12:2 등). 그때까지 이 지구상에서 우리 인간은 하나님이 창조하시고 우리 인간에게 다스리라고 위탁하신 피조세계(자연, 생태계)를 하나님의 선하신 뜻에 따라 보존하고 관리할 책임이 있다. 이것은 창세기 3장에서 알려진 에덴동산에서 범한 인간의 “죄” 문제를 해결하는 것과도 연관되어 있다(창 3:17). 사도 바울을 통해 성경은 창조질서의 왜곡 때문에 고통받고 있는 피조물과 인간의 관계에 대해 매우 강력하고 인상적인 통찰을 제공하고 있다. “왜냐하면, 피조물은 간절한 마음으로 하나님의 자녀들이 나타나기를 기대하고 있기 때문입니다. 그것은 피조물이 허무한 것에 사로잡혀 있기에 하는 말입니다. 그것이 자의로 그렇게 된 것이 아니고, 복종하게 하신 분으로 말미암은 것입니다. 그러나 희망을 가지고 있습니다. 곧 그러한 피조물이 썩어짐의 종노릇으로부터 해방되어, 하나님의 자녀의 영광을 누리는 자유에 이르게 될 것입니다. 우리가 아는 대로, 모든 피조물이 지금까지 같이 신음하며 같이 진통을 하고 있기에 하는 말입니다”(롬 8:19-22)[1].

　　앞으로 새롭게 된 인간과 피조물이 누리게 될 창조질서가 회복된 평화의 모습에 관해 구약성경은 예언자를 통해 그 미래의 새 세상에 대해 미리 말씀하고 있다. “그때에 이리가 어린 양과 함께 거하며 표범이 어린 염소와 함께 누우며 송아지와 어린 사자와 살진 짐승이 함께 있어 어린 아이에게 끌리며, 암소와 곰이 함께 먹으며 그것들의 새끼가 함께 엎드리며 사자가 소처럼 풀을 먹을 것이며, 젖먹는 어린 아이가 독사의 굴에 손을 넣을 것이라. 나의 거룩한 산 모든 곳에서 해 됨도 없고 상함도 없을 것이니, 이는 물이 바다를 덮음같이 여호와를 아는 지식이 세상에 충만할 것임이니

---

1) 『신약성경』, 박창환 역, 코리아엠마오, 2007. 438쪽

라"(사 11:6-9; 65:25. 비교, 계 21:1-4). 성경적인 관점에서 창조 질서의 회복과 피조세계 보전의 궁극적 열쇠는 "여호와를 아는 지식"으로 강조된 것은 오늘 우리의 환경 보존 운동의 신학적 성찰에 깊이를 더해 주고 있다. 성경이 말하는 여호와 하나님을 아는 사람은 생태계와 환경을 파괴할 수 없다. 그동안 이상하게도 현대 과학-기술문명에 의한 창조질서(생태계, 환경) 파괴의 주범은 유대-기독교 전통의 "땅을 정복하라"(창 1:28)라는 구약성경 창세기의 명령 구절에서 비롯한다는 지적이 계속된 것을 우리는 알고 있다. 그러나 그러한 주장은 피상적이고 잘못된 것이며 창세 본문에 대한 왜곡된 해석이고 사실이 아니다. 창세기 1:28은 인류에 대해 창조주 하나님이 복을 주시는 문맥으로서, 여기서 땅을 정복하는 인간은 자기 마음대로 땅을 파괴하고 정복하라는 것이 아니고, 그것은 언제나 바로 앞 절에 선행하는 "하나님의 형상" 이해를 전제하고 있다. 고대 세계에서는 일반적으로 '땅'이 마치 신(神)으로서, 이를테면 대모신(大母神)으로 형상화되고 숭배의 대상이 되었는데, 구약성경에서는 일찍부터 이와는 확연히 구별되게 '땅'을 비신화화하고 있으며 인간이 하나님의 피조물인 땅을 신격화하여 두려움이나 섬기는 대상으로 삼지 말고, 그 땅을 하나님의 뜻대로 관리하고 다스리라는 의미로 '정복하라'고 말씀하고 있는 것은 놀라운 것이다. 땅은 더 이상 인간이 섬겨야 할 모신(母神)이 아니다. 태양과 달과 별들, 바다나 산, 숲이나 강, 나무나 바위 등 어떤 피조물도 성경에서는 신격화하지 않는다. 이것이 성경의 위대한 진리이다. 앞서도 언급한 대로, 인간의 하나님의 형상 이해는 하나님의 왕권 위탁의 의미와 함께 하나님을 닮은 모형으로서 하나님께 대한 인간의 인격적 '관계성'을 내포한다. 이로써 모든 다른 피조물의 존재와 구별(차별이 아님)되는 인간의 존엄성과 존재 방식과 존재 이유를 나타내 주는 것이다.

하나님이 없다고 주장하는 사람들과는 달리, 성경이 말하는 하나님의 형상으로 창조된 인간은 제멋대로 땅을 착취하고 환경과 생태계를 황폐하게 할 권리가 없다. 오히려 그와는 반대로 인간은 어디까지나 창조주 하나님의 뜻에 따라 피조물인 "땅"과 생태계도 주인이신 하나님의 뜻에 따라 보존하고 관리할 책임을 맡은 것이다. 그러므로 "땅"을 황폐하게 하는 오늘과 같은 환경파괴의 현상은 인간이 하나님의 형상을 망각하고, 인간 스스로 자신을 고도로 진화된 고등동물로 규정하며 스스로 '이기적 유전자'를 명분으로 자연계를 착취하는 데 그 원인이 있다. 인간이 생태계와 환경 파괴를 하는 것은 곧 창조주 하나님께 대한 불순종과 죄악의 삶을 드러내는 것이다. 창세기 1장 28절의 "땅을 정복하라"라는 말씀에서 '정복하다'라는 히브리어 동사 '카바쉬'(칼)는 문맥에 따라 "(발로)밟다"(슥 9:15; 미 7:19 등), 또는 "(노예로)복종시키다, 압제하다"(렘 34:11; 대하 28:10), 심지어 "강간하다"(에 7:8)라는 폭력성을 내포하는 용어라는 점에서, 이 단어의 사용이 하나님의 형상을 망각한 인간에 의해서 자칫 오용될 소지가 있다는 것은 우리가 주의해야 할 점이다. 그러나 창세기 1:28에서 이 '카바쉬' 동사의 주석적 의미는 고대 서아시아(고대 근동)의 다신교 문화권에서 땅의 신격화 내지 우상화에 대한 비신화화의 의도로 사용된 것이 분명하며, 또한 역사적으로는 젖과 꿀이 흐르는 가나안 땅의 정복 과제를 시사하는 의미로도 연결해 볼 수 있다. 어쨌든 창세기 3장에서 인간의 범죄-타락 이후, 이 '카바쉬' 동사는 인간에 대해 하나님이 약속하시는 복의 내용에서는(비교, 창 9:1 이하) 다시 반복되지 않는다는 점에 또한 유의할 필요가 있다. 창세기 9:1-17에서 창조주 하나님은 노아 홍수 이후 노아의 8식구를 통한 새로운 인류에 대한 복을 약속하셨는데, 여기서는 인간의 음식으로서 육식이 처음 명시적으로 허락되고 있으며, 피의 식용 금지, 특히 살인 금지 내용과 함께, 에덴 정원의 평화는 깨어지고, 바야흐로 노아 홍수 이후의 세상은 인간이 자연계 특히 짐승의 세계로부터 '두려움'과 '놀람'의 대상으로 인식되는 새로운 관계가 설정되었다. 이러한 상황에서 짐승들도 사람을 살해할 수 있는 환경으로 언급되고 있다(창 9:5).

결론적으로, 노아 홍수 이후에도 하나님-인간-자연(피조계)의 상관관계(창 1:27-28)는 계속되는 인간의 범죄-타락으로 인해 폭력과 죄악과 죽음의 현실에 노출되었다. 인간은 모든 환경이 완전한 에덴 정원에서 범죄함으로 인해 하나님과 소외되었고, 인간의 죄악과 교만이 인간성을 지배함으로써 이것이 하나님께서 창조하신 창조 질서의 왜곡과 환경파괴의 근본 뿌리로 작용해 온 것을 우리는 성찰할 수 있어야 한다. 창세기의 태초 역사에서 도시 문화(성읍 문화)나 목축기술과 예술(음악)과 기계문명 기술이 특히 동생을 죽인 최초의 '살인자' 가인의 역사(족보)에서 발전하기 시작했다고 기록한 성경의 증언(창 4:16-22 참조)은 하나님의 창조 질서를 파괴하고 생태계와 환경을 파괴하고 있는 오늘의 '가인의 후예'들에게도 역사적 교훈으로 받아들여질 수 있을까? 오늘의 교회와 그리스도인들은 날로 심각해지는 창조세계의 황폐와 환경파괴에 성경적 창조신학으로 대응하고 하나님의 창조 질서를 회복-보전하는 노력에 소명감과 사명감을 가지고 참여해야 할 것이다.

18

한국 통일과 희년 이해에 대한 성서신학적 접근

I. 희년 재발견의 경위

한국의 통일문제와 연관하여 구약의 '희년'(禧年) 사상이 새롭게 관심의 대상으로 부각되기 시작한 것은 1988년 2월 29일 한국기독교교회협의회(NCCK)가 발표한 '민족의 통일과 평화에 대한 한국기독교회 선언'이 그 계기가 되었다고 볼 수 있다. 이 선언에서 한국기독교교회협의회(이하 교회협)는 1995년을 '평화와 통일의 희년'으로 선포하였다. 구약성경 이사야 61장의 내용을 인용한 누가복음 4장 18-19절을 소개하면서 교회협은 '통일 희년' 선포의 이유를 다음과 같이 소개하고 있다.

"'희년'은 안식년이 일곱 번 되풀이 되는 49년이 끝나고 50번째 되는 해이다(레 25:8-10). 희년은 '해방의 해'이다. 희년 선포는 하나님의 백성이 하나님의 역사적 주권을 철저히 신뢰하고, 그 계약을 지키는 행위이다. 희년은 억압적이고 절대적인 내외 정치권력에 의하여 이루어진 모든 사회적 경제적 갈등을 극복하여 노예된 자를 해방하고, 빚진 자의 빚을 탕감하며, 팔린 땅을 본래의 경작자에게 되돌려 주고, 빼앗긴 집을 본래 살던 자에게 돌려주어 하나님의 정의를 바탕으로 하는 샬롬을 이루어 통일된 평화의 계약 공동체를 회복하는 해(레 25:11-55)이다."

교회협이 우리나라가 일제의 식민지에서 해방된 지 50년째인 1995년을 희년으로 선포하는 것은 살아계신 하나님의 역사적 현존을 믿으면서 평화로운 우리 민족 공동체의 회복을 선포하고, 오늘 한반도의 분단역사 속에서 평화통일이 이루어지기를 염원하는 결의를 다지려는 데 있다. 1995년 희년을 향한 교회협의 희년 선포는 삼위일체 하나님의 역사적 주권에 대한 우리의 믿음을 재확인하고, 한반도 평화통일을 위해 하나님의 부르심에 대한 우리의 응답과 사명의식을 새롭게 해나가려는 의지의 표현이다. 이러한 1995년 한국의 자유와 복음 통일 희년 선포의 뜻을 전제로 하여 교회협은 4가지 과제를 제시하였다.

1. 한국교회는 '희년을 향한 대행진' 속에서 평화와 통일을 위해 교회갱신 운동을 활발히 전개한다.
   1) 개교회주의와 교권주의 극복
   2) 평신도의 선교 참여 개방과 촉진
   3) 경제적, 사회적 정의 실현을 위한 예언자적 역할 계속
2. 평화와 통일의 희년을 선포하기 위하여 교회협은 평화와 화해를 결단하는 신앙공동체로서 평화교육과 통일교육을 폭넓게 시행해 나갈 것이다.
   1) 평화에 관한 연구와 교육
   2) 통일교육
   3) 이데올로기의 연구와 교육
3. 교회협은 평화와 통일을 선포하는 희년 축제와 예전을 통하여 신앙을 새롭게 하고 참다운 화해와 일치를 실천해 나간다.
   1) 평화통일 기도주일 설정과 예배의식 개발
   2) 남북한이 평화와 통일을 위한 기도문을 공동 작성한다.
   3) 이산가족 찾기 운동
4. 교회협은 평화통일을 위한 연대운동을 지속적으로 전개해 나간다.
   1) 평화와 통일을 위한 비가맹교단들과 천주교를 포괄하는 연대운동 전개
   2) 북한 기독교공동체와 상호교류
   3) 미, 소, 일, 중을 포함한 세계 교회들과의 연대운동 전개
   4) 타종교, 타운동들과의 대화, 공동연구, 연대활동 전개

이러한 교회협의 1995년 한반도 평화와 통일의 희년 선포는 1988년 11월 25일 스위스의 글리온(Glion)에서 만난 남북한 기독교 대표들의 8개 항의 합의문 발표에서 첫 항목으로 채택되었다.

"한반도의 평화와 통일을 위해서 남, 북한 교회는 1995년을 통일희년으로 선포하고 매년 8·15 직전 주일을 공동기도일로 지킨다. 또 이날을 위해 공동기도문을 채택한

다. 나아가 세계의 모든 회원교회들이 이 날을 지켜줄 것을 권면하도록 세계교회협
의회에 요청한다."

남·북한교회의 1988년 통일희년 선언에 대한 합의는 1990년부터 1995년까지 희
년 5개년 계획안에 의해 그 구체적 실행 방안을 제시하였다. 그러나 교회협의 회원
교단이며 본 필자가 소속된 예장통합 측 총회는 1989년 제74차 총회에서 '평화통일
연구위원회 보고서'를 통해 1995년 통일희년 선언에 대한 입장을 정리하여 발표하였
는데, 그 주요 골자는 교회협과 제2차 글리온 선언에서 발표한 '희년' 개념에 포함된
긍정적인 측면들, 이를테면 한국의 평화와 통일을 염원하는 열정이나 정치-사회-
경제적 정의에 대한 진지한 관심은 결코 과소평가 되어서는 안 되지만, 다른 한편으
로 1995년을 통일희년으로 선언한 것은 성경적으로 심각한 오해의 소지가 있으며
신학적으로도 상당한 편견이 개입되었음을 지적한 것은 주목할 만하다. 예컨대, 교
회협의 선언문에서 인용한 누가복음 4장 18절은 정치-경제-사회적인 억압으로부터
해방을 포함하는 것도 전혀 부인할 수 없으나, 이 본문의 핵심은 오히려 예수 그리스
도의 성육신과 공생애 사건이 구약에서 약속된 희년의 성취를 의미한다는 것과 이
희년에 오신 메시아가 예수 그리스도이며, 그가 죄로 인해 영적으로 가난하고 눈멀
고 포로 되고 억압당한 자들을 죄로부터 해방시켜 하나님 나라의 백성을 삼으신다는
데 그 강조점이 있음을 지적하고 있다.[1]

Ⅱ. 성서 신학적인 통일과 희년 이해

이스라엘 분열왕국의 역사에서 희년 절기가 왕국 통일 운동과 연계된 근거는 전
혀 찾아볼 수 없다. 다수의 서양 비평적 성서학자들은 구약성경의 희년 제도가 바벨
론 포로기의 혼란을 수습하기 위한 하나의 신학적 이상(理想)을 표출한 것으로 보며
(본 필자는 이러한 견해에 동의하지 않음), 구약 문맥에서는 역사적으로 희년을 지켰다
는 언급이 나타나 있지 않다는 것을 지적한다. 희년법은 안식일과 안식년 법을 발전
시켜 후대에 소위 '거룩법전'(레 17-26장)에 첨가한 것으로 평가하기도 한다. 그러나
실제로 레위기 25장의 희년법에 나타난 정신은 이스라엘의 왕국시대 이전인 출애굽
시대 이후부터 주어진 이스라엘 신앙 전통을 반영한다. 희년법의 강조점은 이스라엘

---

1) 대한예수교장로회, 〈제74회 총회회의록〉, 1990, 특히 398쪽 이하 참조.

백성이 소유한 토지의 진정한 수여자와 주인은 여호와 하나님이며 이스라엘 백성은 그의 품꾼이라는 점이다. 따라서 여호수아 시대에 이스라엘의 12지파와 그 가족들에 분배된 땅과 그 소유권은 지켜져야 하며, 그것을 어기는 것은 시내산 언약질서를 파괴하는 죄악이라는 것이다. 구약성경에서 첫 희년은 출애굽한 이스라엘이 가나안 땅에 들어간 이후 만 49년째, 즉 가나안 땅에 첫발을 들여놓은 해부터 셈하면 제50년째 맞게 된다(레 25:8-54: 27:16-25; 민 36:4 참조). 희년(Year of Jubilee)은 '자유의 해'(the Year of Liberty)라고도 하며(겔 46:17. 개역에서는 '희년'), 그 희년 예식은 이스라엘 달력으로 제7월 10일인 속죄일에 숫양의 뿔로 만든 나팔을 전국에서 부는 것이다(레 25:8-9). 그것은 하나님의 백성인 이스라엘 백성들에게 살아계신 하나님의 현존(現存)을 알리는 의미로 볼 수 있다. 숫양의 뿔 나팔은 구약시대 군대에서 신호로 사용했고(사 3:27; 삼상 13:3; 수 6:4 이하), 또는 성전 예배나 예식에서 사용되었다(시 81:3; 98:6; 150:3). 희년(禧年: 복된 해)은 히브리어로 "스나트 하요벨"(숫양 뿔나팔의 해)을 번역한 것이다(레 25:13). 희년은 안식년과 면제년과도 일치하는 것으로 볼 수 있다(출 21:3; 23:10-11; 레 25:1-7; 신 15:1-12; 31:9-13 참조). 다른 절기들과 구별되는 희년 규정들은 다음과 같다.

1. 안식년과 같이 토지를 완전히 휴경해야 한다(레 25:11). 파종하거나 수확해서는 안 되지만, 밭에서 절로 자라난 것은 먹어도 된다(레 25:11, 12).
   이것은 시내산 언약백성인 이스라엘의 생존은 오직 여호와 하나님께 달려있다는 신앙의 표현이다. 토지 휴경으로 인한 수확 감소에 대한 염려를 해소하기 위해 안식년과 희년을 위한 풍성한 소출의 복이 약속으로 주어진다(레 25:20-22).

2. 가나안땅에서 12지파와 그 가족들에게 분배된 토지소유의 왜곡이나 타인의 점유현상은 원상대로 회복되어야 한다(레 25:24-28, 32-34).
   "나는 너희 하나님이 되려고 또는 가나안 땅을 너희에게 주려고 애굽 땅에서 너희를 인도하여 낸 너희 하나님 여호와니라"(레 25:38).
   1) 여호와께 드린 토지도 희년에 그 소유자에게로 돌아갈 수 있다(레 27:16-24; 예외적으로, 27:20-21).
   2) 성벽 있는 성내의 가옥을 매매한 경우 그 계약을 1년 내에 취소하지 않으면 그 매입한 사람의 소유로 확정되어 희년에 돌려보내지 않는다(레 25:30).
   3) 가문의 기업(基業, 대대로 전하여 오는 토지와 재산)을 승계한 딸들이 다른 지

파에 시집갈 경우 그 기업의 소유권은 그 시집간 다른 지파로 넘어간다(민
36:3-4). 고로 슬로브핫의 딸들은 그 기업을 지키기 위해 자기 조상 지파
가족에게로 시집갔다(민 36:6-7).
4) 이스라엘 백성은 자신들에게 분배된 토지를 영구히 매매할 수 없다.토지는 여
호와 하나님의 것이기 때문이다(레 25:23).

3. 애굽의 종살이에서 해방된 이스라엘 백성은 여호와 하나님이 값 주고 사신 종
들이므로 사람들의 종(노예)이 되어서는 안 된다(레 25:42,55).
1) 동족 형제들이 빚진 것을 면제해 주고, 동족에게서 이자를 취하지 않는다
(레 25:35-38 : 비교, 느 5:10-13).
2) 가난한 히브리 사람이 이스라엘 동족에게 노예로 팔렸을 경우 이방인 노예
와 달리 대우하고(레 25:39), 희년에는 자유를 주어야 한다(레 25:39-55).

위에서 요약하여 살펴본 대로 희년은 달리 말하자면 안식일과 안식년 정신의 가
장 포괄적이며 최선의 확장된 개념이다(비교, 레 25:1-7). 희년은 특히 이 땅에서 하
나님의 백성들의 신앙적-신체적-정신적-경제적인 해방과 자유와 공평(equity, 필요
에 따라 나누어 줌. 비교, 평등 equality, 똑같이 나누어 줌)의 행복한 삶을 지향한다. 안
식일의 신학적 전통은 출애굽기와 신명기의 십계명 문맥에 근거하는데 그것은 창조
신학(출 20:11)과 구속사신학(신 5:15)에 뿌리내리고 있다. 창조신학과 구속사신학은
모세신학에서 시내산 언약의 내용으로 통합되었다(출 19:5-6). 레위기의 희년 규정
역시 이러한 시내산 언약의 테두리 안에서 이스라엘 백성의 '거룩성'을 구현하기 위
한 선물인 동시에 과제로서 파악된다(비교, 레 25:55; 26:45-46; 27:34). 결론적으로
구약 성서신학자들은 희년 사상이 이사야 61장 2절 이하의 '주님의 은혜의 해'(히브리
어로, '스나트 라촌 라도나이')의 내용과 가장 잘 연결되는 것으로 보고 있으며, 이 '은혜
의 해'는 예수 그리스도의 성육신과 그의 공생애를 통해 희년의 자유와 샬롬의 진정
한 뜻이 성취된 것으로 해석한다(비교, 눅 4:18-21).

Ⅲ. 1995년 통일 희년 선포의 평가

1. 창조신학과 구속사신학을 통합하는 모세의 시내산 언약신학의 틀 속에서 이
스라엘 백성에게 거룩한 백성의 사명을 구현하기 위한 역사적 선물과 과제로써 주어

진 레위기의 희년 제도는 비록 이스라엘 분열왕국 역사에서 민족 분단의 통일과제와 직접 연결된 사례는 찾기 어려우나, 희년은 이스라엘 백성의 본연의 삶의 모습을 극대화했다는 점에서 모든 역사적으로 왜곡된 개인과 민족의 삶의 회복을 위한 하나의 범례(패러다임)로서 그 가치와 효용성이 있다. 그러나 희년에 대한 문자적인 해석과 적용, 특히 그 50년이라는 숫자적 연대 계산의 현실적 적용은 오히려 그 진정한 '정신'을 왜곡케 할 염려가 있다. 희년은 하나님의 창조 질서 회복과 구속사적인 언약 질서를 회복하기 위한 통합적이며 전방위적인 개념인데, 이것을 50년이라는 숫자적인 계산으로 민족통일에만 적용할 경우에는 그 정신을 구현하기보다는 문자적인 축소주의에 빠질 위험이 있다. 먼저 남한과 북한은 성경의 희년 정신(하나님의 뜻)을 제대로 이해해야 하며, 50년이라는 문자적 계산에 얽매이지 말고, 희년 정신에 따라 실천할 수 있는 과제들, 이를테면 이산가족 상봉을 정례화하고 우선 서신 왕래와 물자교류 등을 실시해야 한다. 그리고 가능한 한 남북한 교회의 만남과 함께 경제교류와 문화교류 및 각 분야에서 필요한 인적 교류를 촉진해야 한다.

2. 이스라엘 역사에서 국가와 민족 통일 문제는 지리적-정치적인 것에 우선하여 여호와 하나님을 올바로 섬기는 시내산 언약 공동체의 신앙적 회복과 일체성에 그 강조점이 있다(대하 31:1-28; 왕하 23:21-23 참조). 1995년 희년 통일을 선언하기 전에 우리는 먼저 북한 교회의 재건(1945년 해방 이전 북한에는 약 2,800여 개소의 예배당이 있었다)과 회복을 위해 함께 기도하고 노력해야 한다.

3. 구약성경이 말하는 이스라엘 백성의 통일 염원은 민족 통일을 넘어 종말론적 메시아사상에서 수렴되며(비교, 사 11:11-16; 겔 37:15-28 등), 예수님도 누가복음 4장 18절 이하에서 이사야의 예언이 오늘 너희 귀에 응하였다고 선언하심으로써 희년은 종말론적으로 예수 그리스도에게서 성취되었으며(비교, 요 4:25-26; 9:35-39 등), 이스라엘의 국가 회복과 민족 통일 열망도 예수 그리스도 안에서 선취된 것으로 볼 수 있다(비교, 행 1:6-8). 이러한 관점에서 한국의 남북통일도 성서 신학적으로는 예수 그리스도 안에서 미래시제가 아닌 완료시제이며, 1995년이라는 연대기(크로노스)적인 것이 아니라 복음 안에서 민족이 하나 되는 하나님의 때(카이로스)에 이루어질 것이다. 남북한의 통일은 하나님의 섭리와 경륜 안에서 이루어지는 역사적 사건이고, 이것을 믿는 하나님의 백성들에게는 선물로 주어진 선취된 희망이며, 동시에 어느 날 우리에게 갑자기 닥쳐올 '임박한 통일'로 전망된다.

19

아모스 강해 1.
아모스의 말씀들

1. 아모스의 말씀들(암 1:1-2)

- 1:1 아모스의 말씀들이다. 그는 트코아(드고아)의 양치기들 중에 있었는데, 그 지진 이 년 전 이스라엘 왕 요아쉬(요아스)의 아들 야로브암(여로보암) 시대와 유다 왕 웃지야(웃시야) 시대에 이스라엘에 대하여 그가 보았던 말씀들이다.
- 1:2 그리고 그가 말했다. "여호와께서 치욘(시온)으로부터 부르짖으시고 여루샬라임(예루살렘)으로부터 그의 목소리를 내시니, 목자들의 풀밭들이 시들고 카르멜(갈멜)의 꼭대기가 마른다."(개인역).

평설(評說)

아모스 1장 1-2절은 전체 9장 146절로 이루어진 아모스 예언서의 서언(序言)이다. 아모스 예언서는 12소예언서(12소선지서) 중에서 호세아, 요엘 다음에 나오는 책이다. 아모스는 예언자의 이름인 동시에 그가 예언한 예언서의 제목이다. 히브리어로 아모스란 이름은 사전적으로 '아마시야'(대하 17:16, '여호와께서 짐을 지우셨다' 또는 '여호와께서 짐을 지신다'. 비교, 암 7:10의 벧엘 제사장 '아먀샤'는 어근이 다른 이름이다. '아마샤'는 '여호와는 강하시다'란 의미이다)의 약칭으로서 아마도 '짐진 사람(짐꾼)'이란 뜻으로 추정한다. 개역성경에서는 이사야 예언자의 아버지 이름도 '아모스'라고 음역하여 혼동할 가능성이 있는데(사 1:1; 13:1), 히브리어 자음 글자로는 서로 다른 이름이며 혼동을 피하기 위해 이사야 예언자의 아버지 이름은 '아모츠'로 음역하는 것이 좋다. 아모스 1장 1절은 아모스서의 총제목이며 아모스가 예언자로 활동한 시기를 알려주고, 1장 2절은 아모스의 메시지 내용을 압축하여 상징적인 시문체로 표현하고 있다. 먼저 아모스 1장 1절에서 '아모스의 말씀들'은 주전 8세기 중엽(주전 760년경) 남왕국의 드고아 출신 아모스가 북왕국 이스라엘에 대해 예언하게 된 배경, 즉 아모스의 직업, 출신, 그리고 그 시대를 간략히 밝히고 있으며, 2절의 내용은 아모스의 심판 예언 메시지의 성격을 요약하여 두괄식(頭括式)으로 제시하고 있다.

아모스에 대한 연구는 그동안 주로 서양 성서학자들을 통해 이루어졌으며, 19세기 전반까지만 해도 아모스 7장의 일부가 후대에 보충된 것으로 보인다는 비평적 학자들의 견해 외에는 대부분을 예언자 아모스 자신이 직접 쓴 문서로 평가(評價)하였다. 그래서 아모스는 예언자 자신의 이름으로 예언서를 기록한 최초의 '문서 예언자'로 불리게 되었다. 그러나 이후 계속된 소위 '역사-비평적 방법'의 철저한 적용과 특히 독일 괴팅겐대학교의 구약학자 벨하우젠(J. Wellhausen, 1844-1914) 이후 '아모스의 진정한 어록'(the ipsissima verba of Amos)을 찾는 작업은 계속되었고, 그 결과 오늘날 다수의 서양 성서비평 구약학자들은 아모스서가 오랜 구전(口傳)과 서전(書傳) 과정을 거쳤으며, 오늘의 히브리어 아모스 본문(마소라 본문)의 모습은 바벨론 포로기 이후에 최종 편집된 것으로 본다. 예컨대 독일 하이델베르그대학교의 구약학자 볼프(H. W. Wolff)에 의하면 적어도 6가지 서로 다른 전승 층이 아모스서에서 발견된다고 하는데, ① 아모스 3~6장 ② 아모스 7장 1-8절, 8장 1절 이하, 9장 1-4절 그리고 ③ 아모스 1장 1절 하반절, 7절, 10-17절은 초기의 세 전승층들이며, 이 세가지 초기의 전승 본문들은 아모스 자신과 그와 동시대인 초기 '아모스학파'가 편집한 내용일 것이라고 분석한다. 그 외에 ④ 아모스 1장 1절을 위시하여 2장과 3장에서는 소위 '신명기 학파'의 편집 성격을 살펴볼 수 있으며, ⑤ 아모스 4장 13절과 5장 8절 이하 및 9장 5절 이하의 찬양 양식도 후대의 편집신학의 반영이고, ⑥ 아모스 9장 11-15절의 이스라엘 회복에 관한 구원예언은 바벨론 포로기 이후의 첨가부분이라는 것이다.[1] 그러나 서양의 비평학자들 중에도 유다에 관한 일부분과 구원 메시지를 제외하고는 대체로 아모스 본문의 진정성에 동의할 수 있다고 한다. 다른 한 편, 보수적인 복음주의 구약학자들은 아모스의 내용 대부분을 아모스 자신이 기록했거나 아모스의 동료나 서기로 하여금 기록하게 했다고 본다.[2] 어쨌든 1장 1절의 3인칭 서술

---

1) H. W. Wolff, *Joel Amos*, Biblischer Kommentar XIV2, 1969, 129-138쪽. 비교, B. S. Childs, *Introduction to the Old Testament As Scripture*, 1979, p. 397 이하.
2) R. K. Harrision, *Introduction to the Old Testament*, Eerdmans, 1975, 89쪽 이하.

과 함께 1장 2절의 첫 단어인 "그래서 그가 말했다"에서 나타나는 히브리어 문체인 '연속의 바브 미완료' 용법은 아모스 자신이 아닌 아모스와 연관된 서기나 편집자가 아모스 예언서의 머리말을 위해 사용한 '도입 양식소'의 성격을 보여주는 것으로 설명한다.

• 아모스 1장 1절

아모스란 이름은 구약에서 주전 8세기 예언자의 이름으로만 나타나는 드문 이름이다. 위에서 잠깐 언급한 대로, 아모스란 이름의 뜻은 '짐을 진 자, 짐꾼'의 의미로 해석할 수 있다. 여호와께서는 남왕국 유다의 드고아에서 양과 염소를 먹이는 목자들 중에 있던 한 평범한 사람인 아모스를 불러내어 북왕국 이스라엘에 가서 하나님의 심판을 예언하라는 중차대한 '짐'을 지우셨다. 구원예언은 비교적 누구나 부담 없이 할 수 있는 사명이라면, 심판예언은 정말 하기 어려운, 말하자면 '무거운 짐'과 같은 예언자의 사명이다.

아모스 1장 1절은 '아모스의 말씀들'로 시작된다. 이것은 12소예언서(소선지서)에서 다수의 8개 예언서들이 '여호와의 말씀'(호 1:1; 욜 1:1; 욘 1:1; 미 1:1; 습 1:1; 학 1:1; 슥 1:1; 말 1:1)으로 시작되거나, 다른 예언서 세 책은 그 첫머리에서 '신탁, 또는 묵시'(히브리어로 '맛사', oracle. 나 1:1; 합 1:1. 비교, '하존', vision. 옵 1:1)를 강조한 것과 비교해 볼 때, 아모스는 처음부터 그가 환상 중에 보았던 여호와 하나님의 심판 사건들과 그에게 하신 말씀에 관해 단순하게 '아모스의 말씀들'이라고 소개했다. 물론 여기서 아모스가 '보았다'라고 하는 히브리어 동사 '하자'는 일반인들이 보는 것과는 구별되는 것으로서 여호와 하나님과의 관계 안에서 예언자들이 그 시대와 사건들의 징조와 의미를 알게 되는 것을 표현하는 용어이다(암 3:7-8. 비교, 암 7:12. 히브리어 '호재', 선견자). 아모스가 보았다고 하는 환상 5가지(메뚜기 재앙, 바다와 육지를 삼키는 불, 다림줄, 여름 과일 한 광주리, 제단 곁에 서신 주님)는 아모스 7장부터 9장 4절까지 수록되어 있다.

어쨌든 처음부터 아모스는 자신이 예언자라고 내세우는 일에 소극적이었는데, 이것은 그가 양치기 목자 출신이며 돌무화과를 재배하는 자로서 자신의 예언자의 직무를 무겁게 받아들이는 한편 어디까지나 겸손한 태도를 나타내는 것이라고 볼 수 있다(비교, 암 7:14-15). 자기 스스로 예언자라고 선전하고 나서서 떠드는 사람일수록 거짓 선지자일 가능성이 크다(신 13:1-3; 렘 14:14-16; 23:15-17; 겔 22:25,28; 마 7:15-23 등). 아모스는 예언자로서 하나님이 위탁하신 말씀을 전하는 것 외에 어떤 다른 야망이나 야심이 없었다(비교, 렘 1:1; 신 1:1 등). 아모스 외에 구약성경에서는 어떤 책이나 문단의 서두에 나타나는 표제어 양식으로서 '어느 누구의 말씀들'이란 표현은 주로 지혜문학에서 그 유례를 찾아볼 수 있다(잠 22:17; 30:1; 31:1; 전 1:1; 왕상 11:41; 느 1:1 등 참조). 이러한 관점에서도 아모스는 이스라엘의 지혜전승의 영향을 받았다고 볼 수 있다.

아모스의 고향 트코아(드고아)란 지명이 탈무드에 의하면 북왕국 갈릴리 지역에도 있었다는 근거로 아모스가 북왕국 이스라엘 출신이라는 소수 의견도 있으나, 대다수의 성경학자들은 예루살렘 남쪽 약 16km 지점에 위치한 남왕국 유다의 성읍 트코아를 아모스의 고향으로 생각한다(비교, 암 7:12). 트코아는 베들레헴과 헤브론 사이 해발 약 825m의 유다 남부산지와 유다 광야 접경에 위치한 곳으로서 일찍이 철기 시대에 사람이 거주한 흔적이 있고, 다윗 왕 시대부터 이스라엘 역사에 등장하여 교육과 지혜 전승이 강한 지역으로서(삼하 14:2; 23:26; 비교, 대하 20:20), 양이나 염소와 같은 가축사육도 가능한 지역으로 알려졌다. 아모스가 트코아의 양치기 목자들 중의 한 사람이었다고 할 때(암 1:1), 그 양치기 목자에 해당하는 히브리어 단어는 '노케드'인데, 이 단어는 구약에서 오직 이곳과 열왕기하 3장 4절에서 모압 왕 메사가 양을 쳐서 그 생산물을 이스라엘 왕에게 바쳤다는 문맥에 사용된 용어로서, 일반적인 목자나 목동을 가리키는 히브리어 '로애'와 구별해 볼 필요가 있다(비교, 암 1:2). 주전 14세기 우가릿 문서에서도 비록 단편적인 자료이지만 '노케드'는 성소나 왕의 궁전에 제사용 양이나 염소 등을 공급하는 직책과 연관이 있을 것이라는 추측을 가능하게 한다.[3] 아모스가 활동하던 시대에 유다 왕 웃시야는 농사를 좋아했고 가축을 많이 길렀다는 기록을 보면(대하 26:10), 아모스는 예루살렘 성소나 웃시야 왕궁의 가축을 관리하고 공급하는 트코아 출신의 목축업자가 아니었을까 하는 추측도 가능하다(암 7:12 참조).

어쨌든 구약성경에서 예언자 이름이 소개될 때는 보통 그의 아버지 이름이 함께 언급이 되는데(호세아, 이사야, 요엘, 요나 등의 경우), 아모스의 경우에는 그의 아버지 이름이 생략된 것으로 보아, 아마도 아모스는 유다 사회에서 그의 가문 이름이 알려지지 않은 평민 가문의 자녀로 출생하였으며(L. Köhler나 G. L. Archer, Jr. 등), 예언자로 부르심을 받기까지 아모스는 가난하고 무식한 농사꾼 목자로 여기는 경향이 있어 왔으나, 오늘날 대다수의 구약학자들은(H. W. Wolff, J. A. Soggin, J. L. Mays 등) 아모스서에 기록된 숙련된 지혜문학 전통의 문체나 모세 5경 전통에 대한 깊이 있는 신학적 이해 및 무엇보다 당시 주변 민족들과 연관하여 국제 정세 사정에 밝고, 이스

---

3) A. G. Auld, *Amos*, JSOT Press, 1986, 39쪽. "Amos" in *The Anchor Bible Dictionary*, vol. 1, 1992, 203쪽 이하.

라엘 사회의 정치, 경제, 사법(재판)의 부패 문제는 물론 지방 성소들에서 행하는 잘 못된 신앙생활 문제점들을 소상하고 정확하게 꿰뚫어 보고 진단하고 있었다는 점, 그리고 위에서 언급한 아모스의 '노케드'(목양) 신분과 연결해 볼 때 아모스 자신은 유다 사회에서 어느 정도 재력과 학식과 지위를 갖추고 자수성가한 그 지역의 유지 들(암 하아레츠) 중의 한 사람으로 평가되고 있다. 아모스는 평신도 출신 예언자이지 만, 평소에 학문(지혜 전승)과 신학(모세율법)에 많은 관심과 공부와 준비가 있었던 것 으로 볼 수 있다.

아모스는 남왕국 유다 왕 웃시야(또는 아사랴, 주전 787-736)와 북왕국 이스라엘 왕 여로보암 II세(주전 787-747)의 통치기간인 주전 760년 전후 어느 시점에 예언자 로 등장한 것으로 여겨진다. 호세아나 이사야에는 웃시야의 아들 요담(호 1:1; 사 1:1) 이 언급되는 반면, 아모스에는 웃시야의 아들 요담(주전 756-741. 웃시야가 문둥병 들 었을 때 섭정 기간 포함)에 관한 언급이 없는 것으로 볼 때, 학자들은 아모스가 예언자 호세아(주전 약 755-725)보다 적어도 5년 전에 예언자로 나섰던 것으로 추정한다. 그 지진 2년 전이라는 말에서도 짐작되는 바와 같이, 아모스의 공적인 예언활동은 짧게 는 수개월에서 1년을 넘지 않는 단기간에 이루어졌다고 본다. 실제로 이 당시 북왕 국의 지역인 하솔과 남왕국의 지역인 게젤, 브엘세바, 라기스 등지에 실제로 지진이 있었다는 증거가 성서고고학 발굴에서 드러났다.4) 주전 760년경 아모스가 예언하던 현장인 북왕국 이스라엘의 수도 사마리아에는 북왕국 13대 왕이요 예후 왕조 4대 임 금인 여로보암 II세가 통치하고 있었다. 예후는 군사 쿠데타를 통해 오므리 왕조(오 므리 → 아합 → 아하시야 → 요람, 주전 약 885-841)를 무너뜨리고 예후 왕조(예후 → 여 호아하스 → 요아스 → 여로보암 II세 → 스가랴, 주전 약 841-752)를 열었으며, 예후가 표면적으로는 오므리 왕조의 바알 숭배 정책을 척결하고 당시 여호와 신앙의 보수주 의자들인 레갑인들과 연대하였으나, 사실상 예후 왕조의 성립과 그 성격은 잔인한 권력투쟁의 배경에서 발생한 것이었다(왕하 9:1-13; 10:30-31; 대하 22:7-9; 비교, 호 1:4 참조). 예언자 아모스가 사마리아에 가서 여호와 하나님의 심판 예언을 선포한 당 시 북왕국 이스라엘 왕은 예후의 증손자 여로보암 II세였다(암 7:9-11).

주전 900년 이후 메소포타미아의 신흥 앗시리아(앗수르) 제국은 점차 그 세력을 키워나갔고, 이스라엘 왕 예후는 당시 앗시리아에 조공을 바쳐야 했다. 구약성경에 는 예후가 앗시리아에 조공을 바쳤다는 기록이 없으나(비교, 왕하 17:3-4), 동시대 앗 시리아의 자료에는 이스라엘 왕 예후가 앗시리아 대왕 살만에셀 III세에게 꿇어 엎드

---

4) *Archaeology Study Bible*, ESV, Crossway, 2017, 'Amos', 1259쪽.

려 조공을 바치는 유명한 그림과 함께 '오므리 왕가(!)의 자손 예후로부터 조공을 받았다'는 기록이 그 조공의 자세한 물목(物目)과 함께 유명한 살만에셀 Ⅲ세의 '흑석방첨탑'에 새겨져 있다.[5] 한편 주전 9세기 중엽부터 아람 왕국들도 항상 이스라엘을 괴롭히는 이웃이었다(왕하 10:32-33 참조). 그런데 주전 805년경부터는 앗시리아(앗수르) 제국의 본격적인 서방 침략 정책이 시작되었고, 그 결과 아람 왕국들은 앗시리아 제국의 발아래 무릎을 꿇게 되었으며, 앗시리아는 당분간 아람(시리아) 지역을 장악하는 데 만족함으로써, 북왕국 이스라엘과 남왕국 유다는 주전 800년경부터 750년경까지 비교적 안정된 평온기를 누릴 수 있었다. 앗수르의 위협적 침략 아래서도 아람의 도시왕국들인 다메섹과 하맛은 주도권 다툼을 계속함으로써, 북왕국 이스라엘은 요아스와 그의 아들 여로보암 Ⅱ세 때 아람 왕국에 대해 어부지리로 군사-외교적인 유리한 입장을 취할 수 있었다는 것이다(왕하 13:14-19; 14:25-28; 비교, 대하 26:8).

역사학자들은 이구동성으로 북왕국 여로보암 Ⅱ세와 남왕국 웃시야 때에 이스라엘과 유다는 분열왕국(주전 931년경부터) 이래 그 국력과 물질적 번영이 최고조에 도달했다고 평가하고 있다.[6] 그러나 이러한 국력 신장과 물질적 번영은 심각한 부작용을 유발했는데 첫째로 도덕적 부패와 사치향락, 둘째는 우려할 만한 빈부의 격차, 셋째로 화려한 예식을 중심한 신앙적 타락, 넷째는 정치권력의 세속화, 다섯째는 재판의 부정이었다. 하나님의 언약 백성 이스라엘은 시내산 언약을 어기고 여호와(야훼, 야웨) 신앙과 하나님의 율법을 저버렸다. 특히 사회 지도층의 이기적인 사치 생활과 부도덕한 부정부패는 가난하고 힘없이 살아가는 평민들을 억압하고 착취하였고, 억울한 사람들이 많이 생겨났다. 그러나 일반적으로 당시 이스라엘 백성은 오도된 '선택 사상'(암 3:2; 9:7 등)과 '여호와의 날'에 대한 잘못된 기대와 망상 속에서(암 5:18 이하), 설마 하나님이 자기 백성인 이스라엘과 유다에 재앙을 내리실 리가 없다고 하면서 못된 짓만 계속하고 있었다(암 6:3; 9:10).

그런데 이러한 비교적 번영과 안정을 구가하던 이스라엘에 상황의 변화를 알리는 일대 사건이 주전 745년경 앗시리아 대왕 티글랏 필레세르 Ⅲ세(Tiglath-Pileser Ⅲ, 왕하 15:19에서는 앗수르 왕 '불')의 등극으로부터 비롯되었다. 티글랏 필레세르 Ⅲ세(통치기간, 주전 745-727) 이후 그의 후계자 살만에세르 Ⅴ세(Shalmaneser Ⅴ, 주전

---

5) The Black Obelisk of Shalmaneser Ⅲ, 주전 827년경. 영국의 외교관이며 고고학자인 A. H. Layard가 1846년에 살만에셀 Ⅲ세의 왕궁터에서 발견함. Alfred J. Hoerth, *Archaeology & The Old Testament*, BakerBooks, 1998, "King Jehu of Israel", 321-322 쪽.

6) W. F. Albright, *The Biblical Period from Abraham To Ezra*, 1963, 69쪽 이하.

727-722)와 그 뒤를 이은 사르곤 Ⅱ세(Sargon Ⅱ, 주전 722-705), 그리고 그의 후계자 산헤립(Sennacherib, 주전 705-681)을 통해 앗시리아는 마침내 전 팔레스틴을 석권하고 애굽까지 침공하여 그 세력의 전성기를 구가하였다. 티글랏 필레세르 Ⅲ세가 등장하면서 이스라엘과 유다는 거짓된 안정과 번영의 잠에서 깨어나게 되었다. 티글랏 필레세르 Ⅲ세는 북왕국에 속한 르우벤 지파, 갓 지파 그리고 므낫세 반지파를 포로로 잡아가 앗시리아 땅에 유배했다(대상 5:4,25-26; 비교, 왕하 15:19,29; 대하 30:1-9). 주전 733년 북왕국 이스라엘은 아람(그리스어로는 '시리아')과 동맹하여 앗시리아에 대항하는 연합전선을 펼치고, 남왕국 유다에게도 동맹에 가담하도록 강요했다. 그러나 유다가 거부하자 북왕국 이스라엘은 아람과 함께 님왕국 유다를 침공하는 소위 '시리아-에브라임 동맹 전쟁'을 일으켰으나(사 7:1 이하), 유다의 요청에 의한 앗시리아의 무력 개입으로 실패하였고, 오히려 이를 계기로 이스라엘과 유다는 모두 앗시리아의 봉신국으로 전락하게 되었다. 마침내 주전 732년 앗시리아는 아람 왕국을 정복한 후, 결국 앗시리아 군대는 주전 722년 북왕국 이스라엘(수도 사마리아)을 멸망시켰다(왕하 17:6-18; 18:9-12; 비교, 대상 5:25-26). 주전 931년경 솔로몬의 왕국이 남과 북으로 분열된 이래 약 210년 만에 북왕국 이스라엘이 먼저 멸망했다.

북왕국 이스라엘이 멸망한 후 주전 701년에는 앗시리아 왕 산헤립이 유다를 침공하여 유다는 예루살렘 성만 겨우 그 명맥을 유지하였다(왕하 18:13 이하). 이러한 국제정세의 변화와 전쟁 상황에서 앗시리아의 침략과 약탈 전쟁의 시련을 겪으며 주전 8세기 이스라엘과 유다의 예언자들이 활동한 것을 알 수 있다. 주전 8세기 예언자들인 호세아(5:13; 7:11 등), 미가(5:4; 7:12 등), 이사야(10:5-12; 11:11 등)에는 앗시리아에 대한 언급이 있으나, 아모스 본문에는 앗시리아에 대한 언급이 나타나 있지 않은데(비교, 그러나 암 3:9의 아스돗을 칠십인역에서는 앗수르로 읽는다), 이것은 웃시야의 후계자 요담에 대한 언급이 없는 것과 함께 아모스가 8세기 문서예언자들 중 앗시리아가 본격적으로 팔레스틴 침략전쟁을 시작하기 전 먼저 예언 무대에 등장하였음을 시사하는 것으로 볼 수 있다.

아모스는 하나님의 심판상황을 주로 지진(암 2:13; 3:14-15; 6:11; 8:8; 9:1,5 등)과 전쟁("불을 보낸다", 1:4 이하 반복; 2:14-16; 5:3,27; 7:17 등)으로 표현했는데, 예언자 아모스의 어록은 먼저 이스라엘과 유다에 주전 760년경 발생했던 큰 지진을 경험한 것을 계기로 본격적으로 수집·정리되기 시작했을 것이다. 유다 왕 웃시야 시대 대지진은 잊을 수 없는 사건이었기에 250여 년이 지난 후에도 스가랴 예언자는 웃시야 시대 "지진을 만나 도망한 것"을 회상하고 있다(슥 14:5). 이 지진은 현재에도 볼 수 있는 올리브(감람) 산과 스코푸스 산을 갈라놓은 골짜기를 남겨놓았고, 주후 1세기

     19. 아모스 강해 1. 아모스의 말씀들

유다 역사가 요세푸스는 웃시야의 성전모독으로 인한 문둥병 발병 사건과 지진 사건의 때를 일치시켜서 설명하기도 했다(비교, 왕하 15:5; 대하 26:16-23). 특히 북왕국 하솔 지역의 고고학 발굴 보고서에서는 주전 760년경 전후로 이 지역에 큰 지진이 있었음을 확인하였다.[7] 아모스는 이 큰 지진이 나기 2년 전에 이스라엘에 대한 하나님의 심판의 말씀들(사건들)을 비전(vision)으로 보았다. 여기서 예언자가 비전으로 보았다는 표현에는 히브리어 '하자' 동사가 사용되었는데, 이 단어는 예언신학의 전문용어로서(비교, 아모스 자신은 일반적으로 '보다'라는 의미의 히브리어 '라아' 동사를 사용한다. 암 7:1; 8:1; 9:1 등), 하나님이 보여주시는 사건의 계시성을 강조한다(비교, 암 7:12; 삼상 9:9). 그러므로 아모스의 말씀들이라고 할 때 그 말씀들을 의미하는 히브리어 명사 '다바르'(복수)는 역사적 의미를 가지는 사건들을 의미하며, 예언자 아모스는 남다른 직관과 통찰력으로써 주위에서 일어나는 일상의 일들과 역사적 사건들을 직시하면서 하나님이 계시하시는 사건('다바르')의 의미를 깨달았다고 볼 수 있다. 지진이 나기 2년 전부터 비교적 짧은 예언활동을 한 아모스는 북왕국 벧엘의 제사장 아마샤와 대결 직후 역사의 무대에서 홀연히 사라졌다(암 7:10-17). 위경문서에는 아모스가 제사장 아마샤에 의해 고문당하고 아마샤의 아들이 그를 살해했다거나, 또는 웃시야 왕에 의해 죽임을 당했다는 기록도 있으나, 대다수의 구약 예언자들의 마지막 생애가 거의 밝혀져 있지 않은 것처럼 아모스 예언자의 최후와 그의 생애에 대해서도 우리는 아는 바가 별로 없다. 중요한 것은 아모스의 생애가 아니라, 그를 통해 전해진 하나님의 말씀이기 때문이리라.

• 아모스 1장 2절

아모스의 메시지를 총괄적으로 집약한 이 시구(詩句)가 아모스서에서는 다시 반복되지 않는다(비교, 암 9:3; 사 33:9; 욜 3:16!; 시 29:3-9). 이 구절이 시온과 예루살렘의 신학적 입장을 강조하는 내용으로 보아, 성서비평학자들 중에는 이 구절이 아모스가 한 말이라기보다는 후대 유다의 편집자가 보충한 것이라는 견해도 있다. 예컨대, 독일 하이델베르그대학교 구약학 교수인 볼프(H. W. Wolff)는 요시야 종교개혁(주전 622년경) 이후 유다의 한 편집자가 예루살렘 제례신학에 익숙한 문체로 아모스의 메시지를 요약한 내용이 이 구절에 집약된 것으로 본다.[8] 그러나 구약성경의 예언신학 전통에서 시온이나 예루살렘과 연관된 언급은 반드시 후대의 편집신학의

---

7) J. Alberto Soggin, *The Prophet Amos*, SCM, 1987, 25쪽 이하. James L. Mays, *Amos: A Commentary*, Westminster, 1969, 20쪽.
8) H. W. Wolff, 위의 책, 152쪽.

산물이 아니라, 이미 주전 8세기 예언자들인 이사야(2:3)나 미가(4:2)의 입장에서도 분명히 드러나는 바와 같이, 아모스를 포함한 주전 8세기 남왕국 유다 출신 예언자들의 신학적 입장으로 볼 수 있다(비교, 욜 3:16; 렘 25:30). 또 이 구절은 한 행이 3+3 박자로 이루어진 2행대구의 동의적 평행법 시문체를 보여주며, 그 내용은 하나님의 심판을 강조하고 있는 점에서 아모스 전체의 심판예언 문체 및 그 메시지와 잘 조화되고 있으며 아모스의 진정성을 구태여 의심할 필요는 없다. 더욱이 분열왕국 이후 북왕국 이스라엘의 신학이 의도적으로 '느밧의 아들 여로보암의 길'로 행하며 단과 벧엘에서 금송아지 상을 섬기는 잘못을 범하고 있을 때(왕상 14:16; 왕하 14:24 등), 이에 대처하는 아모스의 입장에서는 출애굽과 시내산 언약 전통을 이어받은 시온과 예루살렘의 여호와 신앙과 그 신학적 전통을 분명히 해야 할 필요가 있었을 것이다. 아모스가 예언활동 기간에 한 그의 모든 말씀들이 현재 아모스서에 다 기록되었다고는 주장하기는 어렵다(비교, 요 21:25). 아모스 1장 2절의 이 시구는 아모스의 다른 곳에서는 반복 재현되지 않으나, 아모스가 자주 입에 담았던 매우 상징적이며 인상적인 짤막한 '노래 가사'이며, 그의 메시지를 요약하는 대표적인 표어(motto)로서 아모스서의 편집자가 인용한 것이라고 생각한다.

아모스는 임박한 하나님의 심판의 메시지를 산문체로 딱딱하게 선포하는 예언자가 아니라, 이스라엘 백성에게 낯익은 일상의 민속적 상징들과 정감 있는 시문체로써 심판 메시지를 전하는 노래하는 예언자요 시인이었다. "여호와께서 시온으로부터 부르짖으시며 예루살렘으로부터 그의 목소리를 내시고"라는 1장 2절의 첫 행은 요엘 4장 16절(개역 3:16)에서도 그대로 반복되는 노래 가사로서 이것은 아모스나 요엘이 각각 똑같이 창작이거나 서로 인용한 것이라고 하기는 어렵다. 비평적 성서학자들은 이 구절이 이스라엘의 옛 거룩한 전쟁 전승에서 유래한 신현현의 찬양 양식(비교, 삿 5:4 이하; 신 33:2-3; 시 68:7-10; 합 3:3 이하)에서 답습한 것이거나, 예루살렘 성전 예배에서 사용된 여호와 하나님의 나타나심과 그 능력을 찬양하는 전통적 찬양시에서 유래했을 가능성이 큰 것으로 추측하기도 한다. 여기서 여호와께서 부르짖는다는 히브리어 동사 '샤아그'는 사자의 부르짖음을 연상케 하며(암 3:4,8; 시 22:14; 호 11:10 등), 그의 목소리를 내신다(히브리어로 '나탄 콜로')라는 표현은 천둥(우레)소리를 통한 하나님의 현현(나타나심)을 상징한다(시 18:13; 29:3-9; 104:7 등).

요엘서에서는 여호와 하나님이 그의 대적들을 향해 나타나실 때 하나님은 이스라엘 자손에게 피난처가 되시고 요새가 되신다고 결론짓고 있으나(욜 2:18-27), 아모스의 경우는 그 결과가 정반대로 나타난다. 즉 여호와께서 예루살렘의 시온산 성전에서 사자같이 부르짖고 또는 우렛소리와 같은 목소리를 내시는 결과는 아모스 1장

2절 2행에서 나타나는 바와 같이 "목자들의 푸른 풀밭들이 시들어버리고 갈멜산 정상이 메말라버린다"는 파국을 초래한다는 것이다. 한글 개역성경에는 2행에서 목자의 초장이 '애통하며'라고 번역했는데, 현대 주석가들과 히브리어 문법학자들의 견해로는 이 구절 문체의 평행기법으로 보아 히브리어 동사 '아발'의 의미를 '시들다, 마르다'의 뜻으로 해석하는 것이 더 타당하다고 보고 있다. 타르굼에서는 목자들의 초장을 '왕들의 거처들'로, 갈멜산 꼭대기를 '그들(왕들)의 성읍의 요새들'로 풀이했으나, 범죄한 이스라엘에 대한 하나님의 심판이 어찌 왕후장상의 거처와 일부 상류계층에만 국한될 수 있겠는가? 아모스가 당시의 부유층과 지도층과 상류계층의 불의와 악행과 범죄를 중점적으로 지적한 것은 사실이지만, 이스라엘 백성의 범죄도 예외가 아니며 하나님의 역사적 심판은 결국 이스라엘의 모든 백성에게 미친다는 것도 분명한 사실로 드러나고 있다. 아모스의 심판 메시지는 결론적으로 이렇게 말씀하고 있다. "나의 백성 이스라엘이 끝장났다"(암 8:2)!

아모스 1장 2절의 상징적 메시지에서 강조된 심판예언의 핵심은, 언약을 어기고 여호와 하나님께 반역한 이스라엘 백성에게 하나님은 더 이상 피난처와 산성과 요새가 아니라 이제는 마치 양떼를 습격하는 사자같이, 비 없는 천둥(우레)소리와 같이 행동하신다는 것이다. 구약성경에서 가뭄과 기근은 하나님의 진노하심의 결과로 따라오는 심판으로 설명되었다(비교, 왕상 17:1 이하; 사 5:6; 삼하 21:1 이하; 암 4:7-8 등). 갈멜산정은 또한 바알 예언자 450명 및 아세라 예언자 400명과 하나님의 예언자 엘리야가 참 하나님 여호와 신앙을 두고 대결한 예언자 전통의 의미 깊은 장소이다(왕상 18:19 이하). 갈멜산지는 다른 어느 지역보다 산림이 푸르고 풀밭이 좋은 곳이다. 아모스 자신도 갈멜산 꼭대기를 평소에는 피난처요 숨는 장소로 소개하였다(암 9:3). 이제 사자의 습격과 부르짖음으로 인한 목자들의 초장의 황폐화와 초목이 무성한 갈멜산 꼭대기의 메마름은 이스라엘 백성의 생존권의 전멸을 의미하는 것으로 해석할 수 있다. 그러나 아모스 예언자가 예언하던 이스라엘과 유다의 사회는 거짓 안정과 번영에 도취되어 있었고, 이스라엘 백성에게 아모스의 심판예언 메시지는 문자 그대로 우이독경(牛耳讀經)이요 마이동풍(馬耳東風)격이었다.

현재 우리 한국도 남북이 분단되어 있고, 남한은 단군 이래 역사상 가장 안정되고 풍요로운 생활을 하고 있다는 말을 듣고 있다. 그런데 다수의 국민들과 졸부들과 각계 각 층에 상당수의 지도층은 가난한 약자들의 고통과 분단 민족이 겪는 아픔은 도외시하고, 자유통일의 과제를 등한시한 채 부도덕과 사치와 향락에 빠져있다. 이제 '한국병'은 이사야 예언자가 말한 대로 '발바닥에서 머리까지 성한 곳이 하나도 없는' 상태로 골수에까지 깊어 가는데(비교, 사 1:6), 한국의 대형교회들은 유례없는 외적 성장과 함께 교계와 사회의 죄악과 부조리에는 눈을 감고, 선교사 파송 숫자를 자랑하며 선교지 여행에 열을 올리고 있다. 지금이 어느 때인가? 정의의 예언자 아모스의 말씀들이 들리지 않는가?

20

아모스 강해 2.
이렇게 여호와께서 말씀하셨다

2. 다메섹의 서너 가지 반역죄들(암 1:3-5)

- 1:3 이렇게 여호와께서 말씀하셨다. "담매색(다메섹)의 서너 가지 반역죄들 때문에 내가 그것을 돌이키지 않으리니, 그들이 길아드(길르앗)를 철 타작기들로 타작했기 때문이다.
- 1:4 그래서 내가 하자엘(하사엘)의 집에 불을 보내고, 그 불이 벤하다드(벤하닷)의 요새화된 궁궐들을 삼킬 것이다.
- 1:5 또 내가 담매색의 문빗장을 부수고 비크아트 아밴(악행의 골짜기)에서 그 앉은 자를 끊으며 베트 애댄(환락의 집)에서 규(珪) 잡은 자를 끊으리니, 아람 백성이 키르(기르)로 사로잡혀 갈 것이다." 여호와께서 말씀하셨다. (개인역)

평설(評說)

앞서 아모스 1장 1-2절에서 '아모스의 말씀들'은 이스라엘에 대한 여호와의 심판이 그 주제임을 분명히 하고 있다. 그런데 아모스의 예언이 시작되는 서두에 이스라엘이 아니라 먼저 이방 왕국인 담매색(다메섹)의 죄를 지적하고 있는 것은 의외라고 생각할 수 있다. 그러나 아모스 1장 3절에서 시작되는 아모스의 이방(열방) 6개국들에 대한 심판예언은 이하 2장 16절까지 거듭 반복되는 '신탁 양식'을 통해 그 심판예언의 목표가 유다를 거쳐 결국 북왕국 이스라엘에게 초점을 맞추고 있음을 알게 한다. 1장 3절부터 2장 3절까지는 이방 국가들이 저지른 전쟁범죄와 잔인한 만행들을 차례로 고발함으로써 유다와 이스라엘 청중들의 공감과 도덕적 공분을 확인한 다음, 그 여세를 몰아 예언자 아모스는 남왕국 유다의 죄를 지적하고, 나아가 북왕국 이스라엘의 반역죄에 대한 하나님의 심판예언에 집중하고 있다. 문학적인 관점에서 보면, 아모스는 여기서 점층적인 수사학적 기법을 사용하고 있다. 이러한 관점에서, 서양 성서학자들 중에는 아모스 1장 3절부터 2장 16절까지 이방 심판예언을 따로 취급하면서 소제목을 '민족들에 대한 심판' 또는 '이스라엘의 이웃 민족들에 대한 심판'으로 제시하는 것은 정확하지 않다고 할 수 있다. 왜냐하면 유다와 이스라엘을 포함하는 이방 심판예언 문단은 하나의 심판예언 단위를 이루고 있으며, 그 최종 목표는 이스라엘의 심판을 가리키고 있기 때문이다.

이어서 아모스 3장부터 6장까지는 집중적으로 북왕국 이스라엘에 대한 심판예언의 확장된 내용이 나온다. 아모스 7장 1절부터 9장 10절까지는 아모스 1장 1절에서 아모스가 이스라엘에 대한 심판과 연관하여 보았다고 말한 다섯 가지 환상(히브리어로 '하존'. 영어로는 vision. 비교, 개역은 '이상')에 관해 설명하고 있다. 마지막에 아모스 9장 11-15절까지는 이스라엘을 회복하시는 여호와의 구원 메시지로 끝을 맺고 있다. 아모스는 심판예언자라고 알려졌는데, 그러나 아모스 역시 심판예언으로만 끝나지 않고, 역사(歷史)를 주관하고 다스리시는 여호와 하나님의 구원의 약속을 전하고 있다. "그 날에 내가 다윗의 무너진 장막을 일으키고 그것들의 틈을 막으며 그 허물어진 것을 일으켜서 옛적과 같이 세우리니… 여호와의 말씀이니라. 내가 내 백성 이스라엘이 사로잡힌 것을 돌이키리니… 그들이 내가 준 땅에서 다시 뽑히지 아니하리라 네 하나님 여호와의 말씀이니라"(암 9:11-15). "그날에 내가 다윗의 무너진 장막을 일으키겠다"는 말씀은 1948년 이스라엘 국가가 독립할 때 인용한 구절이기도 하다. 구약에 나오는 모든 참 예언자들은 염세론자들이 아니며 역사 비관론자들이 아니다. 그들의 일관된 특징들 중의 하나는 세상 역사를 주관하시는 여호와 하나님의 심판사건 이후에는 여호와 하나님이 자기 백성의 구원하시는 희망이 있다는 비전(장래에 대한 계획, 미래상)을 전하는 것이다(비교, 렘 29:11; 요 3:17; 딤전 2:4). 여호와 하나님의 구원과 심판의 어느 한 가지만 말하는 예언자는 거짓 예언자이거나 문제가 있는 예언자이다(비교, 예언자 요나의 경우).

아모스의 이방 심판예언 신탁에 대한 집중적인 연구를 한 영국의 구약학자 바르톤(J. Barton)은 일찍이 민수기에 나타나는 거짓 예언자 발람의 이방 심판예언 신탁(민 24:20-24; 21:27-30)을 제외하고는 아모스 1장 3절 이하의 이방(열방) 심판예언 신탁이 구약성경의 예언전통에서 이방 심판예언 신탁양식의 최초의 예를 보여주는 것이라고 평가했다. 아모스는 여기서 '이스라엘 중심 윤리'의 입장에서 어떤 세계사적 책임 윤리를 최초로 새롭게 제시한 것은 아니고, 어디까지나 주전 8세기 당시 이스라엘과 유다를 포함한 고대 서아시아(고대 근동)의 국제 문화권에서 '일종의 상식적인 도덕성'을 기반으로 한 보편적인 도덕적 신념과 정서를 대변한 것으로 바르톤은 설명한다. 그러나 아모스의 이방 심판예언 신탁에서 새로운 점이 있다면 그것은 ① 일반 국제적 관계에서 도덕성의 중요함을 강조한 점 ② 이방 민족들의 부도덕성의 문제를 원용(援用)하여 유다와 이스라엘에게 그들의 잘못을 깨닫게 하기 위한 논쟁을 제기하고 있는 점이다. 이러한 아모스의 이방 심판예언 신탁 이해를 뒷받침하기 위해, 아모스의 이방 심판예언 신탁이 주로 국제관계에서 특히 전쟁의 잔악성과 부도덕성을 문제 삼고 있기 때문에, 이 문제에 관해 당시 고대 서아시아의 기록 자료나 이스라엘 역사 전통에서 어떤 상식적인 전쟁의 관습법이나 규범이 통하고 있었는지를 바르톤은 살펴보고 있다.[1] 바르톤의 입장은 아모스의 이방 심판예언 신탁양식이나 그 내용이 주로 '지혜 전통'(즉 보편적인 인간 경험의 축적을 바탕으로 이루어지는 규범)에서 파악할 수 있다고 보는데, 최근에 미국의 구약학자 핀리(Thomas J. Finley)가 올바로 지적한 대로 바르톤은 이방 심판예언 신탁의 신학적 근거로서 아모스의 찬양송에 나타나는 창조신학(암 4:13; 5:8; 9:5-6 등)을 제대로 평가하지 못한 아쉬움이 있다. 달리 말하자면, 아모스의 이방 심판예언 신탁의 근거는 단순히 당시 국제사회의 '상식적인 도덕성'(즉 보편적 지혜 전통)에 의한 것이 아니라, 유다와 이스라엘의 신앙 전통인 창조신학에 근거한 보편적 창조질서의 적용이라는 것이다(암 4:13; 5:8; 9:7-8. 비교, 출 19:5-6; 창 12:3; 시 24:1 등). 예언자 아모스가 말하는 여호와 하나님은 히브리 종교에 국한된 민족신이나 이스라엘 국가의 수호신이 아니며, '만군의 하나님 여호와'란 이름(암 3:13; 4:13; 5:27; 9:5)의 의미는 '천지를 창조하시고 삼라만상과 세계의 모든 민족들을 다스리시는 분'이라는 뜻이다. 구약의 참 예언자들이 사용하는 칭호인 '만군의 여호와'는 '온 우주와 세계의 하나님'을 강조하는 이름이다. 아모스는 단순히 보편적 지혜전통에 따른 것이 아니고, 그의 이방 심판예언은 만군의 여호와 하나님의 창조질서를 근거로 하고 있다. 물론 만군의 여호와 하나님의 창조질서는 인간의 보편적인 지혜(상식적 도덕성)를 포괄하는 것으로 이해할 수 있다.

이스라엘 예언 전통에서 '여호와의 날'은 하나님이 이스라엘을 구원하시는 날로 이해되었는데, 이제 아모스는 '여호와의 날'(히브리어로 '욤 야웨')이 이스라엘을 구원하는 빛의 날이 아니고 어둠과 캄캄함과도 같은 심판의 날이 될 수 있다는 점을 강조

---

1) John Barton, *Amos's Oracles against the Nations*, Cambridge, 1980, 3쪽 이하 및 42쪽 이하 참조.

하고 있다(암 5:18-20; 비교, 욜 1:5). 아모스 예언자는 거듭하여 만군의 여호와 하나님은 창조주 하나님으로서 그분의 창조 세계 안에서 "그분의 뜻이 무엇인지 사람들에게 알려주시는 분"으로 소개한다(암 4:13; 비교, 암 3:7).[2] 이 만군의 여호와 하나님이란 이름은 특별히 예언신학에서 창조주이시며 세상 역사의 주관자이신 여호와 하나님의 '우주적인 통치 주권'을 강조하는 이름으로 자주 사용되었다. '만군의 여호와' 란 이름은 구약성경에서 사무엘상 1장 3절에 처음 나타나며(히브리 성경의 분류에 따르면, 사무엘서는 예언서에 속한다), 구약의 예언서들과 바벨론포로기 이후 말라기 예언자에 이르기까지 약 435회 사용된다. 그런데 '만군의 하나님', 또는 '만군의 여호와' 라는 이름은 모세오경이나 여호수아, 사사기까지 단 한 번도 나타나지 않는다. 하나님의 이름의 상이한 사용에 따라 솔로몬 시대로부터 바벨론포로기 이후까지 수백년에 걸쳐 형성(기록, 수집, 첨가, 편집)되었다고 주장하는 5경의 문서가설(JEDP)을 내세우는 서양의 성서비평학자들은 이 점에 대해 어떤 설명을 할 수 있는지 궁금하다. 아모스에서도 범죄한 이방 국가들과 민족들을 심판하시는 하나님은 '여호와 만군의 하나님'(암 3:13; 4:13; 5:14-16,27; 6:8,14; 9:5)으로 강조되고 있으며, 지금까지 구약의 심판예언자들이 대체로 개인에 대한 심판예언 전통을 따랐다면, 주전 8세기 심판예언자들의 선두 주자인 아모스는 만군의 하나님 여호와의 심판을 국가와 민족들을 향한 세계사적인 차원에서 강조한 점이 주목된다. 이제 아모스가 말하는 만군의 하나님 여호와는 이방의 적군들을 대항해 싸우시는 이스라엘의 전쟁신이나 민족신이 아니라, 온 세상의 창조자(암 4:13; 5:8; 9:6)시며 세계 민족들을 통치하시는 역사의 주권자로서(암 9:7), 유다와 이스라엘을 포함하여 범죄한 나라와 그 민족들과 그 사회의 불의를 심판하시는 정의(正義)와 공의(公義)의 하나님이시다(암 5:24; 9:7-10 등).

구약성경의 다른 예언서들에 나타나는 이방 심판예언들은 대체로 불의한 이방 민족들이 이스라엘에 행한 악행과 교만과 우상 숭배 유혹의 범죄를 지적하며, 이에 따라 만군의 하나님 여호와께서는 이방 민족들을 심판하심으로써 하나님의 언약 백성인 이스라엘에게는 승리와 구원을 가져다주는 맥락에서 이해되고 있다(사 11:14; 14:12 이하; 16:6; 21:11 이하; 23:6 이하; 렘 47-50; 겔 25-32; 슥 9:1-8 등 참조). 그러나 그와는 대조적으로 아모스의 이방 심판예언은 주로 국제사회에서 민족들 간에 저지른 도덕적 악행 내지는 패륜적인 잔인성을 고발하고, 만군의 여호와 하나님은 마찬가지로 범죄한 유다와 이스라엘도 심판하실 것을 예언하였다(암 6:1-8,14; 7:17 등). 앞서 언급한 대로, 이러한 맥락에서 '여호와의 날'은 더 이상 이스라엘에게 구원의

---

2) Thomas J. Finley, *Joel, Amos, Obadiah*, Moody, 1990, 138쪽 이하.

날이 아니고 심판의 날이 된다(암 5:18-20). 이방 민족들에 대한 만군의 하나님 여호와의 심판은 범죄한 유다와 이스라엘에 대해 구원을 가져다주는 것이 아니라, 오히려 유다의 범죄와 특히 이스라엘의 반역과 사회적 악행들에 대해서도 이방 민족들의 심판과 같은 차원에서 만군의 여호와 하나님의 심판을 피할 수 없다고 경고하고 있다. 다윗이 밧세바로 인해 범죄하였을 때 예언자 나단이 찾아와 먼저 비유 이야기를 통해 다윗 자신의 죄와 하나님의 심판을 깨닫게 한 것같이(삼하 12:1-15), 아모스는 먼저 이방 민족들의 잔악한 범죄 행위에 대한 만군의 여호와 하나님의 심판예언 신탁을 통해, 유다와 이스라엘이 자신들의 죄악을 깨닫게 하려고 한 점에서 구약 예언자 전통에 따른 아모스의 지혜가 돋보인다.

아모스는 예언학교에서 예언자 교육을 받지 않았으며(비교, 삼상 10:10-12; 19:20-24; 왕하 2:3; 4:1; 6:1 이하 등), 그가 목축(양과 염소)과 농사 일(돌무화과 재배)을 하는 중에 아마도 갑자기 "가서 내 백성 이스라엘에게 예언하라."(암 7:15)라는 여호와의 부르심을 받았다. 이러한 상황에서 아모스는 오로지 여호와 하나님이 위탁하신 말씀만을 그대로 전해야 할 자신의 사명을 잘 인식하고 있었던 것 같다. 아모스 예언자의 책임의식은 아모스의 이방 심판예언 신탁양식에서 '도입전령사'(이같이 여호와께서 말씀하셨다)와 '종결전령사'(여호와께서 말씀하셨다)를 앞뒤에 배치함으로써 잘 드러나 있다(암 1:3,8; 1:13,15; 2:1,3 등). 아모스가 자칫하면 격렬해지거나 감정적으로 거칠고 과격해지기 쉬운 심판예언의 내용을 노래하듯 다듬어진 시적인 문체와 함께 '수적(數的)인 표현방식'(numerical sayings)과 수사학적 기법(점층법)까지 사용하여 일정하게 반복되는 심판예언 신탁양식에 담아 전달한 것은 오늘의 예언자들도 배워야 할 참 예언자의 지혜가 아닐까 생각한다. 아람 왕국의 수도 다메섹에서 시작하여 북왕국 이스라엘에 그 목표를 설정한 아모스의 이방 민족들에 대한 점층적인 심판예언 신탁양식은 다음과 같은 기본 구조를 가지고 있다.

도표 1. 이방(異邦, 또는 열방) 심판예언 신탁양식

1. 도입전령사 양식소. "이렇게 여호와께서 말씀하셨다."
2. 고발. 기소장 양식소. "(누구의) 서너 가지 반역죄들 때문에 내가 그것을 돌이키지 않겠다"(구체적 범죄사례 제시).
3. 판결문 양식소. "내가 (누구에게) 불을 보내겠다"(심판 시행 통고).
4. 종결전령사 양식소. "여호와께서 말씀하셨다."

아모스 1장 3절부터 2장 16절까지 민족들에 대한 모두 8번의 신탁예언 중(유다와 이스라엘을 하나로 묶어보면 7번), 그 문체나 역사적─신학적 내용을 비교해 볼 때 그동안 다수의 비평적 주석가들은 에돔과 두로와 유다에 대한 신탁은 아모스의 진정성을 주장하기 어렵다고 설명했다.[3] 그러나 최근에 와서는 다메섹에서 모압에 이르기까지 각 신탁양식에서 동일하게(또는 비슷하게) 반복되는 단어, 구(句), 사상의 연속 고리를 확인할 수 있고, 유다와 이스라엘의 경우도 하나님과의 언약을 저버렸다는 반역죄의 연관성이 성립되는 것으로 볼 수 있다는 점을 다시 주목하게 되었다. 또 주변 이방 민족들에 대한 언급과 그 배열도 주전 8세기 전반 팔레스틴의 역사적인 지정학적 관점에서 볼 때 그 어느 하나를 생략하기 어려울 정도로 전체적인 구도를 이루고 있다는 점에서 전반적인 아모스의 진정성을 인정하는 대안이 제시되고 있다.[4] 물론 각 이방 심판예언 신탁들에 나타나는 문체나 역사적 신학적 내용을 검토해 볼 때, 본래 아모스 자신의 한 말이 아닌 후대의 편집자가 가필(加筆)했다고 추측되는 부분도 없지는 않다. 그러나 그것은 어디까지나 추측일 뿐 전체적으로 두로, 에돔, 유다를 포함하는 심판예언 신탁에서 아모스의 진정성을 의심할 충분한 근거는 되지 못한다. 아모스의 이방 심판예언 신탁들은 구약의 다른 예언서들에 나타나는 이방 심판예언 양식들과는 유비가 성립되지 않을 정도로, 일관되고 독특한 양식이 반복되면서 간명한 시적인 문체를 보여준다. 아모스의 반복적인 수사학적 문체는 아모스 심판예언에서 전반적으로 찾아볼 수 있는 특징이다(이를테면, 암 3:3-8; 4:6-11; 7:1-9; 8:1-10 등 참조). 이러한 아모스의 이방 심판예언 신탁양식이 애굽의 저주문서의 영향을 받은 것이라는 설도 있다. 그러나 위의 〈도표1〉에서 제시한 네 가지 양식소(樣式素)들의 성격을 감안해 볼 때, 이것은 어느 외부 전승이나 문서에서 영향을 받은 양식이 아니라, 이스라엘의 지혜전승과 거룩한 전쟁 전승 및 예루살렘 성전과 시온의 제례 전승들이 아모스 자신의 예언자적 통찰과 결합되어 나온 주전 8세기 아모스 자신의 독보적인 이방 심판예언 신탁양식을 보여주는 것이라고 여겨진다.

• 아모스 1장 3절

"이렇게 여호와께서 말씀하셨다"(כֹּה אָמַר יְהוָה, 코 아마르 아도나이)라는 도입전령사 양식소는 본래 전령(傳令)이 상급자(주인, 왕, 군지휘관 등)의 메시지를 충실히 전달하기 위한 수사법이다. 이런 수사법은 구약 문맥에서 일찍이 야곱이 그의 형 에서에게

---

3) 예컨대, J. Barton, 위의 책, 22-24쪽.

4) T. J. Finley, 위의 책, 134쪽. H. N. Rösel, "Kleine Studien zur Entwicklung des Amosbuches", 〈*Vetus Testamentum*〉 XLⅢ, 1, 1993, 88쪽 이하.

하인을 보내어 의사를 전할 때 이미 그와 같은 양식이 사용되었다(비교, 창 32:20; 45:9-11; 50:17). 신학적으로 이 도입전령사는 모세와 아론이 바로 앞에 나가서 이스라엘 백성을 해방하라는 여호와의 말씀을 전달할 때도 사용되었다(출 4:22; 5:1; 7:16; 8:1,20; 9:1,13; 10:3; 11:4 등). 아모스는 평신도 출신 예언자로서 가능하면 전통적인 모세의 예언자상에 충실하려는 의도가 있지 않았을까 생각한다(비교, 신 18:15,20-22). 예언자를 히브리어로는 '나비'(נָבִיא)라고 하는데, 그것은 문자적으로 '부르심을 받은 자'(one who has been called)란 의미이다. 예언자란 하나님의 말씀을 전하도록 부름받고 위탁받은 전령(傳令)이다. 전령은 자기 자신의 생각이나 말을 전하면 안된다. 예언자 아모스는 만군의 여호와의 말씀을 전달할 때 도입전령사 양식소(암 1:3)와 종결전령사 양식소(암 1:5 יְהוָה אָמַר)를 앞뒤로 사용하여 철저히 자신의 생각이나 감정을 배제하고 자신에게 위탁된 하나님의 말씀만을 충실히 그대로 전하고자 하는 참 예언자의 모습을 보여준다(비교, 암 7:1,4,7; 8:1 등). 아모스 이후 구약의 예언자들도 이러한 전령 양식소를 자주 사용했다(사 7:7; 8:5; 18:4; 렘 2:2,5; 4:27; 비교, 대하 24:20). 이러한 관점에서 구약의 '나비'는 미래에 일어날 일에 대해 하나님이 명하신 말씀을 전하는 예언자(豫言者)의 역할도 하지만(암 3:7), 보다 본질적인 관점에서 참 예언자는 하나님의 '말씀을 맡은 자'(預言者)로 이해하는 것이 더 적절할 것이다(비교, 렘 1:4-10; 15:16-20 등). 과거 한글 성경번역에서 '앞일을 미리 아는 사람'이라는 의미로 '선지자'(先知者)로 번역한 것은 한문성경에서 차용한 용어이며, 이제는 선지자보다는 하나님의 말씀을 전하도록 부르심을 받은 자, 곧 말씀을 맡은 자라는 의미로 예언자(預言者)로 번역하는 것이 좋다고 생각한다.

담매섹(다메섹)이 아모스의 이방 심판예언 신탁에 첫 번째로 등장한 이유는 주전 9세기 중엽 이후 북쪽에 위치한 아람 왕국의 이스라엘에 대한 침략과 위협이 다른 주변국들보다 심각했다는 점을 먼저 지적할 수 있다(왕상 20:1 이하; 왕하 7:24 이하). 또 구약시대 방위 감각은 주로 북쪽에서부터 시작된다는 점(창 13:14; 28:14; 겔 48:17; 신 3:27)도 참고할 만하다. 다메섹은 아람(그리스어로는 '시리아')의 여러 도시 왕국들 가운데서도 주전 10세기경부터 주도적 위치를 차지했던 아람 왕국의 수도이며, 구약에는 아브라함 시대부터 그 명칭이 언급되었다(창 14:15; 15:2). 고대에 다메섹은 메소포타미아에서 출발하여 애굽에까지 이르는 두 개의 국제 교역로('해변 길'과 '왕의 대로')가 함께 지나가는 교통의 요충지였다. 다메섹으로 대표되는 아람 왕국과 이스라엘의 충돌에 관한 첫 언급은 다윗 왕 때에 아람 군대와의 전쟁 기록에 나타난다. 다윗은 아람의 수도 다메섹(현재 시리아의 다마스쿠스)을 점령하고 주둔군을 배치하였고, 아람 사람은 다윗의 봉신이 되어 조공을 바쳤다(삼하 10:15-19; 대상 18:5-6;

19:10-19). 솔로몬 때에 이르러 다메섹은 이스라엘의 지배를 벗어났으며, 이후부터 다메섹은 이스라엘을 대적하고 괴롭히는 강력한 북방의 정치세력으로 부상하기 시작했다. 성경은 다메섹의 이스라엘에 대한 적대행위에 관해 솔로몬 왕의 말년에 그의 우상 숭배와 신앙의 타락에서 그 원인을 찾고 있다(왕상 11:1-25). 북왕국 이스라엘의 제3대 임금 바아사(주전 906-883)가 남왕국 유다를 공격했을 때, 아람 왕국의 벤하닷 Ⅰ세(Ben-hadad Ⅰ, 주전 880-842. 왕상 15:18 이하; 왕하 8:7 이하 참조)는 남왕국 유다의 제3대 임금 아사(주전 908-868)의 요청을 명분으로 북왕국 이스라엘을 공략하고 이스라엘의 북방 영토를 유린하였다(왕상 15:16-21; 대하 16:1-6). 한편 벤하닷 Ⅰ세는 주전 853년경 서진하는 앗시리아 제국 군대에 대항하는 서방의 12개 연합국의 맹주로서 카르카르(Qarqar)전투를 지휘했고, 이스라엘 왕 아합도 일시적으로 여기에 가담했다. 그러나 그 후 벤하닷 Ⅰ세와 이스라엘 왕 아합(주전 871-852) 사이에 전쟁이 계속되었고, 결국 이 전쟁에서 이스라엘 왕 아합은 전사했다(왕상 20:1 이하; 22:29-40; 대하 18:28-34). 벤하닷 Ⅰ세를 죽이고 왕위를 찬탈한 그의 후계자 하자엘(Hazael, 주전 842-806. 개역에서는 하사엘)은 오므리 왕조를 뒤엎고 예후 왕조를 세운 이스라엘의 제9대 임금 예후(주전 845-818) 때부터 대대적으로 북왕국 이스라엘을 포함한 팔레스틴 전 지역을 침략하기 시작했으며, 특히 요단강 동쪽의 갓, 르우벤, 므낫세 반지파가 차지한 길르앗 온 땅을 유린하였다(왕하 10:32-33!). 예언자 아모스가 지적하는 다메섹의 길르앗에 대한 잔학행위는 이러한 역사적 배경과 연결되는 것이다(왕하 8:7-15 참조).

길르앗이란 이름은 야곱의 12 아들 중 요셉이 낳은 므낫세(창 48:12-14,17-20)의 장자 마길의 아들 이름에서 유래했으며(수 17:1), 요단 동편 얍복 강을 사이에 두고 길르앗 지역은 북쪽과 남쪽 지역으로 구분되면서 이스라엘의 영토로 지칭되었다(신 3:12-13; 34:1; 수 22:9; 삿 20:1). 여호수아가 가나안 땅을 분배할 때 길르앗은 이스라엘의 갓(Gad) 지파에게 분배되었던 지역이며(창 30:9 이하; 수 13:24-28), 의약과 유향의 산지로 유명하고(렘 8:22; 46:11), 초장이 발달되어 목축과 사람 살기 좋은 곳으로 알려졌다(민 32:1; 렘 22:6; 슥 10:10; 아 4:1; 6:5). 더욱이 길르앗은 삼림이 우거져서 전쟁이나 난을 피해 숨을 수 있는 피난처로 알려지기도 했다(삼상 13:7; 삼하 17:22). 그러나 아모스와 같은 시대에 북왕국 이스라엘의 호세아 예언자는, "길르앗은 행악자의 고을이라. 피 발자취가 편만하도다"(호 6:8; 비교, 삿 10:1-5; 12:1-7)라고 당시 길르앗의 사회상을 고발하였다. 그러나 길르앗의 죄악과는 상관없이 예언자 아모스는 아람 왕국 다메섹이 길르앗을 침공하여 그 주민들을 잔인무도하게 철로 만든 타작기로 타작하듯이 사람들을 살해한(비교, 사 41:15; 삼하 12:31) 천인공노할 만행을 저지른 것을 고발·기소하고 있다. 이웃 나라에 대한 이러한 잔인한 만행은 바로 천지 만물을 창조하고 다스리시는 만군의 하나님 여호와께 대한 '반역죄'(히브리어로 '패샤' פֶּשַׁע)라고 아모스 예언자는 지적하고 있다.

아모스가 다메섹의 반역죄를 언급할 때 '서너 가지'라고 하는 숫자풀이식으로 표현한 것은 구약 문맥에서 지혜문학적 수사법임을 보여준다(비교, 잠 6:16-19; 30:15-16,18,21,24,29 등). 이러한 숫자풀이식 표현은 다메섹의 죄가 심판을 피할 수 없을 만큼 그 위험수위를 넘기고 있는 현실을 묘사하는 것이다(비교, 창 15:16). 마치 우리나라의 민속지혜인 속담에서도 '삼세번'이라든지, '열 번' 찍어 안 넘어가는 나무 없다든지, '칠전팔기' 등과 같은 표현에서도 볼 수 있는 숫자풀이식 수사법의 기능과도 비교해 볼 수 있다. 서너 가지 반역죄들이란 말에서 아모스는 히브리어로 '패샤'의 복수형을 사용했는데, 이 용어 역시 히브리어 전치사 '알'(עַל)과 함께 잠언 문맥에 나타나며(잠 10:12), 잠언에서 '패샤'의 개념은 주로 이웃에 대한 악행, 즉 미움, 다툼, 강탈을 의미하며 나아가 타인에 대한 재산 및 인권침해 등을 포괄한 개념이다(잠 10:19; 12:13; 17:19; 19:11; 28:2; 29:6,22). 아모스가 지적하는 '패샤'의 범죄는 인류 사회의 공동체를 의도적으로 잔인하게 손상·파괴하는 행위로써 인간관계의 범죄일 뿐만 아니라, 이것은 바로 천지 만물과 인간의 창조자시며 이 세상을 다스리시는 '만군의 여호와 하나님'께 대한 반역죄이다.[5] 아람 왕 하자엘의 이스라엘에 대한 악행(רָעָה)이 주전 850년경 등장한 예언자 엘리사(왕상 19:16,19-21; 왕하 2:13)를 통해 이미 예언된 것도 다메섹의 서너 가지 반역죄들의 구체적 내용과 연관하여 생각할 수 있다(왕하 8:12!). 아모스의 심판예언에 의하면 오늘도 지구상 곳곳에서 자행되고 있는 전쟁의 잔인성과 만행은 천지와 세상 만물을 창조하시고 다스리시는 만군의 여호와 하나님의 심판을 자초하는 하나님께 대한 반역죄들인 것이다. 개혁교회는 오늘도 예언자적 설교에서 아모스의 이방 심판예언 본문을 통해 현대의 전쟁범죄에 대한 예언자적 고발과 하나님의 심판을 선포하고 인간의 마비된 양심과 윤리 도덕성을 깨우는 경종을 울려야 한다(예컨대, 최근 유고슬라비아 내전에서 민족들과 종족들 간에 저질러지는 참혹한 살육과 악행과 패륜의 범죄들을 고발해야 한다).

하자엘의 뒤를 이어 그의 아들 벤하닷 II세(Ben-hadad II, 또는 비르하닷, 주전 806-770?)가 왕위를 계승하고 이스라엘에 대한 침략 정책을 계속했으나, 점점 강력히 다가오는 앗시리아 제국의 세력에 굴복하게 되었고(주전 796년경 앗시리아 왕 아다드니라리 III세에게 패하여 조공을 바침), 아람 도시 왕국들 사이의 내분으로 다메섹의

---

5) H. W. Wolff, *Joel und Amos*, BK XIV/2, 1975², 185쪽 이하.

세력은 완연히 꺾이기 시작했다. 이 기회를 이용하여 북왕국 이스라엘의 왕 여로보암 Ⅱ세(주전 786-746)는 벤하닷 Ⅱ세에게 빼앗겼던 북방의 하맛과 다메섹 지역을 회복할 수 있었다(왕하 14:28). 이러한 역사적 맥락에서 볼 때, 주전 8세기 여로보암 Ⅱ세 당시 북왕국 이스라엘의 청중들은 아람 왕국 다메섹이 범죄 때문에 여호와 하나님의 심판을 받는다고 하는 예언자 아모스의 메시지를 처음부터 공감하며 흥미 있게 들었을 가능성이 매우 크다(비교, 사 17:1-3). 그것은 마치 오늘의 한국 청중들이 과거 일본이 한국을 식민지로 강점하였을 때 행한 악행과 잔인한 만행의 범죄 때문에 반드시 하나님의 심판을 받을 것이라는 메시지를 들었을 때의 예견되는 반응과도 비교해 볼 수 있을 것이다.

다메섹에 대한 심판예언을 위시하여 계속되는 이방 심판예언 문맥에서 반복되고 있는 "내가 그것을 돌이키지 아니하겠다"(לֹא אֲשִׁיבֶנּוּ '로 아쉬밴누')라는 표현에서 3인칭 남성 단수 대명 접미사 목적격인 '그것'이 가리키는 내용(선행사)이 무엇인가에 관해 구약학자들의 논의가 계속되어 왔다.[6] 다수의 구약학자들의 의견은 '그것'이 하나님이 내리시기로 작정하신 '벌이나 심판'을 의미한다고 추정하고 있으나, 본문 문맥에서 문법적으로 그 선행사가 무엇인지는 분명하게 제시하지 못하고 있다. 이 문제에 대한 연구논문을 쓴 미국의 구약학자 롤프 크니림(Rolf P. Knierim)은 여러 학자들의 견해를 검토한 후, 아모스 본문에서 '슈브' 동사와 자주 연관되는 하나님의 '진노'(히브리어로 '아프')가 30회 나오는 것에 주목하여, 여호와께서 '그것을' 돌이키지 않으시겠다고 한 것은 아마도 '여호와의 진노'(the anger of Yahweh)를 의미한다고 결론지었다.[7] 물론 이러한 해석도 가능하지만, 필자의 의견으로는 하나님이 "내가 그것을 돌이키지 않겠다"는 표현은 아모스 당시 고대 서아시아(고대 근동)의 국제적 관용어로서 '신(神)이 진노한 마음(그것)을 돌이키지 않는다'라는 의미로 사용한 것이 아닐까 여겨진다. 이러한 추측을 가능케 하는 자료로서는 고대 서아시아 문헌에서 "어떤 신(神)에게 드리는 기도문"에 반복적으로 나타나는 죄 용서를 간구하는 표현에서 찾아볼 수 있다: "나의 주 신께서 그의 마음(의 진노)을 제자리로 돌이키시기를".[8] 이러한 해석은 아모스 7장과 8장에 나타나는 아모스의 환상 가운데에 이스라엘의 용서를 위한 아모스의 중재기도에서 여호와 하나님이 두 번까지는 심판하실 '뜻을 돌이키셨으나'(여기서 히브리어 표현은 יִהְיֶה נִחַם이다), 그 후에는 더 이상 심판의 뜻을 돌이키지 않

---

6) J. Barton, 위의 책, 16쪽 이하.

7) Rolf P. Knierim, "'I Will Not Cause It To Return' In Amos 1 And 2", in *Canon and Authority*, eds. by Coats and Long, Fortress, 1977, 163-175쪽, 특히 170쪽 이하, 175쪽.

8) "Prayer to any God", *Documents From Old Testament Times*, Harper Torchbooks, 1961, 113쪽 이하; 비교, 욥 9:13; 23:13; 잠 24:18 등.

으신다는 내용과도 부합될 수 있을 것이다(암 7:3,6 참조).

• 아모스 1장 4절

아모스 1장 3절에서 고발·기소된 다메섹의 범죄 이유(철타작기로 길르앗 주민 살해)에 근거하여 여호와 하나님은 아람 왕국의 수도 다메섹에 있는 하자엘(Hazael)의 궁전에 불(火)을 보내고, 그 불은 그의 아들인 벤하닷(Ben-hadad Ⅱ)의 궁궐 요새들을 삼킬 것이라고 심판을 선고하신다. 여기서 '불을 보낸다'는 표현은 '전쟁을 일으킨다'는 의미로 사용되었으며(비교, 호 8:14), 구약 역사에서 전쟁은 종종 하나님의 심판의 방편으로 사용되었다. 앞서 아모스 1장 3절에서 이미 언급한 대로 하자엘과 그의 후계자 벤하닷 Ⅱ세는 이미 아모스 시대 이스라엘 대중들에게는 잘 알려진 이름들로서 이스라엘에게는 원수의 대명사처럼 인식되었을 것이다(왕상 15:18,20; 19:15,17; 20:34; 왕하 8:7-15 참조). 구약 열왕기의 역사기록은, "이스라엘이 느밧의 아들 여로보암의 죄를 따르고 떠나지 아니하였으므로 여호와께서 이스라엘을 향하여 노를 발하사 늘 아람 왕 하사엘의 손과 그 아들 벤하닷의 손에 붙이셨더라"(왕하 13:3)라고 증언하고 있다. 또한 이스라엘에 대한 아람 왕의 학대가 너무 심했기 때문에 여호와 하나님이 이스라엘 왕 여호아하스(주전 818-802)의 간구를 들어주셔서, 이때부터 이스라엘이 점차 아람 사람들의 손에서 벗어나게 되었다고 설명한다(왕하 13:4 이하). 하나님은 이방 민족들도 하나님의 심판 도구로 사용하시지만, 그들의 과도한 악행과 잔인성은 용납하지 않으시고 그 책임을 추궁하신다(합 1:11. 비교, 사 10:12-15; 렘 50:17-18). 하자엘(חֲזָאֵל)의 이름은 '하느님(神)이 보신다'는 뜻이고, 벤하닷(בֶּן־הֲדַד)은 '하닷의 아들'(하닷은 서부 셈족의 폭풍과 풍요신으로 그의 별명은 '천둥신' 또는 '림몬'이다(왕하 5:18; 슥 12:11 참조)이란 의미인데, 이 아람 왕국의 사람들은 우상 신들을 섬기면서 당시 이스라엘의 여호와 하나님을 '산신'(山神) 정도로 이해했고 이스라엘 사람들을 얕잡아 보았다(왕상 20:23-28). 주전 760년경 예언자 아모스가 다메섹에 대한 심판을 예언한 대로, 그후 30년도 넘기지 못하고 아람의 다메섹 왕도는 주전 732년에 앗시리아 제국의 대왕 티글랏 필레세르 Ⅲ세(주전 745-727. '디글랏 빌레셀', 개역)의 침략전쟁으로 멸망당했다.

• 아모스 1장 5절

다메섹 성문의 문빗장을 파괴하겠다는 말씀은 앞서 4절에서 심판선고의 내용을 구체적으로 반복하여 강조한 표현으로서, 아람 왕국의 수도인 다메섹의 멸망을 의미하는 것이다. 다메섹은 현재 시리아의 수도이며, 고대로부터 다메섹은 아람(그리스어로, '시리아') 왕국의 수도로서, 헤르몬산(Mt. Hermon) 동북쪽으로 펼쳐진 오아시스들과 강물이 풍부한 평원지역에 위치했다(왕하 5:12; 비교, 행 9:1-3). 담매색(다메섹)이란 이름은 아람어로 '물이 풍부한 곳'(a well-watered place)이란 뜻이다.[9] 그 뒤에 나오는 두 지명에 관해서는 그 위치를 확인하기 어렵다. '비크앝 아벤'(개역, '아웬 골짜기', 각주에 '우상 숭배하는' 골짜기)은 문자 그대로 '악행의 골짜기'란 뜻이고, '베트 애댄'(개역에는 벧에덴, 각주에 '에덴 집')은 '환락의 집'이란 뜻인데, 그 두 이름들의 상징성으로 인해서 그 두 지명은 다메섹의 죄악상을 드러내는 별명으로 보는 학자들도 있다. 여기서 '애댄'이란 이름은 창세기에 나오는 하나님의 정원인 '에덴'과는 자음 글자는 같으나 각각 첫 모음이 다른 지명 이름이며, 인류의 시조가 살았던 장소 '에댄' 정원은 그 첫 모음이 마소라 장모음 '체레'(ֵ)이고 아람의 '애댄'은 그 첫 모음이 '스골'(ֶ)이다(겔 27:23. '애댄'의 위치를 유프라테스강 중류지역 부근으로 추정한다. 개역에서는 '에덴'; 비교, 창 2:8; 사 51:3; 겔 31:8-9,16). 현재 맛소라 본문에서 비크앝 아벤의 '그 앉은 자'(그러나 칠십인역에서는 '그 주민들'로 번역함)와 베트 애댄의 '그 규(珪) 잡은 자'는 평행법을 이루는 문체로 볼 수 있다. 따라서 '그 앉은 자'와 '규를 잡은 자'는 그 왕국의 통치자인 군주(君主)를 의미한다. 개역성경에서는 '규'가 아니라 '홀'(笏. 히브리어로는 '쉐벹', scepter)이라고 했는데, 고대 중국에서 홀은 신하들이 왕궁에서 임금 앞에 나설 때 손에 쥐던 패(牌)였고, 규는 군주나 천자가 왕궁의 예식에서 손에 쥐던 왕권을 상징하는 패였으므로, 여기서는 홀보다 규라고 번역하는 것이 좋다. 다메섹 왕국의 멸망을 예언한 뒤 추가된 위의 두 지명들은 다메섹 주변의 또 다른 아람의 도시 왕국들이라고 보는 것도 가능하다. 현재 우리는 다메섹의 위치는 알고 있으나, 다른 두 지명의 위치는 확인하기 어렵다(비교, '애댄'의 경우는 겔 27:23). 아모스는 다메섹과 비크앝 아벤, 그리고 베트 애댄의 아람 사람들이 전쟁 포로가 되어 '키르'(개역개정에서는 '기르')로 사로잡혀 갈 것을 말하고 있다. 아모스의 예언대로, 앗시리아의 대왕 티글랏 필레세르 Ⅲ세가 주전 732년에 다메섹을 멸망시켰고, 이 지역의 아람 사람들은 전쟁포로가 되어 키르로 유배되었다(왕하 16:9!. 비교, 사 22:6; 암 9:7).

아모스는 1장 5절에서 언급한 키르(개역은 '길', 개역개정은 '기르')가 본래 아람 백성의 고향인 키르(קִיר)라고 말하고 있는데(암 9:7), 키르는 이사야 22장 6절에서 엘람과 함께 언급되고 있으나 그 정확한 위치는 불분명하다. 아람 백성이 키르로 사로잡혀 갈 것이라는 아모스의 예언이 성취된 내용이 열왕기하 16장 5절 이하에 다음과 같이 기록되어 있다. "그때에 시리아(아람)의 르신 왕과 이스라엘의 르말랴의 아들

---

9) "Damascus" in *Holman Illustrated Bible Dictionary*, Revised and Expanded, Holman, 2015, 380쪽.

베가 왕이 예루살렘을 치려고 올라와서, 아하스를 포위하기는 하였으나, 정복하지는 못하였다… 아하스는 디글랏 빌레셀(티글랏 필레세르 Ⅲ세) 왕에게 전령을 보내어, 이렇게 말하였다. '나는 임금님의 신하이며 아들입니다. 올라오셔서, 나를 공격하고 있는 시리아 왕과 이스라엘 왕의 손에서, 나를 구원하여 주십시오' … 앗시리아의 왕이 그의 요청을 듣고 다메섹으로 진군하여 올라와서 그 수도 성읍을 함락시켰다. 그리고 그 주민을 '길'(기르, 키르, Kir)로 사로잡아 가고, 아람 왕 르신(Rezin, 주전 740-732)을 살해하였다."(왕하 16:5-9, 표준새번역. 괄호 안은 필자의 보충). 마지막으로 마소라 본문 왕하 16장 9절에 앗시리아 왕이 다메섹 주민(들)을 사로잡아 '키르로 옮겼다'는 내용에 대해 벨하우젠(J. Wellhausen)은 이 표현이 '아모스에서 가져온 후대의 첨가'(ein Zusatz aus Amos)라고 추정했는데, '키르로 옮겼다'는 내용이 칠십인역에서는 빠져있기 때문이라는 것이다. 벨하우젠의 구약 본문 읽기에서 이러한 세심한 관심은 좋으나, '첨가'라는 추측은 불필요한 것이 아닐까 생각한다.[10] 열왕기의 기자(記者)는 조선왕조실록에 비견할 수 있는 당시 '이스라엘 왕 역대지략'(the book of the chronicles of the kings of Israel)이나 '유다 왕 역대지략'(the book of the chronicles of the kings of Judah)을 근거 자료로 사용하고 있었기 때문이다(왕상 14:19; 왕하 1:18; 15:26 / 왕상 14:29; 왕하 8:23; 16:19 등; 비교, 대하 28:26, '유다와 이스라엘 열왕기'. 이 역사 자료들은 현재 남아있지 않다). 또한 현대 구약학의 본문비평 학자들은 마소라 본문과 칠십인역이 차이가 나는 것(이 구절을 포함하여)은 칠십인역이 사용한 대본(저본)이 또 다른 당시의 마소라 본문이었을 가능성이 있다고 보기 때문이다. 어쨌든, 아모스 예언자는 다메섹에 대한 심판예언 신탁을 마무리하면서 다시 한번 "여호와께서 말씀하셨다"라는 종결전령사 양식소를 사용함으로써, 이 신탁의 내용은 아모스 자신의 생각이나 예측이 아니라 어디까지나 여호와 하나님께서 자신에게 위탁하신 계시의 성격임을 강조하고 있다(암 3:7 참조). 참 예언자는 그러므로 자기의 주장이나 자기의 이념(이데올로기)을 강변하거나 서민 대중이 원하는 생각을 대변하는 사람이 아니고, 어디까지나 겸손한 자세로 전령의 위치에서 만군의 여호와 하나님이 계시하고 위탁하신 말씀만을 그대로 충실하게 전달하는 사람이다.

---

10) J. Wellhausen, *Die Kleinen Propheten*, 1898, 69쪽.

21

아모스 강해 3.
거듭되는 이방 심판예언

3. 가자의 서너 가지 반역죄들(암 1:6-8)

- 1:6 이렇게 여호와께서 말씀하셨다. "앗자(가자, 가사)의 서너 가지 반역죄들 때문에 내가 그것을 돌이키지 않으리니, 그들이 모든 포로를 잡아가서 애돔(에돔)에 넘겼기 때문이다.
- 1:7 그래서 내가 앗자의 성벽에 불을 보내고, 그 불이 그 요새화된 궁궐들을 삼킬 것이다.
- 1:8 또 내가 아쉬도드(아스돗)로부터 그 앉은 자와 아쉬클론(아스글론)으로부터 규(珪) 잡은 자를 끊으며, 애크론(에그론)에 대해 내 손을 돌이키리니 플래쉘(블레셋) 사람들의 남은 자가 멸망할 것이다." 나의 주님 여호와께서 말씀하셨다. (개인역)

평설(評說)

이스라엘 북쪽에 위치한 다메섹을 비롯하여 비크아트 아밴과 베트 애댄, 즉 아람의 도시왕국들에 대한 심판예언에 뒤이어, 예언자 아모스는 동북쪽에서 서남쪽으로 눈을 돌려 지중해 해안 블레셋 사람들(플리쉬팀)의 도시 왕국들인 가자(앗자, 가사)와 아스돗, 아스글론, 에그론에 대한 여호와 하나님의 심판예언 신탁을 계속하고 있다. 플리쉬팀(블레셋족)의 가나안 지역 출현에 관해서 다수의 역사학자들의 주장에 의하면, 주전 12세기경 에게해 지역에서 이동하던 해양 민족들 중의 하나였던 블레셋족은 애굽(이집트) 지역에 정착을 목표로 침입하였으나 주전 1,190년경 애굽의 파르오(바로) 라메세스 Ⅲ세의 군대와 전투에서 패전한 이후, 가나안의 서남해안 평야 지역에 자리 잡게 되었다고 설명한다. 그러나 블레셋족은 보다 일찍부터 여러 해양 민족들과 함께 에게해 지역에서 미케네-미노아 문명을 파괴하였고, 그중 일부는 먼저 소아시아 지역으로 진출하여 헷(Hittite) 제국을 멸망시켰을 뿐 아니라 이어서 아람(시리아) 지역의 우가릿(Ugarit) 왕국도 멸망시켰고, 다른 나머지 일부가 해로로 크레타(갑돌, 신 2:33; 암 9:7; 렘 47:4 등) 섬과 싸이프러스(깃딤, 민 24:24) 섬을 거쳐 가나안에 정착했다고 한다. 그러나 다수의 성서비평학자들은 이미 구약의 족장시대 이야기와 출애굽 문맥에 등장하는 블레셋에 관한 명백한 언급들(창 21:32-34; 26:1 이하; 출 13:17; 15:14; 23:31 등)은 훨씬 후대 기자(記者)들의 시대착오적인 기록으로 평가하고 있다. 그럼에도 현재까지 역사학계에서 블레셋족의 역사적 기원은 불분명하며, 창세기의 족보자료에 의하면 블레셋은 함(Ham) 자손 계통으로서 미츠라임(애굽, 이집트)에서 갈라져 나온 가슬루힘에서 유래한 것으로 볼 수 있고(창 10:13-14; 대상 1:11-12 참조), 가나안 해안 지역의 블레셋족의 존재에 대해 주전 12세기에 해양 민족들의 대이동에서만 그 근거를 찾는 것은 그 증거가 불충분하며 설득력이 약하다. 그보다 이미 오래전부터 지중해 연안의 해양 민족들 또는 그중에 블레셋족은 오랜 세월에 걸쳐 점진적으로 이집트나 소아시아나 가나안 쪽으로 이동이 계속되었던 것으로 보는 것이 오히려 그 가능성이 크다고 할 수 있다.[1]

이스라엘이 여호수아의 영도 아래 가나안을 점령했을 때, 블레셋 지역에는 다섯 도시 왕국(the Philistine pentapolis), 즉 가사(가자), 아스돗, 아스글론, 가드와 에그론이 존재했고, 이스라엘이 아직 정복해야 할 땅으로 남아있었다(수 13:2-3). 그러나 이스라엘은 가나안에서 가나안의 우상들을 숭배하는 죄를 범함으로(삿 2:10-15) 가나안의 여러 지역과 블레셋 지역을 정복하지 못하고, 도리어 그들의 통제를 받기 시작했으며(삿 13:1 이하; 15:9-11), 블레셋족의 인접 지역에 자리 잡았던 단 지파(비교, 수 18:2; 19:40-48)는 결국 가나안족과 블레셋족의 심각한 위협 때문에 갈릴리 북쪽 지역으로 이동해 갈 수밖에 없었다(삿 1:34; 18:1,27-31; 20:1). 이스라엘의 사사(士師) 시대로부터 초기 왕국의 성립 시기까지(주전 약 1,370-1,030년경), 블레셋족은 어느 누구보다 이스라엘에게 막강한 위협적인 적대세력이었다(삿 3:31; 삼상 4:1 이하; 7:3

---

1) 참고문헌. D. J. Wiseman, ed., *Peoples of Old Testament Times*, for the Society for Old Testament Study, Oxford, 1973/1975 Reprint. "The Philistines", by K. A. Kitchen, 53-78쪽; Edward E. Hindson, *The Philistines and the Old Testament*, Baker, 1975; A. Hoerth, G. L. Mattingly, E. M. Yamauchi, *Peoples of the Old Testament World*, "Philistines", by David M. Howard Jr., 231-250쪽, BakerBooks, 2000.

등). 이스라엘이 가나안 땅에 진입한 이후 주전 1,150년경부터 다윗이 이스라엘 왕이 된 주전 약 1,010년경까지 블레셋은 그 세력의 전성기를 누렸으며, 이때 블레셋은 가나안에서 철기문화를 독점하고 있었고(삼상 13:19-21, 특히 철제 무기), 블레셋은 전투에서 이스라엘을 제압하여 마침내는 법궤까지 빼앗고 출애굽한 이스라엘이 가나안 땅에 세운 첫 성소인 실로(Shiloh)를 파괴했다(주전 1,050년경, 삼상 5:1 이하. 비교, 렘 7:12-14). 실로 출신 예언자이며 사사인 사무엘의 영도하에 이스라엘이 블레셋에 대해 일시적 승리를 거둔 적도 있었으나(삼상 7:7-14), 사무엘이 기름 부은 이스라엘의 초대 왕인 사울(주전 약 1050?/30-1010년경. 비교, 삼상 13:1; 행 13:21)은 길보아 산에서 벌어진 블레셋과의 전투에서 패전하여, 결국 사울 왕의 가문은 비극의 종말을 맞았다(삼상 31:1-10).

사울 왕을 뒤이어 다윗이 통일왕국 이스라엘의 왕(주전 1010-970년경)이 되면서, 다윗은 전쟁에서 블레셋을 제압하고 그 다섯 도시 왕국 동맹체를 효과적으로 통제했다(삼상 17:41-54; 삼하 8:1; 대상 18:1). 그럼에도 블레셋의 도시 왕국들은 명맥을 유지하였고, 그 후 분열왕국 시대에도 북왕국 이스라엘과 충돌을 계속했으며(왕상 15:27; 16:15 등), 남왕국 유다를 침략하기도 했다(대하 21:16 이하; 28:18-19). 역사적으로 블레셋의 세력이 결정적으로 꺾이기 시작한 것은 앗시리아의 대왕 티글랏 필레세르 III세(주전 745-727)가 주전 734년에 첫 블레셋 원정을 시작하면서부터였다. 예언자 아모스의 가자(가사, 개역)와 블레셋에 대한 심판예언 신탁이 주전 760년경 있었던 것을 감안하면, 그 예언의 성취는 불과 이삼십 년이 채 지나지 않아 현실로 나타났던 것을 알 수 있다. 블레셋은 이후 일시적 유예기간을 가졌으나, 그 후 앗시리아 왕들인 사르곤 II세(주전 721-705)와 산헤립(주전 704-681)의 계속되는 원정 아래 그 세력이 급속히 약화되어 앗시리아 제국 말기(주전 612년 앗시리아의 수도 니느웨의 멸망)까지 그 봉신국의 위치로 전락했다. 앗시리아에 뒤이어 일시적으로 애굽의 침략을 받은 블레셋은, 다시 신흥 바벨론 제국(주전 625-539)의 속국이 되었고(렘 47:1-4), 페르시아 제국 시대(주전 559-330)에 블레셋은 그 정체성과 문화를 상실하게 되었으며, 그리스의 알렉산더 대제가 주전 332년 팔레스틴에 원정했을 때 다시 점령되어 완전히 그리스에 동화되었고, 마침내 블레셋은 심판 예언대로 그리스어식으로 '팔라이스티네'(라틴어로 Palaestina, 영어로는 Palestine)이란 이름만 남긴 채 멸망하였다. 로마제국의 식민지 시대부터 점차 구약성경에 나오는 옛 지명인 '가나안' 이름 대신 팔레스티나(팔레스틴)란 이름이 사용되기 시작했다. 블레셋의 어원적 의미는 불분명하다.

블레셋 족속(플리쉬팀. 비교, 칠십인역에서는 대체로 '알로휠로이', 시 60:10; 87:4;

108:10 등)들은 애굽 자료에 의하면, 키가 큰 사람들로서(수 11:22; 비교, 삼상 17:4), 수염을 깎았고 로마제국 군인들을 연상시키는 깃털 달린 투구 장식과, 가슴받이 장식의 갑옷과 청동기 및 철제 무기로 무장했다. 주전 12-11세기의 블레셋 유물에서 보건대, 블레셋 문화는 동시대의 가나안이나 이스라엘 문화와는 확연히 구별되며, 특히 기하학적 문양을 가지고 새나 물고기 도안이 주종을 이루는 독특한 토기(미케네 토기 영향)를 산출했고, 청동기와 함께 철제무기를 사용했으며, 매장 관습으로 '인체형 토관'(anthropoid coffin)을 사용한 것이 그 특징으로 나타난다. 블레셋 종교는 다신교(多神敎)로서, 다곤(삼상 5:2)이 그 주신이며, 바알세붑(왕하 1:3; 비교, 마 12:24; 막 3:22; 눅 11:15)과 여신 아스다롯(삼상 31:10)도 섬겼다. 그러나 아직까지 블레셋 자체의 기록 자료가 발견된 것은 없다.

아모스의 이방 심판 예언 순서가 첫 번째 다메섹을 중심한 아람의 도시 왕국에서, 두 번째로 가자(가사)를 중심한 블레셋의 도시 왕국들이 지목된 이유는 설명하기 어렵지만, 아마도 아모스가 예언자로 나섰던 주전 760년 전후로, 먼저 아람 왕국이 이스라엘에게 현실적으로 가장 위협을 가했던 적대세력이었다면, 그다음으로는 전통적으로 가장 오랜 적대관계에 있었던 세력이 블레셋이었다는 역사적 배경을 생각해 볼 수 있을 것이다.[2] 아모스의 블레셋 심판예언 신탁에서는 블레셋의 다섯 성읍 중 유일하게 가트(가드)가 빠진 것이 눈에 띄는데, 그 이유는 아마도 아모스가 예언할 당시 유다 왕이었던 웃시야(주전 781-740)가 일시적이나마 가트 지역을 점령하고 있었기 때문이 아닐까 여겨진다(대하 26:6; 비교, 왕하 12:17). 이때 웃시야는 블레셋의 야브네 성과 아스돗 성도 함께 공략하였고, 아모스는 이후 아모스 6장 2절에서 '가트'가 역시 블레셋족에 속한 성읍임을 밝히고 있는 점을 감안할 때, 아모스가 가트를 빼고 블레셋의 네 성읍만 거명한 것은 기존의 블레셋에 대한 저주양식을 참고한 것일 수도 있다(예컨대, 렘 25:20; 습 2:4; 슥 9:5-6에 나오는 블레셋에 대한 심판예언에서도 '가트'가 빠져있다). 이태리의 구약학자 소진(Soggin)은 가트가 언급되지 않은 이유에 대해, 가트는 다윗 시대부터 유다와 긴밀한 동맹관계에 있었고 다윗은 그의 친위대 용병을 가트에서 차출했으며(삼하 15:18 이하), 비록 때로는 가트가 이스라엘에게 적대행위를 했더라도 유다인들은 가트를 친밀히 생각했기에 심판예언 신탁에서 빠졌을 가능성이 있다고 소개한 것도 참고할 만하다.[3]

아모스는 이제 이스라엘과 유다의 청중들을 향해, 그들의 현실적인 적대세력인

---

2) J. A. Soggin, *Amos The Prophet*, SCM, 1987, 35쪽 이하.
3) J. A. Soggin, 위의 책, 37쪽.

아람 왕국에 이어, 역사적으로 오랜 원수지간인 블레셋도 여호와 하나님이 심판하실 것을 예언하고 있다. 북왕국 여로보암 Ⅱ세(주전 786-746)와 남왕국 웃시야 왕의 통치(주전 783-742) 아래 물질적 번영과 비교적 안정된 생활을 누리던 유다와 이스라엘 청중들에게, 이러한 원수들에 대한 심판예언은 기분 좋은 낭보였을 것이다. 아람도 망하고, 블레셋도 망하게 된다니! 그렇게만 되면 얼마나 좋을까! 그러나 결국 유다와 이스라엘도 심판의 대상이 된다고는 꿈에도 생각하지 않았을 것이다. 바로 이 점에 아모스의 이방 심판예언이 내포한 반어법(아이러니)이 있다. 이스라엘과 유다는 사실 심판자의 편에서 아람과 블레셋의 멸망을 기뻐하지만, 자신들도 그와 같은 심판의 대상에 포함되어 있다는 것을 모르고 있다는 것이다! 이러한 관점에서, 오늘 우리의 아모스 본문 읽기도 어느 입장에서 어떻게 아모스의 심판예언을 읽고 있는지 다시 한번 진지하게 생각해 볼 문제이다.

• 아모스 1장 6절

가자(히브리어로 앗자. '가사', 개역)로 시작되는 블레셋에 대한 아모스의 두 번째 이방 심판예언 신탁은 그 양식이 첫 번째 아람 다메섹에 대한 심판예언 양식(암 1:3-5)과 그 형식이 거의 일치한다. 그 양식에 관해서는 앞에서 비교적 자세한 분석과 설명을 했기 때문에 여기서는 반복을 피하고, 블레셋 성읍 가자와 그 범죄 내용에 대해 살펴보기로 하자. 먼저 히브리어 이름이 '앗자'(עַזָּה)로 나오는 블레셋의 대표적인 성읍 가자는 그 이름의 히브리어 첫 자음 글자 '아인'이 그리스어에서 '감마'로 음역되면서, 이후 라틴어과 영어를 통해 '가자'(Gaza)로 표기되었고, 한글 개역성경에서는 '가사'(공동번역은 '가자')로 표기하였다. 오늘날도 '가자' 지역은 팔레스틴 주민과 이스라엘의 유대인들 사이에 대표적인 분쟁지역으로 등장하고 있는데, 구약시대에 '앗자'(가자) 역시 지금과 같은 지역인 가나안의 서남쪽 지중해 해안 지역에 위치한 성읍이었다. 구약성경에 따르면 앗자는 본래 '아위'족이 살던 곳인데 일찍이 해양 민족인 블레셋계의 갑돌(갚토르)족이 이들을 몰아내고 이 지역을 차지했다(신 2:23). 앗자를 포함한 블레셋 지역은 여호수아가 가나안 땅을 정복할 당시 유다 지파에 분배된 땅이었으나(수 13:3; 15:45-47), 앞서 잠시 언급한 대로 유다 지파는 이 지역을 점령하지 못했으며, 오히려 블레셋 족속은 사사시대 후반기인 주전 1,150년경부터 이스라엘의 다윗 왕이 등극할 때까지(주전 1,010년경)까지 그 세력의 전성기를 구가하였다. 이후 블레셋은 다윗 왕에 의해 세력이 꺾였고, 한때는 유다에 조공을 바치기도 했으나, 분열왕국 시대인 주전 8세기 중엽 예언자 아모스 시대까지만 해도 계속해서 이스라엘과 유다에 대해 적대적인 위협 세력으로 존재했다.

블레셋 성읍 앗자(가자)의 반역죄 중 대표적인 범죄는, 전쟁을 통해 어느 지역의 주민들을 포로로 잡아서 남녀노소 할 것 없이 모두 애돔(에돔)에 노예로 팔아넘긴 것이었다. 경제적 이익 즉 돈을 벌기 위해, 앗자의 블레셋인들은 이웃의 마을들을 습격하여 그 주민을 사로잡아 애돔에 노예로 팔아먹은 것이다. 당시 블레셋의 도시 왕국들과 애돔 왕국(비교, 창 36:1-43; 대상 1:34-54; 옵 1:10-16)간에는 일종의 인신매매 내지 노예무역이 있었던 것을 알 수 있다. 이러한 극악한 범죄는 어떤 국제법상의 범죄를 넘어서서 만군의 여호와 하나님의 통치에 대한 반역죄(히브리어로 '패샤')임을 예언자 아모스는 고발하고 있다. 정확히 어느 시점에서 앗자를 위시한 블레셋 사람들이 이런 범죄를 저질렀는지, 또 노예로 팔려간 그 주민들이 어느 족속인지, 이스라엘과 유다 사람들도 포함되었는지 본문에서는 불분명하다. 일찍이 분열왕국 시대 남왕국 유다의 제5대 왕인 여호람(또는 요람, 주전 852-845) 때에 블레셋족이 아라비아 사람들과 함께 유다를 침략하여 예루살렘을 약탈하고, 왕비들과 왕자들을 사로잡아 간 사건이 있었다(대하 21:16-17). 유다 왕 제12대 아하스(주전 741-725) 때에도, 애돔(에돔)이 유다를 침략한 기회를 이용하여, 블레셋은 유다 남쪽 성읍들을 점령한 일이 있으나(대하 28:17-18), 인신매매에 대한 언급은 찾아볼 수 없다. 그러나 요엘 3장 1-8절(MT 4:1-8)에서 보면, 확실히 블레셋이 노예무역을 통해 인신매매에 관련되었던 사실을 알 수 있다. "두로와 시돈과 블레셋의 모든 지역아… 너희가… 유다 백성과 예루살렘 시민을 그리스 사람에게 팔아넘기며 먼 곳으로 보냈다." 이로써 블레셋의 인신매매 범죄에는 유다와 예루살렘 주민이 포함되었던 것을 알 수 있다. 그런데 아모스 본문에서 블레셋 앗자가 사로잡은 사람들을 팔아넘긴 곳은 그리스(헬라)가 아니라 애돔(에돔)으로 나온다. 어쨌든 페니키아(두로와 시돈)와 함께 구약시대 블레셋도 국제적 인신매매 범죄로 악명이 높았던 것은 분명하다고 볼 수 있다.[4]

• 아모스 1장 7절

앗자(가자, 가사)의 이러한 반인륜적 인신매매 범죄에 대한 만군의 여호와 하나님의 심판은 그 성벽에 불(火)을 보내고, 그 불이 그 궁궐의 요새들을 삼키는 것, 즉 전쟁을 통한 심판이었다. 아모스의 예언대로, 앗자(가자)는 주전 734년부터 앗시리아의 대왕 티글랏 필레세르 Ⅲ세의 블레셋 원정 이래 계속된 전쟁을 통해 앗시리아 군대에 짓밟히게 되었고, 주전 720년에는 사르곤 Ⅱ세가 앗자의 왕 한노(Hanno)를 사로잡아 갔으며, 주전 701년에는 또다시 산헤립에 의해 점령되었다. 이후부터, 앗자

---

4) J. L. Mays, *Amos: A Commentary*, Westminster, 1969, 32쪽.

(가자)를 위시하여 블레셋의 다섯 도시 왕국들은 계속된 강대국의 원정에 유린되었고, 전쟁으로 인한 심판 상황에 처하게 되었으며, 헬레니즘 시대에 결정적으로 그 세력이 꺾여서 그 세력을 만회하지 못하고 쇠락의 길을 걸었다.[5]

• 아모스 1장 8절

다메섹과 함께 아람 도시 왕국들인 비크아트 아밴과 베트 애댄이 심판받는 것과 똑같은 심판예언의 신탁양식과 내용이 앗자(가자, 가사)와 함께한 인근 블레셋 도시 왕국들인 아쉬돈(아스돗), 아쉬클론(아스글론)에도 적용되며, 블레셋 최대 성읍인 애크론(에그론)에도 하나님의 심판이 임한다. 위에서 언급한 대로, 주전 8세기 후반 앗시리아의 티글랏 필레세르 III세가 주전 734년에 블레셋을 정벌한 이후, 계속된 앗시리아 왕들의 팔레스틴 원정 자료(비문 자료)에는, 앗자(가자)는 물론 아쉬돈, 아쉬클론, 애크론을 정복한 내용과 그 통치자들에게서 조공을 받고 그 통치자들을 사로잡은 기록이 남아있다.[6] 구약본문에서 블레셋의 '통치자'를 지칭하는 용어는 히브리어로 '맬랙'(왕)이 아니라 일관되게 '새랜'(수 13:3, '통치자'; 삿 3:3, '군주'; 삼상 6:4; 대상 12:19, '방백'. 개역)이란 호칭으로 나온다. 구약에 복수형으로 21회 나오는 이 '새랜'이란 단어는 아마도 블레셋 언어에서 온 것으로 추측한다. 이사야에는 앗시리아 왕 사르곤 II세(주전 721-705)가 그의 군대 장관 다르단을 보내어 아쉬돈을 점령한 기록이 있다(사 20:1). 예언자 아모스 시대에 유다 왕 웃시야(주전 787-736)도 아쉬돈 성을 포함한 블레셋 지역을 공략했으며(대하 26:6), 그 후 히스기야 왕(주전 725-697)도 앗자(가자)를 포함한 블레셋 지역을 공격했다(왕하 18:8).

블레셋에 대한 심판예언은 아모스에게서 끝나지 않고, 이사야(14:29-31), 예레미야(25:20; 47:4), 스바냐(2:4)와 바벨론 포로기 이후 스가랴(9:5)의 예언에서도 계속되었다. 아모스와 그 후 구약의 예언자들이 예언한 대로, 블레셋족(플리쉬팀)의 남은 자는 계속되는 강대국들의 침략 속에서 멸망하여 그 자취를 감추게 되었다. 앞서 언급한 대로, 오늘날은 그 성읍들의 이름들과 함께 블레셋은 '팔레스틴'이란 이름으로만 남게 되었다. 금년 들어 지난 9월 13일 이스라엘과 팔레스타인 해방기구(PLO)가 상호 실체를 인정하고 평화협정을 체결한 것은 구약 역사 속에서 오랫동안 계속되었던 블레셋과 이스라엘의 적대 관계를 새삼 되돌아보게 하며, 오늘의 국제정치와 중동의 역사 현장에서 이스라엘과 팔레스틴 국가 건립 움직임 사이에 변화의 의미를 다시

---

5) S. Herrmann, *A History of Israel in Old Testament Times*, Fortress, 1981, 246쪽 및 특히 255쪽 이하.

6) 예컨대, "Tiglath-Pileser III, 744-727: Campaigns Against Syria and Palestine" in *The Ancient Near East* Vol. I, An Anthology of Texts and Pictures, ed. by James B. Pritchard, Princeton, 1973, 193쪽 이하.

생각해 보게 한다. 구약시대의 이스라엘과 블레셋의 역사는 오늘 또 다른 모습으로 반복되고 있는 것일까? 예언자 아모스는 세계사적인 관점에서 볼 때, 만군의 여호와 하나님은 자기 백성 이스라엘을 애굽에서 인도해 내셨을 뿐만 아니라, 아람과 블레셋도 인도하셨다고 하지 않았던가(암 9:7)?

아모스는 아람 다메섹에 대한 심판예언 신탁양식에서 이미 사용했던 종결 전령 양식소에 약간의 변화를 주면서, 두 번째 블레셋에 대한 심판예언을 마치고 있다. 그 문체의 변화는 "여호와께서 말씀하셨다"는 표현에 "나의 주님"(히브리어로 아도나이, אֲדֹנָי)'을 첨가한 것이다. 여기서 '나의 주님'(사 28:16 참조)이라는 표현을 통해, 예언자 아모스는 만군의 여호와 하나님과 자기 자신의 인격적인 관계(자아의식과 자아책임)를 드러내 보이고 있다. 즉 아모스는 마지못해 억지로 여호와 하나님의 심판예언 신탁 말씀을 전하는 단순한 심부름꾼(전령)이 아니라는 뜻이다. 아모스는 여기서 만군의 여호와는 곧 '나의 주님'이라고 밝힘으로써 자신의 예언자로서 자아의식과 함께, 그가 전하는 말씀이 자신의 주인(主人)이신 만군의 여호와 하나님의 말씀이라는 책임 의식을 또한 분명하게 가지고 있음을 보여주고 있다.

22

아모스 강해 4.
두로(초르)에 대한 심판예언

4. 초르(두로)의 서너 가지 반역죄들(암 1:9-10)

- 1:9 이렇게 여호와께서 말씀하셨다: "초르(두로)의 서너 가지 반역죄들 때문에 내가 그것을 돌이키지 않으리니, 그들이 모든 포로를 애돔(에돔)에 넘기고 형제의 언약을 기억하지 않았기 때문이다.
- 1:10 그래서 내가 초르(두로)의 성벽에 불을 보내고, 그 불이 그 요새화된 궁궐들을 삼킬 것이다." (개인역)

평설(評說)

다메섹(아람)과 앗자(가자, 블레셋)에 대한 심판예언 신탁양식과 비교해 볼 때, 초르(두로)에 대한 양식은 그보다 단축된 변형을 보여준다. 이러한 변형은 후속되는 애돔(암 1:11-12)과 유다(암 2:4-5)에서도 반복되어 나타난다. 아모스의 이방 심판예언 신탁양식 전체를 살펴볼 때, 다메섹, 가자, 암몬, 모압에 대한 신탁양식이 서로 같은 양식구조를 가지는 그룹을 형성하는 데 비해, 두로(초르), 에돔(애돔), 유다에 대한 신탁양식은 단축된 변형구조를 가진 그룹으로 나타나며, 마지막으로 이스라엘에 대한 신탁양식은 확장된 변형구조를 가지고 있다. 이러한 신탁양식 구조의 불일치에 대한 문학비평적 관심은, 전형적인 아모스의 심판예언 신탁양식(다메섹, 가자, 암몬, 모압)과 구별되는 초르(두로), 애돔, 유다의 단축된 변형구조는 아모스의 진정한 예언이 아니고 후대에 추가된 첨가 부분이라고 설명하고 있다. 후대에 첨가한 부분으로 지적된 단축-변형된 신탁양식에서 눈에 띄는 점으로는, 범죄·기소에서는 동사 문장으로 그 내용을 설명하고 있으며, 판결문 양식소에서는 심판 결과에 대한 내용이 생략되어 있고, 마지막 종결 전령양식소 역시 생략된 것 세 가지가 지적되고 있다.[1] 이러한 양식적 변형 외에도, 동사 문장으로 설명하는 구체적인 범죄와 기소 내용에 사용된 어휘들이 율법적 신앙의 입장을 강조하는 공통성을 가지고 있다는 것이다. 예컨대, "형제의 계약"(암 1:9), "긍휼을 버리며…"(암 1:11), "여호와의 율법을 멸시하며 그 율례를 지키지 아니하고 그의 조상들이 따라가던 거짓 것에 미혹되었음이라"(암 2:4)가 그렇다. 이러한 관점에서, 죄로 인한 하나님의 역사적 심판을 강조한 부분을 동사 문장으로 부연 설명하는 것과 함께 율법의 경건한 신앙을 강조하는 입장은, 독일 하이델베르그대학교의 구약학 교수 볼프(H. W. Wolff)의 견해에 따르면, 아마도 바벨론 포로기인 주전 6세기 중엽 이스라엘의 신학적 상황을 반영한 첨가 부분으로 평가할 수 있다는 것이다. 볼프는 특히 초르(두로)의 경우에 그 범죄를 지적한 내용에서 앞선 가자(블레셋)의 경우와 동일하게 되풀이되면서도, '그들이 포로로 잡아가서'(עַל־הַגְלוֹתָם)라는 표현을 바벨론 포로를 상기시키는 전문용어라는 이유에서 바꾸어 '그들이 넘겨주고'(עַל־הַסְגִּירָם)라고 수정하는 부분이라든지, '언약을 기억한다'(זָכַר בְּרִית)는 용어는 구약문맥에서 P문서의 제사장 기자(예컨대, 창 9:15 이하; 출 2:24; 레 26:42 등) 이전에는 사용되지 않은 어구라는 이유에서, 초르(두로)에 대한 심판예언은 아마도 바벨론 포로기간에 첨가된 부분이라고 주장한다.[2] 독일의 구약학자 슈미트도, 두로, 애돔, 유다의 세 왕국에 대한 심판예언 신탁양식은 그 공통성이 뚜렷이 드러나며, ① 종결 전령양식소의 생략 ② 심판의 결과에 대한 언급 결여 ③ 구체적인 범죄 내용에 대한 설명을 확대한 특징으로 볼 때, 이 부분들은 바벨론 포로기 이후 신명기적 역사관을 가진 편집자의 보충으로 보아야 한다고 주장한다.[3] 영국의 구약학자 바르톤도 아모스의 이방 심판예언 신탁의 진정성을 집중적으로 검토한 후, 유다는 '확실히', 애돔은 '거의 확실히' 아모스에게서 온 것이 아니라고 결론지으면서, 초르(두로)의 경우는 그보다 강도가 약한 '거의 아마도'(very probably)라는 표현을 사용하여 아모스의 어록이 아닐 것으로 추정하였다.[4]

그러나 성서비평학자들 자신도 인정하는 바와 같이, 구약 예언자들이 말한 신탁

---

1) J. Barton, *Amos's Oracles against the Nations*, Cambridge, 1980, 22쪽 이하.

2) H. W. Wolff, *Joel/Amos*, BK XIV/2, 1975, 170쪽, 184쪽 이하

3) W. H. Schmidt, *Einführung in das Alte Testament*, Walter de Gruyter, 1989, 197쪽

4) J. Barton, 위의 책, 특히 24쪽

의 진정성 여부를 결정하는 객관적 표준을 세우기란 매우 어려운 일이며, 아모스의 이방 심판예언 신탁의 진정성을 인정하는 성서학자들도 적지 않다. 만약 아모스 이후 거의 200년이 지난 주전 6세기 중엽 남왕국 유다까지 멸망한 후 바벨론 포로기에 비로소 이러한 두로나 애돔이나 유다에 대한 심판예언 신탁을 누군가 아모스에 첨가했다면, 오히려 아모스의 심판예언 권위를 인정받기 위해서도 기존의 전형적인 아모스 심판예언 신탁양식을 가능한 한 그대로 모방하려는 노력을 하지 않았을까? 오히려 아모스의 심판예언 신탁양식이 기계적으로 되풀이되고 있지 않은 현상은 아모스의 이방 심판예언 신탁의 진정성을 반증하는 것이 아닐까? 예언자 아모스 자신이 말하지도 않은 심판예언 내용을 굳이 아모스의 입으로 한 것처럼 바벨론 포로기에 누군가 보충 삽입해야 할 이유가 어디 있을까? 이러한 근본적인 질문들에 대한 적절한 해답을 제시하지 못하는 한, 서양 성서비평학자들이 문학비평적 방법을 적용한 결과로 아모스의 이방 심판예언들 중에 두로, 애돔, 유다에 대해 그 진정성을 부인하는 것은 동의하기 어렵다.

두로의 히브리어 명칭은 '초르'(צֹר, 개역성경의 '두로'라는 발음은 칠십인역의 Τύρος와 라틴어 Tyrus에서 유래함. 공동번역은 '띠로', 영어는 Tyre)이며, 초르(두로)는 페니키아 해안에서 조금 떨어진 본래 두 개의 크고 작은 섬으로 구성되었던 도시왕국이다(겔 27:4, "네 지경이 바다 가운데 있음이여". 비교, 삼하 5:11; 왕상 5:1; 시 45:12; 겔 26~28:19 등). 초르의 어원적 의미는 불분명하다. '역사의 아버지'로 불리는 헤로도토스(Herodotos, 주전 약 484–425년경)의 기록에 의하면, 두로는 주전 2,750년경에 건설되었다. 구약시대에는 이 두로 맞은편 페니키아 해안 육지에도 '견고한 성읍 두로'(수 19:29; 삼하 24:7)가 있었다. 해안의 두로와 두로 섬을 육로로 연결한 것은 그리스의 알렉산더 대왕(Alexander the Great, 주전 356–323)이 주전 332년에 이 지역을 점령했을 때 이루어졌다. 두로는 페니키아의 지중해 지역 국제무역의 거점으로서 상업의 중심지였으며, 북쪽으로 시돈(Sidon. 비교, 창 10:15,19)과 남쪽으로 악코(Acco)의 중간에 위치하고 있다. 구약 시대 두로의 주민은 시돈 사람과 같은 페니키아인들로서, 구약과 신약 성경 문맥에서 두로와 시돈은 대체로 같이 취급되고 있다(사 23:1–18; 겔 28:2/ 28:21; 비교, 마 11:21–22; 15:21 등).

초르(두로) 왕국은 히람 I 세(Hiram I, 주전 약 979–945년) 통치 때 첫 황금시대를 누렸으며,[5] 당시 이스라엘의 다윗 왕이 블레셋 세력을 꺾음으로 블레셋 대신 지중해의 해상권을 장악할 수 있었다. 두로의 히람 왕은 다윗이 예루살렘(다윗 성, 시온

---

5) *The Illustrated Bible Dictionary*, Part 2, IVP, 1980. "Hiram", 651쪽. 비교, 올브라이트는 히람의 통치연대를 주전 969-936으로 본다.

산성)에 궁전을 짓도록 백향목과 목수와 석수를 보내주었고(삼하 5:11), 그의 아들 솔로몬 왕 때에도 예루살렘성전 건축을 위한 지원 요청에 기꺼이 응하여 약 20년 동안 레바논의 백향목을 위시한 건축 자재들과 함께 건축 인부들을 공급해 주었다(왕상 51-18; 7:13-14; 9:10-14,26-28; 대하 2:1-16). 히람(또는 후람)과 솔로몬은 홍해의 에시온게벨 항구를 통해 함께 국제무역에 손을 대기도 했다(왕상 9:26-28; 비교, 왕상 22:48-49). 두로의 두 번째 전성기는 엣바알 Ⅰ세(Ethbaal Ⅰ, 주전 약 873-842년)가 왕권을 빼앗아 '시돈 왕'이 되었을 때였다. 이 시돈 왕 엣바알의 딸 이세벨(Jezebel)이 북왕국 이스라엘 아합왕(주전 871-853년)의 아내가 되었고(왕상 16:30-33), 이때부터 두로와 시돈의 주신(主神)인 바알(Baal) 숭배가 이세벨을 통해 아합의 왕궁과 사마리아에 본격적으로 침투했다. 아합과 이세벨 사이에서 태어난 공주 아달랴(Athaliah, 왕하 8:18,26)가 남왕국 유다 왕 여호람과 결혼함으로(왕하 8:16-19,26), 이제 바알 종교는 남왕국 유다와 예루살렘 성전에까지 들어오게 되었다(왕하 11:1 이하). 에스겔 27장 12-24절에는 두로 왕국의 번영과 해상무역에 대한 활동이 언급되었는데, 이것은 엣바알 Ⅰ세 때의 전승 자료에 근거한 것으로 추정된다. 북왕국 이스라엘의 아합왕이 사마리아에 상아로 장식된 궁전을 지을 수 있었던 것도 이세벨을 통한 두로의 국제무역과 경제력의 뒷받침을 받았기 때문이며(왕상 22:39), 예언자 아모스도 그 당시 북왕국 이스라엘에는 사치한 상아 장식의 고급 주택들이 있고, 상류층은 비싼 수입 가구들을 사용하고 있다는 것을 알고 있었다(암 3:15; 6:4 등).

두로(초르)도 앗수르의 대왕 티글랏 필레세르 Ⅲ세(주전 745-727년)의 서진(西進) 침략 정책 이후 점차 그 세력이 꺾이면서 앗시리아의 멸망 때(주전 612년 수도 니느웨 멸망)까지 앗시리아에 무거운 조공을 바치는 봉신국으로 전락하였다. 그러나 아모스 예언자가 활동하던 시기에는 밀키람(Milkiram, 약 주전 750년경 전후) 왕이 두로를 다스리면서 당시 어느 정도 안정과 번영을 누리던 북왕국 여로보암 Ⅱ세 및 남왕국 유다의 웃시야 왕과 서로 무역 관계를 증진한 것으로 여겨진다(암 3:15; 6:4). 어쨌든, 신흥 바벨론 제국의 제2대 왕인 느부갓네살(Nebuchadnezzar, 주전 605-562)은 주전 586년에 남왕국 유다를 멸망시킨 후(왕하 25:8-17; 렘 52:12-30; 겔 24:1-14; 26:2; 33:21!), 두로와 애굽(이집트)을 공략했으며(겔 29:17-20), 주전 538년 이후 두로는 페르시아 제국의 지배를 받았다. 그리스의 알렉산더 대제는 주전 332년에 두로를 점령했다. 이때 알렉산더 대왕은 약 3만 명의 두로 주민과 외국인들을 잡아 노예로 팔았으며, 약 6천 명이 전쟁에서 죽고 나머지 약 만 5천 명을 시돈 사람들이 구출했다는 기록이 남아있다.[6] 두로는 그 후에도 겨우 명맥을 유지하다가 주후 1,291년 아라비아반도의 무슬림(Muslim) 족속들인 사라센(the Saracens)의 침략으로 멸망하여, 오

늘날 그 유적만 남게 되었다.[7]

• 아모스 1장 9절

아모스 예언자의 이방 심판예언은 당시 북왕국 이스라엘의 적대세력인 아람(다메섹)에서 시작하여, 전통적으로 적대관계에 있던 블레셋을 거쳐, 이제 세 번째로 초르(두로)에 대한 심판으로 나타나고 있다. 두로의 역사는 앞서 간략히 소개한 대로, 아모스 당시 두로는 국제무역과 지중해를 통한 식민활동에 주력하였으며, 일찍이 통일왕국 시대인 다윗과 솔로몬 당시 이스라엘과는 전통적인 우호 관계를 가져왔고, 북왕국 아합왕 가문과는 통혼을 하는 좋은 관계에 있었다. 아모스 당시에도, 북왕국의 여로보암 Ⅱ세와 남왕국 유다의 웃시야 왕과 두로의 밀키람 왕은 상호간 무역 관계를 증진한 것으로 보이며, 비록 유다가 멸망했을 때 두로가 그것을 자신에게 유리한 상황으로 착각했다는 기록이 있으나(겔 26:2), 두로가 이스라엘이나 유다에게 직접 군사적인 침략이나 적대세력이 된 적은 없었다는 점에서, 두로에 대한 심판예언은 아람과 블레셋의 경우와는 또 다른 의미를 주고 있다. 두로는 지중해 해상무역을 통해 많은 돈을 벌어서 당시 국제사회에서 개인소득이 제일 높은 잘 사는 나라의 대표적인 왕국이었다고 볼 수 있다. 두로는 '완전한 아름다움'(겔 27:3)과 '왕관' 같은 성읍으로(사 23:8) 그 이름을 떨쳤다. 그러나 여호와 하나님은 두로의 경제적 부(富)와 외견상 아름다움에 가려진 죄악들을 지적하셨다. 그 대표적인 죄악은 "형제의 언약을 기억하지 않고, 사로잡은 자들을 애돔에 넘긴 것"(암 1:9)이다. 오늘도 국제적인 관점에서 국가적으로나 개인적으로 엄청난 경제력과 아름다움과 번영을 자랑하는 경우가 많지만, 그 배후에는 엄청난 죄악이 숨겨져 있다는 사실을 누가 꿰뚫어 볼 수 있을 것인가? 예언자 아모스는 하나님이 주시는 예언자적 통찰력으로 두로의 국제적인 명성과 부에 가려진 악행을 통렬히 지적하고 있다. 두로의 부와 명성은 정직하게 땀 흘려 얻은 소득이 아니었고, 사실은 주로 인신매매라는 범죄행위를 통해 얻은 것이다. 비록 블레셋의 경우처럼 자신이 직접 포로를 잡아다가 노예로 팔아넘긴 것은 아니지만, 아마도 포로로 잡혀 온 사람들을 헐값에 사서 노예 중개업을 한 것으로 보인다(비교, 욜 3:4-8; 겔 27:13; 계 18:11-13). 두로가 잡힌 포로들을 애돔(에돔)에 넘겼다는 구절에서 비평학자들은 페니키아와 멀리 떨어진 남쪽 애돔의 지리적 위치를 감안할 때 '애돔'을 '아람'으로 읽으라는 제안을 하는 경우도 있지만, 본문비평의 증

---

6) *The Anchor Bible Dictionary*, Vol. 6, "Tyre" 항목, by D. R. Edwards, 1992, 686-692쪽.

7) J. Niehaus, *Amos, The Minor Prophets*, ed. by T. E. McComisky, Baker, 1992, 349쪽.

거는 아람이 아니라 애돔을 가리키고 있다. 이미 아모스 1장 6절에서 블레셋이 그 포로들을 애돔에 인신매매한 경우를 지적한 바와 같이, 당시 애돔은 가나안 남쪽 지역에서 인신매매 중개업을 하였다고 볼 수 있다. '형제의 언약을 기억하지 않았다'는 표현은 넓게는 두로가 그 주변 이웃 국가들과의 국제적 신뢰 관계를 저버리고 장삿속만 차린 것에 대한 지적으로 볼 수 있으나, 이스라엘 청중에게 있어서 두로는 다윗과 솔로몬 이후 다른 어느 이웃 국가들보다 형제와 같은 언약 관계에 있었던 이웃으로 기억되었을 것이다. 열왕기상 5장 12절(MT 5:26)에는, "…(두로 왕) 히람과 솔로몬이 친목하여 두 사람이 함께 언약을 맺었더라(히브리어로 '카라트 브리트')"라고 했으며, 열왕기상 9장 13절에서 두로 왕 히람은 솔로몬을 '내 형제'로 부르고 있다. 어쨌든 두로의 돈벌이 욕심은 이웃이나 형제 관계의 언약을 돌보지 않았고, 국제적 인신매매까지 서슴지 않는 인륜에 대한 반역죄를 범한 것이다. 이러한 죄악은 다름이 아니라 만군의 여호와 하나님에 대한 반역죄이다. 이와 같은 범죄와 악행에 연관하여 신약성경 디모데전서 6장 9절 이하의 말씀에서도 다음과 같은 교훈을 말씀하고 있다. "부하려는 자들은 시험과 올무와 여러 가지 어리석고 해로운 정욕에 떨어지나니 곧 사람으로 침륜과 멸망에 빠지게 하는 것이다. 돈을 사랑함이 일만 악의 뿌리가 되나니…". 은과 금, 돈의 주인이신 여호와 하나님(학 2:8; 시 24:1; 50:12 등)을 망각하고 인간 스스로 돈의 주인으로 착각하고 행세하는 것은 하나님께 대한 반역죄이다(비교. 합 2:4-8). 서양 성서비평학자들 중에는 "형제의 언약을 기억한다"(זְכֹר בְּרִית)는 표현이 바벨론 포로기 이후 소위 'P문서'(제사장 기자 문서) 이전에는 구약 문맥에서 사용되지 않는 용어라고 평하는 것은 일종의 '순환논리'의 잘못에서 기인하는 것이다.

• 아모스 1장 10절

초르(두로)에 대한 하나님의 불(火) 심판은 아람이나 블레셋의 경우와 마찬가지로 전쟁을 통한 멸망을 의미한다. 두로의 역사에서 보는 바대로, 아모스의 심판예언 이후 두로 역시 앗시리아의 티글랏 필레세르 Ⅲ세의 원정 이래 계속되는 강대국들의 침략전쟁의 희생물이 되었다. 이미 지적한 대로, 두로에 대한 심판예언 신탁양식에는 심판의 결과에 대한 언급이 생략되었는데, 그 이유는 분명하지 않으나 그것이 아모스 심판예언의 진정성을 의심하게 하는 요소는 될 수 없다. 두로의 멸망에 대한 심판예언은 주전 740년경 남왕국 예루살렘 성전에서 부르심 받은 이사야 예언자(사 6:1 이하; 23:1-18) 및 그의 뒤를 이어 예언자 예레미야(렘 25:22)와 에스겔 예언자(겔 26-28장) 및 예언자 스가랴(슥 9:3-4)에 이르기까지 계속되었고, 두로 왕국은 폐허가

되어 역사의 무대에서 사라졌다. 이웃 국가들의 포로들(아마도 이스라엘과 유다의 포로들을 포함하여)을 인신매매 중개무역을 통해 치부했던 두로가 주전 332년 그리스의 알렉산더 대왕에게 점령당하여 그 주민 3만 명 이상이 노예로 팔려 갔던 사실은 아모스와 예언자들을 통한 하나님의 심판예언이 역사적인 사실로 적중되었던 것을 웅변적으로 보여준 것이다.

23

아모스 강해 5.
애돔에 대한 심판경고

5. 애돔의 서너 가지 반역죄들(암 1:11-12)

- 1:11 이렇게 여호와께서 말씀하셨다. "애돔(에돔)의 서너 가지 반역죄들 때문에 내가 그것을 돌이키지 않으리니, 그가 칼로 그의 형제를 뒤쫓으며 그의 정(情)을 끊고 언제나 그의 노(怒)를 발하며 그의 분노를 항상 품었기 때문이다.
- 1:12 그래서 내가 테만(데만)에 불을 보내고, 그 불이 보츠라(보스라)의 요새화된 궁궐들을 삼킬 것이다." (개인역)

평설(評說)

아모스의 이방 심판예언 신탁은 아람, 블레셋, 초르(두로, 페니키아)를 거쳐 이제 애돔(에돔)에 이르고 있다. 이 순서대로 보면, 아모스의 심판예언은 이방 민족들의 범죄로부터 이스라엘과 친족관계가 있는 민족에게로 좁혀드는 것으로 볼 수 있다. 애돔에 대한 심판예언 역시 초르(두로)의 경우와 같이 전반적으로 단축된 신탁양식을 보여준다. 또한 그 범죄 내용을 지적하는 내용에서는 동사문장을 사용하여 설명하는 특징을 보여준다. 여기서 애돔이 그의 형제를 칼을 가지고 뒤쫓는 잔악한 행위는 역사적 배경에서 볼 때 주전 587년 예루살렘 멸망 당시 애돔이 유다 주민에게 자행했던 적대적 만행과 매우 비슷하다(비교, 옵 1:10-14). 이러한 점들을 들어, 다수의 서양 성서비평학자들은 애돔에 대한 아모스 예언자의 심판예언의 진정성을 부인한다. 또한 구약성경에 나타나는 다른 애돔에 대한 심판예언 본문들(예컨대, 사 11:14; 34:5-7; 63:1-6; 렘 25:21; 49:7-13; 애 4:21-22; 욜 3:19=MT 4:19; 겔 25:12-14; 옵 1:10-14; 비교, 말 1:2-5; 시 137:7)이 바벨론 포로기 내지는 포로기 이후의 문맥에서 나타난다는 관점에서 아모스의 애돔 심판예언 신탁도 바벨론 포로기 이후의 가필(加筆)로 보아야 한다고 주장한다.[1] 이러한 주장은 일견 일리는 있으나, 확실한 증거와 설득력은 없다. 왜냐하면 이사야나 요엘의 애돔에 대한 심판예언도 바벨론 포로기나 그 이후 상황에서 나온 본문으로 확인할 수 있는 근거가 불충분하기 때문이다. 또한 주전 8세기 중반에 활약한 예언자 아모스가 말하지도 않은 애돔에 대한 심판예언 신탁을 그의 입을 빌어 주전 8세기 예언 문맥에 첨가해야만 할 뚜렷한 이유가 없기 때문이다. 서양 성서비평학자들의 이러한 후대 가필 주장은 일종의 습관성 추측에 지나지 않는다.

구약성경에는 애돔에 관한 언급과 자료들이 적지 않게 있음에도 불구하고, 이스라엘 역사의 각 시대에 애돔과의 관련 역사는 구체적으로 잘 알려져 있지 않다. 아모스 예언자가 등장하기 직전 주전 8세기 전반의 애돔 역사에 관해서도 우리는 실제로 아는 바가 거의 없다. 아모스는 먼저 1장 6절에서 블레셋이 그 포로들을 애돔에 팔아 넘긴 범죄를 고발했고, 앞서 언급한 대로 1장 9절에서는 페니키아의 두로 왕국이 애돔에 인신매매한 죄악을 지적했다. 이러한 범죄 내용들이 주전 8세기 중엽에 나온 아모스 심판예언의 진정성을 배경으로 한 것이라면, 이러한 범죄 행위들과 밀착된 애돔을 아모스가 생략하고 넘어간다는 것은 오히려 납득하기 어려울 것이다. 유다의 동남쪽 경계 지역인 염해(鹽海, 민 34:3,12. 또는 사해) 남부 아라바 골짜기에서 시작하여 아카바만 쪽으로 뻗어있는 세일(Seir) 산지를 중심으로 자리 잡은 애돔족(창 36:8; 신 2:4-5; 수 24:4)과 북왕국 이스라엘과 남왕국 유다의 오랜 역사적 접촉 경험이 주전 8세기 중엽 등장한 아모스의 애돔 심판예언 신탁에서 반영되고 있다고 여겨진다.

구약시대 본래 세일 산지의 거민은 호리(Hori)족이었으나(창 36:20 이하. 비교, 대상 1:38-39), 야곱(Jacob)의 형인 에서(Esau) 자손이 그들을 멸하고 그 지역을 차지했다고 한다(신 2:12). 에서의 뜻은 분명하지 않으나, 애돔(אֱדוֹם, Edom)은 에서의 별명으로서 히브리어로 '붉다'는 뜻이다(비교, 창 25:25-26). 창세기의 족장 이야기에서부터 에서는 야곱과 쌍둥이 형제로서 모태에서부터 서로 싸웠으며, 에서의 장자 권리와 축복을 야곱이 가로챈 이유로 에서는 야곱을 죽이려고 했다. 이러한 이야기를 배

---

1) J. Alberto Soggin, *The Prophet Amos*, SCM, 1987, 41쪽.

경으로 이스라엘 역사에서 애돔(에돔)의 야곱(이스라엘)에 대한 증오심은 예견된 것이었다(창 25:22,30; 27:39-41; 32:3 이하; 36:6 이하). 정치적 세력으로서 애돔 왕국의 역사적 발전에 관한 자료는 창세기 36장에 나타난다. 여기서는 이스라엘에 왕이 있기 전에 애돔을 다스리던 왕들의 목록을 제시하고 있는데(창 36:31), 그동안 애돔 지역에 대한 성서고고학 발굴의 평가는 모세시대 이후 적어도 3-4세기 동안 이 지역에는 정치적 세력으로서 애돔 왕국이나 애돔 족속이 존재했던 근거가 발견되지 않고 있다고 했다. 서양의 성서비평학자들은 창세기 36장의 애돔 왕국 자료나 출애굽 당시 광야에서 이스라엘 백성과 애돔 왕국 사람들이 만났던 이야기들(민 20:14-21)은 아마도 주전 8-7세기에 존재했던 애돔 왕국의 역사적 전승을 반영한 것으로 추정한다.[2] 애돔 지역 발굴에서는 중기 청동기 시대나 후기 청동기 시대(주전 약 1,500년-1,200)에는 주민의 거주 흔적이 미미하거나 거의 발견되지 않는 반면에, 비로소 철기 시대(주전 1,200년부터)에 들어서면서 주거지들과 주민들의 유적과 유물이 증가하기 시작한다는 것이다. 그러나 애돔 지역에 대한 성서고고학적 발굴은 아직까지 단편적이며 불충분한 것이고, 그 총체적인 평가도 대부분 추측에 근거한 불확실한 것이다. 단편적인 성서고고학적 발굴 성과를 내세워 애돔에 관련한 구약 자료의 역사적 가치와 신빙성을 일방적으로 평가 절하하는 것은 서양 성서비평학자들의 성급한 결론이라고 생각한다.

구약성경 본문의 역사적 자료에 의하면, 이스라엘의 초대 왕 사울(Saul, 주전 약 1,050-1,011)이 애돔 왕과의 전쟁에서 승전한 이래(삼상 14:47), 이후 애돔은 주변의 아람, 모압, 암몬, 블레셋 등과 함께 다윗(David, 주전 1,011-971) 왕에게 복속되었다. 다윗이 주전 990년경 애돔을 공략했을 때, 그의 누나의 아들인 조카 요압(Joab)이 군사령관이 되어 애돔의 남자들을 무수히 살육하였으며(삼하 8:13-14; 대상 18:11-13; 비교, 시 60:1), 이러한 비극적 사건들이 직간접적으로 아모스 1장 11절에 반영된 이스라엘과 유다에 대한 애돔 사람들의 적개심과도 연관이 되었다고도 볼 수 있다. 어쨌든 유다 왕 여호사밧(주전 868-857년) 때에 애돔에는 독자적인 왕이 없었다. 그 대신 그 자리에는 유다의 왕이 임명한 대리자('섭정왕', מֶלֶך)가 다스리고 있었다(왕상 22:47. 비교, 왕하 3:9,12,26). 남왕국 유다 왕 여호사밧의 아들 여호람(주전 847-845년) 때 비로소 애돔은 다시 독자적인 왕국을 이루었다. "여호람 때에 에돔이 배반하여 유다의 수하에서 벗어나 자기 위에 왕을 세운고로… 이와 같이 에돔이 배반하여 유다의 수하에서 벗어났더니 오늘까지 그러하였으며…"(왕하 8:20-22). 이후 애돔

---

2) B. MacDonald, 'Archaeology of Edom', in *The Anchor Bible Dictionary*, 위의 책, 295-301쪽.

왕국은 주전 9세기 중엽부터 8세기 중엽까지 약 1세기 동안, 유다의 동남쪽 경계 지역에서 독립 왕국으로서 정치, 군사, 경제적으로 이웃의 왕국들과 국제관계에서 중요한 세력으로 활약하였다. 물론 주전 8세기 초에 남왕국 유다의 왕 아마샤(주전 801-787년)가 애돔 왕국을 깊숙이 공략하였고(왕하 14:7; 대하 25:11-12), 아모스 시대 유다의 왕 웃시야(주전 787-756년)도 아카바만의 엘랏을 중심한 애돔 지역을 장악했으나(왕하 14:22; 대하 26:2), 이것은 유다의 일방적인 승리가 아니었고, 애돔과의 오랜 갈등 관계에서 잠시 있었던 사건으로 보인다.

애돔은 암몬, 모압과 더불어 여호사밧 왕 때 이미 유다를 공격한 적이 있으며(대하 20:22-23), 그 후에도 기회만 있으면 유다에 보복성의 잔인한 공격을 감행했다. 그중에서도 주전 587년 예루살렘이 신흥 바벨론 제국에 의해 멸망했을 때, 애돔이 그 기회를 틈타 유다 주민들에게 잊을 수 없는 적대적 보복행위를 감행했다(옵 1:10-14; 애 4:21-22; 시 137:7; 비교, 겔 25:12-14; 렘 40:11-12). 그러나 애돔 왕국 역시 앗시리아 제국의 티글랏 필레세르 Ⅲ세(주전 745-727년)의 서진 침략전쟁 이후 계속된 앗시리아의 약탈과 정복 전쟁에 굴복할 수밖에 없었고, 이러한 상황은 신흥 바벨론 제국이 등장한 후에도 계속되어 유다의 멸망을 기뻐하던 애돔 자신도 바벨론 왕 나보니두스(Nabonidus, 주전 556-539년)에 의해 점령되었다(렘 49:7-12; 겔 25:12-14. 이 구절들은 당시 애돔의 심판 상황을 반영하는 것으로 해석하는 학자들도 있다). 그 후 페르시아 제국 시대 애돔의 역사는 거의 알려진 바 없으나, 마침내 주전 3세기 후반부터 이 지역에 새로 출현한 유목과 대상에 종사하는 나바트족(the Nabateans)이 페트라(Petra)를 중심으로 나바트 왕국(주전 약 200-주후 106년)을 건설하고 애돔족을 서쪽 유다 산지 헤브론의 남쪽 지역으로 몰아내었다. 이렇게 본거지에서 쫓겨난 애돔족은 이후 그리스어로 '이두매인들'로 알려지게 되었다. 신약시대 헤롯 왕가도 이두매아(Idumea) 출신이었다(비교, 막 3:8. '이두매아'는 애돔에 대한 칠십인역에서부터 유래한 이름이다. 사 34:5-6). 친족관계인 애돔과 이스라엘의 오래고도 불행한 역사적 적대관계에도 불구하고, 구약성경의 토라는 그러나 애돔 사람들에 대한 이스라엘의 기본적인 태도에 관해 매우 중요한 지침을 주고 있다. "너는 에돔 사람을 미워하지 말라. 그는 네 형제니라… 그들의 삼대 후 자손은 여호와의 총회에 들어올 수 있느니라."(신 23:7-8= MT 신 23:8-9. 비교, 신 23:3에서 암몬, 모압 사람들의 경우)

• 아모스 1장 11절

애돔이 칼을 가지고 그의 형제 뒤를 추격하며, 그의 친족의 정(情)을 저버리고 (שִׁחֵת רַחֲמָיו, 개역은 '긍휼을 버리며'), 끝까지 화를 내며 지나치게 분노(또는 원한)를 품었

   23. 아모스 강해 5. 애돔에 대한 심판경고

다는 애돔의 구체적 범죄에 대한 아모스의 지적은 주전 587년 예루살렘 멸망 당시 애돔이 유다에 저지른 일회적 만행 사건과 연결하는 것보다는, 유다 왕 여호람(주전 847-845년) 시대 이후 아모스가 등장하는 주전 760년 전후까지 약 1세기 동안 애돔 왕국은 이웃의 유다 왕국을 침공했으며, 이러한 침공은 일회적인 것이 아니고 여러 번 있었던 사건이라고 볼 수 있다(예컨대, 대하 20:10-13. 비교, 대하 25:11-16,19). 아모스의 애돔에 대한 심판예언에서는 과거 애돔의 이러한 잔혹한 악행들을 압축하여 묘사한 것으로 볼 수 있다. 역사적으로 보면 물론 다윗 왕 때부터 이스라엘이 애돔에 대해 몹쓸 짓을 더 많이 한 것으로 볼 수 있는데(삼하 8:13-14; 대상 18:11-12 등), 그에 대한 원한 때문에 애돔은 기회만 있으면 유다에 대한 보복 행동을 한 것으로 이해할 수 있고, 따라서 일방적으로 애돔에 대해 심판예언을 하는 것은 사리에 맞지 않는다고 생각할 수도 있다. 그러나 아모스는 어느 편을 들고 있는 것이 아니라, 전체 이방 심판예언의 틀에서 보면 애돔에 대한 아모스의 심판예언도 그 목표 지점은 결국 유다와 이스라엘의 죄악을 지적하고 그에 대한 심판을 경고하는 데 그 주안점이 있다는 것을 알 수 있다. 해묵은 원한 때문에 애돔이 언제까지나 그 형제의 나라 주민들에게 기회만 있으면 잔학행위를 계속한다는 것은 여호와 하나님의 관점에서는 묵과될 수 없는 범죄행위로 여겨질 수밖에 없었던 것이다. 요엘 3장 19절(=MT 4:19)에 애돔이 유다를 침략하여 그 백성에게 "포악을 행하여 무죄한 피를 그 땅에 흘렸음이니라"라고 한 것은 평소에 에돔의 성격을 단적으로 묘사하는 내용으로 볼 수 있다. 비록 아모스 이후의 사건이지만, 유다 왕 아하스(주전 741-725년) 때에도 애돔은 유다를 공격하고 그 백성을 포로로 잡아가는 잔인한 보복을 감행했다(대하 28:16-17). 이미 지적한 대로, 주전 587년 예루살렘 멸망 당시 애돔은 유다의 불행을 이용하여 다시금 해묵은 원한의 복수극을 자행했다. 예언자 오바댜(Obadiah) 1장 10절에서 14절까지에는 그 당시 애돔이 '형제 야곱'(옵 1:10)에게 저지른 극악한 범죄행위를 8가지 조목으로 구체화하여 지적하고 있는데, 이러한 사례를 미루어 볼 때 아모스의 애돔 심판예언 신탁은 그 내용의 진정성과 함께 역사적 근거를 가지고 있다고 생각된다. 애돔이 만군의 여호와 하나님께 대한 반역의 성격은 기회만 있으면 유다 주민(형제 야곱)에게 원수 갚는 것을 서슴지 않고 감행했다는 것이며, 끝까지 악을 악으로 갚는 잔악한 행위에서 찾아볼 수 있다(비교, 롬 12:19-21; 벧전 3:8-12).

• 아모스 1장 12절

테만(תֵּימָן)과 보츠라(בָּצְרָה)는 당시 애돔 왕국 전체를 지칭하는 대명사이다. 테만(데만)은 에서의 손자 이름(창 36:11-15)에서 유래한 애돔 남부의 세일산 지역의 중심

성읍 이름이며, 보츠라(창 36:33, 보스라)는 사해 남서쪽에 위치했고 애돔 지역 북쪽 변경의 대표적 성읍으로서 요단 동쪽 메소포타미아에서 아람(시리아)을 지나 아라비아와 애굽으로 이어지는 국제 교역로인 소위 '왕의 대로(the King's Highway)'에서 교통의 요충지에 자리 잡고 있었다. 테만은 일찍부터 '지혜의 성읍'(이를테면, '교육 도시')으로 이름이 난 반면(렘 49:7; 비교, 욥 2:11; 대상 1:45; 겔 25:13), 보츠라는 교역의 중심지로서 애돔의 경제적 부를 뒷받침한 대표적 성읍으로 여겨진다(사 34:6; 63:1; 렘 49:20-22; 겔 25:12-13). 아모스 이후에도 거듭되던 애돔에 대한 예언자들의 심판 예언의 경고대로, 주전 6세기 후반에 애돔 왕국은 점차 쇠퇴의 길에 빠져들었으며, 신흥 바빌로니아(바벨론) 제국의 왕 나보니두스(주전 556-539년)에게 점령당한 이후 사실상 애돔은 멸망의 길로 들어섰다. 주전 3세기부터는 이 지역에 새로 출현한 나바트족(the Nabateans)에게 세일(Seir) 산지를 빼앗기고, 점차 서쪽의 유다 지역 남부로 이동해 갔으며, 그곳에서 애돔은 그 희랍어식 명칭에 따라 이두메아(Idumea)로 불리게 되었다(사 34:5; 겔 35:15. 칠십인역은 'Idoumaia'). 이두메아는 마카비 전쟁(the Maccabean wars) 이후 성립된 유다인들의 하스몬 왕조(the Hasmonean dynasty, 주전 약 145-63년)의 통치자 요한 히르카누스(John Hyrcanus, 주전 135-105년)에 의해 점령되어 유대교 신앙을 강요당했고, 결과적으로 유대사회에 통합되었다. 덧붙여 말하자면, 예수님 탄생 당시에 팔레스틴에서 유대인들의 왕이었던 헤롯 대왕(Herod the Great, 통치 기간 주전 37-4년. 마 2:1; 눅 1:5)과 그의 후계 헤롯 가문의 왕들은 '이두매' 사람들이었다(비교, 막 3:8).

24

아모스 강해 6.
암몬에 대한 심판경고

6. 암몬의 서너 가지 반역죄들(암 1:13-15)

- 1:13 이렇게 여호와께서 말씀하셨다. "암몬 자손의 서너 가지 반역죄들 때문에 내가 그것을 돌이키지 않으리니, 그들이 자신들의 영토를 넓히기 위해 길르앗의 임신한 여인들의 배를 갈랐기 때문이다.
- 1:14 그래서 내가 랍바의 성벽에 불을 지르고 그 불이 그 성의 요새화된 궁궐들을 삼키리니, 전쟁의 날에 함성과 악천후(惡天候)의 날에 폭풍 가운데서 할 것이다.
- 1:15 그리고 그들의 왕은 포로로 잡혀가고, 그와 그의 고관대작들도 함께 갈 것이다." 여호와께서 말씀하셨다. (개인역)

평설(評說)

앞서 초르(두로)와 애돔(에돔)에 대한 심판예언 신탁양식이 다소 단축·변형된 것과 관련하여, 성서비평학자들 중에는 아모스의 예언으로서 그 진정성을 의심하는 경우가 있다는 것을 말했다. 그런데 암몬에 대한 심판예언에서는 아람의 다메섹이나 블레셋의 경우처럼 아모스의 전형적인 이방 심판예언 신탁양식이 재현되고 있다. 따라서 암몬 심판예언에 대한 진정성 문제는 제기되지 않는다. 애돔보다는 사이가 멀지만, 암몬 족속 역시 이스라엘과 친족관계에 있는 민족이다. 창세기에서는 모압과 함께 암몬을 아브라함의 조카 롯과 그의 두 딸들 사이의 근친관계에서 유래한 자손으로 설명하고 있다. 암몬족의 기원은 롯의 작은 딸이 낳은 아들 벤암미가 그 조상이다(창 19:36-38). 출애굽한 이스라엘이 모세의 영도하에 요단강 동편 지역을 점령해 들어갈 때, 먼저 헤스본 성읍의 아모리 왕 시혼(Sihon, 민 21:21-30; 신 2:26-37)과 북쪽 바산의 왕 옥(Og, 민 21:33-35; 신 3:1-13)을 치고 그들의 땅을 차지했는데, 그 때 얍복 강변에 자리 잡은 "암몬 자손의 경계는 견고하더라"(민 21:24; 신 2:37)는 표현을 한 것으로 볼 때, 이스라엘이 암몬 자손의 영토는 그 당시에 점령하지 않았던 것으로 본다. 신명기의 설명에서 보면, 여호와 하나님은 모압의 경우와 같이(신 2:9) 암몬 자손의 땅을 롯 자손에게 기업으로 주었고 이스라엘에게 기업으로 주지 않으셨기 때문에, 이스라엘이 암몬 족속의 땅에 이르거든 그들과 싸우거나 괴롭히지 말라고 지시하셨다(신 2:17-19,37; 대하 20:10-13; 비교, 삿 11:12-15). 결과적으로, 요단 동편 얍복강(the river Jabbok, 창 32:22; 신 2:37) 지역을 경계로 북쪽은 이른바 길르앗 지역으로서 갓 지파와 므낫세 반 지파가, 그리고 남쪽에서는 아르논강(the river Arnon, 민 21:13) 위쪽으로 르우벤 지파가 차지했고, 얍복강 남쪽으로는 그 중간에 암몬 족속의 영토가 위치하게 되었다(신 3:12-17).

이스라엘과 암몬 족속의 첫 충돌은 사사 시대 모압 왕 에글론이 암몬과 아말렉 족속과 함께 이스라엘의 베냐민 지역을 공격·점령한 사건에서 찾아볼 수 있다(삿 3:12-14). 그러나 사사(士師) 입다는 길르앗 주민들을 공격하는 암몬 족속과 싸워 그들을 굴복시켰다(삿 11:29-33). 이스라엘의 초대 왕이 된 사울도 암몬 왕 나하스가 길르앗의 야베스 성읍을 위협했을 때 모병군을 이끌고 암몬을 격퇴시킴으로써 그의 왕권의 기반을 강화할 수 있었다(삼상 11:1-15). 사사시대 이래 암몬은 자신의 세력과 영토 확장을 위해 상당히 호전적이었다. 그러나 다윗 왕 때 요단 동편의 아람, 애돔, 모압과 함께 암몬도 이스라엘에 굴복하여 봉신국의 위치로 전락하였다(삼하 10:1-11:1; 12:26-31; 대상 19:1-20:3). 그리고 솔로몬의 이방 출신 왕비들 가운데는 암몬 여인들도 있었는데(왕상 11:1), 그의 후계자로서 분열왕국 시대 남왕국 유다의 첫 임금이 된 르호보암의 모친도 암몬 여자였다(왕상 14:31). 말년에 솔로몬은 이방 출신 왕비들이 가져온 이방 신(神)들을 위해 산당(山堂)을 지었으며, 그 가운데는 암몬 족속의 신인 밀곰(또는 몰렉/몰록)의 산당도 있었다(왕상 11:4-8). 암몬의 신(神) 밀곰은 구약시대 인신(人身) 제사를 받는 악명 높은 우상 신이었다(레 20:2-5; 왕하 23:10; 렘 32:35).

주전 931년경부터 이스라엘의 분열왕국 시대가 전개되면서 그 주변 국가들과 함께 암몬도 그 독자적 정치세력을 확보해 나갔으며, 기회가 있을 때마다 모압 등과 합세하여 유다를 침략하였다(대하 20:1 이하; 왕하 24:2-4). 주전 8세기 중엽 예언자 아모스 시대 북왕국 여로보암 Ⅱ세의 요단강 동편 진출 정책으로 암몬은 그 세력이 약화되었고, 같은 시대 남왕국 유다의 웃시야 왕과 그의 후계자 요담 왕은 암몬에게서 조공을 받기도 하였다(대하 26:8; 27:5). 애굽(이집트)을 위시한 고대 서아시아(고대 근동)의 기록 자료에서는 암몬에 대한 언급을 찾아보기 어렵지만, 주전 9세기 중엽부터 앗시리아의 왕 살만에셀 Ⅲ세(주전 858-824년경) 비문에 암몬의 이름이 나타난다. 티글랏 필레세르 Ⅲ세(주전 745-727년) 때부터 암몬은 줄곧 앗시리아에 굴복하여 조공국으로서 그 기록 자료에 등장한다. 주전 625년경부터 신흥 바빌론 제국이 등장한 이후에, 암몬은 모압과 함께 제 2대 왕 느부갓네살(Nebuchadnezzar, 주전 605-562)에 의해 주전 581년경 정복되어 정치적 독립 세력으로서는 종말을 맞이했다(겔 21:28-32). 그 뒤 암몬은 페르시아 제국에 병합되었으며(느 2:10; 비교, 느 13:6-9), 그 후 암몬의 역사는 불분명하나, 주전 2세기 마카비 시대에 유다 마카비(Judas Macca-bee, 또는 J. Maccabeus, 주전 166-160)가 암몬 지역을 공략하였고(마카베오상 5:6-8, 공동번역 참조), 암몬은 다시 로마제국의 속방이 되었다.

구약성경의 예언서에 나오는 이방 심판예언에서 암몬은 주로 모압, 애돔과 함께 전통적으로 이스라엘의 적대세력으로 등장하며, 아모스 이후 심판예언 신탁양식에서도 나타나는 것을 볼 수 있다(겔 25:1-7; 21:28-32; 렘 49:1-6; 습 2:8-11). 남왕국 유다의 요시야(Josiah, 주전 640-609) 왕 때 활약한 것으로 알려진 예언자 스바냐(Zephniah, 습 1:1. 유다 왕족 출신?)도 암몬이 유다와 여호와 하나님을 비방한 사실을 지적하고 있으며(습 2:8), 예레미야도 암몬이 이스라엘의 갓(Gad) 지파 성읍들을 점령하여 거기에 살고 있는 잘못을 지적하고 그에 대한 심판을 예언했다(렘 49:1-2). 구약시대 암몬의 수도로 알려진 랍바(Rabbah)에 대한 성서고고학 발굴은 이곳이 초기 청동기 시대부터 주민이 거주했다고 하며, 중기 청동기 시대(주전 18세기 경)에는 이 지역에 이미 강력한 도시 왕국이 있었다는 증거를 보여준다. 구약시대 암몬의 수도 랍바(רַבָּה)는 현대 요르단 왕국의 수도 암만(Amman) 지역으로서, 그 본래 이름은 '암몬 자손의 랍바'(רַבַּת בְּנֵי עַמּוֹן, 신 3:11; 삼하 12:26; 렘 49:2 등)이며, 얍복강이 발원하는 지역에 위치하여 '물의 성읍'(삼하 12:27)으로 알려졌다. 랍바는 그리스 시대에 '필라델피아'로 개칭되었다가 중세기 이후 '암만'(아랍어로 '안전'이란 의미?)으로 불리게 되었다. 성서고고학 발굴은 이 지역에서 주전 8세기경부터 전쟁으로 파괴된 증거들을 보고하고 있다. 구약성경의 율법 전통에서 애돔과 애굽에 대해서는 비교적 호의적이나, 암몬과 모압에 대해서는 대체로 부정적인 입장을 나타내고 있다. 암몬 사람들의 인신제사를 통한 가증한 종교 생활(모압의 주신 '그모스'와 암몬의 주신 '밀곰')과 이스라엘의 출애굽 당시 이스라엘에 대한 암몬의 적대행위, 그리고 아모스 예언자가 대표적 사례로 지적한 암몬의 잔혹한 만행 등을 감안해 볼 때, 모압과 암몬에 대한 구약 율법서(토라)의 부정적 평가에 대한 이유를 가늠해 볼 수 있다(신 23:3-8).

• 아모스 1장 13절

암몬 족속은 일찍이 사사(士師) 시대부터 이스라엘이 출애굽 직후에 자기들의 영토를 빼앗았다고 앙심을 품고 있었다(삿 11:12-28). 그러나 위에서 살펴본 대로 구약성경의 설명은 이스라엘이 요단 동편 지역을 점령할 때 아모리 족속의 땅은 빼앗았으나, 모압이나 암몬 영토는 건드리지 않은 것으로 되어 있다(신 2:9,19; 대하 20:10; 비교, 삿 11:26). 사사 입다(Jephthah)의 이야기에서 보는 바와 같이, 암몬은 사람이 살기 좋은 길르앗 땅(민 32:1; 렘 22:6; 슥 10:10 등)을 차지하기 위해 자주 영토쟁탈 전쟁을 일으켰다(삿 11:5; 렘 491-2; 습 2:8 등). 예언자 아모스가 지적하는 암몬의 범죄가 언제 저질러진 사건인지 정확히 알 수 없으나, 암몬 족속은 길르앗 땅을 빼앗기 위해 그 주민을 살육할 뿐 아니라, 심지어 임신한 여인들의 배를 가르는 잔혹한 만행을 저지른 것이 한두 번이 아니었던 것 같다. 이것은 아마도 장차 태어날 아이들까지 없애버림으로써 길르앗 영토권을 그 후손들이 다시 주장하지 못하게 하려는 의도가 아니었을까 생각해 볼 수 있다. 영토 확장을 위한 전쟁에서 임신한 여인들의 배를 칼로 가르는 것과 같은 잔악한 만행은 암몬 족속에만 국한된 것은 아니었다. 구약시대에 이러한 만행이 적어도 세 번 기록되어 있는데, 아람 왕 하사엘의 경우(왕하 8:12), 북왕국 이스라엘 므나헴 왕의 경우(왕하 15:16)와 앗시리아의 사마리아 침략전쟁에서(호 13:16) 드러나고 있다. 사실 고대 전쟁에서 적대국 주민에 대한 잔인한 살상행위는 관행적인 것이었으며, 그러한 전쟁에서 승리한 왕은 영웅적 전승 행위로 인해 칭송을 받았다. 기록으로 남아있는 앗시리아 제국의 왕 앗수르나시르팔 Ⅱ세(Ashurna-sirpal Ⅱ, 주전 약 883-859년)의 승전비문에는 다음과 같은 내용이 적혀있다. "나는 그의 성문에 마주 대하여 기둥을 세우고, 모반을 꾀한 모든 지도층 사람들의 껍질을 벗기고, 그들의 피부 가죽으로 그 기둥을 덮었다.… 그리고 나는 그 반역한 관리들의 사지를 잘라 버렸다.… 그들 중에 많은 포로들을 나는 불로 태워버렸고, 또 많은 사람들을 산채로 포로로 잡았다. 나는 그들 중에 어떤 자들은 그 손을 잘랐고, 어떤 자들은 그 코와 귀와 그 손가락들을 잘랐으며, 많은 사람들의 눈알을 내가 빼내었다. 그들의 젊은 청년들과 처녀들을 내가 불로 태웠다.… 스무 명의 사람을 산 채로 내가 말뚝에 박았으며, … 남은 사람들은 유프라테스 사막에서 목이 말라 죽게했다."[1] 이러한 잔악한 전쟁범죄를 자신의 영웅적 행위라고 자랑하고 있지만, 그것은 영웅적 행위가 아니라 정말 끔찍하고 섬찟한 전쟁범죄요 천벌을 받아 마땅한 악행이다. 예언자 아모스는 영토 확장을 위해 암몬 족속이 저지른 그러한 잔악한 전쟁범죄는 용서받을 수 없는 야만적인 악행으로서, 만군의 여호와 하나님께 대한 반역죄로 기소하고 있다. 구약성경에서 볼 때, 모든 민족들과 그들의 영토(국경)는 여호와 하나님께서 정해 주신 것이다(신 32:8. 비교, 출 34:24; 사 26:15; 행 17:26 등). 상황과 방법은 바뀌었지만, 오늘날도 국제관계에서 발생하는 무력 전쟁이나 첩보 전쟁이나 무역 전쟁에서 저질러지는 온갖 악행과 비인도적 범죄들도 이 세상을 창조하고 다스리시는 만군의 여호와 하나님께 대한 반역죄이고, 하나님께서는 이러한 범죄를 반드시 심판하실 것이다. 현재도 알게 모르게 자행되고 있는 이러한 잔악한 전쟁범죄에 대해 아모스와 같은 예언자적인 설교가 필요하지 않을까?

• 아모스 1장 14절

지금까지 아모스의 이방 심판예언 신탁양식에서는 일관되게 불을 '보낸다'(וְשִׁלַּחְתִּי)는 표현이 사용되었는데, 이 구절에서만 불을 '지른다'(יצת 〉 וְהִצַּתִּי, 히필)는 동사로 바뀐 점에 대해서는, 문맥에서 볼 때 이러한 표현은 여호와 하나님이 직접 암몬의 심판 상황에 개입하신다는 것을 강조하는 의미가 있다고 여겨진다. 특히 '전쟁의 날에 함성'(בִּתְרוּעָה בְּיוֹם מִלְחָמָה)과 동의적 평행을 이루고 있는 '악천후의 날에 폭풍'(בְּסַעַר בְּיוֹם סוּפָה)은 '여호와 전쟁'의 용어들(호 10:14; 사 29:6; 나 1:3; 시 83:15; 렘 23:19; 겔 13:13; 사 66:15 등)이며, 아모스가 사용하는 '여호와의 날'(יוֹם יהוה, 암 5:18-20)에 대한 또 다른 표현들이다. 아모스는 이러한 이미 알려지고 공유하는 전쟁 용어들을 사용함으로써 여호와 하나님이 암몬을 심판하시는 전쟁에 직접 관여하신다는 점을 거듭 강조하고 있다고 볼 수 있다.

• 아모스 1장 15절

여호와 하나님의 심판의 결과는 암몬의 왕과 그의 고위 관리들이 전쟁포로로 잡혀간다는 것이다. 전쟁의 포로가 되는 심판 결과는 앞서 아람의 다메섹(암 1:5, '아람 백성')의 경우와 비슷하다. 주석 학자들 중에는 아모스 1장 15절이 예레미야 49장 3절(=LXX 30:19)과 그 내용이 상통하며, 따라서 이 구절에서 '그들의 왕'(מַלְכָּם)을 암몬신의 이름 밀콤(מִלְכֹּם)으로 고쳐 읽어야 한다는 주장이 있다(비교, 개역성경에서는 마소라 본문에 따라 '말감'). 또는 고대 그리스어 역본들과 불가타나 페쉬타 역본들의 독법

---

1) Alfred J. Hoerth, *Archaeology & The Old Testament*, BakerBooks, 1998, 320쪽.

을 고려할 때, 마소라 본문을 수정하여 '밀곰과 그의 제사장들'로 읽어야 한다는 제 안도 있다(비교, 렘 48:7). 그러나 아모스의 이방 심판예언 신탁의 전체 구조에서 볼 때, 이방 신들이나 그들의 제사장에 대한 언급이 없는 것으로 보아, 여기서는 마소라 본문 그대로 읽는 것이 오히려 전체 문맥에 어울린다고 생각한다(비교, 암 5:26). 그 러나 이 구절에서 מַלְכָּם을 사용한 것은 자음 본문으로는 מִלְכֹּם으로도 읽을 수 있기 때 문에, 그 두 가지 의미를 다 내포한 것으로도 볼 수 있다. 아모스는 나중에 이스라엘 에 대한 만군의 여호와의 심판 결과로 이스라엘 백성이 포로로 잡혀갈 것을 언급하 면서 그들이 섬기던 우상들도 함께 잡혀갈 것을 언급하고 있는 점도 고려해 볼 수 있 다(암 5:26-27). 암몬은 위에서 언급한 바대로 주전 8세기 이후 앗시리아(앗수르) 왕 들의 침략을 거듭 당했고, 그 후 신흥 바벨론의 2대 왕인 느부갓네살에게 정복되었 다. 계속해서 페르시아 제국과 그리스 제국 시대에 암몬은 강대국들의 속방으로 명 맥을 유지하다가, 주전 2세기 중엽 유다 마카비(마카베오상 5:6-8)에게 패한 후 역사 의 무대에서 사라졌다. 강하고 사납고 무자비하게 상대를 짓밟는 자가 오래갈 것같 이 생각되지만, 성경의 증언은 온유한 자가 땅을 차지한다는 것이다(시 37:11; 마 5:5). 자연계에서도 사납고 무서운 짐승들은 빨리 사라지고, 연약한 짐승들이 번성하 고 있는 현상도 생각해 볼만하다.

25

아모스 강해 7.
모압에 대한 심판경고

7. 모압의 서너 가지 반역죄들(암 2:1-3)

- 2:1 이렇게 여호와께서 말씀하셨다. "모압의 서너 가지 반역죄들 때문에 내가 그것을 돌이키지 않으리니, 그가 애돔(에돔) 왕의 뼈들을 회(灰)가루가 되게 불살랐기 때문이다.
- 2:2 그래서 내가 모압에 불을 보내고 그 불이 크리욧(그리욧)의 요새화된 궁궐들을 삼킬 것이며, 모압이 요란함과 함성과 뿔나팔 소리 가운데서 죽을 것이다.
- 2:3 그리고 내가 그 중에서 통치자를 끊고, 그와 함께 그의 모든 고관대작들도 죽일 것이다." 여호와께서 말씀하셨다. (개인역)

평설(評說)

두로나 애돔에 대한 심판예언 신탁양식이 다소 단축된 변형을 보여주었다면, 모압에 대한 심판예언 신탁양식은 그보다 앞선 아람과 블레셋과 암몬에 대한 신탁양식처럼 본래의 모습을 보여주며, 그 진정성 여부에 특별한 문제를 제기하지 않는다. 이미 잘 알려진 것처럼, 모압 족속은 암몬 족속과 함께 아브라함의 조카 롯과 그의 두 딸들 사이에서 유래한다고 구약의 본문은 소개하고 있다(창 19:30-38). 암몬이 요단강 동편의 얍복강 동남쪽으로 자리 잡고 있었다면, 모압은 그보다 더 남쪽으로 르우벤 지역을 지나 아르논강(River Arnon) 남쪽 지역에 위치해 있었다. 이스라엘 역사의 초기부터 모압과 암몬은 이스라엘에 대한 적대행위로 말미암아 바벨로 포로기 이후까지 구약의 율법전통에서 매우 부정적인 평가를 받고 있는 것을 볼 수 있다(신 23:3-6; 느 13:1-3 등. 비교, 신 23:7-8).

일찍이 다윗이 사울 왕의 추격을 피해 다닐 때 그의 부모를 모압 왕에게 피신하게 한 이야기나(삼상 22:3-4), 사사시대에 모압 여인으로서 베들레헴 유다지파 가문에 시집가서 시어머니 나오미를 따라 이스라엘의 여호와 하나님을 믿고 다윗 왕의 증조할머니가 되었던 룻(Ruth)의 이야기(룻 1:1-5; 4:13-22; 비교, 마 1:5-6; 눅 3:32)는 예외적인 경우이다(비교, 사 56:3-8!). 대체로 모압은 이스라엘과의 관계에서 적대적인 입장을 취했다(민 22:2; 25:1; 삿 3:12; 왕하 1:1; 3:4; 24:2 등). 아모스 외에 구약의 예언자들도 이방 심판예언에서 모압의 멸망을 예언했다. 이사야는 모압의 교만(사 15:1-9; 16:6-14)을, 스바냐는 모압이 행한 이스라엘에 대한 비방과 함께 암몬과 같이 이스라엘의 국경을 침범한 죄를 멸망의 이유로 들고 있다(습 2:8-10). 에스겔도 모압이 세일(애돔)과 함께 유다를 이방 모든 나라들과 다를 것이 없다고 조롱한 잘못을 지적하였고(겔 25:8-11), 예레미야는 모압의 죄악에 대하여, ① 자기 손으로 만든 것들(우상들)과 재물을 의지한 것 ② 스스로 우리는 용사들이요 전투에 능한 군인들이라고 자만한 것 ③ 여호와를 거슬러 교만한 것(렘 48:7,14,42)으로 요약하였다.

그러나 아모스 예언자는 모압에 대한 이 심판예언에서 이스라엘이나 유다와는 직접적으로 상관이 없어 보이는 모압의 '반역죄'를 들어 여호와 하나님의 심판을 선언하고 있는 점이 주목된다. 즉 모압의 대표적인 반역죄는 모압이 에돔 왕의 뼈들을 불살라 횟(灰)가루를 만들었다는 것이다. 다시 여기서 주목할 점은, 이스라엘이나 유다가 개입되지 않은 이방 민족들끼리 저지른 악행과 범죄가 만군의 하나님 여호와의 심판 대상으로 등장하고 있다는 것이다. 국제사회에서 민족들 간의 비인도적 만행은 천지의 창조자시며 이 세상을 다스리시는 만군의 여호와 하나님께 대한 반역죄라는 지적이 아모스 예언자의 이방 심판예언에서 두드러진다. 아모스의 이러한 모압에 대한 심판예언을 듣고 있던 당시 이스라엘과 유다 청중들의 반응이 어떠했을까는 쉽게 짐작하기 어렵다. 왜냐하면 애돔에 대한 모압의 비인도적 악행이 여호와 하나님께 대한 대표적 '반역죄'라고 고발하고 있기 때문이다. 그 반역죄는 다른 것이 아니라, 모압 사람들이 애돔 왕의 뼈를 무덤에서 꺼내서 그 뼈들을 불살라 횟가루로 만들어 버렸다는 것이다. 만군의 여호와 하나님은 모압의 그러한 악행이 하나님께 대한 범죄로 보시며, 그에 대한 벌을 돌이키지 않고 심판하시겠다고 예언자를 통해 말씀하셨다.

어쨌든 친족관계의 민족들이면서도 대체로 이스라엘과 유다와는 역사적으로 적대관계로 살아왔던 애돔, 암몬, 모압이 차례로 하나님의 심판의 대상으로 멸망당할 것이라는 아모스의 심판예언에 대해, 당시에 잠깐 번영과 안정을 구가하던 이스라엘과 유다 사회는 자신들과는 별로 상관없는, 오히려 잘된 일로 여겼을지도 모른다. 그러나 아모스의 이방 심판예언 신탁의 전체 맥락에서 볼 때, 이방 민족들과 친족 국가들이 저지른 죄악과 잔인한 악행과 그에 대한 여호와 하나님의 심판예언은 유다나 이스라엘과 결코 무관한 것이 아니었다. 오히려 주위의 이방 민족들의 범죄를 먼저 심판하시겠다고 말씀하신 것은 거기서 끝이 아니고, 이제 유다와 이스라엘을 향해 닥쳐오는 여호와 하나님의 심판을 알아차리라고 미리 준비시키시는 과정이었다. 오늘도 우리는 아모스의 이방 심판예언 신탁을 공부하면서 우리 나라와 북한의 현실도 돌아보아야 한다. 타종교인들과 이웃 나라들의 잘못과 악행에 대한 정죄와 하나님의 심판을 당연시하기 전에, 그러한 정죄와 심판의 이유들이 과연 오늘 우리 교회와 남북으로 분단된 우리 민족의 현실과는 상관없는 것인가 하는 문제이다.

모압(Moab)은 본래 아르논강 유역의 '아르'(Ar, 민 21:13-15; 사 15:1)를 중심으로 정착했다. 그전에 이 지역에 있던 원주민은 '에밈'(또는 '엠 사람', 신 2:8-11; 창 14:5)으로 알려졌으나, 암몬이나 애돔의 경우처럼, 모압 족속의 요단강 동편 지역의 정착에서부터 정치적 세력으로서 왕국의 형성 과정과 그 자세한 역사적 발자취는 아직까지 잘 알려져 있지 않다. 20세기 미국의 유대교 랍비이며 성서고고학자인 넬슨 글렉(Nelson Glueck, 1900-1971)은 요단강 동편 지역이 주전 18세기부터 13세기까지는 정치적으로 조직사회를 형성할 만한 주민들이 살지 않았다는 견해를 발표했다. 그러나 그의 견해는 주로 고고학적인 표층 조사에 의한 토기편 자료에 근거한 것으로서, 앞으로 이 지역의 심층적인 발굴 조사를 통해 글렉 박사의 견해는 수정될 수 있는 여지를 남겨놓고 있다.[1] 영국의 고대 서아시아 고고학과 이집트학 교수인 키친(K. A. Kitchen, 1932-2020)은 애굽(이집트)의 룩소(Luxor)에서 나온 자료를 재검토한 뒤 파르오(바로, 파라오) 라메세스 Ⅱ세(Ramesses Ⅱ)가 주전 1280년부터 1270년 사이에 모압 지역을 침공하여 디본(Dibon)과 다른 성읍들을 약탈한 것으로 보았고, 미국의 성서고고학자이며 성경학자인 올브라이트(W. F. Albright, 1891-1971) 교수도 주전 12세기(다른 학자들은 주전 8세기?)의 것으로 보이는 발루아 비문(The Balua Stele, 또는 Balaam Inscription)에 부조된 그림의 내용에서 이미 그 당시 모압 지역에는 조직

---

1) D. J. Wiseman, ed., *Peoples of Old Testament Times*, Oxford, 1973, "X. The Moabites and Edomites", by J. R. Bartlett, 231쪽.

된 왕국이 있었다는 증거로 볼 수 있다는 견해를 밝혔다.[2]

어쨌든 출애굽 당시 모압은 아르논 강을 경계로 암몬지역 보다 남쪽에 위치하면서 북쪽으로는 아모리 족속(출애굽 이후 르우벤느 지파)과 이웃해 있었고, 남쪽으로는 에돔과 경계를 이루었다. 출애굽한 이스라엘은 '왕의 대로'(the King's Highway)를 통해 가나안 지역으로 진입하기 전, 애돔, 모압, 암몬 지역을 제외한 요단 동편의 아모리 족속의 지역을 점령하였다(삿 3:12-30). 이스라엘의 초대 왕 사울은 모압, 암몬, 애돔, 소바, 블레셋, 아말렉 등과 싸워 승리하기도 했다(삼상 14:47-48). 다윗 왕은 주변국들과 함께 모압도 정복하였고, 모압은 이스라엘에 조공을 바치는 속국이 되었다(삼하 8:2). 그의 아들 솔로몬 왕은 많은 이방의 여인들과 함께 모압과 암몬과 애돔의 여인들도 아내로 맞아들였다(왕상 11:1-2). 그 후 이스라엘의 분열왕국 시대에 모압은 북왕국 오므리 왕의 점령하에 속국으로 있었다. 그러나 오므리의 아들 아합왕이 죽은 후에 모압은 이스라엘을 배반하고, 독자적인 세력을 구축하였다. 이 당시에 모압의 왕이었던 메사(Mesha)에 대해 구약은 간략히 언급하고 있으며(왕하 1:1; 3:4-27). 특히 1868년에 발견된 '모압 비문'(The Moabite Stone, 또는 Mesha Stele)은 한때 위조로 의심받기도 했으나, 지금은 주전 9세기의 귀중한 역사적 자료로서 그 가치를 인정받고 있다. 모압 비문은 모압 왕 메사의 통치 시대인 주전 830년경에 세워진 것으로 보이며, 메사가 모압의 신(神) 그모스(Chemosh, 민 21:29)의 도움으로 이스라엘의 여호와 신을 섬기는 오므리(Omri) 왕조의 통치에서 벗어나게 되었다는 공적을 그 내용으로 한다.[3] 모압 왕 메사의 배반에 대한 보복으로, 아합 왕의 아들 이스라엘의 여호람 왕은 남왕국 유다의 여호사밧 왕 및 에돔 왕과 동맹하여 모압 왕 메사를 공격하였다. 3국 동맹군의 침공으로 위기에 몰린 메사는 성벽 위에서 그의 후계자인 자신의 맏아들을 그모스에게 인신제사 함으로써 그 위기를 모면하였다고 한다(왕하 3:5-27). 오므리 왕조를 뒤이어 예후 왕조의 요아스 왕(주전 802-787년) 때 예언자 엘리사(Elisha)가 죽은 후(왕상 19:19-21; 왕하 13:14-21), 모압은 자주 이스라엘을 침범하였다(왕하 13:20; 24:2 이하). 그러나 주전 734년 이래 모압도 서진(西進) 정복 정책을 추진하는 티글랏 필레세르 Ⅲ세(Tiglath-Pileser Ⅲ)의 앗수르(앗시리아) 제국 위력에 굴복하였고, 암몬, 에돔, 유다, 블레셋 성읍들과 함께 모압도 조공을 바치는 속국이 되었다. 이때부터 모압은 애돔과 함께 앗수르 제국의 멸망 때(주전 612년, 수도 니느웨 멸망)까지 속국의 위치에 머물러 있었고, 주전 598년부터는 신흥 바벨론 제국

---

2) D. J. Wiseman, 위의 책, 같은 쪽.
3) 장일선, 『구약성서 시대의 역사기록』, 한국신학연구소, 1984, 25-27쪽의 모압 비문 내용과 설명 참조.

에 무릎을 꿇게 되었다. 그 후에 다시 모압은 페르시아 제국의 속방이 되었고, 주전 3세기경부터는 애돔 지역을 차지한 나바트족(Nabateans, 아랍계의 족속으로 그 기원은 불분명하다)의 침공을 받았다. 주후 106년경부터 모압은 아라비아에 편입되었으며, 로마제국의 후기 시대와 비잔틴 시대까지 그 명맥을 이어나갔다.

모압의 문화와 종교는 가나안의 문화와 바알 종교와 유사한 것으로 알려졌으며, 특히 그모스가 모압의 주신(主神)으로서, 솔로몬은 예루살렘 외곽에 모압 신 그모스의 산당도 세웠다(왕상 11:7; 비교, 왕하 23:13). 따라서 모압 족속은 일찍부터 '그모스의 백성'으로 알려졌다(민 21:29; 렘 48:13,46). 남왕국 유다의 왕 요시야(Josiah, 주전 640-609)는 그의 종교개혁(주전 622년경. 대하 34:29-33; 왕하 23:1-20)을 통해 솔로몬이 세운 산당들을 철거하면서 모압의 그모스 산당도 파괴하였다(왕하 23:13). 출애굽 당시 모압 왕 발락이 거짓 예언자 발람을 시켜 이스라엘을 저주하고 함정에 빠뜨리려 했던 사건은 오랫동안 이스라엘 신앙 전승에서 기억되었으며 경계의 대상이 되었다(민 22:5 이하; 신 23:3-6; 미 6:5; 느 13:1 이하. 비교, 벧후 2:15; 유 1:11).

• 아모스 2장 1절

모압이 언제 어디서 왜 애돔 왕의 뼈들을 불살라 횟가루로 만들었는지 정확히 알려진 것은 없다. 모압과 애돔이 어떠한 적대관계에 있었는지도 분명하지 않다. 주석학자들 중에는 애돔 왕의 뼈를 불살라 회(灰)로 만들었다는 만행은 모압이 에돔 왕의 무덤을 약탈한 것으로 설명하는 견해도 있다.[4] 그러나 여기서 횟가루로 만들었다는 표현(לשׂיד)에 사용된 전치사는 목적격을 나타내는 용례로 볼 수 있고, 또 타르굼(Targum)에는 모압이 애돔 왕의 뼈를 불태워 횟가루로 만들어 그들의 집에 칠을 하는 데 사용했다는 내용을 포함하고 있는 것을 볼 때, 모압의 행위는 단순한 무덤 약탈 범죄가 아니라 원한을 풀기 위한 극도의 야만적 보복행위 범죄로 볼 수 있다.[5] 애돔 왕에 대한 모압의 만행이 앞서 언급한 대로 열왕기하 3장 4-27절에 기록된 사건, 즉 이스라엘(여호람 왕)과 유다(여호사밧 왕)와 애돔의 3개국 연합군이 모압의 메사 왕을 공격한 전쟁과 연관된다고 보는 주석가들도 있으나 역시 확실한 근거는 없다.

이러한 모압의 범죄에 대한 고발과 그에 대한 심판예언을 통해 우리가 인식해야 할 중요한 점은, 국제사회에서 상대국에 대해 저지른 비인도적 만행은 여호와 하나님께 대한 '반역죄'이며, 만군의 여호와 하나님은 그러한 범죄를 반드시 심판하신다

---

4) J. Alberto Soggin, *The Prophet Amos*, SCM, 1987, 44쪽.

5) Shalom M. Paul, *Amos*, Fortress, 1991, 72쪽. 비교, 마 23:27; 행 23:3.

는 예언자의 메시지이다. 예수께서도 말세에 재난이 시작될 때 "민족이 민족을 나라가 나라를 대적하여 일어날 것"(마 24:7)을 말씀하셨고, 마침내 예수 그리스도의 재림과 최후 심판이 있을 것을 미리 말씀하셨다(마 24:30). 다시 한번 강조하자면, 아모스 예언자가 이방 심판예언 신탁에서 지적하는 국제관계에서 저지른 잔인한 범죄 행위들은 국제사법재판소에서 처리할 범죄행위에 그치는 것이 아니고, 만군의 여호와 하나님께 대한 반역죄이며 하나님의 심판을 자초하는 범죄이다. 이러한 국제적 악행은 아모스 당시에만 국한된 현상이 아니고 지금도 국제관계에서 계속되는 범죄라는 점에서, 오늘 예수 그리스도의 교회는 예언자적 사명을 가지고 이러한 유형의 국제적 악행과 특히 전쟁(군사적, 경제적 등)을 통해 저질러지는 만행들을 고발하고, 그것은 만군의 여호와 하나님께 대한 반역죄이며 하나님의 심판을 자초하는 행위라는 사실을 일깨워 주어야 한다.

• 아모스 2장 2절

여호와 하나님은 모압의 악행에 대해 전쟁으로 심판하시고, 그 수도인 크리욧의 요새화된 궁궐들을 파괴하시며, 모압은 전쟁의 요란한 함성과 뿔나팔 소리 가운데서 멸망할 것이라고 말씀하신다. 이러한 심판은 아모스의 이방 심판예언 신탁양식에서 판결문의 전형적인 내용이다. 모압은 아모스가 예언한 지 얼마 되지 아니하여, 주전 734년 이래 줄곧 앗시리아와 강대국들의 침략 아래 짓밟히게 되었고, 전쟁을 통한 심판을 맛보게 되었다. 아모스가 지적한 모압의 대표적 성읍 '크리욧'은 칠십인역 (LXX)에서는 모압의 '성읍들'로 번역하였다. 아모스의 이방 심판예언에서는 그 이방 민족들의 중요 성읍들의 이름이 자주 언급된 사례로 보아, 다수의 주석가들은 크리욧을 모압의 성읍 이름으로 보고 있다. 또한 모압에 대한 예레미야의 심판예언에서도 모압의 여러 지명들 가운데 '크리욧'(렘 48:24. '그리욧', 개역성경; 비교, 렘 48:36- 47)이 나타나는 것으로 보아 크리욧은 아모스 당시 모압의 수도였을 가능성이 크다.[6] 크리욧은 위에서 소개한 주전 830년경의 모압 왕 메사 비문에도 언급되었는데, 여기서 메사는 이스라엘 왕이 건설하여 갓(Gad) 사람들이 살고 있던 성읍 아타롯을 공격하여 그 주민을 모두 죽이고 그 성읍의 우두머리인 아렐(또는, 오리엘/우리엘)을 크리욧(Qeriyoth)에 있는 그모스 신(神)에게로 끌어왔다고 자랑하고 있다.[7] 크리욧은 모압의 정치와 종교의 대표적인 중심지로서, 하나님의 심판의 대상이 되었다.

---

6) Shalom M. Paul, 위의 책, 73쪽.
7) 장일선, 위의 책, 27쪽.

• 아모스 2장 3절

여호와 하나님이 '불을 보내어 심판한다'는 전형적인 판결 내용에 뒤따라 아모스는 구체적인 심판의 시행 내용을 덧붙이고 있다. 개역성경에서 '재판장'으로 번역한 히브리어 단어는 '쇼페트'인데, 여기서는 단순히 재판의 직무를 맡은 자리를 넘어서서 일반적으로 정치적 지도자를 의미하는 용어이다.[8] 아모스는 크리욧에 있는 모압의 통치자와 그 고관대작들을 하나님께서 벌하실 것을 예언하고 있다. 구약성경의 예언자들은 만군의 하나님 여호와께서 세상의 왕들과 그 고관대작들이 하나님의 통치 주권(主權)에 맞서서 반역을 꾀하는 것을 결코 용납하지 않으시며 반드시 심판하실 것을 예언했다(비교, 시 2:1 이하; 46:6-7). 최후의 심판 날에도 땅의 임금들과 통치자들이 어린 양의 심판대 앞에서 심판을 면치 못할 것임을 성경은 분명히 예언하고 있다(계 6:12-17). 오늘도 각 나라와 민족의 통치자들과 지도자들이 하나님의 뜻에 따라 올바른 지도력을 행사하도록 우리 그리스도인들은 기도할 책임이 있으며, 또한 이방 민족들의 악행과 범죄에 대해서 하나님의 심판을 경고하고 깨우쳐야 할 예언자적 책무(責務)가 있다.

---

8) Shalom M. Paul, 위의 책, 74쪽.

26

아모스 강해 8.
유다에 대한 심판경고

8. 유다의 서너 가지 반역죄들(암 2:4-5)

- 2:4 이렇게 여호와께서 말씀하셨다. "여후다(유다)의 서너 가지 반역죄들 때문에 내가 그것을 돌이키지 않으리니, 그들이 여호와의 토라(율법)를 거부하며 그의 규례(規例)들을 지키지 않고 그들의 조상들이 뒤따라가던 그들의 거짓 우상들이 그들을 잘못 가게 했기 때문이다.
- 2:5 그래서 내가 여후다(유다)에 불을 보내리니, 그 불이 예루살렘의 요새화된 궁궐들을 삼킬 것이다." (개인역)

평설(評說)

성서 비평학자들은 아모스의 이방 심판예언 신탁들의 진위성(眞僞性, authenticity)을 판별하기 위해 객관적 기준들을 확정하기란 지극히 어려운 일이라고 인정한다. 그러면서도 두로와 애돔에 대한 심판예언 신탁과 함께 유다에 대한 심판예언은 확실히 아모스에게서 직접 유래한 것이 아니라, 훨씬 후대에 소위 '신명기 학파'의 어떤 편집자가 보충·첨가한 것으로 보려는 경향이 있다. 이러한 비평적 견해들을 주의 깊게 검토한 영국 옥스퍼드대학교의 구약학자 바르톤(J. Barton, 1948-)은 애돔의 경우는 거의 확실히, 두로의 경우는 매우 가능성 있게, 그리고 유다의 경우는 확실히 주전 8세기 아모스 예언자에 의해 직접 선포되었던 말씀이 아니지만, 그 밖의 다른 이방 심판예언들은 아모스의 진정한 어록(語錄)으로 평가할 수 있다고 결론지었다.[1] 여기서 우리는 잠시 유다에 대한 아모스의 심판예언 신탁이 다른 경우들보다 그 진정성이 더 의심을 받는 이유를 살펴보고, 그러한 주장의 문제점에 대해 간략하게 언급하고자 한다.

아모스의 이방 심판예언 신탁양식의 틀에서 볼 때 다메섹, 블레셋, 암몬, 모압, 이스라엘의 경우에는 거의 일정한 신탁양식이 되풀이되어 나오는 반면, 두로와 애돔과 유다의 경우에는 앞서 보았던 일정한 신탁양식과 비교해 볼 때, 분명하게 차이가 나는 '단축되고 불완전한 신탁양식'이 또 다른 그룹을 형성하면서 반복되고 있다는 것이다. 이 점이 성서비평학자들에게는 특히 유다에 대한 아모스의 심판예언의 진정성을 의심하는 근거를 제공한다. 물론 예언자 아모스가 그의 선포행위에서 일정한 심판예언 신탁양식을 기계적으로 되풀이하지 않고, 경우에 따라서는 그 신탁양식을 다소 다르게 표현할 수도 있다는 점을 고려하면서도, 비평학자들은 고집스러울 정도로 '단축된 불완전 신탁양식'의 진정성을 의심한다. 대표적으로 독일 하이델베르그대학교의 구약학 교수 볼프(H. W. Wolff, 1910-1997)는 불완전양식이 보여주는 차이점 세 가지를 제시했는데, ① 기소의 이유를 나타내는 전치사구(עַל) 대신 정동사를 가지는 하나 이상의 문장으로 확장되어 있다. ② 심판의 처벌 내용에서 전형적인 심판 신탁양식에 공통적인 요소, 즉 '불을 보내어 그 요새화된 궁궐들을 삼킨다'는 내용만 반복할 뿐, 완전양식에서 보여주는 개별적인 심판 내용은 말하지 않고 있다. ③ 마지막 종결양식소인 '여호와께서 말씀하셨다'가 생략되어 있다는 것이다. 이러한 차이점들을 근거로 완전양식의 진정성과는 구별되는 불완전양식은 후대 편집자의 활동과 문체를 보여준다는 것이다.[2] 여기서 머물지 않고, 유다에 대한 심판예언 신탁양식의 경우는 ① 그 문체가 신명기 사가(the Deuteronomic historian)의 문체를 강하게 상기시킨다는 점과, ② 그 지적된 범죄 내용이 다른 이방 민족들의 범죄들보다 구체성이 결여되어 있으며, 일반적인 '신앙적–신학적' 범죄만을 지적하고 있기 때문에 그 진정성이 더욱 의심받을 수밖에 없다는 것이다. 비평학자들은 아모스가 이방 민족들이 저지른 국제적이며 비인도적인 범죄행위들과 북왕국 이스라엘의 사회적인 불의(不義)를 구체적으로 자세히 고발하는 것과는 너무나도 대조적으로, 유다의 경우에는 '여호와의 율법에 순종하지 않았다'는 일반적인 지적에 그치는 것은 형평(衡平)에 맞지 않는다고 지적한다. 더욱이 아모스 예언자는 당시 자신이 살고 있던 남왕국 유

---

1) John Barton, *Amos's Oracles Against The Nations*, Cambridge, 1980, 24쪽.
2) J. Barton, 위의 책, 22쪽 이하.

다 사회의 구체적인 불의와 범죄 사례를 지적할 수 없었다고 볼 수 없기 때문에, 유다에 대한 심판예언 신탁은 아모스에게서 직접 나온 것으로 보기 어렵다는 것이다.[3]

그러나 이러한 비평적 분위기 속에서도 비평학자들 중에는 아모스의 이방 심판예언 신탁에는 북왕국 이스라엘을 포함한 주변의 민족들이 거의 다 포함되었는데, 오직 홀로 남왕국 유다만 생략한다는 것은 이상하다는 점에 동의하고 있다. 이태리의 구약학자 소진(J. Alberto Soggin)도 아모스가 유다에 대해 심판예언을 하는 것이 필요하다는 견해에 동의하면서, 이러한 주장이 옳다면 아모스가 했던 본래 유다에 대한 심판예언 신탁은 어떤 이유로 망실되었고, 현재 아모스 문맥에서 유다에 대한 신탁은 '원 유다 심판신탁'을 대치한 것으로 보아야 하며, 원 유다 심판신탁은 복원할 가능성이 없다고 논하고 있다.[4] 다수의 비평학자들도 이러한 견해에 동의하며, 현재 아모스 본문에 나오는 유다에 대한 심판예언 신탁은 본래 아모스의 이방 심판예언 신탁 시리즈에 들어있던 것을 대신하여 첨가한 것으로 평가한다. 소진은 그러나 특히 아모스 2장 4절 하반절 상(2:4bα)과 하반절 하(2:4bβ)의 표현이 신명기 학파의 용어를 나타내며, 아모스의 진정한 본문이 아님을 드러내는 문학비평적인 내적 증거라고 지적하고 있다.[5]

그러나 아모스의 유다 심판예언 신탁의 진정성 문제에 대한 비평학자들의 견해는 어디까지나 추측에 근거한 가설일 따름이다. 최근에 출간한 그의 아모스 주석서에서 샬롬 폴(Shalom M. Paul) 박사는 기존의 비평학설을 비평적으로 검토한 다음, 현재 아모스 본문의 유다에 대한 심판예언 신탁은 아모스의 진정한 어록으로 볼 수 있다고 밝혔다. 이것은 성서 비평학계에서 매우 주목할 만한 변화이고 기존의 가설들에 대한 적절한 대응이라고 여겨진다. 샬롬 폴은 기존의 여섯 가지 비평적 쟁점들에 대해 대안적인 설명을 설득력 있게 제시하고 있는데, 그 요점을 정리해 보면 다음과 같다.[6] 1) 아모스는 북왕국 이스라엘에 대해서만 예언하기 위해 부르심을 받았으며(암 7:15) 유다의 범죄와 그 심판에 관해서는 관심이 없다는 주장에 대해서, 일차적으로 아모스는 다른 이방 민족들에 대한 심판예언을 위해서도 부름받은 적이 없다는 반론이 제기된다. 그뿐만 아니라, 아모스가 북왕국 이스라엘을 겨냥하여 전방위적으로 이웃의 이방 민족들의 범죄 행위들을 지적하고 심판을 예언하면서도, 자신이 속한 남왕국 유다만 제외했을 경우 그것은 아모스 예언자의 국수주의적 편협성을 드러

---

3) J. Barton, 위의 책, 23쪽.

4) J. Alberto Soggin, *The Prophet Amos*, SCM, 1987, 46쪽.

5) J. Alberto Soggin, 위의 책, 45쪽.

6) Shalom M. Paul, *Amos*, Fortress, 1991, 20-24쪽.

내어 그의 예언의 권위가 약화될 소지가 크다. 아모스는 유다 백성에 대한 심판도 제외하지 않았기 때문에 그의 심판예언은 전체적으로 보다 강렬한 느낌을 줄 수 있었다. 2) 남왕국 유다에 대한 심판예언은 그 청중들에게 다음 차례로 북왕국 이스라엘에 대한 심판예언을 감지케 함으로써 북왕국 이스라엘에 대한 심판예언에서 절정을 이루는 아모스의 심판예언의 강도를 약화시키기 때문에 부적절하다는 견해에 대해서, 북왕국 이스라엘의 청중은 남왕국 유다에 대한 심판예언도 다른 이방 심판예언들과 마찬가지로 자신들과는 상관없이 기분 좋게 듣고 있었을 가능성을 배제할 수 없다는 반론이 제기된다. 3) 아모스의 이방 심판예언 신탁 가운데 다메섹, 가자, 암몬, 모압은 완전양식을 보이는 반면, 두로, 애돔, 유다는 그보다 단축된 불완전양식을 보여주기 때문에 불완전양식은 아모스의 진정한 어법이 아니고 후대에 보충·편집된 문맥이라는 주장에 대해서는, 아모스가 엄격하고 일정한 신탁양식과 그 분량의 일관성에 기계적으로 얽매여 있었다고 누가 확신할 수 있는가, 라는 의문이 제기된다. 4) 유다에 대한 심판예언 신탁 내용은 다른 이방 민족들의 경우처럼 국제적이며 인도적인 윤리·도덕적 범죄가 아니라, 여호와의 토라(율법)를 배척하고 우상을 섬긴 신앙적 범죄로서 그 특징이 드러나며, 따라서 다른 신탁의 내용과 균형이 맞지 않는다는 지적이 있다. 그러나 율법을 배척하는 신앙적 범죄에 대한 지적이 반드시 후대의 첨가라는 증거는 될 수 없으며, 여호와의 율법과 그의 규례들의 내용은 인도적이며 윤리·도덕적인 내용도 실제로 포함하고 있으며, 또 여호와의 율법은 일반적인 인류 도덕을 강조하는 데 그 특징이 있다. 아모스는 유다의 신앙적 범죄가 윤리·도덕적 타락과 일반적 악행의 뿌리가 되는 근본적 죄악이라는 점을 지적하는 것으로 볼 수 있다. 5) 유다에 대한 심판예언에 사용된 어휘와 표현들은 신명기적 문체와 특성을 드러내고 있으며, 따라서 이 부분은 유다의 왕 요시야 종교개혁(주전 622년경) 이후 신명기 편집자의 첨가 내지는 가필이 틀림없다는 주장이 있다. 그러나 그동안 자주 논의된 아모스 2장 4절의 신명기적 표현들을 살펴보기로 하자. ① '여호와의 율법' (תּוֹרַת יְהוָה). 이러한 용례는 이사야 5장 24절과 30장 9절에서도 나타난다(비교, 호 4:6; 8:1; 8:12; 사 1:10 등). 그러나 '여호와의 율법'이란 표현은 실제로 신명기(申命記)에서는 한 번도 나타나지 않기 때문에, 이 용어를 신명기적 문체라고 규정하기 어렵다. ② '규례들을 지키다'(חֻקִּים שָׁמַר). שָׁמַר 동사는 복수명사 חֻקִּים과 함께 신명기(신 4:6; 6:24; 16:2 등)와 소위 신명기적 역사서 문맥에 자주 등장하는 것이 사실이지만, 신명기적 문맥이 아닌 곳에서도 역시 발견된다(출 15:26; 시 105:45; 비교, 잠 4:4; 19:16; 전 8:5 등). ③ '뒤를 따른다'(הָלַךְ אַחֲרֵי). 다른 신들(우상들)의 '뒤를 따른다'는 표현 역시 신명기 학파의 특징으로 말하지만, 신명기 이전 문서에서도 나타난다(호 2:7; 5:11; 11:10

등). 이러한 표현은 히브리어의 친족어 가운데 하나인 아카드어(Akkadian) 문서에서도 확인된다. 이러한 증거들은 이 표현이 신명기 학파 이전부터 사용될 수 있음을 시사한다. ④ '거짓된 것들'(כְּזָבִים). 이 표현은 여기서 거짓 신들, 즉 우상들을 지시하는 일종의 비하(卑下) 수사법이다. 신명기와 그 학파의 문서로 알려진 문맥에서는 우상들을 지시하는 비하 수사법이 적어도 다섯 종류가 사용되고 있다(הֶבֶל, שִׁקּוּצִים, גִּלּוּלִים, תּוֹעֵבָה, תֹּהוּ). 그러나 아모스에서 사용된 용어는 구약 문맥에서 여기서만 '우상에 대한 비하 용어'로 사용되고 있다는 점이 지적된다(비교, 시 40:5). 동사 הִתְעָה(잘못 인도하다)도 신명기적 문맥에서는 매우 드물게 사용되는 용어이다. 이와 같이 개별적 용례들을 검토해 볼 때, 신명기와의 관계에서 성급한 결론을 내리기 어렵다. 요컨대, "이 구절들에서 아모스 문맥이 신명기에 의존하는지는 불확실하다"는 것이 오늘의 비평학자들 자신의 반성적 입장을 대변하는 견해이다. 더욱이 후대에 신명기 학파의 편집이나 보충이 부분적으로 아모스 문맥에 가해졌다고 하더라도, 유다에 대한 심판예언 신탁 자체가 근본적으로 아모스 이방 심판신탁의 본류에서 빠졌다고 보기는 어렵다. 6) 마지막으로, 비평학자들 가운데는 유다에 대한 신탁을 뺄 경우, 아모스의 이방 심판예언 신탁은 이스라엘을 포함하여 일곱이 되는데, 이때 일곱 수는 전통적으로 이스라엘을 겨냥한 절정 구도의 완결을 나타낼 수 있다는 주장을 하기도 한다. 또 이러한 주장을 뒷받침하는 자료로서 아모스에는 일곱을 한 묶음으로 하는 문맥 구조가 되풀이된다는 것이다(암 2:6-8,14-16; 3:3-8; 4:4-5,6-11; 5:8-9,21-23; 9:2-4 등). 그러나 최근의 '숫자 수사법' 연구에서는, 구약문맥과 우가릿(Ugarit) 문서에서 7/8의 구조가 일종의 단계적 평행기법을 나타내는 수사법으로 주목하고 있으며, 이때 8수는 7수에 연이어 절정의 마감을 표현할 수 있다는 것이다. 구약본문에서 예를 들어보면, 아론의 제사장 임직식은 7일간 계속되며 8일째 여호와께서 나타나신다(레 8:33 이하; 9:1 이하). 또 초막절에서 7일 동안 절기를 지키고 제8일째 거룩한 성회로 모인다(레 23:36). 할례도 남자아이가 난 지 제8일에 한다(창 7:12). 이와 같이 8수는 7수와 함께 전체의 완결성을 표현할 수 있다(출 22:30; 민 6:9-10; 대상 2:13-15 등). 그러므로 이방 심판예언 신탁양식에서 아모스도 이와 같이 전통적인 7/8수의 단계적 평행기법을 사용했다고 볼 수 있다. 남왕국 유다에 대한 심판예언을 듣고 있던 북왕국 이스라엘 청중이 이제는 심판예언의 끝이라고 생각하는 순간, 아모스는 마지막 절정의 마무리로서 제8의 이스라엘에 대한 심판예언 신탁을 기습적으로 선포한 것으로도 볼 수 있다는 것이다.

지금까지 구약학계의 비평적 연구를 검토해 볼 때, 아모스의 이방 심판예언 신탁(神託, oracle) 내용 가운데 구태여 그 진정성을 의심해야 할 결정적인 증거는 성립되지 않는다. 또 역사-비평적 방법에 따른 이러한 문학비평적인 아모스 본문 연구가 목회자의 설교나 교회의 신앙에도 유익이나 도움을 주지 못한다고 생각한다. 예언자 아모스 당시 유다의 왕은 웃시야(또는 아사랴, 주전 787-736년; 756-741년까지는 그의 아들 요담이 왕으로 대행 통치함)인데, 구약의 역사는 웃시야에 관해, "··· 그의 부친 아마샤의 모든 행위대로 여호와 보시기에 정직히 행하였으나 오직 산당은 제하지 아니하였으므로 백성이 오히려 그 산당에서 제사를 드리며 분향하였고, 여호와께서 왕을 치셨으므로 그가 죽는 날까지 문둥이가 되어 별궁에 거하고 왕자 요담이 궁중 일을 다스리며 국민을 치리하였더라"(왕하 15:3-5)라고 기록하고 있다. 역대기 사가(史家)는 좀 더 자세히 웃시야 왕의 범죄를 기록하였는데, 그 내용은 그가 제사장권을 침해하였기 때문에 그 벌로 문둥병이 생겼다고 전한다(대하 26:16 이하).

• 아모스 2장 4절

유다가 심판을 받아야 할 반역죄의 행위는 한마디로 '여호와의 율법을 거부함'에 있었다. 구체적으로 그것은 여호와의 '규례들'(חקים)을 경멸하며 지키지 않은 것이다. 여기서 율법(토라)과 규례들(훅킴)은 동의적 평행법(출 18:16; 신 17:19; 시 105:45 등)으로 나타난다.[7] '규례들'로 번역한 히브리어 단어 '훅킴'은 단수 명사 '호크'의 남성 복수인데, 개역에서는 이 단어를 '율례'로 번역하여(시 105:45. 비교, 시 18:22=MT 시 18:23. 이 구절에서는 '미쉬파트'를 '규례'로 번역했다) 그 정확한 의미를 파악하기가 쉽지 않다. 히브리어로 단수 '토라' 역시 복수로도 사용되며 대체로 칠십인역 이후 '율법'이라고 번역하지만 '법도'라고 번역한 곳도 있다(출 18:16). 여기서 이러한 어휘들의 사용과 의미 구별 및 번역 문제를 다 논할 수 없으나, 구약성경 문맥에서 히브리어로 '토라'(가르침, 율법. teaching, law), '미츠바'(계명, commandment), '다바르'(말씀, word), '에두트'(증언, testimony), '피쿠딤'(교훈, precepts. 비교, 시 19:8=MT 시 19:9; 시 119:4 이하에서는 '법도들'), 미쉬파트(법령, ordinance) 그리고 '호크/훅카(규례, statute)와 같은 신학적인 어휘들은 주로 시내산 언약에서 여호와 하나님이 모세를 통해 이스라엘 백성에게 지키라고 주신 하나님의 가르침(또는 법)과 그 가르침의 내용들을 가리키는 용어들이라는 점에서 상호 호환성을 가지고 사용되는 단어들이다. 따라서 엄격하게 이 용어들의 의미와 용례를 구별하여 따로 확정하기는 매우 어렵다. 이러한 히브리어 신학용어들에 대한 설명에 대해서는 다음의 신학용어 전문 사전을 참고할 수 있

---

7) Shalom M. Paul, 위의 책, 75쪽. T. J. Finley, *Joel, Amos, Obadiah*, The Wycliffe Exegetical Commentary, Moody, 1990, 159쪽.

다.[8] 그러나 본 필자의 잠정적 견해로는, 이 용어들이 모두 의미하는 상위 개념은 '토라'이며, '미츠바'는 십계명과 그와 연관된 내용들을 지칭하는 용어이고, '호크(훅카)'는 주로 성소를 중심한 신앙생활과 관련된 규례이며, '미쉬파트'는 일상생활과 관련된 법규정(법령)이다. 나머지 '드바림'(다바르의 복수형, 말씀들)과 '에두트'와 특히 율법시편으로 알려진 시편 119편에 22회나 나오는 '피쿠딤'(교훈)은 넓은 의미에서 '토라'의 동의어들이다(비교, 시 19:7-12). 다시 아모스 2장 4절의 본문으로 돌아가서 보면, 유다 백성들의 반역죄의 내용은 여호와 하나님의 '가르침'(토라, 율법)을 무시하고 거부한 것으로서, 그중에서도 특히 신앙생활과 관련한 하나님의 규례들('훅킴')을 지키지 않았다고 해석할 수 있다. 신앙생활의 규례들을 지키지 않았다면, 일상생활에서 유다 사람들의 도덕성은 묻지 않아도 알 수 있는 것이다.

또한 유다의 조상들이 뒤따라가던 '거짓 것들'은 우상 숭배를 가리키는 비하 용법의 표현이다. 구약에서는 우상 숭배에 대해 이와 비슷한 비하 용법을 자주 사용한다(예컨대, '헛된 것', 신 32:21; '가증한 것', 사 44:19; '아무것도 아닌 것', 레 19:4 등). 이미 여호수아가 세겜에서 이스라엘 백성과 언약할 때, 그들의 조상들이 섬기던 신들을 청산하고 여호와 하나님만 섬기도록 약속한 바가 있었고(수 24:14-18), 그들이 가나안 땅에 정착한 지 오래된 후에도 엘리야를 비롯하여 예언자들은 바알이나 아세라와 같은 가나안 땅의 우상들을 따라가지 말라고 깨우쳤다(왕상 18:21 이하). 그러나 가나안의 전통적 민속신앙의 근거지인 '산당'들과 연결된 가나안 우상 종교의 영향은 남왕국 유다가 멸망할 때까지도 계속되었다(왕하 18:4; 23:5 이하). 북왕국 이스라엘도 마찬가지로 "다른 신들을 따르면 저주를 받으리라"(신 11:28)는 하나님의 경고를 무시하다가 결국은 멸망하게 되었다고 할 수 있다(왕하 17:7-18). 유다가 따라가던 '거짓 것들'은 십계명의 제1, 제2 계명을 어긴 중대한 반역죄였다(출 20:3-6; 신 5:7-10). 신약시대 바울 사도는 "대저 이방인의 제사하는 것은 '귀신들에게'(δαιμονίοις) 하는 것이요 하나님께 제사하는 것이 아니니 나는 너희가 귀신과 교제하는 자 되기를 원치 아니하노라"(고전 10:20. 비교, 신 32:15-19)고 깨우쳤다. 아모스의 지적을 통해 우리는 우상 숭배나 민속종교를 빙자한 무속적인 종교 생활 습관이 그들 자신들뿐 아니라 그 자손들에게도 부정적인 심각한 영향을 미치는 것에 대해 경각심을 가지고 주의를 환기시키게 된다(비교, 렘 2:4-8; 겔 2:1-7 등).

---

8) R. Laird Harris, Gleason L. Archer, Jr., Bruce K. Waltke, *Theological Wordbook of the Old Testament*, Moody Publishers, 1980.

• 아모스 2장 5절

아모스가 유다에 대한 심판을 예언한 지 약 150년 후, 남왕국 유다는 주전 587년 신흥 바벨론 제국의 제2대 왕 느부갓네살(주전 605-562년)의 군대에게 점령당하여, 예루살렘이 파괴되고 그 성전이 불타버리는 엄청난 역사적 비운을 맛보아야 했다(왕하 25:8-9; 렘 39:8). 만군의 여호와 하나님은 우상(偶像) 숭배를 일삼고 불의(不義)를 행하는 나라와 민족을 반드시 심판하신다는 것이 예언자들을 통해 경고하는 성경의 한결같은 역사적 교훈이다.[9] 하나님이 택하신 백성이라 할지라도 우상 숭배와 거듭되는 불순종과 반역을 자행할 때, 여호와 하나님은 이방 민족들을 심판하시는 것과 똑같이 자기 백성도 심판하신다는 것을 알 수 있다. "설마가 사람 잡는다"는 우리 속담이 있듯이, 하나님의 자녀들과 교회도 교만하며 방심하고 회개할 기회를 놓치면 만군의 하나님의 심판을 피할 수 없다. 예언자 아모스를 통해 말씀하시는 공의(公義)와 정의(正義)의 만군의 여호와 하나님은 세상의 죄악과 불의를 심판하시는 하나님이다(비교, 렘 18:5-12).

---

9) J. Niehaus, *Amos, The Minor Prophets*, ed. by T. E. McComisky, Baker, 1992, 361쪽 이하.

27

아모스 강해 9.
이스라엘에 대한 심판경고

9. 이스라엘의 서너 가지 반역죄들(암 2:6-16)

- 2:6 이렇게 여호와께서 말씀하셨다. "이스라엘의 서너 가지 반역죄들 때문에 내가 그것을 돌이키지 않으리니, 그들이 돈을 위해 의인을 팔며 신 한 켤레 때문에 가난한 자를 팔았기 때문이다.

- 2:7 그들은 땅의 티끌 위에 작은 자들의 머리를 짓밟고 약한 자들의 길을 굽게하며, 어떤 사람은 그의 아버지와 한 젊은 여자에게 다니면서 나의 거룩한 이름을 속되게 하였다.

- 2:8 그리고 모든 제단 옆에서 담보물로 받은 옷들 위에 퍼져 누워서, 그들의 신전(神殿)에서 벌금으로 받은 포도주를 마신다.

- 2:9 그런데 나는 그들의 면전에서 그의 키가 백향목들의 키와 같고 강하기는 상수리나무들 같은 그 애모리(아모리) 족을 멸망시켰고, 위로는 그의 열매를 아래로는 그의 뿌리들을 없애버렸다.

- 2:10 그리고 내가 너희들을 미츠라임(애굽) 땅으로부터 올라오게 했고, 사십 년을 광야에서 너희를 인도하여 그 애모리(아모리) 족의 땅을 차지 하게 하였다.

- 2:11 그리고 내가 너희 아들들로부터 예언자들과 너희 젊은이들로부터 나지르(나실)인들을 세웠는데, 이스라엘 자손들아 이것이 정말 그렇지 않으냐?" 여호와의 신탁(神託)이다.

- 2:12 "그러나 너희는 그 나지르(나실)인들에게 포도주를 마시게 하고, 그 예언자들에 대해서는 '예언하지 말라'고 명령했다.

- 2:13 곡식 단을 가득 실은 수레가 짓누르듯이, 보라 내가 너희를 아래로 짓누르겠다.
- 2:14 그래서 날쌘 사람도 도망가다 망하고 힘센 사람도 자기 힘을 쓰지 못하며, 용사도 자기 목숨을 구하지 못할 것이다.
- 2:15 또 활 잡은 사람도 설 수 없으며 발 빠른 사람도 자신을 구할 수 없고, 말탄 사람도 자기 목숨을 구하지 못할 것이다.
- 2:16 그리고 용사들 중에 강심장도, 그날에는 벌거벗은 채로 도망할 것이다.” 여호와의 신탁(神託)이다. (개인역)

평설(評說)

지금까지 이방 민족들과 유다에 대한 아모스의 심판예언 신탁들은 북왕국 이스라엘에 대한 심판예언의 전주곡이었다. 다메섹에서부터 시작하여 유다에 이르기까지, 일정한 심판예언 신탁양식의 점진적인 되풀이를 통해, 이스라엘의 청중은 그 심판예언들에 익숙해졌고 그 심판예언들이 당연하다고 생각했을 것이다. 그런데 아모스는 이제 이스라엘 청중들을 향해 처음으로 2인칭 남성 복수 대명사 ‘너희들’(2:10 이하)이란 호칭을 사용하면서, 결국 지금까지 심판예언의 최종 목표는 북왕국 이스라엘이라는 점을 분명히 하고 있다. 이스라엘에 대한 심판예언에서도 아모스의 신탁양식 틀은 대체로 유지되고 있으나, 첫째로 고발과 기소 양식소의 분량이 상당히 확대되어 있고(2:6-12), 둘째로 판결 양식소에서는 전형적인 ‘불을 보낸다’는 표현 대신 ‘짐을 실은 수레’와 같은 새로운 상징표현들이 나타나며(2:13-16상), 셋째로 종결 양식소에서 히브리어로 ‘느움 아도나이/여호와’(즉, 여호와의 신탁)가 처음 사용되는 것이 특징이다(2:11; 2:16).

서양의 성서비평학자들은 이스라엘에 대한 심판예언에서도 아모스의 진정한 어록은 2장 6절과 13절 정도로 한정하고 있으며, 그밖에 다른 부분들은 후대의 가필이나 편집자의 몫으로 처리하려는 경향을 보이고 있다.[1] 그러나 예언자 아모스가 본래 예언심판의 신탁을 전하도록 부름받은 북왕국 이스라엘의 청중들에게 다가갔을 때, 그는 앞에서 반복해 온 신탁형식과 내용에만 얽매이지 않고, 이스라엘이 반역한 범죄 내용을 더욱 구체적이며 자세하게 진술하고 있는 것은 당연한 것이다. 무엇보다

---

1) J. A. Soggin, *The Prophet Amos*, SCM, 1987, 51쪽

아모스는 출애굽 구원 사건을 언급하면서 이스라엘의 범죄는 하나님과의 시내산 언약을 파기한 것으로 설명하고 있다(암 2:10; 3:1-2. 비교, 신 7:6; 출 19:5-6). 독일 괴팅겐대학교의 셈어학 교수이며 구약학자인 벨하우젠(J. Wellhausen, 1844-1918)이 지난 19세기 후반에 소위 5경의 문서가설을 확립한 이후, 이에 따라 서양 성서비평학자들은 구약성경 본문에서 역사적으로 '예언이 율법에 앞선다'는 전제를 가지고 있는데[2] 이것은 잘못된 전제이고 근거가 불충분하다. 벨하우젠 이후 현대 비평적 구약 본문 해석의 혼란은 여기서 시작되었다.

아모스가 시내산 언약 백성인 이스라엘의 반역에 대해 만군의 여호와 하나님의 심판이 불가피하다는 점을 강조한 것은 후대의 가필이나 어떤 편집자의 편집 내용으로 보는 것은 부자연스럽다. 이스라엘의 반역죄 내용에서는 다른 이방 민족들처럼 국제간의 전쟁 범죄나 유다처럼 율법을 불순종하고 우상을 섬긴 죄가 아니다. 물론 율법을 범하고 거짓 우상을 섬긴 죄도 있지만, 특히 아모스가 강조하는 이스라엘의 반역죄 내용은 시내산 언약을 통해 하나님이 거룩한 백성 이스라엘 백성에게 지키라고 한 사회정의(社會正義)를 위한 실정법을 어긴 범죄들이다(예컨대, 출 22:16-23:9; 신 24:10-13). 달리 말하자면, 약자나 가난한 자를 억압하고 착취하는 '사회적 불의'를 집중적으로 거론하고 있는 점이 아모스의 이스라엘에 대한 심판예언의 특징이다. 앞서 잠깐 언급한 대로, 약자와 가난한 자의 인권과 사회적 권리를 보호하고 그들의 생존권을 존중하는 것은 시내산 율법의 매우 중요한 특징이다. 시내산 율법에 나오는 사회정의에 대한 대표적 내용을 한두 가지 인용하면 다음과 같다. "너는 이방 나그네를 압제하지 말며 그들을 학대하지 말라. 너희도 애굽 땅에서 나그네였음이라… 네가 만일 이웃의 옷을 전당 잡거든 해가 지기 전에 그에게 돌려보내라… 너는 거짓된 풍설을 퍼뜨리지 말며, 악인과 연합하여 위증하는 증인이 되지 말며, 다수를 따라 악을 행하지 말며, 송사에 다수를 따라 부당한 증언을 하지 말며, 가난한 자의 송사라고 해서 편벽되이 두둔하지 말라… 너는 가난한 자의 송사라고 정의를 굽게 하지 말며, 거짓 일을 멀리 하며 무죄한 자와 의로운 자를 죽이지 말라. 나는 악인을 의롭다 하지 아니하겠노라. 너는 뇌물을 받지 말라. 뇌물은 밝은 자의 눈을 어둡게 하고 의로운 자의 말을 굽게 하느니라. 너는 이방 나그네를 압제하지 말라 너희가 애굽 땅에서 나그네 되었었은즉 나그네의 사정을 아느니라… 원수를 갚지 말며 동포를 원망하지 말고 네 이웃 사랑하기를 네 자신과 같이 사랑하라 나는 여호와이니라"(출 22:21,26; 23:1-3,6-9; 레 19:18).

---

2) Walther Zimmerli, *Das Gesetz und die Propheten*, Vandenhoeck & Ruprecht in Göttingen, 2. Auflage, 1969. "III Wellhausens These: Das Gesetz folgt auf die Propheten", 31쪽 이하.

그러므로 주전 8세기의 문서 예언자들 가운데 선두 주자로서 아모스가 처음으로 유일신 여호와(야훼) 신앙의 윤리-도덕성과 사회정의를 강조한 것으로 평가하는 것은 적절하지 않다. 이미 모세를 통한 시내산 언약의 모법인 십계명(十誡命, Deca-logue)에 근거하여 이스라엘 백성에게 주신 실정법인 '언약의 책'(출 20:22-23:33)과 율법이 강조하고 있는 사회정의의 내용을 구약 예언자들의 전통에 따라 아모스가 북왕국 이스라엘에 적용하고 재해석하는 것으로 평가하는 것이 적절하다. 구약성경에 보면, 예언이 율법에 앞서는 것이 아니고 율법이 예언에 앞선다(비교, 수 1:8; 8:32-35; 24:25-27; 왕상 2:1-3; 대하 15:3; 호 4:6; 8:1,12; 미 4:2; 사 2:3; 5:24; 30:9-11; 시 147:19-20 등). 예언이 율법에 앞선다고 벨하우젠이 전제한 것은 대단한 착각이고 오해이다. 구약의 예언자들은 시내산 율법의 수호자들이며, 그들이 강조하는 사회정의와 윤리-도덕의 근거도 십계명을 위시한 율법의 주해이고 적용이다(비교, 호 4:6; 8:12 등). 구약의 예언자들은 모세의 율법에 근거하여 만군의 여호와 하나님이 위탁하신 심판과 구원의 말씀을 선포했다.

영국의 구약학자 바르톤은 아모스의 윤리가 신율(神律, theonomy)에 근거한 것이 아니고, 보편적으로 인간이 옳다고 생각하는 관습과 관례의 기준을 따른 것이라고 주장한 것은 피상적이며 납득하기가 어렵다. 이러한 주장은 아모스가 거듭 만군의 하나님 여호와의 이름으로 창조신학을 강조한 것(암 4:13; 5:8; 9:5-6)과 이스라엘의 출애굽과 시내산 언약(암 2:9-11; 3:1; 9:7)에 근거한 구약의 예언자적 사회참여 전통을 충분히 고려하지 않은 일종의 편견이다. 아모스가 말하는 국제적 윤리-도덕과 사회정의는 만군의 하나님 여호와에 대한 창조신앙과 그에 근거한 창조 질서 안에서 일찍부터 하나님의 백성 이스라엘이 경험하고 축적한 삶의 지혜에서 영향을 받은 것이다.[3] 앞에서도 잠시 언급한 바와 같이, 시내산 언약에 근거한 역사적 이스라엘 신앙의 특징은 고아나 과부나 이방인들이나 가난한 자들이나 고난당한 자들이나 힘없는 약자들을 돌보아 주고 보호해야 할 책임을 부여받았다는 것이다. 일찍이 믿음의 조상들을 부르시고 인도하시며, 출애굽을 통한 이스라엘 백성의 구원자요 해방자이신 여호와 하나님과의 관계에서, 즉 '신율'의 입장에서, 이스라엘 백성은 이점을 인식하고 있었다. 이스라엘이 이러한 거룩한 백성의 정체성을 잊어버렸을 때, 예언자들이 나서서 그들을 깨우쳤다. 이스라엘의 정체성은 십계명 서문에서 그 특징과 중요성이 강조되었다. "나는 너를 애굽 땅 종 되었던 집에서 인도하여 낸 너의 하나님 여호와니라"(출 20:1; 신 5:1-6). 이스라엘은 애굽 땅에서 종살이를 해본 경험이 있

---

3) 비교, J. Barton, *Amos's Oracles against the Nations*, Cambridge, 1980, 2쪽.

다. 그러므로 사회적 약자와 가난한 자와 나그네의 형편과 심정을 이해할 수 있다는 것이다. 더욱이 여호와 하나님이 이스라엘 백성을 노예(종)살이에서 건져주셨기 때문에 이제 여호와 하나님의 백성인 이스라엘은 약자와 가난한 자와 이방인 나그네를 압제해서는 안 된다(출 23:6-9; 레 19:33-37; 신 15:7-15). 예언자 아모스는 이러한 이스라엘의 전통적인 율법 신앙의 기본 핵심인 이스라엘 백성의 정체성과 사명(출 19:3-6)을 망각한 범죄와 반역을 지적하고 있는 것이다. 아모스를 위시하여 주전 8세기에 종교적 천재들인 히브리 예언자들이 어느 날 갑자기 여호와 유일신 사상을 주장하고 새로운 예언자적 윤리-도덕 사상을 최초로 도입하고 있는 것은 아니다.

주전 931년경 북왕국 이스라엘과 남왕국 유다가 분열한 이후 북왕국에서는 잦은 정변으로 오랫동안 정치적 불안이 계속되었고, 안정과 번영의 기회를 갖지 못했다. 그러다가 오므리(Omri)가 왕이되면서 왕조(주전 약 885-841년)가 성립되었고, 오므리는 수도 사마리아를 건설하고 국가의 기반을 마련했다. 그러나 40년 남짓 지속된 오므리 왕조는 오래가지 못하고, 예후(Jehu) 혁명(주전 841년)에 의해 왕조가 바뀌었다. 예후 왕조(주전 약 841-752년)가 들어서면서 처음에는 북쪽의 아람 왕국과 충돌했고, 앗시리아의 서진 약탈 전쟁으로 예후 왕 자신이 앗시리아의 봉신으로 수모를 당했다. 님루드(Nimrud)에서 발견된 살만에셀 III세(주전 845-824)의 흑석 방첨탑비(the Black Obelisk)에는 예후가 조공을 바치는 그림 조각과 글이 남아있다.[4] 아모스 예언자가 이스라엘 역사의 무대에 예언자로서 등장할 당시는 예후 왕조 제4대 왕 여로보암 II세(주전 약 787-747년) 때였다. 여로보암 II세 때 북왕국 이스라엘은 처음이자 마지막으로 안정과 번영을 구가하게 되었다. 이 당시 국제적인 상황을 보면, 오랜 적대 관계에 있었던 아람과 앗시리아는 내부 혼란으로 상당 기간 국외로 눈을 돌리지 못할 형편이었다. 그리고 이때 북왕국 이스라엘은 남왕국 유다 왕 웃시야(주전 약 783-736년)와도 비교적 평화로운 공존 관계를 유지할 수 있었다(왕하 14:23-15:7). 그런데 오랫만에 찾아온 북왕국 이스라엘의 안정과 번영의 시대는 아모스가 지적한 대로 이스라엘 사회에서 힘없고 가난한 백성들을 착취함으로 생긴 불의한 경제적 부와 억압적인 사회 구조 아래에서 형성된 것임이 드러났다. 의로운 사람을 억울하게 하고, 약자와 가난한자를 착취하고 억누르며, 그들의 희생을 대가로 호의호식하면서 불의를 일삼는 이스라엘의 신앙생활과 사회생활(암 8:4-14)에 대해 이제 만군의 여호와 하나님의 심판 경고대로 이스라엘은 멸망을 눈앞에 두고 있으며, 그 끝이 이르렀다는 것이다(암 6:1-14; 8:1-2!; 9:1-4. 비교, 신 28:58 이하). 거듭하여 말하지만, 아

---

4) 영국박물관 소장. *The Ancient Near East* Vol. I, ed. by James B. Pritchard, Princeton, 1973, 285쪽 이하. Alfred J. Hoerth, *Archaeology & The Old Testament*, BakerBooks, 1998, 320-322쪽.

   27. 아모스 강해 9. 이스라엘에 대한 심판경고

모스 예언자는 바로 이러한 북왕국의 위장된 '번영과 안정기'에 등장하여 임박한 이스라엘의 멸망을 경고했다. 북왕국 이스라엘은 아모스의 예언 이후 오래가지 못했다. 90여 년을 지탱하던 예후 왕조가 몰락하고, 다시 유혈의 정변이 반복되면서, 결국 주전 722년에 앗수르(앗시리아) 제국 군대의 침략으로 북왕국 이스라엘은 멸망했다(왕하 17:1-23).

지금 한국교회와 우리 대한민국 국민도 멸망의 길로 가지 않기 위해서는 아모스 예언자의 이스라엘에 대한 심판예언에서 역사적 교훈을 배워야 한다. 오늘 경제적 번영과 국력 성장과 사회 안정의 구호에 가려진 가난하고 힘없고 소외된 우리 사회의 '작은 자들'에게 관심을 기울이고, 그들의 생존권과 삶의 질을 개선하고 미래에 희망을 줄 수 있도록 한국교회는 예언자적 사명을 가지고 보살펴야 한다. 또한 교회는 불의로 축적한 돈이나 재물은 그것을 소유한 개인이나 가정이나 사회에 재앙과 멸망의 근원이 된다는 점(비교, 딤전 6:9-10; 약 5:1-6; 잠 15:27; 17:23 등)을 설교를 통해 분명히 선포해야 한다.

• 아모스 2장 6절

이스라엘의 서너 가지 반역죄의 내용은 경제적 범죄(2:6-7상), 윤리·도덕적 범죄(2:7하), 신앙적 범죄(2:8) 그리고 사회·정치적 범죄(2:12)로 구분해 볼 수 있다. 아모스는 2장 6-8절에서 구체적으로 일곱 가지의 범죄 사례를 고발하고 있다. 먼저 6절에서는 의인(צַדִּיק)을 돈 때문에 파는 것과 가난한 자(אֶבְיוֹן)를 '신 한 켤레' 때문에 파는 것이 지적된다. 여기서 의인(義人)은 재판에서 옳은 편에 있는 사람이다. 그런데 재판관(판사)들이 뇌물을 받고 이 의인인 사람을 억울하게 패소케 함으로써, 말하자면 돈 때문에 그 의인을 팔아버리는 것과 같다는 것이다. 또한 가난한 자를 파는 것은 빚을 지고 갚을 능력이 없기 때문에 빚쟁이에게 팔리는 경우로 해석한다. 그 빚은 사실 노예로 팔리기에는 사소한 금액이기 때문에, 여기서 그 가난한 자는 억울함을 당한다. 가난한 자가 '신발 한 켤레 값' 정도의 빚 때문에 노예로 팔린다는 해석은 앞서 의인이 팔리는 경우와 동의적 평행으로 보는 것도 가능하다. 그때 여기서 '신 한 켤레'라는 단어는 '은밀한 뇌물'이란 뜻으로도 풀이할 수 있다. 이 경우 역시 재판의 부정(비교, 암 5:12)과 연결 지어볼 수 있다.[5] 돈이면 무엇이든지 할 수 있는 그런 사회는 하나님의 진노의 심판을 피할 길이 없다는 것이 아모스 에언자의 가르침이다. 주전 8세기 북왕국 이스라엘 사회의 경제적 부패구조의 배후에는 권력층과 재판의 부

---

5) Shalom M. Paul, *Amos*, Hermeneia, Fortress, 1991, 76쪽 이하.

정이 결탁되어 있었다(비교, 삼상 12:3-4; 사 1:23; 5:23; 미 3:11; 습 3:1-8 등). 오늘 우리나라의 사법부와 재판의 현실은 어떠한가? 법률 사무소(법무 법인, law firm)의 변호사들은 정의로운가?

• 아모스 2장 7절

경제적 불의를 저지르는 사람들은 한 걸음 더 나아가 힘없고 가련한 작은 자들(דלים)을 땅의 티끌을 밟듯이 학대하며(비교, 암 8:4),[6] 어려움을 당한 자들(ענוים)을 그들의 삶의 영역에서 밀쳐내 버린다(비교, 잠 22:22-23; 출 23:6-8; 사 10:1-4 등). 2장 7절 하반절에서는 아버지와 아들이 같은 젊은 여자와 성관계를 맺는 도덕적인 방종과 타락을 지적하고 있다. 여기서 '젊은 여자'(הנערה)는 가나안의 성창(聖娼) 제도와 연관된 창녀나 노예 계층의 여인이 아니며, 북왕국 이스라엘 사회에서 상류층이나 권력층에 의해 성적 착취 대상이 되고있는 서민 가정의 딸들을 의미한다. 불의한 경제적 부를 축적한 권력층과 부유계층의 일반적인 범죄 양상은 동서고금을 막론하고 음란한 성적 타락으로 나타난다(비교, 신 22:30; 레 18:8; 겔 22:10-11 등).

위에서 다섯 가지 구체적 범죄 사례들은 결과적으로 여호와 하나님의 거룩한 이름을 더럽히는 것이다(비교, 출 20:7; 레 19:12; 신 5:11). 하나님의 이름을 속(俗)되게 한다는 것은 구체적으로 하나님의 백성인 이스라엘의 일상생활과 일반 세상 사람들의 일상생활 사이에 구별이 없다는 뜻이며, 신앙생활의 세속화를 지적하는 것이다. 요즈음 "교회 문을 나서면 딴사람이 된다"는 말도 결국은 신앙과 생활의 이중성과 함께 한국교회의 급속한 세속화와 도덕적 타락상을 시사하는 것이다. 여호와 하나님은 이러한 하나님의 백성의 위선과 세속적 타락을 반드시 심판하신다. 하나님의 심판은 지진과도 같은 천재지변으로도 하시지만, 주전 8세기 이스라엘의 경우는 전쟁을 통한 심판을 내리셨다. 지금 한국교회와 대한민국의 세속화와 도덕적 방종이 위험수위에 달하고 있는데, 하나님이 또다시 전쟁으로 심판하실 날이 다가오고 있다고 말한다면 잘못 본 것일까?

• 아모스 2장 8절

이스라엘의 정치-경제적 부패와 재판의 부정 및 도덕적 타락은 하나님의 거룩한 이름을 속되게 하는 것이며, 결국은 하나님의 이름을 더럽히는 결과를 가져온다. 앞에서도 잠시 언급한 바와 같이, 주전 8세기 중엽에 활동한 예언자 아모스가 여기

---

6) 암 8:4. 비교, Shalom M. Paul, 위의 책, 79쪽.

서 고발하는 이스라엘의 반역죄 내용들은 '언약의 책'(또는 '언약 법전', Covenant Code, 출 19:8, 20:22-23:33; 24:3-7)에서 말씀한 하나님의 백성이 지켜야 할 실정법(實定法)을 위반한 것이다. 모세를 통해 이스라엘 백성에게 주신 '언약의 책'은 초기 이스라엘 사회의 실정법을 집성한 것이다. 아모스는 이스라엘의 전통적인 실정법과 지혜 전승(잠 14:31!; 19:17; 31:8-9 등)에 근거하여 이스라엘의 죄악을 고발하고 있다. 빚 갚을 능력이 없는 사람들의 겉옷을 차압하여 제단 옆에서 깔고 누워(비교, 출 22:25-26; 신 24:17), 종교 지도자들이 신전(神殿)에서(비교, 암 5:4-5) 벌금으로 거둔 포도주를 마시는 행위(비교, 암 4:1; 느 5:15; 사 28:7-8; 잠 20:1 등)는 참으로 방자하고 무례하며 여호와 하나님께 대한 범죄 행위의 끝판이다. 이것은 하나님의 백성의 마비된 양심의 실상을 보여주는 것이다.

• 아모스 2장 9-11절

이제 이스라엘의 다섯 가지 구체적인 범죄 사례들(돈에 대한 탐욕, 재판의 부정, 작은 자들에 대한 억압과 착취, 성적 타락, 신앙생활의 타락)을 지적한 뒤, 아모스는 여호와 하나님의 구속사(救贖史, salvation history, 독일어로 Heilsgeschichte)를 상기시킨다. 현재 이스라엘 백성은 그들 중에 가난하고 힘없는 자들을 억울하고 하게 억압하고 착취하고 있지만, 과거에 여호와 하나님은 억압받던 이스라엘 백성을 애굽의 노예 생활에서 구원하여 해방과 자유와 거주할 약속의 땅을 주셨다. 그들이 종살이하면서 강제노역에 종사하고 학대받으며 힘없고 궁핍한 가운데서 도와주셨다. 여호와 하나님은 약속의 땅 가나안에 살고 있던 키가 크고(백향목같이), 힘이 센(상수리나무같이) 가나안 족속들을 그들의 악행과 범죄 때문에 멸절시키셨다(민 13:28-29). 여기서 아모리 사람은 가나안 일곱 족속들의 대명사로 사용되었다(신 7:1 이하). 여호와 하나님은 애굽에서 종(노예)살이하던 이스라엘을 출애굽하게 하셨고(암 2:10; 3:1; 9:7), 광야 생활 40년을 인도하셨으며(암 2:10; 5:25; 비교, 신 8:3 이하) 가나안 땅을 차지하게 하셨다(비교, 수 24:5-13). 물론 역사적인 순서로 보면 아모리 족속의 멸절은 10절의 출애굽과 광야 40년 생활 뒤에 언급되는 것이 당연하다. 그러나 여기서 아모스는 가나안 족속들이 그들의 죄악으로 말미암아 멸망했다는 점을 우선적으로 떠올린 것으로 볼 수 있다(비교, 창 15:16!; 왕상 21:26). 이스라엘이 자신의 힘으로는 도저히 당해낼 수 없었던 가나안 족속들을 여호와 하나님이 그들의 죄악 때문에 그 땅에서 멸망시키셨다(비교, 레 18:24-30). 그런데 이제 이스라엘 백성은 그 이방 민족들에 못지 않은 악행과 반역죄를 하나님 앞에서 범하고 있지 않은가? 이제 이스라엘도 자신들이 범한 죄악 때문에 만군의 여호와 하나님의 심판을 면할 수 없게 되지 않았는가?(비

교, 출 23:20-33; 신 12:29-32)

또한 이스라엘 백성은 약속의 땅을 얻은 이후 사사(士師)시대와 그 이후의 역사 속에서 그들의 신앙이 타락하고 사회가 무질서해졌을 때, 하나님은 영적 지도자들인 예언자들과 나실인들을 일으켜 세워서 이스라엘 백성들을 일깨우고 교훈하셨다. 사실 사사들은 하나님의 영의 감화와 은사를 받은 지도자들로서 구약의 예언자 직무의 선구자들로 볼 수 있다. 사사시대를 지나 본격적인 구약의 예언시대는 사무엘 때로부터이다(삼상 3:19-21; 9:9. 비교, 행 3:24!). 나단, 갓, 아히야, 잇도, 스마야, 엘리야, 엘리사, 미가야, 호세아 등이 아모스 이전에 활약한 예언자들이다(비교, 신 18:15-18; 삿 6:7-12). 구약성경에 그 이름이 기록된 참 예언자는 모두 34명이 나온다.[7] 나실인 (נָזִיר, Nazirite)은 하나님께 '헌신된 사람'이란 뜻이며, 일반 백성들의 생활방식과 구별하여 '절제 생활'을 실천하는 사람이다. 나실인은 특히 독주(毒酒)와 포도주를 금했다(민 6:1 이하 나실인의 규정; 비교, 렘 35:5 이하 레갑인들). 구약성경에 그 이름이 언급된 평생 나실인으로는 삼손(삿 13:5 이하)과 사무엘(삼상 1:11)을 들 수 있고, 신약에서는 세례자 요한이 나실인(눅 1:13-17)이며, 바울 사도도 일정 기간 나실인의 서원을 했다(행 18:18). 나실인들은 남자나 여자나 하나님께 헌신한 자로서 평생 또는 일정 기간 동안 절제 생활을 했고, 여호와 하나님이 위임하신 사명을 실천했다(삿 13:1 이하; 삼상 1:26-28; 히 11:32 이하. 비교, 겔 44:15-21). 이스라엘 백성이라면 이러한 나실인에 대해 상식과 이해가 있었을 것이다. 아모스는 그의 청중들인 북왕국의 이스라엘 사람들이 나실인에게 포도주를 강권하고 그들의 절제생활을 비웃는 행동에 대해 그 잘못을 지적했다. 지금도 예수 믿는 사람들의 절제생활에 대해 비웃고, 술 담배를 강요하는 사람들과도 비교해 볼 수 있다.

• 아모스 2장 12절

그러나 이스라엘 백성은 만군의 여호와 하나님의 창조와 구원사를 잘 알면서도 짐짓 하나님께 대한 반역과 범죄를 일삼아왔다. 이스라엘 사회는 힘없고 가난한 자만 억울하게 할 뿐만 아니라, 이제는 하나님께 헌신하는 나실인들의 절제 생활을 업신여기며 포도주 마실 것을 강요했으며, 예언자들에게는 '예언하지 말라'고 윽박질렀다. 누구보다 아모스 자신이 예언활동을 제지당하는 경험을 했다(암 3:3-8; 7:12-16). 그 외에도 이스라엘과 유다에서 참 예언자들의 예언활동을 방해한 사례들은 여러 번 거듭되었다(왕상 18:4; 22:26-27; 특히 사 30:10-11; 렘 11:21 등. 비교, 겔 13:6-

---

7) Andrew E. Hill, *Baker's Handbook of Bible Lists*, BakerBooks, 1981, "The Prophets of Israel and Judah", 72-73쪽.

16,17-23). 하나님 하느님이란 말을 입밖에도 못내게 하는 사회는 심각하게 병든 사회이다. 절제하는 신앙생활을 비웃으며 하나님의 말씀을 듣기 싫어하는 사회상은 만군의 여호와 하나님의 임박한 심판을 초래한다는 것이 아모스 예언자의 경고이다.

• 아모스 2장 13-16절

지금까지 반복되었던 심판과 판결 양식소의 내용 대신, 이스라엘에 대한 심판은 마치 곡식 단을 가득 실은 수레가 땅을 짓누르듯이 이제 만군의 여호와 하나님 자신이 이스라엘 백성을 짓누르시겠다는 것이다. 이어서 아모스는 북왕국 이스라엘의 자랑이요 그들의 안전과 번영의 수호자요 교만의 근거가 되었던 이스라엘의 군대가 하나님의 심판으로 어떻게 파국을 맞이하게 될 것인가를 14절에서 16절까지 자세히 묘사하고 있다. 아모스가 북왕국 이스라엘에 대해 선포한 심판예언은 곡식 단을 가득 실은 수레가 짓누르는 상황을 통해 전쟁의 파국(이스라엘 군대의 패배)으로서 제시되었는데, 이러한 심판상황은 이제 3장에서부터 6장까지 펼쳐질 사마리아를 중심한 북왕국 이스라엘에 대한 아모스의 제2차 심판예언의 전주곡의 의미를 담고 있는 것이기도 하다. 구약성경에서는 드물게 사용되는 '짓누르다'라는 동사는 무거운 수레바퀴가 땅에 자국을 파놓듯이 지진에 의해 땅에 균열이 생기고 땅이 꺼지는 것으로도 해석할 수 있다. 또한 무거운 짐을 실은 수레가 그 짐의 무게를 견디지 못하여 삐걱거리며 멈추어 서는 것처럼, 죄악의 짐을 가득 실은 이스라엘 사회는 더 이상 앞으로 나갈 수 없고 그 자리에 멈추어 설 수 밖에 없다는 뜻으로도 풀이해 볼 수 있다.[8] 천지를 창조하시고 이스라엘을 출애굽하게 하신 만군의 하나님 여호와께서 이제 이스라엘의 죄악을 심판하신다. 북왕국 이스라엘의 청중은 그러나 이 점을 분명히 인식하지 못했던 것으로 여겨진다(암 5:14-20; 6:3; 9:10. 비교, 욜 1:15; 2:1-3; 벧후 3:10). 구약성경에서 여호와 하나님은 이스라엘 백성의 구원자도 되시지만 또한 심판자도 되신다. 여호와 하나님의 사랑은 공의와 정의를 함께 실현하신다(암 5:24!). 샬롬 폴(Shalom M. Paul) 교수는 이스라엘 군대의 마비 현상(13절 이하)에서 볼 때, 여기서 이스라엘에 대한 하나님의 심판은 지진이라기보다는 짓눌려 움직일 수 없는 짐수레의 상황이 더 적절하다고 생각한다. 추수한 곡식을 가득 실은 수레가 움직일 수 없게 되었다는 것은 일종의 역설적인 그림이라는 것이다. 북왕국 이스라엘이 번영하고 안전하다고 스스로 자랑할는지 모르지만, 바로 그 자랑과 교만 때문에 그 사회는 마비

---

8) Shalom M. Paul, 위의 책, 93쪽 이하.

되었으며 하나님의 심판을 초래하게 되었다는 것이다.[9] 아모스는 2장 14절로부터 16절까지 이스라엘 군대의 마비 상태를 일곱 가지로 분석하여 설명한다. 이 부분은 수사학적인 소단위의 양괄식 구조(inclusio)와 함께 교차대구 구조(chiastic structure)를 보여준다.

북왕국 여로보암 Ⅱ세(주전 787-747년) 당시 이스라엘은 군사적으로도 상당한 위세를 자랑하였다(암 6:13; 왕하 14:25,28). 그러나 이제 이스라엘 사회에는 전쟁으로 인한 재앙을 피할 자가 없으며, 이스라엘이 믿고 자랑하던 군대도 힘없이 패망하는 상황이 곧 닥쳐올 것이다. 보병과 용사와 전쟁의 영웅들도 속수무책이 될 것이다. 또한 활 쏘는 부대와 신속 배치부대와 기병대와 전차부대와 최강의 특전부대도 무력화되어 쓸모없게 되며, 부끄러운 패주를 당하게 된다는 것이다. 이것은 아모스가 공연히 겁을 주고 위협하기 위해 하는 말이 아니라, '여호와께서 내리신 신탁'(느움 아도나이)이라는 점을 새삼 강조하고 있다(암 2:16하; 2:11하). 오늘의 세계와 대한민국과 북조선(북한)의 상황도 하나님의 심판을 두려워하기보다는 군비경쟁과 군대의 힘과 핵무기를 포함한 대량살상 무기와 현대 병기의 위력에 의존하려는 것이 일반적인 경향이다. 그러나 성경은 전쟁의 승패는 역사의 주권자이신 만군의 하나님 여호와께 달려있음을 강조하고 있다(시 3:6-8; 잠 21:31!; 렘 3:23). 그러므로 오늘 우리도 군사강국이되거나 핵무기나 최신 장거리 포나 핵잠수함이나 레이저 무기나 스텔스 전투기에 의존할 것이 아니고, 먼저 우리사회의 부패와 죄악을 회개하고 청산해야 한다. 우리나라의 주위에는 북한의 조선인민민주주의 공화국과 소위 강대국들인 일본, 중국, 러시아가 있고, 미국, 영국, 프랑스, 독일, 이스라엘 등 여러 세계의 열방들과 직간접적인 협력과 긴장관계를 가지고 있다. 오늘의 목회자들은 안목을 넓혀 이들 국가들의 과거와 현재의 구체적인 범죄와 악행들에 관심을 가지고 주목해 보아야 하며, 이러한 죄악에 대해 하나님 하느님의 심판을 경고하는 설교를 할 수 있어야 한다. 물론 우리 대한민국의 과거와 현재의 구체적인 범죄와 악행도 지적하고, 회개하지 않으면 하나님의 심판을 피해 갈 수 없다는 사실을 선포해야 한다. 죄와 악행과 하나님께 대한 반역죄를 심판하시는 만군의 여호와 하나님을 경외하고, 범죄와 악행에서 떠나 회개하는 것만이 세계의 민족들과 우리 민족의 살길이며 자유와 평화를 위한 유일한 희망이다.

아모스를 위시하여 구약성경의 참 예언자들은 염세론자나 역사 비관론자가 아니었다. 참 예언자의 관심은 악인이 죽고 세상이 망하는 것을 바라지 않고, 죄를 회개

---

9) Shalom M. Paul, 위의 책, 95쪽. 비교, 지진과 연관된 하나님의 심판에 대한 문맥은 다음 구절들을 참고할 수 있다: 암 1:1; 3:14-15; 4:11; 6:11; 8:8; 9:1.

하고 하나님 하느님이 기뻐하시는 새로운 삶, 새로운 역사를 펼쳐나가기를 바란다. 여호와 하나님은 "죽을 자가 죽는 것도 내가 기뻐하지 아니하노니, 너희는 스스로 돌이키고 살지니라"고 말씀하신다(겔 18:32; 비교, 겔 18:21-23; 33:11. 비교, 마 9:13; 막 2:17; 눅 15:7,10 등). 개인이나 사회나 민족이나 국가가 죄악에서 돌이켜 회개하고 참 하나님 하느님을 찾으면, 다시 살길이 있다는 것이 참 예언자들의 한결같은 강조점이다(암 5:4-6,14-15,24; 9:11-15). 아모스는 공의(公義)와 정의(正義)의 예언자(암 5:24)인 동시에 겸손과 연민과 사랑의 예언자(암 7:2-3, 5-6, 14-15)였다. 정의 없는 사랑은 거짓이고 사랑 없는 정의도 거짓이다. 또한 아모스에게서 주목되는 참 예언자의 모습은 단독자(單獨者)로서 오직 만군의 여호와 하나님의 이름으로 역사의 현장에 나선 것이다(비교, 마 26:31). 거짓 예언자들과 이방종교의 예언자들은 무리를 지어 단체행동을 하는 것이 특징이다(왕상 18:17-22; 22:10-12). 예레미야와는 달리, 거짓 예언자 하나냐의 경우는 성전의 제사장들과 이스라엘 백성의 환심을 샀다(렘 28:1,11). 아모스는 드고아의 친구 목자들은 물론이고 아무도 자신의 예언 현장에 동원하지 않았고, 혼자서 북왕국의 성소 벧엘에 가서 아스라엘을 심판하시는 만군의 하나님 여호와의 말씀을 담대하게 선포했다(암 7:10-17). 구원만 선포한다든지 끝까지 심판만 선포하는 것은 참 예언자의 모습이 아니다. 이방 민족들과 유다와 이스라엘에 만군의 여호와 하나님의 임박한 심판을 선포한 아모스는, 심판 후에 이스라엘을 향한 여호와의 구원의 메시지를 전했다. "그 날에 내가 다윗의 무너진 장막을 일으키고 그것들의 틈을 막으며 그 허물어진 것을 일으켜서 옛적과 같이 세우고… 내가 그들을 그들의 땅에 심으리니 그들이 내가 준 땅에서 다시 뽑히지 아니하리라. 네 하나님 여호와의 말씀이니라"(암 9:11,15).

28

선교에 대한 구약성경의 관심

지금까지 많은 사람들이 구약성경은 선교와 상관이 없는 책으로 생각해 왔다. 구약시대 하나님의 백성 이스라엘이 여호와 하나님의 구원의 메시지를 듣지 못한 이방 민족들에게로 가서, 그들에게 그 구원의 메시지('복음')를 전하여 그들로 하여금 참 하나님께로 돌아와 구원을 받게 하는 의미에서의 선교활동은 구약역사에서 찾아보기 어렵다는 것이다. 그러므로 옛 이스라엘 백성은 이방인 선교를 몰랐다고 말하는 학자들도 있다.[1] 구원의 메시지가 아니라 심판의 메시지를, 그것도 마지못해 적국 앗시리아 제국의 수도 니느웨에 가서 선포했던 예언자 요나(Jonah)는 그래도 구약시대 선교활동의 한 예외적 사례로 거론되곤 하였다. '선교'(宣敎)를 어떻게 정의하든지 간에, 그것은 결국 성경이 계시한 "하나님을 알지 못하고 믿지 않는 사람들에게 참 하나님을 알게 하고 믿게 하여 구원받게 하는 일"로 이해할 때, 우리는 신구약성경 전체가 이러한 선교를 위한 책으로써 만인을 위해 주신 것임을 알게 된다(비교, 창 12:3; 18:18; 22:18; 26:4; 사 19:23-25; 45:22; 시 96:3,7; 148:11-13; 마 28:19; 요 3:16; 행 3:25; 17:22-32; 갈 3:8!; 히 1:1-3; 계 7:9-10 등).[2]

독일의 선교학 교수 준더마이어(Theo Sundermeier, 1934-)가, "기독교는 선교의 종교다. 불이 타는 것으로 존재한다면 교회는 선교함으로 존재한다. 산 위에 세운 동네와 같이 교회는 그 본질상 선교적이며, 특별한 사명을 가지고 세상으로 보냄을 받는다(요 20:21)."라고 한 말은 올바른 설명으로서,[3] 이것은 구약의 교회(행 7:38)와 새

---

1) RGG³, "ii. Jüdische Mission", von E. Lohse, Bd. IV, 971쪽.

2) 정규남, "구약의 선교", 『구약신학의 맥』, 두란노, 1996, 357-381쪽, 특히 359쪽 이하.

3) "Theologie der Mission", von Th. Sundermeier, *Lexikon Missions theologischer Grundbegriffe*, Dietrich Reimer Verlag, 1987, 470쪽.

이스라엘인 신약의 교회(마 16:18. 비교, 히 8:8)에도 그대로 적용된다. 사실 구약성경은 여기저기 몇 구절에서가 아니라, 창세기부터 말라기까지 전체 메시지를 통해 이스라엘 하나님의 전 세계적인 선교에 관해 말하고 있다.[4] 구약의 선교적 관심과 내용에 좀 더 구체적으로 접근해 보기 위해서는 선교사역을 뒷받침하는 '선교적 본문들'(missionary texts)을 수집하는 일에서 벗어나서, 구약성경에서 이스라엘 역사를 관통하는 선교 메시지의 줄기를 찾아보아야 한다. 선교학자 보쉬(D. J. Bosch)는 이렇게 말한다. "구약성경에 관해서는, 대체로 구약은 역사적으로나 문화적으로 특수한 성격과 제약을 갖고 있기 때문에 오늘의 선교를 뒷받침하기에는 거의 쓸모가 없다고 여겨져 왔다. 그러나 우리가 구약의 바위나 자갈 틈새를 자세히 들여다보면, 우리는 선교적인 작은 순금덩이들을 발견할 수 있는데, 예컨대 이방인 룻이나 나아만 이야기, 시편이나 소위 제2이사야서(사 40-55장)에 나오는 세계사적인 신앙의 표현들, 니느웨에 선교사로 파송되었던 예언자 요나 이야기 등을 들 수 있다. 때로 구약의 광산은 당장 알아볼 수 있는 금맥을 내보이지 않을 수가 있다. 그러할 때에도 우리는 구약성경의 저러한 광석들을 녹여서 선교를 위한 금덩이를 추출해내야 할 것이다."[5] 이러한 관점에서 오늘날 선교학과 성서학(특히 구약학)의 만남은 그 어느 때보다도 고무적이다. 성경은 위에서도 언급한 바와 같이 복음서나 바울서신들이나 사도행전이나 어느 한 책만이 선교에 관해 말하는 것이 아니고, 신구약 성경 그 자체가 "선교의 책"이라고 하는 통찰이 선교학과 성서학 학자들 사이에 일반적인 공감대를 형성하고 있기 때문이다.[6]

칼 뮐러도 선교와 관련하여, "하나님의 구원경륜 계획의 보편성이 골로새 서신(골 1:15-20)이나 에베소 서신(엡 1:3-23)에서와 같이 투철하고 포괄적으로 나타나 있는 곳은 아무 데도 없다"라고 하면서, "우리는 구약성경에서도 골로새 서신이나 에베소 서신이 말씀하는 내용이 그대로 확증되고 있음을 볼 수 있으며, 그것은 곧 하나님은 모든 민족들 위에 주권자이며, 창조주이고, 역사의 주인이시며 구원의 창시자로서, 이와 다른 하나님 이해는 잘못된 것으로 거부되어야만 한다"고 했다.[7] 어쨌든, 구약성경에는 '이방 민족들에게로' 보냄(파송)을 받는 의미 있는 모든 선교의 요소들이 놓여져 있음에도 불구하고, 구약시대 이스라엘인들이 이방인들에게 선교사를 보

---

4) Millard C. Lind, "Refocusing Theological Education to Mission: The Old Testament and Contextualization", *Missiology*, Vol. 10, No. 2, April 1982, 141쪽 이하.

5) D. J. Bosch, "Reflections on Biblical Modes of Mission", *Toward the 21st Century in Christian Mission*, 1993, 175쪽 이하.

6) D. J. Bosch, 위의 글. 178쪽.

7) Karl Müller, *Missionstheologie*, Dietrich Reimer Verlag, 1985. "2. Universalismus im Alten Tesrament", 44-49쪽.

낸 사실이 없다는 것이 오늘날 서구 성서학자들의 일반적인 견해로 나타난다(비교, 마 23:15). 그래서 구약에서 보편적인 신앙세계를 표현하는 여러 대표적인 본문들(특히, 창 12:1-3; 암 9:7 이하; 시 72:8-11; 사 2:2-4; 41:1-4; 42:10-13; 45:22; 49:6!; 미 4:14; 말 1:11 등)을 연구해 보아도, 대체로 구약시대 하나님의 백성은 선교의 사명, 즉 '여러 민족들에게로 나아가 하나님의 구원을 전하는 것'에 관해 모르거나 무관심했다고 여겨진다. 그럼에도 구약성경에 나타난 하나님의 행동들은 구속사의 맥락에서 약속의 성격을 보여주며, 그 약속은 신약성경의 선교와 예수 그리스도 안에서 이루어지는 그 마지막 약속의 성취를 향해 열려져 있다는 것이다(마 28:19-20; 행 1:8).[8] 그러한 의미에서 구약은 신약 선교신학의 근거라고 본다.[9] 그럼에도 본 필자는 구약의 하나님의 백성 이스라엘이 이방인들에게 선교사를 보내지 않았다고 보는 것과, 그들이 이방선교에 관해 모르고 있었다는 서양 성서학자나 선교학자들의 일반론적 견해는 다소 미흡한 점이 있다고 생각한다. 이러한 문제의식을 전제로 하고, 이 글에서는 구약성경에 나타난 선교에 대한 이해를 위해, 선교적 관점에서 본 구약의 하나님 이해와 이스라엘의 자기 정체성 이해 및 역사 속에서 이스라엘의 이방인에 대한 태도를 중심으로 살펴보기로 하겠다.[10]

1. 구약 선교의 기초로서 하나님 이해

선교의 책으로써 구약성경의 선교적 성격은 무엇보다 구약에 계시된 하나님에 대한 이해에 근거한다. 일반적으로 구약신학에서는 여러 가지로 계시된 하나님의 이름들에 대한 고찰을 통하여 하나님에 대한 이해를 정리하고 있다.

1) 구약에서 역사적으로 가장 보편성을 가진 옛스런 하나님의 이름은 '엘'(El)로 나타난다. 엘은 구약에서 약 240회 정도 나오며, 이방신을 지칭하기도 하지만(창 14:8; 출 34:14; 말 2:11 등), 이스라엘의 참 신 하나님을 지칭하는 이름으로 사용된다(창 33:20; 출 20:5; 민 12:13; 사 8:8 등). 엘은 셈족 일반의 신 개념을 표현하는 보통명사로써 고대 가나안의 다신교 종교에서 만신전의 주신(主神)의 명칭으로도 나타난다. 가나안 종교의 주신 '엘'은 모든 것의 창조자요, 왕이며 동정과 자비를 베푸는 거

---

8) Karl Müller, 위의 글, 48쪽 이하.

9) Karl Müller, 위의 글, 같은 쪽.

10) 좀 더 자세한 성서신학적인 구약의 선교에 관한 논의는 다음을 참고할 수 있다. 김중은, "구약에 나타난 이스라엘과 선교", 『구약의 말씀과 현실』, 한국성서학연구소, 1996, 442-482쪽.

룩한 분으로서 황소의 형상으로 표상된다(비교, 출 32:4; 왕상 12:28).[11] 고대 셈족과 가나안 종교의 다신교적 상황 아래서, 구약의 엘 신 신앙은 타종교에 대해 가장 관용의 폭이 넓었다고 구약학자들은 보고 있으며(비교, 창 35:2; 수 24:14-15), 그 증거로는 구약성경 내에서 발견되는 엘 신 명칭과 결합된 여러 복합명사들을 통해 추정해 볼 수 있다(예컨대, 창 14:18, 엘 앨욘; 창 17:1; 출 6:3, 엘 샷다이; 창 16:13, 엘 로이; 창 21:33, 엘 올람. 비교, 벧엘, 임마누엘, 이스라엘 및 인명으로서, 엘리야, 사무엘 등). 구약성경에서 이스라엘의 하나님으로서 이방신들과 구별되는 '엘'의 명칭은 정관사로 한정되거나(창 46:3; 시 85:9 등), 이스라엘의 하나님으로서 천명된다(시 68:36; 146:5; 미 7:18 등). 구약 문맥에서 이스라엘 신앙이 이해한 엘 하나님은 "너희 조상의 하나님(엘)"이란 표현에서 그 특징이 잘 드러나고 있다(창 46:3; 49:25. 비교, 창 31:13). 엘 신은 바로 이스라엘 조상들이 믿었던 하나님 하느님의 이름이며, 믿음의 조상들인 아브라함과 이삭과 야곱의 하나님은 "엘 샷다이"(전능하신 하나님, 개역성경)로 계시되었다(창 17:1; 35:11; 출 6:3 등). "샷다이"라는 히브리어의 정확한 의미는 아직까지 논란의 대상이 되고 있으나, 일반적으로는 산악지대의 '산신'(山神)의 의미에서 왔다고 하지만(비교, 왕상 20:23), 요즈음은 그 단어가 나오는 문맥에서 샷다이가 하느님(엘)은 자기 자녀들(백성)을 양육하고 보호하며 축복하고 돌보시는 하나님으로 나타나는 것을 보아서 그 단어가 '어머니의 젖가슴'이라는 어휘와 연관을 가진다고 보고, 엘 샷다이는 구약의 하나님의 여성적 이미지를 나타내는 신 명칭으로 설명하는 학자들도 있다.[12]

어쨌든 구약의 선교와 관련하여 분명하고 매우 중요한 사실은, 이스라엘 신앙이 가나안과 당시 주변 민족들의 다신교적 상황에도 불구하고 조상들이 섬긴 신의 이름인 '엘'을 버리지 않고 그 보편적인 신 명칭을 공유했다는 것은 구약 신앙세계의 보편성과 함께 엘 하나님에 대한 이해가 구약의 선교신학에 중요한 기초와 접촉점을 마련하고 있음이 틀림없다. 이와 연관하여 구약의 하나님의 백성의 이름이 혈연공동체인 히브리 민족에서 "이스라엘"로 바뀌게 될 때, 고유명사 '여호와' 이름의 축소형인 '야흐'와 결합하여 "이스라-야(흐)"로 명명하지 않고, 가장 보편적인 셈족 조상들의 하느님의 이름인 '엘'과 결합하여 "이스라-엘"로 불리게 된 것도, 이스라엘 백성의 선교적 사명과 연결해 보았을 때 결코 우연이 아니라 상당한 선교적 의미가 있다고 생각한다. '엘 샷다이'를 개역성경에서는 '전능한(또는 전능하신, 전능의) 하나님'으로

---

11) M. D. Coogan, *Stories from Ancient Canaan*, Westminster, 1978, 11-14쪽.
12) 최종진, "족장들의 El Shaddai 의미고찰", 〈신학과 선교〉 제10집, 서울신학대학, 1985, 61-64쪽.

번역했는데(창 17:1 28:3; 35:11; 출 6:3 등), 앞으로는 한국인들의 전통적이며 보편적인 신(神) 개념을 고려하여 구약성경의 히브리어 신명칭 '엘'은 하나님보다는 '하느님'으로 번역하는 것이 좋다고 생각한다. 타종교인들이나 무종교인들에게 처음 복음을 전할 때, 신구약 성경의 하나님의 이름을 어떻게 소개할 것인가는 매우 중요하기 때문이다. 우리는 구약성경 근거하여 '하느님'(엘)과 '하나님'(앨로힘)을 다 함께 사용할 수 있다. 그런데 여기서 한 가지 주의를 환기시키고 나가야 할 점은, 구약의 이스라엘 신앙이 당시 보편적으로 사용되었던 "엘" 신의 명칭을 공유하고 이로 인하여 이방인들에게 비교적 관용의 정신과 태도를 가졌다고 해도, 구약의 하나님 이해와 그 선교신학은 결코 종교 혼합주의나 요즈음 논의되고 있는 종교다원주의로 빠지지 않고, 여호와 하나님의 계시에 의존한 '유일신 신앙'을 고수해 나갔다는 것이다(비교, 수 22:22!; 사 44:8; 45:5-6; 시 50:1 등).

　　2) 엘과 동의어로서 보다 자주 약 2,600회 정도 사용되는 구약의 하나님 이름이 '앨로힘'(Elohim)이다. 사전적으로는 확정되지 않았지만, 구약성경의 신 명칭인 '엘'이 셈족 조어(祖語)인 아카드어와 가나안어에서 유래한 명칭으로서 신의 '힘'을 강조하는 용어라면, '앨로힘'(단수형, 앨로아흐)은 고대 아람어의 배경에서 나온 어휘로서 신에 대한 '두려움'(경외)의 의미가 있는 이름이라고 여겨진다(신 26:5. 비교, 수 24:15). 구약학자들 중에는 '앨로힘'이란 신명(神名)은 히브리어의 남성 복수 형태로서 '다신론적 현상'을 반영한다고 보고, 이스라엘은 본래 여러 신들을 섬기던 여러 씨족과 부족들이 뭉쳐서 형성되었던 바, 이들은 소위 '하비루'(사회의 떠돌이 계층)들로서 소외된 하부 계층의 사회-경제적 동질성을 가지고 있었기 때문에 억압 세력인 봉건영주나 전제 왕권의 군주에 대항하여 쉽게 결속할 수 있었으며, 이러한 맥락에서 구약의 이스라엘은 자연스럽게 다신론적 '앨로힘'의 이름을 선호하게 되었다고 주장한다. 그러나 이러한 주장은 구약 신앙세계에 대한 사회학적-유물론적인 분석의 결과이며, 구약 신앙세계에 대한 계시의존적인 올바른 이해라고는 보기 어렵다. 구약의 실제 문맥에서 볼 때, '앨로힘'이라는 복수 형태는 매우 드물게 이방신들을 지칭하기도 하지만(창 35:2; 출 20:3; 수 24:20; 신 5:7; 29:17 등), 대다수의 용례에서 이스라엘의 참 신 하나님을 지칭하는 앨로힘은 정관사로 한정되거나 수식어와 함께 사용되며, 그 문법적 형태는 복수지만 실제로는 단수 용법으로 사용되는 것('삼위일체'의 개념과 같이)이 그 특징이다(창 2:4 이하; 24:3; 출 3:15; 5:1; 신 5:26; 7:9; 삼하 5;10; 왕상 18:39 등).

　　앨로힘도 엘처럼 셈족 문화권에서 보편적으로 사용되는 일반명사로서의 신 명칭인데, 그럼에도 구약 문맥에서 참 하나님이신 앨로힘은 창조주 하나님으로 강조되었고(창 1:1-2:3에서 무려 35회가 반복됨!), 대체로 그 이름은 인간 및 피조물과 구별되는 창조주 하나님의 신성(神性)을 강조하는 데 그 특징이 있다(시 8:6; 삿 9:9,13 등). 엘과 엘로힘은 둘 다 일반명사인데, 그 구별을 위해 우리말 번역에서 엘은 '하느님', 엘로힘은 '하나님'으로 번역하는 것이 좋다고 생각한다. 엘로힘의 형태는 히브리어 문법적으로는 분명히 복수지만(단수는 '엘로아흐'), 이스라엘 신앙이 계시의존적으로 구약 문맥에서 엘로힘의 단수 용법을 고수한 것은 다신교적 상황에서 창조주 하나님의 유일신 사상을 의식한 것으로 볼 수 있다. 엘로힘은 지혜로써 천지만물과 인간을 창조하셨고, 온 인류와 피조세계를 다스리신다(시 104:24; 행 17:24 이하). 그러므로 엘과 함께 엘로힘의 신명칭은 구약성경에서 선교신학을 위한 또 하나의 근거이다. 왜냐하면 구약성경에서 이스라엘 신앙의 엘로힘(하나님) 이해는 창조신학을 바탕으로 전 세계적이며 전체 피조계를 포괄하는 선교적 보편성을 함의하고 있음이 분명하기 때문이다. 구약성경이 말하는 이러한 보편적인 일반명사로서 신명칭들은 이방인들과의 선교적 대화의 접촉점으로서 매우 중요하다고 할 수 있다. 처음부터 '여호와 믿으세요'라고 접근하는 것보다, '하느님 믿으세요', '하나님 믿으세요'라고 접근하는 것이 선교현장에서 더 효과적이지 않겠는가?

3) 위에서 언급한 엘과 엘로힘보다 구약성경의 하나님에 대한 이해를 핵심적으로 대표하며, 약 6,830회 정도로 가장 많이 사용된 이름이 하나님 하느님의 이름의 고유명사인 '신명 4문자'(神名四文字, Tetragrammaton. 여호와, 야후, 야훼, 야웨, 야배, 야보 등. 아직까지 정확한 발음은 확정하기 어렵다)이다(출 3:14-15; 6:3 이하). 고유명사 신명칭인 여호와는 엘과 엘로힘의 속성을 모두 포괄하면서 이스라엘에 계시된 유일하신 참 신 하나님으로 강조된다(비교, 창 2:4 이하; 수 22:22; 24:15; 출 3:15; 15:1; 왕상 18:39!; 시 50:1 등). 여호와 하나님은 다른 신명칭들과 구별하여 '구원의 하나님'으로 강조되며(출 6:2-7; 사 43:11-12; 욘 2:9; 렘 3:23; 시 3:8 등), 이스라엘 백성을 택하신 '언약의 하나님'으로 부각된다(출 24:8; 34:28; 신 4:13; 29:12; 수 7:15; 왕하 11:17; 대하 29:10; 렘 22:9; 슥 9:11 등. 비교, 마 26:28; 갈 3:17-18; 히 13:20). 특히 여호와는 아담과 하와 이후에 인류의 역사에 개입하시고 그 세상 역사 속에서 하나님의 백성 중에 임재하시며 행동하시는 하나님으로 소개된다(창 2:4 이하; 출 14:14; 19:3 이하; 34:5-7 등). 하나님의 이름을 묻는 모세에게 "나는 나다"(출 3:14)라고 말씀하시는 여호와의 고유명사 이름 자체의 의미는 '나는 내가 행할 바를 행하는 자다'라는 뜻으로 풀이할 수 있으며, '행동하시는 하나님'을 나타낸다. 특히 이스라엘 신앙의 뼈대를 이루는 출애굽의 구원 사건(애굽에 대하여는 심판 사건)을 통하여 여호와의 이름은 세계사적인 주권과 하나님 나라의 왕권 통치를 강조하는 이름으로 드러난다(특히, 출

15:1-21. 비교, 삼상 1:11, '만군의 여호와'). 그러므로, "여호와의 이름을 안다."는 히브리어 숙어는 여호와 하나님의 구원사적인(심판까지 포함된) 왕권 통치를 구체적으로 역사 속에서 체험(경험)하는 것을 의미한다(출 6:7; 7:5; 겔 29:21; 30:25-26 등. 비교, 요 17:26!).

여호와의 이름은 그러므로 '엘'과 '엘로힘'과 연대하면서, 구원과 심판은 오직 여호와께 속한 것이며(욘 2:9), 유일신으로서 우주적이며 세계사적인 왕권 통치를 강조하는 것이 특징이다(시 93:1-2; 96:1-7; 97:1-7; 98:1-4; 99:1-2). 이스라엘 예배공동체는 여호와 하나님의 구원과 심판에 대한 역사적 경험에 근거하여 그들의 기도와 찬양을 통해 '모든 민족들'을 여호와 하나님을 찬양하는 신앙으로 초청하며 권유하고 있다(시 145:9-12; 왕상 8:41-43,59-60; 사 2:2-4; 42:5-9,10-13; 사 56:7!; 60:1-3; 슥 14:16-19 등). 이러한 관점에서 구약성경이 말하는 이스라엘 선교신학의 특징은 이방인을 포함한 만인을 대상으로 하는 "초청(초대)의 패러다임"을 가지고 있다(사 2:2-3; 45:22; 시 96:1-2; 98:4-8; 100:1-2 등. 비교, 막 16:15).[13] 좋은 음식을 만들어 이웃의 다른 사람들에게 가져다주는 것도 좋지만, 집에 초대하여 장만한 좋은 음식을 대접하는 것도 어떤 의미에서는 더 좋은 대접의 방법이 될 수 있다. 그러므로 옛 이스라엘이 이방선교에 대해 전혀 몰랐다든지, 이방인에 대한 선교의 관심이 없었다는 견해는 성립하기 어렵지 않을까 생각한다. 시편의 기도와 찬송 속에서 이러한 구약의 선교적 초청과 권유의 열정은 오늘도 그 진한 감동이 그대로 전달되는 것 같다.

"너희 모든 나라들아 여호와를 찬양하며 너희 모든 백성들아 그를 찬송 하라.
이는 우리에게 향하신 그의 인자하심이 크고, 여호와의 진실하심이 영원함이로다.
할렐루야."(시 117:1-2).

여기서 우리는 다시 한 번 여호와의 이름을 통한 구약 이스라엘 신앙의 찬양과 기도가 결코 자기중심적이거나 배타적인 것이 아니라, 보편적이며 세계사적이며 만인을 위한 선교적 기초 위에 놓여 있음을 알게 된다.[14]

4) 위에서 설명한 세 가지 하나님의 이름들(엘, 엘로힘, 여호와) 외에도 구약성경의 예언서에는 예언자들의 독특한 하나님 이해를 표상하는 "만군의 여호와/하나

---

13) 구약에서 선교적 '초청의 패러다임'에 관한 착상은 성종현 교수의 다음과 같은 글을 통해 얻은 것이다. 성종현, "신약성서신학적 입장에서 본 기독교와 한국 재래종교-종교 다원주의와 신학적 과제", 〈한국기독교 신학논총 7〉, 대한기독교서회, 1990, 85쪽.
14) 여호와 신앙의 배타성과 포용성에 관해서는 다음 논문을 참고할 수 있다. 노항규, 「야훼신앙 연구-가나안 신들과의 관계를 중심으로」, 장로회신학대학교 대학원 구약학전공 석사학위논문, 1994.

님"(야훼/엘로헤 츠바오트)란 명칭이 약 280회 정도 나타난다. 만군의 여호와/하나님이란 이름은 오경이나 여호수아나 사사기에는 단 한 번도 나타나지 않고(이상하게도 요엘, 오바댜, 요나, 에스겔에서도 사용되지 않는다), 이스라엘 역사에서 본격적인 예언 활동이 시작되는 사무엘서의 한나의 기도에서 비로소 사용되기 시작한다(삼상 1:3,11). 이 이름은 주로 예언자들인 사무엘(삼상 15:2), 다윗 왕(삼상 17:45; 삼하 6:18; 대상 11:9 등), 엘리야(왕상 18:15; 19:10), 호세아(호 12;5), 아모스(4:13; 5:14; 9:5 등), 미가(미 4:4), 이사야(사 1:9; 2:12; 44:6; 54:5 등), 예레미야(렘 2:19; 5:14; 6:6; 15:16; 44:7; 51:58 등), 나훔(나 2:13), 하박국(합 2:13), 스바냐(습 2:9-10), 학개(학 1:5), 스가랴(슥 1:3; 14:21 등), 말라기(말 1:4; 4:3 등)의 문맥에 이르기까지 활발히 사용되고 있으며, 시편에서도 자주 나타난다(시 24:10; 46:7; 48:8; 84:1; 89:8 등; 비교, 롬 9:29; 약 5:4).

구약학자들은 히브리어 '츠바오트'(만군 萬軍, hosts)의 해석에서 대체로 두 가지 견해를 나타낸다. 먼저 '만군의 여호와'는 구약에서 주로 전쟁과 관련된 문맥에서 사용되고 있다는 것이다(특히, 삼상 17:45; 비교, 시 20:7). 하나님이 이스라엘 백성을 "나의 츠바오트"(내 군대, 출 7:4; 12:41)라고 부르는 것으로 보아, 만군의 여호와란 명칭의 의미는 이스라엘 군대를 위해 앞장서서 원수들과 싸워 승리하시는 "전쟁의 신"으로 이해하여야 한다는 설명이다(비교, 시 24:8 이하; 계 19:11-16 등). 그러나 앞서 언급한 대로 '만군의 하나님/여호와'라는 이름이 창세기나, 특히 출애굽 이후 사사시대까지 이스라엘의 거룩한 전쟁의 문맥에서 단 한 번도 사용되지 않았고(비교, 민 21:14), 사무엘의 어머니 한나의 기도와 연관된 문맥에서 사용되기 시작하는 것에 주목한다. 이것은 만군의 여호와란 이름을 전쟁의 신의 이름으로 단정키 어려운 점이다. 시편 24편에서도 여호와는 '전쟁에 능한 여호와'이며 '영광의 왕'이라고 하면서도, '만군의 여호와'는 단순히 전쟁의 신만이 아니라 "땅과 거기 충만한 것과 세계와 그 중에 거하는 자가 다 여호와의 것이로다"라는 전제와 함께 '전 세계의 하나님'으로 소개한다(시 24:1-2). 일반적으로 히브리어 '츠바오트'는 피조물인 만물을 가리키며(창 2:1), 또한 천군(시 103:21)과 일월성신과 영계의 존재들을 포함한다(신 33:2; 단 7:10; 시 89:6-8; 왕상 22:19; 시 148:2 등). 그러므로 주로 예언자들이 이해한 이스라엘 하나님의 명칭으로 나타나는 '만군의 하나님/여호와'는 이스라엘만을 선택하고 그들만 위해 싸우시는 민족의 수호신이 아니라, 창조하신 우주와 전 세계를 섭리하고 만유를 다스리시는 문자 그대로 '세계의 하나님'(Weltgott)을 강조한 이름으로 이해할 수 있다. 그렇다면, 이스라엘 역사에서 사무엘 이후, 특히 이스라엘 신앙이 편협하고 배타적인 선민사상으로 이방인들을 배척하는 상황이 나타나고, 다른 한편으

로는 바알 종교를 비롯하여 이스라엘 주위의 부도덕한 우상 종교들의 세력이 이스라
엘의 생존을 위협해 올 때, 구약의 예언자들은 이에 대처하는 메시지를 선포하면서
만군의 여호와(또는 만군의 하나님)의 이름, 즉 세계적인 하나님이며 만유를 창조하고
사랑하고 다스리시는 하나님이지만, 죄악과 거짓 우상들을 쳐부수고 승리하는 영광
의 왕이시라는 이중적인 의미를 가진 하나님의 이름을 사용함으로써 이스라엘의 교
만한 선민사상과 이방 우상신들의 발호에 효과적으로 대처할 수 있었다고 여겨진다
(렘 10:1-16! 참조).

만군의 하나님/여호와의 이름을 사용하는 선교적 의미는 그러므로 하나님의 언
약 백성인 이스라엘의 생존 자체를 위협하는 이방 민족들의 우상 종교들과 그들의
죄악에 대해 유일신이신 만군의 하나님/여호와의 영적 전쟁을 통한 심판선언이며(비
교, 암 1:3 이하, 이방나라들에 대한 심판예언), 또한 이스라엘 백성의 이기적인 배타성
과 왜곡된 선민사상에 대한 선교적 도전이기도 하다. 구약성경에서 발견되는 선교신
학은 이상에서 논의한 하나님의 이름들에 나타난 구약의 하나님 이해에 기초한다고
하겠다.

2. 선교의 주체인 동시에 객체로서 이스라엘의 자기 정체성 이해

구약성경에서 선교의 대상과 목표는 무엇보다 먼저 이스라엘 자신을 향해 놓여
있다. 이스라엘 신앙은 초기부터 활발한 자기지향적인 선교 신앙이라고 볼 수 있다.
모세가 애굽의 히브리 노예들에게 출애굽을 권했을 때 그 목표는 표면적인 정치, 경
제, 사회적인 속박과 소외로부터의 해방이라기보다는, 영적이며 내면적인 차원에서
여호와 하나님을 섬기는 신앙의 자유를 위한 결단을 촉구한 것이었다(출 4:22-23;
7:16; 8:1,20; 9:1,13; 10:7 등). 출애굽 과정에서는 이스라엘 자손들만이 아니라, 주지
하는 바와 같이 "중다한 잡족"(출 12:38, 히브리어로 '에래브 라브'. 비교, 민 11:4, 이스라
엘 중에 "섞여 사는 무리")이 함께 따라 나왔다. 이제 약속의 땅으로 향해 가는 길목에
서, 구약 선교사상의 형성에 결정적인 영향을 준 역사적 사건이 시내산 언약을 통해
나타났다. 그것은 출애굽한 히브리 노예들이 그들의 혈연공동체(히브리인)나 정치,
경제, 사회적인 연대성(하비루/ 아피루)의 틀을 깨고 완전히 여호와 하나님을 섬기는
예배공동체로 탈바꿈하게 된 것이다. 이제 구약성경이 말하는 하나님의 백성의 정체
성은 히브리인(혈연공동체)도 아니며, 하비루(사회학적 떠돌이 기층민중)도 아니요, '이
스라엘'(즉 여호와 하느님 하나님을 섬기는 신앙공동체)이 되었다![15] 이러한 역사적 이스

     28. 선교에 대한 구약성경의 관심

라엘은 만인을 위해 개방된 보편적 신앙공동체이며, 이러한 이스라엘의 자기 정체성
은 여호수아의 세겜 언약갱신에서도 발견된다(수 24:22-25). 이스라엘은 역사속에서
거듭되는 시내산 언약(출 19:3-6)의 언약갱신 예식을 통해 먼저 자신을 구심점으로
한 선교적 성격을 드러내고 있는데(예컨대 모압언약 갱신, 신 29:1-15), 그것은 곧 지금
까지 여호와 신앙공동체 밖에 있던 사람들까지 포함하여(신 31:9-13; 사 66:18!; 슥
14:16 등) 이스라엘 예배공동체가 거듭 여호와 신앙으로 거듭나는 것을 확약하는 것
이었다. 여호수아의 세겜언약 갱신에서도 이점이 강조되었다. "오직 나와 내 집은
여호와를 섬기겠노라."(수 24:14-18,25-28).

　　구약의 이스라엘 백성은 이제 더 이상 혈연적인 아브라함의 자손이 아니다(비교,
마 3:9; 눅 3:8; 요 1:12-13 등). 시내산 언약을 통해 하나님의 언약 백성이 된 이스라
엘은 이제 여호와(야훼) 예배공동체로서 비로소 선교적 구심력과 원심력을 갖추게 되
었다. 이 여호와 신앙의 구심력과 원심력에 의해 가나안 정복과정과 그 이후 시대에,
그 지역의 많은 이방인들이 이스라엘 신앙으로 개종하게 된다. 그리고 이스라엘 백
성은 이제 의식을 하든 하지 못하든 간에, 여호와 하나님이 주신 약속의 땅에 보내심
을 받은 선교의 사명을 지닌 선교사들이었다. 다시 말하자면, 이스라엘 백성이 약속
의 땅에서 존재하는 이유 자체가 처음부터 마지막까지 여호와 하나님의 빛을 이방에
비추는 "선교의 사명"에 있었다고 해도 과언이 아닐 것이다(사 9:1-2; 42:6!; 49:6; 시
98:1-3; 비교, 눅 2:30-32; 갈 3:28-29; 엡 2:12-13,17-20 등).

　　이스라엘의 왕국 성립 이후 다윗 왕(주전 약 1011-971)의 통치권은 가나안 지역을
장악했을 뿐 아니라, 남쪽은 아카바만, 북쪽은 유프라테스강, 서쪽은 지중해, 동쪽
은 트란스 요르단의 이방지역으로 확대되면서, 이스라엘 신앙은 원심적인 선교의 계
기를 만나게 된다. 다윗의 친위대인 그렛과 블렛사람들(삼하 8:18; 15:18; 왕상 1:38
등)은 주로 외국인 용병들이었고, 다윗과 솔로몬의 80여 년에 걸친 통치 기간을 통해
이스라엘 신앙으로 개종한 이방인들은 분명히 증가 추세를 나타내었다. 다윗과 솔로
몬은 이스라엘 땅을 잠시 거쳐가는 외국인(히브리어로 '노크리')이 아니고, 이스라엘
신앙을 받아들이고 함께 영주하는 외국인 거류자(히브리어로 '게르')의 성인 남자 인구
를 조사했으며, 솔로몬 시대에 그 숫자는 153,600명에 이르렀다(대하 2:17-18; 비교,
대상 22:2). 이러한 역사적 배경에서 솔로몬이 예루살렘 성전을 봉헌할 때 드린 기도
문에 반영된 이방인들에 대한 선교적 관심은 충분히 이해될 수 있다. "또 주의 백성

---

15) 히브리어로 '이스라엘'은 문자 그대로 '하느님(엘)이 다스리신다'는 뜻이며, 여기서 하느님의 다스림은 만인을 위한 보
　　편적 '하나님 나라'(Kingdom of God)의 신학적 개념으로 구체화 되기 시작했다(비교, 창 32:28. 여기서는 이스라엘이란
　　이름의 기원을 설명하는 것이지 그 이름의 문자적인 의미를 말하는 것이 아니다).

이스라엘에 속하지 아니한 자, 곧 주의 이름을 위하여 먼 지방에서 온 이방인(히브리어로, '노크리')이라도 그들이 주의 광대한 이름과 주의 능한 손과 주의 펴신 팔의 소문을 듣고 와서, 이 전을 향하여 기도하거든 주는 계신 곳 하늘에서 들으시고 무릇 이방인이 주께 부르짖는 대로 이루사 땅의 만민으로(히브리어로, '콜 암메 하아레츠') 주의 이름을 알고 주의 백성 이스라엘처럼 경외하게 하옵시며, 또 내가 건축한 이 전을 주의 이름으로 일컫는 줄을 알게 하옵소서."(왕상 8:41-43; 대하 6:32-33). 여기서 보건대, 이스라엘 신앙은 본질적으로 외국인이나 이방 민족들이라고 해서 차별하지 않는다. 차별과 배타성이 나타난다면 그것은 한시적인 경과조치이거나, 이스라엘의 정체성에 위협이 될 경우에 해당되는 것이거나, 이스라엘 백성 중에 잘못된 선민사상으로 인한 것이지, 그것이 구약성경이 말하는 이스라엘 신앙의 본래적 정체성이 아닌 것이 분명하다(신 23:6-8; 욘 4:11; 사 19:23-25; 겔 47:22-23!; 비교, 룻 4:18-22; 느 13:27-30 등). 요컨대 구약성경에서 선교가 지향하는 하나님 나라의 일체양면성은 먼저 이스라엘 신앙공동체의 신앙적 순수성을 부단히 촉구하는 구심력(이스라엘의 객체성, 즉 이 점에서 이스라엘도 선교의 대상이다)과 이러한 구심력과 함께 이방 민족들에 대해서는 야훼 신앙으로 초청과 개방(예컨대, 사 56:3-7!)을 통한 원심력(이방인 선교에 대해 '빛'으로서 이스라엘의 주체성)이며, 구약성경에서 이러한 구심력과 원심력은 이스라엘 선교신학의 본질적 정체성이다. 여기서 한 걸음 더 나아가 서정운 교수가, "우리가 구약 전체를 볼 때 하나님과 인간, 인간과 자연과의 온전한 질서와 조화의 회복을 추구하고 있음을 알 수 있다. 구약 전체를 관통하는 비전은 하나님-인간-자연만물의 온전한 회복과 조화의 실현이고 그것이 선교인 것이다."[16]라고 한 것은 적절한 통찰이다(비교, 시 104편).

3. 이스라엘의 이방인에 대한 태도

구약에서 이스라엘 백성의 이방인(외국인, 거류민)들에 대한 태도는 무엇보다 이스라엘 백성 자신들이 이 세상에서 '거류민'(히브리어로, '게르')라는 인식에서 출발한다. 이스라엘 신앙의 초기부터 여호와 하나님은 이스라엘 백성 가운데 거주하는 외국인(거류민)을 보호하시며, 이스라엘이 외국인을 자기 자신과 같이 사랑하도록 명령하신다. "거류민(히브리어로 '게르')이 너희의 땅에 거류하여 함께 있거든 너희는 그를

---

16) 서정운, "선교 중심의 교회", 1992년 10월 10일, 온누리교회 강연자료. 7쪽.

학대하지 말고, 너희와 함께 있는 거류민을 너희 중에 낳은 자같이 여기며 자기 같이 사랑하라. 너희도 애굽 땅에서 거류민('게르')이 되었었느니라. 나는 너희의 하나님 여호와이니라"(레 19:33-34). 애굽에서 종(노예)살이하면서 거류민이었던 이스라엘을 하나님이 사랑하고 보호하며 구원해 내신 것처럼, 이제 이스라엘은 자신들 가운데 거주하는 이방인 출신 거류민들을 돌보아 주어야 한다. 일찍이 아브라함도 약속의 땅에서 이방인들 가운데서 거류민('게르')과 동거자('토샤브')로 지냈던 것같이, 이스라엘은 이제 여호와께서 주신 땅에서 이방인들과 함께 거류민으로서 살아간다(레 25:23; 시 39:12; 119:19; 대상 29:15 등). 이스라엘의 거류민 신분을 표현하는 히브리어 '게르'나 '토샤브'는 일반적으로 이방인(외국인)을 가리키는 히브리어인 '노크리'(또는 '자르')와 구별된다. 이스라엘과 함께 거류하는 이방인을 '게르'라고 부를 때 이 이방인 '게르'는 단순한 외국인이 아니고 상당한 기간 동안 이스라엘 백성과 함께 생활하면서 그 땅에 정착하여 일정한 사회적, 법적인 신분 보장을 받는 이를테면 외국인 영주권자로 볼 수 있다(출 12:48-49; 레 24:16; 민 35:15; 겔 47:22-23! 등).[17] 게르와 함께 등장하는 이방인 '토샤브'(동거자, 임시거주자: 레 25:23,25; 대상 29:15; 시 39:12 등) 신분은 이스라엘 사회에서 게르보다는 신앙적으로 아직 덜 동화된 위치로 나타난다(출 12:45; 레 22:10 등). 이제 이스라엘 백성은 약속의 땅에서 '본토인'(히브리어로 '애즈라흐')이 되었고, 이방인 원주민들은 일찍부터 결혼을 통해 동화되거나(창 38:2 이하; 신 7:1 이하; 겔 16:3 등; 비교, 삿 3:1-6), 게르나 토샤브가 되든지, 품꾼(히브리어로 '사키르')이나 또는 종(노예)으로 남게 되었다. 이스라엘 신앙의 초기부터 이스라엘 백성은 선교적 관점에서 볼 때 이방인 거주자들에 대해 폐쇄적이거나 배타적이지 않고 개방적이었으며, 비교적 평등한 입장을 취하려고 노력했다는 것은 놀라운 일이다. '게르'는 초기 이스라엘 사회에서 노동으로 생계를 마련하고 몸 붙여 사는 외국인으로서(신 24:24), 고아와 과부, 레위인들과 함께 이스라엘 사회에서 특별한 보호와 도움을 받아야 할 약자의 위치에 있었다(레 19:10; 23:22; 25:60; 민 35:15; 신 14:29 등). 이스라엘은 그런데 일찍부터 시내산 언약에 근거하여 이스라엘 사회의 가장 오랜 실정법 법전인 '언약의 책'(출 20:22~23:33)을 통해 저러한 약자들, 특히 이방인 출신 '게르'를 괴롭게 하거나 압제하지 않도록 법제화하였다(출 22:20-23; 23:9). '게르'는 이스라엘 백성과 동일한 법의 적용을 받고, 공정한 재판을 받을 권리가 보장되었다(레 20:2; 24:16; 신 1:16). 일상생활에서 외국인(이방인) 영주권자인 '게르'와 이스

---

17) 히브리어로 '게르'는 구약 맛소라 본문에 92회 나타난다(신, 22회; 레, 21회; 출, 12회; 민, 11회 등의 빈도 순서). E. Jenni, C. Westermann, THAT, 1971, Bd. I, "게르" ("구르" 항목), 409-412쪽.

라엘 백성 사이에는 차별이 없었다.[18] 이러한 사실 하나만 가지고도 옛 이스라엘 백성이 '게르'(이방인)에 대한 선교를 모르고 있었다거나 선교의 실천을 찾아보기 어렵다는 말은 성립되기 어려울 것이다(비교, 신 31:12!).

신앙생활 면에서 '게르'는 할례받는 조건으로 유월절 행사에 참여할 권리를 가지며(출 12:48-49; 민 9:14), 제사규정(레 17:8; 22:18; 민 15:14-15), 안식일(출 20:10; 신 5:14), 속죄일(레 16:29) 및 여러 절기 축제들(신 16:11 이하)과 정결규정(레 17:15과 신 14:21에서 약간의 차이점에도 불구하고)등에서 이스라엘 백성과 거의 동일한 의무와 권리를 행사한다. 칠십인역(LXX)에서는 히브리어 '게르'를 이스라엘 신앙으로의 '개종자'를 의미하는 그리스어 '프로셀뤼토스'(영어로는 proselyte)로 번역했다. 그러나 게르는 상당히 오랫동안 이스라엘 지파에 할당된 토지(기업)를 소유하지 못하는 제한을 받기도 했다. 그렇지만 이러한 한시적 제한 역시 구약의 선교적 신앙에서 볼 때, 예언자 에스겔의 다음과 같은 놀라운 메시지를 통해 시정되고 철폐되었다. "너희는 이 땅을 나누되 제비 뽑아 너희와 너희 가운데 거류하는 외인('게르') 곧 너희 가운데서 자녀를 낳은 자의 기업이 되게 할지니 너희는 그 외인을 본토에서 난 이스라엘 족속 같이 여기고 그들로 이스라엘 지파 중에서 너희와 함께 기업을 얻게 하되 외인(外人)이 거류하는 그 지파에서 그 기업(基業)을 줄지니라. 나 주 여호와의 말이니라"(겔 47:22-23). 그러나 다른 한편으로, 이방인들과의 교류를 통한 이스라엘의 정체성 파괴나 여호와 신앙의 변질 위험이 대두되었을 때는 구약의 예언자적 메시지를 통해 이방인들에 대한 경고와 배타성을 나타낸 것은 지극히 자연스러운 것이다(느 13:23-27; 비교, 고후 6:14-18).[19] 그러므로 구약 이스라엘 백성의 이방인에 대한 태도에서 나타나는 포용성과 배타성은 이중적 갈등 구조가 아니며, 언제나 역사적 위기 현장에서 교차되는 명암의 대비로 보아야 할 것이다. 이상의 논의를 종합해 볼 때, 비록 구약시대의 이스라엘이 신앙적으로 실패의 역사를 맛보았다고 할지라도(롬 10:1-3 참조), 이스라엘 백성의 정체성은 본질적으로 자기 자신과 이방인들을 향한 선교적 존재라는 것이다. 이사야 예언자는 이러한 의미에서 이스라엘이 "이방의 빛"(사 42:6-7; 49:6; 51:4!)이라고 강조하였고, 종국에는 애굽과 앗수르와 이스라엘이 함께 하나님의 백성이 되어 세계 가운데 복이 될 것이라는 엄청난 비전까지 제시하였다

---

18) R. de Vaux, *Ancient Israel, Its Life and Institutions*, DLT, 1974: "Resident Aliens", 74-76쪽.

19) 이러한 관점에서 이방인에 대한 배타성을 나타내는 구약본문의 구절들을 이해해야 하며(예컨대, 신 23:3 이하; 느 13:1 이하 등), 모압 여인 룻(룻 1:6)이나 여리고의 이방 여인 라합과 그의 가족(수 2:1 이하) 이야기, 아람 사람 나아만의 이야기(왕하 5:1 이하)등과 함께 많은 이방인 개종자들에 대한 언급은(슥 2:11; 8:20-23 등) 구약 이스라엘 신앙의 선교적 개방성을 보여준다.

(사 19:23-25).[20] 여기서 이스라엘의 존재를 '이방의 빛'으로 상징적인 표상을 한 것은, 오늘 기독교 선교에서도 매우 중요한 성경적 선교의 본질을 깨우치고 있다. 성경에서 선교의 주체는 어디까지나 빛이신 하나님 자신이다. 하나님은 빛이시다(요일 1:5!; 비교, 마 4:16; 눅 2:32; 요 1:4-5; 8:12; 12:46; 약 1:17; 딤전 6:16; 사 60:1-3; 미 7:8; 시 27:1; 36:9; 43:3; 90:8; 104:2; 119:105; 계 21:24 등). 구약시대 이스라엘 백성과 오늘 하나님의 자녀들은 어디까지나 삼위일체이신 하나님의 진리의 빛을 받아 반사하며, 하나님의 빛의 선교에 동참하는 하나님 선교의 동역자들이다(행 13:47!; 26:23; 벧전 2:9; 비교, 마 5:14-16; 눅 8:16; 엡 5:8-9 등). 빛은 대상을 폭력으로 파괴하고 정복하지 않는다. 빛은 비추는 것으로 어둠은 물러간다.

---

20) 이방인들에 대한 역사적 이스라엘의 직접 또는 간접적인 선교 방법과 통로는 ① 성전예배(특히 시편에 나타난 찬양과 기도) ② 외국인 거주자들에 대한 법적인 보호와 후원 ③ 지혜자들의 교육활동(잠언, 욥, 전도서 등) ④ 축제와 절기에 참여기회 제공 ⑤ 거룩한 백성으로서 윤리-도덕적인 삶의 모범 ⑥ 이스라엘 왕들의 통치 아래서 이방인들의 개종 ⑦ 이방인들과의 결혼 ⑧ 예언자들의 활동(렘 27:3; 왕상 17:9; 욘 1:2 등) ⑨ 여호와 하나님의 행동(수 2:8-11 참조) 등으로 분류해 볼 수 있다. 구약시대 이후 유대교(Judaism)는 결코 '선교적인 종교가 아니었다'는 일반적인 평가에도 불구하고 (그러나, 마 23:15 비교), 구약성경의 선교와 방법들이 유대교 전통에서도 엿볼 수 있다는 것은 흥미있는 일이다. Scot McKnight, *A Light Among the Gentiles, Jewish Missionary Activity in the Second Temple Period*, Fortress, 1991, 특히 50-68쪽.

<h1 style="text-align:center">29</h1>

<h1 style="text-align:center">언어 혼돈의 진원지 바벨론</h1>

바벨론(Babylon, 히브리어로 '바벨')은 구약성경에서 인류의 역사가 시작될 때, 함의 자손으로서 뛰어난 사냥꾼이며 영걸인 니므롯(Nimrod)이 시날(Shinar) 땅에 세운 나라의 주요 성읍들인 에렉(Erech, 또는 'Uruk'), 아카드(Accad, 개역은 '악갓'), 그리고 갈레(Calneh)와 함께 처음으로 등장하는 고대의 성읍 이름이다(창 10:6-12). 여기서 '시날'은 '수메르'(Sumer)를 가리키는 고대 셈족어라고 생각하는 학자들이 있으나, 지금은 대체로 '시날'이 메소포타미아의 바벨론 지역을 가리키는 고대 셈족어라는 의견이 지배적이다. 수메르인들의 정체와 그 기원은 아직 어둠에 싸여있다. 고대로부터 알려진 바벨론 도성은 수메르 지역의 우르(Ur)에서 유프라테스강 물줄기를 약 200킬로미터 이상 북쪽으로 거슬러 올라간 지점인 유프라테스강 동쪽 연안에서 발전하기 시작했다. 오늘날 이라크의 수도 바그다드에서 남쪽으로 약 80킬로미터 되는 지점에 위치한 곳이다. 니므롯이 시날 땅에 바벨론 성읍을 건설한 이래, 이 지역의 여러 성읍 국가들과 함께 바벨론도 그 흥망성쇠의 역사를 거듭해 왔다. 메소포타미아 문명의 선구자인 수메르 문명(주전 약 2850-2350)과 그 뒤를 이은 셈족의 아카드 제국(주전 약 2350-2180), 그리고 수메르 문명의 마지막 주자라고 할 수 있는 우르(Ur)의 제 3왕조(주전 약 2060-1950)가 쇠퇴한 후, 수메르와 아카드 지역을 포괄하는 메소포타미아 남부지역에는 이주해 들어오는 아모리인 유목민들과 동쪽의 엘람인 등을 주축으로 새로운 성읍 국가들이 생겨나기 시작했다.

이 새로운 도시 왕국들의 지배세력은 주로 셈족들로서 그들이 세운 이신(Isin), 라르사(Larsa), 마리(Mari, 주전 약 1750-1697) 등의 도시 왕국들이 유명하며, 그 뒤를 이어 바벨론에서는 셈족 유목민 출신인 수무아부(Sumuabu 또는 Samuabum)가 고대 바벨론 왕조(주전 약 1894-1595)를 열었으며, 바로 이 고대 바벨론 왕국의 여섯 번째 왕으로 등극한 함무라비(Hammurabi, 주전 약 1792-1750년 통치)는 이 지역을 평정하여 맹주가 되었다. 이때 왕궁들과 신전들과 특히 '지구랏'(Ziggurat, 계단식 신전)의 건축 및 운하와 관개시설들을 만들었고, 행정의 중앙 집중화와 문학이 장려되었으며, 특히 주전 1,754년경 '함무라비 법전'(the Law Code of Hammurabi)이 만들어진 것이 유명하다. 또한 메소포타미아의 북부 티그리스강 유역에 위치한 고대 앗수르 왕국은 주전 1,432년경에 역사의 무대에 출현했고, 꾸준히 그 세력을 확장하여 주전 8세기 중엽부터는 신흥 앗수르 제국으로서 전성기를 누리면서 주전 722년에 북 왕국 이스라엘을 멸망시켰다(왕하 17:3-6,23).

구약성경에서 바벨론은 주로 주전 587년경 느부갓네살(Nebuchadnezzar II, 주전 604-562) 왕이 남왕국 유다를 멸망시키고 유다의 포로들이 바벨론에 끌려가서 포로생활을 했던 신흥 바벨론 제국(제1대 왕 나보폴라살, 주전 625-605)의 도성과 연관하여 자주 언급되고 있다(왕하 25:1-7; 렘 25:11-12; 52:1-30; 시 137 등). 이보다 앞서 주전 722년경 북왕국 이스라엘이 멸망한 이후 앗수르의 왕 사르곤 2세(주전 721-705)는 바벨론을 위시하여 그 지역의 여러 성읍에서 사람들을 데려다가 포로로 잡아간 이스라엘 백성을 대신하여 사마리아와 인근 여러 성읍들에 거주하게 했다고 한다(왕하 17:24 이하; 스 4:2,9-10). 바벨론은 이와 같이 이스라엘과 유다의 멸망 역사와 깊은 관련성을 가지고 있다.

창세기 11장의 바벨탑 이야기에서 '바벨'(바벨론)은 창조주이며 역사의 주권자이신 여호와 하나님을 대적하는 세상 권력의 교만과 그로 인한 하나님의 심판의 대상으로서 나타나 있다. 구약 예언자들의 이방(열방) 심판 예언에서도 바벨론은 여호와 하나님의 심판을 피하지 못한다(사 13:1,19!; 14:3-20,21-23; 21:9; 47:1; 렘 51:41-64 등. 계 14:8). 바벨론은 악의 상징으로 알려지게 되었고, 이후 신약의 요한계시록에까지 언급되고 있다. "그 큰 도성 바벨론이 이렇게 비참하게 던져져 결코 다시 보이지 않을 것이다"(계 18:21). 바벨탑 이야기에서 '바벨'(바벨론)의 의미는 바벨탑(지구랏?)을 건설하는 사람들의 언어를 하나님께서 "혼잡하게 하다, 혼란스럽게 하다, 뒤섞다"(히브리어 동사는 '바랄')는 의미로 풀이하고 있다(창 11:9). 즉 바벨탑을 건설하던 사람들의 언어소통에 문제가 생겼다는 의미로 본다. 바벨탑 이야기가 창세기 11장 1절에서, "온 땅의 언어가 하나요, 말이 하나였더라"는 도입구를 전제하고 있는 것으로 보아, 바벨탑 이야기는 창세기 10장의 민족들의 계보가 정해지기 전에 있었던 사건으로 보아야 한다(비교, 창 10:5,20,31-32). 고대 셈족 조어(祖語)인 아카드어(Akkadian, 고대 앗수르-바벨론어)에서는 '바벨'(바벨론)의 의미를 '지구랏'(계단식 신전)의 기능과 연관지어 '신들의 문(門)'(bab-ilani)으로 해석한다.

어쨌든 고대 바벨론 제국은 주전 2천기(千紀, millennium) 중엽 이후 그 세력이 약화되어 쇠퇴의 길을 걸었으며, 주전 13세기부터는 앗수르 왕국의 세력 아래서 명맥을 유지하였다. 주전 1,000년경에는 메소포타미아 남쪽 지역으로 이동해 들어온 동부 아람족 계통의 갈대아인들과 기존의 바벨론인들 사이에 주도권 다툼이 일어났으나, 갈대아인들은 점차 바벨론에 동화하였고, 주전 7세기 말 신흥 바벨론 제국의 발흥기를 맞이하면서, 갈대아인들은 오히려 그 지배세력으로 등장하였다(단 1:4; 대하 36:17; 왕하 25:4 이하; 비교, 창 11:28; 15:7; 느 9:7 등). 신흥 바벨론 제국의 제2대 왕인 느부갓네살 2세(주전 605-562년 통치)때 바벨론은 문자 그대로 대제국의 도성으로서 그 영광의 절정을 과시하였다. 그러나 신흥바벨론 제국도 이사야(사 13:19 이하)나 예레미야(렘 51:8 이하)의 심판예언대로 오래지 않아 파멸의 심판을 맞이하였고, 주전 539년 페르시아의 대왕 고레스(Cyrus II, 주전 539-530)의 손에 넘어가고 말았다(사 45:1-3; 비교, 단 5:5 이하). 그 후 그리스의 알렉산더 대왕(Alexander the Great, 주전 356-323)이 바벨론에 이르러 그 재건을 꿈꾸었으나 바벨론에서 사인 불명으로 요절함으로 그 꿈을 이루지 못했고, 로마 시대에 이르기까지 바벨론은 계속되는 전란의 파괴로 결국 폐허더미로 남게 되었다.

현재 옛 바벨론 도성의 폐허에는 유적지 '텔 바빌'(Tell Babil)이 옛 이름을 상기시키며 남아있고, 그동안 이 지역의 고고학 발굴 성과는 주로 주전 6세기 초에 남왕국 유다를 멸망시키고 포로로 잡아갔던 신흥 바벨론 제국의 느부갓네살 2세의 바벨론 도성의 모습을 어느 정도 재구성해 볼 수 있게 해주었다. 그중에서도 바벨론 도성의 12 성문들 가운데 제1의 관문인 '이쉬타르 문'(the Ishtar Gate)과 이 문을 통과하여 왕궁과 마르둑(Marduk) 신전의 뜰로 연결되는 중앙도로인 이른바 '행렬도로'(行列道路), 그리고 세계 7대 불가사의에 속한다는 왕궁 뜰에 축조되었던 이른바 '공중정원'의 유적과 마르둑 신전 터, 그리고 창세기의 바벨탑과 자주 연관짓는 계단식 신전인 지구랏(Ziggurat)의 폐허를 볼 수 있게 되었다. 세월이 흐르는 동안 유프라테스강의 하상이 높아져서, 아직까지 바벨론 지역의 고고학 발굴에서는 고대 함무라비 시대의 유적층까지는 도달하지 못하는 어려움이 남아있다. 마지막으로 이쉬타르(Ischtar)는 바벨론의 전쟁과 사랑의 여신(女神) 이름이며, 점성술에서는 화성(火星, Venus)과 동일시되었고, 바벨론 만신전의 여신들 가운데 대표적인 여신으로 알려졌다.

30

아람(시리아)의 수도 다메섹

다메섹은 신약성경에서 소아시아 다소(Tarsus) 태생의 유대인 사울이 그곳에 살고 있는 그리스도인들을 잡아 박해하려고 예루살렘에서 대제사장의 공문을 받아 가던 중, 다메섹 도상에서 부활하신 예수님이 자기를 부르시는 음성을 듣고 회심한 사건과 관련하여 교회사에서 잊을 수 없는 장소가 되었다(행 9:1 이하; 22:5 이하; 26:12 이하). 지금도 다메섹에는 로마제국 시대에 건설한 '곧게 뻗은 길'이란 뜻의 '직가'(直街)의 자리를 찾아볼 수 있으며, 사울은 당시에 눈이 어두워져 직가에 있는 유다라는 사람의 집에 들어가 머물렀는데, 다메섹에 사는 아나니아라는 그리스도인 제자가 찾아와 그에게 안수하여 보게 하였으며, 그에게서 세례를 받은 후 사울은 성령이 충만하여 예수 그리스도의 복음을 전하는 사도 바울이 되었다(행 9:10 이하; 13:9). 다메섹에는 당시에 적어도 1만 5천 명 이상의 디아스포라 유대인들이 살고 있었으며, 유대교 회당도 여럿이 있었다(행 9:2). 또한 상당수의 그리스도인들도 이곳으로 이주하여 살고 있었다. 예수 그리스도의 복음을 증거하는 사울을 그곳 유대인들이 죽이려 할 때, 밤에 그리스도인 제자들이 사울을 광주리에 담아 다메섹 성벽 밖으로 달아 내려 예루살렘으로 탈출하게 한 일화는 유명하다(행 9:25 이하). 현재 시리아 아랍공화국의 수도인 다마스커스(Damascus)는 옛 다메섹의 자리를 그대로 이어받아 발전된 도시이다.

안티레바논 산맥 기슭의 오아시스 지역

다메섹은 레바논 산맥의 동편에 위치한 안티레바논 산맥(Anti-Lebanon Mountains)이 남쪽으로 뻗어 내려가는 동쪽 산기슭에 자리 잡은 '물이 풍부한 오아시스 지역'이며, 해발 2천 미터 이상 고지(高地)인 안티레바논 산맥의 눈 녹은 물이 흘러내려서 이룬 '바라다'(the Barada river. 비교, '다메섹 강 아마나/또는 아바나와 바르발', 왕하 5:12) 강변에 위치하고 있다. 안티레바논 산맥의 남쪽 끝에 그 최고봉인 유명한 헤르몬산(Mt. Hermon, 2,814미터, '헬몬산', 개역성경)이 있다. 다메섹은 특히 고대 서아시아(고대 근동)의 메소포타미아에서 이집트에 이르는 국제적인 2대 교역로가 지나가는 무역과 교통의 요충지로서 유명하며, 이른바 '해변 길'(via maris)과 '왕의 대로'(the King's Highway)가 이곳을 지나간다. 고대 문헌의 기록상으로 다메섹은 일찍이 주전 19세기 애굽의 소위 저주문서에서 '아품'(Apum)이란 명칭으로 알려졌으며, 그 외에 마리(Mari) 문서나 엘 아마르나(El-Amarna) 문서에서도 나타난다. 애굽의 바로 왕 투트모세 3세(주전 1502-1448년)의 아시아-팔레스틴의 정복 성읍 목록에서도 그 명칭이 나온다. 그러나 오늘날 다메섹 자리에 도읍을 정했던 옛 아람(그리스어로는 '시리아') 왕국의 역사는 주로 구약 본문과 앗수르 제국의 자료에 의해 알려져 있다(비교, 암 1:3-5).

다메섹에 도읍한 아람 왕국

다메섹은 구약성경 본문에서 아브라함 이야기에 처음 언급되었다. 아브라함의 상속자로서 다메섹 출신 엘리에셀의 이름이 나온다(창 15:2; 비교, 창 14:15). 그러나 본격적으로 다메섹에 도읍한 고대 아람(시리아) 왕국은 이스라엘의 다윗왕 때 정복되었고, 다윗은 다메섹에 수비대를 두고 아람으로부터 조공을 받았다(삼하 8:5 이하). 그러나 솔로몬이 왕위를 이어받은 후에, 르손이란 사람이 다메섹에서 왕이 되어 아람 왕국(또는 수리아, 시리아 왕국)을 재건했고, 이후 1세기 이상 이스라엘을 괴롭히는 침략 세력으로 등장하였다(왕상 11:23 이하; 왕하 5:7; 10:32 이하; 13:3 등). 다메섹 아람 왕국의 군대가 전쟁에서 저지른 잔인성은 구약 예언자들의 심판 경고에서도 나타나고 있다(특히, 암 1:3 이하; 비교, 사 7:8; 8:4; 17:1-3; 렘 49:23 이하). 이스라엘과 아람은 대체로 적대관계에 있었으나, 오므리(Omri) 왕조의 제2대 왕인 아합(Ahab, 주전 874-853) 때에는 필요에 따라 다메섹의 아람 왕국과 교역도 하고(왕상 20:34), 서진 정복 전쟁에 나선 앗수르 제국의 세력을 막기 위해 카르카르(Qarqar, 또는 Karkar)에서 12개 도시 왕국들의 동맹 전선을 구축하기도 했다(주전 853년). 이 전쟁에 이

스라엘의 아합 왕은 전차 2,000대와 보병 10,000명을 보냈다는 기록이 있다.[1]

앗수르 왕 살만에셀 3세(Shalmaneser III, 주전 858-824년)의 서진 약탈과 정복 전쟁이 반복되면서 아람 왕들인 벤하닷(Ben-Hadad)과 하사엘(Hazael)의 이름들과 다메섹의 아람 왕국에 대한 기록이 고대 앗수르 문헌에 자주 등장하게 된다. 점증하는 앗시리아(앗수르) 제국의 침략전쟁은 앗수르 왕 티글랏 필레세르 3세(Tiglath-Pileser III, 주전 745-727년) 때 그 절정에 도달했으며, 이에 생존의 위협을 느낀 다메섹의 아람 왕 르신(Resin, 주전 735년경)은 당시 북왕국 이스라엘의 왕 베가(Pekah)와 동맹하여 반앗수르 전선을 구축하고, 남왕국 유다왕 아하스(Ahaz)에게 압력을 가하여 반앗수르 전선에 동참케 하기 위하여 소위 '아람(시리아)-에브라임 동맹 전쟁'을 일으켰으나 실패하고 말았다(왕하 15:37; 16:5). 그 결과 다메섹의 아람 왕국은 결국 주전 732년 앗수르 제국에게 멸망의 비운을 맛보아야만 했다(왕하 16:9; 비교, 사 7:4 이하). 그 후 다메섹의 아람 왕국은 정치적 세력을 상실한 채 신흥 바벨론 제국, 페르시아 제국, 희랍의 알렉산더 대왕의 수중에 차례로 들어가 그 지배하에서 상업과 교역의 도시로서 명맥을 계속하다가 헬레니즘 시대에 셀류코스(Seleucids of Syria)왕국의 주요 도시로서 희랍화하였고, 주전 85년 이래 잠시 페트라(Petra)를 근거지로 한 나바트 왕국(Kingdom of Nabat, the Nabateans)의 세력 아래 있었으나, 곧 다시 등장한 로마제국의 지배를 받게 되었다. 로마제국 시대 다메섹은 '데가볼리'(the Decapolis) 즉, 팔레스틴 동부 지역의 성읍들과 함께 '10개 도시 연맹' 중의 하나였다. 주후 636년에 다메섹은 아랍인들에 의해 점령당했고, 그 후 현대에 이르기까지 이슬람 세계의 주요 도시들 가운데 하나로 그 명성을 유지하고 있다.

발굴작업은 미미한 상태

계속된 오랜 역사에 비해 다메섹에서 주전 시대 유적지에 대한 고고학 발굴은 아직도 미미한 상태이며, 주후 로마제국 시대 이후 기독교 유적과 주후 7세기 이후 이슬람 유적이 주로 남아있다. 다메섹에 있는 세례자 요한 기념교회는 주후 400년경에 옛 그리스-로마 신전을 교회당 건물로 개축한 것으로 알려졌다. 현재 다마스커스에 수도를 정한 시리아 아랍공화국은 400년 이상 터키 오스만 제국의 속국을 거쳐, 프랑스의 위임통치를 받다가 1946년 4월에 독립하였다.

---

1) Alfred J. Hoerth, *Archaeology and The Old Testament*, BakerBooks, 1998, 312쪽.

31

레위기를 어떻게 설교할 것인가?

1. 신학적인 목회를 위하여

오늘날 한국교회의 예배가 혼란스럽고, 교인들의 신앙생활이 세속화되고 있다는 걱정이 있다. 예배가 아니라 연예 행사 같다는 지적도 있다. 예배를 인도하는 목사가 원맨쇼를 한다는 평가도 있다. 물론 그렇지 않은 교회가 없다는 것은 아니다. 올바른 예배란 무엇인가? 올바른 신앙생활은 어떻게 해야 하는가? 신앙과 생활의 조화는 어떻게 가능한 것일까? 이러한 질문들은 신학적 질문이다.[1] 신학이 없는 교회는 방황하게 되고 무엇이 잘못인지도 알지 못하게 된다. 신학이 필요 없다고 큰소리치는 목회자도 있다. 목회자에게 신학이 없다는 말은 하나님에 대한 인식이 부족하며, 하나님의 말씀인 성경을 공부하지 않고 성경을 모른다는 말이다. 히트 친 예화를 수집하고, 문학 작품이나 철학자들을 자주 인용하며 교인들이 좋아하는 설교를 한다고 바른 목회자는 아니다(비교, 사 29:13; 마 15:7-9). 교회당을 크고 화려하게 짓고, 교인 숫자가 늘어나고, 헌금 많이 들어오는 목회가 정말 올바른 목회의 모습인가? 먼저 목회자가 성경적인 바른 신앙과 신학을 가지고 있을 때, 예배와 목회도 제대로 하고, 교인들의 신앙생활도 바르게 인도할 수 있을 것이다. 목회자가 신학이 없고, 이를테면 좋은 것이 좋고 꿩 잡는 게 매라는 식의 생각을 하기 때문에, 세속적인 기준에서 성공적인 목회, 성공적인 교회성장이라는 잘못된 풍조가 만연하는 것이 아닌가 생각한다. 목회도 성공하려면, 수단 방법을 가리지 않고 성공한 선배나 동료들의 목회기술을 배워서 바쁘고 열심히 해야 한다는 말이 나오게 된다.

---

1) 현길언 외, 『하나님의 교회, 사람의 교회』, 본질과 현상, 2019 참조.

올바른 신앙과 신학의 기준은 신구약 성경(聖經)이다. 우리는 성경을 통해서 성령의 도우심으로 하나님의 계시와 진리의 뜻을 깨닫게 되고, 하나님이 기뻐 받으시는 예배와 신앙생활과 신학이 무엇인지 알게 된다. 신학은 삼위일체이신 하나님과 성경적 신앙에 대한 이해이며 설명이다(비교, 벧전 3:15-16). 신구약 성경의 3대 주제는 삼위일체이신 하나님과 하나님의 형상대로 지음받은 사람, 그리고 피조계인 세상과의 관계에 대한 것이다. 하나님 나라(왕국)의 백성으로서 정체성을 가지고, 이 세 가지 주제에 대한 올바른 이해와 설명과 적용이 오늘 우리의 신앙과 생활과 신학에 꼭 필요하다. 한국교회의 신앙과 신학은 천지 창조 이래로 종말의 심판 때까지 성경이 말하는 하나님 나라 역사에 동참하는 것이어야 한다. 하나님 나라의 역사에 동참하는 것은, 달리 말하자면, 먼저 '그의 나라'(하나님의 주권)와 '그의 의'(하나님과의 언약 관계를 기억하고 계명을 지키는 것)를 구하는 것이다(마 6:33). 교회의 존재 이유는 다른 무엇이 아니라, 삼위일체이신 하나님을 섬기는 것, 즉 하나님께 예배드리는 것이며 하나님의 나라를 구현하는 것이다. 하나님의 나라와 교회는 이분법적인 개념이 아니다. 교회와 예배는 이 세상에서 하나님 나라의 현존이다. 무엇보다 교회는 예수 그리스도의 몸으로서 예배공동체이다. 예배가 잘못되면, 신학과 신앙생활도 잘못된다. 성경적인 교회와 예배에 대한 바른 이해가 필요하다.

2. 기독교 신앙과 생활의 중심은 예배이다

하나님의 나라와 그의 의(義, 공의와 정의)를 구하는 신앙과 신학과 생활의 최고의 표현은 예배이다. 그러므로 성경은 하나님이 자기에게 예배하는 자들을 찾으신다고 하였다. 성경은 예배자가 '영과 진리로'(그리스어로, '엔 프뉴마티 카이 알레테이아') 하나님께 예배해야 함을 강조하고 있다(요 4:23-24). 그러면 '영과 진리로 예배한다'는 것이 구체적으로 무엇이며 어떻게 하는 것일까? 요한복음 본문에는 이 질문에 대해 먼저 외적인 '예배 장소나 교회당이 중요한 것이 아니다'라는 것과, '메시아(예수 그리스도)가 오시면 참된 예배를 드리게 된다'는 말씀 외에는 더 구체적인 설명이 없다. 성경적인 예배에 대한 설명과 답을 찾아보려는 것이 오늘 우리 예배신학의 과제이다. 바울 사도는 로마서 11장까지 믿음의 교리를 자세히 설명한 다음, 이러한 신앙의 기초 위에서 그리스도인이 어떻게 살아야 하는가에 대해 가장 먼저 강조한 것이, "… 여러분의 몸을 하나님이 기뻐하실 거룩한 산 제물로 드리시오. 이것이 여러분이 드릴 영적 예배입니다"(롬 12:1, 『새번역 신약전서』, 대한성서공회, 1973/1987)라고 한 것도 위에서 말한 요한복음의 구절과 상통하는 내용이다. 오늘 우리는 우리의 몸을 하나님께서 기뻐하실 '산 제물'(a living sacrifice)로서 '영적 예배'(spiritual/resonable worship)를 드리라는 말씀을 어떻게 이해하고, 설명하며, 실천에 옮길 수 있을까?

먼저 우리가 생각할 것은, 예배는 하나님이 기뻐 받으시도록 드려야 한다는 점이다. 예배를 드린다고 하나님이 다 받으시는 것은 아니다(비교, 호 6:6; 시 51:16-17; 잠 21:3 등). 요즈음 종교다원주의가 들어와서, 기독교가 전파되지 않았거나 기독교 복음을 듣지 못한 지역의 사람들도 그들의 종교 생활을 통해 똑같이 구원받는다는 주장이 있으나(비교, 말 1:10 이하; 마 7:21 이하), 성경은 이방 사람들의 제사는 귀신들에게 하는 것이요 하나님께 하는 것이 아님을 분명히 밝히고 있다(고전 10:20; 비교, 시 147:19-20; 행 4:12; 요 14:6 등). 어쨌든, 성경에서 잘못된 제사와 예배에 대해서는 일찍이 구약의 예언자들이 그 시정을 촉구하였으며, 특히 주전 8세기 예언자들인 이사야, 아모스, 호세아, 미가에게 있어서 당시 이스라엘과 유다에서 드려지는 제사(예배) 문제는 매우 우려할 만한 양상으로 드러나 있다. 제사(예배)에 대한 이사야 예언자의 말씀을 인용해 보자:

"여호와께서 말씀하시되 너희의 무수한 제물이 내게 무엇이 유익하뇨, 나는 수양의 번제와 살진 짐승의 기름에 배불렀고 나는 수송아지나 어린양이나 숫염소의 피를 기뻐하지 아니하노라. 너희가 내 앞에 보이러 오니 그것을 누가 너희에게 요구하였느뇨, 내 마당만 밟을 뿐이니라. 헛된 제물을 다시 가져오지 말라… 성회와 아울러 악을 행하는 것을 내가 견디지 못하겠노라… 너희가 손을 펼 때에 내가 눈을 가리우고 너희가 많이 기도할지라도 내가 듣지 아니하리라"(사 1:11-14).

예레미야 예언자도 예루살렘 성전에 예배하러 들어가는 유다 사람들에게, "너희는 이것이 여호와의 성전이라, 여호와의 성전이라, 여호와의 성전이라 하는 거짓말을 믿지 말라"(렘 7:4)고 했으며, "내 이름으로 일컬음을 받는 이 집이 너희 눈에는 도둑의 소굴로 보이느냐"(렘 7:11. 비교, 마 21:12-13)라고 질타했다. 이러한 이스라엘 예배의 타락상은 그러나 시정되지 않았고, 구약 예언시대의 후기인 제2 성전시대에 마지막 예언자인 말라기의 예언에서도 그 비참한 모습이 극에 달한 것을 볼 수 있다.

"너희가 더러운 떡을 나의 제단에 드리고도 말하기를 우리가 어떻게 주를 더럽게 하였나이까 하는도다… 너희가 이같이 행하였으니 내가 너희 중 하나인들 받겠느냐, 만군의 여호와가 이르노라. 너희가 내 제단 위에 헛되이 불사르지 못하게 하기 위하

　　　　　31. 레위기를 어떻게 설교할 것인가?

여 너희 중에 성전 문을 닫을 자가 있었으면 좋겠노라. 내가 너희를 기뻐하지 아니하며, 너희 손으로 드리는 것을 받지도 아니하리라"(말 1:7-10).

제사 예배의 타락상에 대해 예언자들을 통한 하나님의 심판 예언의 말씀은 하나님이 올바른 예배를 얼마나 찾으시고 기뻐하시는가에 대한 반증으로도 해석해 볼 수 있다(비교, 암 5:25; 행 7:41-43). 성서 신학적으로, 제사(예배) 주제에 관한 대표적인 성경 본문들로는 레위기와 시편, 그리고 신약의 히브리서(7~13장)를 들 수 있다. 그 중에서도 구약의 레위기(Leviticus)는 원리적인 면에서 삼위일체이신 하나님을 섬기는 도리를 제시하고 있는 '예배(제사)의 책'이라고 할 수 있다. 시편은 찬양과 기도를 통하여 예배하는 하나님의 백성 이스라엘 사람들의 '마음과 태도'를 보여주는 내용이다. 그러므로 레위기와 시편을 함께 읽는 것이 예배공동체에 유익하다는 말은 옳다. 신약의 히브리서에서는 구약의 율법에서 말하는 제사(예배)를 기독론적으로 재해석하는 데 그 의의(意義)가 있다. 히브리서는 더 이상 아론의 반차가 아니라 멜기세덱의 반차를 따르는 예수 그리스도의 대제사장권(히 7:11-28)을 내세우면서, 예수 그리스도의 십자가 희생을 통해 '단번에 영원한 속죄'의 효력을 분명히 하고, 이러한 원리에 기초하여 다음과 같이 신약시대 예배의 이해를 정리하고 있다.

"그리스도께서 … 염소와 송아지의 피로 아니하고 오직 자기 피로 영원한 속죄를 이루사 단번에 성소에 들어가셨느니라… 영원하신 성령으로 말미암아 흠 없는 자기를 하나님께 드린 그리스도의 피가 어찌 너희 양심으로 죽은 행실에서 깨끗하게 하고 살아계신 하나님을 섬기게 못 하겠느뇨"(히 9:11-14).

오늘 우리 그리스도인들은 그러므로 율법적인 제사(예배)에서 벗어나서 예수 그리스도의 보혈의 공로를 힘입어 하나님께 나아가 예배드리는 것이다(비교, 마 27:51). 말하자면 예수 그리스도의 이름으로 하나님께 나아가 드리는 하나님이 인정하시는 예배가 곧 '영과 진리' 안에서 드리는 예배이다. 그러나 예수 그리스도가 '율법의 제사'를 폐한 것은(히 10:8-9) 외적으로 그 제도적인 것과 형식적인 것을 폐한 것이지, 하나님의 뜻에 따라 예배하는 예배의 원리(정신)와 예배 그 자체를 폐하려는 것이 아님이 분명하다(마 5:17; 롬 3:31! 등; 비교, 마 8:4; 눅 2:22-24). 교회사를 통해서 볼 때 예배의 외형적인 방법과 제도는 시대의 변천에 따라 어느 정도 달라질 수 있는 것이 역사적인 사실이지만, 예수 그리스도 안에서 '영과 진리'로 드리는 예배의 본질은 변함이 없다. 구약의 참 예언자들도 잘못된 제사(예배)를 공격한 것이지, 예배 그 자체를 부정한 것이 결코 아니다(욘 2:9; 말 1:11; 3:3-4; 비교, 시 4:5; 27:6; 50:5,14 등). 아모스 예언자는 당시 이스라엘 백성이 하나님이 기뻐받으시는 예배가 아니라 자기들이 기뻐하는 예배를 드리고 있다고 지적했고, 길갈이나 벧엘 같은 성소를 찾지말고, 살아계신 여호와 하나님을 찾으라고 했다(암 4:4-5; 5:4-6. 비교, 5:25; 행 7:40-43!). 그러므로 성경이 말하는 '의(義)의 제사', '영(靈)과 진리(眞理)로 드리는 예배'의 정신을 이해하기 위해서는 레위기에 나타난 예배의 원리(原理)를 공부하는 것이 유익하며 필요하다고 생각한다.

3. 레위기의 구성과 내용

레위기는 모두 27장 859절로 이루어진 모세 오경(五經)에서 가장 짧은 분량의 책이지만, 토라(오경)의 중앙에 위치한 핵심적인 책이다. 먼저 창세기 1~11장은 태초 역사, 12~50장은 족장시대 역사 이야기로서 이스라엘 역사의 전사(前史)를 취급하고, 출애굽기 1장부터 신명기 34장까지는 여호와 하나님의 백성 이스라엘의 형성사(形成史)를 다루고 있다. 출애굽 사건을 통해 지도자 모세와 그의 형 아론이 속한 레위 지파의 족보가 소개되면서(출 6:14-27), 여호와 하나님은 레위 지파를 택하여 이스라엘 가정의 모든 첫아들을 대신하여 제사장들의 나라에서 성막(회막, 출 40:2)을 중심으로 여호와 하나님을 섬기는 직분을 맡기셨다(출 32:26-29; 민 3:5-13). 대제사장과 제사장들의 직무는 아론과 그의 직계 아들들이 승계하도록 하였다(출 40:12-15; 비교, 레 21:1-24; 히 7:11-19!). 레위기의 히브리어 명칭은 그 책의 첫머리에 나오는 단어를 따라서 '봐이크라'(그리고 그가 부르셨다)라고 한다. 레위기(Leviticus)라는 이름은 칠십인역(LXX)에서 유래하며, 불가타와 독일어와 영어 성경 역본들을 통해 전해진 이름이다.

레위기에는 레위인 또는 레위인들이란 단어가 약 250회 나오는 데 비해, '제사장'(히브리어로 '코헨')은 730회 정도 사용된다. 레위기는 레위 지파나 제사장들과 관련된 어떤 전문 서적이라는 인상을 받기 쉽지만, 사실은 히브리어 명칭에 나타난 대로 레위기는 "여호와께서 회막에서 모세를 부르시고 그에게 말씀하여 이르시되, 이스라엘 자손에게 말하여 이르라"(레 1:1-2)로 시작하여, 마지막 장 마지막 절에서는 "이것은 여호와께서 시내산에서 이스라엘 자손을 위하여 모세에게 명령하신 계명이니라"(레 27:34)로 마침으로써, 레위기의 내용이 레위 지파나 제사장 계층에만 국한된 것이 아니고, 모든 이스라엘 자손에게 주신 말씀이라는 것을 알 수 있다. 레위기는 모두 27장 중 절반 이상 되는 17장들에서 "여호와께서 모세에게 일러 가라사대"로 시작되는 것이 특징이며, 레위기 전체에 하나님이 모세에게 말씀했다는 언급이 무려 56회나 반복되는데, 이러한 사실은 레위기의 내용이 역사적 모세를 통해 여호와 하나님이 이스라엘 백성에게 말씀하신 내용을 전달하고 있으며, 그것은 시내산 언약의 전통과 성막(회막)을 중심한 제사장들 나라의 성격을 보여주는 것이다(출 19:3-6; 20:8-21; 비교, 레 7:38; 25:1; 26:46). 제사장들의 나라(예배공동체)로서 이스라엘 국가의 형성사는 야곱의 가족들이 애굽으로 이주한 것에서 시작하여(출 1:1-7) 출애굽 사건과 가나안 땅 정복 직전 모세의 죽음까지 약 400년간을 포함하며, 다음과 같이 다섯 단계로 나누어 볼 수 있다:

1) 약 400년 동안 애굽에서 종(노예)살이를 하는 히브리인들을 배경으로 한 출애굽 사건(출 1-13장).
2) 홍해(히브리어로 '얌 숲', 즉 '갈대 바다')를 건너 시내산까지(출 14~18장).
3) 시내산 언약과 성막(회막) 건립 및 여호와 하나님의 보배로운 소유로서 제사장들의 나라이며 거룩한 백성인 예배공동체로서 이스라엘의 자기 정체성 확립(출 19장-민 10장).
4) 시내산 진영에서 출발하여 40년간 광야 생활을 거쳐 요단강 동편 모압 평지까지(민 10-36장).
5) 지도자 모세의 고별 설교와 죽음, 그리고 모세의 후계자 여호수아의 등장 (신 1-34장. 비교, 신 31:1-8; 34:9; 수 1:1-9).

이러한 역사적 맥락에서 레위기의 내용은, 출애굽한지 제2년 정월 초하루(출 40:1-17) 시내산 진영에서 세운 '성막'(곧 '회막') 건립에 따라 이후 성막을 중심하여 계속되는 역사적 사건 진행의 연속성을 보여준다. 출애굽기 36장에서 시작하여 민수기 10장 11절까지에서 보면, 이스라엘 백성은 출애굽한 지 제2년 2월 20일에 시내 광야를 떠나게 되는데, 그렇다면 레위기의 내용은 성막 건립부터 시내산 진영을 떠날 때까지 약 50일 동안 여호와 하나님께서 모세에게 알려주신 규례(주로, 제사-예식과 관련한 신앙생활 지침. 레 1~18장)와 법(주로, 일상생활과 관련된 실정법. 레 19~27장)을 정리한 것이 된다. 이러한 맥락에서 20세기 독일의 복음주의 구약학자 묄러(W. Möller)는 레위기의 전체 내용은 출애굽기 19장 5-6절에 명시된 시내산 언약의 약속을 실현하기 위한 것이라고 한다. 즉 출애굽을 통해 여호와 하나님이 이스라엘 백성을 구원하고 해방하신 의미는 한마디로 "내 백성을 보내라. 그들이 나를 섬길 것이니라"(출 7:16; 8:1,20; 9:1; 10:3)는 말씀에 집약될 수 있다. 이제 출애굽한 이스라엘 백성은 더 이상 혈연공동체인 '히브리인들'이 아니며, 소외계층으로서 사회적 유대를 가진 '하비루/아피루' 공동체도 아니고, 시내산 언약을 통해 여호와 하나님을 섬기는 예배공동체이다. 앞서 언급한 대로 이스라엘에게 주어진 해방과 자유의 목적은 역시 여호와 하나님을 올바로 '섬김'(히브리어로 '아보다')에 있다. 시내산 언약을 통해 여호와 하나님을 올바로 섬기는 것은 곧 하나님이 '보배로운 소유'(즉, 하나님의 자녀)가 된 것을 의미하며, 하나님의 보배로운 소유로서 이스라엘의 존재이유는 '제사장들의 나라'(신앙생활)와 '거룩한 백성'(일상생활)으로 가시화된다. 레위기는 그러므로 그 전체적인 구조에서 보면, 출애굽한 이스라엘 백성이 성막의 제사(예배)를 중심으로 여호와 하나님을 섬기며 생활하는 규례와 법을 가르치는 '예배의 책'이다. 이제 이스라엘 백성은 여호와 하나님만을 예배함으로써 그의 '보배로운 소유'(자녀)가 되는 은혜의 선물(Gabe)을 받게 되고, 나아가 하나님의 자녀들로서 제사장들의 나라와 거룩한 백성으로서 살아가야 할 책임과 사명(Aufgabe)을 가지게 된 것이다.

20세기 영미권에서 대표적인 복음주의 구약학자로 명성을 알린 해리슨(R. K. Harrison, 1920-1993)은 레위기가 이사야나 다니엘과 같이 그 내용상 전반부와 후반부로 나뉘는 구조가 유사함을 지적하면서, 1) 레위기 1~16장은 하나님의 소유된 제사장들의 나라 백성으로서 이스라엘의 죄와 더러움을 제거하여 하나님께로 나아가는 길을 제시하는 것이 그 주된 내용이며, 2) 레위기 17~27장은 하나님과 동행하는 거룩한 백성의 삶의 내용과 지표를 제시한 것이 그 주된 내용이라고 분석하였다. 이에 대해 앞서 언급한 뮐러는 전자(레 1~17장)를 제사장들의 나라가 되는 길로, 후자(레 18~27장)는 거룩한 백성이 되는 길로 파악하였는데, 본 필자는 이러한 이중적 구조에서 레위기 18장은 전자(레 1~17장)와 후자(레 19~27장)를 연결하는 연결고리로 보고 싶다. 이것은 십계명의 두 돌판과도 구조적으로 상응하는 것이다. 영국의 구약학자 웬햄(G. J. Wenham)도 레위기의 내용이 논리적으로 질서정연한 구조를 가지고 있음을 지적하면서, 그 두 가지 핵심 주제는 역시 출애굽기 19장 6절의 '제사장들의 나라'와 '거룩한 국민'이라는데 동의하며, 전자는 하나님과 관계의 친밀성, 후자는 하나님의 백성으로서 증언의 삶에 그 초점이 있다고 한다. 이런 관점에서 웬햄은 레위기의 내용을 크게 다음과 같이 구분하였다:

1) 제사를 통한 예배의 원리와 실제를 가르치는 제사법(1:1-7:38).
2) 제사에는 중보자의 역할로서 제사장이 필요하다는 원리를 가르치는 제사장 제도(8:1-10:20)에 대한 지침.

3) 영육 간에 죄와 더러운 것을 정결케 하는 원리를 가르치는 정결규정(11-16장).

4) 거룩한 백성의 생활신조와 행동강령을 가르치는 성결 규정(17:1-27:34).

레위기는 제사장들의 나라와 거룩한 국민(백성)의 신앙과 생활을 지도하는 교과서라고 볼 수 있다. 여호와 하나님의 언약 백성 이스라엘이 그의 하나님과 시내산 언약 관계를 유지하는 유일한 방도는 다른 어떤 것도 아닌 '오직 제사(예배)'를 통해서라는 점을 우리는 놀라움과 함께 각별히 주목하게 된다. 레위기가 말하는 제사(예배)는 하나님의 백성의 신앙과 생활의 실천을 가르쳐준다. 달리 말하자면, 레위기는 전반부에서 '하나님 사랑'을, 후반부에서는 '이웃 사랑'의 내용을 제시하고 있다. 특히 레위기 19장 18절의 "원수를 갚지 말며 동포를 원망하지 말고 이웃 사랑하기를 네 몸과 같이 하라 나는 여호와니라"는 말씀은 예수께서 율법과 선지자의 강령을 말씀하실 때(마 22:39) 인용하신 구절로도 유명하다(비교, 마 19:19; 막 12:31; 눅 10:27; 롬 13:9; 갈 5:14 등). 따라서 레위기는 단순히 레위 제사장들만을 위한 제사-예식 규정집이 아니라, 일상에서 하나님의 자녀들의 이웃에 대한 윤리-도덕적 생활을 강조하고 있다. 레위기의 제사-예식 행위는 이스라엘 백성의 일상생활의 '도덕적 근거'(a moral basis)와 밀접히 연관을 가지는 것을 주목해 보아야 한다. 이러한 관점에서, 레위기 16장의 '속죄일'(贖罪日, Day of Atonement. 히브리어로 '욤 학킾푸림', 레 23:27-28; 25:9. 영어 표기로는, 'Yom Kippur')과 레위기 25장의 '희년'(禧年, Jubilee. 히브리어로 '요벨'; 비교, 레 27:17-21; 민 36:4)은 제사-예식과 일상생활을 연결하여 하나님의 백성의 신앙과 생활의 조화를 강조하는 레위기의 특별한 개념들이라고 볼 수 있다(비교, 레 18:1-5). 레위기를 대표하는 신학적 핵심 용어는 '거룩'(히브리어로, '카도쉬/코데쉬')이며(레 11:45; 19:2), 레위기가 말하는 '거룩'은 하나님을 닮는 것인데, 구체적으로 제사의 대속(substitution) 원리를 통해 죄를 제거하고 정결(purity)하게 되는 원리와 하나님의 보배로운 소유(자녀들)로서 구별된 이스라엘 백성의 일상생활에서 윤리-도덕적 원리를 통합하는 '온전성'(perfection/wholeness)을 표상하는 개념이다(비교, 레 19:18; 마 5:48).[2]

이상에서 논의한 레위기의 내용과 구조를 전체적으로 다음과 같은 도표로써 간단히 정리해 볼 수 있다.

---

[2] 비교, Jin-Myung Kim, *Holiness & Perfection: A Canonical Unfolding of Leviticus 19*, Das Alte Testament Im Dialog, Vol. 3, Perter Lang, 2011.

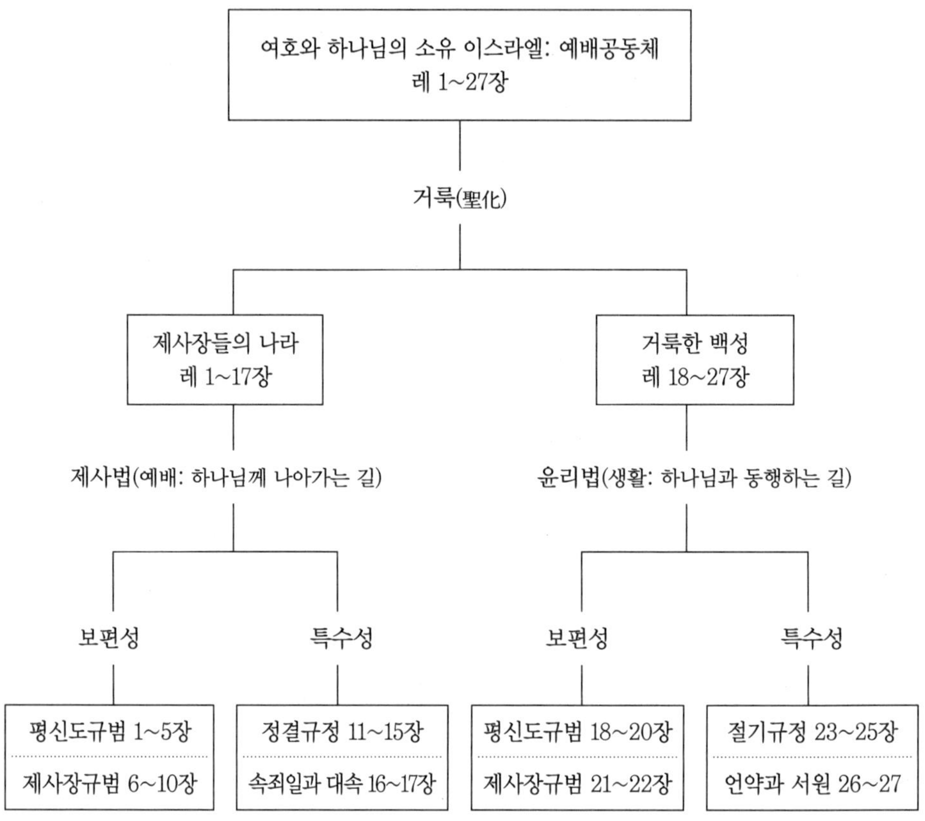

4. 레위기 형성사

문학비평(文學批評, Literary Criticism)의 문제는 레위기 저자에 관한 물음이며, 단일 저자의 경우 그 본문의 통일성과 역사적 위치와 가치를 확인하려는 작업이다. 달리 말하자면, 문학비평은 레위기 문서의 형성사(形成史)를 연구하며, 소위 육하원칙에 따라 레위기 문서가 언제, 어디서, 누구에 의해, 어떤 목적으로, 어떻게 기록되었는가를 파악하려는 탐구이다. 지난 19세기 후반에 독일 괴팅엔대학교의 셈어학 교수이며 구약학자인 벨하우젠(J. Wellhausen, 1844-1918)이 「이스라엘 역사 서설」(*Prolegomena zur Geschichte Israels*, 1878/1883², 영역판 1885)을 출판하여 모세 5경은 역사적 모세가 쓴 것이 아니고, 아마도 이스라엘 왕국시대 초기부터 바벨론 포로귀한 이후까지 J-E-D-P라는 기호로 표시할 수 있는 저자들(또는 편집자들)에 의해 여러 문

서들이 차례로 생겨났고, 이 문서들이 수백 년에 걸쳐 수집되고 편집되면서 최종적
으로는 바벨론 포로시대 이후 주후 5세기경에 오늘의 5경의 모습으로 통합되었다는
가설을 제기한 이후, 다수의 서양 구약성서 비평학자들은 레위기가 바벨론 포로기
이후 주전 5세기 중엽에 에스겔 예언자의 제사신학(겔 44장 이하 참조)의 영향을 받았
으며, 철저히 P문서(the Priestly Document, 제사장 문서) 편집자에 의해 문서화된 단
일 자료(a single source)라고 평가했다. 이미 주지하는 대로, 소위 벨하우젠 학파에
서는 모세 5경(토라)이 이스라엘 역사에서 주전 8세기에 나타난 예언자들의 '윤리적
유일신 사상' 이후에 생겨난 '율법 신학'이며, 히브리 종교의 화석화 과정의 산물이라
고 한다. 특히 모세 5경의 핵심을 이루고 있는 레위기를 포함한 제사장 문서(P)의 내
용은 바벨론 포로기 이후 성립된 제2성전 신학을 위한 '신학적 허구'(theological fic-
tion)로서, 레위기의 역사적 배경인 모세 시대의 시내산 성막이나 정교한 제사−예식
제도는 과거에 실제로 존재하지 않았다고 주장한다. 독일 하이델베르그대학교의 구
약학 교수 클라우스 베스터만(C. Westermann, 1909-2000)은 5경에 명시된 '법전
들'(Gesetzescorpora)을 그 형성된 시대별로 다음과 같이 다섯 가지로 정리하여 소개
하고 있다.

1) 십계명(출 20장): 이스라엘 역사의 초기 시대
2) 언약의 책(출 21~23장): 사사시대
3) 신명기 법전(신 12~26장): 주전 7세기 유다 왕 요시야 시대 이전
4) 성결 법전(레 17~26장): 주전 6세기
5) 제사장 법전(출 25장~민 10장): 주전 6세기에서 5세기 어간

소위 '성결 법전'(Das Heiligkeitsgesetz, 레 17~26장)과 레위기 1~7장의 '제사 규
례'와 레위기 11~15장의 '정결 규례' 도 각각 독립된 단위로 전승되던 것이, P문서 편
집자에 의해 최종적으로 제사장 법전(문서)에 통일된 문맥으로 편집되었다고 설명한
다. 이러한 베스터만의 설명도 벨하우젠 학파의 이스라엘 종교의 사상사적 진화라는
도식적 이해와 5경에 대한 문서설에 따른 결과이며, 이러한 설명은 대체로 추측에
근거한 잘못된 견해일 가능성이 크다. 역시 독일 본(Bonn) 대학교의 비평적 구약학
자 마틴 노트(Martin Noth, 1902-1968) 교수도 레위기에 대한 문학비평에서, 레위기
내용의 표면적−역사적 상황의 통일성과 제사−예식 규례에 관한 강도 높은 집중도
에도 불구하고, 레위기는 '단번에'(in einem Zuge) 쓰인 것이 아니라, 오래 지속된 형
성 과정의 전역사(Vorgeschichte)를 전제로 한다고 보았다. 레위기의 통상적 법 규정

양식 문체에서 벗어나는 레위기 9장의 첫 성막제사 거행 이야기에서 출발하여, 마틴 노트는 레위기 문서 형성 과정의 재구성을 시도한다. 노트에 의하면, 레위기 9장의 첫 성막 제사 거행 이야기의 이해를 돕기 위해 레위기 8장의 제사장 임직규례와 10장에서 제사장들인 나답과 아비후의 사망사건 이야기가 함께 전승 맥락으로 편집되었고, 이어서 레위기 1~7장의 제사법이 그 앞에 놓이게 되었다고 본다. 또한 속죄일 규정인 레위기 16장도 내용적으로 볼 때 8~10장에 연관된 부분인데, 아마도 일찍부터 9장과 연결되었던 것이지만 후대에 와서 레위기 11~15장의 개인의 정결 예식 규정을 16장의 정결 예식의 절정인 속죄일 앞에 놓음으로 그 효과를 높이려 했다고 본다. 레위기 17~25장은 26장의 시내산 언약규정 준수 여부에 따른 축복과 저주의 결론과 함께(비교, 신 28:1-19,20-68), 본래는 일반적 제사예식 규정인 소위 '성결 법전'으로서 독립적으로 존재했던 것이, 성막건립 이야기 → 제사규례 → 첫 성막 제사예식 거행 이야기에 뒤따라 첨가되었다고 한다. 마지막 레위기 27장은 부록의 성격으로 5경의 각 책이 구분된 후 레위기 권말에 수록된 것이라고 설명한다. 그러면서 레위기에서 8~10장의 성막제사 거행 이야기 이외의 다른 법 규정 자료들은 5경의 기본문서 자료들과는 상관없이 독자적인 전승을 가지고 존재했었다고 본다. 여기서 마틴 노트는 다시 레위기의 독립 자료들이 생겨난 출처에 관해 전승사적인 물음을 제기한다. 노트는 레위기의 제사-예식에 관한 독립자료들이 구전(口傳) 단계를 거쳐 오랜 전승과정을 가졌다고 보지만, 제사-예식의 관습과 언행은 그 성격상 정치-역사적 상황 변천에 대해 상당히 보수적이기 때문에, 그 정확한 전승과 변천 과정의 추정이 실제로 불가능할 때가 많음을 시인한다. 그러면서 레위기의 제사-예식 자료들의 전승사적 마지막 정착을 남 왕국 유다의 멸망(주전 586년) 직전이나 직후로 추정하며, 그 이후에 그 자료들이 차례로 오늘의 마소라 본문이 보여주는 레위기와 5경의 'P문서'의 틀 속에 삽입되고 편집되었다고 한다. 그러나 마틴 노트 역시 왜 성막에서의 첫 제사 거행 이야기가 반드시 레위기 문서 형성사의 시발점이 되어야 하는지에 대해서는 충분히 납득할 만한 설명이나 증거를 제시하지 못하고 있다. 이미 언급한 대로, 제사-예식 관계 자료의 다루기 어려운 보수적 성격 때문에, 어떤 가설이든지 유보적으로만 설명이 가능할 뿐임을 시인하고 있다. 어쨌든 마틴 노트가 레위기 형성사에 대해 설명하는 것도 객관적 증거에 기초한 것이 아니고, 이스라엘 종교의 사상사적 진화론을 전제로 하는 그의 사변적 추측에 근거하고 있음이 분명하다.[3]

우리는 이러한 서양 성서비평학자들의 가설과 주장에 휘둘릴 필요가 없다. 혹시

---

3) Martin Noth, *Leviticus*, Old Testament Library, ET 1965, rev. 1977.

라도 유익한 것이 있으면 취할 것이고, 무익한 것은 버릴 것이다. 스스로 고립되지 않기 위해 참고는 하지만, 왜 우리가 오늘 서양 성서비평학자들의 이론과 가설에 종 노릇 해야 하는가(비교, 갈 4:9!). 지난 20세기 중엽에 영국 케임브리지대학교의 영문학 교수로서 문학비평가이며 기독교 평신도 신학자로 널리 알려진 씨 에스 루이스(C. S. Lewis, 1898-1963)는 현대 서양 성서비평학자들이 성경에 대해 해석하는 것을 들으면, 초기 교회와 교부들과 이후 중세기를 거쳐 종교개혁자들과 19세기까지 우리가 공유해 온 성경에 대한 믿음의 엄청난 부분을 우리에게 포기하라고 요구하는 것 같다고 하면서, 루이스 자신은 그러한 성서비평 전문가들의 권위를 오히려 의심한다고 천명했다.[4] 서양의 성서비평학자들의 가설과 그들의 주장의 정당성에 대한 비평은 당연한 것이며, 지난 20세기 말과 21세기에 들어와서는 성서비평학자들이 사용하는 소위 역사-비평적 방법과 그 계몽주의 철학적 전제들에 대한 비평이 확산되고 있다.[5]

벨하우젠 학파의 구약 이스라엘 역사 이해의 열쇠라고 할 수 있는 주전 8세기 히브리 예언자들에 의한 '윤리적 유일신 사상의 확립' 가설은, 일찍이 미국의 성서고고학자이며 구약학자인 올브라이트(W. F. Albright, 1891-1971)가 고대 서아시아(고대 근동)의 종교-문화적 환경에 대한 폭넓은 역사-고고학적 비교 연구 결과를 토대로 역사적 모세 시대의 유일신관(monotheism) 존재의 가능성을 제시함으로써 극복되기 시작했고,[6] 출애굽과 시내산 언약으로 연결되는 모세 전통의 역사성을 부인하는 소위 알트-노트 학파(The School of Alt and Noth)의 역사적 '허무주의'(nihilism)에 대해서도 미국 버지니아의 유니온신학교 구약학 교수인 브라이트(John Bright, 1908-1995)가 그 역사적 가능성을 옹호함으로써 구약학계에서 어느 정도 대안이 마련된 것은 다행한 일이다.[7] 브라이트는 정통적 벨하우젠 학파의 사상(orthodox Wellhausenism)은 시간이 지남에 따라 너무나 많은 수정들이 가해졌기 때문에, 더 이상 그 순수한 주장을 찾기 어려움을 지적했다. 무엇보다 벨하우젠의 「이스라엘 역사서설」이 출간된 지 100주년을 기념하는 해인 1978년에 즈음하여, 히브리 대학교 성서학 교수인 모세 바인펠트(Moshe Weinfeld, 1935-2018)가 벨하우젠의 5경 문서가설을 뒷받침했던 논증들은 편견에 근거한 잘못이라고 했으며, 소위 'P 문서'는 'D 문서'

---

4) C. S. Lewis, *Christian Reflections*, Eerdmans, 1967/1989 Reprint. "Modern Theology And Biblical Criticism", 153쪽 이하.

5) 비교, Christopher M. Hays and Christopher B. Ansberry, eds., *Evangelical Faith and The Challenge of Historical Criticism*, SPCK, 2013. 비교, Mark G. Brett, *Biblical Criticism in Crisis?*, Cambridge, 1991.

6) William Foxwell Albright, *From The Stone Age To Christianity, Monotheism and the Historical Process*, Johns Hopkins, 1957, 특히 271쪽 이하.

7) John Bright, *Early Israel in Recent History Writing*, SCM Press, 1956, 특히 52쪽 이하.

보다 오히려 시대적으로 앞선 것이라고 주장한 것은 놀랄 만한 변화이다.[8] 영국 리버풀대학교의 고고학과 동방학(Oriental Studies) 교수인 케네스 키친은 성서비평학자들의 5경 비평은 대체로 상상력의 산물이며, 고고학적 문헌적 고증에 근거하여 그들의 주장이 잘못된 것임을 지적했다.[9]

영국의 복음주의 구약학 교수 웬햄(Gordon J. Wenham)은 오히려 예언자 에스겔이 레위기를 상당히 많이 인용한 것으로 보며(레 10:10//겔 22:26; 레 18:5//겔 20:11; 레 26장//겔 34장 등), P 문서의 어휘가 바벨론 포로기 이후의 히브리어를 닮지 않은 점 등을 들어, 레위기를 포함한 P 문서의 후기 편집 가설은 인정하기 어렵다고 한다. 이미 주전 2천 년대에 수메르(Sumerian) 전통의 메소포타미아 종교문서나 애굽의 피라밋 문서들, 그리고 주전 14세기경의 가나안 종교 문서인 우가릿(Ugarit) 문서 등에서도 제사직과 제사장과 제사—예식 규정에 관한 오랜 기록 전통자료가 있었음을 참작하고, 레위기에는 출애굽기에서와 같이 모세의 기록 활동(출 17:14; 24:4; 34:27)에 대한 직접적인 언급은 없으나, 레위기에서 여호와 하나님이 '모세의 손으로'(레 8:36; 26:46 등) 명하신 모든 말씀이라고 한 의미는 모세의 문서 활동까지 포함하는 표현으로 볼 수 있다. 또한 모두 27장 분량의 레위기에 무려 56회에 걸쳐 하나님이 모세를 불러 명하셨다는 말씀을 강조한 것과, 시내산 성막의 역사적 상황을 배경으로 한 것을 볼 때, 역사적 모세 자신이 대제사장 아론과 그의 제사장 아들들의 도움으로 레위기를 기록하기 시작했을 가능성이 크다고 하겠다. 이렇게 모세로부터 시작된 레위기의 서전(書傳)은 구전(口傳)과 함께 후대로 내려오면서, 가나안 땅의 실로 성소와 솔로몬 성전의 제사—예식 역사와 함께 일찍부터 레위기 문맥으로 편집되고 정리되었을 것으로 보는 것이 자연스럽다. 오늘 마소라 본문의 5경 문맥에서 레위기의 모습은 바벨론 포로귀환 이후 예루살렘에서 제2성전 시대에 아론의 16대손이며 율법학자인 에스라와 같은(스 6:18; 7:10) 편집자에 의해 최종적으로 정리되고 문서로 확정되었을 가능성이 크다. 물론 신약의 문맥에서도 레위기를 인용할 때 모세 전통의 역사성을 의심하지 않았으며, 예수님도 문둥병자의 정결 규정에 관해 레위기 14장 2절 이하에서 인용하여 언급하실 때, 모세 율법의 전통을 부인하지 않으셨다는 점 (마 8:4; 막 1:44; 눅 5:14; 17:14)은 오늘 레위기를 공부하는 우리의 이해를 위해서

---

8) Moshe Weinfeld, *Getting at the Roots of Wellhausen's Understanding of the Law of Israel on the 100th Anniversary of the Prolegomena*, The Hebrew University, Jerusalem, 1979. 이 책에서 바인펠트가 벨하우젠을 논박하는 주요 논점에 대해서는 다음을 참고할 수 있다. 김중은, "창세기 1:1~2:4a(P)/2:4b-25(J)의 문서가설에 대한 비평적 재론과 그 대안을 위한 연구", 『구약의 말씀과 현실』, 한국성서학연구소, 1996, 특히 193-194쪽.

9) Kenneth A. Kitchen, *Pentateuchal Criticism and Interpretation*, University of Liverpool, 1965; K. A. Kitchen, *On the Reliability of the Old Testament*, Eerdmans, 2003. 비교, Josh McDowell, *The New Evidence That Demands A Verdict*, Nelson, 1999. 특히 400-407쪽.

시사하는 바가 크다(롬 15:4 참조).

5. 레위기 신학과 레위기 연구의 의의

앞에서 논의한 레위기에 대한 서양 학자들의 문학비평적 설명은 구약학자들의
서재나 학위논문을 쓸 때 필요할지 몰라도, 성경을 하나님의 말씀으로 읽고 받아들
이며 공부하는 신학교의 현장과 그 본문을 가지고 설교하고 선교하는 교회의 현장에
는 유익은커녕 해가 될 가능성이 크며 도움이 되지 않는다고 생각한다. 다만 레위기
본문에 대한 세밀한 분석과 관찰을 통해 레위기를 연구하는 성경학자들에게는 도전
과 자극이 될 수 있다. 어쨌든, 레위기는 단순히 이스라엘 민족의 종교사상 진화 단
계에서 결과한 후대의 산물이거나, 히브리 종교의 고대 제사-예식 자료가 아니다.
레위기는 여호와 하나님께서 시내산 언약을 통해 자기 백성으로서 예배공동체인 이
스라엘에게 하나님을 섬기는 신앙생활의 규례와 일상생활의 법(법도, 개역성경)을 모
세를 통해 계시하신 내용이다. 레위기 신학은 모세 5경의 전체적 틀에서 보아야 하
며, 특히 출애굽 신학과 민수기 신학의 전후 맥락과 밀접한 상관관계에서 파악해야
한다. 이때 출애굽 신학에서 시내산 언약과 성막(회막) 건립은 레위기신학의 역사적
기초가 된다. 이러한 관점에서 웬햄(G. J. Wenham)이 레위기 신학의 주제를 다음과
같이 4가지로 정리한 것은 참고할 만하다.[10]

1) 하나님의 임재(the presence of God)
2) 거룩(holiness)
3) 제사의 역할(the role of sacrifice)
4) 시내산 언약(the Sinai Covenant)

먼저 모세 5경의 신학적 주제(패러다임)는 구속사적인 관점에서 다음과 같이 요
약해 볼 수 있다. 창세기 신학은 하나님 나라를 위한 여호와 하나님의 선하신 창조와
범죄로 인한 인간의 타락과 죽음, 그리고 인간은 여호와 하나님의 섭리와 은혜 없이
는 실패할 수밖에 없는 존재('별수 없는 존재')라는 이해이다. 창세기 신학은 한마디로
인간의 실패와 하나님의 구원 약속이다. 이어서 출애굽 신학은 인간의 실패와 죽음

---

10) G. J. Wenham, *The Book Of Leviticus*, Eerdmans, 1979.

으로 모든 것이 끝나는 것이 아니라는 것를 보여준다. 창세기에서 하나님의 구원 약속이 실행되는 내용이 출애굽기이다. 인간의 실패로 표상되는 애굽의 종살이에서 벗어나 하나님이 주시는 젖과 꿀이 흐르는 약속의 땅으로 행진하는 이스라엘 백성의 출현은 하나님의 섭리와 주권 아래서 구원과 해방과 자유의 주제가 출애굽 신학의 핵심이다. 출애굽기에서 하나님의 성호 '여호와'(야웨, 야훼)는, 무엇보다 "구원"을 강조하는 하나님의 고유명사 이름이며(출 3:14; 6:3; 비교, 요 17:26!), 출애굽 사건은 인간의 실패의 역사를 구원과 회복의 역사로 바꾸시는 여호와 하나님의 구원신학이다. 출애굽을 통해 구원받은 하나님의 백성 이스라엘은 '어린 아들'(호 11:1; 비교, 출 4:22-23)에 비유된다. 이제 여호와(야훼) 하나님은 구원받은 이스라엘의 아버지시며 이스라엘은 새 생명을 얻은 어린 아들(자녀)이다(출 4:22; 호 11;1). 시내산 언약(출 19:4-6)을 통해 하나님과 이스라엘의 인격적 관계는 성막(회막) 중심의 예배(제사) 생활을 통해 지속된다. 레위기는 하나님의 자녀(하나님의 소유) 이스라엘이 여호와 하나님의 뜻에 따라, 하나님을 알고 하나님과 동행하는 성숙한 삶으로 자라가게 하기 위한 성화(聖化)의 신학이다. 레위기 신학은 "너희는 거룩하라 나 여호와 너희 하나님이 거룩함이니라"(레 19:2; 비교, 레 11:44-45)고 말씀하시는 '거룩의 신학'이다. 레위기 신학에서 거룩은 제사(예배)를 통해 하나님께 나아가는 규례와 일상의 윤리-도덕적 생활을 통해 하나님과 동행하는 법, 이를테면 신앙과 생활이 조화된 성숙한 인간성을 도모하는 신학이다. 달리 말하자면, 하나님 나라의 국민(백성)이며 예배공동체인 이스라엘은 집단이나 개인을 막론하고, 이미 출애굽 직후에 주신 시내산 언약의 약속 내용인 '여호와 하나님의 보배로운 소유'(자녀)로서 제사장들의 나라(신앙생활)와 거룩한 백성(일상생활)의 조화를 구현하는 것이 그 목표이며(출 19:5-6), 레위기는 이 '거룩'(성화)의 실현을 위한 지침을 제공한다. 이러한 거룩의 목표와 성화의 과정은 단시일에 쉽게 이루어지지 않는다. 레위기에 뒤따르는 민수기(民數記, Numbers)는 약 40년간 가데스 바네아를 중심으로 광야생활을 통한 이스라엘 백성의 성화와 성숙을 위한 광야훈련 과정을 보여준다. 김진명 교수는, "민수기의 광야 시대는 분명히 실패와 반역과 불순종으로 점철된 역사였다. 그러나 이 불행한 역사의 여정 속에서도 하나님의 인도하심과 은혜의 역사는 끊어지지 않았으며, 하나님의 약속은 결코 파기될 수 없는 것이라는 사실을 분명하게 보여 주고 있다"고 했다(비교, 행 7:37-43).[11] 광야 생활에서 이스라엘 백성은 불평과 원망을 계속했다(민 14:1-5). 민수기는 원망과 불평을 하는 이스라엘 백성의 훈련 교과서이며, 광야훈련의 신학이다. 민수

---

11) 김진명, 『민수기』, 대한예수교장로회총회교육자원부편, 한국장로교출판사, 2012, 20쪽.

기에 이어서 신명기(申命記, Deuteronomy)는 그 책 명칭이 시사하는 바와 같이, 앞서 창세기로부터 민수기까지 여호와 하나님이 모세를 통해 말씀하신 내용을 요약하여 되풀이하는 내용이다. 신명기의 '신'(申)은 되풀이할 신이며, '명'(命)은 하나님의 명령, 곧 하나님의 말씀을 의미한다. 인간은 망각의 천재라는 말이 있다. 이스라엘은 하나님께 받은 은혜를 순간 기억상실증에 걸린 것처럼 자주 잊어버린다. 신명기는 그러므로 하나님의 백성 이스라엘이 하나님의 창조와 구원의 은혜를 잊지 않게 하기 위한 '되풀이 신학'이며, 이러한 되풀이 신학의 목적은 하나님의 은혜를 기억하며 하나님의 말씀에 순종하기 위함이다. 그래서 이스라엘의 가정에서는 자녀들에게 부지런히 하나님의 창조와 구원 역사를 되풀이하여 들려주고 하나님의 말씀을 가르쳐야 한다는 것을 강조했다(신 6:4-9,20 이하; 비교, 신 31:9-13!).

오늘 한국의 개신교 기독교는 제2세기의 문턱에 들어서면서, 가공할 만한 세속화 현상과 함께 신앙과 생활의 괴리 현상으로 병들어가고 있다. 이것을 신학적으로 진단해 본다면, 그동안 한국교회에서는 구원받았다는 출애굽 신학은 강조했는데(종종 출애굽의 해방과 자유의 진정한 의미도 세속화되고 이데올로기로 변질되고 있지만), 이제 새생명으로 거듭난 어린아이 같은 한국교회가 성숙한 성화의 신앙과 거룩한 생활로 자라가야 하는 데 필요한 레위기 신학이 제대로 연결되지 못하는 데서 오는 부작용이 아닐까? 교회에서 레위기 설교를 들어본 적이 있는가? 대한예수교장로회(통합) 원로 목사인 임택진 목사가 1988년 '참목회자상을 위한 신학 강좌'에서 레위기를 강해한 것은 매우 필요하고 시의적절하며, 그 강해 서설에서 "특별한 흥미와 감동으로 출애굽기를 읽은 독자라도 레위기는 어지간한 인내력이 없이는 통독하기 어려운 만큼 무미건조한 율법책이다. 그러나 레위기는 모세 오경의 셋째 책으로 그 위치가 중간에 있어서가 아니라, 모세 오경의 중심이요, 구약성경의 중심되는 진리를 기록한 책이다"라고 설파한 것은 한국교회 목회자들이 귀담아들어야 할 탁견이다. 동서양을 막론하고 교회에서는 레위기를 잘 공부하지 않는 경향이 있지만, 정작 유대교 전통에서는 주후 70년 예루살렘 성전 파괴 이후 디아스포라 시대에도 레위기가 특별한 숭앙(in particular reverence)을 받아왔고, 유대교 가정의 어린이들이 글을 배우고 히브리 성경을 공부하기 시작할 때 제일 먼저 읽는 책은 창세기가 아니라, 레위기라고 한다.

앞에서도 언급했지만, 하나님의 백성 이스라엘의 성화(聖化)를 통한 온전성을 추구하는 레위기 신학에 뒤따라오는 민수기 신학은 광야훈련의 신학인데, 그것은 성화의 과정에 훈련이 필요함을 시사하는 것이다. 민수기의 내용은 놀랍게도 광야에서 이스라엘 백성의 불평과 원망(민 14장 참조)으로 나타난다. 그럼에도 하나님은 이스라엘 백성과 맺은 시내산 언약을 기억하시며, '목이 곧은' 이스라엘 백성을 포기하지 않으시고 하나님의 주권으로 구원사의 성취를 향해 인도하신다. 구원받은 이스라엘 백성의 성화와 성숙과 온전성은 광야 40년의 훈련을 통한 연단과 인내를 필요로 한다. 시내산을 떠나 가나안 땅으로 출발한 이스라엘 백성은 광야에서 40년 가까이 생활하면서, '목이 곧은' 출애굽 제1세대는 다 죽고 결국 새로운 제2세대가 훈련되고 조직되어, 여호수아의 인도 아래 약속의 땅을 밟게 된다. 앞으로 한국교회는 레위기 신학의 다음 단계로서, 교회의 권징과 치리권을 바로 행사할 수 있도록 이스라엘의 광야훈련을 말하는 민수기 신학에도 마땅히 관심을 기울여야 하지 않겠는가? 개혁교회 전통에서는 신앙과 생활의 훈련과 함께 권징과 치리가 없는 교회는 참된 교회의 모습이라고 하기 어렵다. 민수기 신학에 뒤를 이어서 신명기 신학은 하나님의 말씀을 기억하고 순종해야 하나님이 약속하신 젖과 꿀이 흐르는 땅에 들어갈 수 있다는 것을 거듭 강조하고 있다. 하나님의 말씀을 기억하고 순종하기 위해서는 그 말씀을 되풀이 교육하는 것이 필수적이라는 것을 신명기 신학은 강조하고 있다(신 6:4-9).

그런데 우리는 모세5경의 마지막 책 마지막 장인 신명기 34장이 모세의 죽음으로 마감됨으로써, 이스라엘 백성이 약속의 땅 가나안에 들어가는 5경 구속사의 성취감을 맛볼 수 없는 아쉬움을 가지게 된다. 5경의 구속사 신학을 완결하는 이스라엘의 가나안 땅 정복은 모세의 후계자로서 '지혜의 신'(신 31:7-8; 34:9!)이 충만한 여호수아의 인도 아래 여호수아서에서 이루어진다(수 21:43-45; 비교, 수 23:14-16). 그러므로 완결된 구속사 신학의 맥락에서 보면, 우리는 5경(Pentateuch)의 신학에서 나아가 6경(Hexateuch)의 신학을 말할 수 있다.

결론적으로, 레위기 신학은 창세기 신학과 무엇보다 출애굽 신학의 연속이고, 구체적으로는 시내산 언약의 계승이며 발전이다(출 19:5-6). 특히 레위기의 제사(예배) 신학에서 하나님의 임재하심과 이스라엘 백성의 거룩성의 실현은 엄밀한 의미에서 무엇보다 '희생 제물의 피'(the sacrificial blood)가 죄를 없이하고 부정한 것을 깨끗게 하며, 이것이 이스라엘의 거룩을 위한 '대속의 원리'(레 17:11; 비교, 벧전 1:18-19; 행 20:28; 히 9:14,22 등)임을 강조하고 있는 점을 우리는 주목하게 된다. 우리 인간은 우리의 윤리-도덕으로 하나님과 사람들 앞에서 스스로 깨끗하고 거룩해질 수 없다. 거룩은 예수 그리스도 안에서 드리는 '영과 진리의 예배'를 통해 주시는 하나님의 은혜이다. 참된 예배를 드림으로써 하나님의 백성은 거룩함(성화)에 자라가게 된다. 비유하자면, 예배를 통해 하나님의 백성은 자라가는 데 필요한 하늘나라의 의식주(衣食住)를 공급받는다(비교, 고전 13:11; 엡 4:14; 히 5:13-14 등). 구약학자 조지나이트(George A. F. Knight)는 레위기 신학이 '십자가의 신학'(a theology of the cross)이라고 말하고 있다. 예표론(typology)적으로 예수 그리스도의 십자가 사건은 무엇보다 레위기 제사신학과 예표론적 해석(typological interpretation)의 관계를 맺고 있음이 사실이며(예컨대, 히 5:1-10:18), 이것은 기독교 성경 해석학의 올바른 입장이다.

영국의 구약학자 웬햄(G. J. Wenham)도 레위기의 제반 제사-예식 규례는 역사적인 구원 사건(출애굽)이 선행된 후 후속 조치로서 따라오는 하나님의 은혜의 선물이라고 바르게 설명하고 있다. 성경에서는 구원이 선행하고 율법은 후속한다. 레위기 신학에서도 구원(복음)이 선행하고 제사(율법)는 후속한다. 또한 출애굽 해방은 자기 마음대로 하는 자유 즉 '방종'을 의미하지 않고, 죄악에서 해방되고 하나님의 부르심과 계명에 '순종할 수 있는 자유'를 의미한다. 그러므로 하나님의 언약 백성이 불순종할 때는 그것을 바로 잡기 위한 징계와 심판이 있다(레 26:24-28; 비교, 신 28장; 암 3:2 등). 계속되는 하나님 백성의 불순종은 거듭된 심판을 초래하지만, 결코 언약의 전면 취소나 무효를 가져오는 것은 아니다(레 26:44). 하나님의 언약과 심판은 하나님의 사랑에 근거하기 때문이다(비교, 요일 5:16-19). 하나님은 이스라엘 조상들과 맺은 언약을 기억하신다(출 3:6). 또한 그와 함께 시내산 언약을 기억하시고(출 19:5), 새 언약(렘 31:31)을 약속하시며. 예수 그리스도 안에서 그 새 언약의 실현과 함께 영원한 생명을 약속하신다(눅 22:20; 요 14:15; 10:28; 비교, 겔 20:10-12; 느 9:29-31 등). 시내산 아래 성막에 임재하시는 여호와 하나님은 예수 그리스도의 성육신하심으로 우리 가운데 장막 성소로 임재하신다(요 1:14; 마 28:20).

레위기는 단순히 제사-예식을 담당하는 공식 직무 수행을 위해 특수 성직 계층인 레위 제사장들만을 위한 규정집이 아니다. 왜냐하면 시내산 언약을 통해 모든 이스라엘 백성들은 각자가 제사장들의 나라의 제사장이 되어야 한다는 것이 레위기 신학의 기본 사상이기 때문이다(비교, 벧전 2:9!). 그리스도인들의 만인 제사장론이 여기에 근거한다. 그러므로 이러한 레위기의 만인 제사장 신학에 기초하여, 베드로 사도는 베드로전서 2장 1-5절을 통하여 새 이스라엘인 오늘 우리 교회를 향하여 적절한 권면의 말씀을 하고 있다.

"그러므로 무엇이든지 악한 것과 속이는 일과 가식과 시기와 모든 비방하는 일을 버리고, 갓난아기가 젖을 사모하듯 신령하고 순수한 젖을 사모하십시오. 여러분이 그것을 먹고 자라서 구원에 이르기 위해서입니다. 이것은 여러분이 주님의 선하심을 맛보았을 때에 해당하는 말입니다. 사람들에게는 버림을 받았지만 하나님께는 선택

받은 귀한 산 돌이신 주님께로 여러분은 나아가십시오. 그리고 여러분 자신도 산 돌로서 하나의 신령한 집을 짓는 재료가 되고 거룩한 제사장이 되어 하나님께서 받으실만한 신령한 제사를 예수 그리스도를 통하여 드리도록 하십시오"[12]

한국교회 목회자들이여, 레위기를 공부하고 레위기를 설교합시다. 그리고 한국교회 성도들이여, 레위기를 공부합시다. 기독교 교육기관에서는 학생들에게 레위기를 가르칩시다. 가능하다면 그리스도인 가정에서 자녀들에게 레위기를 소개하고 함께 읽도록 합시다. 그리하여 언제까지 갓난아기나 철없는 어린아이의 신앙과 생활에 머무르지 말고, 바울 사도를 통해 권면하신 말씀대로 예수 그리스도 안에서 '장성한 사람'으로 자라갑시다(고전 13:11; 엡 4:13-14; 비교, 눅 2:40,52; 고전 14:20; 딤후 3:14-17; 히 5:12-14; 벧후 1:4-8 등).

---

12) 박창환 역, 『신약성경』, 코리아엠마오, 2007.

32

『구약신학 논문집』
구약논문시리즈 제1-8/9-10권

　　총신대에서 구약학을 가르치는 윤영탁 교수는 1979년에 총신대학교 출판부를 통해 해외 구약학자들의 구약학 관련 논문 7편을 번역·편집하여 『구약신학 논문집』 이라는 제목으로 구약논문 시리즈 제1권을 출간했다. 그 후 이 시리즈는 계속되어 1982년에 제2권(8편), 1985년에 제3권(9편), 1987년에 제4권(10편), 1988년에 제5권 (7편), 1992년에 제6권(7편), 1994년에 제7권(7편), 그리고 금년 1998년에 제8권(8편) 이 나옴으로써 모두 8권 63편에 이르는 구약신학 관련 외국 논문들이 우리말로 소개 되었다. 윤 교수의 말에 따르면, "이 책에는 성경을 신앙과 본분의 정확 무오한 유일 의 법칙으로 믿는 신학자들"의 논문들을 번역하여 모아 놓았다는 것이다. 또한, "우 리나라에 보수주의 입장에서 구약을 소개한 글들이 많지 못해… 신학교육에 조금이 라도 도움이 되기를 바라는데"서 이 논문 시리즈를 출판하게 된 동기가 있다고 했 다. 윤 교수가 총신대를 떠나 합동신학대의 구약학 교수로 일하면서, 이 구약신학 논 문집 시리즈는 때로는 성광문화사에서 출판되었고(2, 3, 4, 5, 6권), 때로는 합동신학 대 출판부에서 나왔으며(5, 7권), 금년에 나온 제8권은 합동신학대학원 출판부에서 출간되었다.

　　이 시리즈에서 윤 교수는 독자들의 편의를 위해 본래 논문들의 전문적인 각주는 가능한 한 생략한다는 원칙을 밝혔으나(1, 2권 역자의 말), 때로는 전문적인 각주를 충 실히 번역·소개하기도 했다. 많지는 않으나 윤 교수 자신의 의견을 별표로 표시하여 각주를 통해 제시한 것도 독자들에게 도움을 주며(예컨대, 제2권 4번째 논문인 "전도서 해석"에서 마르틴 루터가 전도서의 솔로몬 저작성을 부인한 첫 번째 사람이었을 것이라는 주 장에 대해, 루터는 1524년 번역한 독일어 성경 서문에서는 부인했으나, 1532년에 저술한 그의 라틴어로 된 주석에서는 솔로몬의 저작권을 인정했다는 점을 윤 교수는 각주를 통해 명시하고 있다, 89쪽), 이 시리즈 각 권의 마지막에 주제 색인과 성구 색인을 마련한 것은 이 책을 사용하는 데 편리함을 제공하고 있다. 이 시리즈에 소개된 대다수의 보수적 복음주의 구약학자들은 독일의 에른스트 빌헤름 헹스텐베르그(E. W. Hengsten-berg), 영국의 제임스 오르(J. Orr), 미국의 윌리엄 헨리 그린(W. H. Green), 에드워드 제이 영(E. J. Young)을 위시하여 주로 19세기 후반부터 20세기 전후반에 활약한 약 50명의 석학들을 망라하고 있는데, 그중에는 신학적 입장이 다른 유대교 학자들(제호슈아 엠 그린쯔, 모제스 허쉬 세갈)이나, 로마 천주교 학자(롤랑 드 보), 일본학자(관근정웅), 신정통주의 학자들(래리 제임스, 조오지 앤더슨)의 논문들도 보수적이고 복음주의적인 구약 이해에 도움이 된다는 판단 아래 싣고 있다.

윤교수는 이 시리즈를 구약신학 논문집이라고 했으나, 주로 자유주의나 신정통주의 구약학자들의 문제 제기에 맞서서 구약학 전반의 논점을 복음주의 입장에서 취급하려는 노력을 보여주었다. 구약신학에 관련된 논문들은 16편이 수록되었는데, "십계명 이해"(1,3), "구약에 나타난 부활사상"(1,7), "구약성경의 권위"(3,1), "구약이 어떻게 신약에 인용되었는가?"(3,8), "무엇이 구약 성경신학인가?"(4,1), "이스라엘과 교회"(5,5), "어떻게 구약성경에서 그리스도를 전할 것인가?"(6,1) 등의 중요한 주제를 취급하였다. 예언서 신학 연구에서는 구약의 선지자들에 관한 논문 2편(2,6; 2,7)과 함께 각론으로 이사야서의 "고레스" 언급 문제에 대한 대안적 견해(8,4)와 요나서에 관한 논문 3편(2,5; 5,3; 5,4), 그리고 에스겔, 학개, 말라기, 예레미야, 아모스에 관한 주제를 소개하였다. 모세 5경에 관련된 10편의 논문들에서는 구약개론의 쟁점들인 "고등비평과 금단의 열매"(3,9), "모세오경의 저작: 새로운 진단"(6,4)과 함께 창세기 해석문제를 다루는 논문 4편(1,1; 1,2; 2,1; 5,1)이 주목된다.

10편에 달하는 이스라엘 역사 관련 논문에서는, "이스라엘 민족의 기원"(3,5)과 마틴 노트의 암픽티오니 가설에 대한 비평 논문들을 제시하였고(4,9; 4,10), 아브라함이 낙타를 소유할 수 없었다는 자유주의 비평가들에 대한 논박은 흥미 있는 자료이며(4,8), "출애굽 연대문제"(8,7)에 대한 논의도 중요하다. 제2성전 건축에 대한 역사적 배경에 관한 주제(5,6; 5,7; 7,7)도 주목된다. 크투빔(문집)에서는 시편의 저주신학 문제(1,5)와 욥기 해석과 욥기 19:23-27의 주석적 연구(1,4; 7,3), 잠언의 구약신학적 의미(3,6) 및 아멘엠오페와의 관련 논의(3,7), 그리고 에스더서의 역사적 배경에 대한 자세한 논의(6,7)가 눈여겨볼 만하다. 그 외에 일본인 학자의 "히브리어와 히브리적 사고"(6,2)도 관심을 끌 만하며, 성호(신명4문자)의 발음에 관한 연구(7,1)도 필요한 논문이라고 생각한다. 자유주의 구약학에서 제기된 논점으로서, 신명기의 기원문제와 신명기 역사서, 그리고 묵시문학과 다니엘서에 관한 대안적 복음주의 논문들이 소개되지 못한 것은 앞으로 이 논문 시리즈가 계속되면서 기대되는 부분이다.

이 시리즈에서는 여러 초역자들이 참여한 이유 때문에 전반적으로 한글 번역문체의 통일성을 기대하기 어려우며, 때로는 생경한 번역문의 의미를 맛보기 위해 몇 번씩 곱씹어 읽어보는 노력도 필요하다. 또 외국어 표기에서도 어색한 점들이 발견되지만(예컨대, 싸이러스 에이취 골든에서 '골든'은 아무래도 어색하고 '고든' 정도로 해야 하지 않을까?), 대체로 번역된 각각의 논문들이 무엇을 말하려고 하는지 그 의도를 파악하게 하는 데는 나름대로 성공적인 번역과 편집이라고 하겠다. 주로 영어권의 논문들을 번역한 것이지만, 화란어에서 손봉호 교수가 번역한 "엘리후의 강화"(4,2)와 불어에서 윤 교수가 초역한 "구약에 나타난 열조와 함께 자다라는 표현"(8,3)도 흥미있는 자료이다. 윤영탁 교수는 이 시리즈에서 소개하는 논문들의 저자나 저작권 소유권자에게서 번역 허락을 받는 수고를 소홀히 하지 않았으며, 주위 동료 교수들과 후학들에게도 도움을 청하고 초역을 부탁하는 등, 다양하고 성실한 노력을 마다하지 않았다. 앞으로 이 구약논문 시리즈가 장수하기 바라며, 보수의 명분을 위한 보수신학이 아니라 참으로 성경적이며 복음주의적으로 역사—비평적 방법을 사용하는 자유주의 학자들이나 신정통주의 신학자들의 논의를 뛰어넘는 학문적으로도 탁월한 구약학 논문들이 번역·소개되기를 기대한다. 그리하여 오늘날 극도로 혼란한 현대신학과 구약학계에서, 바울 사도를 통해 말씀하신 대로, "하나님의 지식을 대적하여 일어나는 모든 교만을 쳐부숩니다. 모든 생각을 사로잡아 그리스도에게 복종시킵니다."(고후 10:5, 『신약전서 새번역』, 대한성서공회, 1973)라는 바른 복음주의 신학(근본주의가 아니라)의 입장과 구약학 공부의 바른 기풍이 진작되기를 바라는 마음 간절하다(위의 글에서 본 서평자가 시리즈의 논문들을 소개할 때, 예컨대 8,3에서 앞의 숫자 8은 논문집 시리즈의 권수 표시이고, 뒤의 숫자 3은 그 8권에 수록된 논문 순서를 표시한 것이다).

본 서평자가 윤영탁 교수 역편의『구약신학 논문집』시리즈 1–8권에 관해 간략한 서평을 쓴 후에, 계속해서 윤 교수는 1999년에 제9권, 금년 2002년에 제10권을 합동신학대학원출판부를 통해 출간하였다. 제9권에서 9편, 제10권에서 8편의 논문들이 추가됨으로써 이제 이 시리즈를 통해 모두 80편의 구약학 관계 논문들이 소개되었다. 윤 교수는 일관성을 가지고 신구약 성경을 하나님이 영감하신 계시로 믿고, 하나님의 말씀으로서 성경을 정경(正經, canon)으로 받아들이는 개혁교회 전통에 서 있는 복음주의 신학자들의 글을 선택하여 소개하고 있다. 제9권에서는 특히 역대기의 역사적 자료로서의 가치와 신뢰성, 역대기 저자의 목적, 그리고 역대기가 가지고 있는 신학적 특징에 관해 복음주의적 입장을 이해하는 데 필요한 3편의 논문들을 신고 있다. 또한 한국에서 신학적 대화를 위해 "역자의 말"을 통해, 임태수 교수가 발표한 역대기에 대한 다수의 논문들에도 주의를 환기시킨 것(5쪽)은 윤 교수의 신학작업이 보수주의의 근본주의적 폐쇄성을 탈피하는 복음주의 입장임을 보여준다.

제9권에서 흥미로운 논문은, 6번에 월터 카이저 2세(W. C. Kaiser, Jr.)가 쓴 "말라기서와 복음서에 나타난 엘리야 도래의 약속"(109-127쪽)이다. 여기서 카이저 박사는 구약 예언해석에 있어서, 과거 역사적 시점에서 본문의 의미와 함께 그 예언이 가리키는 예수 그리스도 사건과 연관된 종말론적 성취의 의미라는 두 개의 양극단의 의미만을 밝히는 "이중적 의미"(double meaning)의 예언해석은 적절하지 않으며, 앞으로 도래할 예수 그리스도의 재림과 하나님 나라의 완성에 이르기까지, 하나님의 구원사의 전 역사적 맥락에서 본문이 내포하는 "총괄적 예언"(generic prophecy) 해석으로 나아가야 함을 주장한다(구약 예언 성취의 해석학적 문제에 관한 복음주의 입장에서의 토론은 다음 문건을 참고할 수 있다. J. Barton Payne, *Encyclopedia of Biblical Prophecy*, Baker, 1973/1991, 121쪽 이하의 "D. Single Fulfillment" 항목). 카이저는 다음과 같이 말하고 있다. "… 마지막 사건과 연결된 그 사이에 낀 사건들은 하나님의 점층적 성취 가운데 완전 지불이 될 때까지 보증이요, 할부금의 첫 지불액이며, 견본(본보기)이요 부분적 선전(?)이다. 그것이 바로 세례 요한의 경우에 발생된 일이다.…그러면 요한은 보증으로서의 엘리야였던 것이다. 그러나 우리는 아직도 다른 엘리야, 그리고 특별히 우리 여호와의 크고 두려운 날이 이르기 전에 올 마지막 엘리야를 기다리고 있다.… 우리는 원문의 단일 의미와 말라기 3:1과 4:5,6에 나타난 유형의 예언들의 총괄적 의미를 교회가 채택하기를 권하는 바이다"(126-127쪽). 여기서 카이저는 개혁교회 전통의 원칙, 즉 성경의 한 본문은 두 개 이상의 여러 다른 의미가 아니라 본질적으로 "한 가지" 의미만을 가지고 있다는 입장을 고수하며, 그 한 가지 의미(단일 의미)는 하나님의 구원사에 나타나는 같은 유형의 사건들의 총체적인 맥락에서 구원사의 완성을 향한 미래지향적인 종합에서만 제대로 파악될 수 있다고 주장하는 것이다. 카이저의 이러한 구약 예언해석의 주장이 모두 옳고 모든 구약 예언해석에 다 적용될 수 있는지는 좀 더 두고 연구해야 할 문제지만, 그의 말라기 예언 해석은 자유주의나 신정통주의의 구약 예언해석과 구별되는 오늘 복음주의 구약 예언해석의 한 구체적인 예로서 주목할 만하다. 또한 일본 학자 요시야끼 하토리의 에스겔 20:5-9에 관한 주석적 논문을 번역해서 소개한 것은 앞으로 구약학에서도 한일 간의 대화를 위해 좋은 일이라고 생각한다.

제10권에서 윤 교수는 이미 제1권의 5번 논문에서 취급했던 소위 저주시편과 관련된 논문 두 편을 다시 소개하고, 저주시편에 대한 복음주의적인 이해와 윤리적인 평가를 긍정적으로 활성화하고 있는 점을 주목할 수 있다. 성호 "여호와"의 의미에 관한 논문도 제7권 1번의 '신명4문자'(Tetragrammaton)의 발음에 관한 연구 논문과 함께 읽으면 좋을 것이다. 그 외에도 창세기 4:4의 아벨의 제물에 관한 해석사를 볼 수 있고, "얍복 강가의 야곱, 브니엘에서의 이스라엘"(엘렌 로쓰)이란 논문에서는 자유주의 신학자들로 알려진 궁켈이나 폰 라트 등의 연구 성과에 관한 자료들도 인용하여 26쪽 분량의 글에 69개의 각주를 달면서, 폭 넓은 학문적 대화를 하고 있는 것은 현대 복음주의 신학자들의 포용적 태도를 보여주는 사례이다. 이런 관점에서 현대 복음주의 성경학자들은 다른 입장의 학자들과의 대화를 기피하거나 꽉 막힌 근본주의자들과는 차별화되는 입장이며, 성경본문의 역사적–문법적–신학적 주석에 기초하여 다양한 현대 성서학의 연구 성과들을 부지런히 검토하면서, 취할 것은 취하고 버릴 것은 버리는 입장이라고 하겠다.

"이사야서 후반부에 나타난 '종'의 연구"에서는 그 예언의 성취가 예수 그리스도에게서 확인되는 것은 사실이지만, 오늘 기독교인들은 "선지자 이사야가 말한 여호와의 종이 이스라엘이라는 진술을 거부하기보다는 받아들여야 할 것이다"(185쪽)라고 결론을 내린 것은 이미 9권에서 카이저가 제시했던 "총괄적 예언 해석"의 입장에서 이해할 수 있다. 제10권에서 마지막으로 윤 교수는 일본학자 니시 미쯔루의 "구약성경과 일본의 교회"라는 논문을 소개했다. 이 논문은 1998년 〈그리스도와 세계〉라는 잡지를 통해 발표되었던 것으로, 최근 일본 복음주의 학계의 구약공부에 대한 역사적 정리를 볼 수 있다는 점에서 매우 유익한 정보이다. 이 논문의 초점은 2차 세계대전 이전에 일본교회에서 구약성경이 활발하게 사용되지 않았던 원인을 분석하고 규명한다. 그 첫째 원인을 1889년 이후 메이지 시대 말기의 소위 "황국사관"이 성경의 역사관, 특히 구약성경과의 대면을 가로막았다는 점이다. 둘째는 1885년부터 독일의 튀빙겐 학파의 입장을 취하는 선교사들이 들어와 자유주의 기독교를 전하면서 성경의 복음적 이해를 조소한 것에 기인한다. 일본에서 자유주의 신학은 국가주의와 결합하여 "일본적 기독교"의 흐름으로 발전했고, 다른 하나는 사회주의와 결합하여 "기독교 사회주의"로 발전했다. 이러한 상황에서, 성서비평학이 도입되었고, 성서비평학은 일본교회의 강단에 부정적인 영향을 끼쳤다. "… 역사적 비평적 연구의 결과로 구약성경 여러 부분의 역사적 신빙성이 부정된 경우가 대단히 많다는 것 때문에, 설교자로서 크게 곤란함을 느끼게 해 주었다"(200쪽)고 진단하는 니시 미쯔루의 말을 우리는 타산지석으로 삼아야 할 것이다.

전후 일본 기독교는 황국사관에서 벗어났으나 그 망령(?)은 여전히 살아 있다고 한다. 여전히 일본 기독교 신학에서는 성경의 계시와 영감을 부정하는 비평적 연구가 매우 성황을 이루고 있다는 것이다(201쪽). 그런데 일본의 복음주의 교회에서는 "… 전후에 성경의 영감을 믿는 선교사가 대거 일본으로 온 결과 사람들의 눈을 다시 구약성경으로 향하게 만들었다"(202-203쪽)고 하면서, "… 전쟁 이전에 비해 생각하면, 많은 사람들이 구약성경에 친근함을 가지고 구약성경을 읽게 된 것"과 또한 "구약학을 전공하는 학자와 목사의 수가 많이 늘어나게 되었다"(203쪽)고 상황의 변화를 말해주고 있다. 그럼에도 아직 일본교회 강단에서는 구약성경 본문이 설교 되는 경우가 약하며, 구약성경의 사상이 충분히 가르쳐지지 않고 있다는 점을 지적하고 있다. 그렇다면, 현재 한국교회의 교인들과 강단과 신학계에서는 구약성경에 대한 관심과 설교와 가르침과 연구가 바람직하게 이루어지고 있는가? 윤영탁 교수는 개인적으로 일본의 복음주의 신학자들과의 친분과 교류가 있음을 말하였는데, 이러한 일본 학자의 글을 접하면서 본 서평자는 앞으로 한국과 일본의 복음주의 신학자들이 만나서 교제하고 학문적인 대화를 할 수 있는 기회가 있으면 좋겠다는 생각을 해 본다. 구약학과 관련하여 유익한 글들을 계속 역편하여 출간하신 윤 교수의 노고에 감사드리면서 서평을 맺는다.

33

"네 이웃을 네 몸과 같이 사랑하라"에 대한 논평

1. 제32차 한국복음주의 신학회 논문 발표회에서 "복음주의 신학과 기독교 윤리"라는 주제 아래 구약분과에서 김윤희 교수가 레위기 19:18을 택하여 "네 이웃을 네 몸과 같이 사랑하라"는 논문을 발표한 것은 구약신학(구약윤리학을 포함하여)의 관점에서 볼 때 중요하며 흥미 있는 일이다. 주지하는 대로, 레위기 19:18의 "네 이웃을 네 자신과 같이 사랑하라"는 말씀은 "구약윤리의 최고봉"으로 일컬어지며,[1] 해리슨은 이러한 정신은 고대 세계에서 독특한 것이며 구약의 가장 뛰어난 도덕률 중의 하나라고 하였다.[2] 유대교 해석에서도 이 구절은 "토라의 진수"(quintessence of the Torah)를 나타낸다고 보았다.[3] 발표자 김윤희 교수도 지적한 바와 같이 무엇보다 이 구절은 예수께서 온 율법과 선지자의 강령 속에 포함하여 말씀하신 것이며, 하나님을 사랑하라는 첫 계명과 함께 이웃 사랑의 둘째 계명도 똑같이 중요성을 가지고 있다고 하신 것으로 유명하고, 또 이 말씀은 그리스도인의 황금률(golden rule)로서 신약에서 많이 인용되고 있다(발표된 논문, 40쪽).

2. 김윤희 교수 논문의 목적은 레위기 19:18의 윤리-도덕적 탁월성이나 중요성을 재삼 논하려는 것이 아니다. 그 점은 이미 누구나 동의하는 바이다. 김 교수가 이 논문에서 문제제기하는 점은 많은 사람들이 이 구절을 알고 그 중요성을 인정하면서도, 실제로 그 구절이 나오는 레위기의 문맥 속에서 그 구절이 구체적으로 의미하는 내용에 관해서는 익숙하지 못하다는 것이다. 또 예수께서 이 구절을 인용하셨을 때 바리새인들의 율법학자로부터 시작하여 오늘에 이르기까지, 이 구절의 해석에 대한

---

1) Gerhard Meier, *Das dritte Buch Mose*, Wuppertaler Studienbibel, 1994, 346쪽.

2) R. K. Harrison, *Leviticus*, Tyndale OT Commentaries, 1980, 199쪽.

3) Nehama Leibowitz, *Studies in Vayikra Leviticus*, 1985, 165쪽.

질문이 계속되었다는 점이다. "그러면 내 이웃이 누구오니이까?"(눅 10:29). 현대 구약 윤리학적인 관점에서 오토도 레위기 19:18이 해석상 난해 개소임을 지적하였다.[4] 그러므로 김 교수는 이러한 문제의식을 가지고 기존의 해석들을 꼼꼼히 살펴나가면서 레위기 19:18이 레위기 19장에서 차지하는 위치와 그 문맥의 문법적-역사적인 의미를 조사하며, 나아가 레위기 19장이 전체 레위기의 구조와 주제에서 연관된 자리를 찾아보고, 또한 레위기가 모세오경(특히 출애굽기와 민수기 사이)에서 차지하는 의미를 규명하여, 결국 레 19:18에 대한 주석적, 구약신학적, 신약을 포함한 경전적 의미를 통전적으로 조명하려는 것이 이 논문에서 의도하는 초점이다.

3. 김윤희 교수는 이 논문의 목적을 달성하는 데 있어서, 신뢰도와 설득력을 높이고 설명을 분명하게 하기 위해서 여러 학자들의 관련 서적과 논문들을 부지런히 참조하는 학자적 성실성을 보여준다(30쪽 분량에 41개의 각주를 달고 있다). 복음주의 신학자들의 견해뿐만 아니라, 자유주의-신정통주의 입장의 비평학자들의 견해와 유대교 학자들의 견해까지 폭넓게 검토하여, 취할 것은 취하고 버릴 것은 버림으로써, 김 교수 자신의 복음주의 신학적 입장에서 가장 올바르고 유익한 해석을 하려고 노력한다. 예컨대, 레위기 문서의 형성과 그 구조의 이해를 위해 기존의 P문서설과 함께 레위기 19장이 포함되어 있는 소위 "성결법전"(Holiness Code, 레 17~26장) 가설을 독일 하이델베르그대학교의 비평적 구약학자인 롤프 렌토르프(Rolf Rendtorff, 1925-)의 견해를 원용하여 논박한 후, 레 19장이 포함된 지금까지 고정관념인 레위기의 "성결법전" 개념을 깨고 새롭게 레위기의 해석을 위한 조명이 필요함을 김 교수는 주장하고 있다(46쪽).

독일학자 클로스터만(A. Klostermann)이 "성결법전/거룩법전"(Heilichkeits-gesetz)이라는 용어 사용을 1877년에 제안한 이래 오경 연구 특히 레위기에서 성결법전의 해석학적인 범례(패러다임)는 문자 그대로 요지부동의 자리를 차지하고 있다고 여겨졌는데, 김윤희 교수는 이 논문에서 영국의 여류학자 매리 더글라스(Mary Douglas)의 논문을 원용하여 레위기 전체의 구조를 수사학적 비평의 관점에서 종합적인 "링(고리)형태 구조"(Ring Structure)로 파악함으로써 레위기 해석에 새로운 돌파구를 열고 있다. 그리하여 레위기 '고리구조'의 도표에서 제시된 바와 같이(47쪽), 고리의 중간 전환 지점인 레위기 19장이 레위기 전체의 중심을 차지하고 있으며, 이 고리구조에서는 원의 반쪽 부분만 가지고는 충분한 이해가 안 되고, 그 대응되는 다른 편의 부분과 연결해 볼 때에 비로소 전반적인 레위기 이해가 제자리를 찾게 된다

---

4) Eckart Otto, *Theologische Ethik des Alten Testaments*, Kohlhammer, 1994, 243쪽.

고 본다. 따라서 전환점에 있는 레위기 19장은 그 반대편 고리에서 대응되는 결말인 레위기 26장과의 연관 아래서 조명되어야 함을 말한다. 또 레위기 27장은 부록이 아니라, 레위기 전체의 통일성 있는 고리구조를 마무리하는 잠금장치인 '걸쇠'로 처리하고 있다. 이러한 레위기 구조에 대한 수사학적 비평(또는 신문학비평)의 해석학적 통찰은, 그것에 동의를 하든 하지 않든 간에, 레위기 이해와 특히 레위기 19장의 내용을 이해하는 데 하나의 신선하고 심미적인 대안을 제시하고 있음이 틀림없다.

김윤희 교수는 이러한 새롭고 아름다운 레위기의 고리구조라는 해석학적 틀을 가지고, 주석적이며 수사비평적이며 정경비평적인 방법으로 레위기 19:18의 의미를 구약신학적으로 조명하고, 특히 이 논문의 핵심인 19:18 상반절에서 문제 제기되는 "이웃"에 대한 이해와 "네 자신과 같이 사랑하라"는 말씀의 구체적인 의미를 설득력 있게 제시하였다. 김윤희 교수는 레위기 구조의 통일성을 구축한 다음 레위기의 일관된 주제는 "하나님의 거룩함"과 "하나님의 정의"라는 두 개념의 상호보완적인 상관성의 흐름으로 파악하고(48쪽 이하), 레위기 19장 구조의 주제도 다름 아닌 '거룩하라'는 명령으로 시작하여 공평한 저울, 추, 에바, 힌 사용을 강조하는 결론으로 끝맺는 것으로 보아, 레위기 전체 주제와 일관된 흐름에 따라 "거룩함과 정의"의 주제로 보아야 한다고 설명한다(50-51쪽). 이러한 레위기의 거룩함과 정의(실제 히브리어 본문에서는 "채대크"을 사용하는데, 이 단어는 '공의'라는 번역이 더 적절하다고 생각한다, 본 필자 주)의 주제는 거룩이 어떠한 추상적이거나 피안적인 신비한 내용이 아니라, 일상생활에서 구현되는 구체적이고 실천적인 방향으로서의 '공의'(김윤희 교수는 '정의')를 제시하는 것이라고 파악된다.

김윤희 교수는 다시 수사비평적 방법으로 레위기 19장의 구조를 전문 학자들의 연구업적을 활용하여(Wenham, Sailhamer, Magonet) 다시 정교하게 분석하고, 레위기 19장을 크게 두 부분으로 나누어, 1-18절과 19-37절의 두 부분이 그 양식이나 내용에 있어서 서로 상응과 연결을 나타내고 있음을 도표로 제시하였다(52쪽). 일견 19장의 내용은 다양한 율법 규정들의 통일성 없는 나열로 보이기 쉽고, 특히 18절 상반절의 이웃사랑의 계명은 갑자기 출현한 동떨어진 내용으로 비쳐질 수도 있으나, 전문적인 수사학적 기법으로 그 구조를 들여다보면 두 부분의 내용은 중복되거나 서로 동떨어진 것이 아니고, 상호보완적인 내용을 이루고 있음이 관찰된다는 것이다. 그중에서도 11-18절은 이웃과 관련된 히브리어 동의어들을 점층법적인 수사학적 기법으로 이웃에 대한 관심을 네 단락(동료, 이웃, 동포, 형제)으로 정리하면서 각 단락마다 "나는 여호와니라"의 하나님의 자기소개 양식소를 반복하고 있는 것은, 적어도 이 문맥에서 18절이 수사학적인 점층법으로나, 여호와 하나님의 자기소개 양식소의 반복 강도로 보아, 이웃에 대한 레위기적인 거룩과 공의(김 교수는 '정의') 실천 주제의 절정을 이룬다고 본다(10쪽). 따라서 김윤희 교수는 이 구조에서 분명한 점은 18절 상반절의 "이웃 사랑하기를 네 몸과 같이 하라"는 구절이 결코 동떨어진 하나의 추상적 개념이 아니라, 문맥 속에서 구체적인 실례들을 통해 실천적이며 구체적인 내용으로 나타나는 것이라는 점을 지적하면서, 이와 함께 같은 문맥에서 매우 포괄적으로 나타나는 이웃 개념(품꾼, 귀먹은 자, 맹인, 가난한 자, 세력 있는 자, 동포, 동료, 형제 등)과 함께, 사랑의 동기부여가 사람에게 있지 않고 "나는 여호와니라"고 거듭 밝히고 있는 하나님께 있음을 드러낸 것은 탁월한 신학적 통찰이라고 생각한다.

여기서 머물지 않고, 김 교수는 이 문단구조의 마지막 구조까지 분석하는 치밀함과 섬세함을 보여준다. 즉, 18절은 11-18절의 구조 안에 있고, 또 17-18절은 그 구조 안에서 하나의 단위를 이루고 있다는 것이다. 17-18절의 단위는 역시 수사학적 기법으로 교차대구(chiasmus)를 이루고 있으며, 내용적으로도 소극적인 금지(미워하지 말며/ 원수 갚지 말며 원망하지 말고)와 적극적인 명령(견책하라/ 사랑하라)이 교차적으로 보완관계를 이룬다. 뿐만 아니라 앞선 타동사에서는 계속 목적격 전치사가 사용된 데 반해 18절 상반절에서는 "사랑한다"는 동사에서만 히브리어로 "아하브+르"구문을 사용한 것은 의미의 차별화로 보아야 한다는 것이다. 즉, 전자는 감정적인 마음의 태도에 강조가 있다면, 후자는 감정과 마음의 태도를 넘어선 실천을 강조한 의미가 있다고 해석한다. 김 교수는 레위기 19:18의 의미를 밝히는 데 있어서, "이웃"과 "사랑하라"는 말씀에 이어 "네 몸과 같이"(히브리어로 '카모카', 너와과 같이)에 주목한다. 이 구절은 부사구로서 보든지 형용사구로서 해석할 수 있는 가능성이 있는데, 이 문제의 해결은 쉽지 않으나, 레위기 전체와 19장의 주제에서 볼 때 거룩과 공의(채대크)의 해석학적 틀은 이웃 사랑을 "자기가 자기 스스로를 대하는 정당성만큼의 정의를 요구"(16쪽)하는 것으로 정리해 주기 때문에 부사구로 해석해야 한다고 김 교수는 주장한다.

마지막으로 김윤희 교수는 레위기 19:18의 이웃 사랑 계명이 엄밀한 주석적 의미에서는 이스라엘 백성과 이스라엘 땅에 살고 있는 거류민(히브리어로 '게르')에게 국한된 한계를 보여 준다고 판단하고(비교, 레 19:34의 보완적인 해석), 전체 모세오경 안에서 신명기 10:12-22은 레위기 19장의 이러한 한계를 극복하고, "하나님이 창조하신 모든 인류"가 이웃의 범주에 들어간다는 확장된 주석의 역할을 한다고 설명함으로써 경전비평적인 이해를 구하고 있다(65쪽). 결론에서 김 교수는 레위기 19:18의 이웃 사랑의 계명이 오늘 우리에게 말씀하는 의의는 먼저 유대교 랍비적인 이웃 해석 논쟁은 지양되어야 한다고 보며, 경전 비평적인 관점에서 예수님의 이웃 사랑 계명의 인용과 비유의 말씀은 전혀 새로운 가르침이 아니라, 구약 본문에 대한 예수님의 정확한 이해와 통찰력에 기인한다고 주장하면서, 우리에게도 이웃 사랑의 계명이 **나 자신에게 하듯 행함으로 실천되어야 함**을 강조한다.

4. 이상에서 살펴본 대로 김윤희 교수의 이웃 사랑 계명에 대한 논문은 레위기 전체를 통일된 문학 단위로 보는 수사학 비평의 해석학적 틀에서 레위기 19:18 상반절의 구체적인 의미에 대해 적절한 주석 작업과 경전비평적인 통찰을 통해 구약학자로서 전문가적인 조명을 보여주는 아름다운 논문이라고 생각한다. 이제 이 논문을 읽으면서 떠오른 생각들을 네 가지의 물음 형식으로 제시함으로써 논평자의 책무를 다하고자 한다.

첫째, 양식비평에서는 언제나 그 양식의 기원(구전의 과정)과 역사적인 '삶의 자리'(Sitz-im-Leben)의 조명이 그 본문의 의미를 파악하는 데 필수적인데, 수사학적 비평에서 레위기 27장 전체를 하나의 고리구조를 가진 문학단위로 보는 것은 신선한 통찰이 분명하지만, 이 경우 이러한 레위기의 '고리구조'가 역사적인 모세의 작품인지 또는 또 다른 어떤 역사적 형성과정을 거쳐서 나타나게 되었는지에 관해 어떻게 설명을 해야 하는지 묻게 된다. 이와 연관하여 레위기 19장에 나타나는 2인칭 단수 문체(19:9-10,13-18 등)와 2인칭 복수 문체(19:11-12, 23-25 등)의 혼재 현상을 어떻게 통일된 구조 속에서 설명해야 하는가 하는 물음도 제기된다.[5]

둘째, 레위기 19:18의 "네 자신과 같이"(히브리어로 '카모카')의 해석에 있어서 김 교수는 '부사구'로서의 해석과 '형용사구'로서의 해석을 논하고, 부사구 해석을 택하여 "자기가 자기 스스로에게 대하는 정당성만큼의 정의"라는 의미로 보았는데, 이러한 해석 외에도 제3의 해석이 가능하지 않을까 생각한다. 즉, 레위기 19장을 하나의 통일된 문단 단위로 보았을 때, 여기서 '너(네 자신)'는 19:1-2과 19:37의 도입 양식소와 종결 양식소의 범위 안에서 그 뜻이 분명히 드러나고 있으며, 여기서 '너'는 특별한 '너'로서 이스라엘 예배공동체의 일원이며 여호와 하나님이 출애굽을 통해 사랑하시며 구원하신 '너'이다(비교, 출 11:45). 히브리어 '카모카'를 직역하면 '너처럼/너 같이'인데, 이것은 김 교수가 바로 지적한 것처럼 19:34에 의해 보완 확충되었으며, 이러한 구조에서 보면 18절 상반절에 나오는 "네 이웃을 너처럼('네 자신과 같이', 한글 개역성경) 사랑하라"는 말씀에서, **너처럼**은 '네가 너를 사랑하는 것처럼'이 아니고 **'여호와께서 너를 사랑하시는 것처럼'**으로 읽어야 한다. 다시 말하자면, **'여호와 하나님이 너를 사랑하신 너 같이, 너도 이웃을 사랑하라'**라고 이해할 때, 비로소 '네 자신과 같

---

5) 비교, P. J. Budd, *Leviticus: The New Century Bible Commentary*, Eerdmans, 1996, 266쪽.

이/너처럼/너같이'를 제대로 해석할 수 있다고 생각한다. 레위기 19:18 마지막에 종결양식소로서 "나는 여호와니라"가 강조된 것도 이러한 해석을 뒷받침한다. '네 자신과 같이'에서 '네 자신'을 사랑하는 주어는 '내'가 아니라 '여호와 하나님'이다. 신약성경에서 예수님이 이웃 사랑 계명을 말씀하실 때, **"내가 너희를 사랑한 것 같이 너희도 서로 사랑하라"**(요 13:34)고 하신 것은 레위기 19:18 상반절의 의미를 보다 명확하고 온전하게 해석하신 것으로 볼 수 있다. 우리 인간은 서로 사랑할 수 없고, 나는 나 자신도 사랑할 수 없는 존재다. 내가 나를 사랑하고 이웃을 사랑할 수 있는 것은 먼저 하나님이 나와 우리를 사랑하셨기에 가능하다(롬 5:8; 요일 4:10,19! 비교, 신 7:8). 예수님이 나(우리)를 사랑하신 것 같이 그 사랑을 받은 나(우리)도 이웃을 사랑해야 한다는 말씀이다. 내가 내 자신을 사랑하는 것같이 내 이웃을 사랑하라는 말씀이 아니다. 따라서 히브리어 "카모카"를 여호와 하나님을 주어로 하는 "아하브" 동사의 의미론적인 목적격으로 이해할 수 있다. 왜냐하면 18절 하반절에도 계속되는 "나는 여호와니라"라는 하나님의 자기소개 양식소의 기능은 김 교수도 지적한 바와 같이 사랑의 동기가 나 자신에게 있지 않고 하나님께 있음을 밝히고 있기 때문이다.

셋째, 레위기 19:18의 구조에서, "네 이웃을 네 자신과 같이 사랑하라"는 말씀은 상반절의 세 분절 중의 셋째 분절로서, 선행하는 두 분절들 즉 "원수를 갚지 말며", "동포를 원망하지 말며"와 평행되는 구절로서, 두 분절에서 소극적인 내용을 반전시켜 적극적인 표현으로 승화시킨 것으로 보아야 하지 않을까, 하는 생각이다. 그렇다면 여기서 이웃 사랑이란 다름이 아니라 '원수 갚지 않는 것'과 '동포를 원망하지 않는 것'을 적극적으로 표현한 것으로 이해할 수 있다. 그렇다면 이 문맥은 성경의 설명대로 우리가 죄인으로서 하나님과 원수 되었을 때 하나님이 먼저 우리를 사랑하셨기 때문에, 그 사랑을 받은 우리도 우리에게 죄를 지은 이웃, 즉 원수도 사랑하고 동포도 사랑해야 한다는 말씀과 잘 연결될 수 있다(주기도문, 마 6:12. 비교, 마 9:13; 롬 5:8; 엡 2:16 등). 이 셋째 분절에서 '원수 갚지 말라'와 '동포를 원망하지 말라'는 계명과는 또 다른 '이웃 사랑'의 계명이 갑자기 나타난 것이 아니고, 언약법전(언약서)의 출애굽기 23:4-5(비교, 신 22:1-4)에 나타난 원수사랑 동포사랑 계명의 재해석으로 볼 수 있지 않을까 하는 생각이다. [6]

넷째, 김윤희 교수는 출애굽기와 레위기의 구조적 연속성을 설명하는 데 있어서 웬햄(G. J. Wenham)이 출애굽기 19:6에서 인용하여 제시한 "제사장들의 나라"와 "거룩한 백성"의 실현이 레위기에서 연속성을 가진다고 보는 것이 적합하지 않다고 보

---

6) Eckart Otto, *Theologische Ethik des Alten Testaments*, Kohlhammer, 1994, 346쪽 이하 참조.

는데, 그 이유로서 레위기는 "이스라엘 백성이 직접 제사장들의 나라(a kingdom of priests, 출 19:6)가 되는 데 실패했고 제사장들을 가진 나라(a kingdom with priests)"가 되었기 때문이라고 미국의 구약학자 쌔일해머(John H. Sailhamer)의 주장을 인용하였는데(42쪽), 여기서 "제사장들의 나라"와 "제사장들을 가진 나라"의 개념 구별이 다소 인위적이고 어색하다고 느껴진다. 출애굽한 이스라엘이 시내산 언약 이후 역사적으로 '제사장들의 나라'(히브리어로 '마믈래캐트 코하님')가 된다는 것이 '제사장들을 가진 나라'와 어떤 차이점이 있는지 궁금하다. 이 문맥에서 여호와 하나님은 역사적 이스라엘 백성의 성인 남녀들이 성막(회막)에서 모두 제사장들이 되기를 원하셨다고 보기는 어렵지 않을까?(비교, '만인 제사장론'. 벧전 2:9 참조). 왜냐하면 출애굽 문맥은 아론이 금송아지 사건으로 이스라엘 백성과 함께 범죄하기 이전에 이미 모세를 통해 여호와 하나님은 레위지파의 아론과 그 아들들은 제사장의 직분을 행하도록 선택하셨음을 밝히고 있기 때문이다(출 28:1 이하; 레 8:1 이하. 비교, 출 39:1 이하; 40:12-15). 또한 베드로전서에서 출애굽기 19:6을 인용하여 "너희는 택하신 족속이요 왕 같은 제사장들이요 거룩한 나라요 그의 소유된 백성이니…"(벧전 2:9. 비교, 벧전 2:5)라고 했을 때에도, 그 의미는 그리스도인들은 누구나 왕 같은 제사장 자격(a royal priesthood) 가졌는데, 그렇다고 제사장이 따로 필요 없다는 뜻으로 해석하는 것은 무리라고 생각되기 때문이다.

34

말라기 1:1-2:9의 본문 주해와 적용

Ⅰ. 말라기에 관하여

　　말라기는 히브리 성경 마소라 본문에서 모두 3장 55절(개역 4:1-6=MT 3:19-24)로 된 예언서이며 '12소예언서'(소선지서)의 마지막에 편집되어 있다. 말라기는 바벨론 포로기 이후 예언자들인 학개(주전 520년경)와 스가랴(주전 518년경)의 시대인 주전 515년경에 스룹바벨 성전 즉 제2성전이 예루살렘에 건축된 후, 에스라(주전 458년경)와 느헤미야(주전 445년경)의 개혁시대를 이어 주전 435년 전후 구약시대에 마지막 예언자로 활동했다. 말라기 1:1에 나오는 히브리어 '말라기(מַלְאָכִי)'라는 고유명사 이름은 '나의 사자/또는 천사'(使者, messenger, angel)라는 뜻이고 구약성경에서는 이 곳에 한 번만 나오는 이름이다. 칠십인역(LXX)에서는 이 이름을 '그의 사자'(그리스어로, '앙겔루 아우투')로 번역했기 때문에, 말라기 3:1에서 사용하고 있는 '내 사자'와 함께 같은 의미의 보통명사로 보아야 한다고 주장하는 학자들도 있다. 그러나 3:1에 나오는 '말라기'는 메시아(예수 그리스도)의 초림을 준비하는 사자로서 말 4:5(MT 3:23)에서는 그 이름을 예언자 엘리야라고 했는데, 이 예언은 신약의 세례자 요한을 통해 성취되었다(비교, 마 11:14; 17:12-13; 막 1:2-4; 9:11-13; 눅 1:17,76; 7:27). 말 3:1절에서 또 다른 '언약의 사자'는 다수의 복음주의 주석가들이 설명하는 대로, 역사적 예수 그리스도나 종말에 재림하실 '메시아의 호칭'이기 때문에(비교, 출 23:20-23; 33:14-15; 사 63:9), 말라기 1:1의 말라기 이름과 동일시할 수 없다. 유대인들의 타르굼에서는 말라기 1:1의 내용을 풀이하여 "그의 이름이 에스라인 서기관 나의 사자의 손을 통해"라고 하여, 말라기 곧 '나의 사자'가 에스라라고 주장하고 있다. 고대 교부 제롬(Jerome/Hieronymus, 주후 340-420년경)도 이러한 견해를 따랐으며, 깔뱅(J.

Calvin, 1509-1564)도 '말라기'는 에스라의 또 다른 이름이라고 보았다.

그러나 12소예언서의 각 책에 모두 예언자들의 이름이 나타나는 것과, 칠십인역
도 이 책의 제목을 '말라기'(그리스어로 '말라키아스')로 사용하며, 마소라 본문의 히브
리어 제목에서도 '말라기'를 사용한 것으로 보아, 말라기서에서만 그 예언자의 고유
명사 이름이 등장하지 않는다는 주장은 설득력이 약하다. 필자의 견해로는 말라기의
내용이 에스라-느헤미야 시대의 사회상과 비슷하며(말 1:6-8// 느 13:7,28-30; 말
2:10-12// 스 9:1-2; 말 3:7-10// 느 10:30-31,37-39 등), 또 레위의 언약과 제사장들
의 율법 준수를 강조하는 것으로 보아, 말라기는 에스라와 느헤미야 개혁시대에 동
역하던 레위 지파의 서기관(비교, 느 8:1-8) 출신으로서 예언자로 부르심을 받았을 가
능성이 크다고 생각한다. 서양의 성서비평학자들 중에는 말라기 1:1은 편집자의 것
이고, 말라기 1:1-13,14; 2:2,7 등도 후대 말라기 학파(?)의 가필이라고 주장하지만,
확실한 증거가 없으며 추측에 불과할 뿐이다. 그러나 대체로 비평학자들조차도 말라
기서 전체 내용의 통일성을 인정하고 있으며, 특히 문체의 시적인 운율과 대화식 토
론양식의 독특성에 주목하고 있다.

Ⅱ. 본문연구

1. 논쟁양식

말라기서 본문은 일곱 개의 논쟁적인 토론양식으로 구성되어 있다. 말라기는 먼
저 토론의 명제를 제시하고 뒤이어 이스라엘의 반론을 물음 형식으로 대비시킨 후,
이스라엘 백성이 제기한 반론에 대한 잘못을 지적하고 바른 길로 설득하는 형식을
취하고 있다. 말라기서의 토론양식에 따라 그 내용을 구분해 보면 다음과 같다:

① 하나님의 사랑에 대한 논쟁(1:2-5)
② 제사장의 타락에 대한 논쟁(1:6-2:9)
③ 이스라엘 백성의 타락에 대한 논쟁(2:10-16)
④ 정의의 하나님에 대한 논쟁(2:17-3:6)
⑤ 회개에 대한 논쟁(3:7)
⑥ 십일조와 헌물에 대한 논쟁(3:8-12)
⑦ 악인의 형통에 대한 논쟁(3:13-4:3=MT 3:13-21)

이러한 토론과 논쟁을 통하여 말라기는 이스라엘의 여호와(야웨, 야훼) 하나님은 그 사랑의 언약을 변치 않으시고(말 3:6), 의인과 악인을 분별하시는 정의의 하나님이시며(말 3:18), 말라기의 하나님은 '만군의 여호와'로서(1:4 이후 여러 번 강조!) 이스라엘 민족의 수호신이 아니라 이방 민족들을 포함한 '온 세계의 하나님'(말 1:5,11,14)이심을 증언하였다. 그리고 그 만군의 여호와 하나님께서 '언약의 사자'인 메시아를 보내실 것이며(말 3:1), 마지막 심판 날이 이르기 전에 엘리야 선지자를 보내어 자녀와 같은 자기 백성을 돌이키실 것을 예언하였다(말 4:5-6. 비교, 말 4:5; 마 11:14; 막 9:11-13; 눅 1:17). 신약에서 예수님은 제자들에게 '오리라 한 엘리야가 곧 세례요한'이라고 밝히셨다(마 11:14; 눅 7:27). 먼저 말라기의 구조를 도표로 표시하면 다음과 같다.

제목(1:1)
제1논쟁(1:2-5)
제2논쟁(1:6-2:9)
제3논쟁(2:10-16)
제4논쟁(2:17-3:6)
제5논쟁(3:7)
제6논쟁(3:8-12)
제7논쟁(3:13-4:3 = MT 3:13-21)
모세율법(4:4 = MT 3:22)
엘리야(4:5-6 = MT 3:23-24)

2. 말라기의 제목(1:1)

이 글에서는 편집자의 청탁에 따라 말라기 1:1~2:9까지의 본문을 집중적으로 취급할 것이다. 위의 도표에서 보는 바와 같이 말라기 1:1은 말라기의 제목이고,

 34. 말라기 1:1-2:9의 본문 주해와 적용

1:2-5는 하나님의 사랑에 대한 토론과 논쟁이며, 1:6~2:9은 제사장들의 타락에 대한 토론과 논쟁이다. 한글성경 개역개정판에 따르면 말라기서의 제목은, "여호와께서 말라기를 통하여 이스라엘에게 말씀하신 경고라"고 번역했다. 여기서 '경고'(警告)라고 번역한 단어는 히브리어로 '맛사'인데, 우리말로 번역하기 어려운 단어들 중 하나이다. 공동번역이나 표준새번역에서도 모두 이 단어를 여기서 '경고'라고 번역하였다. '맛사'는 구약에서 60번 남짓 나타나는데, 두 가지 다른 의미를 가지는 동음이의어이다.[1] 히브리어 '맛사'는 첫째로 '운반, 짐, 부담'이라는 뜻이 있고, 둘째는 '발언, 전하는 말씀, 신탁' 등의 의미로도 사용된다. 예언자 예레미야 당시에 이 두 의미를 사용하여 백성들이 '언어 놀이'(word play)를 하는 것에 주의를 주는 상황이 나타나는데, 여기서 한글 개역성경 번역에서는 '맛사'를 "엄중한 말씀"이라고 번역했다(렘 23:33-40). 구약 예언서에서 히브리어 '맛사'는 이사야서에서 처음 자주 사용되었고 (사 13:1: 15:1; 17:1; 19:1; 21:1; 22:1; 23:1 등), 이방 민족들에 대한 만군의 여호와 하나님의 종말론적 심판예언 말씀의 제목으로 등장하며, 니느웨의 멸망을 예언한 나훔서 (1:1)의 표제에도 사용되었다. 개역성경 말라기에서 '경고'로 번역한 이 '맛사'라는 예언자의 이방 심판예언 전문용어는 바벨론 포로기를 전후로 한 시기에는 여호와 하나님의 계시를 강조하기 위해서 사용된 것으로 보인다(합 1:1, 슥 12:1. 비교, 잠 31:1). '맛사'가 여호와 하나님의 말씀을 의미하는 '다바르'(슥 9:1)나 '느움'(암 2:16)과 각각 어떻게 다른지 현재로서는 분명하지 않으나, 아마도 만군의 하나님 여호와의 말씀을 전하는 예언자에게 지워진 막중한 사명을 시사하는 것과 관련이 있지 않을까 생각한다.[2]

3. 하나님의 사랑에 대한 논쟁(1:2-5)

예레미야의 예언대로 70년이 지나 주전 538년경부터 유다 백성은 바벨론 포로에서 귀환하게 되었고(렘 25:12. 비교, 단 9:2), 학개와 스가랴 예언자들의 격려 아래 주전 515년경 예루살렘에 제2성전을 재건하였으며(학 1:8; 2:9; 슥 4:6-10), 이제 유다 백성들은 주전 458년 이후 귀환한 제사장 겸 율법학자인 에스라를 통해 모세의 율법을 다시 배워 깨닫게 되었고(스 7:6-10; 느 8:1-18), 주전 445년에는 총독 느헤미야의 지도하에 무너진 예루살렘 성벽을 재건하는(느 12;27 이하) 연속되는 하나님의

---

1) 비교, 『해설 관주 성경전서』, 독일성서공회판, 대한성서공회, 1997. 1452쪽, 나훔 1:1 해설.
2) J. G. Baldwin, *Haggai, Zechariah, Malachi*, Tyndale OT Commentaries 18, IVP, 162쪽 이하.

구원역사 속에 살면서도, 구약성경의 마지막 예언자 말라기 시대인 주전 435년 전후로 유다 백성의 대다수와 심지어 제사장들까지도 여호와 하나님의 사랑에 대해 의심을 품고 있었으며, 점점 더 타락의 길로 들어섰다(비교, 느 13:7-31; 말 1:6-14; 2:1-9,10-17; 3:8-11 등). 말라기 1:2에서 그 문제가 극명히 제시되고 있다. "내가 너희를 사랑하였노라 하나 너희는 이르기를 주께서 어떻게 우리를 사랑하셨나이까 하는도다." 인간관계에서도 사랑하는 사람의 사랑을 몰라주고 그 사랑을 의심하는 것은 심각한 문제이고 병적 징후이다. 말라기 시대 이스라엘 사회의 온갖 부도덕한 행위, 부정, 부패, 그리고 자포자기의 이유는 하나님의 사랑을 의심하는 데서 시작했다고 볼 수 있다.

하나님의 사랑을 의심하는 유다 백성에게 여호와 하나님은 예언자 말라기를 통해 이삭과 리브가가 낳은 쌍둥이 형제 야곱과 에서의 고사(古事)를 상기시키면서(창 25:25-26), 이스라엘을 향한 하나님의 사랑을 의심하지 말고 받아들이도록 설득하신다. 말라기 1:2에서 여호와 하나님은 그들이 쌍둥이 형제이지만, '야곱은 사랑하고 에서는 미워하셨다'고 말씀하신다! 이 구절이 해석상 난해 개소로 보는 견해도 있으나, 여기서 히브리어로 '사랑하다('아하브')-미워하다('사네')'의 대조 용법은 성경 문맥에서는 일반적으로 더 사랑하고 덜 사랑하는 차이를 나타내기 위한 수사학적 표현으로 사용되었다(비교, 창 29:30-31; 신 21:15-17; 눅 14:26 등). 이 문맥에서 야곱과 에서는 그러나 단지 개인뿐만 아니고, 이스라엘과 에돔 민족 전체를 대표하는 이름이다. 여호와 하나님이 야곱을 사랑하셨다는 것은 이스라엘을 선택하고 자기 자녀와 백성으로 삼으신 시내산 언약을 의미하는 것이다(신 4:37; 7:8; 23:5; 비교, 렘 31:3; 롬 9:13 등). 그에 비해 에돔을 하나님이 선택하고 언약을 맺으신 적은 없다.

주전 587년 유다 왕국이 신흥 바벨론 제국에 의해 멸망당할 때, 이 기회를 이용하여 에돔이 유다를 약탈하고 이스라엘이 황폐된 것을 기뻐하였으나, 에돔은 이 죄로 말미암아 저주를 받았으며(옵 10절 이하; 비교, 겔 35:15; 렘 49:7 이하), 에돔 역시 오래지 않아 신흥 바벨론제국에 의해 멸망한 후, 남은 에돔족은 그 후 에돔 지역에 침입하여 왕국을 세운 나바트족(Nabataeans, 마카베오상 5:25)에 의해 밀려나서 유다 남부의 헤브론과 라기스 근처에 흩어져 살았다. 유다 남부지역에 잔존한 에돔족은 주전 1세기를 전후로 유다사회에 흡수 동화되었고 이들은 이두매인들(Idumeans)로 알려졌다(막 3:8 참조). 말라기를 통해 하나님은 에돔이 다시 자기 본토로 돌아가 파괴된 곳을 재건하지 못할 것을 예언하시면서(말 1:4), 그와는 대조적으로 바벨론 포로에서 귀환하여 예루살렘 제2성전을 세우게 된 것이 하나님이 유다(이스라엘)를 사랑하시는 증거로 볼 수 있다는 것이다(비교, 말 3:12,16-18). 이러한 증거를 보고 이스라엘도 '여호와 하나님이 이스라엘 지역 밖에서도 크시다'라고 말하게 될 것이라고 말씀하신다(말 1:5. 비교, 암 1:11).

이러한 여호와 하나님의 세계사적 통치 주권의 강조는 말라기에서만 무려 24회나 반복되는 하나님의 이름인 '만군의 여호와'(말 1:4,6,8,9,10,11 이하)를 통해 확인된다. 만군의 여호와는 이스라엘 국가의 수호신이나 유다 민족의 신이 아니요, 온 우주 만물을 포함한 세계사적인 하나님의 통치 주권을 강조하는 이름으로서, 구약성경 예언자 신학의 가장 중요한 하나님 이해를 나타내고 있다. 여호와 하나님이 이스라엘을 자기 백성으로 선택하시고 언약을 맺은 것은 사랑의 선물(Gabe)이며, 이스라엘 백성은 그 사랑에 응답할 사명(Aufgabe)이 있다. 말라기 예언자 시대에 이스라엘은 여호와 하나님의 사랑을 의심하고 저버렸기 때문에, 그들은 사명감도 상실하고 자포자기의 길로 가고 있었다. 그러나 만군의 여호와 하나님은 하나님의 사랑을 의심하는 이러한 이스라엘을 끝까지 포기하지 않으시고, 말라기 예언자를 통해 토론과 논쟁으로 그들을 깨우치시고 있다(특히, 말 3:5-6).

4. 제사장들의 타락에 대한 논쟁(1:6-2:9)

한글성경 개역개정판에서는 말라기 1:6~2:9을 두 부분으로 구분하여 1:6-14은 "제사장들과 백성들의 죄", 2:1-9은 "제사장들에 대한 명령"으로 소제목을 붙였다. 표준새번역에서는 세 부분으로 나누어 1:6-9은 "제사장들의 죄", 1:10-14은 "백성이 하나님을 배신하다", 2:1-9은 "제사장들에 대한 훈계의 말씀"이란 소제목을 붙였다. 또 공동번역에서는 1:6~2:9을 한 문맥으로 파악하여 "사제들은 벌을 받으리라"는 소제목을 붙였다. 마소라 본문에서 볼 때는 말라기 1:6-14과 2:1-9은 전자가 '제사장들의 죄'를 지적하는 데 반해, 후자는 죄지은 제사장들에 대한 심판과 함께 '제사장의 바른 직무'를 논하고 있다. 이 문맥은 전체적으로 '제사장들의 타락'의 주제를 논쟁의 초점으로 삼고 있다. 이스라엘 백성들의 죄는 이후 제3논쟁(2:10-17)에서 나타나는 주제이다.

구약성경에서 특히 역사적 관점에서 볼 때 제사장들의 타락은 어제오늘의 문제가 아니었다. 구약성경에서는 언제 어디서나 제사장들의 죄와 비행과 타락을 명시적으로 지적했으며, 예언자들의 사명 중 하나는 제사장들의 잘못을 지적하고 '바른 제사'를 드리도록 하는 문제였다(호 4:6; 6:6; 미 3:11; 사 28:7; 렘 6:13-14; 겔 22:26; 습 3:4 등. 비교, 레 10:1-2: 삼상 2:17). 말라기의 두 번째 논쟁은 구체적으로 '만군의 여호와의 이름을 멸시하는 제사장들'에 관한 것이다. 여기서 만군의 여호와 하나님과 제사장들의 관계는 아버지와 아들, 주인과 종의 관계로 언급되며(말 2:6), 나아가 큰 임금과 신하들의 관계로 나타난다(말 2:14). 만군의 여호와는 하나님의 말씀에 순종하지 않는 제사장들을 저주하시며, 모든 백성 앞에서 그들이 멸시와 천대를 당하게 하신다(비교, 말 2:2~3,9). 이제 두 번째 논쟁에서 나타나는 제사장들의 타락상을 문맥에 따라 정리해 보면 다음과 같다.

1) 하나님을 아버지로 공경하지도 않고, 주인으로 두려워하지도 않는다(1:6).
2) 제단에 더러운 떡을 드린다. 즉 제사(예배)드리는 일을 귀찮게 여기며, 눈먼 것, 저는 것, 병든 것, 훔친 것, 흠 있는 것을 속여서 제물로 드린다(1:7-14).
3) 만군의 여호와의 경고를 듣지 않고, 마음에 두지 않으며, 그 이름을 영화롭게 하지 않는다(2:1-4).
4) 올바른 길에서 떠나며 많은 사람을 율법에 걸려 넘어지게 한다(2:8상).
5) 레위의 언약(신 33:8-11; 민 25:11-13)을 깨뜨린다(2:8-9).

이렇게 제사장들의 타락을 지적하는 한편, 말라기 예언자는 바람직한 제사장의 모습을 다음과 같이 대비하여 제시한다.

1) 레위 제사장은 만군의 여호와 하나님을 경외하고 그의 이름을 두려워한다(2:5).
2) 레위 제사장의 입에는 진리의 법이 있다. 그의 입술에는 불의함이 없다(2:6상).
3) 화평함과 정직함으로 하나님과 동행한다(2:6하).
4) 많은 사람을 죄악에서 돌이켜 떠나게 한다(2:6하).
5) 레위 제사장은 '만군의 여호와의 사자'이다. 그는 편협한 민족주의자나 삯꾼 목자가 아니다. 그의 입술은 지식을 지키고, 사람들은 그의 입에서 율법을 찾는다(2:7).

말라기 예언자의 논쟁과 지적과 깨우침에도 불구하고 제사장들은 여전히 "우리가 어떻게 주의 이름을 멸시하였나이까", 또는 "우리가 어떻게 주를 더럽게 하였나이까"라고 반문하고 있었다(1:6-7). 제사장들이 하나님께 드리는 제물들은 그 당시 페르시아 총독에게 갖다드려도 기뻐하지 아니할 수준이었다(1:8). 그러므로 만군의 여호와 하나님께서는 제사장들을 저주하시며 심판을 경고하신다. 이제 만군의 여호와는 제사장들에게 저주를 내려 제사장이 백성들에게 비는 복(민 6:24-26 참조)을 저주로 바꾸시겠다고 한다(2:2)! 또한 제물에서 제거된 똥을 제사장의 얼굴에 발라, 그 더러운 것과 함께 제사장들이 버림을 당하리라고 말씀하신다(2:3). 그리고 제사장들이 모든 백성 앞에서 "멸시와 천대"를 당하게 하신다는 것이다(2:9). 성직자들의 부패와 타락이 이 지경에까지 이르렀다면, 여기에 무슨 설명과 해석이 더 필요하겠는가!

Ⅲ. 적용

이상에서 살펴본 말라기 본문 내용을 가지고 말라기의 예언 말씀을 오늘 만군의 여호와 하나님의 백성인 우리 교회와 목회 현실에 적용해 보자.

1. 먼저 말라기의 제목(1:1)에서 생각되는 점은 만군의 여호와 하나님께서는 의심과 실망과 절망 가운데서 자포자기하는 자기 백성을 버리지 아니하시고 예언자 말라기를 보내어 말씀으로 깨우치고 희망과 용기를 주신다는 사실이다(1:11; 2:4: 3:6; 4:2-3 등). 왜 하나님은 침묵만 하시는가라고 항의하는 사람들이 있는데, 오늘도 하나님께서는 자기의 예언자(말씀을 맡은 목회자와 교역자)들을 통해 말씀하고 계신다(비교, 렘 7:25-26; 25:4; 29:19; 35:14; 44:4-5; 히 1:1-2). 달리 말하자면, 오늘도 하나님은 신구약 성경의 말씀과 설교를 통해 우리에게 말씀하고 계신다(비교, 눅 16:31; 롬 15:4).

2. 하나님의 사랑에 대한 토론과 논쟁(1:2-5)에서 배우는 말라기의 교훈은, 하나님의 언약백성 이스라엘도 하나님의 사랑을 의심하고 불신할 때가 있다는 것이다. 이스라엘이 하나님의 사랑을 의심한 것은 ①페르시아 제국 내에서 자신의 위치에 대한 열등감 ②이사야, 에스겔, 학개, 스가랴 등이 예언한 메시아 시대 도래의 지연 ③ 악한 제국의 교만한 세력과 거짓된 자들의 번영 등 현실적 부조리로 인한 이유(비교, 합 1:13-17)를 생각해 볼 수 있다. 말라기 예언자는 야곱과 에서의 대비를 통해 에돔의 현실과 이스라엘의 현실을 비교함으로써, 하나님의 사랑을 이스라엘이 깨닫도록 설득하였다. 이러한 관점에서, 오늘 우리 한국의 그리스도인들도 남한과 북한의 현실을 대비하여 비교해 봄으로써, 남한을 사랑하시는 하나님의 사랑을 구체적으로 느낄 수 있지 않을까 생각한다. 남한의 현실도 사회 곳곳의 부정과 부패와 정치적 혼란과, 경제적 불평등, 안보의 불안으로 실망스럽고, 예수 믿는 사람들과 교회와 목사

장로, 안수집사, 권사들의 공신력도 추락되어 부끄러운 현실이지만, 그런 가운데서도 잘 생각해 보면, 아직도 하나님께서 우리를 사랑하시기 때문에 우리가 망하지 않고 이만큼 살 수 있다는 생각을 떨쳐버릴 수 없다. 이웃 나라 일본의 지식인들이나 외국에 나가 살고 있는 한국 교민들 중에는, 옆에서 보면 한국이 곧 망할 것 같은데도 용케 난관을 피해서 지나가곤 한다는 말을 한다는데, 그것이 만일 사실이라면(필자는 사실이라고 믿는다), 그 비밀은 하나님의 사랑에 있다고 고백할 수밖에 없다(비교, 롬 5:8; 8:35-39). 말라기 예언자가 지적한 대로, 오늘 우리의 절망적인 상황에 대해서는 먼저 교역자(목회자)들의 책임이 크다고 본다. 지금 우리 사회에서도 교회의 목사들이 공신력을 잃어버렸고, 멸시 천대를 받고 있지 않은가?

3. 제사장들의 타락 논쟁(1:6-2:9)에서 배우는 교훈은 한 국가와 민족과 사회의 타락은 먼저 그 성직자들이 타락했다는 증거로 볼 수 있다는 것이다(비교, 레 4:3!). 서양의 사회학자들이 사회가 건강한지 그렇지 않은지를 알아보려면 그 사회의 목사, 판사(변호사), 의사의 도덕적 수준을 살펴보면 알 수 있다고 한 것은 일리 있는 말이다. 우리 사회가 겪고 있는 사회문제는 접어두고라도, 오늘 한국교회의 세속화와 신학의 혼란과 병리적 현상들은 무엇보다 신학교에서 목사(교역자) 교육을 제대로 하지 못하고, 노회와 총회에서 목사와 전도사의 관리를 제대로 하지 못하고 있는데 그 큰 원인이 있다고 생각한다. 신학교 교수들인 신학자들과 목회자(교역자)들을 위한 관심과 기도가 그 어느 때보다 필요하다. 말라기가 지적한 문제의 제사장들은 바로 오늘 우리 교회와 신학교의 목사들이다. 신학교는 바른 목회자를 양성하고, 목회현장의 교역자들은 그 어느 때보다 성경말씀에 충실한 바른 목회자가 되기 위해 힘써야 할 때이다. 구약의 레위기에 보면, 기름 부음 받은 제사장이 범죄하면 그 죄가 자기 자신에게만 국한되지 않고 영향을 미쳐서 온 백성의 허물이 된다고 했다(레 4:3!). 말라기 시대에 못지않게 오늘 한국교회의 목사, 장로, 안수집사, 권사, 집사들과 일반 평신도들의 세속화와 타락도 위험수위를 넘고 있다고 생각한다. 말라기 예언자의 표현대로라면, 목사들이 얼굴에 똥칠을 하고서도 회개는커녕 부끄러워하지도 않고, 반성하는 기색도 없다(말 2:3. 비교, 삼상 2:28-34). 그 결국은 어떻게 될 것인가?

마지막으로, 말라기 1:11은 난해구절로 알려져 있으며, 일부 종교 다원주의자들에 의해 모든 종교의 예배행위가 결국은 한 분 하나님께 예배하는 것으로 보아야 한다는 의미라고 왜곡하여 해석되기도 한다(비교, 고전 10:20-21). 이 구절은 예수 그리스도 안에서 하나님이 기뻐 받으시는 참된 예배(요 4:23-24)로 인도하시는 만군의 여호와 하나님의 세계사적 섭리와 경륜을 계시하신 의미로 해석하는 것이 바람직하다고 본다(마 24:14; 요 3:16; 행 1:8; 롬 10:18; 골 1:6,23; 딤전 2:4. 비교, 엡 2:11-22; 요 4:20-26; 벧후 3:9 등). 우리 시대에 이미 그 말씀대로 이루어지고 있음을 보고 있지 않은가?

35

성경이 말하는 거짓 선생들에 대한 주의

성경은 그리스도인들에게 거짓 예언자들에 대한 주의와 함께 거짓 선생들에 대해서 주의할 것을 말씀하고 있다. 베드로후서 2장 1절에는 이렇게 기록되어 있다.

"전에 이스라엘 백성들 가운데서 거짓 예언자들이 일어난 것과 같이 여러분 가운데서도 거짓 교사들이(ψευδοδιδάσκαλοι) 나타날 것입니다. 그들은 파멸로 이끄는 이단들(αἱρέσεις)을 몰래 끌어들일 것입니다. 그래서 그들은 자기들을 값 주고 사신 주님을 부인하고, 자기들이 받을 파멸을 재촉할 것입니다."(표준새번역)

예수님도 말세의 징조들을 제자들에게 말씀하면서 그중에 거짓 그리스도들에 대해 주의를 환기시키셨다.

"거짓 그리스도들과 거짓 선지자들이 일어나 큰 표적과 기사를 보여 할 수만 있으면 택하신 자들도 미혹하리라. 보라 내가 너희에게 미리 말하였노라"(마 24:24-25; 막 13:22-23).

바울 사도도 거짓 교훈과 비뚤어진 가르침에 대해 각별한 주의를 당부하였다.

"내가 떠난 후에 사나운 이리들이 여러분에게 들어와서 그 양떼를 아끼지 아니하며, 또한 여러분 중에서도 제자들을 끌어 자기를 따르게 하려고 어그러진 말을 하는 사람들이 일어날 줄을 내가 아노라. 그러므로 여러분이 일깨어 내가 삼년이나 밤낮 쉬지 않고 눈물로 각 사람을 훈계하던 것을 기억하라"(행 20:29-31).

이러한 구절들 외에도 성경은 짧은 지면에서 일일이 다 언급할 수 없을 정도로, 거짓 선생들과 거짓 교훈에 하나님의 자녀들이 미혹당하거나 무방비 상태에서 당황하지 않도록 미리 알려주고 주의를 환기시키고 있다. 역사적으로도 이미 초기교회에 영지주의 이단들과 구약성경을 부인하는 마르시온 이단 등, 여러 가지로 성경을 부인하는 거짓 선생들이 나타났으며, 고대와 중세와 근대 및 현대에 이르기까지 교회사에서 이단의 활동은 끊임없이 계속되어 왔다. 이단자 마르시온(Marcion, 주후 ?-160년경)의 제자 아펠레스(Apelles)는 말하기를, '구약은 믿을만한 가치가 없는 거짓말로 꾸며낸 이야기책'이라고 했다(Hans Walter Wolff, *Bibel AT*, Kreuz-Verlag, 1970. 7쪽에서 재인용함). 신구약 성경의 기록은 역사적 사실이 아니고 신앙심이 특심한 이스라엘 사람들이 만들어낸 종교적 이야기라는 주장과 가르침은 어제 오늘 있었던 일이 아니다.

지난 18세기 이래 서구 계몽주의 철학 사조의 영향으로 서양의 대학교 강단에서 가르치는 신학과 성경해석은 고등비평(역사-비평적 방법)의 입장에서 성경이 말하는 내용과는 전혀 다른 이스라엘 역사를 재구성하였고, 이러한 역사-비평적인 틀을 가지고 신구약 성경을 역사 내재적인 히브리 종교의 사상사적 진화과정의 산물로 이해하는 것을 '학문적 성취'로 자부(自負)했다. 지금은 우리 한국의 신학대학교 강단에서도 저러한 서구 계몽주의 철학의 영향을 받은 역사-비평적 성서 이해가 "학문적"이라는 명분을 내세우면서 그 세력을 확장해 가고 있는 추세이다.

그러나 이제 21세기 새천년을 맞이하여 인류의 역사와 과학과 신학을 포함한 제반 학문의 발전은 결코 18세기적인 서구 계몽주의 철학과 역사-비평적 논리에만 고착될 수는 없다는 점을 자각하게 되었다. 달리 말하자면, 뉴턴의 3차원적인 기계적 고전물리학이나 다윈의 생물학적 진화론이나 헤겔의 변증법적 역사철학이 인간과 역사와 세계관과 우주관과 초월적 세계에 대한 거시적이며 미시적인 탐구에 불변하는 기준과 유일한 방법이 될 수 없다는 것이다. 새천년 새 시대에는 과거 서양의 계몽주의적인 인간의 사춘기적 논리와 사고를 탈피하여, 내재성과 초월성을 아우르는 보다 융합적이며 성숙하고 책임성 있는 학문(學問)의 이해와 방법론을 요구하고 있다. 기독교 신학과 성경해석에서도 '역사-비평적 방법'을 받아들이지 않으면 학문을 할 수 없다는 계몽주의적 편견도 시정되어야 할 시점이 되었다. 이성(理性)도 그 한계를 가지고 있으며 착각과 오해에서 자유스러울 수 없기 때문이다. 성경에 기반한 기독교 신앙의 통찰력과 신앙고백적 증언은 성경의 역사적 사실을 무시하지 않으며, 결코 경험된 사건과 진실을 변조하거나 왜곡하지 않는다.

구약성경에서 이스라엘 구원사를 하나의 '거룩한 드라마'라고 하거나, 신약에서 예수 그리스도의 부활 사건이 하나의 '신화'라고 설명하는 비평적 성서 신학자들이 있는데, 오늘 우리는 그 '드라마'나 '신화'가 사실에 근거하지 않은 허구라는 주장에 반론을 제기할 수 밖에 없다. 얼마 전 우리나라 어느 신학대학교 교수가 앞으로 목사가 될 신대원 졸업반 학생들에게 강의할 때, '아담과 하와가 실존 인물이 아니라고 생각하는 사람은 손들어 보라'고 하니까, 약 1/3가량의 학생들이 손을 들더라는 말을 들었다. 장신대 신대원을 졸업하고 미국 하버드대학교에서 신약학 박사과정을 공부한 학생이 필자에게 한 말인데, 박사과정 학생 약 50여명 중에 예수 그리스도의 부활의 역사성을 믿는 학생은 자기 한 사람 뿐이었고, 그래서 자기는 이상한 사람 취급을 받았다는 것이다. 그뿐 아니라, 아브라함, 이삭, 야곱, 모세의 역사성은 물론이고 역사적 예수의 실체와 실재를 부인하는 '어그러진 교훈'들이 나오고 있다. 얼마전 미국의 어느 신학대학교 조직신학 강의실에서 있었던 일인데, 교수가 사도신경을 칠판에 써놓고 처음부터 한 조목씩 학생들에게 그 내용을 그대로 믿는가를 확인했는데, 학생들이 믿지 않는다는 반응이 나오는 것을 차례로 지워나갔고 마침내는 그 사도신경 전부를 지워버렸다는 것이다. 거짓말 같은 일이 지금 벌어지고 있다.

베드로 사도는, "우리 주 예수 그리스도의 능력과 강림하심을 너희에게 알게 한 것이 교묘히 만든 이야기를 따른 것이 아니요 우리는 그의 크신 위엄을 친히 본 자라"(벧후 1:16)라고 편지에 썼고, 요한 사도는 "태초부터 있는 생명의 말씀에 관하여는 우리가 들은 바요 눈으로 본 바요 자세히 보고 우리의 손으로 만진 바라"(요일 1:1)고 그의 편지 첫머리에 기록했다. 신구약 성경은 결코 **"교묘히 만든 이야기"**("**교묘하게 꾸민 신화**", 표준새번역)가 아니다. 바울 사도가 당시 학문을 많이 연구한 학자라는 사실은 그의 논적들도 다 인정한 사실인데, 그 바울이 "미쳤다"라는 비난을 받은 단 한 가지 이유는 나사렛 예수 그리스도의 육체적 부활의 역사적 사실성을 주장했기 때문이다(행 26:22-25).

삼위일체이신 하나님을 부인하거나 자칭 그리스도라 자칭 선지자라 칭하는 이단과 사이비 거짓 선생들은 어렵지 않게 분별할 수 있는데, 문제는 자신의 정체를 위장하는 거짓 선생들을 분별하기는 쉽지 않다는 것이다. 경우에 따라서는 누가 거짓 선생인지 성급한 판단은 유보해야만 한다. 예수님은 좋은 나무는 그 열매를 보아 알 수 있다고 하셨는데(마 7:15-20), 나무가 열매를 맺으려면 시간이 필요하다. 또 마지막 판단하시는 분은 우리가 아니고 하나님이시기 때문이다(마 7:22-23). 그러나 우리는 성경의 사실과 역사성을 부인하는 거짓 선생과 어그러진 교훈에 대한 경각심은 가져야 한다. 왜냐하면 성경이 미리 말씀하고 있는 것과 같이, 거짓 선생들과 거짓 교훈

     35. 성경이 말하는 거짓 선생들에 대한 주의

들이 이미 우리 가운데 가까이 와있고 그러한 가르침들이 인기(?)를 끌고 있기 때문이다. 다만 그것을 언론의 자유나 학문의 자유의 이름으로 방치해서는 안 되며, 관심을 가지고 그러한 주장을 하는 근거와 이유와 목적에 대해 알아보고 대책을 세워야 한다.

36

구약세계 바로 이해하기: 고대 근동의 역사와 종교

　무릇 한국인과 한국의 종교와 문화를 이해하려면 한국인이 살아온 역사(歷史)를 알아야 하는 것 같이, 구약성경에 나오는 고대 이스라엘의 신앙 세계를 바로 이해하기 위해서는 고대 이스라엘과 주변 고대 서아시아(고대 근동)의 역사에 대한 공부가 필수적이다. 과거 한국 역사를 이해하기 위해서는 같은 시대를 살아온 이웃 민족들과 인접지역 국가들의 역사를 또한 상호 연관성 속에서 살펴보아야만 하는데, 방법론적으로 한국 역사 그 자체만 들여다보고서는 그 역사 이해가 제대로 이루어졌다고 하기 어렵기 때문이다. 마찬가지로 고대 이스라엘의 역사와 신앙 세계를 공부하는 데에도, 고대 이스라엘이 고대 서아시아(고대 근동) 세계에서 부단히 접촉했던 메소포타미아, 애굽(이집트), 시리아(아람), 가나안(팔레스틴), 소아시아 아나톨리아, 페르시아, 그리스, 로마 등의 역사와 서로 영향을 주고받은 그 상관관계를 고려하지 않고서는 바른 연구가 이루어지기 어려울 것이다. 오해가 없게 하기 위해, '구약신학'은 구약성경에서 하나님이 이스라엘 백성에게 예언자들을 통해 계시하신 다양한 말씀들을 계시 의존적으로 그 규범성의 관점에서 탐구하는 공부이고, '이스라엘 종교'는 이스라엘 백성이 오랜 역사의 과정에서 구약성경과의 관련하여 어떤 신앙(종교)생활을 했는가에 대해 탐구하는 공부이다.

　이번에 대한기독교서회를 통해 출간된, 서울신대 구약학 교수인 노세영 박사와 강남대 구약학 교수인 박종수 박사의 공저『고대 근동의 역사와 종교』[1]는 위에서 언급한 관점에서 볼 때, 우리 구약학계에 필요한 출판이며, 현재 이 분야에 읽을 만한

---

1) 노세영, 박종수,『고대 근동의 역사와 종교』, 2000년 4월 15일 초판 1쇄.

자료가 부족한 형편에서 보탬이 될 뿐 아니라, 구약의 세계와 역사를 바로 이해하기 위해서는 이스라엘 종교사와 함께 고대 근동의 여러 인접 문화권의 역사와 종교를 제대로 공부해야 한다는 당위성을 다시 한번 일깨워 주고 있다. 광범위하고 다양하며, 아직도 많은 부분이 어둠에 싸여있는 고대 서아시아(고대 근동)의 역사와 종교를 개관하고, 그들이 남긴 고대 문서들을 찾아 소개하며, 그와 관련된 학자들의 연구 문헌을 검토하고 정리하여 책을 출판한다는 것은 많은 시간과 남다른 노력이 요구되는 전문적이며 학문적 작업인데, 두 분 저자가 책의 머리말에서 밝힌 대로 약 8년간 준비하여 이만큼 정리된 결실(국판, 431쪽 분량)을 내어놓게 된 데에 축하를 드린다.

이 책은 3부로 구성되어 있고, 권말에 메소포타미아 역사 연대기, 이집트 왕조 연대기, 이스라엘과 유다 및 아람 왕국 다메섹과 신흥 앗시리아 제국의 연대표를 부록으로 싣고 있으며, 마지막에 국외와 국내의 참고 문헌을 제시하고 있다. 제1부는 모두 박종수 박사의 집필로서, '고대 근동 역사'(13-92쪽)를 다루며, 제2부에서는 '고대 근동의 문화와 종교'(93-278쪽)에 관한 9개의 주제들을 두 저자가 나누어 취급하고, 제3부(279-406쪽)는 책의 머리말에서 밝힌 대로, 미국의 구약학과 고대 근동학 학자들인 매튜스와 벤자민이 공저한『구약의 평행 문서들: 고대 근동 세계의 법전들과 이야기들』(1991)에서 선택한 고대 근동 문서들을 역시 두 저자가 나누어 번역하고 소개하였다.

이번에 출판된 노세영·박종수 박사의 책은 고대 서아시아(고대 근동)의 역사를 개관하고, 그 역사적 배경에서 각 문화권의 종교적 내용과 특징을 주제별로 다루었다. 특히 이스라엘 종교와 가나안 종교의 성격을 비교하였고, 구체적으로 고대 서아시아(고대 근동)의 문서들을 구약성경의 본문들과 비교하여 그 상관관계를 연구하려는 의도를 가지고 번역하고 소개함으로써, 한 권의 책을 통해 고대 서아시아학(고대 근동학)에 대한 이해를 위해 일관성 있는 방법과 정리를 보여주었다는 점에서, 기존의 다른 책들과 차별화된 가치를 지니고 있다. 고대 서아시아학(고대 근동학)의 내용은 이미 언급한 대로 그 방대한 범위와 그 역사·종교·언어의 다양성과 그 비교의 복잡함 때문에 한두 학자가 한두 권의 책을 통해 학자들 간의 서로 다른 견해와 입장을 넘어서서 일목요연하게 정리된 글을 내어놓는다는 것은 지난한 작업임이 사실이다. 그럼에도 불구하고, 두 분의 저자는 같이 미국의 드류대학교에서 구약학 박사 학위를 한 동문으로서, 아마도 평소에 대화를 통해 이 책의 주제에 관해 입장의 차이를 좁혀서 어느 정도 서로의 공감대를 형성하는 데 성공하고 있다고 여겨진다. 고대 서아시아(고대 근동)의 종교와 고대 이스라엘 종교를 비교하여 이해함에 있어서, 인류학적 보편성에 근거한 연속성과 이스라엘의 유일신 신앙을 기반으로 한 비연속성(단절)의 구도를 두 저자가 일관성 있게 유지하고 있는 것이 그러한데, 박종수 박사는 이스라엘 종교가 고대 근동(고대 서아시아) 세계에서 "수용과 거부"의 양상을 뚜렷하게 가지고 있다고 보며[2], 이스라엘 종교가 메소포타미아나 이집트 종교보다 가나안 종교적 유산과 더 친밀한 관계를 가지고 있으나(그러나 "가나안–이스라엘의 계속성"이냐, "이스라엘의 근본적 독특성"이냐의 문제는 남아 있다), "취할 것은 취하고 버릴 것은 버림으로써 나름대로 독특성을 유지한다"[3]라고 보았다. 노세영 박사도, 이스라엘이 고대 근동(고대 서아시아)의 한 민족으로서 같은 유산을 물려받았더라도, 이스라엘 사회와 그 유일신 종교는 고대 근동과는 "비연속성"을 나타내는 또 다른 형태의 독자성을 보이고 있다는 점을 분명히 하였다.[4]

이 책을 통해 고대 근동학(고대 서아시아학)과 이스라엘 종교 연구에서 비교적 중도적 입장을 보이는 두 저자가 정작 이스라엘 역사를 개관함에 있어서는 이스라엘 민족의 기원을 출애굽 사건에서 출발하는 것으로 기술함으로써 자유주의 내지는 신정통주의 입장의 이스라엘 역사관을 보여준 것은 보수적인 복음주의 한국의 신학도들이나 목회자들을 당황하게 할 수 있는 부분이다(84쪽 이하). 이미 구약학계에서 잘 알려진 대로, 이스라엘 역사 이해에서 전승사적 방법론에 기초한 독일의 알트(A. Alt)–노트(N. Noth) 학파는 출애굽 사건(부분적 출애굽)을 이스라엘 역사의 기원으로 취급하는 반면에, 고고학적 방법론에 기초한 미국의 올브라이트(W. F. Albright)–브라이트(J. Bright) 학파는 족장시대를 이스라엘 민족 역사의 기원으로 삼는다. 그런데 고대 근동학 자체가 고고학적 방법에 그 기반을 두고 있다는 점에서, 두 분 저자(정확하게는 박종수 박사)가 이스라엘 역사의 기원을 역사 허무주의라고 비판을 받는 독일 구약역사의 전승사학파 견해를 수용하는 이유를 이해하기 어렵다. 두 분의 이러한 입장의 불안정은 2부에서도 볼 수 있는데, 이는 독자들이 감안해야 할 점이다.

이 책의 제3부는 앞서 1991년에 출판된 매튜스와 벤자민의 책에서 발췌한 내용이라고 했는데, 매튜스와 벤자민은 그 책을 1997년에 다시 개정하여 증보판으로 출판하였다. 이것은 두 저자가 이 책을 쓰기 시작한 해인데, 이왕이면 1997년 증보판을 사용했더라면 하는 아쉬움이 있다. 개정 증보판에서는 44개의 평행 문서들이 61개로 확대되었으며, 책의 구성은 구약 본문과의 비교 연구를 용이하게 하기 위해 구약성경의 순서와 내용 관계에 따라 정리하였고, 특히 책 뒤의 색인에서 고대 근동(고대 서아시아) 문서들이 구약 본문(외경과 신약 본문까지 포함하여)과 비교되는 6가지 범

---

2) 위의 책, 127쪽.

3) 위의 책, 277-278쪽.

4) 위의 책, 148쪽 이하.

주들(① 양식, ② 어휘, ③ 주제, ④ 사회제도, ⑤ 이야기 줄거리, ⑥ 역사적 사건)을 분석하여 구약 본문의 장·절 제시와 함께 일목요연하게 목록으로 비교 정리함으로써, 독자가 찾아보기 쉽게 하였다. 매튜스나 벤자민의 편집 방식과 비교해 볼 때, 현재 노세영·박종수 두 저자의 책에서는 실제로 목회자나 신학생들이 고대 근동(고대 서아시아) 문서들과 구약성경의 평행 본문들을 쉽게 찾아보기에는 힘들게 되어 있다. 적어도 관련 성구 색인이나 인명 색인과 용어 색인이 제공되었으면 좋겠다. 또 참고 문헌 제시가 빈약해 보인다. 특히 국내에서 출판된 고대 서아시아(고대 근동) 관련 문헌소개가 그러한데, 한국의 고대 서아시아(고대 근동) 전문 학자들인 장국원, 조철수, 배철현 박사들의 출판물들도 참고 문헌에 소개되면 좋겠고, 또 그동안 한국 구약학자들이 발표한 많지 않은 고대 서아시아(고대 근동) 관련 논문들도 이러한 기회에 정리하여 제시하면 후학들에게 도움이 될 것이다.

용어 사용 문제에 있어서, 두 분 저자는 '고대 근동'(Ancient Near East)이라는 서양학자들의 용어를 고수했는데, '고대 중동', '구약 주변세계'의 용어도 고려해 볼 만하지만, 우리 입장에서는 '고대 서아시아'로 하는 것이 더 좋지 않을까 생각한다. 구약 히브리어의 음역인 헷, 호리, 바로 등은 친숙한 용어들인데 굳이 영어 음역에서 힛타이트, 허리안, 파라오 등으로 표기해야 하는지 숙제로 남는다. 아나톨리아 역사에서 '우라투'(Uratu)는 '우라르투'(Urartu)의 잘못된 표기로써 바로 잡아야 한다.[5] 전체적인 틀에서 제2성전 시대 이스라엘 종교와 역사에 지대한 영향력을 행사한 페르시아 제국 역사와 그 종교 및 평행 문서들(예컨대, 고레스의 칙령)의 자리가 마련되지 않은 것은 무슨 이유가 있는지 묻고 싶다. 부록3에 제시된 이스라엘의 연대기에서 오므리 왕조와 예후 왕조 이외의 왕조 명칭 나열은 부적절해 보인다.

구약학과 관련하여 지난 30년간 '고대 이스라엘 종교 연구'에서 떠오른 21세기의 주요한 연구 제목은 빌 아놀드(B. T. Arnold)에 의하면, 3가지 주제들로 압축해 볼 수 있다. 첫째는, "고대 이스라엘의 문화, 언어, 종교는 가나안에서 기원한다."(the Canaanite continuum)는 명제(연속성의 내용: ① 창조자 하나님 "엘", ② 폭풍과 비, 풍요, 그리고 전쟁의 신으로서 바알의 속성이 야훼 하나님으로 전이, ③ 가나안 농경 축제 수용, ④ 솔로몬 성전 건축 양식과 제의 등)에 관해 그 연속성과 불연속성의 문제가 제기되었으며, 둘째는 그동안 꾸준히 발굴, 공개된 고대 근동(고대 서아시아) 문서 자료들에 대한 관심과 재조명이다. 이것은 단순한 평행 자료의 비교 위험(the dangers of parallelomania)을 제거하고, 이스라엘 종교가 메소포타미아, 이집트, 시리아(아람)–팔레스타인,

---

5) 위의 책, 81쪽.

페르시아 종교와 비슷하다는 것을 보여주는 것이 아니라, 이스라엘이 그들의 종교들과 공유하는 점, 그들에게서 차용한 점(또는 그들에게 영향을 미친 점), 그들의 종교 문화에 대해 저항한 점을 포함한 전체 역사적 그림을 파악하여, 구약에 나타난 이스라엘의 여호와 하나님 이해와 그 하나님과의 관계에서 발생된 신앙고백과 제사—예식의 다양한 표현들의 의미를 밝혀내려는 노력이다. 셋째는 이스라엘의 종교사 이해와 구약신학과의 상관관계 규명이다. 이스라엘 종교사는 어디까지나 역사 내재적으로 이스라엘 백성이 신앙고백을 했던 신앙세계를 탐구하는 한편, 구약신학은 여호와 하나님의 계시의 규범성을 인식하려는 작업이기 때문이다.[6] 이러한 관점에서 노세영·박종수 두 분 교수의 공저『고대 근동의 역사와 종교』는 주목을 받을 만하며, 고대 서아시아(고대 근동)의 역사와 종교 및 그 문서들과 함께 이스라엘 종교사와 구약 본문을 단순히 평행 자료로 비교하는 위험 수준을 벗어나서, 이스라엘 종교가 보여주는 고대 근동(고대 서아시아) 세계에서의 연속성과 비연속성에 대한 이해를 바탕으로 구약성경 본문이 지닌 고유한 문법적이며 역사적인 의미 해석에 진일보하는 계기가 될 수 있기를 바란다.

---

6) D. W. Baker and B. T. Arnold, *The Face of Old Tastament Studies*, Apollos/Baker, 1999, pp. 391-420, 특히 415쪽 이하.

37

100주년 기념 강연.
장로회신학대학교 신학교육의 회고와 전망

1901년 조선의 평양 마포삼열(馬布三悅, 마펫, Samuel Austin Moffett, 1864-1939) 선교사 목사 자택에서 두 명의 학생으로 시작하여 금년 2001년에 대한민국 서울 광장동에서 100주년을 맞이하고 있는 장로회신학대학교(이하 장신대)가 어떤 학교인가를 이해하려면 무엇보다 그 신학교육의 정체성과 함께 그 신학 노선을 아는 것이 필요하다.[1] 이 강연에서는 100년의 역사 속에서 전통으로 이어져 내려오는 장신대의 정체성을 가늠할 수 있는 신학교육의 내용과 그 신학 노선을 나타내는 신학의 입장을 살펴보고, 새천년 21세기를 전망하면서 장신대의 책임과 사명을 다짐하고자 한다. 물론 장신대를 이해하기 위해서는 그 역사를 만들어 온 사람들(특히 이사회와 교수, 학생, 직원)과 사건들, 교회와의 관계, 도서관과 시설들, 재정적인 운영 실태에 관해 아는 것이 또한 중요하다. 또 장신대가 한국 최초의 개신교 신학교이며 대한예수교장로회 총회 직영의 교단 신학교로서 한국 장로교회와 맺어진 역사적 상관관계나 해외의 동역 교단교회의 신학교들 및 에큐메니칼 기관들과의 교류관계, 그리고 국내외의 선교활동과 국가와 민족의 현실 역사와 교육과 문화 등 다방면에서 수행한 직간접적인 역할들도 고려되어야 마땅하다. 그러나 장신대 100년사와 관련된 이러한 자세한 내용들은 장신대 100년사 저술(대표집필: 김인수, 2002년 출판예정)에 맡기고, 이 강연에서는 장신대의 신학과 교육을 이해하고 장신대의 미래를 전망하는 데 국한하고자 한다.[2]

---

1) 장신대의 역사를 알기 위해서는 다음 자료를 참고할 수 있다. 계일승, 『장로회신학대학70년사』, 장로회신학대학, 1971. 고용수, 『장로회신학대학교100년사』, 장로회신학대학교, 2002. 김인수, 『한국 기독교회의 역사』, 장로회신학대학교출판부, 1997, '장로회신학교의 시작과 독립노회의 창립', 347쪽 이하. 김중은, 『장로회신학대학교 역사화보집』, 제1권 (1901-1945), 장로회신학대학교 편집위원회 편, 2008.

I. 장신대 신학교육의 이념과 목적과 목표

무릇 교육의 이념은 교육의 의지를 드러내는 마음이고, 그 마음이 구체적으로 표현된 것이 교육의 목적이다. 이념은 마음의 확고한 생각이고, 목적은 이 이념을 실현하려는 행동강령으로 표현된다. 그 행동강령을 실행하기 위해 제시된 방향이 목표이며, 그 목표 달성을 위해 실제적으로 마련된 실천적 수단과 방법이 학제와 교과과정이고, 그 교육의 현장은 교수들과 학생들과 직원들에 의해 성립된다. 그러므로 교육의 이념과 목적과 목표와 학제와 교과과정은 상호 유기적인 관계 속에서 일체성을 이루며, 그 일체성을 통해 나타나는 교육의 정체성은 그 교육의 성격과 노선을 드러내게 된다.

장신대의 역사적 창학과 100년간 장신대 신학교육의 이념과 정체성은 하나님의 말씀인 성경에 기초하며, 예수 그리스도의 복음을 증언하도록 위탁받은 사람들의 소명에서 유래한다(비교, 살전 2:4; 요 8:12; 마 28:29-30; 행 1:8 등).[3] 2001년 현재 장신대는 본교 설립 목적을 다음과 같이 밝히고 있다. "대한민국의 교육이념에 입각하여 대한예수교장로회 총회 직할하에서 성서적 신학에 입각하고 장로회신조와 헌법에 기준하여 교회의 지도자와 교역자 양성을 위한 고등교육을 실시함을 목적으로 한다." 여기에 기초하여 장신대의 교육 목표는 "예수 그리스도의 복음 전파와 하나님 나라의 구현"에 있음을 밝히고 있으며, 이러한 목표를 실현하기 위한 과정별 교육내용을 다음과 같이 정하고 있다.

- 대학: 국가, 사회 및 교회에 봉사할 지도자와 교역자의 양성
- 신학대학원: 교회와 하나님의 나라를 위해 봉사할 목회자 양성
- 대학원: 교회와 사회와 국가 발전에 이바지할 수 있는 학자와 지도자 양성

다시 말하자면, 장신대 신학교육의 목적은 소극적으로는 교단의 교회가 필요로 하는 목회자와 교역자를 양성하는 것이며, 나아가 적극적으로는 한국과 아시아와 세계를 향해 복음을 전파하고 하나님 나라를 구현하는 역군이 될 지도자, 학자를 양성하려는 에큐메니칼 정신을 나타내고 있다. 하나님 나라의 일꾼을 양성하는 목적과 목표 달성을 위해 다시 각 과정별 교육목표를 다음과 같이 정하고 있다.

---

2) 고용수, 『장로회신학대학교 100년사』, 장로회신학대학교 100년사 편찬위원회, 2002.

3) 살전 2:4과 요 8:12은 평양신학교 1회 졸업증서에 적혀있는 성경구절이다.

- 대학: ① 경건의 훈련 ② 학문의 연마 ③ 복음의 실천
- 신학대학원: ① 경건훈련을 통한 교역자의 인격(태도) 함양 ② 국내외 교역 현장을 고려한 신학적 지식 습득 ③ 교역의 전문기술과 창의적 능력 개발
- 대학원: ① 교회와 사회가 필요로 하는 인재를 양성하기 위해 각 전공 분야에서 학문적 수준을 향상시키고 전문적 능력 배양 ② 이론과 실제를 병행하는 교육으로 심오한 학문 탐구 ③ 각 전공 분야에서 현장과 연계되는 교육으로 교회와 사회에 효율적으로 기여 ④ 교회와 사회의 내일에 대한 깊은 관심으로 미래 지향적인 교육 촉구

요컨대 현재 장신대의 교육목표는 두 궤도를 통해 집약할 수 있고, 그것은 ① 경건(敬虔, pietas)과 ② 학문(學問, scientia)의 훈련이다. "경건과 학문"이란 목표는 장신대 배지(badge)에 라틴어로 새겨져 있으며(pietas et scientia), 이것은 일찍이 1559년에 교회개혁자 쟝 깔뱅(Jean Calvin, 1509-1564)이 제네바 아카데미의 학훈(學訓)으로 삼았던 것을, 1971년부터 당시 이종성 학장이 주도하여 교수회와 이사회와 교단의 동의를 얻어 장신대의 학훈으로 채택한 것이다.[4] 장신대 마크(배지)에는 널리 알려진 또 다른 유명한 구절이 라틴어로 새겨져 있는데, "솔리 데오 글로리아"(Soli Deo Gloria, 영광이 하나님께만)이다. '하나님께만 영광을 돌린다'는 이 장신대 교육의 목적은 역시 개혁주의 깔뱅 신학의 핵심 사상인 동시에 스위스-스코틀랜드-미국-캐나다-호주 장로회 개혁교회와 복음주의 전통의 정체성을 나타내는 표어로서, 역사적으로 장신대는 그 신학교육의 전통이 깔뱅의 제네바 아카데미 신학교육과 스위스 개혁교회와 복음주의 신학 전통에 그 뿌리를 내리고 있음을 알 수 있다. 장신대는 그 신학교육의 이념, 목적, 목표를 통해서 그 존재 이유가 한마디로 삼위일체 하나님의 주권(主權)을 인정하고 하나님께만 영광을 돌리는 데 있다.[5]

4년제 대학부(신과, 기교과, 교음과) 과정과 함께, 장신대는 4년제 일반대학을 졸업한 학생을 받아서 3년간 목사 후보생 교육을 하는 교역학 석사(M.Div. = B.D.)제도를 1962년부터 한국 신학교 역사상 처음으로 도입하였고, 교과과정도 현재 구약학, 신약학, 역사신학, 조직신학, 기독교와 문화, 일반학, 실천신학, 선교신학, 기독교교육학, 교회음악학으로 세분화함으로써 교육목표의 효과적인 성취를 위해 노력

---

4) 이형기, "장신대 신대원의 교육목적과 신학의 방향은?", 〈1997년 2학기 교수세미나 자료집〉, 1997, 8월 29일, 2쪽.
5) 『장신비젼 21세기』, 1997-2006, "마크 설명"과 교육 이념, 목적, 목표의 체계도 참조.

해 왔다. 대학의 개설강좌 수가 110과목(필수 69, 선택 41)이며, 신대원의 경우는 80과목(필수 28, 선택 52)이다. 대학원에는 석사, 목회학 박사(미국 맥코믹 신학대학교와 공동), 신학박사 과정이 설치되어 있다. 2001년 장신대 경상예산은 135억 원이며 새로운 건물과 시설도 확충하였고, 전임교수 47명, 직원 54명, 등록 학생 총 수는 2,500명이 넘는 신학대학교로 발전했다. 외국인 학생도 44명이 재학하고 있다. 이상조 기념도서관은 현재 동양서 64,609권, 서양서 55,618권으로 합계 120,227권을 소장하고 있으며, 학술잡지는 국내 244종, 국외 248종을 구독하고 있다. 평양 장로회신학교가 개교한 이래 2001년 2월 15일 94회 졸업식까지 100년 동안 본교 졸업생 총수는 19,806명이다. 장신대 창학 100주년을 맞이하는 오늘 우리 각 사람은 "주 여호와여 나(우리)는 누구며 장신대는 무엇이기에 여기까지 이르게 하셨나이까"(삼하 7:18 참조)라고 하는 경외와 감사의 기도와 함께, "여호와께서 여기까지 우리를 도우셨다"(삼상 7:12)라는 감격의 고백을 하게 된다.

돌이켜 보건대, 1901년에 미국 북장로교 선교사 목사인 마포삼열(마펫, Samuel Austin Moffett, 1864-1939)이 평양 대동문 옆 술막골 자택에서 두 명의 한국인 목사 후보생(평양 장대현 교회 김종섭 장로와 방기창 장로)에게 성경을 가르치면서 시작된 장신대의 시작은 문자 그대로 미약한 모습이었다. 당시 조선(1897년부터 대한제국)의 상황은 국내외적으로 한 치 앞을 내다볼 수 없을 정도로 혼란과 격동의 시대였다. 19세기 중엽부터 노골화된 청, 일 세력의 조선 침략과 더불어, 쇄국정책으로 버티던 조선왕조 500년이 서서히 종막을 향하고, 1880년 이후 영국, 프랑스, 미국, 러시아, 독일 등 세계열강들이 통상을 빌미로 조선에 대한 세력 확장을 시도하고 있었다. 내부적으로는 수구파와 개화당의 싸움이 치열해졌고, 1894 동학 농민군의 봉기까지 일어나, 민심은 극도로 불안한 상태였다. 1897년 고종은 드디어 국호를 대한제국(연호, 광무)으로 고치고, 황제의 자리에 올랐으나, 그것은 명목상에 불과했다.

1905년 도쿄에서 미국 육군 장관 태프트와 일본제국 수상 가쓰라 사이에 이루어진 소위 "태프트-가쓰라 밀약"에 따라 미국은 필리핀을 지배하는 대신 일본은 미국을 위시한 세계열강들로부터 한국 지배권에 동의를 얻어내었고, 동년 11월에 을사조약을 체결한 일본은 조선(한국)의 외교권을 침탈하고 한국의 군대를 해산시켰다. 고종의 정비인 명성황후를 시해하고 고종을 독살(?)한 일제는 결국 고종을 계승한 순종(연호, 융희)을 강압하여 1910년 8월 29일 국권(國權)을 일제에 넘겨주는 "조서"를 발표하게 함으로써, 조선왕조는 개국한 지 518년 만에 종말을 고하고, 나라가 망하는 '경술국치'(庚戌國恥)의 비운을 맛보았다. 이제 한국 민족은 1945년 8월 15일 일제의 식민지 통치로부터 해방될 때까지 35년간 일제의 가혹한 탄압과 수탈과 멸시·

　　37. 100주년 기념 강연. 장로회신학대학교 신학교육의 회고와 전망

천대 속에서 암울한 식민지 시대를 살게 되었던 것이다. 세계사적으로도 이 시기에는 양차 세계대전이 일어났으며, 1941년에 일본제국주의가 미국과 영국을 상대로 소위 태평양전쟁을 일으키면서부터 한국 민족과 한국의 종교, 문화, 교육은 일제의 점증하는 강압으로 인해 점차 원하지 않는 일본화의 길로 가고 있었다. 1937년부터 일제는 중국대륙을 침략하여 2차세계대전에서 패망할 때까지 중일전쟁을 일으켰다. 한국교회와 특히 장로교회는 일제가 강요하는 신사참배(神社參拜) 거부 문제로 생사의 기로에 내몰리게 되었다. 신사참배를 거부하는 목회자와 성도들은 옥에 갇히고 고문을 받았고, 순교하는 이들도 있었다. 창씨개명(創氏改名)을 강요당하고, 성경 교육이 금지되었으며, 일본어를 국어로 강요당했고 한글(조선어) 사용이 제한되었다. 평양 장로회신학교(이하 평장신)를 비롯하여 다수의 기독교 학교들은 폐교되었으며, 서양 선교사들은 추방되었다.[6] 이렇게 한국이 일제 군국주의의 압제 아래 암울한 식민지 역사 속에서 미증유의 수난을 당할 때, 평장신의 존재는 이 어둠의 역사를 밝히는 등불이었고, 절망하는 한국 백성들의 마음에 성경의 하나님의 말씀으로 믿음과 용기와 희망을 불어넣었으며, 미래의 한국교회와 민족을 위한 지도자와 인재를 양성할 수 있었던 것은 하나님의 크신 은혜였다. 1910년 8월 29일 경술의 국치로 한국은 일제에게 국권을 강탈당했는데, 그 이듬해인 1911년 3월 3일 역사상 최초로 신구약 성경전서가 순 한글로 번역되어 출간된 것은 결코 우연한 일이 아니었다. 일제 식민지 암흑기에 한국교회는 성경을 읽고 용기를 얻었고 희망을 잃지 않았다. 한편, 평장신의 신학 정체성과 노선은 시종일관하게 살아계신 하나님의 말씀인 신구약 성경에 기초하여, 복음주의 신학의 입장에서 목회자와 인재를 양성하는 것이었고, 그것은 평장신 교육의 이념과 목적과 목표에 부합하는 것이었다. 평장신이 성경의 권위를 높이고 개혁교회 전통의 복음주의 정체성과 노선을 견지한 것은 일본교회의 경우와 비교해 볼 때 실로 다행하고 감사한 일이었다.[7]

평장신은 1903년부터 한국에 주재한 장로회 선교공의회(미북·남, 호주, 캐나다 장로회 연합기관)의 협력으로 한국장로회 목회자 양성기관으로 공식 출범하였고, 5년 학제와 그에 따른 교과과정이 결정되었으며, 설립자 마포삼열(馬布三悅, 마펫, 마삼열)이 1904년에 초대 교장이 되어 1924년까지 봉직했다. 평장신은 1925년 2대 교장으로 나부열(羅富悅, Stacy Lippincott Roberts, 1881-1946. 로버츠)이 취임할 때까지

---

6) 평양 장로회신학교의 신학교 명칭 변경과정에 대해서는 다음의 소논문을 참고할 수 있다. 변창욱, "평양 장로회신학교 초기 역사(1901-1922): 신학교 명칭의 변경과정을 중심으로", 〈장신논단〉 Vol. 53 No. 2, 2021년 6월, 155-181쪽.

7) 일본은 개신교 초기에 주로 독일 튀빙겐 학파의 성서비평학에 영향을 받은 선교사들이 들어왔기 때문에, "자유주의 영향을 받은 성경관은 일본의 기독교를 연약하고 비뚤어진 것으로 만들고 말았다"는 평을 받고 있다. 니시 미쯔루(西 滿), "구약성경과 일본 교회", 윤영탁 역, 『일본선교전략』논문집, 일본복음선교회 출판사(JEMP), 2022, 141-155, 특히 149쪽.

마포삼열의 지도력을 중심으로 신학교육의 정체성을 확고히 다져나갔다. 한경직 목사는 마포삼열 선교사가 신학교육뿐 아니라 "위대한 신앙가, 신학자, 교역자, 교회정치가, 애국지사"였다고 평했으며, 마 목사는 한경직 목사 자신의 고향 교회인 자작교회를 위시하여 평안남북도 일대에 많은 교회를 세웠고, 진광소학교 외에 교회에 속하는 소학교 250여 개를 세웠다고 한다.[8] 방지일 목사도 마펫 목사에 대해 다음과 같이 증언했다. "그는 키가 훨씬 크신 분으로 위풍이 당당하시다. 그래도 극히 인자하신 분으로 그 돈독한 신앙을 자기 삶으로 보여주신 분이요 교회개척과 교육기관을 다양하게 세워 신앙교육을 주로 하여 애국 애족의 인재를 많이 길러내신 분이요. … 그와 만나면 과연 대인(大人)이라고 머리를 숙이게 된다. 이런 분을 하나님께서 한국 그 어두운 때에 보내 주셔서 한국교회에 초석(礎石)이 되게 하심이 우리 하나님의 하신 일이시라 감격에 넘친다."[9] 또 마펫 선교사는 당시 평양 숭실전문대 출신으로 애국가를 작곡한 안익태를 일제 관헌이 잡으려고 하자 그를 숨겨주고 유럽으로 보내주었으며, 1919년 3·1 독립운동 때 숭실전문대에 게양했던 태극기를 보관하고 있다가 현재 숭실대학교로 보내 기독교 역사박물관에 보관 중이라고 한다.[10]

초기 평장신의 교육내용에 관해 백낙준 박사는 그러나 부정적인 평가를 했다. "목사후보생들은 고등교육을 받은 사람들이 아니었다. 그들이 배우는 신학과목은 기독교를 철학적 입장에서 다루는 것들이 아니요, 거의 전적으로 성경공부였다." 몇 개의 신학과목들이 있었지만 평장신은 사실상 교회 일꾼들을 위한 "성경학교"에 불과했다는 것이다.[11] 이것은 백낙준 박사가 평장신 신학교육의 정체성을 잘 모르고 말한 피상적인 관찰이고, 철학과 신학은 그 대상과 방법론에서 서로 다른 학문성을 가지고 있다는 것을 오해한 말이다. 교회 없는 신학을 생각할 수 없는 것과 같이, 성경을 중점적으로 가르치지 않고 처음부터 "철학적 입장"에서 기독교를 가르치는 신학교의 존재는 더더욱 생각할 수 없기 때문이다. 신학교육의 바탕과 그 학문성은 고금동서를 막론하고 철학이 아니라 성경에 대한 지식과 이해가 무엇보다 중요하다. 지금도 제대로 된 신학교는 주로 철학적 입장에서 신학을 가르치는 것이 아니고, 최고 수준의 성경학교가 되어야 한다. 오늘 우리 장신대는 평장신의 이러한 자랑스러운 "성경학교"의 전통을 이어나가야 한다.[12]

---

8) 한경직, 『나의 감사, 한경직 구술 자서전』, 두란노, 2010. 특히 "위대한 선교사 마포삼열", 112쪽 이하.

9) 방지일, 『야사野史도 정사正史로』, 선교문화사, 2001, 18-34, 특히 32-34쪽.

10) 방지일, 위의 책, 25, 30쪽.

11) 백낙준, 『한국개신교사:1832-1910』, 연대출판부, 1993년 5판, 317쪽 이하.

12) 임희국 교수는 역사적으로 스위스 개혁교회 츠빙글리를 중심으로 형성되었던 '프로페차이'(예언학교) 전통에서 성경 공부를 강조했던 전통이 평양 장로회신학교에서 계승되었다고 한다. 임희국, "츠빙글리 종교개혁의 유산과 한국(평

평장신은 그 입학 조건부터 상당한 학식과 자격을 갖춘 자로 제한했다. "조사나 순행 전도인으로서 학식이 상당하고, 헌신적 정신이 유하며 담력이 유하고 모험적 가신(可信)할만한 교원 중에서, 또 중학교와 대학교에서 수학하고 자격을 상당히 예비한 청년이 입학한다"라고 초대 교장인 마포삼열 박사는 기록했다.[13] 이 기록을 보면, 위에서 백락준 박사가 말한 당시에 평장신의 목사후보생들은 "고등교육을 받은 사람들이 아니었다"라고 한 것은 일방적이며 어폐가 있는 말이다. 예수님의 열두 제자들은 당시 그레코−로만 세계에서 무슨 고등교육을 받았으며, 무슨 철학적 기독교를 배웠는가(비교, 행 4:13; 골 2:8; 갈 4:3,9; 딤전 6:20−21 등)? 이 말은 신학교육이 철학이나 타 학문들을 무시하고 학력 철폐주의로 가자는 것이 아니다. 사실 1903년 정식 개교 당시 평장신은 성경만 가르친 것이 아니고, 신학 과목들로서 신학일반 및 소요리문답, 구원론, 유대사기(이스라엘 역사), 목회학 등을 개설했고, "산수" 과목도 가르쳤다.[14] 또 평장신은 그 교육과정에서 변화나 성장이 불가능한 학교가 아니었으며, 이제 되돌아보면 과거 100년의 역사 속에서 부단히 그 신학교육에서 '예수 그리스도의 복음전파와 하나님 나라의 구현'이란 목적을 이루기 위한 다양한 '경건과 학문'의 훈련을 통해, 세계의 신학대학교들과 비교해 볼 때 아직 뒤쳐진 분야가 없지는 않지만, 상당한 수준으로 성장한 것을 우리는 인정해야 한다.

1910년 미북장로회 선교사 목사인 해리 로우즈(Harry A. Rhodes, 1875−1965)는 처음 영문으로 평장신에 관한 보고서를 썼는데, 이 글에서 우리는 초기 평장신의 역사적 성장과정을 엿볼 수 있다.[15] 1908년 5월 15일 평양 하수구리 100번지에 약 6,000평의 대지를 확보하고 이듬해 2층으로 된 본관 건물을 준공한 평장신은 6개의 교실을 가진 새 교육시설에서 신학교육을 계속했다. 1907년에 7명의 첫 졸업생을 배출한 직후, 평장신은 학생 수가 꾸준히 증가하여 1910년에는 1학년 35명, 2학년 33명, 3학년 21명, 4학년 20명, 5학년 28명, 합계 137명이 재학하고 있었다. 한편 한국 장로교회도 1907년 첫 독(립) 노회를 조직하여 평장신 졸업생 7명을 모두 목사로 안수하였고,[16] 장로회 신경(信經)을 채택하였으며, 당시 미북장로회 선교부 소속으로 중국에서 선교활동을 하던 네비우스(J. L. Nevius)의 선교정책에 따라 교회의 자

양) 장로회신학교 신학 교육", 『공감, 교회역사 공부』, 장로회신학대학교출판부, 2014, 548-575쪽.

13) "장로교회 신학교 약사", 〈신학세계〉, 1916년 제1호, 164-166쪽.

14) 김인수, 100주년사 자료, 13쪽.

15) Harry A. Rhodes, "Presbyterian Theological Seminary", 〈*The Korea Mission Field* 6〉, 1910, 149-152쪽.

16) 1907년 9월 17일 평양 장대현 교회에서 모인 제1회 노회에서 처음 목사로 임직된 일곱 분들은 다음과 같다: 송인서, 길선주, 이기풍, 한석진, 양전백, 서경조, 방기창. 『장로회신학대학교 역사화보집』, 위의 책, 42-43쪽, '제1회 졸업생 일동' 사진과 설명 참조.

립과 사경회의 강화를 통해 대부흥을 경험하였고 교세가 괄목하게 성장하였다. 1879년 4명의 세례교인이 생겼고, 1884년에 서상륜이 황해도 장연군 송천리에 세운 한국 최초의 '솔내교회'(송천교회)에서 시작된 한국 장로교회는,[17] 1910년에 이르러 세례교인 36,074명(교인 총수는 108,470명)에, 당회가 있는 조직교회가 78개 교회(미조직은 1,085 교회)가 되었다.[18] 1912년에는 조선 예수교 장로회 총회가 조직되었다. 마포삼열 박사에 의하면, 1915년까지 평장신은 147명의 졸업생을 배출했으며, 그중에 2명이 전도 임무를 하고 나머지는 모두 목사로 임직되었다. 벌써 평장신 졸업생 중 3명은 1912년부터 중국 산동성에 중국인을 위한 선교사로 총회에서 파송되었고(5회 졸업생 박태로, 6회 졸업생 김영훈과 사병순), 또 1명은 시베리아에 산재한 조선인에게 전도하고, 또 다른 1명은 도쿄(동경)에서 조선 유학생들을 위한 목사로 시무하고 있었다. 마포삼열(마삼열, 마펫) 교장은 평장신 졸업생들의 활약에 대해 다음과 같이 기술했다. "졸업생 중 1인은 목사계에서 면직되었으나 그 외에는 각양 재덕과 천재(天才)를 사용하여 시무함으로 차 1인 외에 큰 행복을 수(受)하고 상제의 신(神)의 영력을 피(被)하여 목사계에서 성공하며 성신의 인치심을 수(受)하여 사역하니라."[19]

이러한 진술들이 사실이라면(본 강연자는 사실로 받아들인다), 평장신의 신학교육은 결코 온실이라고 할 수 없는 황무지와 광야 같은 삭막하고 열악한 조건에서도 삼위일체이신 하나님의 은혜로 그 교육목적을 잘 실현해 가고 있었다. 교과과정도 위에서 언급한 로우즈의 1910년도 보고서에 의하면, 성경강독과 신구약 각 책에 대한 강해 과목 외에 보다 다양한 과목들이 개설되었다: 구약역사와 성서지리, 설교연습, 설교학, 신약성서 지리학, 니케아 이전 고대교회사, 니케아와 니케아 이후 중세교회사, 신앙고백 강독, 교회정치와 성례전, 종말론, 종교개혁 직전 교회사, 권징 및 예배모범, 성령론, 목회신학, 종교개혁과 그 직후 교회사, 종교개혁 이후 교회사, 교육학, 근대 선교사와 여기에 5년 동안 매 학년에 '음악'(音樂)을 계속 가르쳤다! 당시 대다수의 신학생들은 교회를 맡아 목회 일을 하면서 생활은 가난했으며, 학교 출석은 모두 3개월 수업 동안 1학기(3월 15일-5월 1일)와 2학기(5월 1일-6월 15일)로 나누어 기숙사 생활을 하며 공부했고, 나머지 9개월은 교회 목회를 하면서 각자 집에서 신

---

17) 한경직 목사는 우리나라에서 제일 먼저 복음의 씨를 받은 곳인 평안북도 '의주'가 우리나라에 최초로 교회가 세워진 곳이라고 했다. 만주 심양에서 로스 선교사를 도와 성경번역을 돕고 인쇄된 성경(신약 쪽복음들. 누가복음, 요한복음)을 가지고 고향 의주로 돌아온 서상륜과 백홍준 등을 위시한 의주 기독교인들은 기독교를 전도한다는 이유로 관가에서 그들을 체포하려고 하자, 황해도 장연의 송천(솔내)마을로 도피하고, 송천교회를 세웠다. 한경직, 『한경직 구술 자서전, 나의 감사』, 두란노, 2010, 299쪽. 비교, 김인수, 『한국 기독교회의 역사』, 장로회신학대학교출판부, 1997, 114쪽.
18) 『장로회 신학대학 70년사』, 19, 52쪽.
19) 마삼열, "장로교회 신학교 약사", 위의 글, 165-166쪽.

학 서적 독서과제와 성경읽기를 하고 개학시에 그에 대한 시험을 보는 생활을 했다.[20] 평장신 기숙사생들은 새벽 5시에 기상하여 하루일과를 시작했다.[21] 교육학자 존 듀이(J. Dewey)는, "교육은 인생을 위한 준비가 아니라 바로 인생이다"라고 말했는데,[22] 평장신의 신학교육은 단순히 목회의 준비과정이 아니라 교육과 생활과 목회 현장이 하나로 연결되어 있었다.

1916년에는 5년제 교과과정에 대한 개편과 함께, 9개월 동안 집에서 공부할 소위 '열람과'(閱覽科)의 과목들이 새로 지정되었으며, 졸업생들을 위한 계속교육을 위해 5년제 "후과특별과정"(後科特別課程)을 신설하여 매년 1개월씩 공부하게 하여 '성경상 유조대익'(聖經上有助大益)을 얻도록 한다고 했다.[23]

1918년 평장신은 학교의 신학 잡지인 〈신학지남〉(神學指南)을 창간하여 계간 또는 격월간으로 간행했으며, 초판 2,500부가 출판되어 판매됨으로 당시로서 베스트셀러가 되었다.[24] 평장신은 1920년에 학제와 교과과정을 대폭 개편하였는데, 종래의 5년제 1년에 3개월씩 집중수업에서 하, 중, 상의 3년제로 바꾸었고, 1년을 봄학기(3~6월)와 가을학기(9~12월)의 두 학기 수업으로 나누었다. 1922년 9월에는 벽돌로 지은 3층 건물 새 교사가 완성되었고, 이때 평장신 신축교사 봉헌예배에서는 1회 졸업생 양전백 목사가 "교회설립의 반석"이라는 제목으로 설교했다. 이 새 건물의 건축비로는 1908년에도 평장신 첫 본관 건물 건축비용으로 거액을 보냈던 미국 시카고 거주 맥코믹 여사(Mrs. Nettie Fowler McCormick, 1835-1923)가 당시 미화 35,000달러를 기부했다.[25] 환갑을 맞이한 마포삼열 교장은 이임하고, 1925년 10월에 미북장로회 소속 나부열 선교사 목사가 평장신의 2대 교장으로 취임했다. 나부열 교장 시대는 일제의 신사참배 강요에 대한 불복종을 이유로 1938년 9월에 평장신이 폐문할 때까지 계속되었다.

나부열 교장은 취임 후 평장신의 신학교육을 더욱 강화했다. 1년 2학기제를 3학기제로 고치고, 1학기(춘기, 4월 첫주 목요일-6월 15일), 2학기(추기, 9월 넷째주 목요일-12월 20일), 3학기(동기, 1월 첫주 목요일-이듬해 3월 15일)로 나누어, 3년제 9학기를 수업했다. 이에 따라 교과과정도 재정비되었는데, 1931년 평장신 요람(要覽)에 나타

---

20) Harry A. Rhodes, 위의 글, 150-151쪽.

21) 박용규, "평양신학교 초기편사", 〈신학지남 165권〉, 1974, 94쪽.

22) 김창렬, "신학교육의 근본문제", 〈사목 24권〉, 83쪽에서 재인용함.

23) 『장로교회 신학교요람』, 1916, 12, 21쪽 이하.

24) 정성구, "신학지남 小史", 〈신학지남〉 제55권 2집, 통권 216호(1988/여름), 10쪽.

25) 『장로회신학대학교 역사화보집』, 제1권 1901~1945, 장로회신학대학교 편집위원회 편, 2008. 특히 51쪽 맥코믹 여사가 건축비를 지원한 1908년 평양 신학교 교사 사진과 설명, 101쪽 맥코믹 여사의 2차 기부로 1922에 지은 평양신학교 3층 신축교사 사진과 맥코믹 여사 사진 참조.

난 3년제 9학기 과목 총수는 69과목이며, 그중에 신구약 성경 각 책에 대한 '성경강
해'가 30개 과목으로 전체의 약 43.4%를 차지한다. 그 외에 신학 과목들로는 기독교
증험론, 요리문답, 신구약 중간사, 강도학, 신도론, 현대신학의 난제, 개인전도, 교
회사 과목들(각 시대구분에 따라)과 성경고고학, 도덕학, 심리학, 구약총론, 인죄론,
신약총론, 구원론, 교회헌법, 조선예수교장로회 신경, 주일학교 조직, 교수법, 성령
론, 목사지법, 내세론, 이방 종교, 성례, 근세 선교사, 예배모범, 권간조례, 청년지도
법 등을 망라하였다. 여기에 성경 원어인 히브리어와 헬라어 및 영어와 음악 과목은
학생들이 선택할 수 있게 했다. 이제 평장신의 신학교육은 당시 어디에 내어놓아도
손색이 없을 정도로 그 내실을 갖추게 되었다. 특히 심리학, 도덕학, 현대신학 난제
가 개설되고 성경고고학, 신구약중간사, 이방종교, 교수법, 청년지도법 등의 다양한
과목들을 강의했으며, 성경 원어(히브리어와 헬라어)를 선택하여 공부할 수 있게 함으
로써, 평장신은 제대로된 신학교의 면모를 갖추게 되었다. 음악(주로 성악, 풍금)은 선
택과목이었으나, 꾸준히 음악교육을 강조하였음을 알 수 있다.[26] 평장신 도서관의
장서는 모두 3,980권이며, 영문이 3,139권, 조선문이 655권, 일본문이 71권, 중국문
이 115권이었다.[27] 이때 평장신은 신학의 본과(本科) 외에도 "종교교육과"와 목사계
속교육과정인 "별신학과"를 설치했다. 종교교육과의 목적은 "주일학교급 청년운동
의 실제적 지도자를 양성함"에 있었고, 매년 일 개월 반씩 3년을 공부하는 과정이었
다. 1910년 로우즈는 평장신에 관한 보고서에서, "한국 목회자는 성경에 매우 숙달
해 있다. 그는 아직 희랍어와 히브리어에 관해서는 아는 바가 없는데, 아마 앞으로도
그럴 것이다"라고 했는데,[28] 그의 첫 말은 어느 정도 맞는 말이었으나, 그다음 예견
은 맞지 않았다. 성경 원어 공부는 주로 호주장로회 선교사 목사인 왕길지(王吉志,
George/Gelson Engel, 1868-1939) 교수가 가르쳤고, 1922년 평장신 신축교사 3층 강
당 옆에는 성경 원어를 가르치는 특별교실이 있었다.[29] 만족할 만한 성과는 없었다
하더라도, "상당한 준비가 있는 학생에게는 성경의 원어를 교수함"이 평장신 교육목
적 중에 명시되어 있고, "학생들로 하여금 신구약을 원어로 읽을 수 있도록 지도"하
는 것이 교과과정 설명에 나타나 있다.[30]

　　평장신의 교수진은 4개 장로회 연합선교공의회(미북·남장로회, 캐나다장로회, 호주

---

26) 김인수, 100주년사 자료, 15쪽.

27) 『장로교회 신학교 요람』, 조선 평양, 1931, 16쪽.

28) Harry A. Rhodes, 위의 글, 151쪽.

29) 『장로회신학대학 70년사』, "왕길지 교수", 106쪽.

30) 『장로교회 신학교요람』, 조선 평양, 1931, 4, 9쪽.

　　37. 100주년 기념 강연. 장로회신학대학교 신학교육의 회고와 전망

장로회)에서 파송한 선교사들로 구성되었다: 마포삼열, 곽안련, 소안론, 왕길지, 어도만, 게일, 배위량, 방위량, 한위렴, 편하설, 구례선, 전위렴, 업아력, 이눌서, 라부열, 부두일, 구례인, 함일돈 등이다. 1920년대까지는 마삼열, 소안론, 곽안련 등 미국 맥코믹신학교 출신이 주도했고, 1920년대 후반부터는 프린스턴신학교 출신인 라부열, 어도만, 함일돈 등이 주도했다.[31] 춘계 이종성 박사는 미남장로회 리치몬드 유니온신학교 출신인 선교사 목사인 이눌서(李訥瑞, William Davis Reynolds, Jr., 1867-1951)가 "한국 장로교회(예장)의 신학적 건축자"였고, "장로교회의 신학(개혁주의적 정통주의)"은 이눌서에 의해 뿌려지고 다듬어졌다고 평가했다.[32] 평장신의 신학교육 전통과 관련하여 장신대의 100년간 신학전통과 그 신학노선은 다음 장에서 살펴보게 될 것이다.

1924년에는 평장신 6회 졸업생인 김선두 목사가 한국인으로는 처음 평장신에 출강했다. 한국인으로서 최초로 1925년에 평장신의 교수(신약학)가 된 사람은 남궁혁이었다. 남궁혁은 평장신 15회(1921년) 졸업생으로 1924년 프린스턴신학교에서 석사학위를 마치고, 1927년 리치몬드 유니온신학교에서 신학박사 학위를 받았다. 그는 〈신학지남〉의 편집인 책임을 맡기도 하였다.[33] 이성휘 목사도 1926년부터 출강했는데, 이성휘는 숭실전문대를 졸업하고, 프린스턴신학교에서 공부하고, 샌프란시스코신학교에서 석사학위를 했으며, 하노버대학교에서 신학박사 학위를 받고, 1928년부터 평장신의 교수(주로 구약학)로 활동했다. 박형룡은 1931년 평장신의 조직신학 교수가 되었다. 박형룡은 숭실전문대를 나온 후 중국 남경 금릉대학에서 영문학을 공부했다. 그는 프린스턴신학교에 유학하여, 신학사와 석사학위 공부를 했고, 켄터키주 루이빌의 남침례회신학교에서 1932년에 신학박사 학위를 받았다.[34] 이렇게 보면 평장신은 조직신학, 신약학, 구약학과 같은 신학교육의 핵심적인 분야에 한국인 학자와 교수들을 세움으로써, 결코 평장신은 선교사 절대 우월주의로 나가지 않았다. 평장신이 전도열만 왕성하여 학문적 관심이 결여되었고, 한국인 학자를 양성하지 않았다고 하는 비난도 지나친 것임을 알 수 있다. 네비우스 선교정책에 따라 일찍이 이눌서가 1896년에 선교공의회에서 제시했다는 "한국교회를 위한 한국인 목사 양성 7원칙"이 평장신 교육에 작용하여 성경 중심으로 하나님의 말씀을 담대히 증언(전도)하는 "성신인"(聖神人)으로서 목회자 양성에는 성공했으나, 신학의 발전이나

---

31) 박용규, 『한국장로교사상사』, 총신대출판부, 1992, 92쪽.
32) 이종성, "한국교회 조직신학 100년의 발자취", 〈교회와 신학〉 제99권 봄 제36호, 10쪽.
33) 한숭홍, "남궁혁의 신학사상", 『한국신학사상의 흐름』, 하권, 장신대출판부, 1996, 19-82쪽.
34) 한숭홍, "박형룡의 신학사상", 위의 책, 83-130쪽.

신학자 양성과 목회자의 학문성 배양에는 실패했다는 비평도 일리는 있으나, 정당한 평가로는 보기 어렵다.[35] 이눌서 교수가 "교역자의 교육 정도는 너무 높이지 말고, 일반교인의 지적 수준보다 약간 높게 할 것"이란 제안을 한 것은 평장신이 설립되기 전 선교 초창기 상황에서 나온 말이고 한시적인 것이며, 평장신의 교육을 겨냥한 말은 아니었다. 오히려 이눌서는 한국 교역자들의 지적 수준을 높여야 할 것을 이렇게 강조하고 있었다. "금후 한국교회의 주력하여야 할 일은 성경을 전문적으로 연구하는 유능한 성경학자를 양성하는 일이겠다. 그리하여 한국인 성경학자들이 해석한 훌륭한 주석서류가 생겨 나와야 하겠다. … 과거의 교역자들과 같이 무비판 몰이해의 문자적 암송에 그쳐서는 아니 된다. 이제부터는 성경 원문도 알고 역대의 저명한 신학자와 성경학자의 해석도 참고하고 과학과 철학과의 관계도 이해하는 해석이 아니며는 아니된다. … 바라건대 우리 한국에 많은 성경학자가 하루바삐 나야겠다."[36] 위에서 살펴본 대로, 평장신의 신학교육은 폐쇄적이거나 배타적인 근본주의 신학의 입장이 아니었으며, 성장 불가능한 깔뱅(칼빈)주의 정통신학을 일방적으로 강요하는 주입식 교육이 아니었다.

1937년부터 예장총회 교육부와 평장신 교수회는 협력하여, 신구약 표준 성경주석을 간행하기 시작했다(간행된 책들은 다음과 같다: 구약은 욥, 시편, 이사야, 잠언, 전도, 아가, 창세기, 민수기, 레위기. 신약은 로마서, 고린도전, 고린도후, 갈라디아, 요한복음, 마가복음, 히브리서, 야고보서, 누가복음). 그러나 일제의 패망과 갑작스러운 해방 직후의 사회적 혼란 및 남북분단과 6·25 전쟁, 장로교회의 분열로 인해 이 주석간행 사업은 중단되었고, 오늘까지 장신대 100년을 기념하는 우리 교단(예장 통합)에 완간된 성경주석이 없다는 현실로 남아있다. 어쨌든 마포삼열과 라부열 교장 시대를 일관하여 평장신의 교육이념과 그 정체성은 더욱 분명해졌고, 그것은 성경에 기초하여 복음주의 입장에서 하나님 나라의 복음을 전파할 능력 있고 진실하며 연구능력과 학문적 소양을 갖춘 목회자와 교역자와 인재, 무엇보다 '사회적 책임' 의식이 분명한 인재를 양성하는 것이었다. 이것은 평장신 요람의 "교육목적" 항목에 기록된 다음과 같은 6개 항의 내용을 통하여 확인되는 사실이다.[37]

1. 성경에 계시된 하나님의 말씀을 바로 공부하여 복음을 전파하는 사역자 양성.

---

35) 『장로회신학대학 70년사』, 위의 책, 63쪽 이하. 비교, 이여진, "신학교육의 근본문제에 대한 재고찰", 〈신연 67〉, 137쪽 이하.
36) 평양신학교 교수 이눌서 박사 저, 『종교와 경전』중에서. 김양선, 『한국기독교 해방 10년사』, 175쪽에서 재인용함.
37) 『장로교회 신학교 요람』, 조선 평양, 1931, 3쪽 이하.

2. 성경을 전심 연구케 하여 능력 있고 진실한 목사를 교회에 공급하여 그 사업을 계속케 함.

3. 영적, 도덕적, 지적 방면의 목자의 의무를 다하며 사회적 책임을 심절(深切)히 의식하는 인재양성.

4. 복음주의의 진정한 정신을 고취하고 장려하여 그리스도 교회를 확립케 함.

5. 연구정신을 고취하고 상당한 학력을 함양케 하여 졸업 후 일반인에게 존경과 신임을 받으며, 정교리(正敎理)를 보호하고 이단을 막을만한 인물을 양성함.

6. 장로교회의 역사적 표준, 즉 신경(信經), 요리문답, 정치권징 조례와 예배모범을 본교 교육의 표준으로 받음.

한마디로 평장신 교육의 정체성과 그 신학 노선은 역사적으로 스위스 개혁교회 전통에 선 복음주의(개혁주의적 정통주의) 성격을 강하게 드러내는 것이었고, 그 복음주의(즉 개혁신학, 츠빙글리와 깔뱅주의) 전통은 오늘 100주년을 맞이하는 장신대의 교육을 통해 계속되고 있는 것이다. 달리 말하자면, 예수 그리스도의 복음전파와 하나님 나라를 이 땅 위에 구현하기 위해 '경건과 학문'의 훈련을 받은, 예수 그리스도의 신실하고 헌신적인 제자들을 양성하는 교육사업이 장신대의 존재 이유이다.

평장신은 여학생을 받지 않았으나, 1910년에 평장신과 가까운 곳에 선교사들이 "평양장로교 여성 성경 연구원"을 설립하여, 4월 1일부터 6월 15일까지(2개월 반)를 학기로 하는 5년제 교육을 실시했다. 여기서는 단순히 성경 과목만 아니라, 산수, 신구약 지리, 작문, 구약 역사, 예수 생애, 성경 교리, 생리학과 위생학, 성경교사 양성 훈련과 함께, 음식 조리법, 병자 간호, 개신교 선교에 관해서 공부했다.[38] 이러한 전통을 이어받아 장신대는 여교역자들을 양성하기 위해 1965년에 '기독교 교육과'를 시작하였고, 또한 대학교 졸업자를 받아 3년간 목회자 후보생을 교육하는 과정에도 여성을 입학시킴으로써, 자연히 남녀공학의 장신대로 발전하였다.[39] 1992년 통합 예장총회가 여성 목사안수를 허락함으로써, 100주년을 맞이하는 현재 장신대 신대원 과정에는 목사후보생 여학생 수가 증가하고 있다.

장신대 도양술 교수는 과거 평장신의 교육에 대해 다음과 같이 평가한 적이 있다. "평양신학교는 미국 장로교 선교사들에 의해 설립된 후 구라파 계통의 이론보다는 미국 계통의 목회자 양성에 그 목적을 두었다. … 주로 성서를 가르치는 데만 집

---

38) Margaret Best, "Courses of study and rules of admission of the Pyeng Yang Presbyt. Women's Bible Institute", 〈*The Korea Mission Field 6*〉, 1910, 152-154쪽.

39) 주선애, "우리나라 신학교 여학생 교육에 대한 고찰", 〈교회와 신학〉, 제5집, 1972, 209쪽 이하.

중했다. 그 결과 과학이나 철학에 물들지 않은 순수한 신앙가들을 양성했고, 여기를 나간 수많은 목사들은 전도와 목회에 성공하여 세계 어느 나라보다 단시일 내에 교회가 발전했다. … 특별히 우리 장로회신학대학은 이때까지 평양신학교의 전통을 받아서 보수적 신학과 목회자 양성에는 성과를 거두었으나, 그러나 신학적 빈곤을 채우기 위해서 이 방면에 노력이 집중되고 있다."[40] "신학적 빈곤", 이것은 1960년대 이후 오늘까지 장신대의 신학교육에 따라다니는 부담이요 과제였다. 이 신학적 빈곤의식은 과거 선교사 중심 신학교육의 질이나 양에 대한 불만이었던 동시에, 또한 한국인 특유의 지적 탐구열에 기인하는 것이라고 생각한다. 선교사 주도적인 신학교육의 시대가 지난 후에도 장신대 학생들의 신학교육에 대한 만족도는 긍정적이지 못하다. 커리큘럼에 만족하는 경우는 22.2%인 반면, 부정적인 반응이 77.5%에 이른다. 신학교육의 학문적 수준에 대해서도 32.3%가 긍정적인 반면, 67.7%는 불만이다. 흥미로운 현상은 장신대 학생들이 신학교육 강화를 원하는 분야는 '성서연구'가 47.2%인데 비해 일반교양은 21%, 종교와 신학은 13.6% 순으로 나타나 있다.[41]

1980년대부터는 서구(유럽)에서 신학을 전공하고 박사학위를 받은 신진 학자들이 장신대 교수진에 보강되면서, 이제 100주년을 맞는 장신대는 "신학적 빈곤"도 어느 정도 해소하고, 선교사들이 후견인 역할을 한 신학교육의 테두리에서도 벗어나서, 교단의 무리한 간섭 없이 신학의 연구와 교육이 이루어지고 있다. 그러나 학문에 지적(知的) 만족이 어디 있으며, 완전한 신학교육이 언제 어디서 가능할 것인가? 신학적 빈곤을 벗어나야 한다는 말을 하지만, 그것은 어떤 지적인 호기심을 만족시키는 수준이어서는 안 된다. 사실 동서고금을 막론하고 학문의 궁극적 목적은 인간의 마음을 바르게 하는 것이며, 신학공부의 학문적 탐구의 목적도 궁극적으로는 신학하는 사람이 '하나님의 마음에 합한 사람'이 되는 데 있다. 16세기 한국의 위대한 유학자요 스승인 퇴계(退溪 李滉, 1501-1570) 선생은 '왜 학문을 해야 하는가'를 묻는 제자들에게 "學文所以正心"(학문을 하는 바는 이로써 마음을 바르게 하는 것이다)이라는 유명한 말을 남겼는데, 장신대의 신학적 빈곤이 해결되는 지점도 궁극적으로는 하나님과 사람들 앞에서 신학도들이 사람다운 사람이 되고, 신학도들의 마음이 바르게 되는 데 있을 것이다(비교, 마 12:34-35; 잠 4:23; 16:17-18; 렘 17:9-10).

---

40) 도양술, "목회자와 신학교육", 〈교회와 신학 1집〉, 1965년, 47쪽 이하.
41) 고용수, "한국 신학생들의 신학교육에 대한 태도 연구", 〈교회와 신학〉 제9집, 1977, 177-181쪽.

Ⅱ. 장신대 신학의 정체성과 신학노선

개혁교회 전통의 복음주의 교육이념에 충실한 신학교육을 계속해 온 장신대의 신학 정체성과 신학노선을 살펴보기로 하자. 100 주년을 맞는 오늘 장신대는 평장신에서 시작된 대한예수교 장로회의 신앙 정체성과 신학노선을 이해하고 계승하여 발전시키고 있는가? 또는 어떤 의미에서 오늘의 장신대는 평장신의 신학전통과 단절된 채 나름대로의 새로운 신학노선을 추구하고 있는가? 신학교육의 정체성과 함께, 신학 노선에 관한 물음도 100 주년을 맞이하는 장신대를 이해하는 데 필수적이라고 생각한다.

주지하는 대로 1945년 8월 15일 감격의 해방을 맞이한 후, 대한예수교장로회는 1950-1960년까지 10년 동안 신학적인 입장(신학 노선) 차이 때문에 교회가 분열하고, 신학교가 분립하는 불행을 겪었다. 춘계(春溪)는 평장신 신학의 특징을 이렇게 평가한 적이 있다. "1901년-1945년 신학교육의 특징은 한마디로 도입기의 신학으로, 가르치는 자나 배우는 자나 일방적, 무비판적 전달-흡수의 시기였고, 전도열이 왕성했던, 신학적이기보다는 신앙적인 시기였다. 이 시대의 일방적인 신학교육 결과로 한국 장로교회 신학은 편파적이고 편협하고 포용성이나 융통성이 없는 것이 되어 버렸다는 것이 일반적인 견해이다."[42] 그러나 소위 선교사 신학교육 시대로 정리되는 평장신의 신학에 대한 이러한 부정(否定) 일변도의 견해는 주로 한국 장로교단들 내의 소위 진보주의나 신정통주의 그룹(주로 일제시대 일본이나 미국에서 신학교육을 받았고, 평장신의 교육을 받지 않은 분들이다)에서 나타나는 일방적 견해이며 일종의 편견이다.[43] 어쨌든, 김명용 박사는 "한국의 장로교회를 분열시킨 신학적 오해는 미국 장로교회의 분열에 그 뿌리가 있다"고 진단하였으며, "소위 자유주의 신학으로 알려진 신신학에 대한 논쟁이 1953년의 기장 측의 분열과 1959년의 통합 측과 합동 측의 분열에 깊이 개입되어 있었다"라고 보았다.[44] 여기서 우리는 1938년 9월부터 신사참배 거부를 분명히 하고 평장신이 무기 휴교를 선언한 이후,[45] 1945년 해방이 되면서

---

42) 이종성, "신학교육의 역사", 『신학방향』, 1984. 10. 31, 종교개혁 467주년 기념, 장로회신학대학, 10쪽.

43) 춘계 이종성 박사는 일찍이 1942-1944년 일본 동경 성립(成立) 상업학교를 졸업하고, 1945-1951년에는 일본 기독교 신학전문학교(현 동경신학대학의 전신)을 졸업했다.

44) 김명용, "한국장로교회 일치를 위한 신학적 방향", 『열린 신학 바른 교회론』, 장신대출판부, 1997, 190쪽 이하.

45) 1936년 이후 한국의 천주교를 선두로 안식교, 성결교, 구세군, 성공회, 감리교회가 신사참배는 종교적 행사가 아니고 애국적 행사라는 명분을 내세워 신사참배에 동참했다. 조선 예수교 장로회 총회도 1938년 9월 10일 평양 서문밖 교회당에서 신사참배를 가결했다(총회장, 홍택기 목사). 한국교회가 신사참배를 하도록 강요한 일제는 1939년부터 각 도시에 교회 하나만 허락하고 교회의 종과 쇠붙이를 공출했으며, 1943년부터는 주일 밤예배, 수요예배도 금지했다. 김인수, 『한국 기독교회의 역사』, 위의 책, 503쪽 이하. 특히 510쪽, 524쪽 이하.

1950년대 한국 장로교회의 신학적 혼란이 야기되는 상황을 잠깐 짚어볼 필요가 있다.

한국 장로교회는 1938년 9월 평양에서 열린 제27차 총회에서 일제의 물리적 강압아래 신사참배를 결정했다. 또한 1939년에 평장신도 문을 닫게 된 상황에서,[46] 한국교회의 목회자 양성은 중단할 수 없고 계속해야 한다는 명분은 설득력이 있었고, 평소 평장신의 신학교육에 불만을 품어오던 장공(長空) 김재준 목사는 1939년 서울에 조선신학교를 세우고 신학교육을 시작했다(김재준은 일본의 자유주의신학 중심지로 알려진 청산학원 신학부에서 신학을 했고, 미국 웨스턴 신학교에서 1931년 신학사, 1932년에 "오경비판과 주전 8세기 예언운동"이란 논문으로 신학석사 학위를 받았다).[47] 한편 평양에서는 1940년 4월, 평장신 11회(1918년) 졸업생인 채필근 목사가 닫혔던 평장신의 문을 열고, 교장이 되어 신학교육을 재개했다. 1945년 8월 해방이 되자, 신사참배에 끝까지 저항했던 소위 '출옥성도들'은 그동안 조선신학교와 평장신을 친일파에 의해 주도된 신학교로 규정하고, 목회자 양성 신학교로 인정할 수 없다고 했다. 그들은 1946년 9월 부산에서 고려신학교를 세우고, 자신들의 신학 노선은 신사참배에 불복종했던 과거 평장신의 '칼빈주의 정통신학'을 계승한다고 주장했다. 그러나 대한예수교장로회 총회는 고려신학교 설립을 인정하지 않았고, 1952년 37회 총회는 "고려신학교는 총회와 하등 관계가 없다"라고 최종 선언했다. 이때부터 한국 장로교회 분열의 비극은 김인수 교수의 지적대로 항상 신학교 문제와 연관되어 있었다.[48] 그동안 서울의 조선신학교는 1946년부터 대한예수교장로회 총회의 공식인준을 받았으나, 장공이 주도한 조선신학교는 소위 신신학(新神學)과 자유주의 신학을 가르친다는 물의가 끊이지 않았다. 그래서 평장신의 정통—보수주의 신학을 계승하는 신학교를 재건하자는 의견이 대두되었으며, 1948년 6월 서울에서는 평장신의 보수신학 노선을 계승한다는 명분으로 죽산(竹山) 박형룡 박사를 임시 교장으로 하는 장로회신학교가 세워졌다. 1949년 35회 대한예수교장로회 총회에서는 서울의 장로회신학교를 총회 직영 신학교로 결정했다. 1950년 36회 총회는 조선신학교와 장로회신학교를 통합하여 '하나의 총회신학교'로서 운영하기를 결의하고, 1951년 9월 감부열 선교사를 교장으로 대구에서 개교하였으나, 조선신학교 측이 이를 거부하여 실패했다.

---

46) 평장신의 신사참배 거부운동에 대해서는, 김인수, 『한국 기독교회의 역사』, 위의 책, 510쪽 이하 참조.

47) 당시 조선예수교장로회 총회에 보고된 조선신학원 설립 보고서(이사장 함태영)에는 "복음적 신앙에 기(基)한 기독교 신학을 연구하여 충량유위(忠良有爲)한 황국(皇國)의 기독교 교역자를 양성함을 목적(目的)으로 한다"라고 했다. 이것은 "일제의 황민화 정책에 앞장서는 신도주의 교회사(敎悔師) 양성이 그 목표였다"고 최덕성 교수는 지적했다. 최덕성, 『한국교회 친일파 전통, 본문과 현장사이』, 2000 증보수정판 4판, 284쪽 이하, 특히 299쪽.

48) 김인수, 『한국 기독교회의 역사』, 위의 책, 582쪽 이하.

이때 해방 후 평양에서는 김인준 교장의 지도로 평장신이 명맥을 유지하고 있었는데, 북한을 점령한 소련군이 1947년 1월 김인준 목사를 연행하여 시베리아로 유배했고, 김 목사는 그 곳에서 순교한 것으로 알려졌다. 38선에서 남북이 분단되고 1947년부터 평장신은 이성휘 목사가 교장이 되었으며, 당시 재학생은 약 600명이었다. 북한 공산당의 기독교도연맹은 1950년 3월 평양에 있던 평장신과 감리교 성화신학교를 강제로 하나의 '기독신학교'로 통합했다. 결국 1950년 6.25 전쟁이 터지면서 이성휘 목사는 북한 정치보위부에 끌려갔고 전쟁중에 총살되어 순교했으며, 공산당 어용 기독교신학교도 없어졌다.[49]

하나의 총회신학교 통합 노력이 실패한 뒤, 1952년 4월 제37회 대한예수교장로회 총회에서는 성경 유오설(有誤說)을 주장, 옹호, 선전한다는 이유로 김재준 목사 면직과 캐나다장로회 목사 선교사인 서고도(徐高道, William A. Scott, 1886-1979)의 본국 송환을 결정하는 사건이 있었다. 이것은 1947년 4월에 조선신학교 신학생 51명이 제33회 총회에 제출했던 '진정서'에 근거한 것이었다.[50] 이로써 대한예수교장로회는 명분상으로는 신학의 정체성과 성경관 논쟁 때문에 다시 1953년에 기독교장로회(기장)과 예수교장로회(예장)가 분열하는 상처를 입게 되었다. 조선신학교는 그 후에 한국신학대학교가 되었고, 예장총회가 직영하는 신학교는 1952년 10월 "대한예수교장로회 신학교"라는 교명으로 정부의 설립 인가를 받아, 1953년 10월 서울 남산 교사에서 박형룡 목사를 교장으로 평장신의 신학 전통을 계승하는 신학교육을 재개했다. 1953년 대한예수교장로회 총회가 기장측과 구별되는 평장신 전통의 보수주의 신학노선에 대한 해명을 요청받았을 때, 총회는 '성경 무오설'과 '축자영감설'을 한국 장로교회 보수주의 신학의 2대 기간 사상으로 규정했다고 박용규 교수는 기술했다.[51] 사실 고려신학대학교(고신파)가 신사참배 문제로 분열한 것이나, 기독교장로회와 예수교장로회가 신학적 입장과 노선 때문에 분열한 것이나, 또 1959년에 예수교장로회 합동 측과 통합 측이 용공(容共) 문제로 인해 WCC 가입 찬반 문제로 분열한 것도, 그 신학적 명분의 뿌리는 성경관(聖經觀)의 차이에 놓여있었다. 이러한 성경관을 명분으로 내세운 한국 장로교회의 신학 논쟁과 교파 분열은 진리를 위한 선한 싸움이 아니었고, 대부분 자파(自派)의 자기의(自己義)를 관철하기 위한 주도권 다툼이었다는 데 그 비극이 있다.

---

49) 김인수, 위의 책, 566-567쪽.

50) 그 진정서의 내용은 다음의 책에 수록되어 있다. 김양선, 『한국기독교해방10년사』, 대한예수교장로회총회 종교교육부, 1956, 216-222쪽.

51) 박용규, 『한국 장로교 사상사』, 총신대출판부, 1992, 335쪽.

그러므로 100년 전 평장신에서 출발하여 오늘에 이르기까지 형성되어온 한국 장로교회 신학의 정체성과 신학노선을 이해하기 위해서는 무엇보다 성경관 문제를 살펴보는 것이 지름길이라고 여겨진다. 김명용 교수도, "한국의 장로교회를 분열시키고 있는 신학적 이유의 중심에는 성경관의 차이가 존재하고 있다"라고 했으며, "이 성경관의 차이의 중심에는 성경에 대한 역사비판학을 받아들일 수 있느냐 없느냐의 문제가 자리 잡고 있고, 아울러 성경무오설을 받아들일 수 있느냐 없느냐의 문제가 놓여있다."라고 지적했다.[52] 그렇다면 오늘 장로회 신학대학 신학의 정체성과 그 신학 노선 문제도 이 점에서 예외가 될 수 없다. 따라서, 장신대 100년의 신학 정체성과 그 신학노선을 재확인하기 위해 성경관의 관점에서 가능한 한 간략하게 정리해 보려고 한다.

되돌아보건대, 장신대의 소위 '광나루 시대'가 시작된 1960년대 당시 계일승 학장은, "에큐메니칼(세계교회와 연대하는) 정신에 입각한 보수신학을 견지하는 것"이 장신대의 신학적 입장이며, 근본주의나 진보주의라고 일컫는 자유주의나 급진적 신학에는 비판과 신중을 기하면서, 한국교회의 건전한 발전과 선교의 전진을 염두에 두는 것이 장신대의 학풍이요 강조점이라고 했다.[53] 그럼에도 불구하고 개교 70주년을 맞이하는 시점에서, 장신대는 자신의 신학적 정체성과 노선에 대해 이렇게 고민하고 있었다. "그러면 장로회신학대학은 어떤 길을 걸어가고 있는가? 보수신학은 합동 측이 가져가고 진보주의는 기독교장로회가 가져갔다고 한다. 우리는 극단의 보수도 원치 않고, 진보도 원치 않는다."[54] 그래서 장신대 신학은 좌도 우도 아닌 '중도 보수'로 알려졌고, 무 특징이 특징인 신학, 때로는 색깔이 분명치 않은 신학, 부정적인 시각에서는 '회색신학교'라는 평을 들어온 것이 사실이다. 장신대 신학은 보수신학의 입장에서 한편으로는 근본주의와 차별화하고, 다른 한편으로는 자유주의와 차별화하는 것으로 보인다. 그렇다면 장신대 신학은 '정통-근본주의'와 '자유-급진주의' 양쪽을 다 지양하고 나온 '신정통주의'(新正統主義, Neo-orthodoxy) 신학 노선인가? 대한예수교장로회 총회(통합)는 1979년 이점에 대해 당시 이종성 학장에게 다음과 같이 총회 앞에서 해명을 요구한 적이 있다. "… 귀하가 신정통주의를 장로회신학대학의 신학노선으로 삼겠다는 뜻입니까?" 여기에 대한 이 학장의 대답은 분명했다. "아닙니다. … 본 대학의 신학노선과 방향은 본 교단의 노선인 웨스트민스터 신앙고백의 노선과 에큐메니칼 운동노선에 근거하여 성서적 복음주의 신학을 영위해

---

52) 김명용,『열린신학 바른 교회론』, 위의 책, 200쪽.

53) "신학교 탐방: 장신대",〈기독교사상〉, 1969.1, 130-133쪽.

54)『장로회신학대학 70년사』, 위의 책, 189쪽.

나가는 것입니다."[55] 이로써 대한예수교장로회 총회(통합)가 직영하는 장로회신학대
학교의 신학은 신정통주의도 아니고 다른 어떤 주의도 아닌 '복음주의'(福音主義,
Evangelicalism)라는 점을 분명히 하게 되었다.

　　춘계는 이후 장신대 신학은 물론이고, 한국교회는 교파를 초월한 "복음적이고
성서적 신학"을 영위해야 한다고 자주 강조하게 된다.[56] 춘계는 교단 총회 앞에서는
장신대 신학노선이 "복음주의 신학을 영위해 나가는 것"이라고 했으면서도, 그 후에
는 의도적으로 '복음주의'라는 용어 대신 '복음적'이라는 용어를 사용했다. 그러나
"성서적, 복음적" 신학노선이라고 했을 때, 성서적이라든지, 복음적이라는 용어가
신학적 정체성이나 노선을 말할 때는 여전히 불명료하고 불만족했기 때문에, 김이태
교수는 장신대의 신학노선과 그 정체성을 "중심에선 신학"이라고 표현했다. 이 점에
서 김이태 교수는 장신대 신학의 정체성과 그 신학노선에 대해 중요한 개념적 정리
를 한 사람이다. 장신대 개교 80주년을 맞이하여 김이태 교수는, 장신대 신학의 특
성이 결코 진보나 보수의 중간에 끼어 어정쩡하고 무특성이 특성인 그런 중도 신학
이나 중간의 신학이 아니고, 진보와 보수를 다 부둥켜안고 역사의 흐름을 주도하는
"복음전통의 중심에 선 신학"이라고 정리했다. 중심(中心)의 신학에서 "중심은 산술
적인 중간치가 아니다. 그것은 동양사상의 '중용(中庸)'(이를테면 원의 중심)이며, 기독
교가 2천 년 동안 가르쳐 온 진리의 대도(大道)이다. 장신대가 지향해야 할 신학의
길은 그러므로 길의 좌우나 앞뒤, 변두리에서는 신학이 아니라 바로 기독교회 전통
의 한복판에 서는 신학이다. 거기에는 항상 긴장이 있고, 불투명한 요소가 가시지 않
고, 별로 사람들에게 인기가 없고, 좌우, 전후로부터 비난의 화살을 면키 어렵다"라
고 보았다. 중심에 서는 장신대 신학의 세 가지 특징은 ① 포괄적이며 다양성을 가지
고 있고, ② 긴장 속에 서 있으며, ③ 선풍적이 아니라 점진적이다. 예수 그리스도는
참 하나님인 동시에 참 사람이다. 성경도 인간의 책인 동시에 하나님의 책이다. 그래
서 장신대의 신학은 초월과 내재의 긴장에 그 중심을 둔다고 했다.[57] 김이태 교수는
지금까지 장신대 신학의 약점도 지적했는데, 참으로 성경에 기초하여 복음의 중심에
선 신학을 수행하기 위해서는 "맹목적인 수구주의"가 되어서는 안 되고, 항상 새로
워지는 "개혁신학"이 되어야 함을 역설했다. 김이태 교수는 두가지 보강책을 제시했
다. 첫째는, "새롭게 대두되는 사회문제에 민첩하게 대처하는 신학"이어야 한다는

---

55) 『제64회 총회 회의록』, 1979년, 101-108쪽.

56) 이종성, "한국신학의 과제", 〈기독교사상〉, 1981. 9, 50쪽.

57) 김이태, "장신대신학의 위치와 그 특성-전통과 혁신이란 긴장 관계에서의 검토", 『중심에 서는 신학』, 장신대출판부,
　　1994, 209-240쪽, 특히 222, 226, 228쪽.

것과 둘째는, "새로운 사상과 학설에 과감하게 자신을 노출시키는 신학"을 말했다. 그러면서, 어떤 것에 '노출된다'는 것과 그것을 '통째로 삼킨다'는 것 사이에는 현격한 차이가 있다고 주의를 환기시키고, "새로운 사조에 헤엄쳐 들어가되 전통의 밧줄에 단단히 몸을 묶고 헤엄치는 것이 필요하다"라고 했다. 갈라디아서 1:9-10절을 인용하면서, 김이태 교수는 장신대 신학의 관심사는 "어떻게 하면 인간의 지적 호기심에 만족을 줄 수 있을까 하는 데 있는 것이 아니라, 어떻게 하면 하나님의 말씀에 충실하고 그에게 영광이 돌아갈 수 있겠는가 하는 데 있다"라고 결론지었다.[58] 위에서 김이태 교수가 중심의 선 신학의 특징들로서 말하고 있는 '복음전통', '기독교가 2천년 동안 가르쳐 온 진리의 대도', '포괄적이며 다양성', '성경은 인간의 책인 동시에 하나님의 책', '수구주의가 아닌 개혁신학', '사회문제에 민첩하게 대처하는 신학' 그리고 '하나님께 영광을 돌리는 신학'을 한마디로 정리하면 복음주의(福音主義) 신학이다.

　　여기서 우리는 100주년을 맞이하는 장신대 신학의 정체성과 신학노선은 다른 무엇이 아니라, 하나님의 말씀인 성경의 권위(즉 계시와 영감)에 기초하여 오직 하나님께만 영광을 돌리려는 개혁교회 전통을 따라, 예수 그리스도의 복음 중심에선 복음주의 신학이라고 정리할 수 있다.[59] 그렇다면 개혁주의적 정통주의 전통을 따르는 복음주의 중심에 선 성경관이란 무엇인가? 오늘 장신대의 성경관은 '역사-비평적 방법'(the historical-critical method, 또는 '고등비평', higher criticism)을 받아들이고, 성경의 유오(有誤)를 인정하는가? 이와 연관하여 평장신 전통의 정통-복음주의 신학의 성경관은 무엇이며, 그것은 오늘의 장신대 신학의 성경관과 단절되어 있는가, 연속성을 가지는가? 이러한 물음을 회피하지 말고 성실하게 대답할 수 있을 때, 100

---

58) 김이태, 위의 글, 233쪽 이하, 특히 240쪽.

59) 정통적 복음주의 신앙과 신학의 내용이 무엇이냐고 새삼 따져 묻는 사람들이 있다. 신학은 신앙을 설명하는 것이다. 오늘의 복음주의 신학은 기록된 하나님의 말씀인 신구약 성경의 가르침이 그 근거이며, 역사적으로는 2천년 기독교의 공인된 신앙과 연대하고, 특히 16세기 서구 교회개혁(종교개혁)을 통해 17세기에 정리된 대표적 기독교 신앙의 교리체계인 '웨스트민스터 신앙고백'(1647년)이 현대 복음주의 신학의 기조(基調)이다. 우리 예장총회(통합) 헌법도 웨스트민스터신앙고백을 채택함으로써, 우리 교단과 교단 산하 신학교의 신학의 정체성과 그 신학노선은 복음주의이다. 다시 말하자면, 웨스트민스터신앙고백을 받아들이고 그 신앙과 신학에 기초하여 설교하고 가르치고 저술된 신학은 복음주의 신학의 내용이다. 복음주의는 개혁주의, 깔뱅주의, 정통주의와 동의어이다. 복음주의 신앙과 신학의 내용에 대한 보다 자세한 설명과 안내는 다음의 책들을 참고할 수 있다. Robert Letham, *The Westminster Assembly, Reading Its Theology in Historical Context*, P&R Publishing Company, 2009; Louis Berkhof, *Manual of Christian Doctrine*, Eerdmans, 1933/1969. L. Berkhof, *Principles of Biblical Interpretation*, Baker Book House, 1950/1980 Reprint. 비교, L. Berkhof, *The History of Christian Doctrines*, Banner of Truth, 1937/2015; J. I. Packer, *Concise Theology*, Crossway, 1993; Carl F. H. Henry, *Architect of Evangelicalism*, Lexham Press, 2019; Jon Balserak, *Calvinism, A Very Short Introduction*, Oxford, 2016; C. Gregg Singer, *John Calvin: Its Roots and Fruits*, Presbyterian and Reformed Publishing Co., 1977 등. 비교, 김재성, 『개혁신학의 정수』, 이레서원, 2003; 리처드 멀러, 한병수 역, 『칼빈 이후 개혁신학』, 부흥과개혁사, 2011; 이수영, 『개혁신학과 경건』, 이수영 목사 회갑기념 준비위원회 역음, 장로회신학대학교 출판부, 2006. 특히 "제1부 개혁신학", 33-566쪽.

주년을 맞는 장신대는 오늘 28개의 교단들(한장연 가입 교단)로 분열되어 있는 한국 장로교회의 현실에서 자기 신학의 정체성과 노선에 대한 이해가 좀 더 분명해지리라고 생각한다.

현대 성서학에서 복음주의란 성경의 통일성과 거기에 기록된 사건의 역사성에 대한 신뢰를 나타내는 입장인데 반해, 자유주의는 성경 본문 상호 간의 충돌로 인한 오류와 모순점들을 지적하고 그 기록된 내용의 역사성과 사실성에 대해 비판적인 태도를 취하는 입장이다.[60] 한신대 조직신학 교수 박봉랑 박사는 자유주의 신학이란, "종교개혁시대를 뒤따르는 신교 정통주의에 대한 반립(反立)으로, 슐라이에르마허를 조상으로, 릿츨, 트렐취, 하르낙의 신학전통을 말한다"라고 설명하고, 신학적 자유주의란, "기독교의 계시와 은총의 절대성을 부정 또는 상대화하는 것"이라고 올바르게 정의했다.[61] 요컨대 개혁신학 전통의 복음주의-깔뱅주의는 성경무오설을 말하고, 자유주의와 그 아류인 신정통주의는 성서유오설을 주장한다. 16세기 교회개혁자들에게 성경은 성령의 영감으로 계시된 하나님의 말씀으로써, 성경 본문의 문자적-역사적 의미와 신학적 의미는 분리되지 않고 한가지로 해석되었다. 성경의 본문이 특별히 지시하지 않는 한, 본문의 의미는 그 기록자가 사용한 언어의 문법에 맞게, 그리고 그 역사적 배경을 존중하면서 해석해야 한다는 '문법-역사적 방법'(the gram-matical-historical method, 또는 the historical-grammatical-theological method)이 깔뱅주의와 개혁신학 전통의 복음주의 성경해석 방법이다. 역사적으로 복음주의 성경해석 방법인 '역사-문법적 방법'은 교회개혁자 쟝 깔뱅(J. Calvin, 1509-1564)이 그 창시자이다.[62]

그러나 18세기 서구의 계몽주의(啓蒙主義. die Aufklärung, the Enlightenment)가 세계 사상계의 주류를 이루면서, 서구 대학교 강단을 차지한 자유주의 성서 해석

---

60) James Barr, *History and Ideology in the Old Testament: Biblical Studies at the end of a Millennium*, Oxford, 2000, 20쪽.

61) 박봉랑, "자유주의 신학과 그 비판", 〈기독교사상〉, 1960.3, 11-12쪽.

62) *Historical Handbook of Major Biblical Interpreters*, ed., by D. K. McKim, IVP, 1998: D. L. Puckett, "Calvin, John, 1509-1564", 178쪽. Philip Schaff는 '성경주석의 왕'이라는 칭호로 알려진 깔뱅이 "현대 역사-문법적 주석의 창시자"라고 했다. 지난 20세기에 미국 그랜드 래피즈에 있는 칼빈신학교의 조직신학 교수인 루이스 버코프(Louis Berkhof, 1873-1957. '벌코프' 또는 '벌콥'으로도 음역함)는 기존의 역사-문법적 방법에 '신학적 요소'를 첨가하여 '문법적-역사적-신학적 방법'을 말했다. 단순히 문법적이나 역사적 해석만으로는 부족하고, 성경의 제1 저자인 하나님(깔뱅은 '성령은 성경의 저자이시다'라고 했다. 기독교강요, 1권 9장 2절)의 관점에서 성경을 이해하고 해석하는 것, 곧 신학적 방법이 필요하다는 것이다. 이러한 신학적 방법론은 '성경은 그 자신의 해석자이다'라는 개혁신학 전통의 성경해석 원리와도 상통한다. 따라서 해석하려는 성경본문에 관련된 신구약 성경의 평행개소들을 관주성경을 사용하여 성경해석에 반영하는 것이 필요하다. L. Berkhof, *Principles of Biblical Interpretation*, Baker, 1950. 특히 "VII. Theological Interpreta-tion", 133-166쪽 참조. '문법-역사적 방법'에도 신학적 요소가 물론 포함되어 있지만, 현대 비평적 성서해석학에 대응하여 성경의 제1저자는 하나님이라는 것을 강조하는 이러한 견해에 따라, 대체로 현대 복음주의 성경 해석학의 방법은 '문법-역사-신학적 방법'(grammatical-historical-theological method)이라고 한다. 비교, Porter and Studebaker(eds.), *Evangelical Theological Method*, Five Views, IVP Academic, 2018.

학에도 혁명적 변화가 생겼다. 철학자 칸트(I. Kant, 1724-1804)는 계몽주의를 정의하여, "인류가 스스로 자신에게 부과했던 후견인으로부터의 탈출"(the exodus of humanity from its self-imposed tutelage)이라고 했는데,[63] 이것은 신앙(信仰)의 시대에서 이성(理性)의 시대로의 전환을 의미하며, 신적인 권위로부터 인권(人權)의 해방과 독립을 선언한 것이다. 이에 따라 독일 신학자 제믈러(J. S. Semler, 1725-1791)는 "기록된 성경은 하나님의 말씀과 동일하지 않다"라는 명제를 발표했고, 성경을 비평적으로 연구해야 한다고 주장했다.[64] 이제 성서비평학자들은 16-17세기 이래 깔뱅주의적인 개혁신학-복음주의가 주장하는 보수적인 성경의 '언어영감'(Verbal inspiration, 이것을 '축자영감'이라고 번역하는 것은 오역이다)을 배격하고, '성령의 내적 조명'으로 성경을 이해하는 것이 아니라 오직 이성(理性)의 비평적인 판단에 따라 성경을 해석한다고 했다. 성경도 인간이 기록한 고대 이스라엘과 유다의 히브리 민족 종교 문서이기 때문에 초월적인 계시와 영감을 인정할 수 없으며, 다른 모든 세상의 종교 문서들과 똑같은 방법으로 취급하고 해석해야 한다는 것이다. 이것이 역사-비평적 방법(historical-critical method)의 기본 입장이다.

역사-비평적 방법은 그 시행에 있어서 세 가지 조건을 전제한다. 첫째, 성경은 신적으로 영감된 계시가 아니고, 인간의 종교적 체험을 기록한 것이다. 그러므로 성경에도 인간적인 편견과 오류와 모순이 있다. 우리는 성경해석에서 이성을 발휘하여 이러한 인간적 편견과 모순과 오류를 비판해야 한다. 둘째, 성경이 말하는 과거에 일어난 사건들의 성격은 우리 자신들의 과거와 현재 경험에서 얻은 유추(類推, 또는 類比)에 의해 규명될 수 있고, 규명해야 한다. 초자연적인 기적은 인정할 수 없다. 셋째는, 역사 속에서 발생하는 모든 사건은 자연법칙의 인과율(因果律)의 지배를 받는다. 따라서 초월적인 하나님의 역사 개입 행동들은 불가능하다.[65] 이러한 세가지 전제들 위에 세워진 비평적 성서해석을 표방하는 자유주의 신학과 그 방법론(역사-비평적 방법)을 사용하는 신정통주의 신학이 교회의 복음주의적 신앙과 신학에 어떤 영향을 미칠 것인가는 명약관화한 것이다. 현대 스코틀랜드 애버딘대학교(the University of Aberdeen in Scotland)의 신약학 교수인 하워드 마샬(Ian Howard Marshall, 1934-2015)은 이렇게 말하고 있다.

---

63) Jaroslav Pelikan(ed.), *The World Treasure of Modern Religious Thought*, Little Brown, 1990. "Introduction", 7쪽에서 재인용함.

64) G. Hasel, *Old Testament Theology: Basic Issues in the Current Debate*, 3rd ed., Eerdmans, 1972, 19쪽.

65) Ernst & Marie-Luise Keller, *Miracles in Dispute*, Fortress, 1969. 특히, "4 The Presuppositions of the Historical-critical Method", 198-212쪽. 비교, 박수암, "성경해석 방법론", 『21세기 한국장로교의 신앙과 신학의 방향』, 총회헌법개정위원회 신앙고백과 교리분과위원회 편, 한국장로교출판사, 1999, 138쪽.

"이러한 전제들 위에서 수행된 성서 연구는 하나님의 행동들에 관한 책인 성경을 진실하지 못하고 신뢰할 수 없는 것으로서 간주하지 않을 수 없게 한다. 첫 출발부터 역사-비평적 방법은 성경 그 자체가 설명하는 것과는 다른 기독교에 관해 설명하는 임무를 맡게 되었다. 단순히 성경의 부분들이 잘못될 수 있다는 가정이 아니라, 실제로 잘못되어 있다는 전제가 그 방법론 속에 구조적으로 자리잡고 있다."[66] 이러한 맥락에서, 역사-비평적 방법을 수행하는 성서비평학은 하등비평(즉 본문비평)과 대비하여 '고등비평'(higher criticism)이란 이름으로 알려지게 되었고, 이러한 비평적 성서해석이 19세기에 유럽에서 영국을 거쳐 미국의 신학대학교 강단으로 번져나가면서, 전통적인 교회의 신앙 및 개혁주의적 정통주의인 복음주의 성경해석과 충돌을 가져오게 된 것이다.

다른 한편, 신학적 근본주의(fundamentalism)란 주로 1915-1940년에 저러한 자유주의와 그 아류인 신정통주의 신학사상의 침투에 대항하고 싸우기 위해 미국의 장로교회와 침례교회 등 보수적 복음주의 그룹에서 일어났던 신학적 운동이었다.[67] 특히 초기 근본주의 운동은 성경적 신앙의 "근본적인 것들"이란 소책자들(미국 시카고에서 출판된 12권의 'Fundamentals', 1910-1915)을 적극적으로 배포하기 시작하여 자유주의와 신정통주의 및 현대 과학주의 사상과 무신론 철학에 맞서는 자신들의 입장을 알렸고, 그 때문에 '근본주의자들'이라는 이름으로 불리게 되었다. 근본주의 운동은 무엇보다 성경의 권위(계시와 영감)를 부인하고, 성경의 오류와 모순을 선전하는 고등비평의 도전에 대한 응전이었다. 근본주의자들이 내세운 소위 5가지 양보할 수 없는 기독교 신앙의 '근본들'은 다음과 같다. ① 성경의 권위와 무오 ② 예수 그리스도의 동정녀 탄생 ③ 예수 그리스도의 대속(代贖) ④ 몸의 부활 ⑤ 예수 그리스도의 재림.[68] 사실은 이러한 기독교 신앙의 근본들을 부인하는 현대사상과 자유주의 신학이나 그 아류인 신정통주의 신학이 먼저 비난을 받아야지 근본주의자들이 비난을 받을 일은 아니지 않은가? 그러나 시간이 흐름에 따라 근본주의자들은 기독교 신앙의 초월성과 성경의 권위를 부인하는 현대사상과 현대신학 및 신정통주의에 응전하는 과정에서 상대방에 대한 지나친 개인적 공격과 독설과 독선적 태도를 나타냄으로써 점차 복음주의 신학자들과 교계의 지도자들 및 복음주의 신앙을 가진 그리스도인들 대중들로부터 멀어지게 되었다. 일반 사회 대중들로부터도 근본주의자들은 '무지몽매

---

66) I. Howard Marshall, *Biblical Inspiration*, Eerdmans, 1982, 84쪽 이하.

67) 비교, 박창환, "프로테스탄티즘에 있어서의 근본주의의 위치", 〈기독교사상〉, 1960.2, 27-33쪽.

68) Carl F. H. Henry, *Architect of Evangelicalism*, Lexham Press, 2019. "Evangelicals and Fundamentals", 11-16, 특히 13쪽. 비교, R. A. Torrey, Charles L. Feinberg, Warren W. Wiersbe(eds.), *The Fundamentals*, Kregel, 1990.

주의자들'로 인식되었고 '반지성주의자들'이란 비난도 듣게 되었다. 이러한 비난은 자초한 면도 있으나, 오해와 누명을 쓴 면도 없지 않다. 전통적 복음주의는 온유와 겸손과 포용과 인내의 태도를 가지는 데 반해, 1940년대 이후 근본주의 운동은 더욱 더 적대적인 투쟁과 배척과 분열의 양상을 띠게 되었고, 경직된 태도를 가지게 되었다(비교, 롬 14:1; 벧전 3:15-16; 딛 3:2 등). 근본주의 신학운동이 승리하지 못한 이유로는 '성령의 검'으로 싸우기보다, 개인적 인신공격이나 독설과 함께 상대방을 정죄하고 분열하는 면이 강했기 때문이다.[69] 이 시기부터 근본주의는 복음주의와 점차 결별의 과정을 걷게 된다. 아직도 한국교계와 신학계에는 자유주의와 신정통주의를 구별하지 못하고, 근본주의와 복음주의를 구별하지 못하는 분들이 있는데, 이러한 용어 구별은 신학적 개념의 혼란을 방지하기 위해서 필요하다.

어쨌든, 시간과 장소와 그 내용의 강조를 달리하면서 근본주의 운동의 이러한 양상은 미국뿐만 아니라 세계의 개혁교회와 장로교회의 곳곳에 전파되면서 신앙적 갈등과 신학적 논쟁을 불러일으켰으며, 때로는 교단이 분열하고 신학교가 갈라서는 사태에까지 이르게 된 것이다. 먼저 미국의 장로교회가 이 문제로 갈등과 분열을 겪었고, 프린스턴 신학교(Princeton Theological Seminary)도 바로 이 문제 때문에 1929년에 분열했다.[70] 같은 시기에 평장신에서도 이러한 현대신학의 문제와 성서비평학(즉 고등비평)의 문제, 그리고 그에 응전하는 근본주의 운동과 그로 인해 야기되는 갈등과 분열을 예의 주시하고 있었다. 평장신은 이러한 상황에서 자신의 신학적 정체성인 복음주의의 입장을 분명히 하려는 노력을 하고 있었다. 예컨대, 미북장로회 선교사 목사로서 평장신 교수 어도만(魚塗萬, Walter Collins Erdman, 1877-1948)은 아마도 처음으로 '고등비평'에 대한 소논문을 번역하여 평장신 기관지인 〈神學指南〉에 발표함으로써, 고등비평에 대한 바른 인식을 가지고 복음주의 신학을 해야 하며, 고등비평을 무조건 하지 말라는 것이 아니라 유익한 것이 있으면 취하고 무익하고 해로운 것이면 버려야 할 것을 분명히 했다.[71]

역시 1920년대 후반부터 평장신의 교수였던 박형룡 박사도 『기독교 근대 신학난제선편』이란 책을 평장신의 교과서로 출판하여 현대신학의 사조와 그에 대처할 방도를 소개하고, 서양의 새로운 신학들을 무조건 받아들이고 따라갈 것이 아니며, 정통신학의 입장에서 분별력과 판단력을 가지고 교회의 신앙을 바로 지도해야 함을 말했

---

69) Carl F. H. Henry, 위의 책, 14쪽.

70) 비교, 김기홍, 『프린스톤 신학과 근본주의』, 아멘서적, 1992.

71) 어도만, "고등비평", 〈신학지남〉 제3권 제4호, 1921.5, 423-431쪽. 비교, 김중은, "고등비평을 한국에 처음 소개한 것은 누구인가?", 『구약의 말씀과 현실』, 한국성서학연구소, 1996, 352-370쪽.

다. 박형룡 교수는 그의 책 서문에서 이렇게 쓰고 있다. "… 사상의 세계적 혼란기에 직면한 오늘의 기독교는 환경에 물들었음인가 세계의 기독교 전체가 역시 사상적 혼란으로 말미암아 수난하는바 그 참상이 실로 극심하다. 천태만상의 이사상(異思想)은 바야흐로 정통신앙(正統信仰)의 존속을 위협하려 한다"라고 현재 한국과 세계의 교회와 신학적 상황을 진단하면서, 한국교회도 불과 50년의 짧은 역사를 가진 소년교회지만 잘못된 신학사상의 여러 유혹의 촉수가 움직이고 있기 때문에 이 책을 출판하여 교회 대중의 신앙을 바로 지도하는 것이 당면한 으뜸되는 과제라고 했다.[72] 평장신의 초대 교장이며 교수인 마포삼열 선교사 목사도 이 책에 다음과 같은 서문을 썼다. "조선 예수교장로회신학교 교수 박형룡 박사는 본서로써 교회 일반과 특별히 목사, 선생 제위에게 위대한 봉사를 하시는 것이다. 역사는 사도시대로부터 금일까지에 때마다 성경교훈을 반대, 혹은 곡해하는 이들이 이러난 것을 표시하여 준다(마 24:5,11,24; 딤전 4:1-3; 딤후 2:18; 4:3-4; 딛 3:9-11; 행 20:29-30; 벧후 2:1-3; 3:1-3) … 그러면 금일에 허다한 이단(異端)이 교수(敎授)되며 교회 안에라도 위교리(僞敎理)와 반기독이론(反基督理論)을 가르치는 인물들이 있음을 보고 결코 놀랠 필요가 없는 것이다. 목사, 선생 제위는 본서를 영접하야 금일 청년들의 마음에 일어나는 허다한 신앙상 난제들에 대한 답안을 찾을 수 있을 것이다."[73] 이 책에서 눈에 띠는 것은, 신정통(Neo-orthodoxy) 신학의 선두 지도자인 바르트(K. Barth, 1886-1968)의 신학에 대해 비교적 자세한 평론을 하고 있다는 점이다. 특히 바르트의 '이중성경관'(二重聖經觀)과 정통주의의 성경관을 대조하여 설명한 부분은 박형룡 박사의 높은 학문적 수준과 노력을 감지하게 하며, 동의를 하든지 하지 않든지, 성경관 공부에 흥미 있고 중요한 내용이다. 바르트의 이중성경관이란 인간이 기록한 성경은 하나님의 말씀이 아니지만 성령이 그 성경말씀을 하나님의 말씀이 되게 하실 때 하나님의 말씀이 된다고 하는 주장이다. 다시 말하자면, 성경은 "동시에 부정확한 사람의 말도 되고 무오한 신의 말씀도 된다"는 것이다.[74] 어떤 분은 박형룡 교수가 바르트의 책을 읽지도 않고 비판을 한다고 말하는데, 그것은 몰라서 하는 말이고 사실이 아니다. 덧붙이자면, 박형룡 박사는 1957년 3월 직접 스위스 바젤(Basel)로 바르트 교수를 찾아가서 만났으며, 그와 대화한 내용이 장신대 기관지 〈신학지남〉에 기록으로 남아있다.[75]

---

72) 박형룡, 『기독교 근대 신학난제선편』, 평양 장로회신학교 발행, 1935.

73) 박형룡, 위의 책, 마포삼열의 서문.

74) 박형룡, 위의 책, 238쪽 이하, 특히 '이중성경관', 273-281쪽. 바르트는 주장하기를, 기록된 성경은 "부정확, 무수한 오류, 신화, 고담을 포함"한다는 것이다. 274쪽. 비교, 김중은, "바르트의 성경관, 21세기 오늘 우리의 신앙과 목회와 현실", 『옛것과 새것』, 한국성서학연구소, 2013, 501-509쪽.

어쨌든 결국 우리 한국 장로교회와 신학교에서도 20세기 초반에 미국교회와 신학교에서 먼저 겪었던 교회와 신학교의 신학적 갈등과 충돌과 분열이 일어났다. 미국 장로교회와 신학교에서 있었던 신학적 갈등과 분열의 역사적 배경에서 볼 때, 조선신학교에서 김재준 교수가 '신정통주의' 신학을 표방하고 '성서유오설'을 주장하며 학생들을 가르치고 있었던 당시 상황은 또 다른 형태로 한국 예수교장로회 교단과 신학교의 갈등과 분열을 예고하고 있었다. 당시 조선신학교에서 공부하고 있던 51인 신학생들은 1947년 4월에 김재준 교수가 표방하는 신정통주의 신학의 문제 해결을 위해 '진정서'를 총회에 제출했고, 대한예수교장로회 총회는 여기에 대응책을 강구할 수밖에 없었다. 그 진정서에서 학생들이 호소하고 있는 핵심 내용을 소개하면 다음과 같다.

"우리들은 불타는 소명감에 몰려 장로회 총회 직영신학교인 조선신학교에 적을 두고 성경과 신학을 배우기 시작한 지 년여(年餘)에 우리가 유시(幼時)로부터 믿어오던 신앙과 성경관이 근본적으로 뒤집어지는 것을 느꼈습니다. … 우리는 먼저 '신앙은 보수적이나 신학은 자유'라는 조선신학교의 교육이념을 수긍할 수 없습니다. 근대주의 신학사상과 성경의 고등비평을 항거합니다. 자유주의 신학과 합리주의 신학을 배척하는 것입니다. 저들은 성경의 고등비평이나 자유주의 신학은 결코 신앙을 파괴하지 않는다고 변명하나 사실에 있어 파괴당하고 있는 데야 어찌합니까? … 이날 우리는 온갖 비난과 욕설과 방해를 부릅쓰고 이 중대한 신학교육 문제를 전 조선교회에 호소하는 바이오니 제위(諸位)는 이 어린것들의 맑은 신앙양심에서 솟아오르는 가련한 호소를 물리치지 마시고 받으셔서 양찰하신 후 선히 지도하여 주시옵소서".76)

이 진정서에서 조선신학교 학생들은 자유주의 신학과 고등비평을 문제 삼고 있는데, '신정통주의'라는 용어는 사용하지 않고 있다. 아마도 신정통주의를 자유주의, 또는 합리주의 신학이라고 표현하고 있는 것으로 보인다. 이것은 당시 조선신학교 학생들이 사용하는 신학적 개념이 정확하지 않았기 때문일 것이다. 왜냐하면 김재준 교수는 자신의 신학이 결코 자유주의 신학이 아니고, 과거 전통적인 보수주의와 자유주의 신학을 다 이기고 나온 최신의 신학 곧 신정통주의 신학이라는 입장을 분명히 했기 때문이다. 아마도 한국교회와 장로교회 신학에서 신정통주의가 자유주의로

---

75) 박형룡, "복음주의 신앙의 현세", 〈신학지남〉, 1958년 1집, 28쪽. 이 만남에서 박형룡 교수는 '칼빈주의 5원칙을 믿느냐'고 바르트 교수에게 질문했고, 바르트는 '수정하여 믿는다. … 천당에서 칼빈을 만나 그의 오류를 변론하겠다'고 했다는 것이다.

76) 김양선, 『한국기독교해방10년사』, 대한예수교장로회총회 종교교육부 발행, 1956, 216-217쪽에서 인용함.

오해받은 이유는 신정통주의가 역사—비평적 방법(즉 고등비평)을 성서해석에 예비지식으로 받아들이고, 특히 성서의 유오설을 주장했기 때문일 것이다. 김재준은 자신이 속한 그룹의 신학적 입장을 때로는 '자유 보수주의자들'(liberal conservatives)이라고 부르고, 자신들의 신학노선에 대해 다음과 같이 천명했다.

"한국신학은 장로교파에 속한 개혁자적 신학을 기반으로 하고, 온갖 형태의 현대신학을 소개하며 성서비판학, 특히 그 역사적 비판학을 강의하였고 세계교회, 즉 에큐메니칼 운동에 동조하면서 한국교회의 정신적 자립 자주를 강화하는 방향을 당초부터 취해왔다."[77] 그는 평장신의 신학을 "극단적인 정통주의 또는 근본주의였다"라고 매도하고, "… 이 신학 양식을 표현하면 교회에 와서, 예수 믿고, 천당가시오라는 세 마디로 요약된다"라고 비판했다.[78] 한국 장로교회의 신학과 교단 분열에 관해서 장공은, 평장신 선교사들의 사상적 쇄국주의와 교권의 엄중한 감시 아래 발붙일 곳을 찾지 못하던 소수 학도들이 자유로 세계신학에 접촉하였는데(일본, 미국, 캐나다 등지에서 신학 수업), 해방이 되자 자유 분위기가 대세를 지배하게 되어, 자연히 신학적 논쟁이 격렬하게 폭발되었다고 설명했다. 이 신학적 논쟁의 성격과 그 추이에 대해 장공이 다음과 같이 정리한 것은 평장신과 장신대의 신학노선을 가늠하는 데도 도움이 된다.

"… 이때의 한국교회의 신학논쟁은 정통주의 대 자유주의가 아니라 정통주의 대 신정통주의의 양태로 전개되었다. 세계교회는 이미 두 극단에서 새로운 종합에로 상승하였음에도 불구하고 우리 한국교회는 여전히 지양된 한 극단인 정통주의 신학 일색이었기 때문에 그것이 세계신학의 현 단계의 주류인 신정통신학과 대결하지 않을 수 없게 되었던 것이다. 그럼에도 불구하고 그들은 자신들이 대결하는 상대방이 그 전에 있던 자유주의 신학인 줄로 오인하고 돈키호테식의 용기를 부렸던 것이다. 사실 그 상대가 자유주의 신학(소위 신신학)이었다면 멋진 승산도 가히 기약할 수 있었을지 모를 일이었다. 그러나 불행하게도 그 상대자가 이미 정통주의와 자유주의를 함께 이기고 올라선 신정통신학이었기 때문에 그들의 신학적 패배는 단시일 내에 결정되고 만 것이었다. 역사적 상황 안에서 신학은 보수와 자유를 함께 요구하는 것이다."[79]

그러므로 장공은 신정통주의 성경관에 입각하여, 성경이 구원을 얻는 도리에서

---

77) 김재준, "전후 한국교회 20년사 비판", 〈기독교사상〉, 1965.8, 237쪽 이하.

78) 김재준 위의 글, 239쪽.

79) 김재준, "신학의 갈 길", 〈사상계〉, 1962.1, 294-301쪽. 비교, 한철하, "김재준의 신정통주의 성경관", 『장공 사상 연구 논문집』, 한신대학교출판부, 2001, 238-253쪽.

는 신앙과 행위에 불오(不誤, infallibility)를 믿으나, 과학적 역사적 문서로서는 무오 (無誤, inerrancy)하지 않고 오류가 있다고 주장했다.[80] 장공 김재준 교수의 신정통 주의와 성서 유오설에 맞서서, 한국 장로교회 신학의 메이첸(John Gresham Machen, 1881–1937)으로 알려진 죽산 박형룡 박사는 평장신의 신학적 전통인 정통주의의 명 분을 내세워 성경무오설을 주장했다.[81] 이렇게 한국 장로교회는 1930년대에 성경의 유오와 무오, 또는 불오를 주장하는 성경관의 차이 때문에 신학 정체성에 문제가 제 기되었고, 1940년대에 점차 신학노선에 균열과 갈등과 충돌이 생겼으며, 결국 1950 년대에 와서 교단과 신학교가 분열하게 되었다.

이러한 역사적 맥락에서 일찍이 1920년에 평양 장로회 신학교 교수회가 작성하 여 발표한 7개 조항의 평양 "장로회신학교 신앙고백서(信經)"는 결코 우연의 산물이 아니다. 평장신은 다가오는 신학의 정체성 위기를 분명히 감지하고 있었다. 평장신 이 자신의 성경관과 신학노선을 선언한 신경을 인용하면 다음과 같다.

1. 신구성경(新舊聖經)은 초자연적으로 하나님의 계시하신 바로 믿으며 이 성경 은 우리의 신앙과 생활에 대하여 유일무이한 확실한 준칙(準則)으로 받음.
2. 성부, 성자, 성신 삼위일체로 영원히 존재하시고 살아계신 진신(眞神) 하나님 한 분을 믿음.
3. 주 예수 그리스도의 영원하신 신성과 참 인성을 믿으며 또 동정녀에게서 탄생 하시고 완전히 무죄하심과 십자가에 죽으심으로 대인속죄(代人贖罪)하심과 육체로 부활하사 승천하심과 우리를 위하사 대제사장이 되심과 크신 권능과 영광으로 하나님이 정하신 때에 이 세상에 친히 재림하실 것과 만국을 의로 심판하실 것과 그의 모든 원수에 대하여 완전히 승리하실 것과 마침내 그의 나라를 성부께 바칠 것을 믿음.
4. 성신의 절대적 신성과 인성과 또 창조와 섭리와 구원, 특히 신자의 중생과 성 결과 영광 주장하심을 믿음.
5. 하나님 앞에서는 천하만민이 다 죄인인 것을 믿으며 끝까지 회개치 않는 경우 에 이 죄의 대가로 영원히 하나님을 떠나 사망할 것을 믿음.

---

80) 김재준, 『성서해설』, 지문각, 1962. 이 책에서 장공은 신구약 성경에 대해 "그러므로 불완전한 인간들의 손에 의해서만 기록에 남을 수 있었으며 그러니만치 완전무오한 기록일 수는 없는 것이었다. 그럼에도 불구하고 그것이 그리스도의 인격과 그 하신 일의 의미를 증언하여 우리에게 신앙의 결단을 촉구하기에는 부족함이 없는 것이었다"라고 했다. 370 쪽. 비교, 김중은, "성경의 오류문제, 21세기 오늘 우리의 신앙과 목회와 신학의 현실", 『옛것과 새것』, 한국성서학연구 소, 2013, 520-531쪽.
81) 당시 죽산과 장공의 성경관 논문들이 다음의 책에 수록되어 있다. 김양선, 『한국 기독교해방 10년사』, 위의 책, 308- 354쪽. 박형룡, "성경의 영감"; 김재준, "축자영감설과 성서무오설에 대하여".

6. 주 예수 그리스도를 주와 구주로 믿은 자들은 성신의 능력으로 중생하여 하나
   님의 자녀 되는 것을 믿으며 또 이외에는 구원 얻을 길이 없는 줄로 믿음.
7. 의인과 불의한 자의 몸이 반드시 부활할 것을 믿으며 또 그리스도 예수 안에
   있는 자들은 영생 얻을 것을 믿음.[82]

여기에는 개혁교회 전통의 성경관과 함께 '튤립'(TULIP은 깔뱅주의 5대 교리의 영어 첫 글자들을 모은 신조어이다: Total depravity, Unconditional election, Limited atonement, Irresistible grace, Perseverance of the saints)으로 대변되는 깔뱅신학의 교리와 정통–복음주의 신앙고백의 기본적 교리 내용이 잘 반영되어 있으며, 당시 자유주의와 신정통주의 신학 사조에 대응하려는 신학적 노선이 표명되어 있다.[83] 무엇보다 성경의 초자연적 계시를 제일 먼저 강조하였고, 동정녀 탄생, 십자가의 대속, 예수 그리스도의 육체적 부활과 승천, 재림과 심판, 믿는 자의 영생 얻음이 강조되었다. 이러한 평장신의 신학적 노선은 내용적으로는 초기 근본주의의 5대 교리와 공유하는 바가 많으나, 근본주의의 특징인 문자적 "축자영감설"은 주장하고 있지 않으며('축자영감설'은 verbal inspiration을 잘못 번역한 용어이다), 다른 신학입장들에 대해서 적대적, 배타적, 전투적인 태도를 취하지 않는다는 점에서, 근본주의 입장과는 차별화되는 복음주의 신학노선이라고 할 수 있다.

평장신의 신학노선과 그 신학의 정체성은 또한 무엇보다 1918년 3월 20일 창간되어 계간 또는 격월간으로 1940년 10월 25일 최종호(제22권 5호)까지 약 22년간 계속되었던 평장신 기관지인 신학지남(神學指南)을 통해 확인할 수 있다. 신학지남 창간호에서, 호주장로회 선교사 목사인 편집인 왕길지 교수는 이렇게 기록하고 있다.

"신학(神學)의 참 지남(指南)은 성경이어늘 어찌하여 이 기보(期報)의 명칭을 신학지남이라 하느냐. 이 잡지는 성경과 같으냐. 결단코 아니라. 이 기보는 성경(聖經)으로 진남(眞南)을 삼아 의지하여 매기에 특별히 우리 장로교회의 목사와 신학생들에게 신학(神學)의 넓은 바다(廣海)에 향방을 지남(指南)하려는 목적(目的)에 있나니라."

여기서 우리는 또한 장신대 신학노선이 평장신의 신학노선과 연대하는 매우 중요한 요소들을 발견할 수 있다. 첫째, 신학의 바른 길잡이는 다른 무엇이 아니고 '성

---

82) 『장로교회신학교요람』, 조선 평양, 1931, 4-5쪽.

83) W. S. Reid, "Calvinism", in *Evangelical Dictionary of Theology*, 3rd ed. by D. J. Treier and W. A. Elwell, BakerAcademic, 2017, 152-154, 특히 154쪽.

경'이라는 점이다. 둘째로, 신학은 '넓은 바다'와 같다는 인식이다. 평장신의 신학이
편협한 근본주의라는 비난이 있는데, 그러한 잘못된 시각은 이제 시정되어야 한다.
셋째는 넓은 바다와 같은 신학 세계에서 목회자나 신학생들이 목적지 없이 망망대해
를 표류하는 식이 되어서는 결코 안 되며, 성경에 의지하여 복음주의 전통에 따라 평
장신의 신학은 항해로를 바로 잡아주는 역할을 해야 한다는 것이다. 이 얼마나 명쾌
한 복음주의 신학노선인가!

　　한철하 교수는 〈신학지남〉에 나타나는 신학의 성격과 한국 장로교회 신앙의 특
질을 정리하여, "① 신본주의적이요, ② 복음주의적이요, ③ 지정의(知情意)의 균형
이 잡혀있고, 극히 실용적인 입장을 잃지 않고 있다. 다시 말하면 이지적 추상성에
빠져있지 않다."라고 기술했다.[84] 총신대 정성구 교수도, 〈신학지남〉에 신학적 입장
을 밝히는 선언문은 없으나, 거기에 기재된 모든 논문들은 보수적이고, 정통주의적
이며, 개혁주의적인 신앙노선을 표방했고, 한마디로 복음주의적인 입장이라고 보았
다.[85] 춘계는 그러나 〈신학세계〉에 나타나는 감리교회 신학과 〈신학지남〉에 나타난
장로교회 신학의 차이를 4가지로 비교하면서, 그중에 감리교회 신학은 "자유적이고
새로운 신학이해를 시도하고 있으나, 〈신학지남〉은 과거의 신학사상과 성경의 교리
를 풀이하는 데 치중"하고, 선교사들의 글이 주종을 이루고 있으며, 변증적인 입장
에서 서구신학의 소개에 그치는 정도라고 평가했다. 또한, 한국 장로교회 신학의 흐
름은 1912년 예수교장로회 총회가 조직되면서부터 12신조와 웨스트민스터 신앙고백
과 소요리문답을 채택하여 사용함으로써 칼빈주의적 특징을 가지게 되었다고 하면
서, 신학지남 시대 장로회신학은 "피어보지 못한 신학의 꽃망울"이라고 했다.[86] 그
러면 당시 비교되는 감리교 신학은 꽃망울이 개화한 신학이란 말인가? 〈신학지남〉
시대 평장신은 일제강점기의 엄혹하고 암울한 상황 아래 있었고, 개교한 지 몇십 년
밖에 되지 않았는데, 꽃망울과 개화를 말하는 것은 시기상조이다. 당시에 한국이나
중국이나 일본의 어느 다른 신학교가 꽃망울을 터뜨리고 개화를 한 예가 있는가? 춘
계의 이러한 비평은 일종의 편견이며 '자유적이고 새로운 신학이해'에 대한 성찰이
부족하고, 평장신–장신대 100년의 신학전통에 대한 부정적 견해가 아닐까 생각한
다. 〈신학지남〉의 성격은 신학전문 학술잡지는 아니었고, 목회자와 신학생들에게 넓
고 깊은 대해와도 같은 신학세계의 정보를 제공하고, 신학의 학문적 이론보다는 목

---

84) 한철하, "보수주의 신학의 어제와 오늘", 〈기독교사상〉, 1970.7, 95쪽.
85) 정성구, "신학지남 소사", 〈신학지남〉, 제55권 2집, 통권 216호(1988 여름호), 10쪽.
86) 이종성, "한국교회신학에 대한 역사적 고찰", 〈현대사회와 신학의 대화〉, 기독교학술원, 공개강연집 1, 쿰란출판사,
　　1992, 121쪽 이하.

회사역에 실제로 도움을 주는 나침반의 역할을 하려는 것이었다. 그래서 세계 신학계에 대한 자료들과 함께 '설교의 실제'(강대도형 등)와 '성경공부' 자료를 제공하였으며, 1934년 전까지 〈신학지남〉에는 개혁주의나 칼빈주의라는 용어조차 사용하지 않았다고 정성구 교수는 지적했다.[87] 총신대 홍치모 교수는 초기 한국 장로교회 선교사들, 특히 평장신에서 교수로 활약한 마포삼열, 곽안련, 이눌서 등의 신앙과 신학에 대한 연구를 하여 다음과 같이 결론을 맺고 있다. "초기 선교사들의 신앙은 청교도적인 경건한 신앙을 가지고 있었으며 신학사상은 칼빈주의 근본주의 사상으로 채색되어 있었다. 그러나 이와 같은 신학사상이 저변에 깔려 있었음에도 불구하고 표면에 나타난 사상은 이것도 아니고 저것도 아닌 막연한 복음주의로 나타나는 경우가 많았다. … 칼빈주의 신학사상이 한국교회 안에 부각되기 시작한 것은 1930년 이후로 보아야 할 것이다."[88] 홍치모 교수는 여기서 '이것도 아니고 저것도 아닌 막연한 복음주의'라고 했으나 잘못 표현한 것이고, 평장신의 신학노선은 위에서 소개한 대로 성경의 권위(계시와 영감)를 앞세우는 분명하고 확실한 복음주의였다. 김명혁 목사에 의하면, 역사적으로 볼 때 복음주의란 교회개혁(종교개혁)의 복음운동이 합리주의와 사변주의, 국가교회의 구조들에 의해 그 생동력을 잃었을 때, 17세기 말 독일의 슈페너를 중심으로 일어난 '경건주의 운동'과 18세기 중엽 영국의 웨슬레를 중심한 '복음주의 각성운동', 그리고 청교도 신앙 전통을 계승한 미국 장로교회의 18세기 죠나단 에드워즈를 선두로 한 제1차 대각성운동, 그리고 그뒤를 이어 19세기에 찰스 휘니의 제2차 대각성운동 등이 합류하여 형성된 신앙부흥운동을 일컫는 용어라고 한다.[89] 19세기 중엽 미국 장로교회와 신학교들에서는 저러한 대각성 부흥운동의 영향으로 사경회의 강조와 함께 세계선교의 부흥운동이 일어났다. 여기서 소명을 받은 장로교회 선교사들이 초기 한국 장로교회의 신앙과 평장신의 신학형성에 큰 영향을 준 것이 사실이다. 그래서 한국에서 복음주의는 교회개혁(종교개혁)에 뿌리를 두고 17세기 말부터 복음적인 생활을 강조하는 각성운동들에 의해 형성되어 나온 기독교 신앙과 신학의 한 형태로, "십자가의 복음, 중생의 체험, 성경의 권위, 성경적 성결, 전도와 봉사 등을 강조하는 것"이 특성이다.[90] 그중에서도 복음주의가 신학적으로 가장 중요하게 생각하는 것은 '성경의 권위'(즉, 계시와 영감)이다. 오늘날 성서학에서 복음주의란, "성경은 하나님의 말씀이다."라는 명제 아래, "(성경)본문의 인도함을 받

---

87) 정성구, 위의 글, 13쪽.

88) 홍치모, "초기 미국 선교사들의 신앙과 신학-장로교회를 중심으로", 〈기독교사상〉, 1982. 2, 128-139쪽.

89) 김명혁, "복음주의 운동과 한국교회", 『선교와 신학』, 장신대출판부, 2000, 90쪽 이하.

90) 김명혁, 위의 글, 108쪽.

는 신앙"(a text-oriented faith)을 가지고 성경의 권위를 주장(主張)하는 신학적 입장이다.[91]

위에서 검토한 이러한 관점들을 정리해 볼 때, 한국 장로교회 초기 선교사들과 평장신을 평하여, '신학적으로 편협, 극단의 보수, 근본주의' 운운하는 것은 어불성설이다. 마포삼열 박사는 한국 선교 희년(禧年)을 기념하는 자리에서 자신을 포함한 대다수의 선교사들의 신앙과 신학을 천명하는 다음과 같은 글을 남겼다.

"한국 선교에서 복음적 메시지를 전하는 데 어떤 불확실성은 전혀 없었다. 대다수의 한국 선교회원들은 성경이 하나님의 틀림없는 말씀이고 성령의 검이며, 구원은 하나님의 영원하신 아들 예수 그리스도 밖에는 없으며, 그는 죄 용서를 위해 그의 피를 쏟아 십자가에서 죽으셨고, 죽은 자들 가운데서 살아나셨으며, 승천하셨고 다시 오실 것이라는 강한 확신을 가진 사람들이었다. … 이러한 신앙에서 성경은 우리의 사역에서 가장 우선적인 위치에 놓여졌다. 하나님의 틀림없는 말씀으로서 성경의 가르침들에 대해 유일하고 가장 뛰어난 자리를 매김한 것은 한국을 복음화하는 데 이 50년 세월을 통해 두드러진 요소였다."[92]

이 글에서는 무엇보다, '성경을 가장 우선적인 위치에 놓고', 또한 '성경의 가르침들에 가장 뛰어난 자리를 매김한 것'은 평장신의 신학노선과 그 정체성이 개혁교회 전통의 복음주의라는 것을 확인할 수 있다. 앞서 언급한 평장신 요람의 '교육 목적'과 평장신의 '신앙고백서'도 이를 뒷받침하고 있다.

1859년부터 개신교 선교사들이 일본에 입국을 시작한 이래, 특히 독일 튀빙겐대학교 자유주의 신학의 영향을 받은 선교사들이 들어와 일본교회에 자유주의 기독교 신학과 성경해석을 전했으며, 일본(日本)의 대표적인 동경신학교는 1910년대에 이미 성경에 대한 고등비평을 받아들였다. 일본인 니시 미쯔루(西滿) 목사는, "이와 같이 자유주의 영향을 받은 성경관은 일본의 기독교를 연약하고 비뚤어진 것으로 만들고 말았다"라고 했다.[93] 한국에서는 감리교회 목사인 양주삼이 1916-7년에 감신대 기관지 〈신학세계〉에 연재한 "구신약전서총론"에서 처음으로 제약 없이 고등비평을 소개할 수 있었다고 한다.[94] 그러나 유동식 교수의 이 말은 정확하지 않으며 어폐가 있다. 양주삼 목사는 이 연재한 글에서 서양 학자들이 모세오경을 비평한다는 말은 제

---

91) 비교, John H. Sailhamer, *Introduction to Old Testament Theology*, Zondervan, 1995, 5쪽.

92) S. A. Moffett, "Fifty years of missionary life in Korea", *The Fiftieth Anniversary Celebration of the Korea Mission*, June 30~July 3, 1934, Seoul, Chosen, 40쪽.

93) 니시 미쯔루, "구약성경과 일본 교회", 『일본선교전략 논문집』, 윤영탁 옮김, 일본복음선교회 출판사, 2022, 141-155, 특히 149쪽. 비교, James M. Phillips, *From The Rising Of The Sun, Christians and Society in Contemporary Japan*, Orbis Books, 1981. 특히 "9 Theology in Japan: Toward Escape from the German Captivity", 228-273쪽.

94) 유동식, 『한국신학의 광맥』, 전망사, 1986, 69쪽 이하.

한적으로 하지만, 한 번도 '고등비평'이란 용어를 사용하지 않았고 그에 대한 설명도 없기 때문이다. 유동식 교수는 또한 평장신의 신학은 성서비평학을 배격했다고 했는데, 그러나 이것도 사실이 아니다. 양주삼 목사는 '고등비평'이란 단어조차 사용한 적이 없지만, 오히려 고등비평에 대한 소개는 평장신의 교수인 어도만이 1921년 평장신 기관지인 〈신학지남〉(제3권 4호)에 "고등비평"이란 제목의 글을 번역하여 소개했기 때문이다. 놀라운 것은 이 글에서, 고등비평은 "원리적으로 적합한 것"이라고 소개한 것이다! 이 글에서 어도만 교수는 고등비평을 무조건 하지 말라는 것이 아니라, 잘 살펴서 유익한 것이 있으면 취하고 무익하고 유해한 것이면 버리라는 입장을 밝혔다.[95] 성경에 대한 고등비평(高等批評, higher criticism)이 계몽주의의 철학적 전제에 기반한다는 문제점에 관해서는 위에서 언급한 바 있지만, 여기서 어도만 교수가 고등비평이 '원리적으로 적합하다'라고 소개하는 것은 무슨 뜻인가? 그것은 아마도 하등비평(下等批評, lower criticism) 즉 본문비평(本文批評, textual criticism)과 구별하여, 고등비평은 성경본문에 내재하는 증거들을 찾아내어 그 성경문서의 형성사를 밝혀서 그 문서의 역사적 위치와 가치를 평가하고 이해하려는 원리를 가지고 있다는 의미일 것이다. 이러한 원리 자체를 무조건 금지할 이유는 없지 않은가? 호주 장로회 선교사 목사이며 장신대 교수인 변조은(John P. Brown)도 〈신학지남〉에 나타나는 초기 선교사 교수들의 성서해석 입장이 맹목적으로 근본주의적 축자영감설을 추종하고 무조건으로 비평학을 물리친 것이 아니라고 분석했다. 교단분열과 신학교 분립이 있었던 1950년대 이후 박형룡의 축자영감설 주장과는 차별화하여, 평장신 초기 선교사들의 성서해석은 "복음주의적인 해석방법"이었고, 그들의 주관심은 오직 예수 그리스도를 세상의 구속주로 선포하는 데 있었으며, 그들에게 "성경은 예수그리스도를 하나님의 아들과 만민의 구주로 증명하는 책"이었다고 한다. 그래서 어도만의 입장도 "성서비평을 하되 주의 있게 하라는 것"으로 보았다.[96]

우리는 한국 장로교회와 평장신과 장신대 신학에서 성서해석의 역사를 여기서 길게 논할 수 없다. 다만 장신대 100년의 신학 정체성과 신학노선을 이해하기 위해, 1940년대부터 대두된 한국 장로교회의 성서유오설과 성경무오설의 대립과 갈등이 가져온 교단 분열과 신학교 분립을 복음주의 성경관의 관점에서 어떻게 정리할 것인가 하는 점이 문제다. 이 문제를 정리하는 데는 먼저 정확한 개념 정리와 정확한 용어 사용이 필요하다. 성경무오설에는 두 가지가 있다. 그 하나는 예수 그리스도를 통

---

95) 김중은, "고등비평을 한국에 처음 소개한 것은 누구인가?", 『구약의 말씀과 현실』, 한국성서학연구소, 1996, 352-370, 특히 354-357쪽.

96) 변조은, "한국교회의 성서해석사", 〈교회와 신학〉, 1972, 87-107쪽, 특히 90쪽 이하.

한 하나님의 구원의 진리를 가르치는 데 있어서 성경은 신앙과 행위를 위해 유일무이한 준칙이며, 이 점에서 불오(不誤, infallibility)하다는 것이다. 다른 하나는 과학적, 역사적 지리적 등등 인간의 지식에 있어서도 기록된 성경은 무오(無誤, inerrancy)하다는 생각이다. 신학적 자유주의는 성경의 영감과 계시는 물론이고 불오와 무오를 다 인정하지 않는다. 이런 점에서 한국의 장로교회와 신학에서는 기장 측의 일부 교수들의 초기 민중신학의 성경관이나 또는 감신 측의 종교다원주의나 급진적 토착화 신학의 성경관을 제외하고는, 다행스럽게도 한국교회와 신학에서 진정한 '자유주의'는 뿌리를 내리지 못했고 문제가 되지 않는다.

한국교회와 신학에서 갈등과 분열을 일으킨 문제는 '신정통주의'(新正統主義, Neo-orthodoxy)의 성경관이다. 자유주의와 신정통주의의 성경관을 혼동해서는 안된다. 다시 말해서, 신학적 자유주의에서는 성경은 고대 히브리 민족의 종교문서이고, 성경은 기껏해야 하나님의 말씀을 다소 포함하는 정도인데, 그 하나님의 말씀도 인류 보편성을 가진 인간적 도리를 말하는 내용이라고 한다. 그에 비해, 신정통주의는 성경이 '하나님의 말씀'이라는 말은 하지만 성경의 '불오'는 믿는데 성경의 '무오'는 인정하지 않는다. 신정통주의가 성경을 하나님의 말씀이라고 할 때도, 기록된 성경 자체가 하나님이 영감하여 예언자들로 하여금 기록하게 하신 '계시의 말씀'이란 의미가 아니다. 신정통주의에서 하나님의 참 계시(啓示)는 성육신하신 예수 그리스도뿐이며 예수 그리스도가 복음 자체이고, 기록된 성경은 단지 그 참 계시에 대한 인간의 '증언'(證言, witness)이라고 한다. 기록된 성경은 어디까지나 참 계시에 대한 인간들의 증언이기 때문에 거기에는 인간 기자들의 연약함으로 인해 자연히 오류와 모순이 있다는 것이다. 그러나 기록된 성경은 참 계시를 증언하는 역사적 특징 때문에 기독교의 경전(經典, canon)으로서 교회안에서 권위와 독특성을 가지며, 살아계신 하나님이 오늘도 그 성경의 말씀을 사용하여 성령을 통해 그 성경의 말씀을 듣는 인간들과 만나주시는 사건이 일어날 때, 그때 그 만남의 순간 성경은 비로소 '하나님의 말씀이 된다'는 주장이다. 정통주의에서 기록된 성경은 존재론적으로 인간이 사용하는 언어로 계시되고 영감된 하나님의 말씀이라고 이해하는데('언어영감', Verbalinspiration), 신정통주의에서는 성령이 기록된 성경을 하나님의 말씀이 되게 하시는 그 순간에 기록된 성경의 말씀은 비로소 하나님의 말씀이 된다고 주장하며, 이것을 '실제영감'(Realinspiration)이라고 한다.

우리는 여기서 다시 신정통주의(Neo-orthodoxy)라는 명칭에 왜 '신'(新, Neo-)이라는 접두사가 붙었는지에 대해 묻고, 그 진의를 파악해야 한다. 신정통주의 신학은 자유주의 신학이 아니고 정통주의를 수정한 일종의 '신신학'(新神學)이다. 달리 말하자면, 신정통주의는 정통주의의 성경관을 '수정'(修整)한 것이 무엇보다 새로운 것이다.[97] 신학적 정통주의(곧 복음주의, 개혁주의, 깔뱅주의)의 성경관에서는 "성경은 하나님의 말씀이다"라고 하는 데 비해, 신정통주의의 성경관은 "성경은 하나님의 말씀이 된다"라고 주장한다. 한신대의 조직신학 교수 박봉랑 박사도 일찍이 이 점에 관하여 다음과 같이 바르고 정확하게 기술하였다. "바르트에게 있어서 말씀의 형식과 계시 자체 사이에 문자적인 동일이 있을 수가 없다. 성서와 설교 그 자체로는 하나님의 말씀이 아니다. 그것은 하나님의 행동, 즉 계시의 사건으로 하나님의 말씀이 된다."[98]

신정통주의는 위에서 말한 수정된 성경관을 가지고 고등비평에서 사용하는 '역사—비평적 방법'으로 도출한 성서해석을 자신의 신학 수립에 예비지식으로 전제한다. 하나님의 말씀과 영감은 말하지만, 성경이 무오하다는 것은 반대하고, 기록된 성경은 계시가 아니라 참 계시에 대한 연약한 인간의 증언일 뿐이며, 성육신을 주장하지만, 동정녀 탄생은 부정하고,[99] 하나님의 창조는 말하지만, 창세기 1~11장의 기록은 어디까지나 역사적 사실이 아닌 상징적 이야기로 해석하고, 출애굽의 구속사는 말하지만 홍해(갈대바다)의 기적은 부인하고, 여리고 성의 함락도 실제 사건이 아니고 믿음의 승리라고 설명하며, 부활은 주장하나 몸의 부활은 부인하고,[100] 예수 그리스도가 위대한 일을 했다고 주장하나 초자연적 기적(奇蹟, miracle)을 행했다는 것은 부정하기 때문에,[101] 이것이 신정통주의 신학이 한국교회와 신학에서 신앙과 신학에 갈등을 야기하고 문제가 되는 것이다. 이러한 관점에서 성경의 오류와 모순을 주장하고 가르치는 신정통주의가 한국 장로교회에서 자유주의 신학의 아류인 '신신학'(新

---

97) 바르트가 사탄을 "무(無, das Nichtige. '존재하지 않는 것')라고 주장하는 것도 성경의 가르침과 정통주의 신학에서 벗어나는 대단히 잘못된 표현이다(욥 1:8; 슥 3:2; 마 4:10; 눅 22:3,31; 행 26:18; 고전 7:5; 고후 11:14; 계 12:9; 20:2. 비교, 행 23:8). 김명용,『칼 바르트의 신학』, 이레서원, 2009, 224쪽 이하. 성종현 교수는 20세기에 많은 신학자들은 더 이상 귀신이나 마귀의 존재를 인정하지 않는다고 지적하고, 바르트와 불트만을 그 대표적인 신학자들로 언급했다. 성종현,『신약성서의 중심 주제들』, 장로회신학대학교출판부, 1998, 219쪽.

98) 박봉랑, "칼 바르트의 하나님의 말씀의 개념", 〈신학연구〉, 1960 춘계, 57쪽. 신정통주의 성경관에 대한 좀 더 자세한 설명은 다음을 참고할 수 있다. 김중은,『옛것과 새것』, 한국성서학연구소, 2013, 497쪽 이하, 특히 501-509쪽.

99) 미국의 복음주의자 칼 헨리는 바르트가 '동정녀 탄생'을 인정했다고 한다. Carl F. H. Henry, *Architect*, 위의 책, 13쪽. 영국 에든버러대학교 뉴칼리지의 신약학 교수 오닐은 바르트가 동정녀 탄생을 과학적 사실(Mirakel)로 인정한 것이 아니고 어디까지나 신앙적인 사건(Wunder)으로 받아들인 것이라고 했다. J. C. O'Neill, *The Bible's Authority*, T&T Clark, 1991, "20 Barth", 266-283, 특히 276-277쪽. 바르트의 개념은 종종 명확하지 않은 점이 특징이다.

100) 바르트가 성경의 다른 기적들은 인정하지 않으면서 예수 그리스도의 부활만은 사실적인 역사로 옹호했다고 불트만이 바르트에게 화를 냈다는 이야기가 전해지고 있는데, 오닐 교수는 예수 부활 이후 40일간 제자들에게 나타나신 사건을 바르트는 역사적인 사실이 아니고 제자들의 신앙적인 대화 속에서 유래한 일종의 전설이나 민담이라고 하기 때문에 부활의 역사성에 대해 바르트의 진심을 알기 어렵다고 한다. J. C. O'Neill, 위의 책, 273쪽. 바르트는 역사를 독일어로 'Historie'와 'Geschichte'로 구분하고, 전자는 실증적인 역사이며 후자는 믿어진-전승된 역사라고 한다. Richard N. Soulen, *Handbook of Biblical Criticism*, John Knox Press, 1978. "Historie; Geschichte/ geschichtlich; historisch", 79쪽.

101) 바르트는 그의 교회교의학에서 독일어로 'Mirakel'과 'Wunder'를 구분하여, 성경의 초자연적 기적들은 과학적으로 확인할 수 있는 '미라켈' 곧 '기적'이 아니라 신앙의 눈으로 인정되는 '분더' 곧 '이적'(異蹟)이라고 했다. J. C. O'Neill, 위의 책, 273쪽.

신학의 정체성과 신학노선을 논할 때 마지막까지 문제가 되는 것은 성경에 대한 무오설과 불오설과 유오설이며, 그 이유는 그것이 하나님의 말씀인 성경의 권위와 직결되기 때문이다. 성경의 권위(權威, authority)는 두 가지 요소들로 이루어지는데, 곧 계시(啓示)와 영감(靈感)이다. 계시는 성경이 인간의 종교적 체험이나 인간의 사상을 기록한 것이 아니라 하나님이 자기의 뜻을 나타내셨다는 의미이고, 영감은 인간이 기록은 했지만 성경의 참 저자는 하나님(성령)이라는 뜻이다. 영감은 인간 기자가 하나님의 계시를 기록할 때 잘못이나 오해가 없도록, 인간 기록자의 생각과 말과 글을 성경의 저자이신 성령 하나님이 친히 간섭하시고 돌보셨다는 뜻이며, 인간이 읽고 듣고 이해할 수 있는 말로 기록하게 하셨다는 의미이다(딤후 3:16; 벧후 1:21; 삼하 23:2 등). 이것이 정통신학(곧 복음주의, 개혁주의, 깔뱅주의)에서 말하는 언어영감(verbal inspiration)이다. 이 언어영감을 '축자영감'으로 번역하는 것은 오역이다. 이러한 언어영감은 기록자 인간이 하나님의 계시를 기계적으로 받아 쓴 것이 아니고, 그 인간 기록자 각 개인의 인격과 지정의(知情意)를 하나님이 사용하셨다고 본다. 그러므로, '기계적 영감'(mechanical inspiration)을 말하는 극단적 주장과는 달리 복음주의 신학은 '유기적 영감'(organic inspiration)을 말하며, 성경이 부분적으로 불충분하게 영감되었다고 주장하는 데 대해서는 '충분한 영감'(plenary inspiration)을 말한다. 이러한 관점에서, 성경은 인간이 기록한 인간의 책인 동시에 하나님의 책이다. 무엇보다 성경의 제1 저자는 하나님이시다. 성경은 인간을 위한 하나님의 편지이다. 복음주의 신학에서 성경의 영감은 그러므로 '언어적-유기적-충분한 영감'(Verbal-organic-plenary inspiration: Vop inspiration)이라고 정리할 수 있다.

장신대 김명용 교수는 한국 장로교회가 그동안 "신정통주의 신학을 자유주의 신학과 같은 것으로 가르쳐 온 것은 신학적 무지 내지는 근본주의적인 극단적 보수신학의 정통성을 강조하기 위한 신학적 왜곡"[102]이라고 했는데, 어느 정도 부분적으로는 그런 경우가 없지 않았으나, 한국 장로교회의 신앙과 신학 전체에 그러한 누명을 씌우는 것은 옳지 않다. 또 김명용 박사는 "성경 내의 모순, 착오, 불일치, 오류들이 밝혀지면서 17C의 옛 정통주의 신학의 지주였던 성경의 축자영감설은 붕괴되었고, … 성경에 대한 역사비평학이(미국에서는 고등비평학이라고 많이 언급됨) 성경연구에 없어서는 안 될 결정적인 도구로 신학계에서 인정받게 되었다"[103]라고 한 것도 지나친

---

102) 김명용, 『열린 신학 바른 교회론』, 위의 책, 231쪽.
103) 김명용, 『열린 신학 바른 교회론』, 201쪽.

과장이며 잘못된 주장이다. 여기서 김명용 박사가 '축자영감설'이라고 한 용어는 오역이며, 17세기 이후 정통주의의 '언어 영감설'(Verbal inspiration)은 붕괴된 적이 없고, 성경 해석에 대한 역사-비평학이 '결정적인 도구'로 신학계에서 인정된 적도 없다. 오히려 20세기에 세계 개혁교회와 장로교회의 신학교들을 포함하여 특히 서양의 여러 기독교 대학교들의 강단 신학에서는 역사-비평적 방법이 성서해석 방법으로서 배타적인 주도권을 행사함으로써, 고등비평은 전통적인 교회의 신앙과 신학을 파괴하는 성격 때문에 대학교의 신학과 교회의 신앙 사이에 점차 좁힐 수 없는 간격이 생겨났으며, 고등비평은 경계의 대상이 되어온 것이 사실이다.

지난 17세기는 16세기의 교회개혁(종교개혁) 이후 정통주의 개혁신학의 확립 기간이었다. 16세기에 루터(Martin Luther, 1483-1546)는 교회개혁(종교개혁)을 시작했고, 그것을 완성한 신학자는 깔뱅(J. Calvin, 1509-1564)이다. 16세기에 나온 개혁교회의 수많은 복음주의 신앙고백들, 예컨대 스위스 제1(1536), 제2 신앙고백(1566), 스코틀랜드 신앙고백(1560). 벨기에 신앙고백(1561), 하이델베르그 신앙고백(1562), 프랑스 개신교의 갈리아 신앙고백(1571)은 루터 신학과 츠빙글리의 후계자인 불링어(Johann H. Bullinger, 1504-1575) 목사의 영향도 일부 받았으나 주로 쟝 깔뱅의 복음주의 개혁신학 교리에 기초한 문서들이고, 이 신앙고백들은 17세기에 이르러 '웨스트민스터 신앙고백'(1647)에서 개혁교회의 복음주의 정통신앙과 신학을 집약한 신앙고백 문서로서 통합되고 확립되었다. 이 웨스트민스터 신앙고백은 역사적으로 '전형적인 깔뱅주의 문서'라는 평을 받았고, 특히 개혁교회의 복음주의 신앙과 신학을 천명한 결정적인 신앙고백 문서로서 전 세계 장로교회는 물론이고 침례교회의 신앙고백에도 영향을 미쳤다.[104] 현재 우리 대한예수교장로회 총회도 헌법에서 이 웨스트민스터 신앙고백과 그 소요리문답을 교리로 채택하고 있다.[105] 그렇다면, 김명용 교수가 17세기 옛 정통주의 신학이 마치 붕괴된 것처럼 말하는 것은 어불성설이다.

또한 성경해석에서 고등비평이 '결정적인 도구'가 되었다고 주장하는 김명용 박사는 한 번도 역사-비평적 방법으로 성경을 주석해 본 적이 없는 사람 같다. 역사-비평적 방법으로 성경을 해석하면 어떤 결과가 나오는지, 다음의 한두 가지 예를 들어 그 실상을 알리고자 한다. 최근에 미국 장로교회 산하 샌프란시스코신학교의 구약학 교수 로버트 쿠트는 장로교회 목사인 오드와 함께 "성경은 믿을 수 있는가?"라는 책을 출판하여, 역사-비평적 방법을 적용하여 성경을 해석하는 문제에 대해 '산

---

104) 16세기 신앙고백들과 17세기 웨스트민스터 신앙고백에 대한 정보는 다음의 책을 참고할 수 있다. *The Oxford Dictionary of the Christian Church*, 3rd ed., F. L. Cross and E. A. Livingstone(eds.), Oxford, 1997.
105) 『대한예수교장로회총회 헌법』, 한국장로교출판사, 2008.

타클로스 이야기'를 비유로 들어 다음과 같이 설명했다. 유아기에는 산타 할아버지가 와서 선물을 넣어 준다고 해도 믿었지만, 초등학교에만 들어가도 선물을 주는 것은 부모나 친척들이라는 것을 자연히 이해하고 아무런 문제가 되지 않는다. 마찬가지로, 성서비평학이 가르쳐 준 대로 이제 신학자들과 목회자들은 이중적인 태도를 취하지 말고 솔직하게 교인들과 교회학교 학생들에게도 성경이 말하는 초자연적인 기적들은 일어나지 않았고, 일어나지 않는다는 것을 가르쳐주어야 한다고 했다.[106] 예컨대, 출애굽 이야기는 역사적 사실이 아니고 팔레스틴에서 다윗 왕의 종주권을 강화하고 팔레스틴 민족들의 공동의 적인 애굽제국의 압제를 함께 벗어날 수 있다는 신념을 주기 위해 다윗 왕궁의 서기관들이 만든 서사시적 건국설화라는 것이다. 신약의 복음서들도 역사적 예수의 삶에 대한 사실적인 진술이 아니라고 그는 주장한다.[107] 성경의 영감은 무오(inerrancy)와는 결코 동일시될 수 없다는 것이다.[108] 정말 그럴까? 역사—비평적 방법을 통해 오드 목사와 쿠트 교수는 어떻게 성경 이야기가 산타클로스 이야기와 같다는 것을 알았을까? 최근에 그의 자서전을 출판한 세계적 부흥사 빌리 그래함(Billy Graham, 1918-2018) 목사도 성서비평학의 문제로 심각하게 고민하였으며, 결국 하나님 앞에서 기도하면서 믿음의 결단으로 성경을 '무오한 하나님의 말씀'으로 받아들였다고 고백했다.[109] 어쨌든, 정통 개혁신학의 복음주의 입장에서는 '역사—비평적 방법'이 학문적으로 유일무이한 성경해석의 방법이 될 수 없으며, 고등비평이 가지는 주관적 인식론과 계몽주의의 철학적 전제들을 비판하고, 개혁교회 전통의 복음주의 성경 해석방법인 '역사—문법적—신학적 방법'과 함께 비평적 성경해석에 대한 응전과 대안으로서 성서해석학의 새 지평을 열어나가고 있다.[110]

　　예수 그리스도는 참 하나님이며 동시에 참 사람이라는 기독론의 명제와 연관하여, 성경은 역사적 예수가 백 퍼센트 사람이기 때문에 죄를 지을 수 있고 죄가 있다고 하지 않는다(요 8:46; 고후 5:21; 히 4:15; 7:26; 벧전 2:22; 요일 3:5. 비교, 롬 8:3; 히 2:17-18). 마찬가지로, 성경의 참 저자(제1 저자)는 하나님(성령)이고, 성경은 그의 계

---

106) D. R. Ord & R. B. Coote, *Is The Bible True?*, Orbis, 1994, 4쪽 이하.

107) 위의 책, 12, 67쪽 이하.

108) 위의 책, 13, 114쪽 이하.

109) Billy Graham, *Just As I Am*, Harper Paperbacks, 1998, 159, 164쪽.

110) 예컨대, Louis Berkhof, *Principles Of Biblical Interpretation*, Baker, 1950/1980 Reprint. G. Maier, *Biblical Herme-neutics*, Crossway Books, 1994. 비교, Gerhard Maier, *Das Ende der historisch-kritischen Methode*, Theologischer Verlag Rolf Brockhaus, 2. Auflage, 1975. Eta Linnemann, *Historical Criticism of the Bible, Methodology Or Ideology?*, Et by Robert W. Yarbrough, Baker, 1995. 에타 린네만, 송 다니엘 옮김, 『성경비평학은 과학인가 조작인가』, 부흥과 개혁사, 2010.

시가 성령의 영감으로 기록된 하나님의 말씀이라고 하면서, 다른 한편으로 성경은 또한 백 퍼센트 인간의 책이기 때문에 오류와 모순이 있다고 규정하는 것은 어폐가 있다(마 22:29; 막 12:27; 벧후 1:16 등). 성경 문자의 우상화를 방지하고, 가현설적인 성경 이해를 경계하기 위해서 성경의 역사적 성격과 그 형성사를 연구하는 것은 당연하나, 성경의 저자가 연약한 인간들이기 때문에 성경에 수많은 오류와 모순이 있다고 주장하고 가르치는 것은 전혀 다른 것이다. 궁극적으로 성경의 저자는 인간이 될 수 없고, 삼위일체이신 하나님이라고 하는 것이 개혁교회 전통의 복음주의 입장이다. 박형룡 박사가 올바로 말한 대로, "비평가들이 지적하는 소위 성경의 오류들은 난관들이요 증명된 오류들이 아니다."[111] 정통 복음주의 신학노선의 성경관에서는 성경에 "모순"이 있다고 말하지 않고, 성경에 "난제"(Bible difficulties, Hard sayings)가 있다고 말한다. 또 역사적, 과학적, 지리적, 연대기적인 소위 오류들도 "오류"라고 규정하지 않고, 그것은 어디까지나 오랜 역사와 문화적인 시공(時空)의 간격에서 당연히 인정되는 지식의 정도나 관점의 "차이"(differences)로 인식한다. 성경에는 모순이 있는 것이 아니라 난제들이 있고, 성경에는 오류가 있는 것이 아니라 관점의 차이가 있다.[112] 그것은 오늘 21세기 우리의 이성적 판단과 과학적, 역사적 지식도 상대적이며, 성경의 오류와 모순을 최종적으로 판정할 만큼 만고불변의 절대적 지식이 아니기 때문이다. 현대의 어떤 학문이나 어떤 최첨단 과학에도 모르는 것이 더 많은 것이 사실이고, 난제나 관점의 차이가 없는 학문은 없다. 신정통주의 신학이 문제가 되는 것은 결코 그 장점들 때문이 아니라, 자유주의 신학의 방법론적인 한 아류로서 고등비평의 성서해석을 성경 본문의 명백한 진술보다 앞세우고 성경의 모순과 오류를 주장하기 때문이다. 자유주의 신학이나 신정통주의 신학은 다소 정도의 차이는 있지만, 성경이 명백하게 말하는 사건들의 역사성(historicity)을 인정하지 않고, 성경이 진술하는 역사를 자의로 재구성하거나 축소(reductionism)하는 데 문제가 있다.

앞에서도 잠시 언급한 바이지만, 신정통주의를 대표하는 칼 바르트 교수의 성경관에서 문제가 되는 것은, 기록된 성경은 존재론적으로 하나님의 계시가 아니고, 성경은 참 계시인 예수 그리스도에 대한 인간들의 "증언"이며, "성경은 단지 계시에 대한 인간적인 말일 뿐이다"라는 주장 때문이다.[113] 성경에 기록된 이 인간적인 말(증

---

111) 박형룡, "성경관의 제상", 〈신학지남〉, 23-1호, 1954, 12쪽.

112) 참고, Gleason L. Archer, Jr., *Encyclopedia of Bible Difficulties*, Zondervan, 1982. Norman L. Geisler & Thomas Howe, *The Big Book of Bible Difficulties*, BakerBooks, 1992. F. F. Bruce, *The Hard Sayings of Jesus*, IVP, 1983 등.

113) 오토 베버, 김광식역, 『칼 바르트의 교회 교의학』, "5. 성서와 교회", 대한기독교출판사, 1992, 59-75쪽, 특히 59쪽 이하. 데이비드 L. 뮬러, 이형기역, 『칼 바르트의 신학사상』, "하나님의 말씀에 대한 교리: 기독교적 신학의 규범", 양서

언)을 지금도 성령 하나님이 사용하셔서 그 증언을 통해 인간과의 만남이 이루어질 때, 그 순간 성경은 비로소 하나님의 말씀이 되고 하나님의 말씀이라는 주장이다. 영감은 "계시의 행위"지만, 그것은 성서를 기록한 인간 증인들과 그 증언을 듣는 현재 "우리 자신에게서 일어나고 있는 사건(즉 하나님과의 만남의 사건)"의 전체성 속에서 이해해야 한다는 것이다. 이때에도 "성서적 증인들의 인간적인 불완전성을 인정해야 한다"라고 바르트는 주장했다. 이것은 바르트가 교회개혁(종교개혁)자들의 성경관을 20세기에 부활시킨 것이 아니라, 교회개혁자들과 교회개혁 전통의 복음주의(깔뱅주의) 성경관을 수정한 것이며, 전문적인 용어를 사용하자면 "언어영감설"(Verbalinspiration)을 버리고 "실제영감설"(Realinspiration)을 주창한 것이다.[114] 기록된 성경이 하나님의 계시 말씀이 아니라는 주장은 바르트의 대단한 착각이다. 인간이 인정하든 하지 않든, 기록된 성경은 하나님이 성령의 영감으로 계시하신 하나님의 말씀이다. 우리 인간이 기록된 성경을 읽을 때, 우리의 마음이 닫혀있고 우리의 귀가 막혀있기 때문에 하나님의 말씀으로 받아들이지 못하는 것이라고 성경은 설명한다(비교, 사 29:10-14; 행 7:51; 롬 11:8 등). 성경을 읽는 우리의 마음이 할례를 받아야 하고 우리의 귀가 먼저 할례를 받아야 한다(렘 6:10; 행 7:51; 롬 2:29. 비교, 마 13:15; 롬 11:8 등). 성령은 우리의 마음을 여시고, 감긴 눈과 막힌 귀를 열어서 기록된 성경의 하나님의 말씀을 깨닫게하시는 것이지(요 14:26. 비교, 고전 2:9-11; 고후 3:14-17!), 하나님의 말씀이 아닌 성경을 하나님의 말씀이 되게 하시는 것이 아니다! 기록된 성경이 하나님의 말씀이 아닌데, 성령의 감동으로 순간적으로 하나님의 말씀의 사건이 되는 것이 아니다. 존재론적으로 기록된 성경은 하나님의 살아있는 말씀이다(딤후 3:15-17; 히 4:12-13; 벧전 1:23-25 등. 비교, 'viva vox Dei', the living Word of God). 그래서 예수

각, 1986, 56-66쪽. 바르트(1886-1968)는 생전에 그의 여비서로 알려진 13살 연하의 독일 간호원이었던 샬롯테 폰 키르쉬바움(Charlotte von Kirschbaum, 1899-1975. 애칭은 Lollo)과의 부적절한 관계로 인한 소문이 있었다. 바르트 사후에 그 두 사람 사이에 교환된 사랑의 편지들이 공개되어 출판되었고, 그 두 사람의 관계는 불륜으로 드러났다. 바르트가 40세였던 1926년에 처음 알게 된 두 사람은 서로 사랑한다는 편지를 보냈고, 바르트의 결혼한 부인인 넬리(Nelly Barth, 1897-1976)의 반대에도 불구하고 바르트는 롤로를 1929년부터 부인과 자녀들이 있는 자신의 집에 입주하게 했으며, 이후 거의 40년 동안 한 집에 동거하면서 삼각관계로 인한 가정불화와 고통이 극심했다. 바르트는 그가 교회교의학을 집필하는 데 롤로의 도움이 필요불가결하다고 했고, 그 두 사람은 함께 교회교의학을 집필했다. 교회교의학의 제1 저자는 바르트이고, 제2 저자는 샬롯테 폰 키르쉬바움이라고 할 수 있다. 바르트의 다섯 자녀 중 남은 두 자녀(Markus와 Franziska)는 그 두 사람의 관계에 대해 '매우 특별하고 특이한 사랑'이라고 했고, 한 지붕 아래서 세 사람의 삼각관계는 '받아들일 수 없는 것'(unzumutbar)이라고 회상했다. 사후에 바르트와 폰 키르쉬바움과 넬리는 가족묘에 함께 묻혀있다. 바르트의 대표적 저서로 알려진 『교회교의학』은 불륜으로 오염된 신학서적이므로, 그 가치와 의미가 상실되었다고 할 수 있다. Christiane Tietz(hrsg.), *Karl Barth-Charlotte von Kirschbaum: Eine aussergewöhnlichche Liebe. Briefe 1925-1935*, TVZ, 2008; 동일저자, "Karl Barth and Charlotte von Kirschbaum", 〈Theology Today〉, vol. 74/2, 2017, 86-111쪽; 동일저자, *Karl Barth, A Life in Conflict*, Oxford, 2021, 특히 177-198쪽, 9. A Troubled "Ménage à Trois". Michael Beintker(hrsg.), *Barth Handbuch*, Mohr Siebeck, 2016, 54-58쪽, "Charlotte von Kirschbaum"(Hinrich Stoevesandt).

114) 오토 베버, 위의글, 62쪽 이하.

님도 제자들의 마음을 열어 성경을 깨닫게 하셨고(눅 24:27,44-45. 비교, 행 8:30 이하; 16:14 등), '들을 귀 있는 자'는 들으라고 말씀했다(마 11:15; 13:15-16; 막 4:9,23; 8:18; 눅 4:21; 8:8 등. 비교, 요 5:24-25). 일찍이 시편의 시인도, "내 눈을 열어서 주의 율법에서 놀라운 것을 보게 하소서"라고 하지 않았는가(시 119:18). 예수께서 십자가에서 죽으시고 제3일에 부활하셨는데, 제자들 중에는 믿지 못하는 사람들도 있었다(막 16:12-13). 예루살렘에서 엠마오로 길을 가던 두 제자에게 부활하신 예수님이 가까이 닥아와 동행하게 되었는데, "그들의 눈이 가리어져서 그인줄 알아보지 못했다"고 성경은 말씀하고 있다(눅 24:15-16). 나중에 날이 저물어 숙소에 들어가 함께 식탁교제를 하게 되었을 때, 그들의 눈이 밝아져서 그분이 예수님인줄 알아보았다고 한다(눅 24:29-21). 예수님이 보이지 않게 되자 그들이 말했다. "길에서 우리에게 말씀하시고 우리에게 성경을 풀어 주실 때에 우리 속에서 마음이 뜨겁지 아니하더냐"(눅 24:32). 그렇다. 엠마오 도상의 두 제자가 예수님을 알아보지 못했을 때 그들과 동행했던 분이 예수님이셨다. 그 동행하던 분이 예수님이 아니라 어떤 다른 사람이었는데, 성령께서 그 다른 사람을 그 두 제자에게 감동하여 예수님으로 깨닫게 하셨다는 설명은 성경적이 아니고 억지이며, 어불성설이다. 마찬가지로, 기록된 성경은 하나님의 말씀이 아닌데, 성령께서 그 성경을 하나님의 말씀이 되게 하실 때만 하나님의 말씀이라고 하는 바르트의 설명도 성경적이 아니고 억지이며, 어불성설이다.

앞에서도 인용했지만, 한신대 조직신학 교수 박봉랑 박사도 이 문제에 관해서 다음과 같이 올바로 정리해 주었다. "바르트에게 있어서 말씀의 형식과 계시 자체 사이에 문자적인 동일이 있을 수가 없다. 성서와 설교 그 자체로서는 하나님의 말씀이 아니다. 그것은 하나님의 행동, 즉 계시의 사건으로 하나님의 말씀이 된다."[115] 구약학자 정규남 박사도 칼 바르트의 성경관에 대해 다음과 같이 말한다. "그는(바르트) 성경을 단지 하나님의 계시에 대한 증언으로 이해한다. 이렇게 '성경을 계시에 대한 증언'이라는 견해가 칼 바르트의 교의학(Die Kirchliche Dogmatik) 제1권에서 거듭거듭 언급되고 있다. … 칼 바르트는 성경을 영감된 책이라고 믿은 것 같지만, 또 한편 성경의 내용이 자기에게 말할 때에만 하나님의 말씀이 된다고 말하므로, 성경이 객관적으로 하나님의 말씀이라고 인정하지 않음을 보여준다. … 성경은… 과거 하나님의 계시를 회상하게 하는 구체적인 수단이지, 하나님의 영감으로 쓰여져 사람을 구원받게 하고 온전케하는 하나님의 계시 자체는 아니다. … 계시는 예수 그리스도라고 말한다"라고 했다.[116] 미국 웨스트민스터신학교 변증학 교수 코닐리어스 밴틸

---

115) 박봉랑, "칼 바르트의 하나님의 말씀의 개념", 〈신학연구〉, 1960 춘계, 57쪽.

(Cornelius Van Til, 1895-1987) 박사는 바르트가 성경을 직접 계시로 보는 정통주의 성경관을 비판하고 '간접적 계시로서의 성경'이라는 개념으로 대치했다고 하면서, "바르트에 의하면 성경은 하나님께서 그것을 통하여 말씀하시는 것인 만큼 그것을 하나님의 말씀이 되게 하시는 한에서만 하나님의 말씀이다"라고 했다.[117] 정승훈 박사도, "성서와 계시의 직접적인 동일성은 우리가 전제할 수 없고 예견할 수도 없다. 성서의 말씀이 하나님의 말씀이 되는 것은 사건으로 나타난다"라고 바르트의 성경관을 설명했다.[118] 바르트의 성경관을 중심으로 신정통주의 신학은 성경의 권위(계시와 영감)를 약화시켰고, 기록된 성경의 모순과 오류를 주장했다. 결국 신정통주의는 자유주의 신학자들의 놀이터에 던져진 '폭탄'이 아니라 '폭죽'임이 드러났다. 바르트 신학의 출현에도 불구하고, 자유주의 신학자들은 아무도 죽지 않았고 서양의 대학교 신학 강단에서는 자유주의 신학이 패권을 장악했기 때문이다. 박형룡 박사도 신정통주의의 장점과 자유주의와 구분되는 그 성격을 인식하고 있었으나,[119] 그럼에도 불구하고 기록된 성경의 계시성을 수정하고 성경에 오류가 있다고 주장하는 신정통주의의 성경관을 "괴상한 성경관"이라고 했다.[120]

어쨌든 성경의 친필원본(autographs)이 하나도 남아있지 않은 현실에서, 현존하는 사본들만 가지고 본문의 의미 파악에 큰 문제를 일으키지 않는 단어의 일점일획, 모음부호, 토씨까지 영감되었다고 주장하는 소위 문자적-기계적 "축자영감설"[121]은

---

116) 정규남, "칼 바르트(Karl Barth)와 폰 라드(von Rad)의 성경관과 역사관에 대한 비판적 연구", 〈광신논단〉, 5-23쪽, 특히 7-9쪽.

117) 코닐리어스 밴 틸, 이상근 역, 칼 바르트, 한국개혁주의 신행협회, 현대사상가시리즈 1, 1971. "성경", 12-24, 특히 13, 16쪽. 비교, *Van Til's Apologetic, Readings & Analysis*, ed. by Greg L. Bahnsen, P&R, 1998, 특히 656쪽 이하.

118) 정승훈, 『칼 바르트 말씀의 신학해설』, 새물결플러스, 2017. "§4 하나님의 말씀의 신학", 175-205, 특히 190쪽.

119) 박형룡, 『신학난제선평』, 평양 장로회신학교, 1935(소화 10년). "빨트와 그 학파", 238-295, 특히 292쪽 이하.

120) 박형룡, "성경관의 제상", 위의 글, 11쪽.

121) 김재준 교수는 1609년 정통 깔뱅주의 신학자 폴라누스(아마도 Amandus Polanus, 1561-1610. 1596년 이후 스위스 바젤대학교 구약학 교수. 두 차례 바젤대학교 총장 역임)가 성경의 객관적 권위를 확보하기 위해 제창한 학설이 "축자영감설"이라고 했다(김재준, "한국교회의 신학운동- 그 회고와 전망", 〈기독교사상〉, 1960.1, 13쪽). 그러나 폴라누스라는 우리에게 다소 생소한 이름의 정통주의 신학자가 언제 어디서 어떻게 "축자영감설"을 제창했는지에 대한 근거를 제시하고 있지 않는데, 아마도 김재준 교수의 이러한 정보는 정확하지 않을 가능성이 크다. 정통 개혁신학의 복음주의는 공식적으로 '축자영감'을 주장하지 않는다는 것을 장공은 잘 모르고 있는 것 같다. '축자영감'이란 우리말 용어 자체가 오역이다. 화란의 개혁주의 조직신학자 헤르만 바빙크는 깔뱅 이후 성경의 권위를 파괴하거나 약화하는 자들에게 양보하지 않기 위해서, 17세기 개혁신학자들 중에서는 다소 과도한 주장을 하게 되었다는 점을 시인한다. 이러한 개혁신학자들 중에 Johann B. Buxtorf, Johann H. Alsted, Amandus Polanus 등이 있었다. 이들은, 성경의 인간 기자들은 저자들이 아니고 필사자들이며 하나님의 손에 들린 펜이고, 영감은 기록하려는 충동이며 내용과 표현하려는 말을 제안하는 것이라고 주장했다. 영감은 연대기적, 역사적, 지리적 내용에까지 적용되며, 본문의 모음들과 모음부호에까지도 적용된다고 했다는 것이다. 그럼에도 이러한 입장은 어디까지나 개인적인 견해였다. 장공은 폴라누스에게 '축자영감설'의 책임을 전가하기 전에, '성경은 오류와 거짓말이 가득한 책이다'라고 선전하여 이들로 하여금 그에 대응하는 과정에서 다소 과도한 주장을 하게 한 '성경적 신앙의 적대자들'을 먼저 비판해야 하지 않겠는가? 개혁교회 정통주의의 공인 성경관은 1647년 웨스트민스터 신앙고백의 '제1장 성경에 관하여' 항목에 잘 명시되어 있고, 여기서는 성경의 '모든 책은 하나님의 영감으로 주어진 것으로 믿음과 생활의 표준이 된다'고 천명했으며, '축자영감'은 말하지 않았다. 복음주의 영감론은 '언어영감'(verbal inspiration)이며, 그 내용은 '언어적-유기적-충족적 영감론'이다. 비교, Hermann Bavinck, *Reformed Dogmatics*, Abridged in One Volume, ed. by John Bolt, BakerAcademic, 2022, 99

성경적으로나 신학적으로 성립될 수 없을 뿐 아니라, 정통 개혁신학의 복음주의가 말하는 성경관이 아니다. 이것은 정통주의 성경관이 말하는 '언어영감설'(verbal inspiration)에 대한 장공의 착각과 오해이며, '축자영감설'이란 번역도 오역이다. 교회 개혁자 쟝 깔뱅도 기계적이거나 축자적 영감설을 주장하지 않았으며, 사본이나 본문 전승과정에서 '필사자의 오류'(scribal errors)는 제한된 범위에서 지적하였으나, 오늘날 자유주의나 신정통주의가 전제하는 역사-비평적 방법으로 성경의 오류나 모순을 말한 적이 없다. 깔뱅은 그가 가지고 있는 성경본문이 본래 친필원본에 계시된 정확한 내용을 전해준다고 믿었고, 성경의 계시 내용에 "진정한 오류"를 인정하지 않았다.[122] "성경은 거짓말하실 수 없는 그분이 말씀하셨으므로(딛 1:2), 우리는 그 말씀의 결국이 확실한 것으로 알고 그분의 말씀을 받아들여 입 맞추어야 한다"라고 깔뱅은 말했다.[123] 성서해석사에서 깔뱅은 '주석의 왕'으로 호칭되었으며, 역사-비평적 주석의 원조(元祖)가 아니라 전통적 개혁신학의 복음주의 성경 해석방법인 "현대 역사-문법적 주석의 창시자"(founder of modern historical-grammatical exegesis)로 평가받고 있다.[124] 춘계 이종성 박사도 "… 칼빈은 틀림없이 성서기록의 영감설과 성서의 무오성을 강조한 것 같다."[125]고 했다.

그런데 김명용 교수는 루터가 성경에 오류가 있다고 했다면서 7가지 사례를 소개하고,[126] 깔뱅도 성경의 오류를 인정했다고 4가지를 소개했는데 이것은 사실이 아니며 잘못 소개한 것이다. 여기서는 그 내용을 자세히 검증할 수 없기 때문에, 김명용 교수가 깔뱅이 성경의 오류를 인정했다고 하는 첫 번째 내용에 대해서만 간단히 살펴보려고 한다. 일반적으로 깔뱅이 성경의 오류를 인정했다고 성서비평학자들이 주장하는 대표적인 성경 구절이 마태복음 27:9과 사도행전 7:14-16이다. 김명용 교

쪽 각주 19번. 비교, *RGG³*, Bd. V, "Polanus von Polansdorf, Amandus(1561-1610)" 항목, 425쪽.

122) Kenneth S. Kantzer, "Calvin and the Holy Scriptures", *Inspiration and Interpretation*, ed. by J. W. Walvoord, Eerdmans, 1957, 144쪽. 비교, Wilhelm H. Neuser(ed.), *Calvinus Sacrae Scripturae Professor, Calvin as Confessor of Holy Scripture*, Eerdmans, 1994. James M. Boice, *The Foundation Of Biblical Authority*, Zondervan, 1979.

123) *Calvin's Wisdom*, ed. by G. Miller, Banner of Truth, 1992, 20쪽.

124) D. L. Puckett, "Calvin, John, 1509-1564", *Historical Handbook of Major Biblical Interpreters*, ed. by D. K. McKim, IVP, 1998, 178쪽.

125) 이종성, "칼빈의 성서관", 77주년 개교기념 학술강연, 〈신학춘추〉, 1978, 10면.

126) 마르틴 루터의 성경관은 쟝 깔뱅의 성경관보다 그 용어 사용과 설명에서 정확도와 철저성이 다 소 뒤떨어진다. 마르틴 루터의 성경관과 그의 성경해석 원리와 문제점에 대해서는 다음의 책을 참고할 수 있다. Frederic W. Farrar, *History of Interpretation*, 1886/Paperback edition 1979, "5. Luther", 323-341쪽. 칼 바르트의 성경관이 다소 부실하고 그 개념 설명이 모호한 것은, 깔뱅보다 루터에게서 영향을 받은 이유 때문으로 보인다. 그럼에도 불구하고 루터는 바르트나 장공이나 김명용 교수가 주장하는 것처럼 성경의 수많은 오류와 모순을 말하지 않았다. 루터는 말했다: "성경만이 지구상의 모든 서적과 가르침 위에 있는 올바른 주인이고 스승이다"(Die Bibel allein ist der rechte Herr und Meister über alle Schrift und Lehre auf Erden). Kurt Aland(hrsg.), *Lutherlexikon*, Vandenhoeck & Ruprecht in Göttingen, 4. Auflage, 1989. "Bibel", 45쪽.

수는 전자에 대해서는 언급이 없고, 후자인 사도행전 7:16을 첫째 경우로 제시하면
서, "사도행전 7:16에서 누가는 창세기 23:9에 비추어 명백한 실수를 했다. 칼빈에
의하면 이 부분은 수정되어야 한다"라고 했다.[127] 김명용 교수는 깔뱅이 성경의 오류
를 인정했다는 것에 대한 정보를 다음의 책에 조회한다고 했는데, 그 책은 학문적인
정확성과 신뢰도가 떨어지는 수준이다: 풍만출판사(편),『칼빈의 성경관』, 풍만출판
사, 1986(이 책은 풍만출판사에서 판권이 반석문화사로 넘어가, 1992년에 같은 책제목과 같
은 내용으로 출판되었는데, '죤 칼빈 지음/편집부 엮음'으로만 되어있고 누가 편집했는지 알
수 없을뿐 아니라, '역자서문'에서도 우리말로 누가 번역했는지 도무지 알 수 없다). 어쨌든,
먼저 사도행전 7:16에서 '창세기 23:9에 비추어' 볼 때라고 했는데, 김명용 교수는
창세기 33:18-19과 혼동하고 잘못 인용한 것이다(비교, 출 13:19; 수 24:32). 깔뱅은
이 사도행전 7:16에서 아브라함이 아니고 야곱으로 고쳐 읽어야 함을 말했다. 그러
나 이것은 마태복음 27:9의 경우와 마찬가지로 성경 사본 상의 오류이고 사본 필사
자들에게서 유래한 오류(scribal errors)라는 점을 분명히 했다. 이것을 마치 깔뱅이
성경의 오류를 인정했고 성경의 저자가 실수했다는 식으로 말했다는 것은 견강부회
이고 언어도단이다. 깔뱅은 성경 사본들에서 '필사자들의 오류'는 인정했으나, 성경
의 오류를 말하거나 인정한 적이 없다. 이 문제에 관해서는 이미 고신대학교 이환봉
교수가 그의 논문에서 비교적 자세하게 설명했다.[128]

　　마포삼열 박사의 아들로서 장신대 교수인 마삼락(馬三樂, Samuel Hugh Moffett)
박사는 일찍이 1966년에 세계 각국에서 온 51명의 복음주의 신학자들이 참석한 "성
서권위에 대한 보스톤 회의"에 다녀와서 성경의 무오와 영감에 관해 중요한 보고를
했다. 이 회의에서는 성경의 "무제한적인 무오설 교리"에 대해서는 일치를 보지 못
했으나, "성경은 성령에 의해서 받은 거룩한 책이며 축자적으로 영감을 받았고 삼위
일체 하나님이 계시하신 말씀이다"라는 성명서를 채택했으며, 여기서 "축자영감"은
"받아쓰기"를 의미하지 않고, "말을 이어가는 고리와 같은 것"이라고 했다. 그러나
여기서 '축자영감'은 우리말 번역이 잘못된 것이고, '언어영감'으로 번역해야 한다.
성경의 역사, 연대기, 문자적 해석의 어려움과 관련된 무오성(inerrancy)의 개념과
난해구절에 대해서는 의견의 일치를 보지 못했으며, 성경의 무오성이 곧 성경적 교
리라는 데에도 의견의 일치를 보지 못했다고 전했다.[129] 마삼락 박사는 평소에 한국

---

127) 김명용,『칼 바르트의 신학』, 이레서원, 2009. "바르트의 신학과 한국 장로교회의 분열", 309-332, 특히 325-328쪽.
128) 이환봉, "칼빈의 성경 권위에 대한 신학적 근거",『칼빈의 성경해석과 신학』, 요한 칼빈 탄생 500주년 기념사업회,
SFC, 2011, 34-49, 특히 40-41쪽.
129) 마삼락, "성서의 권위에 대한 보스톤 회의", 〈기독교사상〉, 1966. 12, 50-52, 특히 96쪽.

어 구사를 어려워했기 때문에, 그가 기고한 글은 누가 번역한 것이라고 생각한다. 다시 말하지만, 이 글에서 '축자영감'(verbal inspiration)으로 번역한 "축자"(逐字)는 한글 번역의 오류이며(문자적-기계적 의미에서 축자적이라고 말하려면 'verbal'이 아니라, 'verbatim'이다), 영어의 형용사 'verbal'은 언사적(言辭的), 또는 언어적(言語的)이라고 번역해야 한다. 이때 언어(사)적이라는 것은 하나님이 성경에 계시하실 때 인간 기록자가 실수하지 않도록 그의 생각과 함께 그가 사용하는 언어도 성령께서 돌보셨다는 의미이다. 앞에서도 언급한 바이지만, 또 인간 기자를 기계적인 도구로 사용하신 것이 아니라 그의 인격과 지정의를 사용하셨다는 점에서 유기적이며, 부분적이나 부족하게 영감하신 것이 아니라 완전하고 충분하게 하셨다는 것이 정통 개혁교회 복음주의의 성경관이다. 그러므로 복음주의 성경관의 영감론은 언어적-유기적-충족적 영감(verbal-organic-plenary inspiration: vop inspiration)으로 정리할 수 있다. 박형룡 박사도 일찍이 정통주의는 복음주의와 같은 의미로 바꾸어 쓸 수 있다고 하면서, 정통주의는 "신구약 성경을 천계(天啓)와 영감(靈感)으로 말미암아 온 하나님의 무오한 말씀으로 믿는 고등한 초자연적(超自然的) 성경관으로 출발한다"라고 그의 견해를 밝혔다.[130]

그런데 한국 장로교회와 신학의 역사에서는 위에서도 잠시 언급한 바와 같이 성경의 유오(有誤)를 주장하고 신학사상의 자유와 신학교육의 자유를 부르짖는 목소리가 그치지 않았다. 1920년대에 이미 캐나다 장로교 선교사 목사인 서고도(徐高道, William A. Scott)의 영향을 받아 조희염 목사는, "성경 전체를 하나님의 말씀으로 믿는 것은 큰 잘못이다. 성경에는 하나님의 말씀이 아닌 것도 많이 포함되어 있다. 문학적 오류는 물론, 다수의 역사적 오류와 과학적 오류가 포함되어 있다"라고 발언하여 물의를 일으킨 사건이 있었다.[131] 1934년 제23회 총회에서는 모세오경의 저자 문제와 바울서신 해석 문제가 비화되었다. 또한 고등비평의 영향 아래 쓰인 '아빙돈 단권 주석'이 논란의 대상이 되면서,[132] 보수적인 장로회 총회와 신학에 태도의 변화가 생겨났다. 우리는 이러한 태도의 변화를 '근본주의 입장의 등장'이라고 불러도 좋을 것이다. 한철하는 여기에 대해 다음과 같이 기술하고 있다. "… 한국 교회의 보수신

---

130) 박형룡, "복음주의 신앙의 현세", 〈神學指南〉, 1958 1집, 서울: 대한예수교장로회신학교, 26-27쪽.

131) 김양선, 『한국기독교해방10년사』, 대한예수교장로회총회 종교교육부 발행, 1956, 186쪽.

132) 유형기 편집, 『단권 성경주석』, 서울 신생사 발행, 1935. 아빙돈 단권주석 사건은 장로회 총회로 하여금 표준 성경주석을 간행하도록 했다. 감리교 소속인 유형기 목사의 단권주석 집필진에는 장로교 목사들인 한경직, 송창근, 채필근도 참여했다. 김인수, "4) 아빙돈 단권주석 사건", 『한국 기독교회의 역사』, 위의 책, 482쪽 이하. 유형기는 감리교회 목사이며, 양주삼과 함께 일제 식민지 강점기에 신사참배와 일본적 기독교 황도정신에 앞장서서 동참했다. 1938년 12월 한국 장로교회 대표 홍택기와 김길창, 감리교회 대표 양주삼과 김종우, 성결교회 대표 이명직 목사 등이 일본에 가서 이세신궁(伊勢神宮) 등지에서 신사에 참배했다. 김인수, 위의 책, 504, 509-510쪽.

앙 전통이 1930년대에 와서는 그 성격을 달리하기 시작하였다. 앞서 언급한 대로 보수주의가 내용적 신앙적 보수주의에서 태도상의 보수주의로 변하였던 것이다. 이것은 당시에 미국에서 벌어졌던 보수신학과 자유신학의 싸움의 여파가 한국까지 파급되어 온 데 기인한다."[133] 지금까지 한국 장로교회와 신학의 복음주의는 성서비평학을 가르치고 성경의 오류를 주장하는 자유주의와 신정통주의에 대해 경계하면서도 인내와 대화하는 자세로 대안을 제시하는 입장을 취한 데 반해, 근본주의의 태도는 그 상대를 적대시하고, 전투적이며 배타적이고 분리적인 태도를 취한 것이다. 예컨대, 1930년대 이후 박형룡의 태도에 비하면, 평장신의 교수 남궁혁(南宮爀, 1903-1991) 박사의 입장은 복음주의 노선을 보여주는 것이었다. 신정통주의 신학과 함께 '성서 유오설'을 끝까지 주장하여 신신학의 대변자로 알려진 김재준 교수나, '성경 무오설'로 전투적으로 맞서서 한국의 메이첸이란 이름을 얻은 박형룡 박사나, 그 명분은 성경관을 내세운 진리 싸움이었으나, 사실은 자기의(自己義)를 위한 다툼이었다. 그래서 김양선 목사는, "만일 김재준 교수가 계속적으로 보수주의 신학을 강렬히 비판하지 않았다면 금일과 같은 장로교회의 분열은 일어나지 않았을 것이다"[134]라고 평가했다. 한국의 성서비평학자 자신들도 이 당시 상황에 대해, "영감설과 무오설에 저항하고 충돌과 분열을 야기시켰으나 그 귀중한 대가에도 불구하고 성서의 학문적 연구의 개척을 위한 거점도 확고히 하지 못했다."라고 했다.[135] 평장신의 신학노선과 그 성경관은 성경 무오를 분명히 하는 입장이었고, 성경 유오설을 경계하고 고등비평의 방법론을 섣불리 받아들이지 않으면서도, 성서비평학을 무시하거나 분리주의적 전투를 하는 근본주의 태도와는 구별되는 개혁교회 전통의 복음주의 입장을 지켜나갔다. 그 대표적 인물이 평장신의 2대 교장인 미북장로회 선교사 목사 나부열(羅富悅, Stacy L. Roberts, 1881-1946)이다.

미국 프린스턴신학교를 졸업한 나부열 박사는 이렇게 말한다. "대저 하나님의 말씀이 불착무오(不錯無誤)하거니와, 그 범위가 우주와 같이 광막하야 그 불착무오한 여부를 오인(우리)의 천근(淺近)한 식견으로는 요해(了解)키 어려울지니 망원경을 발명하기 전에 먼 하늘에 있는 성구(星球)를 발견치 못하였나니, 이는 성구가 없었던 것이 아니오 천문학자의 육안력이 미치지 못하였던 것이로다. 그런고로, 과학을 선히 연구하는 자는 물리가 오묘함으로 그 연구함을 쉬지 아니하나니, 성경을 연구하는 오인도 오묘한 난제를 당하면 하나님의 말씀이 아니라고 인정할 것이 아니라 아

---

133) 한철하, "보수신학의 어제와 오늘", 위의 글, 99쪽.
134) 김양선, 『한국기독교 해방10년사』, 위의 책, 197쪽.
135) 허혁, "한국에서의 역사 비판학의 제문제", 〈신학사상〉 제3집, 1973, 70쪽.

직도 나의 연구력이 박약함을 스스로 깨달을 것이니라."[136] 나부열 박사는 복음주의 성경해석의 입장을 분명히 하면서, 그의 성경관을 다음과 같이 밝히고 있다. "성경이 불착무오(不錯無誤)하다 함은 금일의 성경을 지칭함이 아니라. 모든 선지자와 사도가 신(神)의 지도를 받아 첫 번 저술한 원본을 가르킴이라. 옛적에 인쇄법이 발명되지 못하여 다만 각 사람의 수필(手筆)로 등사하야 수천년 동안 유전(流傳)하였으니, 등사자가 아무리 조심하였다 할지라도, 다소간 오서(誤書) 또는 낙자(落字)가 없지 못할지라. 열왕기와 역대기를 참고하면, 어떤 군왕의 연대가 피차 부동(不同)하니 이는 히브리 숫자가 자형(字形)은 비슷하나 지수(指數)는 크게 다른 고로 등사인이 오서하기 용이하였음이라. 이로 볼지라도 금일의 성경이 오서가 없다고 못할지니, 그 해석이 어찌 용이하리오. 그러나 금일의 성경이 착오처(錯誤處)가 다대(多大)한 것은 아니니, 그 보존된 각 사람의 사본을 참조함으로 원본 성경이 어떠함을 넉넉히 참작할지니 금일 성경이 원본과 크게 다르다고 함은 아니로다."[137] 나부열 박사 역시, '축자영감설'을 고집하지 않으면서, 성경의 친필원본에 근거한 무오설을 주장하고 있는 것은 개혁신학 전통의 복음주의 성경관과 동질성을 나타내는 입장이다.

　　장신대는 1964년부터 호주 장로회 선교사 목사 변조은(John P. Brown, 1933-) 교수가 구약의 성서비평학을 소개했으며, 1966년에는 미남장로회 선교사 김기수(Keith R. Crim) 교수가 요나서를 상징으로 해석해야 한다고 가르치면서 총회에서 물의를 일으켰다. 1972년부터 장신대 강단에 선 한국계 미남장로회 선교사 목사인 문희석 박사는 성서비평학적인 입장에서 소위 "성서학적인 성서관"을 확립하려는 확고한 의지를 가지고, 주로 구약학 분야에서 강의와 저술 및 출판을 진행했다. 여기에 대해 한신대 구약학 교수 김정준은 다음과 같이 평가하였다. "… 1935년부터 우리 한국장로교회 안에 있던 성서의 문자적 무오설과 기계적 축자영감설… 미국 메이첸, 워필드, 하지 계통의 보수주의 신학만이 성서를 올바로 이해한다는 독선적이고 권위적인 성서주의가 장로교회 신학 교수에 의하여 무너지고 만 것이다. … 문희석 박사는 예장 통합 측 신학 교수로서 세 번째 이러한 성서 비평학을 받아들인 사람이다. 이미 김기수란 이름을 가진 K. R. Crim 박사와, 같은 학교에서 구약을 가르친 변조은이란 이름을 가진 J. P. Brown 목사, 두 선교사가 있었다."라고 했다.[138] 그러나 총회(예장 통합)는 1979년 "신학대학 교수 강의 및 저서내용 사건"을 문제 삼았고, 그 해명을 받았다. 이것은 교단적으로 성서비평학과 성서유오설을 주장하는 신정통주

---

136) 나부열, "성경의 난제론", 〈신학지남〉 제2권 2호, 19쪽.

137) 나부열, 위의 글, 21-22쪽.

138) 문희석, 『한국 교회 구약성서 해석사, 1900~1977』, 대한기독교서회, 1978, 89쪽에서 재인용함.

의 신학을 신학노선으로 공식화하거나 무제한적으로 받아들일 수 없다는 신호였다. 이미 1973년 장신대 신문인 〈신학춘추〉 "사설"에서는 "장로회 신학대학의 신학노선"을 비교적 자세히 밝혀둔 바 있다. 그 내용의 핵심은 역사적으로 장신대는 칼빈(깔뱅)의 신학사상을 가장 중요시하면서 미국장로교회의 신학노선을 따르려고 애써 왔다는 것과, 총회가 1922년에 채택한 12신조와 1968년에 채택한 웨스트민스터 신앙고백서가 주축이 되어, 장신대의 신학적 입장은 "보수주의 정통주의"로 인식된다는 것이다. 때로는 교수들 가운데 이러한 입장에 부합되지 않는 말을 하는 이가 있기도 하나 그것은 개인적이며 일시적인 현상에 지나지 않으며, 결국 "본 대학의 신학노선은 성서에 기초를 두고 칼빈의 신학사상을 길잡이로 한 복음적 신학의 노선을 걷고 있다."라고 결론지었다.[139]

한편, 장신대 교수회에서도 개혁교회 전통의 복음주의 신학의 노선을 분명히 할 필요를 느끼고 "장로회신학대학 신학 성명"을 발표했는데 그 서문에서, "우리는 여기에서 신학의 전제, **개혁주의 신학** 전통과 에큐메니칼 신학, 신학과 교회, 신학의 선교적 기능과 사회적 기능, 신학의 자리의 방향, 신학의 한계와 신학의 대화적 측면에 대하여 7가지 명제들을 제시하려고 한다. 이는 장신대의 신학교육을 가늠하며, 교회와 사회에 대한 우리의 태도와 행동을 결정한다."라고 밝혔다. 그 7명제들은 다음과 같다.[140]

1. 우리의 신학은 복음적이며 **성경적**이다.
2. 우리의 신학은 **개혁주의적**이며 에큐메니칼하다.
3. 우리의 신학은 교회와 하나님의 나라에 봉사한다.
4. 우리의 신학은 선교적인 기능과 역사적, 사회적 참여의 기능을 수행한다.
5. 우리의 신학의 장은 한국이요, 아세아요, 세계이다.
6. 우리의 신학은 기술사회의 문제들(현대 과학주의와 현대 문명의 문제들)에 응답해야 한다.
7. 우리의 신학은 대화적이다.

위에서 장신대 신학성명은 그에 앞서 본교단 예장총회(통합)의 신앙고백서를 전제로 하고 있음을 밝혔으며, 예장 통합 교단 신앙고백서의 '제1장 성경'에서는 다음

---

139) 〈신학춘추〉, 1973년 10월 31일, 제5호 통권 39호, 2면.
140) 『장로회신학대학의 신학노선』, 28-33쪽.

과 같이 개혁교회 전통의 복음주의 성경관을 밝히고 있다. "우리는 신구약 성경이 하나님의 말씀이며, 종교개혁자들이 내건 '성경만'이라는 기치처럼 우리의 신앙과 행위에 대한 정확무오한 유일의 법칙임을 믿는다."[141] 이 신학성명이 담긴 소책자에서 이수영 교수는 개혁교회 전통의 복음주의 성경관을 다음과 같이 요약했다. "성경의 상대화의 거부이다. 개혁자들이 물려준 '오직 성경'의 신학은 성경을 하나님의 진리의 많은 출처들 가운데 하나로 보지 않으며, 벌거벗은 인간의 경험이나 철학이나 이데올로기가 기독교 진리의 전거나 출발이요, 성경해석의 기준이 되는 것이 아니라 성경만이 인간의 모든 경험과 철학과 이데올로기의 해석과 판단의 표준이어야 함을 주장하는 것이다."[142] 이 장신대 신학성명은 이형기 교수가 초안을 작성했는데, 그 내용에서 복음주의와 동의어인 '**개혁주의**'를 강조하고 성경안에 '**계시된 진리들**'을 확인한 것은 의미가 있다. 어쨌든, 각 명제에 따르는 해설을 여기서 다 소개할 수는 없고, 제1 명제의 해설에서 오늘의 장신대의 성경관과 그 신학노선을 감지할 수 있다. "성경 안에는 중심 메시지가 있다. 그것은 복음이다. 부활의 빛과 성령강림의 빛에서 본 예수님의 말씀들과 행동들, 무엇보다 예수님의 십자가와 부활 사건 및 이 사건의 의미에 대한 사도적 선포가 복음의 진수이다. 성령에 의하여 영감된 성경의 진리들은 이 복음에 입각해서 이해되고 해석되어야 한다. 우리는 성령의 인도하심과 경우에 따라서 성경비평학에서 얻은 통찰로써 기록된 하나님의 말씀이 지닌 신학적 맥락들을 존중하면서 성경내에 계시된 진리들을 신학의 규범으로 삼아야 한다. 이 계시된 진리들은 하나의 인격적 진리요 말씀 자체이신 예수 그리스도를 통해서만 그 의미가 완전해진다."[143]

장신대의 개혁교회 전통의 복음주의 신학노선은 100년 전 평장신에서부터 시작하여 2000년간 기독교 역사의 모든 정당한 신조(신앙고백)들과 연대하는 것이며, 특히 그 복음에 대한 이해나 성경관과 그 해석방법론에서 16세기 이래 개혁교회 신앙과 신학(개혁주의, 깔뱅주의)과 17세기 정통주의 신앙과 신학(특히, 1947년의 '웨스트민스터신앙고백')의 전통을 계승 발전시키는 복음주의 신학의 정체성을 가진 신학노선임이 틀림없다. 장신대 신학은 성경 유오설을 주장하지 않는다. 장신대 신학은 성서비평학을 "결정적인 도구"로 환영하여 받아들이지 않으며, 결코 무시하거나 적대시하지도 않는다. 다만 성령의 인도하심을 의지하면서, "경우에 따라서"만 각자의 신앙 양심(또는 믿음의 분량)과 신학적 책임 아래 그 비평학에서 얻은 통찰을 그대로 삼

---

141) 『장로회신학대학의 신학노선』, 위의 책, 13쪽 이하.
142) 이수영, "개혁신앙의 기초", 『장로회신학대학의 신학노선』, 위의 책, 43쪽.
143) 『장로회신학대학의 신학노선』, 위의 책, 28-29쪽.

키는 것이 아니고 비판적으로 유익하게 사용하려는 것이다. 이것은 말하자면, 바울 사도가 기록한 대로, "모든 것이 내게 가하나 다 유익한 것이 아니요 모든 것이 내게 가하나 내가 무엇에든지 얽매이지 아니하리라"(고전 6:12)라는 말씀과 상통하는 복음 안에서 자유하는 입장이다(요 8:31-32. 비교, 갈 5:1). **장신대의 신학은 자유주의 신학이 아니고 자유하는 신학이다.** 오늘의 장신대 신학은 신정통주의 신학이나 자유주의 신학이나 근본주의 신학이 아니고 예수 그리스도의 십자가와 부활의 복음 중심에 서는 복음주의 신학이며, 자유하는 신학이다. 평장신의 조직신학 교수인 이눌서(William D. Reynolds, Jr., 1867-1951)의 후계자였던 미남장로회 선교사 목사인 구례인(具禮仁, John Curtis Crane, 1888-1964)은 동양 성현의 지혜를 인용하면서, 생명력 있는 복음주의 신학의 입장을 이렇게 밝혔다. "人皆好之 必察焉 人皆惡之 必察焉 擇其善而居"(사람들이 다 좋다고 해도 반드시 살펴보고 사람들이 다 나쁘다 해도 반드시 살펴보아 그 좋은 것을 택하여 거할지니라).[144]

이러한 맥락에서 장신대 신약학 교수 박수암 박사는 성서비평학에 대한 자신의 견해를 이렇게 밝혔다. "역사비평적 해석은 그것이 성경의 영감성과 하나님의 객관적인 행위를 부인하고 성경도 다른 모든 문서와 마찬가지로 인간 이성의 보편적인 법칙으로만 해석되어야 한다고 보는 점에서 배격되어야 한다." 그러나 그것의 성경 본문에 대한 세심한 연구는 "성경의 다양성을 파악하게 하여 더 넓은 성경의 통일성의 길로 나아가게 하는 장점이 있는데, 신중히 이 방법을 사용할 수 있을 것"이라고 했다.[145] 21세기를 향한 한국 장로교회의 신앙과 신학노선을 위해 박수암 교수는 결론적으로 두 가지 중요한 점을 부각시켰다. 하나는 역사적 개신교는 성경비평에 관여하되 저자의 의미와 의도를 바르게 파악하기 위해서 하며, 그렇게 반(反)비평주의가 아니라는 것이다. 다른 하나는, "역사적 개신교는 성경본문과 역사와 문헌들을 마구잡이로 재구성하는 자유주의적 비평주의에 빠지지 않는다"라는 것이다.[146] 이러한 입장은 역시 평장신 전통의 정통 개혁신학의 복음주의에 부합하는 것이다. 김지철 교수도 성서해석에 있어서 역사비평적인 접근을 결코 거절할 이유는 없다고 한다. 왜냐하면 역사적인 물음이 없는 본문 해석은 '가현설'의 위험성에 빠지게 되기 때문이라는 것이다. 그럼에도 김지철 박사는 "성경 본문의 역사적 자리를 찾아 나가는 방법론은 그 자체에 목적이 있는 것이 아니라, 본문이 전달해 주려는 신앙의 확실

---

144) "신신학과 구신학을 비교함", 알 에이 웹, 구례인 역, 〈신학지남〉, 제7권 3호, 1925, 18쪽.

145) 박수암, "성경해석 방법론", 『21세기 한국장로교의 신앙과 신학의 방향』, 총회헌법개정위원회 신앙고백과 교리분과 위원회 편, 한국장로교출판사, 1999, 138쪽.

146) 박수암, 위의 글, 156쪽 이하.

에서도 2000년대를 내다보는 장기적 안목을 가지고 장신대의 신학과 교육에 관해 각 분야별로 세미나에서 발표를 하게 하고, 그 자료집을 출판한 바 있다.[154] 이 자료집에 나타난 미래 지향적인 장신대 신학교육의 책임과 사명은, 새천년이 시작되는 21세기의 도전과 요청에 응전하고 응답할 바르고 건전한 신학을 정비하여, 한국교회와 그리스도인들이 신앙과 생활에서 일치된 바른 생활을 할 수 있도록 장신대 교육이념을 더욱 힘차게 구현해 나간다는 것이다. 그러나 이 자료집에 대해 이형기 교수는, "현재 장신대의 신학교육은 다양성은 있으나, 통일성이 없다"는 중요한 지적을 했다.[155] 장신대 신학이 그 교육이념에 충실하고 다양성 속에서 통일성을 이루기 위해서는, 성서신학과 역사신학, 그리고 조직신학 및 실천신학(교육, 선교, 윤리, 예배와 설교, 교회음악 등)이 서로 유기적으로 연결되어 하나님 나라와 교회를 위해 존재하고 사명을 실천해야 한다는 것이다. 현재 상황이 이러하다면, 장신대는 100주년을 맞이하여 각 분야의 세분화된 각개약진보다는, 뿌리와 줄기와 꽃과 열매가 어우러지는 유기적이며 통합적인 신학교육의 체계를 만들어 나가야 한다. 지금까지 꽃과 열매는 과연 건강한 뿌리에서 튼실한 줄기를 통해 수액과 영양을 공급받고 있는지를 점검해야 하고, 줄기는 뿌리와 꽃과 열매의 중간 매개 역할을 점검해야 하며, 뿌리는 그 상함과 썩음이 없는지 예의 점검해야 한다. 이것은 막연한 원리적 주장이 아니다. 뿌리에 해당하는 성서학의 경우 장신대와 교단 총회가 함께하는 표준성서주석 전집과 성경사전이 나와야 하고, 줄기에 해당하는 역사신학과 조직신학에서는 각기 장신대 주석에 기초한 교과서가 출판되어야 하며, 꽃과 열매에 해당하는 실천신학 제 분야에서는 이 두 채널과 연결하여 실제 목회와 사회참여와 선교 현장에 적용할 수 있는 저작들이 나와야 한다.

이러한 각 분야의 상호의존적인 '통합신학' 작업을 성취해 나가기 위해, 장신대 신학은 무엇보다 본교 교수들이 서로 타 분야의 논문들도 관심 있게 읽고, 각자의 분야에서 그것을 사용하여 비평도 하고, 보완하고 발전하는 모습을 보여주어야 한다. 외국 신학자들의 논문과 책들만 각주와 참고문헌에 수없이 나열하는 신학 집필 작업은 앞으로 지양되어야 한다. 무엇보다 장신대 교수들 간에 동료 교수들의 책과 논문을 인용하는 풍토가 정착되어야 한다. 장신대가 진정한 에큐메니칼 신학운동에 참여하기 위해서는, 장신대 교수들의 신학적 목소리가 인용되는 영어로 된 글과 책들이 많이 나와야 한다. 그리하여 그 바탕 위에서 아시아와 세계의 신학자들과 각 분야에

---

154) 장신대 출판부, 〈2000년대를 향한 신학과 교육〉, 장신대 교수 세미나 자료집, 1992.
155) 1997년 2학기, 〈교수 세미나 자료집〉. 이형기, "장신대 신대원의 교육목적과 방향은?", 8쪽.

서 대화가 이루어져야 하는 것이다. 늦은 감은 있으나, 2001년부터 장신대 교수들의 글을 영문으로 발표하는 잡지를 출간하기로 결정한 것은 장신대 신학이 에큐메니칼 운동에 책임을 감당하겠다는 긍정적 신호이며, 금년 세계교회 협력센터가 준공되어 좋은 시설이 마련된 것도, 아시아와 세계교회와 에큐메니칼 신학을 향한 장신대 사명의 새로운 장으로서 중요한 역할이 기대된다. WCC에 어떤 에큐메니칼 신학이 따로 있어서 그 신학을 장신대 신학이 따라가는 것이 에큐메니칼 신학이 아니다. 한국 장로교회(통합)의 신앙과 신학을 대변하는 장신대 신학 자체의 분명한 목소리가 곧 에큐메니칼 신학이다. 장신대의 교육 시설들과 연계하여 앞으로 국제신학교육원과 같은 기구를 대학원의 부설기관으로 만들어 아시아 및 나아가 세계의 신학대학교들과 활발히 교수와 학생들을 교류하며 자료들을 번역하여 교환하고, 세계 에큐메니칼 신학의 장에서 장신대가 자신의 몫을 감당할 수 있으면 좋겠다.

장신대는 1992-1996년을 장기 발전 1단계로서 미래 교육을 위한 기반 조성 단계로 삼고, 교사 신축과 전산화 시설을 완비하여 하드웨어 구축에 힘썼다. 1997-2006년은 21세기 교육의 소프트웨어(내실화 프로그램) 개발 단계로 정하고, 창학 100주년을 맞이하여 ① 충분한 교수 요원 확보 ② 관리, 운영 체제의 합리화 및 체계화 ③ LAN 망(Local Area Network, 근거리 통신망)의 완전한 구축과 전산화를 추진하여 세계적 신학대학교로서 위상을 확립하는 단계로 삼았다. 장신대의 교육이념 및 신학 노선과 연계하여, 21세기의 장신대 비전을 "민족 복음화와 세계선교"에 두고, ① 기독교 정신에 입각한 교육 ② 연구 및 교류의 세계화 ③ 교육과 행정의 정보화 ④ 학문의 실용화를 발전 전략으로 삼았다. 이러한 발전 전략에 따라 ① 단계별 교육과정 개발 계획 ② 각 과정별 교육의 특성화 ③ 연구소 기능 활성화 ④ 해외 연수 및 학술 교류의 확대 ⑤ 학술, 연구, 행정정보 전산망 구축 ⑥ 경영 진단과 업무제도 개선 ⑦ 생동감 있는(열린) 신학교육체제 강화 ⑧ 산학연 협력 개발을 통한 연구 지원제 도입을 구체적인 발전 과제들로 정했다. 이러한 과제들에 따라 교육, 연구, 교수, 학생, 행정, 시설, 재정의 각 분야에서 필요한 발전 지표들을 마련하게 되었다.[156]

이러한 장신 비전 21세기의 특징은 한국(한반도) 통일을 대비한 민족 복음화의 사명 자각과, 아시아와 세계에 대한 선교의 책임을 재삼 인식하는 점이다. 또한 장신대 교육의 미래는 종래의 가르치는 데 편중된 기능을 조정하면서, 연구와 사회봉사, 교회와의 실제적인 협력을 강화하고 싶어 하며, 그 신학노선은 "열린 신학"을 강조하고 있다. 여기서 '열려있다'라는 뜻은 '닫혀있다'의 반대 개념이다. 그런데 모든 생

---

156) 『장신 비전 21세기』, 1997-2006, 장로회신학대학교 1997, 6-11쪽.

명현상은 열리기만 하거나 닫혀있기만 하지 않고, 끊임없이 개폐(開閉) 운동을 반복해야 한다. 닫혀만 있거나 열려만 있으면 죽은 것이다. 현재 세계신학의 기상도(氣象圖)는 난기류가 발생하는 매우 불안정한 상황이며, 온화하고 유쾌하고 유리한 날씨만을 기대하기 어렵다. 그러므로 태풍이 오고 폭우가 쏟아지거나, 황사나 미세 먼지가 공기의 질을 악화할 때, 또는 파리나 모기나 해충이나 악취가 들어올 때는 당연히 창문을 닫아야 한다. 장신대 신학이 미래의 열린 신학을 강조하는 것은, 앞으로 예상되는 모든 신학적 도전들 앞에서 장신대 신학은 문을 닫아걸고 안가에 칩거해 있거나 도전을 회피하지 않고 적극적으로 응전하겠다는 의지이다. 이를테면, "하나님 아는 것을 대적하여 높아진 것을 다 무너뜨리고 모든 생각을 사로잡아 그리스도에게 복종하게 하는"(고후 10:5) 생동감 있는 바른 신학을 하겠다는 다짐이다. 그리하여, 에큐메니칼 신학운동으로 장신대의 신학을 세계 신학 속에 자리매김하면서, 장신대에 맡겨진 책임과 사명을 섬김으로 실천하려는 것이다.

이러한 21세기 비전을 가지면서도 장신대는 새천년 21세기의 미래를 결코 낙관하지 않는다. 서정운 총장은 21세기에 대한 장신대의 역사의식을 다음과 같이 표현하고 있다. "낙관적인 기분으로 시작되었던 초기의 현상과는 대조적으로 인류는 고통과 불안 속에서 20세기를 마감하고 있다. … 무수한 사람들이 견디기 어려운 허탈감과 욕구 불만에 가득 찬 채 격류에 떠내려가는 부스러기 같은 느낌으로 새로운 세기를 맞이하고 있는 것이다. 이럴 때일수록 교회가 교회답게 생각하고 말하고 일해야 한다. 먼저 그의 나라와 그의 의를 구하고, 복음 전파와 교육에 힘쓰며, 하나님의 말씀대로 실행하여 사람들을 구원하고 세상을 변화시켜야 하는 것이다. … 이 땅 위에 하나님의 나라를 구현하고 그의 의와 사랑과 평화를 실현할 교회 형성을 위해 교회 지도자 양성을 책임진 신학 교육기관으로서의 본 대학교의 책무는 실로 막중한 것이다.[157]

현재 고용수 총장도 장신대는 개혁교회 전통의 뿌리를 중요시하면서도 동시에 "항상 스스로를 개혁하는" 장로교회의 특징을 살려서, 21세기 신학교육의 방향은 내적으로 복음의 정체성과 공동체성을 확립하고, 밖으로는 21세기의 역사적 도전과 사회 변화(세계화, 정보화, 다양화)에 적극적으로 대응하면서, 하나님 나라 구현(생명의 존귀성, 나눔과 섬김, 용서와 화해, 정의와 평화, 창조 질서의 보전 등)에 앞장서는 교회 지도자를 길러야 한다고 했다.[158] 개교 100주년을 맞는 장신대는, "오늘 우리 사회가

---

157) 『장신 비전 21세기』, 장신대출판부, 발간사에서 인용함.
158) 고용수, "우리 학교 신학교육이 나아갈 방향", 〈신학춘추〉 제13호, 2000년 11월 28일, 8면.

겪고 있는 총체적 위기가 지도력의 부재 내지 빈곤 때문임을 인지하고, 한국교회의 지도력 제고를 통해 교회 공동체의 신앙과 생활의 질을 향상시키겠다는 사명감을 가지고, 한국교회 지도자 양성 기관으로서 신학 교육과 훈련을 강화해야한다."는 것이 고용수 총장의 지론이다. 21세기는 선교적 측면에서 대추수기요, 영적 싸움에 있어서는 대격전장이 될 것이기 때문에 이에 대응할 지도력은 원숙한 인격(영성)과 탁월한 실력(전문성)을 균형 있게 갖추어야 한다고 본다.[159] 장신대는 이제 21세기를 맞이하면서 어느 정도 하드웨어는 갖추었는데, 어떻게 거기에 맞는 소프트웨어를 만들어 '업그레이드'해 나갈 수 있느냐가 관건이라고 장신대 사람들은 입을 모으고 있다. "사람의 마음에는 많은 계획이 있어도 오직 여호와의 뜻만이 완전히 서리라"(잠 19:21)는 성경의 말씀대로, 장신대는 결코 자만하거나 좌절하지 않고, 먼저 삼위일체이신 하나님의 뜻을 구하고 따르는 믿음으로 21세기를 열어나가야 할 것이다.

장신대 교수협의회는 2001년 새해를 맞이하면서, "하나님 앞에서 거듭나고자"라는 제목의 광나루 서신을 발표하고, 오늘 한국교회가 물량주의와 기복주의 및 세속주의에 심각히 오염된 상황에 대한 일차적 책임을 통감하고, 하나님 앞에서 먼저 교수들이 회개하고, "처음부터 다시 시작하는 자세로 21세기가 요구하는 바르고 올곧은 하나님의 일꾼을 길러내는 데 더욱 힘을 쏟으려고 합니다"라고 다짐했다. "이 땅에 하나님의 주권이 회복되고 자유와 정의와 사랑의 나라가 이루어지도록 우리 모두 길과 진리와 생명이신 예수 그리스도와 함께 동행하는 삶"을 천명한 것은 장신대가 개혁교회 전통의 복음주의 신학노선에서 자신의 책임과 사명 의식을 다시 한번 일깨운 사건이다.[160] 여기에 대한 응답으로 나온 기독공보 사설자의 다음과 같은 평가는 매우 고무적이다. "우리가 특별히 '광나루 서신'에서 주목하는 것은 한국교회 갱신의 핵심에 신학교육이 자리하고 있다는 신학 교수들의 자각과 자성이다. 사실 교회의 위기는 목회자의 위기이기도 하다. 목회자들의 도덕성과 전문성에 대한 문제 제기는 결국 그 지도력에 결정적 손실을 입히게 되며, 나아가 한국교회의 대 사회적 공신력과 지도력에도 타격을 준다. 이제 위기에 처한 우리 민족과 사회와 국가를 건져내기 위하여 교회는 그 역할을 다하여야 할 때이다. 교회의 교회로서의 역할은 먼저 교회가 교회다워짐으로 출발된다. 또한 교회다워짐은 목회자의 인격과 지도력과 우선적인 상관관계가 있다. 그러한 의미에서 신학교 교수들이 신학교육을 개혁함으로써 더욱 목회자다운 목회자를 배출하겠다는 결단을 피력한 것에 대하여 우리는 기도하는

---

159) 고용수, "평양에서 광나루까지", 〈한국기독공보〉 제2303호, 2001년 1월 6일, 주간 논단.
160) 〈광나루 서신〉, 장로회신학대학교 교수협의회 교수 일동, 2월 3일, 〈한국기독공보〉 제2306호.

마음으로 환영하는 바이다. 그러나 이러한 신학교육의 갱신은 결코 신학교 교수들만의 힘으로는 열매를 거둘 수 없음도 분명한 사실이다. 전국 교회의 기도와 구체적인 협력이 있어야 할 것이다."[161]

오늘 창립 100주년을 기념하는 장신대가 나아가는 새천년 21세기는 신학적으로 볼 때, 사람들의 하나님 부재 의식, 하나님 말씀의 결핍이 더욱 심화되는 세속화 시대가 될 것이다(암 8:11). 신정통주의가 과거의 정통주의와 자유주의를 다 이기고 올라와서 20세기의 세계적인 신학으로 되었다고 말하지만, 사실은 그렇지 않다. 서양의 대학교 강단신학은 20세기에 거의 자유주의 교수들이 독점하다시피 했으며, 복음주의 신학자는 물론이고 신정통주의 학자들도 대체로 대학교 신학과에서 배제되었다. 스위스 자펜빌이라는 소도시에서 목회하던 바르트가 1921년 '로마서 주석'을 출판함으로써, 자유주의 신학자들의 놀이터에 폭탄을 던졌다고 어느 로마 가톨릭 사제가 말했다고 하지만 잘못 말한 것이고, 그것은 '폭탄'이 아니고 놀래키는 정도의 '폭죽'이었다. 폭탄의 위력이었다면 자유주의 신학자들이 제거되어야 했을 터인데 오히려 그 후 서양 대학교의 신학과는 20세기 내내 대체로 자유주의 신학자들이 패권을 행사하는 독무대가 되었기 때문이다. 지난 20세기 1970년대부터 벌써 신정통주의는 자신의 초월적 신학 명제와 내재적 성서해석 방법론 사이의 부조화와 괴리현상 및 교회의 신앙에 대해서도 이중적 성격(신앙과 신학의 부조화)을 드러냈기 때문에 설득력을 상실하기 시작했다. 한편 자유주의 신학은 성경해석에서 '객관적 역사실증주의'의 단점을 극복하지 못하고, 점차 '역사 불가지론'에 근거한 언어철학 내지 언어현상학을 성경 본문 해석의 방법론에 적용하는 신자유주의 신학에게 자리를 내주게 되었다(성서신학의 경우는, 예컨대 신자유주의 입장인 폰 라트와 불트만의 소위 "케뤼그마" 신학이 신정통주의 입장을 대표하는 발터 아이히로트와 오스카 쿨만의 "구속사" 신학을 밀어냈다).

20세기 말과 21세기에는 종교다원주의와 함께 생물학적–사상사적 진화론에 기초한 신과학주의 사고와 동서양의 무속적 신비 종교들, 그리고 예술의 각 분야, 음악, 스포츠, 스크린, 섹스를 포함한 소위 문화적–종교적 뉴에이지 운동(New Age Movement. 즉 하나님 없는 인간 문화 운동. 비교, 사 55:1–3), 그리고 우주론적 범신론 사상이 객관적 진리를 부정하고, 철저한 상대주의에 입각하여 인본주의적 인간관과 가치관과 세계관을 지향하는 소위 포스트모더니즘(postmodernism, 탈현대주의)이 성경적인 기독교 신앙과 신학에 도전하고 있다. 이러한 세속화 세력들은 성경의 권위

---

161) 〈한국기독공보〉 제2307호, 사설 "신학자들의 고백과 선언", 2001년 2월 10일.

를 무시하며, 기존의 기독교 복음주의 교회의 신앙생활과 신학의 범례(範例, 패러다임)들을 해체하려고 시도하고 있다. 이것은 아마도 해체를 통해 극도의 혼돈을 유발함으로써만, 다시 새로운 인간중심의 새로운 도덕과 질서를 창출할 수 있다는 가공할만한 사상적 기획이고 실험이라고 생각한다. 지난 18세기 이래 계몽주의 철학사상의 세계상(世界像, Weltbild)과 세계관(世界觀, Weltanschauung)의 해석학적 기초가 되었던 3차원적-기계론적인 뉴턴의 고전물리학과 데까르트의 합리적 인식론은 이제 아인슈타인(A. Einstein)의 다차원적인 상대성 원리와 하이젠베르그(W. Heisenberg)의 양자역학의 불확정성의 원리(자연법칙의 인과율에 대한 재해석) 등에 의해 그 '범례의 재편'(패러다임 쉬프트)을 요구받고 있다.[162]

이렇게 사상사적 대변혁과 혼란이 충분히 예상되는 상황에서, 신과학적 사고와 인공지능 지배에 대응해 나갈 수 있는 신학적 응전을 위해 장신대도 자신의 교육이념과 신학노선에 맞추어 그 대안을 부지런히 연구하고 준비해야 한다. 최근 장신대 현요한 교수는 "첨단과학과 전통적 신학의 만남"에 관해 좋은 논문을 발표했다.[163] 여기서 현요한 박사는 오늘의 변화된 최첨단 과학의 현실을 직시하면서, "신학과 과학은 고정된 실체들이 아니다"[164]라는 핵심적인 논점을 강조한다. 또 "우리는 명백하고 객관적인 증거가 없는 한(그리고 앞으로도 그런 증거가 없을 것으로 보이는데), 세계관이나 신념에 따라 판단이 달라지는 영역에서는(우주의 기원, 기적과 같은 문제) 그리스도인으로서 커다란 해석틀로서 창조론적인 관점과 기적 긍정의 관점을 포기할 아무런 이유가 없다."[165]라고 분명히 한 것은 매우 중요한 관점이다. 이러한 관점들은 21세기 신과학주의 시대에 장신대 신학이 하나님의 말씀인 성경의 권위를 기반으로 개혁교회 전통의 복음주의 신앙과 신학적 정체성을 계승 발전시켜 나갈 수 있는 대안들을 마련하는 데 필요하고 주목할 만한 통찰이라고 생각한다.

21세기의 장신대 신학은 단순히 이론적 신학의 학문성만 추구해서는 안 된다. 장신대 신학교육은 학훈인 '경건과 학문'의 긴장과 조화를 잊어서는 안 된다. 이제 평장신 전통을 이어받아 100년을 기념하는 장신대 신학교육은 평장신의 복음주의 신학과 함께 눈물의 회개와 기도, 그리고 사경회와 신앙 부흥운동과 전도와 선교에 힘써야 한다. 이 점에서 1928년 5월 평장신 기도회 시간에 있었던 성령체험 부흥사건을 잠깐 소개하고 마치려고 한다. 당시 〈신학지남〉에 실린 평양신학교 소식란에서

---

162) 김재희 편, 『신과학 산책』, 김영사, 1994. 특히 259쪽 이하, "신과학의 새로운 인식들" 참조.
163) 현요한, "기독교와 과학", 〈장신논단〉 16집, 2000, 328-354쪽, 특히 340쪽 이하; 현요한 엮음, 『기독교와 과학』, 장로회신학대학교출판부, 2002.
164) 현요한, 위의 글, 351쪽.
165) 현요한, 위의 글, 352쪽.

다음과 같은 기록을 읽을 수 있다. "금년은 특별히 전무(前無)한 은혜가 신학교에 나리게 됨은 신학교 직원 일동과 학생 전반이 감사함을 견디지 못할 지경이다. 5월 23일 오전 기도회 시간에 어도만 박사가 요나서 1장 8절 이하를 보고 강도할 때에 신(神)의 은혜(恩惠)가 학생 일동(一同)에게 나려 견딜 수 없었다. 일시 통곡하고 자복하기 시작하여 그날 공부(工夫)를 전폐하고 기도를 계속하여 학생 일동은 시가에 나가 열심히 전도한 결과 많은 효과를 얻었으며, 학생과 직원 일동은 더욱이 견딜 수 없는 정경(情境)을 당하여 그다음 날도 여전히 부흥을 계속하였는데, 점점 부흥회는 농후하여져서 평양 각 교역자도 참석하여 같이 대부흥이 됨으로 그냥 1주간을 부흥하고 6월 31일부터는 교수 중 어도만, 라부열, 이눌서, 학생 중 이석락, 정재면, 이인섭 이상 6씨(氏)로 부흥위원을 선정한 후 학기 시험까지 전폐하고 공부(工夫)는 오전에만 한 후에 오후에는 전도에 전력하게 하였다. … 금반 우연히 일어난 부흥은 조선 전반 교회에 미치리라고 추측하며 결과로 미로(迷路)에 든 양(羊)이 정로(正路)를 찾을 자가 많아질 것은 사실이다. 모든 신학생의 가슴속에 붓는 불은 영원히 꺼지지 않기를 기도한다."[166] 평장신 신학교육의 장점과 특성은 역시 불붙는 가슴으로 복음의 말씀을 배우고 체험하며, 그 복음을 역사의 현장에서 증언하는 현장성 있는 신학교육이었다. 그렇다면 장신대 신학교육의 현실은 어떠한가? 사실 오늘 장신대 신학교육에서는 이러한 생동감 있는 '현장성'이 부족한 점이 위기의식으로 나타나고 있다. 장신대의 "목회현장과 신학세계 사이의 괴리 현상"에 대해 이수영 교수는 이렇게 진단을 내렸다. "신학교에서… 추상적이고 사변적이며 현실과 동떨어진 상아탑적인 이론들만 가르친다는 지적은 어제오늘의 일이 아니다. … 요즈음 신학교를 졸업하는 사람들은 목사로서 가장 중요한 것을 모른다. 즉, 설교할 줄 모르고 성경공부 가르칠 줄 모르고 전도할 줄 모른다는 말들을 많이 듣는다. … 역사의식이 없고, 현실참여 의지가 없으며, 사회의 부조리와 구조악에 대한 투쟁의식이 없다고 비판하는 소리도 있다."[167] 여기에 대한 책임이 일차적으로는 교수들에게 있음을 시인하면서, 이수영 교수는 장신대 교수들이 무엇보다 연구와 저술과 강의를 통해 현실의 과제들을 해결하는 데 생동적으로 대응할 수 있는 "생명체"를 창출해야 한다고 주장한다. 그 이유는 신학은 직업적인 '기술'을 가르치는 사업이 아니고, 일상의 삶의 현장에서 문제를 해결하는 '능력'을 함양하는 것이어야 하기 때문이다.[168] 다시 말하자면, 바울

---

166) "평양신학교소식", 〈신학지남〉 제10권 4호, 65쪽.

167) 이수영, "오늘의 목회와 이론신학의 과제", 「제13회 전국신학교수 세미나자료」, 대한예수교장로회 총회 신학교육부, 1992, 19쪽 이하.

168) 이수영, 위의 글, 23쪽.

사도를 통해 성경이 말씀한 대로 장신대의 신학교육은 "해산하는 수고"(고전 4:15; 갈 4:19)를 해야 한다는 요청이다. 황무지같이 척박하고 암울한 조선왕조(대한제국) 말기와 이어지는 한국의 국권상실, 그리고 일제 식민지 강점기의 엄혹한 엄동설한과도 같은 역사 현장에서 평장신이 오직 하나님의 은혜로 개혁교회 전통의 복음주의 신앙과 신학의 생명력을 이 땅에 뿌리내리며 자라나고 있었을 때, 노벨상 계관시인이며 인도의 시성인 타고르(Sir Rabindranath Tagore, 1861-1941)가 1929년 당시 일제 치하에서 고난받는 한국 국민을 격려하기 위해 〈동아일보〉에 게재했던 '동방의 등촉'이란 짧은 시 한 편을 읽고, 앞으로 우리 한국이 예수 그리스도의 복음으로 자유통일을 이루어 '동방의 등촉'을 다시 밝히며 장신대도 이러한 동방의 등촉의 사역에 쓰임 받는 신학대학교가 되기를 기도하고 염원하면서, 이 기념 강연의 끝을 맺고자 한다.

동방의 등촉

일찍이 아시아의 황금(黃金) 시기에,
빛나던 등촉의 하나인 조선,
그 등불 한번 다시 켜지는 날에,
너는 동방의 밝은 빛이 되리라.
마음엔 두려움이 없고
머리는 높이 쳐들린 곳,
지식은 자유스럽고
좁다란 담벽으로 세계가 조각조각 갈라지지 않은 곳,
진실의 깊은 속에서 말씀이 솟아나는 곳,
끊임없는 노력이 완성을 향해 팔을 벌리는 곳,
지성의 맑은 흐름이
굳어진 습관의 모래 벌판에 길 잃지 않는 곳,
무한히 퍼져 나가는 생각과 행동으로 우리들의 마음이 인도되는 곳,
그러한 자유의 천당으로
나의 마음의 조국이여 깨어나소서.
(주요한 옮김)

장신대 학교 마크(배지)의 중심에는 등잔과 타오르는 불꽃이 새겨져 있는데 이 등잔과 타오르는 불꽃은 삼위일체 하나님의 말씀(성경)과 복음 진리의 빛을 상징하

며, 그 주위의 두 동심원은 한국과 세계를 상징한다. 장신대여, 하나님의 사람들이여, 이제 다 함께 일어나 예수 그리스도의 복음의 빛, 진리의 빛을 발합시다. "이는 네 빛이 이르렀고 여호와의 영광이 네 위에 임하였음이니라."(사 60:1-3). 감사합니다.

38

21세기를 향한 장로회신학대학교 구약학의 신학교육 과제

I

이 글에서 본교 100주년 기념 강연의 원고 내용과 중복되는 부분에 대해서는 독자의 양해를 구한다(비교, 앞의 37번 글). 본교 장신대는 1901년 평양에서 "장로교회신학교"로 시작된 이후,[1] 100년의 역사를 이어 오면서 복음주의 신앙과 신학의 사명을 신학교육을 통해 구현해 왔다. 장신대의 신학교육 이념은 "예수그리스도의 복음 전파와 하나님 나라의 구현"이라는 표어(motto)에 집약되어 있으며, 이러한 이념을 기초로 본교는 대학부와 신학대학원, 일반대학원의 다양한 교육과정을 통해 각 과정의 교육 목적과 교육목표를 정하고 있다. 현재 장신대의 모든 커리큘럼 내용은 그 목표를 향해 가는 두 궤도로 집약되는데, 그것은 본교 교표(배지)에 새겨져 있는 학훈과 같이 "경건(敬虔)과 학문(學問)"(pietas et scientia)의 훈련이다. 이번에 장신대 교수회가 역사상 세 번째로 21세기와 본교 창학 2세기를 맞이하면서 발표한 "신학교육 성명을 위한 기초문서"는 1920년에 발표한 본교(평장신)의 "신경과 목적", 그리고 1985년에 나온 "장로회신학대학 신학성명"과 연대하면서, 오늘 본교의 복음주의 신앙과 신학의 정체성을 재확인하고, 이에 기초하여 새 시대에 알맞은 교육내용(커리큘럼)을 개선하고 발전시켜 나가겠다는 의지를 드러낸 것이다. 역사적으로 장신대는 그 신학교육의 정체성과 그 특징이 그 학훈에서 드러나는 것과 같이 역사적인 개혁교회 전통의 복음주의(정통주의, 개혁주의, 깔뱅주의) 신학과 교육에 그 뿌리를 두고 있

---

1) 변창욱, "평양 장로회신학교 초기 역사(1901-1922): 신학교 명칭의 변경과정을 중심으로", 〈장신논단〉 Vol. 53 No. 2 (2021.06), 155-181쪽.

음을 알 수 있다. 장신대는 그 신학교육의 이념, 목적, 목표 실현을 통해서 그 존재 이유가 한마디로 "하나님께만 영광"(Soli Deo Gloria)을 돌리는 데 있다.[2]

그동안 본교 장신대 신학교육의 입장과 위상은 좌도 우도 아닌 '중도 온건'의 입장으로 이해하는 경우가 많았다. 그러나 평장신의 전통을 계승하는 장신대의 복음주의 신학교육의 입장과 신학노선은 고 김이태 교수가 올바로 정리한 바와 같이 어정쩡한 중도가 아니라, 성경을 중심으로 예수 그리스도의 복음에 충실한 "중심에 선 신학"으로 정리할 수 있다. 21세기의 새 역사를 열어가는 이 시점에서 본교 100년의 역사를 되돌아보고 그 복음주의 전통을 기억하면서, 우리는 새 시대의 도전 앞에서 우리 장신대 신학교육의 복음주의의 뿌리를 재확인하고, 더욱 효과적인 교육사명의 완수를 위해 우리 신학교육의 내용을 재점검하고 다시 한번 분명한 입장과 방향성을 다짐할 필요를 느낀다.

Ⅱ

이 글에서는 주로 현재 장신대 구약학의 신학적 입장과 방향성 및 그 과제 의식을 재확인하려고 한다. 장신대의 구약학 공부와 그 교육의 방향은 신학의 여러 인접 전공 분야들과 부단히 대화하면서 진행되어야 한다. 구약학은 특히 신약학과 종교학적인 역사적 이분법을 극복해야 한다. 예컨대, 이미 평장신의 커리큘럼에서 볼 수 있는 바와 같이, 구약의 레위기 강의나 세미나는 신약의 히브리서와 함께 이루어지는 것이 바람직하다. 신구약 교수들은 앞으로 보다 유연한 연대성과 호환성을 가지고 성경을 가르쳐야 한다. 앞으로는 신약학과 구약학의 인위적인 전공 구별을 없애는 것도 고려할 만하다. 왜냐하면 예수님은 모세 율법과 모든 예언자의 글과 시편에서 '자기에 관하여 기록된 모든 것'(눅 24:27,44 등)을 제자들에게 자세히 설명하고, 이 기록된 모든 것이 이루어져야 한다고 말씀했기 때문이다. 그뿐만 아니라, 구약학은 신약학과 함께 성서학(Biblical studies)으로서, 교의학인 조직신학과 보다 자주 대화하고 강의와 세미나를 통해 만나야 한다. 이를 통하여 교의학(敎義學, dogmatics)이 정리하여 가르치는 교리(敎理, doctrines)들의 내용과 구약학(과 신약학)에서의 성경 주석(meaning)과 주해(significance)와 적용(application), 그리고 설교(preaching)에 이르는 과정에서 신학적 일관성(integrity)과 연대성(solidarity)이 구축되어야 한다.

---

2) 『2001-2002, 장로회신학대학교 요람』, "본 대학 및 대학원의 교육이념 체계 도표" 및 "교표" 설명, 12쪽 및 394쪽 참조.

다시 말하자면, 조직신학과 성서신학 사이에는 성경에 대한 해석학적 동의가 있어야 한다. 이를 위하여, 예컨대 교의학의 신론과 인론 등의 강의에서, 때로는 신구약 교수들이 함께하는 것이 바람직하며, 각기 전공의 담을 헐고 상호 학문적인 교류가 절실하다. 또 교의학과 성서신학의 쟁점들은 교회사(敎會史)를 통해 나타나기 때문에 교회사 교수의 참여도 중요하다.

장신대만 그런 것은 아니지만, 지금 신학교육의 현장에서는 성서신학, 조직신학, 교회사가 각각 따로 자기 영역에서만 교육이 진행되기 때문에, 타 영역에서는 무엇을 가르치고 배우는지 잘 모르고 지내는 경우가 많다. 우리 장신대 신학교육의 미래는 전공과의 이기주의에 안주하면서 파편적인 전문 지식들로써 자기 방어벽을 쌓는 '전문가 바보'(Fachidiot)를 양산해서는 안 된다. 먼저 장신대 구약학이 먼저 전공 영역을 개방하고 인접 학문의 교수들과 전공 학생들을 초청하여 세미나와 심포지엄 등을 통해 식사도 같이하고 차도 같이 마시면서 대화하는 기회를 만들어 나가면 좋겠다. 이러한 연대의식은 기독교 교육학, 실천신학의 제분야와 기독교와 문화, 기독교 윤리는 물론이고, 교회음악 분야에까지 유기적으로 연결되는 것이 바람직 하다. 이러한 유기적 연결 방안으로는 적어도 1년에 한두 번은 하나의 당면한 주제를 놓고 장신대에 속한 각 전공과 전체가, 가능하면 이사회 대표와 총회 신학교육부 대표 그리고 동문회 대표도 초청하여, 통합 특강이나 통합 세미나를 할 필요가 있다. 이미 일반대학교들에서는 전공 학문들(특히 문과와 이과) 사이의 벽을 헐고 학문적 교류를 하는 융합 교육과정, 또는 인접 학과들간의 학문적 통섭(統攝, concilience)과 교육과정 통섭이 시작되고 있다.

Ⅲ

장신대의 구약학은 앞으로 '성경관'에 대한 입장을 분명히 하고,[3] 성경 주석 방법론의 재검토와 함께,[4] 해석학적 인식론(epistemology, 곧 참 지식을 획득하기 위한 이론)의 문제를 취급하면 좋겠다.[5] 주지하는 바와 같이, 현대 서양의 대학교 학문은 신

---

3) 김중은, "3. 성경관에 관하여", 『옛것과 새것』, 한국성서학연구소, 2013, 492-520쪽.

4) 현대 자유주의와 신정통주의가 채택한 성경해석의 방법론으로서 '역사-비평적 방법'(historical-critical method)은 재고되어야 한다. 개혁주의 전통의 깔뱅주의와 복음주의의 성경해석 방법은 '역사-문법적 방법'(historical-grammatical method)인데, 현대 복음주의 성경해석학에서는 여기에 신학적인 차원을 더하여 '역사적-문법적-신학적 방법'(historical-grammatical-theological method)을 말한다. 여기서 '신학적'이란 성경의 제1저자는 삼위일체이신 하나님이란 의미이다. Louis Berkhof, *Principles Of Biblical Interpretation*, Baker, 1950/1980 Reprint.

5) 기독교 신학과의 연관에서 인식론에 대한 안내는 다음의 책들을 참고할 수 있다. James K. Dew, Jr. and Mark W.

학을 포함하여 데까르트(René Descartes, 1596-1650)가 철학의 방법론적 전제로서 제시한 인식론의 원리, 즉 '나는 생각한다, 고로 존재한다'(Cogito, ergo sum)라는 명제에 기초한다. 이것은 근본적으로 잘못된 인식론이다. '나는 존재한다, 고로 생각한다'(Sum, ergo cogito)로 시정해야 제대로 된 인식론의 원리라고 생각한다. 왜냐하면 먼저 나는 존재하기 때문에 생각할 수 있는 것이지, 내가 생각하기 때문에 내가 존재하는 것이 아니기 때문이다. 태양이 존재하기 때문에 내가 태양을 인식하는 것이지, 내가 생각하기 때문에 태양이 존재하는 것은 아니다. 태양의 존재는 나의 생각과 별개의 것이다. '하나님이 있다고 생각하는 사람에게는 하나님이 있고, 하나님이 없다고 생각하는 사람에게는 하나님이 없다'는 말도 어불성설이다. 내가 손바닥으로 태양을 가린다고 태양이 없는 것이 아니다. 신학을 포함한 현대 서양 대학교의 제반 학문(특히 철학과 인문학)은 존재에 대한 인식보다 인간의 생각(이성)을 앞세우기 때문에 궁극적으로 존재하는 대상에 대한 참 지식, 곧 진리에 도달할 수 없다(비교, 요 18:37-38; 8:31-32; 14:6!). 왜냐하면 서양 학문의 카르테지안 인식론(Cartesian epistemology)에 근거한 진리 탐구는 인간의 자기 생각(의심과 이성)이란 교만의 동굴에 갇혀있기 때문이다.[6] 현대 철학과 인문학에서 진리(히브리어 '애매트', 그리스어 '알레테이아', 라틴어 '베리타스')에 대한 개념은 여전히 불명확하다.[7] 진리(truth)는 사실을 포함하지만, 사실(fact)이 진리를 반드시 포함하는 것은 아니다. 진실은 진리와 사실을 함께 표현하는 용어라고 할 수 있다. 진리보다 사실의 발견에 집중하는 현대 서양 대학교의 학문은 한국 속담의 표현을 빌려 말하자면, 우물안의 개구리식 지식이다. 진리는 사변적 이론이 아니고 존재론적 인격이기 때문이다. 예수님은 내가 곧 그 길이요 그 진리이고 그 생명이라고 말씀했다(요 14:6). 이 말씀의 의미는, 예수님은 진리로 인도하는 길이며, 그 진리는 참 생명(그리스어로, '조에'. 즉 하나님과 동행하는 삶)을 얻고 누리게 하는 것이다(요 3:16; 10:10 등).

성경은 하나님이 없다고 하는 자들은 스스로 지혜가 있다고 생각할지 모르지만, 어리석은 자라고 했다(시 14:1-3; 53:1-3. 비교, 롬 1:18-23). 또한 성경은 말하고 있다. "다른 복음은 없나니 다만 어떤 사람들이 너희를 요란케 하여 그리스도의 복음

Foreman, *How Do We Know?*, 2nd ed., IVP Academic, 2020. Daniel Cardinal, Jeremy Hayward, Gerald Jones, *Epistemology, the theory of knowledge*, Hodder Murray, 2007; William J. Abraham and Frederick D. Aquino, *The Oxford Handbook of The Epistemology Of Theology*, Oxford, 2017.

6) 프랑스어 이름 데까르트의 라틴어 명칭이 Cartesianus(카르테시아누스)이다. 영어의 형용사 '카르티전'(Cartesian)은 라틴어에서 유래했고, '데까르트의' 또는 데까르트와 관련된 것을 의미한다.

7) 비교, "진리(眞理, truth)", 『아가페 신학사전』, 아가페, 2001, 962-963쪽. 현대철학에서 '진리'(Wahrheit)의 개념은 독일 철학자 하이데거(M. Heidegger, 1889-1976)의 설명에 근거하는데, 진리는 "존재의 개방성"(die Offenheit des Seins)이라고 한다. 그런데 그 존재의 개방성이 무엇이냐고 물으면 분명한 답이 없다. *Lexikon Der Philosophie*, Begründet von Heinrich Schmidt, Buchclub Ex Libris Zürich, 1974, "Wahrheit" 항목, 696쪽.

을 변하려 함이라. 그러나 우리나 혹 하늘로부터 온 천사라도 우리가 너희에게 전한 복음 외에 다른 복음을 전하면 저주를 받을지어다"(갈 1:7-8). 성경이 말하는 진리와 복음을 변질시키지 않으려면 무엇보다 성경관을 분명하게 해야 한다. 20세기에는 세계사적으로 개혁주의 전통의 기독교 복음주의 운동이 쇠퇴하고, 대체로 무신론과 불가지론은 물론이고 세속적 자유주의 사상과 사이비 신학들, 로마천주교의 교권주의와 사이비 에큐메니칼 운동, 그리고 과학만능주의와 종교다원주의가 인류의 정신과 사상계를 뒤흔들고 어지럽혔다. 이러한 틈을 타서 이슬람교나 기타 무속적인 미신신앙들과 우상종교들, 민족종교들과 엉터리 신화들과 궤변적 철학들, 그리고 각종 형태의 향락주의가 사람들의 마음을 유혹하고 사로잡았다. 이러한 풍조는 21세기에도 더욱 거세질 것이다. 또 한편 세계 각국의 가공할 만한 핵무기와 대량 살상무기의 군비경쟁으로 인류는 불행한 종말과 파멸을 걱정해야 한다. 내일 인류의 종말이 온다고 해도 이상할 것이 없는 묵시론적인 세계에서 우리는 살고 있다. 예수 그리스도의 진리와 복음도 상대적 진리, 인간이 성취할 수 있는 현세적 복음으로 변질되고 오도될 위험에 직면하고 있다(비교, 요 5:39; 8:32; 14:6 등). 오늘날 서양의 자유주의사상이 현대신학의 이름으로 성경의 진리와 복음을 변질시키는 것에 주목하고, 성경이 가르치는 신앙으로 되돌아가 복음주의 교회의 신앙과 신학을 회복하는 것이 장신대 구약학이 당면한 급선무이다(비교, 렘 2:11-13; 6:16-17; 18:15-16 등). 현대 서양 대학교의 학문적 신학과 구약학(성서학)의 성향은 대체로 18세기 계몽주의 철학의 합리주의에 입각하여, 성경의 권위(계시와 영감)를 부인하고 인간 이성(理性)의 한계 안에서 성경을 고대 히브리인-유대인들의 종교문서로서 연구하는 입장을 보이고 있다. 이것은 성경이 말하는 진리에서 배도하는 것이고 서양학자들의 교만을 보여주는 것이다. 삼위일체이신 살아계신 하나님의 주권적 통치영역을 떠나, 사탄 마귀와 귀신들의 영향을 벗어나서 인간이 진리탐구를 위해 홀로 설 수 있는 객관적이고 중립적인 제3의 자리는 없다(요 15:5. 비교, 벧전 5:6-10 등). 장신대 구약학은 하나님의 말씀인 성경에 기초하여, "궤변을 무찌르고, 하나님을 아는 지식을 가로막는 모든 교만을 쳐부수고, 모든 생각을 사로잡아서, 그리스도께 복종시켜야 하는"(고후 10:4-5) 사명을 다시 한번 자각해야 할 때가 되었다. 이것이 이번 장신대 신학교육성명이 새삼스럽게 요구되는 이유이고, 앞으로 본교 구약학의 교육과정(커리큘럼)이 어떤 방향으로 나아가야 하는가에 대한 이정표를 보여주는 것이라고 생각한다.

Ⅳ

역사적으로 주후 397년 카르타고 공의회에서 신구약 성경을 정경(正經, canon)으로 결정했기 때문에 그러한 역사적 과정을 통해 성경은 비로소 하나님의 말씀으로서 교회에서 권위를 가지게 되었다는 주장이 있는데, 이것을 '역사적 정경화'(historical canonization)라고 하며, 이것은 피상적 관점이며 잘못된 설명이다. 그러나 정통주의 개혁신학은 '존재론적 정경화'(ontological canonization)를 말한다. 신·구약 성경이 정경으로서 하나님의 말씀인 이유는 삼위일체 하나님께서 성경에 기록된 말씀을 우리 인류를 구원하기 위해 주시기로 작정하셨을 때부터, 이를테면 만세전부터 성경은 본질적이며 존재론적으로 하나님의 말씀이기 때문이다(비교, 요 1:1-4; 엡 1:3-14 등). 어떤 공의회나 역사적 과정을 거쳐서 성경이 하나님의 말씀이 된 것이 아니다. 예수 그리스도는 성육하신 하나님의 말씀이며, 성경은 기록된 하나님의 말씀이다(요 1:1,14; 5:39; 롬 15:4; 딤후 3:14-17; 히 1:1 이하 등). 칼 바르트와 신정통주의 신학에서는 하나님의 말씀의 3중 형태를 말하며, '설교'도 선포된 하나님의 말씀이라고 주장하지만, 어폐가 있는 말이다. 설교는 '지금 이곳에서' 하나님의 말씀(예수 그리스도와 성경)을 증언하고 설명하고 적용하는 작업이지, '설교' 그 자체가 하나님의 말씀은 아니다. 설교는 성령이 그 설교자와 함께하시고 그 설교를 듣는 자에게 하나님의 뜻을 깨닫게 하시는 경우에 하나님의 말씀이 되는 것이 아니고, 하나님의 말씀에 대한 증언이 된다(비교, 사 43:12; 눅 24:48; 행 1:8; 2:32; 4:33; 13:31 등). 성경은 기록된 하나님의 말씀이고 설교는 그 하나님의 말씀에 대한 인간의 증언이다. 이것을 혼동하면 올바른 개혁교회 복음주의 신학의 성경관과 설교의 본질을 오해하게 된다. 칼 바르트(K. Barth, 1886-1968)는 기록된 성경과 설교의 차이를 잘못 이해한 것이다.[8] 기록된 성경은 존재론적으로 하나님의 말씀이지만, 설교는 성경과 같은 권위와 의미에서 하나님의 말씀이 아니기 때문이다. 설교에는 설교자의 인간적인 생각과 편견과 오류가 들어갈 수 있기 때문에 조심해서 말하고 들어야 한다. 바르트가 기록된 성경은 그 자체로는 하나님의 말씀이 아니고, 매 순간 성령이 그 기록된 성경을 하나님의 말씀으로 받아들이게 하는 사건이 일어나게 할 때 하나님의 말씀이 된다고 주장한 것은 납득하기 어렵다. 성경을 본문으로 설교할 때나, 개인적으로 성경을 읽을 때, 하나님은 성령으로 하여금 기록된 성경이 하나님의 말씀이 되거나 되게하지 않도록 결정하실 수 있는 주권적 자유가 있다는 것이다. 기록된 성경은 매 순간 하나님

---

8) 비교, 스탠리 그렌츠·로저 올슨, 『20세기 신학』, 신재구 옮김, IVP, 1997. "칼 바르트", 99-119, 특히 '하나님의 말씀의 3중 형태', 107쪽 이하. 바르트가 기록된 성경은 하나님의 말씀이 아니라고 하는 주장은 대단히 잘못된 것이다.

의 말씀이 되기도 하고 안되기도 한다는 것은 참으로 헷갈리고 알쏭달쏭한 설명이다.[9] 20세기 후반 불트만 학파나 바르트 학파와 차별화하고 성경 계시의 역사성을 신학의 기반으로 강조한 독일 뮌헨대학교의 조직신학자 판넨베르그(Wolfhart Pannenberg, 1928-2014) 교수는 바젤 유학시절에 바르트의 강의를 들었고 바르트의 저서들을 섭렵했는데, 바르트의 사상에는 '철학적 엄격성'(philosophical rigor)이 결여되어 있다는 점이 불만이었다고 했다.[10] 여기서 철학적 엄격성이란 바르트가 사용하는 신학 용어들의 모호성과 개념의 불확실성을 의미한다. 이러한 바르트 신학의 성경관에 우리가 휘둘릴 하등의 이유가 없다. 기록된 성경의 권위를 무시하고 직접 하나님의 말씀을 들었다고 '직접 계시'를 주장하는 사람들도 있는데, 이러한 사람들을 주의해야 한다. 로마 가톨릭(천주교)이 성경의 권위와 동등하다고 주장하는 교회의 사도전승(소위 '교황 수위권')이나, 또는 역사적 신조들이나 유명한 설교나 어떠한 세계적인 학자들의 신학도 성경의 권위 아래 있으며, 기록된 성경과 동등한 권위를 가지는 것은 아니다. 성경은 우리가 예수님의 제자가 되라고 하셨지, 어거스틴이나 루터나 깔뱅이나 칼 바르트나 불트만의 제자가 되라고 부르시지 않았다(마 28:18-20; 요 8:31-32).

우리는 예수 그리스도의 복음전파와 하나님나라 구현을 장신대 교육이념으로써 실천하기 위해, 신학자들의 학설을 참고하기 전에 무엇보다 먼저 기록된 성경이 말하는 "복음"(즉 예수 그리스도), 성경이 말하는 "하나님 나라"(즉 하나님의 주권과 통치)에 귀를 기울여야 한다. 신구약 성경은 삼위일체로서 한 분이신 하나님의 '살아있는 말씀'(viva vox Dei)이고(히 4:12; 벧전 1:23-25 등), 또한 하나님의 살아있는 말씀으로서 신구약 성경은 규범적 통일성을 가지며(딤후 3:16-17; 히 1:1-2), 동시에 성경의 각 책들은 구체적인 역사 속에서 하나님의 말씀의 다양성을 보여주고 있다.

---

9) John M. Frame, *A History Of Western Philosophy And Theology*, P&R Publishing, 2015. "Karl Barth(1886-1968)", 364-383, 특히 370쪽 이하.

10) Carl E. Braaten / Philip Clayton(eds.), *The Theology of Wolfhart Pannenberg*, Wipf & Stock, 1988, 14쪽. 그동안 스위스 바젤대학교에 유학하여 바르트 신학을 전공한 한국 유학생들이 있었는데, 그 중의 한 분이 바르트 가족의 초대를 받아 식탁교제를 할 때 그 가족 중에서 우리도 바르트 신학을 이해하기가 어려운데, 어떻게 한국 학생이 바르트 신학을 전공하는가에 대해 놀라움을 표시했다는 말을 들었다. 비교, Eberhard Jüngel, *Karl Barth, A Theological Legacy*, Et by Garrett E. Paul, Westminster Press, 1986. 튀빙겐대학교 조직신학 및 종교철학 교수인 윙엘(1934-2021)은 바르트의 글들을 공부하고 토론하는 것은 언제나 자신에게 기쁨의 계기(an occasion of joy)가 되었다고 한다. 바르트를 읽는 사람들은 호불호와 함께 열정적인 동의와 열렬한 배척으로 나뉜다고 보았다. 그러면서, 공부는 중립을 위한 것이 아니라고 했다. 위의 책, 11쪽 이하.

장신대 신학이 그동안 '회색 신학'이나 불투명한 '중간 신학'으로 비판되어 왔고 따라서 학생들에게 신학의 정체성에 혼란을 준 것이 사실이라면, 그 핵심적 이유는 '성경관'의 문제라고 할 수 있다. 이것은 구약학에서도 마찬가지이다. 신학 정체성의 혼란을 극복 하기 위해 가르치는 교수들은 자신의 성경관이 무엇인지 분명히 말할 수 있어야 한다. '왜 나에게 성경관을 묻느냐'고 질문하는 학생에게 핀잔을 주는 교수도 있다고 들었다. 유감스러운 일이다. 장신대 교수가 아니 모든 신학대학교의 교수가 왜 자신의 성경관을 감추고 공개하기를 꺼려야 하는가? 성경관을 묻거나 논하는 사람은 분열과 분쟁을 조장하는 것이라는 얼토당토않은 구실을 둘러대지만, 오히려 신학대학교 강단에서 교수가 자신의 성경관을 애매하게 말하고 논의를 회피하기 때문에 혼란과 오해와 분쟁이 생긴다. 모든 신학적 사고(思考)와 지식은 성경에 기초하며, 성경의 권위(계시와 영감)를 인정할 때 그 신학이 생명력을 가지고 정체성을 분명하게 할 수 있다. 이점을 인식하면서, 본교 장신대의 신학교육 방향과 교육과정(커리큘럼)을 재조정함에 있어서, 평장신 개혁주의 전통의 복음주의 성경관을 분명히 하는 작업이 매우 필요하고 필수적이라고 생각한다. 개혁교회 전통의 복음주의 성경관의 내용은 신구약 성경이 ① 계시와 ② 영감으로 성립되며(요 17:17; 딤후 3:16; 벧후 1:20-21 등), 이 두 가지 성경의 계시와 영감에 기초하여 '기록된 성경은 하나님의 말씀이다'라는 명제를 분명하게 함으로써 비로소 신학적 입장과 정체성과 노선이 분명해지며, 서로의 신학적 입장의 차이도 드러나게 된다.

먼저 계시(啓示)와 관련하여, '신구약 성경은 하나님이 계시하신 **말씀이다**'라는 명제가 개혁교회 전통의 복음주의 입장이다. '성경이 하나님의 말씀을 **포함한다**'는 것은 신학적 자유주의(그러나 몇 퍼센트나 포함하느냐는 질문에 대해 자유주의 신학자들은 답변을 하지 못한다)의 입장이다. 이 경우 성경에 포함된 하나님의 말씀은 인류의 보편적인 인도주의 정신의 표현으로 본다. 그에 비해 신정통주의 성경관은 '기록된 성경은 성령이 하나님과 만남의 사건을 체험하게 하는 그 순간 하나님의 말씀이 **된다**'라고 주장한다. 다른 한편, 성경은 그 자체만으로는 부족하고 교회의 **사도전승**(즉 **교황권**)이 **성경과 동등한 권위**를 가지고 함께 할 때, 비로소 성경은 하나님의 말씀으로서 제 기능을 하게 된다는 것이 로마 가톨릭(천주교)의 성경관이다. 이것은 로마가톨릭 성경관의 치명적 약점이다. 급진주의는 '성경은 하나님의 말씀이 **아니다**'라고 주장한다(특히, 마르시온주의와 독일 신약학자 불트만은 구약성경의 계시성을 부인한다). 영감(靈感)과 관련해서, 개혁교회 전통의 복음주의는 '언어적-유기적-충족적' 영감론

(Verbal-Organic-Plenary inspiration: **VOP** inspiration)을 말한다. 신학적 자유주의는 성경의 영감을 부인하며, 따라서 성서해석학과 일반해석학의 2분법을 인정하지 않는다. 신정통주의는 정통주의의 언어영감(Verbal inspiration. 이것을 '축자자영감'으로 번역하는 것은 오역이다)을 버리고, '실제영감'(Realinspiration)을 주장하는데, 하나님께서 오늘 여기서 성령을 통해 성경 말씀으로 나에게 말씀하는 사건을 경험하게 하실 때, 비로소 성경은 실제적으로 영감되며 그 말씀을 받아들이는 사람에게 영감된 하나님의 말씀이 된다고 한다. 잘못된 성경관이다.

18세기 서구 계몽주의 이후 자유주의 성서신학은 역사-비평적 방법(고등비평)을 도입하여, 성경도 일반 고대 종교문서와 꼭 같은 기준에서 해석해야 하고, 구약성경은 사상사적으로 고대 히브리 종교의 진화의 산물이며, 따라서 성경에도 원시적이고 저급하고 편견에 의한 사상적-역사적-과학적 오류와 모순이 있다고 주장하며, 따라서 성서비평적 신학은 이러한 모순과 오류를 바로잡는 학문이라고 자부(自負)한다. 이러한 신학적 자유주의는 지난 19세기 이래 서양대학교 신학강단에서 소위 '종교사학파'로 알려졌다. 신정통주의도 역사-비평적 방법을 성서해석의 '예비지식'으로 전제하며, 성경 본문의 역사적-인간적 오류와 모순을 인정했다. 그런데 여기서 난관에 봉착한 것은, '성경의 어디까지를 '오류와 모순'으로 보아야 하는가?'라는 부딪힐 벽에 부딪히게 된 것이다. 신정통주의가 인간적인 오류와 모순이 있는 성경 본문에 대해 신학적인 해석 작업을 할 때 신학적 방법론으로 소위 '영해'(靈解, pneumatic exegesis)를 주장하여 초월의 세계를 받아들인다고 하지만, 이러한 주관적인 '초월적 영해'는 이미 신정통주의가 성서해석의 예비지식으로 전제한 '역사-비평적 방법'과의 갈등과 마찰을 피할 수 없게 되었고, 이러한 성서해석의 방법론적 불일치와 그 이중성 때문에 신정통주의 성서해석은 붕괴될 수밖에 없었다. 이러한 상황에서 20세기에 서양 대학교의 신학 강단을 점령한 자유주의신학은 신정통주의 신학자들마저 예외는 있지만 대학교의 신학 교수직에서 배제하였고, 개혁교회 정통주의의 '성경의 권위'는 크게 위축되고 약화되었다.

이러한 와중에서, 서양의 교회와 신학에서 구자유주의와 신정통주의는 지난 1970년대를 변곡점으로 '신자유주의' 신학(성서신학의 경우는 소위 "케뤼그마 신학"으로서 구약의 폰 라트 신학과 신약의 불트만 신학)에 자리를 내어주고 쇠퇴의 길을 걸었다. 그 핵심적인 원인은 구자유주의의 경우 성경해석에서 성경의 종교를 고대 히브리 종교의 사상사적 진화의 산물로 전제하고 그 역사적 실체를 객관적으로 규명는 데 실패했기 때문이다. 또한 신정통주의는 초월을 말했지만 실제로는 그 '내재적 성경관'(즉 '기록된 성경은 그 자체로 하나님의 말씀이 아니다'라는 것)에 치명적인 모순과 약점이 있었기 때문이다. 신자유주의 신학은 성경에 기록된 사건들에 대한 역사적 사실 확인에 관해서는 '불가지론'(不可知論, agnosticism)의 입장을 취하면서(비교, 구자유주의의 '역사주의' 붕괴), 성경에 전승된 이스라엘 종교의 생명은 그 신앙고백적인 '언어 현상'에 있다고 전제하고(하이데거의 언어철학에 고무됨), 사실역사(Historie)가 아니라 '믿어진 역사'(Geschichte)로서 성경을 해석했으나 역시 설득력을 잃었다. 왜냐하면 해석 없는 사건은 맹목적이며, 실제 사건 없는 해석은 공허하기 때문이다. 그 결과 20세기 비평적 성서해석에 실망한 현대 서양 지성의 주류는 모든 기존의 '객관적 진리' 명제에 의심의 해석학으로 접근하는 것을 그 특징으로 하는 주관적이며 상대주의적인 '포스트모더니즘'(탈현대주의)을 발판으로, 말하자면 신이 사라진 시대에 인간 각자가 신(神)이 되는 신시대(New Age)를 꿈꾸는 무종교(또는 탈종교)나 인간이 만들어낸 종교다원주의로 나아가고 있다.[11]

　　이러한 세계 신학계와 현대 지성계의 기상도를 살펴보면서, 본교 장신대는 역사적 개혁교회 전통의 복음주의 성경관을 우선 재확인하는 것이 필요하다고 생각한다. 교회개혁자 깔뱅(J. Calvin, 1509-1564)이후 개혁교회 전통의 복음주의 성경해석 방법론인 '역사-문법적 방법'(historical-grammatical method)을 보다 세련되게 다듬고 보완하여[12] '역사-비평적 방법'(historical-critical method)의 대안으로 활용해야 한다. 미국 예일대학교의 구약학자 차일즈(B. S. Childs) 교수도 20세기 학문적 성서신학이 역사-비평적 방법을 그 기반으로 삼은 것이 문제였음을 지적하였다.[13] 성경의 유오(有誤)와 무오(無誤) 또는 불오(不誤)의 문제를 우리는 다시 정리해야 하고, 불오(infallibility)와 무오(inerrancy)의 개념과 내용을 구분하여 설명해야 한다. 개혁교회 전통의 복음주의 성경관에서는 성경에 오류(errors)가 있다고 말하는 대신 '차이'(differences)가 있다고 하고, 모순(contradictions)이 있다고 말하는 대신 '난제'(difficulties)가 있다고 한다. 성경에 오류와 모순이 있다면, 그 모순과 오류의 성격과 내용을 구체적으로 설명해야 하며, 사본 필사나 본문 전승에서 발생한 식별 가능한 오류인지(성경의 오류로 알려진 대다수의 경우가 '필사자의 오류'라고 본 필자는 본다), 또는 성경의 오류나 모순이 성경의 교리적인 본질적 오류인지 우리는 따져보아야 한다. 그래

---

11) 비교, Yuval Noah Harari, *Homo Deus, A Brief History of Tomorrow*, Vintage, 2017.

12) 20세기 후반부터 역사-문법적 방법은 '역사적-문법적-신학적 방법'으로 알려졌다. 또는 '경전적-전개 방법'(canonical-unfolding method)으로도 소개된다.

13) Brevard S. Childs, *Introduction to the Old Testament as Scripture*, Fortress, 1980. 특히 "2. A Critique of the Historical Critical Introduction", 39-41쪽. 차일즈는 역사-비평적 성서학의 공헌도 어느 정도 인정하지만, 특히 구약성경이 경전으로서 신앙공동체와 역동적인 관계를 가지고 있는 역사적 사실과 현실을 간과한 것을 '심각한 약점'(serious losses)으로 보았다. 비교, Richard John Neuhaus(ed.), *Biblical Interpretation in Crisis: The Ratzinger Conference on Bible and Church*, Eerdmans, 1989.

서 성경에 분명한 오류와 모순이 있다고 주장하는 사람은 앞으로 자신이 주장하는 성경의 모순과 오류 목록도 만들어 제시해야 할 것이다.

VI

장신대 구약학은 모든 강의와 교육과정에 참여하는 학생들에게, 하나님의 말씀인 성경의 진리에 대한 확신을 심어주어야 한다(요 17:17!). 서양 신학자들의 비평적 학설들과 검증을 거치지 않은 이론들을 무책임하게 소개하여, 듣는 학생들의 마음에 성경의 진리에 대한 의심을 불러일으키거나 신앙에 상처를 주는 일을 경계해야 한다. 장신대의 구약학은 역사적 개혁교회 복음주의 성경해석과 연대하며, 그 성경해석학의 기본을 재확인할 필요가 있다. 그 성경해석학의 공리(公理)들은 다음과 같다. ①성경은 그 자체의 해석자이다(벧후 1:20-21). 그러므로 관주 성경전서(chain reference Bible) 사용을 권장한다. ②성경의 해석에는 '성령의 내적 조명'이 필수적이다(요 14:26; 16:13; 고전 2:10-13; 요일 2:20,27 등). ③대체로 성경 본문의 의미는 자명(自明)하며, 하나의 바른 의미(a proper sense)를 가진다. 이러한 공리를 기초로, 성경해석의 원리으로서 다음의 사항들이 고려되어야 한다.[14]

① 성경이 말하는 같은 믿음의 정신을 가져야 한다(고후 4:13; 벧후 1:1 등).
② 성경 말씀을 깨닫기 위한 해석자의 기도가 있어야 한다(시 119:18!).
③ 하나님이 주신 믿음의 분량대로 해석한다(롬 12:3).
④ 성경해석학에서 요구되는 학문적 도구들을 사용해야 한다(원전 성경, 원전어 문법과 사전, 성경 사전, 성경 주석서, 성구 사전, 연구용 해설성경 등). 이성(理性)도 하나님이 주신 선물로 사용해야 한다.
⑤ 성경을 잘못 해석할 경우 "스스로 멸망에 이른다"는 사실에 주의해야 한다(벧후 3:16).

이상에서 살펴본 성경해석의 공리와 원리들은 결국 그 공리와 원칙과 여러 방법들을 사용하여 '**성경을 해석하는 사람 자체가 누구냐**'라고 하는 물음으로 귀착된다. 오늘 현대 성서해석학의 핵심 문제는 사실 어떤 이론이나 원칙이나 방법보다도 "성경

---

14) 비교, W. W. Klein, C. L. Blomberg, R. L. Hubbard, Jr., *Introduction To Biblical Interpretation*, 3rd ed., Zondervan, 1993.

을 해석하는 사람"이 문제다. 수술 칼과 도구도 중요하지만, 그 칼과 도구들을 사용하여 수술하는 의사가 결정적으로 중요한 것과도 같다. 그러므로 **골로새서 3:9-10**의 다음과 같은 말씀에 비추어 성경해석자의 자격을 말하고, 성경 해석자 자신을 스스로 점검해 보아야 한다. **"너희가 서로 거짓말을 말라. 옛사람과 그 행위를 벗어버리고 새 사람을 입었으니, 이는 자기를 창조하신 자의 형상을 좇아 지식에까지 새롭게 하심을 받는 자니라."**(비교, 고후 3:13-17; 5:17; 갈 4:9). 장신대 구약학의 성경해석은 정통주의 개혁교회 전통에 서 있는 복음주의 구약학자들이 발표한 논문들과 저서들을 참고해야 한다.[15] 1978년에 미국에서 세계 복음주의자들이 발표한 "시카고 성경 무오 성명서"와 이어서 1982년에 나온 "시카고 성경 해석학 성명서"도 읽어 보고 공부해야 한다.[16]

VII

장신대 구약학은 구약성경의 하나님 말씀을 공부하고 연구하고 가르침을 통해 단순히 성경의 지식 교육이 아니라, 오늘 나와 이웃과 세계 인류의 기독교 신앙과 생활에서 도전해 오는 문제들을 해결할 수 있는 능력(지혜)을 기르는 데 도움을 줄 수 있어야 한다(비교, 딤후 3:12-17; 엡 6:17; 히 4:12; 벧전 3:13-16). 달리 말하자면, 장신대 구약학은 학훈인 '경건(신앙)과 학문(이성)'의 조화를 이루어 성경이 말하는 "지혜 교육"을 실천하려는 과제 의식을 가져야 한다(딤후 3:15-17; 골 2:3 등). 장신대 구약학은 성경지식(Bibelkunde)의 중요성을 강조하면서, 구약성경을 이해하는 데 필요한 구약언어(고대 히브리어, 아람어, 칠십인역 그리스어, 비교 셈어학 등), 구약지리, 구약역사 및 성서고고학, 구약 주변세계 연구(고대 서아시아, 즉 고대 근동학), 구약개론, 구약외경 및 위경 연구, 구약 해석학, 구약주석, 구약신학, 구약윤리 등의 분야에도 소홀함이 없어야 한다. 성경사전을 편찬한 평장신 교수회의 전통도 계승 발전시켜야 한다.[17] 또 예장총회 종교교육부가 1937년부터 평장신 교수회와 협력하여 대한예수교장로회 총회성경주석위원회의 이름으로 발행하기 시작했던 표준 성경주석도 완간해

---

15) 비교, Walter A. Elwell & J. D. Weaver, *Bible Interpreters of the 20th Century, A selection of Evangelical Voices*, BakerBooks, 1999.

16) J. I. Packer, *God Has Spoken: Revelation and the Bible*, 3rd ed., 1993, Baker. 이 책 134-170쪽에 위에서 제시한 두 개의 시카고 성명서 문건과 해설이 부록으로 수록되어 있다.

17) 장로교신학교교교사회 역술자 이눌서, 『성경사전』, 조선야소교서회발행, 1927.

야 하는 책임 의식도 가져야 한다.[18]

　　무엇보다 장신대 구약학은 18세기 서양의 계몽주의 철학 사조 이래 소위 성서비평학(고등비평)으로 성경을 해석하여 성경의 진리를 이해하는데 혼란을 초래한 그 사상적 근원을 추적하여 그에 대한 적절하고 근원적인 대안을 제시해야 한다. 성경은 우리에게 누가 "철학과 헛된 속임수로 너희를 사로잡을까 주의하라 이것은 사람의 전통과 세상의 초등학문을 따름이요 그리스도를 따름이 아니니라"(골 2:8, "through philosophy and empty deceit", NRSV)라고 말씀했다. 장신대 구약학은 성서비평학과 의심의 해석학으로 장신대 신학생들에게 혼란과 실망을 주지 않도록 해야 한다. 앞으로 21세기 한국 장로교회의 목회자, 신학자, 지도자라면 성경을 원전어(히브리어와 아람어와 그리스어)로 읽고 해석할 수 있는 능력을 갖출 수 있으면 금상첨화이겠다. 이점에서도 장신대 구약학은 성경 원어 교육에 소홀함이 없도록 최선을 다해야 한다. 일반 종교학에서도 어떤 종교를 이해하려면 그 종교의 경전을 원전으로 읽는 것이 상식이다.

---

18) 예컨대, 박형룡 편집, 곽안련 저술, 『표준 성경주석 욥기, 시편』, 1937, 1939 재판, 1954 3판; 박형룡 편집, 함일돈 저술, 『표준 성경주석 창세기』, 1956 등.

39

장신대의 신학노선, 성서학적 관점에서

I

장신대의 신앙과 신학의 정체성 확인은 달리 말해서 그 신학노선을 확인하는 것이며, 급속한 세속화로 인해 교회의 신앙과 신학의 존재이유와 사명이 불확실해 보이는 21세기를 맞이하는 시점에서, 이러한 신학의 정체성과 노선에 대한 자체 점검은 매우 중요하다고 여겨진다. 장신대는 한국교회의 신앙과 신학에 대한 일차적인 책임이 있다. 이러한 문제의식을 가지고 성서학의 관점에서[1] 장신대 100년 역사의 흐름을 되짚어 보면서 이 글을 전개해 나가고자 한다. 주지하는 대로 한국 장로교회는 1945년 감격의 해방을 맞이한 후, 1950-1960년까지 10년 동안 신학적인 갈등과 신앙적인 입장 차이 때문에 교회가 분열하고, 신학교가 분립하는 불행을 겪었다.[2]

춘계(春溪) 이종성 박사는 역사적인 평양장로회신학교(이하 평장신) 신학의 특징을 한국 장로교회의 분열과 그 신학적 갈등과 연계하여 다음과 같이 평가한 적이 있다. "1901-1945년 신학교육의 특징은 한마디로 도입기의 신학으로, 가르치는 자나 배우는 자나 일방적, 무비판적 전달-흡수의 시기였고, 전도열이 왕성했던, 신학적이기보다는 신앙적인 시기였다. 이 시대의 일방적인 신학교육 결과로 한국 장로교회 신학은 편파적이고 편협하고 포용성이나 융통성이 없는 것이 되어버렸다는 것이 일

---

* 이 글은 장로회신학대학교 개교 100주년 기념 국제학술대회에서 본 필자가 행한 강연 "장로회신학대학교 신학교육의 회고와 전망" 중에서 'II. 장신대의 신학과 신학노선' 부분을 보완하고 발전시킨 것이다. 다소 중복이 있는 것에 대해 먼저 독자의 양해를 구한다.

1) 본 필자의 성경관은 2001-2학기 장신대 제19대 총학생회 학술국 주최 종교개혁기념 연속 학술강좌에서 발표한 바 있다: "오늘의 성경관과 성경의 권위-한국 장로교회 신학 100년 전통을 생각하면서", 2002년 11월 13일, 〈자료집〉 참조.

2) 비교, 김양선, 『한국기독교해방10년사』, 대한예수교장로회총회 종교교육부 발행, 1956.

반적인 견해이다."[3] 그러나 소위 선교사 신학교육 시대로 평가되는 평장신 신학에 대한 이러한 부정적 견해는 한국 장로교회 안에서 소위 진보주의나 신정통주의 그룹(주로 일제시대 일본이나 미국과 캐나다에서 신학교육을 받은 그룹의 견해이며, 일반적 견해는 아니다. 춘계도 일제시대 일본에서 교육을 받았고, 일본 동경신학교의 전신인 기독교신학전문학교에서 신학을 했다)에서 주로 나타나는 생각이다. 여기서 평장신 신학의 내용과 그 특징을 자세히 논할 수 없지만, 평장신 신학이 한마디로 "편파적이고 편협하고 포용성이나 융통성이 없는 것"이라는 평가는 편견이며 오해이다. 김명용 교수는 "한국의 장로교회를 분열시킨 신학적 오해는 미국 장로교회의 분열에 그 뿌리가 있다"라고 진단하였으며, "소위 자유주의신학으로 알려진 신신학에 대한 논쟁이 1953년의 기장 측의 분열과 1959년의 통합 측과 합동 측의 분열에 깊이 개입되어 있었다"라고 보았다.[4] 그러나 "신학적 오해"가 한국 장로교회 분열의 뿌리로 보는 것은 무리가 있다. 신학적 오해가 아니라 한국 장로교회 분열의 신학적 문제는 성경관의 차이에 있었다. 어쨌든, 여기서 우리는 1938년 9월부터 평장신이 일제의 신사참배 강요 때문에 이에 저항하여 무기휴교한 이후, 1945년 8월에 해방이 되면서 1950년대 한국 장로교회의 신학적 혼란이 야기되는 상황을 잠깐 짚어볼 필요가 있다.

한국 장로교회는 1938년 9월 10일 평양에서 열린 제27차 총회에서 일제의 물리적 강압 아래 신사참배를 결정했다. 그러나 평장신은 이에 저항하여 학교의 문을 닫았고, 평장신의 교육이 불가능해진 상황에서 한국교회의 목회자 양성은 포기할 수 없고 계속해야 한다는 명분은 설득력이 있었다.[5] 평소 평장신의 선교사 신학교육에 불만을 품어오던 장공(長空) 김재준 목사는 1940년 서울에 '조선 신학원'을 세우고 목회자 양성을 명분으로 신학교육을 시작했다(김재준은 일본의 자유주의 신학 중심지 청산학원 신학부에서 신학을 했고, 미국 웨스턴 신학교에서 1931년 신학사, 1932년에 같은 신학교에서 "오경비판과 주전 8세기 예언운동"이란 논문으로 신학석사 학위를 받았다).[6] 한편 평양에서도 1940년 4월, 평장신 11회(1918년) 졸업생인 채필근 목사가 닫혔던 평장신

---

3) 이종성, "신학교육의 역사", 〈신학방향〉, 1984. 10. 31, 종교개혁 467주년 기념 발행, 장로회신학대학, 10쪽.

4) 김명용, "한국장로교회 일치를 위한 신학적 방향", 『열린신학 바른 교회론』, 장신대출판부, 1997, 190쪽 이하. 김명용 박사는 자유주의 신학이 신신학이라고 했는데, 한국 장로교회 분열에서 신신학은 신정통주의를 가리키는 것이었다.

5) 서울에서 1939년 3월 조선신학교 설립 준비에 대한 소식이 알려지면서, 신사참배 반대로 무기한 휴교한 평장신도 개교를 서둘렀다. 그러나 신사참배하는 총회와 관계를 끊은 선교부는 운영하던 학교시설과 학적부 등의 사용을 허락하지 않았기 때문에, 1940년 2월부터 총독부 인가를 받고 1945년 해방될 때까지 평장신 졸업생 채필근 목사가 교장이 되어 소위 '(후)평양장로회신학교'가 서문밖교회 시설에서 시작되었다. 김인수, 『한국 기독교회의 역사』, 장로회신학대학교 출판부, 1997, 541쪽 이하. 이때 일제의 한국 기독교 탄압은 극에 달했고, 신사참배를 거부하는 교회당 200여 곳이 폐쇄되고, 손양원 목사를 위시하여 약 2,000명의 그리스도인들이 투옥되어 고문을 당했으며, 그 중에 평양 산정현 교회 담임 목사인 주기철 목사를 위시하여 50여명이 순교했다.

6) 고용수, "조선신학교의 설립", 『장로회신학대학교 100년사』, 장로회신학대학교, 2002, 244-255쪽.

(소위 '후 평양장로회신학교')의 문을 열고, 교장이 되어 신학교육을 재개했다.[7]

1945년 8월 15일 해방이 되자, 신사참배에 끝까지 저항했던 소위 '출옥성도들'은 그동안 조선신학교와 후기 평장신을 친일파에 의해 주도된 신학교로 규정하고, 목회자 양성 신학교로 인정할 수 없다고 했다.[8] 그들은 1946년 9월 부산에서 고려신학교를 세우고, 신사참배에 불복종했던 과거 평장신의 칼빈주의 정통신학 노선을 계승한다고 명분을 내세웠다. 그러나 대한예수교장로회 총회는 고려신학교 설립을 인정하지 않았고, 1952년 37회 총회에서는 "고려신학교는 총회와 하등 관계가 없다"라고 최종 선언했다. 이때부터 한국 장로교회 분열의 비극은 김인수의 지적대로 언제나 신학교 문제와 연관되어 있었다.[9] 해방 후 서울의 조선신학교는 1946년부터 총회의 공식 인준을 받았으나, 소위 신신학과 자유주의신학을 가르친다는 물의가 끊이지 않았다. 그래서 평장신의 정통 보수주의 신학을 계승하는 신학교를 재건하자는 의견이 대두되었으며, 1948년 6월 서울에는 평장신의 보수신학 노선을 계승한다는 명분으로 박형룡 박사를 임시 교장으로 하는 장로회신학교가 세워졌다. 1949년 35회 총회에서는 서울의 장로회신학교를 총회 직영 신학교로 결정했다. 1950년 36회 총회는 이미 인준된 조선신학교와 장로회신학교를 통합하여 "하나의 총회신학교"로서 운영하기를 결의하고, 6·25 전쟁중인 1951년 9월 감부열 선교사를 교장으로 선임하여 대구에서 개교하였으나, 조선신학교 측이 이를 거부하여 통합에 실패했다. 해방 직후 평양에서는 김인준 목사(평장신 19회 졸업생)가 교장이 되어 평장신의 명맥을 유지하였으나, 38선에서 남북이 분단되고 김일성 공산정권하에서 김인준 목사는 시베리아로 추방되어 순교하였다. 1947년부터 평장신은 이성휘 교장이 맡아서 공산정권 아래서 어려움을 겪다가, 1950년 6·25 전쟁이 터지면서 이성휘 역시 순교하고 평장신도 사라 졌다.[10]

하나의 총회신학교 통합노력이 실패한 뒤, 1952년 4월 제37회 예장총회에서는 성경 유오설을 주장, 옹호, 교육한다는 이유로 김재준 목사 면직과 캐나다장로회 선

---

7) 고용수, "(후)평양신학교 설립", 『장로회신학대학교 100년사』, 위의 책, 256-271쪽.

8) 최덕성, 『한국교회 친일파 전통, 본문과 현장 사이』, 2000, 증보수정 4판. 최덕성 교수가 밝힌 대로 조선신학교 설립과 그 친일 역사와, 한신대가 그 전신인 조선신학교의 과거 친일 역사를 은폐한 것이 사실이라면 서글픈 일이다. 장공 이래 한신측이 본교 평장신의 신학적 전통을 선교사의 외세 신학으로 비난하면서, 자신들은 처음부터 민족자주의 신학을 했다는 명분을 내세웠던 것도 사실이 아니며, 앞으로 그러한 잘못은 시정되어야 한다. 후 평장신도 신사참배와 동방요배를 해야했던 부끄러운 역사를 맹성해야 한다.

9) 김인수, 『한국 기독교회의 역사』, 장신대출판부, 1997, 582쪽 이하.

10) 고용수, 『장로회신학대학교 100년사』, "김인준, 이성휘 교장 취임 및 순교", 위의 책, 282-285쪽. 김인준 목사는 총회의 고등교육 장려부의 최초 장학생으로 1929-1933년 6월까지 미국 프린스턴신학교에서 공부하고 귀국했다. 이성휘 목사는 평양 숭실전문학교를 졸업한 후 미국 샌프란시스코신학교와 프린스턴신학교에서 유학했고, 미국 하노버대학교에서 명예신학박사를 받고 1928년에 귀국했다.

교사 목사 서고도(徐高道. William A. Scott, 1886-1979)의 본국 송환을 결정하는 사건이 있었다. 이로써 한국 장로교회와 신학은 명분상으로는 신학교육의 입장 차이, 달리 말하자면 성경관 논쟁 때문에 다시금 1953년에 기장과 예장이 분열하는 상처를 입게 된다. 이후 조선신학교는 한국신학대학(이하 한신대)이 되었고, 총회신학교는 1952년 10월 '대한예수교 장로회신학교'라는 교명으로 정부의 설립 인가를 받아,[11] 1953년 10월 서울 남산교사에서 박형룡 박사를 교장으로 평장신의 신학을 계승하는 신학교육을 재개했다. 1953년 장로회 총회에서 기장 측과 구별되는 평장신 전통의 보수주의 신학 노선에 대한 설명을 요청받았을 때, 총회는 "성경무오설"과 "축자영감설"이 한국 장로교회 보수주의 신학사상의 2대 핵심 내용이라고 규정했다.[12] 사실 고신 측이 신사참배자들 처리 문제로 분열한 것이나, 기장과 예장이 신학문제(성경관) 때문에 분열한 것이나, 또 1959년 합동 측과 통합 측이 용공 단체로 의심받는 WCC 가입 찬반 문제로 분열한 것은 다른 이유들도 있지만, 그 신학적 이유의 공통된 뿌리는 '성경관의 차이'에 놓여 있었다. 그런데 이러한 성경관을 명분으로 내세운 한국 장로교회의 신학논쟁과 교회의 분열은 불행하게도 진리를 위한 선한 싸움이 아니었고, 대부분 자파(自派)의 자기의(自己義)를 관철하기 위한 주도권 다툼이었다는 데 그 비극이 있었다.

100년 전 평장신에서 출발하여 오늘에 이르기까지 형성되어 온 한국 장로교회와 장신대의 신앙과 신학노선을 이해하기 위해서는 무엇보다 성경관 문제를 살펴보는 것이 지름길이라고 여겨진다. "한국의 장로교회를 분열시키고 있는 신학적 이유의 중심에는 성경관의 차이가 존재하고 있다."라고 전제하면서 좀 더 구체적으로, "이 성경관의 차이의 중심에는 성경에 대한 역사 비판학을 받아들일 수 있느냐 없느냐의 문제가 자리 잡고 있고, 아울러 성경무오설을 받아들일 수 있느냐 없느냐의 문제가 놓여 있다."라고 김명용 박사가 지적한 것도 이러한 관점에서 주목된다.[13] 그렇다면 오늘 장로회신학대학교의 신학노선도 이러한 관점에서 예외가 될 수 없다. 장신대 100년 전통의 신학노선도 무엇보다 성경관의 관점에서 정리해 보는 것이 좋다고 생각한다.

되돌아보건대, 장신대의 소위 광나루 시대가 시작된 1960년대 당시 학장 계일승 박사는, "에큐메니칼(세계교회와 연대하는) 정신에 입각한 보수신학을 견지하는 것"이

---

11) 비교, 변창욱, "평양 장로회신학교 초기 역사(1901-1922): 신학교 명칭의 변경과정을 중심으로", 〈장신논단〉 Vol.53 No.2, 2021. 06, 155-181쪽.

12) 박용규, 『한국 장로교 사상사』, 총신대출판부, 1992, 335쪽. "축자영감설"은 잘못된 번역 용어이다. '언어영감론'으로 고쳐야 한다.

13) 김명용, 『열린신학 바른 교회론』, 위의 책, 200쪽.

장신대의 신학적 입장이며, 근본주의나 진보주의라고 일컫는 자유주의나 급진적 신학에는 비판과 신중을 기하면서, 한국교회의 건전한 발전과 선교의 전진을 염두에 두는 것이 장신대의 학풍이요 강조점이라고 했다.[14] 그럼에도 장신대 개교 70주년을 맞이하는 시점에서, 장신대는 자신의 신학적 정체성에 대해 이렇게 고민하고 있었다. "그러면 장로회신학대학은 어떤 길을 걸어가고 있는가? 보수신학은 합동 측이 가져가고 진보주의는 기독교장로회가 가져갔다고 한다. 우리는 극단의 보수도 원치 않고, 진보도 원치 않는다."[15] 그래서 장신대 신학노선은 좌도 우도 아닌 중도 보수로 알려졌고, 무특징이 특징인 신학, 때로는 색깔이 분명치 않은 신학, 부정적인 시각에서는 "회색" 신학교라는 평을 들어온 것이 사실이다. 장신대 신학은 정통 보수신학(개혁주의 , 깔뱅주의, 복음주의)의 입장에서 한 편으로는 근본주의(총신대)와 차별화하고, 나아가 다른 한 편으로는 신정통주의(한신대)와 차별화하는 것으로 보인다. 그러나 춘계가 장신대의 학장이 된 이래 장신대 신학이 신정통주의 신학으로 기울고 있는 것이 아니냐는 걱정이 있었다. 예장 통합총회는 1979년 이점에 대해 이종성 학장에게 다음과 같이 해명을 요구한 적이 있다. "… 귀하가 신정통주의를 장로회신학대학의 신학노선으로 삼겠다는 뜻입니까?" 여기에 대한 춘계의 대답은 이러했다. "아닙니다… 본 대학의 신학노선과 방향은 본 교단의 노선인 웨스트민스터 신앙고백의 노선과 에큐메니칼 운동 노선에 근거하여 성서적 복음주의 신학을 영위해 나가는 것입니다."[16] 여기서 이종성 학장이 장신대 신학은 웨스트민스터 신앙고백과 에큐메니칼 운동 노선이며, 무엇보다 **'복음주의 신학'**이란 정체성을 분명히 한 것이 중요하다. 그러나 춘계는 이후 장신대 신학은 물론이고, 한국교회는 교파를 초월한 "복음적이고 성서적 신학"을 영위해야 한다고 자주 강조하게 된다.[17] 예장총회(통합) 앞에서 장신대 학장으로서 춘계가 공언한, **'웨스트민스터 신앙고백'**이나 무엇보다 **'복음주의 신학'**이란 용어가 장신대에서 사라진 것이다. 이때부터 현재 장신대 신학의 정체성과 신학노선에 대한 혼란이 시작되었다고 해도 과언이 아니다. 춘계가 말하는 "성서적, 복음적" 신학노선이라고 했을 때, '성서적'이라든지, '복음적'이라는 용어가 모호하고 불분명했기 때문에, 장신대 김이태 교수는 장신대의 신학노선과 그 정체성을 "중심에 선 신학"으로 표현했다. 이로써 김이태 교수는 장신대 신학의 정체성과 그 신학노선에 대해 중요한 개념적 정리를 한 사람이다. 장신대 개교 80주년을 맞이하

---

14) "신학교 탐방: 장신대", 〈기독교사상〉, 69.1, 130-133쪽.

15) 『장로회신학대학 70년사』, 위의 책, 189쪽.

16) 〈제64회 총회 회의록〉, 1979, 101-108쪽.

17) 이종성, "한국신학의 과제", 〈기독교사상〉, 1981. 9, 50쪽.

여 김이태 교수는, 장신대 신학의 특성이 결코 진보나 보수의 중간에 끼어 어정쩡하고 무특성이 특성인 그런 중도 신학이나 중간의 신학이 아니고, 진보와 보수를 다 부둥켜안고 역사의 흐름을 주도하는 "복음전통의 중심(中心)에 선 신학"이라고 정리했다. 중심의 신학에서 "중심은 산술적인 중간치가 아니다. 그것은 동양사상의 "중용(中庸)"(이를테면 원의 중심)이며, 기독교가 2천 년 동안 가르쳐 온 진리의 대도(大道)이다. 장신대가 지향해야 할 신학의 길은 그러므로 길의 좌우나 앞뒤, 변두리에서는 신학이 아니라 바로 기독교회 전통의 한복판에 서는 신학이다. 거기에는 항상 긴장이 있고, 불투명한 요소가 가시지 않고, 별로 사람들에게 인기가 없고, 좌우, 전후로부터 비난의 화살을 면키 어렵다"라고 보았다. 김이태 교수가 말하는 중심에 서는 장신대 신학의 세 가지 특징은, ① 포괄적이며 다양성을 가지고 있고, ② 긴장 속에 서 있으며, ③ 선풍적이 아니라 점진적이다. 예수 그리스도는 참 하나님인 동시에 참 사람이다. 성경은 인간의 책인 동시에 하나님의 책이다. 그래서 장신대의 신학은 초월과 내재의 긴장에 그 중심을 둔다고 했다.[18] 김이태 교수는 지금까지 장신대 신학의 약점도 지적했는데, 참으로 성경에 기초하여 복음의 중심에 선 신학을 수행하기 위해서는 "맹목적인 수구주의"가 되어서는 안 되고, 항상 새로워지는 "개혁신학"이 되어야 함을 역설했다. 김이태 교수는 두 가지 보강책을 제시했다. 첫째는, "새롭게 대두되는 사회문제에 민첩하게 대처하는 신학"이어야 한다는 것과 둘째는, "새로운 사상과 학설에 과감하게 자신을 노출시키는 신학"을 말했다. 그러면서, 어떤 것에 "노출한다"는 것과 그것을 "통째로 삼킨다"는 것 사이에는 현격한 차이가 있다고 주의를 환기시키고, "새로운 사조에 헤엄쳐 들어가되 전통의 밧줄에 단단히 몸을 묶고 헤엄치는 것이 필요하다"라고 했다. 갈라디아서 1장 9-10절을 인용하면서, 김이태 교수는 장신대 신학의 관심사가 "어떻게 하면 인간의 지적 호기심에 만족을 줄 수 있을까 하는 데 있는 것이 아니라, 어떻게 하면 하나님의 말씀에 충실하고 그에게 영광이 돌아갈 수 있겠는가 하는 데 있다"라고 결론지었다.[19] 여기서 우리는 개교 100주년을 맞이하는 장신대의 신학노선과 그 신학교육의 정체성은 다른 무엇이 아니라, 하나님의 말씀인 성경에 기초하여 오직 하나님께만 영광을 돌리려는 정통주의 **개혁신학** 전통을 따라, 예수 그리스도의 복음 중심에 선 **복음주의** 신학이라고 정리할 수 있겠다.

---

18) 김이태, "장신대신학의 위치와 그 특성-전통과 혁신이란 긴장 관계에서의 검토", 『중심에 서는 신학』, 장신대출판부, 1994, 209-240쪽, 특히 222, 226, 228쪽.
19) 김이태, 위의 글, 233쪽 이하, 특히 240쪽.

II

그렇다면 개혁신학 전통을 따르는 복음주의 성경관이란 무엇인가? 장신대 복음주의 신학의 성경관은 '역사—비평적 방법'(고등비평)을 받아들이고, 성경의 유오(有誤)를 주장하는가? 이와 연관하여 평장신 전통의 보수적 복음주의 신학의 성경관은 무엇이며, 그것은 오늘의 장신대 신학의 성경관과 단절되어 있는가, 연속성을 가지는가? 이러한 물음을 물을 수 있고, 그에 대한 대답을 성실하게 할 수 있을 때, 개교 100주년을 맞는 장신대는 오늘 28개의 교단(한장연 가입 교단)으로 분열되어 있는 한국 장로교회 현실에서 개혁교회의 전통에 따라 복음주의 신학의 신학노선을 좀 더 분명하게 할 수 있을 것으로 본다.

현대의 성서학에서 보수적 복음주의란 성경의 권위(계시와 영감)를 존중하고 성경 본문의 규범적 통일성과 거기에 기록된 사건의 역사성에 대한 신뢰를 나타내는 입장인 데 반해, 자유주의와 신정통주의는 성경 본문 상호 간의 충돌(또는 모순과 오류들)을 지적하고 그 기록된 내용의 역사적 사실성과 정확성에 대해 의심하고 비판적인 태도를 취하는 입장이다.[20] 박봉랑 교수는 자유주의 신학이란, "종교개혁 시대를 뒤따르는 신교 정통주의에 대한 반립(反立)으로, 슐라이에르마허를 조상으로, 릿츨, 트렐취, 하르낙의 신학전통을 말한다."라고 설명하며, 신학적 자유주의란, "기독교의 계시와 은총의 절대성을 부정 또는 상대화하는 것"이라고 정의했다.[21] 요컨대 개혁주의 전통의 보수적 복음주의는 성경의 불오(不誤, infallibility)와 무오(無誤, inerrancy)를 말하고, 신학적 자유주의와 신정통주의는 성서 유오(有誤, errancy)를 주장한다. 지난 16세기 이래 교회개혁자들의 성경해석에서 성경은 하나님의 영감(성령)으로 계시된 말씀으로서, 성경 본문의 문법—언어적 의미와 역사적 의미는 분리되지 않고 한가지로 해석되었다. 성경의 본문이 특별히 지시하지 않는 한, 본문의 의미는 그 기록자가 사용한 언어의 문법과 그 역사적 상황에서 해석해야 한다는 "역사—문법적 방법"(historical—grammatical method)이 개혁신학 전통의 보수적 복음주의 성경해석 방법이다.[22]

---

20) James Barr, *History and Ideology in the Old Testament: Biblical Studies at the end of a Millennium*, Oxford, 2000, 20쪽.

21) 박봉랑, "자유주의 신학과 그 비판", 〈기독교사상〉, 1960. 3, 11-12쪽.

22) 쟝 깔뱅은 "현대 역사-문법적 주석의 창시자"(the founder of modern historical-grammatical exegesis)이고, 교회개혁 시대에 의심할 바 없이 '가장 위대한 주석가'이며 신학자로 평가되고 있다. D. L. Puckett, "Calvin, John(1509-1564)", *Historical Handbook of Major Biblical Interpreters*, ed. by D. K. McKim, IVP, 1998, 178쪽. Frederic W. Farrar, *History of Interpretation*, Baker, 1886/1979. "Calvin", 342쪽 이하. 깔뱅주의 신학전통을 이어받은 20세기 미국의 칼빈신학교 조직신학자 루이스 버코프 교수는, 성경해석 방법론에서 문법적, 역사적 요소 외에도 '신학적' 요소가 추가되어야 한다고 주장했다. 여기서 신학적 요소란 하나님을 성경의 제1저자로 인정하는 것을 말한다. 현대 개혁신학의 복음주의 성경해석 방법론은 '문법적-역사적-신학적 방법론'(grammatical-historical-theological method)이다. L. Berkhof,

그러나 서구 18세기의 계몽주의가 세계 사상계의 주류를 이루면서, 계몽주의 철학에 기반을 둔 신학적 자유주의의 성서해석학에 혁명적인 변화가 생겼다. 계몽주의 철학의 주창자인 철학자 칸트(I. Kant, 1724-1804)는 계몽주의(die Aufklärung; the Enlightenment)를, "인류가 스스로 자신에게 부과했던 감독으로부터의 탈출"(the exodus of humanity from its self-imposed tutelage)이라고 정의했는데, 이것은 신앙(信仰)의 시대에서 이성(理性)의 시대로의 전환을 의미하며, 성경의 신적인 권위로부터 인간의 자율과 독립을 선언한 것이다.[23] 계몽주의 사조의 영향 아래, 독일 신학자 제믈러(J. S. Semler, 1725-1791)는 "기록된 성경은 하나님의 말씀과 동일하지 않다"라는 혁명적인 해석학 명제를 발표했고,[24] 유럽의 대학교 강단 신학의 성서학자들은 성경을 비평적으로 연구해야 한다고 주장하기 시작했다.[25] 이제 성서비평학자들은 16~17세기의 깔뱅주의적 개혁신학의 정통주의가 주장하는 성경의 "언어영감"(verbal inspiration)을 배격하고, "성령의 내적 조명"으로 성경을 이해하거나 '성경을 성경으로 해석'하는 것이 아니고, 어디까지나 인간 이성(理性, reason)의 판단에 따라 역사 내재적인 인과율(因果律)의 틀에서 성경을 역사적-비평적으로 이해해야 한다고 했다. 성경도 인간들이 기록한 고대 이스라엘과 유다의 종교문서이기 때문에, 다른 모든 고대 종교문서들과 똑같은 해석학적 방법을 적용하여 해석하고 설명해야 한다는 것이다. 이러한 비평적 성서연구 방법을 '역사-비평적 방법'(the historical-critical method), 또는 '고등비평'(higher criticism)이라고 부른다.

역사-비평적 방법(고등비평)은 계몽주의 철학에 그 기반을 두고 있으며, 그 실행에 있어서 세 가지 조건을 전제한다. 첫째, 성경은 초월적으로 영감된 계시가 아니고, 인간의 종교적 체험을 기록한 것이다. 따라서 초자연적이며 초월적인 성서해석학의 특권은 더 이상 인정할 수 없다. 성경이 말하는 사건들에 대해서는 일단 의심과 **비평적 태도**(criticism)로 접근해야 한다. 둘째, 성경이 기술하는 과거에 일어난 사건들의 성격에 관해서는 우리 자신들의 현재까지 경험(집단지성)에서 얻은 **유비**(類比,

---

Principles Of Biblical Interpretation, Baker, 1950/1980. 특히 "Theological Interpretation", 133-166쪽.

23) Jaroslav Pelikan(ed.), *The World Treasury of Moderrn Religious Thought*, Little, Brown and Company, 1990, "Introduction", 7쪽에서 재인용함.

24) 이러한 주장은 아마도 마르틴 루터의 성경관에서 영향을 받은 것으로 생각된다. 루터는 성경의 '언어영감'(verbal inspiration)을 인정하지 않았고, 성경의 기록은 인간의 기록이지 초자연적인 기록이 아니라고 보았다. 성경의 기자가 영감을 받았다는 것은 하나님의 구원의 경륜에 대한 지식이었다는 의미라고 한다. 그리고 그 영감은 구약의 삼손이나 다윗이나 베드로에게 임했던 것 같이, 그들의 도덕적 탈선에는 영향을 주지 않았다. 따라서 성경에는 중요하지 않은 연대기적, 역사적 오류들이 있다고 인정했다. 과거 교부들에게 하나님의 말씀이었던 것이 우리에게도 필연적으로 하나님의 말씀은 아니라는 것이다. 바르트의 성경관도 깔뱅보다는 루터의 성경관에서 영향을 받았다고 생각한다. 이러한 루터의 성경관에 관해서는, Frederic W. Farrar, *History of Interpretation*, 위의 책, 특히 339-340쪽 참조.

25) G. Hasel, *Old Testament Theology: Basic Issues in the Current Debate*, 3rd ed., Eerdmans, 1972, 19쪽.

analogy)에 의해 규명될 수 있고, 규명해야 한다. 따라서 초자연적인 기적은 인정할 수 없다. 셋째는, 역사 속에서 발생하는 모든 사건은 자연법칙의 **인과율**(因果律, causality)의 지배를 받는다. 따라서 초자연적인 기적들이나 하나님의 초월적 역사 개입 행동들은 불가능하다.[26] 이러한 전제들 위에 세워진 비평적 성서해석과 자유주의신학이 개혁교회의 전통적 복음주의 신앙과 신학에 어떤 영향을 미칠 것인가는 처음부터 명약관화한 것이다. 신정통주의가 문제가 되는 것은 자유주의가 채택한 이러한 역사–비평적 성경해석을 자신의 신학의 '예비지식'으로 수용한 것이다. 현대 영국의 신약학 교수 하워드 마샬은 이렇게 말하고 있다. "이러한 전제들 위에서 수행된 성서연구는 하나님의 행동들에 관한 책인 성경을 진실하지 못하고 신뢰할 수 없는 것으로서 간주하지 않을 수 없게 한다. 첫 출발부터 역사–비평적 방법은 성경 그 자체가 설명하는 것과는 다른 기독교에 관해 설명하는 임무를 맡게 되었다. 단순히 성경의 부분들이 잘못될 수 있다는 가정이 아니라, 실제로 잘못되어 있다는 전제가 그 방법론 속에 구조적으로 자리 잡고 있다."[27] 이러한 성서비평학이 19세기부터 유럽에서 영국을 거쳐 미국으로 퍼져나가면서, 현재까지 전통적인 복음주의 교회의 신앙 및 신학과 충돌을 가져오게 된 것이다. 신정통주의(新正統主義, Neo–orthodoxy)가 신신학(新神學)으로 알려지고 또는 자유주의(自由主義, Liberalism)신학으로 오해받는 이유도 그만한 이유가 있는 것이다. 장신대 조직신학 교수 김명용 박사도 신정통주의 신학자 칼 바르트의 성경관과 연대하면서 그의 책에 다음과 같이 쓰고 있다. "… 성경 내의 모순, 착오, 불일치, 오류들이 밝혀지면서 17C의 옛 정통주의 신학의 지주였던 성경의 축자영감설은 붕괴되었고… 성경에 대한 역사비평학(미국에서는 고등비평학이라고 많이 언급됨)이 성경 연구에 없어서는 안 될 결정적인 도구로 신학계에서 인정받게 되었다."[28] 뿐만 아니라, 김명용 박사는 "… 성서 안에는 평평한 세계와 밑에 기둥이 있는 지구를 가정하고 있다(욥 38:6 참고). 이 가정은 고대인의 우주관이다… 그런데 이 고대인의 우주관은 오늘날 우리가 받아들일 수 있는 과학도 아니고 하나님의 계시도 아니다"라고 한다.[29] 이러한 견해는 김명용 교수가 복음주의 신학 노선이 아니라 신정통주의 신학노선을 따르는 것이며, 조직신학 교수로서 김명용 박사의 신정통주의 성경관은 역시 장신대의 전통적인 복음주의 신학노선에 부정적인

---

26) 박수암, "성경해석방법론", 『21세기 한국장로교의 신앙과 신학의 방향』, 총회헌법개정위원회 신앙고백과 교리분과위원회편, 한국장로교출판사, 1999, 138쪽. 김중은, 『옛것과 새것』, 한국성서학연구소, 2013. "21세기 오늘 우리의 신앙과 목회와 신학의 현실", 특히 512쪽 이하. Ernst & Marie-Luise Keller, *Miracles in Dispute*, Fortress, 1969. "4. The Presuppositions of the Historical-critical Method", Ernst Troeltsch: Everything is made relative, 198-212쪽.

27) I. Howard Marshall, *Biblical Inspiration*, Eerdmans, 1982, 84쪽 이하.

28) 김명용, 『열린신학 바른 교회론』, 장로회신학대학교출판부, 1997, 201쪽.

29) 김명용, 『칼 바르트의 신학』, 이레서원, 2009, 118쪽.

영향을 끼치는 데 일조했다고 본다.

다른 한편, 근본주의란 1900-1930년에 미국 장로교회를 중심으로 고등비평을 전제로 하는 자유주의(현대주의)신학 및 신정통주의 신학의 침투에 대응하기 위해 일어났던 신학적 운동이었다.[30] 특히 근본주의 운동은 성경의 권위(계시와 영감)를 부인하며, 성경의 오류와 모순을 선전하는 성서비평학, 즉 고등비평의 도전에 대한 응전이었다. 시간과 장소와 강도를 달리하면서, 이러한 신학적 충돌은 20세기 전반에 세계의 개혁교회와 특히 한국의 장로교회에서 신앙적 갈등과 신학적 논쟁을 불러일으켰고, 교회가 분열하고 신학교가 갈라서는 사태에까지 이르게 된 것은 이미 잘 알려진 사실이다. 그 대표적인 사례로서 미국의 장로교회와 프린스턴신학교가 바로 이 문제 때문에 1929년에 웨스트민스터신학교 측과 분열했는데,[31] 이때 평장신에서도 이러한 세계적인 성서비평학의 영향과 신학적 갈등 문제를 예의 주시하였고, 자신의 개혁교회 전통의 복음주의 신학노선을 분명히 하려는 노력이 있었음을 볼 수 있다.

김재준 목사가 평장신의 신학을 비난하면서 조선신학교 신학교육을 통해 신정통주의를 표방하고 성서유오설을 주장하며 신학생들을 가르쳤을 때, 당시 예수교장로회 총회가 그의 입장을 왜 신신학이나 자유주의신학의 아류로 규정했는지 이제 우리는 이해할 수 있다. 처음 유럽에서 자유주의신학에 대한 문제제기를 했던 그 장점들에도 불구하고, 신정통주의가 한국 장로교회와 신학에서 신신학 또는 자유주의의 아류로 거부반응을 일으킨 이유는 한마디로 '역사비평적 방법'을 성서해석에 예비지식으로 받아들이고 '성경의 유오'를 주장했기 때문이다. 김재준 교수는 자신들은 신학적으로 "자유 보수주의자들"(Liberal conservatives)이라고 부르고, 자신들의 신학노선을 다음과 같이 천명했다. "한국신학은 장로교파에 속한 개혁자적 신학을 기반으로 하고, 온갖 형태의 현대신학을 소개하며 성서비판학, 특히 그 역사적 비판학을 강의하였고 세계교회, 즉 에큐메니칼 운동에 동조하면서 한국교회의 정신적 자립, 자주를 강화하는 방향을 당초부터 취해왔다."[32] 그는 평장신의 신학을 "극단적인 정통주의 또는 근본주의였다"라고 매도하고, "… 이 신학 양식을 표현하면 교회에 와서, 예수 믿고, 천당가시오, 라는 세 마디로 요약된다"라고 비판했다.[33] 한국 장로교회의 신학과 교단 분열에 관해서 장공은, 평장신 선교사들의 사상적 쇄국주의와 교권의 엄중한 감시 아래 발붙일 곳을 찾지 못하던 소수 학도들이 자유로 세계신학에 접

---

30) 비교, 박창환, "프로테스탄티즘에 있어서의 근본주의의 위치", 〈기독교사상〉, 1960. 2, 27-33쪽.
31) 이 문제에 관해 미국장로교회의 역사적 교훈과 프린스턴 신학의 분열과 신학노선의 변화에 관해서는 다음을 참고할 수 있다. 김기홍, 『프린스톤 신학과 근본주의』, 아멘서적, 1992.
32) 김재준, "전후 한국교회 20년사 비판", 〈기독교사상〉, 1965. 8, 237쪽 이하.
33) 김재준, 위의 글, 239쪽.

촉하였는데(일본, 미국, 캐나다 등지에서 신학 수업), 해방이 되자 자유 분위기가 대세를 지배하게 되어, 자연히 신학적 논쟁이 격렬하게 폭발되었다고 설명했다. 이 신학적 논쟁의 성격과 그 추이에 대해 장공이 다음과 같이 정리한 것은 장신대의 신학노선을 가늠하는 데도 도움이 된다. "… 이때의 한국교회의 신학논쟁은 정통주의 대 자유주의가 아니라 정통주의 대 신정통주의의 양태로 전개되었다. 세계교회는 이미 두 극단에서 새로운 종합에로 상승하였음에도 불구하고 우리 한국교회는 여전히 지양된 한 극단인 정통주의 신학 일색이었기 때문에 그것이 세계 신학의 현 단계의 주류인 신정통신학과 대결하지 않을 수 없게 되었던 것이다. 그럼에도 불구하고 그들은 자신들이 대결하는 상대방이 그전에 있던 자유주의신학인 줄로 오인하고 돈키호테식의 용기를 부렸던 것이다. 사실 그 상대가 자유주의신학(소위 신신학)이었다면 멋진 승산도 가히 기약할 수 있었을지 모를 일이었다. 그러나 불행하게도 그 상대자가 이미 정통주의와 자유주의를 함께 이기고 올라선 신정통신학이었기 때문에 그들의 신학적 패배는 단시일 내에 결정되고 만 것이었다. 역사적 상황 안에서 신학은 보수와 자유를 함께 요구하는 것이다."[34] 그러므로 장공은 신정통주의 성경관에 입각하여, 성경이 구원을 얻는 도리에서는 신앙과 행위에 불오(또는 무류)함(infallibility)을 믿으나, 과학적 역사적 문서로서는 무오(inerrancy)하지 않고 오류가 있다고 주장했다.[35] 이러한 성서 유오설에 맞서서, 한국 장로교회와 신학의 메이첸으로 알려진 박형룡 교수는 평장신의 신학적 전통(정통주의, 복음주의)을 명분으로 내세우면서 성경무오설을 주장했다. 이렇게 한국 장로교회는 1930년대에 성경의 유오와 무오를 주장하는 성경관의 차이 때문에 이미 신학노선에 균열이 생기기 시작했다.

이미 미국 장로교회와 신학교에서 근본주의와 자유주의 및 신정통주의가 갈등을 일으키는 상황에서 일찍이 1920년 평양 장로회신학교 교수회는 7개 조항의 평양 "장로회신학교 신앙고백서(信經)"를 작성하여 발표했는데, 이것은 결코 우연의 산물이 아니었다. 평장신 교수회 역시 앞으로 한국 장로교회와 신학교에도 닥쳐올 성경관으로 인한 신학노선의 갈등과 신학의 정체성 위기를 분명히 감지하고 있었다. 평장신이 자신의 신학노선을 선언한 신경을 인용하면 다음과 같다.

---

34) 김재준, "신학의 갈 길", 〈사상계〉, 1962. 1월호, 294-301쪽. 비교, 『장공 사상 연구 논문집』, 장공 김재준 목사 탄신 100주년 기념사업회 편, 한신대학교출판부, 2001. 김명수, "김재준과 성서비평학 연구사", 201-231쪽.

35) 김재준 교수의 성경관이 한국장로교회에서는 단순히 '성경의 오류'를 주장했다는 정도로 알려졌는데, 사실 신정통주의의 대부격인 칼 바르트의 성경관에서는 가히 혁명적인 변화가 있었고, 그것은 전통적 개혁신학의 '언어영감'을 '실제영감'으로 수정한 것으로서, 그에 따르면 '기록된 성경은 그 자체로서는 하나님의 말씀이 아니다'. 이 점에 대해 김재준 교수의 성경관 공부가 미흡한 것이 아닌가 생각한다. 깔뱅의 성경관을 수정한 바르트의 성경관에 대한 연구는 다음의 책을 참고할 수 있다. Sung Wook Chung, *Admiration & Challenge, Karl Barth's Theological Relationship with John Calvin*, Lang, 2002, 특히 229쪽 이하.

1. 신구성경(新舊聖經)은 초자연적으로 하나님의 계시하신 바로 믿으며 이 성경은 우리의 신앙과 생활에 대하여 유일무이한 확실한 준칙(準則)으로 받음.

2. 성부, 성자, 성신 삼위일체로 영원히 존재하시고 살아계신 진신(眞神) 하나님 한 분을 믿음.

3. 주 예수 그리스도의 영원하신 신성과 참 인성을 믿으며 또 동정녀에게서 탄생하시고 완전히 무죄하심과 십자가에 죽으심으로 대인속죄(代人贖罪)하심과 육체로 부활하사 승천하심과 우리를 위하사 대제사장이 되심과 크신 권능과 영광으로 하나님이 정하신 때에 이 세상에 친히 재림하실 것과 만국을 의로 심판하실 것과 그의 모든 원수에 대하여 완전히 승리하실 것과 마침내 그의 나라를 성부께 바칠 것을 믿음.

4. 성자의 절대적 신성과 인성과 또 창조와 섭리와 구원, 특히 신자의 중생과 성결과 영광 주장하심을 믿음.

5. 하나님 앞에서는 천하 만민이 다 죄인인 것을 믿으며 끝까지 회개치 않는 경우에 이 죄의 대가로 영원히 하나님을 떠나 사망할 것을 믿음.

6. 주 예수 그리스도를 주와 구주로 믿은 자들은 성신의 능력으로 중생하여 하나님의 자녀되는 것을 믿으며 또 이외에는 구원 얻을 길이 없는 줄로 믿음.

7. 의인과 불의한 자의 몸이 반드시 부활할 것을 믿으며 또 그리스도 예수 안에 있는 자들은 영생 얻을 것을 믿음.[36]

평장신의 이 신앙고백에는 개혁교회 복음주의 전통의 "튤립"(TULIP)으로 대변되는 깔뱅주의 교리와 17세기 정통주의 웨스트민스터 신앙고백의 기본적 교리 내용이 잘 반영되어 있으며,[37] 당시 자유주의-진보주의(신정통주의) 신학 사조에 대응하려

---

36) 〈장로교회신학교요람〉, 조선 평양, 1931, 4-5쪽.

37) 개혁신학의 정점으로서 깔뱅신학과 그에 후속하는 깔뱅주의 신학 성격에 관해서는 다음을 참고할 수 있다. C. Gregg Singer, *John Calvin: His Roots and Fruits*, Presbyterian and Reformed Publishing Co. 1977. 비교, John H. Leith, *Intoruction to the Reformed Tradition*, John Knox Press, 1978. 비교, 이수영, "장로교회의 신학", 〈기독교학술원 포럼〉 제7호 2008.5.30, 한국기독교 학술원, 58-65. 장로교회의 역사적 기원은 스위스 개혁교회이고, 장로교회의 신학은 개혁신학이다. 스위스 개혁교회의 첫 번째 신학자는 츠빙글리이고 개혁신학의 첫 번째 완성자는 깔뱅이라고 이수영 박사는 소개한다. '튤립'은 1618-1619년에 네덜란드 도르트(Dort)에서 국제 개혁주의 교회 대표들이 대회로 모여서 소위 아르미니우스주의자들이 주장하는 구원에 대한 '신인협력설'이나, 하나님의 인간 구원 예정도 '인간의 반응에 좌우되는 조건적인 것'이라든지, 인간은 자신의 '궁극적인 구원을 확신할 수 없다'는 등등의 주장에 응답하여, 깔뱅주의 개혁신학의 신조를 5가지로 요약하여 정리한 것이다. 튤립은 그 5가지 신조를 영어로 표현한 것에서, 그 첫 글자를 모아 만든 신조어이다. 즉, Total depravity(전적인 타락), Unconditional election(무조건적인 선택), Limited atonement(제한적인 구원), Irresistible grace(저항할 수 없는 은혜), Perseverance of the saints(성도들의 참고 견딤). 좀 더 자세한 설명은 다음의 책을 참고할 수 있다. Richard J. Mouw, *Calvinism in the Las Vegas Airport, making connections in today's world*, Zondervan, 2004, 25쪽 이하.

는 신학적 노선이 분명히 드러나 있다. 무엇보다 평장신의 신앙고백서에는 성경관의 중요성에 유념하여, 성경은 하나님의 **"초자연적 계시"**라는 입장을 제일 먼저 강조하였고, 동정녀 탄생, 십자가의 대속, 예수 그리스도의 육체적 부활과 승천, 재림과 심판, 구원은 믿는 자의 영생 얻음이라는 점들이 명시되었다. 이러한 평장신의 신학노선은 내용적으로는 근본주의의 5대 교리와 공유하는 바가 많으나,[38] 근본주의의 특징인 소위 기계적-문자적인 "축자영감설"은 주장하지 않으며, 다른 신학 입장에 대해서 적대적이며 전투적 분리적인 태도를 취하지 않았다는 점에서, 처음부터 근본주의 입장과는 차별화되는 정통주의 개혁교회 전통에 선 복음주의 신학노선이라고 할 수 있다. 사실 그 주장하는 내용에서 보면, 근본주의보다는 자유주의나 신정통주의가 먼저 비난을 받아야 하는데도, 지금까지 근본주의가 매우 부정적인 의미로 인식된 것은, 미국에서 1940년대 이후 근본주의 운동가들의 변질된 태도에서 기인하는 것이다. 즉 자기들의 의견과 다른 의견에 대해서 인내하며 대화의 노력을 하기보다는 독선적, 정죄적, 분리적, 배타적인 인신공격의 태도를 취한 것이다. 내용도 중요하지만 그 내용을 주장하는 태도는 더 중요하다. 사실 이러한 의미에서 '부정적 근본주의 태도'는 보수주의에만 있는 것이 아니고, 진보를 표방하는 자유주의나 신정통주의나, 급진주의에서도 발견된다.

평장신의 신학노선과 그 신학의 성격은 또한 무엇보다 1918년 3월 20일 창간되어 1940년 10월 25일 최종호(22권 5호)까지 약 22년간 계속되었던 기관지(계간, 때로는 격월간)인 〈신학지남(神學指南)〉을 통해 확인할 수 있다. 신학지남 창간호에서, 편집인 왕길지 교수는 다음과 같이 평장신의 신학적 입장을 표명하고 있다:

"신학(神學)의 참 지남(指南)은 성경이어늘 어찌하여 이 기보(期報)의 명칭을 신학지남이라 하느냐. 이 잡지는 성경과 같으냐. 결단코 아니라. 이 기보는 성경(聖經)으로 진남(眞南)을 삼아 의지하여 매기에 특별히 우리 장로교회의 목사와 신학생들에게 신학(神學)의 넓은 바다(廣海)에 향방을 지남(指南)하려는 목적(目的)에 있나니라."

여기서 우리는 역사적으로 평장신의 신학노선이 어디까지나 '솔라 스크립투라'(오직 성경)에 정초하며, 그 신학은 성경의 가르침에 의해서 인도함을 받아야 한다

---

38) 근본주의 5대 교리는 성경의 권위(계시와 영감)에 도전하는 자유주의와 신정통주의 신학에 대응하여, 1910년 미북장로회 총회에서 기독교의 근본적 교리 5가지를 확인한 내용이다. ①성경의 무오, ②그리스도의 동정녀 탄생, ③대속적 구원, ④그리스도의 몸의 부활, ⑤기적의 역사성. 좀 더 자세한 설명은 다음을 참고할 수 있다. C. T. McIntire, "Fundamentalism", *Evangelical Dictionary of Theology*, eds. D. J. Treier and W. A. Elwell, 3rd ed., BakerAcademic, 2017, 333-335쪽. 비교, "근본주의(根本主義, fundamentalism)", 『아가페 신학사전』, 아가페, 2001, 157-160쪽.

는 확고한 성경 중심의 신학, 즉 복음주의 신학의 의지를 다시 한번 확인할 수 있다. 이것은 100주년을 맞이하는 오늘 장신대 신학이 자신의 신학노선을 확인하고, 평장신의 신학전통과 연대하는 매우 중요한 접점이다. 평장신과 연대하는 장신대의 개혁교회 전통의 복음주의 신학의 특징은 다음과 같이 정리해 볼 수 있다. 첫째, 신학의 근거와 바른 길잡이는 다른 무엇이 아니고 성경(聖經)이라는 점이다. 성경의 권위, 즉 성경의 계시와 영감을 중요하게 생각하지 않는 신학은 바른 신학이 아니다. 둘째로, 신학은 "넓은 바다"와 같다는 인식이다. 어떤 사람들은 평장신의 신학이나 장신대 신학이 편협한 보수적 근본주의라는 비난이 있는데, 그것은 잘못된 편견이며 시정되어야 한다. 평장신-장신대의 신학은 광해(廣海), 즉 '넓은 바다'와 같은 신학의 세계에서 바른 방향을 찾아 목적지 항구에 도착하려는 의지를 담은 신학이기 때문이다. 셋째는, 다시 되풀이되지만, 넓은 바다와 같은 신학 세계에서 목회자나 신학생들이 목적지 없이 망망대해를 표류하는 식이 되어서는 결코 안 되며, 성경에 의지하여 장신대 신학은 항해로를 바로 잡아주는 책임과 역할을 해야 한다는 것이다. 이 얼마나 명쾌한 개혁교회 전통의 복음주의 신학노선인가!

한철하 박사는 〈신학지남〉에 나타나는 신학의 성격과 한국 장로교회 신앙의 특질에 대하여, "① 신본주의적이요, ② 복음주의적이요, ③ 지정의(知情意)의 균형이 잡혀있고, 극히 실용적인 입장을 잃지 않고 있다. 다시 말하면 이지적 추상성에 빠져있지 않다."고 평가했다.[39] 총신대 정성구 교수도, 〈신학지남〉에서 모든 논문들은 "보수적이고, 정통주의적이며, 개혁주의적인 신앙노선을 표방했고, 한마디로 복음주의적인 입장"이라고 보았다.[40] 춘계는 그러나 〈신학세계〉에서 나타나는 감리교회 신학과 〈신학지남〉에 나타난 장로교회 신학의 차이를 네 가지로 비교하면서, 감리교 신학은 "자유적이고 새로운 신학이해를 시도하고 있으나, 신학지남은 과거의 신학사상과 성경의 교리를 풀이하는 데 치중"하고, 선교사들의 글이 주종을 이루고 있으며, 변증적인 입장에서 서구신학의 소개에 그치는 정도라고 부정적으로 평가했다. 또, 한국 장로교회 신학의 흐름은 1912년 예수교장로회 총회가 조직되면서부터, 12신조와 웨스트민스터 소요리문답을 채택·사용하여 칼빈주의적 특징을 가지게 되었다고 보면서, 신학지남 시대 평장신은 "피어보지 못한 신학의 꽃망울"이라고 했다.[41] 이러한 부정적 비판도 일고의 가치가 없는 것은 아니나, 이것은 평장신-장신대 100

---

39) 한철하, "보수주의 신학의 어제와 오늘", 〈기독교사상〉 1970. 7, 95쪽.

40) 정성구, "신학지남 소사", 〈신학지남〉 제55권 2집, 통권 216호(1988, 여름), 10쪽.

41) 이종성, "한국교회신학에 대한 역사적 고찰", 〈현대사회와 신학의 대화〉, 기독교학술원, 공개강연집 1, 쿰란출판사, 1992, 121쪽 이하.

년의 신앙과 신학의 전통을 잘못 이해한 견해가 아닐까 생각한다. 춘계의 비판이 설득력을 얻으려면, 그가 지적하고 있는 12신조와 웨스트민스터 소요리문답과 신앙고백이 왜 문제가 되는지 그 장단점을 밝히면서, 어떤 점에서 그것이 한국장로교회 신앙과 신학에 누와 해를 끼쳤는지, 또는 깔뱅주의 개혁신학이 왜 우리에게 좋은 점보다는 나쁜 점이 더 많은지를 설명해야 한다. 또 〈신학세계〉에 나타난 감리교단의 신학이 오늘 어떤 점에서 한국교회의 신앙과 신학에 긍정적인 영향을 미쳤는지 밝혀야 한다. 일제강점기 당시에 한국이나 중국이나 일본의 어느 신학교가 꽃망울을 맺고 꽃을 피웠는지도 말해야 한다. 평장신의 신앙과 신학교육에 당시로서 어떤 대안이 역사적으로 가능했는지를 제시할 수 있어야 한다. 평장신과 장신대를 통한 한국 장로교회의 신앙과 신학의 개혁신학적 복음주의 전통은, 한국에서 감리교회의 신학의 역사적 발전과정과 견주어 볼 때, 오히려 단점보다는 장점이 더 많다고 생각하며, 당시로서는 가능한 더 좋은 대안을 찾기 어렵다고 생각한다.

물론 오늘 우리의 신학적 안목에서 볼 때, 평장신의 〈신학지남〉은 상아탑의 신학 전문 학술잡지는 아니었다. 그것은 실용정신에 입각하여, 목회자와 신학생들에게 깊고 넓은 신학 정보와 함께 특히 목회 현장에 도움을 주기 위해, 설교의 실제('강대도형' 등)와 교회에서 사용할 수 있는 성경공부 자료를 제공하였으며, 1934년 전까지 〈신학지남〉에는 개혁주의나 칼빈주의라는 용어조차 사용되지 않았다고 정성구 교수는 지적했다.[42] 한편, 총신대 홍치모 교수는 초기 한국 장로교회 선교사들, 특히 평장신에서 교수로 활약한 마(포)삼열, 곽안련, 이눌서 등의 신앙과 신학을 연구하여 다음과 같이 결론을 내리고 있다. "초기 선교사들의 신앙은 청교도적인 경건한 신앙을 가지고 있었으며 신학사상은 칼빈주의 근본주의 사상으로 채색되어 있었다. 그러나 이와 같은 신학사상이 저변에 깔려 있었음에도 불구하고 표면에 나타난 사상은 이것도 아니고 저것도 아닌 막연한 복음주의로 나타나는 경우가 많았다… 칼빈주의 신학사상이 한국교회 안에 부각되기 시작한 것은 1930년 이후로 보아야 할 것이다."[43] 홍치모 교수는 여기서 이것도 저것도 아닌 "막연한 복음주의"라고 했으나 잘못 표현한 것이고, 평장신의 신학노선은 위에서 우리가 살펴본 바와 같이 역사적 개혁주의 전통의 분명한 복음주의였다. 김명혁 목사에 의하면, 역사적으로 볼 때 복음주의란 종교개혁의 복음운동이 합리주의와 사변주의, 국가교회의 구조들에 의해 그 생동력을 잃었을 때, 17세기 말 독일의 슈페너를 중심으로 일어난 '경건주의 운동'과

---

42) 정성구, 위의 글, 13쪽.

43) 홍치모, "초기 미국 선교사들의 신앙과 신학-장로교회를 중심으로", 〈기독교사상〉, 1982. 2, 128-139쪽.

18세기 중엽 영국의 웨슬레를 중심으로 한 '복음주의 각성운동', 그리고 청교도 신앙 전통을 계승한 미국 장로교회의 18세기 죠나단 에드워즈를 선두로 한 제1차 대각성 운동, 그 뒤를 이어 19세기에 찰스 휘니의 제2차 대각성운동 등이 합류하여 형성된 신앙 부흥운동을 일컫는 용어이다.[44] 19세기 중엽 미국 장로교회와 신학교들에서는 저러한 대각성 부흥운동의 영향으로 성경 중심의 신앙을 사모하는 사경회의 강조와 함께 세계선교의 부흥운동이 일어났다. 여기서 소명을 받은 미국 장로교회 내한 선교사들이 초기 한국 장로교회의 신앙과 평장신의 신학형성에 큰 영향을 준 것이다.[45] 그러므로 복음주의는 16세기 교회개혁(종교개혁)에 뿌리를 두고 17세기부터 복음적인 생활을 강조하는 성경적 신앙 각성과 부흥운동에 의해 형성되어 나온 기독교의 신앙과 신학의 한 운동으로서, "십자가의 복음, 중생의 체험, 성경의 권위, 성경적 성결, 전도와 봉사 등을 강조하는 것"이 그 특성이다.[46] 그중에서도 다른 신학적 입장들과 비교하여 복음주의가 신학적으로 가장 중요하게 생각하는 것은 '성경의 권위'이다. 현대 성서신학에서 복음주의란 "성경은 하나님의 말씀이다."라는 명제 아래 "(성경)본문에 인도를 받은 신앙"(a text-oriented faith)에 입각하여 성경의 권위(즉, 계시와 영감)를 주장하는 신학적 입장이다.[47] 이러한 관점에서 한국 장로교회 초기 선교사들과 평장신의 신교사 교수들을 무자격, 편협, 극단의 보수, 근본주의, 막연한 복음주의 운운하는 것은 정당하지 않을뿐 아니라 어불성설이다. 평장신의 초대 교장인 마포삼열 박사가 한국 선교 희년(禧年)을 기념하면서 자신과 평장신의 교수들을 포함한 대다수의 선교사들의 신앙과 신학을 천명하는 글을 발표했는데, 이 글에서도 그들의 개혁교회 전통의 복음주의 신학노선을 분명히 확인할 수 있다.

> "한국 선교에서 복음적 메시지를 전하는 데 어떤 불확실성은 전혀 없었다. 대다수의 한국 선교회원들은 성경이 하나님의 틀림없는 말씀이고 성령의 검이며, 구원은 하나님의 영원하신 아들 예수 그리스도 밖에는 없으며, 그는 죄 용서를 위해 그의 피를 쏟아 십자가에서 죽으셨고, 죽은 자들 가운데서 살아나셨으며, 승천하셨고 다시 오실 것이라는 강한 확신을 가진 사람들이었다. … 이러한 신앙에서 성경은 우리의 사역에서 가장 우선적인 위치에 놓여졌다. 하나님의 틀림없는 말씀으로서 성경의 가르

---

44) 김명혁, "복음주의 운동과 한국교회", 『선교와 신학』, 장신대출판부, 2000, 90쪽 이하.

45) 『내한선교사사전』, 내한선교사사전 편찬위원회 편, 한국기독교역사연구소, 2022 참조.

46) 김명혁, 위의 글, 108쪽.

47) John H. Sailhamer, *Introduction to Old Testament Theology*, Zondervan, 1995, 5쪽. 자유주의는 성경이 하나님의 말씀을 "포함한다"는 입장이고, 신정통주의는 현재 여기서 일어나는 실제영감을 통해 성경은 하나님의 말씀이 "된다"는 입장이다.

침들에 대해 유일하고 가장 뛰어난 자리를 매김한 것은 한국을 복음화하는 데 이 *50 년 세월을 통해 두드러진 요소였다.*"[48](이탤릭체는 본 필자가 강조한 것임).

다른 한편 평장신 당시 일본 신학교는 1910년대에 이미 성경에 대한 '고등비평' 을 받아들였다. 그 결과 일본교회는 지금까지도 그 영향을 받고 있다.[49] 한국에서는 감리교회 양주삼 목사가 1916-7년에 감신대 교지 〈신학세계〉에 기고·연재한 '구신 약전서총론'에서 처음으로 "제약 없이 고등비평을 소개할 수 있었다"라고 알려져 있 다.[50] 이에 비해 평장신의 신학은 성서비평학을 배격했다는 것이다. 그러나 이것은 사실이 아니다. 양주삼 목사는 그의 글에서 '고등비평'이란 단어조차 사용한 적이 없 으며, 오히려 고등비평에 대한 소개는 평장신의 성서주해 교수 어도만 선교사가 1921년에 평장신 기관지 〈신학지남〉(제3권 4호)에 기고한 "고등비평"이란 제목의 번 역 논문이 아마도 처음으로 소개한 것일 것이다.[51] 놀라운 것은 어도만 교수가 소개 한 이 글에서, 고등비평은 "원리적으로 적합한 것"[52]이라고 소개한 것이다! 고등비 평의 성격과 전제에 관해서는 위에서 언급한 바 있는데, 여기서 어도만 교수가 "원 리적으로 적합한 것"이라고 소개하는 것은 무슨 의미인가? 그것은 아마도 하등비평 즉 본문비평과 구분하여, 고등비평은 성경 본문에 내재하는 역사적 증거들을 찾아내 어 성경문서의 형성사와 그 역사적 가치를 이해하려는 관심과 목적을 말하는 것이라 고 생각한다. 말하자면, 개혁교회 전통의 복음주의 신학은 처음부터 막무가내로 이 러한 성경문서의 역사적 형성과정과 그 역사적 문서에 대한 가치평가에 관한 학문적 노력에 대해 원리적으로 반대하는 것이 아니다. 이러한 관점에서, 호주 장로회 선교 사 변조은(John P. Brown) 장신대 교수는 〈신학지남〉에 나타나는 초기 선교사들의

---

48) S. A. Moffett, "Fifty years of missionary life in Korea", *The Fiftieth Anniversary Celebration of the Korea Mission*, June 30-July 3, 1934, Seoul, Chosen, 40쪽.

49) 일본교회가 그동안 구약성경을 진지하게 읽고 사용하지 않았던 이유 중의 하나로서 성경 비평학의 도입과 자유주의 신학 영향이 지적되고 있다. 니시 미쯔루, "구약성경과 일본의 교회", 『구약신학 논문집 시리즈(10)』, 윤영탁 역편, 합 동신학대학원 출판부, 2002, 184-204쪽, 특히 197쪽. 니시 미쯔루 일본인 목사는 한국교회와 일본교회의 차이가 선교 사 시대부터 내려온 '성경관'에서 비롯한다고 진단한 것은 주목할만 하다. 교파를 초월하여 일본기독교단은 1941년 6 월 신사참배 찬동을 결의했으며, 니시 미쯔루 목사는 또한 평장신 당시 일제가 한국교회에 저지른 죄악을 다음과 같이 밝히고 있다. "… 기독교 학교 10개가 폐교되고, 2,000명의 신도가 체포되고, 200개의 교회가 폐쇄되었으며, 500여명 의 지도자가 옥사하였다." 『일본 선교전략 논문집』, 윤영탁 역, 일본복음선교회 출판사, 2022, "구약성경과 일본교회", 141-155, 특히 149쪽 이하. 비교, 이종성 교수는 자신이 일본에서 신학 공부를 한 동경신학교에서는 슐라이에르마허 등 자유주의 신학자들보다는 칼 바르트의 신정통주의 신학이 큰 영향을 미치고 있었다고 한다. 최윤배·박성규·백충현 (책임편집), 『춘계 이종성 박사의 통전적 신학과 한국신학』, 장로회신학대학교출판부, 2018. "춘계 이종성의 칼 바르 트 연구사", 179-180쪽.

50) 유동식, 『한국신학의 광맥』, 전망사, 1986, 69쪽 이하.

51) 김중은, "고등비평을 한국에 처음 소개한 것은 누구인가?", 『구약의 말씀과 현실』, 한국성서학연구소, 1996, 352-370 쪽.

52) 어도만, "고등비평", 〈신학지남〉 제3권 4호, 1921. 5, 423-431쪽, 특히, 424쪽.

성서해석 입장이 맹목적으로 근본주의적 축자영감설을 추종하고 무조건으로 비평학을 물리친 것이 아니라고 분석했다. 1930년대 이후 박형룡의 축자영감설과는 차별화하여, 평장신 초기 선교사들의 성서해석은 "순 복음주의적인 해석방법"이었고, 그들의 주관심은 오직 예수 그리스도를 세상의 구속주로 선포하는 데 있었으며, 그들에게 "성경은 예수 그리스도를 하나님의 아들과 만민의 구주로 증명하는 책"이었다고 한다. 그래서 어도만 교수의 입장도 "성서비평을 하되 주의 있게 하라는 것"으로 보았다.[53]

Ⅲ

　　우리는 여기서 한국 장로교회 성서해석의 역사를 길게 논할 수 없다.[54] 다만 장신대 개교 100주년의 시점에서 그 신학노선을 이해하기 위해, 1930년대 이후 시작된 한국 장로교회 내에서 성서유오설과 성경무오설의 대립과 갈등을 전통적인 복음주의 성경관의 관점에서 어떻게 정리할 것인가 하는 점이 여기서 취급하려는 논점이다. 이 문제를 정리하는 데는 먼저 성경의 무오, 유오에 관해 정확한 개념 정리와 용어 사용에 대한 구별이 필요하다. 성경무오설 주장에는 두 가지가 있다. 먼저, 신정통주의는 예수 그리스도의 구원의 도리를 가르치는 데 있어서 성경은 신앙과 행위에 유일무이한 법칙(준칙, 규범)이며 이 점에서 성경은 불오(또는 무류, infallibility)하나, 역사 내재적인 지식에 관해서는 오류(errancy)가 있다고 주장한다. 그와는 다르게, 개혁교회 전통의 복음주의는 구원에 관해서는 물론이고, 과학적, 지리적 역사적인 지식에 있어서도 성경은 무오(inerrancy)하다고 주장한다. 한편 자유주의나 급진주의는 성경의 권위, 즉 영감과 계시를 인정하지 않기 때문에 성경의 모순과 오류를 당연시하며, 불오(不誤, 또는 無謬. infallibility)나 무오(無誤. inerrancy)를 따지지 않는다. 이런 점에서 한국교회 신학에서는 한신대 일부 교수들의 초기 민중신학이나 종교다원주의, 또는 감리교 신학의 일부 급진적인 토착화 신학의 성경관을 제외하고는 다행스럽게도 신학적 자유주의 성경관은 우리 한국교회와 신학교에서 큰 문제가 되지 않았다. 문제는 한국장로교회와 신학에서 갈등과 분열을 초래한 것은 장공이 주

---

53) 변조은, "한국교회의 성서해석사", 〈교회와 신학〉, 1972, 87-107쪽, 특히 90쪽 이하.

54) 비교, 한국교회 성서해석사는 다음을 참고할 수 있다. 문희석, 『한국교회 구약성서 해석사, 1900-1977』, 대한기독교출판사. 문희석 박사의 이 책은 진희성 목사의 장신대 구약학 석사논문 자료를 사용한 것이며, 신정통주의 입장에서 정리한 것으로 보인다. 비교, 소위 정통주의-근본주의적 입장에서 한국장로교회 성경해석의 문제를 다루는 책은 다음을 참고할 수 있다. 박용규, 『한국장로교사상사-한국교회와 성경의 권위』, 총신대학출판부, 1992.

장한 신정통주의의 성경관이었다.

신정통주의는 성경의 '불오'는 믿는데, 성경의 '무오'는 인정하지 않는다. 신정통주의는 고등비평의 역사-비평적 방법을 성서해석의 예비지식으로 전제하고, 성경 본문 해석은 최종적으로 신학적인 것("예수 그리스도의 마음"에 근거한 것)이어야 한다고 주장한다. 말하자면 성경의 영감은 말하지만, 성경이 무오하다는 것은 반대하고, 기록된 성경은 계시가 아니라 참 계시인 예수 그리스도 사건을 경험한 인간들(성서 기자들)의 증언이라는 것이다. 성육신을 주장하지만 동정녀 탄생은 부정하고[55], 하나님의 창조는 말하지만 창세기 1~11장의 기록은 어디까지나 역사적 사실이 아닌 상징적(또는 설화적)인 이야기(소위 '원역사', Urgeschichte)로 해석하고, 출애굽의 구속사는 주장하지만 홍해(갈대바다)의 기적은 부인하고, 여리고성의 함락도 실제 사건이 아니고 믿음의 승리라고 설명하며, 요나서, 룻기, 에스더 이야기도 일종의 종교적 단편소설이이라고 주장한다. 부활은 주장하나 몸의 부활은 부인하고, 그리스도가 위대한 일을 했다고 주장하나 초자연적 기적을 행했다는 것은 부정하기 때문에 이러한 신정통주의 신학의 이중성이 문제가 되는 것이다. 이러한 관점에서 성경의 모순과 오류를 주장하고 가르치는 신정통주의가 한국 장로교회에서 자유주의의 아류(즉 신신학)로 인식된 것은 당연한 것이다.[56]

기독교 신학에서 성경의 무오와 유오설이 끝까지 문제가 되는 것은 그것이 성경의 권위(계시와 영감)와 직결될 뿐만 아니라, 그에 따라 그리스도인의 신앙과 생활에서 하나님의 말씀으로서 성경의 규범성이 좌우되기 때문이다. 성경의 권위는 두 가지 요소로 이루어지는데, 곧 계시(啓示, revelation)와 영감(靈感, inspiration)이다. 성경의 계시는 인간의 종교적 체험이나 인간의 사상을 기록한 것이 아니라 살아계신 하나님이 자기의 뜻을 나타내셨다는 뜻이고, 성경의 참 저자는 하나님(성령)이라는 뜻이다(갈 1:11-12!; 살전 2:13; 벧후 1:20-21. 비교, 마 10:20; 행 8:14; 벧전 1:23). 성경의 영감은 인간 기자가 하나님의 계시를 기록할 때 인간적인 잘못이나 오해가 없도록 그 기자의 생각과 말과 글을 성경의 참 저자이신 성령이 친히 간섭하고 돌보셨다는 뜻이다(딤후 3:16; 벧후 1:21; 삼하 23:2 등). 이러한 관점에서, 기록된 성경은 하나

---

55) 영국 에든버러대학교 뉴칼리지의 비평적 신약성서 학자 오닐(J. C. O'Neill)에 의하면, 바르트의 성경해석은 "성경의 기적들(miracles)은 실제로 발생한 사건들이 아니다"에서 출발한다고 했다. 오닐이 제시하고 있는 칼 바르트의 성경관과 동정녀 탄생 부인에 관해서는 다음을 참고할 수 있다. J. C. O'Neill, "Barth", *The Bible's Authority, A Portrait Gallery of Thinkers from Lessing to Bultmann*, T&T Clark, 1991, 266-283, 특히 바르트 성경관의 출발점에 관해서는, 273쪽.

56) 칼 바르트와 함께 신정통주의 성경관의 잘잘못에 관한 논의는 다음을 참고할 수 있다. *Challenges to Inerrancy, A Theological Response*, ed., by G. R. Lewis and B. Demarest, Moody Press, 1984. 특히 Roger Nicole, "The Neo-orthodox Reduction", 121-144쪽.

님의 말씀이고, 성경은 인간을 위한 하나님의 책이다.

장신대 김명용 교수는 한국 장로교회가 그동안 "신정통주의 신학을 자유주의신학과 같은 것으로 가르쳐 온 것은 신학적 무지 내지는 근본주의적인 극단적 보수신학의 정통성을 강조하기 위한 신학적 왜곡"[57]이라고 했는데, 이러한 설명은 잘못되고 왜곡된 서술이다. 또, "성경 내의 모순, 착오, 불일치, 오류들이 밝혀지면서 17C의 옛 정통주의 신학의 지주였던 성경의 축자영감설은 붕괴되었고, … 성경에 대한 역사비평학이(미국에서는 고등비평학이라고 많이 언급됨) 성경연구에 없어서는 안 될 결정적인 도구로 신학계에서 인정받게 되었다"[58]라고 한 것도 사실이 아니고, 일방적 주장이며 지나친 과장이다. 17세기 개신교 정통주의 신학을 대표하는 문건이 '웨스트민스터신앙고백(1647년)인데, 현재 우리 교단 총회(통합)도 이 웨스트민스터 신앙고백을 헌법에서 채택하고 있기 때문이다. 개혁교회 정통주의 신학과 성경관은 붕괴된 적이 없다. 또한 김명용 박사가 여기서 '축자영감설'이라고 표현한 것은 번역의 오류이다. 20세기에 주로 서양의 신학대학교 강단 신학에서 주도적인 성서해석 방법론이 된 고등비평은 전통적인 개혁교회의 신앙을 파괴하고 신학을 오도하는 성격 때문에 경계의 대상이 되어온 것이 사실이다.[59] 이점은 1947년 조선신학교 학생들이 총회에 제출한 "51명의 진정서"에서도 잘 드러나 있다. 그 당시 신학생들은, "우리가 유시로부터 믿어오던 신앙과 성경관이 근본적으로 뒤집어지는 것을 느꼈다"라고 하면서, "저들(조선신학교에서 성서비평학을 강의하는 교수들)은 성경의 고등비평이나 자유주의신학은 결코 신앙을 파괴하지 않는다고 변명하나 사실에 있어 파괴당하고 있는 데야 어찌합니까?"라고 호소했다.[60]

얼마전 미국연합장로회 산하의 샌프란시스코신학교 구약학 교수인 쿠트(R. B. Coote) 박사는 미국 연합장로교회 오드(D. R. Ord) 목사와의 공저를 통해 고등비평의 신앙파괴 문제를 "산타클로스 이야기"에 비유했다. 유아기에는 산타 할아버지가 와서 선물을 넣어 준다고 해도 믿었지만, 초등학교에만 들어가도 선물을 두는 것은 부모나 친척들이라는 것을 자연히 이해하고 아무런 문제가 되지 않는다는 것이다. 마

---

57) 김명용, 『열린신학 바른 교회론』, 위의 책, 231쪽.

58) 김명용, 위의 책, 201쪽.

59) 현대 성서학에서 지난 18세기 이래 오늘까지 계몽주의 철학의 영향을 받은 성서비평학에 대한 반성과 비판의 소리는 매우 진지한 것이다. 이 문제는 신정통주의나 신자유주의 신학자들에게서도 예외가 아니다. 예컨대 신정통주의 구약학자인 미국 예일대학교의 차일즈(B. S. Childs) 교수는 성서신학이 역사-비평적 방법을 '하나의 기반(a base)'으로 받아들인 것은 근본적인 잘못이라고 지적했다. James Barr, *The Concept of Biblical Theology*, SCM Press, 1999, 49쪽 재인용. 미국 콜럼비아신학교의 월터 브루그만 박사도 성서해석에서 철학자 가다머의 말을 인용하여, 계몽주의의 유산인 역사-비평적 해석은 "편견에 대한 또 하나의 편견"이라고 비판하고 있다. W. Brueggemann, *Theology of the Old Testament*, Fortress, 1997, 14쪽 이하.

60) 김양선, 『한국기독교 해방 10년사』, 총회종교교육부, 1956, 217쪽.

찬가지로, 이제 신학자들과 목회자들은 더 이상 이중적인 태도를 취하지 말고, 성서비평학이 가르쳐 준 대로 솔직하게 교인들이나 교회학교 학생들에게 성경이 말하는 초자연적인 기적은 일어나지 않았고, 일어나지 않는다는 것을 가르쳐주어야 한다고 했다.[61] 예컨대, 출애굽 이야기는 사실이 아니고 팔레스틴에서 다윗왕의 종주권을 강화하고 팔레스틴 민족들의 공동의 적인 애굽 제국의 압제를 함께 벗어날 수 있다는 신념을 주기 위해 다윗 왕궁의 서기관들이 만든 서사시적인 건국설화라는 것이다. 복음서들도 역사적 예수의 삶에 대한 사실적인 진술이 아니라고 그는 주장한다.[62] 성경의 영감은 무오성(inerrancy)과 결코 동일시될 수 없다고 한다.[63] 정말 성경은 사실대로 믿을 수 없는 '경건한 허구'(pious fiction)일까? 쿠트 교수와 오드 목사는 어떻게 그것을 알아냈는가? 사실 세계 성서학계는 아직도 '역사—비평적 방법'이 성경을 하나님의 말씀으로 해석하는 "결정적인 도구"인가에 관해서는 문제의식을 가지고 계속 검토하고 있으며, 새로운 대안들을 모색하고 있다.[64]

최근에 자서전을 출판한 세계적인 부흥사 빌리 그래함 목사도 성서비평학의 문제로 심각히 고민하였으며, 결국 하나님 앞에서 기도하면서 믿음의 결단으로 성경을 무오한 하나님의 말씀으로 받아들였다고 고백하였다.[65] '예수는 참 하나님이며 동시에 참 사람이다'라는 기독론의 명제에서, 우리는 예수님이 백 퍼센트 사람이기 때문에 죄를 지을 수 있고, 죄가 있다고 하지 않는다. 마찬가지로, 성경의 참 저자(제1저자)는 하나님이고, 성경은 그분의 계시가 영감으로 기록된 '하나님의 말씀'이라고 하면서, 다른 한 편으로는 또한 성경은 백 퍼센트 인간들이 기록한 책이기 때문에 오류와 모순이 있다고 가르치는 것은 어폐가 있다(비교, 마 22:29; 막 12:26-27; 벧후 1:16; 요일 1:1-4 등). 성경 문자의 우상화를 방지하고, 가현설적인 성경 이해를 경계하기 위해서 성경의 역사적 성격과 그 형성사를 이해하는 것은 당연하나, 성경의 기자(저자)가 연약한 인간이기 때문에, 성경에 오류와 모순이 있다고 주장하고 가르치는 것은 전혀 다른 것이다. 성경의 궁극적 저자는 인간이 될 수 없고, 하나님(성령)이 성경의 제1저자라고 하는 것이 개혁교회 전통의 복음주의 신학의 입장이다. 죽산 박형룡

---

61) D. R. Ord/R. B. Coote, *Is The Bible True?*, Orbis, 1994, 4쪽 이하.

62) Ord/Coote, 위의 책, 12, 67쪽 이하.

63) Ord/Coote, 위의 책, 13, 114쪽 이하.

64) 예컨대, G. Maier, *Biblical Hermeneutics*, Crossway Books, 1994; Gerhard Maier, Das Ende der historisch-kritischen Methode, Theologischer Verlag Rolf Brockhaus, 2. Auflage, 1975. 비교, Richard John Neuhaus(ed.), *Biblical Interpretation in Crises: The Ratzinger Conference on Bible and Church*, Eerdmans, 1989; James K. Hoffmeier and Dennis R. Magary(eds.), *Do Historical Matters Matter To Faith?*, Crossway, 2012. 에타 린네만 지음, 송 다니엘 옮김, 『성경비평학은 과학인가 조작인가』, 부흥과개혁사, 2010. Eta Linnemann, *Historical Criticism of the Bible*, Methodology Or Ideology?, Et by Robert W. Yarbrough, Baker, 1990.

65) Billy Graham, *Just As I Am*, Harper Paperbacks, 1998, 159, 164쪽.

박사가 바르게 말한 대로, "비평가들이 지적하는 소위 성경의 오류들은 난관들이요 증명된 오류들이 아니다."[66]

복음주의 신학노선의 성경관에서는 성경에는 '모순'(contradictions)이 아니라 '차이'(differences)가 있고, '오류'(errors)가 아니라 '난제'(difficulties, hard sayings)가 있다고 말한다.[67] 또한 동일한 대상에 대한 역사적, 과학적, 지리적, 연대기적인 기술의 다른 점들도 모순이나 오류라고 규정하지 않고, 그것은 역사·문화적인 시공의 간격에서 나타나는 지식 정도나 관점의 '차이'(differences)로 인식한다. 무엇보다 중요한 것은, 오늘 21세기 우리의 이성적 판단과 과학적, 역사적 학문적 지식도 어디까지나 상대적이며, 성경의 오류를 최종적으로 판정할 만큼 만고불변의 절대적 지식이 아니기 때문이다. 개혁교회의 '주석의 왕'이라는 칭호를 받았던 쟝 깔뱅은 성경의 오류라고 지적하는 대다수의 경우는 성경 본문의 전승 과정에서 발생한 사본 필사자들의 오류(scribal errors)로 설명했다. 신정통주의 신학이 문제가 되는 것은 당시 발호하던 자유주의와 차별화하는 그 장점들 때문이 아니라, 자유주의의 한 아류로서 자유주의의 성서해석 방법인 역사-비평적 방법(고등비평)을 예비지식으로 받아들인 것 때문이다. 그 결과 신정통주의 신학자들은 칼 바르트 교수와 김명용 교수와 같이 성경의 오류와 모순을 주장하기 때문이고, 그것도 성경사본의 필사자들의 실수나 본문 전승 상에서 있을 수 있는 착오가 아니라, 성경이 진술하는 사건들의 역사성(historicity) 자체를 의심하거나, 그 역사적 사실을 축소(reductionism)하고 자신들의 상상력으로 재구성하는 데 문제가 있다.

Ⅳ

신정통수의를 대표하는 바르트 교수의 성경관에서는 결국 기록된 성경은 계시와 구별되며, 성경은 참 계시인 예수 그리스도에 대한 인간의 "증언"이고, 기록된 성경은 단지 계시에 대한 인간적인 말일 뿐이기 때문에, 연약한 인간들의 기록으로서 오류와 모순이 있다는 주장이다.[68] 그런데 이 기록된 성경의 인간적인 말을 하나님이

---

66) 박형룡, "성경관의 제상", 〈신학지남〉 제23-1호, 1954, 12쪽.

67) Gleason L. Archer, Jr., *Encyclopedia of Bible Difficulties*, Zondervan, 1982; Walter C. Kaiser, Jr., *Hard Sayings of the Old Testament*, IVP, 1988; 동일저자, *More Hard Sayings of the Old Testament*, IVP, 1992. Norman L. Geisler & Thomas Howe, *The Big Book of Bible Difficulties*, BakerBooks, 1992. Douglas Johnson, 김의환 역, 『성서난제해설』, 세종문화사, 1975 등 참조.

68) 오토 베버, 김광식 역, 『칼 바르트의 교회 교의학』, 대한기독교출판사, 1992. "5. 성서와 교회", 59-75쪽, 특히 59쪽 이하. 비교, 데이비드 L. 뮬러, 이형기 역, 『칼 바르트의 신학사상』, 양서각, 1986. "하나님의 말씀에 대한 교리: 기독교적

사용하셔서 성령의 역사로 인간과의 만남이 이루어질 때 그 순간 성경은 비로소 하나님의 말씀이 되고 하나님의 말씀이라는 것이다! 영감은 "계시의 행위"지만, 그것은 성서의 인간적 증인들과 그 증언을 듣는 현재 우리 자신들에게서 일어나고 있는 "만남의 사건의 전체성" 속에서 이해해야 한다. 이때에도 "성서적 증인들의 인간적인 불완전성을 인정해야 한다"라고 바르트 교수는 주장했다. 이것은 바르트 교수가 교회개혁자들의 성경관을 20세기에 부활시킨 것이 아니라 교회개혁자들과 개혁신학의 성경관을 변경한 것이며, 전문적인 용어를 사용하자면 "언어영감설(Wortinspiration)"에서 소위 "실제영감설(Realinspiration)"로 수정한 것이다.[69] 이것은 바르트의 대단한 착각이고 잘못이다. 하나님의 말씀이 아닌 성경을 오늘 여기서 하나님이 성령으로 듣는 사람에게 하나님의 말씀이 되게하실 때, 즉 말씀과의 만남의 사건이 일어날 때, 성경은 비로소 하나님의 말씀이 된다는 것은 바르트의 오해이고 성경을 잘못 이해한 것이다. 기록된 성경은 성령으로 영감되고 계시된 하나님의 살아있는 말씀이다(딤후 3:16; 히 4:12; 벧전 1:23; 벧후 1:20-21 등). 다만 성경의 말씀을 듣는 사람의 마음문이 닫혀있고, 귀가 있어도 듣지 못하고 눈이 있어도 보지 못하기 때문에, 하나님의 말씀이 들리지 않는 것이다(비교, 막 8:17-18; 눅 8:8; 롬 11:8; 계 2:7 등. 비교, 사 29:10-14). 성령 하나님은 오늘도 닫혀있는 인간의 마음과 귀를 여시고 성경의 하나님의 말씀을 듣게하시는 것이지(시 119:18; 눅 24:44-45; 요 5:25; 14:26; 행 16:14; 요일 5:20 등), 기록된 성경이 하나님의 말씀이 아닌데 성령이 오늘 성경을 하나님의 말씀이 되게하시는 것은 아니다. 바르트는 이 점에서 크게 착각한 것이다. 한신대 박봉랑 박사도 이 문제에 관해서 다음과 같이 분명히 정리해 주었다. "바르트에게 있어서 말씀의 형식과 계시 자체 사이에 문자적인 동일이 있을 수가 없다. 성서와 설교 그 자체로서는 하나님의 말씀이 아니다. 그것은 하나님의 행동, 즉 계시의 사건으로 하나님의 말씀이 된다."[70] 이러한 바르트 신학의 성경관은 성경 권위의 약화를 초래했고, 성경의 역사적, 과학적, 문학적 오류와 모순을 주장하게 되었다. 결국 신정통주의 신학은 자유주의 신학자들의 놀이터에 던져진 폭탄이 아니라 폭죽임이 드러났다. 왜냐하면 '폭탄'이라고 했던 바르트 교수의 로마서 주석이 1921년에 나온 이후에도 자유주의 신학자들은 건재했으며, 오히려 유럽과 영국, 미국의 대학교 신학 강단과 교수직은 자유주의 신학자들이 독점하다시피 했고, 신정통주의 학자들마저 대학

신학의 규범", 56-66쪽.

69) 오토 베버, 위의 글, 62쪽 이하.

70) 박봉랑, "칼 바르트의 하나님의 말씀의 개념", 〈신학연구〉, 1960, 춘계, 57쪽. 비교, 코닐리어스 밴틸, 이상근역, 『칼 바르트』, 한국개혁주의 신행협회, 1971, 특히 "성경", 12-24쪽.

교의 신학 교수직에서 점차 배제되는 상황이 20세기 내내 전개되었기 때문이다. 박형룡 박사도 자유주의와 구분되는 신정통주의의 장점들과 그 성격을 인식하고 있었으나, 그럼에도 불구하고 성경의 계시와 영감을 수정하고 성경에 오류와 모순이 있다고 주장하는 신정통주의의 성경관을 "괴상한 성경관"이라고 했다.[71]

어쨌든 성경의 친필원본(autographs)이 하나도 남아있지 않은 현실에서, 오늘날 사본 상의 증거만 가지고 성경 본문의 의미를 파악하는 데 큰 문제를 일으키지 않는 단어의 일점일획, 토씨까지 영감되었다고 주장하는 소위 문자적-기계적 "축자영감설"[72]은 성경적으로나 학문적으로나 현실적으로 성립될 수 없을 뿐 아니라, 복음주의가 말하는 성경관이 아니다. 교회개혁자 쟝 깔뱅도 기계적이나 축자적 영감설을 주장하지 않았으며, 성경 필사본이나 본문 전승과정에서 발생할 수 있는 필사자의 오류는 제한된 범위에서 지적하였으나, 오늘날 자유주의나 신정통주의가 전제하는 역사-비평적 방법에서 말하는 식의 그러한 성경의 오류나 모순을 말한 적이 없다.[73] 깔뱅은 그가 가지고 있는 현재의 성경 본문이 본래 계시된 성경의 정확한 내용을 보여준다고 믿었고, 성경 본문의 계시 내용에 "진정한 오류"를 인정하지 않았다.[74] "성경은 거짓말하실 수 없는 그분이 말씀하셨으므로(딛 1:2), 우리는 그 말씀이 진실한 것으로 알고 그분의 말씀을 받아들여 입 맞추어야 한다."라고 깔뱅은 말했다.[75] 성서해석사에서 깔뱅은 역사-비평적 주석의 원조(元祖)가 아니라, "현대 역사-문법적 주석의 창시자"(founder of modern historical-grammatical exegesis)로 평가받고 있다.[76] 춘계도 "… 칼빈은 틀림없이 성서기록의 영감설과 성서의 무오성을 강조한 것 같다."[77]라고 했다.

---

71) 박형룡, "성경관의 제상", 위의 글, 11쪽.

72) 김재준, "한국교회의 신학운동-그 회고와 전망", 〈기독교사상〉, 1960.1, 13쪽. 김재준 교수는 1609년 정통주의 신학자 폴라누스가 성경의 객관적 권위를 확보하기 위해 제창한 학설이 "축자영감설"이라고 했고 여기에 대한 출처를 밝히지 않았는데, 아마도 장공이 잘못 알고 말한 것 같다. '축자영감'이란 번역은 오역이다. 장공이 말하는 폴라누스는 스위스 바젤대학교 구약학 교수이며 바젤대학교 총장을 역임했던 아만두스 폴라누스(Amandus Polanus, 1561-1610)를 지칭하는 것으로 보이는데, 이 폴라누스는 당시 바젤 교회에서 정통신학의 깔뱅주의 교리(예컨대, 이중예정론 등)를 확립했다고 한다. 비교, *RGG*, 3. Auflage, Bd. V, J.C. B. Mohr, 1961, "Polanus", 425쪽.

73) 루터나 깔뱅이 성경의 오류를 말했다고 김명용 교수가 지적한 사례들은 그 근거자료가 학문적으로 신빙성이 매우 빈약하다. 본 필자가 그 자료들을 조사해 본 바로는, 루터는 그의 성경관이 정교하지 못하고 다소 거친 표현 때문에 문제가 될 수 있으나, 깔뱅은 성경 필사자들의 오류(scribal errors)는 말했으나 성경의 오류를 말한 적이 없다. 김명용, "제7장. 한국장로교회 일치를 위한 신학적 방향", 『열린신학 바른 교회론』, 위의 책, 205쪽 이하. 비교, 이환봉, "칼빈의 성경 권위에 대한 신학적 근거", 『칼빈의 성경해석과 신학』, 요한 칼빈 탄생 500주년 기념사업회, SFC 출판부, 2011, 34-49, 특히 40쪽 이하.

74) Kenneth S. Kantzer, "Calvin and the Holy Scriptures", *Inspiration and Interpretation*, ed. by J. W. Walvoord, Eerdmans, 1957, 144쪽.

75) *Calvin's Wisdom*, ed. by G. Miller, Banner of Truth, 1992, 20쪽.

76) D. L. Puckett, "Calvin, John, 1509-1564", *Historical Handbook of Major Biblical Interpreters*, ed. by D. K. McKim, IVP, 1998, 178쪽. 비교, 한성진, "칼빈 주석의 현대적 방법론과 고대적 기원", 『칼빈의 성경해석과 신학』, 위의 책, 50-67쪽.

　　마삼락 박사는 1966년 51명의 세계 복음주의 신학자들이 참석한 "성서권위에 대한 보스톤 회의"에 다녀와서 성경무오성과 축자영감설에 관해 매우 흥미롭고 중요한 보고를 했다. 이 회의에서 성경의 "무제한적인 무오설 교리"에 대해서는 일치를 보지 못했고, "성경은 성령에 의해서 받은 거룩한 책이며 축자적으로 영감을 받았고 삼위일체 하나님이 계시하신 말씀이다"라는 성명서를 채택했으나, 여기서 "축자적으로 영감을 받았다"라는 말은 "받아쓰기"를 의미하지 않고, "말을 이어가는 고리와 같은 것"이라고 했다. 성경의 역사, 연대기와 문자적 해석의 어려움과 관련된 무오성(inerrancy)의 개념과 난해 구절에 대해서는 의견의 일치를 보지 못했으며, 성경 무오성이 곧 성경적 교리라는 데에도 의견의 일치를 보지 못했다고 전했다.[78] 축자영감(verbal inspiration)의 "축자"(逐字)는 한국어 번역의 오류이며(문자적-기계적 의미에서 축자적이라고 말하려면, 형용사 'verbatim'을 써야 한다), 형용사 'verbal'은 언사적(言辭的), 또는 언어적(言語的)이라고 번역해야 한다. 이때 언어적이라는 것은 하나님이 성경에 하나님의 말씀을 계시하실 때 인간이 알아들을 수 있는 언어를 사용하셨고, 인간 기자가 그 말씀을 기록할 때 실수하지 않도록 성령을 통해 그의 생각과 그가 사용하는 언어를 인도하셨다는 의미이다. 또한 인간 기자를 기계적인 도구로 사용하신 것이 아니라 그의 인격과 지정의를 사용하셨다는 점에서 유기적이며, 부분적이거나 부족하게 영감하신 것이 아니라 완전하고 충족하게 하셨다는 것이 정통주의 개혁신학 전통의 복음주의 성경관이다. 다시 말하자면, 그것은 언어적-유기적-충족적 영감설(Verbal-Organic-Plenary inspiration: VOP inspiration)이라고 정리할 수 있다. 무엇보다 기록된 성경은 하나님이 생명의 숨을 불어넣으신 것으로서(딤후 3:16. 그리스어 '테오프뉴스토스', 영어로는 'God-breathed') 하나님의 살아있는 말씀이다(히 4:12. 비교, 벧전 1:23; 벧후 1:10-21).

　　박형룡 박사는 일찍이 정통주의는 복음주의와 같은 의미로 바꾸어 쓸 수 있다고 하면서, 정통주의는 "신구약 성경을 천계(天啓)와 영감(靈感)으로 말미암아 온 하나님의 무오한 말씀으로 믿는 고등한 초자연적(超自然的) 성경관으로 출발한다"라고 그의 성경관을 밝혔다.[79] 그런데 한국 장로교회 역사에서는 위에서 잠시 언급한 바와 같이 성경의 유오를 주장하고 신학사상의 자유를 부르짖는 목소리가 그치지 않았

---

77) 이종성, "칼빈의 성서관", 77주년 개교기념 학술강연, 신학춘추, 1978, 10면. 비교, 『칼빈의 성경관』, 죤 칼빈 지음/ 편집부 엮음, 반석문화사, 1992. 안명준, 『칼빈의 성경해석학』, 기독교문서선교회, 1997.

78) 마삼락, "성서의 권위에 대한 보스톤 회의", 〈기독교사상〉 1966. 12, 50-52, 특히 96쪽. 비교, 현대 복음주의 성경관에 대한 보다 분명하고 합의된 내용은 '시카고 성경무오선언'에서 찾아 볼 수 있다: "The Chicago Statement on Biblical Inerrancy"(1978)와 "The Chicago Statement on Biblical Hermeneutics"(1982). 비교, 권성수, "성경무오에 관한 7대 오해", 〈성경과 신학〉 제7권, 한국복음주의신학회, 1989, 61-98쪽.

79) 박형룡, "복음주의 신앙의 현세", 위의 글, 26-27쪽.

다. 1920년대에 이미 캐나다 장로회 선교사 목사인 서고도(徐高道, William A. Scott, 1886-1979)의 영향을 받아 조희염 목사는, "성경 전체를 하나님의 말씀으로 믿는 것은 큰 잘못이다. 성경에는 하나님의 말씀이 아닌 것도 많이 포함되어 있다. 문학적 오류는 물론, 다수의 역사적 오류와 과학적 오류가 포함되어 있다"라고 발언하여 큰 물의를 일으킨 사건이 있었다.[80] 1934년 제23회 예장총회에서는 모세오경 저자 문제와 바울서신 해석 문제가 비화되었다. 또한 고등비평의 영향 아래 쓰여진 『아빙돈 단권 주석』이 논란의 대상이 되면서,[81] 보수적인 장로교회 총회와 신학에 태도의 변화가 생겨났다. 우리는 이러한 태도의 변화를 "전투적 근본주의 입장의 등장"이라고 불러도 좋을 것이다. 한철하 박사는 여기에 대해 이렇게 기록하고 있다. "… 한국 교회의 보수신앙 전통이 1930년대에 와서는 그 성격을 달리하기 시작하였다. 앞서 언급한 대로 보수주의가 내용적 신앙적 보수주의에서 태도상의 보수주의로 변하였던 것이다. 이것은 당시에 미국에서 벌어졌던 보수신학과 자유신학의 싸움의 여파가 한국까지 파급되어 온 데 기인한다."[82]

　　같은 개혁교회의 정통주의 보수신학을 계승 발전시키면서도, 한국 장로교회의 복음주의는 성서비평학을 가르치고 성서의 오류를 주장하는 장공을 위시한 조선신학교의 신정통주의에 대해 염려하면서도 인내와 대화의 자세로 대안을 제시하는 입장을 취한 데 반해, 태도를 달리한 근본주의는 그 상대방을 정죄하고 적대시하면서 전투적이며 배타적이고 분리적인 태도를 취한 것이다. 예컨대, 1930년대 이후 박형룡 교수의 태도에 비하면, 평장신 남궁혁 교수의 입장은 복음주의 노선을 보여주는 것이었다. 성서 유오설을 끝까지 주장하여 신신학(신정통주의)의 대변자로 알려진 김재준 교수나, 성경무오설로 끝까지 전투적으로 맞서서 한국의 메이첸이란 이름을 얻은 박형룡 교수나, 명분은 성경의 바른 해석을 내세운 진리 싸움이었으나, 사실은 자기의(自己義)를 관철하기 위한 반목과 다툼이었다. 그래서 장공이 평소 형이라고 불렀던 김양선 교수는, "만일 김재준 교수가 계속적으로 보수수의 신학을 상렬히 비판하지 않았다면 금일과 같은 장로교회의 분열은 일어나지 않았을 것이다"[83]라고 했다. 이러한 관점에서, 김재준 교수의 태도도 어떤 의미에서 '신정통주의적 근본주의'라고 볼 수 있다. 주장하는 내용보다 주장하는 사람의 태도는 더 중요하다. 한국의 비평학자들 자신도 이 당시 상황에 대해, "영감설과 무오설에 저항하고 충돌과 분열

---

80)　김양선, 『한국기독교 해방 10년사』, 위의 책, 186쪽.

81)　유형기 목사 편집, 『단권 성경주석』, 서울 신생사, 1935 초판, 1949 5판. 유형기는 감리교회 목사이며, 일제시대에 신사참배에 앞장 선 것으로 알려졌다.

82)　한철하, "보수신학의 어제와 오늘", 위의 글, 99쪽.

83)　김양선, 『한국기독교 해방 10년사』, 위의 책, 197쪽.

을 야기시켰으나 그 귀중한 대가에도 불구하고 성서의 학문적 연구의 개척을 위한 거점도 확고히 하지 못했다"[84]라고 자성했다. 평장신의 신학노선과 그 성경관은 성경무오설을 분명히 하는 입장이었고, 성경유오설을 경계하고 고등비평의 방법론을 섣불리 받아들이지 않으면서도, 결코 비평학을 무시하거나 분리주의적인 전투를 하는 '변질된 근본주의'와는 구별되는 개혁신학의 복음주의 입장을 지켜나갔다. 그 대표적인 인물이 미국 프린스턴 신학교 졸업생으로 평장신의 2대 교장이었던 미북장로회 선교사 목사인 나부열이다.

나부열(羅富悅, Stacy Lippincott Roberts, 1881-1946)은 이렇게 말한다. "대저 하나님의 말씀이 불착무오(不錯無誤)하거니와, 그 범위가 우주와 같이 광막하야 그 불착무오한 여부를 오인(우리)의 천근(淺近)한 식견으로는 요해(了解)키 어려울지니 망원경을 발명하기 전에 먼 하늘에 있는 성구(垕球)를 발견치 못하였나니, 이는 성구가 없었던 것이 아니오 천문학자의 육안력이 미치지 못하였던 것이로다. 그런고로, 과학을 선히 연구하는 자는 물리가 오묘함으로 그 연구함을 쉬지 아니하나니, 성경을 연구하는 오인도 오묘한 난제를 당하면 하나님의 말씀이 아니라고 인정할 것이 아니라 아직도 나의 연구력이 박약함을 스스로 깨달을 것이니라."[85] 여기서 라부열은 복음주의의 성서 해석학적 입장을 분명히 하고 나서, 그의 성경관을 이렇게 밝히고 있다. "성경이 불착무오(不錯無誤)하다 함은 금일의 성경을 지칭함이 아니라. 모든 선지자와 사도가 신의 지도를 받아 첫 번 저술한 원본을 가리킴이라. 옛적에 인쇄법이 발명되지 못하여 다만 각 사람의 수필(手筆)로 등사하야 수 천년 동안 유전(流傳)하였으니, 등사자가 아무리 조심하였다 할지라도, 다소간 오서(誤書) 또는 낙자(落字)가 없지 못할지라. 열왕기와 역대기를 참고하면, 어떤 군왕의 연대가 피차 부동(不同)하니 이는 히브리 숫자가 자형(字形)은 비슷하나 지수(指數)는 크게 다른 고로 등사인이 오서하기 용이하였음이라. 이로 볼지라도 금일의 성경이 오서가 없다고 못할지니, 그 해석이 어찌 용이하리오. 그러나 금일의 성경이 착오처(錯誤處)가 다대(多大)한 것은 아니니, 그 보존된 각 사람의 사본을 참조함으로 원본 성경이 어떠함을 넉넉히 참작할지니 금일 성경이 원본과 크게 다르다고 함은 아니로다."[86] 나부열 교수 역시 "축자영감설"을 말하지 않으면서, 성경의 친필원본에 근거한 무오설을 주장하고 있는 것은 개혁신학 전통의 복음주의 성경관의 입장이다. 평장신의 복음주의 성경관이 오늘의 장신대 성경관으로 연결되는 증거를 장신대 교수였던 김규당 교수

---

84) 허혁, "한국에서의 역사 비판학의 제문제", 〈신학사상〉 제3집, 1973, 70쪽.

85) 나부열, "성경의 난제론", 〈신학지남〉 제2권 2호, 19쪽.

86) 나부열, 위의 글, 21-22쪽.

의 성경관에서 찾아볼 수 있다. 평장신 33회(1938년) 졸업생인 김규당 교수는 그의 성경관을 이렇게 밝히고 있다. "성서는 영감에 의해 기록되었다는 것과, 정확한 사상전달은 정확한 문자로써야 달성된다는 사실과 성서의 내용이 매우 중요함에 비추어 성서에 잘못이 있다고 생각할 수는 없다."[87]

V

장신대는 그러나 1964년부터 호주 장로회 선교사 목사인 변조은(John P. Brown) 교수가 성서비평학을 조심스럽게 소개했으며, 1966년에 미남장로회 선교사 김기수(Keith R. Crim) 박사가 요나서를 상징으로 해석해야 한다고 장신대에서 가르치면서 예장총회에까지 물의를 일으켰다. 1972년부터 장신대 강단에 선 한국계 미남장로교회 선교사 목사인 문희석 박사는 성서비평학적인 입장에서 "성서학적인 성서관"을 확립하려는 의지를 가지고, 강의와 저술 및 출판 작업을 진행했다. 여기에 대해 한신대 김정준 교수는 다음과 같이 평가하였다. "… 1935년부터 우리 한국장로교회 안에 있던 성서의 문자적 무오설과 기계적 축자영감설… 미국 메이첸, 워필드, 하지 계통의 보수주의 신학만이 성서를 올바로 이해한다는 독선적이고 권위적인 성서주의가 장로교회(장신대) 신학교수에 의하여 무너지고 만 것이다… 문희석 박사는 예장 통합 측 신학교수로서 세 번째 이러한 성서 비평학을 받아들인 사람이다. 이미 김기수란 이름을 가진 K. R. Crim 박사와, 같은 학교에서 구약을 가르친 변조은이란 이름을 가진 J. P. Brown 목사, 두 선교사가 있었다"라고 했다.[88] 그러나 김정준 교수 역시 '축자영감설'을 잘못 이해하고 있으며, 한국 장로교회 안의 '독선적, 권위적 성서주의'가 장신대에서 성서비평학을 가르친 교수들에 의해 무너지고 말았다고 한 것도 성급하고 피상적인 관찰에 불과하나.

만수 김정준 교수의 성급한 판단과는 다르게, 예장총회(통합)는 1979년에 "신학대학 교수 강의 및 저서내용 사건"을 문제 삼았고, 총회 앞에서 그에 대한 해명을 받았다.[89] 이것은 예수교장로회 통합교단과 장신대가 성서비평학과 성서유오설을 주장하는 신정통주의 신학을 장신대의 신학노선으로 공식화하거나 무제한적으로 받아

---

87) 김규당, "정통신앙과 성서관", 〈기독교사상〉, 1967. 2, 61쪽.

88) 문희석, 『한국 교회 구약성서 해석사 1900-1977』, 대한기독교서회, 1978, 89쪽에서 재인용함.

89) 『장로회신학대학교 100년사』, 위의 책. "박창환 교수의 신학사상 논쟁", 400쪽 이하; "김기수 박사는 요나서 사건으로 교수직 사임", 407쪽 이하; "문희석 교수 신학문제로 총회에서 논란", 470쪽 이하; "이종성 학장 저서 논란", 473쪽 이하 등 참조.

들일 수 없다는 의지를 거듭 천명한 것이다. 이때 총회 앞에서 당시 장신대 학장인 춘계 이종성 박사는 장신대 신학노선에에 대한 총회의 질문에 다음과 같이 분명하게 대답했다. 총회의 질문은, '장신대의 신학노선을 신정통주의로 방향조정하려는 것입니까?'였고, 이에 대한 춘계의 답변은 '아닙니다… 장신대의 신학노선은 웨스트민스터 신조에 입각하여, 에큐메니칼 정신으로 성서적 복음주의'라고 했다.[90] 이미 1973년 〈신학춘추〉 '사설'에서는 "장로회 신학대학의 신학노선"을 비교적 자세히 밝혀둔 바 있다. 그 내용의 핵심은 역사적으로 장신대는 깔뱅의 개혁신학 사상을 가장 중요시하면서, 미국장로교회의 신학노선에 함께 하려고 노력해 왔다는 것과, 본교단 총회가 1922년에 채택한 12신조와 1968년에 채택한 웨스트민스터 신앙고백서가 주축이 되어, 장신대의 신학적 입장은 "보수주의 정통주의"로 인식된다는 것이다. 때로는 장신대 교수들 가운데 이러한 입장에 부합되지 않는 말을 하는 사람이 있기도 하나, 그것은 개인적이며 일시적인 현상에 지나지 않으며, 결국 "본 대학의 신학노선은 성서에 기초를 두고 칼빈의 신학사상을 길잡이로 한 복음적 신학의 노선을 걷고 있다"고 결론지었다.[91] 한편, 장신대 교수회에서도 개혁교회 전통의 복음주의 신학의 노선을 분명히 할 필요를 느끼고 "장로회신학대학 신학성명"을 발표했는데 그 서문에서, "우리는 여기에서 신학의 전제, **개혁주의 신학** 전통과 에큐메니칼 신학, 신학과 교회, 신학의 선교적 기능과 사회적 기능, 신학의 방향, 신학의 한계와 신학의 대화적 측면에 대하여 7가지 명제들을 제시하려고 한다. 이는 장신대의 신학 교육을 가능하며, 교회와 사회에 대한 우리의 태도와 행동을 결정한다"라고 밝혔다. 그 7명제들은 다음과 같다.[92] 여기서 '에큐메니칼 신학'이라 표현은 잘못이며, 아래 제2 명제에서 말하는 에큐메니칼 정신(에큐메니칼 하다)으로 이해할 수 있다. 왜냐하면 에큐메니칼 신학이란 실체가 없기 때문이다.

1. 우리의 신학은 복음적이며 성경적이다.
2. 우리의 신학은 **개혁주의적**이며 에큐메니칼하다.
3. 우리의 신학은 교회와 하나님의 나라에 봉사한다.
4. 우리의 신학은 선교적인 기능과 역사적, 사회적 참여의 기능을 수행한다.
5. 우리의 신학의 장은 한국이요, 아세아요, 세계이다.

---

90) 『제64회 총회회의록』, 1979, 101-108쪽. 비교, 김중은, '우리의 목회와 신학', 『옛것과 새것』, 한국성서학연구소, 2013, 489쪽 이하.
91) 〈신학춘추〉 제5호 통권 39호, 1973년 10월 31일, 2면.
92) 『장로회신학대학의 신학노선』, 장로회신학대학, 28-33쪽.

6. 우리의 신학은 기술사회의 문제들(현대 과학주의와 현대 문명의 문제들)에 응답
해야 한다.

7. 우리의 신학은 대화적이다.

각 명제에 따라 나오는 해설을 여기서 다 소개할 수는 없고, 제1 명제의 해설에서 오늘의 장신대의 성경관과 그 신학노선을 읽을 수 있다. "성경 안에는 중심 메시지가 있다. 그것은 복음이다. 부활의 빛과 성령강림의 빛에서 본 예수님의 말씀들과 행동들, 무엇보다 예수님의 십자가와 부활사건 및 이 사건의 의미에 대한 사도적 선포가 복음의 진수이다. 성령에 의하여 영감된 성경의 진리들은 이 복음에 입각해서 이해되고 해석되어야 한다. 우리는 성령의 인도하심과 경우에 따라서 성경비평학에서 얻은 통찰로써 기록된 하나님의 말씀이 지닌 신학적 맥락들을 존중하면서 성경 내에 계시된 진리들을 신학의 규범으로 삼아야 한다. 이 계시된 진리들은 하나의 인격적 진리요 말씀 자체이신 예수 그리스도를 통해서만 그 의미가 완전해진다." 개혁주의를 내세우는 이러한 장신대의 성경관과 신학노선은 100년 전 평장신에서부터 시작하여 2000년간 기독교 역사의 모든 정당한 신조(신앙고백)들과 연대하는 것이며, 특히 그 복음에 대한 이해나 성경해석 방법론에서 장 깔뱅(J. Calvin, 1509-1564)이 이룩한 개혁교회 신앙과 신학의 전통을 계승 발전시키는 복음주의 신학 입장임이 틀림없다. 장신대 신학은 성경의 모순이나 유오(有誤)를 주장하지 않는다. 장신대 신학은 성경비평학을 "결정적인 도구"로 환영하여 받아들이지 않지만, 결코 무시하거나 배타적으로 적대시하지도 않는다. 다만 성령의 인도하심을 의지하면서, "경우에 따라서" 각자의 신앙 양심(또는 믿음의 분량)과 신학적 책임 아래 그 비평학에서 얻은 통찰을 교회의 신앙을 위해 유익하게 사용하려는 것이다. 이러한 장신대 복음주의 신학은 변질된 독선적 전투적 분리적인 근본주의 신학과 분명히 구별되는 것이다. 말하자면, 바울 사도가 기록한 대로, "모든 것이 내게 가하나 나 유익한 것이 아니요 모든 것이 내게 가하나 내가 무엇에든지 얽매이지 아니하리라"(고전 6:12)는 말씀과 상통하는 복음 안에서 '자유하는 신학'이다(요 8:31-32). 장신대 신학은 자유주의 신학이나 신정통주의 신학이 아니다. 장신대 신학은 예수 그리스도 안에서 자유하는 신학, 곧 복음주의 신학이다(요 8:31-32). 평장신의 조직신학교수 이눌서(레이놀즈, William Davis Reynolds, Jr., 1867-1951)의 후임으로 임명되었던 구례인(John Curtis Crane, 1888-1964) 교수는 동양 성현의 지혜를 인용하는 자리에서[93], 생명력 있는

---

93) "신신학과 구신학을 비교함", 알 에이 웹, 구례인 역, 〈신학지남〉 제7권 3호, 1925, 18쪽.

복음주의 신학의 입장을 이렇게 밝혔다. "人皆好之 必察焉 人皆惡之 必察焉 擇其善而居"(사람들이 다 좋다고 해도 반드시 살펴보고 사람들이 다 나쁘다 해도 반드시 살펴보아 그 좋은 것을 택하여 거할지니라).

장신대 신약학 교수 박수암 박사는 성서비평학에 대한 자신의 견해를 이렇게 밝혔다. "역사비평적 해석은 그것이 성경의 영감성과 하나님의 객관적인 행위를 부인하고 성경도 다른 모든 문서와 마찬가지로 인간 이성의 보편적인 법칙으로만 해석되어야 한다고 보는 점에서 배격되어야 한다." 그러나 그것의 성경 본문에 대한 세심한 연구는 "성경의 다양성을 파악하게 하여 더 넓은 성경의 통일성의 길로 나아가게 하는 장점이 있는데, 신중히 이 방법을 사용할 수 있을 것"이라고 한다.[94] 박수암 교수의 이러한 입장은 본교 장신대의 복음주의 입장을 표현한 것이다. 21세기를 향한 한국 장로교회의 신앙과 신학노선을 위해 박수암 교수는 결론적으로 두 가지 중요한 점을 부각시켰다. 하나는 역사적 개신교는 성경비평에 관여하되 저자의 의도를 바르게 파악하기 위해서 하며, 그렇게 반(反)비평주의가 아니라는 것이다. 다른 하나는, "역사적 개신교는 성경본문과 역사와 문헌들을 마구잡이로 재구성하는 자유주의적 비평주의에 빠지지 않는다"라는 것이다.[95] 김지철 박사도 성서해석에 있어서 역사비평적인 접근을 결코 거절할 이유는 없다고 한다. 왜냐하면 역사적인 물음이 없는 본문 해석은 '가현설'의 위험성에 빠지게 되기 때문이라는 것이다. 그럼에도 김지철 교수는 "성경 본문의 역사적 자리를 찾아 나가는 방법론은 그 자체에 목적이 있는 것이 아니라, 본문이 전달해 주려는 신앙의 확실성을 확보해 나가는 데 그 목적이 있다"라고 주장했다.[96] 이 점에 있어서 성종현 교수도, "역사적-비판적 방법은 최종적 단계에서 반드시 성서 신학적인 해석으로 끝맺어야 한다"라고 했다.[97] 그럼에도 불구하고 성경 본문이 말하는 "역사적 사실 규명 여부"와 "신앙의 확실성 확보" 또는 "성서신학적인 해석" 사이의 괴리는 여전히 풀리지 않는 문제로 남는다는 것을 우리는 인식해야 한다. 사실 개혁교회 전통의 복음주의 신학에서 성경 본문의 역사적 성격 규명은 "역사-비평적 방법"(historical-critical method)이 아니라 "역사-문법적 방법"(historical-grammatical method)으로 수행되는 것이다.[98]

---

94) 박수암, "성경해석 방법론", 『21세기 한국장로교의 신앙과 신학의 방향』, 총회헌법개정위원회 신앙고백과 교리분과위원회 편, 한국장로교출판사, 1999, 138쪽.

95) 박수암, 위의 글, 156쪽 이하.

96) 김지철, "누가복음 서문(눅 1,1-4)의 해석학적 의미", 〈교회와 신학〉, 1997, 가을호, 제30집, 150쪽 이하.

97) 성종현, "크리스챤과 성서해석", 〈장신논단〉, 1986, 제2집, 22쪽.

98) '역사적-문법적 방법'(historical-grammatical method)은 20세기 중반 이후 '역사적-문법적-신학적 방법'(historical-grammatical-theological method)으로 그 개념이 확장되었다. L. Berkhof, *Principles Of Biblical Interpretation*, Baker, 1950/1980, 133-166쪽. '신학적'이란 방법론적 개념이 확장된 것은 성경의 제1저자는 성령 하나님이시라는 점

Ⅵ

일찍이 평장신이 그 기관지 〈신학지남〉을 통해 고등비평을 "원리적으로 적합한 것"이라고 소개한 바는 있으나[99], 자유주의와 신정통주의 신학이 침투하는 곳마다 역사-비평적 방법(고등비평)을 앞세워 교회의 성경적-복음적 신앙이 파괴되는 상황을 보고, 이눌서 교수는 다시 〈신학지남〉에 글을 기고하여 고등비평을 사용하는 근대신학주의(자유주의와 신정통주의)는 '배도(背道)하는 것'이라고 따끔한 일침을 가한 적이 있다.[100] 그렇다면 장신대 신학노선은 고등비평을 제한 없이 사용하는 자유주의나 그 아류로서 성서비평을 예비지식으로 전제하는 신정통주의의 성경 오류 주장을 경계하면서, 성경의 불오(infallibility)와 무오(inerrancy)를 어떻게 견지하고 있는가가 관심의 초점이다. 오늘 장신대 성서학의 입장은 신중히 성서비평학(고등비평)을 사용하면서 "경우에 따라" 유익한 점이 있으면 비평학적 통찰을 적절히 사용하고자 하는 것은 살아있는 복음주의 신학의 모습을 보여주는 것이다. 복음주의는 획일적인 성경해석을 주장하지 않으며, 교단 헌법이 명시한 신앙고백의 테두리 안에서 성경해석의 다양성을 인정한다. 결국 총신대는 근본주의의 "보수적 태도"를 가져갔다면, 장신대는 그 "보수적 내용"을 중요시하며 복음주의 신학노선을 지켜왔다고 할 수 있다.[101] 장신대 한숭홍 교수 역시 현시점에서 장신대 신학노선은 "개혁 전통에 선 복음주의 신학"이라고 정리하면서, 총신대의 "칼빈주의에 역점을 둔 근본주의 신학", 또는 고신의 "근대 화란 개혁주의에 기초한 근본주의 신학", 기장의 "자유주의적 신정통주의 신학-진보주의 신학-신정통주의적 문화신학-민중신학"의 입장들과 장신대 신학을 구별한 것은 탁월한 평가라고 생각한다.[102]

장신대를 창학한 마포삼열 교수의 아들이며 본교 교수와 협동학장이었던 마삼락 (馬三樂, Samuel Hugh Moffett) 박사가 본 교단과 본교 장신대의 신학노선을 '개혁교회 전통의 복음주의'라고 정리한 강연을 했는데, 그 내용을 인용하면 다음과 같다. 마삼락 박사는 한국장로교회의 분열이 일단락된 직후인 1960년 본교단(예장 통합) 전국 교역자 여름 수양회에서 "복음주의 신앙이란 무엇인가? – 역사적 면에서 고찰함"이란 매우 중요한 강연을 했는데, 여기서 마삼락 교수는 복음주의를 규정하는 데

을 강조하기 위함이다.

99) 김중은, "고등비평을 한국에 처음 소개한 것은 누구인가?", 『구약의 말씀과 현실』, 한국성서학연구소, 1996, 352-370, 특히 367쪽.

100) 이눌서 역, "근대신학 주의는 즉 배도하는 일(살후 2:3)", 〈신학지남〉, 1932, 14-6호, 6-11쪽.

101) 한철하, 위의 글, 100쪽.

102) 한숭홍, 『한국신학사상의 흐름』, 하권, 장신대출판부, 1996, 578-581쪽.

는 역사적 전통이나 신조(신앙고백)만으로는 부족하고, "성경을 그대로 믿고 생활하는 것"이 그 본질이라고 강조했다. 즉, "복음주의는 신조대로만 따라가는 것이 아니요 하나님의 말씀대로 생활하는 것"이라는 정문일침(頂門一鍼)의 명쾌한 설명이다.[103] 마삼락 박사의 결론을 들어보자. "전국에 계시는 교역자 여러분, 1920년에 제정한 평양신학교의 신앙고백서를 시인하고 믿습니까? 저는 그것을 믿고 있습니다. 그러나 이 고백을 믿는 것만으로는 나와 여러분으로 하여금 복음주의자가 되도록 만들어지게 하는 것은 아닙니다. 1846년에 복음주의 동맹의 고백을 믿습니까? … 1648년에 제정된 웨스트민스터 신앙고백을 믿습니까? 여러분도 장로교인이고 저도 장로교인이므로 이 신조를 믿습니다. 그러나 이 웨스트민스터 신앙고백이 여러분으로 하여금 복음주의 신앙을 소유하게 할 수는 없습니다. 오로지 우리가 복음주의적 신앙을 가질 수 있는 것은 그 권위가 좋은 신조에 있는 것이 아니요 완전한 하나님의 말씀의 토대 위에 있는 것입니다."[104] 마삼락 박사는 마르틴 루터의 고백과 같이 "내가 여기 서 있어서 다른 도리가 없사오니 하나님 나를 도우소서, 아멘"이라고 할 수 있는 신앙을 가지고 "하나님의 말씀 위에 설 때"에만 온전한 복음주의 신앙과 신학이 가능함을 거듭 강조했다. 그는 시편 19편 9-10절을 인용하면서 그의 강연을 마쳤는데, 즉 "정금보다 꿀보다 꿀송이보다 전통보다 더 좋은 하나님의 말씀대로 살아야" 복음주의 신앙과 신학을 소유한다고 보았다.[105] 이러한 복음주의에 대한 바른 이해는 장신대의 복음주의 신학노선에 그대로 직결되는 것이다(비교, 벧전 3:15-16; 약 2:17 등).[106] 장 깔뱅의 제네바 아카데미의 신앙과 신학 전통을 이어가는 "경건과 학문"(pietas et scientia)이라는 장신대 학훈(學訓)은 장신대의 신학노선이 오직 성경에 기초하여 우리의 신앙과 학문이 결코 분리될 수 없는 일체양면이라는 복음주의 신앙과 신학의 특징을 표명한 것이다.

---

103) 마삼락, "복음주의 신앙이란 무엇인가? -역사적 측면에서 고찰함", 『장로교회의 금후의 진로』,총회종교교육부, 1960, 75-101쪽, 특히 98쪽.

104) 마삼락, 위의 강연, 99쪽.

105) 마삼락, 위의 강연, 100쪽 이하. 비교, 김기수, "복음주의 신앙이란 무엇인가?", 『장로교회의 금후의 진로』, 위의 책, 47-74쪽.

106) 많이 알려진 영국 역사학자 베빙턴(David W. Bebbington) 교수가 말하는 4가지 복음주의 요소는, ①중생의 체험, ②성경의 권위, ③예수 그리스도의 십자가와 ④기독교인의 사회 봉사활동이다. 보다 확대된 21세기 복음주의의 특징은, 성경의 권위(계시와 영감), 삼위일체 신관, 인간의 타락과 범죄, 예수 그리스도의 십자가 대속, 중생의 체험, 성경적 믿음과 거룩한 생활, 전도와 선교, 기독교적 사회참여 등이다. B. Hindmarsh, "Evangelicalism", *Evangelical Dictionary of Theology*, ed. by D. J. Treier and W. A. Elwell, 3rd ed., 2017, 290-292쪽. 복음주의 신학의 각론에 대한 자세한 설명은 다음의 책을 참고할 수 있다. *The Oxford Handbook of Evangelical Theology*, ed. by G. R. McDermott, Oxford, 2010.

VII

    장신대 교수회는 건학 2세기를 맞이하여 1920년 평장신 교수회가 발표한 "본교의 목적과 신경"[107], 1985년 본교 장신대교수회가 채택한 "장로회신학대학 신학성명"[108]과 연대하면서 백년 역사상 세 번째로 금년(2002년)에 본교의 신앙과 신학 교육의 정체성을 분명히 하는 기본문서를 발표하였다.[109] 여기서 이 문서의 내용을 분석하고 자세히 설명할 수는 없으나, 그 본질적 특징을 말하자면, 이번 기본문서의 의의는, 21세기를 전망하면서 장신대가 평장신에서 시작하여 100년 역사를 이어 온 개혁교회 전통의 복음주의 신앙과 신학노선의 교육 의지를 다시 한번 새롭게 다짐한 것으로 볼 수 있다. 특히 이 기본문서에서는 첫 문장이 "성경에 근거한 신학교육을 위하여"로 시작하는데, 이것은 본교 장신대의 교육이념과 교육목표를 복음주의 "성경 중심"에서 설명하는 것이며, 이것은 스위스 개혁교회의[110] 역사적 뿌리와 정체성을 분명히 한 것으로 여겨진다. 장신대는 그러므로 정통 개혁주의 신학인 복음주의 노선에서 이탈하여 지금까지 한 번도 '신정통주의'를 장신대 신학노선으로 발표하거나 내세운 적이 없다. 이점에서 장신대 신학은 한신대의 신정통주의 신학과 구별된다. 장신대 교수 개인에 따라, 신정통주의나 자유주의적인 성향을 보이는 점이 있다는 것을 부인할 수 없으나, 본 교단 예장총회(통합)의 직영신학교로서, 장신대의 신앙과 신학노선은 역사적 개혁교회의 깔뱅주의 전통의 복음주의가 분명하다.[111] 역사적으로 한국장로교회의 신앙과 신학은 "오직 성경(sola scriptura)"이 그 기초가 되어 "성경은 성령으로 영감되고 계시된 하나님의 말씀이다"라는 개혁신학의 복음주의 성경관을 가지고, 성경중심의 생활, 성경중심의 설교, 성경중심의 목회, 성경중심의 신학교육, 성경중심의 선교, 성경중심의 사회참여를 하는 것이 그 장점이며 특징이다.

---

107) 『장로회신학대학교 100년사』, 위의 책, "본교의 목적과 신경", 168-170쪽.

108) 『장로회신학대학의 신학노선』, 장로회신학대학, 28-33쪽; 비교, 『장로회신학대학교 100년사』, 본교교수회의 "교육목표 제정"(제353회 교수회의록, 1978.1.4.), 511쪽.

109) 〈장신소식〉 제15호, 2002년 6월, 장로회신학대학교 기획처. "장로회신학대학교 신학교육성명을 위한 기초문서", 4-7쪽. 〈장신소식〉 제16호, 2002년 10월. "장로회신학대학교 신학교육성명", 4-11쪽.

110) 스위스 개혁교회의 역사적 복음주의 전통은 구체적으로 츠빙글리(Huldrych Zwingli, 1484-1531), 깔뱅(Jean Calvin, 1509-1564), 불링어(Johann H. Bullinger, 1504-1575)의 신학을 말한다. 그 중에서도 깔뱅의 개혁신학이 그 중심이다. 성경중심의 신학교육은 취리히의 그로스뮌스터 교회에서 목회하던 츠빙글리의 '예언학교'(프로페차이)로부터 시작되는 특징이며, 이러한 전통이 평장신의 성경중심 교육으로 이어진다고 임회국 교수는 보았다. 임회국, "츠빙글리종교개혁의 유산과 한국(평양) 장로회신학교 신학교육", 『공감, 교회역사 공부』, 장로회신학대학교출판부, 548-575쪽, 특히 560쪽 이하.

111) 개혁교회의 깔뱅주의(복음주의) 신학전통이란, 어떤 역사적 당파적 전통이 아니라 내용적 전통 이며, 이수영 교수에 의하면, 그것은 "구원에 관한 참된 성경적 진리를 제시하는 것"이다. 이수영, "개혁신앙의 기초", 『장로회신학대학의 신학노선』, 장로회신학대학, 1986, 35쪽 이하, 특히 43쪽.

　　다만 한 가지 걱정되는 점은 본 교단 총회헌법개정위원회가 지난 1999년에 『21세기 한국장로교의 신앙과 신학의 방향』이란 책을 출판하고,[112] 이 문건에 근거하여 헌법개정안을 만들어 '제1편 교리 제6부'에 "21세기 대한예수교장로회 신앙고백서"를 신설한 것이다. 이 문서를 기초한 이형기 교수는 최근 본 필자에게 직접 자신의 성경관은 "성경은 하나님의 말씀을 포함한다"는 것이라고 말했다. 그렇다면 '성경이 몇 퍼센트나 하나님의 말씀을 포함한다는 말인가?'라고 물으니, 이형기 교수는 대답 없이 침묵을 지켰다. 이형기 박사의 이러한 성경관은 신정통주의를 넘어서는 자유주의 성경관의 입장이다. 그래서 본 필자는 다시, '이전의 이형기 박사의 신학적 입장은 그렇지 않았는데'(이형기 박사는 '한국복음주의 신학회' 회원이며, 김명혁, 손봉호, 이종윤 등과 함께 그 기관지 〈성경과 신학〉의 편집위원이었다)라고 물었고, 그 대답은 "나는 변했어요"라는 것이었다.[113] 이형기 교수의 신학적 변신을 보여주는 하나의 예가 앞에서 언급한 예장총회(통합) 문건에 실린 "복음과 성경"이란 글이다. 이 글의 주장과 내용이 다시 이형기 교수가 기초 작업을 한 본교 장신대 신학교육성명서에도 들어와서 다소 갈등과 긴장을 조성했으나, 본교 신학교육성명서에서는 교수회의 검토 과정에서 결과적으로 이형기 교수의 에큐메니칼 자유주의 성향이 어느 정도 희석되고 조율되었다. 이형기 교수가 자유주의 성경관을 가지게 된 것은 아마도 소위 "에큐메니칼 성경관"의 영향에 기인하는 것 같다. 사실 '에큐메니칼 성경관'이나 '에큐메니칼 신학'이란 실제로 존재하지 않으나, 이형기 교수가 주장하는 에큐메니칼 성경관의 근거는 WCC(세계교회협의회)가 1980년에 '신앙과 직제 분과'의 문건 제99번으로 출간한 『에큐메니칼 운동에서 성경의 권위와 해석』이라는 소책자(영문)의 내용에서 찾을 수 있다. 이 소책자는 1996년 한국장로교출판사에서 이형기 역으로 출판되었다.[114] 여기서 이 에큐메니칼 문건이 내용을 다룰 수는 없겠으나, 그 심각한 문제점은 짚어야 한다. 이 소책자에서는 자유주의 신학자들과 놀랍게도 로마가톨릭(천주교) 사제 신학자들이 이 문건작성에 깊이 관여하고 있다는 사실이다.[115] 이 문건에서는

---

112) 총회헌법개정위원회 신앙고백과 교리분과위원회편, 『21세기 한국장로교의 신앙과 신학의 방향』, 한국장로교출판사, 1999. 이형기, "II 복음과 성경", 83-118쪽. 특히 이형기 교수가 성경 의 '명제적 진리의 절대화를 극복할 것'이라는 주장은 문제의 심각성을 직감하게 한다. 90-91 쪽.

113) 이형기 박사의 신학적 입장의 변천(복음주의 → 신정통주의 → 에큐메니칼 신학 → 몰트만 신학 → 포스 트모더니즘)은 다음의 책에서 확인할 수 있다. 이형기, 『나의 신학 수업의 패러다임 이동』, 한들출판사, 2005. 특히 "제2장 시기별 회고와 전망", 21-40쪽.

114) 『에큐메니칼 운동에 있어서 성경의 권위와 해석』, 엘렌 플레세만-반 리어 엮음, 이형기 옮김, 한국장로교출판사, 1996. 영문판은, *The Bible, Its authority and interpretation in theecumenical movement*, ed., by Ellen Flesseman-van Leer, Faith and Order Paper No.99, World Council of Churches, Geneva, 1980/1983 Second Printing. 이 소책자의 머리말에서 분과 위원장 루카스 휘셔는 "분명히 이 보고서들 속에서 인식할 수 있는 의견수렴들은 아직도 하나의 시작에 불과한 것이다"라고 그 실험적 성격과 한계를 밝히고 있다. 국역판 9쪽, 영문판 viii쪽.

115) 『에큐메니칼 운동에 있어서 성경의 권위와 해석』, 위의 책, 70쪽. 영문판, 42쪽.

'사도적 복음전승'(소위 대문자 Tradition)에 역사적으로 우선권과 권위를 두고, 이 '사도적 복음전승'(즉 로마 가톨릭 교회를 통해 전해진 사도적 복음과 신앙)과 '기록된 성경'을 이분법적으로 분리하여, 그 어느 하나도 독자적인 권위를 주장할 수 없다고 주장하고 있다. 이것은 전형적인 로마가톨릭의 성경관이다.[116] 이것은 "오직 성경(sola scriptura)"이라는 역사적 개혁교회의 성경관과 신학의 기초를 다시 뒤흔드는 것이고, 로마가톨릭(천주교)의 "사도적 복음전승"(Tradition, 소위 대문자 'T')에 입각한 천주교 교종(교황)의 교도권과의 타협에 불과한 것이다. 성경을 사용하는 개신교 각 교파들의 복음전승은 소문자 't'(traditions)로 표시한다. 이형기 교수는 '복음과 성경' 이해에서 이러한 이분법적인 사도적 복음전승의 역사적 우선권 주장과 자유주의 성서비평학의 전제들과 방법을 수용함으로써 개혁교회 전통의 복음주의 성경관에서 이탈된 태도를 보여준다.

WCC(World Council of Churches, 세계교회협의회)를 중심하는 에큐메니칼 운동의 자유주의 성향(그리고 현재 더욱 심화되고 있는 종교다원주의 성향)은 어제오늘 지적된 문제가 아니다. 더욱이 근래에는 WCC 정회원 교단이 아닌 로마천주교가 신앙과 직제위원회에 다수의 사제 위원들을 보내어 공식적으로 신앙과 직제에 관한 문서 작성에 깊이 개입하고 있는 현실은 매우 우려해야 할 상황이며 시정되어야 할 사안이다.[117] 현재 WCC 에큐메니칼 운동이 해결해야 할 최우선 과제는, 무엇보다 역사적 개혁교회 전통의 복음주의 교단들이 능동적으로 WCC의 의제와 의사일정에 활발히 참여하여 자신들의 신앙과 신학의 입장을 분명하게 반영하는 일이다.[118] 그렇지 않은 한, WCC 에큐메니칼 운동은 반쪽짜리 에큐메니칼이며, WCC가 나누어 주는 문건들을 수령하여 그것을 앵무새처럼 따라 하는 것이 에큐메니칼 신학은 아니다. WCC의 정체는 문자 그대로 '세계교회들의 협의체'인데, 이단이 아닌 세계 교회들이 모여서 자신들의 신앙과 신학을 개진하여 예수 그리스도의 복음전파와 하나님 나라

---

116) 『에큐메니칼 운동에 있어서 성경의 권위와 해석』, 위의 책, 14쪽. 영문판, 3쪽. 비교, 로마 가 톨릭(천주교)의 성경관과 성서연구 입장에 관해서 다음의 문건들을 참고할 수 있다. 「성령의 영감」(Divino Afflante Spiritu, 교황 비오 12세의 회칙), 한국천주교중앙협의회, 1992. 『가톨릭 주석성서 구약(상)』 제2판, 성요셉 출판사, 1999. "하느님의 계시에 관한 교의 헌장(Dei Verbum)" 9번 항목: "성서는 성령의 영감을 받아 기록된 하느님의 말씀이며, 성전은 주 그리스도와 성령께서 사도들에게 위탁하신 하느님의 말씀이다… 따라서 성서만으로써는 교회가 모든 계시에 대한 확실성을 얻을 수 없다. 따라서 이 두 가지를 똑같은 열성과 경외심으로 받아들이고존중해야 할 것이다."

117) 1968년부터 로마가톨릭 교황청은 사제 신학자들로 구성된 12명의 대표를 WCC에 파송하여 "신앙과 직제"(F&O) 위원회의 모든 연구와 출판에 공식적으로 참가하고 있다. G. Gassmann, "Faith and Order", *Dictionary of the Ecumenical Movement*, WCC Publications, 1991, 412쪽. WCC의 정식 회원교단도 아닌 로마가톨릭의 일방통행을 시정하기 위해, 적어도 상호주의 원칙에서 WCC 회원교단 대표들이 로마 천주교의 신앙과 직제에 해당하는 교황청 성서위원회 같은 기구에 공식적 위원 자격으로 함께 참여해야 한다. 본 필자가 알기로는 현재 그렇게 하고 있지 않을 뿐 아니라, 앞으로도 그것은 기대하기 어려운 현실이다.

118) "Ecumenical Movement", *The Oxford Dictionary of the Christian Church*, ed. by F. L. Cross and E. A. Livingstone, 3rd edition, Oxford, 1997, 529쪽.

구현을 위해 서로 대화하고 선교에 협력하며 서로 배우려는 것이지, 어떤 세계적인 하나의 교회 조직이나 어떤 세계적인 하나의 신학을 만들려는 것이 목적이 아니다. WCC 에큐메니칼 운동은 초창기 이래 점점 세력이 약화되고 있고 그 성격이 변질되었는데, 그 이유는 소위 '직업적 에큐메니스트들'이 WCC 본부의 기구들을 독점하고 자기들이 선호하는 의제들만 추구하기 때문이다. 현재 스위스 제네바에 본부를 두고 있는 WCC에서 만들어 배포하는 문건들은 어디까지나 참고 자료이지, 그것이 회원 교단이 준수해야 할 에큐메니칼 신학은 아니며, 그대로 추종할 이유가 없다. 그것을 반대하거나 문제점을 지적하면 성서문자주의자나 수구적 보수주의자나 근본주의자라고 몰아붙이고 적대시하는 것은 또 하나의 불행한 "에큐메니칼 근본주의"라고 할 수 있다. 에큐메니칼 신학과 복음주의 신학이 서로 대립 관계라고 말하기도 하지만, 그것은 WCC가 무엇이지, 복음주의 신학이 무엇인지 몰라서 하는 말이다.

다른 한편, 김명용 교수는 금년 제1회 '춘계 학술강좌'를 통해 장신대 신학의 정체성과 관련하여 다소 색다른 견해를 다음과 같이 제시했다. "이종성에 의해 장신대 신학 속에 뿌리를 내리기 시작한 통전적 신학은 21C를 맞이하면서 장신대 신학의 거대한 줄기로 자라고 있다. 장신대 신학은 오순절 성령운동의 신학도, 복음주의 신학도, 에큐메니칼 운동의 신학도 그 어떤 신학도 배척하지 않는 신학이다. 장신대의 신학은 폭넓게 전 세계의 신학을 연구하면서 예수그리스도와 성서의 빛에 따라 온전한 신학을 형성하고자 하는 통전적 신학의 경향을 나타내고 있는 신학이라 할 수 있을 것이다."[119] 여기서 김명용 교수가 말하는 현 장신대 신학의 거대한 줄기로 자라고 있는 "통전적 신학"이란 무엇인가? 춘계 자신은 한 번도 자신이 주장하는 '통전적 신학'이 장신대의 신학이라거나 우리 교단의 신학이라고 주장한 바가 없다. 춘계 이종성(1922-2011) 박사는 본교 장신대에서 은퇴한 후 2004년에 『통전적 신학』(Holistic Theology)이란 책을 출판하고 이 책에 처음으로 "통전적 신학 서설"이란 글을 게재했는데, "이 글은 장차 서술하려는 통전적 신학의 프로레고메나로 그 신학의 당위성과 구도를 소개하는" 것이라고 했다.[120] 신학적 용어로서 '통전적'이라는 말은 신정통주의 신학의 방법론을 우회적으로 표현한 용어이다. '신정통'(新正統, Neo-orthodoxy)이란 말에서도 알 수 있듯이, '통전적'이란 과거 정통 깔뱅주의 개혁신학을 수정하여 정통주의와 자유주의까지 아우르는 제3의 신학(신정통주의 신학)을 지향한다는 뜻이다. 김명용 교수가 말하는 춘계의 통전적 신학이 장신대에서 뿌리를 내리고

---

119) 김명용, "통전적 신학과 장신대 신학", 〈신학춘추〉(2002년 6월 10일, 통합 24호), 학술 8쪽.

120) 이종성, 김명용, 윤철호, 현요한, 『통전적 신학』, 장로회신학대학교출판부, 2004. 이종성, "제1장 통전적 신학 서설", 13-52쪽.

거대한 줄기로 자라고 있다는 것은 허세이고 과장이며 사실이 아니다. 장신대 신학은 이미 1901년 개교한 평장신에서부터 그 뿌리를 내리기 시작했고, 그 평장신의 복음주의 신학과 연대하여 장신대는 개혁주의 전통의 복음주의 신학의 발전을 이루어가고 있기 때문이다. 그동안 춘계는 자신의 신학적 입장을 애매모호하게, "열린 보수"나 "성서적 복음적 신학"으로 말해 왔으나, 정작 1979년 본교단 총회 앞에서는 장신대 신학노선은 '신정통주의'가 아니고 '웨스트민스터 신조에 기반한 복음주의'라고 분명하게 공언했다.[121] 그러나 이후 춘계는 무슨 이유에서인지 교단총회(통합) 앞에서 공언한 자신의 말을 뒤집고, 자신은 '복음주의'라는 용어조차 사용하지 않겠다고 글을 써서 발표했다.[122] 불행하게도 이로써 평장신-장신대의 복음주의 신학노선에 또다시 혼선이 야기되었다. 장신대 신학의 현장에서 '복음주의'란 용어가 금기어는 아니지만, 점차 낯선 용어가 된 느낌이다. 그래서 20대 김명용 총장을 뒤이어 제21대 본교 장신대 총장이 된 임성빈 박사는, "… 장신신학의 정체성 정립은 우리가 지속적으로 수행해야 할 신학적 과제로 남아 있습니다"라고 했다.[123] 춘계는 정년퇴임 후 자신은 '통전적 신학'을 지향한다고 했지만, 2011년에 춘계가 별세함으로써 춘계는 자신이 구상하는 통전적 신학을 저술하지 못했으며, 춘계의 '통전적 신학'은 구상은 남았으나 실체가 없다.[124]

김명용 박사는 장신대 총장 재직시에 자신이 온신학을 완성했고, 온신학이 통전적 신학을 계승하는 장신대 신학이라고 주장했다. 그러나 지금 장신대 교수들에게 '통전적 신학'이나 '온신학'이 무엇이냐고 물으면 제대로 대답하는 분이 거의 없다.[125]

---

121) 『제64회 총회회의록』, 1979, 101-108쪽.

122) 이종성, "장로회신학대학교의 현재와 미래를 점검한다", 〈장로회신학대학교 총동문회 동문회보〉, 제26호, 1995. 5, 21쪽 이하.

123) 『장신신학의 어제와 오늘』, 책임편집 신옥수, 김정형, 장로회신학대학교출판부, 2019. '권두언', 6쪽. 장신신학의 정체성은 우리가 새삼 정립할 과제라기보다는, 평장신-장신대 100년 전통에서 드러난 역사적 복음주의(정통주의, 깔뱅수의, 개혁수의)를 재확인해야 알 과세이나.

124) 물론 통전적 신학을 주제로 '춘계 신학강좌'가 2002년 4월부터 시작하여 2016년 까지 계속되었고(2006, 2008, 2011년은 개최되지 않음), 1회부터 마지막 10-12회까지(2014-2016) 강좌에서 발표된 논문들이 책으로 출판되었지만, 정작 춘계 자신의 통전적 신학에 대한 저술은 나오지 않았다. 최윤배·박성규·백충현(책임편집), 『춘계(春溪) 이종성 박사의 통전적 신학과 한국신학』, 장로회신학대학교출판부, 2018. 권말의 '부록 I 춘계 이종성 신학강좌 주제 및 발표논문 목록(2002~2017)'과 '부록 II 춘계 이종성 신학강좌 출판물 목록' 참조, 264-266쪽. 비교, 박용규, 『한국장로교사상사-한국교회와 성경의 권위』, 총신대학출판부, 1992. "영향력있는 발트주의 장로교도인 이종성 교수", 140쪽 등.

125) 김명용 교수는 자신이 장신대 20대 총장 재직 시에 "통전적 신학"을 넘어 "온신학"(Ohn Theology)을 완성했고, 그 온신학이 장신대의 신학이라고 선전했다. 자신이 만든 "온신학은 이종성이 발전시킨 통전적 신학의 순수한 한국어 표현"이라고 하면서, "온신학은 130년 한국 신학의 결론이자 정점이다"라고 했다(Myung Yong Kim, 『Ohn Theology, 온신학』, 장로회신학대학교출판부, 2014, 11쪽과 97쪽 이하). 자화자찬도 정도가 있지, 어떻게 제정신 있는 사람이 이런 말을 하고 이런 글을 쓸 수 있는가? 이러한 주장은 과장된 허언(虛言)이고 사실이 아님이 드러났다. 온신학은 통전적 신학의 신정통주의 노선과 연대하여 한 걸음 더 나가 몰트만(J. Moltmann)의 신학(특히 종말론의 '만유구원론')을 장신대 신학에 접목하려는 시도로 보인다. 온신학은 김명용의 신학이지 장신대의 신학은 아니다. 장신대 교수회나 이사회는 온신학이 장신대 신학이라고 동의하거나 결의한 바가 없다. 몰트만의 성경관은 역시 바르트의 성경관을 추종하고 있고, "성서 자체가 곧 계시는 아니며 하나님의 약속의 역사에 대한 증언으로서 성서의 권위는 도구적이다"라고

어쨌든, 춘계의 신학적 입장은 그의 성경관에서 드러난다. 춘계는 성경관에 대한 자신의 글에서, 바르트 중심의 신정통주의 성경관이 한국교회 현실에 가장 적절한 것이라고 옹호함으로써 춘계의 신학적 입장은 사실상 본인에 의해 확인된 셈이다.[126) 고신대 최덕성 교수는, 김명용 박사가 장신대의 신학적 입장을 "진보적 정통주의 신학"이라고 밝힌 적이 있다고 하면서, 여기서 진보적 정통주의란 신정통주의를 우회적으로 표현한 것으로 보았다. 최덕성 교수는 현 장신대의 신학에 관해, "… 장신대학은 자유주의와 바르트주의, 곧 진보적 정통주의만을 강조하지, 한국 장로교회가 오래전부터 수용해 온 역사적 개혁주의 신학, 곧 칼빈주의는 강조하지 않는다"라고 지적했다.[127) 또 최덕성 교수는 "장신대학 신학의 근간을 이루는 바르트주의는 하나

한다(신옥수, 『몰트만 신학 새롭게 읽기』, 새물결플러스, 2015, 24쪽. 비교, 몰트만은 성경이 권위적 청사진이나 한계를 정해주는 것이 아니라, '내 자신의 신학적 사고에 동력을 제공하는 것으로서 성서를 받아들인다'라고 했다. Sung Wook Chung, *Jürgen Moltmann and Evangelical Theology, A Critical Engagement*, Pickwick, 2012. "Moltmann on Scripture and Revelation" by Sung Wook Chung, 1쪽 이하, 특히 7쪽). 영국의 저명한 신약학자 리처드 보컴(Richard Bauckham, 1946-) 교수는, "몰트만의 후기 저서들은 '숙련되지 않은 숙고'와 '해석학적 무책임성'을 보여주고 있다"라고 올바르게 비판했다(신옥수, 위의 책, 26쪽에서 재인용). 몰트만의 '만유구원론'은 역사의 종말에 사랑의 하나님이 창조하신 온 만물(만유)을 구원하신다는 주장이다(비교, 행 3:21. 이 구절에서 신약성경에 1회만 나오는 그리스어 '아포카타스타시스' 는 만유 '구원'이 아니라 만물의 '회복'으로 읽어야 한다). 사탄과 귀신들도 구원받고, 살인자들, 거짓 선지자들, 음행하는 자들, 점술가들, 타종교인들, 믿지 아니하는 자들도 구원을 받는다는 것이 만유구원론이다(비교, 고전 6:9-10; 계 20:10; 21:8). 사랑의 하나님 앞에서는 지옥이 영원히 있을 수 없기 때문이라고 한다(비교, 마 10:28; 23:33; 막 9:47-49; 눅 12:5; 계 20:14-15). 그렇다면 히틀러와 나치 전범들도 나치 포로수용소에서 학살당한 유대인들과 다 같이 구원받고, 종말에는 서로 만나 얼싸안고 춤이라도 추게 된다는 주장이 가능하다. 이것은 기록된 성경을 하나님의 계시로 인정하지 않는 몰트만 박사의 종교적 공상에 불과하다. 몰트만은 2차 세계대전에서 나치 군대에 복무했으며, 서구에서는 몰트만 부부가 반셈족주의자라고 의심하는 사람들도 있다. 사실 독일 정통 루터신학의 주류는 성경 계시의 역사성을 기반으로하는 뮌헨대학교의 조직신학 교수 판넨베르그(W. Pannenberg)이며, 튀빙겐대학교의 몰트만 교수는 비주류에 속한다.
    일본인 낙운해(落雲海, 일본명은 大山和志, Oyama Kazushi) 목사는 장신대 대학원에 유학하여 김명용 교수의 지도로 「몰트만 신학과 한국신학」이란 제목의 박사학위 논문을 제출하여 신학박사 학위를 받았고, 이 학위논문은 "한국신학에 대한 몰트만의 영향에 대해 증명하는 것"이라고 했다. 특히 "통전적 신학을 추진하는 대표적 한국 신학자로서 이종성과 김명용"을 제시하고, 이 통전적 신학이 "장신대의 대명사적 존재가 되고 있는 신학"이라고 하면서, "이 두 명이 속하는 장신대와 대한예수교장로회(통합)의 신학이 가지는 통전성"을 분석하여 거기에 보이는 "몰트만 신학의 영향을 확인했다"고 한다. 그리고 이형기 교수는 WCC와 몰트만 신학에서 큰 영향을 받은 신학자이고, 장신대와 교단총회의 중요한 문건들에서는 이형기가 도입한 "몰트만 신학이 강하게 반영"되어 있다고 한다. 그러나 '통전적 신학'이 장신대의 대명사적 신학이라는 것은 사실이 아니며, 몰트만 신학의 강한 영향도 피상적이며 국소적인 관점이고, 낙운해 박사가 지적하는 장신신학의 현상은 이종성, 김명용, 이형기 등 몇몇 교수들의 개인적 성향에서 기인한 것으로서, 장신대 교수회와 이사회와 총회 신학교육부와 교단 총회(예장 통합)가 동의하거나 인정하는 공식적 입장이 아니다. 낙운해 박사가 현재 장신대의 신학 정체성을 파악하기 위해서는 평장신-장신대 100년을 관통하는 한국교회 개혁신학(칼뱅주의) 전통의 복음주의 신앙과 신학의 역사적 맥락을 읽어야 한다. 낙운해, 「몰트만 신학과 한국 신학」, 장로회신학대학교 대학원 2010학년도 조직신학 전공 박사학위논문. 특히 '국문초록' 부분과 239쪽 이하 '통전적 신학' 참조.

126) 이종성, "21세기에 있어서 성서의 신언성이 유지될 것인가?", 〈기독교학술원 강연자료〉 2001년 2월 15일. 특히 5쪽 이하에서 춘계는 역사적으로 세 가지 유형의 성서관이 있다고 하면서, 첫째는 근본주의 성서관, 둘째는 자유주의 성서관인데, 셋째 바르트 신학적 성서관이 복음적 성서관이라고 한다. 이것은 개혁신학의 복음주의 성경관을 모르는 말이고, 바르트의 성경관에 대해서도 정확한 이해가 부족하다. 비교, 박성규, "7장 춘계 이종성 신학이 한국 칼 바르트 신학의 수용과 이해에 미친 영향", 『춘계 이종성 박사의 통전적 신학과 한국신학』, 최윤배·박성규·백충현 책임편집, 장로회신학대학교출판부, 2018. 특히 183쪽 이하. 바르트의 성경관에 대해서는 다음의 글을 참고할 수 있다. 김중은, "3.3. 보록: 칼 바르트(1886-1968)의 성경관", 『옛것과 새것』, 한국성서학연구소, 2013, 501-509쪽.

127) 최덕성, 『한국교회 친일파 전통, 본문과 현장 사이』, 2000, 증보수정 4판. "장신대학의 신앙노선", 234-250쪽, 특히 236, 244쪽.

님의 초월성을 강조하고 그리스도 외에는 구원의 길을 허용하지 않는 배타주의적 특성을 가지고 있다. 이해하기 어려운 점은 배타주의적 바르트주의 신학을 근간으로 하는 장신대 신학이 어떻게 종교다원주의적 성향으로 치닫고 있는 세계교회협의회(W.C.C.)를 수용하고 그것에 주동적으로 참여하는 교단이 되었는가 하는 점이다"[128] 라고 했다. 최덕성 교수의 장신대 신학 평가는 일리는 있으나, 대체로 "들은 소문으로 그렇다고 한다"라는 식이기 때문에 학문적인 신뢰도가 떨어진다. 어쨌든, 위에서 검토한 최근 일련의 장신대의 신학 정체성(신앙과 신학노선)에 관한 논의들은 계속 검토되어야 하며, 결코 어떤 개인에 대한 인신공격이 되어서는 안 되고, 평장신—장신대 100년 전통의 신학노선인 역사적 개혁교회 전통의 복음주의 입장에서[129] 그 논의들이 정리되고 조율될 수 있다고 생각한다.

---

128) 최덕성, 위의 책, 249쪽.

129) 평장신-장신대 100년의 신앙과 신학노선의 정체성에 관한 좀 더 자세한 논의는 다음의 글을 참고할 수 있다. 김중은, "장로회신학대학교 신학교육의 회고와 전망", 『21세기의 신학교육』, 장로회신학대학교 개교 100주년 기념 국제학술대회 준비위원회편, 장신대출판부, 2002, 155-184쪽(=영문판, *The Theological Education of PCTS: Retrospect and Prospect, Theological Education in the 21th Century*, 2002, pp. 163-197). 이 책(『구약학 공부와 함께』)의 37번 글 참조.

　　39. 장신대의 신학노선, 성서신학적 관점에서

40

성서신학적 관점에서 본 세대 간 신앙교육

1. 세대 간 신앙교육의 필요성과 중요성

현재 한국교회는 21세기의 변화된 상황에서 교회교육에 위기를 맞고 있다. 그 변화는 주로 가정의 변화와 사회구조들의 변화들과 현대의 사상적 변화들이며, 위기의식은 가정과 사회 전반에서 인간의 "연령별 개체화"가 진행되면서 그 어느 때보다 급속하게 개인의 고립과 세대 간의 격리가 생겨난 데서 기인한다. 대가족이 소가족으로, 소가족이 다시 핵가족화하여 세대 간의 상호교류는 급격히 감소하였다. 도시생활은 가족의 빈번한 이사를 촉진했다. 점증하는 이혼과 개인주의의 우세는 세대 간의 단절과 공동체의 해체를 촉진하고 있다. 사회적 기반인 직업(직장)환경과 학교, 거주지 환경이나 대중매체의 프로그램, 사교적 모임이나 스포츠 행사, 그리고 오락산업에까지 연령층에 따른 세대 간의 격리와 개체화 현상이 두드러지고 있다. 정부나 사회의 공공 행사에서조차 세대 간의 격리와 소외현상이 두드러지게 나타나고 있다.

그러면 오늘 우리 교회의 신앙공동체 현실은 어떠한가? 유소년 어린이로부터 청소년과 청장년 그리고 노년층에 이르기까지 연령계층으로 분화되어, 교회 공동체 내에서도 세대 간의 만남, 대화, 유대감, 일체감을 느끼기가 점점 어려워지고 있다. 기독교 교육학자들은 전통적으로 교회나 유대교 회당이 성경의 가르침에 근거하여 공동교육, 공동행사, 여러 활동에서 여러 세대들이 함께 모이는 환경을 조성해 왔던 전통(예컨대, 공동예배, 공동식사, 공동 봉사활동, 부모-자녀의 공동참여 프로그램 등)을 상기시키면서, 세대 간의 여러 연령층이 함께 참여하여 함께 배우고 가르치는 학습활동과 그러한 방법들을 새롭게 개발하고 강화하려는 움직임을 1980년대 이후부터 활발히 보여주기 시작했다. "세대 간 신앙교육"(InterGenerational Religious Education = IGRE)이란 용어가 그래서 생겼다.[1]

　　세대 간 신앙교육이란 그러므로 둘 이상의 세대들이 모여서 함께 양육받고 함께 문제의 해답을 발견하고 서로를 통해 훈련받으려는 목적을 위해 마련된 것이다. 이러한 세대 간 신앙교육의 목적은 ① 성경적인 가치관과 인생관의 확립, ② 타인의 의견을 경청하는 훈련, ③ 성경적 지식과 개념형성(예컨대, 죽음이란? 행복이란? 결혼이란? 등등)이며, 이러한 세대 간 신앙교육을 통해 기대되는 유익한 점들은 ① 서로의 이해를 돕고, ② 다른 사람들로부터 긍정적인 확인을 받으며, ③ 공동의 본보기를 제시할 수 있고, ④ 자신과 다른 견해들을 관용할 수 있으며, ⑤ 가족 공동체와 나아가 신앙공동체의 구성원들 간에 의사소통과 바람직한 인간관계를 증진하는 것이다.

　　세대 간 신앙교육은 그러므로 둘이나 그 이상의 세대들이 동시에 참여하는 학습경험을 지칭한다. 여기서 "세대"를 정의하기가 어려운데(미국에서는 대개 20–30년의 기간, 즉 부모가 되어 자녀를 낳는 기간을 한 세대로 본다), 현실적으로는 자녀–부모–조부모 세대들이 함께 모여서 나누는 학습경험을 말한다. 이렇게 세대를 함께 모으는 중요한 이유는 각 세대들이 신앙생활을 통해 경험한 삶의 "차이점들" 때문이다. 이러한 차이점들에 관해 서로 배우며 상호작용함을 통해 ① 생각하고, ② 느끼고, ③ 행동하는데 새로운 융합적인 학습경험을 얻게 된다. 그리하여 소외되고 격리되고 해체되는 세대들을 하나의 신앙공동체로 묶어주는 유대감이 새롭게 형성되며, 궁극적으로는 예수 그리스도를 머리로 하는 한 몸의 지체들로서 성경에 계시된 하나님과 그의 뜻을 알고 실천할 수 있도록 인도함을 받게 된다.[2]

　　성경시대에는 물론이고 얼마 전까지만 해도 세대 간이나 연령계층 간의 소외나 격리현상은 크게 문제가 되지 않았다. 오히려 그 반대로 개인의 권리나 세대 간의 정당한 차이가 무시될 때 더 위기의식이 느껴질 수 있었다. 어쨌든, 성경의 역사에서 세대 간 신앙교육과 학습의 전통은 분명하며, 그러한 성경적 본보기들(멤버블)은 오늘 우리의 세대 간 신앙교육과 학습에 근거를 마련해 준다고 생각한다. 미국의 현대 기독교 교육학자 제임스 화이트(James W. White)는 그의 책에서 세대 간 신앙교육을 위한 성경의 사례들을 근거로 제시하였으며[3] 모든 성경 본문들 중에서 근본 요절은 시편 145편 4절이라고 했다.

---

1) James W. White, *Intergenerational Religious Education*, Religious Education Press, 1988, 1쪽 이하.

2) 세대 간 교회교육에서 부모 및 노년기와 관련하여 다음의 연구논문들을 참고할 수 있다. 양금희, "부모역할과 부모교육에 관한 연구". 임창복, "노년기 간세대 교육 프로그램에 관한 연구", 〈교육교회〉 통권 302호, 2002.5, 2-9, 10-19쪽.

3) James W. White, *Intergenertational Religious Education*, 위의 책, "Foundation in Faith Resources", 69쪽 이하.

"대대로 주께서 행하시는 일을 크게 찬양하며 주의 능하신 일을 선포하리로다."

화이트 박사는 시편의 이 요절은 하나님의 백성인 이스라엘의 여러 세대들이 예배를 통해 하나님 안에서 함께 연결되어 있고 삶을 위해 서로를 필요로 한다는 중요한 성경적 사상을 담고 있다고 했다.[4] 성경에는 구약의 토라(모세 5경) 전통에서부터, 예언서와 시편과 지혜문학 전통과, 유대교 회당 전통과 신약의 복음서와 초기교회 전통을 통해 세대 간 신앙교육 근거를 제시하는 많은 구절들이 있다. 이 글에서는 주로 모세 5경에서 창조신앙과 아브라함의 언약과 시내산 언약 전통을 기반으로 하는 이스라엘 백성의 가정교육과 이스라엘 백성의 예배하는 삶을 중심으로 그 내용을 살펴보려고 한다.

2. 토라의 경우

먼저 토라(모세 5경)의 문맥에서 이스라엘 백성의 세대 간 신앙교육의 시작은 족장들의 대가족 생활권 내에서 이루어지고 있음을 알 수 있다. 구약의 신앙세계와 그 세대 간 신앙교육의 전통(회막과 성전, 왕궁, 성문에서 장로들의 사회교육 등)을 형성한 고대 이스라엘 신앙공동체의 가장 중요한 사회적 기반은 가정이었다. 하나님의 백성 이스라엘의 자기 정체성 이해도 족장시대의 대가족 사회와 가정생활의 이미지에 그 뿌리를 내리고 있다. 아버지, 어머니, 자녀(아들과 딸), 아내, 남편, 자손들, 친족들, 그리고 함께 생활하는 이웃들(타국인, 심지어 품꾼과 노예들)에 대한 삶의 경험과 이해는 이스라엘의 하나님과 그의 백성의 관계 이해로 확대되었고, 이스라엘의 초기 신앙 세계의 형성에서 가정 제도의 전통은 그 신앙교육 및 도덕-윤리성의 확립에 큰 영향을 끼쳤다. 고대 이스라엘 사회에서 가족의 신앙적 연대성은 구체적으로 '아브라함 언약'에서 시작하였고(창 17:7-14; 비교, 창 12:1-5), 이후 역사적 출애굽 구원 사건을 통해 이스라엘 백성은 '시내산 언약' 공동체로서(출 19:3-7) 여호와(야훼, 야웨) 하나님은 이스라엘 백성의 '아버지'이고 이스라엘은 그의 아들(자녀)로서 그 정체성을 확립했다(출 4:22-23; 호 11:1; 렘 31:9; 비교, 마 5:48; 롬 8:15 등).

미국 장로교회 콜럼비아신학교의 구약학자 브루그만 박사가 지적한 대로, 성경

---

4) James W. White, 위의 책, 70쪽.

에서 '가족'은 언제나 "간세대적"(intergenerational)이다.[5] 이러한 관점에서 구약의 창세기에서 시작하여 신약의 계시록에 이르기까지 성경의 모든 신앙교육은 가정 중심이고 가정과 연대하며, 본질적으로 '간세대적'이다. 구체적으로 토라 본문의 맥락에서 이러한 세대 간 신앙교육의 신학적 근거는 '엘 샤다이' 하나님이 믿음의 조상 아브라함을 통해 이스라엘과 맺은 "영원한 언약" 개념(창 17:1,7 이하; 비교, 출 31:16-17; 레 24:8; 민 25:13; 신 29:10-15 등)에서 시작한다.[6] '엘 샤다이'를 한글 개역성경에서는 칠십인역에 따라 '전능한 하나님'으로 번역하는데, 히브리어 '샤다이'의 문자적 의미는 아직 분명하지 않으나, 창세기 문맥에서 '샤다이 하나님'은 믿음의 족장들(아브라함, 이삭, 야곱)의 하나님 칭호로서 부모와 같이 자녀를 양육하고 돌보시는 하나님으로 이해된다.

구약성경에 나타나는 가족관계 핵심 용어들은 ① 지파(מַטֶּה/שֵׁבֶט, tribe), ② 씨족(מִשְׁפָּחָה, clan), ③ 가족(בַּיִת, family, household)인데, 그중에서도 "아버지의 집"으로 표현되는 개념이 중요하다.[7] 고대 이스라엘의 가족은 3-4대에 걸친 다세대로 구성되며, "아버지의 집"으로 불리는 복합가옥에서 적어도 두세 가정들이 함께 모여 살았다. 성서고고학에서는 주전 12-11세기 것으로 추정되는 고대 이스라엘의 "아버지의 집"(히브리어로 '베트 아브')의 다세대 가족을 위한 가옥을 발굴했다. 마당에는 기둥들이 세워져 있고 2층으로 된 다세대 가옥구조는 약 15-20명의 식구들이 살 수 있었다. 한 마을은 보통 12개의 '베트 아브'로 구성되어 씨족(히브리어로, '미쉬파하') 사회를 형성했다(비교, 수 7:16-18).[8] 이러한 씨족 마을에는 이스라엘 왕국 초기에 약 100-150명이 살았고, 분열왕국 시대에는 약 300명까지 늘어났다고 한다.[9] 씨족 마을은 다시 성읍으로 발전하였으며, 성서고고학 학자들의 연구에 의하면 분열왕국 시대 초기에 중간 정도 크기의 이스라엘 성읍의 인구수는 대략 800-1,000명으로 추산한다.[10] 이러한 고대 이스라엘의 다세대 가족 전통은 분열왕국 시대나 바벨론포로

---

5) James W. White, *Intergenerational Religious Education*, 위의 책. 70쪽 이하, "Insight from the Hebrew Bible and Judaism"에서 재인용 함.

6) 이스라엘 역사를 관류하는 '영원한 언약' 사상에 관해서는 다음을 참고할 수 있다. Walter Brueggemann, *Theology of the Old Testament*, Fortress, 1997, 310쪽 이하(삼하 23:5; 사 54:10; 55:3; 렘 50:5; 겔 37:26-28; 시 89:27-28 등).

7) Perdue, "The Isarelite and Early Jewish Family: Summary and Conclusions", *Families in Ancient Israel*, ed. by Leo G. Perdue, J. Blenkinsopp, J. J. Collins, Carol Meyers, Westminster/ John Knox Press, 1997, 174쪽.

8) William G. Dever, "How to tell a Canaanite from an Israelite", *The Rise of Ancient Israel*, Biblical Archaeology Society, 1992, 36쪽. 예루살렘 북쪽 약 17Km 지점에 위치한 라다나(Raddana) 마을에서 드러난 '베트 아브'의 발굴현장 도형과 특히 39쪽 이하 설명 참조. 비교, "어머니의 집"(창 24:28; 룻 1:8; 아 3:4; 8:2).

9) 비교, Aaron Chalmers, *Exploring the Religion Of Ancient Israel*, SPCK, 2012, 101쪽.

10) Joseph Blenkinsopp, "The Household in Ancient Israel and Early Judaism", *The Blackwell Companion to the Hebrew Bible*, ed. by Leo G. Perdue, 2001, 171쪽.

귀환 후에도 지속되었고, 그 가족의 연대성이 약화되지 않았다.[11] 일반적으로 이스라엘의 교육은 가족 내에서 가족의 일상 직업, 사회관습, 종교적 전통과 관련된 지식이나 기술을 구전(또는 문전)을 통해 전수했다. 어린이나 소녀들은 어머니가 주로 가르쳤고(잠 1:8; 6:20 등), 아버지는 소년들과 남자 젊은이들을 교육했다.[12]

이스라엘 '민족'(יֹג)이란 개념과 구별되는 '백성'(עַם)이란 명칭도 혈연관계를 의미하는 가족 개념이 확대된 용어로서, 구약 이스라엘 사회의 가족 중심 성격을 나타내준다.[13] 그러나 이스라엘은 족장시대 이후 혈연공동체로서 '히브리인'의 정체성보다는, 출애굽 사건과 시내산 언약을 통해 여호와 하나님을 섬기는 신앙공동체인 '제사장들의 나라'와 '거룩한 민족'(히브리어로 '고이 카도쉬')인 이스라엘이 되었다(출 12:37-42; 19:6). 이스라엘의 정체성은 이제 더 이상 가족 중심의 혈연공동체가 아니며, 떠돌이 기층민중 집단으로서 고대 서아시아(고대 근동) 사회의 하부계층을 지칭하는 '하비루'도 아니다. 구약의 이스라엘 민족은 이제 '신앙공동체'로서 한 가족이며, 십계명의 두 돌판의 계명에 기반하여, 여호와(야훼, 야웨) 하나님만을 섬기는 하나님 왕국(나라)의 가족이며 백성(국민)으로 드러난다.[14]

하나님 나라의 국민이며 가족인 이스라엘의 정체성은 여호와 하나님의 '보배로운 소유' 곧 하나님의 '자녀'이다.[15] 이제 이스라엘은 여호와 하나님을 '아버지'로 모시고(출 4:22; 호 11:1; 사 45:11; 63:16; 64:8; 렘 3:4; 시 68:5; 89:26 등; 비교, 마 23:9!) 하나님 나라의 헌법(즉 십계명)과 규례(즉 예식법)와 법(즉 실정법)을 가르치고 배우고 실천하는 하나님 나라 구현을 위해 선택된 백성이 된 것이다. 이스라엘은 혈연공동체(히브리인)의 가족에서 신앙공동체(이스라엘)의 가족으로 다시 태어났다. 가정과 성소(성막 또는 회막, 성전)를 중심으로, 이스라엘 백성에게는 신앙공동체로서 한 가족인 자신들의 정체성과 존재 이유를 그 자손들에게 가르치고 전달하는 책임이 주어졌다(신 6:4-9; 11:13-21; 민 15:37-41 등. 비교, 사 59:21; 욜 1:3; 시 78:1-4). 토라에서 세대 간 신앙교육 이념을 가장 분명하게 제시하는 본문은 창세기의 아브라함 언약 문맥에서 발견된다. 여호와 하나님은 아브라함에게 이렇게 말씀하신다.

"내가 내 언약을 나와 너 및 네 대대 후손 사이에 세워서 영원한 언약을 삼고 너와

---

11) Leo Perdue, "The Israelite and Jewish Family: Summary and Conclusion", 위의 책, 167쪽.

12) 출 10:2; 12:26; 13:8; 신 4:9; 6:7,20-25 등; 비교, 집회서 30:1-13의 "자녀교육".

13) 데렉 키드너, "이스라엘 민족의 기원", 윤영탁 역편, 『구약신학논문집』, 1985, 26쪽 이하.

14) 비교, 김중은, "구약에 나타난 이스라엘과 선교", 『구약의 말씀과 현실』, 한국성서학연구소, 1996, 464쪽 이하.

15) 출 4:22-23; 호 11:1; 말 1:6; 렘 2:14; 31:9; 롬 9:4 등.

네 후손의 하나님이 되리라… 하나님이 또 아브라함에게 이르시되 그런즉 너는 내 언약을 지키고 네 후손도 대대로 지키라"(창 17:7,9; 18:19!).

아브라함 언약에 기초한 구약 토라의 세대 간 신앙교육의 이념은 이후 이스라엘 신앙 역사에서 "아브라함의 하나님, 이삭의 하나님, 야곱의 하나님"(창 28:13; 출 3:6,15-16; 4:5; 왕상 18:36; 대상 28:18; 대하 30:6 등)으로 구현되었다. 이스라엘 신앙의 범례(패러다임)를 제공하는 창조신앙과 출애굽 사건과 모세를 통한 시내산 언약은 여호와 하나님은 믿음의 조상들의 하나님으로서 곧 '아브라함의 하나님, 이삭의 하나님, 야곱의 하나님'이며 또한 오늘 나(우리)와 내 자녀들과 미래 후손들의 하나님으로 선포되었다(출 2:24-25; 19:5; 31:16; 레 24:8; 26:9; 민 25:12-13; 사 59:21; 욜 1:3 등. 비교, 마 22:32; 롬 15:4 등). 아브라함 언약으로부터 시내산 언약 전통과 관련하여 이스라엘의 세대 간 신앙교육 전통을 말하는 토라의 본문을 일일이 열거한다면 지면이 허락하지 않을 것이다. 토라의 세대 간 신앙교육 내용과 그 실천 의지를 요약하자면, 신명기 6장 4-9절에서 가장 잘 드러나 있다.

"들으라 이스라엘아, 우리 하나님 여호와는 오직 유일한 여호와시니 너는 마음을 다하고 목숨을 다하고 힘을 다하여 네 하나님 여호와를 사랑하라. 오늘 내가 네게 명하는 이 말씀들을 너는 마음에 두고, 네 자녀에게 부지런히 가르치라."

이스라엘의 가정은 '아버지의 집'을 중심으로 앞서 지적한 바와 같이 적어도 3대가 함께 생활하는 신앙공동체 가족이다. 아버지의 집에서 이루어지는 교육은 가장이 중심이 되고 부모나 조부모가 교사의 역할을 하는 세대 간 교육이었다. 가정은 이스라엘 신앙교육의 중심지이며, 하나님께서 선택하신 이스라엘을 위해 세우신 첫 번째 학교라고 할 수 있다.[16] 토라는 그러나 이스라엘의 세대 간 신앙교육을 가정과 가족에만 국한하지 않았다. 시내산에서 성막(회막)이 완공되어 봉헌된 후(출 40:17 이하), 이스라엘의 세대 간 신앙교육의 자리는 육신의 아버지 집에 머물지 않고, 모든 이스라엘 성인 남자에게 1년에 적어도 세 차례 순례 축제인 유월절(무교절), 칠칠절, 초막절에는 중앙 성소인 '아버지 하나님의 집'에 올라오도록 규정함으로써 강화되고 있음을 볼 수 있다(신 16:16-17). 매 칠년마다 초막절 행사 마지막에는 이스라엘 온 회중과 함께 거류하는 타국인들 앞에서 "율법"(토라)을 레위자손 제사장들이 낭독하도록

---

16) 전천혜, 「쉐마를 통한 이스라엘의 종교교육」, 장로회신학대학대학원 기독교교육전공 석사논문, 1980, 64쪽 이하, "신명기 6장 6-7절과 가정교육" 참조.

하였다.

> "모세가 그들(레위 제사장들과 장로들)에게 명령하여 이르기를… 백성의 남녀와 어린
> 이와 네 성읍 안에 거류하는 타국인을 모으고 그들에게 듣고 배우고 네 하나님 여호
> 와를 경외하며 이 율법의 모든 말씀을 지켜 행하게 하고 또 너희가 요단을 건너가서
> 차지할 땅에 거주할 동안에 이 말씀을 알지 못하는 그들의 자녀들에게 듣고 네 하나
> 님 여호와를 경외하기를 배우게 할지니라"(신 31:10-13).

이스라엘이 약속의 땅을 차지한 초기부터 성소를 중심하여 레위 제사장들이 이
스라엘의 장로들과 함께 주도하는 3대 축제를 통해 세대 간 신앙교육이 있었음을 알
수 있다. 다사다난 했던 구약 시대 이스라엘의 역사 속에서, 함께 살고 있는 외국인
들까지 초대하여 이스라엘 백성 다세대가 모여 실행한 세대 간 교육이 얼마나 잘 지
속되었는가는 분명하지 않다(비교, 대하 30:5 이하). 어쨌든 모세시대부터 신명기에
반영된 이스라엘 신앙공동체의 교육이념은 다세대 간일 뿐만 아니라 나이와 성별을
초월하여 함께 살고 있는 타국인들까지 포함하는 포괄적인 세대간 신앙교육 공동체
의 전형을 보여주고 있다는 점이 이채롭다.[17] 이러한 신명기적 세대 간 신앙 교육공
동체 성격은 앞에서 언급한 대로 아브라함 언약, 그리고 시내산 언약을 그 기반으로
하는 것이다. 시내산 언약의 연장선상에서 나타나는 소위 '모압 언약'의 내용을 말해
주는 신명기 29장 10절 이하에서도 이러한 세대 간 교육 공동체의 모습을 확인할 수
있다.

> "오늘 너희 곧 너희의 수령과 너희의 지파와 너희의 장로들과 너희의 지도자와 이스
> 라엘 모든 남자와, 너희의 유아들과 너희의 아내와 및 네 진중에 있는 객과 너를 위
> 하여 나무를 패는 자로부터 물 긷는 자까지 다 너희의 하나님 여호와 앞에 서 있는
> 것은, 네 하나님 여호와의 언약에 참여하며 또 네 하나님 여호와께서 오늘 네게 하시
> 는 맹세에 참여하여, 여호와께서 네게 말씀하신 대로 또 네 조상 아브라함과 이삭과
> 야곱에게 맹세하신 대로 오늘 너를 세워 자기 백성을 삼으시고 그는 친히 네 하나님
> 이 되시려 함이니라. 내가 이 언약과 맹세를 너희에게만 세우는 것이 아니라 오늘 우
> 리 하나님 여호와 앞에서 우리와 함께 여기 서 있는 자와 오늘 우리와 함께 여기 있

---

17) 남왕국 유다의 요시야 종교개혁 시대(주전 621년경. 왕하 22-23장 참조)에 비로소 신명기가 기록되었다는 서양 성서비
평학자들의 문서가설(D)은 성립하기 어려운 가설이다. 신명기 모세저작의 역사성에 관한 중요한 연구는 다음을 참고
할 수 있다. 김회권, 「신명기의 기원-모세저작설의 해석학적 함축」, 장로회신학대학 대학원, 구약학 전공 석사논문,
1993.

지 아니한 자에게까지이니라"(신 29:10-15).

위에서 보는 바와 같이 토라의 교육이념과 그 교육현장은 이와 같이 다세대 간에 이루어지는 것이며 소외나 차별 없이 남녀노소 간, 계층 간, 지역 간이나 함께 살고 있는 외국인까지 포함하여 미래 세대까지 아우르는 포괄적인 모습이다. 물론 오늘 우리는 이러한 고대 서아시아의 청동기시대나 철기시대 광야 유목민 전통을 배경으로 한 이스라엘의 '아버지 집' 중심의 가족제도나, 성소중심의 언약공동체의 절기 순례축제 문화로 되돌아갈 수는 없다. 그럼에도 구약성경이 말하는 포괄적이며 통합적인 다세대 간 교육이념은 예수 그리스도의 몸인 교회를 통해 그 형식은 달리하더라도, 오늘도 기억하고 재현될 수 있고 재현되어야 한다고 생각한다. 토라의 신학을 요약하는 신명기(申命記, Deutronomy)를 통한 교육의 표어는 "들으라, 기억하라"인데,[18] 신명기의 기억 교육 방법론은 세대 간의 교육을 통한 공동체의 만남을 통해, 그 공동체의 집단 기억과 전승을 끊임없이 '되풀이'하는 데 있다.[19] 모세는 그의 임종을 앞두고 이스라엘 백성을 권면하는 신명기의 서두에서 다음과 같이 시내산 언약의 말씀을 요약하여 되풀이하고 있다. 또한 신명기의 토라 교육은 세대 간 신앙교육과 함께 무엇보다 "오늘 우리"(비교, 신 26:16-19. '세 번 오늘')를 강조함으로써 이스라엘 교육의 긴급성과 함께 오늘 우리에게도 그 실천의 중요성을 말해주고 있다.

"모세가 온 이스라엘을 불러 그들에게 이르되, 이스라엘아 오늘 내가 너희의 귀에 말하는 규례와 법도를 듣고 그것을 배우며 지켜 행하라. 우리 하나님 여호와께서 호렙산에서 우리와 언약을 세우셨나니 이 언약은 여호와께서 우리 조상들과 세우신 것이 아니요 오늘 여기 살아있는 우리 곧 우리와 세우신 것이라"(신 5:1-3).

2. 예언서 전통의 경우

구약의 예언자들은 토라의 충실한 계승자인 동시에 그 수호자요 전달자들이며, 그 율법을 새롭게 해석하고 적용하는 하나님의 사람들이었다(암 2:6 이하; 호 4:1-3;

---

18) 비교, 조장호, 「이스라엘의 기억과 망각-신명기를 중심으로」, 장로회신학대학교 신대원 신학과 석사논문, 2002, 63쪽 이하.

19) 조장호, 위의 논문, 51쪽 이하(신 6:7, 20; 11:19; 31:19,22; 33:10 등) 참조.

    40. 성서신학적 관점에서 본 세대 간 신앙교육

8:1; 미 6:1 이하; 말 4:4 이하 등).[20] 모세 시대에 확립된 아론 직계의 제사장 제도가
약속의 땅 가나안의 실로 성소에서 제사장직무의 타락이라는 위기를 맞이하면서(삼
상 2:22-25), 구약 시대의 본격적인 고전 예언자의 시대가 사무엘과 더불어 시작되
었다(삼상 3:19-21; 비교, 행 3:24).[21] 구약의 예언자(선지자)를 지칭하는 히브리어 "나
비"의 어원적 의미는 셈족 조어(祖語)인 아카드어(Akkadian) 동사 "나부"(nabu = to
call, 부르다)와 연관되며, 히브리어로 "나비"는 수동태 분사형으로서 그 문자적 의미
는 "(하나님에 의해) 부르심을 받은 자"(one who has been called)로 해석할 수 있다.[22]
예언자의 직무는 무엇보다 여호와(야훼, 야웨) 하나님의 말씀을 하나님의 백성에게
전하도록 부르심을 받은 전령(傳令) 또는 사자(使者, 메신저)이다(렘 18:18; 미 3:6-8;
사 2:1 등). 예언자들의 메시지 역시 창조신앙과 아브라함 언약과 모세의 시내산 언약
전통과 연대하면서, 하나님의 보내심을 받고 구체적인 역사적 현장에서 십계명의 두
돌판의 내용을 재해석하고 재적용하였다. 첫째 돌판은 하나님의 주권(主權)인 '정
의'(正義, 히브리어로 '미쉬파트', justice)를 말하며, 둘째 돌판은 이웃과 이웃 사이의 올
바른 관계를 의미하는 공의(公義, 히브리어로 '채대크/츠다카', righteousness)를 말하고
있다. 성경이 말하는 정의와 공의의 내용은 하나님 백성의 하나님에 대한 신앙적인
의리(義理)와 함께 인간의 윤리-도덕성을 요구한다. 세대 간 신앙교육의 문제와 연
관하여, 구약의 예언 전통은 토라에서 말하는 창조신앙과 언약신앙을 토대로 가정과
성소(성전)를 중심으로 무엇보다 십계명 두 돌판의 내용인 하나님의 정의와 공의를
교육하고 실천할 것을 강조했다. 이사야 59장 21절은 대표적으로 그 예언자 전통의
세대간 교육적 사명을 다음과 같이 정리해 주고 있다(비교, 암 5:24!).

"여호와께서 이르시되 내가 그들과 세운 나의 언약이 이러하니 곧 네 위에 있는 나의
영과 네 입에 둔 나의 말이 이제부터 영원하도록 네 입에서와 네 후손의 입에서와 네
후손의 후손의 입에서 떠나지 아니하리라 하시니라 여호와의 말씀이니라."

구약 예언자들이 사용하는 독특한 신명칭 용어인 '만군의 하나님 여호와'는 무엇
보다 이스라엘 민족의 수호신이 아니고 천지를 창조하신 '우주적이며 세계적인 하나
님'이신 것을 강조하는 이름이다. 그 만군의 하나님은 바로 아브라함의 하나님, 이삭

---

20) Brevard S. Childs, *Biblical Theology of the Old and New Tastaments*, Fortress, 1993, 174쪽 이하, "The Relation of the Law and the Prophets" 참조.

21) Paul R. House, *Old Testament Theology*, IVP, 1998, 398쪽 이하, "Synthesis of Prophetic Theology" 참조.

22) B. Uffenheimer, *Early Prophecy in Israel*, Magness, 1999, 17쪽.

의 하나님, 야곱의 하나님이시다(사 29:22; 렘 33:25-26; 암 7:9,16; 미 7:20; 비교, 마 22:32; 행 3:13 등). 토라 교육에서부터 시작하여 예언자들과 문집(크투빔)의 시편과, 그리고 신약의 초기 교회에서도 조상들의 하나님, 곧 믿음의 족장 3대의 이름(아브라함, 이삭, 야곱)을 기억하며 하나님의 성호를 부르고 있는 것은 이스라엘의 세대 간 신앙교육의 연속성을 보여주는 것이라고 생각한다. 예언자 시대 세대 간 교육 이념은 이스라엘이 약속의 땅인 가나안 땅을 차지한 후 여호수아의 지도하에 맺은 '세겜언약'에서도 확인할 수 있다. 곧 세겜 언약에서 이스라엘의 하나님은 여전히 '아브라함의 하나님, 이삭의 하나님, 야곱의 하나님'이요, 또한 모세의 하나님이시다(수 24:1-5)! 바로 그 하나님이 여호수아의 하나님이고 예언자들의 하나님이며, 내 할아버지, 내 할머니, 내 부모님의 하나님이고, 오늘 나와 내 가족과 내 자손의 하나님이며, 우리 교회가 예배하는 하나님이고, 앞으로 내(우리) 자손들이 대대로 섬길 하나님이시다. 이러한 믿음의 조상들과 연대하는 세대 간 신앙교육이 우리에게도 필요하며, 또한 이것이 예언서에서 말하는 세대 간 교육의 내용이다.

오늘 우리 교회교육에서 세대 간 교육도 우리 각 가정의 믿음의 조상들과 함께 한국교회의 믿음의 사람들을 소개하고 그들의 믿음의 일생을 함께 공부하는 시간이 있었으면 좋겠다. 언더우드의 하나님, 아펜젤러의 하나님, 길선주의 하나님, 마포삼열의 하나님, 양전백의 하나님, 안중근의 하나님, 주기철의 하나님, 박마리아의 하나님, 손양원의 하나님, 이상재의 하나님, 백인숙의 하나님, 강반석의 하나님, 조만식의 하나님, 안창호의 하나님, 이승만의 하나님, 김구의 하나님, 문준경의 하나님, 한경직의 하나님, 이일선의 하나님, 장기려의 하나님, 서병호의 하나님, 최성희의 하나님, 나희필의 하나님, 김성은의 하나님, 정득만의 하나님, 노병찬의 하나님 등등을 교회학교에서 교육하면 세대 간 신앙교육을 실현하는데 도움이 되지 않을까?

본격적인 예언활동이 이루어지던 이스라엘과 유다의 분열왕국 시대에 이스라엘 백성의 계속된 우상숭배와 잘못된 선민사상 때문에 하나님과의 옛 약속들은 깨어지고 말았다. 예언자 신학의 또 하나의 특징은 이러한 상황에서도 자포자기하지 않고, 앞으로 오는 세대들을 위해 하나님이 행하실 새 일을 선포한 것이며(사 42:9; 43:19; 48:6; 겔 36:26 등), 그 새 일은 아브라함과 다윗의 자손으로 오실 메시야를 통한 새 언약의 종말론적 구원의 약속이었다(렘 31:31-34; 겔 37:24-28; 마 1:1; 눅 22:20; 행 2:29-36; 갈 3:15 이하 등). 옛 언약은 깨어졌으나 완전히 파기된 것이 아니었고, 새 언약으로 이어지는 구원의 약속은 예수 그리스도의 오심까지 예언 전승을 통해 세대 간에 계속 이어져 나갔다. 예언자들은 제자들을 양성했으며, 그 제자들은 세대 간에 예언의 말씀을 전하는 사명을 수행하였다(삼상 10:5; 19:20; 왕상 20:35; 왕하 2:3; 4:1

이하; 5:22; 6:1; 9:1; 비교, 암 7:14; 사 8:16 이하 등). 주전 722년에 북왕국 이스라엘은 하나님께 범죄함으로 멸망하고, 586년에는 남왕국 유다 마저 멸망하였으며, 예루살렘 성전은 불타버렸다! 이것은 하나님의 말씀대로 이루어진 예견된 역사였다(신 28-29장; 레 26:14-45; 왕하 17:23; 23:26-27). 토라의 언약 전통과 예언자들의 메시지에 기초하여 세대 간 신앙교육을 할 수 있는 제도권의 가정과 성읍과 성전과 왕궁이 무너졌다. 그러나 70년 바벨론 포로기에도 세대 간 신앙교육의 전통을 지켜 내려온 이스라엘의 가정들은 무너지지 않았다(렘 29:4-7; 비교, 레 26:42-45). 하나님은 자기 백성의 가정들마저 붕괴되지 않도록 믿음의 조상들과의 언약을 기억하시고 그들을 보호하시며 구원하신다(출 2:24-25; 6:2-8; 겔 16:60; 시 106:43-46 등). 신앙의 가정을 파괴하는 악행은 하나님이 가증히 여기시는 중대한 범죄로서 예언자들이 경고한 하나님의 심판의 대상이 된다. 구약의 예언자들이 활동하던 이스라엘과 유다의 왕국시대에는 사회악과 더불어 가정을 파괴하는 악행들이 매우 위협적으로 대두되었다(사 3:5; 5:8-9; 암 3:9; 미 2:1-3, 8-9!; 7:5-6. 비교, 마 10:21 등).[23] 바벨론 포로기를 거치면서, 제2성전 시대 유다 사회에서는 가정을 파괴하는 "이혼" 문제가 급증하였다. 여기에 대해 말라기 예언자는 강력한 경고를 했다.

> "나는 이혼하는 것을 미워한다. 주 이스라엘의 하나님이 말한다. 아내를 학대하는 것도(비교, "… 옷으로 학대를 가리는 자를", 개역개정) 나는 미워한다. 나 만군의 주가 말한다. 그러므로 너희는 명심하여 아내를 배신하지 말아라"(말 2:16, 표준새번역).

토라의 세대 간 신앙교육 전통(출 20:12; 레 19:3; 신 5:16. 비교, 마 15:4-6; 엡 6:2 등)은 예언자들이 부모 공경과 가정의 중요성을 강조하고, 가정파괴(이혼)에 대한 경고의 말씀을 선포하는 데서 다시금 확인된다. 2002년 대한민국의 가정들은 급속히 붕괴되고 있고, 21세기에 들어서면서 우리나라의 이혼율은 OECD(경제협력개발기구) 38개 국가 중 3위에 기록되었다![24] 모세의 율법에 따라 이혼장을 주면 합법적으로 이혼할 수 있다는 주장에 대해서, 모세율법의 이혼규정[25]은 이스라엘 사람들의 마음의 완악함 때문이었으며, 본래는 그렇지 않다고 예수님은 예언자적인 말씀을 하셨다(마 19:8 이하).

---

23) Leo G. Perdue, "The Household, Old Testament Theology, and ContemporaryHermeneutics", *Families in Ancient Israel*, 위의 책, 242쪽 이하.

24) "이혼율 3위 유감"(2002년 3월 23일), 『만물상, 조선일보 명칼럼집』, 1993년 3월-2002년 5월, 조선일보사, 527쪽.

25) 신 24:1 이하. 비교, 사 50:1; 렘 3:8.

여호와 하나님이 이스라엘과 맺은 토라의 언약에 나타난 세대 간 신앙교육 이념은 예언자 시대에 가정의 바로 세움을 통해 강조되었다. 가정파괴(이혼)에 대한 예언자들의 경고 메시지는 세대 간 교육의 일차적 현장인 가정을 보전하고 지켜나가려는 의지로 읽을 수 있다. 주전 520년경에 활약한 스가랴 예언자는 예루살렘을 회복하시는 하나님의 종말론적인 구원을 길거리에서 마주치는 남녀노소의 세대 간의 조화된 모습으로 그리고 있다.

"만군의 여호와가 이같이 말하노라. 예루살렘 길거리에 늙은 남자들과 늙은 여자들이 다시 앉을 것이라. 다 나이가 많으므로 저마다 손에 지팡이를 잡을 것이요, 그 성읍 거리에 소년과 소녀들이 가득하여 거기에서 뛰놀리라"(슥 8:4-5).

3. 크투빔의 경우

크투빔(문집, Writings. 히브리 성경의 시편~역대하)에서 세대 간 신앙교육과 연관되어 주목되는 책들은 시편과 잠언, 전도서, 룻, 아가, 에스더 등을 들 수 있다. 이미 앞에서 언급한 바와 같이 제임스 화이트는 시편 145편 4절이 세대 간 신앙교육을 위한 모든 성경의 근거가 되는 요절이라고 했는데, 이 시편은 구약시대의 예배에서 '세대 간의 연대'를 강조하는 말씀들로 시작하며, 이 시편의 중요한 점은 여러 세대들이 하나님 안에서 함께 연결되어 있고, 이 땅에서의 삶을 위해 서로를 필요로 한다는 성경적 사상을 잘 나타내고 있다는 것이다.[26] 시편의 예배 정신과 절기 축제들은 역시 토라의 창조신앙과 언약 신학에 근거하며, 세대 간의 신앙적 유대와 신앙교육 전통을 강조한 본문을 여러 곳에서 찾아볼 수 있다. 그중에서 몇 가지 세대 간 신앙교육에 도움이 될 만한 인상적인 구절들을 소개해 보면 다음과 같다. 먼저 시편 78편 1-8절에서 보면, 성전을 중심으로 구약성경의 신앙을 가르쳤던 이스라엘의 교사들(아마도 레위 제사장들과 레위인들)은 하나님이 계시하신 성경의 지식과 그것에 기초한 조상들의 신앙전통을 후손들에게 교육을 통해 전달하려는 책임과 의지를 잘 드러내고 있다.

"내 백성이여 내 율법을 들으며 내 입의 말에 귀를 기울일지어다. 내가 입을 열어 비유로 말하며 예로부터 감추어졌던 것을 드러내려하니, 이는 우리가 들어서 아는 바

---

26) James W. White, *Intergenerational Religious Education*, 위의 책 70쪽.

요 우리의 조상들이 우리에게 전한 바라. 우리가 이를 그들의 자손에게 숨기지 아니
하고 여호와의 영예와 그의 능력과 그가 행하신 기이한 사적을 후대에 전하리로다.
여호와께서 증거를 야곱에게 세우시며 법도를 이스라엘에게 정하시고 우리 조상들
에게 명령하사 그들의 자손에게 알리라 하셨으니, 이는 그들로 후대 곧 태어날 자손
에게 이를 알게하고, 그들은 일어나 그들의 자손에게 일러서, 그들로 그들의 소망을
하나님께 두며 하나님께서 행하신 일을 잊지 아니하고 오직 그의 계명을 지켜서, 그
들의 조상들 곧 완고하고 패역하며 그들의 마음이 정직하지 못하며 그 심령이 하나
님께 충성하지 아니하는 세대와 같이 되지 아니하게 하려 하심이로다."

시편에서 여호와 하나님의 백성은 그들의 예배와 공동체 예식을 통해 믿음의 조
상들과 현세대와 오고 오는 후손 세대들 간의 역사적-신앙적 유대를 강조했다. 구
약의 세대 간 신앙교육의 본문들은 조상들이 잘한 내용을 드러내기보다는 오히려 과
거의 잘못을 있는 그대로 밝히고 역사적 교훈과 신앙적 반성의 자료로 활용하고 있
는 것이 주목된다. 그것은 한마디로, "조상들처럼 반역하며 고집만 부리는 세대가
되지 말며, 마음이 견고하지 못한 세대, 하나님을 믿지 아니하는 세대가 되지 말라"
는 것이다(시 78:8). 이러한 구절들을 일일이 열거하자면 지면이 부족할 것이다.[27] 흥
미로운 구절 하나만 더 소개하면 시편 148편 11-13절을 들 수 있다.

> "세상의 왕들과 모든 백성들과 고관들과 땅의 재판관들아, 총각과 처녀와 노인과 아
> 이들아, 여호와의 이름을 찬양할지어다 … 그는 모든 성도 곧 그를 가까이 하는 백성
> 이스라엘 자손의 찬양을 받을 이시로다. 할렐루야."

이 시편 148편에서는 세대 간의 신앙적 유대뿐만 아니라, 세상의 왕들이 다스리
는 모든 세계 나라들을 포괄하면서, 민족들 간의 차별, 지역 간의 소외, 사회계층과
신분의 차별, 남녀의 성차별, 나이의 차별, 세대 간의 간격을 뛰어넘어 신앙공동체
로서 문자그대로 진정한 에큐메니칼 정체성을 지향하고 있다.[28] 오늘 우리의 문제도
이러한 시편 148편에 근거해서 볼 때, 단순히 우리끼리 세대 간의 소외나 차별만이
문제가 아니다. 우리 교회는 지역과, 사회계층, 문화적 차이, 직업 간의 막힌 담을

---

27) 비교, 시 105; 106; 135; 136 등 소위 역사시편들 참조.

28) 비교, 류행열, 「22편: 탄원양식과 감사양식의 구조적 통일성에 관한 연구」, 장로회신학대학교 대학원, 구약학전공 박
사학위논문, 1994. 이 논문에서 류행열 박사는 시편의 탄원 양식과 감사찬양 양식이 구조적 통일성을 이루고 있으며,
시편의 신앙은 편협한 민족주의나 선민사상을 넘어 세계적 지평으로 확장되는 것을 잘 설명하고 있다.

허물며, 아시아와 전세계를 향하는 예수 그리스도 안에서 한 몸의 지체들인 것을 인식하고(고전 11:11; 12:12-27; 갈 3:28-29; 비교, 요 15:5), 그리스도 안에서 모두가 하나 되는 에큐메니칼 신앙교육을 추구해야 한다. 또한 구약성경의 크투빔에서 세대 간 교육은 무엇보다 잠언과 지혜문학의 지혜교육 전통에서 찾아볼 수 있다. 잠언은 이스라엘 백성의 신앙과 생활 교육의 주제를 "지혜"(히브리어로, '호크마')로 집약하며, 이스라엘의 가정교육을 기반으로 하여 세대 간 신앙교육의 전통을 따라 토라의 율법교육, 예언자들의 역사교육, 왕궁의 궁중교육, 사회교육(주로 이스라엘의 장로들의 전통)의 지혜 전승들을 함께 정리하고 있는 이스라엘 백성의 신앙생활의 교육 교과서라고 할 수 있다. 신약에서는 복음서들과 야고보서가 이러한 잠언의 성격에 상응하는 책들이다.

고대 이스라엘에 제도적인 학교가 존재했느냐에 관한 논의는 구약학계에서 아직도 계속되는 논쟁이지만,[29] 제사장학교, 예언자학교, 궁중학교, 서기관 학교, 성문에서 장로들을 주축으로 하는 사회학교 전통의 모든 뿌리는 가정교육 전통에 있었다. 구약시대에는 이스라엘의 가정이 곧 학교이다. 이스라엘 가정에서는 남녀를 불문하고 5살 때까지 어린 자녀들의 교육은 대체로 어머니가 그 책임을 맡았고(잠 1:8; 6:20; 31:26 등; 비교, 잠 31:1-2), 때로는 유모나 후견인이 돌보아 주었다. 그러나 5살 이상 20세까지 남자 어린이는 주로 가정의 가장인 아버지에게서 가업을 전수받으며 신앙교육과 도덕교육 및 문화적인 교육을 받았다(신 6:1-3; 비교, 전 12:9-11). 이러한 가정교육은 대가족인 '아버지의 집'에서 적어도 3-4대의 세대 간의 만남을 통해 보강되었으며, 신앙공동체로서 이스라엘의 예배와 예식(특히 축제들)을 통해 세대 간 신앙교육 전통이 강화되었다고 본다.[30]

잠언에 나타나는 가정교육 환경에서, 부모의 역할은 반드시 혈연적 부모일 필요는 없으며, 제도적 학교의 스승을 부모로 호칭하는 것은 고대 서아시아(고대 근동, 구약 주변세계) 전통의 교육제도와 구약의 이스라엘 교육 전통에서 이미 알려진 사실이다.[31] 그럼에도 부인할 수 없는 사실은 가정의 가장과 함께 어머니의 교육 역할이 강조되고 있으며, 특히 가장으로서 아버지의 가정교육의 역할과 책임성은 눈여겨보아야 할 성경적 강조점이다.[32] 잠언의 내용은 주지하는 대로 솔로몬 지혜교육의 역사적 전승을 정리하고 있으나(잠 25:1), 그것은 비단 솔로몬 개인의 지혜뿐만 아니라 대

---

29) 비교, 신경례, 「잠언의 지혜 교육이념에 관한 연구-잠언 1장 1-7절을 중심으로」, 장로회신학대학교 대학원, 구약학전공 석사학위논문, 2002, 20쪽 이하.

30) Andrew E. Hill, "Education in Bible Times", *Evangelical Dictionary of Biblical Theology*, 1996, 특히 193쪽 이하.

31) R. E. Clements, *Wisdom in Theology*, Eerdmans, 1992, 136쪽 이하, "The Primacy of Parental Instruction" 참조.

32) 비교, 신 6:4-9.

대로 이어온 이스라엘 신앙 선조들의 삶의 지혜를 농축하고 있으며, 그 문학양식에서 볼 때 오랜 세월을 통해 세대에서 세대로 이어진 격언과 속담과 가훈들을 집대성한 내용을 보여주고 있다. 다시 말하자면, 잠언은 가정을 하나님의 백성의 최고 최선의 학교로 보고 있으며, 앞 세대에서 다음 세대로 이어지는 신앙과 생활의 교육이 이곳에서 시작되고 그 기반이 조성되고 있음을 말하고 있다. 잠언은 세대 간 교육에 대해 다음과 같이 충고하고 있다.

> "내 아들아 네 아비의 훈계를 들으며 네 어미의 법을 떠나지 말라. 이는 네 머리의 아름다운 관이요 네 목의 금 사슬이니라"(잠 1:8-9).

> "너를 낳은 아비에게 청종하고 네 늙은 어미를 경히 여기지 말지니라.. 진리를 사되 팔지는 말며 지혜와 훈계와 명철도 그리할지니라. 의인의 아비는 크게 즐거울 것이요 지혜로운 자식을 낳은 자는 그로 말미암아 즐거울 것이니라. 네 부모를 즐겁게 하며 너를 낳은 어미를 기쁘게하라"(잠 23:22-25; 1:8; 4:1-5; 6:20-21; 10:1; 15:20; 27:11; 30:11; 비교, 마 15:4-6!).[33]

가정교육이 실패하거나 세대 간 신앙교육의 전달이 단절될 때 나타나는 불행한 결과에 대해 잠언은 다음과 같이 경종을 울려주고 있다.

> "미련한 자를 낳는 자는 근심을 당하나니 미련한 자의 아비는 낙이 없느니라 … 미련한 아들은 그 아비의 근심이 되고 그 어미의 고통이 되느니라"(잠 17:21, 25).

미국의 종교학자 조나단 윌슨도 현대 인간 사회의 위기가 극도의 개인주의로부터 발생하고 있다고 진단하고, 이 문제를 해결하는 데는 사회 공동체의 윤리 전통과 기독교 공동체의 영성 훈련이 필요함을 말하면서, 이 두 가지 세대 간 교육 전통 내용을 강화하고 지지하는 근거로서, 성경의 지혜교육 전통을 강조하였다. 윌슨은 "… 부모의 가르침과, 지혜자(=스승)와의 친교와, 그리고 많은 경우 경건한 배우자의 영향을 통해서 성경의 지혜는 우리를 성숙하도록 돕는 자리를 마련해 준다"라고 보았다.[34] 잠언을 중심한 성경의 지혜 전통은 노인과 부모를 존중하며, 친구와 이웃과 친

---

33) 신경례, 위의 논문, 29쪽 이하 참조.

34) Jonathan R. Wilson, "Biblical, Wisdom, Spritual Formation, and the Virtues", *The Way of Wisdom, Essays in Honor of Bruce K. Waltke*, eds., Packer & Solderlund, Zondervan, 2000, 301쪽 이하.

척과 나아가 가난하고 소외된 사람들을 포용하며 함께 사는 지혜를 가치 있게 평가한다. 후학들과 자녀들과 후손들에게 인생관과 가치관과 세계관과 신앙관을 교육하려는 것이 지혜자의 교육철학이다. 이러한 교육철학이 오늘 우리에게도 필요하며, 가정교육에서 출발하여 세대 간 교회교육과 일반 학교들과 사회교육에까지 영향을 미쳐야 한다고 생각한다. 잠언의 세대 간 교육의 관심과 강조는 다시 한번 다음과 같은 구절에서 뚜렷이 드러나 있다.

"손자는 노인의 면류관이요 아비는 자식의 영화니라"(잠 17:6).

세대를 이어가는 인생의 기쁨과 만족, 그리고 감사의 삶은 어떻게 가능한가? 성경의 지혜는 가정에서 여호와 하나님을 경외하는 교육을 하고, 부모를 통해 자녀들의 가정교육이 바로 될 때 기대할 수 있는 열매라는 사실을 가르쳐 주고 있다(시 111:10; 잠 1:7; 9:10; 15:33; 욥 28:28).

4. 신약과 초기교회의 경우

교육학자 제임스 화이트는, 어른이신 예수님이 어린이들을 초청하며 함께 하는 모습이 신약성경에서 세대 간 신앙교육 학습의 현장을 보여주는 것이라고 했다.[35] 제자들은 어린이들의 접근을 막으려 했지만, 예수님은 어린이들을 가까이 오게 했고, 무릎에 앉게 했으며, 그들의 머리에 손을 얹었고, 위하여 기도하셨다. 이와 연관하여 예수님은 어른들이 어린아이들과 같이 될 필요가 있음을 말씀했다. 어린이는 어른들을 통해 배워야 하지만, 어른들도 어린아이들에게서 배워야 한다! 이것이 율법과 예언을 온전하게 하시는 예수 그리스도의 세대 간 신앙교육의 범례(패러다임)이다.[36] 가정과 교회에서 부모와 교사들은 자녀들과 학생들을 가르칠 뿐만 아니라 그들로부터 또한 끊임없이 배우려 하고 배워야 한다. 이를테면, 각 세대들은 예수 그리스도의 한 몸인 지체들로서 서로를 가르치며 서로서로 배우게 된다. 이것이 신약이 강조하는 세대 간 신앙교육 이념의 핵심이다.[37]

일찍이 예수님 자신은 12살에 부모와 일가친척과 함께 예루살렘 성전 유월절 축

---

35) James W. White, *Intergenerational Religious Education*, 위의 책, 73쪽 이하.
36) 비교, 마 18:1-6; 막 9:33-37; 눅 10:46-48 등.
37) 김귀엽, "어린이를 이해하려면", 〈교육교회〉 No.123, 1986.6, 394-399쪽, 특히 396쪽.

제에 참가하여 신앙 전통을 익혔으며, 성전의 랍비들과 함께 토론하며 공부하였다 (눅 2:41-48). 예수 그리스도의 공생애에서 그를 따르는 무리들은 분명히 남녀노소의 다세대로 구성되었고, 사회로부터 소외되고 차별받는 계층의 사람들을 포용하였다. 어린이들과 특히 병자들이 함께 있었다. 한 어린 소년이 군중들로부터 나와서 제자들과 예수님 앞에 자기가 가지고 온 보리떡 다섯 덩이와 생선 두 마리(오병이어)를 내놓았는데, 예수님은 이것을 가지고 거기에 모인 온 무리가 배부르게 먹게 했고 남은 것이 12 광주리나 되었다고 하는 이야기도 복음서가 우리에게 말해주는 세대 간 신앙교육의 한 구체적인 사례이다(마 14:13-21; 막 6:30-44; 눅 9:10-17; 요 6:1-14). 예수님의 목회와 교육은 어떤 특정 연령층이나 특정 직업이나 동호인 계층만을 겨냥한 소위 "채널" 방식이 결코 아니다. 바울 사도는 예수 그리스도의 교회를 한 몸의 여러 지체들로 파악하였으며, 그 유기적인 연관성을 분명히 했다(고전 12:12-13; 갈 3:28 등). 하나님의 백성은 처음부터 마지막까지 예수 그리스도 안에서 하나 됨이 그 특징이다(롬 8:14-17; 엡 4:4-6,16; 요 17:21 등). 사도행전과 신약시대 초기교회는 그 모임에 소외되는 계층이 없었으며, 특히 어린이와 노인들과 병자들도 포함시켰다. 유월절과 축제절기에서도 마찬가지로, 신약 초기교회의 애찬식에도 여러 세대와 다양한 연령층이 함께하였다. 신약시대 초기교회들은 대체로 "가정 교회"의 모습이었다는 사실 역시 세대 간 신앙교육의 성경적 근거를 뒷받침하는 것으로 볼 수 있다(롬 16:3-5; 고전 16:19; 골 4:15; 몬 1:2 등).[38]

5. 회당 전통과 유대교

유대교 회당(synagogue)은 주전 586년경 바벨론 포로시대부터 태동되어 발전되었으며, 주후 70년 로마군에 의해 예루살렘 성전이 불탄 이후에는 팔레스틴에서 추방된 유대인들의 디아스포라 지역에서 유대교 신앙과 생활의 본격적인 중심 역할을 한 것으로 알려졌다.[39] 그러나 회당의 정확한 역사적 기원은 아직 불분명하지만, 아마도 주전 450년경 이후 바벨론 포로에서 귀환한 에스라-느헤미야 시대에 유대교 '회당'의 구체적 모습이 시작되었다고 본다. 이미 예수님 당시에는 팔레스틴과 외국의 유대인 디아스포라 거주지에 다수의 회당들이 있었다. 유대인 성인 남자 10명이

---

38) Alfred Edersheim, *Sketches of Jewish Social Life*, Updated Edition, Hendrickson, 1994, 238쪽 참조.
39) James W. White, 위의 책, 71쪽.

있으면 그곳에는 '회당'이 세워질 수 있었다. 예수님 시대 회당은 여러 곳에 오래전부터 존재했고, 예수님 자신이 회당을 방문했으며 그곳에서 가르치시기도 했다.[40]

　　주후 70년경 예루살렘 멸망 당시 팔레스틴에 유대인 인구는 약 4백만 명이며, 회당은 1천여 개소였고, 예루살렘에만 적어도 460-480개의 회당이 있었다고 랍비 전승은 전한다.[41] 회당의 주 기능은 유대교인들을 위한 공식적인 '기도의 집'이었고, 유대인들을 위한 '교육 시설'로서 기능했다. 안식일과 절기에는 회당 예배도 드렸다. 회당예배에는 미성년자도 참여할 수 있었고, 공동 기도를 대표할 수는 없었으나 성경(주로 토라나 느비임)을 낭독하는 것은 허락되었다. 성경 봉독은 매 안식일에 적어도 7명 이상을 선발하여 적어도 한 사람이 3절 이상씩 낭독하게 했다. 회당에서 고전 히브리어가 사용될 때는 미성년자라도 옆에 서서 모인 회중 앞에서 아람어로 통역할 수 있게 했다.[42]

　　구약 모세시대 초기에 하나님의 백성의 총회나 절기의 축제 모임이나 제사-예식에 남녀노소의 차별이나 구별은 나타나지 않는다. 오히려, 모든 계층과 연령층이 함께 하는 모습이 강조되었다.[43] 여성들도 제사예배에 참여하는 것은 당연시되었다.[44] 그러나 바벨론 포로기 이후 제2성전시대에 유대교적 율법해석의 전통이 강화되면서 성전과 회당에서 남녀의 구별과 노소의 분리가 점차 굳어졌고,[45] 이러한 전통은 예수님 시대 성전과 회당에서도 시행되었다. 여성들이 차별화되면서, 어린이들도 자연히 소외되는 현상이 나타나게 되었다고 볼 수 있다(오늘날 예루살렘 '통곡의 벽' 앞에서도 남녀의 장소 구분을 볼 수 있다).

　　어쨌든, 제임스 화이트가 올바로 지적한 대로 유대교는 토라(특히 신 6:4 이하)의 세대 간 신앙교육 전통을 잘 지켜왔으며, 가정과 회당을 통해 그 교육이 이루어졌다. 특히 유대인 가정에서 가족들 간의 식탁교제는 바로 세대 간의 교육의 장이 되었으며, 특히 유월절 가족중심의 식탁교제가 유명하다.[46] 유대교 회당은 세대 간 신앙교육을 소홀히 하지 않았다. 가정과 긴밀한 연대성을 구축하면서, 장구한 세월 동안 회당에서 예배와 탈무드 교육을 통해 유대인들은 오늘까지 그들의 정체성을 이어오고 있기 때문이다.[47]

---

40) 마 6:5; 13:54; 눅 4:17; 7:5 등. 비교, 행 15:21; 13:15.

41) A. Edersheim, *Sketches of Jewish Social Life*, 228쪽 이하, 특히 232쪽.

42) A. Edersheim, 위의 책, 252쪽 이하.

43) 신 31:9-13; 비교, 수 8:35; 스 8:2.

44) 레 1:2; 12:6-8; 비교, 출 38:8; 삼상 2:22.

45) 비교, 슥 12:11-14.

46) James W. White, *Intergenerational Religious Education*, 위의 책, 71쪽 이하.

6. 결론

현대의 학교는 어린이와 청소년들을 어른 사회로부터 격리시켰다. 학교에서는 주로 동년배와의 만남과 대화로 제한되고 있으며, 학교 수업 시간의 증가로 인해,[48] 학교제도는 폭넓은 '인간의 만남'을 실현해 주지 못하고 있다. 가정도 마찬가지 현실이다. 맞벌이 부부 가정의 어린이는 텅 빈 집에 혼자 들어와 텔레비전을 보거나 전자오락을 하고, 동년배 친구들과 손전화로 대화한다.[49] 오늘의 교회 교육환경은 어떠한가? 교회학교 교육도 일반 학교와 같은 제도적 조직과 환경 속에 진행되고 있다. 어린이들, 중고등부 학생들, 대학생들과 청년들조차도 연령층으로 확실하게 분리되어 있으며, 일반 예배 참석이 제도적으로 단절되어 있다. 뿐만 아니라, 오늘 교회의 신앙공동체 현실은 대부분 나이 구분, 세대 간, 계층 간, 직종 간의 차이와 장애의 유무 등 여러 가지 인위적인 담과 벽들로 인해 다층적이며 다세대적인 인간적 만남이 제한을 받고 있다. 이것을 우리는 개선해야 한다. 위에서 성경을 근거로 살펴본 하나님의 백성 이스라엘(새 이스라엘)의 공동체는 하나님을 아바 아버지로 부르는 "대가족" 공동체이며[50], 그 가족은 3-4세대가 같이하는 간세대적이다.

물론 우리는 성경시대의 사회제도나 대가족 사회로 돌아갈 수는 없다. 그러나 위에서 살펴본 대로 성경이 말하는 아브라함의 하나님, 이삭의 하나님, 야곱의 하나님을 섬기는 다원적 세대 간 신앙공동체 교육의 융합성은 지금 우리의 교회교육에도 필요하다. 우리나라의 기독교 가정과 교회공동체는 세대 간에 연계된 삶과 신앙교육을 통해 파편화된 한국 가정과 사회와 세대 간 고립된 교육 현장에 자극을 주고, 그 교육환경 개선에 동참할 수 있다. 교회는 세대 간의 바람직한 신앙교육의 활성화를 위해 가정과의 소통과 유대를 강화하면서, 교회의 예배 참석과 전반적인 교육 프로그램을 구획화하지 말고 가능한한 다 함께 모일 수 있도록 세대 간, 계층 간, 직종 간의 장벽을 허물어야 한다. 장애인과 비장애인의 벽도 허물어야 한다. 하나님과 인간의 화해 사건을 근거로 교회는 모든 차별과 각종 소외를 넘어 인간과 인간의 화해 사역이 일어나도록 도와주어야 한다(비교, 갈 3:28). 교회는 생동감 있는 세대 간의 만남과 교육을 개발해야 하고, 나아가 가정과 함께 연대하면서 소외된 사람들과 다문화 가정의 외국인들까지 포함하여 모든 사람들에게 함께 만날 수 있는 자리를 마

---

47) "Synagogue", *Encyclopedia of Jewish Concepts*, P. Birnbaum, Hebrew Publishing Company, 1991, 81쪽 이하.

48) 미국의 경우 수업 시간은 하루 평균 7-9시간, 1년에 180일 이상이다.

49) J. W. White, *Intergenerational Religious Education*, 6쪽 이하.

50) 손석태, 『이스라엘의 선민사상』, 성광문화사, 1991, 96-111쪽, "4. 이스라엘, 여호와의 아들" 참조.

련해 주어야 있다.[51]

미국 구약학자 폴 핸슨 교수는 성경적 공동체 개념을 설명하면서 다음과 같이 말하고 있다. "현대 신앙공동체들을 갱신하기 위해 유일하고 가장 중요하다고 여겨지는 시작은 '부름받은 사람들'이라는 그들의 정체성을 재발견하는 데 있다. 이것은 하나님이 끊임없이 창조 세계를 치료하시고 다양한 구성원들로 이루어진 전 인류 가족을 하나님과 화해하게 하시는 사역에 대한 비전으로부터 그들의 존재 이유와 목적의식을 계속해서 끄집어내는 운동이다. … 깊이 있는 뿌리 의식이나 전통 의식의 상실이 확산됨에 따라 방향감각이나 목적의식이 상실되고 다가오는 미래가 위험에 처한 시대에, 교회나 유대교 회당이 그들의 교인들에게 교회나 회당 공동체가 근래의 사회적 역사적 발전의 결과로 우연히 새로 생긴 산물이 아니라는 것을 일깨워 주는 것은 매우 중요한 일이다. 교회나 회당은 하나님이 인류와 항구적이고 복된 교제를 이루기 위해 노력하시는 4천 년의 역사를 이어받은 후예들이라는 사실이다."[52] 다시 강조하지만, 성경적인 근거에서 볼 때 교회는 단순히 세대 간의 단절과 간격만이 문제가 아니라, 모든 인간적인 차별과 소외를 극복하는 공동체이어야 한다. 무엇보다 하나님의 백성으로서 한 아버지 하나님을 섬기는 한 가족 의식을 가지고 신앙과 교육적 연대성을 살려 나가야 한다. 성경이 말하는 세대 간 신앙교육의 근거는 하나님의 '부름받은 백성'으로서 예수그리스도 안에서 하나 됨에 있으며(갈 3:28), 그것은 가정과 교회를 삶의 두 축으로 삼는 세대 간의 연대를 이루어 파편화된 인간관계를 예수그리스도의 복음으로 변혁시키는 능력으로 나타나야 한다.

---

51) J. W. White, *Intergenerational Religious Education*, 위의 책, 15쪽.

52) P. D. Hanson, *The People Called*, Harper & Row, 1987, 467쪽.

41

고난의 성경적 의미

I

흔들리지 않고 피는 꽃이 어디 있으랴, 이 세상 그 어떤 아름다운 꽃들도
다 흔들리면서 피었나니 흔들리면서 줄기를 곧게 세웠나니,
흔들리지 않고 가는 사랑이 어디 있으랴,
젖지 않고 피는 꽃이 어디 있으랴, 이 세상 그 어떤 빛나는 꽃들도
다 젖으며 젖으며 피었나니, 바람과 비에 젖으며 꽃잎 따뜻하게 피웠나니,
젖지 않고 가는 삶이 어디 있으랴.

　이것은 도종환 시인(詩人)이 쓴 "흔들리며 피는 꽃"이란 시의 전문이다. 이 시를 읽고 있으면 고난과 고통이 있는 인생길에서도 삶을 긍정하며, 고난의 무게에 무너지는 삶도 꽃과 같은 사랑으로 다시 일구어내는 시인의 목소리가 심금을 울린다. 그것은 고난과 고통이 결코 남의 일이 아니라 언제나 내 곁에 그림자같이 있으며, 지금 이 순간에도 나의 현실이 될 수 있다는 것을 알기 때문이리라. 고난의 바람에 흔들리지 않고, 고통의 눈물에 젖지 않고 가는 인생이 어디에 있는가. 때때로 고통과 고난은 일시에 삶을 꺾어버리고 파괴해 버리는 것 같지만, 지내놓고 보면 그것으로 모든 것이 마지막이 아니라, 실상은 오래지 않아 삶을 다시 일으켜 세우고 아픔을 체험한 만큼 인생을 더 깊이 있게 하고 아름답고 의미 있게 한다. 대체로 우리 한국인의 심성에서 '인생은 고해'(苦海)라는 깨달음은 비단 불교의 가르침이 아니라 오랫동안 터득한 삶의 철학이다. 그럼에도 인생에서 '고난의 신비'는 과학적으로 설명하거나 쉽게 이해될 수 있는 성질의 것이 아닌 것도 분명하다. 이 글을 쓰는 목적은 신구약 성

경을 통해서 드러나는 고난의 문제에 관해 살펴서, 성경이 조명하는 고난의 신비와 의미를 생각해 보려는 것이다.

Ⅱ

성경에서 고난과 고통의 현상을 지칭하는 용어들은 우리 한국어(한자용어 포함)의 경우와 같이 (예컨대, 괴로움, 아픔, 고생, 수고, 불행, 환난, 비애, 탄식, 참담함, 근심, 걱정, 불안, 고뇌, 좌절, 두들겨 맞음, 비통, 상실, 슬픔 등) 다양하게 사용되고 있다. 구약 히브리어의 경우에는 동사 '카에브'(아픔을 느끼다. 창 34:25; 시 69:30; 욥 14:22; 잠 14:13 등), '아차브'(고통하다. 대상 4:10; 사 54:6 등), '아나'(고생하다. 사 31:4; 슥 10:2; 시 119:67 등), '차라르'(괴롭다, 걱정되다. 창 32:8; 신 4:30; 삿 2:15; 삼상 28:15; 시 18:7 등), '야가'(히필, 괴롭게 하다. 욥 19:2; 애 1:5,12 등)의 활용과 그 파생어들에서 주로 나타나며, 신약 그리스어에서는 '파테오'(짓밟다. 그 명사는 '파테마', 고난, 불행, 고생. 롬 8:18; 고후 1:6; 딤후 3:11 등), '파스호'(고난당하다. 눅 22:15), '뤼페오'(비탄하다, 슬퍼하다. 마 14:9; 요 16:20; 롬 14:5 등) 동사들의 활용과 그와 관련된 파생어들이 일반적으로 사용되고 있다.

성경에서 고난은 육체적인 고통과 정신적인 참담함의 경험을 통틀어 지칭하는 말이다. 그 고난의 구체적인 내용은 죽음 특히 가족의 상실(창 50:1 이하; 신 30:8; 시 116:3; 행 2:24; 창 37:35; 44:29; 룻 1:6-21; 삼하 1:17 이하; 요 11:33-35 등), 모든 질병(욥 27; 33:19-22; 시 38; 마 4:24), 불임과 무자함(창 16:5; 삼상 1:6), 불효(잠 10:1; 17:21; 창 26:34-35; 삼상 2:25), 명예 상실(삼하 13:19; 15:30), 재산 상실(욥 1:13-19), 가난함과 종으로 팔림(레 25:39)과 같은 개인과 가정생활을 중심으로 일어나는 사건들이다.

개인이나 가정을 넘어서서 사회 공동체와 국가와 민족에게 닥치는 재난들도 있다. 전쟁의 고통과 포로로 잡혀감, 그리고 이스라엘과 유다의 국가 멸망 경험 등이다(삿 6:1-6; 왕하 17:5-6; 25:1 이하; 애 1:1 이하. 비교, 눅 21:20-26 등). 그 외에도 고난은 자연재해로 인한 지진이나, 가뭄, 홍수, 추위와 더위 등을 통해 온다. 무엇보다 원수의 적대행위는 개인과 공동체에 고난과 고통을 가져오는 실체로서, 특히 시편의 탄원시편에 그 내용이 잘 드러나 있다(시 3:1; 9:3; 18:3; 27:1-3; 31:11 등). 이러한 개인과 공동체의 고난들은 밀접히 연관되어 있다. 무엇보다 성경에서 고통은 하나님으로부터 버림받은 느낌과 사람들로부터 느끼는 소외감(시 22:1-2; 욥 14:22; 사 53:2 이하; 마 27:42)이며, 이러한 고통은 "어찌하여", 또는 "언제까지"라는 고통당하는 자의 부르짖음으로 드러나며, 고통당한 자는 슬픔 속에서 대화의 단절을 실감한다(욥 2:13; 애 1:4; 시 38:13-14).

Ⅲ

이러한 고통과 고난의 기원과 원인에 관해 성경은 무엇을 말해주고 있는가? 성경은 모든 고난과 고통의 기원을 에덴 정원에서 아담과 하와의 범죄-타락에서부터 설명하고 있다. 인류의 시조가 그 뱀(사탄)의 꾀임에 빠져 교만한 마음으로 하나님의 말씀에 불순종하여 금단의 열매를 따 먹음으로 범죄하였고, 이러한 원죄(原罪)가 인류에게 유전되었다(롬 5:12; 엡 2:2-3 등). 이러한 죄의 결과는 죽음(하나님과의 소외)이고, 죽음과 연계된 온갖 고난과 고통이 인간과 세상에 들어왔다(창 2:17; 롬 6:22). 인간은 이제 죄와 죽음과 고통의 현실 앞에서 무력한 존재로 드러났으며(창 3:19; 4:8; 6:5; 11:4; 전 9:3; 렘 17:9; 마 7:11; 15:19; 롬 7:18,24; 요일 1:8,10 등), 이로 인하여 이 땅도 저주를 받았고, 인간도 먹고살기 위해 땀 흘리는 고생을 하게 되었으며, 여자는 해산의 고통을 겪게 되었다(창 3:14-19; 5:29; 8:21-22; 고후 5:2-4 등).

바울 사도는 이러한 성경의 교리를 다음과 같이 정리해 주었다. "모든 피조물이 이제까지 함께 신음하며, 함께 해산의 고통을 겪고 있다는 것을 우리는 압니다."(롬 8:22). 그러므로 성경의 관점에서 고난과 고통은 이 세상에서 인간 실존의 실상이다. 인간의 실존은 어느 철학자가 한 말처럼 '고난과 죽음의 거미줄에 붙은 나비의 운명과 같다'라고 할 수 있다. 이러한 참담한 운명과 고통을 벗어날 길은 없는가? 성경은 그 길이 있다고 말한다! 그 길은 어떤 영웅적 인간이나 자연계의 세력에 있지 않고, 그 길을 우리에게 알려주고 그 길로 인도하시는 분은 삼위일체 하나님이시다. 인간과 피조계의 죽음과 고난의 문제를 해결해 주시는 하나님의 역사가 곧 성경이 말하는 구원사(또는 구속사)이다. 성경의 구속사(救贖史)를 여기서 간단히 말해보면, 그것은 죄와 고통의 원인 제공자인 사탄(마귀, 악마)을 멸하시는 역사이다(창 3:15; 롬 16:20; 딤후 1:10; 히 2:14; 요일 3:8 등). 하나님은 자기의 독생자 예수 그리스도를 이 세상에 성육신하여 보내시고 죄 없으신 그 하나님의 아들이 이 세상의 죄와 고난에 동참하셨으며, 친히 십자가에서 세상 죄를 대신 지고 대속하심으로 사탄과 사망 권세를 이기셨으며(사 25:8; 27:1; 단 7:9-12; 시 16:10 등) 부활하여 승리하셨다(고전 15:12 이하). 이제 누구든지 하나님의 아들 예수 그리스도의 이름을 믿는 자에게는 하나님의 자녀가 되는 자격을 주셨고(요 1:12), 죽음과 고통의 눈물이 없는 새 하늘과 새 땅의 약속(사 65:17; 66:22; 벧후 3:13; 계 21:1 이하)과 함께 부활과 영생의 길을 열어 놓으셨다(요 3:16; 11:25-26). 예수님이 "내가 그 길이요 그 진리요 그 생명이다"라고 하신 것은 이러한 의미이다(요 14:6). 예수님은 진리로 인도하는 그 길이고, 그 진리는 죽음을 생명으로 바꾸고(요 3:16; 5:24), 그 생명을 풍성하게 하는 것이며, 반면에 생명을 파괴하는 모든 것이 사탄(악마)의 일이고 거짓말이며 비진리이다(요 8:44; 10:10).

Ⅳ

"죄와 벌"이라는 인과응보의 도식적 고난 이해가 성경이 말하는 고난에 대한 설명의 전부가 아니다. 총론적으로 보면, 성경의 인간관은 "의인은 없나니 한 사람도 없다"(시 51:5; 143:2; 욥 15:14; 롬 3:10)는 것이다. 성경은 본질상 불의한 인간이 하나님을 믿음으로써 비로소 '의인으로 인정된다'라고 가르친다(창 15:7; 롬 1:16-17). 본래부터 자력(自力)에 근거한 의인은 없다. 의인이든 누구든 인간은 누구나 이 땅에서 원죄의 본성을 가지고 태어났으며(시 51:5), 죽음과 고난에서 자유로울 수 없다. 오직 하나님의 구원의 약속을 믿음으로써만 인간은 죄와 사망의 고난 중에서도 구원의 희망을 가지게 된다(롬 5:3-4). 그러므로 그리스도인들이 이 세상에서 고난과 고통을 극복하는 길은 예수 그리스도 안에 있는 믿음으로 성경에 약속된 하늘나라의 소망을 가지는 것밖에는 없다.

자살은 결코 성경이 가르치는 고통과 고난을 극복하는 바른길이 아니다. 하나님의 아들 예수 그리스도는 십자가상에서 결코 자살을 하신 것이 아니며, 세상 죄를 지고 "죽임을 당하신" 어린 양이 되신 것이다. 그러므로 성경적 메시아 사상은 단번에 영원한 속죄를 이루신 예수 그리스도의 피가 인간을 죽음과 고통에서 구원하시는 길을 제시하지만(히 7:27; 9:11-15; 10;10 등), 거짓 메시아주의는 유토피아라는 허상을 내세워 반복적으로 인간의 피흘림을 충동질하며 살인과 자살을 유도한다. 성경에서 고난받는 사람들의 "부르짖음"이 고난으로부터 해방되는 기폭제라는 주장도 어폐가 있는 말이다. 부르짖음이나 기도나 자살폭탄이나 촛불시위나, 그 어떤 인간적인 '이니셔티브'(주도권)도 죽음과 고난 상황으로부터 하나님의 구원 행동을 촉발시키는 기폭제가 될 수 없다. 죽음과 고난을 해결하는 가능성은 언제나 하나님의 사랑에 근거하며, 하나님의 약속 위에서만 성립하기 때문이다, 오직 은혜로! 이스라엘 백성의 역사적 출애굽도 그들이 고통의 신음 소리를 내었기 때문이 아니고, 하나님의 사랑(해 새드)과 그 사랑에 근거한 선택, 언약(약속)이 전제되었기에 가능했다(신 7:7-8; 출 2:24-25; 시 105:8-10. 비교, 롬 5:8!).

V

그럼에도 성경에서 고난의 의미를 이해하려고 할 때, 고난은 죄에 대한 벌로써 하나님으로부터 온다는 도덕적 해석과, 고난은 범죄 타락과 이 땅이 저주받음에서 기인한 창조 세계와 인간 실존의 질적 저하 현상이라는 존재론적 해석만으로는 충분하지 않다. "의인에게는 어떤 재앙도 임하지 아니하려니와 악인에게는 앙화가 가득하리라."(잠 12:21)라는 잠언의 대표적인 가르침은 실생활의 경험에서 도전을 받게 된다. 오히려 악인이 형통하고 의인이 고난을 당하는 현실을 어떻게 해석하고 설명해야 하는가(렘 12:1-2; 합 1:2-4; 욥 12:6; 21:7; 시 37:36-37; 73:1-17; 비교, 전 8:14 등)? 이것은 신학적 용어로 신정론(神正論, theodicy. 죄악과 불의의 현실 앞에서 과연 하나님은 정의로우신가?)으로 알려진 문제인데, 욥기가 그 대표적인 사례이다. 욥의 고난은 죄와 벌의 도식이나 존재론적 해석만으로는 설명되지 않는다. 욥의 세 친구는 인과응보의 교리로서 욥을 설득하려 하지만 실패한다. 이때 등장한 청년 엘리후는 죄와 벌의 도식적 이해를 넘어 고난에는 하나님의 다른 목적(예컨대, 연단과 훈련의 목적)이 있을 수 있다는 가능성을 열어 놓는다, 그러나 하나님께 부르짖는 욥에게 마침내 말씀하시는 하나님은, 욥이 당하는 고난의 이유(사탄의 참소, 욥 1:8-12)에 관해서는 속시원히 설명하지 않으시고, 창조주 하나님의 전지전능하심과 피조물로서 욥의 무지와 무능을 깨닫게 하신다(욥 42:1-6). 욥기의 교훈은 알 수 없는 고난과 고통이 올 때 하나님은 의심이나 불신이나 증오의 대상이 아니라 어디까지나 신뢰의 대상(시편의 탄원시에서 보듯이, 고난당한 자의 고통의 호소와 부르짖음을 포함하여)이 되어야 함을 일깨워 주고 있다(비교, 시 40:1-2). 이러한 관점에서 '신정론'(theodicy)이란 용어는 적합하지 않고, 오히려 '인정론'(anthropodicy)을 말해야 한다. 사탄의 노림수는 고통을 통해 우리가 하나님을 의심하고 원망하고 저주하고 자포자기하게 하는 데 있다(비교, 욥 1:20-22). 박완서 작가는 자신의 참척 일기를 공개하는 가운데, "나에게는 욥기가 전혀 위로가 되지 못했으며, 나는 이런 불행이 닥치기 전에도 욥기를 좋아하지 않았다. 의인을 속여먹는 속임수 같았다. 욥기 속에 하느님은 욥에게서 빼앗은 걸 고스란히 또는 두 배로 돌려 주셨지만 현실 속의 의인이 부당하게 빼앗긴 걸 돌려받는 걸나는 본 적이 없다"라고 했다.[1] 하나님을 죽이고 싶은 살의까지 느꼈던 고통 속에서, 박완서 작가가 다음과 같은 신뢰의 기도를 드릴 수 있었다는 것은 성경이 말하는 '고난의 신비'가 현실로 숨 쉬며 다가오는 것을 느끼게 한다.

> "주여, 나를 받으소서. 나의 모든 자유와 나의 기억력과 지력과 모든 의지와 내게 있는 것과 내가 소유한 모든 것을 받으소서. 나의 고통까지도, 당신이 내게 이 모든 것을 주셨나이다. 주여, 이 모든 것을 당신께 도로 드리나이다. 모든 것이 다 당신의 것이오니, 온전히 당신 의향대로 그것들을 처리하소서. 내게는 당신의 사랑과 은총을 주소서. 이것이 내게 족하나이다."[2]

VI

욥기의 신정론 문제는 '고난의 신비'로 남아있으며, 욥의 고난에 대한 원인 제공자인 사탄에 대한 승리는 고난 중에도 욥이 끝까지 전능하신 창조주 하나님을 신뢰하는 데 있었다(욥 42:1-6). 성경에서는 신정론이 제기하는 고난의 의미에 관련해 네 가지 정도의 설명을 찾아볼 수 있다.[3] 첫째는, 교육적 의미이다, 마치 부모가 자식을 꾸지람하고 징계하듯이 하나님도 그 사랑하는 자를 징계하신다는 설명이다(신 4:30; 호 2:67; 잠 3:11-12; 히 12:5-7). 그러나 하나님은 악으로(유인하기 위해) 시험하시지 않는다(약 1:13-14). 둘째는, 종말론적 의미이다. 의인은 죽음의 고난을 통하여 하나님이 심판하실 마지막 때에 부활과 영생을 누린다. 죄악 세상에서 잠시 받는 고난은 장차의 영광과는 비교할 수 없다는 설명이다(단 12:1-3; 롬 8:18!; 히 11:24-26; 계 2:10). 셋째는, 대속적 기능이다. 여호와(야훼, 야웨)의 종은 다른 사람들의 죄를 대신하여 수난을 당한다(사 53:1-12). 예수 그리스도의 십자가 수난이 이것을 말해순다(마 20:28; 눅 23:34). 그리스도인들에게도 이 땅에서 예수 그리스도의 고난에 참여하는 남은 고난이 있다(고후 1:57; 비교, 요 18-19장). 넷째는, 위탁의 의미이다. 사도 바울은 자신의 "육체의 가시" 때문에 고통했으나, 스스로 교만하지 못하게 하시는 하나님의 은혜인 것을 알게 되었으며, 고난을 통해 자신의 무력함과 무능을 깨닫고 자신

---

1) 박완서, 『한 말씀만 하소서』, 솔, 1994, 22쪽.

2) 위의 책, 91쪽.

3) B. D. Smith, "Suffering", *Evangelical Dictionary of Biblical Theology*, ed. by W. A. Elwell, Baker, 1996, 749-752쪽, 특히 751쪽.

의 약함을 통해 더욱 하나님께 의지하고 자신을 하나님의 능력에 위탁하게 되었다는 설명이다(고후 1:8-10; 4:7-12; 12:7). 고난은 하나님께 더 가까이 나아가는 통로이다.

결국 성경에서 인간 고난의 의미는 고난의 현실을 통해 인간은 예외 없이 누구나 "구원받아야 할 존재"임을 깨우쳐 주는 것이다. 하나님은 예수 그리스도를 통해 우리의 죄와 죽음의 고난에 동참하시고 구원과 영생의 길을 열어 놓으셨다. 그러므로 "선을 행함으로 고난받는 것이 하나님의 뜻일진대 악을 행함으로 고난받는 것보다 낫다"(벧전 3:17)라는 고난의 지혜를 배울 수 있다. 시편의 시인도 "고난당한 것이 내게 유익이라. 이로 말미암아 내가 주의 율례들을 배우게 되었나이다"라고 했다(시 119:71). 한경직 목사님이 설교에서 이런 예화를 하신 것을 기억한다. 자명종 하나가 있었는데, 세워두면 가지 않고 눕혀 놓아야 잘 간다는 것이다. 건강하게 걸어 다닐 때는 하나님을 찾지 않던 사람도 병들어 병실 침대에 눕혀 놓으면 성경도 읽고 하나님을 찾게 되는 경우가 있다고 했다. 예수님의 제자도는 자기를 부인하고 자기 십자가를 지고 그리스도의 고난에 참여하는 삶이다(마 16:24; 막 8:34). 이제 고난은 더 이상 우리를 파멸과 참담함으로 위협하지 못하고 오히려 하나님의 나라와 하나님의 의를 찾도록 하며, 영생의 소망과 함께 인내를 가지게 한다(약 5:10-11; 고후 4:10-18; 벧전 4:16; 5:10). 우리 주님 예수께서는 이렇게 말씀하셨다. "… 세상에서는 너희가 환난을 당하나 담대하라 내가 세상을 이기었노라."(요 16:33; 비교, 롬 8:37).

참고문헌

· Barry D. Smith, "Suffering", *Evangelical Dictionary of Biblical Theology*, ed., by W. A. Elwell, Baker, 1996, 749-752쪽.

· *New International Encyclopedia of Bible Words*, "Pain and Suffering", Zondervan, 1998, 472-477쪽.

· *RGG* Bd. 5, 4. Auflage, "Leiden", 2002, 233-248쪽. 특히 "Ⅱ. Altes Testament" von Heinz-Josef Fabry, 235-237쪽; "Ⅳ. Neues Testament" von Walter Rebell, 239-241쪽.

· 김이곤, 『구약성서의 고난이해』, 한국신학연구소, 1989, 15-39쪽.

· 김지철, "예수그리스도의 죽음", 〈기독공보 특집논단〉, 2001년 4월 14일.

· 월터 브루그만, "구약신학의 틀 Ⅱ, Ⅲ, 고통의 포용 1, 2", 〈기독교사상〉, 통권 410, 411호, 1993, 2, 3월호, 각각 114-129, 159-470쪽.

42

믿지 아니하면 서지 못한다

"믿지 아니하면 서지 못한다"(히브리어로, '임 로 타아미누 키 로 테아메누')는 이 말씀은 이사야서 7장 9절 하반절에 나오는 유명한 말씀이다. 우리말 번역 성경에서는 '믿는다'와 '서다'라는 서로 다른 동사로 표현했으나, 히브리어 본문에서는 한 가지 동사 '믿는다'(히브리어로 '아만' 동사)만 가지고 일종의 말놀이(히필과 니팔) 수사법을 사용했다. 히브리어 본문의 어감을 번역에서 그대로 되살리기가 어렵지만, 주전 733년경 유다의 예언자 이사야가 당시 유다 왕이었던 아하스(주전 743-715 통치. 왕하 16:5-20; 대하 28:1 이하)와 그의 참모들에게 여호와(야훼, 야웨) 하나님의 말씀을 전한 말씀인 이 구절을 직역해 보면 다음과 같다. "너희가 믿지 아니하면 너희 자신도 못 믿는다." 이사야 예언자를 통해 말씀하시는 하나님을 너희가 믿지 않으면, 너희는 너희 자신도 믿을 수 없게 된다는 의미이다.

아하스 왕과 그의 측근 참모들은 이사야 예언자가 전하는 여호와 하나님의 말씀을 받아들이기를 주저하고 있었는데, 그 이유는 앗수르(앗시리아) 제국의 세력을 끌어들여 눈앞에 닥친 이스라엘(에브라임)과 시리아(아람)의 동맹선생 위협을 막으려는 정치적 계산이 이미 되어 있었기 때문이다. 하나님을 믿는다고 말은 하지만 사실 그들이 믿는 것은 하나님의 계획이 아니라 자신들의 계획과 현실적인 군사력이었다. 여기서 이사야는 이전의 어떤 예언자들보다 더 분명하게, 외세를 불러들이는 것보다 여호와 하나님의 역사통치 주권을 의지하는 것만이 난국을 극복하고 국가의 안전을 지키는 길임을 강조하고 있다.

대한민국은 지금 그 어느 때보다 위기에 처해있다고 사람들은 말한다. 또는 과도하고 과장된 위기의식을 조장하는 것은 불순한 동기에서 나온 것이라는 비판도 만만치 않다. 한 가지 분명한 사실은 군부 독재정권 시대와 소위 문민정부 이후 지금까지 계속되고 있는 비극적인 사건들, 재난과 재해와 참사의 연속된 경고는 결코 가볍게 보아 넘기거나, 우연의 연속이라고 하기는 어렵다는 점이다. 그 어느 때보다 한반도는 주변 열강들의 세력 재편 다툼의 틈바구니에서 남북한의 전쟁 재발과 민족 공멸의 어두운 먹구름이 갑자기 몰려들 것만 같은 무거운 분위기이다. 그런데도, 교만과 당파적 편견, 음주, 음란, 사치, 방만한 생활, 도박, 가정파탄(이혼), 폭력, 부정부패, 거짓, 불신, 서로 미워함과 다툼과 이기주의는 우리 사회에서 더욱 기승을 부리고 있다. 어찌해야 하는가 하는 걱정이 저절로 생긴다.

유다 왕 아하스 시대 주변 강국들의 끊임없는 침략과 외세의 간섭이 밀려들 때에, 북왕국 이스라엘과 남왕국 유다는 분열하여 서로 적대하는 국난의 상황에서, '너희가 내 말을 믿지 아니하면 너희 역시 믿을 수 없는 자들이 되고 살아남을 수 없게 된다'라고 이사야 예언자를 보내어 일깨우시는 여호와 하나님의 말씀은 오늘 위기에 처한 우리에게도 절실한 말씀으로 다가온다. 좀 더 구체적으로 이사야 예언자 당시 상황과 하나님의 계획을 살펴보면서 오늘 우리의 난국을 헤쳐 나가는 지혜를 배울 수 있으면 좋겠다.

주전 9세기 중엽부터 본격적으로 서진(西進) 정복전쟁에 나선 신흥 앗시리아 제국은 제국의 막대한 유지비용과 물자를 조달하기 위하여 끊임없는 약탈전쟁을 감행하였다. 앗시리아의 이러한 약탈전쟁은 주전 8세기 후반 앗시리아의 황제 티글랏-필레세르 3세(주전 745-727 통치. 왕하 15:29; 16:7; 대상 5:6. 비교, 왕하 15:19과 대상 5:26에서는 "불" 왕. 여기서 '불/히브리어로, 풀'은 앗시리아 최고 통치권좌의 호칭이다)가 등장하면서 그 정점으로 치닫고 있었다. 주전 738년경에 이르러 다메섹을 위시하여 대부분의 아람(시리아) 지역의 도시왕국들과 페니키아, 블레셋, 이스라엘을 포함한 이 지역의 나라들은 앗시리아에 조공을 바치고 있었다. 이렇게 앗시리아 군대의 말발굽에 짓밟혀 굴욕을 당하고 힘에 부치는 조공의 의무를 져야 했던 시리아(아람)와 팔레스틴 지역의 왕국들은 기회만 있으면 반앗시리아 동맹을 계획하고 반기를 들었다.

이스라엘의 므나헴 왕(주전 752-742)도 티글랏-필레세르 3세에게 굴복하고 인두세를 거두어 과중한 조공을 바쳐야 했다. 므나헴 왕의 이러한 정치는 이스라엘의 민족주의 애국자들의 반감을 샀다. 므나헴의 아들 브가히야가 왕위를 계승했을 때(주전 742-740 통치), 반앗시리아 민족주의 세력의 지지를 얻은 베가가 쿠데타를 통해 왕권을 빼앗는다. 이때 다메섹을 수도로 하는 아람 왕국의 르신 왕도 반앗시리아 저항운동을 계획하면서, 인접한 이스라엘의 반앗시리아 지도자인 베가 왕과 동맹을 맺게 된다. 이 두 왕들은 반앗시리아 동맹군에 남쪽의 유다 왕국도 동참시키기로 하고, 당시 요담을 이어 왕위에 오른 아하스에게 가담을 요청했으나 거절을 당한다. 아람이나 이스라엘과는 달리 지리적으로 남쪽 유다산지에 위치한 유다는 아직까지 직접적으로는 앗시리아를 부담으로 느끼지 않고 있었다. 이때 르신 왕과 베가 왕은 주전 733년경 연합군을 동원하여 유다를 침공하게 되는데 이 전쟁이 이른바 "시리아(아람)-에브라임 동맹전쟁"이다. 르신과 베가는 자신들의 말을 듣지 않는 유다의 왕 아하스를 폐위시키고 그 대신 다브엘의 아들을 왕위에 앉힐 계획을 세웠다. 이스라엘 역사학자들의 연구에 의하면, 당시 유다는 반앗시리아 동맹을 거절한 대가로 북쪽에서 쳐들어오는 아람과 이스라엘 연합군의 공격뿐만 아니라, 서쪽에서는 블레셋의 공격과 남에서는 에돔의 공격을 일시에 받아야 했다.

이렇게 사면초가의 상황을 맞이한 유다의 아하스 왕과 백성들의 마음은 마치 "숲이 바람에 흔들림같이 흔들렸다"(사 7:2)라고 한다. 이러한 위기 상황에서 이사야 예언자를 통해 주신 여호와 하나님의 메시지는 다음과 같이 요약해 볼 수 있다. 1. 아람의 르신과 이스라엘의 베가는 "연기 나는 두 부지깽이 그루터기"에 불과하다. 그러니 아하스 왕은 삼가며 조용하고, 두려워하거나 낙심하지 말라는 것이다. 2. 르신과 베가의 계획은 결코 이루어지지 못하며, 그들은 결국 망한다. 3. 아하스와 참모들과 유다 백성 너희는 여호와 하나님의 역사적 주권과 예언의 말씀을 믿기만 하라는 것이다. 너희가 믿지 않으면, 너희 스스로도 믿지 못하며 살아남지 못한다는 것이다. 그러나 아하스는 이사야가 전하는 메시지를 저버리고, 앗시리아 황제 티글랏-필레세르 3세에게 사신과 조공을 보내어 자기를 도와달라는 외교 수단을 강구한다. 아하스 왕의 정치-외교적 잔꾀는 이제부터 유다도 본격적으로 앗시리아 제국의 속국이 되는 계기를 초래하였다!

이러한 이사야 시대의 역사적 교훈을 상기하면서 생각하는 것은, 서울을 "불바다로 만들겠다"라고 공공연히 협박하는 북한의 국방위원장 김정일은 '불타고 남은 연기 나는 나무토막'에 불과하다는 것이다. 서울을 불바다로 만들 수 있는 분은 역사의 주권자이신 하나님 한 문 밖에는 없기 때문이나. 우리는 심성일이나 핵무기나 내량 살상무기를 두려워하기보다 온 세계를 다스리시고 세상 역사의 심판자이신 하나님을 두려워할 줄 알아야 한다. 하나님 무서운 줄 모르고 큰소리치며 날뛰는 사람은, 하나님이 머지않아 하나님의 방법으로 반드시 처리하신다. 그런데 이러한 북한 김정일의 가소로운 협박에 겁을 내고 두려워하는 지도자가 있다면 이 시대의 진정한 지도자가 될 자격이 부족하다고 하지 않겠는가. 성경을 보면, 전쟁을 하고 하지 않는 것도 하나님의 주권에 속한 것이다(삼상 17:47; 대하 20:15; 시 24:8; 전 3:8 등). 대한민국의 위기를 마치 강대국이 다 해결해 줄 수 있는 것처럼 생각하고, 아하스 왕과 같이 사신들을 보내어 뒷거래를 하고 강대국의 도움을 얻기 위해 비위를 맞추려고 해

    42. 믿지 아니하면 서지 못한다

서도 안 된다. 왜냐하면 대한민국의 미래와 강대국들의 운명을 한 손에 잡고 계신 유일한 역사의 주인은 오늘 성경이 이사야 예언자를 통해 말씀하시는 여호와(야웨, 야훼) 하나님 한 분밖에는 안 계시기 때문이다. 세상 나라들이 술렁거리고, 세상의 지도자들과 왕들이 나서서 전쟁 계획을 꾸미고 동분서주할지라도, 하늘 보좌에 앉으신 하나님은 그들을 비웃으신다고 했으니, 세상의 왕들과 통치자들은 마땅히 하나님을 두려워하고 그분의 경고를 들으라고 시편은 말씀하고 있다(시 2:4,10).

오늘 우리 그리스도인들은 하나님의 살아계심과 하나님의 역사통치를 굳게 믿는 역사의식을 가지고, 침착함과 겸손과 인내하는 마음으로 기도하는 가운데 하나님의 도우시는 손길을 바라보아야 할 것이다. 미국도 일본도 우리를 도울 수 없고, 북한과 중국과 러시아도 우리를 해칠 수 없다. 우리가 사는 길은 여호와 하나님을 신뢰하고 죄악에서 떠나는 데 있다. 촛불시위를 하고 횃불시위를 하고, 데모를 한다고 천지개벽/후천개벽이 일어나지 않는다. 자기들이 후천개벽을 하겠다고 나서는 인간들은 몰라서 그러는 것이고, 나라와 민족을 위하고 스스로 지혜 있는 체 하지만 사실은 어리석은 자들이다. 천지개벽은 천지를 창조하시고 역사의 주인이신 하나님 하느님만 하신다. 우리 애국가 가사에도 있는 것 같이, 하나님-하느님이 지키시고 도와주셔야 우리의 미래에 희망이 있다. 우리 대한민국 국민은 남 탓하기 전에 먼저 자신의 악행과 잘못을 회개하고, 자신의 믿음 없음과 연약함을 돌아볼 줄 알아야 한다. 자기의(自己義)를 앞세우는 무지와 편견과 허세(!)는 일을 그르치는 앞잡이들이다(잠 16:18; 비교, 롬 10:3-4).

43

스가랴 14:1-21 주해와 적용.
여호와의 날, 그날에

Ⅰ. 본문비평과 번역문제

마소라 본문 전승에서 예언서 스가랴는 대체로 잘 보존된 본문이다. 유다 광야 쿰란 유적지에서 남쪽으로 약 17km 떨어진 와디 무랍바아트(Wadi Marabba'at)의 동굴에서 발견된 주후 2세기의 것으로 추정되는 12소예언서의 가죽 두루마리가 지금까지 알려진 것 중 가장 오래된 스가랴서 사본이다.[1] 스가랴는 모두 14장 211절로 구성되어 있으며, 12소예언서 중에 가장 분량이 많은 책(비교, 호세아는 총 14장 197절)이지만, 약 30-40분이면 완독할 수 있다. 그런데 스가랴서는 전반부(1~8장)의 8가지 환상들과 후반부(9~14장)의 묵시적 내용에 나타나는 상징적 어휘들과 시적인 표현 및 종말론적인 미래의 묘사 때문에 설명하기 어렵고 번역하기도 쉽지 않은 책으로 알려져 있다. 스가랴에서 본문비평과 번역문제는 14장 5절을 먼저 들 수 있다. 고대 역본늘, 예컨내 타르굼, 칠십인역과 일부 고대 히브리어 사본들 중에는 이 구절에서 마소라 본문과 차이를 보이고 있다. 우리말 성경 번역에서도 그에 따른 차이를 볼 수 있다. 개역개정판은 비교적 마소라 원문에 충실한 문어체의 직역 성격을 드러내고 있으며, 공동번역개정판과 표준새번역개정판은 여러 본문 전승의 차이에 보다 많은 관심을 가지고, 직역보다는 자유역과 현대 구어체 번역의 다양성을 보여 주고 있으므로, 이러한 번역본들을 비교하면서 본문을 읽는 것이 좋다.

스가랴 14장 5절의 개역개정판과 표준새번역개정판은 마소라 본문 전통을 따라

---

1) Ernst Würthwein, *Der Text des Alten Testaments*, Deutsche Bibelgesellschat Stuttgart, 1988, 166쪽.

번역하는 데 비해, 공동번역개정판은 위에서 언급한 대로 고대 역본들인 타르굼과 칠십인역, 심마쿠스 그리고 고대 히브리어 몇몇 사본들에 근거하여 마소라 본문과는 다소 다르게 번역함으로써 차이를 보이고 있다. 그 차이를 살펴보면, 공동번역개정판에서 "고아에서 야솔까지 뻗은 힌놈 골짜기"로 번역한 것은, 현재 마소라 본문에 따르면 "그 산 골짜기는 아셀(히브리어로, '아찰')까지 이르고"로 번역하는 것이 직역에 충실한 번역이다. 여기서 가장 큰 차이는 5절에 세 번 반복되는 히브리어 동사 '나스템'인데 이 동사를 마소라 본문대로 번역하면 '너희가 도망한다'로 번역해야 하며, 이것을 자음 본문은 그대로 두고 모음점만 바꾸어 '니스탐'('사탐' 동사의 니팔형, 메꾸어지다)으로 읽으면 공동번역개정판 처럼 번역이 달라진다. 즉 "힌놈 골짜기가 … 지진으로 메워진 것처럼 메워지리라". 이어서 공동번역개정판은 "그 뒤에 야훼 하느님께서 당신의 백성으로 뽑으신"이라고 번역하여 원문의 "나의 하나님 여호와께서"에서 "나의 하나님"이라는 중요한 1인칭 소유격을 생략했다. 또한 "당신의 백성으로 뽑으신 사람들을 이끌고"라는 번역도 마소라 본문의 "콜 크도쉼 임마크"('모든 거룩한 자들이 당신과 함께', 개역개정판)를 지나치게 의역하였다. 이 점에서, 표준새번역개정판이 "모든 천군을 거느리시고 너희에게로"라고 번역한 것도 마소라 원문과는 다소 거리가 있는 자유역이다.

14장 6절에서도 "서릿발이 서는 추운 날도 없어지리라"라고 번역한 것 역시 공동번역개정판의 지나친 의역이며, 표준새번역개정판에서 "햇빛도 차가운 달도 없어진다"라는 번역도 마소라 분문에 충실한 번역이라고 보기 어렵다. 이 구절을 개역개정판은 "빛이 없겠고 광명한 것들이 떠날 것이라"라고 번역했는데, 여기서 '광명한 것들이 떠나가리라'고 한 것 역시 원문의 어휘 해석의 어려움 때문에 생겨난 번역이다. 현재 마소라 본문을 직역하면, "빛 추위 서리도 없을 것이다"로 번역할 수 있다.

이러한 번역상의 차이는 14장 9절에서도 드러나 있다. 대체로 개역개정판은 다른 번역본들과 비교해 보면 맛소라 원전을 의식한 직역의 성격을 가진 것을 알 수 있다. 스가랴 14장 1-21절에 관한 이 글에서는 개역개정판의 번역본문을 따르기로 한다. 참고로, 현재 개역개정판에서 스가랴의 장, 절 구분이 마소라 본문과 다소 차이가 있으며, 마소라 본문 스가랴 2장 1-4절과 2장 5-17절이 개역개정판에서는 각각 스가랴 1장 18-21절, 2장 1-13절로 되어 있다(공동번역개정판의 경우는 해당 본문에 두 가지 장, 절을 다 표시해 놓았다).

Ⅱ. 스가랴 14장 본문의 통일성과 저자 문제

스가랴에 대한 비평학자들의 견해는, 후반부 9~14장은 전반부의 1~8장과 비교해 볼 때 문체나 사상, 역사적 배경에서 큰 차이를 나타내기 때문에, 주전 520년경 활약한 역사적 스가랴 예언자의 것이 아니라는 데 다수가 동조하고 있다. 스가랴 1~8장에 등장하는 주전 520년경 예루살렘을 중심으로 활약한 역사적 스가랴와 구별하여, 비평학자들은 9~14장의 본문은 페르시아 시대를 지나 그리스(헬라)제국 시대인 주전 300-200년경에 형성된 것으로 추정하며(슥 9:5 이하, 특히 9절 참조. 비교, 단 8:21), 그 저자를 "제2 스가랴"로 명명하고 있다.[2] 가장 주목할 만한 차이로서, 1~8장에서는 역사적 배경과 인물들(예컨대, 스룹바벨, 대제사장 여호수아, 스가랴 예언자의 예언 시기. 비교, 슥 1:1,7; 7:1)에 대한 언급이 있는 것에 반해, 9~14장에는 스가랴의 이름도 보이지 않고 어떤 역사적 시점이나 구체적 사건이 명시되고 있지 않다는 점이다. 신학사상적으로도, 전반부에서는 바벨론 포로귀환 이후 예루살렘에 재건될 새 성전(제2성전)에서 대제사장과 함께 다윗의 후손('내 종 싹', 슥 3:8; 6:12. 비교, 사 4:2; 11:1; 렘 23:5)이 메시아로서 평화를 이루고 하나님이 약속하신 구원과 회복을 바라는 기대감이 충분히 감지되고 있다. 그러나 후반부에서는 제2성전의 현실을 배경으로 하고 있으며, 사독 계열의 제사장 그룹이 이미 헤게모니를 장악하였고, 다윗 자손의 메시아는 왕위에 오르지 못한 상황이 계속되고 있다. 포로기 이후 유다 사회는 사분오열의 분열상을 노출하였으며, 이러한 역사적 소용돌이 속에서 스가랴 9~14장의 내용은 예언자 말라기 시대를 지나 주전 2세기 '마카비 항쟁시대'의 극심한 역사적 혼란기에 이르기까지 여러 무명의 저자들 또는 편집자들의 손에 의해 저작 또는 가필되고 편집된 묵시적 성격의 문서로 평가할 수 있다는 것이다.[3]

스가랴 9장 서두에 아람(다메섹)이나 페니키아, 블레셋 성읍들에 대한 정복 예언은 주전 333년 잇수스(Issus)전투의 승리로 페르시아 제국의 마지막 명맥을 끊어 놓은 그리스의 알렉산더 대왕이 팔레스틴을 장악한 이후의 사건이라고 본다. 그러나 아람, 페니키아는 물론이고, 블레셋 성읍들에 대한 전쟁 파괴 언급은 바벨론 포로 이전 예언자들에게서도 나타나며(암 1:6-8; 렘 25:20. 비교, 습 2:4 등), 반드시 그리스 시대 이후까지 끌어내릴 필요가 없다. 어쨌든, 현대 성서비평학에서 스가랴 1~8장은 역사적 스가랴 예언자가 쓴 '원(原) 스가랴'(Proto-Zechariah)로, 9~14장은 대체

---

2) 비교, 오택현, 김호경, "알기쉬운 성서 묵시문학 연구". 〈크리스쳔 헤럴드〉, 1999, 59쪽 이하.

3) Paul L. Reddit, *Haggai, Zecharich, Malachi*, The New Century Bible Commentary, Eerdmans, 1995, 144쪽 이하.

로 그의 제자들이나 추종자들이 후대에 첨가한 '제2 스가랴'(Deutero-Zechariah)로
구분하기도 한다. 엄밀하게 말하면, '원 스가랴'는 1장 8절에서 6장 8절까지의 8가지
'환상록'에 국한되며, 1장 1절에서 6절까지, 그리고 6장 9절에서 15절까지의 본문은
'환상록' 편집자의 '편집틀'이며, 7~8장은 바벨론 포로귀환 이후 유다 공동체의 당면
한 문제(예컨대, 금식 절기를 계속 지켜야 하는지에 관한 물음)에 대한 역사적 스가랴 예
언자의 답변과 설교형식의 권면과 예언이 편집 수록된 것으로 본다. 9~14장 역시
9~11장은 '제2 스가랴', 12~14장은 그와는 또 다른 '제3 스가랴'로 세분하기도 한다.
스가랴 9장 1절과 12장 1절의 히브리어 "맛사"(문자적으로 '운반함'이란 뜻. 비교, '경고',
개역개정)라는 제목은 말라기 1장 1절의 제목을 연상케 하는데(개역개정 슥 9:1에서는
'경고' 번역이 누락되었다), 이렇게 구약 예언시대 후기에 "맛사"라는 제목으로 전승된
다양한 종말론적인 예언 내용들이 여러 편집자의 손을 거쳐 정리된 것으로 추정한
다.

그러나 스가랴 1~14장까지 본문의 통일성과 역사적 스가랴 예언자의 단일저자
를 주장하는 학자들도 없지 않다. 죠이스 볼드윈[4]이 지적한 대로, 스가랴 9~14장을
누가 썼는지, 또 그 편집자(들)가 누군지 결정적으로 증명할 길은 없다. 또 지금까지
모든 사본 상의 증거와 쿰란에서 발견된 스가랴의 희랍어 단편사본 증거에 이르기까
지 스가랴의 전·후반부를 나누어 보아야 하는 '단절'을 제시하는 어떠한 증거도 없
다. 사실 스가랴서가 주전 5세기부터 2세기에 걸쳐 서로 다른 시대에 다수의 저자와
또한 편집자들의 가필과 편집에 의해 형성되었다는 주장은 어디까지나 가설에 불과
하며, 결정적인 증거가 있는 것은 아니다. 오히려 스가랴의 전반부와 후반부에 차이
점도 있으나 그에 못지않게 비슷한 점들과 공통의 주제들도 나타난다.[5] 예컨대, 스
가랴에서 볼 수 있는 반복 문체(슥 6:10,11,13; 8:4,5; 11:17; 14:5,9 등)와 교차대구법(특
히 9~14장)과 함께 주목되는 공통의 주제들은 다음과 같다.

① 예루살렘과 성전의 중요성과 그 회복(1:12-16; 2:1-13; 9:8-10; 12:1-13; 14:1-
   21).
② 유다 포로의 귀환(2:16; 8:7; 10:9-10).
③ 메시아 사상(3:8; 4:6; 9:9-10; 12:10; 14:9)
④ 이전 예언자들의 말씀의 권위 인용(1:4; 7:7,12; 8:9. 스가랴 예언자는 아모스, 이

---

4) Joyce G. Baldwin, *Haggi, Zecharich, Malachi*, Tyndale Old Testament Commentaries, IVP, 1972, 59쪽 이하.
5) R. B. Dillard and T. Longman III, *An Introduction to the Old Testament*, Zondervan 1994, 431쪽 이하.

사야, 예레미야, 에스겔의 말씀을 인용하고 있다: 슥 9:5-7; 11:14, 15-17; 14:1-4).

⑤ 포로귀환 유다 공동체의 정결에 대한 관심(3:3-5; 5:1-11; 10:9; 12:10; 13:1-2; 14:20-21).

⑥ 하나님 왕국(나라)에서 이방인들의 구원의 자리(2:11; 8:20-23; 9:7,10; 14:16-19).

⑦ 하나님의 영의 역사 강조(4:6; 12:10).

⑧ 언약의 갱신(8:8; 13:9).

⑨ 약속의 땅 풍요 회복(8:12; 14:8).

이 모든 공통점들보다 더 주목되는 점은 여호와 하나님의 심판과 구원의 날인 "그 날"(히브리어로, '바욤 하후')이 스가랴 2장 11절(MT 슥 2:15)에서 시작하여 스가랴서 전체를 통해 마지막 14장 21절까지 21회나 반복되고 있다는 점이다. 다른 한 편, 구약학자 라마르쉬(P. Lamarche)는 이미 1960년대에 스가랴 9~14장의 문학적 통일성을 그 교차대구(chiasmus) 형식에서 찾았다. 그에 의하면 9~11장 주제는 12~14장에서 재현되면서 이스라엘의 민족사관을 넘어선 세계사적이며 보편적인 세계관으로 강화된다고 볼 수 있다는 것이다.[6]

위에서 논의한 내용을 근거로 볼 때, 스가랴 예언자는 제2차 바벨론 포로귀환 당시 제사장 가문의 족장인 잇도(느 12:1,16)의 손자, 베레갸의 아들로서 총독 스룹바벨(주전 597년 바벨론 포로로 잡혀간 유다 왕 여호야긴의 손자. 비교, 학 1:1; 스 3:2; 왕하 24:10-17)과 대제사장 여호수아와 함께 예루살렘으로 돌아온 사람이다. 예언자 스가랴(영어로, Zechariah)란 이름은 히브리어로 '즈카르야'이며 "여호와께서 기억하셨다"라는 의미이다. 그는 페르시아 제국 제4대 다리우스 히스타스페스(다리오, 주전 522-486 통치) 대왕 제2년인 주전 520년에 예언자로 부르심을 받았다(슥 1:1,7; 7:1). 스가랴 예언자보다 약 2개월 먼저 학개 예언자가 주전 520년 8월 29일경 제2성전 건축을 재촉하는 예언을 시작한 후, 스가랴도 합세하여 성전재건을 독려하였다(스 5:1 이하; 6:14-15) 스가랴 1~8장은 이 시대에 나온 청년 스가랴 예언자의 2년여 동안의 예언을 정리한 것으로 생각된다. 스가랴 9~14장은 예루살렘의 제2성전 건축이 끝나고(주전 515년경), 세월이 흐른 후 아마도 에스라와 느헤미야의 개혁시대가 진행될 즈음, 노년의 예언자 스가랴가 청년 시절 자신의 예언활동을 회고하면서 묵시적 환상 가운데 여호와 하나님의 종말론적 구원에 관해 예언한 것을 제사장계의 후배 편집자가 정리하여 청년기의 환상록과 함께 오늘 우리가 보는 스가랴서에 통합한 것으로

---

6) J. G. Baldwin 위의 책, 78-79쪽 참조.

     43. 스가랴 14:1-21 주해와 적용. 여호와의 날, 그날에

여겨진다. 제사장 가문 출신으로 노인이 된 말년의 스가랴 예언자는 대제사장 요야 김 때 잇도 가문의 대표적 지도자(제사장 겸 족장)로서 언급되고 있다(느 12:16).

Ⅲ. 역사적 배경

주전 539년 페르시아 제국의 대왕 고레스(Cyrus the Great, 주전 559-530 통치)의 유다포로 귀환령에 따라(대하 36:22-23; 스 1:1-4), 제1차 귀환이 538년 총독 세스바살(Sheshbazzar)의 인도하에 이루어졌으며(스 1:8,11. 비교, 스 5:16), 귀환한지 2년째인 주전 536년에 예루살렘에 제2성전의 기초를 놓았으나(스 3:8-10), 주변 이방 원수들의 방해로 인해 중단되었다(스 4:24). 제2차 귀환은 다리오 I세(Darius Hystaspes or the Great, 주전 522-486 통치)가 페르시아 제3대 왕으로 즉위한 다음 해인 주전 521년에 다윗의 후손 여호야긴 왕의 아들인 스알디엘의 아들 스룹바벨과 대제사장 여호수아(예수아)가 주도했다(스 2:2; 느 7:7; 12:1). 이들은 주전 520년경 그동안 15년이나 중단되었던 예루살렘 성전 재건에 착수하여, 다시 성전의 기초를 쌓았다(학 2:18; 슥 4:19; 8:9). 다리오(다리우스) 1세는 유다인들의 제2성전 재건에 협조했다(스 6:1-12). 구약성경에는 다리오 이름을 가진 여러 왕들이 나오는데(비교, '메데 사람 다리오'. 단 5:30-31; 6:26), 페르시아 왕 다리우스 이름에 관해서는 다음의 책을 참고할 수 있다.[7] 다리오 왕 1세 당시 학개 예언자가 나서서 성전재건에 유다 백성들을 독려하였고, 그와 함께 스가랴 예언자도 예루살렘 제2성전 건축을 위해 도왔다. 성전 건축을 방해하는 이방인들의 음해 공작이 에스라 5장 3절 이하에 기록되었는데, 당시 다리오(다리우스 1세) 왕이 고레스의 조서를 조사한 후, 예루살렘 성전 건축을 방해하지 못하게 하고 오히려 방해하던 이방인들로 협력하게 하였으며, 유다 백성의 장로들이 예언자 학개와 스가랴의 권면을 따랐기 때문에 성전 건축하는 일이 형통하여, 다리오왕 제6년 아달월 삼일에(주전 515년 2월 18일경) 완공되었다(스 6:13-15).

성전재건 당시 외부 적대세력들의 방해도 있었으나, 유다 사회 내부 원수의 방해도 있었다. 내부의 원수란 다른 것이 아니라, 바벨론 포로에서 귀환한 유다인들 경제 사정의 어려움이었다. 학개 예언자는 그러나 유다 사람들이 자기 집은 먼저 지어 놓고 살면서, 성전은 황폐한 대로 방치하고 있다고 유다 백성들의 잘못을 지적했다(학 1:4). 또한 학개 예언자는 유다총독 스룹바벨과 대제사장 여호수아와 유다 사람

---

7) Edwin M. Yamauchi, *Persia and the Bible*, Baker Book House, 1990, 특히 "4. Darius", 129쪽 이하.

들에게 출애굽 언약의 신앙 전통을 상기시키면서, 안팎의 사정으로 인해 두려워하거나 걱정하지 말고, 믿음으로 굳세게 일하라고 권면한다(학 2:1-9). 스가랴 예언자도 학개와 함께 이스라엘의 하나님은 어떤 적대세력이나 방해 세력도 꺾으시며, 하나님이 예루살렘의 "불성벽"(슥 2:5)이 되어 지켜주실 것을 환상을 통해서 예언했다. 유다 사회의 계속되는 죄악에 대해서 스가랴 예언자는 "날아가는 두루마리"로 상징되는 율법(슥 7:12)의 십계명 준수를 말하고 있으며, 특히 도둑질하는 것과 거짓 맹세(거짓 증언)가 유다사회를 혼란케 하는 죄임을 지적하였다(슥 5:1-3; 8:16-17). "에바 속의 여인"으로 상징되는 악의 세력은 이제 하나님께서 멀리 옮기시며 유다를 정결케 하신다고 했다(슥 5:5 이하). 매우 인상적인 스가랴 예언의 말씀이 스가랴 4장 6절에 나타난다. "여호와께서 스룹바벨에게 하신 말씀이 이러하니라. 만군의 여호와께서 말씀하시되 이는 힘(히브리어, '하일'. strength)으로 되지 아니하며 능력(히브리어, '코아흐', ability)으로도 되지 아니하고 오직 나의 영(히브리어, '루아흐', spirit of God)으로 되느니라".

　　포로에서 귀환한 유다 사람들의 경제적 생활도 어렵고, 신앙적으로도 죄악의 현실 상황 아래서, 학개와 함께 스가랴 예언자는 이러한 불리한 역사 속에 개입하시어 자기 백성의 죄를 정결케 하시고(슥 13:1-2), 무너진 성전을 재건하게 하시며 구원의 약속을 성취하시는 살아계신 하나님의 역사를 강조하였다. 스가랴 예언자가 활약한 주전 520년경 고대 중국에서는 공자가 가르쳤고(주전 551-479), 인도에서는 석가모니가 나왔으며(주전 566-486년경), 한반도에는 고조선(古朝鮮, 주전 2,333? /6세기경-108)의 역사가 있었다. 제3차 바벨론 포로귀환은 페르시아 제5대 왕 아닥사스다 I세(Artaxerxes I. 주전 464-424) 때에 제사장 겸 율법학자인 에스라를 통해 주전 458년에 있었고(스 7:1 이하), 제4차 바벨론 포로귀환은 주전 445년에 총독 느헤미야 인도하에 이루어졌다(느 2:1 이하, 11; 8:9-10; 비교, 느 13:6 재귀환).

　　예언자 스가랴("여호와께서 기억하셨다"라는 뜻)라는 이름은 구약시대에 흔한 이름으로서 여러 동명이인들이 등장하며(비교, 대하 24:20-21; 마 23:35), 신약에서는 이 이름이 그리스어 표기에 따라 "사가랴"로 나온다(비교, 눅 1:5). 다른 예언자들의 경우와 마찬가지로 스가랴서에서도 예언자 스가랴의 신상 명세에 관해서는 자세한 정보가 없다. 스가랴는 주전 520년경 바벨론 포로에서 귀환한 제사장 가문 출신으로서 예언자로 부름받았을 때(슥 1:1; 느 12:16; 스 6:14), 아마도 스가랴는 20대 초반의 청년이었을 것으로 추정된다. 그의 초기 2년간 예언은 주로 '8개의 환상록'(슥 1:8~6:8)에 수집되어 있고, 여기에는 구약 예언자 전통에 따라 바벨론 포로에서 귀환하기 시작한 하나님의 백성 유다 공동체의 새 역사를 꿈꾸는 젊은 스가랴의 긍정적인 예언자적 종말론이 나타나 있다. 나머지 6장 9절에서 8장 23절의 본문은 스가랴 예언자의 평상시 예언 활동을 엿보게 하는 내용이며, 9장 1절에서 14장 21절까지는 노년의 스가랴 예언자의 묵시적 종말론으로서, 전반부의 청년 시대와는 달리 유다 사회의 내재적 역사 갱신의 한계를 철저하게 경험한 노인 스가랴 예언자가 이제 이 땅에서 생의 마감을 앞두고 하나님의 종말론적인 구원의 초월적 역사를 계시 의존적으로 바라보는 내용으로 볼 수 있다.

Ⅳ. 스가랴 14장의 구성과 강조점

스가랴서의 문학양식은 구약 문서 전통에서 볼 때 소위 묵시문학에 속한다. 묵시문학은 구체적인 역사 상황에서 그 시점을 분명히 인식하면서도, 그 내용은 언제나 현실 역사의 지평을 초월하는 환상과 상징들을 통해 궁극적으로 도래할 종말의 현실을 계시 의존적으로 미리 알려주려는 것(주로 천사와 같은 매개자를 통해)이 그 특징이다. 즉 현실은 암울하고, 악의 세력이 우세하여 더 이상 인간적인 개선이나 개혁의 가능성을 기대할 수 없는 상황이지만, 궁극적으로는 하나님이 초자연적인 힘으로 이 역사에 개입하셔서, 결국 악의 세력이 멸망하고 여호와 하나님이 유일한 왕으로서 다스리시며, 악의 세력 아래 고난당하던 하나님의 백성들이 기쁨과 평안을 누리며 살게 되는 날, "그 날"이 반드시 오고야 만다는 사상이다. 이러한 묵시 사상은 이 현실 역사 속에서 진정한 '회개'만 이루어진다면 새 역사를 이루어 나갈 희망이 아직 남아 있다고 보는 역사 낙관론적인 예언자적 종말론 사상과는 구별되는 것이다. 스가랴 예언자는 그의 종말론적 예언 전통을 선배 예언자들에게서 물려받았는데(슥 4:1-14; 14:1-8 등), 그의 예언자적 환상이나 묵시적 종말론은 이사야(사 21-27:13; 65:17-66:24)나 에스겔(겔 40:1-48:35) 또는 다니엘(단 7:1-12:13)의 내용과 맥을 같이하는 것으로 볼 수 있다. 스가랴의 이러한 종말의 묵시 신학, 특히 스가랴 9~14장의 내용은 구약의 다른 어느 책보다 신약의 요한계시록에 많은 영향을 주었다고 볼 수 있다.

스가랴서의 전체적 짜임새는 먼저 1장 1절부터 6절까지는 서언(序言)으로서 바벨론 포로에서 귀환한 유다 공동체의 회개를 촉구하는 내용이며, 1장 7절에서 6장 8절까지는 8가지 환상록이고, 6장 9절에서 8장 23절까지는 예루살렘과 유다의 구원과 회복, 그리고 9~11장은 이방 심판과 시온의 회복, 12~14장은 9~11장의 내용을 강화하면서 보다 보편적이며 세계사적인 관점에서 이방 심판과 예루살렘의 회복을 통한 만군의 여호와 하나님의 세계사적인 통치주권 확립을 묵시적 환상을 통해 강조하고 있다. 이러한 내용 구성에서 그 중심축(中心軸)은 '8장 20절에서 23절까지'로 볼 수 있다(비교, 사 2:2-3).

> "만군의 여호와가 이와 같이 말하노라. 다시 여러 백성과 많은 성읍의 주민이 올 것이라. 이 성읍 주민이 저 성읍에 가서 이르기를 우리가 속히 가서 만군의 여호와를 찾고 여호와께 은혜를 구하자 하면 나도 가겠노라 하겠으며, 많은 백성과 강대한 나라들이 예루살렘으로 와서 만군의 여호와를 찾고 여호와께 은혜를 구하리라. 만군의 여호와가 이와 같이 말하노라. 그 날에는 말이 다른 이방 백성 열 명이 유다 사람 하나의 옷자락을 잡을 것이라. 곧 잡고 말하기를 하나님이 너희와 함께 하심을 들었나니 우리가 너희와 함께 가려 하노라 하리라 하시니라"(개역개정).

요약해서 말하자면, 스가랴 1~8장은 예언자적 종말론으로 예루살렘의 제2성전 재건을 계기로 역사 내재적인 구원의 실현성을 기대하고 있으며, 스가랴 9~14장은 보다 확장된 묵시적 종말론이라고 할 수 있는데, 이것은 더 이상 현실 역사의 연장선 상이 아니라 초월적인 하나님의 역사 개입에 의해 이루어지는, 말하자면 천지개벽의 구원의 미래를 말해 주는 것이다. 이러한 관점에서, 스가랴서의 예언자적-묵시적 종말론을 전체적으로 통일성 있게 연결하고 있는 고리가 "그 날에"(히브리어로, '바욤 하후')라는 종말론 양식의 양식소(樣式素)이다. 스가랴 2장 15절에서 시작되는 하나님의 종말론적 구원의 날인 "그날에"는 전체 본문의 맥락에서 점점 그 빈도수가 강화되며(슥 2:15; 3:10; 6:10; 9:16; 11:11; 12:3,4,6,8,9,11; 13:1,2,4), 마지막 장인 14장에 오면 "그 날"이 곧 "여호와의 날"(슥 14:1. 비교, 욜 1:15)임을 분명히 하면서, 전체 23회 중 14장에서만 7번(슥 14:4,6-8,9,13,20,21. 비교, 슥 14:7 "여호와께서 아시는 한 날")되풀이되며 강조되었다.

구약성경 문맥에서 "여호와의 날"(히브리어, '욤 야훼')에 대한 이스라엘 백성들의 일반적 기대는 주전 760년경 아모스 예언자 시대의 사람들의 입에서 처음 확인되는데, 그들은 이날을 원수에게 승리하고 하나님의 구원을 맛보는 '승리의 날'로 일방적인 해석을 하였다(미디안의 날의 거룩한 전쟁 승리에서 유래한 것으로 보임. 사 9:4; 삿 7:25-8:21 참조). 그러나 아모스 예언자는 그날은 이스라엘의 죄악 때문에 이스라엘 백성에게 구원이 아니라 멸망의 날이요, 빛이 아니라 어두움이라고 선포하였다(암 5:18; 비교, 욜 1:15; 2:1; 사 2:17; 습 1:15 등). 그러므로 구약의 예언 문맥에서 '야훼의 날'로 지칭되는 "그 날"은 하나님의 종말론적인 심판의 날이며 동시에 종말론적 구원의 날을 지칭하는 이중적인 의미의 용어이다. 이러한 "그 날"이 가지고 있는 '심판과

구원'이라는 일체양면의 개념은 스가랴 14장 1절부터 8절까지의 본문에서 잘 드러나
있다(비교, 욜 3:14-17). 특히 여기서 묵시적 종말론의 "그 날"은 성서신학적인 관점
에서 예수 그리스도의 재림과 최후 심판과 구원의 사건을 미리 말하고 있다고 볼 수
있다.[8]

V. 스가랴 14장의 메시지

스가랴 14장 역시 그 주제에 따라 교차대구법적 구성을 나타낸다.

a. 야훼의 날, 심판과 구원(14:1-5)
b. 그날에 있을 구원 강조(14:6-11)
b′ 그날에 있을 심판 강조(14:12-15)
a′. 그날에 있을 심판과 구원(14:16-21)

1. 여호와의 날의 도래(14:1-5). 먼저 스가랴 14장 1-5절은 여호와(야훼, 야웨)의
날에 관한 종합적인 이해를 보여준다. 야훼의 날은 심판과 구원의 일체 양면성을 가
지고 있으며 그 심판은 이방 민족들을 도구로 사용하여 예루살렘과 하나님의 백성에
서부터 시작된다(비교, 암 5:18; 사 13:16; 22:5; 습 1:2-18; 애 5:11-18; 계 16:14-16). 그
날에는 유다 백성 중 절반이나 사로잡혀 갈 것이지만 남은 자들이 있을 것이다(슥
14:2, '남은 백성'). 그날에는 만인이 구원받고 만유가 구원받는 것이 아니다. 남은 자
들이 구원받는다(비교, 사 10:20-22; 렘 50:20!; 겔 20:17; 암 5:15; 미 2:12; 습 3:13; 롬
9:27!). 오늘 우리도 교회에 출석하고 성도라고 하며 '주여, 주여', 부르짖지만, 그렇
다고 무조건 다 구원받는 것이 아니다(마 7:21; 비교, 계 14:1-5). 스가랴 14장 3절 이
하에서는 여호와의 날에 있을 구원을 묘사한다. 여호와(야훼) 하나님은 예루살렘을
치러 온 이방 민족들에게 거룩한 전쟁을 선포하시고, 친히 감람산에 임재하여 서시
며 지진과 같은 자연계 현상도 사용하셔서 (웃시야 왕 때 지진에 관해서는 암 1:1 참조)
예루살렘에 남아있는 자기 백성에게 피할 길을 주신다. 예루살렘은 제일 높은 곳이
해발 770미터 정도인데, 그 동쪽 기드론 골짜기를 건너 예루살렘 성내를 굽어보는
감람산(올리브 산)은 해발 약 800미터 고지로서, 옛적부터 예루살렘을 치러 온 공격

---

8) J. Barton Payne, *Encyctopedia of Biblical Prophecy*, Baker, 1973, 131쪽 이하

부대들은 여기에 진을 치고 지리적인 이점을 이용하였다. 스가랴 14장 5절에 나오는 지명 "아셀"(또는 "야솔", 히브리어, '아찰')이 어디인지 분명하지 않으나 기드론 골짜기와 힌놈 골짜기가 만나는 남쪽의 어느 계곡을 가리키는 것 같다. 그리고 그날에 여호와 하나님은 모든 구원받은 성도들 및 천군 천사와 함께 예루살렘으로 개선하실 것이다. 이것은 묵시적 종말론의 환상이며, 신약에서 예수 그리스도의 재림과 연관해 볼 수 있다(비교, 마 25:31 이하, 살후 1:7-10 등).

2. 하나님의 나라와 구원의 완성(14:6-11). 스가랴 14장 6절부터 11절까지는 야훼의 날 그날에 이루어질 하나님의 나라(왕국)와 구원의 완성을 묘사하고 있다. 먼저 6-7절에서 묵시적-종말론적인 하나님의 나라는 새 하늘과 새 땅이 이루어지는 새로운 창조 질서의 변화가 있을 것을 말한다. 지금 우리가 보는 해와 달과 같은 세상의 빛들은 사라지고 여호와 하나님의 빛이 영원히 빛나는 세계가 온다는 말씀이다(비교, 사 60:19-20!; 계 21:23-25; 22:5!). 그날이 언제인지는 하나님만이 아신다(마 24:36; 벧후 3:8-13; 행 1:6-7; 히 10:36-37). 이어서 8절에서는 그날에 예루살렘에서 생수가 솟아나 계절에 상관없이 동해와 서해로 흘러간다는 것이다(비교, 겔 47:1 이하; 계 22:1-2). 여기서 예루살렘은 종말에 나타날 새 예루살렘이며(계 3:12; 21:2 등), 동해와 서해도 종말의 환상이므로, 굳이 염해(사해)나 지중해로 축소할 이유가 없다. 스가랴의 묵시적 종말론은 '구약의 요한계시록'이라고 할 만하다. 스가랴 14장 9절은 요절이다. 그날에 여호와 하나님이 홀로 왕이 되어 천하를 다스리시며(비교, 시 96; 97; 98 등 야훼 제왕 시편들. 비교, 말 1:14; 계 11:15), 여호와(야훼)의 이름이 홀로 영광을 받으신다(신 6:4; 사 54:5; 말 1:11 등). 요즈음 신학자나 목사들 중에도 소수지만 종교다원주의 사상에 물들어 성경이 계시하는 삼위일체이신 하나님의 이름을 부인하고, 여러 종교들의 신들과 그 이름들은 성경의 하나님에 대한 문화적인 이해와 표현의 차이일 뿐이라고 가르치는 것은 잘못된 것이다(비교, 요 17:26; 벧후 2:1-3).

3. 새 예루살렘 성(14:10-11). 스가랴 14장 10-11절은 역시 묵시적 종말에 있을 새 예루살렘에 대한 묘사이다. 11절에서 온 땅이 아라바 같이 된다는 것은 낙원의 회복을 상징하는 말이다. 아라바는 요단계곡의 남쪽 지역으로서, 구약에서는 전통적으로 물이 풍족하여 사람이 살기 좋은 곳은 알려졌다(비교, 창 13:10). 스가랴 예언자 당시 유다 지역의 경계는 예루살렘 북쪽 7킬로미터 지점의 게바(수 21:17) 마을에서부터 남쪽으로 약 58km 떨어진 브엘세바 근처인 림몬(수 15:32)까지 이다(비교, 느 11:25-36). 또한 예루살렘 성문들이 제자리에 다시 세워지고, 하나넬 망대(느 3:1 이하)와 왕의 포도주 짜는 곳이 복구된다. 이제 예루살렘은 다시 사람이 살만한 곳이 되고, 다시는 진멸하는 일(히브리어, '헤렘')이 없으며, 안전(히브리어, '배타흐')을 누리

게 될 것이다(비교, 슥 2:4-5; 12:6-9). 최신 무기나 군대(히브리어로 '하일'), 또는 인간의 능력(히브리어로 '코아흐')이 아니라, 하나님께서 도와주셔야 나라와 국민도 안전하게 살 수 있다.

4. 이방심판 예언(14:12-15). 스가랴 14장 12절부터 15절까지는 예루살렘을 공격한 이방 민족들에 대한 심판예언이다. 스가랴 14장 1절 이하에서 이방 나라들이 예루살렘을 침략한 전쟁 주제를 상기시키며 그들에 대한 여호와의 심판을 보여준다. 12절은 아마도 그 이방 백성들에게 임할 전염병의 참상을 묘사한 것으로 생각된다(비교, 사 37:36, 삼상 5:9). 13절 역시 이방 백성들이 겪게 될 자중지란의 혼란상을 말한다(비교, 삿 7:21; 삼상 14:20; 겔 38:21-23). 이 문맥에서 주목되는 점은 14절에 유다가 예루살렘을 치러 온 이방 백성들과의 전쟁에 참가하여 그들에게서 전리품을 거두어들인다는 것이다(비교, 대하 20:25-26; 겔 39:8-10). 15절은 적군이 사용하던 군용 가축들에게 미칠 재앙을 말하고 있는데, 일부 비평학자들의 주장에도 불구하고 후대의 첨가로 보아야 할 이유는 없어 보인다. 하나님은 자기 백성을 침략하고 노략하는 적군들을 심판하신다.

5. 하나님 나라의 정체성(14:16-21). 스가랴의 마지막 문단인 14장 16절에서 21절까지는 스가랴서의 총 결론이며, 묵시적 종말론에서 하나님 나라의 정체성과 그 보편성을 강조하는 것을 주목해 볼 수 있다. 마지막 그날에 원수들은 심판을 받고, 그중에 남은 자들은 예루살렘으로 올라와서 왕이신 만군의 여호와(야훼)께 경배하게 될 것이다(슥 14:16-17). 여기서 묵시적 종말론의 하나님 나라는 다른 무엇이 아니라 모든 사람들이 하나님을 '예배하는 것'[9]이 그 정체성이다. 인간의 이념(理念)이나 인간의 이상(理想)을 실현하는 '민주주의'나 '유토피아'가 하나님의 나라가 아니고, 하나님을 예배하고 하나님을 섬기는 나라가 하나님 나라이다(비교, 시 86:9!; 사 66:22-23; 말 1:11. 비교, 마 6:33; 롬 14:17-18). 스가랴 예언자의 메시지를 통해 당시 바벨론 포로에서 돌아온 유다 공동체가 편협한 민족주의나 이기적인 선민사상에 빠지지 않고, 원수 되었던 이방 민족들까지 포용하는 세계적이며 보편적인 하나님 나라의 종말론을 지향하고 있다는 사실은 계시 의존적으로 창세기부터 계시록까지 성경적 신앙의 관점에서만 이해될 수 있다(비교, 사 2:2-4; 미 4:1-4; 마 8:11-12; 눅 13:29!; 22:30; 요 10:16; 행 1:8; 계 19:5-10 등).

스가랴 예언자는 구체적으로 여호와께 예배하는 것을 "초막절" 축제(레 23:34, 민 29:12)를 지키는 것과 연관하여 세 번씩(슥 14:16,18,19)이나 강조하고 있는데, 구약시

---

9) 개역개정에서는 '경배하다'로 번역했는데, 히브리어로 '르히쉬타하보트'에서 '히쉬타하바' 동사는 '아바드' 동사와 함께 구약의 예배를 지칭하는 대표적 용어이다.

대 전통에서 초막절은 3대 순례축제 중에 마지막 절기이며(출 23:14-17; 34:23; 신 16:16-17), 이스라엘의 추수감사절과 함께 7일 동안 초막에서 살면서 야훼 하나님이 이스라엘을 종살이하던 애굽에서 구원하신 일을 기억하고 기념하는 데 그 의미가 있다(레 23:33,42-43!; 신 31:9-13; 시 81:3. 비교, 출 23:16, '수장절'). 종말론적으로 초막절은 예수 그리스도의 구원을 기억하고 기념하는 예배로 이해할 수 있다(요 4:21-23. 비교, 습 2:11; 말 1:11). 만일 애굽이나 이방 민족들이 끝까지 하나님의 구원의 초청(초막절 참석)을 거절한다면, 재앙(슥 14:18)과 벌(가뭄, 슥 14:17)을 받게 된다. 20절과 21절에서, 종말론적인 하나님 나라의 궁극적 관심은 성전을 향하고 있다. 20절에 나오는 말(馬)들도 성전에서 사용되는 것으로서 그 말에 장식한 말 방울들에는 대제사장의 관모에 새긴 "여호와께 성결"(히브리어, '코대쉬 라도나이')이란 명문(비교, 출 28:36)을 새겨 넣는다. 또 여호와의 전에 있는 솥들(히브리어, '시르'. 제물의 고기를 삶는 냄비 같은 기구, 출 16:3; 왕하 4:38-41, 겔 11:3,7,11 등)도 제단 앞에서 사용하는 "주발"(히브리어, '미즈라크'. 금이나 은으로 만들어서 제물의 피를 담아 뿌리거나 전제에 사용하는 예식용 그릇, 출 27:3, 민 4:14; 7:13 이하; 왕상 7:40 이하)처럼 된다는 의미는, 종말의 하나님 나라에서는 성(聖)과 속(俗)의 구별이 없어진다는 뜻으로 설명할 수 있다. 하나님 나라에서는 모든 것이 거룩하게 되기 때문이다(비교, 행 10:14-15). 이전에는 말방울이나 솥들을 성전에서 사용하더라도 거룩하게 여기지 않았으나, 종말론적인 관점에서는 모두 성별된 것으로 보게된다. 이러한 성속의 구별 철폐의 의미는 솥이나 말방울 자체에 있다기보다는 성전에 출입하는 모든 사람들이 성별 되어야 하며, 종말의 하나님 나라에서는 성직의 계급에 따른 차별도 있을 수 없음을 시사하는 구절로도 해석할 수 있다. 이러한 해석은 마지막 14장 21절의 해석과도 잘 조화된다. 즉 그날에는 예루살렘 성전뿐 아니라 유다의 모든 솥이 "여호와께 성별"(히브리어, '코대쉬 라도나이') 된다는 것이다! 이 구절의 의미는 하나님 나라의 종말의 구원에서 인위적인 모든 차별과 상벽은 철폐된다고 해석할 수 있다(비교, 갈 3:26-29). 그래서 그날에 만군의 여호와의 전(집)에 "가나안 사람"이 다시 있지 아니하리라는 말씀은 스가랴 묵시 예언의 총결론이다. 여기서 "가나안 사람"(히브리어, '크나아니')은 "장사꾼"이란 의미로 사용되었는데(비교, 습 1:11), 스가랴 예언자가 말하는 장사꾼이란 "못된 짓을 예사로 하는 파렴치한 불신자들"을 지칭한다. 우리 주님께서 성전에 들어가셔서 성전에서 장사하는 모든 사람들을 내쫓으시며, "강도의 소굴"처럼 더럽혀진 성전을 정화하신 일을 생각나게 하는 예언 말씀이다(마 21:12-17; 막 11:15-18; 눅 19:45-47; 요 2:13-22).

　　6. 스가랴의 종말론. 스가랴에서 오실 메시아 대망 사상은 구체적으로 먼저 총독

스룹바벨과 대제사장 여호수아를 통해 표출되었으며(슥 6:11-13), 또한 나귀를 타는 겸손한 왕(슥 9:9), 그리고 목자(슥 13:7)의 표상으로 강화하면서, 결국은 여호와(야훼)께서 온 땅 위의 메시아 왕이 되시는 그날이 올 것을 예언하였다(슥 14:9). 그런데 메시아와 관련하여 스가랴의 종말론적 예언은 신약에서 예수 그리스도가 나귀를 타고 예루살렘에 입성하신 사건에서 역사적으로 가시화되었다(비교, 슥 9:9; 마 21:4-11). 이 메시아는 또한 배반당하고(슥 11:10-14; 마 26:14-16), 찔림을 받았으며(슥 12:10; 요 19:34-37), 죽임을 당한 목자(슥 13:7; 마 26:31)의 모습으로 드러난 것을 신약의 본문들이 인용하고 증언하고 있다. 스가랴의 메시지는 하나님의 독생자로서 성육신하신 나사렛 예수에 대한 묵시적-종말론적 메시아 예언으로 그 절정을 이루고 있다.

스가랴의 묵시적 종말은 "여호와의 날" 그날에 여호와께서 친히 임하시어 최후의 심판과 구원을 베풀 것을 말하는데(슥 14:5), 이것 역시 신약에서 예수 그리스도의 재림 신앙으로 연결되었다(마 25:31; 살전 3:14; 살후 1:7; 유 1:14). 특히 스가랴 14장 7-11절에서 나타나는 묵시적 '새 세상'은 요한계시록의 '새 하늘과 새 땅'과 새 예루살렘에서 삼위일체이신 하나님의 우주적 통치와 최종 승리가 있음을 미리 예언한 것이다(비교, 사 66:22; 계 21:9-27; 22:1-5!). 이러한 관점에서 스가랴 14장의 핵심적인 메시지와 연관된 요절은 14장 9절에서 찾게 된다. "여호와께서 천하의 왕이 되시리니 그 날에는 여호와께서 홀로 한 분이실 것이요 그의 이름이 홀로 하나이실 것이라."

하나님의 백성 이스라엘을 대적하며 예루살렘을 치러 왔던 이방 나라들도 결국 만군의 여호와이신 왕께 경배하기 위해 예루살렘에 올라와 초막절을 지키게 된다는 말씀은, 궁극적인 하나님 나라의 보편성을 강조하는 것이다. 그러나 끝까지 불순종하며 반역하는 나라나 민족들은 재앙의 심판과 벌을 받을 것을 경고한 것은 오늘날 현대 신학(칼 바르트나 위르겐 몰트만 등)에서 말하고 있는 종말론적인 만인구원론이나 만유구원론이 잘못된 학설임을 알게 한다(계 3:5; 13:8; 17:8; 20:12,15; 21:27!; 단 12:1. 비교, 눅 10:20; 빌 4:3; 출 32:32; 시 56:8; 69:28; 139:16). 예수 그리스도를 통해 하나님은 죄인인 만민과 먼저 화해하셨지만('만인화해론', 롬 5:10; 고후 5:18-20; 엡 2:14-18; 골 1:20-23 등), 이제 구원은 예수 그리스도안에서 하나님의 화해를 받아들이고, 자신의 죄를 회개하고 예수님을 구주로 믿고 영접할 때 누구에게나 열려진 문이다(마 16:16-18; 요 1:11-13. 비교, 계 3:20-22). 하나님의 화해는 자동적인 구원으로 귀결되지 않는다(비교, 고후 5:18-20; 엡 2:14-16; 골 1:20-22 등). 그러므로 스가랴 14장에서 종말의 하나님 나라의 구원 메시지는 요한복음 3장 16절에서 18절까지의 말씀으로 연결될 수 있다.

"하나님이 세상을 이처럼 사랑하사 독생자를 주셨으니 이는 그를 믿는 자마다 멸망하지 않고 영생을 얻게 하려 하심이라. 하나님이 그 아들을 세상에 보내신 것은 세상을 심판하려 하심이 아니요 그로 말미암아 세상이 구원을 받게 하려 하심이라. 그를 믿는 자는 심판을 받지 아니하는 것이요 믿지 아니하는 자는 하나님의 독생자의 이름을 믿지 아니하므로 벌써 심판을 받은 것이니라."

거듭되는 희망의 좌절과 예언의 말씀과 현실의 부조화를 경험하면서도, 스가랴 예언자를 통해 우리에게 말씀하시는 스가랴 14장의 '묵시적 종말론'은 지금 당장이 아니라 하나님이 예비하신 종말의 "그 날"에 그 말씀의 진위가 판가름이 날 것을 일깨워 주고 있다. 사실 성경은 그 묵시적 종말이 예수 그리스도 안에서 이미 선취(先取)되었다고 말하고 있다(요 17:4-5; 19:28,30. 비교, 계 1:8; 21:6-8; 22:13). 성경이 말하는 묵시적 내세 신앙(종말론적 신앙)은 성도들이 죄악으로 오염된 현실 세상에서 좌절하거나 자포자기하지 않고 끝까지 "인내"를 가지도록 하기 위함이다(비교, 벧후 3:8-9; 갈 5:22-23).

VI. 적용

스가랴 14장 본문을 우리의 역사적인 현실 경험에 비추어 볼 때, 1945년 8·15 해방의 감격과 구원의 기쁨은 이미 어디론가 사라져 버리고, 국가나 사회나 심지어 교회 안에서도(비교, 슥 14:21) 감사의 빛이 사라지는 위기의식을 우리 모두 느끼고 있다. 현실주의가 득세하고 초월의 역사의식이나 내세 신앙은 비웃음을 당하고 있다. 악하고 불의한 사람들이 오히려 편안히 살면서 큰소리치고, 선하고 의로운 사람들은 무시당하며 소외되고 무능한 자들로 평가되고 있다. 이러한 맥락에서 스가랴 14장이 말하는 묵시적 종말의 구원이 성전의 성결로 끝맺고 있음은 매우 의미심장하다고 생각한다. 나라를 원망하고 사회를 비판하기 전에 한국의 교회가 세상속에서 과연 빛과 소금의 사명을 감당하고 있는지 깊이 성찰해야 한다. 입법 사법 행정부의 부패와 무능을 탓하기 전에 그리스도인들 한 사람 한 사람의 언행이 정직하고 신실해야 한다. 왜냐하면 오늘 그리스도인 한 사람 한 사람이 성전이기 때문이다(고전 3:16-17!).

스가랴 14장 본문에 비춰 볼 때, 오늘 우리의 역사가 혼란하고 불행한 사건 사고가 빈발하는 것은 다른 데 그 원인이 있는 것이 아니라, 하나님의 성전인 그리스도인과 교회가 깨끗하고 거룩하지 못하기 때문이 아니겠는가. "그 날에 만군의 여호와의 전(집)에 가나안 사람이 다시 있지 아니하리라"로 끝나는 스가랴의 말씀은 오늘 스가랴 14장의 말씀이 먼저 적용되어야 할 곳이 어디인지를 가리키는 것이다. 여기서 "가나안 사람"은 곧 "장사꾼"(trader)의 대명사로 사용되었는데, 오늘 교회 안이나 기독교 기관들, 심지어 신학교 안에서도 하나님의 역사 개입이나 내세 신앙에 냉소적인 태도를 보이며 예수 그리스도의 재림 약속을 믿지 않고, 자기(들)의 잇속만 챙기는 장사꾼들이 적지 않다는 데 문제가 있다(비교, 요 10:7-15). 예수님도 예루살렘 성전에 들어가셔서 장사하는 사람들을 내쫓시며 "내 아버지의 집으로 장사하는 집을 만들지 말라"고 꾸짖지 않으셨던가(마 21:12-13; 막 11:15-17; 눅 19:45-46; 요 2:13-16. 비교, 사 56:7; 렘 7:4,8-11)? 오늘의 교회가 하나님의 교회인지 사람의 교회이지, 생각 있는 사람들은 묻고 있다.[10]

　　이러한 '가나안 사람'의 현실은 우리의 인간적인 힘이나 능력으로는 해결되지 않는다(비교, 슥 4:6!). 어둠의 세력은 몽둥이나 시위가 아니라 빛으로 물러간다(요일 1:5; 요 12:46; 마 5:14-16; 엡 5:8-11; 살전 5:5; 요일 1:7 등). 그리고 그 '가나안 사람'의 적용은 먼저 타인을 향한 것이어서는 안 되고 나 자신에게로 향해야 하며, 지금까지 내가 바로 그 가나안 사람이라는 사실을 인정하고 회개하는 것이 문제를 해결하는 데 중요하다. 스가랴 예언자의 시대와 같이 오늘의 교회 지도자들 중에도 양 떼를 돌보지 않고 양을 잡아먹는 악한 목자들이 없지 않고(슥 11:4,7-8,17. 비교, 사 56:10-12; 렘 23:1-2,11; 겔 34:3-6), 교인들 역시 하나님이 미워하시는 죄악 생활을 계속하고 있다(비교, 슥 8:16-17). 물론, 총독 스룹바벨이나 대제사장 여호수아나 스가랴 예언자도 만군의 여호와 하나님의 사람들로서 새로 건축하는 성전(예루살렘 제2성전)을 중심으로 하나님의 나라를 위해 그 시대에 쓰임 받는 사람들이지, 그들 자신이 당시 유다 사회의 희망이 될 수는 없었다. 역사(歷史)의 희망은 오직 하나님, 곧 예수 그리스도이시다(딤전 1:1-2; 골 1:27 등). 우리에게 빛이 어두워지고 역사의 정의와 공의 희망이 사라지며, 출구가 보이지 않을 때, 우리의 참 희망이며 빛으로 인도하시는 분은 천지와 만물을 창조하시고 다스리시는 역사의 주권자이신 삼위일체 하나님이시다. 우리는 성경을 통해 말씀하시는 그 하나님의 살아있는 음성을 들을 때 희망을 가질 수 있다(요 5:24-25). 구체적으로 스가랴 14장을 통해 오늘도 우리는 하나님의 살아있는 음성을 들을 수 있다. "여호와의 날… 그 날에는… 나의 하나님 여호와께서 임하실 것이요 모든 거룩한 자들이 주와 함께 하리라… 여호와께서 천하의 왕이 되시

---

10) 『하나님의 교회 사람의 교회』, 종교개혁 500주년 기념, 〈본질과 현상〉 기획, 본질과 현상, 2019.

리니 그날에는 여호와께서 홀로 한 분이실 것이요, 그의 이름이 홀로 하나이실 것이라"(슥 14:1-5; 14:9). 예수 그리스도의 재림에 대한 종말론적 약속과 그에 대한 희망이 모순으로 가득한 현실 역사의 탁류를 거슬러 올라가게 하는 생명력과 활력과 지혜를 준다(계 22:7,12,20. 비교, 마 24:29-31; 25:31-33; 막 13:24-27; 눅 21:25-28). 과거 일제 식민지 강점기에 평양장로회신학교 구약학 교수였던 어도만(Walter C. Erd-man, 어드만)이 교지 〈神學指南〉에 1923-1930년에 걸쳐 "스가랴서 강해"를 연재한 것은 결코 우연한 일이 아니었고, 나라를 잃은 현실 역사의 암흑기에 실의에 빠진 한국 민족에게 하나님의 말씀으로 한 줄기 빛과 함께 도래하는 하나님 나라에 대한 희망을 일깨우는 사역이었다. 역사의 밤이 깊을수록 묵시의 별은 빛난다(비교, 단 12:1-3).

   43. 스가랴 14:1-21 주해와 적용. 여호와의 날, 그날에

44

룻기의 구조와 신학

1. 룻기의 저자와 저작연대

룻기(記)는 알려진 대로 고대 이스라엘의 士師(영어로, Judges) 시대(주전 1380–1050년경)에 유다 지방 베들레헴에서 모압 지역으로 이주한 이스라엘 가정에 시집온 모압 여인 룻을 주인공으로 하는 짤막한 가족사 이야기이다. 모두 4장 85절로 이루어진 룻기는 한글 번역 성경으로 읽으면 약 25분 정도면 한 번 읽을 수 있을 만큼 비교적 짧은 분량이다. 한문 성경에서는 그 제목이 '로덕기'(路德記)로 번역되었다. "룻"(רוּת, Ruth)이라는 히브리어 이름의 어원은 분명하지 않으나, 히브리어 명사 "르우트"(רְעוּת. 친구, 이웃)에서 유래한 여성 이름으로 보아 '동반자, 동료, 동지'의 의미로 풀이해 볼 수 있다.

룻기를 연구하는 학자들 중에는 룻기가 고대 이스라엘의 민속 설화에서 발전된 일종의 단편 역사소설(historical novella)이라고 주장하는 이들도 있다. 아마도 다윗 왕의 출생과 족보를 뒷받침하는 의도로 각색하여 재사용된 이야기로서, 사사기와 사무엘서의 중간에서 이스라엘의 왕정의 필요성과 왕정의 출현 역사를 이어주는 역할을 위해 히브리 성경 전승에 포함되었다고 주장하기도 한다. 룻기에 나오는 인물들의 이름들이 상징적 의미를 가지는 것으로 볼 때, 이 이야기가 모두 사실이라기보다는 어떤 역사적 동기에 의해 대부분 창작되었을 가능성이 크다고 보는 것이다. 일찍 별세한 엘리멜렉(히브리어로, '엘리맬랙'. 나의 하느님이 왕이다)과 그의 아내 나오미(히브리어로, 노오미. 나의 즐거움)의 두 아들의 이름은 이미 그들의 죽음을 예고하듯이 '말론'(히브리어로, '마흘론'. 병골, 病骨. 룻의 남편, 룻 4:10. 영어로, Mahlon)과 '기론'(히브리어로, '킬욘'. 약골, 弱骨. 오르바의 남편. 영어로, Chilion)으로 나오며, 룻의 동서 '오르바'(히브리어로, 오르파)라는 이름의 의미도 '곧은 목'(곧, 고집 센 사람을 의미함)이란 뜻이거나, '긴 머리카락'의 소유자라는 뜻일 것으로 히브리어 사전은 풀이한다[1]. '나오미'라는 이름도 히브리어 발음으로는 '노오미'(나의 즐거움)인데 일반명사 '노암'(유쾌함, 즐거움)에서 온 이름으로 보이며, 나중에는 자신을 '나오미'라고 부르지 말고, '마라'(쓴 것, 괴로움)이라 부르라고 한 의미와 대조해 볼 수 있다(룻 1:20-21). 룻의 재혼으로 남편이 되는 '보아스'(히브리어로, 보아즈)도 '능력 있는 사람'이란 뜻의 이름이다(비교, 솔로몬 성전 앞의 두 기둥 중 하나의 이름도 '보아스'이다. 왕상 7:21; 대하 3:17).

룻기에서는 처음부터 나오미와 룻을 중심한 여성 주인공들의 가족 이야기가 계속되다가 끝에 가서 갑자기(?) 다윗 왕의 가계인 남성 중심의 족보가 나오는 것은 문맥의 통일성 관점에서 볼 때 맞지 않는다는 지적이 끊이지 않았다. 그래서 룻기의 본래 이야기는 1장 1절에서 시작하여 4장 17절 상반절에서 끝이 났다고 보며, 여성의 심리묘사가 뛰어난 것으로 보아 어떤 여성 작가가 썼을 가능성이 크다는 의견도 제시되었다. 베들레헴의 이웃 여인들이 나오미에게 아들(즉 손자)이 태어났다고 하여 그 아기의 이름을 '오벳'(섬기는 자, 종)이라고 지어주었다는 것도 어색하다는 것이다(룻 4:17). 다윗의 가계에서는 '이새'의 아버지 이름이 따로 있었는데(아마도 '벤 노암'?), 후대에 다윗 왕의 족보(4:18-22)가 룻기에 첨가되면서 '오벳'이란 이름으로 바뀌었다는 것이다. 그러나 이러한 성서비평학자들의 설명은 어디까지나 추측에 불과한 것이며, 오늘 우리는 성경 본문이 말하지 않고 있는 룻기의 저자나 그 원작의 범위를 알 수 없다. 다만, 유대교 탈무드(Talmud) 전승에서는 예언자 사무엘이 사무엘서와 사사기와 룻기를 썼다는 기록이 있으나(Talm. Baba Bathra 14b), 이 탈무드의 주장 역시 증거는 없다.

룻기의 저작 연대에 관해 성경학자들은 바벨론 포로기 이전이냐 이후냐에 관해 계속 논쟁을 하고 있으나, 오늘날은 대체로 바벨론 포로기 이후설 주장은 후퇴하고 포로기 이전설이 더 설득력을 얻고 있다.[2] 포로기 이후설은 룻기의 저작 시기를 주전 5세기부터 2세기까지로 말하는데, 그 주장의 근거는 룻기에 사용된 언어의 특징 중에 바벨론포로 이후 후대에 사용되는 아람어와 히브리어의 특징이 나타나 있다는 것이다. 또한 룻기의 저작 동기에 관해서는 에스라-느헤미야 개혁을 통해 유다 사회에 과도한 이방인 결혼 배척 운동이 일어나자(비교, 느 13:23-27) 이에 대한 반론으로 모압 여인(룻)을 등장시켜 이스라엘의 이상적인 왕의 전형인 다윗의 증조모가 되

---

1) Koehler-Baumgartner, *The Hebrew & Aramaic Lexicon of the Old Testament*, Study Edition, Vol. One, Brill, 2001, '오르파' 항목, 888쪽.
2) G. I. Emmerson, *Ruth, The Oxford Bible Commentary*, ed. by J. Barton and J. Muddiman, Oxford, 2001, 192쪽.

었다는 이야기를 제시하여 이방인과의 결혼에 대한 과도한 반감을 완화하려는 의도
가 있었다는 것이다. 그러나 룻기의 히브리어 산문체는 대체로 바벨론 포로기 이전
의 고전 히브리어 문체이며, 자주 지적되는 18개 정도의 후기 아람어나 히브리어 용
례들도 사실은 '사사시대 언어 습관'일 가능성을 배제할 수 없다는 의견들이 제기되
어 있다.[3] 룻기의 문체는 역대기보다 사무엘서의 문체에 더 가까우며, 룻기에 사용
된 언어는 그 이야기의 후대 연대를 증명하지 않는다는 것이 일반적인 견해이다. 또
한 룻기에는 '대화체'가 유난히 많이 사용되었는데 거기에 나오는 보아스의 말에서는
유다 지방 베들레헴의 고대 사투리 특징이 나타난다고 볼 수 있다는 지적도 있다. 또
에스라-느헤미야 시대 이방 결혼 배척에 반대하기 위한 문서라면 룻기에 그러한 논
쟁 성격이 드러나야 하는데, 룻기에는 전혀 이방인 결혼 문제로 인한 논쟁의 성격이
없다는 점과, 만약 에스라-느헤미야 개혁에 반대하기 위해 다윗 왕의 증조모가 모
압 여인이었다는 허구(虛構, fiction)로 창작된 이야기를 만들어 유포하였다면, 과연
그러한 문건이 히브리 경전에 들어올 수 있었겠는가 하는 의문이 제기된다.

　　현재 히브리어 본문에서 룻기의 마지막 단어는 '다윗'(히브리어로, '다비드'. 사랑받
는 자)으로 끝나고 있는데, 다윗 왕은 유다 지방 베들레헴이 고향이며 그의 아버지
이새의 집은 대대로 베들레헴에서 살았던 것으로 여겨진다(삼상 16:1 이하). 그렇다
면, 다윗의 출생과 연관하여 베들레헴 지역에 알려져 있던 이새 가문의 족보 이야기
가 그 지역에 구전(口傳)이나 서전(書傳)으로 알려져 있었을 것을 짐작할 수 있다. 이
새의 아버지 오벳의 어머니가 모압 여인이었다는 사실은 매우 흥미 있는 점이었을
것이고, 전승에서 강조되는 점이었을 것이다. 다윗이 사울 왕의 추격을 피해 도망 다
닐 때 유다 남부 지역에 있는 '아둘람' 굴(벧세메스에서 약 8km 남쪽)에 피신하였는데,
그때 다윗의 부모와 그 가족들이 다윗을 따르는 무리 약 400인과 함께 그의 주위에
모여 있었다. 이때 다윗은 모압 왕가에 자신의 부모를 보호해 주도록 요청한 적이 있
다(삼상 22:1-4). 다윗은 모압 땅 미스베로 가서 모압 왕에게 자신의 부모를 보호해
달라고 맡겼고, 다윗의 부모는 다윗이 산성 요새에 머무는 동안 모압 왕가에서 함께
지냈다. 왜 하필 모압 왕가인가? 다윗의 아버지 이새 가문과 당시 모압 왕가의 관계
에 관해 보다 자세한 설명이 없는 것이 아쉽지만, 이만한 정보를 통해서도 우리는 과
거 모압 여인 룻을 통한 다윗의 가문과 모압의 관련 배경을 짐작해 볼 수 있다.

　　다윗이 이스라엘 왕으로 즉위한 이후 이스라엘 역사에서 후대로 내려갈수록 모
압과의 관계는 평탄치 않았고, 적대적 관계와 전쟁이 계속된 것을 알 수 있다. 최근

---

3) 자세한 것은 Leon Morris, *Ruth, Tyndale Old Testament Commentaries* 6, IVP, 1968, 232쪽 이하 참조.

'모압'의 역사에 관한 학계의 동향은 1930년대에 성서고고학자 넬슨 글렉(Nelson Glueck)이 요단동편의 고고학적 지표탐사를 근거로 제시한 주전 1,900-1,300년에 이 지역에는 사람이 살지 않았다는 잠정적 결론을 수정하였고, 구약성경이 말하는 역사적 맥락을 재조명하고 있다.[4] 이러한 점들을 고려할 때, 다윗의 부모가 모압 왕가의 신세를 졌으며, 이전에 모압 여인(룻)과 다윗 가문의 혼인 관계가 있었다는 이야기를 허구로 창작한다는 것은 불가능하다고 여겨진다(비교, 신 23:3-6).

보아스와 룻 사이에 태어난 아들 오벳이 다윗 왕의 할아버지라고 볼 때 룻기의 이야기는 사사시대 말에 일어났던 사건들을 소재로 하고 있으며, 룻기의 저작은 다윗 왕조 성립의 초기역사 시대에 다윗 왕궁의 사관이나 서기관 중에서 다윗 왕의 족보를 정리하는 가운데, 예루살렘 왕궁에서 멀지 않은 베들레헴의 다윗 가문의 장로들로부터 자료를 얻어 룻기와 같은 이야기를 저술하였을 가능성이 있다고 생각된다(룻 1:1이나 4:7의 경우 룻기 저자와 사사시대 사이에 먼 거리를 전제하는 것은 아니다). 그렇다면, 마지막 룻기 4장에 나오는 다윗의 족보(4:18-22)도 이러한 관점에서 전체적으로 통일성을 이루는 데 걸림돌이 된다고는 볼 수 없다. 또 신명기 율법에서 모압인에 대한 여호와 총회 가입 금지(신 23:3 이하)도 문제가 되지 않는다. 룻은 유다인 보아스(다윗 가문)와 결혼함으로써 더 이상 이방의 모압 여인이 아니고, 어디까지나 룻은 나오미와 그 가정의 신앙을 따라 철저히 이스라엘의 여호와(야훼) 신앙으로 개종한 사람이 되었기 때문이다(룻 1:15-18!). 구약학자 레온 모리스가 룻기에 나타나는 언어, 왕국 초기의 옛 관습들, 일상생활의 분위기는 이스라엘 초기 왕국시대(주전 약 1,000년 전후 시대)로 그 저작연대를 추정케 한다고 결론을 내리는 것은 가능성이 있다고 생각한다.[5]

2. 경전에서 룻기의 위치와 목적

한글 구약성경 경전에서 룻기의 위치는 히브리 성경(마소라 본문)의 순서와 달리 칠십인역(LXX)의 순서에 따라 사사기 다음에 나온다. 이것은 룻기가 사사시대 이야기를 담고 있다는 데 그 이유가 있다(삿 1:1). 역사적인 관점에서 보면 약 300년 이상

---

4) G. L. Mattingly, "Moabites", *Peoples of the Old Testament World*, ed. by Hoerth, Mattingly, Yamauchi, The Lutterworth Press, 1994, 317-333쪽.

5) Leon Morris, *Ruth, An Introduction and Commentary*, Tyndale Old Testament Commentaries, 6. Judges & Ruth, IVP, 196쪽 이하.

의 사사시대의 혼란기가 막을 내리고, 실로 성소가 파괴되었으며 엘리 대제사장 가문이 몰락하면서, 사무엘을 중심으로 이스라엘의 고전 예언시대가 개막되고 있을 무렵(삼상 3:19-21; 행 3;24), 다윗 왕조가 등장하는 시대적 전환기에 룻기의 이야기는 사사시대의 무질서와 배도의 시대로부터 여호와(야훼) 하나님의 선택하신 왕권을 가지고 이스라엘을 통치하는 다윗의 연합왕국 시대로 연결하는 '교량'의 역할을 하고 있다. 주후 1세기에 요세푸스의 기록(Flavius Josephus, Contra Apionem, i,8)을 따르면, 히브리 경전을 3부 22권으로 분류했고, 이러한 전통은 오리겐과 히에로니무스(제롬)에 이르기까지 확인된다. 히브리 성경을 22권으로 분류할 때는 사사기와 룻기가 한 권의 책으로, 예레미야와 애가를 한 권으로 취급한 것이다. 사사기(士師記) 다음에 룻기의 위치는 칠십인역에 이어 불가타 전통에서도 확인된다. 한글 구약 경전에서 룻기 위치는 경전적인 배열순서에 따른 룻기의 이해, 즉 룻기의 목적과 연결될 수 있다. '어느 책이 경전의 배열순서에서 어디에 위치하고 있느냐'라는 것은 현대 구약신학에서 그 책의 신학적 강조점과 그 목적과 관련하여 주목되는 점이다.

현재 우리가 사용하는 대다수의 히브리 성경 인쇄본들은, 레닌그라드 사본(Codex Leningradensis. 19A, 주후 1008/9년경의 필사본)에 기초하여 그 구조와 배열순서가 3부 24책으로 정리되어 있다. 그중에서, 룻기는 사사기와 분리하여, '크투빔'(소위 聖文書集, Writings)에 속하며, 시편, 욥, 잠언 다음에 위치하는 '다섯 두루마리'(五軸. 히브리어로, '므길로트'. 룻기, 아가, 전도서, 애가, 에스더)의 첫 번째 책으로 나온다(BHS). 물론, 히브리 성경 필사본들이나 편집에 따라 크투빔의 배열순서에도 다소 차이가 있으며, 예컨대 룻기가 시편 앞에 있는 경우와 므길롯트 내에서도 아가가 룻기보다 선행하는 경우도 있다. 최근 유대교출판협회에서 출간한 히브리어-영어 대조판 히브리 성경인 "타나크"[6]에서는 레닌그라드 사본에 의존하면서도 크투빔의 배열을, 시편, 잠언, 욥 그리고 아가, 룻, 애가, 전도서, 에스더 순으로 배열했다. 현재 맛소라 본문의 순서는 레닌그라드 사본의 배열에 따라, 룻기의 위치는 잠언 다음에 나오는 다섯 두루마리의 첫 책으로서 아가서 앞의 위치로 고정되어 있다. 그렇다고 레닌그라드 사본의 배열순서도 절대적인 것은 아니다.

크투빔의 배열순서에 따라 룻기의 경전적 성격과 그 역할을 다음과 같이 설명할 수 있다. 룻기 앞의 잠언은 그 마지막 장에서 "지혜 있는 여인"(잠 31:10-31. 히브리어로, "에쉐트 하일")을 강조하는데, 이 지혜 있는 여인(또는 능력 있는 여인)은 후속하는 룻기에서 "룻"이라는 여인을 통해 그 구체적인 모습이 드러난다고 보는 것이다(룻

---

6) *JPS Tanahk, The New JPS Translation*, The Jewish Publication Society, Philadelphia, 1999. 비교, 예루살렘 히브리대학교가 소장하고 있는 '알레포 사본'(Aleppo Codex).

3:11). 또한 룻기의 마지막 단어가 "다윗"으로 끝남으로써, 후속하는 아가서의 표제인 "다윗"의 아들 솔로몬과의 연결이 순조롭다고 볼 수 있다. 아가서가 말하는 남녀 간의 사랑도 룻기의 룻과 보아스의 지순한 사랑의 연장선상에서 이해될 때, 그 의미가 더욱 살아난다.

유대교 전통에서 다섯 두루마리는 절기와 연결되어 낭송되는 책들로서, 아가는 유월절, 룻기는 칠칠절(맥추절, 또는 오순절), 전도서는 수장절(장막절), 애가는 아브월 9일(주전 586년 예루살렘 멸망일), 에스더는 부림절과 연결된다. 이러한 절기와 관련해서 다섯 두루마리 책들을 낭송하는 전통은 중세시대부터 시작된 유대교의 관습으로 알려져 있다. 룻기의 히브리어 본문 전승은 양호한 편이고, 칠십인역이나 불가타는 맛소라 본문과 이렇다 할 차이를 보이지 않는다. 다만 시리아어역에서는 그 자유역의 성격 때문에 차이점이 드러나고 있다. 쿰란의 제2, 제4 동굴에서 나온 주전 1세기의 것으로 추정되는 룻기의 사해사본 4개의 단편사본들(룻 1:1-12; 1:1-6,12-15; 3:1-8; 3:13-18)도 맛소라 본문과 큰 차이가 없는 것으로 알려져 있다.[7]

3. 룻기의 내용과 구조

룻기는 사사(士師)들이 치리하던 시대에 유다 지파에 속한 베들레헴의 엘리멜렉 가족이 기근으로 인해 고향을 떠나 모압 지방으로 이민(?)을 떠나는 이야기로 시작한다. 엘레멜렉의 가족이 모압 지방에서 겪는 가족 상실의 아픔과 고통을 배경으로 하여, 엘리멜렉의 이름이 끊어지지 않도록 그의 가문의 이름을 보존하려는 소위 '시형제 결혼 관습'(levirate marriage. 비교, 신 25:5-10)의 주제를 바탕에 깔면서, 이러한 평범한 이스라엘의 한 가정의 역사를 통해 그 가정뿐만 아니라 이스라엘 민족과 나아가 전 세계에 메시아 왕을 통해 구원을 베푸시는 여호와(야훼) 하나님의 역사가 함께 진행되는 것을 보여준다. 먹고 살기 위해 두 아들을 데리고 모압으로 이민 갔던 엘리멜렉과 나오미 부부, 하지만 모압에서 나오미의 남편이 죽자, 두 아들은 그곳에서 모압 여인과 각각 결혼하였다. 말론은 룻과(비교, 룻 4:10), 기룐은 오르바와 결혼하여 살았으나, 10년도 못 되어 두 아들도 자식 없이 다 죽고, 과부만 셋이 남게 된다. 나오미는, 며느리인 룻과 오르바를 불러 각각 친정으로 돌아갈 것을 권했는데, 오르바는 그 권면을 따라 떠났으나, 룻은 끝까지 나오미를 따를 것을 결심했다. "룻

---

7) M. Abegg, Jr., P. Flint & E. Ulrich, *The Dead Sea Scrolls Bible*, "Ruth", Harper, 1999, 607-610쪽.

이 이르되 내게… 어머니를 따르지 말고 돌아가라 강권하지 마옵소서… 어머니의 백성이 나의 백성이 되고 어머니의 하나님이 나의 하나님이 되시리니… 만일 내가 죽는 일 외에 어머니를 떠나면 여호와(야웨, 야훼)께서 내게 벌을 내리시고 더 내리시기를 원하나이다"(룻 1:16 이하). 이제 모압 여인 룻은 더 이상 모압 여인이나 이방 여인이 아니고, 여호와 하나님의 백성의 한 일원이 되었다. 이를테면, 룻은 모압의 그모스 종교를 버리고(민 21:29; 삿 11:24; 왕상 11:7 등), 이스라엘의 야훼 신앙으로 철저히 개종한 것이다.

나오미와 룻은 여호와께서 베들레헴 고향 땅에 양식을 주시고 기근이 물러갔다는 소식을 듣고 귀향하는데, 이때가 4월 중순부터 5월 중순까지 보리를 수확하는 철이었다. 베들레헴에 돌아온 나오미와 룻은 생계를 위해 다른 사람들이 한창 수확하는 보리밭에 가서 떨어진 이삭을 주워 먹고 살려는 생각으로 밭으로 나가게 된다(비교, 레 19:9-10). 하루는 룻이 우연히(?) 나오미의 남편 친족으로서 유력한 사람인 보아스의 밭에 가서 이삭을 줍게 되었고(룻 2:3), 결국 보아스의 눈에 띄어 나오미의 며느리라는 사실이 알려지게 되었으며, 룻은 보아스의 호의로 기대하지 않았던 뜻밖의 풍성한 양식을 얻게 된다. 이러한 사정을 알게 된 나오미는 룻과 보아스를 결혼시키기 위해 계획을 세웠고, 룻은 그대로 따랐다(룻 3:18). 결국, 보아스는 '기업(基業) 무를 자'(히브리어로 '고엘'. 영어로는, 'the family guardian' 또는 'redeemer'. '집안간으로서의 책임이 있는 그 사람', 새번역. 비교, 레 25:25,48; 신 19:6 등)의 자격으로서 엘리멜렉의 소유지를 나오미에게서 사고, 룻과 결혼하여 그 가문의 이름을 잇도록 하였다(룻 4:9-10). 이렇게 하여, 보아스와 룻에게서 태어난 아들이 "오벳"인데, 오벳은 이새를 낳았고, 이새는 다윗을 낳았다는 것이다. 아마도 여기까지(1:1-4:17)가 룻기의 본래 이야기로서 베들레헴의 이새 가문을 통해 전해진 내용이라고 생각된다. 나머지 4장 18절에서 22절까지 다섯 절은 위에서도 잠시 언급한 대로, 다윗 왕궁의 사관이나 서기관 편집자가 족보자료를 고증하면서 야곱의 아들 유다가 낳은 베레스 계보에 따라 다윗 왕까지 내려오는 족보를 정리한 내용으로써 첨가된 부분으로 볼 수 있다(비교, 다윗의 가계. 대상 2:9-17).

룻기의 문학적 구조는 교차대구법(chiasmus)을 사용하고 있으며 다음과 같이 정리해 볼 수 있다.

A. 나오미 가정의 시련(1:1-22).
B. 룻과 보아스의 만남(2:1-23).
B'. 룻과 보아스의 가까워짐(3:1-18).

A'. 나오미 가정의 회복(4:1-22).

4. 룻기의 신학과 그 강조점

오랜 사사시대는 무질서와 배교와 동족 간의 범죄와 전쟁으로 얼룩진 어두움의 역사를 배경으로 하고 있지만, 룻기는 그와는 대조적으로 밝고 긍정적인 메시지를 전해 주는 책으로 알려져 왔다. 모든 권위가 땅에 떨어지고, 이스라엘 사람들도 가나안의 우상들을 섬기며 '각 사람이 자기의 소견에 옳은 대로' 행하던 무질서한 사사시대 역사에서도(삿 21:25), 여호와께서는 평범한 한 가정의 연약한 여인들의 믿음과 신실함과 인내와 사랑을 통해 다윗 왕의 출현을 준비하고 계셨다는 놀라운 메시지를 룻기에서 읽게 된다. 룻기는 "모든 것이 합력하여 선을" 이룬다(롬 8:28)는 바울 사도의 믿음의 기록에 상응하는 이야기로서 구약에서 욥기와 함께 시련에서 시작하여 '해피 엔딩'으로 끝나는 책이다.[8] 어쨌든, 룻기의 신학은 사사기 신학과 별개로 분리해서는 이해하기 어렵다. 사사기의 신학은 그 사사시대의 역사적 상황과 함께 다음과 같은 도식으로 정리될 수 있다.

- 이스라엘이 우상숭배로 범죄함.
- 하나님이 이방의 침략자들을 통해 벌하심.
- 이스라엘이 회개하고 하나님께 부르짖음.
- 하나님이 구원자인 사사들을 보내어 구원하심.

사사시대 이스라엘의 여호와(야훼) 하나님은 오래 참으시는 은혜의 하나님, 거듭 범죄하고 회개하는 자기 백성을 결코 버리지 않으시는 신실하신 하나님이시다. 사사기 문맥에서는 하나님의 '신실하신 사랑'(히브리어로, '해새드')을 표현하는 단어가 사용되지 않았으나, 룻기 문맥에서는 하나님의 '해새드'(룻 1:8; 2:20)와 함께 룻의 '해새드'(룻 3:10)가 드러나 있다. 룻기의 신학에서는 무엇보다, 하나님의 '해새드'(이 히브리어 단어는 번역하기 어려운 용어들 중의 하나이다. 보통 국역성경에서 하나님께 적용할 때는, '인애, 자비, 인자하심' 등으로, 인간에게 적용할 때는 '선대, 후대' 등으로 번역했다. 영어로는, loving kindness, steadfast love, faithfulness, solidarity, kindness 등으로 번역된

---

8) D. M. Howard, Jr., *An Introduction to the Old Testment Historical Books*, Moody, 1993, 125쪽 이하.

다)와 함께 룻, 나오미, 보아스와 같은 하나님의 사람들의 '해새드'(여기서는 '신실한 사랑'으로 번역해 본다)가 하나님의 구원사를 이루어 나가는 데 귀중한 도구와 통로로 사용되고 있음을 깨닫게 한다. 여기서 구약 히브리어의 "해새드"는 신약의 용어로 표현하자면 '아가페'에 해당하는 용어이다.

오늘 우리 한국 사회와 한국교회의 상황도 역사적으로 볼 때, 구약성경의 사사시대와 같이 무법과 무질서와 우상(돈과 권력)숭배로 인해 배신과 혼란과 각종 범죄 현상이 심각한 상황이다. 사사시대에는 모세의 율법책도 어디로 갔는지 행방이 묘연하며, 시내산 율법에 따른 하나님의 백성의 성막과 예배 생활도 뒷전으로 물러나 버렸다. 이러한 상황에서, 원수들의 침략과 압제를 견디지 못한 이스라엘의 부르짖음은 반복적이며 상투적인 것일 뿐, 진정한 신앙의 회복과 회개의 열매는 찾아볼 수 없는 상황이었다. 이러한 앞을 내다볼 수 없는 암울한 역사 속에서도 여호와(야훼) 하나님은 창조주시며 역사의 주권자로서 이러한 역사를 외면하거나 내버려 두지 않으시고, 엘리맬렉과 나오미와 같은 평범한 믿음의 가정의 불행한 사건들을 통해서도 구원의 빛의 역사를 이루어 내고 계신 것을 알 수 있다.

이미 에브라임 산골 마을에서 아기를 낳지 못해 구박을 당하고 슬픔과 고통에 빠져 있던 '한나'라는 여인의 소박한 믿음의 간구를 통해 여호와 하나님은 그 여인에게 아들 사무엘을 주셨으며(삼상 1:19-20), 그 사무엘 예언자를 통해 사사시대에 무너진 하나님의 백성의 기강을 다시 일으켜 세우며(삼상 3:19-21), 사사요 예언자인 사무엘은 기도로써 이스라엘의 역사를 개혁하였던 일을 우리는 알고 있다(삼상 12:23-25). 그뿐만 아니라, 이제 베들레헴에 기근이 들어 모압으로 피난 간 유다지파의 한 가정에 며느리로 들어왔으나 10년도 안 되어 자식도 없이 청상과부가 된 모압 여인 '룻'의 믿음과 해새드를 통해, 하나님은 그 가정뿐 아니라, 온 이스라엘 민족과 세상을 구원하는 '다윗' 가계를 통한 메시아의 구원역사를 이루어 나가고 계셨던 것이다(비교, 마 1:1; 눅 1:31-32 등).

룻 뿐만 아니라, 다윗 가계에 그 이름이 올라 있는 이방 여인들인 다말, 라합, 우리야의 아내(밧세바)도 신약에 이르러 예수 그리스도의 족보에까지 기록되는 하나님의 구원역사에 참여하였음을 볼 수 있다(마 1:1-6; 비교, 눅 3:31-32). 구약시대는 가부장적(家父長的) 사회로서, 여성의 인권이나 지위나 기회가 억압되고 무시되는 것으로 알려져있지만, 그러한 일반적인 악조건하에서도 여호와 하나님의 구원 계획과 행동은 나오미와 룻과 같은 평범한 여인들을 통해 위대한 역사를 이루시는 것을 웅변적으로 우리에게 증언하고 있다. 소년을 깔보지 말라는 말이 있듯이, 이 여인들을 누가 무시하거나 비난할 수 있는가? 룻기나 에스더서가 보아스서나 모르드개서로 전해지지 않고, 여성들의 이름으로 정경의 목록에 들어가게 된 것도 결코 우연한 일은 아닐 것이다.

룻기의 경우 가족 상실의 비극적인 상황은 욥기에서 욥이 자식과 재산을 잃어버리고 건강마저 잃어버린 상황과도 비교될 수 있다. 욥은 이해할 수 없는 비극적인 고난의 상황에서 괴로워하면서, 그의 세 친구들과 함께 많은 논쟁적인 대화와 질문을 했으며, 하나님께 괴로움을 쏟아내었으나(욥의 아내는 욥에게 '하나님을 욕하고 죽으라'는 극언까지 하였다! 욥 2:9), 고난 중에 있던 나오미와 룻의 경우에는 그러한 고통하는 모습을 찾아볼 수 없는 것이 신기한 일이다. 그만큼 나오미와 룻의 믿음과 헤새드(신실한 사랑)가 욥보다 더 깊고 더 뛰어났기 때문일까? 나오미는 "전능자(히브리어로, '샷다이')가 나를 심히 괴롭게 하셨다"라는 사실을 그대로 인정하고 받아들이고 있다(룻 1:20-21). 나오미는 오히려 여호와 하나님의 선하심을 믿고 있었다(비교, 룻 1:6). 나오미나 룻은 하나님께 어리석은 질문을 하거나 신세를 한탄하면서, 태어난 생일을 원망하거나 자살이라도 하겠다는 생각은 하지 않았다. 평범한 촌부들이라고 할 수 있는 나오미와 룻, 그들이 보여주는 일상생활을 통한 일견 평범해 보이는 신앙의 비범함을 오늘 우리도 배울 수 있으면 좋겠다.

룻기에서 여호와 하나님은 한 가정의 일상생활에서 일어나는 사건들의 진행과 함께 역사하시며 하나님의 계획에 따라 인도하신다. 어떤 의미에서, 하나님의 특별한 기적 사건이나 구원 행동은 룻기에서 숨겨져 있다. 우리는 이러한 하나님의 현존과 행동 방식에 주목할 필요가 있다! 룻기에서 나오미나 룻이나 보아스는 일상생활에 충실하면서, 열심히 자신의 계획을 세우고 실천하며, 하나님의 도우심을 믿고 있다. 하나님을 믿고 하나님께 모든 것을 맡긴다는 의미는, "세상만사 생각하니 다 헛되구나"를 구슬프게 노래하면서 일상생활은 내팽개치고, 아무 일도 하지 않으면서 하나님의 기적적인 간섭만 기다린다는 의미가 아니다. 우리는 하나님의 주신 선물인 믿음과 지혜와 이성을 조화롭게 사용하여, 최선을 다해 일상생활에 충실함으로써 하나님의 역사에 동참할 수 있다. 룻기는 다시 한번 여호와(야훼, 야웨) 하나님을 믿는 진정한 신앙은 한 가정에서 일상의 삶을 통해서도 드러나는 것임을 말해준다. 룻기에서 하나님의 일은 가정 안에 있으며 가정 밖에 있지 않다. 가정을 소홀히 생각하고, 가정의 살림과 아이를 낳아 기르는 일과 가정의 역사와 전통을 무시하는 태도는 성경이 말하는 진정한 신앙인의 모습이 아니다. '왜 하나님의 일을 하지 않고 가정에서 썩고 있느냐'는 말을 하고 듣는 경우도 있는데, 이것은 성경적 신앙인의 발상은 아니라고 여겨진다. 하나님은 가정을 통해서도 위대한 일을 계획하고 실행하신다는 것이 룻기 신학이며, 그것이 또한 오늘 우리 가정을 향한 적용이라고 생각한다. '누가 누구를 낳고, 또 누가 누구를 낳고'하는 다소 건조하고 지루한 성경의 족보 신학은 오늘같이 출산율이 떨어져 가는 한국 사회에서 하나님을 믿는 신실한 사람들의 '출산'이 얼마나 하나님 나라의 역사를 이루어 나가는 데 중요한가를 새삼 깨닫게 해 준다. 하나님에 대한 믿음과 사랑은 또한 가족 간의 정(情)과 신실함으로써 증거되는 것을 알아야 한다(비교, 요일 4:20). 가족 식구들과 일가친척 사이에 반목하고 불화하면서, 집 밖으로 뛰쳐나가 하나님의 일을 하고 하나님의 은혜와 도움의 역사를 기대한다는 것은 어불성설이다. 그래서 바울 사도는, "누구든지 자기 친족 특히 자기 가족을 돌보지 아니하면 믿음을 배반한 자요 불신자보다 더 악한 자니라"(딤전 5:8)고 강하게 질책하였다.

룻기를 통해 우리는 하나님께서 믿음의 가정의 비극과 불행을 결코 외면하고 방치하시지 않는다는 사실을 알게 된다. 하나님은 환난당한 가정을 치유하고 회복하게 하시며, 축복하시고 그 가정의 역사를 통해 나라와 민족, 나아가 세계를 향해 하나님의 복과 구원을 전하게 하신다(비교, 창 12:1-3). 우리 한국 사회와 교회 안에까지 이런저런 이유와 사정 때문에, 가정이 파괴되고 가정의 기초가 흔들리고 있다. 이럴 때 일수록 우리는 룻기를 통해 한 가정이 다시 회복되고 축복받고 하나님 나라의 역사에 동참하는 일에 있어서, 한 사람의 "지혜 있는 여인"(히브리어로 '에쉐트 하일')의 역할이 얼마나 귀중한가를 배울 수 있어야 할 것이다. 룻기를 볼 때 여성은 남성보다 지혜롭고 강인하다. 오늘의 '여성-신학'(여성신-학이 아님)은 이러한 점을 주목해야 한다.

미국의 구약학자 폴 하우스는 룻기가 잠언 31장의 "지혜있는 여인"을 구현하고 있다는 점을 지적하였으며,[9] 나아가 작은 분량의 책인 룻기에 구약성경이 말하는 야훼신앙의 순전성과 온전성이 그대로 드러나고 있다는 것은 놀랍다고 평했다.[10] 물론 룻기에서 보아스를 통한 "고엘"(기업 무를 자, 즉 구속자 또는 속량자. 영어로는 redeemer)의 신학이 룻기 신학에서 또 하나의 견고한 기초라는 점(룻 4:14. 비교, 레 25:23-34; 고전 6:20; 7:23; 행 20:28; 갈 3:13; 벧전 1:18-19 등)에 이의를 제기할 사람은 없을 것이다.

---

9) 폴 하우스 저, 장세훈 역, 「구약신학」, 기독교문서선교회, 2001, 820쪽.
10) 폴 하우스, 위의 책, 833쪽.

45

아모스 예언자의 메시지

성경의 예언자들은 언제나 역사의 위기 상황에서 등장하였으며, 그 시대 상황에 적절하고 꼭 필요한 메시지를 선포하였다. 주전 8세기 중엽에 남왕국 유다의 드고아 지역에서 양과 염소를 기르며 돌무화과를 재배하던 아모스는 어느 날 예언자로 부르심을 받고(암 7:14-15), 주로 북왕국 이스라엘에 가서 임박한 하나님의 심판을 예언한 심판 예언자로 잘 알려져 있다. 당시 북쪽의 이스라엘은 오랜만에 국내외적으로 안정기를 맞이하여 국력이 신장되고, 정치, 경제, 군사적으로 상당한 성공을 거두고 있었다(왕하 14:23-29). 구약학자들 중에는 북왕국 이스라엘 역사에서 이 당시 통치했던 예후 왕조의 4대 임금인 여로보암 2세(주전 793-753년 통치)가 가장 유능한 왕이었다고 평가를 내리기도 한다.

여로보암 2세가 다스리던 약 40년 동안은, 주변의 강대국인 앗수르(앗시리아) 제국이나 아람 왕국도 자국의 내부 문제들 때문에 이스라엘에 간섭할 여력이 없었다. 남왕국 유다와의 관계도 적대관계에서 화해 분위기로 돌아서고 있었다. 따라서 북왕국 이스라엘의 국가 민족주의적 자만심과 상류계층의 사치와 방만한 생활 풍조가 고개를 들고 있었음을 짐작해 볼 수 있다. 아모스에 나타나는 당시 이스라엘 사회에 대한 상황묘사에서도 그 점이 분명히 드러나 있다(암 6:1-7). 이스라엘은 오랜만에 맛보는 안정과 번영을 자신들의 힘으로 성취한 것으로 착각하고 있었다(암 6:13!). 그들은 잘못된 선민사상을 가지고 정의와 공의를 무너뜨렸고, 하나님의 의(義)가 아니라 자기의(自己義)를 내세우는 자만심에 도취해 있었으며(비교, 롬 10:2-3), 사회의 약자들을 억누르고 착취하며 점점 더 범죄와 타락의 길을 걷고 있었다. 사치와 방만한 생활에 빠진 이스라엘의 지도층들은 예언자의 메시지를 듣고 싶어 하지 않았다. 그들은 하나님께 서원한 나실인들에게 억지로 포도주를 마시게 하였으며(비교, 민 6:1-

21), 예언자들에게는 '예언하지 말라'고 명령했다(암 2:12; 7:13). 모든 것이 자신들이 계획한 대로 잘 굴러가고 있다고 오해하고 있었고, 다소 문제가 있어도 염려할 정도는 아니며 유리한 방향으로 해결할 수 있다고 생각했다. 그들은 공공연히 '흉한 날'(재난의 날)은 이제 멀리 지나갔다고 말하면서, 재앙(災殃)이 우리에게 미치지 않을 것이라고 공언하였다(암 6:3; 9:10).

당시 남쪽의 유다 왕국 상황도 북왕국 이스라엘만큼 신앙적으로 악화된 상태는 아니지만, 하나님의 율법은 무시되고, 백성들은 불신앙의 생활로 빠져들고 있었다(암 2:4. 비교, 사 1:5-6,10,15-17; 5:24). 유다 왕 웃시야(주전 792-740년 통치. 다른 이름은, 아사랴)는 교만함으로 범죄하여 문둥병이 들었고(왕상 15:5; 대하 26:16-21), 그의 아들 요담(주전 750-731년 통치)이 750년부터 섭정으로 다스렸다. 아모스가 웃시야 시대 지진이 나기 2년 전 예언활동을 시작한 것으로 볼 때(암 1:1. 비교, 슥 14:5), 그의 활동 시기는 주전 760-750년경으로 추정된다. 앞서 언급한 대로, 아모스는 드고아 농촌 출신 평신도로서, 당시 국내외의 정세를 예민하게 통찰하고 있었고, 이스라엘과 유다의 현실을 직시하였으며, 지혜와 담력을 갖춘 하나님의 사람이었다. 그는 주로 북왕국의 벧엘 성소와 같은 이스라엘의 종교 중심지에서 성직자들과 거기에 모여든 무리들을 향해, 또는 수도 사마리아의 광장과 거리에서 만나는 상류사회의 유한계층 여성들에게, 또는 왕궁에서 지도층에 있는 관리들과 시장에서 경제활동을 하는 부유한 상인들에게 하나님의 말씀을 예언했다.

아모스는 이스라엘 주위의 여러 나라들도 그들의 범죄함을 인하여 하나님이 반드시 심판하신다는 말씀을 전제하면서, 남왕국 유다도 심판하실 것이고 이제 이스라엘도 하나님의 정의와 공의를 무너뜨렸기 때문에 하나님의 심판이 임박하였음을 선포하였다. 아모스의 메시지는 일상생활의 경험을 토대로 하는 만큼 구체적이며 힘이 있었고, 단순하며 명료했다. 한마디로 아모스의 일관된 메시지는 이제 이스라엘은 "끝장"이 났다는 것이다(암 8:2!). 그래서 아모스는 임박한 하나님의 심판예언을 선포하면서, 북왕국 이스라엘의 죽음을 애도하는 만가(輓歌)를 부르고 다녔다(암 5:1; 8:10). 노래도 예언 양식의 한 도구로 사용되었다. 벧엘의 제사장 아마샤와 대결하는 자리에서 아모스는 거침없이 다음과 같은 심판의 메시지를 전하고 있었다. "여로보암은 칼에 죽겠고 이스라엘은 반드시 사로잡혀 그 땅에서 떠날 것이다. … 네(아마샤) 아내는 성읍 가운데서 창녀가 될 것이요, 네 자녀들은 칼에 엎드러지고, 네 땅은 측량하여 나누어질 것이며, 너는 더러운 땅에서 죽을 것이요, 이스라엘은 반드시 사로잡혀 그의 땅에서 떠나리라"(암 7:11,17). 저주에 가까운 독설이며, 섬뜩한 느낌을 주는 말씀이다. 벧엘의 제사장 아마샤는 아모스의 이러한 예언을 즉시 여로보암 왕에게 직보하면서, 이것은 아모스가 왕을 모반하는 것이고, 그의 모든 말을 이 땅이 견딜 수 없다고 하였다(암 7:10). 아먀샤는 아모스에게 유다 땅으로 도망하여 거기서 예언하고 다시는 벧엘에서 예언하지 말라고 했다. 그리고 아모스는 벧엘에서 추방(?)되었다. 그 후 아모스의 종적에 관해 아는 사람은 아무도 없다. 정말 예언자는 아무나 하는 것이 아니라는 생각이 든다. 지금 같이 민주화되고 언론의 자유가 있다는 사회에서도, 이 정도의 예언을 공공연히 선포하고 다니는 예언자가 있다면, 제 명에 죽지는 못할 것 같다.

우리는 아모스의 예언활동에 비추어 오늘 남북한의 상황과 주변 열강들의 동향을 한 번 조명해 보는 것도 필요할 것이다. 1945년 일제의 강압적인 식민지 통치에서 해방된 후, 우리나라는 외세인 열강의 간섭과 국내의 이념적 갈등과 내분으로 인해, 1947년 이래 38선을 두고 남한과 북한이 분단되었다. 우여곡절 끝에 1948년 5월 남한만의 총선거를 통해 대한민국 정부가 수립되고, 제헌 국회가 제정한 헌법에 따라 대한민국이 건국되었으나, 1950년부터는 3년간의 6·25 동족상잔의 전쟁을 겪었고, 지금까지 남북분단이 고착되어 지구상의 마지막 남은 냉전의 최전선에서 분단의 부조리와 아픔을 참아내며 통일의 그 날을 염원하고 있다. 그동안 그러나 남과 북에서 진행되어 온 온갖 적대행위와 범죄와 악행은 아모스시대 이스라엘과 유다의 죄악을 능가하는 형편이 되었다. 한마디로, 오늘의 상황은 남북한 우리 모두에게 하나님의 심판을 경고할 수밖에 없는 시점에 이르렀다. 북한은 무신론 유물주의 사상인 공산주의를 기반으로 김일성 유일 주체사상을 내세우며 인간 김일성과 김정일 부자를 마치 하나님이나 되는 것처럼 우상화하였고, 그 결과는 오늘 북한 정권의 고립과 함께 북한 주민들의 자유가 말살되고, 인간성의 황폐화와 경제적 파탄을 자초하였다. 남한은 자유 민주주의를 표방하고 산업화에 성공하면서 자본주의 시장경제를 실시하여, 어느 정도 안정과 성공을 거두어 먹고사는 문제를 해결하였고, 기독교 인구 비율도 아시아의 평균 8%보다 훨씬 높은 약 20%에 달하며, 세계에서 가장 규모가 큰 교회당들이 서울에 있고, 인구수 비례로 보면 세계에서 제1의 선교사 파송 국가라고 자랑한다. 하지만, 실상은 현재 한국교회는 아모스 시대의 신앙적 타락을 앞지르는 현실이며(비교, 암 4:4-5; 5:21-23), 한국 사회에는 사치와 범죄와 부패가 만연하여 약육강식의 논리가 앞서고, 점차 윤리−도덕은 땅에 떨어진 나라가 되었다. 어찌 하나님의 심판이 두렵지 아니한가! 주변의 열강들도 마찬가지로 하나님을 두려워하기는커녕, 자신들의 계획과 힘(경제력, 군사력)을 믿고, 자신들의 국익과 국가 위신을 앞세워 막대한 군비경쟁과 함께 범죄와 악행을 일삼고 있다.

'설마가 사람 잡는다'라는 말이 있듯이, 오늘 한반도의 현실은 지난 세기 구한말

    45. 아모스 예언자의 메시지

나라가 망한 이후 그 어느 때보다도 민족 공멸의 위기 상황으로 인식된다. 하나님은 이제 북한의 핵무기 미사일과 생화학 대량살상 무기와 재래식 무기들과 남한이 준비한 온갖 첨단 무기들을 사용하실 뿐 아니라, 주위 열강들의 힘(군사력)을 사용하여 남한과 북한의 죄악을 언제든지 심판하실 수 있다는 사실을 우리는 생각해야 한다. 금년 8·15 광복절 기념식에서도 드러난 대로, 대한민국은 이제 '친미―반김일성·김정일'과 '친북―반미·반일'이라는 소위 정치적 보수와 진보의 이념적 갈등과 대립으로 나라의 장래를 걱정할 수밖에 없는 시점에 도달하였다. 이러한 때에 우리 그리스도인들은 과연 어떻게 해야 하는가? 친미를 해야 하는가 반미를 해야 하는가? 친북을 해야 하는가, 반주체사상 대열에 나서야 하는가?

아모스 예언자는 이스라엘의 피할 수 없는 심판상황에서도, 마지막으로 사는 길이 아직 하나 남아 있다고 예언하고 있었다. 그것은 아모스 5장 4절에 나오는 하나님의 말씀으로서, "너희는 나를 찾으라, 그리하면 살리라"라는 구원의 메시지였다. 아모스는 이 메시지를 5장 6절에서 "너희는 여호와를 찾으라 그리하면 살리라"라고 되풀이하고 있으며, 5장 14-15절에서는 "너희는 살려면 선을 구하고 악을 구하지 말지어다 만군의 하나님 여호와께서 너희의 말과 같이 너희와 함께 하시리라"고 세 번째 거듭 강조하였다. 여기서 하나님을 찾는다는 것은, 대규모 구국집회나 기도운동을 하라는 것이 아니고, '선을 행하고 악을 행하지 않는 것'이라는 점이 중요하다!

아모스를 통해 마지막으로 이스라엘에게 살길을 제시한 이러한 구원의 메시지가 오늘 우리의 현실에도 꼭 필요한 메시지라고 생각한다. 아모스가 지적한 대로, 우리는 다른 무엇이 아니라 먼저 하나님 하느님을 찾아야 한다(비교, 신 4:29; 사 55:6-7; 렘 29:13 등). 우리는 더 이상 오늘의 대형교회들과 같은 벧엘이나 길갈이나 브엘세바를 찾아가서 성대한 예배(제사)와 종교적 축제를 벌이고 그것이 안전과 번영과 구원을 보장하는 줄로 착각하는 종교적 미신에서 깨어나야 한다(암 5:5-6!). 우리는 지금도 살아계시고 삼위일체이신 하나님을 찾아야 한다. 다시 말하지만, 그것은 선을 행하고 악행을 버리는 것이다. 존망의 기로에선 오늘 우리는 다른 무엇을 찾지 말고, 성경이 계시하는 살아계신 하나님을 찾고 그 하나님을 만나야 한다. 그리고 회개하며 악에서 떠나야 한다. 그리고 선을 행하도록 힘써야 한다. 거기에 우리 개인과 교회와 민족과 나라의 장래가 있고, 사는 길이 있다! 악행을 버리고 하나님의 말씀에 순종하는 것이 곧 정의(正義)를 세우는 것이요, 하나님의 사랑과 구원하심을 믿고 이웃과 민족과 나아가 세계를 사랑으로 품을 수 있는 마음을 가지는 것이 곧 공의(公義)를 실천하는 것이다(암 5:24). 아모스 예언자는 정의와 공의를 행하는 것이 선(善)이며, 지금이라도 악을 버리고 선을 따르면 하나님이 심판하시려는 뜻을 돌이키실

것이고(암 7:3,6! 비교, 렘 18:7-11), 망하지 않고 사는 길이 있다고 예언하였다. 북왕
국 이스라엘은 그러나 아모스 예언자의 마지막 메시지를 듣지 않았고, 마침내 주전
722년에 앗수르(앗시리아) 제국 군대의 침공으로 멸망하였다(왕하 17:13-18). 남왕국
유다도 주전 586년 신흥 바벨론 제국의 군대에게 점령당했으며, 예루살렘 성전이 불
타고 주민들은 바벨론에 포로가 되어 끌려갔다(렘 25:11-12; 단 9:2. 비교, 시 137).

 45. 아모스 예언자의 메시지

46

빌리 그래함의 후회

미국의 시사 주간지 〈타임〉이 지난 20세기 기독교계의 세계적 지도자로 선정한 빌리 그래함(Billy Graham, 1918-2018) 목사의 자서전인 『Just As I Am』(나 있는 그대로)가 1997년 그의 나이 79세에 출간되었다. 미국 북 캐롤라이나주의 샬롯테 부근 농촌에서 농부의 아들로 태어나 어려서부터 스코틀랜드 장로교 전통의 신앙 가정 분위기에서 자란 그래함 목사는 예수 그리스도의 복음 전도자로서 미국뿐 아니라 전 세계적으로 존경받는 우리 시대의 위대한 인물임이 틀림없다. 우리 한국교회와 관련하여, 1973년 5월 30일부터 6월 3일까지 서울 여의도 광장의 빌리 그래함 전도집회의 마지막 날은 백만명 이상의 인파가 모였고, 빌리 그래함 전도집회 역사상 한 집회에 가장 많은 청중이 모인 전도집회로 기록되었다. 그래함 목사의 부인 룻도 아버지가 중국의 의료선교사였으며 중국에서 태어났으나, 고등학교는 평양에서 외국인 학교에 다녔다고 한다. 빌리 그래함 목사는 김일성이 죽기 전 1992년과 1994년에 두 차례 북한 방문 초청을 받았으며, 그곳 김일성대학에서 강의를 하며 복음을 전하고 북한 텔레비전에도 출연하였고, 김일성의 어머니(강반석)를 기념하는 '칠골교회'(평양시 만경대구역 칠골1동)에서 설교를 했다고 한다. 빌리 그래함의 유창한 영어 설교는 이미 잘 알려진 대로 그 자체로서 하나의 예술이라고 할 만한 웅변으로서 아름다움과 설득력이 조화된 탁월성을 지니고 있다.

세계적인 전도 집회와 교육활동 및 구호와 자선활동 외에도, 빌리 그래함 자서전에서 눈에 띄는 부분은 그가 미국의 정치계의 인사들, 특히 대통령들과 남다른 친분을 유지해왔다는 점이다. 그러한 맥락에서, 그는 세계 각국의 정치 지도자들과도 교류하는 특권을 누렸으며, 각계 상류층 사람들과의 교분도 두터웠음을 알 수 있다. 너무 특권층이나 상류층과 가까워 보이는 그의 귀족적(?) 모습이 때로는 거부감을 불러일으킬 수 있는 것도 사실이다. 그러나 농부의 아들로 태어나서 그만큼 인생에 성공하기도 어렵다는 생각도 든다. 그의 자서전을 읽고 있으면, 그에게도 어김없이 빛과 그림자의 삶이 교차되었음을 알 수 있으며, 빌리 그래함이 빌리 그래함 된 것은 자신의 노력도 있지만 역시 하나님의 은혜라는 점을 깊이 느낄 수 있다.

빌리 그래함 목사가 대중 전도집회를 통해 개인 영혼 구원을 겨냥하는 복음주의 노선의 전도 방식과 물량적 선전 전략에 대해, 신학적인 비판도 무시할 수는 없다. 빌리 그래함의 뉴욕 전도집회 때, 당시 뉴욕 유니온신학교 교수로서 신정통주의 신학자로 알려진 라인홀드 니버(Reinhold Niebuhr, 1892-1971)가 그 집회에 협조해 달라는 요청을 끝까지 거절했던 일은 일화로 남아 있다. 또 그의 말년에는 에큐메니칼 노선에 지나치게 타협한다고 근본주의적 보수주의자들로부터 따가운 눈총도 받았다. 그러나 분명한 한 가지 사실은, 그의 메시지 중심은 언제나 예수 그리스도이며 그가 자서전에서 쓴 대로, "그리스도를 따르는 것만이 영원한 평화에 이르는 유일한 길이다"라는 것이 그의 신앙과 신학의 핵심이라고 할 수 있다. 세계의 기독교 지도자로서 빌리 그래함 정도라면, 누구나 부러워할 만한 성공적인 삶을 살아온 대표적인 인물이라고 할 수 있을 것이다.

그런데 그러한 빌리 그래함도 자신의 인생을 되돌아보면서, "나 역시 많은 후회를 하고 있다"(I also have many regrets.)라고 자서전에 쓰고 있는 것은 일견 놀라운 일이다. 그가 자서전에서 밝히고 있는 후회의 내용은 다음과 같은 것들이다. 첫째, 나는 말을 적게 하고 더 많이 공부하며, 더 많은 시간을 나의 가족과 보내고 싶다. 삼사십 년 전 스케줄을 보니 때로는 이 나라에서 저 나라로, 이 대륙에서 저 대륙으로 너무 정신없이 돌아다녔다. 그 많은 약속들이 꼭 필요했을까? 둘째로, 나는 더 많은 시간을 그리스도를 닮기 위해 하나님께로 가까이 나아가는 영적인 성장을 위해 쓰고 싶다. 그리하여, 내 자신을 위한 기도보다 다른 사람들을 위한 기도에 힘쓰고, 설교 준비를 위해서만 성경을 공부하고 그 진리를 묵상하는 것이 아니라, 나의 삶에 적용하기 위해서 그렇게 하고 싶다. 또한 나를 가르쳐 주고 용기를 주며 때로는 꾸짖어 주는 그리스도인들과의 교제에 더 많은 관심을 기울이고 싶다. 셋째로, 나는 복음 전도자로서의 소명과 정치 현실 사이의 선을 넘은 적이 있다. 나는 어느 당파에 기우는 정치적 소속을 드러내는 일을 피하고 싶다. 정치인들과 만날 때도 정치적 자문이 아니라, 목회자와 영적 상담자로서 만나고 싶다. 정치에 가담하면, 복음의 영향력을 희석시키고 복음 메시지의 순수성을 잃게 되기 때문이다. 이것이 대체로 그가 자서전에서 기록한 후회하는 내용들이다. 그러나 빌리 그래함은 결코 후회로만 끝나지 않는다. 곧 이어서 그는 그의 생애에서 결코 후회하지 않는 한 가지 일이 있다고 한다. 그것은, "하나님의 부르심을 받아들이고 예수 그리스도의 복음 전도자로서 그를 섬기기 위한 나의 헌신"이라고 그는 힘주어 말하고 있다. 그는 타 종교인들의 영적인 구도(求道)자세와 그들의 헌신에 감명을 받았으나, 예수 그리스도의 복음의 유일성과 진리에 대해 날이 갈수록 확신이 생겼다고 고백하였다.

이제 2003년을 보내고, 2004년 새해를 맞이하는 우리 모두도 지나간 날들을 돌이켜보면 각자 나름대로 이런저런 후회가 없을 수 없을 것이다. 때로는 정신없이 달려온 삶을 되돌아보면서 의미 있는 후회와 진실한 반성도 필요하다고 생각한다. 빌리 그래함 목사가 그의 자서전에서 열거한 그의 후회를 참고하면서, 우리 각자가 나는 이제껏 살아오면서 후회되는 일이 무엇인가를 조용히 생각해 보는 시간도 필요할 것이다. 존경하는 분들과 믿음의 선배들의 삶의 경험담을 귀담아 들어보는 것도 새로운 한 해를 설계해 보는 데 유익할 것이다. 그러나 무엇보다 빌리 그래함 목사가 결코 후회하지 않는 한 가지 일을 분명히 밝힌 것처럼, 하나님이 예수 그리스도 안에서 우리를 부르심에는 후회하심이 없다는 확신을 가지는 것이 중요하다. 바울 사도도, "하나님의 은사와 부르심에는 후회하심이 없느니라"(롬 11:29)라고 고백하지 않았던가? 새해에는 더욱 마음을 다하고 힘을 다하고 목숨을 다하여 하나님을 섬기며 이웃을 사랑하는 한 해가 되었으면 좋겠다(마 22:37-40). 무엇보다 하나님과 사람들 앞에서 말에 실수가 없도록 조심하는 한 해가 되었으면 한다(약 3:2 이하). 새해에는 아무쪼록 우리 모두 예수 그리스도 안에서 후회 없는 삶을 살고, 각자의 생활 터전에서 성령의 인도하심을 따라 믿음으로 승리하는 빛나는 한 해가 되기를 진심으로 바라 마지않는다.

47

모세의 축복과 죽음, 신명기 33~34장 주해와 적용

모세의 축복(신 33:1-29)

1. 모세의 축복과 축복의 의의

믿음의 조상들이 죽기 전에 자손들을 축복하는 전통을 우리는 구약성경 족장역사에서 볼 수 있다. 히브리서 11장에서는 믿음으로 이삭이 야곱과 에서에게 축복한 사실을 말하며(히 11:20; 창 27:27-29, 38-40), 믿음으로 야곱은 죽을 때에 12아들들과 함께 요셉의 두 아들에게도 축복한 것을 알 수 있다(창 48:14-20; 49; 히 11:21). 성경에서 축복(강복)을 할 수 있는 주체는 엄격히 말해서 삼위일체이신 하나님 한 분뿐이다. 인간이 축복하는 주체가 될 때 그 의미는 하나님께서 복을 내려 주시도록 소원하고 간구하는 뜻으로 보아야 한다. 신명기 28장에서는 이스라엘 백성이 하나님의 말씀에 순종할 때와 불순종할 때 받을 축복과 저주에 관해 기록하고 있다(순종할 때 받는 축복, 신 28:1-19; 불순종할 때 저주, 신 28:20-68). 신명기에서 이 축복과 저주는 모압 언약갱신 본문에서도 재현되고 있다(신 30:1-20). 또한 민수기에는 대제사장과 제사장들이 이스라엘 백성을 축복하는 '제사장 축도문'이 기록되어 있다(민 6:22-26). 모세는 출애굽의 지도자로서, 시내 광야 성막(회막)에서 이스라엘이 첫 역사적인 공식 제사(예배)를 드릴 때 대제사장 아론과 함께 이스라엘 백성을 축복했다(레 9:22-23).

이러한 배경에서, 모세는 자신이 별세하기 전에 마지막으로 이스라엘 백성을 위해 축복 했다. 신명기의 주제는 처음부터 마지막까지 출애굽 한 이스라엘이 광야생활을 거쳐 약속의 땅 가나안에 들어가서 '어떻게 살아야 하는가'라는 문제를 취급한다. 그 해답은 한결같이, 하나님의 백성은 하나님이 지시하시는 말씀(토라)에 따라 순종하며 살아야 하고, 하나님이 축복하심으로 산다는 것이다(신 8:1-10). 모세는 이스라엘 백성을 축복할 때 신명기 33장에서 이러한 핵심주제를 다시 한번 반복하여 들려주고 있다.[1]

2. 본문 연구 및 강해

비평학자들은 신명기 33장에 나오는 '모세의 축복'은 그 문체가 시(詩) 양식으로 되어 있고 비교적 오래된 가나안의 고대시 형태를 보여주며, 후대에는 사용하지 않게 된 히브리 시의 구조와 문법과 용어들을 사용하고 있고, 33장 4절에서는 모세를 3인칭으로 언급하는 것으로 보아, 이 축복시의 저자는 모세가 아니라 모세 이후 시대에 창작된 것으로 추정하기도 한다. 신명기 33장은 신명기의 다른 부분보다 상당히 오래된 것으로서 창세기 49장의 야곱의 축복이나 사사기 5장에 나오는 드보라의 노래 또는 발람이 이스라엘을 축복한 내용(민 24:3-9,15-19)과 상당히 유사한 점을 보인다는 것이다. 특히 여호와(야웨, 야훼)의 현현(顯現)을 찬양하는 서론 부분(신 33:2-5)과 이스라엘 하나님의 유일무이성을 노래하는 결론 부분(신 33:26-29)은 본래 독립된 시편들로서 '여수룬'(이스라엘을 지칭하는 시적 용어로서 '올곧다'는 의미. 신 33:5,26)에 있는 여호와의 왕권을 찬양하는 노래였을 것이라는 가설도 제기되었다.[2] 유대교 성서학자 티게이는 이런 모든 점들을 검토한 후 신명기 33장의 축복시는 요셉 지파를 위한 축복을 강조하는 것으로 볼 때, 왕국 이전 시대부터 다윗-솔로몬 시대를 거쳐 아마도 주전 721년경 북왕국 이스라엘이 멸망하기 전에 오늘의 형태로 확정된 것으로 추정하였다.[3]

그러나 **추측**은 추측일 뿐이며, 가설은 어디까지나 가설이다. 히브리 성경 맛소라 본문은 분명히 신명기 33장의 내용이 "하나님의 사람 모세가 죽기 전에 이스라엘 자손을 위하여 축복한 것"(신 33:1)으로 전하고 있다. 모세가 40년을 애굽 궁중에서 교육받은 배경과 출애굽 지도자로서 그의 생애를 돌이켜 볼 때, 역사적 모세가 이러한 고대 시 양식의 축복시를 지을 수 있다는 점에는 의심의 여지가 없다(비교, 행 7:22). 비평적이며 학문적인 본문 연구를 무시해서도 안 되지만, 확실한 증거도 없는

---

1) Patrick D. Miller, *Deuteronomy*, Interpretation Commentary, John Knox, 1990, 241쪽.

2) The Oxford Bible Commentary, eds. by J. Barton and J. Muddiman, *Deuteronomy*, 2001, 156쪽. 비교, 시 68:7-10; 합 3:2-15; 삿 5:4; 출 15:15-17 등.

3) J. H. Tigay. The JPS Torah Commentary, *Deuteronomy*. "Excursus 33: The Blessing of Moses", 1996, 519-525쪽, 특히 523쪽 이하.

추측과 그럴듯한 가설로 성경 본문의 명백한 진술을 부인하는 태도는 더 잘못된 태도라고 할 것이다. 예수께서, "모세를 믿었더라면 또 나를 믿었으리니 … 그러나 그의 글도 믿지 아니하거든 어찌 내 말을 믿겠느냐"(요 5:46-47)라고 반문하신 의미를 오늘 우리는 신명기 33장 본문 연구에서도 마음에 새길 필요가 있다. 모세의 축복 내용은 다음과 같이 분석해 볼 수 있다.

① 제목(1절).
② 역사적 회고(2-5절).
③ 이스라엘의 지파들 축복(6-25절).
④ 미래의 전망(26-29절).

1) 제목(신 33:1)

먼저 이 시의 제목은 모세가 죽기 전에 이스라엘 백성을 축복한 내용임을 명시한다. 모세는 출애굽의 지도자요 시내산 율법의 수여자며 예언자로서 그는 시편 90편 제목에서도 나타나는 바와 같이 '하나님의 사람'이다. 이 '하나님의 사람'이란 칭호가 토라에서는 신명기 33:1에서 모세에게 처음 사용되었고(비교, 수 14:6), 구약성경에서 '하나님의 사람'은 예언자를 지칭하는 용어이다(비교, 신 18:15-18; 삼상 9:6; 왕상 13:1 이하; 17:18; 왕하 4:7,9 등). 모세는 다른 어떤 자격보다 '하나님의 사람'(또는 야훼의 종, 신 34:5)으로서 임종 직전까지 이스라엘 백성의 행복을 기원하고 미래를 축복하는 아름다운 모습을 보여주고 있다. 모세는 이제 자신의 별세를 앞두고 마지막까지 이스라엘 백성을 경고하고 꾸짖고 저주하는 말이 아니라 '축복'을 기원하고 있는 것은 우리 모두가 배울 점이라 생각한다. 이스라엘뿐만 아니라 대체로 고금동서를 막론하고 사람들은 임종에 이른 조상들의 유언과 축복을 매우 중요하게 생각했으며, 그러한 축복과 저주의 말은 그 받는 대상에게 영향력을 끼친다고 믿었다(비교, 창 27:4 이하; 49:1-28; 민 23:7-8; 수 23:14-18 등).

2) 역사적 회고(신 33:2-5)

신명기 33:2-5까지의 내용은 모세의 축복시의 전주(前奏)에 해당한다. 신명기에서 모세는 거듭 하나님의 구원 행동에 관해 역사적 회고를 한 것같이(신 1:1 이하; 4:1 이하; 5:1 이하; 6:1 이하; 29:1 이하), 여기서도 모세는 자신이 죽고 자신의 후계자인 여호수아의 인도로 가나안땅을 차지할 출애굽 제2세대를 향하여, 과거에 하나님께서 이스라엘 백성을 구원하고 인도하신 사건들을 회상하며 용기를 북돋우고 있다.

이 역사적 회고의 요지는 출애굽 이후 여리고 맞은편 모압 평지까지 이스라엘을 구원하여 인도하신 분은 모세가 아니라, 여호와(야웨, 야훼) 하나님이시라는 것이다! 이 하나님께서 과거와 마찬가지로 현재도 약속의 땅으로 이스라엘 백성을 인도해 들이실 것을 말하고 있다. 지금 모세는 곧 요단강을 건너 약속의 땅으로 들어갈 이스라엘 백성을 격려하면서 준비시키고 있다. 신명기 33:2-3에는 신화시적인 표현이 나오며 이 구절을 번역하거나 해석하는 데 어려움이 있다고 비평학자들은 지적하고 있는데, 모세는 여기서 과거 여호와 하나님의 도우심과 구원에 대해 "전사(戰士)이신 하나님"과 연관하여 시적인 감흥으로 묘사하였다.

이스라엘 백성을 인도하시는 전사이신 여호와 하나님은 시내산–세일산–바란산에서 하나님의 임재와 영광을 나타내셨다(비교, 시 18:7-18; 50:3 이하; 77:16-19; 104:3-4; 슥 9:14; 14:5 등). 그 전사이신 하나님이 이스라엘 백성을 사랑하시며 또한 토라(율법)의 말씀을 주셨다. 그 말씀을 모세가 받아 야곱의 총회인 이스라엘 백성에게 전해주었고, 그 율법의 말씀이 이제 이스라엘이 축복받는 근거가 되었다. 여호와 하나님은 이스라엘에게 자신을 계시하셨고 구원하셨고, 돌보고 양육하셨으며, 오늘 여기까지 보호하시고 인도하셨다. 이제 여호와 하나님은 '여수룬'(이스라엘을 지칭하는 시적 용어)의 왕이시다. 히브리어로 '여수룬'은 문자적으로 '올곧은 사람, 정직한 사람'의 의미라고 해석할 수 있는데(비교, 칠십인역에서는 '사랑받는 자'), 이스라엘을 정답게 부르는 애칭이다(신 32:15; 33:5,26; 사 44:2). 모세는 이스라엘의 지도자로서 자신의 업적을 내세우지 않고, 지도자의 지도자 되시는 여호와 하나님의 주권(主權)을 강조하고 있다는 점을 주목해야 한다. 요즈음 '리더십'(지도력)에 대한 관심이 고조되고 있는데, 성경이 말하는 하나님의 백성의 궁극적 '리더'(leader, 지도자)는 여호와 하나님이시다. 다시 말하자면, "삼위일체 하나님"이 오늘 우리의 참 지도자시고 우리는 무익한 종들이다(비교, 눅 17:10). 이스라엘 백성은 지도자 모세가 죽고 없다고 낙심하거나 실망할 이유가 없다. 사람을 의지하지 말고 하나님만 의지하라는 신명기 신학이 여기서도 감지되고 있다.

3) 이스라엘의 지파들 축복(신 33:6-25)

이 본문도 상당히 난해하며 정확하게 번역하거나 해석하기 어려운 부분이라고 구약학자들은 지적한다. 여기서 자세한 본문비평과 번역의 문제는 지나가기로 한다. 다만 설교자는 이 본문에 대해 여러 번역본들을 비교하여 가장 적합한 번역 본문을 확정할 필요가 있다(한글 개역개정판, 새번역 개정판, 공동번역 개정판, 쉬운 성경 등을 비교하여 읽는 것이 좋다). 여기서 이스라엘의 지파들에 대한 모세의 축복 내용은 각 지파에 대한 개별적 축복들로 구성되어 있다. 먼저 르우벤 지파로부터 시작하여 유다, 레위, 베냐민, 요셉, 스불론, 갓, 단, 납달리, 아셀 지파의 순서로 진행된다. 모두 10 지파인데, 요셉 지파의 경우는 에브라임과 므나세가 포함된 것으로 보아야 한다(수 14:4). 각 지파의 축복은 첫 번 르우벤 지파를 제외하고는 같은 도입 양식소(a heading)로 시작된다: "(어느) 지파를 위해 그가(모세) 말했다"(신 33:7,8,12,13 등).

지파들 중에 시므온 지파가 빠진 것은 그 이유를 분명히 알 수 없으나, 칠십인역 사본들 중에는 르우벤 지파를 언급하는 6절 하반절에 "그리고 시므온도 그 수가 많아지기를 원한다"라는 구절이 있음을 보여준다. 그러나 일반적인 견해는 7절의 유다 지파 축복에 시므온 지파도 포함된 것으로 생각한다(시므온의 땅은 본래 유다 지역 안에 함께 있었다. 수 19:1–9; 삿 1:3 등). 지파들의 순서는 르우벤에서 시작하여 아셀에 이르기까지 시계방향으로 남쪽에서 북쪽까지 지리적 관점이 작용했다는 주장도 있으나, 역시 분명한 이유는 알 수 없다. 구약학자들은 모세가 지파들을 축복한 내용이 야곱이 열두 아들을 축복한 내용과 가장 비슷하다고 말하지만, 그 자세한 내용은 서로 다른 점들을 보여준다. 전반적으로 모세의 축복은 앞으로 이스라엘이 약속의 땅에서 누릴 ① 물질적 축복과 번영 ② 원수로부터의 보호와 안정을 말하고 있다. 이스라엘이 누릴 미래의 행복은 여호와 하나님의 주권과 섭리적 은총을 의지할 때만 가능하다는 것이다. 모세가 이스라엘의 지파들을 축복한 내용은 야곱이 그 아들들을 축복한 내용(창 49:1–27)보다 더 긍정적이다. 각 지파에 대한 모세의 축복 내용을 좀 더 살펴보면 다음과 같다.

① 르우벤(신 33:6). 먼저 창세기 49:3–4에서 야곱의 르우벤에 대한 저주에 비해, 모세의 르우벤 지파 축복은 긍정적이다. 다만 신명기 33:6 하반절의 마소라 본문을 어떻게 번역하고 해석할 것인가가 문제이다. 우리말 개역개정에서는 "… 그(의) 사람 수가 적지 아니하기를 원하나이다"라고 긍정적으로 번역했으나, 대다수의 현대 번역들은 "비록 그의 수가 적을지라도"라고 하여, 르우벤 지파의 미래가 밝지 못함을 예고하고 있다. 본 필자는 여기서 칠십인역(LXX)을 참고하여 긍정적으로 번역하는 데 동의한다.

② 유다(신 33:7). 유다 지파는 야곱의 축복에서 메시아 지파로 알려졌으며(창 49:8–12), 그에 상응한 차별화된 축복을 받은 것에 비해, 모세의 축복에서는 유다 지파의 위치가 다른 지파들과 차이가 없는 것 같은 인상을 받는다. 그러나 모세의 축복은 야곱의 축복을 전제한 보충적 성격으로도 이해할 수 있다. 또 시므온 지파도 이 문맥에 포함하여 읽을 수 있다.[4]

③ 레위(신 33:8–11). 레위 지파는 본래 성막(회막)과 제사 제도에 전념하기 위해

선택되었다(출 6:16-25; 민 3:5-10; 25:13; 신 18:1-8 등). 레위 지파 중에서도 아론과 그의 직계 아들들은 제사장이 되었다. 모세는 축복을 통해, 레위 지파가 가장 구별되고 중요한 축복을 받았음을 강조하였다. 야곱의 축복에서 레위는 시므온과 함께 그 폭력성과 잔인함으로 인한 잘못이 지적되었고, 이스라엘 중에 흩어짐을 당할 것을 말한 것과 비교할 수 있다. 모세는 이 축복에서 이제 레위 지파는 이스라엘 백성의 토라 교사들이 되었으며, 이스라엘의 미래 행복은 더 이상 폭력이나 군사력에 있지 않고 "제사(예배)와 토라 교육과 순종"의 삶에 있음을 강조하고 있다.[5] 레위 지파를 대적하고 미워하는 원수들의 '허리를 꺾는다'라는 표현은 일반적으로, '자녀 생산을 불가능하게 한다'라는 뜻이다. 물론 허리뼈를 꺾음으로 힘을 약화시킨다는 의미도 있다.[6]

④ 베냐민(신 33:12). 모세의 축복에서 베냐민 지파는 솔로몬의 별명인 '여디디야'(삼하 12:25)를 상기시키는 '야훼의 사랑을 받은 자'로 표상된다. 물론 야곱이 베냐민을 사랑하였지만, 이러한 표현은 야곱의 축복에서 베냐민을 "물어뜯는 이리"(창 49:27)라고 표현한 것과 대조된다. 베냐민의 공격성은 이제 하나님의 사랑받는 사람의 너그러움과 온유함의 모습으로 바뀌고 있다.

⑤ 요셉(신 33:13-17). 요셉 지파는 야곱의 축복에서 베냐민 앞에 나오는데, 여기서는 순서가 바뀌어 베냐민 뒤에 나온다. 야곱과 모세의 축복에서 요셉은 매우 긍정적인 축복을 받으며 그 두 축복 내용이 비슷하기 때문에, 아마도 모세가 야곱의 축복 내용을 원용(援用)하고 있다고 생각할 수 있다.[7] 요셉은 한결같이 '형제들 가운데 귀한 자' 또는 '그 형제 중에 뛰어난 자'로 불리고 있다(신 33:16; 창 49:26). 이것은 아마도 요셉의 꿈이 실현된 내용을 언급하는 것이다(비교, 창 37:5-11). 요셉의 힘은 들소의 뿔과 같으며, 그의 두 아들 에브라임과 므낫세 자손도 번성할 것이다(신 33:17).

⑥ 스불론과 잇사갈(신 33:18-19). 구약성경에서는 야곱이 레아에게서 낳은 다섯째, 여섯째 아들들로서 잇사갈, 스불론의 순서로 나오는데(창 30:18-20), 여기서 순서가 바뀐 이유는 분명치 않으나, 아마도 야곱의 축복에 나오는 순서를 답습한 것으로 여겨진다(창 49:13-14). 잇사갈과 스불론은 지중해와 근접한 위치에서(현대 하이파 항구를 중심으로) 해상무역을 하여 번영을 누린 지파들임을 알 수 있다. 백성들이 산에서 "의로운 제사를 드릴 것"이라는 구절에 관해서 학자들은 스불론, 잇사갈, 납달

---

4) Eugene H. Merrill, *Deuteronomy*, The New American Commentary, Broadman, 1994, 437쪽.

5) Dennis T. Olson, *Deuteronomy and the Death of Moses*, Fortress, 1994, 164쪽.

6) Eugene H. Merrill, *Deuteronomy*, 위의 책, 440쪽.

7) Eugene H. Merrill, *Deuteronomy*, 위의 책, 441쪽 이하.

리의 영토가 만나는 '다볼산'의 성소(비교, 삿 4:6; 호 5:1)나 지중해 해안에 근접한 '갈멜산' 성소를 언급하는 것으로 생각한다. 그러나, 이것은 미래에 관한 예언적 축복이라는 관점에서, 시온산의 성전을 언급한 것으로도 볼 수 있다.

⑦ 갓(신 33:20-21). 갓은 야곱이 레아의 시녀 실바에게서 낳은 첫째 소생으로서, 요단 동편 땅 길르앗 지역을 차지한 지파이다(민 32:1-5,33). 갓 지파는 암사자 같은 공격성을 나타내며 때로는 군사행동을 하기도 하지만(비교, 창 49:19), 그것은 야훼의 공의와 법도를 행하기 위함이다. 갓 지파는 가나안 땅 정복 때 다른 지파들을 도와주었다(민 32:29 이하). 야곱은 유다를 수사자와 암사자 같다고 했고(창 49:9), 발람 역시 그의 축복에서 이스라엘을 수사자와 암사자에 비교했는데(민 23:24), 모세는 갓을 암사자에 비유했다.

⑧ 단(신 33:22). 단은 야곱이 라헬의 시녀 빌하에게서 낳은 첫째 소생이다. 야곱은 단을 '길섶의 뱀'(창 49:17)이라 했는데, 모세는 '사자의 새끼'(신 33:22)로 비유한다. 단은 본래 유다 지파 서쪽 지중해 해안 쪽으로 자리를 잡았으나 사사시대 후기에 북쪽 헤르몬 산지 아래로 이동했다(삿 18:27 이하). 단 지파가 '바산에서 뛰어나오는 사자 새끼'라는 본문의 내용으로 보아, 이미 단 지파가 북쪽 지역으로 이동한 것을 아는 저자가 후대에 이러한 내용의 본문을 썼거나 삽입했다는 생각은 어디까지나 추측일 뿐이다. 모세는 여기서 단지 '바산에서 뛰어나오는 사자 새끼'의 이미지를 단 지파에 적용하는 것뿐이다. 여기서 '사자 새끼'라는 히브리어는 '구르 아르예'인데, 이것은 보통 사자보다 힘이 없다는 뜻이 아니며, 이 표현은 야곱이 유다에게 비유한 용어이기도 하다(창 49:9). 또 모세가 가나안 땅에 들어가지도 않았는데, 어떻게 가나안 땅에 있는 바산의 새끼 사자를 비유할 수 있는가 하는 질문에 대해서는, 아마도 모세가 애굽 궁중에서의 40년 생활과 미디안의 40년 생활, 그리고 광야 40년 생활을 통해 얻은 지식이라고 생각한다.

⑨ 납달리(신 33:23). 야곱이 라헬의 시녀 빌하에게서 낳은 둘째 아들이 납달리이다. 납달리 지역은 긴네렛(갈릴리) 호수 서쪽 지역인 갈릴리 지방으로서, 예수님의 생애가 이 지역을 중심으로 펼쳐졌다(비교, 마 4:12-17). 이사야 예언자도 야훼 하나님이 스불론과 납달리 땅인 갈릴리를 영화롭게 하셨다고 예언한 바 있다(사 9:1 이하). 야곱은 납달리를 '암사슴'(창 49:21)에 비유했으며, 모세는 '은혜가 풍성하고 야훼의 복이 가득한' 납달리라고 축복하였다.

⑩ 아셀(신 33:24-25). 야곱이 레아의 시녀 실바에게서 낳은 둘째 아들 이름이 아셀이다. 아셀 지파가 차지한 지역은 페니키아의 아래쪽인 상부 갈릴리 지방이다. 이 지역은 올리브 생산으로 유명하며, 모세는 '발이 올리브기름에 잠기는' 축복을 기

원하였는데, 이것은 일반적으로 번영의 은유로 사용된 표현이다(비교, 창 49:20; 욥 29:5-6 등). '아셀은 아들들 중에 더 복을 받는다'(신 33:24)라는 뜻은 아셀 지파가 사는 지역의 비옥한 땅과 그 풍부한 소산을 의미한 것으로 볼 수 있다.

이상에서 모세가 별세하기 바로 전에 이스라엘의 지파들을 축복한 것은 인간이 할 수 없는 곳에 하나님께서 도와주시도록 간구하는 행위이다. 이 땅에서 인간이나 가정이나 사회나 민족이나 국가가 자유와 안전과 행복을 누리며 살기 위해서는 하나님의 축복과 도우심이 꼭 필요하다. 모세는 하나님의 사람으로서 인간의 한계성을 의식하면서, 자신이 죽은 다음에도 여호와 하나님께서 이스라엘의 미래와 행복을 돌보아 주시도록 기도했다.[8] 신명기 33장에서 모세가 이스라엘의 지파들을 축복한 것은 '제사장 축도'(민 6:24-26)를 각 지파에 적용하여 펼쳐 보인 것이라는 주장도 있다.[9] 모세는 하나님의 백성이 이 땅에서 필요한 생존 조건, 가족, 안전, 물질적 풍요, 질서, 예배와 토라 교육, 행복에 대해 여호와 하나님이 축복(강복)해 주시도록 기원하였다. 물론 각 지파마다 사정이 다르고 축복의 내용이 다르지만, 하나님의 축복으로 이스라엘 공동체가 미래에 행복을 누리기를 바라는 모세의 마음은 한결같은 것이다. 신 33장의 모세의 축복에서 볼 때, 모세가 그 전에 이스라엘 백성을 권면하고 교훈하며 책망과 함께 심지어 불순종할 경우에는 저주까지도 한 것(신 28:20 이하)은 결국 이스라엘의 행복과 축복을 위한 것이며, 잘되기를 바라는 한결같은 마음에서 나온 것이다.

4) 미래의 전망(신 33:26-29)

모세가 신명기 33장에서 이스라엘의 각 지파를 축복한 총결산이 마지막 절인 29절에 나온다. "이스라엘이여 너는 행복한 사람이로다. 여호와의 구원을 너 같이 얻은 백성이 누구냐." 여수룬의 하나님은 이스라엘을 돕는 자이시다! 그 하나님은 하늘에서 구름을 타고 원수를 격퇴하는 분이시며(비교, 시 18:10; 68:33; 104:3 등), 이스라엘을 돕는 방패와 칼이 되신다. 앞선 역사적 회고에서 모세가 회상시킨 전사(戰士) 하나님(the Divine Warrior)은 결국 이스라엘 백성을 승리로 이끄시며, 이제 이스라엘은 승리자로서 원수들을 지배하게 된다. "네가 그들의 높은 곳을 밟으리로다." 여기서 '높은 곳'은 히브리어로 '바마'의 복수형 '바모트'가 사용되었는데, '바마'는 가나안의 높은 언덕에 위치한 '향토 제단'으로서 한글 개역 구약성경에서는 '산당'(山堂)으

---

8) Dennis T. Olson, *Deuteronomy and the Death of Moses*, 위의 책, 160쪽.
9) J. D. Miller, *Deuteronomy*, 위의 책, 240쪽.

로 번역하는데, 따라서 '높은 곳'을 밟는다는 의미는 가나안의 우상 제단들을 파괴한 다는 뜻으로 설명할 수 있다. 다른 한편, 비교셈어학적 시각에서는 우가릿어나 아카 드어 어근과 연관하여 정복과 지배가 나오는 문맥에서 '바모트'는 원수들의 '등' (backs)으로 읽어야 한다는 제안도 있다.[10] 그래서 표준새번역 개정판이나 공동번역 개정판에서는 이 구절을 원수들의 "등을 짓밟는다"라고 번역했다. 앞선 역사적 회고 (신 33:2-5)에서 "야훼-야곱(의 총회)-여수룬"이란 핵심 용어들이 미래의 전망(신 33:26-29)에서는 그 역순으로 "여수룬-야곱(의 샘)-야훼"로 수사학적 기법인 교차 대구(chiasmus)를 보여주고, 그 전체적인 내용이 전사 하나님의 보호하심과 이스라 엘의 승리라는 수미상응(首尾相應) 구조(inclusio)를 보여주는 것도 이 축복시의 통일 성을 이해하는 데 흥미로운 현상이다.[11]

이제 이스라엘 지파들은 모세의 마지막 축복을 받고, 여호와 하나님의 임재와 인도하심에 따라, 모세를 통해 주신 토라(율법)를 가지고(비교, 수 1:7-8) 모세의 후계 자인 여호수아의 인도에 따라 젖과 꿀이 흐르는 약속의 땅에 들어갈 준비가 된 것이 다. 가정이나 교회나 사회나 민족이나 나라의 지도자가 별세하기 전에 후손들에게 마지막으로 의미 있는 봉사를 할 수 있는 것이 '축복 기도'이다. 여호와 하나님은 영 원하신 두 팔로 이스라엘을 안으시고(신 33:27의 의미) 이스라엘 앞에서 원수들을 쫓 아내시며, 그들을 '멸하라'라고 명하신다. 여기서 원수들을 멸하라고 하신 원수들은 가나안의 일곱 족속들이고, 그들은 그들의 죄악(罪惡)이 극에 달했기 때문에 이러한 심판의 대상이 되었다(신 7:1-5; 9:3-5). 이러한 명령은 한시적인 응급조치였고, 이 스라엘은 사사시대를 통해 이 명령을 완수하지 못했다(수 17:13). 동양의 현자인 맹자 (孟子, 주전 372-289)는 '順天者存 逆天者亡'(하늘의 뜻을 따르면 살아남지만, 하늘의 뜻 을 거역하면 멸망하게 된다)이라는 역사철학을 갈파했다. 동서고금을 막론하고 지금까 지 인간의 역사는 흥망성쇠의 모습을 반복하고 있다. 그에 비하면 끊임없는 정반합 의 과정을 거쳐 인류의 역사는 발전하며 유토피아를 지향한다는 철학자 헤겔(Georg W. F. Hegel, 1770-1831)의 역사철학은 관념적이며 엉터리라고 할 수 있다(비교, 골 2:8).[12] 성경에서는 하나님의 뜻을 거스르는 나라와 민족은 망할 수밖에 없음을 말하

---

10) Eugene H. Merrill, *Deuteronomy*, 위의 책, 449쪽.

11) J. H. Tigay, *Deuteronomy*, 위의 책, 318쪽.

12) 한국인 유학생이 독일 대학교에서 공부할 때, 헤겔 세미에 참석하여 발표과제를 맡게 되었고, 준비하는 과정에서 헤겔 의 책을 읽는데 무슨 말을 하는지 알 수가 없어서 자신의 머리칼을 쥐어 뜯으며 고민했다는 이야기를 직접 들은 적이 있다. 이것은 그 유학생의 문제가 아니고 헤겔의 문제이고, 헤겔이 그의 책에서 말하는 내용은 그 자신도 이해하지 못 하는 말을 했기 때문이라고 생각한다. 헤겔은 튀빙겐에서 철학과 신학을 공부했다. 헤겔 철학에서 하나님(Gott)은 성 경이 말하는 초월적 하나님이 아니고, 인간의 자의식에 나타난 관념적 절대자(일종의 세계정신)이며, 궁극적으로는 그 러한 자의식을 가진 인간 자신이다. 헤겔의 역사철학을 칼 마르크스의 공산주의가 채택했다고 하는데, 공산주의 유물 사관(唯物史觀)은 실패한 역사관이다. 비교, *Lexikon Der Philosophie*, Begründet von Heinrich Schmidt, Buchclub Ex

고 있다(비교, 렘 50:21-25; 마 24:29-31; 계 1:7 등). 하나님이 '멸하라'고 하신 이 명령을 무시간적으로 적용하여 강대국들이 약소민족의 땅을 빼앗고 힘없는 민족들을 멸하는 구실로 삼아서는 안 된다. 모세는 여호와 하나님이 돌보시는 이스라엘을 '너는 행복한 사람'(히브리어로, '아쉬래카 이스라엘')이라고 부르고 있다(신 33:29. 비교, 시 33:12).

3. 메시지와 적용

이스라엘의 지도자 모세가 임종을 바로 앞에 두고 약속의 땅에 들어갈 준비를 하고 있는 이스라엘 백성에게 축복 기도를 한 내용의 핵심적 메시지는 앞에서도 잠시 언급한 대로, 이스라엘의 미래의 행복과 안전은 어떤 지도자나 환경에 달려있지 않고, 천지 만물을 창조하시고 세계 역사를 홀로 주관하시는 여호와(야훼) 하나님의 손에 전적으로 달려 있다는 믿음이다. 제아무리 위대한 모세와 같은 하나님의 사람도 인간의 유한성을 뛰어넘을 수 없으며, 후손들에게 끝까지 미래의 행복과 안전과 번영을 보장해 주지 못한다. 모세가 이스라엘 지파들을 축복한 기도가 우리에게 주는 메시지는 사람을 의지하지 말고 하나님을 의지하고 하나님께만 소망을 두라는 것이다.

민족의 영웅 모세가 이제 약속의 땅을 눈앞에 두고 이스라엘 백성으로부터 떠난다는 것은 심각한 사건이었다. 모세도 이 점을 충분히 잘 알고 있었다. 그러므로 모세의 축복은 일종의 유언도 되고 미래를 염려하는 이스라엘 백성들에게 주는 마지막 위로의 선물이기도 하다. 이제 모세는 축복 기도를 통해 이스라엘 백성들에게 걱정하고 염려하지 말라는 메시지를 남기고 있다. 왜냐하면 하나님이 모세를 통해 주신 토라(율법)의 말씀이 그들에게 있고, 모세의 후계자 여호수아를 세웠으며(신 34:9), 여호와 하나님이 친히 그들을 품에 안고 약속의 땅을 향해 앞장서실 것이기 때문이다. 모세는 두 아들이 있었지만(출 18:3-4; 행 7:29. 게르솜과 엘리에셀), 육신의 아들을 후계자로 내세우는 세습을 하지 않았다(비교, 삿 18:30-31).

Libris Zürich, 1974. "Hegel", 248-250쪽.

모세의 별세(신 34:1-12)

1. 모세가 죽어야 하는 이유

미국 프린스턴신학교의 구약학자 패트릭 밀러(P. D. Miller)는 모세가 약속의 땅을 눈앞에 두고 죽어야 했던 것이 '모세의 죄인가 이스라엘 백성의 죄인가?'라는 물음을 제기하면서, 오경(Pentateuch)에는 그 이유에 대해 서로 상충되는 설명들이 있다고 했다. 먼저 소위 '신명기 학파'의 자료는(신 1:37; 3:23-29; 4:21-22) 이스라엘 백성의 죄 때문이라고 진술하는 데 반해, 신명기 32:48-52은 모세(와 아론)의 범죄 때문이라고 한다. 후자의 경우는 소위 제사장계 문서의 자료로서 민수기 20:10-13과 27:12-14에 나오는 모세의 범죄 설명과 맥을 같이 한다는 것이다. 그러면서 밀러 박사는, 이러한 상충된 전승들 사이에서 신명기의 최종 편집자는 신명기의 마지막 장인 34장에서 모세의 별세 이유에 대해 결국 적절히 설명할 수 없기 때문에 그 이유에 대한 언급 없이 모세의 죽음에 관해서만 간결히 기록하고 있다고 한다(신 34:4-8. 비교, 신 31:2,14,16,27-29). 이러한 현상은 결국 인간 존재의 비극적인 사건들에 관해 신학적 설명의 한계를 드러내는 것이며, 일종의 '미스터리'라고 설명하였다.[13]

그러나 이러한 관점과 설명은 오히려 밀러 박사 자신의 한계성이며, 신학적으로 매우 좁은 시각에 근거하는 것이라고 여겨진다. 모세가 약속의 땅에 들어가지 못하게 된 원인과 이유는 이미 '친' 광야(the wilderness of Zin. 개역개정판의 '신' 광야는 출 17:1 이하의 '신' 광야와 혼동할 수 있는 부정확한 음역이므로 히브리어 원음에 따라 '친' 광야로 고치는 것이 좋다)에서 있었던 '므리바' 물 사건에서 명백히 알려진 것이다(민 20:1-13). 친 광야의 가데스에서 이스라엘 백성은 마실 물이 없으므로 또다시 원망하고 불평하였으며, 모세와 아론은 하나님의 명령을 따라 반석에서 백성이 마실 물을 내게 할 때에 범죄함으로 하나님은 모세(와 아론)에게 "너희는 이 회중을 내가 그들에게 준 땅으로 인도하여 들이지 못하게 하리라"라고 말씀했던 것이다(민 20:8-12). 하나님은 모세에게 '반석에게 명령하여 물을 내게 하라'라고 하셨는데, 모세는 '우리가 너희를 위하여 이 반석에서 물을 내랴'라고 하면서 그가 가진 지팡이로 반석을 두 번 쳤다는 것이 모세의 잘못이었다. 그것은 하나님의 명령대로 믿지 않는 행위였고, 하나님의 거룩함을 나타내지 않는 행동이었다는 것이다. 그러므로 전체적인 맥락에서 보면 모세(와 아론)가 약속의 땅에 들어가지 못하게 된 원인 제공은 이스라엘 백성이 한 것이

---

13) Patrick D. Miller, *Deuteronomy*, 위의 책, 241-244쪽.

고, 모세와 아론은 그 와중에서 실수하여 범죄한 것이다. 양쪽에 다 책임이 있고, 관점에 따라 양쪽에게 다 잘못을 물을 수 있는 것이다. 그러므로 소위 '신명기 학파'의 자료가 따로 있고, '제사장계' 자료가 따로 있어서 서로 상충된 기록이 생긴 것이 아니다. 또 신명기 마지막 장에서 모세의 죽음과 매장지에 관한 글, 그리고 '모세의 행장'에서 모세를 칭송하는 글은 물론 모세 자신이 썼다고 보기 어렵다. 아마도 모세의 죽음에 관해서는 그의 시종(수종자)이며 후계자인 여호수아가 기록했을 것이고, 아마도 모세에 대한 칭송은 그보다 훨씬 후대에 대제사장 아론의 16대손 율법학자 에스라가 보충했을 가능성도 있다(수 8:32; 24:26; 스 7:6 등).

모세가 왜 죽어야 했는가? 그의 나이는 120세이지만, 기력이 쇠하지 않았고 그의 안력이 흐리지 않았다고 본문은 말하고 있다(신 34:7). 동양의 지혜에 '인명재천'(人命在天)이라는 말이 있듯이, 모세가 약속의 땅에 들어가지 못하고 임종한 것은 하나님의 뜻이다. 하나님의 사람은 하나님의 뜻을 순종하는 사람이다. 그의 무덤이 알려지지 않은 것도 하나님의 사람 모세의 믿음과 겸손을 엿보게 한다. 만약 모세가 이스라엘 백성을 인도하여 가나안 땅에 들어가고, 결국 거기서 모세가 죽고 그의 무덤이 굉장하게 축조되었더라면, 아마도 모세를 숭배하는 모세종교가 생겨났을 것이다(비교, 왕하 18:4). 그러나 이제 모세는 하나님이 맡겨주신 소명을 다 마쳤다는 것을 알았다. 지도자는 자신의 사명을 다 마쳤을 때 건강과 상관없이 물러날 수 있어야 한다. 일의 성취는 내가 하는 것이 아니라 여호와(야훼) 하나님께서 주도하시기 때문이다.

2. 본문 연구 및 강해

모세는 하나님의 뜻에 따라 죽기까지 순종함으로써, 자신이 끝까지 이스라엘의 위대한 지도자로 남아서 우상화(偶像化)되는 길을 가지 않았다. 오경(五經)에서는 아브라함, 이삭, 야곱에게 여호와 하나님께서 젖과 꿀이 흐르는 땅을 그들의 후손에게 주리라고 약속하신 언약을 기점으로 역사가 진행되면서(창 12:1-3; 15:7; 출 3:16-18; 수 24:3; 행 7:2-4 등), 이제 약속의 땅을 바로 눈앞에 두고 모세가 그 땅에 들어가지 못하고 임종하는 것으로 막을 내리고 있다. 그렇다면 오경의 구원사는 미완성 교향곡인가? 약속의 땅을 차지하는 역사는 그후 여호수아 때에 성취되지 않았는가? 여호수아에는 "여호와께서 이스라엘 족속에게 말씀하신 선한 말씀이 하나도 남음이 없이 다 응하였더라"(수 21:45)라고 기록하지 않았는가? 이러한 관점에서 구약학자들은 오경(Pentateuch)이 아니라 육경(Hexateuch)의 구원사를 주장하기도 한다. 그러나 우리는 모세의 죽음이 여호와 하나님의 구원사의 미완성이라고 볼 수 없다. 또 여호수아에서 가나안 땅을 차지한 것도 하나님의 구원사의 종결이라고 볼 수도 없다(비교, 히 4:8-9). 왜냐하면 여호와(야훼) 하나님 자신이 '알파와 오메가'(처음과 나중)이시며, 궁극적으로는 예수 그리스도께서 우리의 구원과 안식의 완성이시기 때문이다. 오히려 모세의 죽음으로써 오경이 끝맺고 있는 사실은 창세기에 계시된 인간의 범죄로 인한 죽을 수밖에 없는 인간의 한계상황을 다시 한번 강조하는 의미가 있고, 구원의 소망은 모세나 여호수아나 그 어떤 인간의 지도력이 아니라 영원히 살아계신 하나님의 주권(主權)에 있다는 사실을 새삼 깨우쳐 주는 데 그 의의(意義)가 있다.

신명기 34장 본문은 두 부분으로 구성되어 있는데, 1) 모세의 별세(1-8절)와 2) 모세의 행장기(9-12절)이다. 1) 모세의 별세. 모세의 공생애는 산(시내산, 또는 호렙산)에서 시작하여 산(느보산)에서 마친다. 모세는 애굽 궁중생활 40년, 미디안 광야의 장인 이드로의 집에서 40년, 그리고 나머지 40년을 출애굽의 지도자로서 그의 형 아론과 더불어 이스라엘 백성을 인도하는 사명을 맡았다(출 4:13-16; 7:7; 행 7:23). 모세는 이제 요단 동쪽 아바림 산맥(신 32:49; 민 27:12; 33:47-48)이 있는 모압땅 비스가 산지(수 13:20)의 최고봉인 '느보산'(신 3:27; 34:1; 민 23:14)에 올라가 하나님의 명령대로 요단 서쪽 약속의 땅(창 12:4-9)을 두루 살펴보았다. 모세는, 길르앗-단-납달리-에브라임과 므낫세-유다-서해(지중해)-네겝(남쪽광야)과 여리고로부터 사해 남단에 위치한 소알까지(즉, 염해의 전 지역) 조망했으며, 아마도 그의 충실한 시종 여호수아가 함께했을 것이다. 느보산은 해발 802미터의 고지인데(비교, 서울의 남산은 271m, 북한산은 837m), 여기서 모세는 하나님이 약속하신 이스라엘 땅을 두루 바라볼 수 있었다.[14] 구약학자들은 모세가 본 이스라엘의 영토는 역사적으로 다윗-솔로몬 왕국 통치 때 실현된 것으로 생각한다(수 1:4; 삼하 8:1-15; 왕상 4:21; 대하 9:26. 비교, 창 15:18; 겔 47:13-48:29).

모세는 하나님의 말씀대로 모압 땅에서 120세에 별세했고, 맛소라 본문에서는 모세의 시신을 매장한 것에 대해 단수 동사를 사용하였으나, 사마리아 오경이나 칠십인역 사본에서는 복수형을 사용하여 이스라엘 백성이 그를 묻은 것으로 해석한다. 어쨌든 모세의 무덤이 알려지지 않은 사실은 모세가 생전에 유언한 조치가 아닐까 생각한다(비교, 아론의 경우, 민 20:22-29; 33:38-39; 신 32:50). 16세기 교회개혁자 깔뱅(J. Calvin, 1509-1564)의 무덤이 알려지지 않은 것처럼, 모세의 무덤도 알려질 경우 사람들이 그것을 성역화하고 우상화할 염려가 있을 뿐 아니라, 그 유해를 가지고

---

14) 강사문 외 공저,『구약성서개론』, 한국장로교출판사, 2000, 99쪽.

가나안에 들어가려고 시도할 염려가 있었지 않았는가 생각해 볼 수 있다. 모세의 시신이 묻혔다는 벧브올 맞은편 골짜기의 정확한 위치는 알 수 없다. 모세는 임종 시인 120세의 나이에도 특별한 건강을 유지했다(비교, 시 90:10). 이스라엘 백성은 모세를 위해 전에 아론을 애곡한 것처럼 30일장으로 장례를 했는데, 이 기간은 토라의 규례에 따라 보통 부모상을 당했을 때 애곡하는 기간이다(비교, 신 21:13; 민 20:29). 이스라엘 백성이 아론과 모세를 부모같이 존경하고 따른 것을 알 수 있다.

2) 모세의 행장(行狀記). 행장기란 어떤 사람의 일생의 행적을 적은 글을 의미한다. 모세는 하나님의 뜻에 따라 자신이 약속의 땅에는 들어가지 못하게 됨을 알고, 자신의 뒤를 이어 이스라엘을 약속의 땅으로 인도할 한 사람을 지도자로 세워 주시도록 여호와 하나님께 간청하였다. 이에 대한 응답으로 여호와(야훼)께서는 눈의 아들 여호수아를 모세의 후계자로 세우도록 말씀하셨다(민 27:15-23; 신 31:7-8). 모세는 하나님의 말씀에 따라 여호수아에게 안수하고 그를 후계자로 세웠다(신 34:9). 이제 신명기의 마지막 편집자는 (아마도 에스라?), 모세의 별세 후 오랜 이스라엘의 역사적 경험을 배경으로 지도자 모세의 위대한 점을 세 가지로 요약하여 그를 기념하였다.

첫째, 모세는 자신의 후계자가 될 사람을 위해 미리 기도로 준비하였고, 하나님이 명하시는 사람 여호수아에게 안수하여 그를 이스라엘의 지도자로 세웠다. 이것은 모세가 인간적인 판단으로 한 것이 아니고, 어디까지나 여호와께서 명령하신 대로 행한 것이다(비교, 삼상 8:1-3). 모세는 두 아들이 있었지만, 세습을 하지 않았다. 둘째, 모세는 여호와께서 '얼굴과 얼굴'을 대면하여 아시던 사람이었고, 이스라엘 역사에서 모세와 같은 예언자(선지자)가 없었다. '얼굴과 얼굴을 대하여'(대면하여)라는 회화적인 표현은 여호와께서 시내산 회막에서 모세에게 친구와 이야기함같이 말씀하셨다는 기록(출 33:11)에 근거한 것이며, 문자적으로 모세가 하나님의 얼굴을 보았다는 뜻이 아니라 모세의 영적 권위를 뒷받침하는 말이다(비교, 출 24:9-11; 33:20-23; 요 1:18; 6:46; 14:8-9; 골 1:15 등). 예언자란 하나님의 말씀을 맡은 자인데, 이스라엘 역사에서 모세에 견줄만한 예언자가 없다고 했다(비교, 신 18:15-18). 신약성경에서는 모세가 말한 나와 같은 그 예언자(선지자)가 바로 예수 그리스도이다(행 3:20-24; 7:37. 비교, 요 1:21). 히브리서에서는 예수 그리스도가 모세나 아론보다 뛰어난 "대제사장"이시며, 모세가 "하나님의 종"이라면 예수 그리스도는 "하나님의 아들"로서 섬긴 것을 비교하여 설명하였다(히 3:1-6). 셋째, 모세는 이스라엘 구원사의 핵심 사건인 출애굽의 지도자로서 하나님이 애굽 땅에 보내사 행하라고 말씀하신 사명을 실천하고 완수한 능력 있는 인물이었다.[15]

3. 메시지와 적용

약속의 땅을 바로 앞에 바라보면서 출애굽의 위대한 지도자 모세가 아직 건강도 좋은데 하나님의 명에 따라 죽어야 한다는 것은 인간적인 관점에서 볼 때 석연치 못하며 적절하지 않아 보인다. 그러나 그의 별세는 약속의 땅에 들어가는 약속의 성취는 여호와 하나님이 하시는 일이지 모세가 아니면 안 되는 일이 아니라는 것을 일깨워 준다. 하나님의 구원은 인간의 지도자가 하는 것이 아니라 하나님께서 하신다는 메시지를 모세의 죽음이 전해주고 있다. 나 아니면 안 된다는 독선과 착각을 하나님의 사람은 떨쳐버릴 수 있어야 한다. 모세 역시 모든 사람들처럼 자신의 범죄로 인해 죽어야 했다(민 20:12; 27:14; 신 1:37; 3:23-27; 32:51; 34:5-6). 이스라엘 백성의 안식의 성취와 미래의 행복과 안전과 번영의 주어는 여호와 하나님이시며, 결코 인간이 그 주어가 될 수 없음을 신명기는 모세의 죽음을 통해 다시금 웅변적으로 강조하고 있다. 모세의 죽음은 토라(오경)의 시작인 창세기에서 인간의 범죄 타락으로 인한 죽음(창 2:17)과 수미상응(首尾相應, inclusio)을 이루고 있으며, 토라 신학의 일관성을 보여준다. 인간의 힘만으로는 죽음의 세력을 이길 수 없다.

다시 말하지만, 오늘도 지도자가 마지막 실패하는 함정은 '나 아니면 안 된다'라는 사고방식이다. 내가 아직도 건강하고 일할 수 있는데 누가 감히 내 자리(지위)를 건드리느냐는 것이다. 그러나 일을 성취하는 것은 '내'가 아니고 살아계신 하나님이시라는 것을 인정하고 받아들일 수 있을 때 그 지도자는 하나님 나라의 역사에서 기억되는 지도자가 될 수 있을 것이다.

---

15) 신 34:11-12; 행 7:20-44. 비교, 딤후 4:6-8. 비교, 왕대일, 『다시 듣는 토라』, 한국성서학연구소, 1998, 518쪽 이하.

48

구약성경의 제사신학, 레위기를 중심으로

Ⅰ. 구약의 제사(예배)에 대한 연구사

구약성경에 나타난 고대 이스라엘의 제사에 관한 연구는 그동안 주로 고대 히브리 종교의 역사적 발전 과정에 대한 탐구와 연관하여 진행되어 왔다. 미국 리치몬드의 침례신학교 구약학자 발렌타인(Samuel E. Balentine) 교수의 주장에 의하면, 지금까지 구약학에서 제사(예배)에 관한 연구는 독일의 구약학자 벨하우젠(J. Wellhausen, 1844-1918)과 그의 가설을 추종하는 종교사학파(the History of Religions School)에 의해 주도되었으며, 19세기 후반에 나온 벨하우젠의 대표적 저작인 『고대 이스라엘 역사서설』(1878)은 사실상 고대 이스라엘의 제사역사(예배사)를 취급한 것으로서, 그의 연구업적은 20세기를 통해 구약학계의 크라우스(H.-J. Kraus)나 로울리(H. H. Rowley)나 해럴슨(W. Harrelson)의 구약 제사 연구에 영향을 주었다.[1]

벨하우젠의 고대 이스라엘 제사역사 연구에서는 ① 제사 장소 ② 제사 제도 ③ 절기 축제 ④ 제례 전문 종사자들(제사장과 레위인들)이라는 네 가지 주제가 고대 히브리 종교의 사상사적 진화론의 발전 도식과 역사 변증법(헤겔의 정반합)적인 관점에서 취급되었다. 주지하는 대로, 벨하우젠은 위의 각 주제의 역사적 변천에 따라 이스라엘 종교의 진화론적인 역사적 발전과정을 추적하면서, 그 발전 단계에 따라 5경의 문서 자료들을 분석하고 그 문서 자료들의 역사적 위치와 가치를 평가하였다. 벨하우젠의 주장에 따르면, 5경의 가장 초기 문서인 'JE'(Jehovist)는 고대 이스라엘 종교의 초기 단계를 반영하며, 여기에서 나타나는 이스라엘의 제사(예배)는 "자발적이고

---

1) Samuel E. Balentine, *The Torah's Vision of Worship*, Fortress, 1999, 6쪽 이하.

자연스러운” 모습이라고 한다. 이것은 주로 고대 유목-농경사회의 생산과 수확에 대한 “감사”의 마음이 반영된 것으로 본다. 그러나 신명기(申命記, Deutronomy)는 요시야 종교개혁(주전 622년)과 관련된 신명기 법전(D)으로 볼 때(왕하 22:3-13; 대하 34:8-28), 신명기가 보여주는 이스라엘의 제사는 더 이상 유목-농경사회의 자연스런 제사가 아니라, 제사(예배) 장소의 중앙화를 통한 제사·예식의 제도화가 생겨나면서 제사장들의 통제 아래 시행되었으며, 이스라엘의 역사적 사건들 특히 “출애굽 사건”과 연관을 짓기 시작했다는 것이다. 요시야 왕 시대에 이스라엘의 제사(예배)는 처음으로 “역사적 옷”을 입게 되었다고 벨하우젠은 주장한다(신 6:4-9; 12:5; 16:2 등).[2]

　　신명기가 말하는 제사(예배)는 유다 왕국이 멸망하고 예루살렘 성전이 파괴되는 파국(주전 586년)을 거쳐, 70년간 바벨론 포로기와 그 이후 페르시아 제국의 지배 아래 주전 538년경 바벨론 포로귀환이 시작되었고 예루살렘에 제2성전 시대가 개막(주전 515년경)하면서, 구약의 히브리 종교는 그 제사(예배)에서 마지막 변천 단계를 보여주었다고 한다. 이 세 번째 단계에서 제사장 집단이 레위 지파를 예속화하였고, 예루살렘 성전 제사에서 제사장 자신들의 기득권을 강화하면서 제2성전 중심의 제사 예식과 규정을 자신들의 경제적인 수입을 늘리는 데 유리하도록 확장하고 강력히 통제하였으며, 이러한 제사장 중심제도의 이스라엘 종교는 페르시아 제국의 식민지로 전락한 유다(Yehud) 사회에서 신정정치(神政政治)를 표방하는 권위적 통치기구로 등장했다고 한다. 이러한 제사장 중심의 통제사회에서, 이제 이스라엘의 제사(예배)는 “비자연화”의 절정에 도달했다는 것이다. 감사예물, 각종 제물, 십일조 등은 제사장들에게 지불하는 일종의 “세금” 성격으로 변했고, 특히 절기 축제의 예배는 일상적인 삶의 리듬과 관계없이 제례식 규정에 따라 엄격히 고정되었으며, 실제 제사에서는 증가되는 속죄제와 속건제의 강조와 속죄일(민 29:7-11; 레 16장)의 첨가로 인해, 제사(예배)에 참석하는 이스라엘 백성들은 경제적으로 무거은 짐과 함께 무거운 죄의식과 하나님의 무서운 진노의 압력 아래 놓이게 되었다는 것이다. 벨하우젠이 주장하는 이러한 제사장계 중심으로 신명기 이후에 문서화된 소위 ‘제사장문서’(P)는 이스라엘의 제사와 예식에 대한 부정적인 평가를 내리게 했다. 그 영향은 20세기까지 다수의 개신교 성서신학자들에게 구약의 제사장계 제사신학과 유대교 자체에 대한 반감과 편견을 심어놓은 계기가 되었다고 발렌타인 교수는 주장한다. 그 결과 20세기 구약학에서는 지난 수십 년간 구약성경의 제사(예배)에 대한 관심과 연구 의욕이 실종되다시피 하였으며, 주목할 만한 연구 서적도 없었고, 스위스 바젤대학교의

---

2) Samuel E. Balentine, 위의 책, 6-8, 특히 7쪽.

구약학 교수인 아이히로트(W. Eichrodt, 1890-1978)나 독일 하이델베르그대학교 구약학 교수인 폰 라트(G. von Rad, 1901-1971)를 거쳐 현대 미국 콜럼비아신학교의 구약학 교수인 브루그만(W. Brueggemann, 1933-)의 구약신학에서조차 "제사(예배)"는 구약성경을 이해하는 데 신학적인 중심 주제로서 주목을 받지 못했다는 것이다.[3]

어쨌든, 세계 2차대전 이후 벨하우젠의 이스라엘 종교 진화론 도식과 종교사학파의 입장은 그 자체 이론의 모순(정반합의 역사 변증법과 객관적 과거 역사적 사실 규명 실패)으로 약화되기 시작했으며, 1960년대 이후 소위 '구약신학의 황금기'를 맞이하여 크라우스, 로울리, 해럴슨 등의 이스라엘 제사(예배) 역사에 대한 재평가와 수정 이론들이 등장했다. 여기서 그 내용을 자세히 소개할 수 없으나, 그 변화의 골자를 간단히 말하자면 다음과 같다. 먼저 독일 구약학자 크라우스(H.-J. Kraus, 1918-2000)는 노르웨이 구약학자 모빙켈(S. Mowinckel, 1884-1965)의 연구를 원용하면서, 벨하우젠식의 이스라엘 제사(예배) 역사에 대한 역사적 패러다임을 수정하도록 요구했다. 그것은 벨하우젠의 고대 히브리 종교역사 이해의 전제가 되고 있는 ① 헤겔주의 역사변증법 사관(역사는 단순한 원시 상태에서 고도의 완숙한 상태로 변증법적으로 발전해 간다는 사상)의 획일적 적용을 피해야 한다는 점과 ② 오경의 문서자료(J/E, D, P) 분석에 근거한 이스라엘 제사(예배) 역사 이해는 방법론적으로 양식사와 전승사적 관점에서 시정되고 보완되어야 한다는 것이었다. 이러한 입장에서, 크라우스는 프랑스의 성서고고학자이며 구약학자인 드 보(R. de Vaux, 1904-1971)의 주장에 동의하면서, 고대 이스라엘 종교의 제사(예배) 전승과 고대 서아시아(고대 근동) 종교들의 제사(예배)와의 상관관계가 어떠하든지 간에, 구약성경이 말하는 이스라엘의 제사는 고대 세계가 공유한 공통의 신화(神話)나 제의(祭儀)에 기초한 것이 아니라는 점을 분명히 하면서, 고대 이스라엘의 제사는 이스라엘의 현실 역사 속에서 언제나 기억해야 하고 정기적으로 그 사건들의 의미를 재현하려고 했던 여호와(야웨, 야훼) 하나님의 역사적 구원 사건들의 경험에 기초하고 있음을 논증하려고 했다.[4]

한편, 영국의 구약학자 로울리(H. H. Rowley, 1890-1969)는 족장시대로부터 바벨론 포로 귀환 이후 유대교 회당시대를 거쳐 신약시대까지 제사(예배)의 주제를 취급하는데, 벨하우젠식의 역사발전 도식보다는 주로 제사(예배)에 대한 신학적 관심이 그의 특징이다. 그는 초기 원시종교에서 고등종교로의 종교 진화역사뿐만 아니라, 구약 제사(예배)의 신학적 발전 과정에 주목하면서, 한마디로 주전 586년에 예루살

---

3) S. E. Balentine, 위의 책, 8쪽 이하.
4) S, E. Balentine, 위의 책, 9-11쪽.

렘 성전 파괴 이후 구약의 제사(예배)는 기도나 찬양을 중심으로 하는 "영적인 예배"로 진보한 것으로 본다. 그러므로, 로울리 교수는 구약에 나타난 고대 이스라엘의 제의에서는 외적 형식이 중요한 것이 아니라 그 영적인 의미가 중요하다고 강조하면서, 제사(예배)는 예배자의 마음에 속한 것이지 외적 행동에 속한 것이 아니기 때문이라고 했다. 로울리는 구약에서 제사(예배)가 영적 제사(예배)로 발전한 것은 회당(synagogue) 예배를 거쳐 결국 초기 기독교 예배에 두 가지 중요한 유산을 전해주었는데, ① 기도와 ② 성경강해가 그것이라고 했다.[5]

그러나 미국 구약학자 해럴슨(Walter Harrelson, 1919-2012) 박사는 크라우스 교수나 로울리 교수와 함께 벨하우젠식의 이스라엘 종교의 사상사적 발전 범례(패러다임)를 참고하면서도, 단순히 이스라엘의 종교적 제사 역사(예배사)를 기술하지 않고, 고대 서아시아(고대 근동)의 이방 종교들이 일반적으로 행하던 제의 관행을 넘어서서 발전된 고대 이스라엘 제사(예배)의 특징을 식별하고자 했다. 발렌타인 교수는 그 내용을 다음과 같이 4가지로 정리했다.

① 이스라엘은 예배를 통해 풍요종교 제례의식(fertility cult)을 넘어서 자연의 세력들을 비신화화하고, 풍요의 원천을 여호와(야훼, 야웨) 하나님의 구원사와 연결 지었다.

② 이스라엘의 제사는 그들이 살고 있는 세상이 어떤 세상인지를 '창조신학'을 통해 명확히 밝히는 것으로써 예배의 의미를 찾았다.

③ 이스라엘의 예배는 상징적으로 창세기 1장이 주장하는 태초의 시간과 공간으로 돌아가는 계기를 제공한다. 요컨대, 이스라엘의 예배는 타락된 세계질서를 회복하고 인간의 삶 속에 창조질서를 다시 세우기 위한 수단이다.

④ 이스라엘의 예배는 토라의 윤리-도덕적 명령(특히 "십계명")을 제시하고 재현함으로써(신 27:15-26; 시 15; 24편 등. 비교, 소위 토라 예배의식), 이스라엘의 제사(예배) 행위는 여호와 하나님이 창조세계를 다스리고 지탱하시는 일에 이스라엘이 구체적인 행동으로 참여하는 것이다.[6]

그러나 발렌타인 교수 자신은 벨하우젠으로부터 해럴슨까지 지난 세기 동안 이루어진 이스라엘 종교와 제사(예배)에 대한 역사적 연구는 그 방법론(역사-비평적 방

---

5) S. E. Balentine, 위의 책, 11-12쪽.
6) S. E. Balentine, 위의 책, 13-14쪽.

법) 자체의 결함 때문에 "붕괴"(collapse)되었으며, 이제는 새롭고 건설적이며 신학적으로 구약 경전 본문 사용을 강조하는 "역사적-언어적 방법"으로 구약의 제사(예배)를 이해함으로써, "가식된 현실 세상"을 변화시키는 "비전"(vision)을 얻는 연구로 전환되었다고 주장한다. 미국 구약학자 퍼듀(L. G. Perdue, 1946-2022) 교수의 주장을 원용하여, 지난 1970년대 말부터 구약학계는 그동안 제일 중요한 성서해석학의 범례(패러다임)로서 활용되던 비평적 "역사"의 붕괴를 지켜보았으며,[7] 이제 이스라엘의 역사 이해는 인류 보편사의 일부이며 그것은 또한 창조된 우주적 세계질서와 연관되어 있다는 것이다. 이러한 관점에서, 역사의 궁극적 목적은 하나님의 선하신 창조세계와 조화를 이루는 것이며, 역사 속에서 인간의 책임은 하나님의 우주적 창조질서(이를테면, 사랑과 정의와 공의)를 실현하는 것으로 이해하게 되었다고 한다.[8]

　　이제 벨하우젠식의 비평적 역사 패러다임에서 부정적인 평가를 받았던 구약시대 이스라엘 제사(예배)의 제사장계 전통 본문(소위 'P' 문서)은 새로운 조명을 받고 있다. 미국 하버드신학교(Harvard Divinity School)의 유대교 히브리 성경 신학자 레벤슨(J. D. Levenson, 1949-) 교수는 히브리 성경이 말하는 예배의식(즉 안식일 준수, 성전, 제사의식 등)을 통해 이스라엘 예배공동체는 창조세계를 주관하시는 하나님의 통치를 확언하며, 제사 예식의 행위를 통해 "혼돈"의 세력들을 물리치고 이 세상을 하나님이 세우신 창조질서에 따라 회복하는 역할을 수행하려는 것으로 긍정적으로 해석할 수 있다고 주장한다. 레벤슨 교수의 이러한 제사장계 전승에 대한 긍정적 평가는 구약의 제사(예배)에 대한 연구 입장에서 볼 때 매우 중요한 공헌이라고 발렌타인 교수는 평가한다.[9]

　　현대 구약학에서는 고대 이스라엘 종교역사를 이해하기 위해 더 이상 제사역사(예배사) 연구가 아니라, 히브리 경전(구약) 본문이 말하는 '제사 신학'에 대한 연구가 필요함을 발렌타인 교수는 역설한다. 즉 제사 제도나 제사의 역사나 제사장 제도의

---

7) Leo G. Perdue, *The Collapse of History*, Fortress, 1994. 비교, Balentine, 위의 책, 특히 16쪽 이하. 퍼듀가 말하는 '역사 패러다임' 붕괴의 다섯 가지 이유는 아래와 같다. ① '역사-비평적 방법'의 적절성과 적합성에 대한 문제 제기에 의해 역사-비평적 방법은 성경해석에서 더 이상 독점적인 위치를 차지할 수 없게 되었다. ② 과거의 이스라엘 종교에 대한 역사 패러다임이 자유주의와 신정통주의의 경우 다수의 공감대를 조성하였으나, 이제는 다양한 본문 읽기 방법들의 출현으로 인해 더 이상 다수의 지지를 받지 못하게 되었다. ③ 역사 비평학을 태동시킨 계몽주의의 인식론은 후퇴하였다. 역사 비평학은 이스라엘 역사에서 목표로 설정한 그 객관적인 '실제 그대로 종교의 모습'을 기술하는 데 실패하였다. ④ 역사 비평학은 과거 성경시대와 현대 독자들 사이의 간격을 드러내는 데에는 일조를 하였으나 그 간격을 메꾸어 주지는 못했다. ⑤ 역사 비평학을 하는 학자들은 타 학문들과의 대화와 상호 비평적인 환경에서 작업을 수행하기보다는 고립된 지적 환경에서 작업을 하기 때문에 외부로부터의 비평에 대해 둔감하였고, 따라서 새롭게 제기되는 문제들에 대해 적절한 대처를 하지 못했다.

8) S. E. Balentine, 위의 책, 19-20쪽.

9) J. D. Levenson, *Creation and the Persistence of Evil: The Jewish Drama of Divine Omnipotence*, Harper and Row, 1988. 비교, S. E. Balentine, 위의 책, 21쪽.

역사적 변천에 관한 연구가 아니라, 오늘 우리에게 필요한 것은 "제사(예배)의 신학이 무엇이냐?"를 묻는 것이어야 한다는 것이다. 이러한 관점에서, 구약 이스라엘의 역사는 제사(예배)의 역사이고, 이스라엘 신앙공동체는 제사(예배)를 통해 양육되었고 양육된다는 성경적 비전이 중요하다는 것이다. 미국 구약학자 폴 핸슨(P. D. Hanson, 1939-) 교수도 구약의 신앙공동체 제사(예배)는 후속하는 세대를 위해 역사 속에서 행하신 하나님의 구원과 심판 행동들을 기억하고 보존할 뿐 아니라, 하나님의 백성이 하나님을 닮도록 부르심 받은 그 비전을 다시 가다듬는 데 있어서 새로운 활력을 불러일으키는 능력을 가지고 있다고 보았다.[10]

발렌타인 교수는 이제 21세기 구약학에서는 제사의식의 역사가 아니라, 그 '구약 본문'이 말하고 있는 제사(예배)신학을 식별하고, 그 의미를 찾아내어 오늘의 예배에서 되살리는 것이 중요하다고 한다. 왜냐하면 성경 본문은 '현실'(the real)과 '참된 현실'(the really real) 사이의 식별을 가능하게 하는 언어능력을 지니며, 그 메시지는 '예배 행동'을 통해 전달되기 때문이다. 이러한 구약성경 본문 해석의 새로운 전망은 현실 세상을 하나님이 창조하신 세상으로 구현하려는 비전(vision)이며 앞으로 '살만한 세상'을 제시하는 능력을 높이는 것이다. 요약하건대, 이제 발렌타인 교수가 구약의 제사(예배)를 연구하는데 제시하는 새로운 해석학적 패러다임은 "역사와 본문은 서로 하나다"(History and Text belong together)라는 명제이다.[11] 즉 참된 현실은 '역사적'인 동시에 '언어적'이라는 주장이다.

이러한 성서해석학적 입장은 구약성경의 제사(예배) 연구에서 다음과 같은 두 가지 변화를 초래한다. 첫째, 구약이 말하는 이스라엘의 역사는 창조와 관련된 세계사와 우주의 역사에 종속된다. 둘째는, 구약성경의 제사(예배)에 대한 이해는 역사적 관심으로부터 경전적 본문 자체로 이동해야 한다. 여기서 발렌타인 교수가 말하는 경전적 본문 이해는 미국 예일대학교의 구약학 교수 차일즈(B. S. Childs, 1923-2007)의 '정체된 경전'(static canon) 이해가 아니라 '역동적 경전'(dynamic canon) 이해에 기초한다. 발렌타인 교수의 역동적 경전 이해는 다음의 세 가지로 압축할 수 있다. ① 이스라엘 신앙공동체를 위한 규범으로써 문자화된 경전을 넘어서서 그 경전 본문과 역동적 관계를 가지고 제사(예배)의 삶을 지속해 온 구약의 예배공동체가 '경전적 현실'(canonical reality)이다. 그러므로 경전 본문 이해에서 중요한 것은 그 예배공동체의 생명력을 지속시킨 '비전'을 읽어내는 것이다. ② 경전은 이스라엘 종교 자체

---

10) S. E. Balentine, 위의 책, 23쪽 이하.
11) S. E. Balentine, 위의 책, 18쪽.

내에서 발생했거나, 일방적으로 하나님에 의해 역사와 상관없이 주어진 것이 아니다. 구약 경전은 이스라엘이 처했던 사회−역사적인 위기 상황과의 연관에서 나온 산물이다. 따라서 역동적 경전에 대한 관심은 "밖으로부터 주어진 사회−정치적 조건들"과 "안으로부터 주어진 신앙적 전통들" 사이의 긴장을 탐구해야 한다(발렌타인은 페르시아 제국의 유다 식민지 통치를 위한 정치−종교적 정책과 제2성전 시대 유다 사회 내의 신앙적 갈등 사이의 긴장에 토라 경전이 놓여 있음을 주목한다). ③ 그러나 일단 문서화된 경전은 그것이 나온 사회적−정치적 현실을 넘어서서 잘못된 현실을 교정하고, 보다 나은 미래에 관한 비전을 가지게 한다. 마치 설계도에 따라 집을 짓고, 모델 하우스에 따라 집을 지어 공급하듯이, 경전은 이제 그것을 산출한 인간 저자나 편집자들의 '창조적 상상력'을 오늘의 독자들에게 비전을 통해 접목시킨다. 경전 본문의 언어는 신성한 상징 체계로서 그것을 사용하는 사람들에게 기존 사회 체제에 순응하게도 하고 동시에 그 사회현실을 본문이 제시하는 이상(理想)에 순응하도록 만들기도 한다는 것이다.

퍼듀 교수나 브루그만 교수의 견해와 함께, 발렌타인 교수는 '언어'가 인간으로 하여금 참된 것에 대한 전망(perspective)을 묘사하고 상상하며, 그 참된 것에 권위를 부여하는 능력이 있다고 주장한다.[12] 경전 본문의 언어가 이러한 능력을 지니고 있기 때문에, 그러므로 이제 우리는 본문 뒤의 '사실'(전통적인 '역사 패러다임')만 찾지 말고, 본문 안에서 본문이 말하는 '전망'에 주목해야 한다는 것이다. 발렌타인 교수는 경전 언어의 이러한 기능을 "수사학적 실재"(rhetorical reality)라고 부른다.[13] 그러나 발렌타인 교수는 이러한 '정체된 경전'과 '역동적 경전'의 개념을 너무 지나치게 인간의 언어 현상을 통한 '창조적 상상력'에 국한하여 설명하기 때문에 다소 실험적이고 무리한 면이 있다고 생각한다. 물론 역사−비평적 방법이 객관적 역사의 실체 파악에 실패했지만, 경전에 기록된 인간의 '언어'도 도구적이고 상대적이며, 진리(참된 것, 진선미)와 존재의 실체(지정의)에 대한 묘사나 상상력에 한계가 있기 때문에 경전 본문의 언어 현상에만 집착하는 것은 또 다른 성서해석학의 부작용을 초래할 위험이 크다(고전 1:17; 2:1,4−5,13. 비교, 롬 11:33; 신 29:29; 욥 11:7 등). 미국 구약학자 브루그만(W. Brueggemann)은 그의 구약신학 책에서 '구약의 하나님은 히브리 성경의 본문 안에서만 존재한다'고 주장하여 물의를 일으킨 적이 있다. 브루그만은 "구약신학의 하나님은 구약성경 본문의 수사학적 작동(作動) 안에서, 그 작동과 함께, 그 작동

---

12) 그러나 이러한 경전 언어의 신격화나 '언어-주의'는 역사주의의 편견에 대한 또 다른 편견이며, 성경의 권위 즉 계시와 영감에 대한 고려를 약화시킬 수 있다. 경전 언어가 지니는 능력의 원천은 삼위일체이신 하나님이다(비교, 요 1:1-4).

13) S. E. Balentine, 위의 책, 19-32쪽, 특히 31쪽.

아래서만 살아있고, 다른 어떤 곳에서 다른 어떤 방식으로도 존재하지 않는다"[14]라고 일관되게 기술하고 있다. 브루그만이 계몽주의 철학의 '역사비평적 인식론'을 반박하는 입장에서 이러한 '수사학적 인식론'을 대안으로 제시하는 것은 어느 정도 이해할 수 있지만, 그러나 구약성경 본문의 언어능력 자체를 구약의 하나님을 이해하는데 표준으로 삼는 것은 또 다른 우를 범하는 것이다. 이러한 브루그만의 입장에 대해 미국의 복음주의 구약학자 월트키(Bruce K. Waltke, 1930-)는 신성모독이고 '이단적'이라고 경고장을 날렸다.[15] 구약신학에서 이러한 구약성경 본문 이해에 대한 '수사학적 인식론'으로의 전환은 독일 하이델베르그대학교의 구약학 교수 폰 라트(G. von Rad, 1901-1971)의 소위 전승사 구약신학에서 시작되었고(신앙고백 언어 전승사), 이후로 폰 라트를 따르는 브루그만과 같은 후기 폰 라트 학파에 의해 계승 발전되고 있다. 신학적 입장에서 보면, 후기 폰 라트 학파는 구자유주의 신학의 전제(역사 인식론)를 수정하는 신자유주의(언어 인식론/ 수사학적 인식론)라고 볼 수 있다.

어쨌든 발렌타인 교수는 위에서 제시한 수사학적 인식론의 전제를 가지고, 토라(오경)의 제사(예배)신학 이해를 위해 두 가지 기본적 범례(패러다임)를 말한다. 그것은 '노아의 예배'(창 8장)와 '아브라함과 사라의 예배'(창 15-17장)이다. 토라는 인류를 위한 하나님의 창조와 언약의 계획을 실현하기 위해 제사(예배)의 필요불가결함에 관한 비전을 보여준다고 한다.[16] 첫째로, 노아의 예배행위는 "말 없는" 행위제사이며, 감사예배였다. 노아의 예배는 과거에 대한 용서나 미래의 축복을 바라는 행위, 즉 하나님으로부터 무엇을 얻기 위해 드리는 제사가 아니다. 노아의 예배는 자신의 이익을 위한 것이 아니었다. 하나님과 노아 사이에 말이 없어도(구약 본문에서는 의인 노아의 말을 한마디도 찾아볼 수 없다. 비교, 창 9:24-27), 노아의 자발적인 제사와 순종은 창조세계를 회복하시기 원하시는 야훼(여호와) 하나님의 사랑과 정의(正義), 그리고 노아의 순수한 예배 의도를 드러내고 있다는 것이다. 둘째로, 아브라함과 사라의 예배 즉 아브라함 가족의 예배에서는 구약의 예배에서 "첫 언어들"이 등장하며,[17] 경건성과 세속성의 복합성을 보여준다. 예컨대, 믿음의 조상 아브라함은 하나님의 약속을 믿으면서도(창 15:6), 그 약속을 어떻게 알 수 있느냐고 탄식한다(창 15:8). 아브라함의 예배에서는 "경외와 저항"이 혼합되어 나타난다(비교, 창 17:3; 17:17-18). 아브라함 가족의 예배에서는 인간의 세속적 "자기 이익"과 "하나님의 창조적 변혁 계획"

---

14) Walter Brueggemann, *Theology of the Old Testament*, Fortress, 1997. "… that the God of Old Testament theology as such lives in, with, and under the rhetorical enterprise of this text, and nowhere else and in no other way.", 66쪽.

15) Bruce K. Waltke, *An Old Testament Theology*, Zondervan, 2007. "Walter Brueggemann", 69-72, 특히 70쪽.

16) S. E. Balentine, 위의 책, 115쪽 이하.

17) 그러나 구약 예배(제사) 문맥에서 하나님과 사람 사이에 등장하는 첫 언어들은 가인의 제사 경우이다(창 4:5-15).

사이에 긴장이 나타난다. 그런데, 이러한 긴장 상황에서 사라의 "말"은 예배자의 믿음의 모범을 보이고 있다는 것이다. "당신(아브라함)과 나(사라) 사이에 여호와께서 판단하시기 원하노라"(창 16:5).[18]

발렌타인 교수의 이러한 역동적 정경 중심의 새로운 '수사학적 언어'의 범례(패러다임)들은 이스라엘의 예배신학 이해에 대한 새로운 지평을 열고 있음이 틀림없다. 그러나 정경 본문의 언어적 능력에 대한 그의 언어철학적 과신과 확신은 상상력의 해석학적 입장과 함께 오늘도 기록된 구약성경이 하나님의 말씀으로서 권위(영감과 계시)를 가지고 있느냐, 라고 하는 절실한 물음에 대해서 분명한 답을 하지 못하는 아쉬움이 있다(비교, 마 4:4,7,10. 세 번 '기록되었으되'). 발렌타인 교수의 해석이 옳다면, 예배를 받으시는 구약의 여호와(야훼) 하나님도 결국 이스라엘 신앙의 언어 속에 존재하는 인간의 창조적 상상력의 산물이라는 말인가? 신학적 상상력과 본문의 수사학적 언어능력에 대한 확신에서 출발하는 발렌타인 교수의 고대 이스라엘 예배신학의 이해와 적용은 또 하나의 그럴듯한 언어-신학적 해석으로서 상대적인 한계성을 드러내고 있다. 하나님이 성경 언어에 존재하는 것이 아니고, 성경의 언어는 하나님이 사용하시는 도구이다(비교, 요 14:26; 딤후 3:15-17; 히 4:12; 벧전 1:23; 벧후 20-21 등).

그러므로 앞에서 언급한 서양 신학자들의 주장을 참고하면서, 이 글에서는 기록된 신구약성경이 '영감되었고 계시된 하나님의 말씀'(딤후 3:14-17; 벧후 1:21; 히 4:12-13. 비교, 눅 24:27,44-45; 요 5:39,46-47; 살전 2;13; 롬 15:4 등)이라는 개혁신학의 복음주의 성경관을 분명히 하고, 성경이 진술하는 이스라엘 역사의 내용을 사실 역사로 인정하면서, '역사적-문법적-신학적'인 관점에서 구약성경 본문에서 제사(예배)의 신학적 의미를 좀 더 살펴보고자 한다(비교, 요 14:16-17,26; 롬 15:4; 고전 2:13-14!; 고후 3:14-17; 벧전 3:15-16 등). 제사(예배)와 관련된 주제의 방대함과 그 자료의 복잡성 때문에, 이 글에서는 구약성경에서 '예배의 책'으로 알려진 레위기(Leviticus)를 중심으로 가능한 한 간명하게 이 과제를 다루려고 한다. 이 글을 준비하면서 다행스러운 것은 그동안 한국의 구약학자들이 구약의 제사(예배)에 관해 발표한 논문들을 읽게 된 것이다. 강사문 박사, 박준서 박사, 그리고 정규남 박사(가나다 순) 세 분이 발표한 구약 예배에 대한 글의 핵심 내용을 먼저 간략하게 소개하여 이 주제에 대한 이해에 도움을 받은 다음, 예배의 책인 레위기를 ① 신앙의 예배(1-17장)와 ② 생활의 예배(18-27장)라는 두 관점에서 레위기의 제사(예배) 신학에 대한 이해를

---

18) S. E. Balentine, 위의 책, 115-117쪽.

정리하고 결론을 맺고자 한다.

II. 한국 구약학자들의 구약 제사(예배) 이해

1. 강사문의 경우[19]

강사문 교수는 우리의 삶과 무관한 "형식적 예배 현실"을 극복하기 위해 구약성경에 나타난 제사(예배)의 의미와 그 기능을 고찰하고 있다. 먼저 강사문 교수는 가나안 종교의 '풍요 제의'(fertility cult)와 구별되는 이스라엘 제사(예배)의 성격을 네 가지로 정리한다. 가나안의 풍요 제의가 다산(多産)과 물질적 풍요를 확보하려는 인간의 자기 욕망 달성이 목적인 '기복적(祈福的) 예배'라면, 구약성경의 제사(예배)는 ① 히브리어로 예배 동사인 '아바드'('섬기다'라는 의미)에서 보는 바와 같이, '야훼 하나님만을 주인으로 섬기는 행위'이다. ② 히브리어로 또 하나의 중요한 예배 동사는 '히쉬타하바'('하바'의 히쉬타팔)인데, 그것은 '허리를 굽히고 무릎을 꿇고 엎드린다'는 뜻이다. 이러한 경우 예배행위는 인간의 삶의 근거와 존재 기반이 하나님께 있음을 시인하는 행위이다. ③ 구약의 예배는 그러므로 창조주와 구속주이신 하나님께 찬양하며 경배하는 감사의 행위이다. 하나님의 창조와 출애굽 구원사건에 대한 감사의 응답이 예배로 표현된다. ④ 구약의 예배는 또한 하나님께로 나아가 하나님을 만나고 경험하는 행위이다. 구약의 성전과 제사제도의 주된 기능은 인간으로 하여금 하나님께 나아가 죄를 용서받게 하기 위함이다. 죄 용서는 인간의 성화의 삶으로 연장되어야 하고, 이때 예배의 참된 의의를 느끼게 된다. 이상의 4가지 구약 예배의 성격을 분명히 한 후, 강사문 교수는 구약의 각 시대별로 제사 형식과 그 특징을 고찰한다. 족장시대는 가족 중심의 제단 예배로서, 그 특징은 '감사와 헌신의 표시'였고, 예배와 삶이 분리되지 않았다. 출애굽 이후 성막(회막)과 솔로몬 성전 예배의 기본 기능은 '속죄 기능'에 강조점이 있으며, 그 특징은 하나님을 기쁘시게 하여 하나님과 예배자 사이에 온전한 관계를 유지하는 것이 목적이라고 본다. 여기서도 "속죄와 성결"은 분리될 수 없는 예배의 필수적인 요소들로 파악된다는 것이다.

강사문 교수는 또한 이스라엘 역사에서 잘못된 예배 형태를 ① 이방 종교와의 혼합예배(왕하 16:10 이하; 18:4 이하; 23:5 이하)와 ② 예언자들이 질책한 형식주의 예배

---

19) 강사문, "구약성경에 나타난 예배", 〈교회와 신학〉(제25집, 1993), 장로회신학대학교출판부, 41-70쪽.

    48. 구약성경의 제사신학, 레위기를 중심으로

라고 지적한다(암 4:4 이하; 호 6:6; 사 1:10 이하; 렘 7:3-7 등). 이러한 상황에서 이스라엘의 참된 예배는 찬양과 기도와 하나님의 말씀을 중심한 영적 예배이며, 외적 형식보다는 예배하는 마음을 강조하는 방향으로 나아갔다(시 15:1-5; 47:6-9; 느 8:5-6 등). 주전 586년 예루살렘과 솔로몬 성전이 파괴된 후 바벨론 포로기에 디아스포라 유다인들은 회당 예배로 모이게 되었고, 이후 제단, 성막, 성전의 제사(예배)는 점차 기도와 토라 낭송과 찬양의 예배양식으로 변천하였다. 이 시점에서 강사문 교수는 구약예배의 두 가지 유형을 ① 제사예배와 ② 회당예배로 구분한다. 제사예배 전통은 속죄와 성결(거룩)을 강조함으로써 '신앙과 생활'의 조화를 추구한 반면, 회당예배 전통은 기도와 말씀과 찬양을 중심하며 '감사와 감격'의 삶을 추구한다. 또한 강사문 교수는 예배와 관계된 구약의 절기축제들의 중요성을 강조하며, 특히 안식일 예배의 성격을 5가지로 정리하였다. ① 창조주 하나님 찬양(출 20:11), ② 구속주 하나님께 경배와 감사(신 5:15), ③ 하나님의 언약 백성이 주님의 날을 지키는 표징으로서, 그것은 구체적으로 우상(偶像)을 섬기지 않겠다는 표시이다(출 31:12-17). ④ 미래에 하나님의 구원에 대한 희망의 표시, ⑤ 토라의 낭독은 안식일 특히 회당예배 전통에서 두드러졌으며, 이것은 기독교의 주일예배에 말씀 중심의 예배에 영향을 주었다.

결론적으로, 강사문 교수는 구약의 예배(제사)를 살펴볼 때 참된 예배는 인간의 이익 추구와 욕구 충족이 아니라, 하나님의 사랑과 은혜에 대한 감사의 응답으로 인한 헌신과 하나님의 말씀에 순종하는 결단이 요구된다고 본다. 다른 한편, 유대교 예배에 없는 기독교 예배의 요소는 나사렛 예수를 그리스도(메시아)로 고백하고, 부활의 주님으로 찬양과 경배를 드리는 것이라고 한다.

2. 박준서의 경우[20]

박준서 교수는 앞에서 발렌타인 교수가 지적한 대로, 그동안 구약학에서는 고대 이스라엘 종교사 연구에 치중한 나머지 구약에 나타난 제사(예배)의 의미를 묻는 문제에는 소홀히 했음을 재인식하면서, 구약 예배의 신학적 의미를 탐구하고 있다. 구약의 하나님 백성 이스라엘의 특징은 무엇보다 '예배공동체'인데, 출애굽 사건의 신학적 의미는 여호와(야웨, 야훼) 하나님을 섬기고 예배하는 데 그 궁극적 목적이 있었다(출 3:12; 5:3; 7:16; 8:1,20; 9:1; 10:3 등). 시내산 언약을 통해 이제 이스라엘은 예배공동체로 그 정체성을 확립했다. 박준서 교수는 시내산 언약의 갱신을 위한 예배

---

20) 박준서, "구약에 있어서 예배의 의미", 『구약세계의 이해』, 한들출판사, 2001, 286-297쪽.

가 구약의 예배 신학의 중요한 점이며 이스라엘 예배 성격의 특징이라고 하면서, 구약 예배의 핵심을 다음과 같이 설명한다. "구약의 예배는 이스라엘 편에서 하나님을 찾으려는 노력이 아니었으며 더구나 하나님으로부터 축복을 요구하는 수단이 아니라는 것이다. 예배는 이미 베풀어 주신 하나님의 사랑에 대하여 이스라엘이 감사와 찬양으로 하나님 앞에 나아가는 것이다. 그러므로 하나님의 자비로우신 구원의 역사를 새롭게 기억하는 것이 이스라엘 예배의 핵심이었다."[21] 이와 같이 구약의 예배는 과거 믿음의 조상들이 하나님의 구원을 경험한 사건들을 시내산 언약을 중심으로 반복–재현함으로써 예배 회중은 그 하나님의 은총의 역사에 응답하며, 오직 참 하나님이신 야훼를 섬기는 신앙의 결단을 하게 했다는 것이다.

한편, 솔로몬 때 예루살렘 성전이 봉헌되면서(왕상 8:62–66; 대하 7:4–10) 성전은 이스라엘 제사(예배)의 중심으로 등장한다. 예루살렘 성전 예배의식은 주로 시편을 통해 알 수 있는데, 예루살렘 성전예배의 새로운 두 가지 요소는 ① 하나님이 다윗을 택하시고 그의 왕조의 영속성을 약속하신 것, ② 시온(예루살렘 성전)을 하나님이 거하시는 곳으로 선택하셨다는 것이다. 여기서도 예루살렘 성전예배 역시 시내산 언약 갱신 예배와 마찬가지로 그 뿌리는 하나님의 구원 행동에 있다. 그러므로 박준서 교수는 결론적으로 이스라엘 예배의 신학적인 기본의미는 이스라엘에게 베푸신 하나님의 구원 은혜에 대한 이스라엘 예배공동체의 감사와 찬양의 응답이라고 한다. 박준서 교수 역시 구약 예언자들의 거짓 예배 지적을 상기시키면서, 예언자들이 질타한 것은 예배의식 자체가 아니라 예배의 정신을 망각한 형식주의 예배였으며, 생활의 변화가 없는 위선과 허위를 겨냥한 것임을 말한다. 구약의 예배는 예배 자체가 주술적인 수단이 아니었으며, 외형적 예배보다는 예배자의 내면 상태가 더 중요하고, 예배가 하나님께 복종하는 삶과 분리되었을 때 진정한 예배는 이루어질 수 없다는 것이 구약이 우리에게 주는 가르침이라고 박준서 교수는 결론을 맺었다.

3. 정규남의 경우[22]

정규남 교수는 구약성경에서 '예배하다'는 의미의 제일 중요한 히브리어 동사는 '히쉬타하바'(절하다, 엎드리다)와 '아바드'(섬기다, 일하다)인데, 한글 개역성경에서는 각각 '절하다'와 '섬기다'로 번역하고 있다고 하면서, 구약에서 '예배하다'는 행위의

---

21) 박준서, 위의 글, 290쪽.
22) 정규남, "구약에 있어서의 예배", 『구약신학의 맥』, 두란노, 1996, 383–404쪽.

근본적 의미는 여호와 하나님께 경배하거나 섬기는 행위, 즉 예배는 예배자가 "하나님께 받으러 가는 것이 아니고 드리고, 섬기는 것"이라고 정의(定義)를 내렸다. 구약의 첫 예배(제사) 행위는 창세기 4장에 나오는 가인과 아벨의 제사에서 시작되었으며, 이후 족장들의 예배를 거쳐 모세율법에서 이스라엘의 구체적 예배가 그 모습을 드러낸다고 보았다. 이스라엘 백성이 출애굽한 목적이 여호와(야웨, 야훼) 하나님을 섬기는 예배에 있었고(출 8:26-27; 10:24-25 등), 그 예배의 내용은 레위기(Leviticus)에서 제시되었다(특히, 레 1~7장). 모세의 율법이 규정하는 제사예배는 이후 사사시대를 지나 왕국시대에도 계속되었다. 구약의 예언자들과 시편에서는 그러나 형식적인 제사 예배를 비판하고 있으며, 예배의 본질은 회개, 감사, 찬송, 기도가 더 중요함을 지적하고 있다(호 14:2; 시 50:14, 51:16-17; 69:30; 삼상 15:22-23; 사 1:10-20; 렘 7:21-26; 암 5:21-24; 미 6:6-8 등). 이러한 고찰에 근거하여, 정규남 교수는 앞에서 '예배하다'라는 히브리어 동사에 근거한 예배의 이해에서 한 걸음 더 나아가 구약의 예배를 다음과 같이 재정의한다. "구약의 예배는 여호와 하나님의 섭리와 사랑과 보호에 대하여 믿음과 감사와 순종으로 응답하는 인간의 행위이다."[23)

이제 구약의 예배에서 드러나는 인간의 응답 행위는 주로 "제사" 형식이었으며, 그것의 표준은 레위기 1~7장에 나타나 있는 5가지 제사였다. 정규남 교수는 번제, 소제, 화목제, 속죄제, 속건제의 의미를 본문에 근거하여 설명한 후, 다음과 같이 정리하고 있다. "번제, 소제, 화목제, 속죄제, 속건제 다섯 제사는 이스라엘 백성이 하나님께 드린 주요 예배였다. 그러나 물질적이고 외형적인 구약의 제사는 형식화되었고, 참 목적을 상실하게 됨으로써, '영적 예배'를 강조하는 시편과 예언서의 목소리가 등장한다."[24) 이미 앞서 지적했던 시편과 예언서의 구절들을 다시 인용하여 설명하면서, 구약의 '영적 예배'(곧 예배자가 참된 마음으로 하나님께 나아가 감사하고 찬양하며 기도하고 경배하는 것)는 예언자 시대로부터 강조되었고 이스라엘의 바벨론 포로시대에 예배의 중심 내용이 되었으며, 성전예배와 구별되는 이러한 영적 예배 내용이 회당예배를 거쳐 신약시대 초기 교회 예배에 영향을 주었다고 정규남 교수는 본다.

결론적으로 정규남 교수는 구약의 예배에 관해 다음과 같이 네 가지 점을 강조한다. ① 구약의 예배는 하나님께 경배하고 제사하며 영적 예배를 드림으로써 하나님께 감사하고, 기도하며, 찬양하는 것이다. 이러한 예배를 통해, 예배자는 위로, 격려, 죄 용서, 기쁨을 얻을 수 있다. 그러나 먼저 참된 예배를 드리지 않고 무엇을 받

---

23) 정규남, 위의 글, 385쪽.
24) 정규남, 위의 글, 395쪽.

으려는 예배는 잘못된 것이다. ② 구약의 예배는 앉아서 구경하는 예배가 아니고, 예배자가 예배 순서에 적극 참여한다(특히 레위기의 제사예배). 그러므로 참된 예배는 예배자가 참여하는 예배가 되어야 한다. ③ 외적인 제사 행위의 제물과 함께 예배에 합당한 마음이 중요하다. ④ 잠 15:8에서는 "악인의 제사를 하나님이 미워하신다"라고 했는데, 예배는 일상생활로 연장되어야 하며, 하나님의 말씀에 순종하는 삶이 예배다.[25]

위에서 현재 한국에서 활동 중인 세 분 구약학자의 구약 예배에 대한 이해를 간단히 살펴보았다. 이 세 분 구약학자들은 구약 예배의 신학적 이해에 관심이 일치하고 있으며, 역사-비평적인 이스라엘 종교의 제사(예배) 역사 기술(記述)보다는 구약 성경 본문이 진술하는 제사(예배)의 신학적 의미를 밝히는 데 그 공통점이 있다고 하겠다.

Ⅲ. 레위기의 예배신학

동서양을 막론하고 개신교에서는 레위기 읽기를 소홀히 하는 경향이 있으나, 구약시대와 유대교 전통과 특히 주후 70년 예루살렘 성전이 로마군에 의해 파괴된 이후, 레위기는 디아스포라 유대인 사회에서 특별한 숭앙을 받아왔다. 유대교 어린이들이 히브리 성경을 읽기 시작할 때 제일 먼저 읽는 책은 창세기가 아니라 레위기라고 한다. 그 이유는 어린이의 마음에 무엇보다 먼저 하나님을 예배하는 마음을 심어주기 위함이라고 한다. 최근에 미국의 구약학자 존 헤이즈(John H. Hayes, 1934-2013)는 "레위기를 이해하지 못하는 사람은 히브리 성경(구약)을 이해할 수 없다"라고 강조했다.[26] 그 이유는 역시 레위기의 제사(예배) 신학의 중요성에서 찾고 있다. 프린스턴신학교의 구약학 교수 버나드 앤더슨(B. W. Anderson, 1916-2007)도 레위기는 단순한 "제사장의 지침서"가 아니라, 이스라엘 백성이 거룩한 백성으로서 실행해야 할 모든 예배와 절기 그리고 일상생활에까지 연결되는 규범과 제례의식 규정을 담고 있기 때문에, 한마디로 레위기는 '예배의 책'(the book of worship)이라고 했다.[27] 발렌타인 교수도 창조에서 요셉의 죽음까지(창 1-50장)가 전체 5경 본문 분량

---

25) 정규남, 위의 글, 400쪽 이하.

26) J. H. 헤이즈, "레위기: 구약의 중심," 〈성서마당〉 (1996년 6월), 22-24쪽.

27) B. W. Anderson, "Priestly Theology of Sacrifice and Atonement", in *Contours of Old Testament Theology*, Fortress,

의 25%이며, 모압평지로 출발하는 데서부터 모압에서 일어난 일들까지(민 10:28-신 34장)가 26%를 차지하는 데 비해, 시내산 계시의 문맥(출 1-레 27장)은 42%를 나타내는 것으로 보아 그 강조하는 의도를 알 수 있으며, 그중에서도 오경의 세 번째의 책인 레위기가 오경의 중심에 위치하여 가장 중요한 하나님의 계시로서 이스라엘 예배공동체의 중심을 이룬다고 보고 있다.[28]

1. 예배의 책으로서의 레위기

신구약을 통틀어 구체적으로 "예배"의 주제에 관해 레위기만큼 집중적으로 기술하고 있는 책은 없다. 레위기가 5경의 중심에 위치하고 있다는 사실도 결코 우연이 아닐 것이다. 창세기에서 창조와 인간의 타락(범죄) 그리고 아브라함에게 주신 구원 약속의 신학, 그리고 출애굽기의 구원 사건과 시내산 언약 신학을 전제하면서, 레위기는 여호와(야훼) 하나님을 예배하는 공동체로서 이스라엘의 예배 규범을 처음으로 제시하고 있다. 시내산을 떠나 약속의 땅으로 행진하는 이스라엘 백성의 광야교회에서 예배 생활과(민 15:28-29장. 비교, 행 7:38,44), 가나안 땅 진입 이후의 예배 생활(수 18:1; 삼상 1:3)과, 이후 솔로몬 성전예배와 바벨론 포로기 이후 제2성전 시대 예배와, 주후 70년 예루살렘 성전이 파괴될 때까지 이스라엘의 예배(제사) 역사에서 레위기는 본보기(범례, 패러다임)로서 그 역할을 했다.

레위기는 특히 출애굽의 목적으로 명시된 "내 백성을 보내라, 그리하면 그들이 나를 섬길 것이라"라는 여호와 하나님의 말씀을 구현하는 예배공동체로서 이스라엘 예배의 정체성을 보여준다(출 6:10-11, 7:16; 8:1 이하 여러번). 시내산 언약인 출애굽기 19장 5-6절에서 이스라엘 예배공동체의 목표와 사명은 두 가지로 나타나는데 ① 제사장들의 나라와 ② 거룩한 국민이 되는 것이다. 이러한 두 가지 목표 달성은 '예배'를 통해 '거룩하게 되는 것'(레 11:45; 19:2)으로 나아간다. 여호와 하나님이 '내가 거룩하니 너희도 거룩하라'라고 말씀하셨을 때, 그 거룩(성화)의 구체적인 과정은 레위기에서 펼쳐진다. 물론 신약성경의 관점에서, 구약의 모세가 세운 성막과 제사(예배) 제도와 정결 규정, 절기축제의 규정과 실정법(법도)들은 이제 예수 그리스도 안에서 율법으로서 그 문자적인 효력은 폐기되었다(갈 3:23-25; 히 9:13 등). 그러나 바울 사도가 "그런즉 우리가 믿음으로 말미암아 율법을 파기하느냐 그럴 수 없느니라. 도

1999, 116쪽.

28) Samuel E. Balentine, *Leviticus*, Interpretation, John Knox Press, 2002, 17-18쪽.

리어 율법을 굳게 세우느니라"(롬 3:31)라고 올바르게 지적한 대로, 레위기는 오늘도 우리들에게 하나님을 예배하는 원리와 정신을 가르쳐 주고 있다.

신약성경 히브리서에서는 레위기의 제사(예배)를 기독론적인 예표론(豫表論, typology)으로 재해석하였으며, 오늘 우리가 레위기의 제사 예배를 어떻게 이해해야 하는가를 보여주고 있다. 미국 복음주의 구약학자 폴 하우스(P. House, 1958-)는 예수 그리스도가 구약의 모든 제사의 요구, 즉 모든 죄를 위한 최종 대속물(즉 '단번에 영원한 속죄', 히 9:12-15, 23-26; 10:14!)이라고 히브리서가 결론짓고 있다고 했으며(비교, 사 53:10-11), 특히 히브리서 10장 1-18절은 레위기를 중심한 구약의 제사신학에 대한 총결산으로 볼 수 있다고 했다.[29] 버나드 앤더슨 교수도 레위기의 제례 의식은 유대교나 기독교 예배에서는 더 이상 그대로 사용하지 않는다는 점을 분명히 하면서도, 구약의 예배형식은 변천하였으나 그 제사 의식이 표현하고자 했던 의미나 신앙은 변치 않고 예배공동체 안에 계속 살아 있다고 했다.[30] 이러한 관점들을 참고하면서, 본 필자는 아래에서 무엇보다 레위기 전반부의 중심이라고 할 수 있는 '다섯 제사들'과 이스라엘 백성의 역사적인 첫 공식 예배의 현장 상황을 살펴보고, 레위기 후반부의 19장을 중심으로 전개되는 '일상생활로 구현되는 예배'의 신학적인 의미를 고찰함으로써, 레위기가 말하는 '참된 예배'의 의미를 찾아보려고 한다.

2. 레위기의 5대 제사

레위기 전체가 구약성경의 '제사(예배)' 생활을 설명하고 있지만, 그중에서도 전반부(레 1~18)는 "제사장들의 나라"의 관점에서 회막 성소를 중심한 예배(제례) 의식을 다룬다. 특히 레위기 1~7장에서는 번제(燔祭, Burnt Offering), 소제(素祭, Grain Offering), 화목제(和睦祭, Peace/Fellowship Offering), 속죄제(贖罪祭, Sin Offering), 속건제(贖愆祭, Trespass/Guilt Offering)의 다섯 가지 구체적인 구약의 제사 의식에 관해 서술하고 있다. 이 글의 성격상 여기서 이 다섯 제사의 내용을 주석적으로 자세히 설명할 수는 없다. 다만 그동안 구약학자들이 연구한 내용을 기초로 하여 각 제사에 대한 그 핵심적인 신학적 이해를 구하고, 신약성경(특히 히브리서)의 재해석을 생각하면서, 오늘 우리의 예배 현장에 적용하여 참된 예배 정신이 무엇인지 확인해 보려고 한다.

---

29) Paul House, *Old Testament Theology*, IVP, 1998, 133쪽. 비교, 조병수, "히브리서에서의 레위기 사용", 〈그말씀〉 (1998. 8월), 48-54쪽.

30) B. W. Anderson, *Contours of Old Testament Theology*, 121쪽.

레위기의 모든 제사(예배) 제도의 의도는 출애굽기 25장 8절에 드러나 있다: "내가(여호와 하나님) 그들(이스라엘 백성) 중에 거할 성소를 그들이 나를 위하여 짓게 하라". 그러므로 레위기 제사 예배의 핵심은 자기 백성에게 찾아오시고 자기 백성 중에 임재하시는 하나님을 만나고, 그 하나님과 함께 동행하는 거룩한 삶의 구현이 그 목적이다.[31] 먼저 레위기 다섯 제사의 총체적 의미는 하나님과 자기 백성(인간) 사이에 가로막힌 '죄'의 장애물을 제거하고, 하나님과 인간이 소통하며 친교를 이루는 것에 있다. 사람은 누구를 만나며 소통하고 사귀는가에 따라 그의 인생의 성패가 좌우된다. 그렇다면, 제사(예배)는 천지를 창조하시고 인생의 생사화복과 역사를 홀로 주관하시며, 출애굽 사건을 통해 이스라엘 백성을 구원하시는 하나님을 인간이 만나며, 그 하나님과 소통하고 가까이 사귀는 엄청난 사건이다. 예배를 통해 기대되는 이러한 인간의 하나님과의 만남 사건은 타락한 인간성과 창조세계의 회복이며 새로운 피조물이 되는 재창조의 역사라고 할 수 있다(비교, 요 1:12-13; 고후 5:17-19 등). 총체적으로 이러한 예배를 통한 하나님과 인간의 만남의 사건은 레위기가 말하는 다섯 제사의 각론에서 그 기능과 의미를 좀 더 분명하게 알 수 있다.

번제는 그 형식에서 보면, 그 제물을 완전히 제단 위에서 제단 불로 태워 향기로운 냄새로서 하나님께 올려 드리는 제사인데, 그 신학적 의미는 먼저 헌제자(예배자)의 인간 본성의 원죄를 속죄하여(레 1:4) 하나님께 가까이 나아갈 수 있게 하며, 예배자의 영혼과 육신(몸)을 온전히 하나님께 위탁하고 헌신하려는 것이 그 정신이다. 신약의 용어로 달리 표현하자면, 번제의 정신은 "나"를 부인하고(마 16:24; 막 8:34) 하나님의 나라와 그의 의(義)를 먼저 구하는(마 6:33) 신앙과 생활의 표현이다. 주 예수께서 "그러나 나의 원 대로 마옵시고 아버지의 원대로 하옵소서"(마 26:39)라고 하신 겟세마네의 기도가 구약의 번제 정신을 가장 잘 요약하고 있다. 예수 그리스도는 자신을 하나님께 번제물로 드림으로써 우리의 죄를 '단번에 영원히' 대속하셨다(히 9:11-14; 10:14 등). 그러므로 예수 그리스도의 희생을 제단에서 사제들이 인위적으로 반복하여 재현하는 로마가톨릭의 미사 예배는 미사가 아니라 미신이라고 교회개혁자들은 지적했다. 번제는 하나님께 대한 '자기 위탁'이며, 오늘의 용어로 표현하자면, '헌신 예배'이다.[32]

---

31) 예배신학으로서 레위기 이해에 관한 보다 자세한 설명은 다음 문건을 참고할 수 있다. 김중은, 『거룩한 길 다니리』, 한국성서학연구소, 2001, 15-37쪽.

32) 강사문 교수도 번제의 의미를 "복종과 헌신, 감사의 표시"로 요약하며 인간 본성의 속죄 기능으로 설명한다(강사문, 위의 글, 48쪽). 한편 정규남 교수는 번제에 관해 4가지 의미를 부여한다: ① 하나님이 번제 드리는 자를 열납하시도록, ② 하나님을 기쁘시게 하기 위해, ③ 죄에 물든 인간의 성향을 용서받기 위해, 또는 죄에 대한 하나님의 진노를 누그러뜨리기 위해, ④ 하나님의 명령에 대한 복종과 은혜에 대한 감사(정규남, 위의 글, 386쪽 이하).

소제의 신학적 의미는 예배자의 번제(자기위탁, 헌신)에 따라오는 자기희생과 봉사의 삶을 의미한다. 예수 그리스도께서 성육신하시고 십자가를 지심은 레위기가 말하는 소제의 완성으로 볼 수 있다. 예수님은 자신을 가르켜 하늘에서 내려온 '생명의 떡'이라고 하셨다(요 6:25-59). 소제의 핵심 제물은 고운 밀가루와 곡식(주로 보리) 가루로 떡을 만들어 드리는 것인데, 소제는 밀이 가루로 분쇄되고 보리가 가루가 되어 떡이 되는 것과 같이 "분골쇄신"의 희생과 봉사 정신을 나타낸다. 하나님의 뜻(계명)을 따르고 하나님 나라를 위한 충성과 봉사를 의미한다. 소제의 제물에는 유향(기도), 올리브기름(성령의 도우심), 언약의 소금(부패 방지와 맛을 냄)을 수반해야 하며, 꿀(달콤한 첨가물. 곧 사탕발림과 같은 위선)이나 누룩(자기 의, 고전 5:8)을 넣어서는 안 된다.[33] 우리말로 소제라고 번역한 히브리어는 '민하'(예물, 선물, 조공)인데, 한자 용어인 '素祭'(소제)는 중국어 성경에서 차용한 어휘이며, 한문으로 '素'는 흰색을 의미하는 '흴 소'로서 소제의 주 제물인 '고운 밀가루'가 하얀색을 띠는 데서 유래한 용어이다.

번제와 소제는 성소에서 제사장들이 매일 아침과 저녁에 의무적으로 드려야 하는 제사였지만(출 29:38-46; 민 28:1-8), 또한 이스라엘 백성이면 누구나(레 1:2), 살아있는 자는 누구나(레 2:1) 성막의 제사장에게로 와서 번제나 소제를 드릴 수 있도록 초청하고 개방하는 것이 레위기 제사(예배)의 민주적 특징이다(비교, 사 56:1-8). 고대 이방 종교들의 제사에서는 높은 신들(하늘과 땅과 자연의 신들)을 섬기는 데는 신분의 제한을 두었고, 우리 동양에서도 하늘과 땅의 신들에게 제사하는 것은 최고 통치자인 왕이나 황제에 국한되었다. 상류층 귀족들은 산천(山川)의 신들에게 제사를 지낼 수 있었으나, 일반 백성들은 그러한 제사를 공식적으로 드릴 수 없었고 조상제사에 국한되었다. 그러나 구약성경의 제사는 빈부귀천, 유무식, 남녀노소를 구분하지 않는다! 신약성경에서는 이제 번제와 소제를 재해석하여 하나의 제사로 묶어서, 오늘 우리가 드려야 할 "찬송의 제사"라고 표현했다(히 13:5; 비교, 사 43:21; 시 79:13, 102:18; 렘 33:9, 엡 1:6; 벧전 2:9 등). 여기서 "찬송"이란 물론 외형적인 단순한 찬양의 행위가 아니라 "예수 그리스도를 증언하는 입술의 열매"(히 13:15)로서, 오늘 우리에게 찬송의 제사 예배는 하나님과 이웃을 위한 '헌신과 봉사'의 삶을 통해 예수 그리스도의 증인(행 1:8)이 되는 데 그 신학적 의미가 있다.

---

33) 레위기의 5제사에 관한 더 자세한 구약학자들의 견해와 본 필자의 설명에 관해서는 다음의 책을 참고할 수 있다. 김중은, 『거룩한 길 다니리』, 위의 책, 219-240쪽. 강사문 교수는 소제에 관해, "번제를 통한 속죄에 대한 감사와 기쁨으로 복종과 서원을 다짐하는 응답"으로 본다(강사문, 위의 글, 48쪽). 정규남 교수는 소제의 의미가 성경에 명시되지 않았다고 하면서, 소제는 히브리어로 '민하'(선물이란 뜻)인데, 이 어휘에서 추정하건대 소제의 신학적 의미는 하나님께 대한 "충성심"이라고 한다(정규남, 위의 글, 388쪽).

화목제(和睦祭)는 평안제 또는 친교제라고도 번역되며, 문자 그대로 하나님과 인간, 사람과 사람 사이에 '화목'(서로 뜻이 맞고 정다움)을 이루는 예배이다. 감사한 일이 있거나, 서원이 이루어졌을 때, 자원하는 마음이 있을 때 기쁨으로 드리는 제사가 화목제이다(레 7:15-16). 화목제에는 식탁교제가 따라오며, 하나님께 제물의 일정 부분을 제단 불로 태워드리고 제사장의 몫을 따로 준 다음(레 7:14,28-34), 나머지 제물은 헌제자(예배자)가 받아서 가족과 이웃들과 함께 나누어 먹는 잔치제사이다(레 7:15-16; 22:29-30; 비교, 신 12:11-12; 16:9-15). 제사(예배)는 항상 엄숙하고 심각한 것만이 아니고, 화목제와 같이 예배자가 자신의 몫을 서로 나누며 기쁨과 사귐이 있는 식탁교제의 모습도 포함된다(비교, 행 2:44-47). 히브리서에서는 이것을 "서로 나누어 주는 제사"라고 부르고 있으며, 이러한 제사를 하나님이 기뻐하신다고 했다(히 13:16).[34)]

속죄제와 속건제(또는 보상제)는 부지중에(또는 알면서도 육신이 연약하여) 지은 죄로 인하여 드리는 제사다. 먼저 속죄제는 하나님의 백성이 실정법을 어긴 죄 문제를 해결할 수 있도록 하나님이 주신 은혜의 방편이다. 하나님의 백성도 일상생활에서 부지중에 실정법을 위반하는 경우가 있다. 동양의 현인 공자(孔子, 주전 551-479)는 논어에서 '獲罪於天 無所禱也'(획죄어천 무소도야, 하늘에 죄를 지으면 빌 곳이 없다)라고 가르쳤는데, 구약성경은 하나님께 죄를 지으면 속죄제를 드려 그 죄를 용서받을 수 있는 길을 열어 놓았다. 속죄제에서 주목할 것은 제사장이 죄를 지으면 자신뿐만 아니라 백성에게도 영향을 미쳐 허물이 된다고 한 것과(레 4:3), 이스라엘 회중이 지은 죄와 지도자들이 지은 죄는 더 무거운 죄로 보았고, 그 다음으로 평민의 죄를 말하고, 가난한 자의 경우는 제물의 비용을 멧비둘기나 집비둘기로 낮추었으며, 극빈자의 경우는 고운 밀가루로 제물을 대신했다(레 4:13,22,27; 5:7,11). 이러한 속죄제의 규정은 인간은 예외 없이 누구나 범죄하고 실수하는 존재라는 것을 깨우치는 것이다. 그러므로 성경은 "의인은 없으니 한 사람도 없다"라고 했으며(롬 3:9-18), 자신은 죄가 없다고 하는 사람은 자신을 속이는 사람이고 하나님을 거짓말하는 이로 만드는 것이라고 했다(요일 1:8-10). 속죄제의 정신은 자신이 죄인임을 인정하는 것이다. 예배자는 그러므로 자신이 하나님 앞에서 죄인임을 사람들 앞에서 드러내고 인정하는 사람이다. 교회개혁자 마르틴 루터(Martin Luther, 1483-1546)는 그리스도인이란 '의인인 동시에 죄인'이라는 말을 남겼다. 바울 사도는 자신이 죄인 중의 수괴라고 편지

---

34) 강사문 교수는 화목제에 관해 하나님의 구원에 대한 감사와 미래의 구원에 대한 소망의 표시로서, 주로 절기 축제 때 드리는 제사라고 한다(강사문, 위의 글, 48쪽). 정규남 교수는 화목제가 예배자의 "마음과 감정, 생각"을 드리는 제사로서, 서원, 감사, 자원의 잔치 제사로 본다(정규남, 위의 글, 390쪽).

에 썼다(딤전 1:15). 오늘도 예배자는 남의 죄를 보기 전에 자신의 죄를 볼 수 있어야 한다. 나는 죄인이라고 고백하는 사람이 하나님 앞에서 의인으로 인정받는다(비교, 눅 18:9-14).

다른 한편, 속죄제와 구별하여 속건제는 하나님과 이웃에 대해 경제적인 소유권 침해죄를 지었을 때, 그 손해에 대해 원금과 함께 원금의 1/5을 더하여 갚고 그 잘못(죄)에 대한 용서를 받기 위해 드리는 제사이다. 속건제의 용어도 한문성경에서 온 것인데, 여기서 어려운 한자 '건(愆)'은 '허물 건' 자이다. 속건제의 신학적 의미는 하나님의 백성이 이 땅에서 거룩한 삶을 살 때, 하나님의 은혜를 의지하면서 '빚진 자 의식'(비교, 마 6:12; 18:23-35)을 가지고 살라는 교훈이다. 사실 우리 모두의 삶은 하나님과 이웃에게 빚진 삶이다. 신약성경에서 여리고의 세리장이었던 삭개오가 예수님을 만나 구원을 받고 새사람이 된 후에, 그가 행한 일(눅 19:1-10)은 속건제의 정신을 보여주는 대표적인 사례이다(눅 19:1-10). 속죄제와 속건제 예배의 정신은 죄 용서를 받고 이제 죄를 멀리하며 죄를 짓지 않겠다는 결심에만 머무르지 않는다. 죄 용서함을 받은 예배자의 삶은 적극적으로 "선을 행하는 제사"의 삶으로 변화해야 한다는 것이 히브리서가 말하는 속죄제와 속건제에 대한 재해석이다(히 13:16).[35]

레위기 5대 제사에서는 소제를 제외하고 무엇보다 제물의 "피" 예식이 주목된다(속죄제의 극빈자 경우는 예외이다). 이 피의 제사 예식은 레위기 16장 속죄일의 제사(예배)에서 그 절정을 이루며(레 16:14 이하), 그 속죄의 피에 대한 분명한 설명은 레위기 17장 11절에 기록되었다. "육체의 생명은 피에 있음이라. 내가 이 피를 너희에게 주어 제단에 뿌려 너희의 생명을 위하여 속죄하게 하였나니, 생명이 피에 있음으로 피가 죄를 속하느니라"(비교, 히 9:22). 이러한 관점에서, 레위기의 제사(예배) 신학은 예수 그리스도의 십자가의 보혈을 예표하는 "십자가의 신학"이며, 구약의 복음서라고 하겠다. 총체적으로 볼 때, 성경이 말하는 예배는 그러므로 하나님의 창조질서를 회복하는 길이며, 죄로 인해 죽었던 인간의 생명(영혼과 육신)을 재창조하시는 하나님의 신비이다(비교, 요 5:24).

3. 이스라엘의 역사적인 첫 공식 예배

레위기는 회막 성소에서 드리는 다섯 가지 제사 규정을 설명한 후, 8장에서 7일

---

[35] 강사문 교수는 속죄제는 보상할 수 없는 죄를 속죄 할 때 드리며, 속건제는 보상할 수 있는 죄에 관한 제사로 구분한다(강사문, 위의 글, 49쪽). 정규남 교수는 속죄제의 경우 성소의 휘장에 피를 뿌리고 향단의 뿔에 피를 바른 이유가 분명하지 않으나, 분명한 것은 하나님께 죄를 지었을 때는 제물의 피를 통해 속죄함을 받아야 한다는 것이 속죄제의 가르침이라고 한다. 속건제 역시 배상할 수 있는 죄 용서를 위해 드리는 제사라고 본다(정규남, 위의 글, 391쪽 이하).

간 거행된 대제사장 아론과 그의 아들들의 제사장 임직식에 대해 말한다. 그리고 9장에서는 제사장 임직식에 이어 제8일째 되는 날 시내(시나이) 광야교회에서 이스라엘 백성이 드리는 첫 공식 제사(예배) 상황을 기술하였다. 이스라엘의 첫 공식 예배는 다음과 같이 6단계의 순서로 나누어 볼 수 있다.

1) 제사 준비(레 9:1-7). 예배는 하나님이 명하신 것이며, 예배를 통해 '여호와의 영광'(즉 하나님의 임재)이 이스라엘 예배 회중에게 나타나는데 그 의미가 있다. 제사(예배)를 드리는 데는 준비가 필요하다.

2) 대제사장 아론의 제사(레 9:8-14). 먼저 예배를 인도하는 대제사장이 자신을 위해 먼저 속죄제를 드리고 또 번제를 드린다. 이것은 오늘도 예배를 인도하는 목회자의 마음과 태도와 연관하여 큰 의미가 있다.

3) 이스라엘 백성의 제사(레 9:15-21). 대제사장 아론의 집례로 그의 아들들인 제사장들의 협력을 받아 이스라엘 백성들의 제사를 다음과 같은 순서로 드린다. ①속죄제(레 9:15) → ② 번제(레 9:16) → ③소제(레 9:17) → ④화목제(레 9:18-21). 이스라엘 회중 예배에서 속죄제와 번제 외에도 소제를 드리고 마지막에 화목제를 드리는 것은, 앞에서 살펴본 대로 각 제사가 의미하는 바에 따라 그 시사하는 바가 크다.

4) 대제사장 아론의 축도(레 19:22). 아마도 민수기 6장 22-26절의 제사장 축도문은 이러한 공식 예배에서 대제사장의 축도 전통에서 유래한 것으로 보인다.[36] 이스라엘 예배 회중은 제사장을 통해 주시는 하나님의 축복(강복, 복 주심, 지켜주심, 은혜, 평강)을 받아 누리는 특권을 받았다(비교, 왕상 8:54-61).

5) 모세와 아론의 축복(레 9:23). 모세와 아론은 회막에 함께 들어갔다 나온 후 다시 한 번 백성들에게 축복했다(비교, 신 33장). 거듭되는 축복은 예배를 통해 내리시는 하나님의 은혜의 선물이다. 이때 "여호와의 영광"(즉 하나님의 임재)이 온 백성에게 나타났다.

6) 여호와 앞에서 나온 불(레 9:24). 제사(예배)의 마지막에 하나님의 임재를 알리는 불이 야훼 앞에서 나와 제단 위의 제물을 살랐다. 구약성경에서는 예배 상황에서 이러한 신비한 현상에 대해 네 번을 언급하였다(삿 13:15-20; 대상 21:26; 대하 7:1-3; 왕상 18:22-39). 이제 야훼 하나님은 제단 위의 꺼지지 않는 불로 자기 백성 중에 함께 거하시는 하나님의 임재를 나타내셨다. 이것을 보

---

36) Samuel E. Balentine, *Leviticus*, 위의 책, 81쪽.

고 모든 이스라엘 예배 회중은 기쁨의 소리를 지르며(히브리어로 "라난" 동사 피엘형, "shout with joy"), 얼굴을 땅에 대고 엎드렸다. 이것이 구약성경 레위기가 우리에게 증언하는 이스라엘 백성이 시내 광야교회에서 드린 역사적인 첫 공식 예배의 광경이다.

하나님의 임재가 실감되지 않는 예배는 참된 예배라고 할 수 없다. 또한, 구약의 제사(예배)는 엄숙한 정적이 감도는 침묵의 예배가 아니다(비교, 시 32:11; 33:1-3; 35:27-28; 66:1-4; 95:1; 100:1-2; 150:1-6 등). 하박국 2장 20절에서 "오직 여호와는 그 성전에 계시니 온 땅은 내 앞에서 잠잠하라"는 말씀은 우상들과 헛된 신들을 섬기기 위해 떠드는 사람들에게 하시는 심판의 말씀이며, 침묵의 예배를 명하시는 의미가 아니다(비교, 시 76:8; 습 1:7; 슥 2:13 등).[37] 이스라엘의 제사에서는 결과적으로 예배자가 하나님의 임재(즉 하나님의 영광)에 대한 신비한 경험을 통해 기쁨의 환호성을 울리는 동시에, 경외함으로 엎드리는 순복의 자세를 보여주고 있다. 그러므로 미국의 구약학자 루커(Mark F. Rooker)는 "하나님 임재의 확인이 구약뿐 아니라 신약 성도들의 예배의 초점이다"[38]라고 했으며, 미국 구약학 교수 하틀리(J. E. Hartley)도 "신구약 예배의 목표는 하나님의 임재 안으로 들어가는 것이다"[39]라고 했다.

4. 거룩 법전

"거룩 법전"(Holiness Code, 소위 'H' 법전)이란 현대 서양 성서비평학자들이 사용하는 전문용어이다. 간단히 말하면, 레위기 17~26장은 앞선 레위기 1~16장까지의 제사 관련 문서(the Priestly Source, 소위 'P' 문서)와는 또 다른 성격의 '거룩'을 강조하는 독립된 문서였는데, 바벨론 포로기 이후 예루살렘의 제2성전 시대에 5경이 경전으로 최종 편집되면서 레위기 문맥에 함께 합류하게 되었다는 것이다. 또 레위기 27장은 그보다 후대에 제2성전의 경제적 수입과 연관하여, 제사장들의 십일조에 대한 관심 때문에 부록으로 보충되었다고 주장한다. 그러나 이러한 서양의 성서비평학자들의 주장은 어디까지나 추측에 근거한 하나의 가설에 불과하며, 구약성경 본문 내에서나 밖에서 이러한 가설을 뒷받침하는 어떤 증거도 찾아볼 수 없다. 우리는 서양의 자유주의 성서비평학자들의 가설에 휘둘릴 이유가 없다.

---

37) Jacob Milgrom, *Leviticus 1-16*, The Anchor Bible Commentary, Doubleday, 1991, 591쪽.

38) Mark F. Rooker, *Leviticus*, The New American Commentary, Broadman, 2000, 155쪽.

39) J. E. Hartley, *Leviticus*, Word Biblical Commentary, Word, 1992, 126쪽.

레위기는 전반부에서와 마찬가지로 레위기 19장 이후에도 계속하여, "여호와께서 모세에게 말씀하여 이르시되, 너는 이스라엘 자손의 온 회중에게 말하여 이르라"라는 도입양식소를 마지막 27장까지 일관성 있게 되풀이하고 있다(레 19:1; 27:1). 또한, 레위기 전반부에서는 이스라엘 백성에게 제사규정을 먼저 제시하고 그다음에 제사장의 제사지침을 말했는데, 후반부에서도 이스라엘 백성의 윤리규정이 먼저 나오고 그 후에 제사장의 윤리지침이 따라 나오는 닮은 구조를 보여주고 있으며, 이것은 레위기 전후반 본문의 연속성을 시사하는 것이다. 그뿐만 아니라, 레위기는 5경에서 가장 짧은 분량의 책이지만, '거룩'(히브리어 '카도쉬')이라는 구약 히브리어 어근과 관련된 용어가 약 152회의 빈도수를 나타냄으로써 구약성경의 책 중에 가장 거룩을 강조하고 있음을 알 수 있다. 이스라엘 백성에 대한 '거룩'의 강조는 레위기 거룩법전만의 특징이 아니다. 예배공동체로서 이스라엘에 대한 거룩한 삶의 요구는 레위기 전체를 관통하고 있는 예배 정신이며, 레위기의 신학이다(레 11:4; 19:2). 그러므로 레위기 17~26장을 '거룩 법전'으로 따로 취급하는 것은 인위적이며 잘못된 관행이다.

앞에서도 언급한 대로, 이스라엘 백성은 시내산 언약을 통해 여호와 하나님의 '보배로운 소유'(즉, 자녀)가 되었고, 이제 이스라엘은 '제사장들의 나라'와 '거룩한 국민'으로서의 역사적인 소명과 사명을 받았다(출 19:5-6). 레위기 전반부 1~17장은 성막(회막)의 제사예배를 통해 하나님이 원하시는 "제사장들의 나라"를 이 땅 위에서 구현하는 길을 이스라엘을 통해 우리에게 보여주시는 것이다. 이스라엘은 이제 우상들이나 이 세상의 거짓되고 헛된 신들을 버리고, 천지를 창조하시고 인간을 하나님의 형상대로 지으셨고, 이 세상과 이스라엘의 역사를 홀로 주관하시며 죄악에서 인간을 구원하시는 여호와 하나님만 섬김으로써 하나님의 창조와 구원의 목적(즉, 하나님 나라)을 이루어 나가는 보편적이며 우주적인 역사에 동참하게 된다. 그러므로 참된 예배는 거짓된 우상 신들에 저항하며 죄악 세상속에서 살아계신 참 하나님 편에서 있음을 공언하는 구체적인 행위이다.

레위기 후반부 18~27장은 그와 연관하여 이스라엘 예배공동체가 하나님 나라의 "거룩한 국민"으로서 사명을 구체화하는 것이다. 그것은 하나님의 백성이 이 땅에 살면서, 거짓되고 더러운 세속에 물들지 않고 하나님의 창조 질서와 여호와 하나님의 계명(특히 '십계명')에 따라 사랑과 정의(윤리, 빛의 역할)와 공의(도덕, 소금의 역할)의 삶을 살 것을 강조하는 내용이다. 이제 이스라엘 백성은 거룩한 하나님 나라의 백성(국민)으로서, 일상생활에서 죄악의 현실을 직시하고, 죄악을 미워하며, 죄악에서 떠나는 지혜와 능력을 예배를 통해 하나님으로부터 공급받는다. 달리 말하자면, 예배는 사탄과 귀신들을 대적하는 행위이다(엡 4:27; 6:11; 약 4:7; 벧전 5:8-9 등). 예배는 세상의 죄악과 죽음에 대한 저항이며 대안이다. 구약성경이 말하는 예배는 본질상 무엇을 받기 위해 드리는 것이 아니지만, 예배를 통해 예배자가 받는 가장 큰 은혜는 사죄의 은총으로 인하여 살아계신 삼위일체 하나님과의 사귐이 성립하는 데 있다. 미국 복음주의 구약학자 월터 카이저 2세(Walter C. Kaiser, Jr.)는 그러므로 한마디로, "예배란 하나님과의 사귐이다"라고 했다.[40] 예배하는 이스라엘은 죄와 죽음의 종노릇하는 세상 사람들을 향해, 죄와 죽음의 문제 해결은 궁극적으로 예배를 통해 하나님으로부터 주어지는 진리의 말씀에 있다는 것을 증언해야 할 사명이 있다. 성전 안에서의 '예배 생활'은 성전 밖에서의 '생활 예배'로 연결되어야 한다. 예배와 일상생활은 둘이 아니고 하나다. 육신과 영혼이 한 몸이듯이! 레위기를 연구하는 구약학자들은 이구동성으로 레위기 후반부의 내용 중 절정을 이루는 핵심은 19장이라고 한다.[41] 여기서 레위기 19장의 내용을 자세히 설명할 수는 없으나, 레위기 19장이 십계명의 내용을 "생활의 예배"에 적용하고 있다고 보는 데는 많은 구약학자들도 동의하고 있다.[42]

레위기 19장에서는 예배공동체로서 이스라엘 백성 각 사람이 거룩해야 함을 강조하면서, 제일 먼저 19장 3절에서 십계명의 제5계명과 제4계명의 순서를 바꾸어 제5계명을 앞세운 것은, 성막(회막)의 예배가 생활의 예배로 변화하는 데는 무엇보다 이 두 가지 점이 먼저 중요하다고 보았기 때문이 아닐까 생각한다. 한글 개역성경은 레위기 19장 3절을 이렇게 번역했다. "너희 각 사람은 부모를 경외하고 나의 안식일들을 지키라. 나는 너희 하나님 여호와니라." 여기서 한글 개역성경은 "부모"라고 번역했지만, 히브리어 원문에는 너희 각 사람은 "그의 어머니와 그의 아버지를 경외하라"라고 하여 "어머니"를 "아버지" 앞에 놓고 있다(새번역 개정판은 맛소라 본문의 순서를 잘 살리고 있으나, 공동번역 개정판은 그렇지 못하다). 십계명 제5계명에서도 그 순서가 '부모(父母)를 공경하라'라고 나오는데(출 20:12; 신 5:16), 레위기 19장 3절에서만 그 순서를 '모부'(母父)로 표현한 것은 독특하다. 이것은 가정과 교회와 사회에서 어머니의 모권(母權)과 여권(女權)에 대해 하나님이 자기 백성의 거룩한 생활과 관련하여 관심을 가지신다는 사실을 강조하는 것으로 여겨진다. 누가 거룩한 사람인가? 무엇보다 일상생활에서 자기 어머니와 아버지를 경외하는 사람이 거룩한 사람이다. 여

---

40) M. F. Rooker, 위의 책, 155쪽에서 재인용함.

41) 김윤희, "네 이웃을 네 몸과 같이 사랑하라," 〈성경과 신학〉(1999년, 제25권), 38-67쪽. 비교, 김진명, 『하나님이 그려주신 꿈 레위기』, 하늘향, 2015. Jin-Myung Kim, *Holiness & Perfection: A Canonical Unfolding of Leviticus 19*, Das Alte Testament Im Dialog, Bd./Vol. 3, Peter Lang, 2011.

42) S. E. Balentine, *The Torah's Vision of Worship*, 위의 책, 169쪽. 비교, 십계명의 현대적 적용에 관해서는, P. L. Lehmann, *The Decalogue and a Human Future*, Eerdmans, 1995.

기서 어머니와 아버지를 '경외하라'(히브리어로, '야레')는 동사도 주목할만 하다. 십계명에서는 부모를 '공경하라'(히브리어로 '카베드' 동사의 피엘)는 동사를 사용했고, 일반적으로 경외한다는 동사는 주로 하나님을 경외한다는 문맥에서 사용되기 때문이다. 구약성경에서 부모를 언급할 때, 어머니를 아버지보다 앞세우는 구절은 레위기 19장 3절이 유일하다.

레위기는 5경의 중심에 위치한 책이며, 19장은 레위기의 중심을 이루는 장이다. 하나님의 자녀로서 거룩한 백성은 일상생활에서 어머니와 아버지를 경외하는 것이 그의 거룩성을 나타내는 첫 지표이다. 십계명에서 부모를 공경하라고 할 때 '공경하다'는 동사는 히브리어로 "카베드"(피엘. 존경하다, 경의를 표하다)인데, 레위기에서는 '카베드'(피엘) 동사 대신 '야레'(경외하다, 두려워하다) 동사를 사용한 것은 일견 놀라운 일이다. 평소에 어머니와 아버지를 무시하고 소홀히 하는 사람은 예배자로서 부적격자이다(비교, 출 20:12; 잠 1:8; 마 15:4-6; 막 7:10-13; 눅 18:20; 엡 6:2 등). 모부를 존경하기는커녕 무시하고 불순종하는 사람은 회개하고 모부와 화해한 다음에 예배에 참석하는 것이 순서일 것이다(비교, 시 15:1-5; 마 5:23-24). 이것 하나만 보더라도, 구약성경이 어머니(여성)를 무시하는 가부장 사회의 산물이라고 하는 일부 여성신학자들의 주장은 편견이며 잘 모르고 하는 말이다(비교, 잠 6:20-21; 10:1; 31:1 이하; 특히 잠 31:10-31).

"모부(母父)"를 경외하라는 말씀에 연이어, 옛 시내산 언약의 표징(출 31:13 이하)으로서 안식일(들)을 지키라고 하신 말씀은 또한 매우 중요하다. 누가 거룩한 사람인가? 안식일을 기억하고 그날을 거룩하게 지키는 사람이 거룩한 사람이다. 안식일을 지키라는 계명은 십계명의 제4계명이다(출 20:8-11; 신 5:12-15. 비교, 출 31:15). 그런데 예수님 시대에 유다 사회에서 제사장들과 바리새인들이나 율법학자들은 안식일이 '하나님을 위한 날'이라고 오해했고, 그날에는 누구나 아무 일도 하지 않고 무조건 쉬는 날로 착각했다. 그래서 예수님이나 그 제자들이 안식일을 범한다고 자주 비난했다. 그러나 예수님은 안식일은 본래 '사람을 위해 있는 날'이며 '사람이 안식일을 위하여 있는 것이 아니라'고 잘못된 안식일 개념을 바로잡아 주셨다. 또 예수님은 자신이 안식일 주인(主人)이라고 선언하셨다(마 12:1-8; 막 2:23-28; 눅 6:1-5).

초기 기독교는 율법적인 안식일이 아니라, 안식일의 주인이시며 새언약의 표징이신 예수 그리스도께서 부활하신 날을 '주님의 날'로 받아들이고, 그날은 안식일의 본래 정신인 '사람을 위해 있는 날'로서 '주일'(主日, the Lord's day)을 지켜오고 있다 (마 12:8; 눅 24:1; 행 20:7; 고전 16:2; 골 2:16-17; 계 1:10 등).[43] 주일은 한 주일의 첫날로써 구약의 문자적인 안식일 개념을 넘어서서 하나님을 예배하며 사람들을 위하시

는 하나님의 일을 하는 날이다(비교, 요 6:28-29). 이러한 관점에서 오늘의 주일예배
는 하나님 나라의 백성이 예수 그리스도 안에서 하나님의 거룩하심을 본받아 살겠다
는 거룩을 위한 결단을 증언하는 행위이다.

앞에서도 언급했지만, 레위기의 소위 "거룩 법전"(레 17-26장)은 그러므로 또 다
른 자료 전통에서 유래한 법전이 아니라, 레위기 전반부에서 말하는 거룩의 교리를
레위기 19장을 중심으로 거룩의 생활로 연결하는 내용이다. 달리 말하자면, 십계명
의 생활화를 제시하고 있다(레 19:3은 제4,5계명; 레 19:4은 제1,2계명; 레 19:11은 제8계
명; 레 19:12은 제3계명; 레 19:16은 제9,6계명; 레 19:18은 제10계명; 레 19:29은 제7계명).
십계명의 생활화는 곧 제사(예배) 의식과 함께 확장된 예배행위이다. 구약의 이스라
엘 역사에서는 제사(예배) 형식이 시대와 장소에 따라 달라졌고, 달라질 수 있음을
알게 해 준다. 그럼에도 레위기가 가르쳐주는 제사(예배)의 원리와 정신은 변하지 않
는다. 레위기 예배 신학에서 신앙과 생활은 둘이 아니라 하나이며, 언제나 같이 갈
수밖에 없는 일체양면성이라는 것을 강조하고 있다. 예배와 생활의 거룩은 다른 무
엇이 아니라, 예배자와 예배공동체가 성경이 계시하는 삼위일체이신 거룩한 하나님
을 닮는 것(imitatio Dei, imitation of God)이다(출 15:11; 시 99:9; 사 6:3; 벧전 1:15-
17!).[44]

5. 결론, 영과 진리 안에서 드리는 예배

예수님은 "의인 아벨의 피로부터 성전과 제단 사이에서 너희가 죽인 바가랴의
아들 사가랴의 피까지 땅 위에서 흘린 의로운 피가 다 너희에게로 돌아가리라"(마
23:35)라고 말씀한 바와 같이, 불행하게도 구약시대 이스라엘의 예배 역사는 이스라
엘 백성의 죄악으로 얼룩지고 부패하고 타락하였으며, 예언자들의 끊임없는 책망과
경고를 받아야 했다. 이미 사사시대에 이스라엘 백성의 거듭되는 우상숭배와 엘리
제사장 가문의 타락으로 실로 성소는 황폐화 되었다. 사무엘을 통해 본격적인 예언
자 시대가 열리고, 솔로몬 왕이 봉헌한 예루살렘 성전 예배가 시작되었으나 솔로몬
의 잘못된 결혼정책으로 인한 이방 여인들을 통해 유입된 이방 종교들의 오염으로
북왕국 이스라엘과 남왕국 유다의 분열은 막을 수 없었고, 이후 성전예배의 타락과
비극의 역사는 계속되었다. 북왕국 이스라엘의 예배는 느밧의 아들 여로보암 1세의

---

43) 비교, D. A. Carson(ed.), *From Sabbath to Lord's Day*, Zondervan, 1982.

44) 비교, Baruch A. Levine, *Leviticus*, The JPS Torah Commentary, 1989, 125쪽.

종교정책에 의해 변질되었고(왕상 12:25-33), 오므리 왕조 시대에는 바알 종교의 침투로 인해 야훼 신앙의 순수성은 찾아보기 어려울 정도가 되었다(왕하 18:16-21. 비교, 호 13:1-3). 예후가 오므리 왕조를 없애고 야훼 신앙을 회복한다는 명분을 내 세워 왕위에 올랐으나 거짓임이 드러났으며(호 1:4), 결국 이스라엘은 주전 722년에 앗수르 제국의 군대에게 멸망하고 말았다.

남왕국 유다에서도 여호사밧 왕(주전 870-848 통치)이 북왕국 이스라엘의 아합 왕가와 혼인 정책을 성사시키면서 여호사밧의 아들로서 후계자인 여호람이 아합과 이세벨의 딸인 아달랴와 결혼함으로써 예루살렘 성전에도 바알 종교와 바알 제사장들이 들어왔으며, 아하스 왕(주전 736-716 통치) 때는 앗수르의 우상 제단이 들어왔고, 므낫세 왕(주전 687-642 통치) 시대에 이르러서는 걷잡을 수 없을 정도로 이방 종교들과 가나안의 우상숭배가 만연하여 야훼 신앙은 혼합종교(또는 다원주의 종교)의 양상을 띠게 되었으며, 결국 남왕국 유다의 멸망 원인이 되었다. 이러한 상황에서, 히스기야 왕(716-687 통치)이나 요시야 왕(주전 640-609 통치)의 신앙개혁 노력도 수포로 돌아가고 말았다. 남왕국 유다 역시 586년에 신흥 바벨론 제국 군대의 침략으로 멸망하고, 예루살렘 성전도 약탈된 후 불타 버렸다. 바벨론에 포로로 잡혀갔던 제사장 출신 에스겔은 예언자로 부르심을 받고 야훼 하나님께서 보여주신 미래에 세워질 새 성전의 환상을 보았다(겔 40~48장).[45] 그러나 페르시아의 대왕 고레스의 칙령으로 예루살렘에 귀환한 유다인들이 주전 515년에 완공한 예루살렘의 소위 '제2성전' 역시 오래지 않아 타락의 길을 걸었다. 주전 430년 전후에 활동한 구약의 마지막 예언자 말라기는 당시 성전예배의 타락상을 다음과 같이 질타했다. "만군의 여호와가 이르노라. 너희가 내 제단 위에 헛되이 불사르지 못하게 하기 위하여 너희 중에 성전문을 닫을 자가 있었으면 좋겠도다. 내가 너희를 기뻐하지 아니하며, 너희가 손으로 드리는 것을 받지도 아니하리라"(말 1:10). 구약의 예언자들은 묵시적 종말인 "야훼의 날"에 회복될 예루살렘의 성전 예배를 바라보며 기대하고 있었다(슥 14:16-21 등). 또한 이방 민족들 중에서도 참된 제사(예배)가 이루어진다고 예언했다(말 1:11 등).

주전 2세기에 시리아 지역을 차지한 셀레우코스(Seleucid)왕조의 헬레니즘 신봉자인 안티오쿠스 에피파네스 4세(Antiochus IV Epiphanes, 주전 175-164 통치)가 예루살렘 성전을 모독하고 유다인들에게 성전 제사 금지령을 내려 예루살렘의 제2성전은 존폐의 위기에 처했으나, 마카비 형제들(the Maccabees)이 무력항쟁을 시작하

---

45) 윤형, 「에스겔 성전의 정체성과 성전신학에 대한 이해」, 장로회신학대학원 신학과 구약학 석사학위 논문, 2004.

고 주전 164년 유다 마카비가 이끈 저항군이 예루살렘 성전을 탈환하였으며(히브리어로 '하누카', 봉헌이란 뜻. 즉 '수전절', 요 10:22), 그 결과 유다인들이 세운 하스몬 왕조(Hasmonean dynasty, 주전 약 140-37)가 성립되었으나, 제2성전의 제사장 집단은 대제사장을 정점으로 헬레니즘 외세와 결탁하여 종교의 명분은 내세웠으나 사실상 정치세력의 실세로 군림하였고, 이스라엘 여호와(야훼) 신앙의 순수성은 지킬 수 없었다. 하스몬 왕조는 다시 로마제국의 지지를 받은 헤롯 왕조(주전 37~주후 92. 이두메인들)에게 자리를 빼앗겼다. 로마제국 시대에 헤롯 대왕(Herod the Great, 주전 약 73-4. 통치 기간, 주전 37-4)은 예루살렘 성전을 화려하게 개축하였으나, 로마제국 식민지 통치에 항거하는 유다 전쟁이 발발하면서 주후 70년에 예루살렘 제2성전은 로마제국 군대에 의해 약탈당하고, 다시금 불타버리고 말았다. 예수께서 예루살렘 성전에 들어가셨을 때, 그 성전을 사람들이 "강도의 소굴"로 만들었다고 질책하셨는데(마 21:13; 비교, 렘 7:11), 결국 구약시대 예배 중심지인 예루살렘 성전은 주후 70년 이후 오늘까지 오랜 세월 동안 폐허가 되었고, 이슬람교 사원(the Dome of the Rock, 황금 돔 사원)이 주후 691년부터 그 자리에 대신 들어서 있다. 한국교회는 오늘 이러한 구약시대의 예배와 연관된 예루살렘 성전 역사의 비극을 되돌아보면서 마땅히 타산지석(他山之石)으로 삼아야 하지 않겠는가?

예수 그리스도는 살아계신 하나님의 아들로서 성육신하시어, 사람이 손으로 지은 성전이 아니라 친히 '임마누엘'로서 우리 가운데 임재하시는 성전('장막 성소', 요 1:14; 2:19,21 등)이 되셨다. 구약시대 불완전한 성전 역사와 불완전한 제사(예배)를 예수 그리스도가 완전하게 하셨다(마 5:17; 히 8:1-2; 9:11. 비교, 고전 3:16). 이제 예수 그리스도를 영접한 그리스도인들은 그들 각 사람이 성령이 거하시는 '하나님의 성전'이라는 사실을 알게 된다(고전 3:16; 엡 2:20-22). 그뿐만 아니라 이제 예수님 재림과 최후의 심판을 통해 나타나는 하늘의 성전(계 15:5-8; 16:1 등)도 사라지고, 마침내 새 하늘과 새 땅이 이루어지는 하나님의 나라 "새 예루살렘 성"에서는 주 하나님과 어린양이 곧 '성전'이시다. "성 안에서 내가 성전을 보지 못하였으니 이는 주 하나님 곧 전능하신 이와 및 어린양이 그 성전이시기 때문이라"(계 21:22).

성경 본문의 총체적인 맥락에서 볼 때, 아직도 예배하는 장소가 예루살렘이냐 그리심산이냐라고 묻고 있는 수가성의 한 여인의 질문에 대한 예수님의 답변은 구약의 예배에 대한 총결산인 동시에 또한 오늘 우리 모두에게 주시는 참된 예배에 관한 깨우침이요 교훈이다. 예배는 장소, 시간(절기와 축제), 의식(儀式), 성직자(목회자나 설교자 등)가 결정적으로 중요한 것이 아니다. 예수님의 예배에 대한 마지막 결론은 "영(靈) 안에서 그리고 진리(眞理) 안에서"(신약 그리스어로, "엔 프뉴마티 카이 알레테이

아". 영어로는, "in spirit and truth") 드리는 예배를 하나님이 기뻐하시며 찾으신다는 것이다(요 4:23-24).

그렇다면 "영과 진리 안에서" 드리는 예배란 오늘 구체적으로 어떻게 설명할 수 있는가? 이것은 수가성의 여인이 질문했어야 하는 것이고 오늘 우리 모두도 궁금히 여기는 것이지만, 신구약 본문에 명시적으로 이것을 설명한 구절은 찾아보기 어렵다. "그리고"라는 접속사로 연결되어 있는 "영 안에서"와 "진리 안에서"는 동의어들이거나, 또는 이사일의(二詞一意, hendiadys) 어법인가? 이 문제는 앞으로 신약학자들이 더 잘 설명할 수 있다고 생각하여 좀 더 자세한 토론은 미루어 두기로 한다.[46] 다만 위에서 살펴본 대로 레위기를 중심한 구약의 예배신학의 관점에서 볼 때, "영(靈) 안에서 드리는 예배"는 하나님의 임재(곧 성령) 안에서 드리는 예배라는 뜻이고, 이것은 곧 레위기 전반부(1~17장)가 말하고 있는 하나님이 영으로 임재하시는 성막(회막)에서 하나님이 명하신 제사예식을 중심으로 드리는 예배의 신앙적인 면을 말하는 것이다. 그렇다면 "진리 안에서 드리는 예배"는 레위기 후반부(18-27장)에서 보는 대로 일상생활을 통해 하나님과 동행하며 하나님의 말씀에 순종하는 생활의 예배를 말씀하신 것으로 생각된다. 특히 요한복음 신학에서 진리(眞理)는 곧 예수 그리스도인데(요 14:6), 그 진리는 '성육신'하셨으며 이 세상의 어두움을 비추는 '빛'으로 상징된다(요 1:4-5; 3:21; 6:63; 17:17 등). 즉 여기서 문자적인 의미로 진리(그리스어로, '알레테이아')란 빛으로 "드러나는 것"을 의미한다. 그러므로 참된 예배자는 성전(예배당, 교회당)을 독점하거나 게토화하여 그곳에 숨거나 안주해서는 안 된다. 예배자는 언제나 진리(빛)이신 예수 그리스도를 모시고 이 어둠의 세상 속으로 들어가야 한다. 이 것이 진리 안에서 드리는 예배가 아니겠는가? 이 진리의 빛은 사람들을 죄악으로부터 자유하게 하고(요 8:31-32), 거듭난 새 생명을 준다(요 3:16; 5:39). 참된 예배는 성령의 인도하심과 예수 그리스도의 진리 안에서 사탄과 죄악의 세력으로부터 인간을 해방하며 이 진리를 증언하게 한다(마 16:18). '영과 진리 안에서'('영과 진리로', 개역개정) 드리는 참된 예배는 그러므로 '신앙과 생활이 일치하는 예배'이다.

예수님은 구약의 모든 계명을 "하나님을 사랑하고, 네 이웃을 네 자신과 같이 사랑하라"라는 한마디로 요약하셨다. 하나님을 사랑하는 것은 영 안에서 예배하는 것이고, 이웃을 사랑하는 것은 진리 안에서 예배하는 것이다. 이 세상에서 예수 믿는 사람들을 "소금과 빛"(마 5:13-16. 비교, 막 9:50; 눅 14:34-35)이라고 하신 것도 역시

---

46) 이상훈, 『요한복음』, 대한기독교서회 창립 100주년 기념, 성서주석 35, 1993, 163쪽. 이상훈 교수는 '신령과 진정(또는 진리)'은 "이 맥락에서 거의 동의어의 개념"이라고 한다. 그래서 진정한 예배자는 "영으로 거듭난 자들"의 뜻으로 본다 (비교, 요 3:5-8,31, 63!).

이러한 참된 예배의 일체양면성(신앙과 생활) 구조에 부합한다. 구약성경에서는 하나님과 이스라엘 백성 사이에 변치 않는 언약의 징표로서 "언약의 소금"을 말했다(대하 13:5; 민 18:19. 비교, 출 30:35; 레 2:13; 겔 43:24). 소금은 변치 않는 예배자의 신앙 정절을 의미하며, 우상들과 거짓된 신들을 섬김으로 세상이 부패하는 것을 막는 역할을 한다. 또한 유일하신 참 하나님만 섬기는 예배는 소금이 음식의 맛을 내듯이 인생의 맛(인생의 의미와 목적)을 내게 한다. 빛은 위에서 언급한 대로 진리를 상징하며, 어둠을 비추어 인생을 바른길로 인도한다. 은둔생활이나 이웃과 단절되고 고립된 삶은 참된 예배자의 삶이 아니다(비교, 로마가톨릭 봉쇄수도원). 다시 말하자면, 소금은 영 안에서 드리는 예배이며, 빛은 진리 안에서 드리는 예배이다. 바울 사도가 로마서에서 예수 그리스도를 보내신 하나님의 구원의 경륜과 복음을 설명하면서, 전반부를 "하나님을 향한 찬양"으로 마감하고(롬 1-11장), 이어서 후반부에서는 그리스도인들을 향해 "그러므로… 너희 몸을 하나님이 기뻐하시는 거룩한 산 제물로 드리라. 이것은 너희가 드릴 영적(합당한) 예배니라"라고 권면한 것은(롬 12~16장), 역시 참된 예배는 하나님을 찬양하는 바른 신앙과 이 세상을 본받지 않는 거룩한 생활이 일체양면성을 갖추어야 한다는 것으로 이해할 수 있다.

무엇이 참된 예배인가? 그 기준은 위에서 살펴본 대로 하나님의 살아있는 말씀인 성경에 기초해야 한다(비교, 요 6:63). 현대 서양의 자유주의 신학자들은 20세기에 "하나님이 어느 날 실종되었다"라고 하며, 21세기 포스트모던(탈현대, 현대 이후) 시대의 전망은 인간이 진화하여 인간이 신(神)이 되는 소위 "뉴 에이지" 시대를 예고하고 있다. 이러한 사상적 혼란을 틈타 기독교 신학에까지 침투한 종교다원주의는 기독교 신앙을 상대화하고 성경의 진리를 부인하며 예배를 비웃고 있다. 그러나 성경은 "이방인이 제사하는 것은 귀신들에게 하는 것이요 하나님께 제사하는 것이 아니라"라고 분명히 가르치고 있다(고전 10:20; 시 106:34-38. 비교, 행 17:22-31 등). 지금 한국교회에도 서양의 잘못된 세속풍조가 밀려 들어와 하나님을 향한 '영과 진리 안에서' 드리는 예배는 실종되고(말로는 하나님을 찬양한다고 하지만), 인간을 즐겁게 하는 인간 중심의 종교-문화적인 이벤트(행사)로 예배가 변질되고 있지는 않은가? 성경이 말씀하는 예배의 본질과 함께 이스라엘 성전예배의 비극적인 역사를 다시금 기억하면서, 예배가 타락하고 부패하면 예배당이나 교회만 망하고 목회자나 성도들만 죽는 것이 아니라, 그 사회와 민족과 국가의 멸망과도 직결되어 있다는 성경의 생생한 교훈을 되새겨야 하는 시점에 우리 모두는 서 있다.

 48. 구약성경의 제사신학, 레위기를 중심으로

49

기독교적 관점에서 생각하는 올림픽 경기

금년(2004년)에 제28회로 그리스의 아테네에서 개최된 올림픽 대회가 지난 8월 13일부터 시작하여 8월 29일에 폐막되었다. 이번 대회는 매스컴에서 보도된 대로, 전 세계의 총 202개국에서 선수와 임원 16,500여 명이 참가한 올림픽 사상 최대의 행사였다. 우리나라에서도 28개 종목 중 24개 종목에 267명의 선수가 참가하였는데, 그중 기독교인 선수가 약 120명이라고 한다. 무더운 열대야가 계속되던 여름을 뒤로하고 우리 국민들은 어느새 가을이 오는 것도 잊은 채, 마치 자신들의 자녀들이 하는 경기를 지켜보듯이 텔레비전 화면을 통해 생중계되는 올림픽 경기에 밤늦도록 시선을 집중하였다. 한반도기를 앞세우고 남북의 선수단이 함께 입장 할 때부터 우리는 애틋한 감정과 감동을 느꼈다. 우리 선수들이 선전할 때는 환호성과 함께 저절로 신이 났고, 고전할 때는 함께 안타까워했다. 특히 기독교인 선수들의 경우, 경기에 승리한 직후 그 자리에서 무릎을 꿇고 두 손 모아 감사와 찬양으로 기도하는 모습은 아름답고 숭고한 느낌마저 주었다. 한국을 잘 모르는 외국인들 중에서는 현장에서 이러한 장면을 보고 한국이 기독교 국가냐고 묻기도 했다고 전한다.

주지하는 대로, 고대 올림픽 경기는 그리스인들이 그들이 섬기는 신들에게(주로 제우스 신 축제) 영광을 돌리고 헌신을 다짐하는 일종의 종교적 행사로서 거행되었다. 주전 776년경에 그리스의 올림피아라는 장소에서 시작된 것으로 알려진 고대 올림픽 경기는 주후 393년 기독교인인 로마제국의 황제 테오도시우스 1세가 이교도의 종교행사를 금하는 의미로 올림픽 금지령을 내릴 때까지 약 천년을 계속해 왔다고 한다. 고대교회 시대에는 이교적인 올림픽 운동경기와 체육에 대한 관심은 점차 약화되었다. 그럼에도 고대교회가 체육을 전적으로 거부한 것은 아니었다. 중세시대는 기사들의 훈련과 교육을 위해 체육과 운동경기의 의미를 다시 생각하게 되었고, 건강을 위해 긍정적인 평가를 하였다. 교회개혁자들도 체육과 운동경기를 배척하지 않았으며, 육체의 건강을 회복하고 유지하기 위해 스위스의 교회개혁자 츠빙글리는 달리기, 높이뛰기, 돌 던지기, 격검(펜싱), 레슬링(씨름), 수영을 장려하기도 했다[1]. 그 후 17–18세기에 서양 기독교는 인문주의의 영향 아래 개신교를 중심으로 점차 체육의 중요성을 인식하게 되었고, 현대로 오면서 개신교 신학자들은 학교체육의 필요성을 재발견하였다. 지난 20세기 서구 기독교는 교회와 체육의 관계 확립을 위해 이론적으로나 실제적인 협력을 위해 다방면으로 노력을 해왔다. 우리나라에서도 지덕체(智德體)의 순서를 체덕지(體德智)로 바꾸어야 한다고 주장하는 분들도 있다. 이번 올림픽 경기나 그 외에 여러 국내외의 스포츠 행사들을 보면서, 우리나라 기독교 지도자들과 신학자, 목회자들도 체육이나 운동경기와 기독교 신학과 신앙생활과의 이론적이며 실천적인 관계 정립과 협력을 위해 관심을 가지고 노력해야 할 때가 되었다고 생각한다.

이번 올림픽 경기를 중계하거나 보도하는 우리나라 신문, 잡지, 매스컴의 관계자들도 많은 수고를 한 것이 사실이지만, 그 내용에 있어서는 문제점이 한두 가지가 아니었다. 먼저 근대 올림픽은 고대 그리스에서 유래한 이름이지만, 그 내용은 전혀 다른 것임을 알아야 한다. 1896년 그리스의 아테네에서 제1회 대회가 개최된 근대 올림픽의 창시자로 알려진 프랑스인 교육자 피에르 드 쿠베르탱의 이념은 올림픽이라는 국제적인 스포츠 행사를 통해 세계 청소년들에게 삶의 의욕과 용기를 북돋아주고, 상호 이해와 우정을 증진하며, 나아가 세계평화를 이룩하려는 데 있었다. 그는 또한 올림픽 경기와 관련하여, "인간의 성공 여부를 결정짓는 척도는 그 사람이 승리자냐 아니냐에 달려있는 것이 아니라 그 사람이 어느 정도 노력하였는가에 달려있다. 따라서 인생에서 가장 소중한 것은 승리한다는 것이 아니라 정정당당히 최선을 다하는 일이다"라고 천명하였다. 이러한 관점에서, 우리는 너무나 금메달을 따는데 집착하였고 10위권 안에 들어야 한다는 등수에 골몰한 나머지, 가장 중요한 근대 올림픽의 정신은 잊어버린 것이 아닌지 생각하게 된다. 이번에 우리나라 어떤 선수가 경기를 잘못했다고 감독이 그 선수를 구타했다는 부끄럽고 한심한 소문은 사실이 아니기를 바랄 뿐이다. 제2의 오노 사건으로 불리는 미국 체조 선수 폴 햄의 금메달도 잘못 수여된 것을 인정하고 그 금메달은 양태영 선수에게 돌려줘야 한다. 올림픽은 수단과 방법을 가리지 않고 메달을 많이 따고, 1등이 되는 것이 결코 그 목적이 아니기 때문이다. 올림픽 경기의 목표는 "정정당당히 최선을 다하는 일"이며, 나아

---

1) *TRE* 31, "Sport III", von M. Roth, 2000, 726쪽.

가 체육을 통한 기쁨과 감동, 아름다움, 그리고 인류에 대한 친교와 봉사 정신의 함양으로 세계 평화를 위한 참된 인간성의 고양이 그 목적이기 때문이다.

이번 아테네 올림픽을 개최한 그리스는 과거 신화(神話)의 나라가 아니다. 언론과 매스컴에서 성화(聖火)라고 부르는 올림픽의 불도 성화가 아니라, 공식 이름은 올림픽 정신을 상징하는 '올림픽 횃불'(olympic torch)이다. 언론에서 쓰는 번역 용어들에 오역이 제법 있는데, 편집장들이 관심을 가지고 바로잡으면 좋겠다. 현재 그리스는 발칸반도 남부에 위치한 국토면적은 약 13만 평방킬로미터이고 인구 약 1,100만 명이 사는, 그리스 정교회(Greek Orthodox Church)를 국교로 하는 기독교 국가이다. 로마제국이 주후 395년경 동서로 갈라졌고, 기독교 역시 동서로 나누어지면서 서로 정통성을 주장하며 대립했다. 결국 1054년에 라틴어를 사용하는 서로마제국 전통의 기독교는 로마 가톨릭교회(Roman Catholic Church)로, 그리스어를 사용하는 동로마제국(비잔틴제국)의 기독교는 콘스탄티노플(그리스어 명칭은 비잔티움, 오늘의 이스탄불)을 수도로 하는 동방정교회(Eastern Orthodoxy)로 분립하였다. 우리 언론에서 그리스가 신화의 나라라고 하는 것은 이미 지나간 이야기이고, 현재 그리스는 국민의 95%가 비잔틴 기독교 전통을 계승한 정교회(正敎會, Orthodox Church) 신자들이다. 지금 그리스에서는 제우스나 주피터, 아폴로 같은 올림포스 신들이나, 소크라테스, 플라톤 같은 철학자들은 욕을 해도 괜찮지만, 예수 그리스도에 대해서 비난하는 것은 삼가는 것이 좋다고 한국외국어대학교 유재원 교수는 올바로 충고하고 있다. 오늘 그리스인들의 일상생활의 중심에는 교회가 자리 잡고 있다는 사실을 알아야 한다. 우리나라 매스컴에서 이번 올림픽 개최국인 그리스를 제대로 소개하려면 엉뚱하고 허황한 과거의 신화 이야기에 매달릴 것이 아니라, 오히려 그리스 국민이 기독교 신앙을 받아들이게 된 역사와 그 정교회의 현실을 취재해야 한다. 신약성경의 사도행전 17장에 보면, 일찍이 바울 사도가 아테네를 방문하여 아레오바고에서 아테네 사람들에게 기독교 신앙을 선교하는 이야기가 나온다(행 17:22-34. 비교, 살전 3:1). 오늘 우리는 바울 사도가 아테네와 빌립보와 고린도와 데살로니가를 중심으로 기독교 복음의 씨앗을 뿌린 것이 결코 헛되지 않았음을 보고 있는 셈이다. 성경에는 체육이나 운동경기에 대한 기록을 찾아보기 어려우나, 바울 사도는 그가 평소에 그레코-로만 문화권에서 살면서 보았던 운동경기의 기억을 예수 그리스도의 복음을 증언하는 데 긍정적인 유비로 사용하기도 했다(비교, 고전 9:24-27).

신학적으로 볼 때, 올림픽 경기를 위시한 현대 스포츠의 위험성은 대체로 ① 상업화 ② 승부 조작 ③ 폭력화 ④ 정치적 이용 ⑤ 일종의 종교로서 스포츠 신봉 등이 지적되고 있다. 우리는 이러한 위험성들에 유의하면서 건전한 스포츠 정신을 장려해야 한다. 이와 함께 체육인들이 인간으로서의 존엄성을 지킬 수 있도록 관심을 가져야 한다. 체육인의 명예는 정정당당하고 공명정대한 경기에(fair play) 기초한다. 한국의 체육인들은 언제 어디서나 공명정대한 경기를 한다는 점을 세계인들이 인정해 준다면, 그 가치는 금메달 수십 개를 따는 것보다 더 클 것이다. 또한 체육인은 운동경기로써 끝나는 것이 아니라 생활인으로서의 삶도 중요하다. 고난도의 기술과 함께 위험 부담이 큰 운동경기에서 어린이와 청소년을 무리하게 동원하고 극한 훈련을 강요하는 것은 재고해야 한다. 물론 약물 사용도 거부해야 한다. 다른 좋은 이름들도 얼마든지 있는데, 대한축구협회가 공식 응원단의 이름을 '붉은 악마'로 고집하는 것은 이해하기 어렵다. 여기서 '붉다'는 것도 부정적 의미가 있고 악마는 '악한 마귀'라는 뜻인데, 자기 자녀들에게 붉은 악마라는 이름이나 별명을 붙여 줄 부모가 있겠는가? 밝고 긍정적인 이름으로 응원단의 이름을 바꾸어야 한다. 호랑이 응원단이나 태극응원단 같은 이름도 대안이 될 만하다. 이러한 문제의식과 함께 체육인에 대한 목회적 관심과 돌봄이 꼭 필요하다고 생각한다. 체육계 내에서도 기독교인 체육인들의 예배 기본권이 보장되어야 한다. 이제 올림픽을 위시하여 모든 체육과 운동경기를 통해 우리 그리스도인들은 주님께 영광을 돌리고 인류 평화 증진에 기여할 수 있도록 기도하며 동참해야 할 것이다.

50

열린 것과 닫힌 것

언제나 열려 있는 창(窓)은 창이 아니다. 예외가 있겠지만, 제대로 된 창은 열 수도 있고 닫을 수도 있어야 한다. 문(門)도 마찬가지다. 필요할 때 열 수 있고 닫아야 할 때 닫을 수 있어야 문이다. 예수님의 혼인 잔치 비유에서 슬기로운 다섯 처녀는 기름을 준비하고 있다가 신랑이 도착하고 제시간에 문이 열렸을 때 혼인 잔치에 들어갔으나, 미련한 다섯 처녀는 문이 닫힌 후에 와서 열어 달라고 간청했으나 들어가지 못했다. 언제부터인가 창과 문에 대해 이런 생각을 가끔 하다가, 요즈음 노명순 시인이 쓴 "희망"이란 시를 읽었다.

시인은 이렇게 쓰고 있다. "내 창엔 방충망을 치지 않았다/ 바람이 드나들지 못할까봐/ 해맑은 햇살이 걸릴까봐// 내 창엔 방충망을 치지 않았다/ 날벌레들 부드러운 날개 찢길까봐/ 가느다란 다리 다칠까봐// 살아가기 위해 힘들어하는 가녀린 것들을 위해/ 기도가 저절로 나올 때가 있다/ 눈물이 저절로 나올 때가 있다// 나에게도 희망이 보일 때가 있다." 이 시에서는 시인의 자연주의적 정감이 종교적인 경지에까지 고양되어 있으며, 생명 사랑의 인도주의 정신이 보석처럼 빛나고 있다. 여기서 이 시를 논리적으로 해부하고 토를 다는 것은 부질없는 짓이고 어리석은 일이다. 이 시는 시로서 그 존재 이유가 충분하고, 그 메시지는 예술로 승화되어 있다. 그럼에도 이런 이야기를 하는 것은, 앞서 언급한 창과 문에 대한 나의 생각과 관심이 이 시에서는 '방충망'과 연결되면서, 요즈음은 방충망도 여러 질이 있고, 여닫이 방충망도 있는데 하는, 이 시와는 본질적으로 아무 상관없고 쓸데없는(?) 생각을 다시 하게 되었다는 것을 고백해 두려는 것뿐이다. 극성스런 모기나 파리 떼가 들어오고, 독충이나 해충이 있는 데서는 방충망이 필요하다.

창과 문에 대한 나의 생각은 마음의 창과 마음의 문에 관한 나의 관심의 유비이다. 마음의 창과 마음의 문도 열어야 할 때 열고 닫아야 할 때 닫을 수 있어야 한다. 우리 주위에는 답답하게도 마음의 창과 마음의 문을 닫고 사는 사람들이 의외로 많은 것 같다. 그런데 우리 주위에는 마음의 창과 마음의 문을 조심 없이 열거나 열어 놓은 사람들 역시 의외로 많은 것 같다. 따스한 봄날 해 맑은 햇살이 비치고 향긋한 공기와 더불어 훈풍이 불어 올 때 그 누가 창을 닫아두겠으며, 문을 열고 밖으로 나가보고 싶지 않겠는가? 우리 주님이 문밖에 서서 문을 조용히 두드리실 때 그 누가 주님의 음성을 듣고도 마음의 문을 열지 않겠는가? 그런데, 비바람이 몰아치고 황사와 미세먼지가 불어닥치는데 창문을 열어 놓을 사람은 없을 것이다. 유독 가스나 연기가 들어오고 심한 악취가 날 때는 두말할 것도 없다. 침입의 위험이 있을 때도 그렇다.

그동안 우리들의 전통적인 삶의 역사는 모든 방면에서 대체로 개방적이기보다는 폐쇄적이었기 때문에 발전이 더디었다고 생각된다. 그렇다고 이제 개방과 열린 것으로 치우치는 것은 또 다른 우를 범하는 것이다. 마음의 창문도 열 때 열고 닫을 때 닫을 줄 알아야 한다. 나는 생선가게 구경을 좋아한다. 큰 어물전에 가보면, 다양한 조개들이 있는데, 가끔 꼬막이나 홍합을 사 오기도 한다. 그런데 항상 열려있는 조개나 항상 닫혀있는 조개는 죽은 조개들이다. 살아있는 싱싱한 조개는 열리는 것과 닫히는 움직임을 다 같이 보여준다. 생명은 열리는 것과 닫히는 것을 공유하는 법이다. 닫혀있는 것도 답답하지만, 열린 것만 말하는 것은 일종의 대중 영합주의이다. 신학자 칼 바르트는 지난 19세기 유럽의 개신교 신학(자유주의 신학)이 세상을 향해 문을 활짝 열어 놓음으로, 신선한 공기와 함께 썩은 냄새가 유입되었다고 지적하였다. 신학에서도 '열린 신학'을 말하는 사람들이 있는데, 조심해야 한다. 방충망을 치지 않고 살 수 있으면 좋다. 그러나 살다 보면 방충망도 필요할 때가 있다는 것을 알게 된다.

     50. 열린 것과 닫힌 것

51

실패와 실수를 넘어 믿음의 발자취를 남기자

대체로 사람들은 실패한 사람을 버리고 다시는 거들떠보지 않으려 하지만, 하나님은 실패한 사람도 다시 불러 쓰신다. 실패한 사람이 자포자기하지 않고 자신의 실패를 인정한다면, 하나님은 실패한 사람을 불쌍히 여기시고 사랑으로 돌보시며 새로운 소망의 길을 보여주신다. 성경에서 볼 때, 인류역사상 가장 큰 실패는 아담과 하와의 범죄 사건이라고 할 수 있다. 모든 조건과 환경이 이상적인 에덴 낙원에서 아담과 하와가 뱀으로 위장한 사탄의 유혹에 빠져 불순종함으로 하나님이 먹지 말라고 하신 선악과를 따 먹고 하나님께 범죄 하였을 때, 그들은 자신들의 실패와 수치를 경험하게 되었으며, 하나님으로부터 피하여 숨는 모습을 보여주었다(창 3:6-8). 그뿐만 아니다. 아담과 하와가 범죄 함으로 죄가 세상에 들어오고, 죄로 인하여 사망이 모든 사람에게 이르렀음을 성경이 말씀하고 있다(롬 5:14-21). 아담과 하와의 실패는 자신들에게만 국한된 것이 아니고, 모든 인류에게 누를 끼치고, 모든 피조물들에게도 고통의 짐을 지우는 실패였다(롬 8:19-21). 그렇다면, 하나님은 이렇게 엄청난 실패를 한 아담과 하와를 영원히 저주하고 죽게 내버려 두셨는가? 결단코 그렇지 않다. 하나님은 실패로 인해 두려워하여 숨어있는 아담과 하와를 먼저 부르셨다. "아담아, 네가 어디 있느냐?"(창 3:9). 그리고 아담과 하와가 그들의 범죄로 인한 수치를 가리려고 스스로 무화과 잎으로 만든 가리개 대신에, 그들을 위해 친히 "가죽옷"을 지어 입히셨다!(창 3:21). 성경은 아담이 오실자의 모형(예표)이라고까지 말씀하였다(롬 5:14. 비교, 창 3:15). 아담과 하와는 비록 실패하였지만, 하나님은 그 실패를 나사렛 예수 그리스도를 통하여 구원과 승리로 바꾸어 놓으셨다.

성경은 다시 이렇게 말씀하고 있다. "우리가 아직 죄인 되었을 때에 그리스도께서 우리를 위하여 죽으심으로 하나님께서 우리에게 대한 자기의 사랑을 확증하셨느니라"(롬 5:8). 여기서 "우리가 아직 죄인 되었을 때에"란 말씀은 인간은 누구나 하나님 앞에서 죄인이요 실패자라는 가르침이다. 인간은 자신의 죄와 실패를 인정하는 사람과 인정하지 않는 사람의 차이가 있을 뿐이다(비교, 롬 3:10; 요일 1:8-10). 인간의 범죄와 실패가 있는 곳에 하나님의 사랑과 은혜와 구원의 약속이 있다. 인간은 잘못을 범하지만 하나님은 용서하신다는 말이 그 뜻이다. 하나님은 범죄하고 두려워하며 괴로워하는 사람을 결코 모른체 버려두지 않으신다. 자신의 잘못과 실패를 인정할 줄 아는 사람은 희망이 있다. 한 걸음 더 나아가 자신의 잘못을 회개하는 사람은 위대하신 하나님의 은혜와 사랑을 경험하게 된다. 왜냐하면, 하나님은 상한 갈대를 꺾지 않으시고, 꺼져가는 심지도 끄지 않으시며, 상하고 통회하는 마음을 멸시하지 않으시기 때문이다(사 42:3; 시 51:17). 성경에서 노아, 아브라함, 이삭, 야곱, 모세, 아론, 미리암, 기드온, 입다, 삼손, 사무엘, 다윗, 엘리야, 히스기야, 이사야 등 일견 실패와는 상관없어 보이는 인물들도 사실은 하나님의 사랑으로 인해 자신들의 실패와 허물을 딛고 다시 일어나서 믿음의 위대한 발자취를 남겼다. 주님을 하룻밤에 세 번씩이나 부인하고 통곡하는 베드로를 우리 주님은 결코 버리지 않으셨다. 살기등등하여 그리스도인들을 박해하는데 앞장섰던, '안티(반) 기독교'의 대표적 인물이었던 실패자 사울을 하나님은 이방인들을 선교하기 위한 위대한 사도 바울로 세우셨다(행 22:4-21).

죄가 더한 곳에 은혜가 넘쳤다는 말씀은 곧 인간이 범죄하고 실패한 곳에 하나님의 사랑과 은혜가 있다는 말씀으로 이해할 수 있다. 그렇다고, 하나님의 사랑과 은혜를 더하기 위해 범죄와 실패를 더하자는 말은 어불성설이 될 것이다. 우리는 한 번이라도 범죄하고 실패하지 않도록 최선을 다해야 한다. 아담과 하와는 에덴 낙원에서 한번 실패하였지, 두 번 세 번 같은 실패를 거듭한 것이 아니라는 것을 우리는 기억해야 한다(비교, 요 8:11). 사람은 사람을 고쳐쓸 수 없다는 말이 있으나, 하나님은 사람을 고쳐 쓰시고, 회복하게 하신다.

52

역설 대 역설

성경은 바울 사도를 통하여 인간의 두 가지 역설적인 삶의 모습을 우리에게 대조적으로 보여주고 있다. 첫째는 예수 그리스도의 복음을 대적하며 율법을 명분으로 삼고 자기 의를 내세우는 소위 표면적 유대인들의 삶의 역설이다. 로마서 2장 22-23절에서 바울은 그들의 위선적인 삶의 역설을 다음과 같이 다섯 가지로 지적하였다. ① 다른 사람은 가르치면서 자기 자신은 가르치지 않는다. ② 도둑질하지 말라고 선포하면서 자기가 도둑질한다. ③ 남 보고 간음하지 말라고 하면서 자기가 간음한다. ④ 우상을 미워한다고 하면서 이방인들 신전의 물건을 훔친다. ⑤ 율법을 자랑하지만, 율법을 범함으로 하나님을 욕되게 한다. 그래서 바울은 이러한 역설적인 삶을 사는 사람들에게, "하나님의 이름이 너희들 때문에 이방인 중에서 모독을 받는다."(롬 2:24)라고 일침을 가하였다.

둘째로 바울 사도는 위의 역설과는 전혀 다른 또 하나의 역설적인 삶을 소개하였다. 그것은 바울 사도와 그와 함께한 하나님의 일꾼들의 삶의 모습이다. 고린도후서 6장 8-10절에서 바울은 하나님을 섬기는 삶의 역설을 다음과 같이 일곱 가지로 열거하고 있다. ① 속이는 자 같으나 정직하다. ② 무명한 자 같으나 유명하다. ③ 죽은 자 같으나 살아있다. ④ 매를 맞지만 죽임을 당하지 않는다. ⑤ 근심하는 자 같으나 항상 기뻐한다. ⑥ 가난한 자 같으나 많은 사람을 부요하게 한다. ⑦ 아무것도 없는 자 같으나 모든 것을 가졌다. 이러한 복음적 역설이 가능한 것은 예수 그리스도의 은혜에 기초하기 때문이다(비교, 고후 8:9!). 복음의 능력으로써만 가능한 이러한 역설적인 삶은 세상 사람들의 여론이나 비난에 구애받지 않는다. 그것은, "영광을 받거나 수치를 당하거나, 비난을 받거나 칭찬을 받거나" 변함없이 하나님을 섬기는 자세이다(고후 6:8). 여기서 한 걸음 더 나아가, 바울 사도의 복음적 역설은 다음의 구절에서 그 절정에 이르고 있다. "그러므로 내가 그리스도를 위하여 약한 것들과 모욕과 궁핍과 박해와 곤고를 기뻐하노니, 이는 내가 약한 그 때에 강함이라."(고후 12:10).

우리는 위에서 율법적인 삶의 역설과 복음적인 삶의 역설을 보고 들었다. 역설 대 역설이 만나면서 위기의식을 일깨우고 있다. 오늘 우리 각 사람은 어떠한 역설적인 삶을 살고 있는가? 오늘 나의 삶은 율법적 역설인가, 복음적 역설인가? 우리는 오늘도 율법적인 역설을 보고 듣고 있다. 개혁을 부르짖는 사람이 바로 개혁되어야 할 사람이요, 민주화를 부르짖는(또는 부르짖었던) 사람이 비민주적이며, 애국을 내세우는 사람이 비애국적이고, 평등과 평화를 부르짖는 사람이 사실은 갈등을 부추기고 폭력적이며, 정의를 명분으로 불의를 행하고, 복음을 강조하는 사람이 비복음적이라는 현실을 경험하면서 우리는 살고 있다. 이런 말을 하는 것은, 나는 빠지고 다른 사람들만 그렇다고 일방적으로 매도하려는 것은 물론 아니다. 사실은 우리 각 사람이 이제는 타인들로부터 시선을 돌려 나 자신을 돌아보자고 이런 생각을 하고 이런 글을 쓰고 있는 것이다.

길거리에 들리는 큰 목소리도 없고, 역사의식도 없는 것 같고, 그 흔한 시위(데모) 대열에 한 번 앞장서 보지도 못했고, 용기(?)나 기회가 없어 감옥에 가본 적도 없는 사람. 기자회견이나 텔레비전에 나온 적도 없으며, 시국 선언문에 서명도 해 본 적이 없는 사람. 그 많은 무슨 군중집회에 나서거나 대중집회 광고에 회장, 부회장, 고문이나 임원이나 위원이 되어 이름 한 번 올리지도 못하고, 그 흔한 비정부 시민단체 기구에도 제대로 끼어들지도 못하지만, 예수 그리스도의 은혜와 복음의 능력에 사로잡혀서, 남의 주목을 받지 못하는 약한 삶을 살면서도, 사실은 선으로써 악을 이기며 그 누구보다도 불의와 타협하지 않고, 진실로 부드럽고 강직한 그 사람의 복음적 역설이 그리울 따름이다.

53

물안개 피어오르는

물안개 피어오르는 광나루 바라보며
오늘 너를 생각한다

너는 조용히 물안개 되어
마음 구석구석
나를 차지한다

물안개 보이지 않는 날에도
내 안에 네가 있음을 안다

메마른 세상 허전할 때면
나는 너의 넉넉한 여유로움과
잔잔한 위로를 기억하며

말 없는 물안개로 피어오르는
너의 지혜를 생각한다.

54

말씀을 지키는 사람이 복이 있다

성경에서 보면 하나님의 말씀을 지키는 자가 복이 있다고 했다. 말씀을 지킨다는 것은 그 말씀대로 실천하고 그 말씀대로 생활하는 것을 의미한다. 예수님을 따르는 무리 중에 한 여자가 큰 소리로 예수님께 "당신을 밴 태와 당신을 먹인 젖이 복이 있습니다"라고 했을 때, 예수님은 "오히려 하나님의 말씀을 듣고 지키는 자가 복이 있다"라고 응답하셨다(눅 11:27-28). 또 예수님은, "진실로 진실로 너희에게 이르노니, 사람이 내 말을 지키면 영원히 죽음을 보지 아니하리라"라고 말씀하셨다(요 8:51). 그뿐만인가? "나의 이 말을 듣고 행하지 아니하는 자는 그 집을 모래 위에 지은 어리석은 사람 같으니, 비가 내라고 창수가 나고 바람이 불어 그 집에 부딪치매 무너져 그 무너짐이 심하니라"(마 7:26-27)라고 말씀하셨다.

야고보서는 특히 행함을 강조하고 있다는 것을 우리는 잘 알고 있다. "행함이 없는 믿음은 그 자체가 죽은 것이다"(약 2:17). 구약성경에서도 하나님은 이스라엘 백성에게 하나님의 계명의 말씀을 지켜 행할 것을 강조하셨다. "너희는 내 계명을 지키며 행하라. 나는 여호와니라"(레 22:31). 모세는 신명기에서 하나님의 명령을 이스라엘 백성이 준행하도록 거듭 되풀이하여 당부했다. "내가 너희에게 명령하는 말을 너희는 가감하지 말고 내가 너희에게 내리는 너희 하나님 여호와의 명령을 지키라"(신 4:2). 성경에서 이런 구절들을 다 찾아 소개하고 설명하려면 책 한 권을 써도 부족할 것이다. 하나님의 말씀을 듣고 읽고 연구하며 공부하는 유일한 이유와 목적은 그 말씀을 지켜 행하기 위함이다. 이 점을 우리는 잠시라도 잊어서는 안 될 것이다.

요즈음 보면, 성경을 누가 얼마나 많이 읽었는가에 더 관심이 쏠려있는 것 같다. 어떤 사람은 50독, 100독, 300독을 했다고도 말한다. 이렇게 가면, 곧 500독, 1,000독, 만 독을 했다는 사람도 나올지 모르겠다. 알려진 바대로 한국 장로교회는 초창기부터 성경을 공부하는 사경회에서 그 부흥의 불길이 일어났고, 평양 장로회신학교도 교회의 사경회가 그 시작의 동력이 되었다. 우리 신앙의 선진들은 기도하며 하나님의 말씀인 성경을 애독하였고, 한국장로교회는 그 특징 중의 특징이 성경을 사랑하는 성경중심의 교회이다. 성경중심의 신앙과 성경중심의 신학을 가지고 성경중심의 설교와 목회를 하였기에 오늘과 같은 한국교회의 부흥을 이루게 되었다. 평양장로회신학교 1회 졸업생이며 3·1운동 민족대표 33인 중 1인이었던 길선주 목사는 계시록을 만 독 했다고 하며, 눈감고 외울 정도였다고 한다. 어쨌든, 지금은 성경통독을 하면서 경쟁적으로 누가 성경을 더 많이 읽었느냐가 중요하게 여겨지기도 한다. 물론 '독서백편의자현'(讀書百遍意自見)이라는 긍정적인 면도 있다는 것을 몰라서 하는 말은 아니다. 그러나 교회에서 경쟁적인 성경읽기 시상식은 재고해야 한다. 성경말씀 실천 시상식이라면 몰라도.

성경을 읽는 기본 원리를 말하자면, 성경은 매일 적당한 분량을 잘 이해하고 소화하면서 기도하는 마음으로 천천히 읽고, 그 중에 한 말씀이라도 기억하고 실천하는 것이 중요하다. 성경 필사 노트보다는 성경 실천 노트를 만들면 더 좋겠다. 이렇게 읽으면, 신약은 한 번 읽는 데 약 2년, 구약은 한 번 읽는 데 약 5년은 필요할 것이다. 육신의 양식을 먹을 때처럼, 우리 영혼의 양식인 성경 말씀도 감사한 마음으로 기도하면서 잘 씹어서 천천히 먹어야 한다(비교, 신 8:3; 마 4:4). 마음과 영혼의 양식도 육신의 양식을 제대로 건강하게 섭취하는 원리와 크게 다를 바 없다. 음식 먹기를 거부하는 '거식증'(拒食症)도 문제지만, 습관적인 편식(偏食)이나 습관적인 과식(過食)은 예외 없이 건강에 문제를 일으키게 되며, 더욱이 '폭식'(暴食)은 병리적 증상이라는 것을 알아야 한다. 성경을 통독한다고 음식도 먹지 않고 잠도 자지 않으면서, 빨리빨리 읽어 치우면(특히 아직 신앙이 성숙하지 못한 성도들의 경우), 바른 신앙생활에 위험을 초래할 수도 있다. 한글 성경 번역본으로 신구약 성경을 보통 읽는 속도로 계속해서 읽으면, 이론적으로 약 75시간이면 한 번 통독할 수 있다. 그리스도인이라고 하면서 교회는 오래 다녔지만, 성경을 평소에 한 번도 읽지 않았던 사람이 어느 날 회개하고, 신구약 성경을 한 번 통독하기로 서원하여 단시일 내에 한 번 이상 몇 번을 통독하면, 어떤 성취감을 얻게 되는 것은 사실이다. 그러나 그것은 자랑할 일도 아니고 누구에게나 권할 것은 아니라고 생각한다.

이런 일화를 읽은 기억이 난다. 공자(孔子)의 제자 중에 왕 아무개라는 제자가 있었다. 이 사람이 어느 날 자기는 공자가 읽으라는 책을 3천 번이나 읽었다고 자랑하고 다니기 시작했다. 그것을 들은 다른 제자들은 의기소침해졌다. 그리고 기분이 좋을 리가 없었다. 그래서 의논 끝에 공자 선생님께 가서 말했다고 한다. "왕 아무개가 선생님이 말씀하신 책을 3천 번이나 읽었다고 자랑을 하고 다닙니다." 그 말을 들은 공자는 이렇게 말했다고 한다. "3천 번을 읽은 것이 중요한 것이 아니라, 그중에 있는 가르침을 하나라도 바로 깨닫고 실천하는 것이 중요하다." 공자도 사색보다는 독서를 권장했다. 공자의 '위편삼절'(韋編三絶)이라는 고사는 유명하지 않은가? 그런데 공자의 독서는 매일 식사를 하듯이 매일 꾸준히 평생을 통해 이루어 가는 여정임을 알 수 있다.

우리나라 조선왕조 시대에 선비들이 얼마나 독서에 심혈을 기울였던가는 아는 사람은 다 아는 사실이다. 그때는 책 읽은 횟수를 쉽게 기억할 수 있게 '서산'(書算)이라는 도구도 사용했다. 17세기에 독서광으로 알려진 김득신(1604-1684)에 관한 다음과 같은 이야기가 있다. 김득신은 태어날 때부터 머리가 너무 나빴고 둔재로 자랐다. 10살이 되어서야 글을 배우기 시작한 김득신은 지혜가 부족하고 재주가 몹시 노둔했는데도 외워 읽기를 매우 부지런히 했다고 한다. 김득신은 자신이 읽은 책에 관해 '독수기'(讀數記)를 남겼다. 거기에 보면 읽은 횟수가 만 번을 채우지 못한 책이나 글은 독수기에 올리지 않았다고 한다. 그 내용을 잠깐 살펴보면, 사마천의 사기 중에서 백이전은 1억 1만 3천 번을 읽었고, 노자전은 2만 번을, 중용은 1만 8천 번 읽었다. 그 외에도 1만 5천 번, 1만 4천 번, 1만 3천 번 등등, 만 번 이상 읽은 36편의 글에 대해 읽은 횟수와 함께 왜 그 글들을 읽었는지 그 이유를 적어 놓았다. 그 당시 1억은 지금 10만이니, 백이전을 읽은 실제 횟수는 11만 3천 번이라고 한다. 어쨌든 이것이 사실이라면, 김득신은 "엽기적인 독서광"이다. 그래서 김득신은 마침내 학자가 되고 큰 시인이 되었다고 한다. 옛 선비들은 김득신의 노둔함을 자주 화제에 올렸는데도, 그의 노력에는 외경(畏敬)을 보냈다고 한다.[1] 살다 보면 이런 "미친 사람"도 있을 수 있다. 그러나 그것은 "나는 안 된다"고 포기하는 사람을 격려하는 교훈적인 이야기이며, 예외에 속한 일이다.

다시 성경 읽기에 돌아가 생각해 본다. 성경은 우리에게 성경을 몇 번이나 읽었느냐고 묻지 않는다. 종교적 경전을 수도 없이 읽고, 그 경전을 베껴 쓰고, 그 경전의 내용을 외워서 낭송하는 것은 우리 전통문화에서도 낯선 일이 아니다. 오늘 우리도 성경을 항상 가까이하고 그 말씀을 읽고 묵상하는 일을 게을리해서는 안 된다. 성경을 필사하는 것도 잘못은 아니다. 요즈음은 신구약 성경을 통째로 베껴 쓰는 사람들도 늘어나고 있다. 칭찬은 못 할 망정, 굳이 나무랄 일도 아니다. 그럼에도 한 가지 기억하고 명심해야 할 것이 있다. 그것은 성경에 기록된 하나님의 말씀에 순종하

---

1) 정민, 『미쳐야 미친다, 조선 지식인의 내면 읽기』(서울: 푸른역사, 2004), 51-67쪽

고 날마다 그중에서 한 가지라도 생활 속에서 실천하는 일이다. 성경 말씀을 듣기도 하고 읽기도 해야겠지만, 그 말씀대로 실천하지 않으면 무슨 소용이 있는가? 신약성 경의 마지막 책인 계시록의 첫 장과 마지막 장에서는 그 말씀을 실천하도록 다음과 같이 상기시켜 주고 있다. "이 예언의 말씀을 읽는 사람과 듣는 사람들과 그 가운데 에 기록한 것을 지키는 사람들은 복이 있다(계 1:3) … 보라, 내가 속히 오리니 이 두 루마리의 예언의 말씀을 지키는 사람은 복이 있으리라(계 22:7)." 말씀을 읽는 사람 과 듣는 사람들은 그것으로 그쳐서는 안 되고, 모두 그 말씀을 지키는(실천하는) 사람 들이 되어야 한다. 하나님의 말씀인 성경은 그 말씀대로 순종하고 행하라고 우리에 게 주신 것이다.

55

예배의 위기

국내외를 막론하고 교회의 예배 현장이 침체되고 세속화한 예배에 대한 걱정과 자성의 소리가 들려오고 있다. 우리시대의 예언자로 알려진 미국의 복음주의 설교자 A. W. 토저(Aide Wilson Tozer, 1897–1963)는 『예배인가, 쇼인가』라는 그의 책에서 다음과 같이 주장한다. "순결한 예배가 쇼 기획 방식으로 기획되고 있다. 계산된 멘트, 감정을 조장하는 찬양, 입맛에 달콤한 설교… 껍데기 예배는 가라, 예배가 변질되면 모든 것이 망한다." 토저 목사는 또 이렇게 지적하고 있다. "나는 교회에서 쇼맨(showman), 즉 흥행사 흉내를 내는 사람을 즉시 알아 볼 수 있다. 그는 TV에 나오는 엠시(MC, 사회자)와 조금도 다를 바 없다. 그는 엠시가 하는 방법을 배워서 똑같이 흉내를 낸다. 그는 느끼한 미소를 지으며 손뼉을 치면서, '자, 여러분, 이제 아무개 형제와 아무개 자매가 우리를 행복하게 해주는 찬양을 하겠습니다'라고 소리친다. 그는 이런 가증스러운 것을 세상에서 교회로 끌어들인 것이다. 이런 것을 볼 때 나는 하나님께서 그가 자신의 잘못을 깨닫도록 도와달라고 기도한다. 나는 그가 어디에 있었는지 안다. 그에게서 천국의 몰약이나 침향이나 계피의 향기는 맡을 수 없다."[1] 이러한 예배의 타락 현상은 비단 토저가 말하는 미국 교회의 상황만은 아니라고 생각된다. 우리 한국교회의 예배 현장에도 어느 틈엔가 이러한 오락 쇼의 분위기가 스며들어 예배의 본질과 정신을 흐려놓고 있다.

깨끗하고 좋은 것은 전염력이 없거나 약한 반면에, 더러운 것 나쁜 것은 이상하게도 엄청난 전염력과 전파력을 가지고 대중을 사로잡는다. 얼마 전에 어느 목사님으로부터 직접 들은 이야기다. 그 목사님이 정부의 고위직에 있는 어떤 분에게 전도

---

1) A. W. 토저, 이용복 옮김, 『예배인가, 쇼인가!』(서울: 규장, 2004).

를 하고 교회에 출석하도록 권면을 했다고 한다. 그 고위직 공무원이 그 목사님에게 다닐 만한 교회를 소개해 줄 것을 요청했다. 그 목사님은 요즈음 좋은 교회가 많이 있으니 주변의 몇몇 교회를 다녀보고 마음에 드는 교회를 선택하시라고 말해 주었다. 얼마 후에 다시 두 분이 만나게 되어 자연히 그 목사님이 그분에게 어느 교회를 선택했는지 물었다. 그분은 동네에 있는 성당에 나가기로 했다고 대답했다는 것이다. 목사님이 놀라서 그 이유를 물으니, 교회는 마치 시장이나 사교장과도 같이 시끄럽고 복잡한 반면, 성당은 경건하고 엄숙한 분위기가 마음에 들었다는 것이다. 물론 경건하고 엄숙한 분위기 자체가 예배의 본질을 좌우하는 것은 아니라고 하더라도, 오늘 우리 교회의 예배 현장을 되돌아보게 하는 사건이라고 생각된다.

성경에서도 예언자들은 예배의 변질과 타락에 대해 부단히 그 잘못을 지적하고 회개를 촉구한 것을 볼 수 있다. 일찍이 아모스 예언자는 주전 8세기에 타락한 이스라엘 백성의 예배 생활에 대해 다음과 같이 그 잘못을 지적하였다. 북왕국 이스라엘 백성은 당시에 대형 예배 장소인 벧엘이나 길갈에 모여서 아침마다 희생제사를 드리고 삼일마다 십일조를 드렸으며 감사제사와 낙헌(자원)제사를 드렸지만, 그것은 어디까지나 자신들의 종교적 만족과 소원성취와 이익을 위한 것이었지, 하나님을 기쁘시게 하는 예배는 아니었다는 것이다(암 4:4-5). 아모스는 또한 이스라엘 백성이 지키는 절기나 성회도 하나님이 미워하고 멸시하며 기뻐하지 않으신다는 것을 분명하게 말하면서, 번제나 소제나 화목제를 드려도 하나님은 받지 않으신다는 것을 전하였다. 또한 이스라엘이 예배에서 부르는 노래나 비파와 같은 악기의 연주도 하나님은 듣지 않으신다고 했다(암 5:21-23. 비교, 사 1:10-17). 아모스 예언자는, "오직 정의(正義)를 물같이, 공의(公義)를 마르지 않는 강같이 흐르게 하라"라고 했다(암 5:24). 이러한 관점에서 볼 때, 오늘 우리의 예배에서도 위기의식을 느끼지 않을 수 없을 것이다. 오늘 한국교회가 예배에서 강조하는 것이 무엇인가? 성수주일, 십일조, 각종 헌금들, 새벽기도, 철야기도, 당회장 목사님 말씀 절대 순종, 본 교회 출석 강조, 교회 봉사, 선교, 기도, 찬양 등이 아닐까 생각한다. 과거 이스라엘도 이러한 것들을 열심히 행했으나 그것은 어디까지나 자기만족과 자기 의를 드러내기 위함이었다(비교, 롬 10:2-3).

성경에서 하나님이 찾으시고 기뻐하시는 예배는 "영과 진리 안에서"(in spirit and truth) 드리는 예배이다(요 4:23-24; 비교, 레 1:3 등). '영 안에서' 드리는 예배는 성령이신 하나님 안에서 드리는 예배로서 즉 하나님과 만남의 예배를 의미하며, 하나님이 인정하시는 예배이다. '진리 안에서' 드리는 예배는 진리이신 예수 그리스도 안에서 드리는 예배이며, 그 진리는 세상의 빛으로 드러나는 예배 곧 생활로 이어지는 예배를 의미한다. 영과 진리 안에서 드리는 예배는 달리 표현하자면, 신앙과 생활이 일치하는 예배이다(요 6:63; 8:12; 14:6; 17:17. 비교, 롬 12:1-2; 히 13:15-16 등). 예수님께 예배에 관해 물었던 수가성 여인의 관심은 이러한 관점에서 예배의 본질과는 상관없는 질문이었다. 예배란 나의 소원성취나 나의 계획을 실현하기 위한 종교적 행사가 아니라, 나를 부인하고 성령 안에서 그리고 예수 그리스도 안에서 하나님께 대한 전적인 자기 위탁이다. 예배는 단순히 교회당에서 행해지는 종교적 의식이 아니라, 구원받은 하나님의 자녀들이 삼위일체이신 하나님께 대한 응답의 삶이다. 예배는 무엇을 받기 위한 행위가 아니며, 하나님께 받은 은총과 은혜에 대해 기억하며 응답하고, 하나님의 통치를 인정하며, 하나님께 사랑을 드리는 행위이다. 피조물인 인간이 천지를 창조하신 하나님, 우주 만물의 통치자(왕)이신 하나님께 나아가 예배할 수 있다는 그 자체가 은혜요 복이며 행복이고 기쁨인 것이다.

앞서 소개한 아모스 예언자뿐 아니라, 호세아, 이사야, 미가 예언자들도 잘못된 예배에 대해 회개를 촉구하였다(호 6:6; 사 1:10-17; 미 6:6-8 등). 예레미야 예언자는 당시 타락한 예배를 드리는 예루살렘 성전을 향하여 다음과 같이 섬뜩한 비판을 하였다. "너희는 이것이 여호와의 성전이라, 여호와의 성전이라, 여호와의 성전이라 하는 거짓말을 믿지 말라(렘 7:4)." 그럼에도 이스라엘의 예배는 좀처럼 바른 모습을 회복하기가 어려웠다는 것을 알 수 있다. 구약시대 말에 활동한 말라기 예언자는 보다 더 신랄하게 제사장들과 백성들의 잘못된 예배에 대해 책망하였다. 그 원인은 무엇보다 제사장들의 타락이 극에 달했기 때문이다. 말라기 예언자에 의하면, 제사장들은 만군의 여호와의 이름을 멸시하고 제단에 더러운 떡을 드리고 있었으며, 옳은 길에서 떠나 많은 사람을 하나님의 가르침(율법)에 걸려 넘어지게 하였다는 것이다(말 1:6-14; 2:1-9 등). 그러므로 말라기 예언자는 이렇게 예언하였다. "만군의 여호와가 이르노라. 너희가 내 제단 위에 헛되이 불사르지 못하게 하기 위하여 너희 중에 성전 문을 닫을 자가 있었으면 좋겠도다. 내가 너희를 기뻐하지 아니하며 너희가 손으로 드리는 것을 받지도 아니하리라"(말 11:10). 이러한 예언의 말씀들이 과연 오늘 우리의 예배와는 전혀 상관없는 말씀이라고 할 수 있겠는가?

예배의 본질에 문제가 생기면 예배의 형식에도 문제가 발생한다. 한국 장로교회의 예배는 성경말씀 중심의 설교와 경건하고 엄숙한 것이 그 장점이었다. 어떻게 보면, 인간미나 인간적인 재미가 없는 예배의식을 가지고 있었다. 그것은 아마도 "오직 하나님께만 영광"을 돌리는 깔뱅주의 개혁교회 전통에 따른 청교도 신앙의 영향이라고도 볼 수 있다. 16세기 제네바에서 깔뱅의 목회 원칙에는 다음과 같은 구절들이 눈에 뜨인다. ① 설교자는 장식 없는 흑색 가운만 착용할 것(제네바 가운). ② 예배 시간에는 사람을 향해서 일체 칭송을 하거나, 선물을 주거나, 박수를 치지 말 것. ③ 설교자는 가능한 한 예화를 들지 말 것, 예화를 할 경우는 성경의 내용을 인용할 것. ④ 설교 시간에는 웃거나 졸지 말 것 등이다[2]. 그런데 어느 사이에 이제는 너무도 적나라한 인간적 수단과 방법이 아무런 거리낌도 없이 예배 현장에서 행해지고 권장되는 현실을 보게 되었다. 참으로 당혹스러운 일이다. 예배 시간에 '할렐루야―아멘'의 남발, 남녀노소를 불문하고 옆에 앉은 사람과 사랑의 눈 맞추기와 심지어 포옹 권유, 두 손 높이 들고 큰 소리로 '주여 삼창' 유도, 무분별한 박수 행위(황당스러운 '하나님께 영광 돌리는 박수'), 구호 따라하기, 율동 따라하기, 믿거나 말거나 히트친 예화의 수집과 사용, 심지어 예배 인도자의 교인들에 대한 반말 및 욕설 사용 등 난장판이 된 것이다. 이러한 장단에 호응하지 않는 교인은 믿음이 없는 사람이고 아직 은혜를 받지 못한 사람으로 매도되기도 한다. 인격과 상식과 교양 있는 사람들이 이러한 예배 행태에 눈살을 찌푸리고 마음이 상해서 교회를 멀리하는 것은 당연하다고 볼 수 있다. 또한 예배와 교회의 행사가 뒤섞여서, 어디까지가 예배고 어디까지가 행사인지 구별이 안 되는 딱한 경우도 있다. 목회자가 사실 조금만 사려있게 생각한다면, 예배 순서와 행사 순서를 구분함으로써 그 문제를 해결할 수 있을 것이다. 일찍이 한경직 목사님은 그의 목회 생활에서 교인들이 찾아와 우리도 예배 시간에 박수 좀 치는 것을 어떻게 생각하느냐는 질문에 대해, '손뼉 치는 것은 유치원에서 많이 하는 것'이라고 대답했다고 한다.

교회생활을 통해 성도들의 믿음이 자라가야 하고, 예배도 성숙함을 나타내야 한다. 사실 개척교회나 믿음이 어리고 약한 교회일수록 목회 성공을 위해 예배에서 인간적인 수단, 방법, 기술을 사용하고 싶은 유혹을 떨쳐버리기가 쉽지 않다는 것을 이해할 수 있다. 그러나 우리는 고린도전서 10장 23절의 다음과 같은 말씀을 기억해야 한다. "모든 것이 가하나 모든 것이 유익한 것은 아니요, 모든 것이 가하나 모든 것이 덕을 세우는 것은 아니다." 못해서 안 하는 것이 아니고, 참으로 하나님께 영광을 돌리는 데 유익하고 교회에 덕을 세우는 일인지 생각해 보아야 한다. 좋은 게 좋다는 식으로 마구잡이로 해서는 안 된다. 마구잡이 목회를 하지 않기 위해서, 목회자는 정규 신학대학교에서 신학을 공부하고 교역자가 될 훈련을 하는 것이 아니겠는가. 교회사에서 보면 온갖 형태의 이단적인 사이비 예배도 있었다. '기뻐 뛰며 춤추며 경배하라'라는 말씀에 따라 예배 시간에 누가 기뻐하며 많이 웃는가를 강조하는 '웃는 교회'도 있었고, 누가 춤추며 더 높이 뛰어오르는가를 강조하는 '춤추며 뛰는 교회'도

---

2) 임택진, "오늘의 교회를 생각한다", 〈한국기독공보〉, 2004년 2월 7일, 13쪽에서 재인용함.

있었다. 물론 매우 예외적인 경우지만, 예배드리는 성도는 죄사함을 받았기 때문에 죄로 말미암아 입게 된 옷을 벗어야 한다고 예배 시간에 '옷 벗는 교회'도 있었다고 한다.

우리는 이제 한국교회 예배 상황의 위기를 모른 체만 할 수 없는 시점에 와 있다. 교회의 예배와 교인들의 생활에서 복음의 향기가 사라지고 세속화의 썩은 냄새만 난다면 어떻게 하겠는가? 우리에게 복음을 전해준 서양의 교회들(특히, 미국 연합장로교회, 캐나다 장로교회, 스코틀랜드 장로교회, 호주 연합장로교회 등)은 이미 몰락의 길에 들어서서 그 미래를 약속하기 어려운 처지가 되었다. 우리 한국교회도 너무 늦기 전에 정신을 차리고, 우리 주님으로부터 너희가 하나님의 집을 "강도의 소굴"로 만들었다는 참담한 말씀을 듣지 않도록 해야 한다(비교, 마 21:12-13).

<h1 style="text-align:center">56</h1>

<h1 style="text-align:center">교수와 괴수의 차이</h1>

교육(敎育)이 잘못되면 고육(苦肉)이 된다. 명예(名譽)를 잘못 누리면 멍에가 된다. 교수(敎授)가 교수의 본분을 지키지 못하면 괴수(怪獸)가 된다. 요즈음 강 아무개 교수, 장 아무개 교수, 마 아무개 교수 등이 교수로서의 적절치 못한 언행 때문에 문제가 되었다. 이것은 비단 우리나라에서뿐만 아니라 어느 나라 어느 사회에서나 있는 일이다. 문제가 된 교수들의 항변은 대체로 한결같다. 자신들에 대한 비판은 '학문의 자유'를 침해하는 것이요, 자신들은 억울하게 비난과 핍박을 받고 있으며, 자신들은 진리를 위한 순교자라는 것이다. 비굴한 변명이며, 시대착오적인 잠꼬대에 불과하다. 서울대학교 정운찬 총장이 최근에 언론사 기자들을 만난 자리에서 일부 교수들의 행태에 대해 비판을 부탁했다고 해서 주목을 받았다. 문제가 되는 교수들의 행태는 네 가지로 지적되었다. ① 수업을 특정일에 몰아넣고 일주일에 한 번 학교에 나온다. ② 수업은 소홀히 하고, 주중에 골프를 친다. ③ 지나치게 자주 해외에 나간다. ④ 학생들과의 인격적인 만남이 부족하다.

사실 이외에도 대학교수들이 반성하고 고쳐야 할 점은 한두 가지가 아닐 것이다. 알콜 중독은 물론이고, 도박, 마약, 인터넷 중독 교수들도 있다고 듣고 있다. 교수라고 하면, 우리 사회의 지도자이고 선생님인데, 방탕, 음란, 집단 이기주의, 패거리 싸움에 연루되어 있다는 이야기는 더 이상 헛소문만은 아니다. 연구비 유용도 문제가 되고 있다. 이러한 일부 교수들에 대한 비판이 모든 교수들을 싸잡아 매도하는 것으로 해석되어서는 물론 안 된다. 교수들에 대한 이러한 쓴소리는 오히려 달리는 말에 채찍질하는 뜻으로 받아들여야 한다. 이러한 비판에 대해 "침소봉대한다"든지, "자존심 상한다"든지, "너나 잘하세요"라는 거부반응보다는, 교수 사회가 이러한 지적 앞에서 다시 한번 자신을 가다듬는 계기로 삼아야 할 것이다. 대학이 부패하고,

비록 일부 교수라고 하더라도 교수가 교수의 본분을 저버리고 괴수의 언행을 일삼는다면, 우리 모두의 불행일 뿐이다. "연구와 강의를 잘하는 것도 중요하지만, 교수는 학생들에게 모범이 될 수 있는 선생이 되는 것이 무엇보다 중요하다."라는 정운찬 총장의 말은 교수의 신분을 가진 사람이라면 다시 한번 새겨들어야 할 것이다.

교수는 현행 우리 교육제도에서 선생 중의 선생이라고 할 수 있고, 교수는 선망의 대상이 되는 직업이라고도 한다. 교수가 되려는 꿈이나 비전을 가진 사람들도 적지 않을 것이다. 그럼에도 성경은 이렇게 말씀하고 있다. "나의 형제자매 여러분, 여러분은 선생이 되려고 하는 사람이 많아서는 안 됩니다. 여러분이 아는 대로, 가르치는 사람인 우리가 더 큰 심판을 받을 것입니다"(약 3:1). 가르치는 사람의 책임이 얼마나 크다는 것을 예수님도 이렇게 말씀하셨다. "맹인이 맹인을 인도할 수 있겠느냐?"(눅 6:39). 또 성경은 거짓 예언자들과 거짓 교사(선생)들이 나타날 것을 경고하였다. "전에 이스라엘 백성 가운데 거짓 예언자들이 일어난 것과 같이, 여러분 가운데도 거짓 교사들이 나타날 것입니다. … 많은 사람이 그들을 본받아서 방탕하게 될 것이니, 그들 때문에 진리의 길이 비방을 받게 될 것입니다. 또 그들은 탐욕에 빠져 그럴듯한 말로 여러분의 호주머니를 털어갈 것입니다"(벤후 2:1-3).

서양 언어에서 "교수"라고 하는 명사, 예컨대 영어로 "프로페서"(professor)는 라틴어 동사 '프로피테리'(profiteri)에서 왔는데, 이 동사는 "공언하다, 고백하다, 교리를 신봉하다, 가르치다"라는 뜻을 가지고 있다. 교수는 자신이 믿고 있는 진리를 공언(公言, declare publicly)하는 사람이며, 그가 믿는바 진리를 양심에 거리낌 없이 가르치는 선생이다. 우리나라 대학교에 언행(言行)이 일치하는 더 많은 진실하고 좋은 교수님들이 나타나기를 바란다.

57

하나님과 하느님

얼마 전 어느 자리에서 '하나님'과 '하느님'의 호칭에 관한 이야기가 있었다. 우리 애국가 가사에서 처음에는 '하나님'이라고 표기했으나 지금은 '하느님'이라고 고쳐 부르고 있다. 대다수의 한국교회가 사용하고 있는 한글 개역성경에서는 '하나님'이라고 번역했으므로, 애국가를 부를 때 기독교인들은 '하느님'이라고 하지 말고 '하나님'으로 불러야 한다는 의견도 있었다. 국어사전에서도 '하나님'은 기독교의 신(神)으로 개신교에서 '하느님'을 이르는 말이라고 풀이하고 있다. 또 '하느님'은 일반적으로 "우주를 창조하고 주재한다고 믿어지는 초자연적인 절대자"라고 풀이한다. 그런데 한국 로마가톨릭(천주교)에서는 공동번역성서와 독자적인 한글 번역 성경(2005년 초판 발간, 한국 천주교 주교회의)에서 '하느님' 칭호를 사용하고 있다. 우리말의 '하느님'은 본래 '하늘-님'에서 유래한 용어이며, 하늘과 연관하여 신들 중에 하늘에 계신 최고의 통치자를 가리키는 말로서, 한자어로는 '천지신명'(天地神明), '상제'(上帝), 또는 '옥황상제(玉皇上帝)' 등에 상응하는 개념이다. '하나님'은 기독교 성경 국역 과정에서 비로소 우리말로 정착된 칭호로서, 천지와 우주 만물과 인간을 창조하고 다스리시는 신(神)을 가리키며, 이러한 창조주는 크시며 오직 한 분이라는 점을 강조하는 용어이다.

국역 성경에서 '하나님'은 구약의 경우 히브리어 보통명사 '앨로힘'을 번역한 것이다. '앨로힘'은 문법적으로는 복수 형태인데 이방 신들을 지칭할 때는 복수용법을 사용하지만(출 20:3; 삿 5:8 등), 유일하신 이스라엘의 하나님을 가리키는 문맥에서는 대체로 단수 용법으로 사용되는 특징을 보여준다. 이스라엘의 하나님을 지칭하는 '앨로힘'이라는 히브리어 복수 형태는 신성의 힘과 능력을 강조하는 '강조의 복수'(intensive plural) 또는 '장엄의 복수'(majestic plural)라고 서양 구약학자들은 설명하기도 한다. 또는 앨로힘의 복수형태는 삼위일체 하나님을 함의하는 용어로 보기도 한다. 구약 문맥에서 '앨로힘'은 창조주 하나님의 명칭으로 강조되고 있으며(예컨대, 창 1:1-2:3에서만 35회 반복해서 사용되고 있다), 인간 및 피조물과 구별되는 신격(神格)과 신성(神性)을 강조하는 하나님의 이름이다(시 8:5; 삿 9:13; 비교, 소위 '앨로힘' 시편들인 시 42-72편). '앨로힘'의 단수 형태인 '앨로아흐'는 주로 운문에서 나타난다(신 32:15; 욥 31:2 등).

다른 한편으로 구약 히브리어 '엘'도 일반적으로 신을 지칭하는 명사인데, 이스라엘의 하나님을 지칭하는 용어로도 사용된다(창 17:1; 33:20; 사 40:18 등). '엘'은 고대 셈족어(우가릿어, 아카드어 등)에서 '신'(神)을 지칭하는 일반명사로 사용되었고, 그 복수 형태는 '엘림'이다. 구약성경에서 '앨로힘'(또는 '앨로아흐')은 약 2,200회 사용되는 데 비해, '엘'(또는 '엘림')은 약 230회의 비교적 적은 빈도수를 나타낸다. '엘'은 고대 가나안 다신교 종교에서 만신전의 주신(主神)의 이름으로도 나타나고 있다. 구약 문맥에서 볼 때, '엘'은 '앨로힘'보다 더 옛스러운 신 명칭으로 보이며, 이스라엘의 하나님을 지칭할 경우 '엘' 하나님은 "너희 조상의 하나님"이라는 의미를 강조하는 데서 그 특징을 알 수 있다(창 46:3; 49:25; 출 6:3 등). 흥미로운 것은 이스라엘의 하나님을 지칭할 때 고유명사인 '야훼'(야웨, 여호와) 이름과 함께 일반명사들인 '앨로힘'과 '엘'이 사용된 경우이다: "엘 앨로힘 야훼"(예컨대, 수 22:22). 이 경우 현재 한글 개역성경은 "전능하신 자 하나님 여호와"라고 번역하였다. 여기서 '엘'을 '전능하신 자'로 번역한 것은 의역이다. 원문을 직역하면, '하느님 하나님 여호와'로 번역해야 할 것이다. 앞서 언급한 대로 우리 한글 개역성경에서는 이스라엘 조상들의 하나님을 지칭하는 문맥에서 '앨로힘'과 '엘'은 구별 없이 모두 '하나님'으로 번역하였다(비교, 창 31:11,13). 그런데 '엘'과 '앨로힘'은 그 어근이 서로 다를 뿐 아니라, 그 각각의 신 명칭의 용례와 강조하는 의미도 다르다. 어떤 사람들은 '엘'이 '앨로힘'의 준말이라고도 하는데 잘 몰라서 하는 말이다. 앞으로 '엘'은 '하느님'으로(창 14:18; 겔 28:2; 시 82:1; 신 32:8 등), '앨로힘'(창 1:1; 2:4 등)은 '하나님'으로 각각 구별하여 번역하면 히브리 성경 원문에서의 구별도 살아나고, 우리말 번역에서도 하나님 명칭 사용에 있어서 훨씬 여유가 있어서 좋겠다고 생각한다. 사실 구약성경 히브리어 원문에 근거해서 말한다면, 이스라엘의 하나님 '엘'이 곧 '앨로힘'이고 이스라엘의 하나님 '앨로힘'이 곧 '엘'이기 때문이다. 구태여 '하느님'과 '하나님' 둘 중의 하나를 택일하라고 강요할 이유가 없다.

야곱은 밧단아람에서 가나안 땅으로 돌아와서 세겜 성읍 앞에 장막을 치고 그 장막 친 밭을 사서 거기에 제단을 쌓고 그 이름을 "엘 앨로헤 이스라엘"이라고 불렀다

(창 33:20). 현재 우리 한글 개역개정 성경은 이 명칭을 음역하고 그 각주에서 이렇게 번역하고 있다. "하나님, 이스라엘의 하나님". 그런데 마소라 원문에 따라 직역하면, "하느님, 이스라엘의 하나님"으로 하는 것이 더 좋겠다는 생각이 든다. 하나님의 백성 이스라엘은 이방의 신(들)도 지칭할 수 있는 보통 명사들인 '엘(엘림)'이나 '앨로힘(엘로아흐)'을 유일한 참 신이신 야훼 하나님과 같은 명칭으로 적절히 사용함으로써, 엘(하느님)과 앨로힘(하나님)을 함께 사용해도 문제가 없다는 것을 보여 주었다.

다시 이 글을 시작할 때 언급한 애국가의 가사를 생각한다. 처음부터 '하나님'이라고 썼던 것을 굳이 '하느님'으로 고친 것도 그렇고, '하느님'이라고 했다고 굳이 그 명칭으로는 부르지 않고 '하나님'으로 고집하는 것도 어색해 보인다. 성경의 관점(특히 구약 히브리어 본문의 경우)에서 보면 '하느님'은 곧 '하나님'이요, '하나님'은 곧 '하느님'이시기 때문이다. 다른 신(神)은 없다(사 44:6; 45:22 등). 나태주 시인이 그의 시(詩) "시를 위한 기도"에서 하느님과 하나님을 동격으로 병치하여 호격으로 사용한 것은 시인의 탁월한 통찰력이라고 생각한다. "지친 사람에게 위로를, … 실망한 사람에게 소망을, … 정말로 나의 시가 대신할 수만 있다면, 하느님 하나님, 얼마나 좋을까요!".[1]

---

1) 나태주, 『너무 잘하려고 애쓰지 마라』(경기: 열림원, 2022), 267쪽.

58

패배의 미학을 넘어 – 예레미야를 생각하며

때로는 눈물이 되고, 때로는 피도 본다
스폰지로 변신하며
모래 대신 잘게 자른 부드러운 천을 채워 샌드백이 된다
내어 준다, 아낌없이 내어 맡긴다

때로는 한 줄기 바람이 되어 모퉁이 길을 돌아
어디론가 사라진다
어떻게 해야 할지 모를 때는
중심만 잡고, 그저 가만히 있는다

이것은 패배가 아니라 기다림이다
모든 알찬 열매는 기다리고 또 기다리면서 영글었나니,

때로는 눈을 감고 때로는 귀도 막고
때로는 코도 막는다 답답하면,
철벽이 된다 견고한 쇠기둥, 놋 성벽이 된다.

59

개역개정판 성경의 변천 과정과
한국교회의 선택

올해 2005년부터 대다수의 한국교회가 한글 '개역개정판 성경전서'(제4판, 2005년 확정판)를 사용하게 되었다. 지난 1998년에 개역개정판 성경전서 초판이 나온 지 7년 만의 일이다. 이러한 꾸준한 변화는 한국교회가 사용하는 번역 성경의 수준이 향상되고 있다는 증거이다. 한국교회의 특징을 한마디로 말한다면 '성경을 사랑하는 교회'이다. 성경을 하나님이 영감으로 계시하신 '하나님의 말씀'으로 믿고 받아들이고(딤후 3:15-17), 그 말씀대로 순종하며 실천하려고 노력하는 것이 한국교회의 장점이다. 대한성서공회 민영진 박사는 "한국교회의 역사는 성경 공부의 역사라 해도 과언이 아니다. 새로운 개역개정판 성경이 성경 공부와 함께 발전해 온 한국교회에 말씀의 빛을 환하게 비춰 줄 수 있기를 바란다"라고 말했다[1]. 한국교회가 그동안 사용해 오던 한글 개역성경의 전통을 그대로 살리면서도 보다 개선된 '개역 개정판 성경전서'를 사용할 수 있게 된 것은 우리 모두가 함께 감사하며 축하할 일이다. 일부에서 한국교회의 성경이 '바뀐다'는 사실에 대해 우려와 거부감을 표시하기도 한다. 그러나 좀 더 정확하게 표현하면, 성경이 바뀌는 게 아니라 성경 번역이 개선된 것이다.

---

1) 민영진, 『개역개정판 이렇게 달라졌다』(서울: 대한성서공회, 2003), 81쪽.

권위를 인정받은 한글 개역성경의 역사

한글 번역 성경의 역사에서 최초로 1882년에 소위 '로스'(John Ross, 羅約翰, 1842-1915. 스코틀랜드 연합장로교회 선교사 목사) 역 '누가복음'이 낱권으로 만주 심양(문광서원)에서 출간됨으로써 그 효시가 되었다. 1887년에는 로스 역 한글 '신약 전서'가 역시 만주 성경(심양의 옛 이름, 문광서원)에서 완간되었고, 이 신약성경은 초기 한국교회의 신앙 성장에 크게 기여했다. 한편, 구약성경의 한글 번역은 유대인으로서 기독교로 개종한 후 미국성서공회에서 파송을 받아 권서(勸書, colporteur) 자격으로 1895년에 한국에 들어온 러시아 국적의 알렉산더 피터스(Alexander A. Pieters, 彼得, 1871-1958)가 번역하여 1898년에 서울(삼문출판사)에서 출판한 '시편촬요'가 최초이다.[2] 초기의 성경 번역들은 부분적으로 이뤄졌고 개인역의 한계를 벗어날 수 없었다.

1885년 미국 장로회와 감리회의 선교사 목사들이 국내에 들어온 후, 1893년에 개신교 내한 선교사들을 중심으로 공식적으로 성경 번역위원회가 처음 조직되었다. 이 공인 번역위원회를 통해 영국성서공회(BFBS) 한국지부 주관으로 1911년 3월 3일에 한국교회에서 소위 '구역'(舊譯)으로 알려진 한글 '신구약 전서'가 역사상 처음으로 완간되었다.[3] 그런데 이 '구역성경'에는 원전에서 직접 번역하지 못한 미흡함이 항상 따라다녔다. 주로 미국 선교사들이 번역한 구역성경의 대본은 영어 성경(RV, 1885; 주로 ASV, 1901)이었고, 번역자들의 역량에 따라 고대 역본들과 현대 역본들을 참고했으며, 여기에 한국인 조사(助師, helper)들이 한문 성경과 일어 성서를 참고해 번역한 것이다.

한글 성경전서 구역본이 출간된 직후, 1912년에 기존의 공인번역위원회는 개역위원회로 개편되었고, 한국교회의 여론에 부응하여 신구약 성경 원전에 충실한 번역을 하기 위해 개역작업을 추진했다. 신약 원문은 '웨스트콧트-호르트'(1881) 편이나 네스틀레(또는 네슬레, 1898) 편의 희랍어 원전 성경을 사용했고, 구약 원문은 영국성서공회가 출간한 긴즈버그 편 히브리 성경(Christian D. Ginsburg, 1908년부터, 1925)을 개역 작업에 사용했다. 당시 일제강점기의 어려운 상황 아래서 개역 작업은 느리게 진행되어 26년의 세월이 흐른 1938년에야 신구약 '성경 개역'(조선 경성 조선성서공회 발행, 쇼화 13년)이 완간되었다. 1938년 출판된 한글판 개역 성경전서는 영어성경

---

2) 박준서 엮음·김중은 해설, 『최초의 한글 구약성경 시편촬요』, 대한기독교서회, 2022, 초판2쇄 수정판.

3) 비교, 유은걸, "『구역』과 『개역』 한글 성경의 비교 및 평가-바울서신의 번역을 중심으로", 〈성경원문연구〉, 대한성서공회, 2019년 10월/제45호, 142-161쪽.

이나 한문성경에서 번역한 성경이 아니고, 신구약 성경 모두 원전성경을 대본으로한 최초의 한국교회 공인 한글 성경본이다. 1938년판 한글 개역 성경전서를 해방 후인 1952년에 당시의 한글 맞춤법에 따라 철자법을 고쳐 출간했고, 1956년에 다시 새로운 맞춤법에 따라 수정판을 내놓았다. 1961년에는 약 815개소의 자구 수정을 통해 한글 개역 성경전서를 출간했는데, 이 1961년 개역판에서 지금까지 한국교회가 '하나의 성경'으로 사용하고 있는 개역 성경전서의 본문이 확정되었다. 오늘 우리 한국교회가 사용하고 있는 '개역' 성경전서는 '구역' 성경과 차별화하여 원전에 충실한 직역을 원칙으로 번역한 자랑스러운 한글 번역 성경이다. 특히 한글 개역 성경전서는 한국교회의 '강대용 성경'(또는 '예배용 성경')으로서 그 권위를 인정받았고, 오늘까지 한국교회의 신앙과 신학의 형성 및 발전에 결정적인 영향을 주었다.

60년의 세월을 넘어 개역 개정판 출간

성경 말씀은 변하지 않지만, 성경 번역은 시대와 더불어 변하는 것이 교회사의 교훈이다. 개역성경 본문은 1938년에 완간된 후 60여 년의 세월이 흐르는 동안 한 번도 제대로 된 개정을 하지 못했다. 어떤 번역도 완전할 수 없으며, 세대가 바뀌면 언어도 변하게 마련이다. 이런 관점에서, 기존의 한글 개역성경은 한국교회가 계속해서 그대로 사용하기에는 불편함과 부족함을 드러냈다. 그래서 대한성서공회 주관으로 1983년부터 개역성경 개정작업 준비에 들어갔고, 1993년 8월에 17개 교단 대표들(성경학자, 신학자, 목회자, 국어 학자 등)로 구성된 '성경전서 개역한글판 개정감수위원회'를 조직했다. 이 위원회의 작업을 통해 1995년 11월 대한성서공회 100주년에 맞춰 개역 개정판 신약이 먼저 출판되었다. 그 후 1997년 6월에는 구약 개정 작업이 마무리되었다. 1997년 11월에 '성경전서 개역개정판'이 감수용(비매품)으로 대한성서공회에 의해 2,000부가 배포되었다. 감수용 개역개정 성경전서에 대한 각계의 의견을 수렴한 후, 1998년 8월 31일에 대한성서공회는 성경전서 개역개정판 초판 3만 부를 발행했다.

개역개정판 성경전서가 출판되기까지 감수위원회는 약 4년 동안 157회의 모임을 가졌고 개정작업에 열중했다. 개역개정판에는 그동안 한국어의 변천을 감안해 오늘의 어법이나 맞춤법에 맞지 않는 것과 거북한 느낌을 주는 고어체를 고쳐 쓰고, 어려운 한자어를 보다 쉬운 용어로 바꿨다. 개역 성경에서 오역이 발견되면 제한된 범위에서 바로 잡았다. 차별 언어나 기피 용어를 개정하고, 표현을 다듬어 문장의 뜻을 분명히 했다. 이렇게 개정한 것이 신약에서 약 1만 2,800개소, 구약에서 약 59,900개소로 총 7만 2,700개소가 개정되었다[4]. 개역개정에 사용된 원전성경으로서 구약은 '슈투트가르트 히브리 성경'(Biblia Hebraica Stuttgartensia, BHS), 신약은 네스틀레-알란트(Nestle-Aland, 27판)편 신약 원전성경을 사용했다. 또한 개역개정 본문에서는 문단을 나누고 소제목을 붙여 본문을 읽을 때 내용 파악이 쉽도록 편집했다. 기존의 난하주에서도 번역의 문제점, 원문 대조, 고대 역본 및 사본 고증, 번역한 낱말 뜻풀이, 인용의 출처 등을 제한된 범위에서 개정했다. 고유명사는 고딕체로 인쇄하고, 한글 번역 본문은 세로쓰기에서 가로쓰기로 바꿨다.[5]

아쉬움을 넘어 '성경 번역의 역사'를 이어가길

한글 성경 개역개정 작업은 개역의 '직역 원칙'을 지키면서, '성경 문체'로 알려진 한글 개역 본문의 장중한 문체의 틀을 그대로 보수하려고 노력했다. 개역개정 본문을 처음 읽는 독자들은 예전과 크게 달라진 것이 없다는 느낌을 받기도 하는데, 사실은 이 점이 이번 개역개정판의 장점이자 성공이라고 평가할 수 있다. 한글 개역개정판 성경전서의 출판은 대한성서공회의 주관으로 한국교회의 주류 교단들이 연합하여 파송한 한국인 개정위원들로 구성된 위원회에서 개정작업을 했고, 재정적으로도 외부의 도움 없이 자력으로 이뤄낸 쾌거라고 할 수 있다.[6]

그럼에도 어떤 성경 번역이나 개정도 완전할 수 없으며, 앞으로 개역개정판이 한국교회에서 지속적으로 사용될 수 있으려면 적어도 한 세대(약 25-30년)에 한 번 정도는 개정을 하는 것이 필요하다. 신약의 경우에 개역개정판 본문은 비교적 통일성을 이루고 있으나, 구약의 경우에는 시간의 제약으로 인해 개정 용어와 문체에서 다소 통일성을 결여하고 있는 것이 문제점으로 지적되고 있다. 개역 개정판 성경전서가 출간된 1998년 초판과 2000년 재판에서 몇 가지 실수가 발견되었고, 추가로 문제점들이 제기됨에 따라 2003년 제3판에서 수정되었다. 그리고 2005년 제4판에서 다시 교정을 통해 한글 개역개정 성경전서의 본문이 확정되어 현재 사용되고 있

---

4) 나채운, 『개역성경, 개정판에서 무엇이 어떻게 바뀌었나?』(경기: 갈릴리, 2007); 동일저자, "개역한글판 개정판, 무엇이 어떻게 바뀌었나", 〈기독교 사상〉, 1998년 10월호, 158-166쪽.

5) 개역개정판의 구체적인 개정 사례들과 편집에 관해서는 앞서 언급한 나채운 교수의 글과 함께, 다음의 책을 참고할 수 있다. 민영진, 『개역개정판 이렇게 달라졌다』(서울: 대한성서공회, 2003).

6) 비교, 옥성득, 『대한성서공회사 III, 1945~2002』, 대한성서공회, 2020. "성경전서 개역개정판(1998년)의 번역, 1983~1992", 377-399쪽.

다. 한글 개역개정판 성경전서가 환영과 사랑을 받으며 앞으로도 개정을 거듭해, 대다수의 한국교회가 예배용으로 사용하는 '하나의 성경'으로서 빛나는 전통과 역사를 오래오래 이어갈 수 있기를 바란다.

60

2007년 제91회 총회 주제와 연관한 교회교육에 대한 제언

2007년에 우리 교회가 함께 지향하는 목표를 좀 더 분명하게 하기 위해, 본 교단 제91회 총회에서는 "교회여 진리의 빛으로 다시 서라, 민족을 깨우는 우리 교회"라는 총회 주제를 정한 바 있다. 이 주제의 기초가 되는 성경 본문으로, 구약은 이사야 51장 17절과 신약은 로마서 13장 11-12절을 택하였다. 본 교단 총회에서는 이미 이 주제와 성경 본문들을 가지고, 성경적 이해, 신학적 이해, 역사적 이해, 윤리적 이해, 실천적 이해에 관한 글들과 함께 주제를 위한 설교 두 편을 묶어서 해설서를 출판하였다.[1] 이 글에서는 제91회 총회 주제 해설서에 실린 내용들을 참고하면서, 본교 기독교교육연구원이 청탁한 "교회교육적 제안"이란 제목과 내용에 관해서 이하에 몇 가지 제언을 드리려고 한다.

1. 사실 이번 제91회 총회 주제 해설서에 '기독교교육'과 '교회교육'에 대한 항목이 빠진 것은 아쉬움으로 남는다. 21세기에 들어선지도 벌써 수년이 지난 오늘, 교회에 대한 우리의 인식은 교회에서 진리의 빛이 사라졌다(또는 사라지고 있다)는 것이다. 그리하여 민족의 양심을 비추는 양심의 등불로서 교회의 역할에도 문제가 생겼고, 교회가 고장이 났다는 것이다. 앞으로 어떠한 개혁의 구호나 신기한 프로그램으로도 이 어둠의 교회 현실을 고쳐나가기 어렵다는 진단이 나왔다. 이것은 오늘 우리 교회가 총체적으로 존립의 기로에 서 있다는 위기의식의 반영이다. 이것은 기독교교육과 교회교육의 현실에서도 그대로 적용되는 것이다.

---

[1] 대한예수교장로회총회, 『교회여, 진리의 빛으로 다시 서라. 제91회 총회 주제 해설- 민족을 깨우는 우리 교회』(서울: 한국장로교출판사, 2006).

그러면 어떻게 해야 하는가? 모든 인위적인 동작을 멈추고, 이 역사의 수레바퀴를 움직여 나가시는 역사의 주인이신 우리 아버지 하나님의 살아있는 음성을 들어야 한다. 이제 우리는 우리의 힘으로 기독교교육과 교회교육을 위해 아무것도 할 수 없다고 고백해야 한다. 삼위일체이신 하나님께서 일하시도록 우리는 기다려야 한다. 이것이 먼저 하나님의 나라와 그의 의를 구하는 구체적인 모습이고 태도가 아닐까? 이사야 51장 17절의 말씀을 따르면, 너 나 할 것 없이 우리 모두는 큰 술잔(여호와 하나님의 분노의 잔)을 마지막 찌꺼기까지 기울여 마시고 인사불성이 되어 마치 죽은 사람처럼 길모퉁이에 쓰러져 있는 여인과도 같다는 것이다. 내 자신과 우리 교회의 이러한 모습을 직시하는 사람에게 무슨 인위적 희망이 남아있겠는가? 마지막 남은 희망이 있다면, 그것은 잠잠히 기다리면서 들려오는 하나님의 말씀을 다시 듣는 일이다(비교, 애 3:26,32-33; 시 39:7; 62:1,5 등). 성경은 하나님의 아들의 음성을 들으면 죽은 자도 살아난다고 약속하셨기 때문이다(요 5:25. 비교, 겔 37:4-10).

지금 우리의 현실은 하나님의 말씀을 빙자한 사람의 말들로 인해 너무 시끄럽다. 기독교교육과 교회교육에서도 그렇지 않은가? 하나님의 말씀과는 상관없어 보이는 잡다한 교육 철학과 심리학 이론과 교육이론들이 주입식으로 소개되고 있다. 말 잘하는 인기 강사가 하나님의 말씀을 올바로 전하는 것은 아니다(비교, 사 29:13-14; 마 5:7-9; 고전 1:17; 2:13; 고후 10:10; 11:6). 무슨 세미나나 워크샵 모임이나 컨퍼런스 대회를 통해 기독교 교육의 미래가 있다고 착각하고 있지는 않은가? 찬송가 가사에도 있는 대로, 외치는 자 많건마는 생명수는 말랐다. 지금은 우리가 이리 뛰고 저리 뛰면서 열심히 무엇을 가르치며 열변을 토할 때가 아니라, 하나님의 말씀을 겸손하게 배우며 하나님의 세미한 음성까지도 귀담아들을 수 있도록 침묵할 때인 것이다(합 2:20; 슥 2:13. 비교, 출 14:14; 시 4:4; 37:7; 62:1,5 등).

오늘의 암울하고 절망적인 교회교육 상황을 타개하고 다시 새로운 생명의 역사로 변화시키는 분은 성삼위일체이신 우리 하나님 한 분밖에는 없다. 하나님의 말씀에 진정한 창조의 지혜와 능력이 있다. 지금 교회교육과 기독교교육은 하나님의 말씀인 성경을 교과서로 사용하고 있는가? 성경은 부교재 중의 하나로 밀려나 있지는 않은가? 기독교교육과 교회교육에서 하나님의 말씀인 성경의 제자리 찾기가 매우 중요하고 시급하다고 생각한다. 성경은 예수 그리스도가 우리 인생의 길이고, 진리이며, 생명이라고 말씀하였다(요 14:6. 비교, 시 119:160; 요 1:5,14; 17:17 등). 예수님은 이 성경이 곧 자기 자신에 대하여 증언하는 것이라고 하셨고, 성경에 기록된 말씀이 다 이루어져야 할 것을 가르쳐 주셨다(요 5:39; 눅 24:27,44 등).

"교회여 진리의 빛으로 다시 서라"라는 표어는 그러므로 다른 무엇이 빛이 아니라 성경에 기록된 예수 그리스도의 복음과 하나님의 말씀이 진리의 빛이며, 이 빛으로 이 어둠의 현실을 비추는 것을 의미한다(마 5:14; 요 1:9; 8:12; 12:46; 요일 1:5 등). 이 세상의 죄악으로 인한 어둠의 세력은 어떠한 학문이나 철학이나, 정치, 경제, 문화, 예술, 교육, 그리고 어떠한 권력이나 힘으로도 해결할 수 없으며, 성경에 기록된 예수 그리스도의 복음과 하나님의 말씀의 빛으로만 물리칠 수 있기 때문이다(비교, 슥 4:6!). 그러므로 신학대학교나 각급 기독교 학교에서 형식적이 아니라 내실 있는 성경교육의 회복이 꼭 필요한 시점에 우리는 서있다. 성경의 권위를 회복할 때만 교회는 세상을 향해 진리의 빛으로 다시 설 수 있기 때문이다. 뿐만 아니라, 교회교육에서도 주일학교에서 다양한 연령층에 따라 무엇보다 성경을 잘 공부할 수 있는 성경공부 교재 개발과 주일학교에서 사용하는 공과책의 질과 수준을 성서신학의 관점에서 높이는 작업이 그 어느 때보다도 시급한 현실이다.

2. 기독교교육은 신학과 유리된 또 하나의 독립된 학문 분야로서 자기만의 성벽을 구축할 것이 아니라, 하나님 나라와 교회를 위한 기독교 학문의 한 지체로서 신학(특히 성서신학)과 유기적인 연대성을 확립해야 한다. 그래야 기독교교육이나 교회교육이 제대로 빛을 발할 수 있다. 성경을 중심한 바른 기독교교육과 교회교육의 장을 열어가기 위해서 성서학(구약학과 신약학)과 함께 신학의 제 분야들인 교리를 다루는 조직신학, 오늘 그리스도인의 삶의 문제를 다루는 기독교와 문화, 교회의 전통을 다루는 역사신학, 복음전파를 위한 선교학, 그리고 실천신학의 제 분야와 나아가 교회음악의 분야까지 아울러 통섭(統攝, consilience)적인 기독교 학문의 연결망을 구축해야 한다. 이제 한국교회와 우리 민족의 미래는 과거에도 그랬지만 인재를 바로 교육하는 일에 달려있다. 오늘 교회가 어떻게 진리의 빛으로 다시 설 수 있으며, 민족을 깨우는 교회가 될 수 있는가? 여러 가지 방안과 제안들이 있겠지만, 한마디로 말하자면 그것은 미래의 인재들을 성경이 가르치는 진리의 말씀으로 제대로 교육하는 일에 달려있다고 생각한다.

한국 민족의 개화와 사회의 발전을 위해 무엇보다 기독교 학교의 교육 전통과 교회교육의 전통이 100년 남짓의 역사 속에서 빛을 발해 왔다. 지난 19세기 말과 20세기 전반에 걸쳐 한국 개신교의 의료선교와 함께 교육선교가 얼마나 중요하고 큰 비중을 차지했던 것인가에 관해서는 이미 검증되고 평가를 받은 것이다. 기독교는 특히 소외계층에게 교육의 기회와 혜택을 제공함으로써 한국의 기독교는 잠든 것과 같이 무기력했던 민족의 저력을 일깨우고 있었다. 전국에 설립된 각급 기독교 학교들은 일반 과목들을 가르치면서도 예외 없이 "성경과목"을 교과목에 포함시켰으며, 궁극적으로 기독교교육은 "한국을 복음화시키는 도구"였다.[2] 암울했던 일제 식민지 강점기와 8.15 해방 이후의 혼란기와 6·25 한국전쟁을 겪는 근대와 현대사의 수난기에 '성경'에 기초한 기독교 정신으로 교육받고 준비된 많은 지도자들에 의해 우리 교회와 사회와 민족은 역사의 짙은 어둠 속에서도 길을 잃지 않을 수 있었다.

지금 '개정사학법'이 통과되어 우리나라의 각급 학교, 특히 초, 중, 고등학교에서 성경을 가르치고 기독교 정신으로 학생들을 교육하는 데 큰 어려움에 직면하고 있다고 한다. 이것은 우리나라 교육 정책이 잘못되어도 너무나 잘못된 것을 단적으로 드러내는 것이다. 미국도 고(故) 케네디 대통령 시절에 헌법을 개정하여 공립학교에서 기도하고 성경 가르치는 것을 금지했다고 한다. 그 결과가 무엇인가? 미국은 세계에서 초강대국이고 적이 없다고 하지만 사실은 그렇지가 않다. 미국의 공립학교에서 성경을 가르치지 않는 것은 미국의 몰락이 시작되는 신호라고 생각한다. 영어는 더러운 언어가 되었고, 미국인들은 이제 세계 도처에서 존경받는 위치로부터 주색잡기와 마약과 폭력에 찌든 경멸의 대상으로 전락하고 있다. 지금도 미국 대통령이 취임식을 할 때는 가문에서 내려오는 성경에 손을 얹고 대통령직을 성실히 수행할 것을 선서하는 전통이 있는데, 앞으로는 이러한 전통도 사라질지 모르겠다. 얼마 전 신문 보도에 따르면, 미국 돈에 쓰여 있는 "In God We Trust"(즉, 우리는 하나님을 신뢰한다)라는 문구가 헌법에 위배된다고 삭제하라는 소송이 제기되었다고 한다. 종교 간 차별을 없애고 종교교육을 강요해서는 안 된다는 명분은 그럴듯하지만, 기독교 정신으로 건국한 나라에서, 기독교 정신으로 건학한 학교에서 '성경'을 가르치지 못하게 하는 발상은 분명히 잘못된 것이다. 우리나라 교육부는 미국의 이런 잘못된 교육정책을 따라가지 않기 바란다. 성경은 인류가 소유한 "책 중의 책"이며, 세계의 베스트셀러 중의 하나라는 것은 주지의 사실이다. 마르틴 루터는 "성경만이 지구상에서 모든 서적의 올바른 주인이고 스승이다"라고 했다. 기독교인이 아니더라도 서구 문명의 뿌리를 이해하고 교양을 기르기 위해서 꼭 읽어 볼 만한 가치가 있는 책이 성경이다. 우리나라 입법, 사법, 행정부의 고급 공무원들이 국민에게 실망을 주는 이유는 성경을 한 번도 읽지 않은 사람들이 많기 때문이라고 생각한다(비교, 암 8:11). 우리나라 유수한 대학교들의 권장도서 목록에서 '성경'이 보이지 않는 것은 교수들의 수준 문제이다. 서양이 오늘 강대국이 된 저변에는 전통적인 성경 교육의 힘이 있다. 성경은 교도소에서만 필요한 책이 아니고, 평소에 성경을 읽는 사람은 교도소에 갈 필요가 없게 되는 것이다.

---

2) 한국기독교역사연구소 편, 『한국 기독교의 역사 I』(서울: 기독교문사, 2004), 198쪽.

2006년에 이어 2007년을 맞이하면서, 본 교단 총회는 '개정사학법'의 독소조항을 재개정하도록 총력을 다하여 촉구하고 있다. 물론 개정사학법이 모두 다 잘못되었다는 것은 아니지만, 특히 기독교 정신으로 건학하여 오랜 전통으로 우리 민족의 올바른 정신을 함양하고 민족의 양심을 일깨우는 기독교교육에 지장을 초래하는 것은 시정되어야 마땅하다. 기독교 각급 학교에서 성경 가르치는 것을 과외활동으로만 제한하는 것은 잘못된 교육정책이다. 우리나라 교육정책을 수립하는 관계자들도 성경교육의 필요성을 인식할 수 있도록 해야 하며, 기독교교육에 종사하는 교육자들과 교회교육의 중요성을 인식하는 목회자들과 또한 관심있는 평신도 여러분들이 다 함께 이 문제를 해결하기 위해 기도하면서, 새해에는 더욱 연대활동을 강화해 나아가야 한다. 또한 2007년은 1907년 평양 대부흥운동의 100주년을 맞이하는 해로서, 앞에서도 잠시 언급한 대로 한국 기독교의 빛나는 성경 교육의 전통을 더욱 드러내고 그 장점들을 계승하는데 더욱 분발할 수 있기를 바라는 것이다. 장신대 최재덕 교수가 최근에 "한국의 기독교 대부흥운동이 국민교육에 미친 영향에 관한 연구"에서 내린 결론에 따르면, 1907년을 중심한 대부흥 운동은 국가가 시행할 수 있는 어떤 종류의 국민윤리 교육보다도 효과적으로 국민의 윤리−도덕성을 제고할 수 있었다고 보며, 기독교 각급 학교에 영향을 주어 많은 유능한 지도자들을 길러내었으며, 남녀 평등 사상과 신분차별의 타파 등 전 국민적 교육에 영향이 매우 컸던 것으로 평가했다. 그 대부흥 운동의 중심에서는 한글 성경이 있었다. 한글 성경은 하나님이 우리 민족에게 주신 최고의 선물이다. 이러한 우리 한국 기독교의 빛나는 성경 교육 전통을 오늘 다시 되살리고자 하는 것이 또한 우리 모두의 지대한 관심이다. 구체적으로 한국교회 기독교교육의 성경 교육 전통을 살려 나가는 것이 이번 본 교단 총회의 2007년 주제에 따라 '진리의 빛으로 다시 서는 것'이며, 사상적 혼란과 이념적 갈등에 처한 상황에서 바른 방향감각을 되찾도록 우리 민족을 깨우는 교회 교육의 사명을 다하는 것이라고 생각한다.

3. 기독교교육과 교회교육은 2007년에도 본 교단 91회 총회가 제정한 주제를 항상 생각하면서, 성경에 기초한 하나님의 말씀으로 사람들을 교육하여 마치 죽은 자와 같이 양심의 감각이 없어진 우리 민족의 양심을 다시 일깨우고, 어둠이 짙은 우리 교회와 사회의 각계각층에 진리의 등대를 밝혀야 할 책임감을 가져야 한다. 사람을 사람되게 하는 데는 성경 교육만큼 효과적이며 좋은 방법이 없다. 그래서 교회는 반드시 교회교육에 필요한 예산을 우선적으로 뒷받침해야 한다. 교회 1년 운영예산의 20% 정도를 교회 교육을 위해 배정하는 교회가 있다는 말도 들었으나, 대체로 오늘

우리 교회의 예산은 교회교육을 위한 투자에 너무 인색한 것이 현실이 아닌가 싶다. 아무리 낮게 책정한다고 해도 지금 우리 교회 교육이 제대로 작동하기 위해서는 각 교회가 1년 총예산의 10%를 교육비로 배정해야 한다고 생각한다. 교회학교를 전담 하는 목사나 교역자의 생활비를 낮게 책정해서는 안 된다. 교회뿐 아니라, 노회나 총 회의 교육부 예산 책정도 상향 조정해야 한다. 본 교단 총회의 교육자원부가 예산 때 문에 기독교교육과 교회교육을 위해 꼭 해야 할 일들을 제대로 못 한다면, 이처럼 한 심하고 부끄러운 일도 없을 것이다.

교회교육 현장에서 수고하는 교육 목사나 전도사의 전문가로서의 자질도 더 높 일 수 있는 방도를 강구해야 한다. 이와 함께 교회학교 교사들의 자격도 그 수준을 더 높여야 한다. 담임목사나 교역자들은 각급 교회학교 교사들을 교육하고 선임하는 데 정성과 세밀한 관심을 기울여야 한다. 교회학교 교육과정도 '성경' 중심으로 다시 검토하고, 21세기를 주도해 나갈 수 있는 인재들을 양성하기에 손색이 없는 교회교 육의 질을 제고하기 위해 최선의 노력을 다해야 한다. 흥미 위주의 수양회나 잡다한 프로그램이 아니라, 교회학교와 기독교 학교에서는 성경 말씀을 가르쳐야 한다. 지 금 우리 교회교육의 현장은 그 전망이 결코 밝지 못한 형편이다. 교회교육이 살아야 교회의 미래가 있다. 우리 교회의 미래에 희망이 보일 때 우리 가정과 사회와 민족의 장래에도 희망의 빛이 비칠 것이다. 우리 주님이 말씀하신 대로, 귀 있는 자는 오늘 교회교육 현장의 소리에 귀를 기울여야 한다. 장로님들은 아무리 못해도 일 년에 두 세 차례는 시무하는 교회의 각급 교회학교 교육현장을 꼭 돌아보실 수 있기를 바란 다. 나아가 기독교교육과 교회교육은 학생들의 가정과 긴밀한 협력관계를 구축하는 것이 필요하다. 두서없는 제안들이지만, 2007년을 맞이하면서 우리 총회의 주제를 생각하며 오늘 우리의 기독교교육과 교회교육과 관계된 평소의 생각들을 적어보았 다.

61

이 땅에 무섭고 놀라운 일 — 목회와 신학의 가교

성경을 읽다가 문득, 이 말씀은 오늘 나와 우리에게 하시는 말씀이라고 생생하게 느껴질 때가 있다. 〈목회와 신학〉에서 금년 7월호에 한국교회의 신학적 건전성과 현장 사역에 관하여 자유주제로 A4 1매에서 1매 반 정도 분량의 글을 써달라는 부탁을 받았다. 그래서 그 글을 쓰기 위해 구상을 하던 중에, 예레미야 5장 30-31의 말씀을 만나게 되었다. 이 구절의 성경 말씀을 되풀이해 읽으면서, 그 살아있는 말씀의 능력에 압도되는 느낌을 받았다. 편집인이 부탁한 글의 주제 내용이 이 짧은 두 구절에 다 들어 있다고 생각되었기 때문이다. 지금 우리가 사용하고 있는 한글 개역개정판 성경은 마소라 원문에 비교적 충실한 번역 본문을 보여주고 있는데, 본 필자가 여기에 조금 더 원문의 맛을 살려서 번역해 보면, 다음과 같이 그 본문의 말씀을 읽을 수 있다.

> "놀랍고 끔찍한 일이 이 땅에 일어나고 있다. 예언자들은 거짓으로 예언하고, 제사장들은 그들의 권력으로 다스리며, 내 백성은 그것을 좋아하니, 그 마지막에는 너희가 어떻게 하려는가?"(렘 5:30-31, 개인역)

여기서 예레미야 예언자를 통해 말씀하신 이 본문에 대해 주석적 설명을 장황하게 할 필요는 없다고 생각한다. 오늘 한국교회의 신학적 건전성에 관해서는, 이 본문에서 "예언자들이 거짓으로 예언하고 있다"라는 말씀에 비추어 현실을 직시해야 한다. 하나님의 말씀을 맡은 예언자들이 거짓말을 하고 있는 거짓된 현실이 과거 예레미야 예언자가 활동하던 주전 600년 전후 남왕국 유다에만 국한된 현상인가? 예언자의 직무는 무엇보다 여호와(야훼, 야웨) 하나님의 말씀을 대언(代言)하기 위해 부르심을 받은 하나님의 사람들이다. 그런데 예언자들이 이런저런 이유로 하나님의 말씀을 왜곡하고 하나님의 말씀이 아니라 자신들의 말이나 다른 사람들의 말을 인용하여 하나님의 말씀이라고 강변한다면, 이보다 더 두렵고 끔찍한 일은 없을 것이다(비교, 렘 23:16-22; 사 28:9-11; 29:13-14; 마 15:8-9; 막 7:6-7).

오늘 우리에게 주신 하나님의 말씀은 신구약 성경에 기록된 말씀이다. 그러므로 성경의 하나님의 말씀을 가르치고 전하는 예언자적 책임을 맡은 한국교회의 목회자나 신학대학교 교수(신학자)들의 '성경관'이 매우 중요하다. 기록된 신구약 성경이 정말 하나님의 말씀입니까? 하나님의 말씀을 전하고 가르치는 것이 오늘의 예언자의 사명이다. 한국교회와 신학교는 성경에 관한 잡다한 이야기나 예화나 학설을 가르치지 말고, 바른 성경관을 가지고 다시 성경의 하나님의 말씀으로 되돌아가 목회와 신학의 가교(架橋)를 성경의 말씀으로써 세워나가야 한다. 신학대학교 교실에서 성경을 가르치는 내용과 교회 강단에서 선포되는 설교 내용이 이중적으로 서로 달라서는 안 되지 않겠는가? '다른 것은 나쁜 것이 아니라'는 단순한 생각을 벗어나서, 설교의 내용과 신학교에서 가르치는 성경해석의 내용이 서로 다르다면 이것은 무엇보다 놀랍고 끔찍한 일이 아닌가?

그다음으로 두렵고 끔찍한 일은, "제사장들이 그들의 권력으로 휘두르고 있다"라는 것이다. 마소라 본문에서 "그들의 권력으로"라고 번역한 히브리어('알-여데햄')의 뜻이 다소 불분명한 것이 사실이지만, 이 문맥에서는 제사장들이 '자신들의 권력을 휘두른다'("by their own power", NKJV)라는 의미로 읽는 데는 무리가 없어 보인다. 제사장들은 오늘 목회 현장의 목사들과 또한 신학교에서 가르치는 교수 목사들이라고 할 수 있다. 물론 다 그런 것은 아니지만, 오늘 목회 현장이든 신학교에서든 목사들이 '권력자'로 드러나 보이는가, 아니면 진정한 '주의 종'의 모습으로 비치는가는 매우 중요하다. 말로는 '큰 머슴'이라고 하면서 실제는 교회의 '권력자'로 군림하는 목사들이 없다고 할 수 없는 현실이다. 목사는 양을 잡아먹는 목자가 아니라 정말 양을 위해 목숨까지도 내어놓을 수 있는 목자가 되어야 한다(요 21:15-17. 비교, 겔 34:2-4). 목사가 교인들에게 반말하고(머슴이 주인의 자녀들에게 반말할 수 있는가?), 교수 목사가 학생들이 자기 말 듣지 않는다고 신경질 부리며, 좋은 차 타고 좋은 집에서 호의호식하면서 유력한 사람들과 교제하며 권력자 행세를 한다면, 이보다 더 끔찍하고 놀라운 일은 없을 것이다.

문제는 여기서 끝나지 않는다. 오늘 예레미야 본문은 이렇게 예언자들이나 제사장들이 문제가 많은데도, 하나님의 백성들이 이런 지도자들을 두둔하고, 그들이 하는 언행(言行)을 좋아하며 따라 한다는 것이다. 거짓 예언자들이나 권력을 휘두르는 제사장들 앞에서 하나님의 백성이며 하나님의 자녀들이라고 하는 성도들(교인들)조차 분별력을 상실한 채, 환호하고 박수 쳐 주며 말끝마다 '아멘'으로 격려하는 것이다. 꿩 잡는 게 매라는 것이다. 좋은 것이 좋다는 것이다. 비판하지 말라는 것이다. 은혜받았다는 것이다. 내가 위로받고 병 낫고 은혜받았는데, 네가 왜 말이 많으냐는 것이다. 너는 아직 은혜를 받지 못해서 그렇다는 것이다. 그러면 네가 대신 나서서 해보라는 것이다. 여기서 우리는 성경에 기록된 우리 주님의 말씀을 다시 한번 더 경청해야만 한다. "그날에 많은 사람이 나더러 이르되, 주여 주여 우리가 주의 이름으로 선지자 노릇 하며, 주의 이름으로 귀신을 쫓아내며, 주의 이름으로 많은 권능을 행하지 아니하였나이까 하리니, 그 때에 내가 그들에게 밝히 말하되, 내가 너희를 도무지 알지 못하니, 불법을 행하는 자들아 내게서 떠나가라 하리라"(마 7:22-23). 이보다 더 놀랍고 끔직한 일이 어디에 있겠는가!

그러므로 예레미야 본문은, "그 마지막에는 너희가 어떻게 하려느냐?"라고 염려스럽게 묻고 있다. 오늘 우리 한국교회의 신학과 목회 현장이 세속화되고, 황폐화되고 있다는 것은 잠들지 않고 깨어 있는 사람이라면 누구나 느끼고 걱정하는 사실이다. 우리 한국교회와 신학대학교는 역사적으로 주로 미국, 캐나다, 스코틀랜드, 호주 장로교회의 선교를 받고 성장해 왔다. 그런데 이제 21세기에 들어와서는 미국, 스코틀랜드, 캐나다, 호주 장로교회와 그 신학교들은 급속히 세속화하고 쇠퇴하는 길을 가고있는데, 우리 한국 교회와 신학교도 그대로 따라가고 있다는 생각을 하게 된다. 마땅히 자다가 깰 때가 된 것이다. 이 시대가 악하고 음란한 시대가 되었고(비교, 마 12:39), 배신과 패역과 불순종의 시대가 되었기 때문이다. 이 책임은 그 누구보다도, 오늘의 예언자들(신학자들)과 제사장들(목회자들)에게 있다고 하면 지나친 말인가(비교, 렘 23:11!)? 아니, 하나님의 백성인 성도들(교인들)도 정신을 차리고, 참과 거짓을 구별하는 영적인 분별력을 회복해야 한다고 생각한다(요일 4:1; 계 2:2,6. 비교, 계 2:15,20,24).

62

짝퉁시대

우리 사회에서 "짝퉁"이라는 신조어(新造語)가 자주 사용되는 것을 보고 듣는다. 신조어는 그 시대의 특징을 반영하는 하나의 뚜렷한 표지(標識)이다. 1990년대 청소년들 사이에서 은어로 사용되던 이 단어가 2001년에는 국립국어연구원의 신조어 목록에 수록되었고, 2004년 이후에는 국어사전에도 등재되기 시작했다. 아직 표준어는 아니지만 공영방송에서도 사용될 만큼 그 사용이 보편화되었다. 짝퉁이란, "진짜와 거의 똑같이 만든 가짜 상품"이란 뜻이다. 동서고금을 막론하고 진짜를 모방한 가짜가 없었던 시대가 없었겠지만, 가짜는 우리 시대에 더욱 기승을 부리고 있다. 짝퉁은 가짜다. 짝퉁 기술이 너무 발달되어서 경우에 따라서는 진짜와 구분할 수 없을 정도이고, 값이 싸기 때문에 알면서도 짝퉁을 찾는 사람들도 많이 있다고 한다. 외국 관광객들도 한국 시장에 와서 짝퉁을 사 간다고 한다. 상품에만 짝퉁이 있는 것이 아니다. 이제는 연구논문, 학력, 경력, 각종 집회, 설교, 인격에 이르기까지 짝퉁이 유행하고 있다. 지금 매일 같이 짝퉁 교수, 짝퉁 연예인, 짝퉁 목사, 짝퉁 승려, 짝퉁 예술인, 짝퉁 박사, 짝퉁 전문가, 짝퉁 검찰, 짝퉁 정치인이 문제가 되고 있다.

짝퉁의 심리는 어디까지나 욕심에 있다고 여겨진다. 모자라면 모자라는 대로, 없으면 없는 대로, 모르면 모르는 대로 하면 그 자체로서 진짜이고 진짜 대접을 받는데, 욕심으로 그것을 꾸미고 변조하려는 마음을 먹는 순간부터 짝퉁의 비극이 시작되는 것이다. "욕심이 잉태하면 죄를 낳고, 죄가 장성하면 사망을 낳는다."라는 성경의 말씀대로 진행이 되는 것이다(약 1:15). 예컨대, 평소에 지나치게 화장을 짙게 하고 사람들의 눈길을 끌 정도로 화려한 옷이나 명품으로 치장하는 사람일수록 약점이 많은 것으로 생각할 수 있다. 예외는 있겠으나, 우리 시대에 특히 외모를 꾸미려고 각종 성형수술이 유행하는 것도 짝퉁의 심리와 무관해 보이지 않는다. 가짜의 특징은 어디까지나 진짜처럼 보이고 싶고, 진짜처럼 행세하는 데 있다. 영어에도 "반짝인다고 다 금이 아니다"(All that glitters is not gold.)라는 속담이 있다. 지도자들이라는 사람들 중에 교언영색으로 말을 꾸미고 표정 관리를 하며 거룩한 목소리로 위장하는 사람들은 위험인물로서 주의할 필요가 있다.

성경에서 보면, 짝퉁의 원조는 바로 사탄(곧 마귀)이다. 사탄은 거짓의 아비로서, 광명의 천사로 가장하기 때문이다(고후 11:14; 요 8:44). 악한 사탄 마귀는 오늘도 거짓으로 사람들을 유혹하여 멸망의 길로 끌어들이고 있다. 예수께서 이 세상에 나타나신 목적은 거짓된 사탄의 일을 멸하러 오신 것이다(눅 10:18; 히 2:14; 요일 3:8. 비교, 롬 16:20). 그러므로 우리 그리스도인들은 이 짝퉁이 만연한 시대에 무엇보다 거짓의 유혹에서 벗어나서 진리 안에서 정직함을 나타내도록 힘써야 한다. '예수 믿는 사람들은 정직하다'는 말만 들어도 전도는 저절로 되며 교회는 부흥할 것이다. 일본 사회에서는 그리스도인들이 대체로 정직한 사람으로 인식된다는 말을 들었다. 주기도문 가운데 마지막 간구 내용인, "다만 악에서(또는 악한 자에게서) 구하시옵소서."(마 6:13)라고 한 것 역시 거짓된 현실에 그리스도인들이 물들지 않게 간구하는 내용이다. 성경은 우리에게 거짓으로 물든 짝퉁 세상의 유혹에 빠지지 않도록 미리 주의를 환기시키고 있다. "사랑하는 자들아 영(靈, spirit)을 다 믿지 말고 오직 영들이 하나님께 속하였나 분별하라. 많은 거짓 선지자들이 세상에 나왔음이라."(요일 4:1). 성경은 거짓 사도들(고후 11:13), 거짓 예언자들(마 7:15), 거짓 선생들(벧후 2:1), 거짓 메시아들(마 24:24), 거짓 형제들(갈 2:4)의 유혹에 빠지지 말도록 거듭 주의를 촉구하고 있다. 짝퉁이 활개 치는 세상에서 어떤 은사보다도 오늘 우리에게 영 분별의 은사가 필요하지 않은가 생각하게 된다. 하나님께 속하지 않은 영을 가진 사람의 특징은 무엇 보다 거짓말을 하는 것이다. 거짓말하는 목사, 거짓말하는 교수 신학자, 거짓말하는 지도자, 거짓말하는 변호사, 거짓말하는 사람을 멀리해야 한다(비교, 요 8:44). 성경은 그러므로 '너희가 서로 거짓말을 하지 말라'고 말씀했다(골 3:9-10).

지금 우리 한국을 위시하여 전 세계가 구약의 사사시대와 같이 우상숭배의 시대, 혼란의 시대, 무질서의 시대, 불신과 배신의 시대, 거짓의 시대에 살고 있다고 생각한다. 악화(惡貨)가 양화(良貨)를 구축하고, 거짓과 짝퉁이 통하는 시대, 죄를 짓고도 끝까지 부인하면 무죄가 되고, 뻔뻔하게 마구잡이가 통하는 시대가 되었다. 어디까지가 진실이고 어디까지가 거짓인지 분별하기가 어려운 시대가 되었다. 가짜 뉴스가 판을 친다. 그러나 우리가 믿는 삼위일체이신 하나님은 거짓말을 하실 수 없는 분이며(딛 1:2; 히 6:18), 사람을 외모로 판단하지 않고 그의 마음을 살펴보신다고 했다(삼상 16:7; 시 139:1-4 등). 역사의 흥망성쇠와 역사의 종말과 최후심판은 하나님의

    62. 짝퉁시대

손에 달려있다. 그러므로 짝퉁과 거짓된 세상에서도 그리스도인들은 실망하고 자포자기하지 않는다. 성경이 계시하는 삼위일체 하나님을 경외하는 마음으로 우리는 예수님을 따라 거짓의 아비 사탄 마귀(요 8:44)를 대적하는 길에 함께 나서야 한다. 성경은 "마귀를 대적하라, 그리하면 너희를 피하리라."라고 말씀했기 때문이다(약 4:7).

선진국들에서도 물론 짝퉁이 전무한 것은 아니나, 그 현상은 결코 도를 넘거나 사회문제가 될 만큼 심한 편이 아니다(선진국에서는 짝퉁 유언장, 고미술품이나 고대 발굴 유물의 짝퉁이 문제가 되곤 한다). 그러나 가짜 정보(뉴스)는 선진국 후진국을 가리지 않고 심각한 문제가 되고 있다. 우리나라가 교회의 성장을 자랑하고 선교에 앞장서는 나라로 칭찬받는 것도 사실이지만, 먼저 그리스도인들이 사회에서 정직한 사람들로 인정을 받아야 하고, 이제 한국은 정직한 나라, 짝퉁 문제가 없고 모든 인간관계에서 믿을 수 있고 진실한 나라로 인정받고 소문이 나기를 바란다. 난립된 간판 문화도 정리해야 한다. 화려한 간판이 아니라 내실 있는 능력과 정직이 통하는 사회가 되어야 한다. 얼짱(얼굴)보다는 속짱(마음), 몸짱보다는 영(靈)짱을 더 알아주어야 한다. 거짓을 미워하고 짝퉁을 물리칠 수 있는 지혜와 용기를 얻기 위해 우리는 합심하여 기도해야 할 때가 되었다.

63

오늘의 이야기

오늘도
정직한 사람이 정직한 사람을 알아보고
교만한 사람이 교만한 사람을 알아본다
온유한 사람은 온유한 사람을 알아보며
악인은 악인을 알아본다

오늘도
좀 더 솔직히 말하면
짐작만 할 뿐
사람 알아보기가 어려운 것을

오늘도
높은 곳에 올라 거리를 내려다 본다
잘난 사람 못난 사람이 어디 있는가?
누구나 하나님 하느님 은혜로 살고 있는 것을

오늘도
해는 악인과 의인을 비추며
의인의 밭과 악인의 밭에도 비가 내린다
천사같이 보여도 악마가 있고
미친놈 같아도 진리 안에서 자유하는 사람이 있나니,

오늘도
악인은 건강에 좋다고 웃고 있고
의인은 마음 아파 눈물을 흘리고 있다.

64

구약성경 국역사에서 알렉산더 피터스의 위치와 의의

1. 구약 국역사와 알렉산더 피터스(Alexander A. Pieters, 彼得)

구약성경이 우리 한글로 번역된 역사(舊約 國譯史)를 이해하는 것은 비단 구약학을 전공하는 신학자들뿐 아니라, 우리 말 성경번역에 관심이 있는 모든 사람에게도 필요하고 흥미로운 일이다. 그동안 신구약 성경 국역사에 관해서는 만족할 만한 수준은 아니지만, 흩어져 묻혀있던 사료(史料)들이 발굴되면서 어느 정도 그 역사적인 정리가 이루어졌다.[1] 이 논문에서는 구약성경 국역사 전반에 관해서 새로운 정리를 시도하거나 이미 구약학계에 잘 알려진 내용을 되풀이하기보다는, 현재까지 한국교회의 '하나의 성경'이라고 알려져 있는 개역성경에서 구약개역의 주역 역할을 수행했던 알렉산더 피터스(이하 피터스)의 역사적 위치와 그의 개역작업의 의의를 사료에 근거하여 좀 더 가까이에서 조명해 보려고 한다.

구약성경 국역사에서 피터스(Alexander Albert Pieters, 1871년 12월 30일-1958년 6월 29일)가 번역하여 1898년에 출간한 『시편촬요』는 구약 국역의 효시(嚆矢)였고, 피터스는 구약 국역의 선구자로 기억하게 되었다.[2] 피터스는 러시아의 에카테리노슬라브(Ecaterinoslav, 지금은 우크라이나의 Dnipro)에서 책 제본업을 하는 정통 유대인 가정에서 태어나 자랐다. 고향에서 유대교 회당(synagogue) 교육을 받았고, 1888

---

1) 김중은, "구약성서국역사", 『구약의 말씀과 현실』, 한국성서학연구소, 1996, 1-55쪽. 민영진, "우리말 번역 성서", 『히브리어에서 우리말로』, 두란노, 1996, 181-195쪽. 류대영 옥성득 이만열 공저, "구역과 개역성경의 번역과 출판", 『대한성서공회사 II』 대한성서공회, 1994, 23-204쪽; "한국어 성경 서지목록", 『대한성서공회사 II』, 위의 책, 683-690쪽. 민휴, "조선어성경의 유래," 류형기(편), 『단권성서주석』, 숭문사, 1949, 53-58쪽. Joong-Eun Kim, *Die Geschichte der Übersetzung des Alten Testaments ins Koreanische*, Europäische Hochschulschriften Reihe XXIII Theologie, Bd./Vol. 114, Peter Lang, 1979.
2) 김중은, "구약 국역의 선구자 알렉산더 피터스", 『구약의 말씀과 현실』, 위의 책, 61-76쪽.

년에 고전 인문 고등학교(Classical Gymnasium)를 졸업한 후, 그 당시 혹심한 러시아의 경제난과 미래에 대한 좌절감 때문에 그는 고향집을 떠나 자신의 인생을 개척하기 위해 외국으로 향했다. 먼저 호주에 가려고 지중해안의 포트사이드까지 갔으나 호주에 가도 상황이 어렵다는 이야기를 듣고 돌이켜 미국으로 가려고 홍콩에 도착한다. 홍콩에서 미국도 형편이 어렵다는 말을 듣고 미국행을 접고, 다시 러시아로 돌아가 시베리아 철도 건설 현장에 취직하기 위해 블라디보스토크로 가는 배를 타기 위해 일본 나가사키(長崎)에 오게 된다.[3] 피터스는 나가사키에서 며칠 머무는 동안 1895년 4월 7일 주일 아침에 그곳에 있는 교회에 찾아가 예배에 참석하게 된다. 여기서 피터스는 예배를 드린 후 미국의 네덜란드 개혁교회가 파송한 선교사로서 일본에서 사역하던 그 교회의 알버터스 피터스(Albertus Pieters) 담임목사를 만났으며, 자원하여 그에게서 성경과 기독교 교리를 배우고 4월 19일 저녁 피터스 목사의 사택에서 세례를 받았다. 이때 알렉산더 피터스는 영어를 못했으나, 두 사람은 독일어로 의사소통을 했다. 유대인이 개종하면 그의 성(姓)을 바꾸는 것이 관행이라고 한다. 그는 세례를 받은 후 그의 이름을 그에게 세례를 베푼 알버터스 피터스 목사의 이름(성)을 따라 알렉산더 알버트 피터스로 개명했다. 알렉산더 피터스의 유대인 본명(本名)은 아이식(또는 이차크) 프룸킨(Aisik/Itzak Frumkin)으로 알려졌다.[4]

당시 미국 성서공회의 일본지부 루미스(Henry Loomis 1839–1920) 총무는 유대인 청년 피터스가 세례받는 현장에 함께 있었다.[5] 세례받은 지 사흘째인 4월 21일에 시베리아로 다시 돌아가려는 피터스에게 루미스 총무는 미국 성서공회가 파송하는 권서(勸書 또는 賣書人, colporteur. 여러 곳을 돌아 다니면서 전도하고 성경책을 파는 사람)로서 피터스가 조선(이하 한국)에 가서 일하기를 제안했다. 이 제안은 기쁨으로 수락되었고, 피터스는 영어를 배우면서 부산과 제물포를 거쳐 같은 해인 1985년 5월 16일 서울에 도착했다. 한국에 도착한 만 24세의 미혼 청년 피터스는 곧장 한국어를 배우면서 서울 근교에서 권서 활동을 시작했다.[6]

---

3) 피터스의 출생과 가정환경 및 자세한 해외생활에 관해서는 다음을 참고할 수 있다. 박준서, 『최초의 한국어 구약성경 번역자 알렉산더 알버트 피터스 목사』, 대한기독교서회, 2021/2022 초판 2쇄. "출생과 가정환경", 17-32, 특히 20쪽 이하.

4) 박준서, 『최초의 한국어 구약성경 번역자, 알렉산더 알버트 피터스 목사』, 위의 책, 17-8쪽. 알렉산더 피터스의 유대인 아버지 이름은 르우벤 프룸킨(Reuben Frumkin)이고, 어머니 이름은 레베카 카이다노브스키(Rebecca Kaidanovsky)였다. 그는 13자녀 중 둘째로 출생했다. 유대인 프룸킨 가족이 살았던 러시아의 에카테리노슬라브는 1926년 드니프로페트로브스크로 도시명이 바뀌었고, 1991년 우크라이나 독립 이후 우크라이나의 4번째로 큰 도시로서 드니프로(Dnipro)란 이름을 갖게 되었다.

5) Norma K. Pieters, *The Pieters in Korea*, 2004, 11쪽. (미간행 자료). 박준서, 위의 책, 피터스의 세례증서, 24쪽.

6) 김중은, "구약 국역의 선구자 알렉산더 피터스", 64-70쪽. 박준서, 『최초의 한국어 구약성경 번역자 알렉산더 알버트 피터스 목사』, 위의 책, "권서가 되어 한국에 오다", 27-32쪽. 박용규, "알렉산더 피터스, Alexander Albert Pieters, 1871-1958: 성경번역자, 찬송가 작사자, 복음전도자, 1895-1911", 『평양대부흥 100주년기념 알렉산더 피터스 선교사 조명』,

피터스가 한국에 도착한 1895년은 바로 전 해인 1894년에 발발한 동학난(東學農民蜂起, 고종 31년)으로 나라가 혼란스러웠고, 국역 성경의 상황은 1887년에 소위 '로스(J. Ross)역' 신약전서가 출판되어 있었다.[7] 구약성경 국역은 아직 나오지 않았다. 1885년 언더우드(Horace G. Underwood)와 아펜젤러(Henry G. Appenzeller) 목사 선교사들을 선두로 미국 개신교 선교사들이 본격적으로 내한하기 시작한 이래, 1887년에 처음 선교사들을 중심으로 '상임성서위원회'(The Permanent Bible Committee)가 조직되었다. 이 위원회는 1893년에 '상임성서실행위원회'(The Permanent Executive Bible Committee = The Bible Committee of Korea)로 재조직되었고, 같은 해 10월에 공인번역위원회(The Board of Official Translators)를 만들어 본격적인 성경 국역사업을 시작했다. 초기에 이 공인번역위원회에는 언더우드(Horace Grant Underwood, 元杜尤, 1859-1916), 아펜젤러(Henry Gerhart Apenzeller, 亞扁薛羅, 1858-1902) 그리고 게일(James Scarth Gale, 奇一, 1863-1937)이 주로 활약했으며, 1895년에 레이놀즈(William Davis Reynolds, Jr., 李訥瑞, 1867-1951)가 번역 위원에 선출되면서 번역 작업이 활발하게 진행되었다. 이 번역위원회는 먼저 신약번역에 착수하여 1900-1906년에 기존의 로스역 신약전서를 대체할 한글 신약전서를 확정하여 출간했다. 피터스가 한국에 온 1895년에 구약성경 한글 번역은 아직 요원하게만 느껴졌다.

2. 시편촬요(1898)

피터스는 1985년 5월부터 1898년 6월까지 미국성서공회 일본 지부 루미스 총무의 관할아래 한국에서 권서(매서인)의 일을 했다. 권서로서 활동하면서 피터스는 당시 한국인들이 성경 읽기를 좋아하고 성경을 사랑한다는 것을 알게 되었다. 아직 구약성경이 한국어로 번역되어 출판된 적이 없으며, 앞으로 한글 구약성경이 공인번역위원회를 통해 나오려면 오랜 시간이 걸린다는 것도 알았다. 그래서 그는 권서활동을 하면서 틈틈이 구약성경의 시편(詩篇)을 한글로 번역하여 한국인들에게 구약성경의 말씀을 전해주고 싶었다. 그 결과 피터스는 시편 150편 중에서 62편을 뽑아서 한글로 번역한 『시편촬요』를 1898년 5월 서울에서 삼문출판사를 통해 출간했다. 그동

서울 내곡교회와 한국교회사연구소, 2007, 21-79쪽. 민영진, "피득의 시편촬요", 〈감신대학보〉 17호(1979) 등.

7) 『예수성교전서』, 성경 문광서원 활판, 1887. 성경(盛京)은 만주 심양(瀋陽, Shenyang)의 옛 이름이다. 대한성서공회는 창립 100주년을 기념하여 1995년에 복쇄본을 출간했다. 비교, 나채운 번역·해설, 『현대어 예수성교전서』, 한국장로교출판사, 2002. 이 현대어 판본에서는 4복음서만 다루고 있다.

안 피터스가 구약성경 번역에 관심을 쏟고 있다는 것을 알게 된 루미스는 그가 권서 일에만 전념할 것을 충고했다. 이와 함께 루미스는 재정적인 이유와 한국의 정치적 상황의 불안을 이유로 한국에서 피터스의 권서 활동을 잠정적으로 중단할 것을 미국 성서공회 본부에 요청하고 있었다. 피터스가 한국에 도착하기 1년 전인 1984년에는 동학 농민봉기가 있었고, 당시 조선 26대 국왕인 고종은 1897년 국호를 대한제국으로 고치고 초대황제(광무 원년, 재위 1897–1907)가 되었다. 그러나 당시 한국은 청국과 일본의 외세가 충돌하는 현장이었다. 시편촬요가 출간된 직후 피터스는 미국성서공회의 권서직을 사임했고, 당시 서울에 주재하고 있던 영국성서공회(BFBS) 지부로 옮겨서 1898년 7월부터 1899년 8월까지 부총무 겸 권서로서 다시 일을 시작하게 되었다. 미국성서공회의 일본 지부가 한국에 파송한 권서로서 피터스가 영국성서공회 한국 지부로 자리를 옮긴 핵심적 이유는, 신학을 공부하지 않은 피터스가 선교사나 목사도 아닌데 권서(勸書, colporteur)로서 시편을 번역하여 출판했고, 그 시편촬요가 한국인들의 환영을 받았다는 데 기인하는 것 같다. 시편촬요가 한글 구약성경의 효시로서 출판된 경위에 관해서는 피터스 자신이 쓴 글에 잘 나타나 있다.[8] 그 글에서 시편촬요에 대한 내용을 간단히 요약하면 다음과 같다.

> 하나님의 섭리로 예수를 믿게 되고, 미국성서공회의 권서로서 나는 1895년 한국에 오게 되었다. 당시 한국의 성서위원회가 신약을 번역하고 있었고, 구약이 앞으로 번역되려면 상당한 시일이 걸릴 것을 알았다. 어려서부터 정통 유대교 집안에서 자랐기 때문에 매일 히브리어 기도서를 읽고 시편의 아름다움과 영감을 맛보면서 암송할 수 있었다. 한국 사람들에게 최소한 시편 중에 얼마라도 번역해 주고 싶었다. 저주시편을 빼고 시편의 절반 정도의 분량을 번역하는 데 약 1년이 걸렸다. 한국어를 잘하는 네 분 선교사에게 번역 원고를 보여드리고 인정을 받았다. 1898년에 출간된 시편촬요는 8년 동안 유일한 한국어 구약역으로서 그리스도인들이 사용하게 되었다.

시편촬요는 1898년 5월과 10월 두 차례에 걸쳐 단행본으로 약 2,500부가 당시 서울 감리교의 삼문출판사와 배재학당 미이미 교회 인쇄소를 통해 간행된 것으로 알려졌다. 한자로 '촬요'(撮要)란 '중요한 것을 골라 모은 것'을 의미한다. 시편촬요는 가로 18cm 세로 12cm이고, 순전히 한글로 위에서 아래로 읽도록 한지에 인쇄되었고, 띄어쓰기를 했으며, 옛 방식대로 오른쪽에서 왼쪽으로 제본되었고, 모두 65쪽의

---

8) Alex. A. Pieters, "First Translations," 〈*The Korea Mission Field*〉, May 1938, 91-93쪽.

분량이다. 시편의 절반가량을 번역했다고 했는데, 실제로 시편 150편 중에서 62편을 선별하여 수록하고 있다. 순한글이 아니고 부득이 사용한 한자에서 온 용어들에 관해서는 책 말미에 3쪽 분량의 '문자초집'이라는 난을 마련하여 한자 용어들을 한글로 풀이하고 있다. 시편촬요는 피터스의 개인역이지만 당시 한국의 상임성서실행위원회의 허락을 받아 출판되었다.[9] 박용규 교수는 시편촬요의 출간에 관해 이렇게 기록하고 있다.

> "시편촬요는 출판되자마자 수요가 폭발했다. 곧 매진되었다. 루미스의 말을 빌린다면, 수요를 다 감당치 못할 정도였다. 마가렛 힐스가 지적한 대로, '그것(시편촬요)은 1911년 구약에 사용된 시편 번역에 공헌했다.' 현재 갖고 있는 우리 성경의 시편 번역은 피득의 번역문을 거의 그대로 받아들여 약간의 문장 수정만 했을 정도로 시편촬요는 한글 구약성경 시편 번역에 절대적인 영향을 미쳤다. 한국에 파송된 다른 선교사도 시편 번역을 착수했지만 피득의 번역에는 따라갈 수 없었다."[10]

1995년 구약학 석사학위 논문에서 시편촬요를 연구한 정비호의 연구 결과에서도 시편촬요는 단행본으로 출판된 최초의 국역 구약성경으로서, 이후 구약 국역(1911년 판)과 개역에 직간접적으로 끼친 영향을 뚜렷하게 확인할 수 있다고 했다.[11] 시편촬요는 될 수 있는 대로 한자에서 온 용어를 피하고 다소 길어지더라도 순 한글을 많이 쓰는 직역 원칙을 가지고 있다는 점, 로스역은 띄어쓰기를 하지 않았으나 최초의 한글 구약성경으로서 띄어쓰기를 하고 있다는 점,[12] 시편의 운율을 번역문에서도 살리기 위해 노력한 점, 그리고 히브리 성경의 원문에 충실한 한글 번역의 본보기를 보여주었다는 점 등은 구약 국역사에서 『시편촬요』의 공헌이며 자랑스럽고 돋보이는 특징이라고 하겠다. 민영진 박사는 "… 피득씨에 대한 재발견은 한글성서 독자들에게 커다란 긍지와 자부심을 가지게 해 주었다"라고 평가했다.[13]

---

9) 류대영 옥성득 이만열 공저, "한국어 성경 서지목록, 1882-1945", 『대한성서공회사 II』, 위의 책, 84쪽.

10) 박용규, "알렉산더 피터스…", 위의 글, 51쪽.

11) 정비호, 「시편촬요(1,2,8편)에 나타난 피터스의 번역 원칙이 한글성서번역에 끼친 영향 연구-MT, 문리역(1910), 구약전서(1930), 시편(1936)과의 비교」, 감리교신학대학원 구약신학전공 석사학위논문, 1995.

12) 한글 띄어쓰기는 1896년 4월에 창간된 〈독립신문〉이 그 시초로 알려졌다. 박준서, 『최초의 한국어 구약성경 번역자, 알렉산더 알버트 피터스 목사』, 위의 책, 37쪽. 비교, 1877년 John Ross 선교사 목사가 저술한 영어로 된 최초의 한국어 입문서인 'Corean Promer'에는 한글 띄어쓰기를 볼 수 있다.

13) 민영진, "피득의 시편촬요", 위의 글.

3. 한글 구약성경 구역(舊譯) 시대(1904-1911)

위에서 잠시 언급한 대로, 1893년부터 공인번역위원회(이하 공번위)는 신약번역에 집중하고 있었으며, 시편촬요가 1898년에 출간되자 이에 자극을 받아 비로소 구약 번역의 계획을 세우기 시작하였다. 아펜젤러가 창세기와 출애굽기를, 언더우드가 시편을, 트롤로프(Mark Napier Trollope, 조마가, 1862-1930)가 잠언을, 게일이 사무엘상·하를, 스크랜톤(William Benton Scranton, 施蘭敦, 1856-1922)이 이사야서를 각각 초역하기로 분담했다. 1900년에 공번위가 번역한 신약전서가 일단 출판된 이후 구약성경 번역에 대한 요구가 높아졌다. 그런데 1902년 목포에서 열리는 공번위에 참석하러 가던 아펜젤러와 그의 한국인 조사(助師) 조한규는 타고 가던 배가 파선하여 순직하는 해난사고가 있었다. 이 사고 후 구약 번역 작업은 일시 중단되었고, 1904년 10월에 이르러서야 다시 구약 번역 작업을 추진할 수 있었다. 이때 번역위원으로는 언더우드, 게일, 레이놀즈 3인이 주축이 되었다. 이들은 공번위에서 먼저 창세기와 시편 번역을 확정하였고, 1906년에 먼저 창세기와 이어서 시편이 각각 낱권으로 일본 요코하마 복음인쇄사에서 인쇄하여 출판되었다.[14] 개인역인 피터스의 시편촬요가 출판된 지 8년 만에 공번위가 번역한 한글 구약성경의 책들이 상임성서실행위원회의 인준을 거쳐 처음으로 출판되기 시작한 것이다.

한편 피터스는 시편촬요를 출간한 이후 구약성경 번역자로서 당시 내한 선교사들의 격려와 주목을 받았다. 그는 1899년에 영국성서공회 서울 지부에서 일하던 자리를 사직하고, 1899년 9월 미국 시카고에 있는 맥코믹 신학교(McCormick Theological Seminary)에서 신학을 공부하러 떠났다. 맥코믹 신학교에 재학하는 동안 피터스는 1901년에 미국 장로회 해외선교본부에 선교사로 지원하고 있었으며 선교 사역지로는 한국을 희망했다. 피터스는 1902년 5월 맥코믹 신학교를 졸업한 후 미국 북장로회 목사로 임직했고, 신학교 동기인 엘리자베스 캠벨(Elizabeth Campbell)과 결혼했으며, 같은 해 8월 16일 두 사람은 선교사로서 파송을 받아 희망했던 것과는 달리 첫 사역지로 정해진 필리핀의 세부(Cebu)로 출발했다. 필리핀에서 2년이 지난 후, 피터스 선교사 부부는 미국 국적을 가지고 1904년 9월 13일 한국으로 전근하게 되었다. 피터스가 다시 선교사로 한국에 돌아오게 되었다는 소식을 듣고 루미스는 한국에서 구약성경 번역을 하는 데 그가 적임자라고 여겨서 미국 성서공회본부에 다음과 같은 내용의 편지를 보냈다.

---

14) 『대한성서공회사 II』, 위의 책, 72쪽 이하.

"피터스야말로 구약번역에 필요한 자질을 갖춘 유일한 사람이라는 의견이 중론입니다. … 나는 그가 구약 번역을 완성하도록 허락되기를 희망하며, 어떤 다른 사람이 수정하거나 통일하려고 함으로 그 일이 방해를 받지 않기를 희망합니다. … 하나님께서는 피터스를 준비시켜 오신 듯 보입니다."15)

피터스는 한국에 도착하여 미국 북장로회의 서울 남부지역 선교구를 맡아서 전도와 교회개척, 사경회 인도 등에 전력했다. 피터스는 이 당시 맥코믹 신학교 동급생이었던 곽안련 선교사와 함께 일했다. 1906년 1월에 피터스는 병고로 인해 첫 부인과 사별하게 된다. 그 해에 피터스는 공번위에 번역 위원으로 선임되었다. 1907년에 쓴 선교보고서에서 피터스는, "지난 해 동안 나의 사역은 두 종류 즉 성경번역과 복음전도 사역이었다."라고 했다.16) 피터스가 번역위원으로 선임된 1906년에는 앞서 언급한 대로 공번위에서 언더우드, 게일, 레이놀즈가 번역한 창세기와 시편이 이미 각각 낱권으로 출판되어 있었다. 한편 미국 성서공회 일본 지부 총무인 루미스는 한국에서 구약 번역 작업이 늦어지고 있는 상황을 염려하여 미국 장로회 선교본부 책임자인 브라운 박사에게 편지하게 되었고, 루미스의 편지 내용이 알려지자 당시 번역위원이면서 시편을 초역한 언더우드는 루미스의 견해에 대해 반박하는 편지를 브라운 박사에게 보냈다. 이 서신에서 언더우드는 일찍이 루미스가 피터스를 권서로 한국에 추천해 보낸 일로부터 시작하여, 루미스가 한국에서 성경 번역 사업에 대해 불필요한 간섭을 계속하고 있으며, 그가 추천하는 피터스 목사는 아직 성경 번역자로서 충분한 자격을 갖추지 못했다고 썼다. 언더우드는 루미스가 피터스의 시편촬요 번역을 높이 평가하는 반면에, 언더우드 자신이 초역한 공번위의 시편 역은 중국어 성경을 바탕으로 한 불충분한 번역이라는 견해에 대해 공번위의 서신을 통해 자신의 입장을 다음과 같이 해명했다.

"시편 번역에 대하여 말씀드리면… 우리는 피터스 씨가 시편 번역을 출판한 것에 대해 반가운 마음이었습니다. … 그러나… 피터스 씨가 번역을 시작하기 전에 언더우드 박사도 시편에 대한 대부분의 번역을 마쳤었습니다. 그것은 중국어 번역본을 바탕으로 한 것이 전혀 아니었고, 할 수 있는 데까지 비평작업의 도움을 받으며 원문으로부터 번역한 것이었습니다. … 현재 공번위 앞에 있는 이 시편 역본은 언더우드 박

---

15) 박용규, "알렉산더 피터스…", 위의 글, 59-60쪽에서 재인용.
16) 박용규, "알렉산더 피터스…", 위의 글, 72쪽에서 재인용.

사의 작업을 바탕으로, 물론 피터스 씨의 번역(시편촬요)이 줄 수 있는 제안들과 도움을 받아 이루어진 것입니다."[17]

뿐만 아니라, 언더우드는 자신을 포함하여 공번위의 번역자들이 구약 히브리어 실력이 없다고 말한 루미스의 지적에 대해, 그것이 사실이 아니라는 것을 편지에서 다음과 같이 해명하고 있었다.

"루미스 박사는 우리의 히브리어 지식에 대해 평가할 처지가 아닙니다. '게일 박사는 히브리어를 공부하지 않았다'라든지, 다른 곳에서 '게일 박사는 히브리어를 전혀 공부하지 않았다'라고 한 것, 그리고 또한 '언더우드 박사는 신학교 과정에서 습득한 (히브리어) 지식 정도밖에는 없다'라고 말한 것은 모두 근거가 없으며 사실과 다릅니다. 우리가 히브리어 학자들이라고 주장하는 것은 아닙니다. 그런 말을 하고 싶은 생각은 조금도 없습니다만, 적어도 우리는 히브리어 원문을 읽을 수 있으며, 우리 앞에 있는 권위 있는 책들을 참고하고 모든 도움을 받아 어떻게 본문을 읽어야 하는지에 대한 현명한 결정을 내릴 수는 있습니다."[18]

이와 같이 그동안 일반적으로 알려진 것과는 달리 구역시대 구약성경을 번역할 때부터 번역자들의 히브리 성경 원전을 읽는 실력이 무엇보다 관심의 대상이 되고 있었다는 것을 알 수 있다. 언더우드는 이때 선교사들을 대표하여 한국에서 요구되는 '성경 번역의 이론'(Theory of Bible Translation)을 내세웠는데, 그것은 "한 사람이 전적으로 번역 사역을 전담하는 것은 현명하지 않은 일"이라는 것과 "문서 사역만을 전적으로 맡지 않은 사람들이 준비한 번역이 사람들에게 보다 더 잘 받아들여질 수 있다"라는 것이었습니다.[19] 언더우드가 이러한 번역 원칙을 주장한 것은 실제로 루미스가 피터스를 전적으로 한글 구약성경 번역의 주역으로 천거하고 있는 데 대한 불만을 표시한 것으로도 볼 수 있다. 루미스와 공번위 사이의 이러한 갈등은, 피터스 목사를 구약 번역자로 추천하는 루미스의 다소 과도한 간섭과 집착에서 기인한 것이

---

17) 김인수 옮기고 엮음, 『언더우드 목사의 선교 편지, 1885-1916』, 장로회신학대학교출판부, 2002, 473쪽. 여기서 피터스의 이름을 '피에터스'로 표기한 것은 '피터스'로 바로 잡아야 한다. 비교, 박준서, 『최초의 한국어 구약성경 번역자, 알렉산더 알버트 피터스 목사』, 위의 책, 49-50쪽. 피터스 선교사가 한국으로 돌아올 생각을 할 당시, 언더우드 선교사는 그가 돌아오는 것을 좋게 생각하지 않는다는 소문이 있었다. 이러한 소문에 대해 피터스는 자신의 입장을 밝힌 서신을 당시 미국 북장로회 선교부 로버트 스피어 총무에게 보냈다(1902년 4월 12일). 그 내용은 자신이 한국에 돌아가면 성경 번역을 맡길 것을 언더우드가 우려한다는 것을 알고 있다는 내용이었다.

18) 김인수, 위의 책, 480쪽; 1067쪽 영문 대조.

19) 김인수, 위의 책, 480-481쪽; 1067-1068쪽 영문 대조.

 64. 구약성경 국역사에서 알렉산더 피터스의 위치와 의의

라고 생각할 수 있다. 정통 유대인의 가정에서 태어나 자랐고 예수 믿고 한국에 와서 약 4년간 권서 활동을 하면서 구약 국역의 효시인 시편촬요를 출간하여 호평을 받았으며, 이제 맥코믹 장로회신학교에서 정규 목사 후보생 과정의 신학을 공부하여 미국 북장로교회 목사가 되고, 미국 국적을 가진 선교사가 되어 다시 한국에 돌아온 피터스가 그 누구보다도 한국에서 히브리어 실력이 뛰어나며 구약 번역의 주역으로서 적임자라고 하는 생각도 무리는 아니라고 할 수 있다. 어쨌든 언더우드는 이 당시 구약 번역자로서 피터스의 자격이 충분하다고 인정할 수 없었다. 다시 피터스에 관한 언더우드 편지의 직선적인 견해를 인용하면 다음과 같다.

> "피터스 씨가 그 일(성경 번역)을 하기에 적당한 분인가 하는 문제에 대해 말씀드리자면, 그의 그리스어, 히브리어나 또는 한국어에 대한 지식을 판단하는 루미스 박사의 능력을 우리는 의심스럽게 생각합니다. 예컨대 그의 히브리어 지식은 그로 하여금 섬세한 분별력을 가지고 특히 번역 작업을 위해 적합한 사람이 되게 하는 그런 비평적인 지식이 아니라는 사실에 우리는 그저 주의를 환기시키고 싶습니다. 그것은 그가 어린 시절에 히브리어를 배우며 얻게 되었던 그런 지식이어서, 그 정도의 지식으로 그는 '왜 이방들이 동요하는가?'(Why are they tumultuous?)라고 번역하기보다는, '왜 이방들이 격노하는가?'(Why do the heathen rage?), '왜 이방들이 화를 내는가?'(Why are the heathen angry?)라고 번역합니다. 그의 한국어 지식도 거의 마찬가지여서, 학교 수업 시간에 그가 가르칠 때 학생들은 그의 말을 알아듣기가 너무나 어렵다는 불만을 털어놓습니다. 이것은 부분적으로는 그의 억양과 좋지 않은 발음 때문이라는 것이 사실이지만, 또한 이것은 상당 부분 그가 사용하는 어휘가 제한되어 있고, 표현이 명확하지 않다는 사실에 기인합니다. 적어도 여기 선교사들 중에는 그가 아직 성경 번역을 할 준비가 되어 있지 않다고 생각하는 사람들이 있는데, 그것은 성서실행위원회(the Bible Executive Committee)가 그를 택하지 않았다는 사실에서 드러납니다. 루미스 씨가 피터스 씨에 대해 깊은 관심을 가질 수밖에 없다는 것은 자연스러운 일이며, 우리는 그러한 것을 충분히 이해하며 인정하고 있습니다."[20]

언더우드가 쓴 것으로 알려진 이 편지에는 서명이 없다. 그런데 주어에 '우리'를 사용한 것이나 언더우드 자신을 3인칭으로 객관화하고 있는 것을 볼 때, 사실상 언더우드와 게일이 함께 작성한 것으로 보인다.[21] 이와 같은 상황에서 1906년에 게일

---

20) 김인수, 위의 책, 481-482쪽; 1068-1069쪽 영문 대조. 본 필자가 한글 번역문을 다소 수정하여 인용함.

은 휴가를 위해, 언더우드는 건강상의 이유로 휴양 차, 두 사람 모두 한국을 떠났다. 그래서 성서실행위원회는 부족한 구약성경 번역위원을 충원하기 위해 1906년 10월 3일부터 크램(Willard Gliden Cram, 奇義男, 1875-1969)과 피터스를 공번위의 번역 자로 선임했다. 이때부터 1907년 말까지 공번위에서는 레이놀즈, 크램, 피터스 3인 이 구약 번역을 추진해 나갔다. 1907년 7월에는 한국인 이창직과 김정삼이 공번위의 위원으로 선출되었다. 1907년 말에는 피터스가 초역한 전도서가 공번위 번역으로 확정되었으나 낱권으로는 출판되지 않았다. 피터스는 1908년 3월 미국 북장로교회 해외선교부 파송으로 내한하여 의사로서 의료선교에 종사하던 에바 휠드(Eva H. Field, 1868-1932)와 재혼하였고, 여기서 두 아들 르우벤(Reuben Field, 1908)과 리처 드(Richard Sawyer, 1910)가 태어났다.

 1908년 4월에 레이놀즈는 소속한 미국남장로교회 선교부의 지시에 따라 서울에 서 전주 지부로 거주지를 옮겼다. 김정삼은 이눌서를 따라 전주로 갔다. 이창직은 갈 수 없어서 레이놀즈는 이승두라는 조사를 데리고 갔다. 이 세 사람이 소위 '전주번역 분과'를 이루어 구약 번역 작업을 했다. 이때쯤 서울에는 게일이 돌아와 있었고, 크 램과 피터스는 선교지의 순회전도와 교회개척 사역 때문에 번역하는 일에는 적극적 으로 협력하기 어려웠다. 그동안 피터스는 사실 게일의 빈자리를 보충하는 역할을 했다고 볼 수 있다.[22] 한편 레이놀즈는 조사 이승두를 번역 위원으로 천거하여, 1908년 10월 31일부터 이승두도 번역위원이 되었다. 전주에서 레이놀즈는 서울에 있는 게일과 연락하면서, 전주에서 구약성경 번역(구역)의 완결을 위해 주도적인 역 할을 했다. 1906년 창세기와 시편의 낱권 출판부터 시작하여 1908년 이사야서 낱권 까지 번역이 확정된 구약의 책들은 공번위 역으로 채택되어 낱권 형식으로 모두 9권 이 출간되었다.[23] 1909년 말 언더우드도 돌아와서 구약 번역에 합류했다.

 1910년에 들어서면서 게일은 예레미야를, 레이놀즈는 에스겔을, 언더우드는 스 가랴를 번역했다. 그리하여 마침내 1910년 4월 2일 전주 분과로부터 서울에 있는 영 국성서공회 지부 밀러(Hugh Miller, 閔休) 총무 앞으로 "번역 다 도엿소라"라는 전보 가 도착했다. 이제 구약성경 전체에 대한 한글 번역작업이 일단 완료되었다는 것이

---

21) 비교, '미국 성서공회 일본지부 서신철, 1883-1909'에 보관되어 있는 '루미스 서신' 자료는 다음 책에 수록되어 있다. 옥 성득·이만열 옮기고 엮음, 『대한성서공회사, 자료집 제1권, 로스 서신과 루미스 서신』, 대한성서공회, 2004, 298-673 쪽. 이 루미스 서신 자료에는 피터스의 이름이 약 25회 언급되고 있다. 이 서신들 자료에서 편역자가 '피터즈'라고 표 기한 것은 '피터스'로 바로 잡아야 한다.

22) 피터스 자신은 1907년 선교보고서에서, "지난해 동안 나의 사역은 두 종류 즉 성경번역과 복음전도 사역이었다."라고 적고 있다. A. A. Pieters, "Report for the year 1906-1907," 박용규, "알렉산더 피터스…", 위의 글, 72쪽에서 재인용.

23) 창세긔(1906), 시편(1906), 삼우엘젼(1907), 삼우엘후(1907), 잠언(1907), 말나긔(1907), 츌애굽긔(1907), 렬왕긔샹·하 (1908), 이사야(1908),

다. 레이놀즈에 의하면, 공번위가 구약 국역을 끝내는 데는 1904년 10월 17일부터 1910년 4월 2일까지 5년 5개월 16일이 걸렸다고 한다. 공번위의 한글 신약전서는 이미 1906년에 확정 본문으로 출판되어 있었다. 이제 한국어로 번역된 최초의 순 한글 구약성경 전서가 1911년 3월 3일 구약을 2권으로 분책하여(상권, 창세기~역대하, 1-1350쪽. 하권, 에스라~말라기, 1351-2650쪽) 신약전서 1권과 함께 대영성서공회의 이름으로 발간되었다. 미국 성서공회도 며칠 후인 1911년 3월 6일에 한글 구약성경 2권과 신약성경 1권으로 성경전서 3권을 출판했고, 이어서 같은 해 3월 15일에는 한글 구약성경을 3권으로 분책하고 신약 1권과 합해 모두 4권으로 성경전서를 출간했다. 이후 미국 성서공회는 1911년에 처음으로 신구약 한글『성경전서』를 단권으로 출판했다.[24] 앞으로 나올 한글 개역(改譯) 성경과 구별하기 위해 편의상 1906년의 신약전서와 1911년 구약전서를 합해 구역(舊譯)이라고 한다.

1911년이 어떤 해인가? 1910년 8월 29일 경술의 국치(한일합병조약)로 인해 한국은 국권을 상실하고 일제의 식민지가 되었다. 바로 그 이듬해 3월 망국의 슬픔에 잠긴 한국 민족에게 하나님의 말씀인 신구약 성경전서가 역사상 처음 한글로 완역되어 출판되었고, 한글을 아는 한국 사람은 누구나 신구약 성경을 읽을 수 있게 된 것은 하나님의 섭리이고 최고의 선물이며 결코 우연한 일로 볼 수 없다. 특기할 만한 것은, 1911년 3월 3일에 출판된 한글『구약전서』(2권 1질)는 한국 정부에서도 그 가치와 중요성을 인정하여 2016년 12월 15일 등록문화재로 지정하였다(문화재청, 등록문화재 제 671호).

한글 구역 구약성경 번역의 공로자인 레이놀즈(William Davis Reynolds, Jr., 李訥瑞, 1867-1951. 미남장로회 선교사 목사)에 의하면, 한글 구역 구약성경 번역에서 문제점으로는 히브리어의 회화적인 관용어법을 위시하여, 특히 제사 예식법, 회막 건축을 위한 자세한 지시 내용, 성전에 관한 묘사, 이사야 예언의 비범한 내용, 에스겔의 환상 등을 번역하는데 번역위원들의 머리가 어지럽고 눈이 침침하며 신경을 너무 많이 써서 거의 기운이 빠질 정도로 어려움이 있었다고 한다. 구역 한글 성경전서의 장점은 지식인만을 대상으로 번역하지 않고, 한글을 아는 사람은 누구나 읽을 수 있게 번역했기 때문에, 비교적 쉬운 한글 문체로 번역한 것이다. 수용어인 한국어로 번역하기 어려운 구약의 어휘들은 이미 한문 성경에서 정착된 용어를 채택하여 문제를 해결해 나갔다.[25]

---

24) 구역 한글성경을 출판할 때 영국 성서공회와 미국 성서공회가 따로 출판을 했기 때문에 1911년의 경우 한글 성경 서지목록에서 다소 혼선이 빚어질 수 있다. 한글 구약성경 구역에 대한 보다 자세한 내용은 다음 글을 참고할 수 있다. 김중은, "구약성서국역사", 〈신학사상 제22집〉, 한국신학연구소, 1978, 452-458쪽.

4. 구약성경 개역(改譯) 시대(1912-1938)

1911년 3월 3일에 구역 성경전서가 출판되면서 기존의 공인번역위원회(공번위)는 개역위원회(the Board of Revisers)로 발전적 해체를 했다. 1911년 판 구역 성경전서는 우선 고유명사 한글 음역 표기를 통일하는 일이 시급하였다.[26] 개역작업은 상임 성서실행위원회의 지도 아래, 행정실무는 구역의 경우와 같이 영국성서공회 서울 지부의 주관으로 진행하게 되었다. 영국성서공회 서울 지부 총무인 민휴(Hugh Miller, 閔休, 1872-1957)는 1912년 1월 25일 개역위원회에 영국성서공회가 정한 「성경 번역, 개역, 편집에 관한 지침과 규정」[27]을 담은 소책자를 전달했다. 성경의 고유명사 한글 음역 통일 방안은 1912년 7월부터 레이놀즈가 한국인 조사들과 함께 마련하고 언더우드의 검토를 거쳐, 1913년 개역위원회에서 채택되었다.

구역의 구약 본문에 대한 본격적인 개역작업은 1915년 황해도 구미포 송천(소래) 해변에 있는 언더우드의 별장에서 시작되었다. 개역위원들로서 언더우드, 레이놀즈, 게일이 한국인 조사(助師)들과 함께 개역작업을 했다. 그러나 1916년 10월에 언더우드(Horace Grant Underwood, 元杜尤, 1859-1916)가 별세함으로써 개역작업에 차질이 생겼다. 그래서 개역위원회는 1917년에 케이블(Elmer M. Cable, 奇怡富, 1874-1949)과 스톡스(Marion Boyd Stokes, 都瑪蓮, 1882-1968), 1918년에는 엥겔(George O. Engel, 王吉志, 1864-1939)과 어드만(Walter C. Erdman, 魚塗萬, 1877-1948)을 개역위원으로 보강하였다. 그러나 어드만은 자신이 성경 원전어 지식이 부족하다는 점과 다른 위원들과 의견이 맞지 않는다는 점을 들어 곧 사임했다. 이때 개역을 주도한 사람은 게일(James Scarth Gale, 奇一, 1863-1937)이며 엥겔, 그리고 한국인 조사들(이원모, 이창직, 정태용 등)과 작업을 계속했다. 그 결과 1921년 가을에 개역 본문의 성과를 측정해 보기 위해 창세기를 개역 본문으로 출판하여 각계의 의견을 듣게 되었다. 그 결과 게일이 주도한 개역 본문은 대영성서공회의 규칙서를 따르기보다는 게일 자신의 번역 원칙을 따르고 있다는 사실이 드러났다. 게일의 번역 원칙은 요컨대, "문자적인 직역보다는 자유스러운 의역"(free, rather than literal)을 주장하는 것이었다.

---

25) W. D. Reynolds, "Translation of the Scripture into Korean", The Language Files of the Translations Department, Korean I, 1901-1922 (BFBS) = "1910년 구약 국역 완료 보고서", 6쪽 분량. 비교, 김중은, "구약성서국역사," 위의 글, 458쪽.

26) 구약에는 약 2,500개의 고유명사가 있는데, 이것은 구약 어휘 약 8,250개의 30.3%에 해당한다. E. Jenni/C. Westermann, *Theologisches Handwörterbuch zum AltenTestament*, Bd. II, Chr. Kaiser Verlag, 1976. "Statistischer Anhang", 541쪽. 보다 최근의 통계로는, 히브리 성경의 고유명사가 약 3,000개라고 한다. Miles V. Van Pelt and Gary D. Pratico, The Vocabulary Guide to Biblical Hebrew, Zondervan, 2003, 138쪽.

27) *Rules for the Guidance of Translators, Revisers, & Editors*, working in connection with the BFBS.

당시 비평가들은 게일의 원칙을 따르는 창세기 개역을 "단축된 풀이역"(abbreviated paraphrases)이라고 규정했다. 게일이 주도하는 구약개역은 "매우 중요한 단어와 개념들"을 자주 생략했기 때문에 이점을 시정해야 한다는 여론이 비등했다.[28] 1921년부터 개역위원회는 신약개역위원회와 구약개역위원회(이하 구개위)로 나뉘어 작업을 하게 된다. 구약개역 작업은 영국성서공회 규칙서에 따라 방향 재조정하게 되었고, 게일은 자신의 번역 원칙이 받아들여지지 않았기 때문에 1922년 개역위원직을 사임했다. 게일은 그가 주도적으로 작업한 구약 개역 원고를 1924년 3월 상임성서실행위원회 앞으로 제출했다.[29]

한편 1922년 레이놀즈(이눌서)가 미국여행으로 인해 구개위에서 빠지게 되자, 베어드(William Martyne Baird, 裵偉良, 1862-1931), 클라크(William Monroe Clark, 康雲林, 1881-1940), 하디(Robert A. Hardie, 河鯉泳, 1865-1949)가 구개위 위원들로 선출되었다. 이들과 함께한 한국인 조사들은 김필수, 김인준, 정태용이었다. 1922년 9월 민휴는 방향 재조정된 구개위의 사정을 영국 성서공회 본부 킬거(R. Kilgour) 총무에게 보고하고, 한국의 구개위가 요구하는 옥스퍼드 히브리어 사전(BDB)과 긴즈버그(Christian D. Ginsburg)가 편집한 히브리 구약 원전 성경을 3권 보내 달라고 요청했다.[30] 그해 11월에 그에 대한 답신에서 킬거는 한국의 구개위가 영국성서공회 규칙서를 따르게 된 것을 기뻐한다는 뜻을 전하고, 요청한 옥스퍼드 히브리어 사전과 긴즈버그가 편집한 대판 히브리어 성경과 3권의 소판 히브리어 성경을 보내니 구개위에 전달해 달라고 했다. 이렇게 해서 구개위는 적어도 이때부터 긴즈버그 편 히브리 성경을 대본으로 하여 가능한 한 원전에 충실한 직역원칙으로 개역작업을 해 나갔다.[31]

1924년 말에 레이놀즈가 미국에서 돌아와 다시 구개위에서 개역작업을 했다. 1925년에는 구개위 위원들이 거주지에 따라 서울분과(하디, 클라크, 케이블)와 평양분과(레이놀즈, 베어드, 엥겔)로 나뉘어 번역 일을 했으나, 위원들 간에 시간조정이 잘 안 된다는 이유로 구개위의 작업은 지연되고 있었다. 상임성서실행위원회는 이러한 상황에서, 특히 구약 히브리어에 능한 적임자를 찾아 구약개역의 책임을 맡기려고 했다. 여기서 피터스가 적임자로 선택되어 1926년 1월부터 구개위에 참여하게 된 것은

---

28) 김중은, "구약성서국역사", 36쪽 이하.

29) 게일은 자신의 번역원칙을 굽히지 않았고, 1925년 서울에 있는 기독교창문사를 통해 자신과 이원모의 이름으로 『신역신구약전서』를 출판했다.

30) Christian D. Ginsburg, *The Old Testament, diligently revised according to the Massorah and the early Editions, with the various readings from Manuscripts and the Ancient Versions*, BFBS, 1908, 1926.

31) 김중은, "구약성서국역사", 위의 글, 40쪽 이하. 같은 이, "한국어 성경 번역의 역사", 〈기독교사상〉, 1993. 2, 30쪽.

결코 우연한 일이 아니다. 피터스는 1926년 2월 1일 대영성서공회의 규칙서를 수령하였고, 3월 26일에는 구개위의 "평생위원"(permanent member)로 위촉되었다. 이때 민휴는 피터스에 관해 킬거에게 이렇게 편지했다.

> "히브리어 학자로서 그는 한국에서 그 어느 사람보다 훨씬 앞서 있으며, 그의 한국어 지식도 매우 탁월합니다."[32]

과거 언더우드와 게일이 피터스에 관해 평했던 것과는 얼마나 대조적인 내용인가! 그동안 피터스는 재혼한 의료선교사인 에바 휠드(Eva Henrietta Field, 1868-1932)와 함께 1913년까지 서울에서 사역하다가, 그 후에는 선교부의 지시에 따라 황해도 재령지부와 평안북도 선천지부로 옮겨서 선교사업을 했다. 1926년에 피터스가 구약개역 평생위원으로 선출되는 것이 계기가 되어, 피터스 부부는 1927년에 다시 서울로 돌아왔다. 그동안 김인준과 남궁혁이 개역위원으로 선출되었다. 피터스는 오전과 오후에 번역 일을 하며 원전(the original text)을 앞에 놓고 세심하게 대조하여 개역을 하고 있다고 선교부에 보고했다. 1930년까지 레이놀즈, 베어드, 그리고 피터스 세 사람이 중심이 되고 이원모가 조사가 되어 구약개역 작업을 계속했다. 1931년에 한국교회(장로교회와 감리교회)는 선교사들로 구성된 상임성서실행위원회에 한국에서 성서사업에 관해 함께 의결할 수 있는 권리를 요구하였고, 이 요구가 받아들여져서 이 두 교단에서 각각 대표 두 사람씩을 위원회에 파송하였다.

1931년 11월에는 구개위 번역위원인 베어드가 별세함으로 적어도 세 사람의 위원을 필요로 하는 구개위의 작업이 다시 어렵게 되었다. 피터스의 아내 에바 휠드는 병환으로 1932년 7월에 타계했다.[33] 피터스는 1933년 11월부터 1934년 8월까지 미국에 가 있었다. 피터스가 미국에 있는 동안 그가 속해 있던 미북장로회 선교부는 재정난(아마도 1930년대 미국의 경제공황과 연관하여)을 이유로 피터스를 한국에 재파송하는 데 어려움이 있다고 했는데, 당시 63세의 피터스를 결국 다시 한국에 파송하게 된 것은 그가 한국에서 구약개역에 없어서는 안 될 핵심 번역자라는 것을 인정했기 때문이다. 당시 민휴는 이러한 사정을 파악하고 런던에 있는 본부에 다음과 같이 알렸다.

> "구약개역을 위한 핵심 인물로 우리가 피터스를 얻지 못한다면, 개역작업이 곧 끝날

---

32) 김중은, "구약성서국역사", 위의 글, 43쪽.
33) 박준서, 『알렉산더 알버트 피터스 목사』, 위의 책, 65, 92, 148쪽.

수 있는 희망은 거의 없다고 봅니다."[34]

1934년 피터스는 미국에서 세 번째로 앤 쿠퍼(Anne Cooper)와 결혼하고 그해 가을에 같이 한국으로 돌아왔다.[35] 1935년 새해부터 레이놀즈와 피터스가 다시 구약개역에 함께 박차를 가했다. 같은 해 3월에는 이원모(李源謨)가 개역위원으로 선임되었다. 그해 여름 내내 레이놀즈, 피터스, 이원모 세 사람은 지리산 노고단 근처에 있던 레이놀즈의 별장에 모여 남아있는 구약개역에 전력을 다했다. 이러한 강행군의 결과로 피터스에 의하면 1936년 3월에 드디어 구약개역 작업이 일단 끝났다. 1936년 12월에 이 구약성경 개역 전서가 출판되었다. 그러나 이 1936년 판 개역 구약전서는 피터스가 본격적으로 개역작업에 관여하기 전에 개역되었던 책들이 여러 가지 문제점들(예컨대, 문체의 통일성과 번역의 정확도 등)을 여전히 가지고 있다는 점이 지적되었다(특히 오경, 수, 삿, 룻, 삼상, 잠, 사, 렘, 합과 단 등이 지적의 대상이었다). 그래서 1936년 판 개역 구약성경 본문을 피터스와 이원모가 맡아서 다시 보완작업(수정과 필요한 경우 재번역)을 했으며, 두 사람이 보완한 본문은 레이놀즈의 승인을 받아 1937년 8월까지 재개정을 마쳤다.[36] 1937년 9월 22일 상임성서실행위원회에서는 마침내 신구약 개역위원회의 개역완료 보고가 있었다. 구개위의 보고는 피터스가 했고, 그 보고서 내용의 핵심은 다음과 같다.

"개역 본문은 물론 완벽한 것과는 거리가 있습니다. 사실상 구약의 번역, 특히 고도의 시적인 책들을 완벽하게 번역할 수는 없습니다. 그러나 개역자회(구개위)는 불가피하게 어려운 여건 아래서 서둘러 이루어진 구역(舊譯)보다는 개역(改譯) 본문이 좀 더 히브리 성경의 정신을 표현하는 데 가까이 다가갔다고 확신합니다. … 개인적으로, 저는 성경 책들을 개역하는 작업에 큰 몫을 담당하도록 제게 특권을 허락하신 하나님께 깊이 감사드립니다. 저는 또한 제게 이러한 중차대한 일을 맡겨주신 한국의 성서위원회에 저의 진실한 감사의 뜻을 표하고 싶습니다. 알렉스 피터스가 삼가 제출합니다."[37]

---

34) 김중은, "구약성서국역사", 위의 글, 47쪽.

35) 박준서, 위의 책, "세 번째 안식년과 앤 쿠퍼", 96쪽 이하.

36) 피터스와 이원모는 구약 본문 최종 개역 작업을 지리산 노고단 부근에 있었던 레이놀즈의 별장에서 했다. 이때 레이놀즈도 함께 도움을 주었다. 노고단의 선교사 별장들은 여수 14연대 반란 사건 때 불타버린 것으로 알려졌고, 지금은 그 집터와 무너진 담벼락이 남아있다.

37) "Report of the Old Testament Revision Board", in ⟨*Minutes of the Bible Committee of Korea*⟩, Sept. 22, 1937.

이렇게 최종 확정된 구약 개역을 신약 개역과 함께 『성경 개역』이란 제목으로 1938년 9월 3일 조선 경성 조선성서공회가 단권으로 발행했다. 그동안 구약개역은 1912년에 시작되었지만, 1922년에 방향 재조정을 거쳐 새로 출발했으며, 1926년부터 피터스가 "평생위원" 자격으로 구개위에 본격적으로 참여함으로써 1937년에 그 완결을 보았고, 1938년에 드디어 한국교회 앞에 개역 성경이 그 역사적 모습을 드러내게 되었다. 피터스는 그가 1941년 70세에 한국에서 명예롭게 은퇴하기 바로 한해 전에 구약성경 개역 작업에 관해 영문으로 된 기록을 남겼다.[38] 이 글에서 피터스는 한글 구약개역 작업의 난관들을 설명하고 있는데, 그 내용을 요약해 보면 다음과 같다.

1) 히브리어 성경 구절 중에 불명료한 개소들에 관해 뜻이 통하는 번역을 하기 위해 어려움이 있었다. 이러한 불명료 개소들의 의미를 확인하기 위해 적어도 12종류의 성경번역을 참고했다(루터성경, 개역 루터성경, 러시아 정교회역, 러시아 정교회 개역, 영어 흠정역, 영어 개역, 영어 마펫역, 영어 굿 스피드역, 영어 긴즈버그 역, 두 종류의 한문성경, 일역 성서 등). 그 외에도 정통과 자유주의를 망라한 성경주석들과 두 종류의 히브리어 사전을 사용했다.

2) 문제는 이러한 번역본들과 주석책들과 사전들의 내용이 히브리 성경의 불명료 개소에 대해 그 해석이 서로 다르다는 것이다. 개역 위원들 간에 의견의 불일치가 있었고, 타협이 이루어지기까지는 여러 시간이 걸렸다. 때로는 표결하여 다수결에 따랐다(피터스는 여기서 겔 20:39과 겔 39:14의 예를 들고 있다).

3) 히브리어 문법과 한국어 문법의 차이에서 오는 어려움이 있었다. ① 히브리어 원문의 3인칭 당위명령형(소위 "jussive")에 해당하는 한국어 어법이 없기 때문에 대부분 "하게 하오"를 사용했다(그는 창 1:3과 욥 3:1-9에 나오는 3인칭 명령형의 경우를 예로 들고 있다). ② 한국어 동사는 수동태를 잘 쓰지 않는다. 그래서 때로는 한국어 수동태 동사를 만들어 썼고, 그것이 앞으로 한국인들의 귀에 익숙해지기를 바랐다. ③ 한국어의 가정법은 과거와 미래 시제에 사용되기 때문에, 현재시제 가정법에는 그에 가장 접근하는 표현으로서 양보절을 사용했다(예컨대, 시 50:12; 욥 16:4). ④ 자주 직면한 어려움은 분사와 또 다른 수식절들이 한국어에서는 언제나 수식하는 단어 앞에 오는 것이다. 그래서 매우 복잡한 문장들, 예컨대 많은 수식절을 포함하는 경우에는, 그 의미를 분명하게 하면서 어순을 다듬는 데 엄청난 노

---

38) Alex. A. Pieters, "Notes on Old Testament Revision," 〈*The Korea Mission Field*〉, 1940. 5, 78-80쪽.

력이 필요했다(예를 들면, 사 14:19; 렘 32:3-5). ⑤ 또 느 11장에 수 세대에 걸친 자손들의 이름이 나열되고 있는데, 원문에서는 "누구의 아들"로 연속되고 있으나, 한국어 번역문에서는 그 관계를 분명하게 하기 위하여, "누구의 아들,⋯ 손자,⋯ 증손,⋯ 현손,⋯ 오대손,⋯ 육대손,⋯ 칠대손" 등의 표현으로 바꾸어 놓았다.

4) 히브리어 단어에 대한 한국어의 적절한 상응어(수용어)가 없을 경우에 어려움이 있었다(예컨대, 시편에 자주 나오는 "영원부터 영원까지"에서 본래 한국어로 영원은 미래의 개념인데, 다른 방도가 없어서 그대로 번역하였다). '하나님'이란 신(神) 명칭과 '이방종교의 귀신들'에 해당하는 '신들'을 번역하는 데도 어려움을 느꼈다.

5) 그러나 가장 큰 어려움은 시편과 욥기에 나오는 장엄한 운문을 가능한 한 운문 그대로 살리면서 직역으로 가능한 한 뜻이 통하게 하는 것이었다("⋯ in a manner that would be as literal, as intelligible and as poetic as possible.").

이러한 난제들을 가지고 개역위원들은 마지막까지 기도하면서, 훌륭한 한국어로 구약성경을 번역하여 한국교회에 제공하기 위해 노력했다고 피터스는 회고했다. 그래서 개역 구약 본문의 모든 불완전한 점들에도 불구하고, 하나님께서는 이 개역성경을 축복하시고 한국교회에 주신다는 것을 확신한다고 그의 글을 끝맺었다.

5. 보록. 피터스의 성경관과 성경 연구 방법

한국교회가 사용하는 1938년 판 개역 성경 구약 번역의 주역인 피터스의 신학적 입장이나 성경관이 무엇인가를 아는 것도 흥미로운 일이다. 피터스는 그의 신학적 입장이나 성경관에 관한 글은 남긴 것이 거의 없다. 그의 저서로는 『유치부 연구』(1927)가 알려져 있고, 『동화 구연법』(1927)을 역서로 출간한 바 있다. 둘째 부인 에바 휠드와 함께 수학 교과서를 편찬하여 출판하였고, 또 일찍이 찬송가를 편집·출판하였으며(1909, 1925), 교리문답서를 편집하거나 번역하여 출판하기도 했다. 국역 성경 번역자로서 주목되는 것은 1897년에 게일(James Scarth Gale)이 출판하기 시작한 한영자전(韓英字典)의 제3판을 피터스가 증보하여 편집 출판한 사실이다.[39]

피터스의 신학적 입장과 그의 성경관을 알 수 있는 지금까지 알려진 자료는

---

[39] A. A. Pieters, *The Unabridged Korean-English Dictionary*, The Christian Literary Society of Korea, 1927³, 1931). 초판에 3만 5천 어휘에서 시작하여, 1927년 3판에서는 7만 5천 어휘를 담고 있으며, 1931년 판에서는 8만 2천 어휘로 증보되었다.

1917년 11월에 그가 〈신학세계〉 잡지에 기고한 "성경연구의 방법"이란 글에서 찾아
볼 수 있다.[40] 이 "성경연구의 방법"이란 글에서 피터스는 먼저 자신의 성경관을 비
교적 분명히 설명하고 있으며, 이에 따라 그의 신학적인 입장도 드러나 있다. 이 글
에서 피터스는 실제적인 성경연구 방법을 간단히 제시하였다. 이 글에 나타난 피터
스의 성경관과 신학적 입장, 그리고 그의 성경연구 지침을 요약해 보면 다음과 같다.

먼저 피터스의 성경관을 살펴보면, "성경에는 하나님의 뜻과 사람의 뜻이 있다"라고
한다(109쪽). 이를테면 하나님의 말씀과 사람의 말이 혼합함이 마치 금광석에 금이
섞임과 같다는 것이다. 성경의 기록은 하나님이 기록자를 기계로서 사용하신 것이
아니고, "다만 우리 같은 사람들을 시켜 성서를 기록하게 하셨다"라는 것이다(같은
쪽). 이 글에서 피터스는 사람이 기록한 점을 강조할 때는 "성서"를, 하나님의 말씀을
강조할 때는 "성경"이라는 용어를 구분하여 사용하는 것이 흥미롭다. 비록 성서의
기자들이 성신의 감동을 받았을 지라도, 인간의 약점과 부족한 점이 있고, 묵시(즉
계시, 필자 주)를 받았어도 그 기자의 성품과 학식은 전보다 다름이 없고 양심의 부족
함도 다 없어지지 않았다는 것이다. 또 "성신의 묵시 받는 것"은 사람에 따라 차이가
있으니, 마치 햇빛이 유리의 색에 따라 여러 가지 색으로 나타나는 것과 같다고 했
다. 이렇게 보면, 피터스의 성경관은 오늘날 신정통주의 신학의 성경관과 비슷한 점
이 있다고 생각된다. 그러나 분명한 것은 기록된 성경의 영감("성신의 감동")과 계시
("묵시")를 말하고 있으며(그러나 신정통주의의 대표적 신학자인 칼 바르트의 경우는, 기록
된 성경은 존재론적으로 하나님의 말씀이 아니라고 하며, 성경의 언어영감설을 실제영감설로
수정했다. 필자주), 성경연구에서 의문은 생길 수 있으나 성경에 오류가 있다는 말은
삼가고 있는 점으로 볼 때(신정통주의는 성경의 오류와 모순을 인정한다, 필자주), 피터스
가 활동하던 시대의 신학적 배경에서 그의 신학적 입장과 성경관은 복음주의라고 하
는 것이 타당하지 않을까 여겨진다.

피터스의 성경관이 복음주의적이라고 할 수 있지만, "성경에는 하나님의 뜻과
사람의 뜻이 있다"는 주장(109쪽)에서는 다소 자유주의나 신정통주의 신학사상의 영
향이 있지 않은가 생각하게 된다. 그러나 그가 성경을 해석하는 입장을 밝히는 대목
에서 보면, 그의 신학적 입장이 결코 자유주의나 신정통주의라고 할 수 없다는 것을
알 수 있다. 성경해석에서 피터스는, 성경은 우리에게 마치 아버지가 자녀에게 편지

---

40) 피득 목사, "성경연구의 방법," 〈신학세계〉 제2권 4호(1917년 11월), 감리교회협성신학교 간행, 107-116쪽.

를 보낸 것과 같다고 하기 때문이다. 그러므로 나쁜 뜻으로 쓴 내용이 아닌 줄은 기필코 믿어야 하며, 진실된 믿음은 하나님을 욕되게 하는 해석을 받아들일 수 없다고 말하고 있다(108쪽). 성경은 양심을 광명하게 하고, 양심은 성경의 이치를 분명히 깨닫게 하는 것이 그 중요한 역할이다. 여기서 피터스는 성경을 연구하는 데 "이성" 대신 "양심"을 강조하고 있는 것도 주목할 만하다. 그러나 피터스는 양심이 성경해석의 절대적 표준이 될 수 없으며, "진실한 믿음"을 가지고 성경을 연구해야 함을 전제하고 있다(108쪽). 하나님은 성경을 통해 그 세대 사람의 지식과 성품에 따라 점차로 그 완전한 뜻을 나타내셨다고 한다. 그래서 구약의 모든 말씀을 완전한 것으로 생각하여 모든 세대 사람이 다 지켜야 할 것으로 해석해서는 안 된다고 했다(예컨대 노예제도, 첩을 두는 것, 아내에게 이혼증서를 주어 내보내는 것, 원수를 타살하는 것 등을 들고 있다). 산상보훈을 통해 예수께서 율법을 고쳐서 가르치신 것을 보면 그 이치를 알 수 있다는 것이다(110쪽).

피터스의 신학적 입장과 그의 성경관은 "신학과 과학의 관계성"(110-113쪽)을 설명하는 데에서 더욱 분명하게 드러난다. 여기서 과학은 "세상 학문"인데, 과학과 성경이 반대되는 것은 "사람의 지식으로 기록한 것"만 관계된 것이라고 피터스는 말한다. 그는 더 적극적으로, "학식으로 말미암아 들어오는 빛을 막지 말고 용납하여 성경의 이치와 대조하여 연구하면 성경에 방해될 것이 아니요 더욱 명확하여질지니라."(111쪽)라고 했다. 그러면서, 구체적으로 피터스는 성경과 세상 학문이 상위되는 예를 들고 있다.

① 창 1장의 기록과 천문학이나 지리학과의 차이 ② 창조와 홍수의 역사적 사실과 고대 바벨론의 창조설화나 홍수설화와의 차이, ③ 6일 창조와 지리학의 몇만 년 설의 차이, ④ 창 3장에서 인류 시조가 범죄 한 사건묘사의 사실성과 상징설의 차이(여기서 피터스는, "후자의 말도 그르다고 못 할지니라"라고 함으로써 상징적인 해석에 관해 관용적인 태도를 취하고 있다. 본 필자는 이 대목에서 롬 14:1을 생각했다. "믿음이 연약한 자를 너희가 받되 그의 의견을 비판하지 말라"), ⑤ 성경의 1인 저작설과 다수 저작과 편집설의 차이를 거론하면서, 세상 학문이 우리가 배운 성경의 이치와 반대되는 것이 혹 있으나 이로 인하여 낙심하지 말고, 학문이 성경의 본의와 반대됨이 아니요, 우리가 하나님이 묵시한 형편을 잘 배우지 못한 줄로 알고 다시 연구하면, 학문이 하나님의 묵시한 것과 반대됨이 조금도 없다는 것을 알게 된다고 했다. 피터스는, "성경을 글자마다 하나님이 묵시한 것인 줄로 아는 사람 외에는 학문과 반대됨을 인하여 낙심할 이가 없나니라."라고 했다(112쪽).

성경의 친필원본이 없는 현실에서, 소위 "축자영감설"은 잘못된 주장이라는 것이다. 이 점에서 피터스는 분명히 신학적 근본주의와 입장을 달리하는 복음주의 입장이다. 비평학이라는 용어는 사용하지 않지만, 피터스는 여기서 성서비평학의 문제도 언급하고 있다. 즉, 모세 5경의 저자가 모세 1인이라는 주장에 대해 모세 외에 다른 사람(들)의 기록을 여러 백 년 후 선지자들이 합하여 5경을 편집했다는 이론이 있으며, 이사야서를 이사야 1인이 저술했다는 주장에 대해서도 이사야 40장 이하는 전반부 보다 약 150년 후에 기록했다는 설을 소개하고, 히브리서도 바울의 저작이라기보다는 다른 저자 설이 있음을 말하면서, "이런 주장을 들을 때 낙심할 것이 아니오, 하나님이 모세와 이사야와 바울에게 묵시함같이 다른 사람에게도 묵시할 수 있는 줄로 생각하면, 선배의 말이 성경과 반대가 되지 않을 수 있다"고 설명했다(112쪽). 이러한 성서비평학에 대한 피터스의 입장은 오늘 우리의 관점에서 보면 역사−비평적 해석의 일부 결론을 수용하는 복음주의에서 진일보한 "신복음주의" 입장이라고 할 수도 있을 것이다.

성경의 권위와 관련하여, 피터스는 3천 년 전부터 구약과 성경의 말씀을 지켜 내려온 것을 볼 때, 성경 자체에 믿고 지키게 하는 "능력"이 있는 것이 분명하다고 했다. 구약성경의 목적은 하나님을 공경하는 것과 인의를 힘쓰게 하는 것이며, 나아가 "구약은 예수를 위하여 나라를 예비하고, 예수를 증거한 것"이요, "신약은 예수 오신 것과 행위와 하신 말씀과 사도의 일과 전한 말을 기록한 것"이라고 설명했다(113쪽). 성경은 능히 사람으로 하여금, 하나님을 공경하고, 의를 행하고, 마음에 위로와 평안함을 받고, 구원을 얻게 한다고 했다. 성경 외에 다른 서적은 이러한 능력이 없다고 강조했다(113쪽). 또한 피터스는 그의 글 마지막에서, "성경을 연구하는 방침"을 간단히 정리하여 다음과 같이 제시하고 있다.

첫째는, "지혜로써 연구"하라는 것이다. 성경의 모든 말씀을 분간 없이 다 하나님의 말씀으로 아는 것은 지혜가 없다는 것이다. 예컨대, 욥의 세 친구들의 말이나 예수의 말씀을 동일하게 알면 오해라는 것이다. 하나님이 욥의 친구들의 말을 책망하셨기 때문이다(욥 42:7-8). 성경말씀은 서로 반대됨이 없다. 그런데 마치 성경말씀이 서로 반대되는 것처럼 해석하는 것은 지혜가 없기 때문이다(114쪽).

둘째는, 계획성 있게 노력함으로 연구해야 한다. 성경을 습관에 따라 매일 한 장씩 읽고, 그 읽은 본문만 연구하는 것은 부분적으로 그 말씀의 뜻을 배울 수는 있으나, 전편의 큰 뜻을 깨닫지 못하고 재미도 별로 얻지 못하게 된다. 본문의 전후 문맥을 반드시 살펴보고, 책 전체나 서신에서 저자의 형편과 본래 글 쓴 의도와 그 당시 독자의 형편을 먼저 알도록 해야 한다(115쪽).

셋째로, "기도하고 묵상함으로 연구할 것"을 말했다. 날마다 시간을 정하여 성경을 연구해야 하는데, 하나님이 성경으로 내게 말씀한 것 같이 그 말씀을 기도로써 도로 하나님께 아뢰라고 한다. 묵상은 영혼으로 하나님 앞에 가까이 나아가 상대하여 대화하는 것같이 하며, 마음으로 성경 말씀을 특별히 생각하여, 성경의 깊은 이치를 더욱 밝히는 것이다. 피터스는 일찍이 1901년 그의 선교사 지원서 17번 항목에서 "성경을 연구하는 당신의 습관이 무엇이냐?"라는 질문에 대해, 자신은 "적어도 매일 1시간씩" 성경을 공부한다고 했다. 그는 날마다 성경연구에 힘쓸 것을 권했으며, 성경연구는 결국 "하나님을 알고 그 뜻을 깨달아 그대로 행하기를 힘쓰는 것"이라고 했다(115쪽). 이렇게 성경을 연구하면 우리에게 "신령한 큰 은혜가 되나니라"라고 피터스는 그의 글을 끝맺고 있다(116쪽).

6. 맺는말. 구약성경 국역사에서 피터스의 위치와 의의

이상에서 논술한 바와 같이, 알렉산더 피터스는 우리나라 구약성경 국역사에서 선구자이며 또한 구약 국역(구역)에 참여한 일과 함께 특히 개역시대 구약 개역의 주역으로서(1926-1938년에 집중적으로 공헌함) 오늘까지 한국교회가 교파를 초월하여 "하나의 성경"으로서 강대용으로 사용하고 있는 1938년 판 개역성경의 구약본문 개역을 완결한 장본인이다. 물론 이 대목에서 끝까지 피터스의 구약개역 작업을 도운 레이놀즈 목사와 이원모 장로의 업적을 잊어서는 안 된다. 피터스는 러시아 국적의 유대인 출신으로서 자원하여 기독교인이 되었으며, 1895년에 만 24세의 미혼 청년으로 한국에 와서 미국성서공회와 영국성서공회의 권서로 활동하면서 1898년에 역사상 최초의 한글 구약성경인 『시편촬요』를 번역하여 출판하였다. 1899년 9월에 미국 시카고에 있는 맥코믹신학교에 입학하여 목사 후보생 정규 과정을 졸업하고 미북장로회 목사로 안수받았으며, 한국으로 선교사 지망을 했다. 그러나 미북장로회 해외선교부는 피터스 부부를 2년간 필리핀 세부(Cebu)로 파송했고, 피터스가 러시아 국적에서 미국 국적으로 귀화한 후, 그는 1904년 9월 13일 미국 북장로회 해외선교부에서 드디어 원하던 한국으로 선교사 파송을 받았다.

피터스는 한국에 파송된 선교사 목사로서 처음에는 주로 순회전도, 교회개척과 설립, 사경회 인도, 미션 스쿨에서 가르치는 일을 했다. 그리고 미국 북장로회 선교부의 재정 관리 회계와 언어 분과의 위원으로 그의 다재다능함을 보여주었다. 무엇보다 피터스는 이미 위에서 언급한 대로 정통 유대인 가정에서 태어나 자라면서 회당 교육을 받았고 구약 히브리어에 대한 지식이 탁월했다. 피터스는 1901년 미국 북장로회 해외선교부에 제출한 선교사 지원서 5번 항목에서 "영어 외에 어떤 언어들을 공부했는가?"라는 물음에 자필로 다음과 같이 대답하고 있었다. "라틴어, 희랍어, 고대 슬라브어, 히브리어, 불어를 공부했으며, 영어, 러시아어, 이디시어(yiddish), 독일어, 한국어로 회화를 할 수 있다."고 했다. 또한 이어서 "언어들을 습득하는 데 나에게는 어려움이 없다(Languages are not difficult for me to acquire.)"고 했다.[41] 성경번역자에게 요구되는 자질은 무엇보다 영적인 것이며, 그다음으로 중요한 것은 성경 원어 지식 및 그와 관련된 어학 능력일 것이다. 이러한 점에서 구약 국역사에서 피터스는 어느 선교지의 성경번역사에서도 그 유례를 찾아보기 어려울 정도로 구약 성경 번역자로서는 독특한 배경과 함께 탁월한 자질을 구비하였고, 하나님께서 한국을 위해 섭리하여 준비하신 하나님의 일꾼이라고 하겠다.

그동안 한국교회가 사용하고 있는 한글 개역성경(특히 구약성경의 경우)에 대해서는, 처음부터 히브리 원전 성경에서 번역하지 않고, 한문성경이나 영어성경에서 중역한 '선교사 역'으로서 오류가 많다는 설이 있었다.[42] 이제 우리는 구약 국역사에서 1898년『시편촬요』로부터 1938년『개역성경』의 완간까지 한글 구약성경 번역자 피터스의 역사적 위치와 그의 구약성경 국역 활동의 의의를 조명해 보았으며, 한글 개역 구약성경이 원전과는 거리가 먼 중역이기 때문에 '불만과 불완전'하다는 주장은 사실과 다른 낭설일 뿐 아니라 무책임한 것임을 알 수 있다.

일제의 식민지에서 1945년 8월 15일 한국이 해방된 이후, 곧바로 1946년에 대한성서공회가 조직되었고, 1949년에는 세계성서공회연합회에 가입했다. 대한성서공회는 1938년 판 개역성경전서를 새로운 한글 맞춤법에 따라 철자법을 고쳐 1952년과 1956년에 출판하였고, 1961년에 다시 약 815개소의 자구수정을 하여 한글 개역 성경전서가 출간되었다.[43] 이 1961년 판 개역 성경전서를 대한성서공회가 1983년부

---

41) "Application", The Board of Foreign Missions of the Presbyterian Church in the U. S. A., 156 Fifth Avenue, New York. 피터스는 자신의 선교사 지원서를 1901년 3월 19일 작성하여, 선교본부 총무인 할시(A. W. Halsey) 목사에게 보냈다. ⟨Reproduction from original in the collections of the Presbyterian Historical Society⟩, 425 Lombard St., Phila., PA.

42) 박대선 김찬국 김정준 공저,『舊約聖書槪論』, 대한기독교서회 간행, 1960, 1969 5판. "3. 한글 성경", 43-49쪽. 이 구약 성서개론에서는 한국교회가 사용하는 개역 성경(1952년 판)에 대해, "우리말 성서는 원어에서 직접으로 번역되지 않고 다른 나라 말을 통하여 간접으로 번역된 데 대하여 불만할 뿐 아니라 불완전하다고 하지 않을 수 없다… 우리말 성경은 그 초역에 있어서나 개역에 있어서나 거의 미국 선교사들의 손으로 되었던 것이다. 상식적으로 판단할 수 있는 것은 선교사들의 우리말 지식이 부족하였고 그들을 도와준 한인들이 영어에 능숙하지 못하였던 것이 사실인 만큼 그들에게서 훌륭한 번역이 나왔으리라고 생각할 수 없는 것이다… 우리말 성서 특히 구약성서가 히브리어 원전에서 먼 거리에 있다는 것은 부인할 수 없는 사실이므로…"라고 잘못된 정보를 제공하고 있다. 특히 46, 48-49쪽.

터 '나채운 팀'에게 개정작업을 위한 개정원고를 준비하게 했고, 1993년부터 각 교단에서 파송된 14명의 대표들이 한글 개역 성경전서 개정감수위원회를 조직하여 준비된 개정원고를 기초로 하여 개역개정판 본문을 확정하였다. 마침내 대한성서공회는 1998년 8월에 개역개정판 성경전서 초판을 출간했다.[44] 민영진 박사는 이 개역개정판 성경전서에 관해 이렇게 평가하였다.

"더 좋은 번역을 만들려는 열성을 가지고 지난 15년 동안 작업한 결과, 처음에 생각했던 것보다 여러 곳을 개정하게 되었지만, 시대의 흐름과 언어의 변화를 고려하여, 꼭 고쳐야 할 부분만을 개정함으로써, 기존의 번역인 성경전서 개역한글판의 번역 특성을 최대한 존중하였으며, 앞으로 계속하여 현재의 개역 성경이 시대 시대에 따라 개정을 거듭하면서 오래도록 한국교회의 강단에서 읽힐 수 있도록 배려하였다."[45]

1998년 한글 개역개정판 성경전서는 몇 차례 교정과 자구 수정을 거쳐 2005년 『개역개정판 제4판』으로서 확정판을 출간했다. 지금까지 한글 개역과 함께 개역개정 성경전서는 한국교회의 신앙과 신학이 더 깊이 뿌리내리고 자라나는 토양이 될 것이고, 한국교회는 하나님의 말씀인 성경을 사랑하는 교회로서 국내외에 성경 말씀의 영향을 끼치고 있음을 부인할 수 없다.[46]

---

43) 대한성서공회(편), "한글성경 표기의 기초를 세운 사람 김태룡", 〈성서한국〉 제44권 2호 1998년 여름, 대한성서공회, 25-27쪽.

44) 옥성득, 『대한성서공회사 III, 1945~2002』, 대한성서공회, 2020, "성경전서 개역개정판(1998년)의 번역, 1983~1997년", 385-399쪽.

45) 민영진, 『개역개정판 이렇게 달라졌다』, 대한성서공회, 2003, 10쪽.

46) 개역개정판 구약 본문에서 개정된 구체적 사례에 관해서는, 김중은, "『한글성경 개역개정판 구약전서』(서울: 대한성서공회, 1998년 8월 31일) 초판에 대한 서평", 〈교회와 신학〉 제35호 1998년 겨울호, 장로회신학대학교, 196-199쪽. 개역개정판은 2000년 제2판, 2003년 제3판에서 제한적인 자구수정이 있었다. 2004년 5월에는 개역개정판 『관주 성경전서』 초판이 나왔다. 2005년 제4판부터 개역개정 성경전서는 확정판으로서 지금까지 사용되고 있다.

65

알렉산더 피터스(Alexander Albert Pieters, 彼得)와 한글 구약성경 번역 이야기

구약성경을 처음 우리 한국어로 번역한 분은 누구일까? 한국교회가 지금까지 "하나의 성경"으로 사용하고 있는 한글 개역(개정) 구약성경은 언제 어디서 누가 어떻게 한글로 번역하여 출판했을까? 역사상 최초로 구약성경을 한글로 번역하여 출판된 것은 1898년에 알렉산더 피터스(이하 피터스)에게로 거슬러 올라간다. 구약국역사(舊約國譯史)에서는 피터스(Alexander Albert Pieters, 1871년 12월 30일-1958년 6월 29일)가 1898년에 한글로 번역하여 서울에서 개인역으로 출간한 『시편촬요』가 구약 국역의 효시(嚆矢, 온갖 사물의 맨 처음을 비유하는 용어)이고, 이후 피터스는 한글 성경 구역(舊譯, 1911)과 개역(改譯, 1938)에 이르기까지 구약성경 국역의 번역자로서 알려지게 되었다.[1]

러시아 국적을 가진 피터스는 에카테리노슬라브(Ecaterinoslav, 지금은 우크라이나의 '드니프로')에서 책 제본소를 운영하는 정통 유대인 가정에서 13 자녀들 중 둘째로 태어나 자랐다. 고향에서 유대교 회당교육을 받았고, 1888년에 고전 인문고등학교(Classical Gymnasium)를 졸업한 후, 그 당시 러시아의 혹심한 경제난과 미래에 대한 좌절감 때문에 피터스 청년은 고향집을 떠나 자신의 인생을 개척하기 위해 외국으로 향했다. 호주나 미국으로 가려는 시도가 좌절되면서 그는 다시 러시아로 돌아가 시베리아 철도부설 현장에 취직하기 위해 블라디보스토크로 가는 배를 타기 위해 일본 나가사키(長崎)에 오게 된다. 나가사키에서 며칠 머무는 동안 피터스는 1895년 4월 7일 주일 아침에 그곳에 있는 교회에 찾아가 예배에 참석하게 된다. 예배를 드린 후

---

1) 김중은, "최초의 구약 국역의 선구자 알렉산더 피터스", 〈교회와 신학〉 13집, 1981, 29-41쪽.

피터스는 그 교회 담임목사인 미국 화란개혁교회 파송 선교사로서 일본에서 사역하던 알버터스 피터스(Albertus Pieters) 목사를 만났으며, 자원하여 그에게서 기독교 교리를 배우고 12일째 되던 4월 19일 저녁 알버터스 피터스 목사의 사택에서 세례를 받았다. 유대인이 개종(改宗)을 하면 그의 성(姓)을 바꾸는 것이 관행이라고 한다. 세례받은 후 이 유대인 청년은 자신의 이름을 그에게 세례를 베푼 알버터스 피터스 목사의 이름을 따라 '알렉산더 알버트 피터스'로 개명했다. 이 유대인 청년의 본명은 '아이식/이차크 프룸킨'(Aisik/Itzak Frumkin)이었다.[2]

당시 일본에 주재하던 미국성서공회 지부의 루미스(Henry Loomis, 1839–1920) 총무는 유대인 청년 피터스가 세례받을 때, 그곳에 함께 있었다. 4월 21일 시베리아로 다시 돌아가려는 피터스에게 루미스 총무는 미국성서공회가 파송하는 권서(勸書, colporteur. 여러 곳을 돌아다니면서 전도하고 성경 책을 파는 사람)로서 피터스가 한국에 가서 일하기를 제안했다. 이 제안은 기쁨으로 수락되었고, 피터스는 영어를 배우면서 같은 해 부산과 제물포를 거쳐 5월 16일 서울에 도착했다. 한국에 도착한 만 24세의 미혼 청년 피터스는 곧장 한국어를 배우면서 서울 근교에서 권서 활동을 시작했다. 권서 피터스가 한국에 도착한 1895년의 한국어 성경번역의 상황은 1887년에 개인역으로서 '로스역' 신약전서가 출판되어 있었으나, 아직 구약 성경번역은 나오지 않았다. 1885년 언더우드(Horace G. Underwood)와 아펜젤러(Henry G. Appenzeller) 목사 선교사를 선두로 개신교 선교사들이 본격적으로 내한하기 시작한 이래, 1893년에 '한국 상임성서실행위원회'(The Permanent Executive Bible Committee = The Bible Committee of Korea)가 조직되었고, 같은 해 10월에 공인번역위원회(The Board of Official Translators)를 만들어 본격적인 성경 국역사업을 시작했다. 이 공인번역위원회(공번위)는 먼저 신약번역에 착수하여 기존의 로스역 신약전서를 대체할 신약전서를 번역하여 1906년에 확정하여 출간했다.

피터스가 한국에 온 1895년에 구약 국역은 이러한 상황에서 아직 요원하게만 느껴졌다. 피터스는 미국성서공회 일본지부 루미스 총무의 관할 아래 한국에서 권서로서 활동하면서, 당시 한국인들이 성경 읽기를 좋아하는 것을 알게 되었다. 아직 구약성경이 한국어로 번역된 적이 없으며 앞으로 구약성경이 공번위를 통해 나오려면 오랜 시간이 걸린다는 것도 알았다. 그래서 그는 권서 활동을 하면서 틈틈이 구약성경의 시편을 번역하여 한국인들에게 구약성경의 말씀을 전해주고 싶었다. 그 결과 피터스가 시편 150편 중에서 62편을 선별하여 순전히 한국어로 번역한 『시편촬요』가

---

2) 박준서, 『최초의 한국어 구약성경 번역자 알렉산더 알버트 피터스 목사』, 대한기독교서회, 2022 초판 2쇄, 17쪽 이하.

서울에 있는 삼문출판사에서 출판되었다. 목사도 아니고 선교사도 아닌 권서(勸書 또는 賣書人, 여러 곳을 돌아다니면서 전도하고 성경책을 파는 사람)가 성경을 번역하여 출판했다는 것 때문에 잡음이 일자, 피터스는 미국성서공회의 권서 직을 사임했고, 당시 서울에 주재하고 있던 영국성서공회(BFBS) 지부로 자리를 옮겨서 1898년 7월부터 1899년 8월까지 부총무 겸 권서로서 다시 일을 하게 되었다.

시편촬요가 구약 국역의 효시로서 출간된 경위에 관해서는 피터스 자신이 쓴 글에 잘 나타나 있다.[3] 이 글에서 시편촬요에 대한 내용을 간단히 요약하면 다음과 같다. "하나님의 섭리로 예수를 믿게 되고, 미국성서공회의 권서로서 나는 1985년 한국에 오게 되었다. 당시 한국의 성서위원회가 신약을 번역하고 있었고, 구약이 앞으로 번역되려면 상당한 시일이 걸릴 것을 알았다. 어려서부터 정통 유대교 집안에서 자랐기 때문에 매일 히브리어 기도서를 읽고 시편의 아름다움과 영감을 맛보면서 암송할 수 있었다. 한국 사람들에게 최소한 시편 중에 얼마라도 번역해 주고 싶었다. 저주시편을 빼고 시편의 절반 정도의 분량을 번역하는 데 약 1년이 걸렸다. 한국어를 잘하는 네 분 선교사에게 번역 원고를 보여드리고 인정을 받았다. 1898년에 출간된 시편촬요는 8년 동안 유일한 한국어 구약역으로서 그리스도인들이 사용하게 되었다."

시편촬요는 1898년 5월 서울의 삼문출판사를 통해 초판 2,500부가 출판되었고, 10월에 재판 2,000부가 배재학당의 미이미교회 인쇄소에서 출간된 것으로 알려졌다. 시편촬요는 가로 18센티미터 세로 12센티미터의 크기이고, 순전히 국문(한글)으로 한지에 인쇄되었으며, 모두 65쪽의 분량이다. 시편의 절반가량을 번역했다고 하지만, 실제로 시편 150편 중에서 62편만을 골라 수록하고 있다. 박용규 교수는 시편촬요의 출간에 관해 이렇게 기록하고 있다. "시편촬요는 출판되자마자 수요가 폭발했다. 곧 매진되었다. 루미스의 말을 빌린다면, 수요를 다 감당치 못할 정도였다. 마가렛 힐스가 지적한 대로, 그것(시편촬요)은 1911년 구약번역에서 시편 번역에 공헌했다."[4]

한편, 피터스는 시편촬요를 출간한 이후 구약성경 번역자로서 선교사들의 격려와 주목을 받았다. 그는 1899년 8월 영국성서공회 서울지부에서 일하던 자리를 사직하고, 같은 해 9월 미국 시카고에 있는 맥코믹신학교(McCormick Theological Seminary)에서 목사 후보생 과정 신학을 공부하러 떠났다. 맥코믹 신학교에 재학하는 동

---

3) Alex. A. Pieters, "First Translations", 〈*The Korea Mission Field*〉, May 1938, 91-93쪽.

4) 박용규, "알렉산더 피터스, Alexander Albert Pieters, 1871-1958: 성경번역자, 찬송가 작사자, 복음전도자, 1895-1911", 『평양대부흥 100주년 기념 알렉산더 피터스 선교사 조명』, 서울 내곡교회와 한국교회사연구소, 2007, 51쪽.

안 피터스는 1901년에 미국장로회 해외선교본부에 선교사로 지원하고 있었다. 신학교 졸업 후 피터스는 1902년 신학교 동기생인 엘리자베스 캠벨(Elizabeth Campbell)과 결혼하고 피터스 선교사 부부는 먼저 필리핀 세부(Cebu)로 파송되었다가, 2년 후인 1904년 9월에 다시 한국으로 파송되었다. 피터스가 목사 선교사가 되어 한국에 오게 되었다는 소식을 듣고 루미스는 한국에서 구약 번역을 하는데 그가 적임자라고 여겨서 미국성서공회본부에 다음과 같은 내용의 편지를 보냈다. "피터스야말로 구약 번역에 필요한 자질을 갖춘 유일한 사람이라는 의견이 중론입니다. … 나는 그가 구약 번역을 완성하도록 허락되기를 희망하며, 어떤 다른 사람이 수정하거나 통일하려고 함으로 그 일이 방해를 받지 않기를 희망합니다. … 하나님께서는 피터스를 준비시켜 오신 듯 보입니다."[5] 피터스 선교사는 한국에 도착하여 미북장로회 서울 남부 지역 선교구를 맡아서 전도와 교회개척, 사경회 인도 등에 전력했다. 이러한 가운데 1906년 1월에 피터스는 첫 부인과 사별하게 된다.

그동안 일반적으로 알려진 것과는 달리 한글 구역(舊譯) 시대 초기부터, 특히 구약성경을 번역할 때 히브리 원전을 읽는 실력이 무엇보다 중요한 관심의 대상이 되고 있었다. 부족한 구약번역 위원을 충원하기 위해 1906년 10월 3일부터 크램(Willard Gliden Cram, 奇義男, 1875-1969)과 피터스가 공번위의 번역위원으로 선임되었다. 이때부터 1907년 말까지 레이놀즈, 크램, 피터스 3인이 구약번역을 추진해 나갔다. 1907년 말에는 피터스가 초역한 전도서가 공번위역으로 확정되었으나 낱권으로는 출판되지 않았다. 분명한 이유는 잘 알려지지 않았는데, 이후 피터스는 구약 번역 작업(소위 '구역')에서는 물러나, 재령과 선천 등지에서 선교사업에 집중했다. 피터스는 1908년 3월 미장로회 해외선교부 파송으로 내한하여 의사로서 의료선교에 종사하던 에바 휠드(Eva H. Field, 1868-1932)와 재혼하였고, 여기서 두 아들 르우벤(Reuben Field, 1908-)과 리처드(Richard Sawyer, 1910-)가 태어났다.

한편, 레이놀즈(William Davis Reynolds, Jr., 李訥瑞, 1867-1951. 1912년 이후 평양 장로회신학교 조직신학교수)는 조사(助師) 이승두를 번역위원으로 추천하여, 1908년 10월 31일부터 이승두는 번역위원이 되었다. 전주에 있는 미남장로회선교부 지부에서 레이놀즈는 서울에 있는 게일과 연락하면서, 구약 번역의 완결을 위해 주도적인 역할을 했다. 마침내 1910년 4월 2일 전주분과에서 서울에 있는 영국성서공회 지부 밀러(Hugh Miller, 閔休) 총무 앞으로 "번역 다 도엿소라"라는 전보가 도착했다. 이제 구약성경 전체의 국역(國譯) 작업이 일단 완료되었다는 것이다. 레이놀즈에 의하면,

---

5) 박용규, "알렉산더 피터스…", 위의 글, 59-60쪽에서 재인용함.

공번위가 구약성경 국역을 끝내는 데는 1904년 10월 17일부터 1910년 4월 2일까지 5년 5개월 16일이 걸렸다. 이제 1906년에 확정 출판된 신약전서와 1910년의 구약전서를 합하여 순전히 한국어로 번역된 최초의 성경전서가 1911년 3월 3일 구약 2권, 신약 1권으로 출간됨으로써, 그 역사적인 모습을 드러내게 되었다. 이것이 이른바 한글 구역(舊譯) 성경전서이다.[6]

1911년 3월 3일에 구역 성경전서가 출판되면서 공번위는 개역위원회(the Board of Revisers)로 발전적 해체를 했다. 1912년 1월에는 개역위원회에 영국성서공회가 정한 「성경 번역, 개역, 편집에 관한 지침과 규정」을 담은 소책자가 전달되었다(Rules for the Guidance of Translators, Revisers, & Editors, working in connection with the BFBS). 그 결과 1921년 가을에 개역 본문의 성과를 평가해 보기 위해 창세기를 개역 본문으로 출판하여 각계의 의견을 듣게 되었다. 그 결과 지금까지 게일이 주도한 구약의 개역 본문은 영국성서공회의 규칙서를 따르기보다는 게일의 번역 원칙을 따르고 있다는 사실이 드러났다. 게일(James Scarth Gale, 奇一, 1863-1937)의 번역 원칙은 요컨대, "문자적인 직역보다는 자유스러운 의역"(free, rather than literal)을 주장하는 것이었다. 당시 비평가들은 게일의 원칙을 따르는 창세기 개역을 "단축된 풀이역"(abbreviated paraphrases)이라고 규정했다. 게일이 주도하는 구약 개역은 "매우 중요한 단어와 개념들"을 자주 생략했기 때문에 이점을 시정해야 한다는 요구가 높았다. 1921년부터 개역위원회는 신약개역위원회와 구약개역위원회(이하 구개위)로 나뉘어 작업을 하게 된다. 이제 구약 개역 작업은 영국성서공회의 규칙서에 따라 방향을 재조정하게 되었고, 게일은 자신의 번역 원칙이 받아들여지지 않았기 때문에 1922년 개역위원 직을 사임했다. 게일은 그가 주도적으로 작업한 구약 개역 원고를 1924년 3월 상임성서실행위원회 앞으로 제출했다. 게일은 그러나 자신의 번역 원칙을 굽히지 않았고, 1925년 기독교창문사를 통해 자신과 이원모의 이름으로 신역(新譯) 신구약전서를 출판했다.

1922년 9월 서울 지부의 민휴 총무는 방향 재조정된 구개위의 사정을 런던에 있는 영국성서공회 본부 킬거(R. Kilgour) 총무에게 보고하고, 한국의 구개위가 요구하는 옥스퍼드 히브리어 사전(BDB)과 긴즈버그(Christian D. Ginsburg)가 영국성서공회를 위해 편집한 히브리 원전 성경을 3권 보내 달라고 요청했다.[7] 그해 11월에 그에

---

6) 구약 국역사에 대한 보다 자세한 내용은 다음 글을 참고할 수 있다. 김중은, "구약성서국역사", 『구약의 말씀과 현실』, 한국성서학연구소, 1996, 특히 26쪽 이하.

7) Christian D. Ginsburg, *The Old Testament, diligently revised according to the Massorah and the early Editions, with the various readings from Manuscripts and the Ancient Versions*, 1908, 1926.

대한 답신에서 킬거는 구개위가 영국성서공회 규칙서를 따르게 된 것을 기뻐한다는 뜻을 전하고, 요청한 옥스퍼드 히브리어 사전과 긴즈버그가 편집한 대판 히브리어 성경 1권과 3권의 소판 히브리어 성경을 보내니 구개위에 전달해 달라고 했다. 이렇게 해서 구개위는 적어도 이때부터 긴즈버그 편 '히브리 성경'을 대본으로 하여 가능한 한 원전에 충실한 직역 원칙으로 개역작업을 해 나갔다.[8]

상임성서실행위원회는 이러한 상황에서, 특히 구약 히브리어에 능한 적임자를 찾아 구약 개역의 책임을 맡기려고 했다. 여기서 피터스가 적임자로 선택되어 1926년 1월부터 구개위에 참여하게 된 것은 결코 우연한 일이 아니다. 피터스는 같은 해 2월 1일 '영국성서공회 규칙서'를 수령하였고, 3월 26일에는 구개위의 "평생위원"(permanent member)로 위촉되었다. 민휴는 피터스에 관해 킬거에게 이렇게 편지했다. "히브리어 학자로서 그는 한국에서 그 어느 사람보다 훨씬 앞서 있으며 그의 한국어 지식도 매우 탁월합니다." 1926년에 피터스가 구약 개역 평생위원으로 선출되는 것이 계기가 되어, 피터스 부부는 1927년에 재령 선교지부에서 다시 서울로 돌아왔다. 피터스는 오전과 오후에 구약 개역 일을 하며 '원전'(the original text)을 앞에 놓고 세심하게 대조하여 개역을 하고 있다고 선교부에 보고했다. 1930년까지 레이놀즈, 베어드, 그리고 피터스 세 사람이 중심이 되고 이원모가 조사(助師)가 되어 구약개역 작업을 계속했다.

피터스의 아내 에바 휠드가 병환으로 1932년 7월에 별세했다. 피터스는 1933년 11월부터 1934년 8월까지 미국에 가 있었다. 피터스가 미국에 있는 동안 그가 속해 있던 미북장로회선교부는 재정난을 이유(아마도 1930년대 미국의 경제공황과 연관하여)로 피터스를 한국에 재파송하는 데 어려움이 있다고 했는데, 당시 63세의 피터스를 결국 다시 한국에 파송한 것은 그가 한국에서 구약 개역에 없어서는 안 될 핵심 인물이라는 것을 인정했기 때문이다. 민휴는 이러한 사정을 파악하고 런던에 있는 본부에 미리 알렸다. "구약개역을 위한 핵심 인물로 우리가 피터스를 얻지 못한다면, 개역 작업이 곧 끝날 수 있는 희망은 거의 없다고 봅니다." 1934년 피터스는 미국에서 세 번째로 앤 쿠퍼(Anne Cooper)와 결혼하고 그해 가을에 같이 한국으로 돌아왔다.[9]

1935년 새해부터 레이놀즈와 피터스가 다시 구약 개역에 함께 박차를 가했다. 동년 3월에는 이원모(李源謨)가 개역위원으로 선임되었다. 그해 여름 내내 레이놀즈, 피터스, 이원모 세 사람은 구약 개역에 전력을 다했다. 이러한 강행군의 결과로

---

8) 김중은, "한국어 성경 번역의 역사", 〈기독교사상〉, 1993. 2, 30쪽 참조.

9) 박준서, 위의 책, 96쪽 이하.

피터스에 의하면 1936년 3월에 드디어 구약개역 작업이 일단 끝났다. 1936년 12월에 이 구약 개역 전서가 출판되었다. 그러나 이 1936년 판 개역 구약전서는 피터스가 본격적으로 개역작업에 관여하기 전에 개역되었던 여러 가지 문제점들(예컨대, 문체의 통일성과 번역의 정확도 등)을 여전히 가지고 있다는 점이 지적되었다(특히 오경, 수, 삿, 룻, 삼상, 잠, 사, 렘, 합과 단 등이 지적의 대상이었다). 그래서 이 1936년 판 개역 구약본문을 피터스와 이원모가 맡아서 지리산 노고단에 있던 레이놀즈의 별장에 모여 마지막 개역 작업(수정과 필요한 경우 재번역)을 했으며, 레이놀즈의 승인을 받아 1937년 8월까지 재개정을 마쳤다. 1937년 9월 22일 상임성서실행위원회에서는 마침내 신구약 개역위원회의 개역 완료 보고가 있었다. 이렇게 하여 최종 확정된 개역 구약본문이 개역 신약본문과 함께 1938년 9월 3일에 개역 성경전서(『성경 개역』로 출간되었다. 그동안 구약 개역은 1912년에 시작되었지만, 1922년에 방향 재조정을 거쳐 새로운 출발을 했으며, 1926년부터 피터스가 "평생위원" 자격으로 구개위에 본격적으로 참여함으로써 1937년에 그 완결을 보았고, 1938년에 드디어 한국교회에 그 역사적인 모습을 드러내게 되었다. 피터스는 1941년 그의 나이 70세에 한국에서 명예롭게 은퇴하고 미국으로 되돌아갔다.

알렉산더 피터스는 우리나라 구약 국역사에서 선구자이며 또한 구약 국역(구역)에 참여한 일과 또한 개역 시대 구약 개역의 주역으로서(1926–1938년에 집중적으로 공헌함) 오늘까지 한국교회가 교파를 초월하여 "하나의 성경"으로서 강대용으로 사용하고 있는 1938년 판 개역성경의 구약 본문을 완결한 분이다. 무엇보다 피터스는 이미 위에서 언급한 대로 정통 유대인 가정에서 태어나 자라면서 구약 히브리어에 대한 지식이 탁월했다. 피터스는 1901년 미북장로회 해외선교부에 제출한 선교사 지원서 5번 항목에서, "영어 외에 어떤 언어들을 공부했는가?"라는 물음에 자필로 "라틴어, 희랍어, 고대 슬라브어, 히브리어, 불어를 공부했으며, 영어, 러시아어, 이디시어(yiddish), 독일어, 한국어로 회화를 할 수 있다."라고 답했다. 또한 이어서 "언어들을 습득하는데 나에게는 어려움이 없다(Languages are not difficult for me to acquire.)"라고 했다.[10] 성경 번역자에게 요구되는 자질은 무엇보다 신앙적인 것이며, 그다음으로 중요한 것은 성경 원어 지식 및 그와 관련된 어학 능력일 것이다. 이러한 점에서 구약 국역사에서 피터스는 그 유례를 찾아보기 어려울 정도로 구약성경 번역자로서는 독특하고도 탁월한 자질을 구비하였고, 하나님께서 섭리하여 준비하신 하나님의 사람이라고 하겠다. 그동안 한국교회가 사용하는 개역성경은 특히 구약의 경

---

10) 피터스의 1901년 선교사 지원서. Reproduction from original in the collections of the Presbyterian Historical Society, 425 Lombard St., Phila., PA.

우 처음부터 히브리어 원전 성경에서 번역하지 않고, 한문 성경이나 영어 성경에서 중역한 '선교사 역'으로서 원전과는 거리가 멀고 오류가 많다는 설이 있었다. 이제 우리는 구약 국역사에서 피터스의 역사적인 위치와 그의 국역 활동의 의의를 조명해 볼 때, 그러한 주장은 사실과 다른 낭설일 뿐 아니라 무책임한 것임을 알 수 있다.

66

자살 문제에 대한 성경적-신학적 접근

오늘 우리 한국 사회에서 자살 문제가 그 어느 때보다 심각한 문제로 대두되고 있다. 기독교인들 중에서도 자살하는 경우가 알려지면서 충격은 더 커지고 있다. 언제부터 왜 우리나라가 세계에서 자살률이 매우 높은 나라가 되었는지 놀랍고 걱정스러운 마음을 금할 수 없다. 예루살렘 히브리대학교의 세계사 교수인 유발 하라리는 그의 책에서 세계의 자살률을 언급하면서, 경제가 가난하고 전통문화 속에서 독재정권 아래 사는 개발도상국가 국민들은 일 년에 10만 명당 1명꼴로 자살하는 데 비해, 부유하고 정치적으로 안정적인 나라들인 스위스, 프랑스, 일본, 뉴질랜드의 자살률이 연간 10만 명당 25명이라는 데 주목한다. 한국(남한, 북한의 경우는?)의 경우도 마찬가지로 1985년 전후 대다수 국민이 가난하고 전통을 고수하며 독재정권 하에서 살 때는 연간 10만 명당 9명이 자살했는데, 지금은 경제적으로도 선진국 대열에 들어섰고 대다수 국민이 세계에서 가장 교육을 잘 받은 국민에 속하며, 안정적이고 비교적 자유 민주주의 정권을 누리고 살면서도 자살률은 10만 명당 30명으로 3배 이상 증가했다는 것이다(한국 인구를 5천만으로 볼 때 한 달에 약 1,250명, 일 년에 약 15,000명이 자살하는 셈이다. 한국 통계청의 자살률 추이에서는, 2011년 하루에 31.7명에서 다소 낮아져서 2021년에는 26명으로 나와 있다). 지난 수십 년간 인류는 전례 없는 발전을 했는데, 그럼에도 현대인들이 그들의 조상들보다 더 만족한 생활을 하고 있는가는 분명하지 않다고 했다. 더 높은 번영을 누리고 편리하고 안정된 생활에도 불구하고 선진국이 될수록 자살률이 높아지는 것은 '불길한 신호'(an ominous sign)라는 것이다.[1] 지난 2003년부터 '한국자살예방협회'가 창립되어 "자살의 어두운 그림자"를

---

1) Yuval Noah Harari, *Homo Deus, A Brief History of Tomorrow*, Vintage, 2017, 38쪽.

우리 사회에서 지우는 초석이 되겠다는 다짐을 하고 나섰는데, 이 문제는 그러나 어느 누구에게만 맡길 일이 아니고 앞으로 가정과 교회와 학교와 사회의 각계각층과 정부에서 관심을 가지고 협력해야 그 성과를 기대할 수 있다고 생각한다.[2]

본 교단 총회(대한예수교장로회, 통합)에서도 그동안 여러 해에 걸쳐 "생명 살리기 운동"을 계속해 왔으나, 자살문제에 대한 관심과 대책에는 소홀하지 않았는지 되짚어 보게 된다.[3] 그동안 교회의 신앙과 신학의 관점에서 성경에 근거하여 자살문제에 대한 연구와 논문도 없지는 않으나, 상당히 부족한 현실이다.[4] '성경에서는 자살을 어떻게 보고 있느냐?'라는 질문은 필요하며, 이 글에서는 그러므로 성경에서 언급하고 있는 자살문제에 대해 가능한 한 모든 관련 본문들을 찾아서 주석적으로 검토하여 성경적 견해와 신학적 입장을 정리해 보려고 한다. 그런데 먼저 그동안 자살문제를 다룬 학자들의 견해를 간략하게나마 살펴보는 것이 순서일 것이다.

1. 자살문제에 관한 전문 학자들의 견해에 따르면, 자살은 명확하게 정의하기도 어렵고 그 원인을 분석하는 것도 매우 복잡하며, 자살행위에 대해 잘잘못을 판단하는 것도 결코 쉽지 않다는 것을 알 수 있다. 자살과 자기희생의 경계선도 분명해 보이지 않는다. 자살은 결국 이해하기 어렵다고 한다.[5] 자살(自殺)을 우리말 큰 사전에서 찾아보면, "스스로 목숨을 끊는 것", "제 목숨을 스스로 끊어서 죽음"이라고 풀이하고 있다.[6] 자살과 비슷한 용어로는, 자결(自決)이나, 자진(自盡)과 같은 말이 있다. 이 글에서는 자살이라는 용어를 '자기가 스스로 자기 생명을 끊어서 죽는 경우'에 한해서 적용하려고 한다.

존 하브굿(John Habgood)은 자살에 관해 비교적 명쾌하게 다음과 같이 설명한다. 자살은 의도적으로 자기 자신을 죽이는 행위다. 그러므로 "의도성"이 중요하며, 이 의도성에 의해 다른 위험한 행동이나 자기희생의 행태와 구별할 수 있다.[7] 자기희생의 행태나 위험한 행동이 스스로 죽음으로 이끌 수 있으나, 이러한 경우 그 우선

---

2) 한국자살예방학회 편,『자살의 이해와 예방』, 이홍식 외 공저, 학지사, 2008. 발간사와 서문, 3-8쪽.

3) 『하나님 나라와 생명살림 실천, 노회의 사례와 신학적 평가』, 대한예수교장로회총회, 2009.

4) 성경적-신학적 자살 연구에 대한 글들은 다음을 참고할 수 있다. 유영권, "종교계에서 보는 자살과 대처방안",『자살의 이해와 예방』, 위의 책, 417-447쪽, 특히 "1. 성서의 자살, 2. 생명에 대한 이해", 418-421쪽 및 참고문헌, 446쪽. 김충렬, "기독교인의 자살과 목회적 대응-상담학의 관점에서", 한국기독교학회 〈제38차 정기학술대회자료집, 하〉, 2009년 10월 16-17일, 441-460쪽 및 김성민의 논찬, 461-463쪽.

5) "Suizid: IV. Praktisch-theologisch" von M. Honecker, *Religion in Geschichte und Gegenwart(RGG)*, vierte Auflage, Bd. 7, Mohr Siebeck, 2004, 1856쪽 이하.

6) 한글학회 지음,『우리말 사전』, 한글학회창립 100돌 기념판, 어문각, 2008.

7) John Habgood, "Suicide", *The Oxford Companion to Christian Thought*, eds. A. Hastings, A. Mason and H. Pyper, Oxford, 2000, 689쪽.

적인 동기는 '자기 파괴'가 아니며, 이러한 '자살적' 죽음에 대해서는 일반적으로 그리스도인들도 인정한다.[8] 특히 순교는 자살과 구별된다. 예수의 십자가 죽음의 경우에, 한 편으로는 예수가 십자가를 지고 죽으려는 의지도 드러나 있고, 다른 한 편으로는 그 죽음으로부터 피하려는 의지도 드러나 있다. 그러나 하브굿은 예수의 죽음을 결코 자살로 기술할 수는 없다고 보았다.[9] 본 필자도 이 점에서 전적으로 동의하는데, 예수의 죽음은 결코 '자기 파괴'의 동기에서 유발된 것이 아니며, 또한 자기 스스로 목숨을 끊어서 죽는 행태가 아니라는 것이 너무도 분명하기 때문이다. 타인을 위한 자기희생, 순국이나 인간의 존엄성 사수, 진리와 신앙을 수호하기 위한 순교나 순직도 먼저 스스로 자기 목숨을 파괴하려는 의도가 전혀 없었다는 전제하에서만 자살과 구별되며, 윤리적으로도 정당화될 수 있다. 물론 자기 생명을 스스로 끊는 경우에, 누가 보아도 불가항력의 상황에서 결코 스스로 택하지 않은 강요된 죽음은(예컨대, 절대 권력하에서 억울한 사약이나, 할복 등) 자살이 아니라 일종의 살인이며 타살이라고 하겠다.

2. 어쨌든, 기독교는 어거스틴과 토마스 아퀴나스의 신학 전통에 따라 분명히 자살을 반대해 왔으며, 일반적으로 교회사에서 자살을 죄악시한 것이 사실이다.[10] 기독교에서 자살을 심각한 죄로 보는 가장 근본적인 성경적－신학적인 이유는 무엇보다 십계명에서 "살인하지 말라."라고 명령하는 제6계명에 근거한 것이다(출 20:13; 신 5:17; 비교, 마 5:21; 19:18; 롬 13:9; 약 2:11 등).[11] 구약 히브리어에는 "죽이다"라는 동사가 몇 가지 사용되고 있으나, 십계명의 제6계명에서 "살인하다"라는 히브리어 동사('라차흐', 영어로 murder)는 구약의 전쟁 상황에서는 적용되지 않았으며, 또 사형의 경우(레 4:17; 민 35:30－31 등)에도 해당하지 않는다. 이 '라차흐' 동사는 '사람을 죽이는 범죄'로서 의도적인 살인 행위와 연관된다. 성경에서 살인을 해서는 안 되는 이유는 사람이 하나님의 형상으로 창조되었기 때문이다. 다른 모든 생물과 구별하여, 하나님은 사람에게 '생명의 기운'을 불어 넣으시고, 하나님의 모양과 비슷하게 사람을 지으셨다(창 1:27; 2:7; 비교, 시 8:5). 에덴 낙원에서 인간이 범죄하여 타락한 이후에도 인간의 하나님 형상은 없어지지 않고 유지되었으며, 이에 따라 살인을 금지하

---

8) Hohn Habgood, 위의 글; 이상원, "자살과 교회의 대책", 〈신학지남〉, 가을호, 2004, 92-115쪽, 특히 기독교 윤리학에서 '자기 목숨을 버리는 행동들'이 정당화될 수 있는 두 가지 규범적 근거에 대하여, 97쪽.

9) John Habgood, 위의 글, 689쪽.

10) 유영권, "6. 기독교역사에서 자살이해", 위의 책, 425쪽 이하.

11) Walter C. Kaiser, Jr., *Toward Old Testament Ethics*, Academie Books, 1983, 90-92쪽, 164-165쪽. 여기서 카이저는 제6계명의 살인죄에는 분명히 자살도 포함되는 것을 확인하고 있다.

고 있다(창 9:6; 약 3:9). 성경에서 인간 생명의 주인과 주관자는 오직 생명의 창조자이며 주관자이신 하나님 한 분뿐이다. 그러므로, 인간은 타인의 생명이든, 자기의 생명이든 결코 자기 마음대로 좌지우지할 수 없다(비교, 신 32:39; 삼상 2:6; 욥 1:21 등). 강사문 교수는 십계명의 제6계명이 말하는 살인 금지의 신학적 의미에 관해 다음과 같이 정리하고 있다. "인간의 생명은 하나님의 것인데 어떻게 사람이 하나님의 허락 없이 타인(他人)의 생명을 취할 수가 있겠는가? 동시에 자살도 하나님의 소유권을 침범하는 행위이다."12) 그런데, 구약성경에서는 '의도적이 아닌 살인'은 의도적이며 계획적인 살인죄와 구분하고 있으며, 소위 도피성 제도를 마련하여 사면의 길을 터놓고 있다(민 35:11; 신 19:4; 수 20:3). 그렇다면, 자살의 경우에도 의도적인 자살과 의도적이 아닌 자살(예컨대, 정신질환에 기인하는 경우나 우발적인 사고의 경우 등)은 구분해 볼 필요가 있다고 생각한다.13)

3. 위에서 언급한 십계명의 제6계명 이외에, 신구약 성경은 분명하게 자살을 금지하거나 정죄하지 않는다는 견해가 있다. 자살을 심각한 죄로 보는 것은 기독교가 어거스틴(Augustine of Hippo, 주후 354-430) 이후 6, 7세기에 이르러 성경과 상관없이 지어낸 교리라는 것이다.14) 단테(Dante Alighieri, 주후 1265-1321)는 그의 신곡(神曲, Divine Comedy)에서 '자살자들'은 지옥의 제7구역에 간다고 정리했다.15) 그러나 고대 그리스인들이나 로마인들은 자살을 인정했으며, 적어도 마카비 항쟁시대(주전 167-160) 전후 유대인들과 초기 기독교인들까지도 순교적 상황에서는 스스로 자기 목숨을 거두는 행위를 인정하고 칭송까지 하지 않았는가, 하는 질문이 제기되고 있다.16) 어쨌든, 16세기 유럽의 교회개혁(종교개혁) 시대에 개혁교회는 자살을 거부하고 비난했으며, 마르틴 루터(Martin Luther, 1483-1546)에 의하면 자살은 믿음과 율법(죄인을 정죄하고 죽이는 기능으로서) 사이에서 당하는 괴로움의 표시로서, 사탄의 원인제공과 개인이 느끼는 고통 사이에서 일어난다고 보았다.17) 20세기에 스위스의 신

---

12) 강사문, "제20장 살인금지법에 관한 연구", 『구약의 하나님』, 한국성서학연구소, 1999, 351쪽.

13) 비교, 김충렬, "III. 기독교인 자살에 대한 목회적 이해", 위의 책, 448-450쪽.

14) A. J. Droge, "Suicide", *The Anchor Bible Dictionary*, Vol. 6, Doubleday, 1992, 225쪽.

15) M. J. Harran, "Suicide", *The Encyclopedia of Religion*, Vol. 14, Editor in Chief Mircea Eliade, Macmillan and Free Press, 1987, 127쪽. 중세시대 신학을 반영하는 단테의 신곡에 나타난 지옥 개념에 대한 신학적 의미에 관해서는, Alister E. McGrath, Christian Theology, Fourth edition, Blackwell, 2007, 469-471쪽 비교. 고통이 경미한 제1구역부터 내려가면서, 제5구역(화내는 자)부터 불의 고통이 시작되며, 6구역(이단자), 7구역(폭력 사용자), 8구역(사기꾼), 마지막 제9구역(배교자, 배신자)이 가장 고통이 심한 지옥으로 묘사한다. 자살자는 폭력 사용자에 해당한다.

16) A. J. Droge, 위의 책, 230쪽. "Selbstmord", *Biblisch-Historisches Handwörterbuch*, Bd. III, hrsg. von G. Fohrer u. B. Reicke, Vandenhoeck & Ruprecht, 1966, 1763-4쪽.

17) M. Honecker, *Religion in Geschichte und Gegenwart*, 위의 책, 1851, 1856쪽.

학자 칼 바르트(K. Barth, 1886-1968)나 독일의 본회퍼(D. Bonhoeffer, 1906-1945) 목사도 자살을 반대했으며, 자살 방지는 도덕적 요구나 법적 수단만으로는 되지 않고 오직 복음 안에서만 가능한 것으로 보았다.[18]

자살에 대한 현대적 관점의 변화는 지난 19세기부터 서구 법철학에서 자살이 어떤 범죄행위라기보다는 사회학적, 병리적, 심리학적인 문제로 취급하게 되면서 본격화되었다. 이러한 변화 속에서 점차 교회에서도 정신적으로 이상이 있는 자살자와 이상이 없는 자살자를 구분하게 되었고, 기독교 윤리나 기독교 신앙이 결코 자살을 인정하고 미화할 수는 없으나, 자살은 영원히 저주받을 범죄가 아니며 일종의 질병에 가까운 문제로 보게 되었다.[19] 자살자의 구원 문제에 관해서도, 구원은 어디까지나 하나님의 주권(主權)에 속한 것이기 때문에, 인간적인 심판 기준이 하나님의 주권보다 결코 앞설 수는 없다는 견해가 설득력을 얻고 있다.

4. 이제는 구체적으로 신구약 성경의 본문에 나타나는 자살의 사례를 고찰하여, 자살문제에 대한 성경적이며 신학적인 관점을 살펴보려고 한다. 성경에는 자살(suicide)에 해당하는 용어가 없다고 한다.[20] 그러나 한글 개역개정 성경에서는 자살의 동의어인 "자결"이라는 용어를 두 번 사용하였다. 먼저 요한복음 8장 21-22절에서 보면, 예수께서 유대인들에게 "내가 가는 곳에는 너희가 오지 못하리라."라고 말씀하자, 그 말을 들은 유대인들이 "내가 가는 곳에는 너희가 오지 못하리라 하니 그가 자결하려는가"라고 반문한 말이 기록되어 있다. "그가 자결하려는가"를 그리스어 원문에서 보면, "메티 아포크테네이 헤아우톤"이라고 했는데, 직역하면 "그가 자신을 죽인다는 것은 아니지?"라는 표현이므로, '죽이다'라는 동사 "아포크테이노"와 재귀대명사 "헤아우톤"이 함께 사용되어 "자살하다"에 해당하는 용어라고 하겠다.[21] 다른 한 곳은 사도행전 16장 27절에서 볼 수 있다. 바울과 실라가 빌립보 감옥에 갇혔을 때의 이야기이다. 한밤중에 큰 지진이 나서 옥문들이 열린 것을 보고, 간수가 자다가 깨어 죄수들이 도망간 줄 생각하고 칼을 빼어 자결하려 했다. 여기서 "자결하려 했다"라는 그리스어 본문은 "에멜렌 헤아우톤 아나이레인"인데 직역하면 "자신을 없애려고 했다"라는 표현이다. "에멜렌"은 어떤 행동을 '하려고 했다'라는 뜻이고("멜로" 동사), 역시 재귀대명사 "헤아우톤"과 함께 '없애다'(do away with)라는 동사 "아

---

18) M. Honecker, 위의 책, 1856쪽.

19) M. Honecker, 위의 책, 1851쪽.

20) "Suicide", *Interpreter's Dictionary of the Bible*, Vol. 4, Abingdon, 1962, 453쪽.

21) 한국 천주교 주교회의, 『성경』(2005 발행)에서는 이 구절을 "… 자살하겠다는 말인가?"로 번역했다. 비교, 『쉬운성경』 (쉬운성경편찬위원회, 2005/2008)에서도 이 구절을 "… 혹시 자살을 하려고 하는 것인가?"로 옮기고 있다.

나이레노”를 사용한 것은 자결 또는 자살에 해당하는 용어가 분명하다.

이상에서 살펴본 대로 성경에서 ‘자살’에 해당하는 용어를 전혀 찾아볼 수 없는 것은 아니지만, 성경이 구체적으로 자살을 꼬집어서 정죄하거나 금지하는 것은 볼 수 없다. 물론 앞서 언급한 대로 제6계명에 자살 금지 명령이 포함되어 있는 것이 확실하기 때문에 새삼스럽게 자살에 관해 성경이 달리 언급할 필요가 없다는 견해도 있으나, ‘자살행위’ 그 자체를 성경에서 직접적으로 평가하거나 판단을 내리지 않는다는 것이 일반적인 견해이다.[22] 그리고 신구약 성경에는 자살 사건이 기록되어 있지만, 매우 적은 수에 불과하다. 그 이유는 아마도 성경시대에 하나님의 백성들 중에는 자살자가 거의 없었거나, 자살이 큰 문제가 되지 않았기 때문이 아닌가 생각한다. 구약성경에는 자살 사건이 4번, 신약성경에는 단 한 번 나온다. 성경에 자살 사례가 10번, 또는 6-7번 나온다는 주장도 있으나, 본 필자가 찾아본 것은 신구약 합하여 모두 5번이다. 일반적으로 거론하는 구약의 6번 자살 사건 중에 엄격하게 자살로 볼 수 있는 경우는 4번에 국한된다. 이제 실제로 성경의 자살 사례 본문들을 검토해 보려고 한다.

4.1. 구약에 기록된 첫 자살 사례로는 사사시대(주전 약 1377-1056년)의 사사(士師, judge)였던 기드온(주전 약 1193-1153년, 또는 여룹바알)의 아들 아비멜렉이 자살한 경우가 거론된다(삿 9:50-56). 기드온은 여러 아내를 두어 아들이 70명이나 되었고, 또 세겜에 첩이 있었는데 그 첩이 아들을 낳아서 그 이름을 아비멜렉이라고 지었다(삿 8:30-31). 기드온이 죽은 후 아비멜렉은 기드온의 아들 70명을 모두 죽이고(막내 아들 ‘요담‘만 숨어서 살아남았다), 세겜에 가서 외척 세력을 배경으로 세겜 사람들을 회유하여 왕이 되었다(삿 9:6,22). 그러나 3년 만에 세겜 사람들이 아비멜렉을 배반했고, 양쪽이 갈라서서 전쟁이 시작되었다. 이 전쟁 과정에서 아비멜렉은 데베스라는 성을 공격하던 중, 그 성에서 한 여인이 던진 맷돌 위짝이 아비멜렉의 머리에 떨어져 두개골이 깨어지는 치명상을 입게 된다. 이때 아비멜렉은 옆에서 따르던 자기의 부관에게 칼을 빼어 자기를 죽이라고 부탁한다. 사람들이 이후에 “여자가 아비멜렉을 죽였다”라고 하는 모욕적인 말을 듣고 싶지 않다는 이유에서였다(삿 9:52-54). 그래서 그 부관이 아비멜렉을 칼로 찌르니 그가 죽었다는 것이다. 아비멜렉의 이러한 죽음에 대해 사사기 기자는 분명히 다음과 같은 신학적인 평가를 하고 있다. “아비멜렉이 그의 형제 칠십 명을 죽여 자기 아버지에게 행한 악행을 하나님이 이같이 갚으

---

22) 이상원, 위의 책, 106쪽 이하. 윤철원은 “기독교 신학자들이 자살을 비판하는 데 있어서 해결하기 힘든 난제 가운데 하나는 구약성서(십계명의 ‘살인하지 말라’는 것은 예외)와 신약성서가 내놓고 자살을 금지하지 않는다는 점”이라고 했다. “자살에 대한 성찰-성서 시대의 이해”, 〈활천〉 (2002년 8월), 20쪽.

셨다.”(삿 9:56). 성경사전이나 성경학자들 중에는 아비멜렉의 죽음을 자살로 취급하지만,[23] 엄격한 의미에서 아비멜렉의 죽음은 그 의도나 방식에서 볼 때 스스로 자기 목숨을 거두는 자살이 아니었다. 이미 한 여자가 망대 탑 위에서 던진 맷돌짝에 맞아 두개골이 깨어진 상태라면 그대로 놔두면 곧 죽게 되는 경우다. 그리고 그 자리에서 자신의 부관으로 하여금 칼로 찌르게 하여 죽음으로써, 아비멜렉은 자신의 죽음의 원인을 변조 내지는 은폐하려고 한 것이다. 그러므로 아비멜렉의 죽음은 영웅적인 자살 사례라고 할 수 없다. 아비멜렉의 죽음은 전쟁터에서 맞이한 일종의 전사이며, 비참한 죽음이었다. 아비멜렉의 경우는 한 여인에 의해 피살되는 수치스러운 죽음이었다.[24] 여기서 성경은 분명히 아비멜렉이 저지른 악행에 대해 하나님이 그에게 보응하신 결과라고 평가하였다.

4.2. 두 번째 거론되는 경우는 역시 사사시대 삼손(주전 약 1076-1056년)의 죽음이다(삿 16:28-31). 사사 삼손은 이십년 동안 원수인 블레셋의 침략으로 부터 이스라엘을 구원한 전쟁의 용사였다(삿 13:5; 14:4; 15:20; 16:31). 그러나 들릴라(삿 16:4-22)라는 여인과 삼손이 사랑에 빠지게 되면서, 블레셋 사람들은 들릴라를 이용하여 삼손을 잡아 죽일 계획을 한다. 삼손은 결국 들릴라의 집에서 잠을 자다가 자신의 힘의 원천인 머리털을 잘리게 되고(삿 16:19), 블레셋 사람들은 삼손을 잡아 그의 두 눈을 빼고 ‘가자’(개역개정은 ‘가사’) 성읍으로 끌고 가 감옥에 가두고 청동 족쇄를 채워 맷돌을 돌리는 강제노동을 시켰다. 시간이 흘러, 가자 성읍의 블레셋 사람들이 그들이 섬기는 신(神) 다곤 신전에 모여서 다곤 신에게 제사를 드리고 철천지원수인 삼손을 다곤 신이 잡게 해 주었다고 축제를 벌이면서 삼손을 감옥에서 불러내어 노리개로 삼아 즐겼다. 이러한 상황에서 삼손이 큰 소리로 야훼(여호와) 하나님께 기도한다. “주 여호와여, 구하옵나니 저를 기억하시고, 하나님이여 구하옵나니 이번만 저를 강하게 하사 저의 두 눈을 뺀 블레셋 사람들에게 원수를 단번에 갚게 하옵소서.”(삿 16:28). 이렇게 기도를 마친 삼손은 그 다곤 신전 건물을 받치고 있는 두 기둥을 왼손과 오른손으로 껴안고, “나는 블레셋 사람들과 함께 죽기를 원하노라”하고 힘을 주니 그 건물이 무너져, “삼손이 죽으면서 죽인 사람이 그가 사는 동안에 죽인 사람보다 더 많았다.”라고 한다(삿 16:29-30). 그런데 삼손이 블레셋 사람들과 죽기를 원한다고 한 것은 결코 자살하겠다는 의미가 아니라, 원수 블레셋을 물리치는 과정에서 자신이

---

23) M. J. Harran, *The Encyclopedia of Religion*, 위의 책, 126쪽. 유영권, 위의 책, 418쪽 등. 후일에 요압과 다윗 왕은 우리아의 전사(戰死)를 아비멜렉의 경우에 비교함으로써, 우리아를 죽인 범죄를 숨기려 했다(삼하 11:18-21).

24) 아비멜렉의 죽음은 기드온의 막내아들 요담이 그리심산 꼭대기에서 세겜 사람들에게 외친 소위 ‘요담 우화’ 속에 예견되어 있다(삿 9:20).

죽어도 좋다는 뜻을 강조한 것이다. 삼손은 이스라엘을 침략하고 괴롭히는 블레셋 적군을 물리친 전쟁의 사사로서, 신약의 히브리서는 과거 믿음의 영웅들을 거명하면서 사사들인 기드온, 바락, 입다 등과 함께 삼손을 기억하고 있다. 히브리서에서는 블레셋을 물리친 사사로서 삼손을 인정하고 있으나, 히브리서 기자가 삼손의 죽음을 자살로서 칭송하거나 미화한 증거는 찾아볼 수 없다(히 11:32 이하 참조).[25] 삼손 이야기의 본문 맥락을 자세히 읽어 보면, 삼손의 죽음은 이스라엘의 주적인 블레셋과의 전쟁 상황에서 결과한 것으로서 죽음을 무릅쓰고 최후 순간에 블레셋의 주신인 다곤 신전을 파괴하고 다수의 블레셋 지도층을 죽임으로써 사사로서 마지막까지 자신의 소명에 충성했던 영웅적 전사(戰死)라고 할 수 있을 것이다. 그러나 한편으로 삼손은 나실인으로서 자신의 서약을 지키지 않았으며, 블레셋 여인과 결혼도 하고, 마침내 들릴라라는 여인과 사귀면서 이렇게 비참한 상황을 맞게 된 것이다. 사사기에 등장하는 13명의 사사들 중 마지막 사사인 삼손만이 적군과 함께 비참한 죽음을 맞이한 유일한 사사로 본문이 기록하고 있는 것을 우리는 주목하게 된다.[26] 이러한 모든 상황을 고려해 볼 때, 삼손의 영웅적 죽음은 영웅적 자살이라기보다 주적인 블레셋과의 마지막 싸움에서 전사한 것으로 보는 것이 적절하다.[27]

4.3. 위에서 언급한 두 가지 구약의 사례들은 자살 사건으로 보기 어렵다. 엄격한 의미에서 성경에 나타난 첫 자살 사건은 이스라엘의 초대 왕이었던 사울의 경우에서 볼 수 있다(삼상 31:1–13). 사울 왕(주전 약 1050–1010년)은 그의 말년에 길보아 산에서 블레셋과 전투하는 도중에, 적이 쏜 화살에 맞아 중상을 입는다. 블레셋 군인들에게 생포되어 그들이 자신을 모욕하고 고문하고 죽일 것을 두려워한 나머지, 사울은 자기를 따르던 부관에게 칼을 빼어 자기를 찌르라고 명령한다. 그러나 그 부관이 두려워하여 지시대로 시행하지 않으므로, 사울은 스스로 자기 칼을 뽑아서 그 위에 엎드러져 죽었다(주전 1010년경). 전쟁에서 중상을 입은 상황은 앞서 살펴본 아비

---

25) 삼손이 블레셋에 원수를 갚기 위해 다곤 신전을 무너뜨린 행위와 그의 죽음은 구분해 보아야 한다. 히브리서 기자가 믿음의 영웅으로 삼손을 기억하는 것은 그의 영웅적인 죽음이 아니라, 하나님께 부름받은 사사로서 끝까지 블레셋을 물리친 그의 사명감에 대해 말하는 것이다.

26) Tammi J. Schneider, *Judges*, Berit Olam, The Liturgical Press, 226쪽. 삼손의 죽음이 영웅적 죽음이지만, 주석적으로 자살로 볼 수 없다는 견해에 관하여 다음을 참고할 수 있다. Keil-Delitzsch, Commentary on the Old Testament, Vol. 2, *Judges*, Eerdmans, 425쪽 이하.

27) 삼손의 자살에 대한 논의는 어거스틴으로부터 출발한다. 어거스틴은 그의 책 『신국론』(神國論, De Civitate Dei, I, 17–27)에서 자살 문제를 논하면서, 삼손의 경우(I,6)와 같이 하나님의 분명한 명령이 있는 경우를 제외한 모든 자살은 제6계명을 범하는 죄가 있다고 했다. Anna Christ-Friedrich, "Suizid, II. Theologisch", *TRE*, Bd. 32, Walter de Gruyter, 2001, 447쪽. 그런데, 하나님은 삼손에게 자살하라고 명하신 적이 없기 때문에 어거스틴이 잘못 해석한 것이다. 신국론의 해당 본문에 관해서는 다음을 참고할 수 있다. 아우구스티누스, 『신국론』, 제1-10권, 성염 역주, 교부 문헌 총서 15, 분도출판사, 2004, 177쪽. 여기서 삼손의 죽음에 대해 어거스틴이 말한 내용을 보면 다음과 같다. 인용하면, "삼손도 집을 무너뜨리면서 원수들과 더불어 자신을 압살시킨 셈인데, 이 일도 성령이 내밀하게 명령했고 그 사람을 통해 이적을 행했기 때문이 아니라면 변명이 되지 않는다."

멜렉의 경우와 비슷한 점이 있지만, 사울 왕은 마지막에 자기가 자기 자신의 목숨을 스스로 거두었다는 데 그 차이가 있다(삼상 31:3-47). 그런데, 사울 왕의 죽음에 관해서는 또 다른 기록이 있다. 사무엘하 1장에서는 어떤 아말렉 청년 한 사람이 시글락에 머물고 있는 다윗에게 와서 자기가 우연히 길보아 산에 올라갔다가, 사울 왕이 중상을 입고 자기 창에 기대어 고통하는 것과 적군이 그를 추격하는 상황을 보게 되었는데, 그때 사울 왕이 그 청년에게 자기를 죽여 달라고 청하여 죽였다는 말을 하고 있으며, 그가 사울 왕의 왕관과 팔에 있는 고리를 벗겨서 가져왔다고 말한 내용이 기록되어 있다(삼하 1:1-16). 만약 이 아말렉 청년의 말이 사실이라면, 사울 왕의 죽음 역시 아비멜렉의 경우처럼 엄격한 의미에서 자살로 볼 수 없다. 그러나 문맥의 전후 사정을 살펴보면, 이 아말렉 청년의 보고가 거짓일 가능성이 크다.[28] 왜냐하면 그는 사울 왕과 다윗의 사이가 좋지 않다는 것(삼상 18-26장 참조)을 이용하여 큰 보상을 바랐을 가능성이 매우 크기 때문이다. 유대교 학자들 중에는 사울 왕의 죽음에 관해 두 가지 모순되어 보이는 상황을 조화하려는 시도도 있다. 즉 사울 왕이 자살하려고 자기 칼을 빼어 그 위에 엎드러졌으나 죽지 않았고, 그때 어떤 아말렉 청년이 아마도 전리품을 훔치려고 왔다가 곁에 있는 것을 보고 청하여 자신을 죽이게 했다는 것이다.[29] 사무엘상, 하 본문은 사울 왕의 자살에 대해 명시적인 평가를 하지 않았다. 그러나 "사울과 그의 세 아들과 무기를 든 자와 그의 모든 사람이 다 그날에 함께 죽었더라."(삼상 31:6)라고 기록함으로써, 사울 가문의 몰락을 강조하였다. 사울 왕의 죽음은 일찍부터 예견되었던 실패였다고 미국 구약학자 브루그만(W. Brueggemann, 1932-)은 주석하였다.[30] 명시적인 평가가 없다고 해서 구약성경이 자살을 부정적으로 보지 않는다는 해석은 지나친 추측에 불과하다. 이스라엘의 초대 임금 사울의 통치에 대해 성경이 전반적으로 부정적인 평가를 하고 있다는 점을 감안한다면(삼상 13:13-14; 15:10-29; 16:14; 28:5-7), 그의 자살에 대해서도 부정적으로 보는 것이 일관성 있는 해석이라고 생각한다.

바벨론 포로 귀환 후 편집된 역대기 기록에는 사울 왕의 죽음에 대한 준엄한 신학적 평가가 다음과 같이 나타나 있다. "사울이 죽은 것은 여호와께 범죄하였기 때문이라. 그가 여호와의 말씀을 지키지 아니하고 또 신접한 자에게 가르치기를 청하고, 여호와께 묻지 아니하였으므로 여호와께서 그를 죽이시고 그 나라를 이새의 아

---

28) 강사문, 『사무엘 상』, 대한기독교서회, 2008, 721-2 쪽. 아말렉 청년의 보고내용 진위에 대한 학자들의 견해는 다음을 참고할 수 있다. Robert D. Bergen, *1, 2 Samuel*, Vol. 7B, The New American Commentary, Broadman, 1996, 288쪽, 각주 170번.

29) "2 Samuel, 1.1-6: Message of death", *The Jewish Study Bible with TANAKH Translation*, Oxford, 2004, 619쪽.

30) W. Brueggemann, *First and Second Samuel*, Interpretation, John Knox Press, 1990, 208쪽.

들 다윗에게 넘겨주셨더라"(대상 10:13-14). 성경은 사울 왕의 자살에 대해 결코 애매한 태도를 취하지 않는다. 사울 왕의 자살 원인은 신학적으로 볼 때 하나님께 범죄(히브리어, '마알', 즉 신앙을 파기한 행위; "breach of faith", ESV)했기 때문이고, 사울 왕이 스스로 자기 목숨을 끊었지만, 실상은 하나님께서 "그를 죽게 했다"(히브리어, '봐여미테후')라고 평가하고 있는 것을 우리는 눈여겨보아야 한다. 사울의 시신과 그의 아들들의 시신은 일찍이 사울 왕에게 은혜를 입었던 길르앗 야베스 주민들이 수습하여 화장했으며, 야베스 에셀 나무 아래에 묻고(수목장?), 칠일을 금식했다고 한다(삼상 31:11-13). 다윗도 "활"이라는 조가(弔歌)를 지어 유다 백성에게 가르치며 사울과 그의 아들 요나단을 추모하였다(삼하 1:17-27).[31]

4.4. 사울 왕의 자살 사건과 연속하여 또 하나의 자살 사건이 짧게 언급되어 있다. 그것은 사울 왕의 부관(그의 무기병, 그의 무기를 든 자. "his armor-bearer", ESV)이 또한 현장에서 주군을 따라 자살한 것이다. 본문은 그의 죽음을 평가 없이 간단히 기록했다. "무기를 든 자가 사울이 죽음을 보고, 자기도 자기 칼 위에 엎드러져 그와 함께 죽으니라."(삼상 31:5). 이것은 일종의 모방 자살로 볼 수 있다. 그 부관의 이름이나 그에 관한 어떤 정보도 찾아볼 수 없다. 사울 왕의 부관이 자살한 것은 당시 전쟁터에서 주종 간의 관계나 인간적인 관점에서 충분히 이해할 만하다. 남이 자살한 것을 보고 따라 자살하는 것을 학문적인 용어로는 "베르테르 효과"(Werther-Effekt)라고 한다.[32] 여기서도 본문에 모방 자살에 대해 어떤 언급이 없다고 해서, 사울 왕의 부관의 자살을 성경이 부정적으로 본 것이 아니라고 해석하는 것은 바른 해석으로 보기 어려울 것이다.

4.5. 다윗 왕의 아들 압살롬이 반역을 일으켜 부왕을 제거하고 자신이 왕이 되려고 했을 때, 압살롬의 작전참모 역할을 했던 아히도벨의 죽음은 구약성경에 나타난 대표적 자살 사례라고 할 만하다. 아히도벨이 다윗 왕을 쳐 죽일 구체적인 작전계획을 압살롬에게 올렸으나(삼하 17:1-4), 압살롬은 아히도벨의 계획을 받아들이지 않음으로 해서, 결국 반역의 거사는 실패로 돌아가게 된다(삼하 17:14). 자신의 계책이 받아들여지지 않은 것에 대한 불만과 좌절감, 그리고 자신의 계획을 공개적으로 무시한 후새라고 하는 다른 참모의 조언을 압살롬이 받아 준 것에 대한 분노와 시기심(삼하 17:6-7), 그리고 거사가 실패한 후 닥쳐올 자신의 운명에 대한 걱정 등이 아히도벨이 자살하게 된 원인이 아닐까 생각한다. 어쨌든 성경 본문은 아히도벨의 자살에

---

31) 비교, 김정철, 『다윗, 사울의 죽음을 슬퍼하다! 다윗의 조가에 대한 구조주의적 연구』, 도서출판 영문, 2009.

32) 베르테르 효과에 대한 설명은 다음을 참고할 수 있다. 허태균과 장훈, "자살예방과 대중매체의 역할", 『자살의 이해와 예방』, 위의 책, 325쪽.

관해 다음과 같이 기록하였다. "아히도벨이 자기 계략이 시행되지 못함을 보고 나귀에 안장을 지우고 일어나 고향으로 돌아가 자기 집에 이르러 집을 정리하고 스스로 목매어 죽으매, 그의 조상의 묘에 장사되니라."(삼하 17:23).

브루그만은 아히도벨의 죽음에 대해, "그는 비열한 자살로 종말을 맞았다"라고 했다.[33] 아히도벨의 자살과 신약에서 유일한 자살 사례인 가룟 유다의 자살은 닮은 점이 있다. 두 사람 다 각각 자신들의 주인(다윗 왕, 그리고 예수님)을 배신했고, 그 결과 스스로 목매어 죽은 것이다.[34] 성경에서 자살에 대해 어떻게 말하고 있는가에 대한 대답은 신구약 성경의 대표적 자살 사건인 아히도벨의 자살과 가룟 유다의 자살에 대해 기록하고 있는 본문에서 분명히 읽을 수 있다. 간단히 말하자면, 성경에 나타난 자살에 대한 관점은 두 가지로 요약될 수 있다. 첫째로, 사람들이 절망적인 상황에 직면하여 정신적으로나 육체적으로 극심한 고통과 번민에 빠지게 될 때, 소수의 어떤 사람들은 자살이라는 죽음을 택하고 있다. 둘째로, 자살은 어디까지나 비극적이며 비참하고 부정적인 인생의 결말이다.[35]

4.6. 이제 구약의 경우 남은 한 가지 시므리 왕의 자살 사건을 살펴보고, 신약의 유일한 자살 사건인 가룟 유다의 경우를 좀 더 자세하게 검토한 후에, 자살에 대한 성경적-신학적인 관점과 입장을 정리해 보려고 한다. 이미 잘 알려진 바와 같이 분열 왕국시대 북쪽 이스라엘의 왕권(주전 931-721)은 매우 불안정했고, 잦은 암살과 쿠데타를 통해 왕의 자리는 피로 얼룩졌다. 이 시대 이스라엘의 모든 왕들은 예외 없이 여호와 보시기에 악을 행한 왕들로 평가되었고(호 8:4), 예언자들은 악행 하는 왕들과 그 가문의 멸망을 예언하였다(예컨대, 왕상 14:8-18; 16:1-4. 비교, 암 7:10-17). 북왕국 이스라엘의 초대 임금 여로보암 1세(주전 약 931-910)는 21년을 통치하고 그의 아들 나답에게 왕권을 물려주었으나, 나답은 채 2년도 통치하지 못하고 이스라엘 군대를 이끌고 블레셋 성읍 깁브돈을 공략하던 중, 잇사갈 족속 바아사라는 지휘관이 모반하여 그를 죽이고 대신 왕이 되었다(왕상 15:25-32). 바아사는 디르사(Tirzah)에 도읍지를 정하고 이스라엘의 왕이 되어 24년을 다스린 후 그의 아들 엘라(Elah)에게 왕권을 넘겼는데, 엘라의 통치도 2년을 넘기지 못하고 단명했다. 엘라 왕이 디르사에서 왕궁의 일을 맡아보는 아르사라는 신하의 집에 가서 술을 마시고 취해있을 때, 그의 병거(전차)부대 절반을 통솔하는 지휘관 시므리(Zimri)가 모반하여 엘라 왕을 쳐 죽이고 대신 왕이 되었다(왕상 16:8-10; 왕하 9:31).

---

33) W. Brueggemann, 위의 책, 315쪽.

34) *The New Interpreter's Study Bible*, Abingdon, 2003, "2 Samuel 17:23" 해설, 465쪽.

35) *The Apologetics Study Bible*, Holman, 2007, "1 Samuel 31:4-5" 해설, 454쪽.

그러나 디르사 왕궁에서 시므리 왕의 통치는 단 7일 만에 끝났다(주전 885년경). 당시 블레셋과 싸우러 출정 중이던 이스라엘 군대가 시므리가 왕이 되었다는 소식을 듣고 시므리를 왕으로 인정하지 않았으며, 그 즉석에서 오므리(Omri)라는 지휘관을 세워 따로 왕으로 삼았다. 오므리는 즉시 군대를 거느리고 디르사 성을 공격하여 함락했다. 디르사 성이 점령되는 것을 보면서, 시므리는 왕궁의 요새로 피신한 후 불을 질러 그 가운데서 죽고 말았다(왕상 16:15-18).[36] 시므리 왕의 죽음은 일종의 분신자살이었다. 시므리 왕의 자살 원인에 대하여 성경은 다음과 같이 평가하고 있다. "그 이유는 그가 여호와 보시기에 악을 행하여 범죄하였으며, 또 그가 여로보암의 길과 그가 이스라엘에게 죄를 범하게 한 그 죄 중에 행하였기 때문이다"(왕상 16:19). 이와 같이 시므리 왕의 분신자살에 대해서도 성경은 분명히 부정적인 평가를 내리고 있다.[37]

5. 이상에서 일반적으로 거론되는 구약성경에 나타난 6가지 자살 사례를 가능한 한 모두 자세히 검토해 보았는데, 그중에 실제로 '자살'이라고 볼 수 있는 것은 사울 왕과 그의 부관, 그리고 아히도벨과 시므리 왕의 4가지 경우에만 적용할 수 있다고 생각한다. 이 4가지 자살 사건 모두 본문의 전후 맥락을 조사해 보면, 부정적인 원인과 부정적인 상황에서 발생했다. 성경학자들 중에는 성경이 자살에 대해 부정적으로 평가하지 않는다는 주장을 하기도 하는데, 이러한 주장은 이상한 일이다. 명시적으로 성경에 "자살하지 말라", 또는 "자살은 죄다"라는 기록이 없다고 해서, 마치 성경이 자살에 대해 애매한 태도를 취하고, 경우에 따라서는 자살을 용인하고 있는 것처럼 해석하는 것은 손바닥으로 해를 가리고 해가 없다고 말하는 것처럼 잘못된 것이다.[38]

5.1. 극히 소수의 의견이지만 유대교 학자나 문필가 중에는 예언자 요나의 경우도 자살 사례에 넣을 수 있다는 견해가 있으나 지나친 주장이라고 생각한다.[39] 물론

---

36) 당시 다르사 왕궁이 화재로 인해 전소한 고고학적 증거에 관해서는 다음을 참고할 수 있다. *Archaeological Study Bible*, Zondervan, 2005, "Archaeological Sites Tirzah, 1King 15", 509쪽.

37) M. Cogan은 7일 통치 기간 동안 시므리 왕이 무슨 큰 악행을 저지를 수 있느냐고 묻고, 이러한 평가는 신명기 사가(史家)의 상투적인 것이라고 한 것은 피상적인 견해이다. 하나님은 사람의 마음을 감찰하시는 분이시기 때문이다. M. Cogan, *1 Kings*, The Anchor Bible, Doubleday, 2000, 413-4쪽.

38) 구약성경의 자살자들에 관해, "이 자살자들은 아무도 비난을 받지 않는다는 점이 중요하다. 그들이 자살한 것에 대한 평가가 없는 것은 고대 이스라엘 사회에서 자살은 자연스러운 것이거나, 아마도 영웅적인 행동으로 보았다는 결론에 이르게 한다."라는 Droge의 설명은 착각이며 오해이다. A. J. Droge, "Suicide", 위의 책, 228쪽. J. T. Clemons, "Suicide", *The International Standard Bible Encyclopedia*, fully revised, Vol. 4, Eerdmans, 1991, 652쪽에서도 Droge와 비슷한 잘못된 서술을 볼 수 있다.

39) M. J. Harran, 위의 책, 127쪽.

요나가 다시스로 가는 배를 타고 여호와의 명령을 피하여 도망하다가, 큰 폭풍을 만나 배가 파선할 지경이 되므로, 결국에는 "나를 들어 바다에 던지라. 그리하면 바다가 너희를 위하여 잔잔하리라. 너희가 이 큰 폭풍을 만난 것은 나 때문인 줄 아노라"라고 그 배의 선원들에게 말한 다음, 실제로 그 사람들이 요나를 바다에 던진 것은 일종의 자살로 볼 여지도 있다는 것이다(욘 1:12-15). 또 요나는 큰 물고기 배 속에 있다가 다시 살아 나와서 하나님의 명령대로 니느웨 성읍에 가서 예언했으며, 니느웨 사람들이 그의 심판예언을 듣고 회개함으로 하나님이 재앙을 내리시지 않게 되는 것을 보고, 요나는 "여호와여 원하건대 이제 내 생명을 거두어 가소서. 사는 것보다 죽는 것이 내게 나음이니이다."라고 불평했다(욘 4:3,8). 그러나 어쨌든 요나는 이 일로 죽지 않았으며, 스스로 자기 목숨을 거두지 않았기 때문에 결코 자살이라고 할 수 없다(비교, 왕상 19:4).

5.2. 오히려 구약에서는 엄청난 시련과 고통 가운데서 자살의 문턱까지 갔다가 자살의 유혹을 이긴 믿음의 영웅 이야기가 있다. 바로 동방의 의인 욥의 경우다. 욥은 하루아침에 영문도 모른 채, 많은 재산과 열 명의 자녀를 모두 잃었다. 그뿐인가? 욥의 온몸에는 발바닥에서 정수리까지 종기가 나서 극심한 고통에 시달리게 되었다. 욥의 건강은 급속히 악화되었고, 친구들조차 그를 알아볼 수 없을 정도로 비참한 모습이 되었다. 하루는 욥이 재 가운데 앉아서 질그릇 조각으로 자기 몸을 긁고 있었다. 그때 욥의 아내가 그에게 말했다. "그래도 당신은 신앙을 지킬 것입니까? 차라리 하나님을 저주하고 죽어 버려요!"(욥 2:9, 『쉬운성경』 번역). 누구든지 이러한 정황에서 자기 아내로부터 죽어버리라는 말을 듣는다면, 자살을 생각하지 않을 사람은 아마도 없을 것이다. 법적으로 욥의 아내의 말은 일종의 자살교사죄에 해당한다고 볼 수 있다. 그러나 아내의 몹쓸 말은 들은 욥은 아내의 어리석음을 나무라면서, "우리가 하나님께 복을 받았은즉 화도 받지 아니하겠느냐"라고 하고, 이 모든 일에 욥이 입술로 범죄하지 않았다고 했다(욥 2:10). 참으로 욥은 본받을 만한 신앙인이다. 그런데 욥의 고통이 더욱 심해만 가고 가까운 친구들의 위로와 조언도 도움이 되지 않을 때, 결국 욥도 자살을 생각하게 된다. 욥의 몸에는 구더기가 덮였고, 살아날 소망도 없어졌다(욥 6:5-6). 욥은 영혼의 아픔과 마음의 괴로움 때문에 더 이상 잠잠할 수 없어서 하나님께 이렇게 불평하며 부르짖는다. "이러므로 내 마음이 뼈를 깎는 고통을 겪느니 차라리 숨이 막히는 것과 죽는 것을 택하리이다."(욥 7:15, 개역개정 번역). 그래서 욥은 자살했는가? 결코 아니다! 욥은 끝까지 믿음을 버리지 않고 인내함으로 하나님께 기도로 대화하면서, 결국 자살의 유혹을 이기고 승리하였다(욥 42:16-17; 비교, 약 4:11).

   66. 자살 문제에 대한 성경적-신학적 접근

시편의 소위 고난시(또는 탄원시)들의 경우에도 고난당한 사람은 정신적-육체적인 극심한 고통 중에서도 하나님께 기도하는 것을 포기하지 않았으며, 끝까지 믿음을 지키면서 하나님의 구원의 손길과 목숨을 살려주시기 바라는 간절한 마음을 표현하였다(시 6; 13; 22; 31; 38; 69; 77; 88 등). 시편의 시인은 오히려 "고난당한 것이 내게 유익이라"라고 했다(시 119:71). 자살은 고통으로부터 벗어나는 해결책이 아니다. 이러한 관점에서 볼 때, 성경은 결코 자살을 긍정하지 않으며 인정하지도 않는다. 성경의 하나님은 죽음을 기뻐하시는 하나님이 아니고, 죄인이 죽는 것도 기뻐하지 않는 하나님이시기 때문이다(겔 18:32).

6. 신약에는 단 한 번만 나타나며 성경에 기록된 마지막 자살 사건은 가룟 유다의 자살이다(마 27:3-5). 유다는 예수님의 12제자 중에 한 사람이었고(마 10:2-4), 당시 예수를 잡아 죽이려고 모의하던 대제사장들과 바리새인들의 율법학자들과 백성의 장로들에게 예수를 은돈 서른 개에 팔아넘겨 죽게 한 배신자이다(눅 22:1-6; 행 1:17-18). 가룟 유다의 자살은 인류역사상 아마도 가장 비참한 죽음의 예라고 할 수 있다. 가룟 유다는 왜 스스로 목매어 자살했는가? 학자들 중에는 그가 예수를 배신한 죄를 회개한 표시라고 평하기도 한다.[40] 그러나 가룟 유다의 자살이 회개의 결과라는 해석은 정확하지 않은 본문 주석에 근거한 잘못된 해석이다. 마태복음 27장 3절에 "유다가 그의(예수의) 정죄됨을 보고 스스로 뉘우쳐"라는 기록에서 "스스로 뉘우치다"(그리스어, '메타멜로마이')라는 동사는 분명히 "회개하다"(그리스어, '메타노에오')라는 용어와 구별된다. 여기서 '메타멜로마이'는 '양심의 가책'을 드러내는 말이다. 그와는 대조적으로 '메타노에오'는 '생각(마음)을 바꾸는 것', 즉 '회개'하는 뜻이다. 가룟 유다는 예수를 배신한 죄책감에 시달리다가 양심의 가책을 견디지 못하고(마 27:3, "내가 무죄한 피를 팔고 죄를 범했다"라는 유다의 고백) 자살한 것으로 보아야 한다.

신약성경은 가룟 유다의 배신과 자살이라는 일련의 사건에 관해 이미 구약에서 예언자들이 예언한 대로 실현되었다고 지적하고 있다(비교, 마 27:9-10; 눅 24:25-27, 44; 행 1:16). 시편 69편 25절과 109편 8절을 인용하여, 베드로 사도는 오순절에 다락방에 모인 사람들에게 가룟 유다는 사도직에서 축출되었고 그의 악행으로 인해 비참하게 죽었다고 설명하고 있다(행 1:16-20). 예수님도 최후의 만찬 자리에서 자기를

---

40) 유진 피터슨은 예수를 배반한 유다가 "양심의 가책을 이길 수 없었다"라고 했다. 유진 피터슨, 『메시지 신약』, 복있는 사람, 2009, 마태복음 27:3-4 참조. 『쉬운성경』은 유다가 "양심의 가책을 느꼈습니다."라고 번역한다. 『개역개정』은 유다가 "스스로 뉘우쳐"라고 번역하여 다소 애매한 느낌을 준다.

배신하고 팔아넘기는 사람(곧 가룟 유다)에게는 화가 있으리라고 하시면서, 그 사람은 차라리 "태어나지 아니 하였더라면 제게 좋을 뻔하였다"라고 하셨다(마 26:24; 요 13:2).

한편 가룟 유다의 이러한 배신과 악행과 자살이라는 악순환의 보다 근원적인 이유에 관해서, 복음서는 이미 "사탄"이 유다의 마음에 들어갔다고 언명한 것을 우리는 주목해 보아야 한다(눅 22:3; 요 6:70; 13:2). 성경에서 사탄(즉, 마귀)의 가장 큰 특징은 생명을 파괴하는 것이다(요 8:44; 롬 5:12). 성경의 교리는 모든 죄의 열매는 죽음이라는 것이며(약 1:15), 죄와 죽음의 배후 세력은 마귀 사탄이라는 것이다(요일 3:8; 히 2:14-15; 비교, 창 3:4; 계 12:9 등). 사탄과 죽음의 세력을 멸하고 생명을 주시는 분은 오직 예수 그리스도라고 성경은 말하고 있다(요 3:16; 14:6. 비교, 롬 16:20; 약 4:7; 엡 4:27; 6:11). 그러므로 다른 어떤 범죄 대책이나 자살 예방 교육과 상담도 필요한 것이 사실이지만, 성경적-신학적인 관점에서 근본적인 자살문제 해결책은 죄를 회개하고 사탄 마귀를 대적하며, 길과 진리와 생명이신 예수 그리스도를 나의 구원자이며 주님으로 내 마음에 영접하여 모시는 것이라고 말할 수 있다(요 11:25-26; 14:6).

6.1. 그러나 신학자들 중에는 성경적인 근거를 들어 자살은 경우에 따라 긍정적으로 볼 수 있다는 주장도 있다. 예컨대, 17세기 영국의 시인이요 성직자였던 존 던(John Donne, 1573-1631)은 요한복음 15장 13절과 요한1서 3장 16절(!) 등을 근거로, 단순한 자살(self-murder, suicide)과 자기희생(self-sacrifice)의 의미를 담고 있는 자살은 구별해야 한다고 했다. 이러한 맥락에서 특히 예수님이 "내가 목숨을 버리는 것은… 그것을 내게서 빼앗는 자가 있는 것이 아니라 내가 스스로 버리노라"(요 10:17-18)라고 하신 것은 "일종의 자살의 형태"(a form of suicide)로 이해할 수밖에 없다는 것이다.[41] 바울 사도도 삶과 죽음에 대하여 "내가 그 둘 사이에 끼었으니 차라리 세상을 떠나서 그리스도와 함께 있는 것이 훨씬 더 좋은 일이라"(빌 1:21-23)고 한 것을 보면, 바울이 평소에 자살 자체를 거부한 것은 아니라고 볼 수 있고, 특히 "우리가 담대하여 원하는 바는 차라리 몸을 떠나 주와 함께 있는 그것이라"라고 말한 것을 보면(고후 5:8), 바울의 최후가 자살로 끝났을 가능성을 배제할 수 없다고 주장하기도 한다.[42]

그러나 대다수의 신학자들과 기독교 전통은 이러한 한두 가지 성경구절에 근거

---

41) 최영민, "자살에 대한 교회의 견해", 『자살의 이해와 예방』, 위의 책, 33쪽. J. T. Clemons, "Suicide", 위의 책, 653쪽.
42) A. J. Droge, "Suicide", 위의 책, 228-9쪽.

　　66. 자살 문제에 대한 성경적-신학적 접근

하여 자살을 옹호하지 않으며, 예수님과 바울의 자살 가능성에 동의하지 않는다. 위에서 인용된 몇몇 성경 구절들은 그 한 구절만 따로 떼어서 어떤 의미를 추론해서는 안 되고, 전후 문맥과 성경 전체의 빛 아래서 그 의미를 이해해야 한다. 예수와 바울의 죽음을 자살로 해석하려는 것은 한 마디로 '에이시지시스'(eisegesis, 주관적 해석)이며 '엑시지시스'(exegesis, 객관적 해석)가 아니다. 또한 엄격한 의미에서 "자기희생"의 죽음을 "자살"이라고 말할 수 없다. 자기희생은 어디까지나 자기희생이고, 자살은 어디까지나 자살이다.[43] 자기희생의 특징은 자기 스스로 자기 생명을 파괴하지 않는다는 데 있다. 물론 그 경계선이 분명하지 않은 경우도 있을 수 있으나, 자기희생을 자살과 동일시하고, 자살을 자기희생과 동일시하면서 결국 자살을 미화하는 것은 잘못된 입장이다.

7. 지난날을 잠시 돌이켜 보면, 1980년대 후반과 90년대 초에 우리나라에서는 군사독재와 사회 부조리에 항거하는 저항운동이 그 극에 달한 느낌을 주었다. 그때 주로 소위 운동권의 젊은 대학생들 중에 잇달아 분신 또는 투신자살하는 사건들이 생겼다. 이러한 일련의 자살은 독재정권을 타도하고 억눌리고 착취당하고 소외된 민중들을 해방하여 정의로운 민주주의 사회 건설을 앞당기기 위한 희생의 죽음이라는 것이다.[44] 이것은 아마도 베트남 전쟁 때 불교의 승려들이 분신했던 기억에서 영향을 받았을 수도 있고, 당시 제3세계에 유행하던 소위 해방신학이나 우리나라의 경우 해방신학의 아류인 초기 민중신학에서 그 영향을 받았을 가능성이 있다. 여기서 불의에 항거하는 자살은 그리스도적인 희생의 죽음이라고 신학적으로 미화되었다. 서남동 목사는 이러한 '어린양들이 흘린 피가 한반도에서 재현되는 역사적인 그리스도의 십자가 사건'이며, 토착 기독교가 시작되는 사건이 된다고 강변하였다.[45] 그래서 실제로 어느 신학대학교의 예배 시간에 어떤 학생이 대표기도를 하면서 자살한 학생들의 이름들을 먼저 열거한 후 마지막에 예수 그리스도의 이름으로 기도하는 사건이

---

43) "자살은 자기 자신의 목숨을 스스로 **빼앗거나**, 다른 사람으로 하여금 자신의 목숨을 **빼앗도록** 하는 것"이라는 Clemons의 이중 행위자론 주장에 동의 할 수 없다. J. T. Clemons, 위의 책, 652쪽. 오늘날 일반적으로 학문적인 "자살" 개념은 어디까지나 자기 자신의 행위를 통해 스스로 자신에게 죽음을 초래하는 것, 즉 단일 행위자론에 국한한다. Anna Christ-Friedrich, "Suizid", 위의 책, 446쪽.

44) 장기천, "자살도 자살 나름이다" 및 대한성공회 서울교구 천세용(요한)군에 관한 특별관면문 참조, 〈새누리신문〉, 1991년 5월 11일, 제48호 14면 및 15면. 그러나 시인 김지하는 이러한 자살을 반대하였다. 김지하, "죽음의 굿판 당장 걷어치워라. 환상을 갖고 누굴 선동하려하나", 〈조선일보〉, 1991년 5월 5일, 제21623호 3면. 같은 지면에 "분신자살, 그릇된 선택", 사설 참조.

45) 서남동은 전태일의 자살 경우를 예수의 십자가와 부활의 현장화라고 강변하였다. 그리고 이러한 메시아적인 죽음이 성경의 핵심, 또는 기독교의 핵심이라고 했다. 서남동, 『민중신학의 탐구』, 한길사, 1983, 323-4쪽; 서남동, 이현주, 유동우, 정명기, 『일하는 사람들을 위한 성서연구』, 웨슬레, 1984, 154-5쪽; 그러나 이상원은 전태일의 분신자살은 "윤리적으로 정당화되기 어렵다"라고 본다. 이상원, "자살과 교회의 대책", 위의 책, 98쪽.

있었다. 지금까지도 이러한 '자살 이데올로기'는 전염병 바이러스처럼 세력은 약해졌지만 사라지지 않고 있다. 잘못된 성경해석이나, 잘못된 신학이 얼마나 한심하고 위험한 것인가를 보여주는 사례이다.[46)]

7.1. 자살에 대한 관용을 넘어서 순교적 자살을 미화하거나 영웅적 죽음으로 추앙하는 사례는 외경이나 위경에서 찾아볼 수 있다. 특히 외경에서 마카비 항쟁시대(주전 175-134년)의 역사를 다루고 있는 마카비1, 2서에 순교와 순교적 자살 사건이 기록되어 있다(마카비1서 6:42-46; 마카비2서 6:18-31; 7:1-42; 10:9; 14:37-46 등). 그 중에도 마카비2서가 순교 사건을 많이 기록하고 있고, 순교적 자살자를 추앙하고 있는 것은 아마도 이 문서가 기록될 당시인 주후 1세기 전후 그리스-로마의 문화가 자살을 사회적으로 인정하고 영웅적 죽음으로 미화하는 풍조에서 영향을 받지 않았을까 생각한다.[47)] 그중에서도 가장 끔찍한 자살 사건은 당시 예루살렘의 원로로서 "유다인들의 아버지"로 불렸던 라지스의 경우이다. 그는 유다 지방 총독 니카노르가 5백 명이 넘는 군인들을 보내 그의 자택을 포위하여 그를 체포하려고 하자, 라지스는 자기 칼을 뽑아 그 위에 엎어졌다. 그러나 급소에 맞지 않았고, 군인들이 밀려들자 라지스는 군인들을 헤치고 근처 바위 위에 올라가 피를 쏟아내면서 양손으로 자기 창자를 뽑아내어 움켜쥐고 적군을 향해 던지며 죽었다(마카비2서 14:37-46). 이러한 자살은 자신의 신앙이나 명예나 인간으로서 품위를 지키기 위한 최후의 고귀한 선택이었다는 것이다. 앞에서도 일관되게 논한 바이지만, 이러한 외경의 순교적 자살 사례를 살펴보면, 대체로 그리스 점령 세력과의 적대적인 투쟁(전쟁) 상황에서 발생한 비극적인 죽음이었다. 그것은 강요된 죽음이었다. 그러나 순교와 자살은 혼동해서는 안 된다. 본 필자의 견해로는, 위에서 인용한 라지스의 죽음은 어디까지나 순교가 아니라, 문자 그대로 전투 상황에서의 자살이라고 생각한다.

7.2. 유대교 역사가로 알려진 플라비우스 요세푸스(F. Josephus, 주후 37-100년경)가 기록에 남기고 있는, 주후 74년 마사다(Masada) 요새에서 960여명의 유다인들(이들은 대체로 소위 젤롯당, 즉 열심당원들이라고 본다. 요세푸스의 용어로는 "시카리, sicarii", 즉 '칼잡이들'이었다)이 최후에 로마군의 포로가 되기를 거부하고 집단 자살한 사건도 잘 알려져 있다.[48)] 지금도 이스라엘 청년들이 군에 입대할 때는 마사다를 찾

---

46) 비교, 벧후 3:16. 역사적 예수의 십자가 사건은 나와 만민의 죄를 대속하기 위한 일회적이고 영원한 의미를 가진다. 따라서 십자가를 지고 예수를 따른다는 것은 계속되는 어린양들의 자살을 요구하는 말씀이 아니라는 사실이 분명하다. 왜냐하면 예수의 죽음은 사망에 대한 궁극적 승리이이기 때문이다(사 25:8; 53:4-6; 롬 5:8-9; 8:37-39; 고전 15:55-58; 딤후 1:10; 히 9:26; 계 20:14 등 참조).

47) 윤철원은 주후 1세기 그리스-로마 시대를 자살을 긍정하고 칭송하는 "자살 제의"(suicide cult) 사회로 설명한다. 윤철원, "자살에 대한 성찰-성서 시대의 이해", 위의 책, 19쪽.

48) W. Whiston, "The Wars of the Jews", *Josephus*, New Updated Edition, 1991, Hendrickson, 특히 Chapter 9, 768-9쪽.

아와 마사다에서 장렬한 최후를 마친 선열들의 순국 정신을 되새기면서 입대 선서를 한다고 들었다. 마사다 요새를 포위한 로마군이 이제 내일 아침이면 마사다를 점령하게 될 마지막 저녁에, 마사다에서 항전하던 유다 전사들은 지휘관 엘르아자르의 설득에 따라, 먼저 자신들이 사랑하던 아내와 자녀들을 다 칼로 찔러 죽이고, 한자리에 모였다. 그리고 그들은 남아있는 군인들을 찔러 죽일 10명을 제비로 뽑았다. 이제 남은 10명은 다시 1명을 제비 뽑아 9명을 죽이게 하고, 최후에 남은 한 명은 칼로 스스로 목숨을 끊었다는 것이다.

마사다에서 이들의 죽음을 집단자살이라고 하지만, 사실은 잘못된 이해이다. 그것은 자살이 아니었다. 마사다의 형편과 그때 최후의 전쟁 상황을 면밀히 고찰하면, 그곳에 있었던 유다인들은 자살을 한 것이 아니고 비전투원들인 가족들을 먼저 죽이고, 서로 찔러 죽이는 살육방식으로 전사했다고 보아야 한다. 로마에 전쟁포로가 되어 무릎 꿇고 굴종하며 노예로 살기보다는 자유인으로 서서 꿋꿋하게 죽기를 선택한 것이다. 그리고 최후에 남은 한 사람이 자살했다. 이것이 마사다의 비극이다. 요세푸스가 마사다의 비극을 자살로 인정하고 미화한 증거는 찾아볼 수 없다. 오히려 요세푸스는 자살에 대해 "우리 창조자이신 하나님을 거스르는 불경한 행위"라고 함으로써, 당시 일반 유대인들의 자살에 대한 견해를 나타내고 있다.[49] 마사다의 비극은 되풀이되어서는 안 될 집단 참사로 평가되어야 한다.

7.3. 성경에 나타난 이스라엘 역사에서는 이스라엘의 수난 역사가 계속된 것을 알 수 있다. 히브리인들은 일찍이 애굽 제국에서 400년이나 국가 노예들로서 생활했다. 그러나 노예 히브리인 중에 자살했다는 기록은 찾아볼 수 없다. 야훼 하나님은 약속하신 때가 이르러 노예들의 집에서 이스라엘을 구원하셨다(창 15:13-14; 출 20:2). 또 주후 721년 북왕국 이스라엘은 앗수르 제국의 침략을 받고 멸망했다. 남왕국 유다는 주후 586년 신흥 바벨론 제국에게 나라가 망하고 그 백성은 포로가 되어 70년간 바벨론에서 포로생활을 했다. 바벨론에서 귀환하여 페르시아 제국의 속국이 되어서도 어려움은 계속되었다. 그 후 계속하여 그리스 제국과 로마제국의 참담한 지배를 받았다. 그런데, 이러한 미증유의 민족적 고난과 수난의 역사 속에서 정의를 외쳤던 예언자들이나 예수의 제자들은 물론이고, 그 어느 누구도 신앙을 지키고 나라와 민족의 해방과 자유를 위한다는 명분으로 자살했다는 기록은 신구약 성경 어디에서도 찾아볼 수 없다.[50] 자살은 결코 고통과 절망에서 해방과 자유를 위한 탈출구

맛사다 요새 지하 저수 동굴에 숨어있던 두 명의 여인과 다섯 명의 어린이만 살아남았다.

49) "Suicide", *Interpreter's Dictionary of the Bible*, 위의 책, 454쪽에서 재인용(The Wars of the Jews, III, viii, 5).

50) 비교, 바벨론 포로기 당시 예언자 예레미야는 오히려 포로된 자들에게 편지를 보내어 자중자애하면서 하나님이 말씀

가 아니기 때문이다. 자살은 성경이 말하는 문제해결의 방식이 아니라는 것이 분명하다(비교, 히 9:27).

8. 결론적으로 정리해 보면, 성경은 자살에 대해 침묵하거나 애매한 태도를 취하지 않는다. 성경이 계시하는 삼위일체 하나님은 생명의 창조자와 주관자이며 생명을 사랑하고 돌보시는 분이다. 하나님은 비록 죄인이라도 죽는 것을 기뻐하지 않으신다. 시편에서 고난당하는 자들은 언제나 하나님을 향해 생명을 구원해 달라고 간구했고, 죽지 않고 살기를 희망했다(시 118:17-18; 119:116,153 등). "죽고자 하면 살고, 살고자 하면 죽는다"(마 16:24-26)라는 성경의 역설적인 표현도 궁극적으로 생명을 지향하는 교훈이다. 앞에서 논의한 대로 구약에는 4번, 신약에는 1번 모두 5번의 자살 사례가 성경에 나온다. 성경에 나타난 5건의 자살은 모두 부정적이고 비참한 죽음이며, 성경은 그 죽음에 대해 직-간접적으로 하나님께 대한 죄와 악행의 결과라는 신학적인 평가를 하고 있다. 성경은 이들을 실패한 사람들로 본다.[51]

물론 "자살을 금지한다"든지, "자살하면 지옥 간다"라는 말은 없지만, 성경은 분명히 자살을 인정하지 않는다. 성경이 자살을 명시적으로 금지하거나 자살을 정죄하지 않은 이유는 아마도 성경시대에는 하나님의 백성 중에 실제로 자살 사건이 매우 드물었거나, 또는 제6계명이 인간의 생명 존중 신앙을 확실하게 심어 주었기 때문에 굳이 그렇게 할 필요가 없었다고 생각할 수 있다. 자살 문제와 같이, 도박이나 마약이나 탈세나 포르노, 고문, 조직폭력, 흡연, 표절, 게임 중독과 각종 중독 문제에 대해서 성경이 명시적으로 금지하지 않는다고 해서, 오늘 그것들을 옹호하거나 긍정적으로 해석할 수는 없다고 생각한다.

기독교인도 자살하는가? 참으로 답답하고 난감한 질문이다. 자살한 사람은 용서받을 수 없고 지옥 가는가? 함부로 그렇다고 쉽게 대답하기도 어려운 질문이다. 왜냐하면 21세기 오늘 현대인들의 생활은 모든 자살 문제에 쉬운 정답을 내놓기에는 과거와는 달리 너무나 복잡하고 어려운 현실 속에 있기 때문이다. 그럼에도 불구하고, 오늘도 성경적-신학적인 관점에서 볼 때, 생명의 주인은 내가 아니라 삼위일체이신 하나님이시라는 사실과, 따라서 의도적으로 내 생명을 내가 스스로 파괴하는 것은 죄(罪)라는 사실은 분명하다고 생각한다. 그럼에도 자살을 다른 모든 죄보다 더 심각하게 여겨 "용서받지 못할 죄"라고 하거나, "하나님의 구원의 은총에서 배제되

하신 70년의 기간이 끝날 때까지 평안한 생활을 하도록 권고하였다(특히, 렘 29:4-10!). 반면에 거짓 예언자들은 조속한 귀환을 선동하였다(렘 27:15; 28장).

51) "Excursus: suicide", *The New Interpreter's Study Bible*, Abingdon, 437-8쪽.

는 죄"라고 미리 심판하는 것도 성경의 가르침을 넘어서는 것이라고 생각한다.[52] 성경에서 자살을 금지하는 의미를 강하게 담고 있는 구절을 인용하면서, 이 글을 맺으려고 한다. "너희 몸은 너희가 하나님으로부터 받은바 너희 가운데 계신 성령의 전인 줄을 알지 못하느냐. 너희는 너희 자신의 것이 아니라 값으로 산 것이 되었으니 그런즉 너희 몸으로 하나님께 영광을 돌리라"(고전 6:19-20).[53]

---

52) *The New Interpreter's Study Bible*, 위의 책 438쪽. 자살자도 하나님의 구원의 은총에서 배제되는 것은 아니라는 말을 일반 평민들에게 가르쳐서는 안 된다고 마르틴 루터는 말했는데, 그 이유는 사탄이 이것을 이용하여 더 많은 살인을 할 우려가 있기 때문이라고 했다는 것이다. 이상원, "자살과 교회의 대책", 위의 책, 113쪽에서 재인용.

53) 비교, "Suicide", *Interpreter's Dictionary of the Bible*, 위의 책, 454쪽.

67

어떤 인연(因緣), 그리고 본질에 대하여

몇 해 전 〈본질과 현상〉이란 잡지가 출간되고 있다는 짤막한 기사를 보았을 때, 잡지 제목이 관심을 끌었다. 그래서 가끔 서점에 들를 때 생각이 나면 〈본질과 현상〉이라는 잡지가 있느냐고 물었던 기억이 있다. 그런 잡지는 없다는 것이 대답이었고, 꼭 필요하면 알아봐 주겠다는 경우도 있었다. 다음에 필요하면 다시 오겠다고 하고, 지금까지 지냈다. 그동안 장로회신학대학교에서 정년이 가까워 퇴직한 지 만 3년이 지났다. 금년(2013년) 여름 어느 날 후학(後學) 두 사람과 만나서 함께 식사하고 담소하는 시간이 있었다. 이야기 중 한 분이 얼마 전까지 〈본질과 현상〉에 몇 차례 글을 기고했다는 것을 알았고, 내가 관심을 보이자 다른 한 분이 그 잡지의 최근 호 한 권을 집으로 보내주었다. 반가운 마음으로 틈틈이 읽어보았다. 참여자들의 후원으로 '평화의문화연구소'에 의해 발행되는 이 잡지는, "삶의 본질을 환기시키고 현상을 정직하게 인식하여… 미래에 대한 전망을 모색하"며, "평화를 만드는 책"이라고 했다. 이번에 받아본 33호에서는 권두 에세이도 재미있었고, 기획 특집으로 '한국 사회와 기독교'라는 제목의 글도 흥미로웠다. 제주 4·3 사건 진상조사 보고서에 관한 것과 권말에 있는 '언어의 폭력과 민주 사회'라는 편집인의 글을 읽으면서, 특히 오늘 우리 한국 사회의 혼란상과 연관하여, "민주주의를 숭상하고 폭력을 강력하게 거부하는 이들이 오히려 비민주적이고 폭력적인 사고에 갇혀 있다. … 이것은 우리 사회가 추구하는 민주화와 자유가 근본부터 잘못 설정되었기 때문일 것이다"라는 지적에 동감하였다.

정의와 민주, 그리고 인권과 자유는 사실 '본질'과 관련된 근본 개념들이다. 그런데 이러한 '본질' 관련에서부터 잘못이 발견되고 있다면 오늘 우리 사회의 '현상'에서 나타나는 진실의 왜곡은 어쩌면 당연한 것인지도 모른다. 문제는 이러한 '본질'에 대한 착각 내지는 호도와 '현상'의 왜곡이 비단 특정 이해 집단이나 정치권에서만 아니고, 오늘 우리 사회 전반에 만연해 있다는 것이다. 무엇보다 '본질'과 관련된 잘못된 개념 설정을 사전에 예방하고 막고 파수(把守)해야 할 학문과 교육의 현장, 특히 신학(그리고 종교학)과 철학과 문학과 역사학에서조차 그동안 이러한 '본질'의 호도와 '현상'의 왜곡이 심화되어왔다는 데 자성(自省)과 함께 부끄러움을 느낀다. 단시일에 해결되지는 않겠지만, 〈본질과 현상〉이 이러한 우리 사회의 문제 진단과 해결에 의미 있는 일조(一助)를 해줄 것을 기대하면서 격려를 보내고 싶었다.

그런데 지난 9월 어느 날 오후 〈본질과 현상〉 잡지 편집인 부탁이라고, 김도훈 교수로부터 '원고를 청탁하면 수락하겠느냐'는 전화가 왔다. 잠시 망설였으나 어떤 인연에 이끌리듯 그러자고 했다. 그리고 얼마 후 〈본질과 현상〉의 편집인으로부터 권두 에세이 집필 청탁서가 우편으로 도착했다. 지금까지 대체로 그랬던 것처럼, 이번에도 청탁서를 받아놓고는 잠시 '괜히 쓰겠다고 했지'라는 부담스러운 마음이 들었다. 그래서 다시 김 교수에게 전화해서, 권두 에세이 집필 청탁서를 받았는데 무엇을 어떻게 써야 할지 생각이 잘 떠오르지 않는다고 했다. 너무 걱정하지 말고 그냥 생각나는 대로 자유롭게 쓰면 된다는 것이 답이었다. 어쨌든 쓴다고 했으니 써보겠다고 했고, 현길언 편집인께 청탁서 잘 받았고 감사하다는 인사 전해달라고 하고 끊었다.

학교에서 퇴직한 후로는 학교에 자주 가지 않았다. 그러나 일이 있어서 갈 때에는 도서관에 들렀다 오는 것이 버릇처럼 되었다. 도서관에 가면 주로 정간물과 잡지가 있는 곳에 가서 눈에 띄는 신간 잡지를 대여섯 권쯤 집어 들고 열람 책상에 가서 마음 가는 대로 읽고 메모도 하다가 시간이 되면 귀가한다. 며칠 전에 다시 학교에 가게 되어, 도서관에 들러 〈본질과 현상〉 잡지를 찾았다. 잡지 서가에는 2005년 가을 창간호부터 〈본질과 현상〉 잡지가 최근호까지 수집·보관되어 있었다. 정말 반가웠다! 왜 그동안 보이지 않았는지. 먼저 창간호를 펼쳐 들었다. '신의 존재성'을 특집으로 기획하고 있다는 점에 감응되었다. "신의 문제는 본질의 핵심에 틀림없다. … 그런데도 이에 대한 관심은 점점 퇴화하고 있다"라는 편집인의 지적에 전적으로 동의하면서. 또한 이름이 낯익은 필자들의 글이 실려 있는 것이 반가웠고, 그동안 전공 독서에 편중되어 마음은 있으나 자주 눈길을 주지 못했던 다른 전문 분야의 글들과 함께 시와 소설 등의 문학 작품들을 함께 읽을 수 있어서 좋았다. 그날 저녁 창간호와 함께 묶여 있는 후속 호 몇 권의 목차와 내용을 훑어보고 도서관 문 닫을 시간 조금 전에 나왔다.

나는 시골 교회의 목회자 가정에서 4남 1녀 자녀의 장남으로 자랐다. 초등학교 때는 〈새벗〉 잡지를 보는 것이 재미였고, 중학교 때는 〈학원〉 잡지를 사보는 것이 취미였다. 고등학교는 서울에서 다녔는데, 방학 때 귀향하면 아버지 서재에 들어가 〈기독교사상〉 잡지도 들쳐 보았지만, 〈사상계〉 잡지를 뒤져보는 것이 마음이 설레고 좋았다. 아버지는 〈사상계〉를 창간호부터 모아서 서재 한쪽에 보관하고 있었다. 고 등학생이 당시 〈사상계〉의 내용을 제대로 이해한 것은 아니라도, 무엇인가 미지의 세계, 새로운 세상을 구경하는 느낌이었다. 나는 대학교 64학번인데, 어느 날 오후 과 연구실에 있을 때 친구들이 들어오더니, 김지하의 "오적(五賊)" 시가 〈사상계〉에 실렸는데, 검열에 걸려서 〈사상계〉 잡지가 당국에 압수되었다는 소식을 전했다. 그 후 언제부터인가 〈사상계〉 잡지가 폐간된 것이 아쉽고 허전한 마음이 들었으며, 〈사 상계〉가 복간된다는 소문도 들었으나 아직까지 소식이 없다. 이번에 〈본질과 현상〉 잡지를 만나면서, 앞으로 〈본질과 현상〉이 과거에 〈사상계〉가 했던 것같이 우리 사 회에 소중한 소통의 장의 역할을 담당할 수 있으면 좋겠다는 생각을 했다.

불화와 갈등은 불통(不通)에서 만들어지고, 평화(平和)는 어디까지나 제대로 된 소통의 장을 기반으로 한다. 물론 단순히 우리끼리 그저 소통만 잘한다고 평화가 이 루어지는 것은 아닐 것이다. 성경 복음서에 보면, 나사렛 예수가 공생애 마지막에 예 루살렘에 가까이 와서 그 도성을 바라보고 울면서 이렇게 말씀하신 내용이 기록되어 있다. "네가 오늘이라도 평화에 이르는 길을 알았더라면 좋았을 터인데! 그러나 지 금 그 길이 네 눈에 가리워 있구나"(눅 19:42, 『새번역』). 평화를 만드는 것은 그러므로 '평화에 이르는 길'을 알고, 우리 모두 함께 가는 것이라고 생각한다. 일찍이 주전 7 세기 후반과 6세기 전반에 활약한 이스라엘의 예언자 예레미야는 사람들이 "평화, 평화 하지만 평화가 없다"라고 외쳤다(렘 8:11). 이것을 히브리어로 말하면, 사람들이 '샬롬'(평화)이라고 하지만 '엔 샬롬'(평화 부재)이라는 것이다! 예레미야 예언자에 의하 면, '엔 샬롬'의 이유는 복잡하지 않고 의외로 간단하다. "작은 자로부터 큰 자까지 (심지어 예언자나 제사장까지!)" 욕심내며 거짓을 행하고, 모든 사람이 하나님을 떠나 물러갔기 때문이라고 한다(렘 8:4-5,10). 그래서 사람이 넘어지면 일어나고, 길을 떠 났으면 다시 돌아오는 것 같이, 하나님께로 돌아와야 평화가 있다고 했다. 이것은 비 단 예레미야 한 사람만의 지적이 아니라 평화의 '본질'에 대한 성경의 모든 참 예언자 들의 일관된 메시지라는 점에서 우리는 주목할 필요가 있다.

오늘 여당과 야당이 서로 주도권을 잡기 위해 정치 공세를 하고 막말을 하고 싸 움박질을 하기 때문에 평화가 없는 것이 아니다. 대통령이 공약을 지키지 않으며 불 통하고, 공무원들이 부정부패하고, 대기업 재벌들이 경제민주화를 하지 않아서 평화 가 없는 것도 아니다. 러시아나 중국이나 북한이 핵무기나 생화학 무기 같은 가공할 대량 살상무기를 만들어 미국과 일본과 남한 사회를 위협하기 때문에 평화가 없는 것이 아니다. 진보 세력과 보수 세력이 끊임없이 갈등하고 반목하기 때문에 평화가 없는 것도 아니다. 본질적으로는 하나님 하느님에 대한 의식과 개념이 없기 때문에 평화가 없다고 생각한다. 진보와 보수를 흔히 좌와 우 혹은 좌익과 우익으로 지칭하는데, 사실 우익과 좌익은 각각 그 자체만으로는 결코 비상(飛翔)할 수 없으며, 양자 모두 비로소 '몸통'(머리에서 꼬리까지)에 제대로 붙어 있을 때만 그 존재 의미가 있고 그 기능을 발휘할 수 있다. 성경에는 "좌로나 우로 치우치지 말라"는 말씀이 여러 번 나온다(신 5:32; 17:20; 28:14; 수 1:7; 23:6; 왕하 22:2; 잠 4:27; 대하 34:2 등). 이 말씀은 중립을 지키라는 의미가 아니고, 바른 길을 택하라는 뜻이다.

그렇게 보면 좌파와 우파 또는 진보와 보수의 대립 개념 자체가 잘못 설정된 것이고 모순이다. 이러한 점을 우리가 몰라서 하는 말이 아니다. 좌우 날개는 몸통을 위해 존재하고 몸통과 함께 존재한다. 문제는 우리가 평소 몸통에 해당하는 '본질'에 대한 진지한 관심과 열정과 내공이 부족한 것이다. 여기서 '본질'은 궁극적으로는 신(神)의 실재와 연관된다고 나는 생각한다. 우리는 가슴에 손을 얹고 애국가를 부르며 "하느님(하나님)이 보우하사 우리나라 만세"라고 한다. 오늘 대한민국의 기적적인 발전은 산업화와 민주화만 가지고는 충분한 설명이 불가능하고, 건국 초기부터 이를 뒷받침한 기독교의 역할이 매우 중요했다. 개신교 기독교는 "이 땅의 역사에 심원한 변화를 불러일으킨 변동의 동력이자 변화의 실체였다"라는 사회학자 박영신 교수의 지적은 결코 빈말이 아니다.[1] 그런데 과연 21세기 오늘 우리 모두에게 '하느님 하나님'은 정말 실재하는 존재인가, 아니면 허구로서 상징적 존재이거나 뇌의 물리—화학 작용이 빚어낸 상상의 산물인가?

잘 알려진 대로 지난 18세기부터 서구 계몽주의 사상의 발현 이후 지금까지 인류의 세계관과 세계상은 대체로 자연주의 사상에 좌우되어 왔다. 성경이 말하는 초월적 존재인 하나님에 대한 믿음의 시대는 지나가고, 모든 것을 인간 이성의 판단에 의존하는 합리주의의 시대가 도래한 것이다. 이제 우주와 생명의 기원에 대한 문제를 포함하여 모든 자연과 인간의 본질과 현상은 물질과 화학적·생물학적 법칙과 우연의 조합에 기초하여 과학적으로 설명할 수 있다는 것이다. 우리의 지구를 포함한 태양계와 우주는 어디까지나 자연적인 물질적 인과관계로 움직이는 '닫힌 시스템'이라고 설명하는 과학적 자연주의 신앙이 초월주의 신앙을 대체하고 있는 중이다. 19세기에 찰스 다윈(Charles Darwin, 1809–1882)의 생물학적 진화론은 한 걸음 더 나아가 인간의 정신과 종교적 진화론에 대입되었다. 기독교 신앙도 타 종교들과 마찬가

---

1) 박영신, "한국사회와 기독교를 시작하면서", 〈본질과 현상〉, 33호, 2013년 가을, 35쪽.

지로 자연의 세력에 대한 공포심에서 출발하였으며, 저급한 정령 숭배나 조상신 숭배에서 진화하여 귀신론과 다신교의 단계를 거치고, 배일신교(拜一神敎) 사상을 넘은 다음에야 고도로 진화된 윤리적 유일신(唯一神) 신앙이 출현하게 되었다고 설명하는 소위 종교사학파(宗敎史學派)로 알려진 서구의 자유주의 사상이 대다수 대학교의 강단을 지배하게 되었다. 이와 더불어 20세기 전반에 득세하기 시작한 공산주의는 유물론에 기초하여 모든 자본과 재산을 공동으로 소유하고 필요에 따라 분배하기 위해, 노동자들에게 사회주의 국가 이념을 내세우며 계급투쟁을 통해 공산당이 이를 관리하고 통제하는 공산주의 지상 낙원 유토피아를 건설하겠다는 거짓 약속을 하였다. 오늘 구 소련 연방의 해체와 대다수 동구 공산주의 국가들의 몰락이 이를 역사적으로 증언하고 있다.

다른 한편에서는 프로이트(S. Freud, 1856-1939)의 정신 분석학이 대두되어 인간을 모든 종교적인 억압에서 해방할 수 있다는 주장을 하면서, 구체적으로 '성(性)의 해방'이라는 슬로건을 내걸었다. "종교란 논리적으로 증명할 수 없는 망상이다. … 종교가 강조하는 내용 역시 심리학적 관점에서 볼 때 정신착란에서 비롯된 생각과 크게 다르지 않다"라는 것이 프로이트의 주장이다.[2] 전통적으로 유대교와 기독교가 성(性, sex)에 대한 담론을 금기시하고 성을 억압하고 엄격한 성도덕을 강요함으로써 죄의식을 불어넣었고, 인간에게 여러 정신 이상의 원인을 제공했다는 것이다. 18세기 서구 계몽주의에서 본격적으로 발원한 자연주의적 인본주의 철학사상을 기초로 정치·경제적 유물론인 공산주의와 정신문화적 유물론인 정신분석학과 과학적 유물론의 대표인 진화론, 주로 이 세 가지 이념의 거대 담론들이 혼합되어 20세기 현대 사상의 근간(根幹)을 이루어왔다고 여겨진다. 비유하건대, 오늘날 이러한 현대 사상의 탁류에 오염된 거친 바다 위에서 현대인은 마치 방향 감각을 잃고 표류하고 있는 한 조각배같이 위태롭고 애처로운 모습이다.

그런데 지난 세기에 양차 세계대전을 경험하면서 인간의 선한 본성에 대한 회의와 함께 유토피아를 지향하는 이성의 한계를 절감하면서, 다시 '어떻게 살아야 하나?'라고 하는 절박한 물음에 대한 대답으로 실존주의 사상이 대두하였다. 실존주의는 다른 무엇이 아니라, 인간이 자기 삶의 주인이며 자신이 원하는 대로 선택하며 인생을 사는 것이 최선이라는 사상이다. 그러나 무신론적(無神論的) 실존주의는 결국 염세 사상과 허무주의에 경도되어 탈출구를 찾기가 어려웠으며, 유신론적 실존주의(신학적으로는 신정통주의)는 다시 한번 '초월'의 차원을 강조함으로써 내재와 초월을

---

2) 미셸 옹프레, 『우상의 추락 - 프로이트, 비판적 평전』, 전혜영 옮김, 글항아리, 2013, 686쪽.

아우르는 새로운 희망을 제시하는 것같이 보였으나, 얼마 지나지 못해 역사적 사실 규명에 대한 불가지론(不可知論)으로 무장한 신자유주의 (또는 탈자유주의, 후기 자유주의)의 강력한 물결에 휩싸이고 말았다. 고전적 구 자유주의가 이신론(理神論)에서 무신론까지 포괄하는 데 반해, 신자유주의(新自由主義)는 유신론과 이신론과 무신론의 논증이 모두 불가능할 뿐 아니라 설득력이 없다는 것을 간파하고, 보다 편리한 주도 개념으로 '불가지론'을 선택했다. 현대의 불가지론은 인간의 '언어'만이 비교적 가장 확실한 사실 인식의 표준이자 수단이며, 학문의 확실한 방법론적 도구라고 본다. 신의 존재나 인간의 존재도 수사적인 언어현상을 통해서만 감지할 수 있고 소통될 수 있다고 주장한다. 모든 것이 언어 속에 존재한다고 본다. 언어가 존재의 집이라는 것이다. 한 가지 예를 들자면, 현대 미국 개신교 구약학자인 월터 브루그만(W. Brueggemann)에 의하면, 구약(히브리 성경)의 야훼(야웨, 여호와) 하나님도 본문 밖이나 역사 속에 존재하는 것이 아니고 고전 히브리어에 담겨진 이스라엘의 신앙 언어를 전승하고 있는 '본문 안에서만' 발견된다고 주장한다.[3] 그러나 하이데거(M. Heidegger, 1889-1976)의 언어철학을 기반한 언어의 신격화 역시 그 한계를 넘어서지 못한다. 언어를 존재의 집이라고 한 것은 인식론적 착각이다. 언어는 존재에 대한 의사소통의 도구이지 존재의 집이 아니기 때문이다. 언어는 현상이며 본질은 아니다.

이러한 상황에서 서양의 정치·경제·문화적 현대 자본주의와 민주주의는 전통적인 기독교적 울타리를 벗어나 점차 신자유주의의 이념을 받아들이는 방향으로 나아가고 있다. 신자유주의는 단순히 경제·정치·문화적 개념이 아니라 앞서 언급한 대로 역사 불가지론에 근거하여 언어적 수사를 중요시하며, 무한 경쟁 사회에서 상대를 제압하기 위해 '자연선택에 의한 최적자 생존의 진화론'과 함께 자기방어 수단으로 다원주의(多元主義)를 지향하는 이데올로기(이념)이다. 신자유주의는 이제 한 편에는 국가 이기주의, 다른 한 편에는 개인주의와 손잡고 무신론과 유신론과 반신론까지 포용하는 불가지론과 함께 다원주의적 관용의 태도로 부지불식간에 전 세계의 지식층과 일반 대중에게 다가갔다.

다른 한편 이러한 거대하고 강력한 신자유주의의 이념적 도전과 현대 과학주의 사상에 맞서는 기존의 이신론과 유신론은 우주와 생명의 기원에 대한 지적 설계론과 유신론적 진화론을 내세우지만 논쟁에서 대체로 수세에 몰리고 있으며, 근본주의 입

---

3) Walter Brueggemann, *Theology of the Old Testament: testimony, dispute, advocacy*, Fortress Press, 1997, 66쪽. 물론 전통적인 복음주의 입장에서는 이러한 브루그만의 주장을 이단시하고 있다. Bruce K. Waltke, *An Old Testament Theology*, Zondervan, 2007, 70-72쪽.

장에서 '창조 과학'을 주장하는 일부 지식인들은 일종의 괴짜로 도외시되고 있다. 이 제 우리는 우주가 약 137 억 년 전 '무(無)와 같은 상태'에서 우연히 '빅뱅'(Big Bang, 대폭발)으로 시작된 후 어디까지나 물질 자체의 원리와 운동법칙에 의해 존재하는 것 으로 보아야 한다고 세뇌당하고 있다. 이 우주는 팽창을 계속하다가 '대파열'(Big Rip)의 종말을 맞이하여 차가운 암흑세계가 되거나, 어느 지점에서 팽창 속도가 감 속되며 역방향으로 중력이 집중되는 날 아마도 수 천억 개 이상의 은하들이 엉겨 붙 는 '대압착'(Big Crunch)으로 끝날 것으로 예상한다. 약 45억 년 전에 형성된 지구와 4백만 년 전 아프리카 초원에 처음 출현한 인류의 조상은 진화를 거듭하여, 약 7만 년 전에 '호모 사피엔스'로 진화하여 전세계로 퍼져 나갔고, 이제는 '호모 사피엔스 사피엔스'라는 단일종으로 진화하여 세상의 주인 노릇을 하고 있다. 그러나 앞으로 다시 장구한 세월이 흐른 후 지구와 태양계와 우리 은하계도 함께 종말에 도달한다 는 것이다. 최첨단 과학의 이름으로 포장된 이러한 이론들을 자세히 들여다보면 사 실 여러 가지 해결되지 않은 문제점과 불명료한 점들이 너무나 많음에도 불구하고, 현대인들은 너그럽게 받아들이며 세뇌당하고 있다.

어쨌든 이러한 우연에서 출발한 세계관과 비극적 종말론의 세계상을 가지고 현 대인은 자신과 세계를 의미 있고 아름답게 변화시킬 수 있다는 궁극적 목표와 꿈과 열정을 점차 상실하게 되었다. 진선미(眞善美)에 대한 갈망과 권력, 돈, 성적 욕망 사 이에서 선택해야 하는 가치관도 사소하고 무의미한 차이로 보일 뿐이다. 인생은 허 망하게 느껴지고, '인간은 서로에게 소중한 존재'라고 말하지만 공허한 소리로 들린 다. 그럼에도 종교적 신앙은 '지적으로 파산한 신념'이며 '자연과학적 지식'으로 대체 되어야 하고, 초월적 기적은 결코 일어나지 않는다는 것이다. 인생을 즐기고 고통은 최소화하는 것 이상 바랄 것이 없다고 한다. 이러한 자연주의-과학주의적 현대 사 상의 흐름을 따라 21세기에 '무신예찬'(無神禮讚)은 현대 지성의 유행가처럼 되었 다.[4] 오늘 미국의 대표적 명문 대학교의 하나인 하버드대학교는 1636년 청교도 목 사 존 하버드(John Harvard, 1607-1638)의 이름을 따라 세워진 미국 최초의 대학교 인데, 그 첫 교육 목표는 사람들의 영적(靈的) 요구에 봉사하기 위해 목회자와 선교 사를 양성하는 것이었다. 그런데 지금 하버드대학교 신학대학원은 아마도 미국에서 하나님을 발견하기가 가장 어려운 장소일 것이라는 지적이 있을 정도로 변모하였 다.[5] 지금 이러한 막강한 '세속화 물결'은 마치 엄청난 해일같이 지구촌 구석구석을

---

4) 피터 싱어 외, *50 Voices of Disbelief: Why We Are Atheists*, 『무신예찬』, 김병화 옮김, 현암사, 2012.
5) 필립 존슨, 존 마크 레이놀즈 지음, 『유신론과 무신론이 만나다』, 홍병룡 옮김, 복있는사람, 2011, 43쪽.

강타하고 있다. 서양의 대학교 강단을 점령한 자유주의 신학자들은 제도화된 교회가 없는 사회, 성경 없는 도덕, 하나님 없는 인간의 독립을 프로젝트로 추진하고 있다. 우리나라의 기독교 대학교들도 정도의 차이는 있으나 이러한 추세에서 예외가 아니며, 전반적으로 학문과 교육과 문화 현장도 이러한 영향권에서 벗어나지 못하고 있다. 지금 서양의 신학교들과 교회들은 거의 회복 불가능해 보이는 타격을 입었고, 한국교회와 신학의 현장도 심각할 정도로 그 피해를 이미 절감하고 있다. 그러면 어떻게 해야 하는가? 가만히 있으면 저절로 어떤 해결책이 나올 것인가? 해결책이 나오려면 무엇보다 이러한 '현상'의 원인, 즉 문제의 본질에 대한 철저하고 정확한 진단과 인식의 공감대가 필요하다.

현대 지성의 대표적 인물로 공인되는 천재 물리학자 아인슈타인(Albert Einstein, 1879–1955)은 일찍이 미국 프린스턴 신학대학원에서 행한 '과학과 종교'라는 제하의 강연에서 매우 중요한 점을 환기시켰다. 우리 인간의 도덕적 행동과 가치판단에 결정적으로 필요한 그러한 '확신'이 과학의 길을 통해서는 발견되지 않는다는 것이다. 그 이유는 밝혀진 과학적 지식으로는 "사실들이 어떤 식으로 서로 연결되어 있으며 또 어떤 식으로 서로 조건 지어져 있는지에 관한 지식 그 이상의 것은 아무것도 가르쳐주지 않기 때문"이라고 했다.[6] 이를테면 과학적 방법과 지식이 인생의 의미와 윤리적 판단력 형성에 아무 역할을 하지 못한다고 단정해서는 안 되지만, 아인슈타인은 인생의 목적과 의미와 가치를 밝히고 그것을 사회생활에서 "개인의 삶에 녹여내는 것"이 종교의 가장 중요한 기능이라고 했다. 더욱 주목되는 대목은, "인간의 소망과 판단에 관한 최고의 원칙들은 유대·기독교의 종교적 전통에 잘 제시되고 있다"라고 한 것이다.[7] 아인슈타인은 종교인도 아니고 기독교인도 아니지만 종교를 비웃거나 적대시하지 않았고, 미래의 과학과 종교의 관계를 결코 부정적으로 보지 않았다. 최근 예일대학교 출판부에서 나온 『신앙과 과학에 대하여』라는 제목의 주목할 만한 책에서는 21세기 미래에 종교와 과학의 관계는 기존의 '충돌 모델'이나 '협력(또는 상호보완) 모델'을 넘어서서 양자(兩者)의 고유영역을 인정하면서도 새로운 '복잡성 이론'으로 토론할 것을 제안하고 있다.[8]

그럼에도 21세기 오늘 기독교(또는 종교)와 과학의 관계는 매우 불행한 상황에 직면하고 있다. 그것은 리처드 도킨스(R. Dawkins)나 대니얼 데닛(D. Dennett)이나 샘 해리스(S. Harris)와 같은 과학적(?) 반신론자(反神論者)들의 출현 때문이다. 이들 반

---

6) 알베르트 아인슈타인, 『아인슈타인의 생각』, 김세영, 정명진 옮김, 부글북스, 2013, 88쪽.

7) 위의 책, 90쪽.

8) E. J. Larson and M. Ruse, *On Faith and Science*, Yale University Press, 2017.

신론자들은 '유전자 중심의 진화론적 유물론'을 신봉하며, 인간과 세계가 어떻게 존재하게 되었는가에 대한 '진정한 이야기'를 자신들은 알고 있다고 주장한다. 따라서 인간이 어디서 와서 어디로 가고 있는지, 그리고 어떻게 행동해야 하는지, 인생의 의미와 가치를 가르쳐줄 수 있는 권위를 자신들이 가지고 있다고 믿고 있다.[9] 여기서 더 나아가 이들의 새로운 강조점은 기독교를 포함한 모든 종교가 잘못일 뿐 아니라 사악한 것이라고 주장한다. 도킨스는 종교가 '정신 바이러스'라고 한다. 심지어 종교는 모든 악의 뿌리라고 한다. 그들은 전쟁과 모든 사회적 갈등의 근저에 종교적 원인이 있다고 단정한다. 따라서 모든 종교인을 무신론으로 회심시키는 것을 인류를 위한 그들의 자랑스러운 사명으로 자임한다. 옥스퍼드대학교 동물행동학 학자인 도킨스 교수는 모든 종교의 신(들)은 인간의 '망상'에 의해 만들어진 것이라고 한다. 성경의 메시지는 괴물과 같고, 특히 구약의 하나님은 악한이요 살인자라고 비난한다. 성경에서 더 이상 기대할 것이 없다는 것이다. 아마도 신은 없으니 그저 인생을 즐기라고 한다.

　그러나 이러한 도킨스적인 근본주의적 반신론의 주장은 대다수 첨단 과학자들이 동의하는 생각은 아니며, 분명히 성급하고 일방적인 과학적(?) '확신'(확증편향)에 기인하고 있다.[10] 지금 현대 자연주의-과학주의 사상의 새로운 변종으로 볼 수 있는 이러한 '반신론 바이러스'가 우리나라에도 부지불식간 각계각층에 여과 없이 유입되고 있다는데 경각심을 일깨울 필요가 있다. 여기에 더하여 이제 21세기에 인류는 깜짝 놀랄만한 첨단과학(양자역학)의 기술과 인공지능의 개발을 통해 제4차 산업혁명의 기치를 내세우고 '호모 사피엔스 사피엔스'에서 한 걸음 더 나아가 '호모 데우스'(Homo Deus, 人神)로 진화하여 스스로 불멸의 '신(들)'이 되는 꿈을 꾸고 있다.[11] 이러한 미증유의 세속주의 시대에 살면서, 오늘 우리의 모습과 나 자신을 다시 유심히 돌아보게 된다. 과연 종교가 사라진 세상에서 하나님 하느님이 없는 인간, 성경 없는 도덕, 교회 없는 사회가 생명에 대한 존중과 함께 사랑과 공의와 정의와 인권과 평화와 감사와 기쁨과 희망을, 그리고 정직과 겸손과 절제와 친절과 선행과 나눔과 섬김과 상호 신뢰의 미덕을 담보할 수 있을 것인가?

---

9) 현대 무신론적 진화론에서 '종교와 진화'의 문제에 대한 토론은 다음을 참고할 수 있다. 장대익, 『다윈의 식탁』, 바다출판사, 2014, 특히 236-273쪽.

10) 도킨스에 대한 반론은 같은 옥스퍼드대학교의 역사신학 교수가 쓴 다음의 책을 참고할 수 있다. Alister McGrath, *The Dawkins Delusion?*, SPCK, 2007. 비교, Alvin Plantinga, *Knowledge and Christian Belief*, Eerdmans, 2015 등.

11) Yuval N. Harari, *Sapiens: A Brief History of Humankind*, Vintage, 2011. 동일저자, *Homo Deus: A Brief History of Tomorrow*, Vintage, 2017. 저자인 유발 노아 하라리는 현재 이스라엘의 예루살렘 히브리대학교에서 세계사를 강의하는 유대인 교수이다.

68

불법을 행하는 자들,
기독교와 지도자의 본질을 생각하며

'불법을 행하는 자들'(그리스어 원문, '호이 에르가조메노이 텐 아노미안')이란 제목은 신약성경 마태복음 7장 23절에 나오는 예수님의 말씀에서 따온 것입니다. 여기서 그 문맥을 잠시 살펴보면, 저 유명한 '산상설교' 중에 하신 말씀입니다. "나더러 '주여, 주여' 하는 자마다 하늘나라에 들어가는 것이 아니라 하늘에 계신 내 아버지의 뜻을 행하는 자라야 들어갈 것이다. 그날에 많은 사람이 나를 향하여 '주여, 주여 우리가 주의 이름으로 예언을 하고 주의 이름으로 귀신을 쫓아내고 또 주의 이름으로 많은 기적을 행하지 않았습니까'라고 말할 것이다. 그러면 나는 그들에게 분명히 이렇게 말할 것이다. '나는 너희를 전혀 모른다. 불법을 행하는 자들아, 내게서 물러가라.'"(마 7:21-23). 여기서 '불법'(不法)이라고 번역한 단어가 그리스어 원문에서는 '아노미아'인데, 문자 그대로 '무법'(無法, lawlessness)을 의미합니다. 불법을 행하는 자들은 한마디로 무법자들입니다. 법이 없고 법에 어긋난다니 무슨 법입니까? 물론 사회의 관습법이나 도덕법도 있고 나라의 실정법도 있지만, 여기 성경 본문에서 '불법을 행하는 자들'이란 '하나님의 법'(예컨대, 십계명)을 무시하고, '양심'(良心)의 법을 어기는 자들입니다. 이들은 언필칭 하나님의 일을 한다고 하지만 사실은 자기 욕심과 욕망에 따라 말하고 행동하는 '무법자들'입니다. 일반적으로 도덕적 기준과 올바른 가치관이 상실된 혼란한 사회현상을 일컫는 소위 '아노미 현상'이란 용어도 이러한 의미와 연관이 있습니다.

저는 이 말씀을 읽을 때마다 나와 상관없는 다른 사람들의 이야기로만 들리지 않습니다. 여기서 '그날에'라고 한 것은 하나님의 '최후 심판의 날'을 말씀한 것인데, 바로 그 마지막 심판의 자리에서(!) 주의 이름으로 일했던 '많은 사람들'이 자신들도 모르는 사이에(?) '불법을 행하는 자들'로 드러나고 있으며, 주님으로부터 '나는 너희를 전혀 모른다. 불법을 행하는 자들아, 내게서 썩 물러가라'는 엄중한 책망을 받고 있는 장면을 상상하면 정말 충격적입니다. 오늘도 많은 기독인 지도자들이 하나님 하느님의 일을 한다고 나서고 있습니다. 그런데 그들이 하는 일들이 정말 하나님의 뜻에 따라 하나님의 일을 하는 것인지 의심스러운 경우가 적지 않게 있다는 것입니다 (비교, 요 16:2).

역사학자 이인호 교수는 오늘 우리 주위에, "진짜처럼 보이지만 가짜인 게 수두룩하다"라고 했습니다. 부끄럽지만 저를 포함해서 오늘 우리 기독교계와 지도자들에게도 적용되는 지적이라고 생각합니다. 신학자 이승구 교수는 현재 한국 "교회는 정체성을 잃었고 사회에서 영향력을 잃고 있으며, 그럴수록 세나 몸집으로 과시하려는 세속화가 가속되고 있다"고 했는데, 그렇지 않다고 할 수 없는 현실입니다.[1] 작년 2016년 말 새문안교회 담임목사직에서 정년퇴임한 이수영 목사는 현재 한국교회를 향하여 "하나님의 교회인가, 인간의 교회인가?"를 묻고 있습니다. 다수의 한국 개신교는 지금 '사람들의 교회 수준' 이하로 타락했다고 보기 때문입니다.[2] 이렇게 된 데에는 무엇보다 기독교 지도자들의 책임이 큽니다. 성경에도 적지 않은 본문들에서 지도자들의 책임을 묻고 있는데, 타락한 제사장, 거짓 예언자, 삯꾼 목자, 악한 왕, 잘못된 지도자, 거짓 메시아, 거짓 사도, 거짓 선생, 거짓 형제들에 대해 주의하는 말씀을 볼 수 있습니다. 물론 성경은 지도층에 있는 사람들만 부패했다고 하는 것은 아닙니다. 대표적으로 이사야 예언자는, "너희 소돔의 관원들아… 너희 고모라의 백성들아 우리 하나님의 법에 귀를 기울일지어다"(사 1:10)라고 불법을 행하는 소돔의 지도자들과 함께 불법을 행하는 고모라의 백성도 경책했습니다. '국민은 언제나 다 옳다'라고 말하는 정치인들이 있는데, 국민에게 아첨하는 말이고 잘못된 말입니다. 이 글에서는 성경에 나타나 있는 이러한 '불법을 행하는 자들'의 사례를 다 살펴볼 수는 없고, 몇 가지 경우를 들어서 오늘 우리 자신에 비추어 잘못을 반성하고, 잘못을 고치는 계기가 될 수 있으면 좋겠습니다.

구약성경에서 보면, 일찍이 옛 이스라엘의 초대 대제사장인 아론의 네 아들들도 제사장이 되었는데, 그중에 나답과 아비후는 야훼(여호와) 하나님이 명하지 아니한 '다른 불'을 향로에 담아 야훼 앞에 분향하다가 불에 타 죽은 사건이 나옵니다(레 10:1-2). 아무리 제사장이라도 하나님이 정하신 법대로 해야지 자기 마음대로 제사

---

1) 이승구, 『거짓과 분별』, 예책, 2014, 16쪽.
2) 이수영, "하나님의 교회와 인간의 교회", 『본질과 현상』, 2017. 가을, 제49호, 34-41쪽.

하고 분향하면 안 된다는 교훈이 분명합니다. 오늘의 기독교 지도자와 목회자들도 이 점에 유의해야 합니다. 자기 마음대로 제멋대로 하면 안 되는 것입니다. 사실 오늘 교회의 예배 현장이 그 어느 때보다 매우 무질서하고 혼란스럽습니다. 무엇보다 예배의 회복이 필요합니다. 어느 유명한 교회당, 어느 말 잘하는 목사의 설교가 중요한 것이 아니라, 예수님은 '영(靈)과 진리(眞理) 안에서' 예배하는 자를 하나님이 찾으신다고 했습니다(요 4:24). 이 말씀은 신앙과 생활이 일치하는 예배를 하나님이 기뻐하신다는 의미입니다. 예배를 통하여 하나님을 만날 수 있어야 합니다. 오늘 한국교회의 예배 현장은 하나님과의 만남이 우선이 아니라 사람들과의 만남이 두드러지고 있지 않은지 생각해 보게 됩니다.

주전 11세기 이스라엘의 사사시대(士師時代) 말에 실로(Shiloh) 성소의 대제사장 엘리 가문의 신앙적 타락과 도덕적 부패는 비참한 몰락을 자초했고, 이것은 오늘도 우리에게 경종을 울리는 역사적 교훈입니다. 엘리의 두 아들 홉니와 비느하스는 차라리 제사장이 되지 말아야 할 사람들인데, 제사장이 되어서 문제를 일으킨 것입니다(삼상 2:22-25; 3:13-14). 이후에도 분열왕국 시대 이스라엘과 유다의 역사를 통하여 제사장들과 왕들과 지도층의 타락은 계속되었습니다. 특히 주전 8세기 전반 이스라엘의 경제적 형편이 좋아지고 외세 (주로 앗시리아 제국)의 압력이 잠시 주춤했던 시기에, 이스라엘의 교만과 사회적 부정부패와 신앙적 타락은 더욱 심각해졌습니다. 당시 아모스 예언자는 사회정의를 강조했고(암 5:24), 예언자 호세아는 바른 신앙생활을 위해 예언했으나(호 6:6) 소용이 없었습니다. 역시 주전 8세기 유다의 예언자 미가도 예루살렘의 지도자들을 향해 "그들의 우두머리들은 뇌물을 위하여 재판하며 그들의 제사장은 삯을 위하여 교훈하며 그들의 예언자는 돈을 위하여 점을 치면서… 이르기를 야훼께서 우리 중에 계시지 아니하냐, 재앙이 우리에게 임하지 아니하리라"고 하는 거짓말을 일삼고 있다고 쓴소리를 했습니다(미 3:11). 미가 예언자의 메시지는 명확하고 단호했습니다. 하나님은 거창하고 화려한 제사(예배)나 다른 무엇보다 '정의와 인애와 겸손'을 요구하신다는 것입니다(미 6:8)! 이와 비교해 볼 때, 오늘 한국교회에서 설교의 메시지는 무엇을 요구하고 있습니까? 예언자들의 거듭되는 경고의 말씀을 듣지 않았고, 결국 주전 722년 북왕국 이스라엘이 먼저 앗시리아 제국에 의해 멸망당한 후에도 남왕국 유다는 여전히 정신을 차리지 못하고 있었습니다. 주전 7세기 말 유다의 예레미야 예언자는 또다시 경고의 예언을 합니다. "이 땅에 무섭고 놀라운 일이 있도다. 예언자들은 거짓을 예언하며 제사장들은 자기 권력으로 다스리며 내 백성은 그것을 좋게 여기니 마지막에는 너희가 어찌하려느냐"(렘 5:30-31). 마침내 유다도 주전 586년 신흥 바벨론제국에 의해 멸망당하고 예루살렘 성전은 약탈당하고 불탔으며, 백성은 포로로 잡혀갔습니다. 설마, 설마 하다가 설마가 사람 잡는 꼴이 된 것입니다!

주전 6세기 바벨론 포로시대에도 이러한 형편은 전혀 나아지지 않았습니다. 에스겔 예언자가 전한 말씀입니다. "자기만 먹는 이스라엘 목자들은 화 있을진저… 너희가 살진 양을 잡아 그 기름을 먹으며 그 털을 입되 양 떼는 먹이지 아니 하는도다. 그러므로 너희 목자들아 야훼의 말씀을 들을지어다. 내 양 떼가 노략거리가 되고 모든 들짐승의 밥이 된 것은 목자가 없기 때문이라. 그러므로 내가 목자들을 대적하여 내 양 떼를 그들의 손에서 찾으리니 목자들이 양을 먹이지 못할 뿐 아니라 그들이 다시는 자기도 먹이지 못할지라. 내가 내 양을 그들의 입에서 건져내어서 다시는 그 먹이가 되지 아니하게 하리라."(겔 34:2-10). 참으로 간담이 서늘해지는 말씀이 아닙니까? 그럼에도 상황은 개선되지 않았습니다. 구약 예언자 시대가 막을 내리는 주전 5세기 말 (주전 약 430년경) 예언자 말라기는 특히 제사장들에 대해 다음과 같이 질책하였습니다. "너희가 더러운 떡을 나의 제단에 드리고도 말하기를 우리가 어떻게 주를 더럽게 하였나이까 하는도다. 만군의 야훼가 이르노라. 너희가 내 제단 위에 헛되이 불사르지 못하게 하기 위하여 너희 중에 성전 문을 닫을 자가 있었으면 좋겠도다. 내가 너희를 기뻐하지 아니하며 너희가 손으로 드리는 것을 받지도 아니하리라."(말 1:10). 여기서 말라기 예언자가 말하는 '더러운 떡'은 신앙적 타락은 물론이고 윤리·도덕적으로 더러운 행위와 부패한 생활을 의미합니다.

이런 말씀들을 듣고 있으면, 우리와 전혀 상관없는 오래전 구약시대에 일부 타락한 제사장들과 왕들과 예언자들과 지도자들에게 하신 말씀이 아니라, 저를 포함하여 바로 오늘 신학교와 기독교 학교에서 가르치며, 또는 여러 기독교 기관들과 교회에서 '주의 이름으로' 사역하는 소위 지도자라고 하는 우리 모두에게 하시는 말씀으로 들려옵니다. 이런 구절을 다 찾아서 인용하려면 지면이 모자랄 것입니다. 과거 한국기독교의 지도자들은 일부 이탈이 있었지만 대체로 초창기 한국교회 시대로부터 1980년대까지는 '교회성장'을 통해 값진 사역과 희생과 수고를 한 것이 사실입니다. 그러나 지금은 자기도 모르는 사이에 교만한 마음이 생기고 대접과 칭찬에 익숙해져서 하나님이 경고하고 꾸지람하시는 말씀은 전혀 들리지 않는 상황이 아닌가 생각합니다. 현재 교회를 떠나는 교인들이 늘어나고 있는데, 그 첫째 이유는 목회자의 권위주의적인 독재 때문이라고 합니다. 그뿐만 아니라 지난 1970년대 이후 본격화된 서양 교회와 신학(특히 미국과 캐나다와 호주와 스코틀랜드 장로교회)의 세속화로 인한 몰락과 황폐화 상황과 맞물려서, 한국교회와 신학의 황폐화와 몰락도 이미 이삼십 년 전부터 예견되고 경고되어 왔던 것입니다. 그러나 그 경고음은 지금까지 무시되었습니다. 일찍이 예레미야 예언자는 예루살렘 성전 문 앞에 서서 외치기를, "야훼께 예배하러 이 문으로 들어가는 유다 사람들아… 너희 길과 행위를 바르게 하라. 그리하면 내가 너희로 이곳에 살게 하리라. 너희는 이것이 야훼의 성전이라, 야훼의 성전이라, 야훼의 성전이라 하는 거짓말을 믿지 말라. 내 이름으로 일컬음을 받는 이 집이 너희 눈에는 도둑의 소굴로 보이느냐"(렘 7:2-4,11)라고 외쳤습니다. 예수께서도 이 말씀을 생각나게 하는 말씀을 하셨지요. "내 집은 기도하는 집이 되리라 하였거늘 너희는 강도의 소굴을 만들었도다."(눅 19:46). 슬프고 불행하게도 이것이 또한 오늘 우리 한국 기독교와 교회 지도자들에게 하시는 말씀으로 들려옵니다.[3]

2017년 금년은 마르틴 루터가 95개조의 교회 개혁문건을 발표한 지 500주년이 되는 뜻깊은 해인데, 개혁에 대한 관심은커녕 한국 장로교회의 대표적인 교회들 중의 하나로 알려진 명성교회가 담임목사직의 부자(父子) 세습을 관철하려고 안하무인격으로 거짓과 추잡함을 넘어 불법을 저지르고 있는 것은 정말 안타깝고 마음 아픈 일입니다. 목적이 선하면 그 목적을 달성하는 방법과 과정도 정직하고 공정하고 떳떳해야 합니다. "성경을 읽기 위해 촛불을 훔치지 말라"라는 말이 그 말입니다. 노회를 유린하고 총회의 법을 짓밟고 교회를 농단하는 이러한 전대미문의 고약한 작태는 하나님이 반드시 심판하실 것으로 믿습니다. 장로회신학대학교 교수 중에 한 분이 독일을 방문하고 돌아와서 쓴 수필에서 이런 대목을 읽었습니다. 독일에서도 대표적인 큰 교회당인데, 그 담벽에 누군가 독일어 큰 글씨로 "곳트 이스트 토트"(하나님은 죽었다)라는 낙서를 해놓았고, 거기에서 다시 화살표로 이어서 누군가가 "나인, 키르헤 이스트 토트"(아니야, 교회가 죽었다)라고 써놓은 것을 보고, 독일교회의 참담한 현실을 생각했다는 것입니다. 정말 이것이 오늘 우리 한국교회와는 아무 상관 없는 독일교회만의 현실입니까?

얼마 전 텔레비전에서 방영하는 스페인 여행 다큐멘터리를 잠시 시청했는데, 스페인에서 중세기에 지어진 가장 아름답고 유서 깊은 어느 한 성당 내부의 제단이 온통 정교한 성상 조각들과 황금으로 화려하게 장식된 것을 보고 놀랐고, 거기에 사용된 황금과 건축비가 잉카제국을 멸망시키고 식민지에서 약탈한 금은보석으로 충당되었다는 것을 듣고는 다시 한번 더 크게 놀라고 충격을 받았습니다. 현재 우리나라에서도 교회당 건축에 수백억도 모자라서 천억이 넘는 돈을 들이고 있는데도 눈 하나 깜짝하지 않습니다. 주로 교회당 건축비용 조달과 재정 악화 때문에 작년까지 한국교회가 은행과 금융기관으로부터 차용한 돈의 액수가 무려 4조 5,107억 원(많게는

---

3) 현재 "생명력을 잃고 황폐해진 한국교회"의 현장 상황에 대한 적나라한 보고와 문제 제기는 최근 출판된 다음의 책을 참고할 수 있습니다. 박영돈, 『일그러진 한국교회의 얼굴』, IVP, 2013.

9조 원)에 달했다고 합니다. 정말 부끄러운 일이 아닙니까. 과연 무엇을 위해 누구를 위한 교회당 건축입니까? 빚을 갚지 못해서 교회당을 팔려고 내놓는 경우도 상당수가 있다고 합니다. 오늘 예수께서 보시면, 이것이 '하나님의 성전'이라는 거짓을 믿지 말라고 말씀하지 않으실까요?

사실 예수님은 베드로의 신앙고백 위에 '내 교회'를 세우겠다고 말씀하셨지만 (마 16:18), 우리가 아는 대로는 단 한 번도 '교회당'을 건축하신 적이 없고, 제자들에게 교회당을 잘 지으라고 당부하신 적이 없었습니다. 성경에서 보면, 역사적으로 이 지상의 건축물로 지은 성전(예배당, 교회당)은 하나님이 거하고 원하시는 궁극적인 성전은 아니었습니다. 솔로몬 왕이 주전 961년경 건축한 예루살렘 성전은 주전 586년에 신바벨론제국의 군대가 파괴했고, 주전 515년경에 페르시아 제국의 도움으로 예루살렘에 제2성전이 재건되었으며 그 후 헤롯 대왕이 주전 20년경부터 예루살렘 성전을 화려하게 수축(修築)했으나(비교, 요 2:19-22), 주후 70년에 티투스 장군이 지휘하는 로마제국 군대의 공격으로 다시 초토화되고 그 기물들은 약탈당했으며, 주후 692년경부터 그 자리에는 '황금돔'(Dome of the Rock)으로 알려진 이슬람 성원(聖院. '모스크', 무슬림들이 예배드리는 공간)이 세워져 오늘에 이르고 있습니다. 교회는 장소와 건물이 그렇게 중요한 것이 아니라는 역사적 증언입니다(눅 21:5-6; 요 4:21).

그런데도 오늘까지 우리는 이러한 역사적 교훈과 성경의 말씀을 깨닫지 못하고 있습니다. 어쨌든, 성경신학적으로 성전(교회당, 또는 예배당)의 궁극적 지향점은 건축물이 아니라 하나님의 형상에 따라 지음받은 사람에게 있습니다. 건물이 아니라 사람됨이 중요한 것입니다. 기독교와 교회의 본질은 사람을 사람 되게 하는 데 있습니다. 하나님이 함께하시는 사람이 성전입니다! 그래서 바울 사도는 이렇게 기록하였습니다. "너희가 하나님의 성전인 것과 하나님의 성령이 너희 안에 계시는 것을 알지 못하느냐. 누구든지 하나님의 성전을 더럽히면 하나님이 그 사람을 벌하시리라. 하나님의 성전은 거룩하니 너희도 그러하니라"(고전 3:16-17; 6:19; 고후 6:16; 엡 2:21-22; 계 21:22).

사회학자 박영신 교수는 오늘 개신교 기독교의 상황에 대해 이렇게 진단하고 있습니다. "현실의 기독교는 현존 질서와 한통속이 되어 그것을 옹호하고 변호하는 형국을 빚고 있다. 그러나 본래의 기독교는 그럴 수가 없다. 초월의 존재에 대한 믿음에 터를 두고 있기 때문에 기독교는 당연히 현존 질서에 들러붙어 그 안에 머물지 않는다. 오히려 현존 질서와 긴장하고, 나아가 변화를 일구어갈 수 있는 변혁의 에너지를 자아낸다. 개화기의 기독교는 그런 것이었다."[4] 박 교수에 의하면, 우리나라 반만년 역사에서 조선시대 말(1884년 이후) 이 땅에 들어온 개신교 기독교는 교회 생활을 통해 하나님 나라의 구현과 함께 대사회의 시민의식과 시민사회를 시작하는 동력을 제공하였습니다. 미신 타파, 신분 차별의 타파(갈 3:28), 구시대의 잘못된 제도 철폐(축첩제도 등), 방만한 향락문화 선도는 물론이고 민주적인 교육(특히 여성 교육), 의료시설, 토론을 통한 새로운 소통문화 진작과 한글 성경 보급을 통한 한글 사용의 격상 등, 오늘 대한민국이 이룩한 독립과 건국, 그리고 산업화와 민주화의 기적을 이루는 변화의 바탕이 되었다는 것입니다. 여기서 중요한 점은 기독교가 단순히 개화운동에 도움을 주고, 국가 발전에 기여했다는 정도가 아니고, 기독교는 한국의 시민사회 '밑뿌리의 변화'를 일구어 갔다는 것이고, 그것은 곧 성경이 말씀하는 하나님을 경외하는 신앙을 기초로 하여 '인간성의 변화'를 추구했으며, '선한 이웃, 참 이웃'을 길러내고자 한 것으로 이해할 수 있다는 것입니다.[5] 지금 우리 한국 개신교 기독교는 과거 우리나라 개화기 역사에서 보여준 이러한 '본연의 모습'(본질)을 다시 되찾아야 하지 않겠습니까?

　　현재 우리나라 19대 국회의원이 300명인데, 그중에 교회의 장로, 안수집사, 권사, 집사를 포함하여 개신교 기독인이 90여 명(약 30%)에 이른다고 합니다. 물론 로마 천주교와 타 종교인들을 다 포함하면 그 숫자는 놀라운 것입니다. 오늘의 국회와 함께 행정부, 사법부와 여야 정치권 및 공무원 사회에는 수많은 기독인들이 있다는 것은 다 알려져 있는데, 여전히 정치적 타락과 부정부패와 부도덕한 현실을 바라보면서, 정말 안타깝고 부끄러운 심정입니다. 베를린에 본부를 두고 있는 국제투명성기구가 2015년에 발표한 정치인과 공무원을 중심으로 조사한 국가별 부패인식지수에 따르면, 조사 대상 167개국 중 청렴도 1위는 덴마크이고, 스위스는 7위, 영국과 독일이 각각 10위, 미국은 16위인데, 한국의 '부패인식지수'는 37위였으며, 아시아의 선진국 중에서는 싱가포르가 8위로 앞서 있고, 일본이 18위, 대만이 30위로 평가되었습니다. 교회가 많고, 기독교인이 인구의 20%를 상회하는 한국이 10위권에는 들어가야 하지 않겠습니까? 북한은 소말리아와 함께 최하위인 167위입니다. 한 나라의 전반적인 권력 부패 현상은 그 나라 종교계의 부패 상황과 결코 무관하지 않다고 봅니다. 세 가지 직업, 즉 목사, 의사, 변호사의 청렴도에 따라 그 사회의 건전성을 평가할 수 있다는 말도 있습니다. 현재 일반 국민들은 우리 사회에 대해 '뿌리 깊은 부패'가 가장 큰 문제라고 지적하고 있으며, '무능하고 부도덕한 지도층'에 대한 불신과 '공정 사회'에 대한 갈망이 그 어느 때보다 크다는 것을 말하고 있습니다.

---

4) 박영신, "개화기 한국 사회와 기독교", 〈본질과 현상〉, 2014 봄, 35호, 53쪽.
5) 박영신, 위의 글, 46쪽 이하, 특히 52쪽.

시민단체나 정치계나 학계나 기업인들보다 '종교계의 개혁이 시급하다'라고 한 일반 국민들의 지적도 눈여겨보아야 할 대목입니다.[6] 현재 우리나라는 개신교 기독인 비율이 인구의 약 22%라고 하는데, 이번 광역단체장과 교육감 선거에서도 (2014년 6월 4일) 당선인 중 44%가 기독인이라고 합니다. 정말 놀랍지 않습니까? 여전한 교육계의 부조리와 비리와 부정부패를 볼 때 역시 무엇이라고 해야 할지 말이 나오지 않습니다. 염도가 3-5%만 되어도 바닷물이 쉽게 썩지 않는다고 하는데, 한국 기독교는 말하자면 소금의 역할을 다하지 못하고 있습니다. 오늘 존립의 위기에 처한 개신교 기독교는 교인 숫자나 헌금 액수, 건물이나 시설, 해외 파송 선교사 숫자와 같은 물량적 수치를 앞세우기보다 '교회의 본질'에 대해 다시 한번 깊이 생각하고 반성해야 합니다. 성수주일, 각종 집회 참석, 십일조와 각종 헌금, 일천번제 완수, 특별 새벽기도회(특새) 참석 강조도 나쁘다고만은 할 수 없지만, 그보다 본질적인 급선무는 하나님이 기뻐하시는 "정의(正義, justice)와 자비(慈悲, mercy)와 신의(信義, faith)"를 되찾는 것이 아니겠습니까(마 23:23)!

그동안 여러 곳에서 여러 가지 명목으로 '조찬 기도회'가 모였고, 금년에도 대통령과 고위직 공무원들과 각 교단의 지도들이 다수 참석한 국가 조찬기도회가 열렸습니다. 그런데 매년 거듭되는 의례적인 행사에 그친다는 느낌을 받습니다. 저에게는 언제부터인지 '조찬'이라는 말이 '좋지 않은'이라는 말로 들리기 시작했습니다. 그래서 '조찬 기도회' 하면 '좋지 않은 기도회'라는 생각이 나서 다소 찜찜합니다. "너희 소돔의 관원들아, 너희 고모라의 백성아, 너희가 내 앞에 보이러 오니 이것을 누가 너희에게 요구하였느냐. 성회와 아울러 악을 행하는 것을 내가 견디지 못하겠노라. 너희가 많이 기도할지라도 내가 듣지 아니하리니 이는 너희의 손에 피가 가득함이라." 이것은 주전 8세기 유다의 이사야 예언자를 통한 말씀입니다(사 1:10-17). 정말 하나님께 기도하기 위한 목적의 모임이라면, 화려한 장소나 고급 호텔이 아니라 교회의 정숙한 시설에서 아침 한 끼 금식하면서 기도회를 하는 것이 좋지 않겠습니까. 왜 기도회를 하면서 신문 전면에 광고하고 매스컴에서 선전을 합니까? 조찬기도회에 윗사람 눈도장 찍으러 간다는 말도 들었습니다. 지금은 '조찬기도'가 아니라 예수께서 강조하신 '골방기도'가 절실하게 필요한 때가 아닐까 생각합니다(마 6:6).

남의 눈의 티는 보기 쉬워도 자기 눈의 들보를 보기는 정말 어렵습니다. 주도권 다툼과 명예욕으로 인한 한기총과 한교연의 분열 사태도 정말 한심하기 짝이 없습니다. 자기의(自己義)를 앞세우기에 급급한 한국기독교교회협의회(NCCK)도 예외가 아

---

6) 〈동아일보〉, 2014. 7. 28, 제28919호, A2, A3면.

   68. 불법을 행하는 자들, 기독교와 지도자의 본질을 생각하며

님니다. 총회와 노회와 기독교 단체에서 벌어지는 선거의 추태는 재앙 수준입니다. 천주교의 '정구사'라는 단체도 더 이상 정의(正義)를 구현하는 사람들과는 상관이 없어 보입니다. 오히려 '정말 구린내 나는 사람들'이라는 생각도 듭니다. 성경이 말하는 하나님의 나라는 자본주의도 아니고 사회주의도 아니며 민주주의가 아닙니다. 시국이 혼란할 때마다 거리로 나와서 민주주의를 외치는 목사, 사제, 종교인들이 있는데, 이 사람들은 자기가 누구인지도 모르는 사람들입니다. 천주교 일부 사제들이 시국성명을 발표하고 마치 민주주의의 수호자인척 하는 것은 코메디도 아닙니다. 본래 로마 가톨릭(천주교) 자체가 성경에도 없는 권위적 성직계급으로 성립되었고, 종교권력과 세속 정치권력을 행사하는 남성위주의 독재구조이기 때문입니다.[7] 한편 개신교 기독교는 현 사회에 대한 예언자적인 사랑과 정의의 연대의식과 실천이 빈약해진 것이 문제입니다. 교회는 현대 자본주의 체제와 문화의 수호자가 아닙니다. 오늘 대한민국의 문제와 한국교회의 문제는 인간적인 수단 방법만으로는 해결할 수 없습니다. 각종 극한 투쟁방식이 아닌 진실한 기도와 사랑의 실천, 그리고 서로가 죄인이며 환자임을 인정하고(눅 5:31-32), 서로 불쌍히 여기며 사랑으로 인내하고 잘되기를 기다려주는 것이 해결의 열쇠라고 생각합니다. '광장의 촛불'도 필요할 때가 있지만 지금은 우리 각자의 마음에 '양심의 등불'을 밝혀야 할 때입니다. 양심의 등불이 꺼진 광장의 촛불은 허상일 뿐이기 때문입니다.

언제까지나 미국과 중국과 일본과 러시아가 대한민국의 문제를 해결하고 도와줄 수 있다고 믿는다면 큰 착각입니다. 애국가의 가사와 같이, 우리나라는 하나님 하느님이 보우(保佑, 보살피고 도와줌)하십니다. 오래전 제가 어릴 때 동네 아이들과 놀면서 불렀던 노래 가사가 생각납니다. "쓰러졌다 스탈린. 못됐다 모택동. 미국 놈 믿지 마라. 일본 놈 일어난다." 시골에서 초등학교 3, 4학년 시절 누가 가르쳐주었는지도 모르고 무슨 뜻인지도 잘 모르면서 또래들과 장난치며 불렀던 노랜데, 지금 그 노래가 다시 생각나서 쓴웃음이 납니다. 일찍이 시편의 시인은 "내가 눈을 들어 산을 본다. 나의 도움이 어디서 오는가? 나의 도움은 하늘과 땅을 만드신 주님에게서 온다"라고 했습니다(시 121:1-2). 앞으로 자유 통일 대한민국은 스위스와 같이 정치-외교적으로는 '영세중립국'임을 만방에 선언하고, 하나님 하느님을 경외하는 나라와 민족

---

7) 비교, Paul Tillich, *The Protestant Era*, The University of Chicago Press, 1948/1957 fourth impression. 공산주의, 파시즘, 로마 가톨릭이 현대에 세 가지 중앙집중적인 권위주의(즉 타율)의 형태라고 틸리히는 지적했습니다(특히, 229쪽 이하). 그러나 로마 가톨릭의 왜곡된 권위주의(즉, 왜곡된 확신, 집단주의와 상징주의, 247쪽)를 개신교 기독교가 성경의 권위와 신앙고백의 권위로 대체한 것은 또 다른 잘못이라고 한 것은 틸리히 신학의 잘못이고 한계라고 생각합니다(277쪽). 틸리히는 결국 예언자적 개신교는 타율(heteronomy) 보다는 자율(autonomy)을 확보해야 하는 것으로 주장하는데 일리는 있으나, 성경의 권위와 교회 공동체의 신앙고백 없는 자율이 가능한지를 묻게 됩니다.

이 되었으면 정말 좋겠습니다.

지금 불법을 행하는 자들이 누구입니까? 성경이 말씀하는 불법을 행하는 자들의 두드러진 특징은, "내가(하나님이) 보내지 아니하였어도 달음질하며 내가(하나님이) 이르지 아니하였어도 예언하는" 자들입니다(렘 23:21). 얼마 전 교회 원로들이 대중과 매스컴 앞에 나서서 회초리로 자기 종아리를 때리는 행사를 한 것도 다분히 '쇼'에 그칠 소지가 큽니다. 한국교회와 사회가 이 지경이 된 데 대하여 정말 자기도 잘못했다고 책임을 느끼는 사람은 당분간이라도 나서지 말고 한 걸음 뒤로 물러나 조용히 반성하면서 하나님의 뜻을 묻고 도우심을 간구해야 할 것입니다. 하나님의 종은 자기가 원하는 것을 하는 사람이 아니고 하나님이 원하시는 일을 하는 사람입니다. "나보다 먼저 온 자는 다 절도요 강도"라고 하신 예수님의 말씀도 그러한 뜻입니다(요 10:8).

일찍이 북아프리카 출신 고대교회의 존경받는 교부 아우구스티누스(주후 354-430)도 이 점을 그의 고백록에서 다음과 같이 분명히 하였습니다. "제 하고 싶은 것을 당신께 듣기보다 당신께 들은 바를 하고 싶어 하는 그 종이야말로 충직한 종이니이다."[8] 불법을 행하는 자들은 다른 사람이 아니라 하나님이 보내지 아니하였어도 하나님의 이름으로 나서서 여기저기 갈 데와 안 갈 데를 가리지 않고 바쁘게 돌아다니며 일을 만드는 사람들입니다(비교, 렘 29:8-9). 이렇게 불법을 행하는 무법자들을 용납하고 환영하며 따라다니는 무분별한 사람들(교인들)도 큰 문제입니다(고후 11:19-20).

오늘 우리 기독교와 교회 지도자들의 암담한 현실을 직시하면서, 우리는 먼저 모든 변질된 것과 비리와 더러운 것과 잘못된 것을 "뽑고 파괴하며 파멸하고 넘어뜨리는" 일을 해야 합니다. 그리고 다시 "건설하며 심는" 내일의 희망을 가져야 합니다(렘 1:9-10). 예레미야서에서 한 구절을 다시 인용하면서 이 글을 맺겠습니다. "내 이름으로 거짓을 예언하는 예언자들의 말에, 내가 꿈을 꾸었다, 꿈을 꾸었다고 말하는 것을 내가 들었노라. 야훼의 말씀이니라. 꿈을 꾼 예언자는 꿈을 말할 것이요 내 말을 받은 자는 성실함으로 내 말을 말할 것이라. 겨가 어찌 알곡과 같겠느냐. 이는 야훼의 말씀이니라. 내가 그들을 보내지 아니하였거늘, 그들이 내 이름으로 거짓을 예언하니 내가 너희를 몰아낼 것이요 너희와 너희에게 예언하는 예언자들이 멸망하리라."(렘 23:25,28; 27:15)

---

8) 아우구스티누스, 최민순 역, 『고백록』, 바오로딸, 2013, 제10권 26장, 430쪽.

69

장로회신학대학교의 신학 정체성과 구약학의 전통

1. 장신대 신학의 정체성

본교 장로회신학대학교(이하 장신대)의 신학 정체성에 대하여 여전히 말도 많고 논의도 끊이지 않고 있다. 그러나 실상은 1901년부터 평양장로회신학교(이하 평장신)에서 비롯된 본교의 신학적 전통과 정체성은 정통주의 개혁교회 전통의 복음주의가 분명하며, 그동안 다소 그 진면목이 가려져 있었기 때문에 혼선이 빚어졌다. 일제 식민지 강점기에서 1945년 8월 해방이 되고 1948년 대한민국이 건국된 이후, 한국교회의 장로회 교단은 1950년대에 이르러 크게 세 번 분열하였다. 먼저 고신 측(고신대)이 1952년에 분열했고, 두 번째로 기장 측(한신대)이 1953년에 분열했으며, 세 번째는 1959년에 예장 합동(총신대)과 예장 통합(장신대)이 분열했다. 장신대는 1960년 4월 광진구 광장동 현 위치에 약 1만 8천평의 부지를 마련하고 학교 건물을 착공하여 그해 12월에 준공했다. 이듬해 2월 문교부로부터 인가를 받아 9월부터 장신대의 소위 광나루 시대가 시작되었다.[1] 장신대 신학은 1961년부터 소위 광나루 시대를 맞이하면서 '중도'(中道, 어느 한쪽으로 치우치지 않은 바른길)라는 편리하지만 신학적으로는 불분명한 용어를 자주 사용함으로써 그 정체성이 본의 아니게 모호하게 되었다. '중도'란 무엇인가? 장신대는 보수주의도 아니고 자유주의(또는 신정통주의)도 아닌

---

[1] 김인수, 『한국 기독교회의 역사』, 장로회신학대학교, 1997, 634쪽 이하. 장신대 개교 당시 계일승 박사가 평장신의 전통을 이어 9대 학장이 되었고, 교수진으로는 김윤국(구약학), 박창환(신약학), 권세열(신약학, 장신대 첫 명예교수), 김규당(실천신학) 교수가 있었다. 1963년 3월부터 한철하 박사가 교수진에 합류했고, 1964년에는 교회사를 강의하는 이형헌 교수가 부임했다. 1965년 2학기부터 교수진이 강화되기 시작했고, 이종성 박사가 조직신학을 담당하고 학감으로 부임했다. 또한 마삼락 박사가 교회사와 에큐메니즘을, 배제민 목사가 구약학을 맡았다. 1968년에는 주선애 교수가 기독교교육학을 맡게되었다. 고용수, 『장로회신학대학교 100년사』, 장로회신학대학교, 2002, 388쪽 이하.

'회색 신학교'가 아닌가 하는 비판도 듣게 되었다. 경건과 학문(敬虔과 學問)이라는 학훈에서 '경건'은 총신대에서 차지하고, '학문'은 한신대가 가져가고, 장신대는 그 중간의 접속사 "과"를 붙잡고 있는 애매한 신학으로 희화화되기도 했다.

그래서 개교 80주년인 1981년에 김이태 교수는 본교의 신학이 중도나 중간에 위치한 어정쩡한 신학이 아니라 예수 그리스도의 복음의 '중심에 선 신학'(중심의 신학)이라고 표현함으로써 공감대를 형성했다.[2] 그 후에도 '통합신학', 또는 '복음적 신학', '통전적 신학', '온전한 신학'이라는 용어들이 나왔지만 이러한 용어들은 장신대의 신학 정체성을 새롭게 규정하거나 정립하는 것이 아니고, 변화하는 시대적 상황에서 장신대의 신학이 지향하고 강조하려는 점을 표현하는 한시적인 용어들이었다. 최근에 나온 '온신학'(Ohn Theology)이란 용어는 그와는 달리 김명용 교수가 주창하는 '김명용의 신학'인데, 온신학이 마치 새로 정립된 장신대의 신학이고 나아가 본 교단의 신학이라고 강변하는 것은 어불성설이다. '온신학'이 본교 장신대의 신학이라는 결정을 본교 교수회에서 한 적이 없고, 본교 이사회에서도 동의한 바가 없으며, 물론 본 교단 신학교육부나 총회임원회에 보고된 적도 없고 본 교단 총회도 인정한 바가 없기 때문이다.

본교의 신앙과 신학의 정체성은 어디까지나 본 교단의 헌법에 근거한다. 본 교단의 헌법에서 신앙과 신학의 정체성은 구체적으로 '대한예수교장로회 12신조'(1903)와 '웨스트민스터 신앙고백'(1947)과 '대한예수교장로회 신앙고백서'(1986)에 기초한다. 이 세 가지 문건에서 공통적으로 제일 첫째 항목에서 강조하는 내용은 '성경관'이다. "신구약 성경은 하나님의 말씀이니 신앙과 행위에 대하여 정확 무오한 유일의 법칙이다." '성경은 하나님의 말씀이다'라는 신앙고백과 함께 성경의 '불오'(不誤, in-fallibility)와 '무오'(無誤, inerrancy)를 주장하는 것은 '솔라 스크립투라'를 표방하고 '성경의 권위'(즉 계시와 영감)를 높이는 정통주의 개혁신학의 전통을 따르는 복음주의(개혁주의, 칼뱅주의) 성경관의 특징이다. 장신대 신학은 말하자면, 역사적 개혁주의 신학의 정통주의이고 칼뱅주의이며 복음주의이다. 이 네 가지 용어들(개혁주의, 정통주의, 칼뱅주의, 복음주의)은 서로 바꾸어 쓸 수 있는 동의어들이다.[3]

---

2) 김이태, "장신대 신학의 위치와 그 특성", 『장로회신학대학의 신학노선』, 장로회신학대학, 1988, 45-73쪽.

3) 정통주의는 무엇보다 1647년에 제정된 웨스트민스터 신앙고백을 표준으로 하는 개신교의 신앙과 신학을 지칭하는 용어로서 사이비 이단 신앙과 신학에 대처하는 의미를 가지며, 개혁주의는 역사적으로 로마가톨릭의 미신적인 신앙과 신학(예컨대, 교종을 정점으로 하는 성직계급 사회, 미사, 공덕사상, 마리아-성인-성물 숭배 등)을 혁파하는 개념이다. 깔뱅주의는 16세기 교회개혁(종교개혁)을 통해 오직 예수 그리스도 안에서 믿음으로만 구원받는다는 전통을 강조하는 용어이며, 복음주의는 깔뱅주의-개혁주의-정통주의와 연대하면서, 특히 성경의 권위(계시와 영감)를 강조하는 용어이다. 근본주의는 본래 1910년대에 미국의 복음주의 교회를 중심으로 밀려오는 자유주의-신정통주의 사상에 대응하는 운동으로 촉발되었는데, 점차 근본주의는 상대방에 대한 독선적 태도 때문에 그 운동의 동력을 상실했고, 전통적인 복음주의와 구별하게 되었다. 그러나 성경적인 신앙과 신학의 내용에 대해서는 자유주의나 신정통주의가 근본주의 보다 더 문제가

한국교회의 장로회 교단 분열에서는, 먼저 고신교단이 소위 '출옥 성도들'을 중심으로 과거 일제강점기에 한국교회의 신사참배 죄악을 청산한다는 명분으로 1952년에 분립하여 부산에서 설립한 고신대를 중심으로 '칼빈주의' 신학의 정체성을 내세웠다. 1953년에 기장 교단은 성경관 문제로 분립하여 장공 김재준이 운영하던 조선신학교가 한신대로 전환하면서 신정통주의 신학('신신학')을 표방했다(처음부터 기장의 한신대 신학은 '자유주의'가 아니다). 평장신을 계승하여 서울 남산에 위치했던 총회신학교(교장은 죽산 박형룡)가 1959년에는 'WCC 에큐메니칼 문제'(용공과 신신학) 때문에 예장 총회는 또다시 합동교단과 통합교단으로 분립했다. 합동교단은 총신대를 중심으로 그 신학은 근본주의로 자리매김을 했다. 이러한 분열의 와중에서 통합교단의 신학교인 본교 장신대는 평장신의 신학전통을 이어 받은 '복음주의'(Evangelicalism) 입장을 고수하게 되었다.

평장신이 초기 선교사들을 중심으로 완고하고 극단적인 근본주의적 보수주의 신학을 했다는 비난은 사실이 아니다. "한국에 온 선교사의 신학사상은 거의 전부가 극단의 보수주의자들이었으며 뒤를 이어 나온 젊은 선교사들은 역시 그런 타입의 사람만이 선택되었다"라는 장공의 평가는 오해이고 편향된 것이다.[4] 호주 선교사 변조은(John P. Brown) 교수는 평장신의 선교사 교수들이 주도한 신학은 "순 복음주의"였다고 평했는데, 올바른 평가라고 생각한다.[5] 1931년 평장신 요람에서는 "본교는 일반학생에게 복음주의의 진정한 정신과 이에 대한 개인적 책임감을 고취하고 장려하여 내외국인에게 열심히 복음을 전파하고 따라서 그리스도 교회를 확립케 하기로 목적함"이라고 그 신앙과 신학적 정체성을 '복음주의'로 명시하였다.[6] 최근에 옥성득 박사도 해방 이전 평장신은 초기부터 '포용적이고 통합적인 칼뱅주의'(또는 '복음주의적 칼뱅주의', '보수적 칼뱅주의')를 교육하는 복음주의인데, 1920년대 반기독교운동('사회주의자들의 반종교운동')에 대항하는 과도기에 '적절한 성찰과 반응의 기회'를 놓치면서 1927년에 '종교 변호 선언'[7]을 통해 '근본주의 5대 강령'을 수용한 이후, 1930년대부터 '전투적인 근본주의'로 전환되었다고 주장한다. 옥성득 박사에 의하면, 특히 1930년대 평장신 교수였던 박형룡의 배타적 종교론이 '전투적 근본주의로 불완전 변태'를 하는데 결정적인 작용을 했다고 본다.[8] 그러나 미북장로선교회의 '종교 변호

많다는 점을 놓지지 말아야 한다.

4) 김양선, 『한국기독교해방십년사』, 대한예수교장로회총회 종교교육부, 1956, 199쪽에서 재인용.

5) 변조은, "한국교회의 성서해석사", 〈교회와 신학〉 제VI집, 1972, 88쪽 이하.

6) 『장로교회신학교요람』, 조선 평양, 1931, 4쪽.

7) "조선 북장로선교회의 종교변호 선언서", 〈신학지남〉 9권 1호, 1927.1, 5-9쪽.

8) 옥성득, "한국교회사에서 본 장신신학: 포용적 칼뱅주의에서 전투적 근본주의로, 평양 장로회신학교의 신학, 1881-

선언서'에는 근본주의라는 용어가 등장하지 않으며, 이 선언문은 처음부터 "소위 사회주의와 공산운동의 관념이 성행하여 종교에 대한 의혹과 변론이 도처에 일어나고 또한 그 영향이 조선교회의 안정을 방해하는 경향이 있음에 이것을 염려하는 지사가 많은 이 때에 본 선교회는 그 입장을 선명히 하고 태도를 명백히 하여 중외에 그 의견을 공포하노라"라고 그 목적을 분명하게 했다.[9] 이 선언서에는 9개의 소제목이 나오는데, 그 첫 소제목은 '교회와 사회'에 대한 것이며, 근본주의의 주장과 겹치는 내용이 다소 있으나, 이 선언서의 목적은 자유주의 또는 신정통주의(신신학)에 대항하는 근본주의 운동과는 전혀 다른 성격이며, 당시 '사회주의와 공산운동'에 대처하려는 것이었다. 따라서 이 문건으로 인해 평장신이 근본주의 5대 강령을 수용했다고 하는 옥성득 박사의 주장은 맞지 않는다.

좀 더 자세히 살펴보면, 1945년 해방 때까지만 해도 평장신의 복음주의(또는 포용적 깔뱅주의, 개혁신학 정통주의) 정체성이 '전투적 근본주의로 변태'되었다고 보기는 어렵다. 평장신은 신학적 문제나 성경관 또는 성경해석의 차이 때문에 분열하지 않았기 때문이다. 우리 교단 신학에 전투적 근본주의가 대두된 것은 해방 이후 1947년 교단 총회가 인준한 조선신학교 학생 "51명의 진정서"가 그 시발점이라고 생각한다. 이 진정서에서 신학생들은, "개혁교회는 성경에 절대 권위를 두고 그 위에 건설된 교회입니다. 성경은 천계(天啓)와 영감(靈感)으로 기록되었다는 초자연적 성경관을 우리는 견지합니다. … 우리는 먼저 '신앙은 보수적이나 신학은 자유'라는 조선신학교의 교육이념을 수긍할 수 없습니다. … 저들은 성경의 고등비평이나 자유주의 신학은 결코 신앙을 파괴하지 않는다고 변명하나 사실에 있어 파괴당하고 있는데야 어찌합니까? … 우리들은 온갖 비난과 욕설과 방해를 무릅쓰고 이 중대한 신학교육문제를 전 조선교회에 호소하는 바이오니 제위(諸位)는 이 어린것들의 맑은 신앙양심에서 솟아오르는 가련한 호소를 물리치지 마시고 받으셔서 양찰하신 후 선히 지도하여 주시옵소서"라고 호소했다.[10] 이 조선신학교 학생들의 호소문을 근거로 이후 총회에서는 성경관 문제로 조선신학교의 입장을 대표하는 신정통주의자 장공과 총회신학교의 입장을 대표하는 죽산의 근본주의 사이에 일촉즉발의 갈등과 전투적 상황이 벌어지게 된 것이다. 전투는 양쪽이 하는 것이지, 일방적으로 근본주의만 전투를 한 것처럼 말하는 것은 정당한 시각이 아니다. 사실 지난 20세기내내 성경관을 주제

1940년", 〈세계 속의 한국신학: 장신신학, 우리는 어디로 갈 것인가?〉, 장로회신학대학교 제19회 국제학술대회, 자료집 1, 2018. 5. 15.-16, 1-89, 특히 42-45쪽.

9) "조선 북장로선교회의 종교변호 선언서", 위의 글, 5쪽.

10) 김양선, 위의 책, 214-217쪽.

로 치열한 신학적 논쟁과 전투적 상황이 생겨난 원인 제공의 책임은 먼저 자유주의와 신정통주의에 있지 근본주의에 있는 것이 아니지 않은가? 장공과 호형호제하던 김양선 교수는 당시 교단과 신학교의 분열 상황과 관련하여 다음과 같이 기술했다. "만일 김재준 교수가 계속적으로 보수주의 신학을 강렬히 비판하지 않았다면 금일과 같은 장로교회의 분열은 일어나지 않았을 것이다."[11] 어쨌든, 옥성득 박사는 1920년대 중반에 평장신을 중심으로 '배타적이고 전투적인 근본주의'가 형성되기 시작되었다고 했는데,[12] 여기서 중요한 점은 평장신이 왜, 무엇을 배타하고 무엇에 대한 전투를 시작했는가를 물어야 한다. 이러한 물음 없이, 무조건 전투적 배타적인 근본주의가 나쁘다는 식으로 몰고 가는 것은 옥성득 박사의 관점에서 부족하고 아쉬운 점이다.

또한 1930년대가 평장신과 한국 장로교회에 근본주의의 정착기로서 죽산 박형룡 교수의 배타적 종교론이 결정적이었다고 했을 때, 역시 죽산이 구체적으로 무엇을 왜 배타했고, 그 배타의 내용이 타당한 것인가를 물어야 한다. 어떠한 경우에도 '배타'는 안 되고 '포용'만 된다는 것은 진리를 추구하는 신학에 맞지 않는 이상한 이념적 진영논리이다. 죽산이 전통적 깔뱅주의 입장에서 '신깔뱅주의(또는 수정깔뱅주의)인 바르트 신학'을 배척했다면,[13] 바르트 신학의 무엇을 배척했는지, 또 왜 배척했는지, 그리고 그 배척이 정당했는가에 대한 설명이 있어야 한다. 무조건 바르트 신학을 배척했으니까 나쁘다는 식의 서술은 학문적 성실성이 부족하고 설득력이 약하다. 바르트 신학의 논점은 그의 '수정된 성경관'에서 비롯하는데, 옥성득 박사는 바르트의 수정된 성경관에서 무엇이 수정되었으며, 그것이 왜 문제가 되고, 어떻게 그것이 한국 장로교단 분열의 촉매로 작용했는가를 배워야 한다. 해방 이전 신학에서는 종교론이 가장 중요했고, '유물론, 휴머니즘, 진화론, 종교다원주의의 도전'에 대답하는 것이 신학의 중요한 내용이었다고 한다면, 이러한 "기독교의 정체성과 적합성 논쟁의 긴장 속에서 온유하게 응답하는 신학적 자세를 상실했다"라는 옥성득 박사의 지적은 복음주의 신학이 귀 기울여 들어야 할 대목이다.[14] 여기서 '온유하게 응답하는 신학적 자세'는 언제 어디서든지 진정한 복음주의와 전투적 독선적 근본주의를 판별하는 또 하나의 기준이 되기 때문이다. 본 필자의 견해로는, 해방 전까지 죽산을 포함한 평장신의 복음주의 입장은 전반적으로 '온유하게 응답하는 신학적 자세'를 상

---

11) 김양선, 위의 책, 197쪽.

12) 옥성득, 위의 글, 43쪽.

13) 옥성득, 위의 글, 42쪽.

14) 옥성득, 위의 글, 44쪽.

실했다고 판단하기는 어렵다(비교, 벧전 3:15-16).

이것과 연관하여 한철하 교수도 1930년대에 한국교회의 보수신앙 전통이 그 성격을 달리하기 시작했다고 보면서, 그것은 '내용적 신앙적 보수주의에서 태도상의 보수주의'로 변하는 것이라고 했다.[15] 그런데 여기서 '보수주의의 태도가 변하기 시작했다'라는 지적에서, 그 태도 변화의 이유가 구체적으로 무엇이었는가에 대한 설명이 역시 미흡하다. 이러한 태도의 변화는, 본 필자의 견해로는, 자유주의 신학과 신정통주의 신학의 침투로 인한 '성경의 권위'가 약화하는 데 대한 경각심을 높이기 위한 예방적이고 방어적인 이유 때문이었다. 이미 1920년대부터 미국과 캐나다, 일본에 유학했던 사람들이 되돌아오면서, 자유주의나 신정통주의의 신학사상(특히 성경관)을 전하면서 복음주의에 기초한 평장신의 신학과 한국교회의 신앙에 혼란이 예견되었기 때문이다. 하나의 실례를 들어보면, 이미 1920년대에 캐나다 장로교회 선교사 서고도(徐高道, William A. Scott, 1914년 내한, 1956년 이한)의 영향을 받아 조희염 목사는, "성경 전체를 하나님의 말씀으로 믿는 것은 큰 잘못이다. 성경에는 하나님의 말씀이 아닌 것도 많이 포함되어 있다. 문학적 오류는 물론, 다수의 역사적 오류와 과학적 오류가 있다"라고 주장하여 교단 내에 물의를 일으킨 사건이 있었다.[16] 이러한 주장이 대두될 때, 과연 한국교회와 복음주의 신학은 어떠한 입장을 취해야 하는가?

평장신과 당시 한국 예수교장로회 교단의 신앙과 신학의 정체성과 그 내용은 1918년에 창간되어 잠시 중단은 있었지만 1958년[17]과 1964년[18]까지 계속된 평장신 기관지인 〈神學指南〉에서 살펴볼 수 있다. 여기서 '지남'(指南)은 문자적으로는 '남쪽을 가리킴'의 뜻이지만 신앙과 신학의 '올바른 방향을 지시함'을 의미한다. 한철하 교수는 '신학지남의 성격은 대개 균일하다'라고 평가하면서, 이 잡지를 통해 한국 장로교회의 신앙과 신학의 특징에 대해 '한 특유한 성경에 가까운 종류의 신앙'이라는 표현과 함께 다음의 네 가지로 정리했다. ① 신본주의적(神本主義的)이요 ② 복음주의적(福音主義的)이요 ③ 지정의(知情意)의 균형이 잡혀 있고, ④ 극히 실용적인 입장을 잃지 않고 있다는 것, 다시 말하면 이지적 추상성에 빠져 있지 않다는 점들이다.[19] 또한 평장신의 복음주의 신학의 유연성은 이 〈신학지남〉 잡지에 한국 최초로

---

15) 한철하, "보수신학의 어제와 오늘-한국교회의 경우를 중심으로", 〈기독교사상〉, 1970. 7, 92-100, 특히 99쪽.

16) 김양선, 『한국기독교해방십년사』, 대한예수교장로회총회 종교교육부, 1956, 187쪽. 비교, 김중은, "한국 장로교회와 신학에서 성경관의 문제", 『옛것과 새것』, 영지 김중은 구약학 공부문집 제2권, 한국성서학연구소, 2013, 174-190, 특히 175쪽.

17) 〈신학지남〉, 1958. 1집, 서울, 대한예수교장로회신학교.

18) 〈신학지남〉, 1964. 1집, 대한예수교장로회신학대학. 이후 〈신학지남〉은 합동측 총신대의 기관지가 되었다.

'고등비평'이란 번역논문을 게재하여 신신학(신정통주의와 자유주의) 문제에 대처한 점이다. 이 논문에서는 고등비평을 하지 말라는 것은 아니고 조심해서 하라는 것이었다.[20]

이상에서 살펴본 대로 1930년대 한국 장로교회의 보수신앙과 평장신의 복음주의 신학에 변화가 생겼다면, 그것은 '전투적인'(?) 태도 변화라기 보다는 '방어적인' 태도 변화였다. 특히 그것은 아마도 미북장로교회의 프린스턴신학교의 신정통주의 신학 문제 때문에 1929년에 보수적인 정통주의(복음주의) 신학을 표방하는 웨스트민스터신학교가 분립한 사건에 기인하는 바가 크다고 여겨진다.[21] 당시 일본도 조합교회를 중심으로 춘계가 졸업한 일본 기독교신학전문학교(현 동경신학대학의 전신)나 장공이 공부한 청산신학원에서는 1910년대 이후 이미 서구의 자유주의 신학사상(또는 신정통주의)과 성서비평학의 영향을 받고 있었고,[22] 이러한 영향이 점차 한국교회와 평장신에도 미치기 시작했다. 일본의 식민지로서 암울하고 엄혹한 시대적 상황 아래 한국 장로교회와 평장신의 '예방적이고 방어적인 태도변화'를 특히 박형룡 박사 한 사람에게만 전가하고 비난하는 것은 과도한 것이다.

다른 한편으로, 19세기에 독일에서 본격적으로 시작된 고등비평(성서비평학)의 거센 물결이 영국을 지나 대서양을 건너서 북미의 보수적인 남, 북 장로교회와 캐나다 장로교회 및 그 신학교들을 강타하는 상황에서, 한국의 장로교회와 평장신의 복음주의 신앙과 신학이 초연하거나 미동도 하지 않을 수 없었던 이유를 우리는 이해해야 한다. 장공은 송창근 목사 등과 함께 조선신학교에서 신학교육 이념을 밝혔는데, "성경연구에 있어서는 현 비판학을 소개하되 그것은 성경연구의 예비지식으로 이를 채택함이오 신학 수립과는 별개의 것이어야 할 것"이라고 천명하여 그의 신학적 입장은 자유주의가 아니라 바르트 신학의 노선을 따르는 신정통주의(Neo-orthodoxy)라는 것을 분명히 했다.[23] 이러한 입장은 바르트가 1922년 그의 로마서 주석 서문에서 천명한 것인데, 초기 바르트의 이러한 의도와는 달리 신정통주의 성서학자

---

19) 한철하, 위의 글, 95쪽.

20) 이 소논문은 평장신의 성경주해 교수인 어도만이 번역하여 1921년에 기고한 것이다. 비교, 김중은, "고등비평을 한국에 소개한 것은 누구인가?", 『구약의 말씀과 현실』, 한국성서학연구소, 1996, 352-370쪽.

21) 소위 '구 프린스턴 신학'의 성경관과 신학에 대해서는 다음을 참고할 수 있다. Bradley N. Seeman, "The 'Old Princetonians' on Biblical Authority", *The Enduring Authority of the Christian Scriptures*, ed. by D. A. Carson, Eerdmans, 2016, 195-237쪽.

22) 야마구치 요이치 외, 윤영탁 역, 『일본선교전략』, 논문집, 일본복음선교회 출판사, 2022. 특히, "성경비평학과 자유주의 신학의 영향", 니시 미쯔루, 147-149쪽.

23) 김양선, 위의 책, 194쪽에서 재인용. 이러한 '성서비평학', 즉 '역사-비평적 방법'을 통한 성경해석을 신학의 예비지식으로 삼는다'는 것은 바르트가 그의 『로마서 주석』에서 처음 밝힌 것이다. K. Barth, *Der Römerbrief*, TVZ, 1922, Vorwort zur ersten Auflage, V쪽.

들은 그들의 신학을 수립하는데 성서비평학을 단순히 예비적인 단계의 지식이 아니라 '역사-비평적 방법'을 성경본문에 대한 주석과 신학적 해석의 주된 방법으로 사용함으로써, 이 점에서 신정통주의는 종교사학파적인 자유주의는 아니지만 그 아류이거나 또는 부정적 의미의 '신신학'(新神學, 새로운 신학)이라는 인상을 심어주었다.

　　미국 북장로교회에서는 이미 1892년 총회에서 뉴욕 노회에 소속한 뉴욕 유니온 신학교 교수 찰스 브릭스의 목사직을 면직하는 사건이 있었다. 브릭스(Charles A. Briggs)는 성서학 교수로서, 독일에 유학한 이후 성서비평학과 함께 벨하우젠의 오경문서가설을 받아들였고, 무엇보다 성경에는 오류가 있다고 주장했다. 오경은 모세가 쓰지 않았으며, 이사야도 이사야서 전부를 쓰지 않았다고 했다. 브릭스는 1880년부터 프린스턴신학교의 하지(A. A. Hodge) 교수와 함께 〈장로교단 평론지, Presbyterian Review〉의 편집자로서 일했는데, 그 잡지에 성서비평적인 기사를 실으면서, 하지는 물론 구 프린스턴의 구약학 교수인 그린(W. H. Green, 1825-1900)이나 정통 칼빈주의 신학자 워필드(B. B. Warfield, 1851-1921) 교수 등과 성경관의 대립을 초래했고, 결국 그 잡지는 이러한 신학적 갈등으로 인해 1889년에 폐간되었다. 위에서 언급한 대로 브릭스는 자신의 성서비평적 주장을 굽히지 않았고, 이로 인해 브릭스는 1892년 미북장로회 총회에서 목사 면직 처분을 받았다. 이후 뉴욕 유니온신학교는 미북장로회 교단을 탈퇴하여 초교파신학교가 되었고, 브릭스도 타 교단으로 이적했다.[24] 이러한 자유주의 신학과 신정통주의 신학(신신학) 사조가 침투하는 상황에 맞서서 개혁교회 전통의 복음주의 미국 장로교단과 침례교단 등을 중심으로 '성경의 권위'(계시와 영감)를 지키려는 소위 '근본주의 운동'(1910-1915)이 시작되었던 것이다. 근본주의가 나쁘다고 일방적으로 비난하는 사람들은 이 점을 잘 유념해야 한다. 근본주의는 역사적으로 성경에 오류와 모순이 있다고 가르치는 자유주의 사상이나 신정통주의의 성경관에 대응하기 위한 운동이 그 출발점이었다. 이제 성경의 오류와 모순을 주장하는 '성서비평학'(고등비평)의 문제는 미북장로교회와 프린스턴신학교에까지 들어와서, 결국 1929년에 프린스턴신학교에서 웨스트민스터신학교가 분립하는 사태를 초래했고,[25] 그 여파가 한국교회와 신학에도 영향을 미쳤다.

　　시기는 다소 늦추어졌지만, 우리 한국장로교회와 평장신의 상황도 이와 맞물려 있었다. 예컨대, 위에서도 잠시 언급했지만 1920년대 캐나다 장로교회 선교사 서고도(徐高道, William A. Scott, 1914년 내한)의 영향으로 조희염 목사는, "성경 전체를

---

24) "Briggs, Charles August, 1841-1913", *Dictionary of Major Biblical Interpreters*, ed. by Donald K. McKim, IVP Academic, 2007, 219-223, 특히 221쪽.
25) 비교, 김기홍, 『프린스톤 신학과 근본주의』, 아멘서적, 1992.

하나님의 말씀으로 믿는 것은 큰 잘못이다. 성경에는 하나님의 말씀이 아닌 것도 많이 포함되어 있다. 문학적 오류는 물론, 다수의 역사적 오류와 과학적 오류가 있다"라고 주장했다.[26] 1934년 제23회 총회에서는 김영주 목사의 창세기 모세 저자 부인(否認) 문제가 본격적으로 공론화되기 시작했다.[27] 1935년에 제24회 총회는 '오경의 모세 저작 부인자는 장로교회 목사가 될 수 없다'라고 결의했고,[28] 감리교단의 유형기 감독이 편집 출판한 『아빙돈 단권주석』이 자유주의 신학과 성서비평학의 영향을 받았다는 점이 지적되면서, 장로교회 목사 채필근, 송창근, 한경직 목사 등이 여기에 번역자로 참여하여 기고를 했다는 점이 총회에서 문제가 되기도 했다. 그러나 추양(秋陽. 한경직 목사의 호)은 친구인 장공을 따라 기장 측으로 가지 않았다. 총신대 교수 박용규는 "이때뿐 아니라 추양의 신앙과 신학은 성경의 권위와 무오성을 믿었고, 그의 설교나 책에서 신정통주의를 옹호하는 글을 찾아볼 수 없으며", 그의 목회와 복음전파와 사회책임의 중심틀은 언제나 '복음주의'라는 것을 확인했다고 한다.[29] 어쨌든 성서비평학(고등비평)의 주장은 한마디로 '성경에 오류와 모순이 있다'는 것이고, 이러한 주장은 1947년 제33회 총회 석상에서 장공에 의해 공개적으로 반복되었다.

앞서 언급한 조선신학교 학생들의 진정서에 대한 총회 심사위원회(조직: 회장 이자익. 서기 계일승. 위원 함태영, 문승아, 노라복, 노해리)의 보고서에는 당시 심사위원회와 장공 간의 문답이 기재되어 있다. 그 네 가지 질문과 대답은 다음과 같다. 다소 분량이 많지만 중요한 내용이기 때문에 이하에 그대로 인용한다.

"문: 김 교수 진술서에 의하면 성경에 오류가 있다고 하셨는데요?
답: 있는 것을 없다고 하겠습니까?
문: 어떤 부분에 오류가 있습니까?
답: 창세기 1장에 땅이 공허하여 흑암이 깊음에 있고 신은 수면에 운행하시다고 하는 말이나, 땅이 기초를 두어 요동치 않는다는 말은 비과학적이 아닙니까?
문: 그러하시다면 구약의 창조설 뿐이겠습니까? 신약의 예수의 탄생이나, 그의 죽

---

26) 김양선, 위의 책, 185-188쪽에서 재인용.

27) 김양선, 위의 책, 178-181쪽.

28) 김양선, 위의 책, 259쪽.

29) 박용규, 『한국기독교회사 III, 1960-2010』, 한국기독교사연구소, 2018, "한경직과 복음주의", 1001-1005쪽. 비교, 한경직, 『나의 감사』, 한경직 구술 자서전, 두란노, 2010. 이 책에서 추양은 "지금 우리 개신교의 신학사조는 한때 극단적인 자유주의를 따랐다가 신학자 칼 바르트 등의 노력으로 정통주의 사상으로 돌아왔다"라고 했는데(200쪽), 이것은 추양이 바르트 신학을 잘 모르고 오해한 것이다. 칼 바르트의 신학사상은 정통주의로 돌아온 것이 아니라, 정통주의를 수정한 신정통주의이기 때문이다.

으심이나, 부활이나, 승천, 이 모든 것도 비과학적이 아닙니까? 이도 믿을 수 없는 것이 아니겠습니까?

답: 그는 사람을 구속하시기 위한 하나님의 특별섭리이니 믿습니다.

문: 어느 것은 믿고 어느 것은 못 믿으신다니 그 무슨 말씀이십니까? 우리 장로교회는 성경을 정확무오하다고 믿는데요, … 아마도 김 교수 본의가 아닌 표현이 잘못된 것이 아닙니까? 기록된 성경말씀에 무슨 오류가 있습니까?

답: 있는 것을 없다고 하겠습니까? 이러한 세 학설이 있는데 ① 성경이 정확무오하다고 그대로 믿는 사람이 있고 ② 성경이 오류가 있다고 믿지 않는 사람이 있고 ③ 성경에 다소 오류가 있으나 그 속에 구속하는 이치가 있으니 믿는 사람이 있는데 나는 셋째에 속하는 사람이웨다. 나는 그렇게 믿고 학자의 양심으로 그대로 가르칩니다."

이 네 가지 문답이 있은 후에 장공 자신은 '김재준 교수의 성경관에 대한 성명서'를 3가지로 정리하여 발표했다. 역시 중요한 내용이기 때문에 여기서 그 전문을 인용한다.

"① 신구약성경은 하나님의 말씀으로서 신앙과 본분에 대하여 정확무오한 유일의 법칙임을 믿는 데 변함이 없음 ② 신구약 성경에 계시된 영생의 말씀은 곧 구속의 결론인데 이는 하나님의 독생자 예수 그리스도를 증거하는 데 그 목적이 있는 것이며, 이 계시로서의 신구약 성경은 절대 무오함을 믿음 ③ 본인의 강의를 들은 일부 학생으로 말미암아 교회에 물의를 초래한 데 대하여 교수로서 삼가 진사(陳謝, '까닭을 밝히며 사과의 말을 함', 필자 주)의 뜻을 표함."[30]

위에서 언급한 죽산 박형룡 박사를 중심한 근본주의 태도가 '전투적'이라면 그것은 적어도 1945년 해방 때까지는 '방어적' 전투였고, '공격적' 전투 태도로 변한 것은 해방 이후 박형룡이 해외에서 귀국한 다음부터이다. 죽산은 미국유학을 마치고 1927년에 귀국했고, 1928년부터 평장신의 임시 교수로 있다가 1931년 정교수로 취임했으며, 일제가 강요하는 신사참배에 반대함으로 1938년에 평장신이 문을 닫은 후, 박형룡은 해외로 나갔다(1938년 9월부터 일본 동경에 머물다가, 1942년부터는 만주로 가서 만주 신학원과 동북신학교에서 교수직을 맡았다). 1947년 9월에 귀국한 죽산은 장공

---

30) 김양선, 위의 책, 225-227쪽.

에 대한 비판을 공개적으로 시작했고, 그 비판의 핵심 내용은 장공의 "성경관은 파괴적 고등비판의 성서관이요 교리 문제에 대한 변명은 신신학의 교리관"이라고 한 것이다.[31] 본격적인 죽산의 공격적 근본주의는 1953년 기장과 예장이 분열할 때부터라고 볼 수 있다. 죽산과 장공은 성경무오를 두고 '성경관 논쟁'을 했고,[32] 이것은 1953년 예장과 기장이 분열하는데 촉매작용을 했으며, 1959년 합동과 통합이 분열하는 데까지 영향을 미쳤다. 이제 우리는 '성경에 오류가 있다'라고 주장을 굽히지 않았던 장공(김재준, 1901-1987)의 신정통주의 입장과 '성경 축자영감설에 근거한 무오설'을 주장한 죽산(박형룡, 1897-1978)의 근본주의 입장의 공과를 공정하게 객관적으로 평가해야 한다('verbal inspiration'을 '축자영감'으로 옮긴 것은 번역의 오류이다. '언어영감'으로 바로 잡아야 한다).

한국 장로교회와 평장신 전통의 복음주의 입장과 상관없이, 죽산의 공격적이며 전투적인 근본주의 태도는 1959년 이후 더욱 가열되었다. 박형룡 교수와 정규오 목사 등은 통합 측이 '신신학과 용공'을 따른다고 공개적으로 비난하기 시작한 것이다.[33] 이러한 사례는 죽산이 주도하는 합동 교단과 총신대 신학이 복음주의와는 또 다른 근본주의임을 나타내는 것이다. 박용규 교수도 죽산의 신학이 예장 통합과 분열된 후 "… 이전에 비해 더 강하게 근본주의적 정통주의 성향으로 흘렀다"라고 평했다.[34] 여기서 죽산이 공격하는 '신신학'(新神學)은 자유주의 신학이 아니고 신정통주의(新正統主義) 신학이었다. 합동과 통합이 갈라진 다음 해인 1960년에 본 통합교단의 '전국교역자수양회' 강연에서는 통합 교단의 신앙과 신학이 '복음주의'라는 것을 분명하게 재확인했다. 이 강연회에서 마삼락 교수는 역사적인 복음주의의 특징을 4가지로 정리했다. ① 복음주의란 로마 천주교와 구별되는 개혁교회 프로테스탄티즘을 지칭한다. ② 복음주의는 성경대로 믿는 사람(성경의 권위: 계시와 영감, 필자 주)을 지적하는 말이다. ③ 복음주의는 중생한 사람(신앙과 생활의 일치, 필자 주)을 지적하는 말이다. ④ 복음주의는 전통신조(정통주의 Orthodoxy, 핵심적으로는 '웨스트민스터신앙고백', 필자 주)를 고백하는 사람을 지적하는 말이다.[35] 20세기 후반에 스코틀랜드의 역사학 교수 베빙턴(David W. Bebbington)이 정의한 복음주의 개념은 21세기 현재까지 고전적인 정의로 통한다. '데이비드 베빙턴의 사각형'으로 알려진 복음주의 4가

---

31) 김양선, 위의 책, 229쪽 이하.
32) 김양선, 위의 책, 308-354쪽에 양인이 주장하는 성경관 논문 참조.
33) 『기독공보』, 1960. 4. 11.
34) 박용규, 위의 책, 233쪽 각주 122.
35) 마삼락, "복음주의 신앙이란 무엇인가 - 역사적인 면에서 고찰함", 『長老敎會의 今後進路』, 총회종교교육부, 1960, 특히 98쪽 이하.

지 요소들은, ① 성경주의(성경의 권위) ② 회심주의(중생) ③ 십자가 중심주의(대속의 죽음과 부활) ④ 행동주의(복음의 생활화, 사회화)이다.[36] 이것은 위에서 살핀 마삼락의 복음주의 설명과 대동소이하다. 본교 장신대 제11, 12, 13대(1971-1983) 학장을 역임한 춘계 이종성 박사는 그의 신학이 신정통주의 신학('신신학')에 기울어졌다는 비판을 받았는데, 본 교단 총회는 이 문제를 1979년 총회에 춘계를 불러서 묻고 분명하게 해결했다. 춘계는 총회 앞에서 자신과 장신대의 신학노선은 신정통주의가 아니고 '웨스트민스터 신조에 기반한 성서적 복음주의 신학'라고 공언했다.[37]

그러나 춘계(春溪 이종성, 1922-2011)는 퇴임 후 73세 때인 1995년에 공개적으로 '복음주의'라는 용어를 버리고 '복음적'이라는 용어를 사용한다고 선언했다.[38] 그리고 춘계는 82세 때인 2004년에 자신이 앞으로 추구하는 신학은 "통전적 신학"(Holistic theology)이라고 주창했다.[39] 더 나아가 춘계는 21세기에 바람직한 성경관은 바르트의 성경관이라고 주장하는 글을 발표함으로써 춘계의 '통전적 신학'은 결국 신정통주의 신학과 맥을 같이하는 신학으로 드러나게 되었다.[40] 장신대의 복음주의 신학의 정체성은 춘계의 이러한 신학적 행보로 인해 다시 한번 불투명한 자리에서 답보하게 되었다. 뿐만아니라, 김명용 교수는 바르트를 20세기 개신교 신학의 '교부'요 그의 『교회 교의학』은 '철저한 성서 중심의 20세기 신학대전'이라는 과도한 찬사와 함께, "… 21C의 개혁교회의 생명과 발전을 위해서 자유주의를 극복했던 바르트의 성경관은 대단히 의미가 있고 유익할 것으로 보인다"라고 주장했다.[41] 그러나 바르트의 교회교의학은 종말론이 빠진 미완성의 교의학이었고, 김명용 박사의 주장에서 정작 깔뱅의 성경관과 바르트의 성경관이 어떻게 차이가 나는지, 바르트의 성경관에 대한 구체적인 내용 설명은 찾아보기 어렵다.[42] 박용규 박사는 이종성 교수의 등장으로

---

36) 이재근,『세계 복음주의 지형도』, 복있는 사람, 2015, 27-29쪽.

37) 『제64회 총회회의록』, 1979, 101-108쪽. 비교, 고용수,『장로회신학대학교 100년사』, 장로회신학대학교, 2002, 474쪽. 이종성 학장이 자신의 저서『평신도와 신학』에서 '신정통주의가 가장 온당한 입장'이라고 주장한 점에 관해 본 교단 총회가 질의한 것에 대한 춘계의 "답변서" 참조. 총회는 춘계에게 "귀하가『평신도와 신학』14, 15면에서 … 신정통주의가 가장 가장 정당하다고 한 말은 귀하가 신정통주의를 장로회신학대학의 신학노선으로 삼겠다는 뜻입니까?"라고 물었고, 여기에 대한 춘계의 답변은 다음과 같았다. "아닙니다. 그 말의 뜻은 현대사조에 대한 신정통주의 태도가 보수주의보다 더 대화가 잘 된다는 뜻입니다. 본 대학의 신학노선과 방향은 본 교단의 노선인 웨스트민스터 신앙고백의 노선과 에큐메니칼 운동 노선에 근거하여 성서적 복음주의 신학을 영위해 나가는 것입니다. 1979년 9월 10일, 장로회신학대학 학장 이종성".

38) 이종성, "장로회신학대학교의 현재와 미래를 점검한다",『장로회신학대학교 총동문회 동문회보』, 1995. 5., 제26호, 21쪽 이하.

39) 이종성, 김명용, 윤철호, 현요한,『통전적 신학』, 장로회신학대학교출판부, 2004.

40) 이종성, "21세기에 있어서 성서의 신언성이 유지될 것인가?", 〈기독교학술원강연자료〉, 2001년 2월 5일, 특히 5쪽 이하.

41) 김명용,『열린 신학과 바른 교회론』, 장로회신학대학교출판부, 1997, 208쪽. 동일저자, "개혁신학과 신정통주의 신학",『기독교학술원 포럼』, 제7호, 2008. 5. 30., 한국기독교학술원 출판부, 116-131쪽.

42) 전반적으로 깔뱅의 신학과 바르트 신학의 관계와 그 차이점에 대한 연구는 다음의 책을 참고할 수 있다. Sung Wook

장신대 신학은 신정통주의로 변천했다고 보는데, 춘계 한 사람 때문에 예장 통합교단의 장신대 신학이 신정통주의 노선으로 바뀌었다고 하는 것은 다소 무리한 주장이다. 지금도 통합교단과 장신대의 신앙과 신학의 본질은 변함없이 복음주의이다. 그러나 "… 이종성, 김기수(Keith R. Crim), 문희석, 박창환, 이형기, 김명용이 합류한 장신의 신학은 교단의 방향과는 다르게 진행되었다"라는 박용규의 지적은 주목해 보아야 한다.[43] 예컨대, 박창환 교수는 장신대에서 은퇴한 후에 팔순의 연세에도 신약을 넘어 '구약해설서'를 집필하여 출판했는데, 그 머리말에서 다음과 같이 자신의 변하지 않는 신학적 입장을 견지하고 있다. "과거에 어떤 사람들이 직관적으로 성경에 대해서 말한 것이 하나의 전통이 되어 대대로 내려오면서, 그것이 절대적 진리인 양 취급되었다. 이러한 전통적 견해를 절대화하고, 그것과 다른 말을 하는 사람들을 단죄하는 예들이 비일비재했다. 다시 말해서 성경에 대한 학문적인 연구를 무시 내지는 적대시해 온 경향이 있다. 소위 고등비평이라는 역사적 연구를 배척하고, 과거의 전통적 견해를 고집하면서, 성경의 겉만을 핥고 있었다는 말이다. 그래서 필자는 성경학자들의 말을 전통적인 견해보다 앞에 두려는 방침을 가지고 이 교재를 썼다. 다시 말해서 역사비평적인 연구의 결과를 토대로 하였으며, 그것을 바탕으로 하고, 겸손히 하나님의 음성을 듣는, 그러한 방법을 택했다."[44] 청포 역시 역사–비평적 방법에 대한 철저하고 정확한 학문적 이해가 부족했다고 생각한다. 여기서 청포(박창환 교수의 호)는 성경해석에서 역사비평적 지식이 예비적 지식에 머무는 것이 아니고 오히려 그 역사–비평적 연구의 결과를 가지고 성경본문을 해석하고 신학을 수립하겠다는 입장을 분명히 하고 있다. 청포가 말하는 고등비평(高等批評, Higher criticism), 즉 역사–비평적 방법(Historical–critical method)을 사용하는 성경해석은 서구 자유주의 신학의 입장으로서 일찍이 18세기 서구 계몽주의 철학의 영향을 받아 시작되었고, 19세기 후반부터 20세기 후반까지 약 100년 이상을 주로 독일과 영국 및 서양 각국의 대학교 강단신학에서 강조된 성경연구 방법이다. 자유주의만 아니라 신정통주의도 역사–비평적 방법을 성서해석에 적용했다. 21세기 현재 '고등비평'이라는 용어는 거의 사용하지 않으며 그 대신 성서비평학(Biblical criticism)으로 알려진 이 방

Chung, *Admiration & Challenge, Karl Barth's Theological Relationship with John Calvin*, Peter Lang, 2002. 정성욱 교수는 바르트가 깔뱅의 신학을 수정한 주제들을 6가지로 다음과 같이 정리했다. ① 자연신학 ② 이신칭의 ③ 이중예정 ④ 성경관과 성경해석의 방법 ⑤ 기독론의 관점 ⑥ 역사적 맥락의 차이(깔뱅은 'pre-modern'/ 바르트는 'modern'). 바르트는 그의 교의학에서 계몽주의 철학의 일반 원칙의 적법성을 수용했다. 달리 말하자면, 바르트 신학의 현대성과 비평정신은 칸트(I. Kant)로부터 유래한다(226-228쪽). '하나님의 계시는 기록된 성경과 동일시 될 수 없다'는 바르트 성경관의 명제와 깔뱅의 성경관과의 차이에 대한 설명은, 특히 230쪽 이하 참조.

43) 박용규, 위의 책, 1008쪽.

44) 박창환, 『구약에서 듣는 하나님의 말씀, 출애굽기·레위기』, 펴낸이 박동현, 비블리카 아카데미아, 2008, 4쪽.

법의 주 관심은 간단히 말해서 성경 본문이 진술하는 내용이 '역사적으로 정말 발생한 사실인가'를 묻고 따지는 연구이다. 가령 구약성경 본문에서 모세를 위시하여 예언자들이 말하고 행동했다고 기록한 내용이 정말 역사적인 모세와 역사적인 예언자들이 말하고 행동한 그대로인가를 따져보는 것이다. 또 신약의 경우는 4복음서에서 예수가 말씀했다는 말들이 정말 역사적 예수가 한 말인가를 확인하려는 것이다. 그래서 일반 학문의 문학, 역사학, 철학, 과학, 고고학, 지리학, 언어학 등의 도움을 받아 소위 6하원칙에 따라 성경이 진술하는 내용의 진위를 밝히려는 것이다. 그 결과 모세오경은 역사적 모세가 썼다는 전통적인 주장은 부인되었고, 소위 '오경의 문서가설'(J, E, D, P 문서설)이 그 자리를 대신하게 되었다. 신약의 경우 수백 명의 비평학자들이 모여 철저하게 성서비평학을 적용한 연구로 유명한 '지저스 세미나'(the Jesus Seminar)에서는 복음서에서 역사적 예수의 어록은 약 16%만 진정성을 가진다는 연구 결과를 발표했다.[45] 이러한 성서비평의 결과는 정통주의 신앙고백에 근것한 복음주의 교회의 성경해석과 신앙에 역행하는 양상을 띠게 되었다. 성서비평을 하지 않으면 서구 대학의 신학에서는 교수로 채용하지도 않았고, 석사나 박사학위를 하는 학생이 역사-비평적 방법을 사용하지 않으면 학위도 받을 수 없는 상황이 지속되었다. 고등비평(성서비평학)이 서양 신학에서는 상당 기간 학문의 헤게모니를 장악하고 있었다.

그러나 21세기로 진입하면서 성서비평학의 한계에 대한 성찰을 통해 '역사-비평적 방법'이 성경 연구에서 유일한 학문적 방법이 될 수 없다는 점이 드러났다. 그래서 21세기 현재는 성경본문에 대한 통시적(通時的)이며 분석적인 역사-비평적 방법의 일변도를 벗어나 여러 다양한 방법들이 소개되었다. 예컨대, 수사 비평(또는 신문학비평), 경전 비평, 서사 비평 등은 성경 본문을 그 나름대로 완성된 의미 단위로 보고 공시적(共時的)이며 종합적으로 이해하려는 '패러다임 변화'가 생겼다.[46] 또한 성경연구에서 과거에 무엇이 정말로 일어난 사건인가에 대한 탐구도 그 객관적인 연구 결과에 대한 학자들의 일치된 견해를 얻지 못했으며, 일반 역사학에서도 역사실증주의 일변도의 입장은 퇴조했다. 이제 성서신학에서 역사에 대한 관심은 성경본문의 언어 자체에 대한 관심으로 옮겨가고 있다. 이러한 성경연구 역사에서 성서비평의

---

45) Robert W. Funk and The Jesus Seminar, *The Acts of Jesus: The Search for the Authentic Deeds of Jesus*, HarperSan-Francisco, 1998.

46) Steven B. Cowan & Terry L. Wilder(eds.), *In Defense Of The Bible*, B&H Academic, 2013. James K. Hoffmeier and Dennis R. Magary(eds.), *Do Historical Matters Matter To Faith?*, Crossway, 2012. 비교, K. A. Kitchen, *On The Reliability Of The Old Testament*, Eerdmans. Craig L. Blomberg, *The Historical Reliability of the New Testament*, B&H Academic, 2016 등.

본질과 그 흐름의 변화를 감지하지 못하고 청포가 고등비평의 방법만을 학문적 방법인 것처럼 고집하는 것은 이해하기 어렵다. 청포는 춘계 이종성 박사나 문희석 박사와 함께 본 교단의 총회에 나가서 신학적 입장에 대한 검증을 받은 적이 있는데,[47] 여기에 대한 불만이나 유감이 있다면 그에 대한 자신의 학문적 입장을 지금이라도 구체적으로 솔직하게 밝히는 것이 필요할 것이다. 장신대와 우리 교단의 신학 전통은 근본주의나 신정통주의가 아니라 복음주의이며 상당한 융통성과 포용력을 가지고 있다. 과거에 어떤 사람들이 성경에 대해 말한 것이 절대적 진리인 양 취급되었다면, 막연하게 "성경의 겉만을 핥고 있었다"라고 비난할 일이 아니고, 어떤 경우들이 그러했는지 한두 가지 사례라도 납득할 수 있게 제시해야 하며, 성경에 대한 학문적 연구를 무시하거나 적대시해 왔다는 것에 대해서도 그 분명한 증거를 제시해야 한다. 우리 교단의 복음주의 신학적 입장은 반지성주의나 무지몽매주의가 아니기 때문이다. 고등비평만 하더라도 일찍이 평양장로회신학교 교지인 『신학지남』(제3권 제4호, 1921년 5월)에서 어도만(Walter C. Eerdman) 교수는 처음으로 '고등비평'이라는 글을 번역하여 소개한 바 있으며, 이 글의 요지는 고등비평을 무조건 배척할 것은 아니고 조심해서 해야 한다는 것이었다.[48]

어쨌든 16세기 서구 개신교 신학의 전통에서 한국의 장로교회와 장신대 신학은 독일의 루터 교회와 루터 신학의 전통과는 달리 스위스 개혁교회의 전통에 서 있고, 구체적으로는 장신대 학훈(경건과 학문)이 말하는 바와 같이 깔뱅-베자의 제네바 아카데미의 복음주의 신앙과 신학 노선의 역사적 연장선상에 있다.[49] 우리 한국에 복음을 전해준 미국 장로교단의 복음주의도 영국과 스코틀랜드의 청교도 신앙과 신학 전통을 이어받은 것이다. 이수영 박사는 개혁신학으로서 장로교회의 신학은 루터교 신학과 구별되며, "개혁교회의 첫 번째 신학자는 츠빙글리(Huldrich Zwingli)이고 개혁신학의 첫 번째 완성자는 깔뱅(Jean Calvin)이다"라고 했다.[50] 이러한 역사적 맥락에서 우리가 사용하는 용어들인 개혁교회 정통주의(대표적으로, '웨스트민스터신앙고백')나 깔뱅주의나 개혁주의 신학이나 복음주의는 강조점은 달리하지만 동의어들이다.

---

47) 고용수, 『장로회신학대학교 100년사』, 장로회신학대학교, 2002, "박창환 교수의 신학사상 논쟁", 400쪽 이하. 비교, "이종성 학장 저서 논란", 같은 책, 473쪽 이하.

48) 김중은, "고등비평을 한국에 처음 소개한 것은 누구인가?", 『구약의 말씀과 현실』, 한국성서학연구소, 1996, 352-370, 특히 367쪽 이하.

49) 비교, 요아킴 스테트케, 『장로교의 뿌리 칼빈』, 정미현 역, 만우와 장공, 2009.

50) 이수영, "장로교회의 신학", 『기독교학술원 포럼』, 2008, 제7호, 2008.5.30., 한국기독교학술원 출판부, 58쪽. 비교, 강경림 외, 『한 권으로 읽는 츠빙글리의 신학』, 세움북스, 2019.

2. 성경관의 문제

　　학문적으로 신앙과 신학의 입장과 정체성을 확인하는 가장 확실한 기준은 성경관(the view of the Bible)이다. 성경관이란 무엇인가? 나의 성경관은 무엇인가? 이 물음에 대한 분명한 대답이 없이는 신앙과 신학의 정체성이나 입장을 논의하고 정리하기가 어렵다. '성경무오설이 신학적 갈등의 핵심'이라는 주장도 있지만, 그렇다고 성경무오설을 포함하여 성경관에 대한 논의 자체를 기피하거나 성경관의 차이를 불분명하게 하면, 그로인해 갈등은 고착화하고 오해는 사라지지 않는다. 오히려 성경관을 분명하게 설명함으로써 우리는 오해를 불식하고 불필요한 갈등을 해결하는데 접근할 수 있다. 지금도 성경관에 대해 물으면 답변을 못하거나 회피하는 것이 큰 문제다. 개신교(특히 통합 교단)의 목사나 신학자라면 자신의 '성경관'이 무엇인지 설명할 수 있어야 한다. 신학대학교에서 성서학 교수나 조직신학 교수가 성경관이 불분명하면 그에게서 배우는 학생들은 신학적인 혼란과 갈등을 겪을 수밖에 없다. 지난 20세기는 세계적으로 신학 논쟁의 파고가 매우 높은 시대였는데, 그 모든 쟁점의 뿌리는 '성경관의 차이'에 놓여있었다고 해도 과언이 아니다.[51]

　　성경관(聖經觀, the view of the Bible)은 문자 그대로 '성경이란 무엇인가'에 대한 정리된 생각을 말하는 것인데, 구체적으로는 '성경의 권위'(즉 계시와 영감. 딤후 3:16; 벧후 1:20-21)에 대한 설명을 그 기본적 내용으로 한다. 21세기 현재 기독교 신학과 연관하여 논의되는 성경관의 종류는 다음과 같이 일곱 가지로 구분해 볼 수 있다. ① 성경은 하나님의 말씀이다(성경의 계시와 '언어영감', 복음주의). ② 성경은 하나님의 말씀이다(성경의 계시와 '축자영감', 근본주의). ③ 성경은 하나님의 말씀이 된다(기록된 성경은 하나님의 말씀으로서 계시가 아니고 참 계시인 예수 그리스도에 대한 인간의 증언이며, 지금도 여기서 성령을 통해 그 증언의 말씀이 하나님의 말씀으로서 만남의 사건이 일어날 때, 비로소 성경은 하나님의 말씀이 된다. '실제영감론', 신정통주의). ④ 성경은 '하나님의 말씀'을 포함한다(성경은 초자연적 계시가 아니며, 여기서 '하나님의 말씀'이라는 의미는 인류 보편적인 가치와 인도주의의 내용을 포함한다는 뜻이다. 자유주의 및 종교다원주의). ⑤ 교회의 사도전승(교황수위권)과 성경은 같은 권위를 가진다. 성경만으로는 하나님의 뜻을 아는데 충분하지 않다(성경의 계시와 영감의 불충분성. 교황무오설, 로마 천주교). ⑥ 성경의 권위와 동방 정교회(東邦正敎會, Eastern Orthodoxy) 공의회들의 전통적 권위를 동등한 것으로 주장한다. 성경은 하나님이 자신을 인간에게 계시한 말씀인데,

---

51) 목창균, 『현대 복음주의』, 황금 부엉이, 2005.

정교회 안에서 각 사람에게 보내신 편지이다(로마 천주교와 입장이 비슷하지만 로마 교황의 수위권이나 교황무오설을 인정하지 않으며, 정교회 신앙공동체의 권위와 공의회의 우선권을 강조함. 동방 정교회).[52] ⑦ 성경은 하나님의 말씀이 아니고 고대 유대교와 그 분파인 기독교의 종교문서이다(성경의 계시와 영감 부인, 종교학 및 급진주의).

위에서 언급한 대로 본 교단(대한예수교장로회 통합)과 장신대의 신앙과 신학의 역사적 정체성은 스위스 개혁교회 전통의 복음주의 성경관에 기초한다.[53] 초창기부터 한국 장로교회의 신앙과 신학은 정통주의이며 개혁주의이고 깔뱅주의이며 복음주의이다. 이 복음주의는 16세기 교회개혁적 정통신학의 역사적 흐름을 이어받으면서, 주로 하나님 나라와 하나님의 주권을 강조하는 깔뱅의 신학(깔뱅주의)을 따르는 개혁신학이다. 복음주의, 정통주의, 깔뱅주의, 개혁주의 신학은 이러한 관점에서 호환이 가능한 동의어들이다. 다행스러운 것은 지금까지 우리 한국교회와 신학의 상황에서는 자유주의(liberalism)나 급진주의(radicalism)가 발을 붙이지 못했다. 일부 신학교의 교수들 중에서는 개인적으로 이러한 경향을 띠고 물의를 일으킨 사례들이 있었지만, 그것은 일과성으로 지나갔다. 문제는 같은 개혁교회의 정통주의를 이어받으면서도 복음주의와 근본주의 성경관의 차이가 잘 이해되지 않고 있다는 점이다. 또한 신정통주의의 성경관에 대해서도 분명한 설명이 부족하며, 학문적으로 정확한 이해가 아쉽다. 신정통주의(Neo-orthodoxy)의 '신(新, Neo-)'자는 바르트 신학에서 '수정 깔뱅주의'(예컨대, 성경관의 수정, 이중예정론 수정 등)를 의미하며, 무엇보다 바르트의 수정된 성경관에서는 '실제영감론'(Realinspiration)이 그 특징이다.[54] 신정통주의를 신칼빈주의(Neo-Calvinism) 또는 신개혁주의 신학(Neo-Reformation theology)이라고도 한다. 무엇보다 신정통주의 성경관은 바르트(Karl Barth, 1886-1968) 신학의 성경관에서 무엇이 새롭게 수정되었는지를 잘 설명하고 이해하면 불필요한 오해와 소모적인 논쟁을 피할 수 있다. 바르트의 성경관에서는 성경에 오류와 모순이 있다는 것이 문제가 아니라, 기록된 성경은 존재론적으로 하나님의 계시, 곧 하나님의 말씀이 아니라는 주장이다. 기록된 성경은 어디까지나 유일하신 하나님의 말씀이요 참 계시인 예수 그리스도에 대한 인간들의 증언이다. 이 특별한 역사적 증언의 말씀인 기록된 성경을 교회는 정경으로 받아들이고, 오늘도 교회안에서 성령께서 이 성경의 증언을 여기에 있는 우리에게 하나님의 말씀으로서 만나게하시는 사건이 일어날 때,

---

52) Panagiotis Kantartzis, *Eastern Orthodox Theology*, Christian Focus Publications, 2021, 특히 13-26쪽, "The Path To The Truth: Scripture, Tradition, And The Church"; *The Orthodox Study Bible*, by St. Athanasius Academy of Orthodox Theology, Thomas Nelson, 2008.
53) 『칼빈의 성경해석과 신학』, 요한 칼빈 탄생 500주년 기념사업회, SFC 출판부, 2011 참조.
54) 이 글에서 각주 42번 참조.

그 때에 비로소 '성경은 하나님의 말씀이 된다'는 것이다. 한국 장로교회와 신학의 분열 역사에서 복음주의와 근본주의의 성경관의 차이, 그리고 복음주의와 신정통주의의 성경관의 차이를 제대로 설명할 수 있으면 서로의 입장을 이해할 수 있고, 불필요한 오해와 갈등을 해소할 수 있다.

먼저 근본주의(fundamentalism)는 20세기 초(1910-1915)에 정통주의(복음주의, 깔뱅주의 개혁주의)를 따르던 미국 장로교단이나 침례 교단의 교회와 신학에 침투한 서구의 자유주의나 신정통주의 신학사상(특히 고등비평, 성경의 모순과 오류 주장, 종교 사상적 진화론, 초월을 인정하지 않는 자연주의 등)에 대응하기 위해 생겨난 운동이었다. 근본주의 운동의 주장은 ① 성경의 무오, ② 예수 그리스도의 동정녀 탄생, ③ 예수 그리스도의 대속적 죽음과 부활, ④ 재림, ⑤ 초자연적 기적 등이다. 그러므로 먼저 신학적 자유주의나 신정통주의 신학의 정체와 그 문제점을 제대로 평가하지 않고, 근본주의를 반지성주의(또는 무지몽매주의)라고 부정적으로 매도하는 것은 잘못이다. 근본주의 운동이 자유주의나 신정통주의의 무엇을 왜 문제 삼고 있는가를 설명한 다음, 근본주의의 단점을 말해야 순리이다. 근본주의는 성경의 권위(계시와 영감)를 높이고 성경의 불오(不誤, infallibility. 성경에 나타난 예수 그리스도의 복음의 진리는 오류가 없다는 주장)뿐 아니라 무오(無誤, inerrancy. 성경에 기록된 역사적, 지리적, 과학적, 문학적 내용에도 오류가 없다는 주장)를 주장한다. 여기까지는 근본주의와 복음주의가 대동소이하다. 다만 복음주의는 성경에 오류가 있다는 주장에 대해 오류가 아니라 관점의 '차이'(differences)가 있다고 하고, 성경에 모순이 있다고 하지 않고 '난제' (difficulties)가 있다고 설명한다.

그런데 한국의 근본주의는 성경의 영감론에서 소위 '축자영감론'을 주장하는데, 이 용어는 '언어영감'(verbal inspiration)을 잘못 번역한 용어이다. 영어로 굳이 '축자영감'이라고 표현하려면 'verbatim inspiration' 또는 'literal inspiration' 이라고 해야 한다. 근본주의자들은 지금은 존재하지 않는 성경의 친필원본(autographs)에는 의미 전달에 상관없는 글자의 일점일획의 오류도 없다고 강변한다(비교, 마 5:18; 눅 16:17). 그러면서 문제가 되는 것은, 축자영감론(逐字靈感論)을 따르지 않으면 진정한 그리스도인이 아니라고 정죄하며, 다른 신학적 입장을 가진 신학교나 신학자들을 적대세력으로 공격하고, 분리운동을 추동하는 것이 근본주의의 현실이다. 또한 성경해석의 다양성에 대해서도 비관용적인 입장을 취한다(비교, 롬 14:1). 자유주의 신학(또는 신정통주의 신학)에 대응하는 근본주의 운동의 신학적 입장은 이해할 수 있으나, 과도한 '축자영감설' 주장과 함께 성경해석에서 이단이 아닌 다른 입장에 대해 적대적인 공격과 함께 상대방을 정죄하며 분리하는 태도는 성경적이 아니며 복음주의라고 할 수 없다(비교, 벧전 3:15). 사실 근본주의 운동이 시작될 때만 하더라도 정통주의 우산 아래서 근본주의나 복음주의의 구분은 무의미했다. 그러나 점차 미국의 경우, 1940년대가 되자, "… 근본주의 진영은 반문화적, 비지성적이며, 고립주의적이고 무작정 전투적이기만 한 신앙"으로 비춰졌고, "일종의 고립주의 소종파로 전락"하는 모습을 보였다.[55] 이러한 상황을 타개하기 위해 근본주의가 계속하여 사용하는 복음주의 용어와 차별화하기 위해 사용된 용어가 '신복음주의'였는데, 결국은 1950년대 이후부터 근본주의는 근본주의로, 복음주의는 '신'자를 빼고 그대로 복음주의로 자신의 정체성을 재정립하였다.[56] 이러한 미국장로교단 내의 역사적인 흐름과 주로 영미권 신학의 변화 속에서, 한국의 장로교회와 신학도 직간접적으로 영향을 받으면서 근본주의와 복음주의의 용어 혼동의 기간을 거쳐 오늘에 이르게 되었다.

대한예수교장로회(통합) 교단 소속인 본교 장로회신학대학교는 1953년에 기독교장로회 교단(한신대)의 분립과 1959년 예장 합동 측 교단(총신대)과 분립을 겪으면서 자신의 전통적 신학 정체성인 '복음주의'의 용어를 제대로 사용하지 못하고 기장 신학(신정통주의)과 총신 신학(근본주의) 사이에서 애매한 중도의 신학을 표방하다가 현재까지도 스스로 정체성의 혼란을 자초하게 되었다. 본교 장로회신학대학교의 신학 전통은 '보수적 근본주의'가 아니다. 김이태 교수는 1980년대 초반에 본교 장신대의 신학은 애매한 '중도의 신학'이 아니라 예수 그리스도의 복음의 '중심에 선 신학'이라고 해명함으로써 주의를 환기시킨 적이 있다. '중심의 신학'이란 표현은 그러나 역사적인 개혁교회 전통의 정통주의 깔뱅주의, 개혁주의, 복음주의의 신학적 정체성과 입장을 재확인하는 용어로서는 다소 부족했다. 예수 그리스도의 복음의 중심에 선 역사적 개혁교회 전통의 복음주의 신학이 본교 장신대의 신학적 정체성이라고 해명했다면 더 적절했을 것이다.

한 가지 부연해 둘 것은, 20세기 후반기로 오면서 복음주의를 표방하는 세계 신학대학교의 신학자들 가운데는 점차 성서비평학계에서 보편화된 비평이론들(예컨대, 구약의 경우는 신명기의 연대와 소위 신명기 역사서의 바벨론 포로기 저작설, 제2이사야 설, 다니엘서의 마카비 시대 저작 설, 요나서의 단편소설 장르 설 등. 신약의 경우 Q 자료 설, 선 마가 설 등)을 선별적으로 수용하는 경향을 보였다. 사실 이러한 성서비평학의 결론들을 수용하는 입장은 여전히 온건한(?)신정통주의 입장으로 부르는 것이 정확한데,

---

55) 이재근, 『세계 복음주의 지형도』, 복있는 사람, 24쪽 이하. 용어의 혼란을 피하기 위해, 20세기 후반에 신학계에서 사용된 '신복음주의'는 복음주의 신학자들 중에 성서비평학의 결과를 일부 받아들이는 입장에 대한 용어이다.

56) 이재근, 위의 책, 25쪽. 비교, "Evangelicals and Fundamentals (1957)" by Carl F. H. Henry, in *Architect Of Evangelicalism*, Lexham Press, 2019, 11-16 쪽.

현재 이들을 기존의 복음주의자들과 구별하여 신복음주의자들이라고 부르기도 한다.

어쨌든 근본주의 성경관과 차별화하여 복음주의는 성경의 계시와 함께 '축자영감'이 아니라 '언어영감'(verbal inspiration)을 지지한다(비교, 딤후 3:16). 이 언어영감론은 '유기적'이며(기계적이 아니라), '충족한'(부분적이 아니라) 영감 개념을 포함한다. 따라서 복음주의 영감론은 '언어적-유기적-충족적 영감'(verbal-organic-plenary inspiration: VOP ins.)이다. 또 성경 친필원본은 없어졌으나, 그 필사본의 전통(구약의 경우 '마소라 본문')은 필사자의 오류(scribal errors)는 인정하지만, 친필원본의 계시 내용을 충실하게 반영한다고 본다. 그리하여 복음주의는 성경에 오류(error)가 있는 것이 아니라 관점의 차이(differences)가 있고, 모순(contradiction)이 있는 것이 아니라 난제(difficulties)가 있다고 설명한다. 복음주의는 정도의 차이는 있으나 성경의 '불오(不誤, infallability)'와 '무오(無誤, inerrancy)'를 모두 수용한다.[57]

한편 신정통주의 성경관은 성경의 권위, 즉 정통적인 계시와 영감의 개념을 수정하여 결과적으로 성경의 권위를 약화하였다. 칼 바르트에 의하면 '기록된 성경은 존재론적으로 계시가 아니다'라고 한다. 역사 속에서 하나님의 계시는 성육하신 예수 그리스도이다. 성경은 육신이 되신 참 계시 말씀에 종속한다. 육신이 되신 계시 말씀과의 관련에서 성경의 기자들은 어디까지나 '증인들'이다(행 4:20 참조).[58] 기록된 신구약 성경은 유일하게 참 계시인 예수 그리스도에 대한 인간들의 '증언'이다. 따라서 성경에는 인간 기자들의 연약성에서 기인하는 오류와 모순이 있다. 김명용 교수는 바르트의 성경관에 따라, "성서 안에 존재하는 수많은 모순과 불일치와 원시적인 세계관들"이 있다고 한다.[59] 그럼에도 하나님은 오늘도 이 연약한 성경 기자들이 기록한 성경의 증언 말씀을 사용하여 성령을 통해 참 계시인 예수 그리스도의 복음의 바른 의미를 깨닫게 하신다는 것이다.[60] 그러한 점에서 신구약 성경은 믿음의

---

57) 비교, Norman L. Geisler, Thomas Howe, *The Big Book of Bible Difficulties*, Baker Books, 1992.

58) Francis Watson, "4 The Bible", *The Cambridge Companion To Karl Barth*, ed. by Hohn Webster, Cambridge University Press, 2000, 57-71쪽, 특히 61쪽 이하. 비교, 김중은, "3.3. 보록: 칼 바르트(1886-1968)의 성경관", 21세기 오늘 우리의 신앙과 목회와 신학의 현실,『옛것과 새것』, 한국성서학연구소, 2013, 501-509쪽.

59) 김명용,『칼 바르트의 신학』, 이레서원, 2007, 109쪽 이하.

60) 정통주의 성경의 '언어 영감'(verbal inspiration) 교리를 바르트는 깔뱅이 만들었다고 한다. 그러나 깔뱅은 성경의 영감만 말하지 않고 언제나 기록된 성경의 말씀을 읽거나 듣는 사람이 참 계시인 예수 그리스도를 깨닫고 이해하게 하시는 '성령의 내적 증언'(the inner testimony of the Bible)에 주의를 환기시켰다. 이 점에서 깔뱅이 기록된 성경의 영감과 성경 본문의 이해를 위한 성령의 내적 증언의 균형 감각을 유지했다면, 바르트는 성육하신 하나님의 말씀으로서 참 계시인 예수 그리스도를 성경의 본문과 차별화 하고, 기록된 성경 그 자체는 계시가 아니라고 한다. 바르트는 기록된 성경의 언어 영감(과 계시)을 버리고 '성령의 내적 증언'에 치중했다. 기록된 성경 본문 자체는 예수 그리스도와의 관계를 떠나서는 아무런 권위나 하나님의 말씀으로서 의미가 없다고 보기 때문에, 바르트는 기록된 성경의 존재론적 계시성을 인정하지 않는다. 기독교는 책(성경)의 종교가 아니고 예수 그리스도가 그 중심이라고 본다. 예수 그리스도만이 하나님의 말씀이고 참 하나님의 계시이다(비교, 요 1:1-2; 20:31; 히 1:1-2 등). 성경을 '하나님의 말씀'이라고 할 때는 하나

공동체인 교회 안에서 '하나님의 말씀'으로서 독특한 자리(경전)를 가지고 있다. 하나님은 성령을 통해 각 사람에게 성경에 기록된 말씀의 진리(곧 참 계시인 예수 그리스도)를 깨닫게 하시는데, 그 말씀과의 만남의 순간에 성경은 하나님의 말씀이 된다고 설명한다. 이것이 바르트의 소위 '실제영감론'(Realinspiration)이다. 그러므로 신정통주의 성경관은 '성경은 하나님의 말씀이 된다'라는 명제로 요약할 수 있다.[61]

장공 김재준의 경우는 성경에도 인간적인 오류가 있다는 신정통주의 성경관을 따르면서, 성경의 '절대무오'(Inerrancy, '무오' 또는 '무류')는 믿지 않으나, 성경의 '무오'(Infallibility, 즉 '불오')는 믿는다고 했다. 여기서 성경의 '절대무오'를 장공이 믿지 않는다는 것은 성경에 역사적, 문학적, 지리적, 과학적, 연대기적 착오와 오류가 있다는 것이고, 다만 성경의 '무오'(즉 불오)를 믿는다고 할 때는 성경이 말하는 예수 그리스도의 복음을 통한 하나님의 구원의 진리에 관해서는 오류가 없다고 믿는다는 주장이다. 무슨 말인지 어느 정도 이해는 가지만, 실제로 성경에서 구체적으로 무엇이 오류이고 무엇이 모순이냐 하고 물으면 끝없는 토론과 논쟁이 불가피해진다.

어쨌든 예장총회에서는 "… 김재준 씨는 제36회 총회결의 위반급 성경유오설을 주장하였으므로 권징조례 제6장 42조에 의하여 예수의 이름과 그 직권으로 목사직을 파면하고 또 그 직분 행함을 금하노라"라고 선언했다.[62] 이미 36회 총회에서는 '조선신학교'와 '장로회신학교'의 총회직영을 취소하고 하나의 총회직영 신학교를 신설하기로 가결했다.[63] 이렇게 신설된 '총회신학교'는 1953년 8월 신임 교장에 박형룡을 선임했고, 1954년 4월에 서울 남산공원 박물관 시설로 이전했다.[64] 성경유오설을 주장하는 신정통주의 성경관 문제로 예장과 기장은 분열했고, 총신대와 한신대가 분립하게 되었다. 총신대는 다시 1959년에 합동측(총신대)와 통합측(장신대)로 갈라섰다. 오늘의 관점에서 보면 굳이 교단 분열과 신학교 분립을 하지 않아도 되지 않았을까 하는 생각이 들지만, 사실 이러한 성경관의 차이는 신앙과 신학에 심각한 갈등을 일으키는 것만은 사실이다.[65]

님께서 그 성경의 기록된 본문을 통해 성령으로 말씀하실 때만 그렇다는 것이다. Karl Barth, *The Theology of John Calvin*, Translated by G. W. Bromiley, Eerdmans, 1995, 167쪽 이하. 바르트의 소위 '하나님의 말씀에 대한 3중 형태론', 즉 성육하신 하나님의 말씀으로서 예수 그리스도, 기록된 증언의 말씀으로서 성경, 선포된 말씀으로서 설교에 대한 최근의 해설과 토론은 다음의 책을 참조할 수 있다. Kimlyn J. Bender, *Reading Karl Barth For The Church, A Guide and Companion*, BakerAcademic, 2019, 특히 "The Word of God, Christology, Scripture, and Proclamation", 67-73쪽 및 "Holy Scripture", 207-248쪽.

61) 칼 바르트로 대표되는 신정통주의 성경관에 대해 보다 자세한 내용과 문헌적 전거는 다음의 글을 참고할 수 있다. 김중은, "21세기 오늘 우리의 신앙과 목회와 신학의 현실", 『옛것과 새것』, 한국성서학연구소, 2013, 특히 497-520쪽.

62) 『대한예수교장로회총회 제38회 회록』, 1953. 4. 24-28, 대구서문교회당, 238쪽.

63) 『대한예수교장로회총회 제36회 회록』, 1950. 4. 21.-25, 대구제일교회당, 124쪽.

64) 『대한예수교장로회총회 제39회 회록』, 1954. 4. 23.-27, 안동중앙교회당, 285-286쪽

65) 총회에서 목사직을 파면당한 장공의 신학적 입장 표명과 그와 관련된 내용은 다음의 문건들에서 살펴볼 수 있다. 『사

이미 언급한 대로 칼 바르트의 신정통주의 성경관에서는 성령의 사역으로 오늘도 교회(믿음의 공동체)에서 '성경은 하나님의 말씀이 되고 하나님의 말씀이다'라고 주장함으로써, 그의 영감론은 신학계에서 '실제영감론'(Realinspiration)으로 알려지게 되었다. 바르트는 또한 하나님의 말씀의 3중 형태론을 말했는데, 성육하신 예수 그리스도가 '참 계시로서 하나님의 말씀 자체'이고, 성경은 그 참 계시에 대한 '인간들의 증언'인데 성령의 감동으로 오늘도 '하나님의 말씀이 된다'고 했으며, 설교는 성경이 이렇게 하나님의 말씀이 현재화되는 통로로서 '선포된 하나님의 말씀'이라고 정리했다. 착각은 자유라는 말이 있지만, 바르트가 '기록된 성경은 하나님의 계시이며 영감된 하나님의 말씀이다'라는 개혁교회 전통의 복음주의 성경관을 수정하여, 존재론적으로 기록된 성경은 하나님의 말씀이 아니며 '참 계시에 대한 인간적인 증언'이라고 수정한 것은 큰 잘못이다. 왜냐하면 성경은 성령 하나님의 감동으로 기록된 하나님의 살아있는 말씀이기 때문이다(딤후 3:16; 히 4:12; 벧전 1:23; 벧후 1:20-21. 비교, 렘 23:29; 살전 2:13). 또 설교를 하나님의 말씀의 3중 형태에 포함시키는 것도 무리라고 생각한다. 교회의 설교는 말씀이 육신이 되신 예수 그리스도(성육하신 말씀)나 기록된 성경처럼 계시되고 영감된 하나님의 말씀과 같은 권위를 가지는 하나님의 말씀은 아니기 때문이다. 설교야말로 하나님의 말씀(예수 그리스도와 성경)에 대한 설교자(인간)의 '증언'으로 보아야 한다(비교, 성경 봉독과 설교의 차이). 예수 그리스도와 성경에는 오류가 없지만, 설교에서는 설교자의 오류를 인정할 수밖에 없기 때문이다. 바르트가 주장하는 하나님의 말씀 3중형태는 잘못된 주장이다.

오늘 교회와 그리스도인들이 하나님의 참 계시요 복음 자체인 예수 그리스도를 어떻게 알 수 있는가? 다른 방법이 없고, 기록된 성경을 통해서만 알 수 있다. '예수 믿고 신학자로서 가장 좋은 것이 무엇이냐'라는 질문에 바르트는 '하나님이 나를 사랑하신다는 것'이라고 대답했다고 한다. 하나님이 나를 사랑하신다는 것을 어떻게 알 수 있는가? 다른 방법이 없고, 기록된 성경을 통해서 알 수 있다. 하나님이 천지만물을 창조하시고 우리 인간과 화해하시며, 인간을 죄에서 구원하신다는 것을 어떻게 알 수 있는가? 다른 방법은 없고, 기록된 성경을 통해서만 알 수 있다. 육신의 죽음 이후에는 천국과 지옥이 있고, 예수 그리스도의 재림과 최후의 심판과 부활과 영생이 있다는 것을 어떻게 알 수 있는가? 다른 방법은 없고, 기록된 성경을 통해서 알 수 있다. 기록된 성경 없이는 신학적 인식과 지식이 불가능하며, 기록된 성경의 오류

<hr>

료 한국신학사상사』, 김인수 편, 장로회신학대학교출판부, 2003. "미국 장로파 선교사와 한국 장로교회-특히 신학 교육 문제를 중심으로", 488-500; "대한 기독교장로회의 역사적 의의", 500-510; 또한 죽산의 "김재준 교수의 진술서에 대한 비판", 580쪽 이하.

와 모순을 전제하면 올바른 신앙과 신학은 성립될 수 없다. 성경에 모순과 오류가 있다고 주장하면, 자연히 성경에 근거한 신앙과 신학적 지식도 불안정하거나 의심스럽게 되고 진리의 말씀으로 받아들이기 어렵게 된다. 목창균 박사는 "성경에 오류가 있다는 주장은 성경의 권위를 손상시키거나 기독교 교리를 변질시키며 교회를 분열시킬 우려가 있다"라고 올바로 지적했다.[66]

3. 복음주의 구약학이란 무엇인가?

이 제목에 관해서는 이미 글을 발표한 바가 있다.[67] 또 1901년에 시작된 평장신부터 비교적 최근까지 장신대 구약학이 걸어온 역사에 관해서는 다음의 글을 참고할 수 있다.[68] 또 "2000년대를 향한 장신대의 구약학과 교육"이란 제목의 글도 발표했다.[69] 지면의 제약상 여기서는 위의 글들의 내용을 근거로 복음주의 구약학의 내용에 대해 장신대 구약학과 연관하여 간략하게 서술하고, 장신대 구약학이 앞으로 복음주의 구약학의 역사와 전통을 이어나갈 수 있기를 바라는 마음을 전하고자 한다.

구약학(舊約學, Old Testament Studies)은 신약학과 함께 기독교 신학의 분야인 성서학(Biblical studies)에 속한다. 구약학은 히브리 성경(MT 3부 24책, 또는 LXX과 Vulgata에 따라 4부 39권)을 대상으로 기록된 구약성경을 통해 나타난 하나님의 계시 내용을 공부하는 학문이다. '구약'(舊約)은 기독교의 용어로서 신약(新約, New Tastament)을 전제한다(고후 3:14-17; 히 1:1-2 등). 구약은 무엇보다 옛 이스라엘 백성에게 주신 하나님의 말씀이고, 예수님의 성경이고 초기 교회의 성경이며(마 5:17; 눅 24:44; 요 5:39, 46-47; 롬 3:31 등), 기독교 2000년 역사에서 정경이고 또한 오늘 우리의 성경이다(대한예수교장로회 헌법, 웨스트민스터 신앙고백 제1장 성경에 관하여, 대한예수교장로회 신앙고백서, 제1장 성경). 전통적으로 개혁신학 복음주의 성경연구의 방법은 전통적으로 '역사-문법적 방법'(historical-grammatical method/또는 grammatical-historical exegesis)이다.[70]

---

66) 목창균, 『현대복음주의』, 위의 책, 261쪽. 비교, 김중은, "성경관과 신학적 입장", 〈성서마당〉 제31호, 1998. 6. 이 글은 다음의 책에 재수록되었다. 김중은, 『옛것과 새것』, 위의 책, 2013, 439-442쪽.

67) 김중은, "복음주의 구약학이란 무엇인가?", 〈성경과 신학〉 제19권, 1996. 이 글은 다음의 책에 재수록되었다. 김중은, 『옛것과 새것』, 위의 책, 84-115쪽.

68) 김중은, "장로회신학대학교 구약학의 발자취", 〈교회와 신학〉, 제37호, 1999. 이 글도 다음의 책에 재수록되었다. 김중은, 『옛것과 새것』, 위의 책, 241-269쪽.

69) 『신학과 교육』, 장신대출판부, 1992. 이 글도 다음의 책에 재수록되었다. 김중은, 『옛것과 새것』, 위의 책, 360-392쪽.

70) 현대 복음주의 성경해석 방법은 "문법적-역사적-신학적 방법"(grammatical- historical-theological method)이다. '신학

히브리 성경 본문은 16세기 전반(1524/25년)에 유대인으로서 기독교로 개종한 야곱 벤 하임(Jacob ben Chayyim)이 마소라 본문전승의 양대 가문인 벤 아쉐르와 벤 납달리 전통의 여러 필사본들을 교열하고 편집하여, '절충본문'으로 출판한 소위 '제2 랍비성경'(또는 '봄베르기아나')이 구약성경 원전(原典)으로서 오랫동안 '공인본문'(textus receptus)으로 사용되었다.[71] 한글 개역성경 구약번역에서 사용한 구약원전은 '제2 랍비성경'의 본문을 대본으로 사용한 크리스챤 긴즈버그(Christian D. Ginsburg)의 비평적 히브리 성경이다.[72] 현존하는 가장 오래된 히브리 성경 완질 사본으로서 마소라 필사본인 '레닌그라드 사본'(Codex Leningradensis, 1008년경, B19A/L. 벤 아쉐르 가문의 마소라 전통 본문)이 공개되어 사용이 가능해짐에 따라, 독일 구약학자 루돌프 킷텔(Rudolf Kittel, 1853-1929)이 편집한 히브리 성경(Biblia Hebraica) 제1, 2판(여기서는 제2 랍비성경을 사용함)을 넘어, 독일 뷔르템베르크 성서공회가 출판한 제3판(1937년/BHK³)부터는 이 레닌그라드 완질 사본(L)을 대본으로 사용했다.[73] 이 BHK 3판의 전통이 BHS(Biblia Hebraica Stuttgartensia) 제4판(1977년)으로 이어지면서 '소 마소라' 자료를 편집했고, 현재 구약학계는 '대·소 마소라' 자료를 모두 편집한 'BHQ'(Biblia Hebraica Quinta, A. Schenker 편집 제5판, 1997~)를 사용하고 있다.

구약학은 신약학(新約學, New Testament Studies)과의 연관 속에서 히브리 성경(구약성경)에 나타난 '하나님이 이스라엘 백성에게 계시하신 내용의 규범성'을 탐구한다. 이러한 관점에서 구약신학은 '이스라엘 종교학'(이스라엘의 신앙세계에 대한 역사적 탐구, 즉 고대 이스라엘 백성이 무엇을 믿었는가에 대한 연구)이나 '유대교 성서(TaNaKh, 타나크) 신학'과 구별된다.[74] 구약학의 대상인 구약성경의 '계시'에 대한 탐구는 인식론(認識論, Epistemology, the theory of knowledge)에서 논의를 시작하고, 그 방법론은 해석학(解釋學, Hermeneutics, the rules for searching out the meaning of Biblical texts)에서 취급한다. 인식론은 말하자면 '지식의 이론'인데 그것은 어떻게 우리가 대상을 바로 인식하고 그 대상에 대한 '올바른 지식'을 얻을 수 있는가에 대한 논의이

적'이란 요소가 추가된 것은 성경의 제1저자가 성령 하나님이라는 것을 강조하기 위함이다. L. Berkhof, *Principles Of Biblical Interpretation*, Baker, 1950/1980. 비교, '역사-비평적 방법'(historical-critical method)은 19세기 이후 계몽주의 철학 원리에 근거하여 비평적으로 성경을 연구하는 현대적 성경해석 방법으로서, 자유주의와 신정통주의가 채택한 성경연구 방법이다. Edgar Krentz, *The Historical-Critical Method*, Fortress, 1975. 비교, Gerhard Maier, *Das Ende der historisch-kritischen Methode*, Brockhaus, 2. Auflage 1975.

71) Ernst Würthwein, *The Text of the Old Testament*, 2nd ed., Et by Erroll F. Rhodes, Eerdmans, 1995, 39쪽. 비교, 알렉산더 아킬레스 피셔, 김정훈 배희숙 차준희 하경택 역, 『구약성서 본문: 역사와 본문비평』, 대한성서공회 성경원문연구소, 2020, 56-57쪽.

72) Ernst Würthwein, 위의 책, 41쪽.

73) Würthwein/Fischer, *The Text Of The Old Testament*, Eerdmans, 2014, 46쪽 이하.

74) 랍비 유대교의 성서신학에 관해서는 다음의 책을 참고할 수 있다. Jacob Neusner, *Handbook of Rabbinic Theology*, Brill, 2002.

다.[75] 구약주석에서 인식론에 대한 성찰 없이 바로 해석학적인 주석 방법론으로 직행하는 것은 지반을 조성하지 않고 집을 짓는 것과 같다. 일반적으로 학문(과학)은 '인간의 경험에 기반한 지식'인데, 구약학(성서학)의 지식의 기반은 신구약 성경에 기록된 하나님의 계시(啓示. revelation, 'an act of uncovering')이다(비교, 눅 24:27,44-45; 고전 2:10-14; 고후 3:14-18; 갈 4:9! 등). 신학적 인식론은 성경에서 '우리는 무엇을 어떻게 알 수 있는가? 또는 '우리가 무엇을 알 수 없는가?'를 묻는 것이다(마 11:27; 13:11; 눅 8:10; 롬 11:33; 고전 13:12. 비교, 전 3:11 등). 동양의 공자(孔子, 주전 551-479)는 '아는 것을 안다고 하고 모르는 것을 모른다고 하는 것이 곧 아는 것'(知之爲知之 不知爲不知 是知也. 論語, 爲政)이라고 했다. 오늘 현대 인류가 많은 지식을 가졌다고 하지만, 사실은 알면 알수록 모르는 것이 그만큼 더 커졌다. 인류가 무엇을 모르고 있는가를 아는 것이 곧 참된 지식에 속한다. 신학적 인식론에서도 마찬가지로, 성경에 계시된 하나님의 진리에 대한 지식을 우리가 알면 알수록 우리의 신학적 지식은 그만큼 더 모르는 것이 많아진다는 역설을 인정해야 한다(비교, 전 3:11; 8:17; 롬 11:33 등).

예수님은 당시 율법교사에게, "율법에 무엇이라 기록되었으며 네가 어떻게 읽느냐"라고 물으셨는데(눅 10:26), 복음주의 구약 해석학은 방법론적으로 이 물음에 나타난 두 가지 문제를 해결하기 위해 방법론을 취급한다. 즉 그것은 구약성경에 기록된 하나님의 말씀의 과거의 의미(意味, meaning)를 찾고, 그 말씀의 의미가 오늘 나(우리)에게 무슨 의의(義意, significance)가 있는가를 알기 위한 것이다. 또한 중요한 점은, 복음주의 성경 해석학에서는 인간이 성경을 해석하는 것이 아니고, 먼저 성경이 해석하는 인간을 해석한다(비교, 히 4:12). 먼저 성경본문이 해석자 자신이 누구인지를 인식하게 하며, 이러한 인식과 함께 해석자는 비로소 성경본문 해석이 가능하게 된다(비교, 벧후 1:20-21; 3:16).[76]

서구 18세기 계몽주의 철학의 대두로 성서학(聖書學, Biblical Studies)은 '비평 이전' 시대와 '비평 이후' 시대로 양분된다. 여기서 비평(批評)은 성서비평(Biblical criticism) 또는 고등비평(Higher criticism. 비교, 하등비평, Textual criticism)으로 알려졌으며, 그 구체적인 방법은 계몽주의 철학 원리를 기반으로 하는 '역사-비평적 방법'(Historical-critical method)이다.[77] 계몽주의 철학의 주창자인 칸트(I. Kant, 1724-

---

75) D. Cardinal, J. Hayward, G. Jones, *Epistemology, the theory of knowledge*, Hodder Murray, 2004. *The Oxford Handbook of The Epistemology of Theology*, ed. by W. J. Abraham and F. E. Aquino, Oxford, 2017.

76) 비교, Gerhard Maier, *Biblical Hermeneutics*, Crossway Books, 1994.

77) Edgar Krentz, *The Historical-Critical Method*, Fortress, 1975. 비교, Gerhard Maier, *Das Ende der historisch-kritischen Methode*, Theologischer Verlag Rolf Brockhaus, 1974.

1804)는 "인간이 자기 스스로 세워 놓았던 감독으로부터 탈출"이 계몽주의(die Aufkrärung, the Enlightenment)라고 정의했다.[78] 칸트는 무엇보다 인식론의 개념을 바꾸어 놓았다. 초월(계시)의 인식을 배제하고 철학과 일반 학문은 물론이고 성경과 기독교 신학도 '이성(理性)의 한계 내에서' 논하겠다는 입장을 천명한 것이다. 이러한 맥락에서 고등비평의 아버지로 알려진 독일 신학자 아이히호른(J. G. Eichhorn, 1752-1827)은 구약성경 연구에 인간의 신화(神話, Mythus) 개념을 도입하였다. 한편 독일 신학자 제믈러(J. S. Semler, 1725-1791)는 '성서 해석학의 혁명'이라고 불리는 주장을 발표했다. 그 요지는 하나님의 말씀과 기록된 성경은 동일하지 않다는 것, 그리고 성경도 역사적인 고대 문서이므로 다른 고대 종교 문서들과 동일하게 '역사적-비평적' 기준에서 해석해야 한다는 것이다. 그래야 신학(神學, theology)도 대학교에서 연구하고 가르칠 수 있는 진정한 학문이 될 수 있다는 주장이다. 이러한 철학적 방법론을 채택한 서구 자유주의 신학은 서양 대학교의 신학과 강단을 독점-지배하고, 계몽주의 철학을 근거로 초월을 배제한 역사 내재적인 성경 해석을 추구하였다.[79]

역사-비평적 방법의 인식론적 전제(원리)는 세 가지인데, ① 비평(criticism) ② 유비(analogy) ③ 인과론(causality)이다. 먼저 비평(批評)의 개념은 해석자가 신구약 성경에 기록된 본문 내용에 접근할 때 '무엇이 실제로 일어났는가?'라는 '의심하는 태도'를 가져야 한다는 것이다.[80] 사실 초월적인 하나님의 역사 개입이나 기적은 없기 때문에, 성경 본문이 말하는 진의를 파악하기 위해서는 '의심의 해석학'(hermeneutics of suspicion)으로 접근해야 한다는 것이 성서비평의 개념이다. 둘째로, 유비(類比)의 원리는 지금까지 인류가 역사상 경험한 사건들과 비교하여 한 번도 경험한 적이 없는 전혀 다른 사건들은 실제로 발생한 사건들로 인정할 수 없다는 것이다. 말하자면 초자연적인 기적을 인정하지 않겠다는 것이다. 셋째로, 인과론(因果論)은 역사 속에서 발생한 사건들은 내재적인 역사와 자연법칙에 따른 원인과 결과에 따라 설명할 수 있고, 설명해야 한다는 것이다. 달리 말하자면, '하나님의 역사개입'(Deus ex machina)은 없다는 것이다. 이러한 계몽주의 철학의 세 가지 전제를 기반으로,

---

78) Jaroslav Pelikan(ed.), *The World Treasury of Modern Religious Thought*, Little Brown, 1990, 7쪽에서 재인용함. "the Enlightenment was… the exodus of humanity from its self-imposed tutelage".

79) 칸트와 헤겔에서 유래하는 계몽주의 철학이 현대 철학으로 발전하면서, 어떻게 기독교 신앙 내지 복음주의 신학과 갈등을 일으키는가에 대한 설명은 프란시스 쉐퍼의 다음 책을 참고할 수 있다. Francis A. Schaeffer, *The God Who is There*, IVP, 1968, 특히 20쪽 이하.

80) 비교, Ernst & Marie-Luise Keller, *Miracles in Dispute*, Fortress, 1969. "4 The Presuppostions of the Historical-critical Method", 198-212쪽. 이 글에서는 트뢸취(Ernst Troeltsch)의 "모든 것은 상대적이다"(Everything is made relative)라는 명제를 기초로 하고 있다.

이제 역사-비평적 방법은 신구약 성경을 '의심의 해석학'(hermeneutics of suspicion)으로 설명하게 되었다. 여기서 '역사적'이란 성경이 진술하는 역사는 사실 역사로 인정할 수 없으며, 비평적 역사관(이를테면, 헤겔의 변증법적 역사발전 도식에 따라 '사상사적 진화론'의 관점에서 성경의 사상들을 종교 이념적 역사발전 도식으로 재구성한다)에 따라 해석하겠다는 의미이다. 또한 '비평적'이란 어디까지나 인간의 '이성(理性)만이' 본문 해석과 본문의 역사적 진위와 가치 판단의 척도가 된다는 의미이다. 이러한 자유주의의 성경에 대한 '의심의 해석학'은 하나님의 계시와는 상관없는 고대 히브리 종교에 대한 탐구이며, 20세기 초반부터 독일 대학교들의 강단 신학을 중심으로 소위 종교사학파(宗敎史學派, Religionsgeschichtliche Schule)를 형성했다. 칼 바르트를 선두로 20세기 초반에 등장한 신정통주의(Neo-orthodoxy)는 이러한 성서비평학을 성서해석의 '예비적 지식'으로 삼겠다고 했고, 장공 김재준 교수도 그러한 견해를 따른다고 표명했다. 그러나 오늘날 신정통주의는 역사-비평적 방법과 그 결과물들을 단순한 예비 지식으로만 삼는 것이 아니고, 신정통주의 성서해석의 기반으로 삼고 신학 수립에 수용했다. 이것이 신정통주의가 자유주의로 오해받는 이유이다.

다른 한편, 앞에서도 잠시 언급한 대로, 비평 이전의 개혁교회 정통주의(깔뱅주의, 개혁주의, 복음주의)를 계승하는 성경해석 방법은 역사-문법적 방법(historical-grammatical method/ 또는 grammatico-historical method)이다. 20세기 후반에 접어들면서, 성서비평학의 성경해석에서 성경의 인간 저자들의 사상을 지나치게 강조하는데 대한 반작용으로, 기존의 문법-역사적 방법에 '신학적'이란 요소를 덧붙이게 되었다. '신학적'이란 성경의 제1저자는 성령 하나님이란 것을 강조하는 것이며, 현대 복음주의 성경해석 방법은 "문법적-역사적-신학적 방법"(grammatical-historical-theological method)으로 알려지게 되었다.[81] 여기서 '문법적'이라는 것은 성경 해석에서 먼저 신구약 원전성경의 히브리어와 아람어와 그리스어의 문법적인 의미(단어, 문장, 구문론, 문학양식 등)에 따른 '언어적인 의미'가 중요하다는 것인데, 그렇다고 문자적인 의미에만 고착되는 것은 아니고 '성령의 내적 조명'(testimonium internum Spiritus Sancti. 요 14:26)으로 인한 '성경이 성경을 해석'하는 영적인 의미('sensus plenior', fuller sense)를 함께 받아들인다(예컨대, 예표론과 영해. 엡 1:17-19). 또한 '역사적'이란 것은 성경이 서술하는 역사적 사건들을 실제 발생한 사건들로 받아들인

---

81) Louis Berkhof, *Principles Of Biblical Interpretation*, Baker, 1950/1980. John H. Sailhamer, "Walter C. Kaiser, Jr.", in *Bible Interpreters of the 20th Century*, A Selection of Evangelical Voices, eds. W. A. Elwell and J. D. Weaver, Baker, 1999, 387, 특히 383쪽 이하. Sung Wook Chung, "Bible Doctrines/Conservative Theology, Codifying God's Word", in *Evangelical Theological Method*, eds. S. E. Porter and S. M. Studebaker, IVP Academic, 2018, 47쪽 이하. 비교, Joseph Haroutunian(ed.), *Calvin Commentaries*, WJK, 2006.

다는 의미이다. 여기서 중요한 것은 성서비평학의 세 가지 인식론적 전제에 대응하는 역사-문법적-신학적 방법의 인식론적 전제들이다. 그것은 ① 비평에 대응하는 믿음(belief) ② 유비에 대응하는 계시(revelation) ③ 인과율에 대응하는 초월(transcendence)의 개념들이다. 믿음과 계시와 초월을 배제하거나 무시하는 인식론은 '닫혀진' 인식론이다. 우리가 경험하는 세상은 마치 '들숨'과 '날숨'의 원리처럼 어느 한 쪽만으로 존재하지 않고, '내재와 초월'은 일체양면의 모습으로서 공존한다. 경험과 비경험의 경계가 언제나 분명한 것도 아니다. 오늘도 예수 믿는 그리스도인들뿐만 아니라 일반인들도 대체로 이성(理性)만으로는 설명할 수 없는 초월의 경험을 가지고 있다. 이러한 관점에서 서양의 성서비평학은 방법론적으로 초월의 차원을 상실한 것이 큰 약점이다. 그리하여 이 복음주의의 문법적-역사적-신학적 방법은 '의심의 해석학'(hermeneutics of suspicion)에 대응하여 '믿음의 해석학'(hermeneutics of belief)을 표방한다. 이러한 개혁신학의 복음주의 성경해석 전통은 깔뱅(J. Calvin, 1509-1564)의 『기독교강요』와 그의 성경주석과 설교에서 구체적인 역사적인 근거와 전형을 볼 수 있다.

교회 개혁자 쟝 깔뱅의 별명은 '주석의 왕'이었다. 깔뱅의 성경 해석학과 주석은 '성경 원전'의 문법적 의미에 충실하려는 것이 그의 첫 번째 원칙이었다.[82] 깔뱅은 불가타와 칠십인역은 물론이고, 타르굼과 히브리 원전 성경(마소라 본문)과 신약 그리스어 원전 성경을 사용했다. 구약과 신약 성경을 설교할 때는 그 본문들을 그리스어와 히브리어 원문에서 직접 번역하여 사용하기도 했다. 아마도 깔뱅이 사용한 원전 성경은 히브리 성경과 신약 그리스어 원전을 포함한 역사상 최초의 다국어 인쇄본 성경전서인 '콤플루텐시아 다국어 성경'(the Biblia Polyglotta Complutensia, 1514-1517)이거나,[83] 또는 히브리 성경의 경우 '제2 랍비성경'(봄베르기아나, 1524-1525)을 사용했을 것이다. 현재 개혁신학 복음주의에서 사용하는 성경해석 방법은 깔뱅으로부터 구체적으로 시작되며, 현재 그것은 앞서 언급한 대로 '역사-문법적-신학적 방법'이다.[84]

---

82) 깔뱅의 성경 원전어 지식에 대한 정보는 다음의 책을 참고할 수 있다. John D. Currid, *Calvin and the Biblical Languages*, Mentor, 2006.

83) '콤플루텐시아 다국어 성경전서'의 이름은 그 성경이 출판된 옛 스페인 마드리드의 출판지역인 콤플루툼(Complutum)에서 유래했다. 이 다국어 성경전서는 히브리 성경, 라틴어 불가타, 칠십인역, 아람어 타르굼, 히브리어와 아람어 어휘집, 히브리어 문법 요약과 함께 그리스어 신약 성경을 담고 있다. 자세한 정보는 다음의 책에서 참고할 수 있다. Ernst Würthwein, *The Text Of The Old Testament, An Introduction to thd Biblia Hebraica*, 3rd ed., Revised and expanded by Alexander A. Fischer, Et. by Erroll F. Rhodes, Eerdmans. "47. The Complutensian Polyglot", 300쪽.

84) 신약 그리스어 성경은 에라스무스가 편집한 원전(1527년 제4판)과, 구약성경 원전은 제바스티안 뮌스터가 편집한 히브리 성경(1536년 바젤 출판)도 사용했을 가능성이 있다. 깔뱅의 주석 방법 및 히브리어와 그리스어와 라틴어 실력과 그가 사용한 히브리 성경 및 신약 그리스어 성경에 대한 정보는 다음의 책을 참고할 수 있다. John D. Currid, *Calvin and the Biblical Languages*, Mentor, 2006. 특히 9, 17, 24, 42쪽 이하. 비교, David L. Puckett, *John Calvin's Exegesis*

18세기 계몽주의 철학의 영향 아래 자유주의 성서비평학의 대두와 확산에 대응하여, 19세기 독일 베를린대학교의 구약학자 헹스텐베르그(E. W. Hengstenberg, 1802-1868)와 미국 프린스턴신학교의 구약학 교수 그린(W. H. Green, *The Higher Criticism of the Pentateuch*, 1895/1978 Reprint) 등은 구약학에서 개혁신학의 복음주의 성경해석 전통을 고수했다. 깔뱅 이후 역사-문법적-신학적 방법을 적용하여 오늘 우리가 성경 본문을 주석하는 과정과 내용을 여기서 다 설명할 수는 없고, 이 글의 성격상 구약주석의 경우 복음주의 성경 주석 방법을 적용하는 주석들을 소개하면 다음과 같다. 독일어권에는 부퍼탈 성경주석이 있고, 영어권에는 깔뱅 신구약 주석, 틴데일 구약주석, 부라조스 구약주석, 아폴로 구약주석, 크레겔 구약주석, 위어스비 구약주석 등이 역사-비평적 방법 일변도를 지양하고, 복음주의 전통의 입장에서 교회의 설교를 위한 '역사-문법적-신학적 방법'으로 성경해석을 추구하는 현대의 주석서들이다.[85]

20세기 전반에는 스위스 바젤대학교의 조직신학자 칼 바르트(Karl Barth, 1886-1968)의 영향으로 바젤대학교의 신약학 교수 오스카 쿨만(O. Cullmann, 1902-1999)과 구약학의 발터 아이히로트(W. Eichrodt, 1890-1978) 교수가 신정통주의 성서신학을 대변했다.[86] 한편 스위스 출신 구약학자 빌헤름 피셔(W. Vischer, 1859-1988)는 복음주의 구약신학인 『구약의 그리스도 증언』(1946, Et 1963)을 출판하여 학계에서 '알레고리적 해석'이라는 비판을 받았으나, 독일어권의 목회자들이 구약 본문을 설교하는 데 용기를 주었다. 그는 대학교 강단에서 행해지는 소위 학문적(종교사학파의) 구약주석과 교회에서 설교하는 구약본문 이해 사이의 벌어진 간격에 다리를 놓아주는 역할을 시도했다.[87] 역사적 사실에 대한 탐구 대신 구약성경의 신앙고백 언어에

---

of the Old Testament, Columbia Theological Seminary, WJK, 1995. 비교, 『칼빈연구』, 제5집, 세계칼빈학회(제9차, 2006년) 주제 논문 수록, 한국칼빈학회 엮음, 한국장로교출판사, 2008. 피터 오피츠, 최윤배 역 및 논찬, "6 시편주석서를 통해 본 성경번역자로서의 칼뱅", 169-190. 비교, 박경수, 『한국교회를 위한 칼뱅의 유산』, 대한기독교서회, 2014. 특히, 칼뱅의 '중도적 성서해석 방법론', 209-212쪽.

85) *Wuppertaler Studienbibel. Calvin's Commentaries*(the 22-vol. set). *Tyndale Old Testament Commentaries*(TOTC). *Brazos Theological Commentary on the Bible*(조직신학자를 포함한 에큐메니칼 집필자들). *Apollos Old Testament Commentary*(다니엘서 주석과 같이 비평적 입장도 있다). *Kregel Exegetical Library*(KEL). *The Wiersbe Bible Commentary*(OT in one volume) 등. 현재 영어권(영어 번역 포함)에 나와 있는 신구약 주석서에 대해 비평적 입장에서부터 복음주의적 입장까지 비교적 자세한 설명을 하는 안내서는 다음을 참고할 수 있다. John F. Evans, *A Guide To Biblical Commentaries And Reference Works*, 10th ed., Zondervan, 2016. 비교, Tremper Longman III, *Old Testament Commentary Survey*, 4th ed., BakerAcademic, 2007.

86) 비교, 김중은, "20세기 위대한 유산: 발터 아이히로트의 구약신학", 『옛것과 새것』, 한국성서학연구소, 2013, 352-359쪽. 사실 아이히로트의 구약신학이 자유주의 성서신학에 대응하는 점에서는 주목할 만한 업적이지만, 20세기의 '위대한' 유산이라고 하는 것은 과한 표현이다. 오스카 쿨만은 90세가 넘은 나이에 마지막 책으로 신약성경의 '기도'에 관한 책을 썼다. 오스카 쿨만, 김상기 역, 『기도』, 대한기독교서회, 2007.

87) *Dictionary of Major Biblical Interpreters*, ed. by Donald K. McKim, IVP Academic, 2007. "Vischer, Wilhelm(1895-1988)", 1011-1016, 특히, 1014쪽.

대한 탐구로 패러다임을 전환한 신자유주의에 속하는 독일 하이델베르그대학교의 구약학자 폰 라트(G. von Rad, 1901-1971)는 전승사적-통시적인 방법으로 구약신학(전3권)을 출판하여 세계적인 주목을 받았고, 폰 라트 이후에는 클라우스 베스터만(C. Westermann, 1909-2000)이 그 자리를 대신했다. 20세기 후반으로 오면서는 성서신학의 무대가 미국 쪽으로 옮겨가면서 하버드대학교의 신정통주의 구약학자인 라이트(G. Ernest Wright) 등을 통해 일시적인 성서신학의 부흥기(?)를 맞는 듯했으나 지속되지 못했다. 20세기 전후반에 영국의 상황은 대체로 성서비평학의 위세에 굴복하였으나, 신약학에서는 20세기 전반에 맨체스터대학교의 신약학자 브루스(F. F. Bruce, 1910-1991)와 20세기 후반에는 스코틀랜드 애버딘대학교의 신약학자 하워드 마샬(I. Howard Marshall) 등이 복음주의 신약신학의 맥을 이어나갔고,[88] 구약학에서는 고든 웬햄(Gordon Wenham)과 같은 학자들이 복음주의 전통을 살려 나갔다. 미국 복음주의 신학자들로는 구약학의 경우 프린스턴신학교 교수 게르하르더스 보스(Geerhardus Vos, 1862-1949)나 웨스트민스터신학교 구약학 교수 에드워드 제이 영(E. J. Young, 1907-1968), 시카고 트리니티 복음주의신학교 구약학 교수인 글리슨 아처(Gleason L. Archer, Jr., 1916-2004, *A Survey of Old Testament Introduction, Revised and Expanded*, The Moody Bible Institute, 2007), 그리고 고든-콘웰 신학대학교 총장을 지낸 구약학자 월터 카이저 2세(Walter C. Kaiser, Jr.) 등이 있다. 캐나다 토론토대학교 구약학 교수인 해리슨(R. K. Harrison, 1920-1993)이 복음주의 입장에서『구약개론』(1969)을 출판한 것은 기억할 만한 업적이다.[89] 21세기에 와서는 1986년부터 콜럼비아신학교 구약학 교수로서 신자유주의 후기 폰 라트 학파에 속하는 월터 브루그만(Walter Brueggemann, 1932-) 박사의『구약신학』(1997)에 대응하여 플로리다의 개혁신학교 구약학 교수인 브루스 월트키가 복음주의 입장에서『구약신학』을 출간했다.[90]

20세기 성서해석학의 혼란기에 독일 성서학자 게르하르트 마이어(Gerhard Maier)는 복음주의 성경해석의 전통을 따르면서, '역사적-비평적'(historical-critical)이란 개념에 대한 대안으로 '성경적-역사적'(biblical-historical)이란 개념을 제시했다.[91] 현재 전 세계적으로 복음주의 성경해석학의 인식론과 그 해석학적 방법론의

---

88) I. Howard Marshall, *New Testament Theology*, IVP Academic, 2004.

89) R. K. Harrison, *Introduction to the Old Testament, Hendrickson*, 1969. 독일어권에서 복음주의 구약개론은 다음의 책을 참고할 수 있다. Wilhelm Möller, *Grundriss für Alttestamentliche Einleitung*, Evangelische Verlagsanstalt Berlin, 1958.

90) Bruce K. Waltke, *An Old Testament Theology*, Zondervan, 2007.

91) Gerhard Maier, *Biblical Hermeneutics*, Crossway Books, 1994, 특히 375-409쪽. 비교, Oda Wischmeyer(Hrsg.), *Lexikon Der Bibelhermeneutik*, De Gruyter, 2013.

지침은 268명의 복음주의 학자들이 1978년 미국 시카고에 대회로 모여 선언한 '시카고 성경무오선언'과 후속된 1982년의 '시카고 성경해석학 선언'에 나와 있다.[92] 그동안 본교 장신대 성서신학과 특히 구약학이 복음주의 전통에서 이탈하여 역사–비평적 방법 일변도로 기울어지지 않았는지 반성해 보아야 한다. 지난 1787년 독일 알트도르프대학교 신학과 교수 가블러(J. P. Gabler, 1753–1826)가 "성서신학과 교의학의 구분과 그 각각의 특수한 목적에 관한 강연"(1787)을 통해 성서신학의 독자성을 주장한 것은 원리적으로는 이해할 수 있으나, 그 후 현대 성서신학이 독자적인 역사성을 강조한 나머지 오늘에 이르러 성서신학은 교의학(조직신학)과 분리되고, 나아가 신약학과 구약학도 사실상 분리가 된 것은 가블러가 미처 예견하지 못한 불행이고 잘못이라고 생각한다. 앞으로 장신대의 복음주의 구약학은 신약학은 물론이고, 조직신학(교의학)과도 함께 만나는 통섭(統攝, consilience)의 장(場)으로 나아가야 한다고 생각한다.

구약학의 분야는 다섯 가지로 나누어 볼 수 있는데, ① 구약언어 ② 구약개론 ③ 구약역사(이스라엘 역사) ④ 구약주석 ⑤ 구약신학이다. 이 다섯 가지 분야에서 구약학은 복음주의 전통의 기본 교과과정을 확립해야 한다. 모든 종교의 본질을 이해하려면 무엇보다 그 경전을 원문으로 읽어야 한다. 기독교도 예외가 아니며, 복음주의 구약학은 히브리 성경의 원어(히브리어와 아람어) 공부를 강조해야 한다.[93] 일찍이 평장신의 요람(1931년)에서도 "상당한 준비가 있는 학생에게는 성경의 원어를 교수한다"라고 했다. 평장신에서 성경원어(히브리어와 헬라어)는 호주장로회 선교사 목사인 왕길지 교수가 가르쳤는데, 그는 16개 언어에 대한 실력을 가졌다고 한다.[94] 장신대 복음주의 구약학은 먼저 마소라 원전의 언어인 고전 히브리어와 아람어 공부를 하며, 나아가 칠십인역의 그리스어도 읽을 수 있도록 훈련해야 한다.

마소라 구약 원전에 사용된 히브리어 어휘는 모두 약 8,679개 단어이며, 그중에는 약 3,000개의 고유명사가 있고, 단 한 번만 사용된 단어(소위 'hapax legomenon')는 1,628개가 있다.[95] 놀라운 사실은 가장 활용 빈도수가 높은 불과 50개의 단어가 전체 마소라 본문 분량의 약 55%를 차지하고 있다는 것이다. 50회 이상의 빈도수를 나타내는 642개의 단어활용이 구약본문 분량의 80%를 차지하며, 나아가 1,903개의

---

92) J. I. Packer, "Chicago Statement", in *New Dictionary of Theology*, 2nd ed., IVP Academic, 2016, 164쪽. 두 선언서 내용은 다음의 책에서 참고할 수 있다. G. R. Lewis and B. Demarest, eds., *Challenges to Inerrancy: A Theological Response*, Chicago, 1984. 비교, Ronald J. Sider(ed.), *The Chicago Declaration*, Wipf & Stock, 1974.

93) 비교, Takamitsu Muraoka, *Why Read The Bible In The Original Languages?*, Peeters, 2020.

94) 방지일, 『아시도 정사로』, 선교문화사, 2001, 45쪽 이하.

95) 하팍스 레고메나 연구는, Frederick E. Greenspahn, *Hapax Legomena in Biblical Hebrew*, Wipf & Stock, 1984 참조.

단어를 학습하면 본문의 90%를 읽을 수 있다.[96] 히브리 성경의 절 수는 모두 23,145 절인데, 그중에 269절이 아람어 본문이다. 아람어 본문은 구약성경 분량의 약 1.1%를 차지한다. 주지하는 대로 마소라 아람어 본문은 창세기 30:47과 예레미야 10:11, 그리고 다니엘 2:4-7:28, 에스라 4:8-6:18; 7:12-26에 국한되어 있다. 구약 아람어의 총 어휘 수는 716개이다. 2회 이상 나타나는 아람어 단어는 모두 450개이며, 하팍스 레고메나가 266개이다. 구약 아람어 어휘의 37%가량이 단 한 번만 사용되었다.[97]

그 외에 구약 히브리어와 아람어의 사전적-문법적 어의론(semantics)은 고대 셈족 조어(祖語)인 '아카드어'(Akkadian, 고대 앗시리아-바벨론어)와 연관되어 있고,[98] 고대 가나안의 언어인 우가릿어(Ugaritic), 페니키아어(Phoenician) 등과도 관계가 있다.[99] 그러므로 비교셈어학의 연구에도 관심을 기울여야 한다.[100] 또한 주전 3세기 이후 구약 최초의 그리스어 번역이며 초대교회에서 사용한 칠십인역(LXX)도 공부해야 한다.[101] 그동안 고전 히브리어 문법은 여러 종류들이 나왔으나, 『게제니우스 히브리어 문법』[102]을 능가하는 문법책은 찾아보기 어렵다. 독일어권에서는 오랫동안 대학교와 인문고등학교에서 히브리어 문법 교재로서 권위를 누리던 학교문법책(W. Hollenberg-K. Budde-Baumgartner)이 바젤대학교 구약학 교수 에른스트 예니(E. Jenni)의 『구약 히브리어 학습교과서』로 바뀌었다.[103] 그동안 고전 히브리어 사전을

---

96) M. V. Van Pelt and G. D. Pratico, *The Vocabulary Guide to Biblical Hebrew*, Zondervan, 2003, ix쪽 이하.

97) *Biblical Aramaic, A Reader & Handbook*, Hendrickson, 2016. "Introduction", ix쪽 이하.

98) John Huehnergard, *A Grammar Of Akkadian*, Scholars Press, 1997. Jeremy Black · Andrew George · Nicholas Postgate(eds.), *A Concise Dictionary of Akkadian*, 2nd(corrected) printing, Harrassowitz Verlag, 2000. Douglas B. Miller and R. Mark Shipp, *An Akkadian Handbook*, 2nd ed., Eisenbrauns, 2014. Kaspar K. Riemschneider, *Lehrbuch des Akkadischen*, VEB Verlag Enzyklopädie, Leipzig, 2. Auflage, 1973. 비교, 셈족어는 아니지만, 고대 수메르어(Sumerian)에 관한 연구도 중요하다. John L. Hayes, *A Manual Of Sumerian Grammar and Texts*, 2nd ed., Undena Publications, 2000. 또한 고대 이집트 상형문자 연구에도 관심을 가져야 한다. Sir E. A. Wallis Budge, *Egyptian Language*, Routledge & Kegan Paul, 15th impression, 1978.

99) 특히 가나안어로서 주전 14세기경의 알파벳 언어인 우가릿 토판 문서(쐐기문자) 연구는 구약학 연구에 중요하다. W. G. E. Watson & N. Wyatt, *Handbook of Ugaritic Studies*, Brill, 2015. Michael Williams, *Basics of Ancient Ugaritic*, Zondervan, 2012.

100) Gotthelf Bergsträsser, *Einführung in die semitischen Sprachen*, Max Hueber Verlag, 1928/2. Nachdruck 1975.

101) F. C. Conybeare and St. Geroge Stock, *Grammar Of Septuagint Greek*, Hendrickson, 1905/1988. T. Muraoka, *A Greek-English Lexicon of the Septuagint*, Peeters, 2009. Karen H. Jones·Moises Silva, *Invitation To The Septuagint*, Baker Academic, 2000.

102) *Gesenius Hebrew Grammar*, ed. enlarged by E, Kautsch, and revised in Eng. by A. E. Cowley, Oxford, 1910, 1976. 비교, H. Bauer-P. Leander, *Historische Grammatik der hebräischen Sprache*, OLMS, 1922/1965. Paul Joüon, S.J.- T. Muraoka, *A Grammar of Biblical Hebrew*, Part One: Orthography and Phonetics, Part Two: Morphology, subsidia biblica 14/I Roma, 1996, Part Three: Syntax, subsidia biblica-14/II, Roma, 1996.

103) Hollenberg-Budde, *Hebräisches Schulbuch*, hrsg. von W. Baumgartner, Sechsundzwanzigste verbesserte Auflage, Basel und Stuttgart, 1971. E. Jenni, *Lehrbuch der Hebräischen Sprache des Alten Testaments*, Helbing & Lichtenhahn, 1981. 비교, *Davidson's Hebrew Grammar*, 26th ed. by John Mauchline, T. & T. Clark, 초판 1874/1966. 이 데이빗슨의 문법책은 일찍이 평장신에서도 사용했고, 본 필자가 장신대에서도 사용한 히브리어 교과서이다. 비교, J.

영어권에서는 *BDB(The Oxford Hebrew-English Lexicon)*를 주로 사용하고, 독일어권에서는 *GB*(Gesenius-Buhl) 17판을 사용했는데, 21세기에 영어권에서는 클라인스가 편집한 권위 있는 『고전 히브리어 사전』[104]이 출간되었고, 독일어권에서는 *GB* 17판을 대체하는 『게제니우스 제18판』[105]이 출판되었다.

구약개론은 일반개론과 특별개론으로 구분할 수 있으며, 일반개론에서는 구약성경의 사본학, 경전사, 번역사 등을 취급한다. 특별개론에서는 구약성경 본문의 형성사(形成史)를 구약의 3부분(토라, 느비임, 크투빔)과 각 책(히브리성경 24권, 칠십인역-불가타 전통에 따른 39권)들에 관해 육하원칙(六何原則)에 따라 역사적으로 탐구한다. 그리하여 구약성경 각 책들의 통일성(Einheit, unity)과 진정성(Echtheit, authenticity)을 찾아보고, 그 책들이 경전으로 확정되는 그 형성과정에서 역사적 위치와 역사적 가치를 가늠하려는 것이다. 또한 구약의 각 책의 문학적 양식을 알아보고, 그 양식에 따라 각 책의 구조와 내용과 강조점을 살펴본다. 구약언어 공부가 나무의 뿌리라면, 구약개론은 그 줄기이다. 모세오경의 소위 J, E, D, P 문서가설도 구약개론에서 다루는 문제이다. 독일 구약학자요 셈어 학자(특히, 고대 아랍어)인 벨하우젠(Julius Wellhausen, 1844-1918)으로부터 확정된 5경의 문서가설은[106] 헤르만 궁켈(Hermann Gunkel, 1862-1932)이 '양식사 비평'을 주창하여 서전(書傳) 이전의 구전(口傳)의 단계(신화, 전설, 민담 등)를 제시함으로써 방법론적으로 그 약점이 드러났다. 그럼에도 불구하고 지난 20세기 내내 그리고 21세기 지금까지 주로 서양의 대학교 강단신학에서 오경의 문서가설은 부동의 자리를 차지하였고, 양식사와 편집비평에 의해 수정되면서 확대 재생산되었다. 벨하우젠은 그의 『고대 이스라엘 역사 서설』(1878/1883)에서 오경의 문서가설을 정립했고, 기존의 모세오경의 역사적 모세 저작설을 부인하고(비교, 신 31:9-13; 요 5:46-47 등), 구약성경이 말하는 이스라엘 역사에서 '율법 이후의 예언자들'이라는 순서를 '예언자들 이후의 율법'으로 그 역사적 그림을 거꾸로 걸어 놓았다.[107] 그에 대한 끊임없는 찬반 논의는 지금까지도 계속되고 있으

C. L. Gibson, *Davidson's Introductory Hebrew Grammar~Syntax*, T&T Clark, 1994/1997.

104) *Dictionary of Classical Hebrew*, 8 vols., ed. by David J. A. Clines, Sheffield; *The Concise Dictionary of Classical Hebrew*, 2009. 자신이 편집한 방대한 사전을 클라인스는 간편하게 단권으로 출판했다. *The Concise Dictionary of Classical Hebrew*, ed. by David J. A. Clines, Sheffield, 2009. 비교, R. Laird Harris, Gleason L. Archer, Jr., Bruce K. Waltke, *Theological Wordbook of the Old Testament*, Moody, 1980. 이 사전은 복음주의 입장에서 편집한 히브리 성경 어휘(히브리어와 아람어)에 대한 신학용어 사전이다.

105) *Gesenius* 18. Auflage: *Hebräisches und Aramäisches Handwörterbuch über das Alte Testament*, Springer, 2013.

106) J. Wellhausen, *Prolegomena zur Geschichte Israels*, 1878/ 1883³/ 1927 sechste Ausgabe, Walter De Gruyter. 영어 번역, *Prologomena to the History of Ancient Israel*, Peter Smith, 1957/1973.

107) Walther Zimmerli, *Das Gesetz und die Propheten*, Vandenhoeck & Ruprecht, 2. Auflage 1969. "III Wellhausens These: Das Gesetz folgt auf die Propheten", 31쪽 이하.

며, 5경의 문서가설을 그대로 교회의 교역자를 양성하는 신학교에서 가르치는 것은 문제가 있다는 지적이 끊이지 않았다. 그 이유는 벨하우젠 자신의 편지에 드러나 있다. 벨하우젠은 독일 그라이프스발트 대학교 신학부 구약학 교수로 재직하면서 당시 자신의 학설에 대한 교계와 신학계의 비판을 받아들여서 프로이센 교육부 장관 앞으로 자신을 신학과에서 철학과로 자리를 옮겨줄 것을 청원했는데, 그 편지 내용의 일부는 이미 알려져 있었으나, 최근에 벨하우젠의 생전의 편지들이 책으로 편집되어 출판되면서, 그 편지의 전문도 출판되었다. 그중에 중요한 내용을 소개하면 다음과 같다.

"존경하는 장관께서는 제가 1880년 부활절에 장관께 드린 청원 건, 즉 가능한 한 철학과로 자리를 옮겨주실 것과 동시에 이러한 청원을 드리게 된 이유들을 설명드리려 한 것을 아마 기억하실 줄 압니다. 저는 성경을 학문적으로 연구하는데 흥미를 느꼈기 때문에 신학자가 되었으며, 그 후에야 점차로 신학교수는 학생들로 하여금 복음적(=개신교, 역자주) 교회에서 목회하기 위한 준비를 시키는 실천적인 임무도 동시에 가진다는 것을 생각하게 되었고, 제가 이러한 실천적 임무를 감당하지 못했을 뿐 아니라, 더욱이 제 자신의 모든 자제하는 노력에도 불구하고 저의 강의를 듣는 학생들을 그들의 목회 직무를 위해 오히려 쓸모없게(untüchtig) 만들었음을 알게 되었습니다. 이때부터 저의 신학 교수직은 저에게 양심상 무거운 부담(schwer auf dem Gewissen)이 되고 있습니다. …"108)

모세 5경의 문서가설을 제창한 장본인 벨하우젠은 5경의 문서설을 포함하여 자신이 구약교수로서 가르치는 비평적 내용이 교회의 목회자들을 양성하는 데 쓸모가 없을 뿐 아니라, 나아가 자신의 양심에도 부담이 된다고 솔직하게 그의 편지에서 고백하고 있는 것이다. 오늘 우리 신학교에서 모세5경의 문서설을 가르치고 있는 교수들도 자신의 입장을 마땅히 되돌아 보아야 하지 않을까, 생각한다. 21세기 세계 구약학계에서도 독일의 성서비평학이 헤게모니를 장악하던 시대는 지나갔다고 말하고 있다. 지금까지 본 필자의 경험으로도 성서비평학, 특히 5경의 문서가설을 가르치는 신학교가 긍정적인 의미에서 발전했다는 것을 듣고 본 적이 없다. 오히려 그 반대의 경우가 많았다. 역사—비평적 방법으로 성경 읽기를 배운 학생들 중에서는, 새로운 세계가 안전에 펼쳐지는 느낌을 받았고 유익했다고 하는 경우가 매우 드물게 있었는

---

108) Rudolf Smend(hrsg.), *Julius Wellhausen Briefe*, Mohr Siebeck, 2013, 121번 편지, 98-99쪽.

데, 정작 무엇이 유익했는지 구체적으로 한 가지만 말해보라고 물으면 대답을 꺼리는 경우가 있었다. 이제 장신대 복음주의 구약학은 벨하우젠 본인이 직접 시인한 대로, 교회의 목회자 양성을 위해 5경의 문서가설과 종교 사상사적 진화론에 기초하여 재구된 고대 이스라엘 종교사학파 관점에서 벗어나야 하고 벗어날 때가 되었다.[109] 장신대 성서학의 석사논문이나 박사논문 심사에서 '역사–비평적 방법'을 사용하지 않았기 때문에 학문적으로 수준이 낮다고 평하는 것은 심사하는 교수의 무지이거나 횡포이다. 현대 성서학 연구에는 학문적으로 오직 유일한 한 가지 방법만 있는 것이 아니기 때문이다. 마틴 노트(Martin Noth, 1902–1968)의 '4경 가설'이나, '신명기역사서 가설'도 설득력을 많이 상실하였다. 제2, 제3이사야 가설도 다시 검토해야 하고, 다니엘서가 주전 2세기경 마카비 시대 순교상황에서 만들어진 위문서라는 가설도 극복해야 한다. 지난 2013년에 세계적인 구약학회 잡지인 〈베투스 테스타멘툼〉 서문에서는 깜짝 놀랄만한 선언이 나왔는데, 편집장인 구약학자 얀 요스텐(Jan Joosten)이 "… 주로 19세기부터 20세기 초반까지 하나의 학파 즉 독일 역사비평학이 패권을 행사하던 시대는 지나갔다"라고 선언한 것이다.[110] 현재 21세기 구약학계에는 지금까지 성서비평학이 사용하던 방법론에 대한 '패러다임 쉬프트'가 진행 중이다.[111] 신약 복음서 연구에서 소위 Q자료설도 마찬가지다. Q는 실제로 존재하지 않는 가공의 문서일 뿐이기 때문이다.[112] 구약개론을 어떻게 공부하느냐에 따라 대체로 신학적 입장도 정해진다.

구약성경의 역사, 즉 고대 이스라엘 역사 연구는 구약 본문을 해석하고 이해하는 데 필수 불가결한 공부이다. 역사적 맥락의 이해 없는 본문 해석은 불가능하기 때문이다. 여기서는 성서 고고학(또는 팔레스틴 고고학, 그리고 고대 서아시아의 고고학, 고

---

109) 비교, G. Schumann, *Die Wellhausen'sche Pentateuchtheorie, in ihrem Grundzügen dargestellt und auf ihre Haltbarkeit geprüft*, Druck und Verlag von J. J. Reiff Karlsruhe, 1892. U. Cassuto, *The Documentary Hypothesis and the Composition of the Pentateuch*, Magnes Press Jerusalem, 1961/1972. M. H. Segal, *The Pentateuch*, Magness Press, Jerusalem, 1967. 배제민 역편, 『반문서설』, 기독교문사, 1978.

110) 〈*Vetus Testamentum*〉, IOSOT/2013, "Preface", 1쪽. 서양의 역사–비평학의 문제는 달리 말하자면 성경의 권위에 관련된 문제이다. 18세기 이후 20세기까지 독일어권의 신학자나 철학자들로서 현대 서양사상에 영향을 미친 인물들의 사상은 그 근저에 주로 '성경의 권위'에 의심을 제기하는 비평적 문제와 연관되어 있었다. 에든버러대학교의 뉴칼리지대학 신학학 교수인 오닐 박사는 이러한 관점에서 레싱(G. F. Lessing, 1729-1781)으로부터 시작하여 칸트와 니체를 넘어 벨하우젠과 알베르트 슈바이처와 바르트와 불트만(R. Bultmann, 1884-1976)에 이르기까지 21명의 독일어권 사상가들의 주장과 성경해석이 전통적 기독교 성경관의 관점에서 볼 때 어떻게 얼마나 차이가 나는 가를 연구하여 그의 책을 통해 밝힌 것은 오늘의 서양 신학사상뿐 아니라 특히 성서신학에 대한 이해를 돕는데 중요한 업적이라고 생각한다. J. C. O'Neill, *The Bible's Authority, A Portrait Gallery of Thinkers from Lessing to Bultmann*, T&T Clark, 1991.

111) 비교, James K. Hoffmeier and Dennis R. Magary(eds.), *Do Historical Matters Matter to Faith?*, Crossway, 2012. Stanley E. Porter and Steven M. Studebaker, *Evangelical Theological Method, Five Views*, IVP Academic, 2018. 특히 Sung Wook Chung, "Bible Doctrines/Conservative Theology: Codifying God's Word", 31-51쪽.

112) Mark Goodacre, *The Case Against Q*, Trinity Press International, 2002. 이 책의 저자 굿에이커는 영국 버밍엄대학교 신학과의 신약학 강사이다.

대 이집트 고고학 등)과의 학문적 대화가 매우 중요하다.[113] 지난 20세기 말과 21세기에 들어와서, 고대 이스라엘 역사 연구는 대체로 3가지 입장에서 논의되고 있다. 첫째는 최대주의 입장(maximalism)이고, 둘째는 최소주의 입장(minimalism)이다. 최대주의자들의 입장은 구약 창세기부터 시작하여 말라기 시대까지 성경에 기록된 역사는 문자 그대로 인정하고 받아들여야 한다고 주장한다. 예컨대 지구의 연대도 1만 년 내의 젊은 지구론을 지지하며, 아담-하와의 창조도 주전 4004년경이라고 한다. 17세기 영국의 주교 제임스 어셔(James Ussher, 1581-1656)는 깔뱅주의 신학자로 알려졌는데, 창세기의 창조는 주전 4004년 10월 22일 저녁 6시에 시작되었다고 주장했다.[114] 노아 홍수도 문자 그대로 발생한 전 지구적인 역사적 사건이다. 족장사나 출애굽, 왕정 역사, 바벨론 포로기, 이후 제2성전 시대는 사실 역사를 말해준다. 반면에 최소주의자들은 성경은 역사적 기록이 아니며 어디까지나 종교적 문서의 성격이기 때문에, 특히 구약이 말하는 이스라엘 역사는 '사실 역사'(Historie)와는 상당한 거리가 있는 '믿어진 역사'(Geschichte)라고 본다. 창세기의 소위 원역사(Urgeschichte, 창 1~11장)는 실화가 아닌 신화적-설화적인 상징적인 이야기이고, 족장사도 믿기 어려운 전설 또는 민담이며, 출애굽 이야기도 이스라엘 민족이 만든 일종의 건국신화에서 유래한 것으로 본다. 가나안 정복사도 바벨론 포로기에 꾸며낸 이야기이고, 기적같이 여리고성이 무너진 증거도 없으며, 초기 다윗 왕이나 솔로몬 왕정의 이야기도 역사적으로는 과장된 것이라고 한다. 고대 이스라엘의 출현과 건국은 가나안 지역에서 농민들과 유목민들을 중심으로 중앙 산지나 세겜 근처에서 도시 왕국들의 지배층에 대항하여 자생적으로 형성된 야훼신앙 공동체에 애굽에서 탈출한 소수의 '하비루'(사회 하층민) 집단이 합류함으로써 시작된 것으로 추정한다. 21세기에 들어서면서 특히 이러한 최소주의자들의 논문과 저서들이 학계에서 인기를 얻고 유행하였다.

그러나 복음주의 관점에서 제3의 '사실주의 입장'(factualism)이 현재 더 주목을 끌고 있다. 영국 리버풀대학교의 고대 서아시아(고대 근동) 고고학과 고문헌 및 애굽학 교수인 키친(Kenneth A. Kitchen)은 구약본문이 진술하는 배경의 역사는 대체로 신뢰할 만한 고고학적 증거들이 있다고 그의 책에서 주장했다.[115] 무엇보다 최근에 캐나다 리전트대학교의 성서학 교수 이언 프로반과 구약학 교수 필립스 롱, 그리고

---

113) Alfred J. Hoerth, *Archaeology & The Old Testament*, BakerBooks, 1998. Thomas E. Levy(ed.), *The Archaeology of Society in the Holy Land*, continuum, 1998. *Archaeology Study Bible*, English Standard Version, Crossway, 2017.

114) Stephen Hawking, *Brief Answers to the Big Questions*, John Murray, 2018, 42쪽에서 재인용함.

115) K. A. Kitchen, *On the Reliability of the Old Testament*, Eerdmans, 2003. 비교, Craig L. Blomberg, *The Historical Reliability of the New Testament, Countering the Challenges to Evangelical Christian Beliefs*, B&H Academic, 2016.

미국 웨스트몬트대학교의 성서학 교수인 트렘퍼 롱맨 3세, 이 세 학자들이 21세기 사실주의 입장에서 성경적인 이스라엘 역사를 함께 저술하고, 그동안 최소주의자들 (N. P. Lemche, L. L. Grabbe, Ph. Davies, J. J. Collins, I. Finkelstein 등)의 진영 논리와 학문적 교만을 지적하며, 그들이 말하는 이념적이며 사변적인 고대 이스라엘 역사의 재구를 '축소주의'(reductionism)로 규정한 것은 매우 돋보이는 성과이다.[116] 현재 고고학적 증거가 없다고 해서 과거에 어떤 사건이 없었다는 증거는 될 수 없다.[117] 오늘 장신대에서 고대 이스라엘 역사를 공부하는 복음주의 구약학도들에게 이 책의 일독을 권해드린다. 비유컨대, 구약학에서 구약언어가 뿌리이고, 구약개론이 줄기라면, 이스라엘 역사는 그 가지와 잎사귀들로 볼 수 있다. 앞으로 살펴볼 구약주석은 그 가지들에 피어난 꽃들에 비유할 수 있고, 구약신학은 그 꽃이 지고 맺어진 열매라고 할 수 있다. 꽃과 열매가 불가분리의 관계인 것같이, 구약주석과 구약신학의 관계도 그렇다.

이상에서 설명한 구약언어, 구약개론 그리고 구약역사(이스라엘 역사)를 공부하면서 복음주의 구약학은 자연히 구약본문의 해석을 위한 구약주석 공부로 향하게 된다. 하나님이 계시하시고 영감으로 인간 기자들을 통해 기록하게 하신 하나님의 말씀으로서 구약성경을 우리는 어떻게 해석하고 이해하고 설명할 수 있는가? 장신대 신대원의 구약주석 방법론에서 처음부터 '역사적―비평적 방법'(the historical-critical method)으로 바로 들어가면 신학생들은 대체로 혼란을 느끼고 성경의 권위에 대한 회의를 느끼게 된다. 이러한 부작용을 최소화하기 위해 장신대 복음주의 구약주석 방법론에서는 위에서 언급한 대로 개혁교회 복음주의 전통의 '문법적―역사적―신학적 방법'(the grammatical-historical-theological method)을 먼저 소개하고, 그와 함께 현대의 '역사적―비평적 방법'(the historical-critical method)도 소개하여 그 장단점을 설명해야 해야 한다.[118] 이때 복음주의 성경관과 자유주의 및 신정통주의 성경관의 차이를 확인해야 하고, 각각의 방법론의 인식론(특히, 성서 비평학의 방법론의 3가지 전제들)의 문제를 설명해야 한다. 그래야 복음주의의 올바른 성경해석 방법론을 선택할 수 있기 때문이다. 인식론의 문제는 앞에서도 언급한 바 있지만, 성서비평학의 인식론적 전제인 비평, 유비, 인과율에 대한 복음주의 성경해석의 인식론적 전제인 믿음, 계시, 초월의 개념을 대비하고, 성서비평학의 '의심의 해석학'이 아니라 복

---

116) Iain Provan, V. Philips Long, Tremper Longman III, *A Biblical History of Israel*, 2nd ed., WJK, 2015.

117) Iain Provan 외, 위의 책, 426쪽.

118) Louis Berkhof, *Principles Of Biblical Interpretation*, Baker, 1950/16th printing 1980. 비교, Edgar Krentz, *The Historical-Critical Method*, Fortress, 1975.

음주의의 '믿음의 해석학'으로 입장을 정립할 필요성을 설명해야 한다.

현대 성경 주석방법론에서 역사적-비평적 방법이나 역사적-문법적-신학적 방법의 작업과정 자체는 외견상 큰 차이가 없다.[119] 문제는 방법론도 중요하지만, 그 방법론을 사용하는 사람의 성경관과 성경을 해석하는 그 사람이 어떤 사람인가가 더 중요하다. 비유컨대. 수술칼도 중요하지만, 두말할 필요도 없이 그 칼을 가지고 수술에 임하는 외과의사는 더 중요하다. 바울 사도는 믿음의 아들 디모데에게 이렇게 편지를 보냈다. "너는 하나님께서 인정해 주시는 사람, 부끄러울 것 없는 일꾼, 진리의 말씀을 옳게 분별하는 사람으로, 하나님께 자신을 바치도록 힘써라"(딤후 2:15. 박창환 역, 『신약성경』, 코리아엠마오, 2007). 오늘의 성경 해석자도 이러한 사람이 먼저 되어야 하지 않겠는가? 성경을 주석하는 사람은 무엇보다 하나님의 말씀을 올바로 해석할 수 있도록 성령 하나님의 도움을 간구하는 기도가 꼭 필요하다(비교, 요 14:26; 16:13; 고전 2:12-14; 고후 3:14-17 등).

복음주의의 '문법적-역사적-신학적 방법'을 사용하여 성경본문을 주석하는 구체적인 과정을 여기서 자세히 설명할 수 없으나, 그 요지(要旨)는 다음과 같다. 먼저 기도로 준비한다. ① '본문비평'(Textual criticism, 또는 '하등비평' Lower criticism)을 통해 원전의 본문을 확인한다(BHQ 제5판의 본문과 비평장치란 사용). 그 다음은 ② 주석가가 원전에서 번역하는 개인역이다. 칠십인역을 위시하여 기존의 여러 번역본들과 비교하여 차이를 살펴보고 번역의 오류를 바로 잡는다. ③ 주석할 본문이 어떤 문맥에서 나오며, 그 문맥에서 단위 본문이 가지고 있는 양식(樣式)을 식별하여 본문의 문법적인 의도와 의미를 규명한다(산문과 시: 이야기, 법, 예언, 보고서, 편지, 비유, 우화, 노래, 시편, 지혜문학 등). 여기서 주석가가 주의할 점은 신구약 성경의 어떠한 본문도 그 자체의 소단위 양식으로 최종 의미가 규정되는 것은 아니고, 그 단위본문이 포함된 각 책과 나아가 전체 '정경'(正經, canon)이라는 통합양식에서 정리가 되어야 한다는 것이다. 이러한 관점에서 '관주성경'의 사용이 꼭 필요하다. 이것이 교회개혁자들의 '성경은 그 자체의 해석자이다'라는 명제의 현장이다(canonical intertextuali-

---

119) 역사비평적 방법의 주석 안내서는 다음 책을 참고할 수 있다. Hermann Barth/Odil Hannes Steck, *Exegese des Alten Testaments*, Leitfaden der Methodik, 8., neubearbeitete Auflage, Neukirchener Verlag, 1978. G. Fohrer · H. W. Hoffmann · F. Huber · L. Markert · G. Wanke, *Exegese des Alten Testaments*, Einführung in die Methodik, UTB 267, Quelle&Meyer Heidelberg, 1973. 주석가가 실수하기 쉬운 오류들에 관해서는 다음의 책을 참고할 수 있다. D. A. Carson, *Exegetical Fallacies*, 2nd ed., BakerAcademic, 1996. 비교, 신정통주의 성경주석의 입장에 관해서는 다음의 책을 참고할 수 있다. Peter Stuhlmacher, *Historical Criticism and Theological Interpretation of Scripture*, English translation and with an introduction by Roy A. Harrisville, Fortress, 1977. 21세기 미국 연합장로회의 콜럼비아신학교 구약학 교수인 브라운 박사는 전통적인 역사-비평적 방법을 기반으로 현대 과학, 생태학, 진화론과의 대화와 주석자 자신에 대한 자기 비평 등의 문제를 새롭게 취급하는 구약 주석 요람을 출판했다. 그는 성경본문이 '다면적 의미'(multivalent)를 가지기 때문에, '해석의 다양성'을 수용해야 한다고 본다. William P. Brown, *A Handbook To Old Testament Exegesis*, WJK, 2017.

ty). ④ 단위 본문의 통일성과 진정성을 파악하기 위해 그 역사적 기록자가 누구인지 확인하고(그 단위 본문이 속한 경전 문맥에서 언급한 기록자를 존중함), 본문이 출현한 역사적 배경과 상황을 파악하여, 본문의 고유한 역사적 가치와 의미와 성경의 다른 본문들(책들)과의 차이를 설명한다. 본문의 기록자가 불분명하거나 본문의 통일성과 진정성에 문제가 있으면, 본문 전승사와 편집사의 관점에서 검토하여 본문의 형성과정에 대해 설명한다(구전과 서전에 대한 검토 및 편집비평). ⑤ 그리고 본문에 대한 해석사(교부시대, 중세, 종교개혁 시대와 그 이후 현재까지, 유대교의 해석사, 로마 천주교의 해석사, 동방정교회의 해석사 등)를 살펴보고 해석의 문제점과 다양성을 찾아본다. ⑥ 또 본문의 해석이 본 교단이 인정하는 교리(총회 헌법의 신앙고백)와 어떠한 관계가 있는지 살핀다(조직신학, 교회사와의 대화). ⑦ 이러한 6단계의 작업을 종합하여 본문이 과거에 기록되고 전달될 당시의 역사적 현장('삶의 자리') 상황을 재구성하고 본문의 의미를 신구약 성서신학적인 관점(통일성과 다양성)에서 종합적으로 설명한다. 그리하여 오늘 우리가 이해하는 본문의 과거의 의미(意味, meaning. 과거 구약시대 이 본문을 듣거나 읽은 독자들의 본문 이해)와 현재의 의의(意義, significance. 오늘 나와 우리에게 하나님의 말씀으로서 본문이 갖는 중요성과 가치)를 정리하여 설명한다. ⑧ 한국 사회와 여러 문화권 속에서 본문이 어떤 영향을 미쳤는지 살펴본다(본문의 영향사. 정치, 경제, 사회, 문화, 문학, 미술, 음악, 건축 등). 또 현재 생태위기나 기후변화 문제, 전쟁 범죄 문제, 인권 문제, 각종 중독 문제 등, 여러 현실적 문제들과 본문이 어떻게 연관되는지 생각해 본다. ⑨ 마지막으로 설교를 위한 본문의 메시지(적용)를 제시한다. 이상의 내용을 다시 정리하면, ①-⑦까지는 주석(exegesis)이고, ⑧-⑨는 주해(exposition)이다. 성경해석에서는 주석과 주해가 같이 가야 한다. 전통적인 개혁교회의 복음주의 성경해석 방법인 '문법적-역사적-신학적 방법'을 따라 전개한 이러한 구체적인 성경해석 방법을 줄여서 달리 표현하자면 '경전적 전개 방법'(canonical-unfolding method)이라고 할 수 있다.[120]

지금까지 설명한 것은 신학교에서 복음주의 주석방법론을 공부하고 연습하기 위한 것이다. 일반적으로 모든 성경해석을 이러한 방법론에 따라 해야 하는 것은 아니다. 가령 교역자들이 설교준비를 하거나 성경공부를 가르칠 때, 일일이 성경본문을 주석 방법론에 따라 주석하고 해석할 필요는 없으며, 좋은 주석서 2-3종과 연구용 성경 2-3종을 참고하면, 본문에 대한 적절한 해석(주석과 주해를 통한 메시지)을 종합

---

120) 경전적 전개 방법을 사용한 구체적인 성경해석과 주석적 본문연구의 예는 장신대 구약학 김진명 교수의 박사학위 논문을 보완하여 출판한 다음의 책을 참고할 수 있다. Jin-Myung Kim, *Holiness & Perfection: A Canonical Unfolding of Leviticus 19*, Das Alte Testament Im Dialog, Vol. 3, Perter Lang, 2011.

적으로 요약하여 얻을 수 있기 때문이다. 성경을 암호해독 하는 것처럼 생각할 필요는 없다. 대체로 성경은 그 의미가 자명한 경우가 더 많다. 성경 본문의 더 넓고 깊은 의미를 탐구하기 위해서 주석 방법론을 공부하는 것이며, 주석 방법론을 공부하면 좋은 주석서와 좋은 연구용 성경을 선별할 수 있는 안목도 갖출 수 있다.

가끔 지금 제일 좋은 구약 주석책을 소개해 달라는 질문을 받는다. 바로 위에서 소개한 '경전적 전개 방법'을 사용하여 주석과 주해의 전 과정을 충족시키는 주석책이 제일 좋은 주석책인데, 그러한 주석책은 만나기가 쉽지 않다. 그래서 자주 도서관과 책방에 가서 여러 주석들을 찾아 비교하고 한 단계라도 본문 해석에 대한 설명이 잘 되어 있는 주석책이 있으면 구입하여, 자신의 손때가 묻은 도서실(공부방)을 만드는 것이 필요하다. 최근에 나온 서양 기독교의 성경주석들과 그와 연관된 참고서들을 소개하는 유용한 안내서로서는 다음의 책을 추천한다.[121] 주석총서 전권을 한꺼번에 구입하는 것은 현명하지 못하며, 한 권씩 직접 찾아보고 유익하다고 생각하는 책을 구입할 것을 권한다. 복음주의 구약학 공부는 외골수로 가는 것이 아니라, 자유주의, 근본주의, 신정통주의, 그리고 로마 천주교[122], 동방정교[123], 유대교의 신학과 경전해석[124]에 대해서도 견문을 넓혀야 한다. 현대 서양 자유주의 신학자들이 이름은 '자유주의'라는 말을 쓰고 있지만, 사실은 다른 신학적 입장에 대한 견제와 배제가 매우 심하고 자신들의 학문적 카르텔에 안주하면서 다른 입장의 신학자들(예컨대, 복음주의 신학자들)의 책을 통한 대화나 인용이 인색한데, 이것은 자유주의 신학자들의 또 다른 형태의 부정적인 근본주의 태도이다.

앞서 언급한 대로, 복음주의 구약학 공부는 구약언어, 구약개론, 구약역사, 구약주석을 거쳐 구약신학에 이른다. 과실나무에 비유컨대, 구약언어는 뿌리이고, 구약개론은 줄기이며, 구약역사(고대 이스라엘 역사)는 가지와 잎이고, 구약주석은 꽃이며, 구약신학은 그 열매라고 할 수 있다. 구약신학은 구약성경에서 하나님이 이스라엘 백성에게 말씀하신 그 계시의 규범을 신약성경과의 연관에서 그 통일성(일관성)과

---

121) John F. Evans, *A Guide to Biblical Commentaries and Reference Works*, 10th ed., Zondervan, 2016. 개인적으로 추천하는 구약 주석서로는 깔뱅 주석총서(22권), *Apollos*(IVP), *Brazos*(Brazos), *Crossway Classic Commentaries*(Crossway); *Holman Apologetic Commentary on the Bible*(B&H), *Hermeneia*(Fortress), *Keil & Delitzsch*(Eerdmans or Hendrickson), *Old Testament Library*(WJK), *Tyndale Old Testament Commentaries*(IVP), *Word Biblical Commentary*(Zondervan), *JPS Torah Commentary*(Jewish Publication Society) 등이다.

122) F. C. Bauerschmidt & J. J. Buckley, *Catholic Theology, An Introduction*, Wiley Blackwell, 2017; 『가톨릭 교회 교리서』, 한국천주교중앙협의회, 2003; 『가톨릭 주석성서 구약(상)』, 성요셉출판사, 2000 등.

123) Eugen J. Pentiuc, *The Old Testament in Eastern Orthodox Tradition*, Oxford, 2014; *The Orthodox Study Bible*, Thomas Nelson, 2008 등.

124) Jacob Neusner, *Handbook of Rabbinic Theology*, Brill, 2002; *The Jewish Study Bible, TANAKH Translation*, Oxford, 2004 등.

다양성을 이해하려는 것이다. 예컨대, 구약신학의 주제는 신약과의 관련에서 '오실 메시아'를 일관성 있게 약속하고 있는데(신약신학의 주제는 '오신 메시아 곧 그리스도'), 그 메시아는 다양한 직무들(왕, 제사장, 예언자, 지혜자 곧 그리스도의 4대 직무)을 통해 그 정체성을 이해할 수 있다. 예수님은 좋은 나무가 좋은 열매를 맺는다고 하셨고, "그들의 열매로 그들을 알지니 가시나무에서 포도를, 또는 엉경퀴에서 무화과를 따 겠느냐"라고 주의를 환기시키셨다(마 7:16). 이 말씀의 뜻은, 기록된 신구약 성경은 살아계신 하나님의 말씀이기 때문에(히 4:12-13; 벧전 1:23 등), 사람의 생각과 이념 (철학)과 교훈으로 성경을 해석하면 안 된다는 의미라고 생각한다(마 15:8-9; 골 3:8; 딤후 4:3-4; 벧후 1:20-21; 3:16 등. 비교, 사 28:10,13; 29:13-14!). 일찍이 깔뱅의 『기독교강요』는 개혁신학의 복음주의 기독교 교리를 설명하는 교의학인 동시에 성경을 바르게 이해하고 믿을 수 있도록 인도하는 성서신학이다. 복음주의 성서신학, 특히 구약신학을 공부하는 사람에게 깔뱅의 기독교강요는 필독서이다. 무엇보다 복음주의 구약신학은 신약신학과의 관계에서 구약의 단절성(갈 3:23-2)과 계속성(롬 3:31)을 설명하고, "옛 사람들에게 들은바… 그러나 나는 너희에게 말한다"라고 말씀하는 예 수님의 '제3의 구약해석'을 지향한다(마 5:43-45; 12:6-8; 19:8 등). 나아가 구약신학 은 나사렛 예수가 구약이 예언한 메시아(그리스도)이심을 증언해야 한다(마 16:15-16; 눅 24:44-45; 요 20:31; 행 3:17-24 등).

서양의 자유주의 신학에서는 구약신학을 통해 하나님의 규범적 계시를 탐구하는 목적을 버리고, 상대적인 '고대 이스라엘의 종교사'를 사상사적인 진화론의 관점에서 연구하는 방향으로 나아갔다. 그리하여 자유주의 성서학(구약학과 신약학)은 '종교사 학파'로 자리매김하게 되었다. 이러한 상황에서 19세기 독일 튀빙겐의 구약학자 욀 러(G. Fr. Oehler, 1812-1872)는 이스라엘의 종교사 기술이 아니라 신약을 전제하는 구약의 계시적 성격을 강조하고, 19세기에 개신교 구약 성서신학의 '금자탑'이라고 평가되는 『구약신학』을 저술했다. 욀러는 자유주의 종교사학파와 차별화하여, 자신 의 구약신학의 목적은 예수 그리스도 안에서 성취된 하나님의 계시적 구원 경륜이 구약성경에서 어떻게 역사의 진로에 따라 약속되고 준비되고 전개되었는가를 이해 하는 데 있다고 했다. 따라서 그는 자신의 구약신학을 '역사적-발생적 방법'(die his-torisch-genetische Methode)으로 기술한다고 했다. 여기서 '역사적'인 내용은 문법- 역사적인 주석(die grammatisch-historische Exegese)에 근거하는 것이고, '발생 적'(genetisch)이라는 것은 하나님의 계시 경륜(die Offenbarungsökonomie)에 의해 구약에서 시작하여 신약의 예수 그리스도에서 그 절정을 이루는 구원사의 유기적인 전체적 흐름을 따르는 것을 의미한다. 비유하자면, 구약의 계시는 사과나무의 씨앗

과 줄기와 가지와 꽃이라면, 신약의 계시는 예수 그리스도를 정점으로 하는 그 사과
나무의 열매이다. 예수 그리스도가 하나님의 구원사의 열매라고 한다면, 구약은 그
열매를 향해 씨앗이 싹트고 자라나는 과정이다. 사과의 열매를 보고 사과나무의 씨
앗과 그 성장 과정을 이해하고 설명할 수 있는 것과 같이, 사과 열매를 전혀 모른채
사과나무의 씨앗과 그 성장 과정만 가지고 사과나무를 이해하고 설명하려는 방법은
성립할 수 없다. 구약성경의 역사적 계시는 우연히 진화하거나 발전하는 것이 아니
라, 마치 사과 씨앗이 자라서 사과 열매가 되는 것같이 존재론적으로 시간에 따라 전
개되는 과정이다. 이것이 욀러가 말하는 '발생적'이라는 의미이다. 다시 말하자면,
계시의존적으로 구약신학은 구약성경 전체에 드러나 있는 역사적이고-발생적인 하
나님의 구원 경륜의 계시가 신약의 예수 그리스도에서 열매 맺는 전개 과정을 성령
의 인도하심으로 이해하면서, 역사 속에서 그 일관성과 다양성을 서술하는 것이라고
했다.[125]

　　19세기 욀러 박사의 이러한 복음주의 구약신학의 입장은 20세기 전반 미국 프린
스턴신학교의 구약학 교수인 게르하르더스 보스(Geerhardus Vos, 1862-1949)의 성서
신학으로 연결되었다. 보스 박사는 화란 개혁교회 전통의 신앙가정에서 태어나 일찍
이 가족과 함께 미국으로 이민했고, 그랜드 래피즈의 칼빈대학교와 프린스턴신학교
를 졸업한 후, 베를린과 스트라스부르에 유학하여 계속 성서신학을 공부했다. 그는
1893년부터 1932년 은퇴 시까지 복음주의 구약학자 그린(W. H. Green, 1825-1900)
의 뒤를 이어 프린스턴신학교의 성서학 교수로 재직했다. 보스 교수는 개혁교회 정
통주의 곧 복음주의 입장에서 많은 저술들과 함께 그의『성서신학』명저를 남겼다. 그
는 '개혁주의 성서신학의 아버지'(the father of a Reformed biblical theology)라는 이
름으로도 알려졌다.[126] 여기서 보스 박사의 성서신학을 소개할 수 없지만, 그의 정통
개혁교회 복음주의 성서신학 내용의 핵심은 다음의 그의 인용글에서 잘 나타나 있
다. 보스 교수는 그의 성서신학 저서의 서문에서 토마스 아퀴나스를 인용하여 신학
이란 "하나님으로부터 가르침을 받고, 하나님을 가르치며, 하나님께로 인도한다"(a
Deo docetur, Deum docet, ad Deum ducit)는 입장을 밝히고 있다(비교, 갈 1:11-12;
4:8-9).[127] 성서신학의 궁극적 목적은 예수님도 말씀하신 대로 사람들에게 진리를

---

125) Gust. Fr. Oehler, *Theologie des Alten Testaments*, Tubingen, 1893. 특히 "IV. Methode der biblischen Theologie, Einleitung der Theologie des Alten Tetaments", 66-69쪽.

126) Donald K. McKim(ed.), *Dictionary of Major Biblical Interpreters*, IVP Academic, 2007. "Vos, Geerhardus (1862-1949)", 1016-1019쪽; Danny E. Olinger, *Geerhardus Vos, Reformed Biblical Theologian, Confessional Presbyterian*, Reformed Forum, 2018.

127) Geerhardus Vos, *Biblical Theology, Old and New Testaments*, Eerdmans, 1968. "Preface" 5쪽.

알게하고 참 자유와 영생을 얻게 하는 데 있다(요 5:39; 8:31-32; 14:6; 20:31 등). 장신대의 성서신학, 특히 구약학은 앞으로 이러한 깔뱅-윌러-보스의 성경 계시 의존적인 개혁주의 전통을 이어가는 진정한 복음주의 성서신학을 지향하면 좋겠다. 또한 구약학과 신약학을 통합하여 신약 교수가 구약을 가르치고 구약 교수도 신약을 가르치며, 조직신학과 다른 과의 교수들도 성서학 세미나에 같이 참여하여 성경을 주제로 함께 토론하고 배울 수 있는 교과과정을 개발하면 좋겠다.

한편, 자유주의의 역사 내재적인 신학에 일침을 가하고, 종교사학파가 분리시킨 신약의 세계를 구약의 세계와 다시 연결하면서 스위스 바젤대학교의 구약학 교수 아이히로트(W. Eichrodt, 1890-1978)는 『구약신학』을 하나님과 이스라엘 백성의 "언약" 개념을 중심으로 정리했다. 여기서 아이히로트 구약신학의 출발점은 역사적인 '시내산 언약' 사건인데, 아이히로트는 자유주의 종교사학파가 부인하는 시내산 언약 사건의 사실 역사적 근거를 옹호했다. 그러나 아이히로트 역시 신정통주의의 성경관과 성경해석의 약점인 이중성('사실 역사'와 '믿어진 역사'의 이중성), 그리고 문서설에 의한 시대구분 등을 극복하지 못했다.[128] 이러한 와중에서 20세기 후반부터 서양 성서신학의 중심 개념은 성경의 '역사(구원사)' 탐구에서 점차 성경 본문의 '언어' 연구로 바뀌어 갔다. 그 이유는 과거 역사의 실체는 객관적으로 파악하기 불가능하지만(불가지론), 성경원문에 사용된 언어는 인간의 역사와 삶의 현장에 직결되어 있고, 어떤 언어를 어떻게 사용하는가에 따라 그 인간들과 사회와 역사의 성격도 이해할 수 있다고 생각하기 때문이다. 나아가 본문에 기록된 언어는 오늘도 그것을 해석하는 사람들에게 미래를 긍정적으로 변화시키는 상상력과 능력을 제공한다고 믿게되었다. 여기에는 독일 철학자 하이데거(Martin Heidegger, 1889-1976)가 '언어는 인간 존재의 집'라고 한 언어 철학적 개념이 영향을 미쳤다.[129]

독일 하이델베르그대학교의 구약학자 폰 라트(G. von Rad, 1901-1971) 교수는 구약성경을 이스라엘의 '신앙고백 언어'의 전승사로 파악하고, 고대 이스라엘 백성의 제의 상황에서 생겨난 최초의 작은 분량의 역사적 신앙고백에서 출발하여(예컨대, 신 26:5-11), 구약의 각 시대에 따라 이스라엘 신앙고백 언어의 전승과 확대, 그리고 그 변화 과정에 주목하여 이 신앙고백 언어가 각 시대마다 왜, 어떻게 변천하여, 결국 신약의 예수 그리스도에 대한 신앙고백 언어의 모습에까지 도달하게 되었는가를 들

---

128) 비교, 발터 아이히로트, 박문재 옮김, 『구약성서신학 I, II』, 크리스챤다이제스트, 1994.

129) 기록된 언어는 그 독자(해석자)에게 자신과 미래 세상에 대한 긍정적 변화의 상상력을 작동하게 한다는 현대 언어철학은 '언어의 신격화'의 위험에 빠지게 한다. 언어가 인간 존재의 집이라는 하이데거의 주장은 어폐가 있다. 왜냐하면 언어란 인간 존재의 집에서 의사소통을 위해 사용되는 하나의 중요한 상대적인 '도구'에 불과하기 때문이다.

여다보게 했다. 아이히로트의 구약신학이 역사적인 시나이(시내)산 언약을 시작으로 이스라엘 역사 속에서 그 일관된 언약사상의 재현을 각 시대마다 그 역사적 단면의 현상에서 추적하는 공시적(共時的, syncronic) 방법(횡단면적 방법)을 유지했다면, 폰 라트의 신앙고백 언어 전승사 구약신학은 통시적(通時的, diacronic)인 방법으로 신앙고백 언어의 전승과정에서 변화를 추적했는데, 종래의 자유주의 종교사학파(종교 사상적 진화론)와 구별하여 폰 라트 계열의 입장을 편의상 '신자유주의'로 부르는 것이 적절하다고 생각한다. 폰 라트 전승사 신학을 이어받은 후기 폰 라트 학파의 대표적 현대 구약 신학자가 미국의 월터 브루그만(W. Brueggemann, 1933-) 박사이다. 브루그만 교수는 구약성경 본문에서 전승된 수사적인 신앙고백 언어 표현의 변화와 변천을 일종의 변증법적 도식인 '증언-반론-변호'(Testimony-Dispute-Advocacy)의 틀을 사용하여 설명하고, 구약의 야훼(여호와) 하나님은 역사 속에 계신 분이 아니고 구약성경 본문의 '언어 안에' 계시는 하나님이라는 주장을 폈다.[130] 이러한 브루그만의 구약신학에 대해 미국의 복음주의 구약신학자 브루스 월트키(B. K. Waltke, 1930-)는 이단적 '신성 모독'(blasphemy)이라는 표현으로 대응했다.[131]

이제 복음주의 구약신학은 그 탐구 중심 개념이 역사냐 언어냐, 또는 구약신학을 연구하는데 통시적으로 할 것이냐 공시적으로 할 것이냐의 방법론적 논쟁을 넘어서, 기록된 신구약 성경을 통해 하나님이 계시하신 예수 그리스도의 진리(생명을 살리는 복음) 중심의 성서신학을 재정립해야 할 때가 되었다고 생각한다(요 5:39,46-47. 비교, 행 2:36; 5:42; 7:34-35; 18:5,28!). 편의상 신약신학과 구약신학을 나눌 수는 있으나, 이 두 공부는 둘이 아니고 하나이다. 오늘 장신대의 복음주의 성서학(복음주의 구약학과 복음주의 신약학)은 더 이상 서양의 성서비평학에 근거한 잡다한 관념적 신학의 이론과 방법에 휘둘리지 말고, 하나님의 말씀인 신구약의 계시를 일관성과 다양성 속에서 설명하고, 통합교단의 헌법이 제정한 신앙고백 및 복음주의 조직신학에서 정리한 교의학의 내용과 서로 감응하는 성서신학을 해야 한다.[132] 최근에 미국 기독교 사립 명문 휘튼대학교의 복음주의 구약학 교수인 존 왈튼(John H. Walton, 1952-)은 『그리스도인들을 위한 구약신학』을 저술했는데, 이 책에서 왈튼은 "구약 창세기의 첫 장들로부터 신약 계시록의 마지막 장까지, 하나님의 현존과 인간과의 관계성이 성경의 일관된 줄거리이고 신학적인 초점이다. 이 성경의 주제가 하나님이

---

130) Walter Brueggemann, *Theology of the Old Testament*, Fortress, 1997, 66쪽 이하.

131) Bruce K. Waltke, *An Old Testament Theology*, Zondervan, 2007, 70쪽 이하.

132) 대한예수교장로회총회, 『헌법』, 한국장로교출판사, 2007. 비교, Louis Berkhof, *The History of Christian Doctrines*, Banner of Truth, 1937/2015. Louis Berkhof, *Manual of Christian Doctrine*, Eerdmans, 1933/1969. J. I. Packer, *Concise Theology*, Crossway, 1993 등.

계획하고 목적하고 언제나 원하시는 것을 드러내 보여준다"라고 하면서, 이것이 자신이 구약신학을 저술하는 기초라고 밝히고 있다.[133]

4. 나가는 말

이 글에서 나는 역사적으로 본교 장신대의 신학 정체성은 '복음주의'(정통주의, 개혁주의, 깔뱅주의는 동의어들이다)이며,[134] 신학의 정체성은 무엇보다 '성경관'에서 좌우된다는 점에 주의를 환기시켰다. 각 사람이 자신의 성경관이 무엇인지 말할 수 있다면, 그 사람의 신학이 어떤 신학인가를 가늠할 수 있다. 평장신 제1회 졸업장(1907년) 위쪽 우측에는 데살로니가전서 2:4의 말씀이, 좌측에는 요한복음 8:12의 말씀이 한문성경으로 각각 기록되어 있다. 한글 개역개정 본문으로 우측부터 차례로 인용하면, "오직 하나님께 옳게 여기심을 입어 복음을 위탁받았으니 우리가 이와 같이 말함은 사람을 기쁘게 하려 함이 아니요 오직 우리 마음을 감찰하시는 하나님을 기쁘시게 하려 함이라"라고 했고, 또한 "예수께서 또 말씀하여 이르시되 나는 세상의 빛이니 나를 따르는 자는 어둠에 다니지 아니하고 생명의 빛을 얻으리라"라고 하신 말씀이다. 하나님을 기쁘시게 하고 생명의 빛을 따르는 것, 이 얼마나 아름답고 귀한 복음주의 장신신학의 성경적인 두 기둥들인가(비교, 왕상 7:21; 대하 3:17)! 이 두 요절을 마음에 바로 새기고 장신대의 문을 나서면, 어디를 가든지 누구를 만나든지 누(累)를 끼치지 않고, 설교를 해도 헛소리(nonsense)를 하지 않게 될 것이다. 장신대 복음주의 성서학(신약학과 구약학)의 신학도들은 평장신 복음주의 전통의 이 두 성경 요절을 결코 잊어서는 안 될 것이다.

또 이 글에서는 특히 칼 바르트로 대표되는 신정통주의 신학의 성경관이 왜 문제가 되는지 설명했다. 바르트의 '실제영감론'과 함께 그가 주장하는 하나님의 말씀의 3중 형태가 잘못된 것임을 지적하였다. 그리고 복음주의와 근본주의의 성경관 구별에 대해서도 설명했다. 또한 복음주의 구약학 공부의 성격과 그 내용에 관해 설명하고, 성서해석학과 주석 방법론에서 인식론에 대한 성찰이 꼭 필요하다는 점을 강조했다.[135] 현재 21세기에 '역사적-비평적 방법'은 그 패권적 지위를 상실했고, 복음주

---

133) John Walton, *Old Testament Theology for Christians*, IVP Academic, 2017, 28쪽.

134) 비교, 임성빈, 『장신신학의 정체성』, 장로회신학대학교, 2019. 이 책자에서 임성빈 총장은 평장신 전통의 장신대의 신학 정체성을 확인할 수 있는 "본교의 목적과 신경(1920)을 장로회신학대학교의 역사적 성명서 모음에 첫 번째로 재수록한 것은 매우 적절하다고 생각한다. 1920년에 나온 이 문건에서 장신신학의 정체성은 '복음주의'로 확인할 수 있다. 39-42, 특히 40쪽.

의 성경해석 방법인 개혁교회 전통의 '문법적-역사적-신학적 방법'이 '경전적 전개 방법'으로 재등장하고 있다는 점을 말했다. 또 한 가지 기억할 것은, 복음주의는 자유주의나, 근본주의나, 신정통주의나 급진주의와 같은 어떤 진영 논리에 속하지 않고, 성경의 권위(계시와 영감)를 인정하는 모든 교파와 신학과 연대하는 가장 폭넓은 포용적 신학 입장이라는 것이다. 교파나 교단의 벽을 넘어서 전 세계 교회와 신학교에서 성경의 권위와 올바른 성경관으로 연대하는 모든 그리스도인들은 복음주의자들이다. 이러한 점에서 복음주의는 진정한 에큐메니칼이며, 복음주의 신학을 WCC 일변도의 '에큐메니칼 신학'(?)과 대립시키는 것은 무지의 소산이다. 얼마 전에 이재근 교수가 21세기 현재 사용하는 '복음주의'라는 개념의 내용과 그 복음주의 역사를 우리 한국교회 신학의 현실에 비추어 비교적 알기 쉽고 정확하게 책으로 출판했는데, 일독을 권하고 싶다.[136]

성경적 세계관에서 보면 본교 장신대는 만세 전부터 삼위일체이신 우리 하나님의 섭리와 계획에 따라 세워진 것이다. 평장신은 1900년에 선교본부의 설립 허가를 받아 1901년 미북장로회 마포삼열 선교사 목사(1888년 미국 시카고 맥코믹신학교 졸업)가 목회자 양성을 위해 장대현교회의 김종섭과 방기창 두 장로를 학생으로 데리고 평양 대동문 옆 술막골에 있던 자택에서 시작했다.[137] 이것은 한국 개신교 신학교육의 시작이기도 했다. 내한한 장로회 선교부는 각각 따로 신학교를 세우지 않고 공의회를 조직하여 1903년부터 평양장로회신학교(또는 조선야소교장로회신학교)를 공동 운영함으로써 평장신은 공인된 교육 기관으로서 본격적인 신학교육을 시행하게 되었다. 1903년 당시 구약학의 과목과 교수는, '유대사기'(스왈른)와 '모세오경'(베어드, 스왈른)이었다. 그 외에 '신학일반 및 소요리문답'(마포삼열), '구원론'(스왈른), '목회학'(그래함 리), '마태복음 및 고대사'(윌리암 헌트)와 '산수'(편하설)를 공부했다. 1916년 평장신(조선야소교장로회신학교) 요람에서는 본 신학교 약사를 기록하고 있는데, "조선장로회신학교는 원래 성경을 전문으로 교수하던 사경회 중에서 자연한 결과로 산출하여 점차 조직된 것이라"고 했다(6-12쪽). 박상진 교수팀에서 연구한 본교 교육과정 백서에서도, "성경 중심의 신학교육"이 본교의 첫째 되는 전통이며, "… 신학교육은 다름 아닌 성경교육이라는 정신은 지난 110년 동안 면면히 이어져 왔다고 할 수 있

---

135) 현대 서양 철학과 신학의 인식론은 데까르트의 인식 원리에 기초한다. 잘 알려진 대로, 그 인식 원리는 '나는 생각한다, 고로 존재한다'이다. 그러나 이러한 데까르트식의 인식원리는 잘못된 것이다. 왜냐하면, 먼저 '나는 존재한다, 고로 나는 생각한다'는 것이 순리이기 때문이다. 이 문제는 앞으로 우리가 함께 풀어나가야 할 과제이다. 현대 서양 철학과 신학이 사변적 관념론에 치우치는 이유가 그들의 인식론의 원리에 문제가 있기 때문이다. 진리는 사변적 관념에 있지 않고 존재에 있다.

136) 이재근, 『세계 복음주의 지형도』, 복있는 사람, 2015.

137) 『마포삼열박사전기』, 마포삼열박사전기 편찬위원회 편, 대한예수교장로회총회교육부, 1973, 227-228쪽.

다”고 요약했다.[138] '신학교육은 기반은 다름 아닌 성경교육이라는 정신'이 바로 복음주의 신학의 핵심이다.[139] 백낙준 박사가 평장신의 교육이 목사 후보생을 양성하는 것이 목적이고 학과목은 거의 전적으로 성경공부였으며, '기독교를 철학적 입장에서 다루는' 학문과는 거리가 먼 '성경학교'에 불과했다고 폄하한 것은 오해이고 잘못이다.[140] 왜냐하면 목회자와 기독교 지도자를 양성하는 신학교육은 고금동서를 막론하고 성경에 대한 공부와 그에 따른 실천이 무엇보다 가장 중요하기 때문이다. 성경을 가르치는 것을 소홀히 하고 철학적 학문을 앞세우고 가르치는 것은 신학교가 해야할 공부가 아니다. 요즈음 신학박사를 철학박사로 바꾸어 표기하는 것도 미국 신학교들에서 시작한 잘못을 답습하는 것으로서, 다시 본래의 명칭대로 되돌려야 한다는 점을 지적해 둔다.

오늘 우리 장신대의 복음주의 신학교육은 성경중심으로 성경을 가르치는 역사적 전통을 기억하고 이 자랑스러운 전통을 계승하여 발전시켜 나가야 할 것이다. 장신대는 최고의 권위를 가진 성경중심의 교육기관으로 거듭나야 한다. 20세기를 지나 21세기 현재 성경을 가르치지 않고 신학자들과 철학자들의 잡다한 학설을 가르치는 신학교들은 다 지리멸렬하고 그 존재 가치와 의미를 잃어버렸기 때문이다. 일찍이 평장신의 교과과정에서 목사 후보생들이 배우는 과목의 40% 이상이 신구약 성경이었고, 그중에 구약 과목이 20% 이상이었다. 장신대에서 1970년대는 신구약 성경 과목이 34%로 줄었다(비교, 조직신학 26%, 역사신학 15%, 실천신학 25%). 1990년대가 되면서 구약 과목의 비율은 11%에 불과했다.[141] 이러한 신구약 성경 과목의 지속적인 감소 현상은 신학교육과 목회자 양성 교육의 질적인 저하 현상을 초래하였다.

앞으로 본교에서는 성경교육 중심으로 교과과정을 개편하고, 모든 신학 교수들은 자신의 전공과목에만 얽매이지 않고, 원하는 분은 누구나 함께 성경을 가르칠 수 있게 해야 할 것이다. 구약학과 신약학은 세미나와 심포지엄을 따로 할 것이 아니라 공동으로 하는 것이 바람직하며, 조직신학과 다른 과들도 초청하면 좋겠다. 당장 이러한 교과과정과 제도 개편이 어려우면, 우선 장신대에 부설 '성경 교육원'(가칭)을 설립하여, 본교 신학생들이 졸업하기 전에 신구약 성경 66권을 정독하고 성경의 각

---

138) 박상진, 『장로회신학대학교 110년 교육과정 백서』, 1901-2011, 장로회신학대학교, 2011, 18, 168쪽. 비교, 김중은, 『장로회신학대학교역사화보집 제1권, 1901-1945』, 장로회신학대학교편집위원회 편, 2008, '설립배경사', 16-17쪽.

139) 이러한 성경중심의 목회, 설교, 신학교육의 전통은 스위스 개혁교회의 츠빙글리 전통에까지 소급된다. 임희국 교수는 이러한 츠빙글리의 교회개혁 유산이 한국(평양) 장로회신학교 신학교육으로 이어진다고 보았다. 임희국, "츠빙글리 종교개혁의 유산과 한국(평양) 장로회신학교 신학교육", 『공감, 교회 역사 공부』, 장로회신학대학교출판부, 2014, 548-575쪽.

140) 백낙준, 『한국개신교사』, 연대출판부, 1993, 317쪽 이하.

141) 강사문, "장신대 지난 100년 구약학 형성에 대한 회고와 전망", 〈교회와 신학〉, 2001 봄호 제44호, 14-15쪽.

책을 집중하여 공부할 수 있는 기회를 만들어 주어야 한다. 그래야 세속주의에 물들지 않고, 예수 그리스도의 몸된 교회를 공격하는 모든 적대세력에 맞서서 승리할 수 있는 예수 그리스도의 정병을 양성할 수 있게 될 것이다(비교, 엡 6:10-17; 고후 10:4-5 등). 21세기에도 여전히 성경은 인류가 갈 길을 비추는 빛이며, 어둠의 세력을 물리치는 성령의 검이다. 일찍이 시편에서는 "주의 말씀은 내 발의 등이요 내 길의 빛이라"라고 했고(시 119:105), 우리가 항상 지녀야 할 믿음의 방패와 구원의 투구와 함께 하나님의 말씀인 성경은 "성령의 검"이라고 말씀했다(엡 6:17). 과연 장신대의 복음주의 교수들과 학생들은 이러한 성경의 빛과 성령의 검으로 준비가 되었는가?

옥성득 박사는 해방 전까지 장신대 신학을 교회사적 관점에서 평가하면서 교회와 신학교의 역사를 진영 논리로 보고, 이념적 투쟁과 갈등 구조로 해석하는 것은 유감이다. 장신대 신학의 미래 과제에 대한 결론으로서 옥 박사가 "'중심에 서는 신학'에서 '변두리에서 섬기는 신학'으로 전환하는 것이 진검승부를 위한 마지막 과제이다"[142]라고 한 것도 그럴듯한 말이지만, 이념적 편가르기이며 편향된 시각이다. 중심 없는 변두리가 없고 변두리 없는 중심이 있을 수 없기 때문이다. 장신대의 주인은 삼위일체이신 하나님이고, 역사의 주인이며 역사를 심판하실 분도 살아계신 하나님이시다. 옥 박사는 '중심의 서는 신학'을 오해하고 있다. 중심은 예수 그리스도이고, 예수 그리스도를 모시고 어디에 우리가 서든지 우리 각 사람이 서는 자리가 중심이다. 우리는 역사 현장의 중심에 서든지 변두리에 서든지, 중심과 변두리 사이에 서든지, 부르심을 받은 자리에서 충성을 다해야 한다. 어느 한 쪽만을 고집하는 것은 이상한 편집증이다. 오늘도 죽은 자들을 살아계신 하나님의 말씀(성경)으로 예수 그리스도 안에서 구원과 새 생명과 참 자유의 길로 인도하고, 멸망의 길을 재촉하고 있는 21세기 인류 문명과 문화의 방향을 살아계신 하나님께로 되돌리는 하나님 나라 사역에 장신대 복음주의 신학이 제 몫을 감당해야 할 것이다.

참고문헌

간하배, 『한국 장로교 신학사상』, 실로암, 1988.
게르하르트 마이어, 『성경해석학』(*Biblische Hermeneutik*), 송다니엘, 장해경 옮김, 영음사, 2014.

---

142) 옥성득, 위의 글, 45쪽. 비교, John P. Brown(변조은), *With Jesus At The Fringes*(변두리에 계신 예수에게로), 도서출판 늘벗, 1993.

김광수, 안광국, 『장로회신학대학70년사』, 장로회신학대학, 1971.

김기홍, 『프린스톤 신학과 근본주의』, 아멘서적, 1992.

김명용, 『열린신학 바른 교회론』, 장로회신학대학교출판부, 1997.

______, 『칼 바르트의 신학』, 이레서원, 2007.

김양선, 『한국기독교해방십년사』, 대한예수교장로회총회 종교교육부, 1956.

김인수, 『사료 한국신학사상사』, 장로회신학대학교출판부, 2003.

김중은, "장로회신학대학교 신학교육의 회고와 전망", 『21세기의 신학교육』, 장신대 개교 100주년 기념 국제학술대회 준비위원회 편, 장신대출판부, 2002, 155-184쪽. 비교, 노영상(책임편집), 『21세기 대학 교육과 신학』, 동아일보사, 2008에 재수록.

______, 『구약의 말씀과 현실』, 한국성서학연구소, 1996.

______, 『옛것과 새것』, 한국성서학연구소, 2013.

루이스 B. 윔스, 『장로교 교리와 성경말씀』, 맹호성 옮김, 대한예수교장로회총회교육부 편, 한국장로교출판사, 1993.

마크 A. 놀, 『복음주의 지성의 스캔들』, 박세혁 옮김/정성욱 해설, Ivp, 2010.

마포삼열박사전기 편찬위원회 편, 『마포삼열박사전기』, 대한예수교장로회총회교육부, 1973.

목창균, 『현대 복음주의』, 황금부엉이, 2005.

박상진, 『장로회신학대학교 110년 교육과정 백서』, 1901-2011, 장로회신학대학교, 2011.

박용규, 『죽산 박형룡 박사의 생애와 사상』, 총신대학교출판부, 1996.

______, 『한국기독교회사 III, 1960-2010』, 한국기독교사연구소, 2018.

방지일, 『野史도 正史로』, 선교문화사, 2001.

성종현, 『신약총론』, 수정증보판, 장로회신학대학 출판부, 1991.

신앙고백과 교리분과위원회 편, 『21세기 한국장로교의 신앙과 신학의 방향』, 한국장로교 출판사, 1999.

신옥수, "중심에 서는 신학, 오늘과 내일: 장신신학의 정체성 형성에 관한 소고", 『제12회 소망신학포럼 자료집』, 장신대연구지원처, 2010, 28쪽 이하.

옥성득, "한국교회사에서 본 장신신학: 포용적 칼뱅주의에서 전투적 근본주의로- 평양 장로회신학교의 신학, 1881-1940", 〈세계 속의 한국신학: 장신신학, 우리는 어디로 갈 것인가?〉 강연자료 1, 장로회신학대학교, 2018, 1~48쪽.

위르겐 몰트만, 『몰트만 자서전』, 이신건, 이석규, 박영식 옮김, 대한기독교서회, 2011.

이수영, "장로교회의 신학", 『기독교학술원 포럼』, 제7호(2008.5.30.), 58-65쪽.

______, 『개혁신학과 경건』, 장로회신학대학교 출판부, 2006.

이재근, 『세계 복음주의 지형도』, 복있는 사람, 2015.

이형기, 『간추린 세계 교회사』, 장로회신학대학교출판부, 2001.

임희국, 『공감, 교회역사 공부』, 장로회신학대학교출판부, 2014.

장로회신학대학, 『장로회신학대학의 신학노선』, 1988.

고용수, 『장로회신학대학교 100년사』, 장로회신학대학교, 2002.

Andrew T. Abernethy(ed.), *Interpreting the Old Testament Theologically*, Zondervan, 2018.

Brent A. Strawn, *The Old Testament Is Dying*, Baker Academic, 2017.

D. A. Carson(ed.), *The Enduring Authority of the Christian Scriptures*, Eerdmans, 2016.

D. J. Treier and W. A. Elwell(eds.), *Evangelical Dictionary of Theology*, 3rd ed., Baker Academic, 2017.

Eugen J. Pentiuc, *The Old Testament in Eastern Orthodox Tradition*, Oxford, 2014.

Gundry, Naselli, Hansen, *The Spectrum of Evangelicalism*, Zondervan, 2011.

Hans Burger, Arnold Huijgen & Eric Peels(eds.), *Sola, Scriptura*, Brill, 2018.

J. I. Packer, "John Calvin and the Inerrancy of Holy Scripture" in *Evangelical Influences*, Hendrickson, 1999, 145–172.

K. J. Van Hoozer(ed.), *Dictionary for Theological Interpretation of the Bible*, Baker Academic, 2005.

Kenneth J. Stewart, *In Search of Ancient Roots*, The Christian Past and the Evangelical Identity Crisis, IVP Academic, 2017.

Klein, Blomberg, Hubbard, *Introduction to Biblical Interpretation*, 3rd ed., Zondervan, 2017.

Michael Beintker(hrsg), *Barth Handbuch*, Mohr Siebeck, 2016.

Ruth H. Perrin, *The Bible Reading of Young Evangelicals*, Pickwick, 2016.

S. E. Porter and S. M. Studebaker, *Evangelical Theological Method*, IVP Academic, 2018.

Walter A. Elwell & J. D. Weaver, *Bible Interpreters of the 20th Century*, A Selection of Evangelical Voices, Baker, 1999.

70

김정준의 『구약성서의 이해』 연구

한국 구약학계의 원로이며 한국신학대학교 구약학 교수이셨던 고(故) 만수 김정준(晩穗 金正俊) 박사 탄생 90주년(2004년 11월 6일)을 기념하여, 김정준 구약학연구회에서는 기념 논문집 발간을 기획하고 본 필자에게도 원고청탁을 하면서 위에서 제시한 제목을 보내주었고, 제목과 함께 이 글을 쓰는 방향에 관해서도 세 가지 지침을 알려주었다. 첫째는 해당 주제에 관한 김정준 박사의 연구 업적을 이해하고 평가하여 그 학문적 공헌을 명시하고, 둘째는 구약학계의 논의와 집필자의 견해에 비추어 만수의 연구에 나타난 문제점 즉 부족한 점이나 약점을 밝히고, 셋째는 해당 주제에 관한 만수의 연구를 토대로 앞으로의 연구 과제를 제시하라는 것이다. 분량은 200자 원고지 80매 내외.

본 필자는 김정준 박사를 개인적으로 만나 뵙거나 직접 말씀을 나눈 적은 없다. 평소에 그분의 글을 통해 만수의 삶과 신학 세계를 만나보았을 뿐이다. 딱 한 번 만수와 만남의 기회가 있었는데, 1978년 4월 17일 서울 냉천동에 있는 감신대 어느 건물에서 모인 한국 구약학회 모임에서 본 필자가 박사학위 논문을 발표했을 때, 만수 선생께서도 참석하여 들어주시고 덕담과 함께 발표한 논문을 〈신학사상〉지에 싣도록 말씀해 주신 것을 기억하면서, 이 글을 쓰고 있다. 김정준 박사가 남긴 주요 저술은 모두 8권으로 된 『만수 김정준 전집』에 수록되어 있다.[1] 또한 구약학자로서 만수의 신학적 업적에 관해 평가한 글들도 비교적 많이 발표되어 있다.[2] 특히 본 필자에

---

[1] 『만수 김정준 전집』1. 역사와 신앙, 2. 이스라엘의 시인 정신, 3. 구약신학의 주제와 방법 1, 4. 구약신학의 주제와 방법 2, 5. 시편명상, 6. 아모스 주석, 7. 설교집 (땅에 묻힌 하늘), 8. 신학논단과 신학수상, 학국신학연구소, 1991.

[2] 만수 김정준 논집 『신학과 경건』(대한기독교서회, 1991)에 실린 글들 참조. 최근에 발표된 논문들은 방석종, "만수 김정준의 구약신학", 제2회 만수 김정준 박사 기념 강연회 (2002. 2. 26); 민영진, "김정준의 이스라엘 왕도 이해", 제1회 김정준 구약학 세미나 (2002. 11. 15); 김이곤, "김정준 탄식시 연구에 나타난 '빠타흐' 주제와 거룩한 전쟁 신앙 주제의 관계성

게 제목으로 맡겨준 만수의 책 『구약성서의 이해』는 1978년 평민사에서 단행본으로 출판되었고, 1991년 한국신학연구소에서 나온 만수 김정준 전집 제8권에 "제1부, 구약성서의 이해"로 재수록 되어 있다. 이 글에서는 1991년에 나온 만수의 전집 제8권에 있는 "구약성서의 이해" 본문(11-104쪽)을 사용할 것이다. 이 『구약성서의 이해』에 대해서는 장일선 교수가 쓴 "『구약성서의 이해』를 통해 본 만수의 구약관"이란 논문에서 이미 그 소개와 평가가 이루어진 바 있다.[3] 그런데, 이번에 같은 주제로 본 필자에게 글을 쓰라고 한 의도는 시각을 달리하여 또 다른 입장에서 만수의 구약 세계를 이해함으로써, 다양성 있고 보다 균형을 이루는 평가를 기대했기 때문이 아닐까 짐작할 따름이다.

『구약성서의 이해』는 알려진 대로 만수가 기독교방송국의 통신대학 프로그램으로 3개월간 강의한 13개의 강의 내용과 여기에 추가된 2개의 보강의 글로 구성되어 있으며, 이것이 김정준 교수가 한신대에서 정년퇴직하기 2년 전인 1978년에 단행본으로 출판되었다. 장일선 교수는 이 책이 비록 분량은 많지 않으나 만수의 후기 작품으로서 무게가 있다고 보았고, 그 강의 내용에는 "평생을 구약을 가르치신 (만수) 선생님의 '구약관'이 농축"[4]되어 있다고 했다. 본 필자는 이 글에서 『구약성서의 이해』 본문에 나타나 있는 13개의 강의와 2개의 보강 내용을 차례대로 따라가면서 각각의 강의마다 그 강의의 요점을 요약하여 이해하고, 이어서 만수의 구약 이해의 공헌 및 문제점과 앞으로의 과제를 함께 묶어서 될 수 있는 대로 간단히 논평을 하고자 한다.

I. 첫째 강의. "구약이 필요한가?"(15-19쪽)

1. 만수는 교회 안팎에서 이러한 문제 제기가 타당성이 있다고 인정한다. 구약은 적어도 네 가지 이유에서 현대인들에게는 필요하지 않은 책, 매력이 없는 책으로 비칠 수 있다는 것이다. 첫째, 구약은 몇천 년 전의 이야기를 담고 있는 낡은 책이다. 둘째, 구약은 현대의 과학적 사고에 맞지 않는다. 셋째, 구약은 고대 중동 부족사회의 저급한 윤리를 가르친다. 넷째, 구약의 하나님은 마르시온의 주장대로, 신약의 하나님과는 다른 잔인한 신으로 생각되기 쉽다.

만수는 이러한 문제들이 구약만 따로 떼어 읽는 데서 발생한다고 보고, 총론적

에 관한 연구", 제1회 김정준 구약학 세미나 (2002.11.15).

3) 장일선, "구약성서의 이해를 통해 본 만수의 구약관", 『신학과 경건』, 대한기독교서회, 1991, 186-208쪽.

4) 장일선, 위의 글, 189쪽.

으로 오늘 우리는 구약을 신약과 함께 읽음으로써 이러한 문제들을 극복할 수 있다고 답변한다. 그리고 구약은 단순히 낡은 책이 아니라, 각 나라와 민족의 고전이 있는 것처럼, 구약도 사람의 영혼과 하나님의 문제를 진지하게 다루는 "고전"으로서의 의미가 있다고 한다. 구약이 과학 정신에 맞지 않는다는 생각은 구약 책의 기록 동기를 모르는 말이다. 구약은 하나님에 대한 믿음의 기록이지 과학을 알려주는 책이 아니며, 구약에서 과학 정신을 찾는 것은 "나무에 올라가서 고기를 찾는 것"(緣木求魚)과 같다는 것이다(19쪽). 구약에 나타난 저급한 윤리는 오히려 고등윤리가 어떤 것임을 가르치고 있고, 구약을 통해 인간은 버릴 것과 취할 것을 분명히 알게 된다고 설명한다. 구약에서 하나님은 자비와 사랑의 하나님으로 강하게 표현되고 있는데, 구약의 하나님을 "잔인하게만 보는 것"은 일방적인 잘못이라고 지적한다.

2. 만수가 현대인의 구약 이해의 첫걸음으로 "구약이 필요한가"라는 화두를 던지면서, 구약성경의 필요성과 가치와 진면목은 구약을 신약과 함께 읽을 때 비로소 터득된다는 주장을 펼친 것은 그의 신앙과 학문이 결코 별개가 아님을 보여주는 것이다. 구약은 신약을 통해서 그 진면목을 알 수 있다는 입장은 만수의 구약학이 종교사학파로 알려진 구 자유주의 입장과 차별화되는 것을 말한다. 그럼에도 현대 과학주의 사상과의 대결을 염려함에서였는지, 만수가 성경의 세계와 과학의 세계를 이분법적으로 나누는 입장을 보인 것은 계몽주의 사조의 강한 영향을 받은 신정통주의 신학의 성경관에 기인한다고 볼 수 있다.[5]

성경의 기록 목적이 예수 그리스도의 복음을 통한 인간 구원에 있기 때문에, 그 외에 성경이 진술하는 문자적이며 역사적인 진술들은 '보배를 담은 질그릇' 정도의 가치가 있고, 기껏해야 시적인 상상력 내지는 상징적인 것이며, 초자연적인 사건들도 과학적인 사실이라기보다는 그 구원사적인 의미가 중요하다고 보는 입장은 종교개혁 전통의 복음주의 정통신앙과 신학을 수정하는 신정통주의 신학의 입장이다. 어쨌든, 성경을 경전으로 삼고 있는 기독교를 하나의 종교로서 현대과학과 이분법적으로 보거나, 구약성경의 창조이야기가 현대과학과 모순되거나 갈등 관계에 있다고 하는 것은 좁은 소견이며 성급한 판단이다. 진화론을 비롯하여 현대과학과 기독교 신학은 만남과 대화의 장을 넓혀가야 한다.[6]

---

5) 신정통주의 성경관에 대한 설명은 다음의 글들을 참고할 수 있다. 김중은, "장신대의 신앙과 신학노선", 〈장신논단〉 (제18집/2002), 장로회신학대학교출판부, 35쪽 이하. 한철하, "김재준의 성경관과 신정통주의신학", 〈신학사상〉 (1985.9), 522쪽 이하. 한철하 박사는 특히, "신정통주의의 오류는 성경의 진리의 구체성을 파괴하는 현대과학 정신에 동참하였다는 점에 있다"라고 지적하였다(523쪽).

6) 그동안 전통적 과학관(기계론적 만유인력의 법칙)도 새로운 과학관(상대성 이론이나 양자역학 등)으로 바뀌고 있다. 또한, 창세기 1장도 단순히 신앙고백적 문서만이 아니라, 그 나름대로 당시의 세계관을 반영하는 과학적 문서로 보아야 한다는 주장도 새롭게 제기되고 있다. 고대 서아시아(고대 근동)의 창조 이야기들은 예외 없이 자연의 세력들을 신격화

만수는 구약성경이 신약과 함께 인간의 죄와 죽음의 문제를 해결하기 위해 주신 하나님의 계시의 책이라는 점을 처음부터 부각하기보다는 인류 보편의 '고전'(古典)의 반열에서 접근하게 하는데, 이것은 찬반 양론의 비판을 받을 수 있는 입장이다. 이러한 관점에서, 만수의 신학적 공과는 한철하 박사가 장공의 신정통주의 신학의 입장을 비판한 글에서 드러나는 지적들과 매우 닮은 점들이 있다.[7] 만수의 신정통주의 신학 입장은 이 첫 강의에서 싹을 내기 시작하여 그의 모든 강의 내내 펼쳐지는 특징이기도 하다. 만수의 별세 이후 구약학계를 포함하여 세계 신학의 흐름은 만수가 서 있었던 신정통주의에서 후기 자유주의(또는 신자유주의)로, 다시 다원주의 신학과 소위 포스트모던(탈현대) 신학으로 변천해 왔다. 만수의 신학을 이러한 대세의 흐름에서 볼 때, 그 나름대로는 하나의 "성서적–복음적"인 보수신학이요(예수그리스도와 복음을 강조하는 종교개혁 전통에서 볼 때), 현대사상과 만남의 관계에서 변증적 신학이라고 자리매김할 수 있다.

Ⅱ. 신구약의 관계성 – 신약에서 구약으로(20-24쪽)

1. 신구약의 상관관계를 밝히고 설명하는 일은 성서신학의 통일성(일관성)을 추구하는 가장 핵심적인 과제이다. 만수는 이 강의에서 신구약의 관계는 언제나 신약이 출발점이며 또한 그 종착점이라고 본다. 만수는 스위스의 보수적인 복음주의 구약학자 빌헬름 피셔 (W. Vischer, 1895-1988)의 말을 인용하여, "구약은 메시야가 어떤 사람이냐 함을 알리는 책이고, 신약은 그 메시야가 누구냐 함을 알려 준다"라고 하면서, "신약에서 구약을 읽는다"라는 점을 거듭 강조하고 있다. 만수는 신구약의 관계성 내용을 경전적 관계성과 해석학적 관계성의 두 가지로 나누어 설명하였다. 먼저 경전적 관계성에서, 기독교는 역사적으로 신구약성서를 정경으로 가지고 있다는 사실을 상기시킨다. 그러면서, 구약을 고대 이스라엘 신앙 공동체가 만들어 낸 것

한 신화(mythology)인데 비해(비교, Alexander Heidel, *The Babylonian Genesis*, The University of Chicago Press, 2nd. ed., 1969), 구약 창세기의 창조 이야기는 자연의 세력들을 비신화화하는 내용으로서 현대과학의 입장에서 보아도 놀라울 정도로 과학적이다. 미국 나사(NASA)의 천문학자요 콜럼비아대학교의 지질학과 천문학 교수인 쟈스트로우 박사는 창세기의 창조이야기와 현대 천문학은 원리적인 면에서 같다고 했다(Robert Jastrow, *God And The Astronomers*, Norton, 1978, 특히 14쪽). 사실 구약성경이 기록될 당시 인류의 지식은 과학적 지식을 따로 구분하지 않았다. 현대 과학도 지금까지 수정을 거듭하고 있으며, 영구불변의 닫혀진 지식 체계가 아니다. "그러므로 과학과 기독교는 갈등과 투쟁의 관계에 있다고 하는 기존의 통념은 극히 일부분의 영역의 문제를 침소봉대한 입장이라 할 수 있다."라는 지적을 우리는 주목할 필요가 있다. 오창희, "현대과학철학과 기독교", 『기독교와 과학』, 현요한 엮음, 장로회신학대학교출판부, 2002, 173-195, 특히 190쪽.

7) 한철하, "김재준의 성경관과 신정통주의신학", 〈신학사상〉 (1985.9), 512-531쪽.

같이 초대 그리스도인 신앙 공동체 곧 교회가 신약성서를 만들어 내었으며, 그중에서도 복음서가 핵심이라고 한다. 해석학적 관계성에서는, 복음서 기자들의 구약 예언 성취의 증언과(예컨대, 이사야 7장의 임마누엘이나, 53장의 야훼의 종이 그 당시 사람이나 그 후대 사람들은 누구인지 몰랐으나, 비로소 신약을 통해 알게 된다), 신약의 구약 인용 사례들, 그리고 초기교회의 설교는 구약에서 형성되고 발전되었다는 점을 든다. 무엇 보다, 예수님 자신의 구약 읽기에서, 구약 성경은 예수 그리스도를 증거하는 책으로 읽어야 한다는 것이다(눅 24:44; 요 5:39 등).

2. 신구약의 상관관계 이해에서 드러난 만수의 입장은 일견 놀라울 만큼, 보수적이며 복음주의적이다. 만수는 신정통주의 성서신학자라기보다는 복음주의 성경학자가 아닌가 착각할 정도이다. 서양 신학에서 복음주의 구약학자로 알려진 빌헬름 피셔를 인용하는 것이 그 예이다. 구약의 기독론적 읽기는 신정통주의 신학에서도 확고한 해석학적 입장이다.[8] 이 점에서 신정통주의는 성서해석에서 개혁교회의 정통주의 내지는 복음주의와 연속성을 가진다. 다만 여기서 구약의 기독론적인 신학적 해석은 하되, 먼저 구약 본문에 대한 역사-비평적인 주석 작업이 선행되어야 한다는 신정통주의의 주장이 다소 소홀히 취급된 것은 평소 만수의 학문적 입장에서 볼 때 좀 더 분명히 해야 할 점이다.

또한 그의 경전성(經典性, canonicity) 이해에서는 고대 이스라엘이나 초기 교회 신앙 공동체가 신구약 성경을 만들어 내었다는 '역사적 정경성'(historical canonicity)을 말하고 있는데(23쪽), 다른 한 편으로 '존재론적 정경성'(ontological canonicity)의 관점에서 볼 때, 성경의 참 저자는 하나님이시며 인간의 인정과 신앙 공동체(공의회)의 역사적 시점의 결정과는 상관없이 성경은 처음부터 존재론적으로 하나님의 계시와 영감의 산물이라는 점이 간과되고 있음을 지적할 수 있다.[9]

Ⅲ. 구약이란 책의 특성(25-29쪽)

1. 만수의 견해로는, 구약은 책으로서 4가지 특성을 가진다. 첫째, 하나의 책으로서 구약성경은 "종합 문학서"이다. 거기에는 동화, 수필, 시, 희곡, 논설, 설교, 법

---

8) Otto Baechli, *Das Alte Testament in der Kirchlichen Dogmatik von Karl Barth*, Neukirchener, 1987. "Einheit von Altem und Neuem Testament", 17-18쪽. 비교, Walther Eichrodt, *Theology of the Old Testament*, Vol. 1, Et. by J. A. Baker, SCM Press, 1961, "Excursus, the Problem of Old Testament Theology", 512-120쪽.

9) 비교, 칼 바르트는 교회가 경전을 변경할 수 있다고 보는 데 반해, 교회개혁자 쟝 깔뱅은 그러한 견해를 거부한다. James Barr, *The Concept of Biblical Theology*, SCM Press, 1999, 406쪽.

조문, 편지, 궁중 실록, 노래, 찬양, 기도, 신앙고백이 있다. 그러나 오해해서는 안 된다. 여기서 구약을 문학작품이라고 하는 것은 "이 책의 내용이 작가들의 공상의 산물이라는 뜻에서 말함이 아니라 … 그 기록한 사람들이 살았던 시대의 역사적, 문화적 상황과 그 여건 아래서 기록되었다는 의미"라고 밝히고 있다. 우리 말 한글 구약성경도 "번역된 책"이고, 원문만큼 정확한 것은 아니며, "번역문학"의 하나로 본다. 또 현재 우리가 사용하고 있는 번역(개역 성경전서)에서 구약은 히브리 성경 원문에서 번역되지 못하고, 영어나 중국어 번역 등을 참고한 이중 번역을 한 책이라고 한다(26쪽). 원전 히브리 성경이라 하더라도 이 책에 담겨있는 영원불변의 진리는 하나님의 말씀이지만, 학문적으로 보면 그 책 자체로는 현대 사람이 책 만드는 과정과 별로 다를 바 없다는 것이다. 창세기의 경우, 창세기를 만든 사람이 기본자료인 여러 독립문서들을 수집하고 해석을 가하였고, 고대 이스라엘의 성소에서 일하던 사람들이 이것을 보존하고 전승하였으며, 결과적으로 책의 모습으로 편집된 종합 문학서라는 것이다.

둘째, 구약성경은 "역사책"이다. 여기에는 고대 이스라엘이 경험한 사건의 기록으로서의 역사와 사건 해석의 기록으로서의 역사가 다 나타나 있다. 그러나 한 걸음 더 나아가, 만수는 구약성경의 역사는 인간의 창조-범죄 타락-구원으로 이어지는 역사적 사고(思考)의 원형을 보여주는 일종의 전체 인류 역사의 패러다임으로 보고 있다. 구약성경은 인간의 종교적 욕구와 그 표현을 거의 완벽할 정도로 기록하였다고 한다.

셋째, 구약은 단순한 문학서가 아니고, 어디까지나 "종교문학서"이다. 구약의 종교문학은 분명히 중동 아시아(고대 근동, 고대 서아시아) 고대 세계의 영향을 받고 있으나, 고대 서아시아(고대 근동)의 다신교 문화권에서도 유일신 야훼 신앙을 고수한 것은 독특한 점이라고 한다. 유일신 야훼 신앙의 장점은, ① 우상 제조와 숭배를 금하는 인격적 신앙 ② 가나안 종교의 성적 타락에 맞서는 윤리-도덕성 강조 ③ 역사 속에서 행동하시는 하나님 신앙에 있다.

넷째, 구약은 "신앙의 교리 책"이다. 구약의 하나님은 신약의 예수 그리스도를 보내신 하나님이요, 인류를 죄와 사망에서 구원하시는 유일하신 하나님이다. 구약성경은 한마디로, 참 하나님을 가르치며, 하나님의 인간에 대한 요구가 무엇이며, 또 하나님을 믿는 바른 신앙이 무엇인지를 가르친다. 그러므로 결론적으로, "인간이 만든 종교 서적 중에서 구약성서와 같은 책은 둘도 없다"라고 만수는 힘주어 말하고 있다(29쪽).

2. 구약을 하나의 책으로서 볼 때, 그 특징을 문학서, 역사서, 종교문학서, 신앙

의 교리서로 분석하고 종합적인 이해를 구하는 만수의 강의는 진지하다. 인류가 산출한 종교 서적 중에 구약성경 책과 같은 책은 둘도 없다는 담대한 주장과 자랑도 결코 어색하게 들리지 않는 것은 평소에 그가 생활로 보여주었던 신앙적 열정이 이 강의를 확고히 뒷받침하고 있기 때문이 아닐까 생각한다. 다만 여기서 하나 지적해 두고 싶은 것이 있다. 그것은 현재 우리가 사용하는 한글 개역성경이 원문에서 번역하지 않고 영어나 한문 성경을 참고한 이중역이라고 한 것은 만수가 잘못 알고 있는 것이다. 성경 국역사(國譯史)에서, 이중역은 소위 구역(舊譯)시대의 상황이고, 개역(改譯)시대에는 신구약 원전에 따른 개역을 실시한 것이다. 특히 한글 개역성경에서 구약 국역의 경우는, 구약 히브리어에 능숙한 유대인 출신으로서 기독교로 개종한 내한 선교사 일렉산더 피터스(A. A. Pieters, 1871-1958. 彼得) 목사가 그 번역의 책임자였다는 사실은 불행하게 아직까지도 잘 알려져 있지 않다. 피터스는 미국성서공회가 파송한 권서(勸書, 또는 賣書人)로서 1895년에 내한했고, 그는 권서 일을 하면서 한글 최초의 구약성경 번역인『시편촬요』(1898)를 히브리어에서 번역하여 출판한 바가 있다.[10]

Ⅳ. 이스라엘 백성의 역사 개관(30-34쪽)

1. 이 강의는 다소 산만한 느낌을 준다. 우선 제목에서 볼 때, 이스라엘 백성을 역사적으로 개관하겠다는 것인지, 아니면 과거 이스라엘 백성이 가지고 있던 사관을 설명하겠다는 것인지 분명하지 않다. 강의의 서두에서는 먼저 이스라엘 백성의 역사 기록을 이해하기 위해 구약성서를 기록한 사람이 누구인가에 관심을 집중한다. 그런데 구약성경에서 정확한 저자들을 찾아내는 일은 매우 어렵다는 것을 말한 후, 만수는 한국교회와 신학계에서의 갈등을 의식한 듯, 성경의 저자 문제를 교회의 교리로 단정하고 절대화하는 것은 바림직하지 않다고 주의를 환기시킨다. 그리고는 이 강의의 본론으로 이끌어 간다. 즉, 구약성경을 기록한 이스라엘 백성은 어떤 민족인가? 라는 물음을 제시하면서, 구약을 기록하여 전승한 이스라엘 민족의 정체성을 아는 것이 구약 이해의 절대적인 조건이라고 한다(31쪽). 그렇다면, 제목을 '이스라엘 백성의 정체성'이라고 하는 것이 더 분명하지 않았겠는가?

어쨌든, 정체성과 관련하여 먼저 이스라엘 민족의 기원 문제는 일치된 학설이

---

10) 김중은, "한국어 성경 번역의 역사",『구약의 말씀과 현실』, 한국성서학연구소, 1996, 402-415쪽. 비교, 박준서 엮음 · 김중은 해설,『최초의 한글 구약성경 시편촬요』, 초판 2쇄(수정판), 대한기독교서회, 2022.

없다고 소개한 후, 만수는 구약의 기록에 근거하여 아브라함을 이스라엘 민족의 시조로 보는 견해와 함께, ① 유리하는 아람 사람 ② 히브리 사람 ③ 하비루(아카드어의 발음) 또는 아피루(애굽어의 발음) 가설에 관해 간단히 설명한다. 그리고 갑자기 비약하여, 이스라엘처럼 전 세계에 그들의 종교로서 감화를 끼친 민족은 없으며, 이스라엘은 우리 한국 사람까지라도 믿지 않을 수 없는 구약성서를 남겨준 "만민의 종교"를 가르쳐준 민족이라고 공언한다. 이러한 관점에서 이제 이스라엘의 역사적 정체성에 대한 물음은 그들의 특수성을 찾는 관심으로 바뀐다. 구약성경의 역사를 만들어낸 이스라엘의 특수성을 어디서 찾을 수 있는가? 만수는 먼저 스위스 바젤대학교의 구약학자 아이히로트(Walther Eichrodt, 1890-1978)의 계약신학을 원용하여, 구약의 긴 역사 속에서 이스라엘 신앙의 기본과 특수성은 야훼 하나님과 언약 관계로 맺어진 "하나님의 백성"이란 자기 정체성 이해라고 한다. 만수는 또 구약의 역사를 "하나님과 그의 백성"이란 두 개의 초점을 가진 타원형으로 이해하는 독일 하이델베르그 대학교의 구약학 교수 폰 라트(Gerhard von Rad, 1901-1971)의 주장도 인용하는데, 그럼에도 이스라엘은 역사의 주인공이 그들 자신이 아니고 어디까지나 행동하시는 하나님이라고 고백하고 선포하는 데 그 특수성이 있다고 보았다(33쪽). 결론적으로, 야훼(여호와) 하나님과 이스라엘의 언약 관계를 다양성 있게 기록한 구약성경은(히 1:1 이하) 이스라엘 민족만 위한 것이 아니고 만민을 위한 것이며, 우리 한국 사람에게도 "하나님의 계시의 책"이요 "우리의 신앙의 책"으로 받아들이게 한다고 했다.

　2. 이 강의에서 만수의 질문은 학문적인 관점에서 출발하지만 결론적인 답변은 신앙고백적으로 마무리하고 있다. 구약성경의 기록에 관한 역사적 신빙성이 확보되지 않고, 따라서 이스라엘 민족의 기원과 그 역사적 정체성이 확실하지 않다고 보기 때문에, 결국은 신앙고백적인 구약문서의 성격에 따라 구약에 나타난 이스라엘 백성의 신앙 세계에 대한 이해는 어디까지나 신앙고백적으로 볼 수밖에 없다는 만수의 입장은 이해할 만하다. 이러한 이분법적인 구약성경의 이스라엘 역사 이해는 앞서 지적한 대로 신정통주의 신학의 특징을 드러내는 것이다. 구약성경의 사실 역사(Historie)와 믿어진 역사(Geschichte)를 이분법으로 구분하여 이해하는 만수의 신정통주의적 구약 역사이해는 이어서 나오는 다음 강의에서 더 분명히 드러나고 있음을 우리는 보게 될 것이다. 이스라엘 백성의 역사적인 정체성을 이해하기 위해, 주전 2千紀(millennium)에 고대 중동(고대 근동, 고대 서아시아) 문헌에 등장하는 소위 "하비루"(또는 아피루)를 구약의 '히브리' 사람과 "혈연적으로 가까운 사람들"(32쪽)로 소개한 것은 부정확한 것이다. 그 이유는 '히브리'는 혈연공동체로 볼 수 있으나 (창 10:24-25, 즉 에벨의 종족 명칭에서 유래. 비교, 욘 1:9; 고후 11:22; 빌 3:5), '하비루'는 어

디까지나 사회학적인 명칭으로서 사회에서 소외되고 법적인 권리를 보호받지 못하던 일종의 떠돌이 "기층 민중"으로 이해되기 때문이다.[11]

V. 신앙고백 - 역사의 초점(35-39쪽)

1. 구약의 이스라엘 역사에 관한 만수의 이해는 만수 자신의 글에서 잘 나타나 있다. "이스라엘의 역사는… 과학적인 방법에 의하여 그 자료가 수집되고 편집된 역사서는 아니다. 연대의 오기, 이중 기록, 전후 관계가 서로 모순된 기록 등이 있어, 역사의 책으로는 미비된 여러 가지가 있다고 하겠다. 그러나 구약성서에 기록된 역사는 과거에 일어났던 역사적 사건을 정확하게 보도하려는 목적에서 기록한 것이 아니라, 그들이 하나님의 백성으로서 어떻게 하나님을 믿었으며, 또 그 하나님은 무엇을 그들에게 계시하여 주셨는가를 기록하려고 한 것은 분명하다… 구약에서는 역사와 신앙을 구별짓지 아니했다. 역사적인 사건은 곧 신앙적인 사건으로, 또 신앙적인 사건은 곧 그들의 역사가 된 것으로 이해했다."(35쪽). 여기서 만수는 신정통주의 구약학자인 아이히로트의 입장에서 한 걸음 더 나아가, 후기 자유주의 (또는 신자유주의) 구약학자인 폰 라트의 소위 신앙고백 전승사 신학을 인용하며 소개하였다. 폰 라트에 의하면, 구약 구원사의 다양한 전승들은 이스라엘의 최초의 역사적 신앙고백에서 출발하였으며(예컨대, 신 26:5-9), J(야훼 문서) 자료나 E(엘로힘 문서) 자료의 역사가들도 어디까지나 하나님의 도우심으로 믿음의 족장들이 역사의 위기 상황들을 극복했다는 신앙고백적인 역사를 기록하였다고 한다. 출애굽과, 모세의 활약과 여호수아, 사사들, 초기 사울 왕과 이스라엘 연합왕국의 초창기 다윗 왕, 그리고 분열왕국과 북왕국과 남왕국의 멸망, 바벨론 포로기의 역사에서 제2성전 시대에 이르기까지 이스라엘의 "신앙고백이란 줄"은 끊어지지 않고 계속되어 신약의 예수 그리스도에 대한 신앙고백의 근거를 만들어 주고 있다고 보았다(39쪽). 한마디로, "구약 역사의 기록은 신앙고백의 입장에서 과거-현재-미래의 일을 해석하려고 했다"라는 것이다. 그러므로 이스라엘이 야훼 하나님에 관해 무엇을 신앙고백하고 있는가를 밝히는 것이 구약신학의 과제라는 폰 라트의 입장을 만수는 지지하고 있다. 또한 구약성경에서 "이스라엘의 신앙고백의 줄"은 오늘 또한 우리 한국 사람들의 신앙고백도 될 수 있다고 만수는 주장한다. 이스라엘 백성의 신앙고백의 역사를 탐구하는 과제는

---

11) 히브리와 하비루를 언어적인 기원에서 관련을 지어보려는 학자들도 있으나 양자의 관련성은 가설로 남아있다. Klaus Koch, "Hebräer", *RGG*, Vierte Auflage, Bd. 3, 2000, 1493쪽 이하.

종교학적인 과제이며, 개혁교회 전통의 복음주의 입장에서 구약신학의 과제는 구약을 통해 하나님이 계시하신 규범적 내용을 신약과의 관계에서 일관성 있게 탐구하고 설명하려는 것이다.

　2. 구약 이스라엘의 신앙고백의 역사와 그 전승의 다양성을 모체로 하는 폰 라트의 구약신학을 통해 만수가 구약 신앙 세계에 대한 우리의 학문적인 통찰의 지평을 넓혀주고 있는 것은 사실이다. 그러나 현대 구약학계에서는 이미 폰 라트가 주장하는 최초의 "작은 역사적 신앙고백들"(신 26; 수 24 등)의 가설은 비판되었고, 새로운 대안들로 대치되고 있다.[12] 또한 폰 라트식의 구원사 이해에서 "구약에서는 역사와 신앙을 구별짓지 아니했다"(35쪽)라고 하면서도, 실제로 발생한 역사와 신앙고백적인 역사를 구분하는 것은 일종의 자가당착이라고 여겨진다. 구약에 기록된 역사가 과거에 일어났던 역사적 사건을 정확하게 보도하지 않는다면, 그것을 기초로 한 신앙고백은 어떻게 믿을 수 있는가?[13] 이것은 만수를 탓하자는 것이 결코 아니다. 이것은 이중적 역사개념을 가진 신정통주의의 연장선상에서, 객관적 역사적 실체 확인을 포기한 후기(신) 자유주의가 극복할 수 없었던 어쩔 수 없는 한계상황이었기 때문이다. 폰 라트 자신도 그의 구약신학 저술에서, 구약의 신앙고백적 역사기술에서 무엇이 정말로 발생했는지는 확인할 수 없고 이것이 큰 부담이 된다고 밝혀두었다.[14] 이러한 시각에서 볼 때, "아담과 하와는 실존 인물이 아니며, 이스라엘은 홍해를 건너지 않았고, 여호수아의 군대 앞에서 여리고 성이 무너지지 않았다고 해도, 오늘 나의 신앙에는 아무런 문제가 되지 않는다"라는 이상한 신학적 주장을 들어도 우리는 더 이상 놀랄 필요가 없게 되었다.

　사실 역사와는 유리된(또는 비약, 또는 초월하는) 신앙고백의 역사가 과연 구약성경이 말하는 구원사의 정체인가? 이스라엘이 선포한 사실 확인이 되지 않는 신앙고백의 구원사를 되풀이 선포함으로써, 정말 오늘도 '구원의 역사'는 재현될 수 있는가? 신구약 성경이 말하는 신앙고백의 이야기들은 고전적인 문학작품의 플롯(plot, 구상)에 불과한 것인가? 신정통주의와 후기(신) 자유주의는 구 자유주의(종교사학파)의 역사주의 횡포를 극복하려고 노력한 것은 사실이지만, 결국은 역시 역사주의의 암초에 부딪혀 깨어지고 만 것이 아닌가?

　왜냐하면 신구약 성경이 말하는 신앙은 어디까지나 '믿어진 역사'가 아니라 '사실

---

12) Ernest Nicholson, *The Pentateuch In The Twentieth Century, The Legacy of Julius Wellhausen*, Oxford, 1998, 89쪽 이하.

13) 이러한 폰 라트 구약신학의 모호성과 논리적 오류에 관해서는 이미 정규남 교수가 적절하게 지적한 바 있다. 정규남, "만수 김정준의 구약신학 연구에 대한 소고", 『신학과 경건』, 위의 책, 214쪽 이하.

14) Gerhard von Rad, *Theologie des Alten Testaments*, Bd. 1, Chr. Kaiser Verlag, 1969, 119-120쪽.

역사'를 중요시하며, 사실 역사에 기초하기 때문이다. 신구약 성경 기록은 사실이니까 믿으라고 하지, 사실이 아닌 지어낸 이야기(fiction, 허구)를 믿으라고 하지 않는다(요 5:46-47; 요일 1:1; 행 26:8; 히 1:1-2; 벧후 1:16 등). 구약의 역사기록에서 소위 오류나 모순의 문제는 진정한 의미에서 오류나 모순이 아니라, 역사적 인식과 관점의 차이에서 나타나는 다양성이거나 또는 아직도 충분히 설명되지 못하고 있는 일종의 난제라고 할 수 있다.

Ⅵ. 창조신앙(40-44쪽)

1. 이스라엘의 신앙고백 역사는 여러 가지 시련과 도전을 극복한 역사이다. 많은 유혹과 시험을 극복하며 이스라엘은 그 신앙을 지키고 보존하고 발전시켰다. 구약의 창조신앙은 이러한 역사적인 도전을 극복한 결과로 주어졌다. 만수는 구약의 창조신앙 고백을 불러일으킨 두 가지 도전들로서, 바알 종교의 경우와 바벨론 포로기의 위기 상황을 들고 있다. 만수는 이렇게 설명한다. "이스라엘은 가나안 땅에 들어와 정착해 살기 전까지는 야훼 하나님이 농사와 마을의 행복과 평화까지도 주관하는 신이라고 미쳐 생각하지 못했다."(42쪽). 그래서 이스라엘은 가나안의 농경문화와 도시문화에 적응하면서 바알 신앙과의 갈등과 혼란을 겪었으며, 결국 예언자 엘리야 시대 갈멜산 사건(왕상 17장)으로부터 바알 신앙을 극복하기 시작했고 야훼 신앙의 순수 전통을 확립하게 되었다고 한다.

또 하나의 도전은 주전 586년부터 70년간 계속된 바벨론 포로 경험이었다. 이국 땅에서, 이스라엘 백성은 정치-경제-사회적인 고난을 당했고, 무엇보다 "너희 하나님 야훼가 어디 있느냐?"(시 42:3; 115:2 등)라고 하는 신앙의 도전을 받았다. 고대인들은 그들이 믿는 신이 강하면 그 민족도 강하다고 생각했다는 것이다. 그래서 바벨론의 주신(主神)인 마르둑(Marduk)이 온 세상을 창조하였으며, 모든 신들 가운데 가장 위대하다는 바벨론 종교의 선전 앞에서 포로로 잡혀 온 이스라엘 백성은 깊은 신앙적 갈등에 빠지게 되었다. 만수에 의하면, 이러한 신앙의 위기에 응전한 예언자의 글이 이사야 40~55장에 기록되어 있다. 여기서 이 예언자(소위 '제2 이사야')는 마르둑이 아니라, 야훼 하나님이 유일한 창조자이심을 강조하였고, 야훼가 약해서 이스라엘이 망한 것이 아니라 이스라엘이 그 야훼 하나님과의 언약을 지키지 않고 배반했기 때문이라고 설명하였다. 이제 마르둑이 아니라 야훼 하나님이 천지를 창조하신 하나님이시기 때문에 이스라엘 백성을 위해 새로운 구원의 역사(제2 출애굽)를 창조하신다는 메시지를 들음으로써, 바벨론 포로의 위기에서 이스라엘 백성의 신앙은 더욱 성숙된 모습으로 보존될 수 있었다는 것이다.

여기에 덧붙여서, 창세기 1장의 창조 이야기도 바벨론 포로민 중에서 활동하던 예언자 (소위 제2 이사야)의 사상을 배운 사람이 기록한 것으로 만수는 본다. 창세기 1장은 소위 P(제사장 자료) 문서로서 창세기 2장의 내용보다 약 400년 후의 문서라고 소개한다. 그 기록 동기는 이스라엘 백성이 포로기 생활에서도 안식일을 지키고 예배 생활을 계속해야 함을 가르치기 위한 것이라고 한다. 이와 같이, 구약의 창조신앙은 과학적인 지식으로 세계 창조를 알리려는 것이 아니고, 어디까지나 역사적인 이스라엘 백성의 신앙이 도전받는 상황을 극복하는 과정에서 나타나는 이스라엘 신앙의 응전의 의미로 보아야 한다는 것이다. 이러한 설명은 만수가 폰 라트의 구약신학을 그대로 따르고 있는 것이다.

2. 구약성경의 창조신앙의 성립과 그 의미에 관해서 만수는 벨하우젠 이후 서양의 성서비평학에서 역사—비평적으로 재구성된 이스라엘 종교사 이해의 패러다임(소위 구약의 문서설)을 지지하고 있다. 정말 이스라엘 신앙은 가나안에 정착할 때까지, 야훼 하나님이 농사의 풍요나 성읍의 안전과 평안과는 무관한 어떤 의미에서 매우 제한된 유목민의 부족 신이라고 이해했을까? 이스라엘은 애굽의 고센지역에서 종살이 하면서, 농사의 일에도 익숙하지 않았는가? 구약성경의 문맥에서는 이미 모세를 통하여 하나님은 천지의 창조자이실 뿐 아니라 세계 역사의 주권자로 이해되지 않았는가(출 19:4-6!; 비교, 사 44:6-8; 시 93:1-2; 97:1 등)? 서양 성서비평학자들이 주장하는 대로라면, 현재 5경 본문의 역사적 맥락은 사실 역사로서 부정확할 뿐 아니라, 이스라엘 백성의 종교적 편견(또는 이데올로기)에 의해 왜곡되어 있다는 것일까? 구약의 이스라엘의 종교도 원시적 정령숭배나 조상숭배 종교에서 다신교적 신앙의 갈등 단계를 거쳐 배일신교로 진화를 했고, 마침내 유일신 사상의 고등 종교로 진화해 왔다는 것일까? 이러한 질문들을 놓고 이 강의에서 볼 때, 만수의 이스라엘의 창조 신앙에 대한 이해는 지나칠 정도로 서양의 성서비평학자들, 특히 폰 라트의 이론(구약의 창조신앙은 후대의 산물이다)을 추종하고 있다고 여겨진다. 그러나 현재 구약학계에서는, 폰 라트의 '역사적 작은 신앙고백의 가설'이나 창조신앙의 후기 등장설은 비판되고 극복되었다. 특히 우주와 인간 창조 사상은 고대 서아시아(고대 근동) 문헌에서 매우 일찍부터 발견되는 보편적 주제인데, 같은 문화권에서 유독 이스라엘만이 이러한 보편적이며 민감한 주제에 오랫동안 관심 없이 바벨론 포로기까지 수백년간 침묵하고 지내왔다는 주장은 설득력이 없다.[15]

VII. 구원사(45-49쪽)

1. 구약의 중심사상과 신앙의 초점은 유일신 야훼(야웨, 여호와) 하나님의 구원행동에 있다 (사 45:5-8). 구약 구원사의 원형으로 볼 수 있는 출애굽 사건은 바벨론 포로귀환이라는 제2 출애굽 사건으로 이어지며, 그것은 제3의 출애굽 사건인 십자가와 부활 사건을 통한 예수 그리스도의 구원과 직결되어 있다고 만수는 가르친다. 구약에서 구원의 하나님의 고유명사는 야웨(야훼)인데, 야훼 하나님은 자존자이시며, 모든 존재의 근원과 원동력이다(출 3:14). 구약의 메시아사상은 인류 구원에 대한 하나님의 구원계획이다. 구원과 관련된 히브리어 동사들인, '나찰, 할라츠, 야솨(야샤), 가알' 등은 경제-정치적인 구원을 넘어서는 자유의 구원과 영적인 해방을 의미하며, 궁극적으로 죄와 악에서의 구원을 뜻한다(49쪽). 나아가 이러한 구약의 개인과 공동체의 구원은 전 인류의 구원을 지향한다. 신구약의 차이가 있다면 그것은 구원의 방법의 차이이다. 즉, 구약이 이스라엘 민족사를 중심으로 하나님이 의로운 자를 구원하고, 불의한 자를 심판하는 역사를 보이는 반면에, 신약에서는 예수 그리스도의 십자가와 부활의 사건을 통해 인류를 구원하시고 심판하시는 역사를 보여준다.

2. 이 강의에서 만수는 말하자면 "구약과 신약은 구원사로서 불가분의 관계"라는 폰 라트의 모형론(또는 유형론)적인 해석(typological interpretation)을 재확인하고 있다.[16] 그러므로, 구약에서 시작되어 신약의 예수 그리스도를 통해 강화되는 하나님의 구원 행동이 오늘에도 있을 수 있기 때문에 우리가 구약을 읽고 믿는다고 만수는 말하고 있다. 또한 구약에서 구원의 하나님 야훼 유일신 사상이 초기교회 신앙고백에 나타나는 구원사상과 일치한다고 봄으로써(행 4:12), 만수의 성서신학에서 구원론은 종교 다원주의와의 타협의 여지를 남겨놓지 않는다. 그의 구원론은 사회정의 구현이나 경제-정치적 구원에 국한되지 않고, "영적인 해방" 즉 죄와 죽음으로부터의 자유를 명시함으로써, 성경적-복음적인 구원관을 보여주고 있다.

---

15) 현대 구약신학에서 구원사와 대조하여 창조신학 주제에 대한 새로운 인식과 강조는, H. H. Schmidt, K. Koch, C. Westermann, R. P. Knierim 등의 학자들의 저술에서 찾아 볼 수 있다. 예컨대, Rolf P. Knierim, "Cosmos and History in Israel's Theology", *The Task of Old Testament Theology*, Eerdmans, 1995, 171-224, 특히 180쪽 이하.

16) Gerhard von Rad, "C. Das alttestamentliche Heilsgeschehen im Lichte der neutestamentlichen Erfüllung", *Theologie des Alten Testaments*, Bd. II, Chr. Kaiser Verlag, 1968, 특히 388쪽 이하; G. von Rad, "Typological Interpretation of the Old Testament", *Essays on Old Testament Hermeneutics*, (ed. by C. Westermann), John Knox Press, 1971, 17-39쪽.

Ⅷ. 예배와 삶(50-54쪽)

1. 먼저 히브리어와 라틴어의 예배에 대한 단어의 뜻을 설명하면서, 이스라엘의 예배는 마치 주인에 대한 종의 관계처럼 ① 엎드려 대령하고 있는 관계 ② 몸과 마음을 바쳐 봉사하는 태도라고 풀이한다. 고대 종교들과 마찬가지로, 이스라엘 종교의 예배도 자연환경과 보이지 않는 악마와 악령에 대하여 그것을 이길 수 있는 신의 힘을 예배를 통해 얻기 위함이었다고 만수는 설명한다. "그래서 예배는 곧 차력(借力) 행위, 힘을 빌리는 행위라고 생각했다"라는 것이다(52쪽). 그렇게 시작된 예배는 이스라엘의 경우 문화사적인 단계를 거쳐서 발전하게 된다. 만수는 먼저 벨하우젠의 이스라엘 예배 3단계 발전 도식을 간단히 소개한다. 즉 벨하우젠(J. Wellhausen, 1844-1918)에 의하면, 이스라엘의 예배는 유치한 자연종교 단계에서 역사적 윤리적 단계로, 그 다음은 "속죄"를 중심한 제도권 예배로 발전했다고 한다.

만수는 또한 궁켈(H. Gunkel, 1862-1932)의 양식사 연구에서 얻은 통찰을 가지고 이스라엘 예배의 "삶의 정황"(또는 삶의 자리)을 살피고, 이스라엘은 구체적인 삶에서 경험한 하나님의 사랑과 능력과 구원에 감사해서 예배를 드렸다고 한다. 또한 폰 라트에 의하면, 이스라엘의 신앙 형성은 예배공동체에서 이루어졌으며, 그 신앙은 각종 절기와 예배를 통해 전승되었음을 말한다. 알트(A. Alt, 1883-1956)에 의하면, 구약의 율법 자체가 계약갱신 예배 의식을 통해 형성되었다는 것이다. 이렇게 여러 학자들의 연구를 종합해 보건대, 이스라엘의 예배는 그 초창기부터 "그들의 신앙을 고백하는 행위"였고, 과거의 역사적 구원 사건을 오늘에 현재화하는 사건이었다. 그래서 구약의 예배는 "예배가 곧 삶, 삶이 곧 예배라는 것"을 가르쳐 준다. 여기서 오늘의 크리스챤들은 과거의 십자가 사건을 오늘 나의 사건으로 현재화하며, 오늘 나의 삶과 관련성을 찾을 때 진정한 예배의 의미를 배울 수 있다고 한다.

2. 만수의 구약 예배 이해 역시 벨하우젠-궁켈-알트-노트-폰 라트 등의 독일 비평적 구약학자들이 재구성한 이스라엘의 역사이해와 구약본문의 형성사를 따르고 있다. 한국의 성서신학계에서는 지난 1960년대와 70년대에 서구의 저러한 세계적인 학자들의 연구 업적을 이해하고 강의와 저술에서 그들의 이론을 인용하며 소개하는 것 자체가 학자의 학문성을 확인해 주는 것이었고, 실력 있는 교수로서 선망과 존경의 대상이 되게 했다. 이러한 관점에서, 만수는 구약학자로서 자신의 학문적인 노력을 잘 보여주고 있다.

그런데, 21세기의 문턱을 넘어선 오늘 구약학계에서는, 벨하우젠으로부터 폰 라트에 이르는 역사-비평적 방법에 기초한 고대 이스라엘 종교에 관한 객관적이고 비평적이며 학문적인 지식에 대한 신뢰성이 붕괴되고 말았다.[17] 현재 구약학계는 어느 비평학자도 다른 학자의 비평적 이론에 선뜻 동조하지 않으며, 각자 자기 소견에 옳은 대로 주장을 펴고 있는 실정이다. 최근 이스라엘의 예배에 관한 이해는 종교사적인 탐구로부터 경전 본문의 신학적 의미 탐구로 방향을 바꾸고 있으며, 구약에서 "예배의 책"으로 지목되고 있는 레위기 연구에 시선이 모아지고 있다.[18] 어쨌든 신정통주의 신학 입장이 본래 그러한 대로, 만수는 여기서 다시 한번 '신앙은 보수적이지만 학문은 자유롭게 한다'라는 입장을 잘 보여주고 있다. 문제는 학문의 자유는 존중되어야 하지만, 학문하는 사람의 책임성이 수반 될 때만 그 학문의 자유는 가치가 있을 것이다.

Ⅸ. 선조의 신앙(55-59쪽)

1. 여기서 선조의 신앙이란 조상의 신앙 또는 열조의 신앙이라고도 말할 수 있는데, 그것은 과거 어느 개인 조상의 신앙이 아니라, 개인과 공동체를 구별하지 않는 이스라엘 신앙의 연대적 성격을 총칭하는 용어이다. 이스라엘이 선대로부터 물려받은 선조의 신앙의 특징은 한마디로 야웨(여호와) 하나님을 "의지하는 신앙"이다. 우리가 구약에서 배우는 신앙은 '선조의 의지 신앙'을 현재화하는 것이다(예컨대, 시 22:4-5). 구약에는 신약에서처럼 "믿는다"는 말이 따로 없고, 그에 상응하는 여러 단어들이 사용되는데, '의지한다, 앙모한다, 두려워한다, 즐거워한다, 기다린다, 바라본다, 피한다, 안다' 등 이다. 그 중 대표적인 어휘가 '의지한다'(히브리어로, '바타흐브')이다. 구약에서 '의지한다'는 말이 가장 많이 나오는 곳이 열왕기하 18장이며, 여기서는 한 장 속에 10번이나 나온다. 만수는 이 열왕기하 18장에서 유다 왕 히스기야가 앗시리아 대군의 침공 앞에서 철저하게 하나님 의지 신앙으로 난국을 극복했음을 지적하면서, 이러한 사례는 아브라함, 모세의 의지 신앙과 맥을 같이하는 선조의 신앙이라고 한다. 거룩한 전쟁 전승을 통해 이스라엘이 전쟁에서 승리하는 믿음을 가졌던 것도 이러한 의지 신앙 때문이었다. 만수는 궁켈의 시편 연구를 원용하면서, 고난시의 중심부에는 반드시 '의지신앙'이 표출되고 있으며, 시인들은 과거에도 구원하신 하나님이 미래에도 반드시 구원하신다는 확고한 의지 신앙을 가지고 "완료형

---

17) Samuel E. Balentine, "The Collapse of the History Paradigm", *The Torah's Vision of Worship*, Fortress, 1999, 16-32쪽.
18) 김중은, "구약에서 본 예배신학 - 레위를 중심으로", 〈장신논단, 21집〉 2004. 6. 30, 장로회신학대학교출판부, 13-44쪽.

문장"을 사용하였다고 한다. 또한 예언자들도 이러한 의지 신앙으로 국난 가운데서도 그 민족을 격려하고 소망을 가지게 했다는 것이다.

2. 야훼 하나님을 의지하는 신앙이 구약 이스라엘의 개인이나 민족 공동체의 신앙적 특징이라고 파악한 만수의 통찰력은 돋보인다. 특히 난국에 처한 상황에서 구약의 이스라엘은 난국 타결을 주도하시는 하나님의 미래 구원에 대한 확고한 신뢰를 가지고, 그 "의지 신앙"을 문법적인 "완료형"으로 표현하고 있다는 사실을 지적한 것은(59쪽) 매우 흥미롭고 중요한 가르침이다.

이 강의에서는 한두 가지 부정확한 설명이 있는데, 그 한 가지는 구약 히브리어에 "믿는다"는 동사가 따로 없다는 것이고, 또한 열왕기하 18장에 "의지한다"는 동사가 열 번이나 나온다는 것이다. 그러나 구약 히브리어에서 '믿는다'는 동사는 '아만' 동사의 히필형을 사용하며 (구약 전체에서 51회. 창 15:6; 출 4:1; 민 14:11; 신 1:32; 왕하 17:14; 사 7:9 등), 열왕기하 18장에서 "바타흐"동사의 빈도수는 7번이다(구약에서 '바타흐' 동사 칼의 총 빈도수는 113회이고, 가장 많이 나오는 책 순서대로 보면, 시편이 44회, 이사야 18회, 예레미야 14회, 잠언 10회 순이며, 5경 전체에서는 이상할 정도로 신명기에만 1회 나타나 있다).[19] 여기서 만수가 구약의 하나님 의지 신앙의 '현재화'를 강조한 것은 아마도 1970년대 당시 소위 군부 독재정권 상황하에서 민주주의와 인권의 심각한 위기와 난국을 의식하고, 그에 대한 신학적 응답으로 나온 대안 제시가 아닐까 여겨진다. 역사를 주관하시는 야훼 하나님에 대한 성경적 의지 신앙에서 볼 때, 군부독재의 종식은 미래시재가 아니고 선취된 완료시재라는 것이다.

X. 역사가의 신앙(60-64쪽)

1. 구약 이스라엘의 역사관은 단순한 '민족사관'이 아니고 '신앙사관'이었다는 것이 만수의 주장이다. 구약에는 4종류 역사가의 신앙사관이 나타나 있다. 첫째는 신을 야훼라고 부르는 J문서 역사가이고, 둘째는 신을 엘로힘으로 부르는 E문서 역사가이며, 셋째는 신명기를 기록한 D문서 역사가, 넷째는 제사문서를 기록한 P문서 역사가가 있다. J(야웨기자) 역사가는 출애굽 사건을 강조하면서, 세계사를 통치하시는 야웨 하나님과 세계를 향한 이스라엘의 역사적 사명과 신앙적인 책임을 일깨운다. E(엘로힘 기자) 역사가는 이스라엘의 선민사상을 부각하며, 엘로힘 하나님은 이스라

---

19) E. Gerstenberger,"בטח *bṭḥ* to trust", *Theological Lexicon of the Old Testament*, Vol. 1, ed. by E. Jenni & C. Westermann, Hendrickson, 1997, 227쪽.

엘의 역사에 개입하시어 하나님의 백성을 교육하시고 훈련시켜서 하나님 나라의 백성으로 삼으신다는 사상이다. D(신명기 기자) 역사가는 하나님의 역사 개입 사상을 체계화하면서, "가장 본격적인 역사"를 기록한 사람이다(62쪽 이하). D(신명기적) 역사가는 사사기, 사무엘서, 열왕기서를 기록했으며, 소위 신명기 사관의 네 가지 원칙을 세웠다. ① 이스라엘의 범죄 ② 하나님의 심판 ③ 이스라엘의 참회 ④ 하나님의 구원. 한편, P(제사장 기자) 역사가는 주전 586년 유다 왕국이 멸망하고 바벨론에 포로로 잡혀간 이후 활동한 역사가이다. 그의 관심은 하나님의 선민이 왜 망했느냐에 집중되었다. 그 결론은 하나님의 계명과 율법을 지키지 않았기 때문이라는 것이다. 따라서 P 역사가의 역사철학은 모세의 율법을 확립하고, 그에 따른 신정정치를 강조하는 것이었다. 그러면서도 P는 인간의 역사를 홀로 지배하고 개입하시는 분은 하나님이시라는 사상을 기초로, 야훼 하나님의 주권과 하나님 나라의 역사를 강조했다. 이러한 관점에서, 만수는 "기독교가 민족적이면서도 인류와 세계의 복지를 위한 이상적 원칙을 주장하는 것은 P문서의 역사철학이 그 기초이다"라고 결론지었다(64쪽).

2. 만수가 벨하우젠 학파의 영향을 받은 서양 비평학자들의 구약 문서가설, 특히 5경의 4자료 문서설을 거의 여과 없이 받아들이고 있다는 점은 위에서도 확인한 바이다. 문제는 폰 라트의 별세 이후, 그러니까 지난 1970년대 이후로 5경의 문서설은 구약학계에서 급격히 그 기반이 흔들리게 되었고(사실은 문서설이 등장한 이후 꾸준히 예견되었던 바이지만), 오늘날에는 그것을 근본적으로 폐기하거나 대체할 새로운 패러다임을 모색하는 상황이 되었다.[20] 보수적 신학 입장인 근본주의나 학문적 대화에 관용적인 복음주의 입장에서 보면, 만수의 구약 문서가설에 기초한 이스라엘의 역사 이해는 어디까지나 가설에 머물 수밖에 없다.

서양의 성서비평학자들이 구약 문서가설에 기초하여 재구성한 이스라엘 '신앙사관'에 대응하는 바람직한 사관은 성경적인 '계시사관'이며, 또한 정경 본문의 역사적 진술을 존중하는 '경전적 사관'이라고 생각된다. 비평가들의 견해에 따르면, D문서 역사가(Deuteronomistic historian)는 신명기 기자(Deutronomic writer)와 구별되어야 하는데, 본 강의에서는 이 점이 분명하지 않다. 또한, P문서는 J/E나 D와 비교해 볼 때 율법주의 성격이 강하게 드러남으로써 특히 벨하우젠 이후 개신교의 비평적 성서신학에서는 부정적 평가를 받아왔는데, 이 점에 관해 충분한 설명 없이 만수가 결론적으로 P문서의 역사철학을 기독교 역사철학의 기초라고 주장하는 것은 납득하기 어렵다.

---

20) Ernest Nicholson, *The Pentateuch In The Twentieth Century*, 위의 책, 92쪽.

XI. 민족의 책임성(65-69쪽)

1. 구약의 '예언자'(또는 선지자)란 한자로 맡길 '예'(預) 자를 써서, 하나님의 말씀을 맡아서 전하는 사람, 곧 "하나님을 대신하여 말하는 사람이 예언자"라고 만수는 정의한다. 모세를 전형으로 하는 구약 예언자 전통은 역사적으로는 엘리야로부터(주전 860-50년경 활동) 본격적으로 시작한다. 궁켈은 엘리야를 "제2의 모세"라고 불렀다. 주전 8세기 분열왕국 시대 아모스로부터 바벨론 포로 귀환 이후 말라기에 이르기까지 구약의 예언자들은 엘리야의 영향을 받았으며, 이들 예언자의 직무는 ① 이스라엘의 하나님이 누구며 어떤 분인가를 가르치는 것 ② 이스라엘의 윤리-도덕 문제를 제기하는 것 ③ 이스라엘 민족의 역사적 사명을 일깨우는 것이라고 한다. 만수는 이 강의를 통해 예언자의 직무들 중 하나님의 백성의 역사적 사명을 일깨우는 사명을 강조하였다.

위에서 말한 예언자의 3대 직무는 구체적으로 각각 다시 다음과 같은 예언자의 3대 사역으로 이해된다. ① 민족의식 개발 ② 민족정신 순화 ③ 민족 사명 완수(68쪽). 민족의식의 개발이란 하나님의 백성으로서 하나님께 대한 '충성심, 복종심, 경외심'을 확립하는 것이며, 민족 정신 순화는 '윤리-도덕 생활의 고양'을 의미한다고 볼 수 있고, 나아가 민족 사명 완수는 구체적인 역사현실 속에서 민족 각자의 '책임의식'을 고취하는 일이다. 그래서 만수는, "… 히브리 예언자들은 민족의 삶과 국가의 장래와 세계와 인류의 구체적인 역사적인 현실을 문제 삼은 사람들이었다"라고 한다.

2. 만수는 이 강의를 통해, 히브리 예언자들의 가르침과 외침이 오늘 우리에게도 절실히 필요하다고 말한다. 그래서 종교인들은(만수는 여기서 '크리스챤'이란 단어 대신 종교인이라는 포괄적인 용어를 사용한다), 국가, 민족, 역사, 세계사 문제에서 소극적이고, 의식이 모호하고, 책임 회피적이며 방관적이 되어서는 안 된다는 것이다. "민족 각자의 책임 의식 여하에 따라 나라가 흥하기도 하고 망하기도 한다는 것"이 예언자들의 교훈이기 때문이라는 것이다(69쪽). 이러한 호소에 가까운 강의는 우리나라와 민족의 왜곡된 현실 역사와 비윤리적이며 부도덕한 삶에 대한 문제의식을 누구보다도 만수 자신이 깊이 느끼고 있었다는 것을 반증하는 것이라고 생각된다. 만수의 학문 세계는, 학문을 위한 학문이나 고답적인 상아탑의 담론이 아니라 언제나 오늘 여기서 나와 우리 모두의 신앙과 삶의 절실한 문제의식과 만나고 있다는 데서, 신학자로서의 파토스(정열)를 느끼게 한다.

XII. 경건의 의미(70-74쪽)

1. 경건의 의미라는 강의를 통해서 만수는 구약 시편의 신앙 세계를 소개한다. 시편은 주전 1,000년경 다윗이 지은 시로부터 주전 2세기 마카비 독립운동 시대까지 약 800년이란 세월 동안 지은 150편의 다양한 시들이 수집되어 있으며, 이 시편의 모든 시들은 실제로 이스라엘의 예배에서 사용한 "찬송가"이다. 시편의 히브리어 명칭은 "트힐림"(찬양들), 또는 "트필로트"(기도들)로 지칭되는데, 예배에서 찬양과 기도의 중요성을 나타내는 것이다.

요한 칼빈이 그의 시편 주석 서문에서, "시편은 인간 영혼의 해부학"이라고 한 것 같이, 만수는 시편을 "만민의 영혼의 노래"라고 한다(71쪽). 희랍의 비극시에 관해 아리스토텔레스는, "눈물을 흘림으로 후련함을 느끼며, 울분을 터뜨림으로 카타르시스를 경험한다"라고 했는데, 그에 반해 만수에 의하면, 히브리 시편은 "하나님께 대한 사모하는 마음과 신앙의 열정이 그 원천"이라고 한다(72쪽).

다양한 시편 신앙세계의 주제와 내용을 만수는 노숙한 학자의 형안을 가지고 우리가 알기 쉽게 두 가지로 간명하게 요약하였다. ① 하나님께 대한 노래. 즉, 야훼 하나님의 유일성과 독특성을 포함한 하나님의 구원행동 찬양 ② 하나님을 찬양하는 인간 자신에 관한 노래. 즉, 인간의 죄인됨의 고백을 기초로, 인간의 유한성과 연약성을 표현하고 하나님 의지 신앙을 노래하고 있다는 것이다.

2. 만수는 시편에 나타난 하나님 찬양과 인간의 하나님 의지 신앙의 노래야말로 (예컨대, 시 23편의 신뢰시), 우리 인간들에게 가장 큰 보배요, 힘이요 기쁨이라고 했다 (74쪽). 오늘 우리의 경건은 다른 무엇이 아니라 우리의 죄인됨을 돌아보면서 하나님만 의지하고 하나님께 기도하고 찬양하는 생활이다. 만수는 여기서 궁켈의 시편 양식사 연구에 따른 시편 양식의 분류나, 모빙켈의 시편 연구에 따른 각 시편의 제례와 관련된 삶의 정황을 구체적으로 분석하여 논하지는 않았다. 제한된 강의 시간과 취급할 주제의 범위도 문제였겠지만, 이 강의에서 적어도 만수에게 시편은 단순히 어떤 학문적인 연구 대상 이상의 것이었다고 생각된다. 무엇보다 시편은 만수 자신의 영혼의 노래였고, 그의 삶을 지탱하고 북돋우는 "큰 보배, 힘, 기쁨"이었기 때문일 것이다.[21] 만수가 시편의 신앙 세계를 평소에 실존적으로 경험하지 못했더라면, 이 강의를 통해 전달되는 시편에 대한 자신감 있는 소개도 어려웠을 것이고, 만수 신학의 활력도 상당히 줄어들었지 않았을까 생각해 본다.

---

21) 비교, 장영일, "시편명상에 나타난 김정준의 '경건' 이해", 제4회 만수 김정준 박사 기념강연회(2004. 3. 30).

XIII. 현실의 의미(75-79쪽)

1. 이 마지막 강의의 제목을 가지고 만수는 구약 지혜문학의 신학적 의미를 해설하고 있다. 구약의 지혜문학은 한마디로 이스라엘 백성이 이 땅에서 사람답게 사는 "생활 철학"을 말해주며 참된 "인도주의"를 가르쳐주는데, 그것은 사람을 창조하시고 그의 생명과 삶을 주장하시는 하나님과의 올바른 관계에서 성립한다(잠 1:7; 9:10 참조). 만수는 여기서 욥기, 잠언 그리고 전도서의 지혜를 소개한다.

먼저, 욥기는 의인이 왜 고통을 당해야 하느냐의 문제를 다룬다. 여기서, 의인 욥의 고통은 죄의 인과응보 때문이 아니며, 고통을 통한 어떤 각성과 교훈을 위함도 아니다. 만수에 의하면, 욥과 같은 고통을 통해 인간은 하나님을 욕하고 부정할 수도 있으나, 오히려 하나님과 더 가까운 관계를 유지할 수 있다는 것이 인간고에 대한 욥의 새로운 해석이라는 것이다. 고통을 통해 살아계신 하나님과의 만남이 인간의 그 어떤 소유나 보배보다 더 귀중하다는 지혜를 욥기는 말해준다.

잠언서는 신앙에 기초한 생활철학을 강조했는데, 즉, 불의한 인생길을 버리고 생명의 길을 가려면 야훼(여호와) 하나님을 경외하고 의지하는 길 밖에는 없다는 것이다. 전도서에서는 '헛되다'는 허무주의를 고취하는 것이 그 목적이 아니다. 오히려 전도서는 인간이 이 역사에서 실존적인 허무감을 느껴보아야만, 비로소 하나님과의 바른 삶이 얼마나 가치 있는 삶인 것을 알 수 있다고 가르친다. 그리하여 하나님께 관심을 가지는 사람만이(전 3:11), 인생의 허무를 극복하는 지혜를 얻을 수 있다고 한다.

2. 이 강의에서 만수는 지혜문학의 신학적인 문제는 다루지 않고 있다. 이를테면, 지혜문학의 신학 사상이 예언신학의 후예인지, 묵시문학의 귀결인지의 문제는 취급하지 않았다. 또한, 지혜문학의 개론적인 형성사에도 관심을 기울이지 않았다. 구약의 지혜문학이 그 어떤 다른 구약 문서의 전통보다, 고대 서아시아(고대 중동, 고대 근동) 종교와 문화권에서 드러나 있는 보편적인 지혜사상(즉 인도주의 사상)과 가장 긴밀한 영향관계 아래 있었다는 점에 대한 언급도 간과하고 있다. 그럼에도 욥기, 잠언, 전도서에 대한 만수의 신학적 해설은 성경적이고 복음적이며, 지혜문학으로서 그 책들의 성격을 이해하게 하는데 좋은 길잡이 역할을 하고 있다.

XIV. 보강 I-II의 성서의 권위에 대한 도전과 답변(80-104쪽)

1. 만수는 『구약성서의 이해』라는 주제 하에 13개의 강의를 마무리한 후, 두 개의

   70. 김정준의 『구약성서의 이해』 연구

보강을 첨가하고 있다. 보강 I과 II는 하나의 주제인 "성서의 권위"에 대한 도전과 답변을 다루는, 실제로는 하나의 내용이다. 이미 제한된 지면을 많이 초과했기 때문에, 여기서는 두 강의를 묶어서 만수가 주장하는 요점을 제시하고, 그에 대한 문제점만 논평함으로써 마무리하고자 한다.

만수는 성서의 권위가 도전받는 이유를 5가지로 제시하였다. ① 과학의 급속한 발달로 무한대, 무한소의 세계관 확대 ② 성경의 권위보다는 현실 정치권력과 권위의 위력 ③ 각종 생태학적인 위기 상황에서 성경보다는 과학 기술 개발을 통한 해결책에 희망을 둠 ④ 에큐메니칼 대화의 신학이 타 종교에도 진리가 있고 구원의 길이 있다고 인정하는 경향을 보임 ⑤ 성서비평학이 성서의 권위를 해친다는 주장 대두. 만수는 이상의 다섯 가지 주장들이 그 나름대로 일리가 있음을 인정한다. 그러나 그러한 도전들은 결코 성경의 권위를 무너뜨릴 수 없다는 것이 만수의 답변이다. 첫째, 과학지식의 발달은 성경을 부정하기보다는 성경이 신앙고백으로 서술한 것을 합리적으로 설명하기 때문에 성경의 권위를 파괴하기보다는 오히려 보충하게 된다고 본다(92쪽). 둘째로, 역사적으로는 로마 천주교의 교권주의 아래 성경의 권위가 오용되고 오히려 약화되었으며, 현대 공산주의 국가들에서 성경의 권위는 무시당했으나, 성경의 권위는 결코 잘못된 교권이나 세속 권력의 지배를 받지 않는다. 성경의 권위와 하나님의 주권을 무시하는 정치권력은 부패한다(95쪽). 셋째, 성경이 자연을 정복하라고 명령하는 것은 자연에 대한 청지기 직책을 일깨우는 뜻이다. 과학기술은 비신화화 되어야 한다. 하나님-사람-자연의 조화를 추구하는 새 가치관을 확립해야 한다. 성경의 자연관은 생태학적 위기를 극복할 대안을 제시한다(98쪽). 넷째, 타 종교와의 대화는 얼마든지 가능하지만, 한 종교가 다른 종교를 정복하고 굴복시킬 수는 없다. "지식으로서 기독교와 타 종교를 비교할 때는 각각 그 우열을 판별할 수 없다."(99쪽). "예수의 이름만으로 구원받는다"는 사도행전 4장 12절 말씀은 보편적 진리라 할 수 없다(100쪽). 그러나 "나"라는 인간의 구원 문제, 즉, "내"가 어떤 종교를 택해야 할 것인지 개인적이며 인격적인 결단이 요청되었을 때는 기독교의 가르침이 내가 아는 모든 종교 중 참되다고 믿으며, 그 경전을 최상의 권위로 인정해야 한다는 것이 만수의 주장이다(99쪽). 마지막 다섯째로, 여러 가지 문제가 있음에도 불구하고, "성서비평학은 절대로 성서의 권위를 떨어뜨리는 것이 아니고, 오히려 성서 기자의 본래 의도를 정확하게 이해하는데 절대 불가결의 연구 방법이기 때문에 성서의 권위를 오히려 확립시켜 주고 있다."(103쪽)는 것이 만수의 확고한 입장이다. 성서비평학을 반대하는 보수주의자들은 성서의 기계적 영감설 내지는 성서의 문자 무오설에 빠져 성서의 바른 해석과 이해를 스스로 파괴하고 있다고 만수는 질타하였다(104

쪽).

2. 본 필자는 이 글의 서두에서부터 만수의 신학적 입장이 신정통주의 신학에 있음을 말해 왔다. 이제 위의 두 가지 보강 강의를 통해서 이러한 만수의 신정통주의 성경관과 신학 입장은 마지막까지 거듭 확인된 셈이다. 만수가 이러한 보강을 첨부한 이유도 앞선 13개의 강의에서 드러난 자신의 신정통주의 성경관과 성서해석의 입장을 변호하고 강화하려는 의도가 있었다고 생각한다. 왜냐하면, 만수는 특히 이 보강에서 한국의 소위 보수주의 교회들과 보수주의자들의 성경관과 성경해석을 질타하고 있기 때문이다.

만수는 당시 불의에 침묵하는 그리스도인 집단이 맘모스 크리스챤 대회를 열어 스스로 성서의 권위를 훼파시키고 있다고 맹공을 가하고 있으며(82쪽), 한국교회가 생활의 부조리는 제거하지 않으면서, "5천만을 그리스도에게로"라는 구호만 외치는 것이 오히려 성경의 권위를 흐리게 하는 것이라고 꼬집는다(101쪽). 특히 성서비평학의 문제에서는 지나칠 정도의 매우 강한 어조로 만수 자신의 입장을 강조하고 있다. "우리 한국 기독교의 절대다수 교회와 그 지도자들은 성서비평학을 꺼리고 있으며, 심지어 이것을 악으로 여기고 있다… 세계 어떤 나라 교회에서보다 한국 보수주의 교회들은 성서비평학에 대한 철저한 거부 반응을 일으키고 있다. 성서의 축자영감설, 곧 성서의 문자 하나하나가 틀림이 없다는 주장은 일견 성서에 대한 최대의 존경을 표시하는 것 같지만, 이런 태도처럼 자기 스스로의 무지를 고백하는 것이 없다. 뿐만 아니라, 이 무지에서 고백하기 때문에 그들은 성서문자 그것을 우상시하고 있다."(89쪽)

이러한 만수의 신정통주의 성경관의 입장은 결국은 구체적인 성경해석의 방법과 기독교 진리관의 문제로 귀착된다고 볼 수 있다. 주지하는 대로 신정통주의는 그 정통주의 성경관에서 성경권위의 두 기둥인 '계시와 영감'의 개념을 수정하였으며, 기독교의 진리는 예수 그리스도와의 실존적인 만남의 경험을 통해 확인되는 것이며, 기록된 성경의 문자적인 교리와는 다른 것으로 설명하였다.[22] 기록된 성경은 그것이 오늘 각 사람에게 성령을 통해 실존적인 하나님의 말씀으로 부딪혀 올 때(즉, 경험될 때만), 비로소 영감된 하나님의 말씀이 되는 것이다. 기록된 성경은 그 자체로 하나님의 말씀이 아니다.[23] 성경 본문을 기록한 성경 기자들의 영감과 성경이 하나님의

---

22) 비교, 한철하, "김재준의 성경관과 신정통주의신학", 위의 글, 154쪽.

23) 한신대 조직신학 교수 박봉랑 박사는 신정통주의 신학의 대표자인 바르트의 성경관에 대해 다음과 같이 기술했다. "바르트에게 있어서 말씀의 형식과 계시 자체 사이에 문자적인 동일이 있을 수가 없다. 성서와 설교 그 자체로서는 하나님의 말씀이 아니다." 박봉랑, "칼 바르트에게 있어서 말씀의 개념", 〈신학연구〉 춘계 57, 1960, 57쪽.

 70. 김정준의 『구약성서의 이해』 연구

말씀이 되는 경전적 성격을 인정한다고 하더라도, 성경의 기록 과정에서 인간 기자들의 연약성으로 인한 '오류'는 인정되어야 한다는 것이 신정통주의 성경관의 주장이다. 따라서 기록된 성경 본문에는 모순과 오류가 있기 때문에 역사—비평적인 주석이 예비적으로 필요하며, 그 비평적 학문적 결론이 신학적 성서해석에 전제되어야 한다는 것이 신정통주의의 입장이다. 20세기 전반 스위스 신학자들인, 칼 바르트나 에밀 브룬너에게서 시작된 신정통주의 신학운동은 1950년대와 60년대에 세계 신학계를 풍미했으나 (성서신학의 경우 아이히로트나 오스카 쿨만 등), 1970년대 이후에는 후기 자유주의 신학 (또는 신자유주의 신학. 구약신학의 경우 폰 라트, 신약신학은 불트만 등)에게 그 자리를 내어주었으며, 오늘 세계 신학계의 풍향은 종교다원주의와 포스트모던 신학으로 편향되고 있다.

사실 성서비평학(Biblical criticism)으로 불리고 있는 '역사—비평적인 방법'(historical-critical method)도 오늘날 학계에서는 그 신뢰성을 상실하였으며, 여러 가지 다양한 성경해석 방법들 중의 하나의 방법으로 취급되고 있을 뿐이다.[24] 간단히 말해서, 성서비평학이 개혁교회의 정통적 보수적인 성경해석과 갈등을 일으키고 문제가 되는 것은 그 방법이 전제하는 계몽주의 철학의 세 원리 때문이다. 알려진 대로, 그것은 ① 비평의 원리(criticism) ② 유비의 원리(analogy) ③ 인과율의 원리(causality)이다.[25] 비평의 원리란 기독교의 경전도 다른 모든 고대 종교문서들과 또 같은 기준에서 상대적으로 해석해야 한다는 원리이고, 유비의 원리는 성경이 말하는 사건들은 오늘 우리의 이성적, 과학적, 경험적인 유비 가능성에 비추어서 그 사건의 사실성을 파악해야 한다는 것이다. 따라서 초자연적 기적 사건들은 인정할 수 없다. 인과율의 원리는 이와 연관하여, 성경에서 실제로 발생했다고 주장되는 사건들은 그 원인 결과의 고리를 역사 내재적으로 합리적인 설명을 할 수 있어야 한다는 것이다. 따라서 하나님의 초자연적인 역사 개입은 있을 수 없다. 이러한 관점에서 만수는 신정통주의의 성경관과 역사—비평적 방법의 전제들에 대한 성찰이 다소 부족했다고 생각한다. 동서양을 막론하고 그동안 성서비평학을 받아들인 대다수의 신학교들과 교단들은 그 생명력이 약화되거나 그 열매가 양적으로나 질적으로 오히려 저하되어 온 추이를 살펴볼 때, 이러한 성서비평학을 한국의 대다수의 교회와 신학교가 무비판적

---

24) 그러나 제임스 바아는 신정통주의의 불합리한 성경해석 방법을 비판하면서도 역사-비평적 방법을 옹호하고 있으며, 외밍도 여기에 동조하여 역사-비평학이 성서신학의 유일한 방법론적인 기반이라고 주장한다. James Barr, *The Concept of Biblical Theology*, SCM Press, 1999, 411, 500, 506, 547-8쪽. 비교, 우택주, "구약성서 해석을 위한 역사비평의 미래" 〈한국기독교신학논총〉 (Vol. 34, 2004), 한국기독교학회, 5-34쪽.

25) 박수암, "III. 성경해석 방법론", 『21세기 한국장로교의 신앙과 신학의 방향』, 한국장로교출판사, 1999, 138쪽. Ernst & Marie-Luise Keller, *Miracles in Dispute*, Fortress, 1969. "4 The Presuppositions of the Historical-critical Method", 198-212쪽.

으로 받아들이지 않고, 학문적으로는 무식하다는 비판을 감수한 것은 오히려 잘한 일이 아닐까?(비교, 고전 1:17-25)

만수는 한국의 보수주의를 싸잡아 공격하지만, 사실 보수주의 안에서도, 근본주의와 복음주의(및 신복음주의)는 구별해 보아야 하며, 복음주의 학자들도 역사-비평적 성경연구의 방법이나 그 학문적인 성과를 전혀 도외시하는 것은 아니라는 점을 알아야 한다. 또, 보수주의의 성경해석 방법론인 "역사-문법적-신학적 방법"(historical-grammatical-theological method. 또 최근에는 "성경적-역사적 방법")도 결코 "기계적 축자영감설"에 고착되어 있지 않으며, 만수가 주장하는 성경본문의 역사적 형성 과정이나 그 문학적 또는 상징적 의미해석에 관해 성서비평학 못지않은 관심을 가지고 있다.[26] 다만 그 차이점은 기록된 신구약 성경이 하나님의 영감된 계시라는 소위 보수적 성경관의 원리(믿음, 계시, 초월)가 위에서 지적한 성서비평학이 전제하는 3가지 계몽주의의 철학 원리(비평, 유비, 인과율)와 충돌한다는 것이다. 이러한 관점에서 만수가 성서비평학의 필요성과 정당성을 주장하는 것은 비평적 성서해석학에서 계몽주의 철학의 원리를 충분히 검토하지 못한 측면이 있다(신앙인으로서 만수 자신이 성서비평학의 철학적 원리와 성경의 신앙적 원리의 2중적 갈등을 어떻게 해소할 수 있었는지가 개인적으로는 궁금한 점이다). 한국의 보수 교단이나 보수신학을 모두 '축자영감설'로 대표되는 기계적인 영감설을 고집하는 근본주의나 무지몽매주의로 매도하는 것은 지나친 점이라고 생각한다. 이 점에서 '언어영감'을 주장하는 복음주의와 '축자영감'을 주장하는 근본주의는 구분해 보아야 한다. 한국교회와 신학에서 개신교 전통의 '언어 영감설'(verbal inspiration)을 '축자 영감설'로 번역한 것은 오역이며, 이러한 오역 때문에 불필요한 오해와 갈등이 심하기 때문에 오역된 용어를 시정할 필요가 있다.

신학과 교회의 역사에서 사회참여 문제는 그 형태에서 얼마든지 다양할 수 있다. 예수님이 제자들을 데리고 반민족주의 인사들을 제거하는 "열심당" 조직에 가담하지 않았다거나(그러나 예수님의 12제자 중 적어도 한 사람 "가나나인 시몬"은 열심당원 출신이었다. 마 10:4; 막 3:18; 눅 6:15), 당시 총독 빌라도의 관저나 예루살렘의 동북쪽에 위치한 로마 제국주의 군대의 병영인 안토니아 요새 앞에 몰려가서 극렬한 몸싸움과 함께 화염병을 던지거나 분신자살을 하거나 데모를 하지 않았다고 해서, 예수님과 그 제자들이 예언자적인 역사의식이 없었고 사회참여의 책무를 게을리했다고

---

26) W. C. Kaiser, Jr., & M. Silva, *An Introduction to Biblical Hermeneutics*, Zondervan, 1994, 19쪽 이하. J. H. Sailhamer, "Walter C. Kaiser, Jr.", *Bible Interpreters of the 20th Century*, eds. W. A. Elwell & J. D. Weaver, Baker Books, 1999, 382쪽 이하. Gerhard Maier, *Biblical Hermeneutics*, Crossway, 1994 참조.

말할 수는 없다. 예수님과 그의 제자들과 초기 교회의 존재 자체가 모든 악의 세력과 불의에 대한 저항이고 하나님의 심판이며, 폭력보다는 최선의 대안임을 볼 수 있어야 한다. 물론 만수가 지난 70년대를 전후로 한국의 소위 보수적 교회나 크리스챤들이 군사독재 정권이나 사회악에 대해 침묵한(?) 것을 못마땅해 하고 있다는 것은 어느 정도 이해할 수 있다. 행동하지 않는 신앙은 죽은 신앙이기 때문이다(비교, 약 2:14-17). 그럼에도 불구하고, 모든 교회나 모든 크리스챤 단체나 모든 그리스도인 개인이 다 "입"이 되거나, 다 "발"이나 다 "손"이 될 수는 없다. 아무리 급해도, 심장이나 뇌수나 피가 몸 밖으로 뛰쳐나와서는 안 되며, 피돌기와 내장의 각 기관은 제 자리를 지켜서 자기의 고유한 역할을 다하는 것이 몸을 유지하고 이목구비와 손과 발을 움직이게 하는 올바른 방식이다. 우리 모두는 한 몸인 예수 그리스도 안에서 각각 지체들로서 자신의 맡은 직무를 다 할 뿐이지, 자기 의를 내세우면서 남이 나와 같이 하지 않는 것에 대한 일방적인 정죄와 비난은 삼가야 한다. 동서고금을 막론하고 그리스도인의 가장 위대한 역사 참여는 모든 역사의 주권자이신 하나님께 "기도하는 것"에 있음을 잊어서는 안 된다. 또한, 하나님의 때를 기다리는 겸손과 인내가 그리스도인들의 역사 참여에서 자기 의를 극복하는 길이다(비교, 창 15:13,16; 민 14:34; 렘 15:11-12; 행 1:6-8; 갈 4:4; 계 12:12 등).

만수의 타종교에 대한 관용은 매우 현실적이며, 주관적이다. "예수의 이름만으로 구원받는다"는 것도 보편적인 진리가 아니라는 주장도 그렇지만(100쪽), 기독교를 택하는 것도 여러 종교들 중에서 내가 택하는 것이며 나의 인격적인 결단이라고 함으로써, 하나님이 만세전에 자기 백성을 사랑하셨으며 선택하시고 부르셨다는 성경의 교리와는(신 7:6-7; 요 15:16; 엡 1:3-6 등) 다른 주장을 펴고 있는 것으로 들린다. 또한 "지식으로서 기독교와 타종교(특히, 유교, 불교, 이슬람교, 유대교, 힌두교)를 비교할 때는 각각 그 우열을 판별할 수 없다"라는 것이 만수의 입장이다(99쪽). 과연 그럴까? 우리 각 사람은 이제 유교와 불교와 이슬람교와 유대교와 힌두교를 다 믿어보고 체험해 보아야만 그 우열을 가릴 수 있다는 것인가? 종교 포용주의를 넘어서는 이러한 일련의 종교다원주의적 표현은 만수 자신의 평소에 일관된 신앙과 신학의 진면목은 아니라고 생각된다. 주지하는 바와 같이 대체로 신정통주의 신학에서도 타종교의 구원은 인정하지 않기 때문이다.[27] 만수는 위에서 살펴본 자신의 강의 "VII. 구원사"에서, 야훼 하나님만이 참 신이시며, 구약의 하나님의 구원사상은 사도행전 4:12과 일치한다고 가르치지 않았는가?(48쪽). 그러므로 이 보강에 나타난 보수주의에 대한

---

27) 칼 E. 브라튼, 김명용 역, 『다른 복음은 없다』, 성지출판사, 1999, 92쪽 이하, 특히 94쪽.

일견 지나친 비난 어조나 종교다원주의적 표현은 이 글에서는 드러나 있지 않은 어떤 특정한 맥락(상황)에서의 한시적 강조이거나, 이 강의록을 출판하기 위해 최종 원고를 정리한 어떤 학생이나 제자가 문장을 다듬는 과정에서 다소 첨삭했을 가능성 때문이 아닐까, 라는 느낌도 든다.

XV. 나가는 말

일찍이 한철하 박사는 장공의 신학에 대한 비평에서 다음과 같은 세 가지 결론을 제시한 바 있다. 1) 그는 현대인의 지성에 공감하여 성경 내용의 문자적 진리에 설 수 없었다. 2) 따라서 그는 신정통주의 신학에서 신앙적 탈출구를 찾았다. 3) 그는 문제의 소재가 더 깊은 곳에 놓여있음을 간과하고, 축자영감설을 기계적 영감설을 주장하는 것으로 곡해하였다.[28] 이러한 장공의 신정통주의 신학의 입장이 만수의 『구약성서의 이해』의 전 강의 내용을 통해 비슷한 내용으로 되풀이되고 있다. 그러나 만수의 구약 신앙 세계에 대한 신학적인 해석은 그의 체험적인 신앙의 열정으로 뒷받침되어 있다. 한편, 그의 학문적 열정은 당시 독일어권을 중심한 첨단 서구 성서신학 세계에 대한 낭만적 동경을 드러내고 있으며, 비평학자들이 사용하는 비평적 원리와 방법에 대한 정확하고 냉철한 분석과 검토, 그리고 그에 따르는 책임성 있는 취사선택은 제대로 이루어지지 않았다. 현대 신학 사상사의 흐름에서, 구 자유주의 신학에 대한 반명제로서 신정통주의 신학은 또다시 신자유주의 신학에게 그 자리를 내어줄 수밖에 없었고, 결국 오늘에 와서는 신자유주의 신학을 넘어 종교다원주의와 소위 포스트모던(탈현대) 신학(모든 규범적 제도적 교리의 파괴와 상대화)이 첨단 신학의 자리를 넘보는 상황까지 오게 된 것은, 성경의 권위(계시와 영감)에 도전하고 성경의 진리 명제에 대한 수용을 거부한 성서비평학에 대한 대가가 아닐까 생각한다.

장영일 교수는 최근 만수에 관해 다음과 같은 평을 하였다. "김정준 교수님은 이미 당신의 시대에 갈릴레오와 스데반의 역할을 각오하고 감수하셨던 학자였으며, 이와 같은 관점에서 고 김정준 박사님은 우리에게 모범을 보이신 분이었을 뿐만 아니라 우리에게 크나큰 과제를 안겨주신 선배님이라 말할 수 있을 것이다."[29] 이러한 평은 그동안 한국교회와 신학의 전반적인 상황을 살펴볼 때 지나친 과찬이어서 다소

---

28) 한철하, "김재준의 성경관과 신정통주의신학", 위의 글, 530쪽.
29) 장영일, "시편명상에 나타난 김정준의 '경건' 이해", 위의 글, 17쪽.

    70. 김정준의 『구약성서의 이해』 연구

어색하게 들리며, 만수의 '갈릴레오와 스데반의 역할'이 구체적으로 무엇을 말하는지 모호하다. 문제는 만수의 시대에도 그랬으나, 여전히 오늘 한국교회와 신학의 현실에서도 신학교의 신학과 교회의 신앙이 서로 소통이 막혀있음으로 해서 신앙과 신학의 괴리가 생겨나고, 하나님의 말씀에 대한 공통의 신뢰가 약화되고 있다는 점이다. 현대 구약학의 비평적 학문 내용을 한국교회의 설교나 성경공부를 통해 평신도들에게 소개했을 때(사실 현대 성서비평학자들의 공통된 견해나 일치된 학설을 찾는 것도 어려운 상황이다), 긍정적인 의미에서 정말 교회의 유익과 신앙의 부흥과 하나님의 말씀 이해에 발전을 가져올 수 있다고 확신할 수 있는지 의심스럽다. 왜냐하면, 그동안 서양의 현대 자유주의 신학이나 신정통주의 신학을 포함하여 비평적 성서신학이 깊숙히 침투한 세계의 신학교들과 교회들은 발전은 고사하고 그 세력이 눈에 띄게 약화되었으며, 그 명맥조차 유지하기 어려운 존립의 위기에 처한 현실을 볼 수 있기 때문이다.

어쨌든 만수의 『구약성서의 이해』는 그의 신학적 입장에 동의를 하든 하지 않든 간에, 한국 구약학계가 기억할 가치 있는 유산이며, 앞으로의 전진을 위한 디딤돌이 되는 것이 사실이다. 특히 그의 전 강의를 통하여, 만수 자신이 체험한 구약의 신앙세계와 동족인 한국인의 믿음의 지평과의 만남을 간절히 염원했던 만수의 신앙적－애족적 열정은 마지막까지 여운으로 남는다[30]. 장일선 교수는 결론적으로 만수의 구약사상 이해의 틀은 "폰 라트의 구원사적 역사이해"라고 평하였다.[31] 또, 앞으로 현대 구약학의 연구는 통시적인 방법에서 공시적인 방법으로의 전환을 하고 있기 때문에, "역사"라는 패러다임으로 구약해석의 척도를 삼을 수 없고, "언어"로의 패러다임 전환이 요청된다고 했다.[32] 이것은 현대 서양 비평적 성서신학의 패러다임 변화를 감지한 정보 제공이며 일리가 있는 지적이지만, 구약해석의 척도는 '역사'나 '언어'의 개념보다는 하나님의 말씀으로서 구약 성경의 '계시와 영감' 개념을 분명히 할 때 그 생명력이 있다고 생각한다. 장일선 교수가 만수의 구약사상 이해에서 '구원사적 역사이해'에 대한 평을 할 때, '사실 역사'와 '믿어진 역사'의 이분법적 이해가 '신앙고백 언어 전승사' 개념과의 상관관계가 불분명하고, 구원사와 관련하여 이러한 용어들의 개념의 불확실성이 드러난다.[33] 만수가 폰 라트 구약신학의 강한 영향 아래 있다는

---

30) 그러나 소위 제1세대 민중신학(안병무, 서남동 등)이나, 종교혼합주의적인 토착화 신학과 만수의 민족주의적 신학은 구별되어야 한다.

31) 장일선, "구약신학자로서의 만수 김정준", 『신학과 경건』, 위의 책, 206쪽.

32) 위의 글, 207쪽.

33) G. Henton Davies, "Gerhard von Rad, Old Testament Theology", *Contemporary Old Testament Theologians*, ed. Robert B. Laurin, Judson Press, 73쪽 이하. "역사와 구속사 사이의 관계"와 "신앙과 역사의 상관관계"는 폰 라트 구약 신학의 쟁점들 중에서도 매우 중요한 문제들이다. 비교, G. F. 하젤, "게르하르트 폰 라트", 『20세기 구약신학의 주요

것이, 본래 만수가 신정통주의 신학의 입장(믿어진 역사)에서 다시 신자유주의 신학 (신앙고백의 언어 전승사)의 입장으로 해석학적 전환을 한 것이라고 할 수 있는가에 대한 논의는 또 하나의 과제로 남는다.

<hr>

인물들』, 올렌버거, 마르텐스, 하젤 엮음, 강성열 옮김, 크리스챤다이제스트, 2000, 166쪽. 폰 라트 구약신학에서 신앙고백 언어의 중요성에 관해서는 다음을 참고할 수 있다. James Barr, *The Concept of Biblical Theology*, 상게서, 특히 외밍(Oeming)의 폰 라트의 구약신학 분석, 499쪽 이하.

70. 김정준의 『구약성서의 이해』 연구

71

16세기 취리히 종교개혁,
개혁교회 신학교육의 전통과 개혁

Ⅰ. 머리말. 왜 츠빙글리인가?

먼저 임희국 교수의 좋은 논문을 읽게 되어 감사하고, 또 논찬까지 하게 되어서 영광으로 생각합니다.[1] 우리는 해마다 종교개혁(이하 '교회개혁') 주간을 맞이하고 교회개혁의 역사와 전통을 기념하면서 그동안 너무 마르틴 루터(Martin Luther, 1483-1546)나 쟝 깔뱅(J. Calvin, 1509-1564)에만 관심이 편중되지 않았나 생각합니다. 앞으로는 츠빙글리(Ulrich/Huldrich Zwingli, 1484-1531)에 관해서도 마땅히 관심을 가져야 균형 잡힌 교회개혁 역사에 관한 이해가 가능하다고 봅니다.[2] 루터는 츠빙글리보다 한 살 위였고, 루터는 독일의 비텐베르그를 중심으로 츠빙글리는 스위스의 취리히를 중심으로 교회개혁의 기치를 들었던 교회개혁 제1세대의 지도자들이었습니다. 주지하는 대로 루터의 교회개혁은 오늘날 교단적으로는 루터교회로서 독일의 국가교회 전통을 이루고 있으며, 츠빙글리의 교회개혁은 스위스 개혁교회의 동력을 제공하였고 유럽 교회개혁의 완성자라고도 불리며 교회개혁의 제2세대인 쟝 깔뱅의 개혁주의(복음주의) 장로교회의 역사적 전통으로 이어지고 있습니다.[3]

그러므로 교회개혁 역사에서 보면 츠빙글리와 깔뱅은 특별히 우리 한국 장로회 교단에 속하는 교회와 신학교의 신앙과 신학의 조상들이라고 할 수 있습니다. 박경

---

1) 임희국 교수의 강연 논문은 다음의 책에서 찾아 볼 수 있다. 임희국,『공감, 교회역사 공부』, 장로회신학대학교출판부, 2014. 특히 "3. 츠빙글리 종교개혁의 유산과 한국(평양) '장로회신학교' 신학교육", 548-575쪽.

2) 페터 오페츠, 정미현 역,『츠빙글리의 종교개혁 얼마나 알고 계셨나요?』, 연세대학교, 2020.

3) 요아킴 스태트케, 정미현 역,『장로교의 뿌리 칼빈』, 만우와 장공, 2009. 비교, 마르틴 하아스, 정미현 역,『홀드리히 츠빙글리』, 한국기독교장로회신학연구소, 1999.

수 교수가 번역하여 출판한 츠빙글리에 관한 책에서는 여기에 대해 다음과 같이 기술하고 있습니다. "종교개혁은 단선적이고 획일적인 운동이 아니라 매우 복잡하고 다양한 성격을 지닌 운동이었다. … 이런 여러 흐름들 중에서 스위스에서 일어난 종교개혁 운동, 다시 말하면 취리히의 츠빙글리와 제네바의 칼뱅에게서 전해져오는 유산을 우리는 개혁교회 전통이라고 부른다. 이러한 개혁교회 전통은 미국이나 한국에서 장로교회라는 이름으로 맥을 잇게 되었다."[4] 루터의 95개조 개혁 논제(1517년 10월 31일)도 중요하지만,[5] 츠빙글리의 67개조 개혁 논제(1523년)도 그에 못지않게 중요합니다. 루터의 95개조가 복음의 진리를 회복하고 교황의 사면권의 잘못을 지적하고 로마 교황청의 면죄부 판매에 대한 반박에 초점이 있었다면, 츠빙글리의 67개조는 오직 성경과 오직 그리스도라는 개혁교회의 구원 교리 핵심을 취급했습니다. 강경림 교수는 "츠빙글리의 67개 조항이 스위스 종교개혁을 성공적으로 이끌어가게 되는 데 견인차 역할"을 했다고 했습니다.[6] 또한 지금까지 루터의 독일어 성경번역이 유명하다면[7] 루터 성경전서보다 3년이나 앞서 출판된 츠빙글리가 주도한 독일어 성경번역인 취리히 성경전서도 그에 못지않게 가치 있고 중요합니다. 지금까지 스위스 개혁교회는 이 취리히 성경을 사용하고 있습니다.[8]

Ⅱ. 임희국 교수 논문의 요지

이 논문에서 임희국 교수는 츠빙글리의 교회개혁과 함께 그 개혁교회의 정체성과 역사에서 맥(脈)을 같이하는 장로교회의 복음주의 신앙과 신학적 전통의 핵심이라고 할 수 있는 '성경중심의 목회', '성경중심의 사회개혁'과 '성경중심의 신학교육'에 관해 잘 정리를 하고 있습니다. "중세교회의 권위(교황권, 공의회, 교리)를 거부하고 오직 성경의 권위만(sola scriptura)을 인정하는 입장"에 서서, 츠빙글리는 교회와 사회개혁의 근거와 실천적 지혜가 하나님의 계시 말씀인 성경에 있다고 확신하고 이 점을 강조했습니다. 성경의 바른 해석을 위해서 중세 로마천주교의 전통과 가르침은

---

4) W. P. 스티븐스, 박경수 옮김, 『츠빙글리의 생애와 사상』, 대한기독교서회, 2007.

5) 비교, 한스-마르틴 바르트, 『마르틴 루터의 신학: 비평적 평가』, 정병식, 홍지훈 옮김, 대한기독교서회, 2015.

6) 강경림 외, 『한 권으로 읽는 츠빙글리의 신학』, 세움북스, 2019. "츠빙글리의 67개 조항"(강경림), 33-54, 특히 '67개 조항 전문', 41-47쪽.

7) *Lutherbibel*, 1534년 성경전서 완간, 2017년 교회개혁 500주년 기념 최신 개정판.

8) *Zwingli-Bibel/ Zürcher Bibel*, 1531년 성경전서 완간, 2007년 최신 개정판. 스위스 개혁교회에서는 현재까지 취리히 성경을 사용하고 있다.

도움이 되지 않고, 오직 예수 그리스도 안에서 성령의 내적 조명으로 성경 말씀을 이해할 수 있다고 하였습니다. 그러므로 진정한 개혁을 위해서 급선무는 빈부귀천이나 남녀노소나 유무식에 차별 없이 누구나 성경을 읽고 이해할 수 있도록 하기 위하여 성경을 일반인들의 일상 언어(여기서는 독일 남부 스위스 지역의 독일어)로 번역하고, 그 번역된 성경본문을 지속적으로 강해하는 설교를 통하여 하나님의 말씀의 이해와 실천을 돕는 것이 매우 중요하였습니다. 이러한 복음주의 성경 중심의 신앙과 신학을 기초로 하여 츠빙글리 교회개혁의 추동력(推動力)은 취리히 성경 번역과 함께 원전 성경 주석에 바탕을 두었고, 신구약 성경의 각 책을 본문의 순서대로 강해설교하는 소위 "렉시오 콘티누아(lectio continua)"에 있음을 분명히 하면서(그러나 기계적으로 성경의 순서대로 따르는 것은 아니다), 이러한 교회개혁의 추동력의 지속과 확산을 위하여 1525년 6월 19일부터 취리히의 그로스뮌스터 교회에서 "예언학교"(Prophezei, 프로페차이)가 시작되었습니다. 이 예언학교는 18세기까지 계속되었고, 목회자 계속교육을 위한 학교였지만 일반 시민들에게도 개방되었습니다. 이 예언학교는 금요일과 주일을 제외하고 매일 아침 7시에 시작했고 겨울에는 8시에 시작했으며, 주된 교과과정은 공동으로 '성경읽기와 성경연구'였습니다.[9]

성경을 중심으로 신구약 원전어 훈련과 주석연구, 교양교육 및 설교실습을 위주로 하는 이 예언학교는 츠빙글리의 개혁에 동참하는 성직자들과 신학생들에게 큰 호응을 얻었고, 이후 1536년 제네바에서 깔뱅(J. Calvin, 1509-1564)과 화렐(G. Farel, 1489-1565)이 동역(同役)하면서 무엇보다 먼저 "회중학교"(Congregations)를 세워 성경공부와 일반 교육을 시작하는 데도 영향을 미쳤습니다.[10] 권위있는 교회사 교수들은 츠빙글리의 개혁이 마침내 깔뱅의 개혁운동을 가능하게 했다고까지 말하고 있습니다.[11] 임희국 교수는 이 츠빙글리의 "예언학교"가 전 세계적으로 개혁교회 신학교육의 기원이며 모범이 되었고, 특히 1901년부터 평양에서 시작된 장로회신학교가 실시했던 성경중심의 신학교육이라는 정체성과도 역사적인 연계가 분명하다고 보았습니다.[12] 이러한 성경중심의 신학교육 특징을 잘 이해하고 이러한 개혁교회 전통을 계승하는 일은 현재와 미래에도 우리 장로회신학대학교 신학교육의 바람직한 갱신

---

9) 츠빙글리의 예언학교의 성격과 보다 자세한 교육과정에 대해서는 다음을 참고할 수 있다. 임희국, 『공감, 교회역사 공부』, 위의 책, "3. 예언(선지) 학교, Prophezei", 502-505쪽.

10) Carter Lindberg, *The European Reformations*, Blackwell, 1996. "7. The Swiss Connection: Zwingli and the Reformation in Zurich", 169-198, 특히 174쪽

11) Williston Walker and Richard A. Norris, David W. Lotz, Robert T. Handy, *A History of the Christian Church*, Fourth ed., Macmillan, 1985. "Ulrich Zwingli and the Swiss Reformation", 445쪽.

12) 본 논찬자는 본교 교가에서 "선지의 동산"이란 가사가 연상되었다. "預言者"란 하나님의 말씀을 맡은 자라는 뜻이다. 예언자를 지칭하는 구약 히브리어 '나비'는 문자적으로 '부름받은 자'란 의미이다.

과 발전에 여전히 필요하고 중요하다는 점을 이 강연 논문을 통하여 밝히고 있습니다. 다시 말하자면, 츠빙글리의 교회개혁 유산인 "성경중심"의 기독교 신앙과 목회 실천과 신학교육 정체성이 우리 장로회신학대학교 신학교육의 전통적 유산과 역사적으로 연계되어 있으며, 이 역사적 전통이 앞으로도 잘 계승되어야 우리 장로회신학대학교는 물론이고 우리 한국의 장로교회가 제대로 개혁되고 부흥발전할 수 있으며 밝은 미래를 기약할 수 있다는 것입니다. 본 논찬자도 이러한 논지에 전적으로 동의합니다.

Ⅲ. 제언

이 논문 마지막에 임희국 교수는 지난 20세기 초반 유럽교회와 신학의 위기를 예민하게 느끼고 교회개혁을 주도했던 대표적 지도자로 스위스의 신학자 칼 바르트(Karl Barth, 1886-1968)를 예로 들었는데, 신정통주의(Neo-orthodoxy)로 널리 알려진 그의 신학과 개혁운동은 그러나 그의 죽음과 함께 점차 힘을 잃고 말았습니다. 바르트의 신정통주의가 실패한 이유는 깔뱅주의 전통 교리인 '성경관'(계시와 영감)을 수정하여 '기록된 성경은 그 자체로는 계시된 하나님의 말씀이 아니다'라고 하여 '실제영감'을 주장한 것과,[13] 계몽주의의 철학적 원리를 전제한 자유주의 성경해석 방법인 '역사-비평적 방법'을 예비지식으로 받아들인 결과입니다. 누구나 알고 있는 바와 같이 오늘 스위스의 개혁교회와 신학교육은 물론이고, 유럽의 개신교 전체가 존립의 위기에 처해 있습니다. 개혁교회의 신학과 신앙이 전반적으로 세속화된 이유도 있지만, 그 주요 원인들 중의 가장 큰 원인은 다시 말하지만, 츠빙글리와 깔뱅으로부터 확립된 개혁교회 전통의 복음주의 성경관(성경의 권위, 즉 계시와 영감)을 수정하고, 성경중심 목회와 성경중심 설교와 성경중심 신학교육으로부터 이탈하게 된 것과 함께 계몽주의 철학 원리(비평, 유비, 인과율)를 전제하는 현대 성서비평학을 수용한 것이라고 생각합니다. 우리 한국장로교회사에서는 불행하게도 바르트의 성경관이 예장과 기장이 분열하는 또 하나의 신학적 원인을 제공하기도 하였습니다. 임희국 교수에게서 이 점에 관해 좀 더 심도 있는 연구와 학문적인 대화를 기대합니다.[14] 고맙습니다.

---

13) 바르트로 대표되는 '신정통주의 성경관'에 대해서는 다음을 참고할 수 있다. 김중은, 『옛것과 새것』, 한국성서학연구소, 2013, 497쪽 이하. 특히 "보록: 칼 바르트의 성경관", 501-509쪽.

14) 김중은, "21세기 오늘 우리의 신앙과 목회와 신학의 현실-성경관을 중심으로", 〈제2회 소석 성서학 학술강좌, 2011년 10월 20일, 한국성서학연구소 자료집〉, 1-29쪽 참조.

72

하나님인가, 하느님인가?

한글 『성경전서 개역개정판』(제4판, 2005년 확정판. 이하 『개역개정』)의 새로운 개정을 위해 아래에서 히브리 구약성경 본문 번역과 관련하여 될수록 간략하게 몇 가지 제안을 하고자 한다. 대한성서공회는 2021년부터 개역개정을 다시 개정하기 위해 준비를 시작했으며, 앞으로 개역개정이 "한국교회가 함께 지켜 온 자랑스러운 유산으로서 그 고유성을 지켜나가면서도 계속해서 전 세대와 계층을 아우를 수 있는 예배용 성경으로서 한발 더 나아가기" 위한 것이라고 했다.[1]

1. 구약성경 마소라 본문에서 이스라엘의 유일신을 지칭하는 일반명사 신(神) 명칭들인 엘(אֵל)과 앨로힘(אֱלֹהִים)의 한글 번역 대응어(수용어)로서 **하나님**인가, **하느님**인가의 문제가 있다. 현재 한국의 로마 가톨릭(천주교)은 2005년 출간한 한글 성경에서 구약의 엘과 앨로힘의 신 명칭 번역을 모두 '하느님'으로 통일했다.[2] 한편 전통적인 개신교 성경 『개역개정』에서는 이 두 신 명칭을 모두 '하나님'으로 번역하여 사용하고 있다. 제안의 결론부터 말하자면, 앞으로 한글 구약 번역과 『개역개정』의 새로운 개정에서는 **엘**은 '하느님'으로, **앨로힘**은 '하나님'으로 구별해서 번역하는 것이 히브리어 성경 원문에 부합할 뿐 아니라, '하느님이냐 하나님이냐'라는 불필요하고 소모적인 논쟁을 넘어서는 해결책이 되지 않을까 하는 생각이다.[3] 현재 국어사전에서도 하느님과 하나님을 구분하여, '하나님'은 "개신교에서 '하느님'을 일컫는 말"이라고 하

---

1) 홍성혁, "머리말", 〈성경원문연구〉, 2022년 8월/제50호 별책, 대한성서공회, 5쪽.

2) 한국천주교 주교회의 승인, 『성경』, 2005.

3) 김중은, "시론: 하나님과 하느님", 〈성서마당〉 79 (2006.9), 5-8쪽. 비교, 손은실, "'하느님' vs '하나님' 논쟁의 재해석: 기독교 용어 통일의 단초", 〈종교와 문화〉 42 (2022), 1-32쪽.

고, ‘하느님’은 "종교적 신앙의 대상. 인간을 초월한 절대자로서 우주를 창조하고 주재하며, 불가사의한 능력으로써 선악을 판단하고 화복을 내린다고 하는 신(神)"으로 설명하고 있다.[4] 현재 애국가 1절의 가사에도 ‘하느님’으로 표기되어 있기 때문에 개신교 기독인들 중에는 하나님으로 고쳐 부르거나, 하느님이라는 발음을 주저하는 경우도 있다고 들었다. 그런데 히브리어 원전 성경 본문에서는 이스라엘의 하나님 여호와(야웨 야훼)를 지칭하는 일반명사로서 엘과 엘로힘이라는 두 가지 신 명칭들이 사용되고 있고, 한글 번역에서도 이 둘을 구별하여 옮길 수 있다.[5]

한글 성경 번역사에서는 하느님 또는 하나님의 한글 번역용어에 관해서 흥미로운 변천과정이 있었다. 1882년 출간된 역사상 최초의 한글성경인 소위 로스역『예수성교 누가복음젼셔』에서 신(神) 명칭은 ‘하느님’이었다. 1883년부터 로스역은 신 명칭의 표기를 ‘하나님’으로 바꾸었다. 1887년에 출판된 로스역 한글 신약전서인『예수성교젼셔』에서도 참 신 명칭은 ‘하나님’이었다. 이때 하느님이나 하나님은 표기는 다르지만 ‘하늘(하날)’+‘님’의 의미로 사용되었고, 당시 중국어 성경의 ‘상제(上帝)’에 상응하는 한국어의 고유한 토속어이다.

1885년 이후 개신교 선교사들이 본격적으로 내한하기 시작하고, 기존의 초기 개인역들인 로스역이나 이수정의 언해(諺解)가 아니라 미래 한국교회를 위해 공인된 한글 성경을 다시 번역하기 위해 내한 선교사들을 중심으로 1893년에 공인번역위원회가 조직되어 영국성서공회 한국지부와 미국성서공회 한국지부의 지원아래 활동을 개시했다. 미국성서공회가 1895년 한국에 권서(勸書, 또는 賣書人)로 파송한 알렉산더 피터스(Alexander A. Pieters, 彼得, 1871–1958)는 1898년에 개인역으로 구약성경 최초의 한글 번역인『시편촬요』를 출판했는데, 여기서 하나님의 이름은 철자가 바뀌어 ‘하ᄂᆞ님’으로 나온다. 이후 1906년에 공인번역위원회역으로 출간된 확정판 신약전서와 구약역으로는 처음 낱권으로 출간된『창세긔』에서도 ‘하ᄂᆞ님’ 표기를 사용했다. 언더우드(Horace G. Underwood, 元杜尤, 1859–1916)는 공인번역위원으로서 ‘하느님’이나 ‘하나님’ 또는 ‘하ᄂᆞ님’에 반대하고, ‘샹뎨, 텬쥬, 춤신’ 또는 ‘샹쥬’를 주장했으나, 1906년 런던의 영국성서공회가 한글 성경번역에서는 ‘하ᄂᆞ님’을 사용하기로 의견을 모았고, 결국 1911년 3월에 출간된 역사상 최초의 한국교회 공인 한글 성경 전서인『셩경젼셔』(舊譯)는 ‘하ᄂᆞ님’을 선택했다. 1925년 게일과 이원모(李源謨)의 개인역으로 출판된 새번역 성경에서도 신 명칭은 ‘하ᄂᆞ님’으로 나온다.

---

4) 예컨대, 민중서림 편집국 편, 이희승 감수,『민중 엣센스 국어사전』, 제6판 전면개정판 (서울: 민중서림, 2017) 참조.

5) 비교, Robert B. Girdlestone, *Synonyms Of The Old Testament*, Eerdmans, 1897/1978 Reprint. "The Names of God", 18-44쪽.

그동안 '하느님 → 하나님 → 하ᄂ님'으로 표기는 달라졌지만, 그 의미는 모두 '하늘'(하날)+'님'의 의미로 사용된 것이다. 그런데 공인번역위원회의 위원인 게일 (James Scarth Gale, 奇一, 1863-1937)은 성경에서 '하ᄂ님'의 의미는 '하늘의 주(主)'라는 의미에 국한되지 않고, 하ᄂ님에서 '하ᄂ'는 한국어에서 '하나'와 '크다'는 뜻을 가진 용어로서, 한 분이시며 특히 '유일하시고 크신 창조주'로 이해해야 한다는 설명을 했다. 게일의 이러한 견해는 아마도 당시에 교분을 가졌던 한글학자 주시경(周時經, 1876-1914)의 영향이었을 가능성이 크다고 본다. 이제 1911년 3월 3일에 한글 구역『성경전셔』가 출판된 이후, 점차로 '하ᄂ님'은 게일이 설명한 대로 크시고 한 분이신 하나님을 강조하는 유일신(唯一神) 창조주를 의미하는 신 명칭으로 사용되기 시작했다. 1938년에 완간된『성경 개역』에서도 이러한 의미를 계승하고 있으며, 다만 '개혁철자법'을 적용하여 '하ᄂ님'은 다시 '하나님'으로 표기하여 오늘에 이르고 있다. 그후에도 한글 개역 성경전서의 맞춤법 개정은 1952년과 1961년 두 차례 있었다.[6]

히브리 성경에서 이스라엘 신앙의 참 신 하나님의 고유명사 이름은 한글 구약성경 번역사에서 최초로 시편촬요(1898년)에서 '여호와'로 사용한 이후 관습적으로 '여호와'로 표기하고 있으며,[7] 이 신명칭 고유명사는 마소라 본문에서 약 6,828회로 이스라엘의 신 명칭들 중에서 가장 많은 빈도수를 나타낸다. '여호와'라는 읽기는 신명사문자(**요드 헤 바브 헤**, יהוה)의 히브리어 네 자음(子音)에 '아도나이(אֲדֹנָי, 나의 주님이란 뜻)'의 세 모음(母音)들을 붙인 것으로서, 서구 16세기 교회개혁 시대부터 관행으로 내려온 발음으로 알려졌다. '신명사문자'(神名四文字, Tetragrammaton)로 알려진 이스라엘 하나님의 고유명사 이름의 정확한 발음은 마소라 전통에서는 전승되지 않았기 때문에(유대교 전통에서는 '그 이름', 또는 '아도나이'로 읽는다), 지금까지 그 정확한 발음은 알 수 없다. 야훼, 야웨, 야배, 야후, 야호(영어로는 'Yahweh') 등의 독법(讀法)은 어디까지나 그리스어 교부들이 남긴 문건자료에 나타난 음역(音譯)들에 근거하여 현대 구약학자들이 추정하는 발음일 뿐이다. 일찍이 그리스어 칠십인역(LXX)에서 신명사문자를 '퀴리오스'(κύριος, 주님, 영어로는 'the LORD')로 번역한 이래(출 6:2; 겔 13:23 등 참조), 오늘까지 서양의 대다수 성경들은 이러한 번역 전통을 따르고 있으며, 한글『새번역』구약성경에서도 그에 따라 '주(님)'으로 번역하고 있다.[8]

그런데 위에서 언급한 대로 히브리 성경 마소라 본문에서는 하나님의 이름 고유

---

6) 한글 성경번역에서 신 명칭 번역용어 문제에 관해서는 다음을 참고할 수 있다. 류대영, 옥성득, 이만열,『대한성서공회 사 II』(서울: 대한성서공회, 1994), 104-118, 179-188, 특히 116쪽 이하.

7) 박준서 엮음·김중은 해설,『최초의 한글 구약성경 시편촬요』, 초판 2쇄 교정판, 대한기독교서회, 2022.

8) 비교, Robert B. Girdlestone, 위의 책. "§10. Jehovah", 35-40쪽.

명사 외에도 여호와 하나님의 신성(神性)을 지칭하는 일반명사로서 신 명칭 두 가지가 사용되고 있다. 그 하나가 히브리어로 '**엘**'이고, 다른 하나는 '**앨로힘**'이다. 이 두 단어는 과거 구약학계에서 그 어원이나 어근이 같은 데서 유래했다는 학설도 있었으나, 현재 21세기에 권위 있는 고전 히브리어 사전들에서는 그 어원들이 아직 불분명하고 각각 다른 어휘들로 취급하고 있으며,[9] 구약 주석과 구약신학적 관점에서도 이 두 신 명칭들이 상호 호환성이 없는 것은 아니지만, 서로 다른 강조점을 가진 신 명칭들로 설명한다.[10] 여기 한정된 지면에서 그 내용을 자세히 설명할 수 없기 때문에 일반명사로서 이 두 신 명칭의 차이를 간단히 말하면 다음과 같다.

히브리 성경 본문에서 먼저 이 두 단어는 모두 이스라엘 신앙의 참 신 여호와를 지칭할 뿐 아니라, 이방종교의 신(또는 신상, 우상)들도 지칭할 수 있다('앨로힘'의 경우, 창 35:2; 출 12:12; 삿 8:33; 10:6; 렘 43:12; 왕하 17:31; 사 36:18 등. '엘'의 경우, 출 15:11; 시 29:1; 82:1; 겔 28:2 등). 본래 엘(복수 '엘림' אֵלִים)은 주전 14세기 경 가나안의 우가릿 토판문서와 그보다 오래된 아카드어(고대 바빌론–앗시리아어) 토판문서들에도 나타나는 신 명칭으로서, 셈어에서 가장 널리 알려진 보편적 신(神) 명칭이다. 앨로힘(단수 '앨로아흐' אֱלוֹהַ)도 엘과 비슷한 일반명사로서 일반적 신 개념을 의미하는데, 아마도 고대 아람어(비교, 이스라엘의 조상들은 아람 사람들이었다. 신 26:5이하) 방언 계통에서 선호한 신 명칭에서 유래한 것이 아닐까 생각한다. 마소라 본문에서 히브리어 앨로아흐(앨로힘)에 상응하는 아람어 용어는 '앨라흐'(אֱלָהּ, God; god, deity. 복수형은 '앨라힌' אֱלָהִין, 모두 96회. 단 2:18; 4:8=MT 4:5; 5:3; 6:26=MT 6:27; 스 5:1–2; 렘 10:11 등)가 사용되며, 신명사문자는 나오지 않는다.[11] 히브리어 성경에서 엘은 인명이나 지명과 복합명사로 사용되는데(벧엘, 브니엘, 이스마엘, 엘리야, 사무엘, 요엘, 다니엘 등), 그에 비해 앨로힘은 지명이나 인명에는 나타나지 않는다.

어쨌든 구약 이스라엘의 여호와 신앙은 계시 의존적 관점에서 볼 때 그 주위 세계 셈족의 보편적 신 명칭들인 엘과 앨로힘(앨로아흐)을 흡수하여, 고유명사 여호와와 동일시함으로써 중심성(배타성)과 확장성(포용성)을 함께 갖추게 되었다(창 2:4 이하; 창 14:18 이하; 신 4:35; 사 42:5; 시 10:12; 85:8; 단 5:23; 6:26–27=MT 6:27–28 등. 비교, 행 17:23–24). 무엇보다 이스라엘의 이름부터 '이스라야'가 아니고 '이스라엘'이

---

9) D. J. A. Clines, ed., *The Dictionary of Classical Hebrew*, Vol. I (Sheffield: Sheffield Phoenix Press, 2011). W. Gesenius, *Hebräisches und Aramäisches Handwörterbuch über das Alte Testament*, 18. Aufl. Gesamtausgabe (Berlin: Springer, 2013) 등.

10) E. Jenni and C. Westermann, eds., *Theological Lexicon of the Old Testament*, Vol. I (Peabody, Mass.: Hendrickson, 1997). '엘'과 '앨로힘' 항목 참조.

11) 참조, D. R. Vance, et al., *Biblical Aramaic: A Reader & Handbook* (Peabody, Mass.: Hendrickson, 2016).

라고 한 것이 그 증거이다. 구약 신학과 주석에서 이스라엘의 엘은 무엇보다 믿음의 조상들인 아브라함과 이삭과 야곱에게 계시된 하느님이다(출 6:3; 비교, 출 3:15). 달리 말하자면, 엘 하느님은 이스라엘의 조상들의 하느님이시다(창 46:3; 49:25 등). 이 엘 하느님은 이방신들과 구별하여 정관사가 붙거나, 엘 엘욘(עֶלְיוֹן אֵל, 시 78:35, 지존하신 하느님. 비교, 창 14:18; 행 16:17), 엘 샷다이(שַׁדַּי אֵל, 창 17:1, 전능한 하느님), 엘 칸나(קַנָּא אֵל, 출 20:5; 신 5:9, 질투하시는 하느님), 엘 하이(חַי אֵל, 수 3:10, 살아 계신 하느님), 엘 올람(עוֹלָם אֵל, 창 21:33, 영원하신 하느님. 비교, 『개역개정』에서는 '엘'의 번역이 생략되었다! 1938년 개역성경 확정판에서는 '영생하시는 하나님 여호와'로 번역함) 등의 수식어가 붙으며, 엘 하느님은 마치 부모와 같은 하느님으로서 자녀들을 양육하고, 택하신 개인과 집단(가족, 백성)을 돌보시며, 그들의 기도를 들으시는 분이시다(특히, 시 22:1=MT 22:2; 18:2=MT 18:3; 63:1=MT 63:2 등). 한편 앨로힘은 창세기 1:1-2:3의 천지창조 이야기에서 주어(主語)로 35회나 밀도 높게 반복되고 있는 것에서도 볼 수 있는 바와 같이, 특히 구약 신학적으로는 피조물이나 인간과 구별되는 유일하고 크신 창조주 하나님의 신성(神性)을 강조하는 의미가 두드러지는 신 명칭이며, 문법적 형태는 복수지만 대체로 구약문맥에서는 단수 용법으로 사용되기 때문에 우리말 '하나님'의 의미와 잘 어울린다.

엘(복수 '엘림')은 구약에 약 237회 사용되었고(시편, 77회; 욥기, 55회 등. 고어풍의 문맥에서 자주 등장한다), 앨로힘(단수 '앨로아흐')은 그보다 열 배 이상 더 많은 약 2,602회가 나온다. 단수 '앨로아흐'는 약 58회 사용되었고 주로 운문(韻文)에서 나타난다. 중요한 점은, 구약성경 히브리어 본문에서 **여호와**는 곧 **엘(하느님)**이고(창 21:33; 출 20:5; 34:6; 신 4:35; 사 40:28; 시 85:8=MT 85:9 등), 또한 **앨로힘(하나님)**이다(창 2:4; 수 22:3; 사 40:28; 렘 3:22 등)! 특히 욥기에서 엘은 앨로아흐나 샷다이와 동의적 평행 개념이며, 이스라엘의 참 신 하나님을 지칭하는 대표적 호칭이다(욥 36:5, 22, 26 등. 개역개정에서 세 구절 모두 엘 앞에 '헨[הֵן], 보라'의 번역이 생략되어 있다). 현재 『개역개정』에서 엘이나 앨로힘이 이방 신(들)이나 신상 또는 신적인 존재(예컨대, 시 82:1,6. 천사들, 하나님의 아들들? 비교, 욥 1:6; 2:1; 슥 3:1-7)를 의미하는 경우는 기존 번역 그대로 두는 것이 좋다. 여호와 하나님을 지칭하는 일반명사 앨로힘 역시 현행 번역대로 '하나님'으로 사용하는 것이 좋다고 생각한다. 그런데 여호와나 앨로힘과 동의적 개념으로 사용하는 것이 분명한 엘의 경우는 '하느님'으로 구별하여 번역하는 것이 히브리어 원문에 충실하고 더 좋은 번역이라고 제안하고 싶다. 특히 이스라엘의 참 하나님을 지칭하는 이름으로서 엘과 앨로힘이 연속하여 함께 나올 때는 각각 하느님과 하나님으로 구별할 수 있고, 그렇게 하는 것이 칠십인역 이래 서양의 번역본들과 비교해 볼 때 한글 성경번역에서 또 하나의 장점이 될 수 있다고 생각한다(LXX은 앨로힘과 엘을 구분하지 않고 '호 테오스(ὁ θεός)'로 번역했고, 신약 그리스어에서도 이 전통을 답습하고 있다).

예컨대, "엘 앨로헤 이스라엘"(אֵל אֱלֹהֵי יִשְׂרָאֵל, 창 33:20)의 경우, 현재 『개역개정』본문은 히브리어를 그대로 음역하고 각주에 "하나님, 이스라엘의 하나님"이라고 하여 엘과 앨로힘을 똑같이 하나님이라고 번역했는데(『새번역』과 『새한글성경』에서도 마찬가지다!), 이 두 신 명칭을 구별하여 "하느님, 이스라엘의 하나님"으로 번역하는 것이 히브리어 성경 원문에 더 충실하고 더 좋은 번역이라고 감히 제언을 드린다. 마소라 본문에서 통틀어 세 번 나오는 "엘 앨로힘 여호와"(אֵל אֱלֹהִים יְהוָה)가 여호수아 22:22에서 연속해서 두 번 반복되고 있는데, 이 구절을 『개역개정』에서는 "전능하신 자 하나님 여호와"로 두 번 되풀이하여 번역했다(비교, 『새번역』은 "주 하나님은 전능하십니다!". 천주교 『성경』은 "하느님 주 하느님". 새한글성경은 "하나님, 여호와 하나님"). 여기서도 엘과 앨로힘을 구분하여 '하느님 하나님 여호와'(좀 더 유연하게 번역하자면, '하느님 곧 하나님이신 여호와')라고 하는 것이 좀 더 원문에 충실한 번역이라고 생각한다. 또 다른 한 곳은, 제목이 '아삽의 시'로 나오는 시편 50:1(=LXX 49:1)에서도 여호수아 22:22의 삼중 신명칭과 똑같은 구절이 한 번 더 나온다! 여기서 『개역개정』은 같은 구절인데도 조금 다르게 "전능하신 이 여호와 하나님"이라고 했다(『새번역』은 "전능하신 분, 주 하나님". 『새한글성경』은 "하나님 곧 여호와 하나님").

참고로, 시편 50:1을 칠십인역(시편 49:1=MT 50:1)에서는 "테오스 테온 퀴리오스"(θεὸς θεῶν κύριος, 신들의 신이신 주님)로 번역했고(*Septuaginta*, A. Rahlfs, ed., Deutsche Bibelgesellschaft, 1979); 불가타는 "fortis Deus Dominus, 강하신 하나님 주님"이라고 했으며(=시 49:1. *Biblia Sacra Vulgata*, B. Fischer, et al., ed., Deutsche Bibelgesellschaft, 1969); KJV는 "The mighty God, even the LORD"라고 했고, NKJ(1982)는 "The Mighty One, God the LORD"로 번역했다. 현대 영어번역 TNIV(2006)는 "The Mighty One, God, the LORD"로, ESV(2008)도 역시 "The Mighty One, God the LORD"라고 했다. 독일어 ZB(2012)에서는 "Der Gott der Götter, der HERR"로, LB(2017)는 "Gott, der HERR, der Mächtige"로, ELB(Elberfelder, 2004)는 "Gott, Gott, der HERR"라고 하고 각주에서 앞의 Gott는 히브리어로 'el'이라고 했다. 프랑스어 JB(1994)는 "Le Dieu des dieux, Yahvé"로; 유대교 구 영어 번역(JPS, 5718/1957)은 "God, God, the LORD"로, 그리고 그 새번역(NJPS, 5759/1999)에서는 "God, the LORD God"로 했다; 동방정교가 자신들의 칠십인역 대본에서 번역한 현대 영어성경에는 "The God of gods, the LORD"로 되어있다(*The*

72. 하나님인가, 하느님인가?

Orthodox Study Bible, Thomas Nelson, 2008). 다른 한편, 북한에서 발행한 『성경전서』에서 시편 50:1의 이 구절은 '하느님, 하느님 여호와'로 나온다.[12] 비교적 최근에 지금까지 영어권에서 출판된 수십 종의 성경들을 번역의 관점에서 재검토하여 구신약을 합해 그 문제점들을 58,506개의 각주를 통해 제시하고, 이를 바탕으로 보다 원전에 충실한 신구약 성경의 새번역을 출간한 새영어번역(New English Translation)에서는 여호수아 22:22와 시편 50:1의 **'엘 앨로힘 여호와'**를 일관되게 "El, God, the LORD"로 번역했다(*The NET Bible*, 2nd ed., Biblical Studies Press/ bible.org, 2017)! '엘 앨로힘 여호와'가 나오는 이 세 구절에서, '엘 앨로힘'을 문법적으로 동격(apposition)이 아니라 소위 '구성형'(construct state)의 관계로 보고 칠십인역이나 동방정교에서 '신들 중의 신'이라고 번역한 것은 문법적으로 가능성은 있으나, 일종의 오역이라고 볼 수 있다(비교, 출 15:11; 신 10:17!; 시 136:2; 단 2:47; 11:36 등). 칠십인역과 불가타를 위시하여 현대 서양 언어들에서는 히브리어 신명칭인 엘과 앨로힘을 구별하고, 각각 거기에 상응하는 적절한 번역 용어들을 찾기가 쉽지 않기 때문에 이 세 구절에서 '엘 앨로힘'을 번역하는 데 어려움이 있다고 생각한다. 그에 비해, 우리 한글 번역에서는 엘을 '하느님'으로, 앨로힘을 '하나님'으로 번역할 수 있기 때문에 어려운 문제를 해결할 수 있다.

구약성경의 참 신이신 여호와(야훼) 신앙과 연관하여 히브리어 신명칭 엘과 앨로힘을 어떻게 번역하는가 하는 것은 오늘 기독교의 신앙과 신학을 위해서 중요하다고 생각한다. 왜냐하면 구약성경이 말하는 이스라엘의 참 신은 편협하고 배타적인 고대 이스라엘 국가의 수호신이나 편협한 히브리 민족신이 아니고, 천지만물과 인간을 창조하시고 다스리시는 우주적이고 보편적이며 유일하고 삼위일체이신 참 '하나님'이신 동시에, 이 하나님은 이방인들도 희미하게나마 알고 있는 인생의 생사화복을 주관하는 그 '하느님'(하늘님, 옥황상제, 또는 천지신명 등)이시기 때문이다(비교, 창 12:1-3; 신 10:17; 시 136:2; 사 19:24-25; 45:5-6; 65:1; 암 9:7; 단 2:47; 말 1:11; 마 5:45; 28:19; 막 16:15; 행 14:16-17; 17:22-31; 롬 1:18-23; 계 1:8 등). 구약성경에서 현상적으로는 이스라엘 신앙이 이방 신들의 존재를 인정한 것으로 보이지만, 그러나 본질적으로 이방신들은 존재하지 않으며 사람들이 만들어 낸 것이다(신 4:28; 사 44:6-20!; 시 115:4-7; 135:15-17 등; 비교, 시 82:1,6-7; 95:3; 97:7 등). 히브리어 **'임마누엘'** (עִמָּנוּ אֵל, 사 7:14 각주)의 경우도 **'하나님**이 우리와 같이 계심이라'보다는 좀 더 보편적

---

12) 조선기독교도련맹중앙위원회, 『성경전서』, 평양종합인쇄공장, 1990.4.20 발행. 이 성경에서 같은 구절이 나오는 수 22:22에서는 '가장 높으신 하느님 여호와, 가장 높으신 하느님 여호와'로 반복하고 있다. 이 북한 성경은 『공동번역』 (1976)을 북한식으로 고쳐 발행한 것으로 알려졌다.

이며 포괄적인 의미에서 "**하느님**이 우리와 함께 계신다"로 번역하면 좋지 않을까(비교, 요 3:16)?

2. 이미 잘 알려진 바와 같이 여호와(야훼) 하나님이 이스라엘의 하나님이시고 이스라엘은 하나님의 백성이 되는 시내산 언약(아담과 노아와 아브라함 언약 포함)은 구약성경에서 창조언약과 함께 여호와 하나님의 구속사의 두 기둥이며, 신약에서 예수 그리스도의 새언약을 통해 구약의 창조언약과 시내산 언약은 하나로 통합되고 성취되었다(비교, 눅 22:20; 요 17:24-26; 19:30; 갈 3:28; 4:4-5; 엡 1:9-10; 딤전 2:6; 히 8:6,8; 9:15 등). 구약성경에서 하나님과 이스라엘 백성의 언약을 히브리어로는 주로 "**카라트 브리트**"(כָּרַת בְּרִית, 언약을 맺는다)로 표현한다. 히브리어 동사 '카라트'(칼)의 본래 의미는 '자르다, 쪼개다'(영어로는 to cut, 독일어로 schneiden)이지만, 한국어로 '언약을 자르다, 쪼개다'는 표현은 어색하므로, 한글 번역에서는 '언약을 맺다'로 옮기는 것이 적당하다고 본다. 그런데 현재 『개역개정』에서는 히브리어 "카라트 브리트"의 원문을 '언약을 세우다'라고 번역한 곳이 적지 않다(창 15:18; 출 24:8; 신 4:23; 5:2,3; 9:9; 29:1=MT 28:69; 29:25=MT 29:24; 31:16; 왕상 5:26; 8:21; 왕하 23:3; 대하 5:10; 렘 34:13,15,18 등). 물론 '카라트 브리트'를 '언약을 맺다'라고 번역한 곳(창 31:44; 신 31:16; 수 9:15; 왕상 8:9/비교, 왕상 8:21!; 렘 11:10 등)도 있으나, '언약하다'로 번역한 곳(출 23:32; 삼상 20:16; 시 50:5 등)도 있어서 번역의 일관성이 결여되었다.

한편 마소라 원문에서는 한국어로 '언약을 세우다'라는 표현에 문자 그대로 상응하는 히브리어 표현으로서 "헤킴(הֵקִים, 쿰[קוּם] 동사의 히필) 브리트"도 사용되고 있다(창 6:18; 9:11; 17:7; 겔 16:60 등). 『개역개정』 신명기 8:18에서는 그러나 "르마안 하킴 애트 브리토(לְמַעַן הָקִים אֶת־בְּרִיתוֹ)"를 '그의 언약을 세우기 위해'라고 하지 않고, '언약을… 이루려 하심이니라'고 번역했다(비교, 『새번역』에서는 "그 언약을 이루시려고", 『새한글성경』에서는 "자신의 언약을 지키신 것입니다"). 그 두 가지 히브리어 어법('카라트 브리트'와 '헤킴 브리트')의 차이를 주석적으로 간단히 설명하자면, '카라트 브리트'가 언약을 맺는 사건에 의미의 중점을 둔다면, '헤킴 브리트'는 그 언약을 세우고 지키는 것, 달리 말하자면 그 언약의 말씀을 실천하고 구현하는 것을 강조하는 데 그 의미의 차별성이 있다고 볼 수 있다(창 15:10,17-18; 렘 34:18. 비교, 삼상 1:23; 15:13; 왕상 2:4; 12:15; 렘 28:6; 대하 6:10 등). 본 필자는 동의하지 않지만, 서양의 성서비평 학자들은 역사적으로 '카라트 브리트' 용법이 보다 오래된 문서층에 속하고, '헤킴 브리트'는 그보다 후대의 문서층에 속한 어법이라고 분석하기도 한다. 히브리 성경에서 '브리트'(언약, 영어로 covenant)의 빈도수는 285회이며, '카라트 브리트'는 약 83회가 나오

72. 하나님인가, 하느님인가?

고(창 15:18; 출 24:8; 34:27; 신 4:23; 5:2,3; 9:9; 29:1=MT 28:69; 29:25=MT 29:24; 수 24:25; 렘 31:31; 겔 37:26; 스 10:3 등; 비교, 신 7:2 등), '헤킴 브리트'는 그보다 적은 13 회 정도 나타난다(창 6:18; 9:9,11,17; 17:7,19,21; 출 6:4; 레 26:9; 신 8:18; 왕하 23:3; 겔 16:60, 62 등; 비교, 왕하 23:3; 렘 34:18). 앞으로 『개역개정』의 새로운 개정작업에서 는, '카라트 브리트'는 '언약을 맺다'로, '쿰'(히필, 헤킴) 브리트'는 '언약을 세우다'로 원 전에 더 충실하게 구별하여 번역할 것을 제안한다.

3. 시편 78:71의 『개역개정』(2004년 판) 본문에서는 "젖 양을 지키는 중에서 **그들** **을** 이끌어 내사 그의 백성인 야곱, …"이라고 했는데, 여기서 '그들을'이라고 한 것은 마소라 본문에서는 남성 3인칭 단수 접미사를 목적격으로 사용했기 때문에 "그를"로 고치는 것이 맞다. 이것은 바로 앞 78:70절에서 다윗을 택하신 내용과 직결되는 내 용이므로 개정이 꼭 필요하다. 그런데 2005년 11월 제4판(확정판)부터 『개역개정』 본 문은 이곳을 "**그를** 이끌어 내사"로 슬그머니(?) 바로 잡아놓았다. 언제 왜 이런 오역 이 생겼는지 살펴볼 일이다. 한편 1938년 『성경 개역』 본문에서는 "**뎌를** 잇쓰샤"라고 이미 제대로 번역했다(비교, 1911년 판 구역 한글 『성경젼셔』 시 78:71. 이 구절에서 3인칭 단수 목적격을 생략했었다). 대한성서공회 성경번역연구소에서는 이번 기회에 2005년 확정판 이전 1998년 초판 이후 『개역개정』에서 번역의 오류를 바로잡은 곳들을 정리 하여 공개해 주면, 미연에 이러한 혼선을 방지할 수 있어서 고맙겠다는 말씀을 드린 다.

4. 또한 시편 29:9에서 『개역개정』은 본문에 "여호와의 소리가 암사슴을 **낙태하** **게** 하시고 …"라고 했고, '낙태하게'에 각주 1)을 표시하여 난하에 "**새끼를 낳게**"라고 하여 정반대의 의미를 가진 번역을 제시하고 있다. 여기서 '**낙태하게 하시고**'라고 번 역한 마소라 본문의 히브리어 단어는 '**여홀렐**'(יְחוֹלֵל)인데, 이 동사의 어근은 '**힐**'(חִיל) 로서, '폴렐'(Polel) 미완료 남성 3인칭 단수를 사용했다. 세계 구약학계에서 권위를 인정받는 최신 고전 히브리어 사전에서 시편 29:9의 이 단어의 일차적 의미는 "산고 (産苦)를 겪게 하다"이며, 또한 아기(새끼)를 낳는다는 히브리어 동사 '얄라드'(יָלַד)와 동의어이다(사 51:2; 신 32:18 등).[13] 그러므로 '낙태하게 하시고'는 적합한 번역으로 보기 어렵고, 각주에 있는 "새끼를 낳게 하고"나 "산고를 겪게 하고"를 본문에 넣고, '낙태하게 하시고'는 삭제하도록 제안한다(비교, 대한성서공회의 『새한글성경 신약과 시

---

13) 참조, W. Gesenius, *Hebräisches und Aramäisches Handwörterbuch über das Alte Testament*, 18. Auflage, 위의 책, 345.

편』2021, 에서는 원전에 충실하게 "새끼 낳는 아픔을 겪게 하고"로 번역했다).

5. 히브리 성경 마소라 본문에서 가장 많이 사용된 히브리어 단어는 다양한 의미를 가진 접속사 '브'(ו)이다(영어로는, and, but, also, even, then, because, so that 등의 의미). 접속사 '브(바브)'는 마소라 본문에 약 50,524회 사용되고 있다.[14] 히브리어 '브' 접속사의 사용은 비단 번역에서뿐만 아니라 문맥에서 본문의 정확한 의미와 함께 주석적으로 앞의 구절과 뒤따르는 구절과의 문맥 관계를 파악하는 데 때로는 매우 중요한 역할을 한다. 지금까지 우리말 구약성경 번역에서 마소라 본문의 히브리어 '브' 접속사 번역을 소홀히 한 면이 없지 않다. 예컨대, 창세기 1장 1절 다음 2절을 시작할 때 접속사 '브'가 생략되어 있다. 창세기 3:15하반절 시작에서도 반의(反義) 접속 표현인 '브'('그러나')의 의미가 분명하지 않다. 또 출애굽기 1:1에서 마소라 본문은 접속사 '브'로 시작하는데, 『개역개정』에는 생략되었다. 레위기 1:1과 민수기 1:1에서도 각각 '연속의 바브 미완료형'으로 시작하고 있고, 여기서도 번역할 때 각각 접속사 바브의 의미를 살리는 것이 필요하고 바람직하다. 창세기 이후 출애굽기와 레위기, 그리고 민수기의 시작에서 모두 접속사 바브가 나오는 것은 이 책들이 앞과 뒤의 책들과 연결된 전체 문맥을 살펴보는 관점에서도 의미심장하다. 한두 번의 개정 작업으로 접속사 '브'를 우리말 번역에서 제대로 되살리는 작업은 결코 쉽지 않겠지만, 꾸준히 관심을 두고 조금씩이라도 개정하고 개선해 나가면 좋겠다는 제안을 드린다.

---

14) 참조, M. V. Van Pelt and G. D. Pratico, *The Vocabulary Guide to Biblical Hebrew and Aramaic*, 2nd ed. (Grand Rapids, MI: Zondervan, 2019).

73

『시편촬요』로부터 한글 개역(개정) 성경까지, 구약 국역사(國譯史)의 관점에서

기독교의 전파와 토착화는 무엇보다 기독교의 경전(經典, canon)인 신구약 성경의 번역과 밀접한 관계가 있다. 특히 지난 16세기 이래 서구 개신교 교회개혁(종교개혁) 운동의 본질은 하나님의 말씀인 성경 번역 사건에서 찾아볼 수 있다고 해도 과언이 아닐 정도로, 개혁교회의 신앙과 신학의 바른 수용과 이해와 실천은 실제로 성경의 자국어(自國語) 번역에 기초한다. "한국 개신교의 공헌 중에 많은 것이 있지만 성서 번역을 가장 중요한 것으로 꼽을 수 있습니다."라고 한 이세형 교수의 언급은 정확한 통찰이다.[1] 이 글은 구약성경 국역의 효시(嚆矢)인 『시편촬요』를 한글로 번역하여 출판한 알렉산더 알버트 피터스(Alexander Albert Pieters, 1871-1958. 한국명은 '피득 彼得')의 업적을 다시 한번 기억하고 기리기 위한 것이다. 피터스는 공인번역자회에서 구약의 한글 번역(舊譯)에 잠시 참여하였고, 그 후 특히 히브리 성경 원전을 대본으로 한글 개역(改譯) 성경(1938년)의 구약본문을 개역하고 확정하는데 지울 수 없는 공적을 남겼는데, 이러한 역사적 사실에 대해서 간명하게 함께 서술하려고 한다.[2]

금년 2021년은 피터스가 1898년에 『시편촬요』를 출판한 지 123주년이 되는 해인 동시에, 또한 1938년 확정판 한글 『개역 성경』이 출간된 지 82주년이 되는 해이다. 이번에 '피터스 목사 기념사업회'(회장 박준서 박사)가 대한기독교서회를 통해 피터스의 『시편촬요』 영인본과 함께 같은 해에 출판되었던 『찬셩시』의 영인본을 편집하여

---

1) "종교와 권력 9, 이야기판", 〈본질과 현상〉, 54호, 2018년 겨울, 99쪽.

2) 구약 국역사 전반에 대해서는 다음을 참고할 수 있다. 김중은, "구약성서국역사", 〈신학사상〉 제22집, 한국신학연구소, 1978년 가을, 24-66쪽. 류대영 옥성득 이만열 공저, 『대한성서공회사 II』, 대한성서공회, 1994. "번역·반포와 권서사업", 27-188쪽.

출간한 것은 뜻깊은 일이라고 생각한다.[3] 『찬셩시』(1898년)는 무곡조 찬송가로서, 여기에는 당시 내한 선교사들이 만든 찬송가 가사들과 함께 피터스의 시편 찬송가 가사 14편과 이사야 53장의 본문을 사용한 찬송가 가사 2편 및 삼상 2장의 한나의 기도문에서 만든 찬송가 가사 1편이 실려 있다.[4]

중국 만주의 영구(營口, Newchwang. 다른 이름은 牛莊)와 심양(瀋陽, Shenyang 또는 Mukden. 다른 이름은 奉天 또는 盛京)에서 스코틀랜드연합장로회가 파송한 선교사였던 존 맥킨타이어(John McIntyre, 馬勤泰)와 존 로스(John Ross, 羅約翰, 1842-1915)가 상업차 조선과 중국 국경을 왕래하던 평안도 의주 지역 한국인 청년들을 만나서 예수 그리스도의 복음을 전했고,[5] 로스는 그들의 도움을 받아 1882년에 『예수성교 누가복음젼셔』를 순 한글로 번역하여 낱권으로 출판했는데(심양 문광셔원 간), 이 로스의 개인역 누가복음이 역사상 최초의 한글 성경이다. 같은 해에 로스는 이어서 『요안내복음젼셔』(요한복음)도 낱권으로 출간하였다. 누가복음과 요한복음이 한글로 출간된 1882년은 한미조약이 체결된 해였다. 당시 스코틀랜드 성서공회 잡지에는 다음과 같은 글이 실렸다. "최초의 한국어 성경의 발행이 한미조약 공포와 거의 동시에 이루어졌다는 것은 하나님의 섭리다. 이제 완고한 '고려문'이 '열린 문'이 되면 곧바로 복음이 그 민족 안으로 들어갈 것이다."[6] 드디어 1887년에 '로스 번역팀'(로스, 매킨타이어, 이응찬, 백홍준, 이성하, 김진기, 서상륜 등)은 최초로 한글 신약전서인 『예수성교젼셔』를 성경(盛京)에서 출판했다(성경 문광셔원 활판 인쇄, 盛京은 심양

---

3) 『시편촬요』 영인본은 2017년 12월에 리진호 전 지적박물관장이 개인적으로 제작·출판한 바 있다. 본 필자는 1975년 7월 영국 런던에 소재한 영국성서공회 도서관과 문서고를 방문하여 국역성경 관련 자료를 조사하던 중 한글 『시편촬요』 원본 1권이 소장되어 있는 것을 처음 알았고, 아키비스트(기록문서 보관 담당자)에게 부탁하여 그 전부를 복사하여 가져왔다. 현재 국내에는 숭실대학교 기독교박물관에 『시편촬요』 원본 1권이 소장되어 있고, 그 표지에는 '金良善藏書, 家寶'라는 사각도장이 찍혀있다.

4) 박준서 엮음·김중은 해설, 『최초의 한글 구약성경 시편촬요-찬셩시 수록』, 대한기독교서회, 2022 초판 2쇄 수정본. 박준서, "『찬셩시』에 수록된 피터스가 작사한 17편의 찬송가", 59-61쪽. 비교, 김명엽 편, 『찬셩시(1898)에 실린 피터스의 시편가 악보집』, 교회음악아카데미. 교회음악아카데미 교회음악연주시리즈 162, "알렉산더 피터스의 시편촬요와 운율 시편가" 발표회, 2019년 3월 10일 주일, 오후 3시, 세곡교회 예배당. 지휘 김명엽, 오르간 양하영, 합창 서울바하합창단, 세곡교회연합찬양대 지휘 송혜정.

5) 스코틀랜드연합장로교회는 1862년 중국선교를 시작했고, 1872년에는 맥킨타이어(John McIntyre)와 로스(John Ross) 선교사 목사들을 파송했는데, 이 두 사람은 만주 영구(營口, 영구의 또 다른 이름은 牛莊, 'Newchwang'이다)에서 선교사역을 시작했고, 이후 내륙의 봉천(奉天은 瀋陽이며, 청나라 수도로서 盛京으로도 불렸다)을 중심으로 사역했다(로스는 1876년에 현재 중국 심양의 東關教會인 봉천교회를 설립했다). 이 두 선교사는 당시 조선(한국) 선교에도 관심을 가졌고, 1874년에 압록강 쪽의 고려문(高麗門. 현재 중국 요령성 단동시 의현 지역)에 장사차 방문한 평안북도 의주(義州) 청년들을 만났다. 이 청년들이 이응찬, 백홍준, 이성하, 김진기인데, 이들은 두 선교사의 요청으로 한국어와 한국 역사를 가르쳤다. 이 네 청년들은 1876년 맥킨타이어 선교사로부터 세례를 받았다. 김인수 교수는 "이로써 한국인 개신교 신자가 탄생하였고, 한국의 개신교가 시작된 것이다"라고 기술했다. 의주 청년 서상륜도 1879년 로스로부터 세례를 받았다. 의주 청년들의 도움으로 로스는 1877년 영어로 된 '한국어 입문서'(A Corean Primer)를, 1879년에는 '한국 고대와 근대 역사서'(History of Corea, Ancient and Modern)를 출판했다. 그리고 1881년에 로스는 「예수성교문답」과 「예수성교요령」도 출판했는데, 이것은 개신교 최초의 성경번역 준비 작업이었다. 김인수, 『한국 기독교회의 역사』, 장로회신학대학교 출판부, 1997, 109-113쪽.

6) 김호용, 『대한성서공회사 I』, 대한성서공회, 1993, 69쪽에서 재인용함.

의 옛 이름이다.)[7]

　다른 한편, 1882년 9월에 조선 수신사 일행의 수행원으로 일본에 갔던 이수정 (李樹廷, 1842-1886?)은 일단 귀국 후 다시 선진문물을 배우기 위해 일본에 갔다. 그 때 농학박사이며 개신교 신자인 일본인 진전선(津田仙, 쓰다센)을 만나 이수정은 기독교 신앙과 성경에 대해 알게 되었고, 1883년 4월 29일 동경 노월정(露月町)교회(현재 芝露교회)에서 미국 선교사 녹스(G. W. Knox) 목사로부터 세례를 받고 기독교인이 되었다. 당시 미국성서공회 일본 지부의 루미스(Henry Loomis, 1839-1920) 총무는 이러한 사실을 알고 이수정을 만나 한국어로 성경을 번역할 것을 권유했다. 루미스가 남긴 편지 내용에서 보면, "이수정의 가장 큰 소망은 자기 민족에게 성경을 주는 것입니다"라고 했다.[8] 소위 '이수정 역'으로 알려진 초기의 번역은 1885년에 이수정이 일본에서 번역하여 미국성서공회가 출판한 『신약 마가젼 복음셔 언해』가 대표적이다. 이수정의 개인역인 마가복음은 순한글 번역이 아니라 한문성경(브리지만·컬버트슨의 한문 문리성경 신약전서, 1859)을 대본으로 사용하여 국한문 혼용체로 된 '언해'(諺解, 한문을 한글로 풀이한 것)이며, 한자에는 한글 읽기를 병기하였다. 언더우드 (미북장로회, Horace G. Underwood, 元杜尤, 1859-1916)와 아펜젤러(미북감리회, Henry G. Appenzeller, 亞扁薛羅, 1858-1902) 그리고 스크랜톤(미북감리회 의료선교사, William Benton Scranton, 施蘭敦, 1856-1922)이 일본을 거쳐 1885년 조선 제물포에 도착할 때 그들은 일본에서 루미스를 통해 이수정을 만났고, 이수정의 마가복음서 언해를 가지고 들어 왔다고 한다. 초기의 국역 성경본들인 로스역과 이수정의 언해역은 '개인역'의 성격이며 신약에 국한되었다. 내한한 아펜젤러 선교사는 이수정의 마가복음서 언해를 순한글로 개정하여 1887년에 『이수정역 개정판 마가복음서』를 출간했다. 이수정의 최후가 불분명한 채로 남아있지만, "이 씨는(이수정) 귀국을 앞두고 기독교 신앙에서 이탈하였다."라고 용재 백낙준(1895-1985) 박사가 그의 책에서 기록한 것은 확실한 증거가 없다.[9]

　초창기부터 성경의 국역사 중심에는 내한한 선교사들이 조직한 성서위원회와 공

---

7) 대한성서공회는 1956년과 1986년에 2번 복쇄본을 출판했고, 1995년에 창립 100주년을 기념하여 세 번째로 『예수성교 전서』의 복쇄본 2,000부를 출간했다.

8) 1883년 5월 30일, "루미스가 길맨 총무에게", 『대한성서공회사 자료집 제1권: 로스 서신과 루미스 서신』, 옥성득, 이만열 편역, 대한성서공회, 2004, 300-307쪽. 이수정에 관한 좀 더 자세한 내용은, 『대한성서공회사 I』, 위의 책, 125-176쪽 참조.

9) 백낙준, 『한국개신교사, 1832-1910』, 연세대학교출판부, 1973, 94-95쪽. 용재의 이러한 주장은 미북장로회 해외선교본부 소속의 엘렌 파슨스(Ellen C. Parsons)가 쓴 소책자 *Fifteen Years in the Korea Mission* (New York)의 기록에 근거한 것으로 나와 있는데, 엘렌 파슨스는 내한 선교사가 아니며 그가 영문으로 기록한 내용도 너무 간소하고 이수정의 배교 사실을 확인할 만한 증거를 제시하고 있지 않다. 비교, 서정민, "Ellen C. Parsons, Fifteen Years in the Korea Mission, 한국선교 15년", 〈한국기독교와 역사〉 제18호, 2002년 8월, 한국기독교역사학회 엮음, 특히 260-261쪽.

인성경번역위원회가 있었고, 또한 이들을 뒷받침한 영국과 미국 성서공회의 역할이 매우 중요했다. 여기서 당시 성서공회와 연관된 상황을 잠시 살펴보는 것이 피터스와의 관련에서는 물론이고 성경 국역사를 이해하는 데 필요하다고 생각한다. 내한 선교사들은 1887년에 국내에서 성서사업을 위해 처음으로 '상임성서위원회'를 조직했고, 1893년에는 각 선교부를 대표하는 2인씩으로 구성된 '상임성서실행위원회'(이하 '성서위원회')를 재조직했다. 이에 따라 성서위원회가 선출한 '공인성경번역위원회'(이하 '공번위')가 1893년 10월 11일에 서울에서 처음 모였다.[10] 1902년 공번위 위원인 아펜젤러가 목포 앞 바다에서 해난사고로 순직한 후, 그 자리에는 존스(미북감리회, George H. Jones, 趙元時, 1867-1919)가 선임되었다. 먼저 1895년에 영국성서공회(BFBS: British & Foreign Bible Society)가 한국지부를 서울에 설치했고,[11] 1904-1907년에는 영국성서공회와 미국성서공회 그리고 스코틀랜드 국립성서공회의 세 성서공회가 한국에서 연합성서공회 지부를 결성하여 운영했다.[12] 특히 영국성서공회 한국지부의 2대 총무 민휴(Hugh Miller, 閔休, 1872-?. 1899 내한-1937 이한)는 한글 성경 구역(舊譯)과 개역(改譯) 성경전서가 출간되는데 행정적으로 뒷바라지를 한 숨은 공로자이다.[13] 1908년에 스코틀랜드 국립성서공회 지부는 본국으로 철수했고, 영국성서공회와 미국성서공회는 한국에서 성경 번역사업을 공동으로 하되, 성경의 인쇄와 출판과 보급은 따로 시행하기로 합의했다. 미국성서공회는 1908년 서울에 지부를 설립했고,[14] 1908-1919년은 영국성서공회 지부와 미국성서공회 지부가 공존하던 시기이다. 1919년 4월 미국성서공회 지부는 조선에서 철수하고, 1920-1941년까지 영국성서공회 지부만 남아서 활동했다. 영국성서공회 지부는 일제 당국의 압력으로 1938년 이후 '조선성서공회'(또는 '조선경성성서공회')라는 명칭 아래 존재했다. 1941년 3월에 영국성서공회 지부는 모든 재산을 조선성서공회(총무 정태웅)에 인계하고 한국에서 철수했다. 1942년 5월부터 일제 조선총독부의 '성서 반포 중지령'으로 조선성서공회 사업은 극도로 위축되었다.[15] 1945년에 해방과 더불어 조선성서공회 사업이 재개되었고, 1946년 11월 7일 대한성서공회가 설립되었으며, 1947년 8월 19

---

10) 이때 번역자들은 다음과 같다. 미북장로회, 언더우드와 게일; 미북감리회, 아펜젤러와 스크랜튼; 영국 성공회, 트롤로프; 미남장로회 레이놀즈는 1895년 가을 공번위에 선임되었다.

11) 초대 총무 A. Kenmure 見妙, 영국성서공회 선교사, 1893 내한-1905 귀국. 비교, 『대한성서공회사 자료집 제2권: 켄뮤어 서신』, 옥성득 이만열 편역, 대한성서공회, 2006.

12) 부총무 H. Miller 閔休는 1905년부터 영국성서공회 한국지부 제2대 총무로 시무했다.

13) 민휴, "조선어 성경의 유래", 『단권 성경주석』, 유형기 편집, 1935 초판/1949 5판, 53-58쪽.

14) 총무 D. A. Bunker 房巨, 1853-1932. 미북장로회 선교사로 1886년 내한/1895년부터 미북감리회 소속.

15) 일제 식민지 강점기에 '조선성서공회'가 출범한 역사에 대해서는 다음 자료를 참고할 수 있다. 『대한성서공회사 I』, 위의 책, 426-456쪽.

일 현 대한성서공회가 문교부로부터 재단법인 인가를 받았다.[16]

다시 한글 성경번역으로 돌아가서 보면, 공번위는 먼저 신약 번역에 착수했고, 1900년에 공인역으로 첫 한글『신약전서』를 출간했는데, 이 번역에는 6명의 선교사들(언더우드, 아펜젤러, 게일, 스크랜튼, 트롤로프, 레이놀즈)과 7명의 한국인 조사(助師)들(이창직, 김명준, 조한규, 최병헌, 정동명, 홍준, 송덕조)이 협력했다. 이 공번위의 첫 신약전서에서는 서북지역 방언을 사용한 로스역을 버리고 서울을 중심으로 한 중상류층의 언어를 채택함으로써, 이후 한글 성경의 문체를 표준말로 통일하는 데 기여했다.[17] 이어서 1904년에 공번위는 신약전서 개정판을 출판했고, 1906년에는 확정판 개정 한글『신약전서』를 출간하는 한편, 같은 해인 1906년에 공번위의 공인역으로는 처음으로 구약성경의 한글『창세기』와『시편』이 각각 낱권으로 출판되었다.

그러면 역사적으로 최초의 한글 구약성경의 번역과 출판은 언제, 어디서, 누가, 왜, 어떻게 시작했는가? 먼저 간단히 말하자면, 최초의 구약 국역성경 출판본은 알렉산더 알버트 피터스(Alexander Albert Pieters, 한국명은 '피득 彼得', 1871년 12월 30일-1958년 6월 29일)가 순한글로 번역하여 1898년에 서울 삼문출판사에서 출판한『시편촬요』이다. 역사상 최초의 한글 성경 출판본이 로스 역『누가복음』(1882)이라면, 역사상 최초의 한글 구약성경 출판본은 피터스의『시편촬요』(1898)이다.[18] 피터스는 구약 국역의 선구자일 뿐 아니라 한글 구역(舊譯, 1911 출판) 구약 번역에도 잠시 참여하였으며, 이후 히브리 성경을 대본으로한 1938년에 출판된 한글 개역(改譯) 성경 구약 개역의 주역으로서 우리나라의 구약 국역사 전반에 뚜렷한 발자취를 남겼다.

러시아 국적의 유대인이었던 알렉산더 알버트 피터스는 미혼 청년의 몸으로 일본 나가사키를 떠나 부산을 거쳐 만 24세 때인 1895년 5월 13일 처음 조선 땅을 밟았다. 그는 제정 러시아 시대 에카테리노슬라브(Ecaterinoslav)[19]에서 책 제본업을 하던 정통 유대인 가정에서 태어나 자랐으며, 고향에서 회당교육을 받았고 1888년에 인문고등학교를 졸업했다. 그 후 그는 독립하여 자신의 인생을 개척하기 위해 고향을 떠나 스물세 살에 해외로 향했다. 해외를 전전하던 피터스는 해외 생활이 여의치 않다는 것을 알고 다시 러시아로 돌아가 당시 시베리아 철도부설 사업에 취업하기 위해 일본 나가사키(長崎)에 머물면서 블라디보스토크로 가는 배를 기다리고 있었

---

16) "대한성서공회사 연표",『2015 대한성서공회 창립 120주년』, 대한성서공회, 46-58쪽.

17)『한글성서전시회』, 대한성서공회, 2015, 27쪽.

18) 김중은, "구약 국역의 선구자 알렉산더 피터스", 〈교회와 신학〉 제13집, 장로회신학대학교출판부, 1981, 29-42쪽. 이 글은 김중은,『구약의 말씀과 현실』, 한국성서학연구소, 1996, 61-76쪽에 재수록되어 있다.

19) 박준서 교수의 고증에 의하면, 에카테리노슬라브는 현재 우크라이나의 수도 키이우(키에프)에서 남쪽으로 위치한 도시 '드니프로'(Dnipro)이다. 박준서,『최초의 한국어 구약성경 번역자 알렉산더 알버트 피터스 목사』, 대한기독교서회, 초판 2쇄, 2022, 17쪽 이하.

다. 피터스 자신의 기록에 의하면, 1895년 4월 7일 주일 아침 하나님의 섭리 가운데
그는 나가사키에 있는 개신교 교회당을 찾아가 예배에 참석했다. 그 교회에서 예배
후, 그는 미국 화란개혁교회가 파송한 일본 선교사인 알버터스 피터스(Albertus Piet-
ers, 1869–1955) 담임목사를 만났고, 자원하여 그에게서 기독교 교리를 배우기 시작
했으며, 4월 19일 저녁 피터스 목사의 사택에서 세례를 받았다. 이 러시아 국적의 유
대인 청년은 이렇게 단기간 내에 유대교에서 기독교로 개종했고, 당시 유대인이 개
종하면 그 이름을 바꾸는 관례에 따라 자신에게 세례를 준 목사의 이름을 따라 자기
이름을 '알렉산더 알버트 피터스'로 개명했다. 박준서 교수가 2019년 8월 미국 엘에
이(L.A.) 근처의 파사데나(Pasadena)에서 알렉산더 피터스의 둘째 아들인 리처드의
아들이요 목사로 은퇴한 피터스의 손자 알버트 피터스(Rev. Albert Stephen Pieters)
의 자택을 방문하여 그에게서 한국 선교와 관련된 '피터스 가족사'에 대한 매우 귀중
한 자료를 받았는데, 그 자료에 의하면『시편촬요』를 번역한 이 유대인 청년의 본명
은 아이식(또는 이차크) 프룸킨(Aisik/Itzak Frumkin)이었다.[20]

　　당시 일본에 주재하던 미국성서공회 지부의 루미스 총무는 유대인 청년 아이식
프룸킨(이후 알렉산더 알버트 피터스로 개명)이 세례받을 때 그 세례식에 참석했고,[21]
그리스도인이 된 피터스가 러시아로 다시 돌아가려는 것을 알고 4월 21일에 그를 다
시 만나 그에게 미국성서공회가 파송하는 권서(勸書)로서 조선에 가서 일하기를 제
안했다.[22] 피터스는 이 제안을 받아들였고, 영어를 배우면서 그 해 1895년 부산과
제물포를 거쳐 5월 16일 서울에 도착했다. 서울에 도착한 그리스도인이 된 청년 피
터스는 곧장 한국어를 배우면서 서울과 여러 지역을 다니며 권서활동을 시작했다.[23]
피터스가 조선에 도착한 1895년에 국역성경의 상황은 8년 전에 소위 '로스역' 신약
전서(1887년)가 출판되어 있었다. 그러나 1893년에 조직된 공번위는 기존의 '로스역'
을 버리고 신약부터 새로 번역에 착수하는 상황이었으며, 구약성경 국역은 아직 나
오지 않았고, 앞으로 공번위에서 구약성경이 한글로 번역되어 나오려면 상당한 시일
이 걸릴 것으로 보였다.[24]

---

20) *The Pieters in Korea*, Compiled by Norma Kenfield Pieters, 2004. A4 260쪽 분량 미간행 자료집, 특히 8쪽 이하 참조.
이 '피터스 가족사' 자료집을 만든 노마 켄휠드 피터스는 알렉산더 피터스의 며느리이며 둘째 아들 리처드 S. 피터스의
아내이다. 이 자료집에 수록된 피터스(프룸킨)의 가족 사진들과 정보에 관해서는 다음을 참고할 수 있다. 박준서,『최
초의 한국어 구약성경 번역자 알렉산더 알버트 피터스 목사』, 대한기독교서회, 2021/2022 초판 2쇄.

21) The Pieters in Korea, 위의 자료집, 12쪽에 영문으로 된 피터스의 세례증명서에는 루미스 총무의 증인 서명이 있다.
비교, 박준서,『최초의 한국어 구약성경 번역자 알렉산더 알버트 피터스 목사』, 위의 책, 24쪽.

22) 권서(勸書 또는 賣書人, colporteur)란 성서공회에 고용되어 여러 곳을 돌아다니면서 전도하고 성경책과 전도책자를 파
는 사람을 이르는 말이다.

23) 피터스의 권서 활동에 관해서는 다음을 참고할 수 있다. 박준서, "권서가 되어 한국에 오다", 위의 책, 27-32쪽.

24) 김중은, "구약 국역의 선구자 알렉산더 피터스(Alexander A. Pieters, 彼得)",『구약의 말씀과 현실』, 위의 책, 61-76, 특

피터스는 1895년 5월부터 1898년 6월까지 그를 조선에 파송한 미국성서공회 일본 지부의 루미스 총무 관할 아래서 권서의 일을 했다. 권서로 활동하면서 피터스는 당시 한국인들이 성경을 사랑하고 성경 읽기를 좋아하는 것을 알게 되었고, 그때까지 구약성경은 일부라도 한국어로 번역되어 출판된 적이 없다는 것을 알았다.[25] 그래서 피터스는 권서의 일을 하는 한편 틈틈이 구약의 시편을 번역하여 구약성경을 통한 하나님의 말씀을 한국인들에게도 전해주고 싶은 마음을 가지게 되었다. 1897년 루미스의 편지에는 피터스가 시편 번역을 시작하게 된 경위에 대해 흥미 있는 내용이 있다. "… 저는 피터스가 선교사들의 설득으로 시편의 일부를 번역하는 일을 맡게 된 것을 알았습니다. 그것은 매우 필요한 번역이었지만 누구도 그것을 할 시간이 없었습니다. 그는 7월 1일경에 번역을 시작했고 지금쯤은 비평을 받을 (번역)원고를 준비했을 것입니다. 그는 예배용으로 가장 적당한 56편[26]의 시편을 히브리어에서 직접 번역했습니다. 선교사들은 현재 필요에 부응하도록 이를 출판하기를 원합니다. 저는 또한 모두 그가 이 일을 계속하기를 바라고 있음을 알게 되었습니다. 그는 번역에 놀라운 재능을 보여주었습니다. 이 주제에 관해 저와 대화를 나눈 모든 사람들은 성경 판매보다 번역 일에 그가 더 유용하다는 의견을 말했습니다."[27] 피터스는 자신이 권서로서 시편 번역을 시작한 경위에 대해 다음과 같이 기록했다.

"한국에서 처음 복음서가 번역되어 나온 지 15년 만에(즉 1897년에, 역자 주) 구약성경 번역을 시도하게 되었다. 그 동기는 필자(피터스, 역자 주)가 정통 유대인 집안에서 자랐으며, 매일 히브리어 기도집을 읽었기 때문에 시편의 아름다움과 그 영적인 영감이 강하게 인상으로 남게 되었고, 많은 시편을 암송하게 되었다. 그 후에 하나님의 섭리로 일본에 와서 예수를 믿게 되었고, 미국성서공회의 권서로 한국에 보냄을 받았다. 그것이 1895년이었다. 당시 한국의 성서위원회가 신약을 새로 번역하고 있었으며, 구약이 앞으로 번역되려면 상당한 시일이 걸릴 것을 알고서 필자는 한국 사람

히 64쪽 이하.

25) 한국 천주교와 성공회에서는 일찍부터 주일과 축일에 읽을 성경 구절들을 발췌하여 한글로 번역한 사례들이 있었다. 〈죠션크리스도인회보〉는 최초의 개신교 교회신문인데, 창간호부터(1897. 2.2~7.14/ 1898.6.22.~1899.6.14.) 매주일 공과용으로 구약성경 본문을 발췌 번역하여 연재했다. 이러한 사례들을 성경번역으로 보기는 어렵다. 성경번역은 무엇보다 성경을 번역할 목적이 분명해야 하며, 성경의 일부(낱권) 또는 전체를 번역하여 책으로 출판하고, 교회와 그리스도인들에게 통용된 것을 말한다. 비교, "우리말 번역 성서의 역사", 『굿뉴스 스터디 바이블』, 대한성서공회, 2001, 23-30쪽. 옥성득, "아펜젤러의 성경 번역, 1885~1902년-서울번역, 비평본문 도입, 구약 번역의 선구자", 〈성경원문연구〉, 2024년 10월/제55호, 대한성서공회, 48-79쪽. 옥성득 박사가 〈죠션크리스도인회보〉에 공과용으로 발췌하여 번역 연재된 구약성경 본문들을 "한글 구약 번역의 효시"라고 한 말은 견강부회이다. 천주교나 성공회의 사례들과 함께 아펜젤러와 존스가 신문에 연재한 공과용으로 발췌한 구약 번역은 한글 구약성경 번역의 준비과정으로 보아야 한다.
26) 실제로 『시편촬요』에서 출판된 것은 시편 150편 중에 62편이다!
27) 『대한성서공회사 자료집 제1권』, 위의 책, "루미스가 맥린 박사에게", 1897.9.2, 560-563쪽.

들에게 최소한 시편 중에서 얼마라도 번역해 주고 싶은 바람으로 가득 차 있었다. 한
편 영어를 배우면서 한국어도 습득하는데 시간이 오래 걸리지만, 도착한 지 2년째
말에 가서 필자의 히브리어 성경 지식에 힘입어 시편 중에서 저주시편들(the im-
precatory Psalms)만 빼고 나머지를 골라서 감히 번역을 시도하였다.[28] 시편의 절반
정도 분량으로 번역은 1년 내에 끝났다. 이 번역 본문이 사용 가능한지 여부를 확인
하기 위해 그 원고를 한국어를 잘하시는 네 분 선교사들에게 보내어 심사를 요청했
다. 그분들은 이 번역을 인정했을 뿐 아니라, 그 중 세분은 이 시편역을 인쇄하는 비
용도 대겠다고 나섰다. 시편촬요(Sypyon Chwallyo)라고 제목을 붙인 이 책은 1898년
출판되었고, 이후 8년 동안 유일한 한국어 구약성경 번역으로 기독교인들이 사용하
게 된 것이다.”[29]

　　피터스는 구약의 시편 150편 중에서 소위 ‘저주시편’을 제외한 62편을 골라 순한
글로 번역하여 『시편촬요』[30]라는 제목으로 1898년 5월 29일에 서울에서 감리회가
운영하는 삼문출판사를 통해 2,500부를 출간했다.[31] 번역된 62편의 시편들은 다음
과 같다: 시 1, 2, 3, 4, 5, 6, 7, 8, 9, 10, 15, 16, 18, 19, 20, 22, 23, 24, 25, 27,
30, 32, 37, 46, 50, 51, 62, 63, 65, 67, 84, 86, 90, 91, 95, 96, 97, 98, 100,
103, 105, 107, 110, 112, 113, 114, 115, 116, 119, 121, 124, 126, 127, 128, 130,
133, 138, 142, 145, 146, 148, 그리고 150편. 순한글로 번역하였지만, 어려운 한자
용어에 대해서는 권말에 3쪽 분량의 ‘문자초집’이란 난을 두어 모두 75개의 한자 용
어들의 뜻을 한글로 풀이해 주고 있다.[32] 겉표지는 가운데에 ‘시편촬요’라는 한글 제
목이 세로쓰기(위에서 아래로)로 되어 있고, 그 오른쪽에 ‘구세주 강생 일천 팔백 구십

---

28) 시편 150편들 중에서 원수들에 대한 저주(또는 보복)의 내용이 부분적으로 표현된 시편은 약 30편 정도이며(시 55:23;
58:6-10; 68:23; 79:12; 137:8-9 등), 그중에서도 저주와 보복의 기도 내용이 많이 나오는 대표적 저주시편들은 8편 정도
이다(시 7; 35; 58; 59; 69; 83; 109; 137). Daniel J. Estes, *Handbook on the Wisdom Books and Psalms*, Baker Academ-
ic, 2005, 172-177쪽. 시편촬요에는 대표적 저주시편들 중 시 7편이 포함되어 있다. 비교, J. A. Motyre, “Imprecatory
Psalm” in *Evangelical Dictionary of Theology*, ed. by Daniel J. Treier and W. A. Elwell, 3rd ed., Baker Academic,
2017, 423쪽. 저주시편으로 알려진 시편들은 나(우리)를 저주하고 괴롭힌 악한 원수들이 하나님으로부터 저주와 보복
을 받도록 기도하는 내용이다. 그러나, 원수를 저주하는 내용만 있는 것이 아니고, 하나님께서 원수의 손에서 구원해
주시기를 간구하는 내용도 함께 나온다(예컨대. 시 109:1-20; 비교, 시 5; 9; 10; 55; 69; 83; 137; 139). 시 5:5-6,10과 시
9:15-17,19-20; 시 10:15-17에는 원수에 대한 하나님의 보복을 바라는 내용이 부분적으로 나오는데, 피터스는 이 세 시
편들도 시편촬요에 포함했다(비교, 마 23:13-33; 고전 16:22; 갈 1:8-9; 계 18:20 등).

29) Alex. A. Pieters, “First Translations”, 〈*The Korea Mission Field*〉, Vol. 34, May 1938, 91-93쪽.

30) ‘촬요’(撮要)는 책이나 문서에서 중요한 내용을 골라서 정리한 것을 의미한다.

31) 초판은 곧 매진되었고, 서울의 배재학당 ‘미이미교회 인쇄소’에서 재판을 인쇄·출판한 것으로 알려졌다. 비교, 『대한성
서공회사 II』, 위의 책, 97쪽.

32) 예컨대, 긍휼矜恤, ‘불상할, 불상이넉일’; 령장伶長, ‘화랑이 어룬’; 률례律例, ‘법 전례’; 음부陰府, ‘그늘 마을’; 탄연하다
坦然, ‘평안할 그러할’ 등.

팔 년'과 왼쪽에 '대한 광무 이년 무술'이라는 표기가 있다.[33] 이 『시편촬요』가 역사상 최초로 한국어로 번역된 구약성경 출판본이다. 옛 방식대로 오른쪽에서 왼쪽으로 제본된 시편촬요의 크기는 가로와 세로가 약 12×18센티미터이고, 본문에 사용된 한지 장수가 63장(125쪽)이며 권말에 '문자초집' 3쪽이 붙어있고, 모두 세로쓰기로 인쇄되어 있다.

시편촬요의 특징을 몇 가지 말하자면, 먼저 시편촬요는 히브리어 원문(피터스의 암송 기억과 함께)에서 직역의 성격을 띠면서도 필요한 경우 의역도 하는 유연성을 가지고 있다. 시편촬요는 한글 띄어쓰기를 했고,[34] 히브리 시의 운율을 생각하면서 번역했으며, 될수록 한자 용어를 피하고 있고, 번역된 순수한 한글 문체에서는 시편의 시적인 내재율의 멋이 느껴진다. 신명사문자(神名四文字, Tetragrammaton)는 '여호와'로 표기했고, '앨로힘'은 '하ᄂ님'으로, 여호와 하나님에 대한 남성 단수 2인칭 대명사는 '쥬'로 번역했다.[35] '씨욘'(시온, 시 2:6), '다빗'(다윗, 시 3편 제목 이하 여러 곳에서), '셜노모'(솔로몬, 시 127 제목), '모셰'(모세, 시 90 제목), '야르던'(요단, 시 114:3,5) 등 히브리어 고유명사 한글 음역에서는 피터스의 히브리어 발음이 반영되어 있다.[36] 시편촬요는 피터스의 개인역이지만 당시 내한한 선교사들로 조직된 성서위원회의 허락을 받아 출판되었다.

시편촬요에 관해 박용규 교수는 다음과 같이 기록하고 있다. "시편촬요는 출판되자마자 수요가 폭발했다. 곧 매진되었다. 루미스의 말을 빌린다면 수요를 다 감당치 못할 정도였다. 마가렛 힐스가 지적한 대로, '그것(시편촬요)은 1911년 구약에 사용된 시편 번역에 공헌했다'. 현재 갖고 있는 우리 성경 〈개역〉의 시편 번역은 피득의 번역문을 거의 그대로 받아들여 약간의 문장 수정만 했을 정도로 시편촬요는 한글 구약성경 시편 번역에 절대적인 영향을 미쳤다. 한국에 파송된 다른 선교사도 시편 번역을 착수했지만 피득의 번역을 따라갈 수 없었다."[37] 1899년 1월과 3월 루미스의 편지에도 피터스의 『시편촬요』가 출판되어 '대단히 좋은 반응'을 얻었고, 이미 매진되었다는 기록이 나온다.[38]

---

33) 光武(광무)는 대한제국 초대 황제인 고종(高宗)이 1897년 10월 12일 황제 즉위를 하면서 사용한 연호(年號)이다.

34) 로스역은 한글 띄어쓰기를 하지 않았다. 한글 띄어쓰기는 1896년에 발간된 〈독립신문〉이 최초라고 알려졌다. 비교, 박준서, 위의 책, 37쪽.

35) 성경 국역사에서 하나님 명칭 번역 문제에 관해서는 다음을 참고할 수 있다: "용어 '하ᄂ님' 문제", 『대한성서공회사 II』, 위의 책, 179-188쪽.

36) 김중은, "구약국역의 선구자 알렉산더 피터스", 『구약의 말씀과 현실』, 위의 책, 75쪽 참조.

37) 박용규, "알렉산더 피터스, Alexander Albert Pieters, 1871-1958: 성경번역자, 찬송가 작사자, 복음전도자, 1895-1911", 『평양대부흥 100주년 기념 알렉산더 피터스 선교사 조명』, 서울: 내곡교회와 한국교회사연구소, 2007, 51쪽.

38) 『대한성서공회사 자료집 제1권』, 위의 책, 588, 596쪽.

한국에서 구약성경의 번역은 처음부터 히브리 성경에 익숙한 피터스를 통해 시작되었다. 히브리어로 성경(구약)을 읽고 시편을 암송하는 정통 유대교 집안에서 태어나서 어려서부터 회당 교육(탈무드 교육)을 받고 자란 아이식(이차크) 프룸킨이란 청년이 기독교로 개종하고, 알렉산더 피터스라는 이름으로 미국성서공회가 파송한 권서(勸書)로서 한국에 와서 구약의 시편 150편 중에서 62편을 골라 순한글로 번역하여 1898년에『시편촬요』라는 역사상 첫 한글 구약성경을 출판했다는 사실은 세계 성경번역사에서도 그 유례를 찾아보기 드문 일일 뿐 아니라,[39] 한국교회가 그 업적을 기억하고 기념하며, 감사하고 자랑할 만한 역사라고 생각한다.『시편촬요』를 출판한 직후 미국성서공회의 사정으로 피터스는 권서 직을 사임했다. 이때 사정이 1899년 미국성서공회 본부 길맨 총무가 은퇴하면서 후임 총무 헤이븐에게 쓴 편지에서 드러나 있다. "… 지난 이삼 년 동안 루미스는 개종한 러시아인 피터스를 권서로 고용했는데 루미스는 그를 높이 평가했습니다. 우리는 작년에 그를 해고했는데 그가 성경 판매를 등한히 하고 번역자로 자리를 잡았기 때문입니다. 그가 번역한 시편은 만족스러웠으나 그 출판은 우리 규칙을 위반했습니다. … 번역위원회의 독회 없이 한 개인에 의해 번역되었기 때문입니다."[40] 피터스는 1898년 7월부터 서울에 주재하던 영국성서공회 지부로 옮겨 부총무 겸 권서로서 다시 일하게 되었다.

피터스는 1899년 8월경 영국성서공회의 서울 지부에서 사직하고, 미국 시카고에 있는 맥코믹 신학교(McCormick Theological Seminary)에서 신학을 전공하기 위해 같은 해 9월 미국으로 떠났다. 피터스는 신대원 과정을 최우수 성적으로 졸업하고 미북장로교회의 목사로 임직받았다. 1902년 8월 16일에는 신학교 동기인 엘리자베스 캠벨(Elizabeth Campbell, 1872-1906)과 결혼하고, 선교사로 파송받아 첫 임지인 필리핀으로 갔다.[41] 그리고 1904년 9월 13일 피터스 선교사 부부는 희망하던 한국으로 다시 오게되었다. 그동안 국적도 러시아에서 미국으로 바꾸었다. 이때 공번위는 1904년에 개정 신약전서를 출간했고, 같은 해 10월부터 언더우드, 게일, 레이놀즈 3인이 주축이 되어 구약 번역을 추진하고 있었다.

한국에 다시 온 피터스 선교사 목사는 먼저 미북장로회 서울 남부지역 선교구를 맡아서 전도와 교회개척 그리고 사경회 인도 등에 전력했다. 피터스는 이 당시 맥코

---

39) 비교, 쉐레쉐브스키(Samuel Isaac Joseph Schereschewsky, 1831-1906)는 미국 성공회 파송 중국 선교사로서 두 종류의 한문성경을 번역했다. 그는 리투아니아 출신 유대인으로서 기독교로 개종했고, 1875년에 '쉐레쉐브스키 관화역본'(구약)과 1902년에 '쉐레쉐브스키 쉬운 문리역'(성경전서)을 출판했다. 이환진 교수는 세레쉐브스키의 관화역본과 쉬운 문리역이 게일-이원모의 신역성경과 피터스의 구약 개역에도 영향을 주었다고 본다. 이환진, "쉐레쉐브스키 주교와 초기 한글 성경- 전도서 1장을 중심으로", 〈성경원문연구〉, 2011년 4월/제28호, 대한성서공회, 35-57, 특히 37쪽.

40) "길맨이 헤이븐에게, 1899.1.28",『대한성서공회사 자료집 제1권』, 위의 책, 592-593쪽.

41) 박준서, 위의 책, "맥코믹신학교 유학, 목사안수와 결혼", 45-52쪽.

믹 신대원 동급생이었던 곽안련(郭安連, Charles Allen Clark, 1878-1961. 미북장로회 선교사로 1902년 내한 – 1941년 이한) 선교사와 함께 일했다. 이러한 가운데 1906년 1월 피터스의 첫 부인이 폐결핵으로 별세했다. 1906년에 게일은 휴가로, 언더우드는 건강상의 이유로 휴양차 한국을 떠났으며, 구약 번역의 진도는 늦어지고 있었다. 피터스 목사가 선교사로서 다시 한국에 왔다는 소식을 알고 있었던 미국성서공회 일본 지부의 루미스 선교사는 한국에서 구약 번역을 하는데 그가 적임자라고 여겨서 미국 성서공회 본부에 다음과 같은 편지를 보냈다. "피터스야말로 구약 번역에 필요한 자질을 갖춘 유일한 사람이라는 의견이 중론입니다. … 하나님께서는 피터스를 준비시켜 오신 듯 보입니다."[42]

성서위원회는 부족한 구약성경 번역자를 충원하기 위해 1906년 10월 3일부터 크램(미남감리회 W. G. Cram, 奇義男, 1875-1969)과 피터스를 공번위에 구약 번역자로 선임했다. 공번위의 번역이 확정되려면 최소한 번역자 3인의 동의가 필요했기 때문이다. 이때부터 1907년 말까지 주로 레이놀즈, 크램, 피터스 3인이 구약 번역을 추진해 나갔으며, 1907년 7월에 한국인 이창직과 김정삼이 공번위에 위원으로 선출되었다. 1907년 말에는 피터스가 초역한『전도서』를 공번위에서 검토했으나, 낱권으로 출판하지는 않았다. 1906년 번역위원으로 선출된 이후 피터스는 1907년까지 성경번역과 복음 전도사역에 주력했다. 피터스는 미북장로회 의료선교사로 1898년에 내한하여 세브란스 병원에서 일하던 에바 휠드(Eva Henrietta Field, 1868-1932)와 1908년 3월에 재혼했고, 여기서 두 아들 르우벤(Reuben Field, 1908-1958)과 리처드(Richard Sawyer, 1910-1992)가 태어났다. 르우벤은 후에 미국 프린스턴 신대원을 졸업하고 미북장로회 소속 목사가 되었으며, 리처드는 프린스턴 대학교를 졸업하고 고등학교 수학 교사가 되었다.

1908년 4월 레이놀즈는 미남장로회 선교부의 지시로 서울에서 전주 지부로 거주지를 옮겼다. 번역 위원인 김정삼은 레이놀즈와 함께 전주로 갔으나 이창직은 가지 못했다. 그즈음 게일이 휴가에서 돌아와 있었고, 전주 지부에서 레이놀즈는 서울에 있는 게일과 연락하면서 구약 번역을 위해 주도적인 역할을 했다. 레이놀즈가 추천한 한국인 이승두가 1908년 10월 31일부터 공번위의 위원이 되어 전주 지부에서는 레이놀즈와 김정삼과 이승두 3인이(전주분과) 함께 구약 번역에 매진했다. 한편 크램과 피터스는 순회전도와 교회개척 사역 때문에 구약 번역에는 적극적으로 협력

---

42) 박용규, "알렉산더 피터스…", 위의 글, 59-60쪽에서 재인용함. 루미스가 피터스를 한국에서 구약 번역자로 추천한 서신들에 관해서는 다음을 참조할 수 있다.『대한성서공회사 자료집 제1권』, 위의 책, 1904년 9월 1일, 1907년 10월 18일, 1908년 9월 3일 루미스의 서신들.

하기 어려웠다. 그러나 실상은 피터스의 경우 구약 번역과정에서 언더우드나 게일과 다소 마찰(?)이 있었던 관계로 더 이상 구약 번역에 관여하지 않은 것으로 보인다. 그 마찰의 이유는 직접적인 것은 아니고, 루미스(Henry Loomis)가 당시 한국에서 구약 번역을 위해 피터스가 그 누구보다도 적임자이며 히브리어 실력이 뛰어나다고 미 북장로회 선교부 총무인 브라운 박사에게 서신을 보낸 것이 마찰의 단초를 제공한 것으로 보인다. 이 루미스의 서신에 대해 언더우드는 반박하는 편지를 브라운 박사에게 보냈는데, 그 내용은 루미스가 한국에서 성경번역 사업에 불필요한 간섭을 계속하고 있다는 것과, 언더우드나 게일을 포함하여 번역자들이 구약 히브리어 실력이 모자라는 것처럼 말하는 루미스의 지적은 부적절하며 사실이 아니라는 해명이었다.[43)]

어쨌든 구약성경 번역은 전주 지부에서 레이놀즈가 주도적으로 추진했으며, 1909년에는 언더우드도 돌아와서 구약 번역에 동참했고 '스가랴'를 초역했다. 그동안 공번위 역으로 1907년 4월에 『잠언』이 낱권으로 출판되었고, 1908년에는 『사무엘, 열왕기 합편』과 『출애굽기』와 『이사야』도 각각 낱권으로 출간되었다. 1909년 전주분과 보고서에 따르면 역대상·하, 에스겔, 느헤미야, 에스라, 아가를 번역했고 다니엘을 공번위 역으로 확정했으며, 게일이 보낸 욥기와 호세아 초역도 다시 검토했다. 전주분과 한국인 위원들의 임무는 한글 번역본문을 한문성경이나 일본성서와 대조하여 그 내용에 불일치한 점이 없는지 검토하는 것과, 국역문체를 다듬는 작업이었다. 번역자회의 공식 대본(저본)은 당시 중국어 성경번역의 예를 따라 영국의 『개역성경』(the British Revised Version: RV, 1881–1885)을 따른다고 했는데, 실제로는 번역자들이 주로 미국 선교사들이었기 때문에 영국 개역성경의 자매 격인 『미국 표준성경』(the American Standard Version: ASV, 1901)을 사용했다. 그러나 번역자의 재량에 따라 신약 그리스어 원문과 구약 히브리어 원문을 대조하는 것은 물론이고, 칠십인역, 불가타, 중국어, 일어, 독어, 불어, 러시아어 성경 등 당시에 가용할 수 있는 자료들을 참고했다.[44)]

마침내 1910년 4월 2일(토요일 저녁) 전주에서 서울에 있는 영국성서공회 지부 밀러(Hugh Miller, 민휴) 총무 앞으로 짤막한 내용의 전보가 도착했다: "번역 다 되었소"('Punyuk ta toyusso', 레이놀즈의 영문 보고서). 이 전보 내용에 따르면, 레이놀즈의

---

43) 김중은, "구약 국역사에서 Alex. A. Pieters의 위치와 의의", 〈구약논단〉 통권 27호, 2008.3.31, 한국구약학회, 특히 165-167쪽.

44) 비교, 한글 구약 성경번역에 사용한 자료에 대해서는 다음을 참고할 수 있다. 류대영 옥성득 이만열 공저, 『대한성서공회사 II』, 번역 반포와 권서사업, 위의 책, "번역에 이용한 자료", 37-39쪽.

전주분과에서는 마지막으로 남은 구약전서의 국역 작업을 조금 전에 일단 완료했다
는 것이다. 레이놀즈의 보고서에 따르면, 공번위가 구약전서의 국역을 끝내는 데는
1904년 10월 17일부터 1910년 4월 2일까지, 모두 5년 5개월 16일이 걸렸다고 했
다.[45] 당시 1911년 3월 9일 성서위원회 회의록에는 한글 성경전서(소위 '구역')의 완역
에 대해 다음과 같이 기록되어 있다. "완성된 한글 성경 여러 부가 제출되었고, 하나
님께 드리는 감사의 결의를 만장일치로 기립 투표하여 채택했다. 위원회는 열심히
성공적으로 작업한 번역자들과 번역 작업에 자금을 지원하고 출판해 준 영국성서공
회에 진심 어린 감사와 신실한 찬사의 말을 전했다."[46]

그리하여 공번위가 번역한 역사상 최초의 완역 한글『구약전서』가 1911년 3월 3
일(명치 44년) '조선 경성 대영성서공회 발간'으로 상(창세기–역대하, 1–1,350쪽)과 하
(에스라–말라기, 1,351–2,650쪽)로 분책하여 신약전서와 함께 출간되었다.[47] 미국성서
공회도 동년 3월 6일 구약전서 2권과 신약전서 1권을 출판했으며, 특이하게도 미국
성서공회는 며칠 후 3월 15일에는 신약전서 1권과 구약전서를 3권으로 분책하여 모
두 4권으로 성경전서를 출간했다. 미국성서공회는 확정판 신약전서(1906)와 구약전
서(1911)를 합해서 처음으로 한글『성경전서』를 단권으로 1911년에 출간했다.[48] 영국
성서공회는 1925년 5월 4일에 단권으로 한글『성경전서』를 출간했다(서울 대동인쇄주
식회사 인쇄). 이 1911년 판 한글 신구약 성경전서를 우리는 편의상 앞으로 나오게 될
한글 '개역'(改譯) 성경전서와 구별하여 '구역'(舊譯)이라고 부른다. 일본의 경우는
1887년에 일본어 신구약 성서가 최초로 완역되어 출판되었고, 그보다 앞서 중국은
1822년에 최초의 한문 성경전서가 출간되었다. 우리 한국은 중국보다는 89년, 일본
보다는 24년 후에 한글 신구약 성경전서가 처음으로 발간되었다.

1910년은 일본제국이 대한제국을 무력으로 강점하고 국권을 빼앗은 '경술의 국
치'(8월 29일, 한일합병조약)가 있었던 해이다. 그 이듬해 1911년 3월에 하나님은 국권
과 자유를 빼앗기고 실의에 빠진 한국 민족에게 역사상 처음 한글로 완역된 신구약
성경전서를 희망의 선물로 주셨다. 이것을 우연한 일이라고 볼 수 있을까! 한글을 아
는 한국 사람은 이제 누구나 한글로 된 신구약 성경을 읽을 수 있게 되었고, 한국교

---

45) W. D. Reynolds, "Translations of the Scripture into Korean II", 1910, 5-6쪽.

46) 영국성서공회 편집소위원회 회의록(1911년 6월 7일, 21쪽), 옥성득 편역,『대한성서공회사 자료집 제3권: 밀러 서신』,
대한성서공회, 2011, 84쪽. 이 자료집 앞에는 초기 성서공회 관련 인물들과 성경 번역자회와 연관된 인물들 및 구역성
경과 개역성경의 화보집이 나와 있다.

47) 1882-1945년까지의 '한국어 성경 서지목록'은『대한성서공회사 II』, 상게서, 683-690쪽 참조.

48) 한글 성경 인쇄는 1911-1923년까지 주로 일본 요코하마 복음인쇄합자회사를 통해 이루어졌는데, 1923년 9월 '관동대
진재'로 인해 요코하마 복음인쇄소가 전소한 이후 1924-1941년에는 서울의 인쇄소들에서 인쇄되었다.『대한성서공회
사 II』, 위의 책, 189쪽 이하, 197쪽.

회는 자국어로 번역된 성경전서를 통해 하나님의 말씀의 기초 위에서 성장해 나갔다. 피터스 선교사는 구역 공번위에 번역자로 선임되었으나 위에서 언급한 대로 루미스의 편지로 야기된 공번위 번역자들과의 다소 불편한(?) 분위기 때문에 1906-1907년에 번역자회에 참여한 것 외에는 구역 성경번역 작업에서는 멀어진 것으로 보인다. 어쨌든 1911년 출판된 역사상 최초의 한글 『성경전서』는 한국 그리스도인들에게 환영과 사랑을 받았다. 그러나 앞으로 한국교회의 건실한 발전을 위해서 성경은 원전(신약은 그리스어 성경, 구약은 히브리 성경)에서 번역해야 한다는 의견이 그동안 구역 성경번역 과정에서 꾸준히 대두되었다. 그래서 공번위는 구역이 완간된 1911년에 바로 '공인성경개역자회'(이하 '공개위')로 발전적인 해체를 했다.

신구약 성경의 개역 작업은 생각보다 오랜 시간이 걸렸다. 구약개역은 1915년 황해도 구미포 해안에서 가까운 송천(소래)에 있던 언더우드의 별장에서 언더우드와 레이놀즈를 중심으로 다시 시작되었다. 그러나 1916년 10월 12일 건강 악화로 언더우드가 별세함으로 구약 개역작업은 지연되었다. 구약 공개위는 위원들을 보강하고 1917년부터 일주일에 5일간 하루에 2시간씩 모여 개역 작업을 했다. 그러나 1919년 3.1운동 이후에는 일제 식민지 시대의 여러 가지 상황의 제약으로 개역 작업의 속도가 더 느려졌다. 1920년까지는 게일과 엥겔(호주장로회 George O. Engel, 王吉志, 1864-1939. 1900년 내한-1937년 이한)과 레이놀즈(William Davis Reynolds, Jr., 李訥瑞, 1867-1951. 1892년 내한-1937년 이한)가 구약 개역작업을 이끌었다. 1921년부터 공개위는 신약개역위원회와 구약개역위원회(이하 구개위)로 나뉘었다.

한편 1922년에는 개역 번역 원칙에 대한 의견 차이 때문에 게일(미북장로회 James Scarth Gale, 奇一, 1863-1937. 1888년 내한-1929년 이한)은 공개위에서 사퇴했다. 게일은 그 후 이원모(李源謨)와 함께 자신의 번역 원칙에 따른 『신역신구약전서』를 1925년 12월에 출판했다(서울 기독교창문사). 게일은 '순수한 한국어' 구어체를 따르는 자유역을 주장했지만, 공개위는 영국성서공회가 제정한 「번역자, 개역자 그리고 편집자를 위한 지침서」에 따라 직역을 원칙으로 개역의 방향을 재확인했다.[49] 이 지침서에서는 번역자의 '영적 적합성과 함께 학문적이며 어학적 능력'을 중요시하며, 성경의 번역은 '히브리어와 아람어 및 그리스어 원문'에서 이루어져야 함을 명시하고 있다. 또한 일상의 언어로 번역하되 비속한 말은 피해야 하고, 내용 풀이식이 아니라 그 수용언어가 허락하는 한 '직역'이어야 한다는 점을 밝히고 있다.[50]

---

49) *Rules for the Guidance of Translators, Revisers & Editors*, BFBS, London, 1911.
50) 김중은, "구약성서국역사", 위의 책, 458쪽 이하.

1922년에는 레이놀즈가 미국에 출타하는 일이 있어서, 베어드(미북장로회 Wil-liam Martyne Baird, 裵偉良, 1862-1931. 1891년 내한-1931년 별세)가 그 자리에 대신 선임되었다. 베어드는 구약성경 개역에 남다른 관심을 가졌고, 안식년에는 미국으로 가서 구약 히브리어를 다시 공부하는 열심을 보였으며, 1931년에 별세하기까지 구약 개역 작업에 적극적으로 참여했다. 1924년 구개위 역으로 개역 『출애굽기』가 나왔고, 1925년에는 개역 『창세기』를 낱권으로 출판했다. 구개위는 1925년부터 위원들의 거주지에 따라 서울분과(미남감리회 R. A. Hardie, 河鯉泳, 1865-1949. 미북장로회 Charles A. Clark, 郭安連, 1878-1961. 미북감리회 E. M. Cable, 奇怡富, 1874-1949)와 평양분과(레이놀즈, 베어드, 엥겔)로 나누었다. 그러나 구약 개역 작업은 속도가 나지 않았다.

이러한 상황에서 다시 피터스 목사에게 구약 개역 작업에 적극적으로 참여하도록 요청을 하게 된 것은 결코 우연이 아니었다. 피터스는 1926년이 시작되면서 구개위에 본격적으로 다시 참여하게 되었고, 같은 해 3월 26일에 모인 성서위원회에서는 피터스를 구개위의 "평생위원"(permanent member)으로 위촉했다. 이 위원회에서 피터스는 이미 1월부터 한국인 조사들과 함께 민수기, 사사기, 룻기, 사무엘상·하를 개역하기 시작했으며, 오전과 오후에 '원전'(the original text)을 앞에 놓고 세심하게 대조하여 개역을 해나간다고 보고했다.[51] 당시 영국성서공회 한국지부 총무인 밀러는 본국 성서공회 총무인 킬거(R. Kilgour)에게 다음과 같이 편지했다. "히브리어 학자로서 그는(알렉산더 피터스) 한국에 있는 다른 어떤 사람보다 앞서있고 그의 한국어 지식은 매우 뛰어납니다."[52] 그런데 피터스는 1926년 가을 건강이 나빠져서 휴양차 미국으로 떠났다.

1930년까지 구약은 39권 중 17권이 개역되었다. 구개위의 구약 개역본문은 확정되는 대로 기존의 구역(舊譯)성경전서 출판에 함께 인쇄되었다. 1930년에는 개정 관주구약성경이 한글로 출판되었는데 여기에는 창세기-사무엘상, 시편, 이사야, 예레미야, 요엘, 욥기, 요나, 학개, 그리고 말라기가 개역본문으로 인쇄되었다. 미국에서 돌아온 피터스는 1929-1931년에 다시 구약 개역작업에 복귀해 있었다. 이때 서울분과는 피터스가, 평양분과는 베어드가 중심이 되어 개역작업을 추진했다. 그러나 베어드는 1931년에 질병(장티푸스)으로 인해 별세했기 때문에, 그 이후에는 피터스가

---

51) 영국성서공회자료, The Language Files of the Translations Department(LFTDK), Korean II, 1923-1928: "The Minutes of the Bible Committee of Korea", Seoul, March 26, 1926. 비교, 『대한성서공회사 II』, 위의 책, 147쪽.

52) LFTDK II, 위의 자료, H. Miller가 R. Kilgour에게 보낸 서신: "As a Hebrew scholar he is away ahead of any other man in Korea and his knowledge of Korean is exceedingly good."

구약 개역 작업을 주도적으로 이끌었다. 피터스의 둘째 부인 에바 휠드(Eva Henrietta Field Pieters, 1868–1932)도 병환으로 1932년에 별세했다. 이러한 어려운 상황에서도 피터스는 1933년까지 열왕기상·하, 역대상·하, 에스라, 느헤미야, 에스더, 예레미야애가, 아가, 전도서, 에스겔, 욥기, 그리고 소선지서 중에 5권을 개역하고 있었다.[53]

1933년 11월부터 1934년 8월까지 피터스는 휴가로 미국에 가서 지냈다. 이때 미국 북장로회 선교부는 1929년 이후 미국 경제공황의 여파로 재정난을 겪고 있었고, 피터스를 계속해서 한국에 파송하기 어렵다는 문제가 생겼다. 그래서 밀러는 본국 영국성서공회에 염려하는 편지를 보냈다. "구약 개역을 위해 우리가 피터스를 주역 인물로 쓸 수 없다면, 구약 개역이 곧 끝날 수 있는 희망이 거의 없다고 봅니다."[54] 레이놀즈 역시 피터스가 가능한 한 빨리 돌아와서 남아있는 구약 개역 작업을 위해 그의 시간을 전적으로 사용하게 하는 것이 매우 중요하다고 말하고 있었다. 이러한 염려 덕분으로 만 63세의 나이에 피터스는 1934년 가을 구약성경 개역을 마무리 지을 특별한 사명을 가지고 셋째 부인 앤 쿠퍼(Anne Cooper)와 함께 한국에 돌아오게 되었다.

1935년 새해부터 피터스와 레이놀즈는 구약 개역에 다시 힘을 모았고, 한국인 위원으로 이원모(李源謨, 1875-?. 서울 연동교회 장로 시무, 1911-1923)가 구개위에 위원으로 선임되었다. 그해 여름에는 피터스, 레이놀즈, 이원모 3인이 지리산 노고단 지역에 있던 레이놀즈 별장에 모여 구약 개역에 전력을 다했다. 그 결과 피터스에 의하면, 1936년 3월 말에 구약 개역이 일단 끝났고, 이 개역 구약전서가 1936년 12월 25일 서울에서 출간되었다. 그러나 성서위원회는 1936년 구약 개역본에 만족하지 않았고, 피터스에게 부족한 점을 더 보완하도록 요청했다. 그 중요한 이유는 피터스가 본격적으로 구개위에 참여하기 전에 개역된 본문에 문제가 남아있다는 것으로서, 특히 한글 문체의 일관성과 개역 번역의 '보다 높은 정확도'(greater accuracy)가 요구되었다. 무엇보다 공개위의 작업은 처음부터 원전성경에 충실한 개역을 하는 것이었다. 구개위에서 구약 개역을 위해 사용한 원전은 크리스챤 긴즈버그(Christian David Ginsburg, 1831–1914)가 영국성서공회를 위해 편찬한 히브리 성경이다.[55] 이 긴즈버

---

53) W. D. Reynolds, "Fifty Years of Bible Translation and Revision", 『대한성서공회사 II』, 위의 책, 154쪽.

54) 김중은, "구약성서국역사", 위의 책, 469쪽. 영국성서공회자료, The Minutes of the Translations Subcommittee, Korean(MTSK), 1900-1964, 10쪽: "Unless we can get Pieters as the key man for Old Testament revision, I can see little hope of getting it finished soon."

55) *The Old Testament, diligently revised according to the Massorah and the early editions with the various readings from MSS and the ancient versions*, 1908-1926년 판.

그 편 히브리 성경은 당시로서 최신 본문비평 자료를 갖춘 권위 있는 히브리 성경본이었다.[56] 영국성서공회는 그 당시 서울에 있는 영국성서공회 한국지부에서 요청한 긴즈버그 편 히브리 성경을 개역자회에 보내면서, 또한 신판 『옥스퍼드 히브리어 사전』도 함께 보낸 것으로 기록에 나온다.[57]

긴즈버그의 히브리 성경은 16세기 전반기에 야곱 벤 하임(Jacob ben Chayyim)이 편찬한 히브리 성경[58] 본문을 대본(저본)으로 사용했다. 야곱 벤 하임은 북아프리카 튀니스 출신 유대인인데 기독교로 개종했다. 야곱 벤 하임은 마소라 본문의 2대 전통 가문인 벤 아쉐르 가문과 벤 납달리 가문의 중세기 히브리어 필사본들을 교열하여 일종의 '절충식 본문'인 히브리 성경 본문을 편찬했다. 야곱 벤 하임의 히브리 원전 성경은 20세기 초입에 이르기까지 오랫동안 히브리 성경의 '공인본문'(textus receptus)으로서 그 권위를 인정받았다.[59] 위에서 언급한 긴즈버그의 히브리 성경도 이 공인본문을 대본으로 사용하였다. 20세기 초반 독일의 구약학자 킷텔(Rudolf Kittel, 1853-1929)도 히브리 성경(Biblia Hebraica) 1판(1906년)과 2판(1909년)을 편집하여 출판하면서 역시 공인본문인 '제2랍비성경'을 그 대본으로 사용하였다. 그러나 1937년에 출판된 비블리아 헤브라이카 제3판(BHK³)부터는 비로소 현존하는 가장 오래된 마소라 완질사본인 '레닌그라드 사본'(Codex Leningradensis, 1008년)을 대본으로 사용함으로써, 야곱 벤 하임의 제2랍비성경은 레닌그라드 사본에게 공인본문의 자리를 내주게 되었다.[60] 긴즈버그의 히브리 성경은 그 대본으로 '제2랍비성경'을 사용했지만 여러 사본들을 참고하여 비평적으로 교열했고, 당시로서는 영국성서공회가 발간한 최신 히브리어 원전 성경이었다.[61]

다시 한글 구약성경 개역 작업으로 돌아와서 보면, 피터스는 이원모와 함께 막

---

56) LFTDK I 1901-1922: H. Miller가 R. Kilgour에게 보낸 서신, 1922년 9월 1일; R. Kilgour가 T. Hobbs에게 보낸 서신, 1922년 11월 24일 참조.

57) 비교, 『대한성서공회사 II』, 위의 책, "2장 개역성경의 번역과 출판, 1911-1940", 146쪽.

58) 1524/25년 판, 이태리 베니스의 다니엘 봄베르그 인쇄소 출판. '제2랍비성경', 또는 '봄베르기아나'란 이름으로 알려짐.

59) 알렉산더 아킬레스 피서, 김정훈 배희숙 차준희 하경택 역, 『구약성서 본문: 역사와 본문비평』, 에른스트 뷔르트바인의 비블리아 헤브라이카 입문서에 대한 새로운 개정, 대한성서공회 성경원문연구소, 2020, 55-57쪽.

60) 킷텔이 별세한 후 BHK 제3판에서 '레닌그라드 사본'(기호 L/B19ᴬ/Mᴸ, 1008년)의 본문을 대본(저본)으로 사용하는데 주도적인 역할을 한 학자는 파울 칼레(Paul Kahle, 1875-1964)이다. 알렉산더 아킬레스 피서, 위의 책, 60쪽. 현재 레닌그라드 코텍스(필사본)는 사진판 영인본으로 출판되어 있다: *The Leningrad Codex*, A Facsimile Edition, General editor David Noel Freedman, Eerdmans & Brill, 1998.

61) Ernst Würthwein, *The Text of the Old Testament*, 2ⁿᵈ ed. tr. by Erroll F. Rhodes, Eerdmans, 1995, 특히 "(f) *Christian D. Ginsburg* [BHK:V(ar)ᴳ]". 긴즈버그가 1914년 별세함으로 그의 히브리 성경 편찬 작업은 H. E. Holmes와 A. S. Geden이 완결했다. 41-42쪽, 각주 93 참조. 크리스챤 긴즈버그의 히브리 성경 편찬에 대한 학문적 검토에 관해서는 다음의 책을 참고할 수 있다: Dominique Barthélemy, *Studies in the Text of the Old Testament, An Introduction to the Hebrew Old Testament Text Project*, Textual Criticism and the Translator, Vol. 3, Eisenbrauns, 2012, 인명 색인 'Ginsburg, C. D.', 671쪽 참조.

바지 개역 작업을 계속했고, 개역 원고는 레이놀즈에게 보내어 검증을 받았다. 마침내 1937년 9월 22일 모인 한국 성서위원회에서는 신약 개역자회와 구약 개역자회가 제출한 개역완료 보고서가 채택되었고, 구약 개역의 보고서는 피터스의 이름으로 제출되었다. 이 보고서에서 피터스는 구약성경 한글 개역 작업에 관해 다음과 같이 기록했다.

> "개역 본문은 물론 완벽한 것과는 거리가 있습니다. 사실상 구약의 번역, 특히 고도의 시적인 책들을 완벽하게 번역할 수는 없습니다. 그러나 개역자회는 불가피하게 어려운 여건 아래서 서둘러 이루어진 구역(舊譯)보다는 개역(改譯) 본문이 좀 더 히브리 성경의 정신을 표현하는데 가까이 다가갔다고 확신합니다. … 개인적으로, 저는 성경 책들을 개역하는 작업에 큰 몫을 담당하도록 제게 특권을 허락하신 하나님께 깊이 감사드립니다. 저는 또한 제게 이러한 중차대한 일을 맡겨주신 한국의 성서위원회에 저의 진실한 감사의 뜻을 표하고 싶습니다. 알렉스 A. 피터스가 삼가 제출합니다."[62]

이 보고서에서 피터스는 특히 "이 작업에서 매우 유능하고 수고로운 조력을 아끼지 아니한 이원모 씨에게 큰 찬사가 돌아가야 마땅하다"라고 했다.[63] 이덕주 교수에 따르면, 구약 개역 작업에는 선교사 11명과 한국인 4명으로 모두 15명이 참여했다.[64] 1937년 봄에 확정된 신약 개역본문과 함께 최종적으로 확정된 구약 개역본문은 서울 창문인쇄주식회사에서 단권으로 인쇄하여, 겉표지에는 『성경 개역』이란 제목으로 1938년 9월 3일에 마침내 한글 개역 성경전서(구약 개역과 신약 개역)가 '조선성서공회'이름으로 발행되었다.[65]

피터스는 개역 성경을 출판할 때 자신이 직접 인쇄소에 가서 교정도 보았다. 구약개역을 완결한 피터스의 노고를 조금이라도 위로하고 보답하고자 영국성서공회는 당시 영국화폐로 200파운드를 사례금으로 그에게 전달했다.[66] 오랜 개역 과정을 거쳤지만 개역 작업은 신구약 모두 원전 성경과 대조하여 꼼꼼히 진척되었고, 특히 구

---

62) LFTDK III 1929-1938, "Report of the Old Testament Revision Board", in *Minutes of the Bible Committee of Korea*, Sept. 22, 1937.

63) 『대한성서공회사 II』, 위의 책, 159쪽.

64) 이덕주, "초기 한글 성서 번역에 관한 연구", 459-464쪽, 『대한성서공회사 II』, 위의 책, 160쪽에서 재인용함.

65) 대한성서공회는 창립 120주년을 기념하여, 2015년 11월 24일에 1938년 판 『성경 개역』본을 영인본으로 제작하여 배포했다.

66) 김중은, "구약성서국역사", 위의 책, 471쪽.

약 개역은 일찍이 역사상 최초의 한글 구약성경본인 『시편촬요』를 번역하여 출판했으며 누구보다 히브리 성경에 익숙하고 여러 언어와 한국어 실력이 탁월한 피터스 목사가 그 주역을 맡아서 완결했다는 것은 놀라운 하나님의 섭리이고, 한국교회가 기억하고 감사하고 기념할 만한 역사적 사건이다. 1938년 판 한글 개역성경을 한국교회는 그동안 철자법만 바꾸어 사용하다가, 개역개정(1997년 초판, 2005년 제4판 확정판)을 거쳤고, 구약본문은 피터스팀이 개역한 본문을 거의 그대로 지금까지 사용하고 있다.

일찍이 피터스는 미국 시카고의 맥코믹신학교 재학 중에 선교사를 지망했고, 1901년 3월 19일 자로 제출한 선교사 지원서에서는 영어 외에 자신이 구사하는 언어에 대해 다음과 같이 자필로 진술하고 있다. "라틴어, 그리스어, 고대 슬라브어, 히브리어, 프랑스어를 공부했고, 영어, 러시아어, 이디시어(Yiddish), 독일어 그리고 한국어로 대화할 수 있습니다. 언어를 습득하는 것은 제게 어렵지 않습니다." 성경을 공부하는 습관을 묻는 항목에 대해서는 "적어도 하루에 한 시간"이라고 적었다.[67] 피터스는 고향을 떠나기 전 정통 유대인 부모의 가정과 유대인 사회에서 일상적으로는 '이디시어'(Yiddish)를 사용했고, 회당에서는 구약 히브리어와 탈무드 교육을 받았다.[68] 피터스는 1917년 〈신학세계〉 잡지에 기고한 글에서 구약과 성경에 대한 그의 소신을 다음과 같이 밝혔다. 구약의 목적은 하나님을 공경하는 것과 인의를 힘쓰게 하는 것이며 나아가 "구약은 예수를 위하여 나라를 예비하고, 예수를 증거한 것"이요, "신약은 예수 오신 것과 행위와 하신 말씀과 사도의 일과 전한 말을 기록한 것"이라고 했다. 성경은 능히 사람으로 하여금 하나님을 공경하고, 의를 행하고, 마음에 위로와 평안함을 받고, 구원을 얻게 하며, 성경 외에 다른 서적은 이러한 능력이 없다고도 했다.[69]

1938년 판 개역 구약성경에는 히브리어 고유명사나 어휘에 대한 뜻풀이와 번역상 히브리어 원문이나 고대 역본들 또는 사본들과 대조가 필요한 곳(예컨대, 창 31:47; 삿 3:25; 시 7:4; 22 제목; 59:9; 111:1; 사 7:14; 렘 4:19; 11:15; 삼상 6:19; 12:11; 대하 3:17; 슥 12:10 등)과 다른 번역의 가능성(출 20:3; 레 16:14; 민 19:12; 신 4:34; 삼상 6:18; 욥 13:15,18; 시 104:24; 잠 21:12 등)을 제시하는 난하주 약 853개소가 마련되었

---

67) The Board of Foreign Missions of the Presbyterian Church in the U.S.A., 'Personal questions to be answered by the applicant' by Alexander Albert Peiters, March 19th 1901, in *The Collections of the Presbyterian Historical Society*.

68) '이디시'(Yiddish)란 '유대인풍'이란 독일어 단어 'jüdisch'에서 유래했는데, 동부 유럽에 정착한 소위 '아시케나지' 유대인들이 19세기부터 20세기 초반까지 사용하던 일상 언어이다. 이디시어는 독일어에 히브리어 어휘를 섞은 언어로서, 프랑스어, 이태리어, 슬라브어의 영향을 받은 혼합어이다. 이디시어는 히브리어 글자로 기록한다. *The JPS Dictionary of Jewish Words*, by J. Eisenberg & E. Scolnic, 2001/5761, 178쪽.

69) 피득, "성경연구의 방법", 〈신학세계〉 1917년 11월, 특히 113쪽.

다. 창세기와 출애굽기 사이에는 천연색으로 '애굽과 시내와 가나안 지도', 신명기와 여호수아 사이에는 '가나안 지도' 그리고 사무엘하와 열왕기상 사이에는 '유다 지도'가 첨부되어 있다. 1911년에 출간된 구역(舊譯)성경전서보다 1938년의 개역(改譯)성경전서는 보다 원전에 충실한 '직역'(直譯. '축자역'이란 용어는 적합하지 않다)의 성격을 가지고 있다.[70] 피터스는 한국에서 선교사로서 1941년 12월 30일 명예롭게 은퇴하기 1년 전인 만 69세 때 "구약 개역에 대한 간단한 기록"이란 글을 영문으로 남겼는데, 이 글에는 구약 개역 작업에 대한 회고와 함께, 히브리 성경에서 한국어로 번역하는 과정에서 겪은 어려움과 문제들을 몇 가지 예를 들어 비교적 자세하게 설명하고 있으며, 자기 자신의 소감을 다음과 같이 술회하고 있다.

> "히브리 성경을 유년 시절부터 읽어 온 사람은 히브리어 운문의 그 장엄한 언어를 충분히 살려서 번역한다는 것은 불가능하다는 사실을 잘 알 수 있다. … 시(詩)가 가진 아름다움과 그 효력은 보고, 생각하고, 상상하는 방법과 연관되어 있기 때문에, 전혀 다른 두 언어 세계에서 그것을 교감하기는 어렵다. … 두 언어가 주는 내적 난관들과 개역자들의 제한된 능력을 인정하면서도, 개역자들은 기도하면서 성실하게 한국교회에 구약 성경을 훌륭한 한국어로 번역하여 제공하기 위해 노력했다. 개역의 모든 불완전한 점들에도 불구하고 하나님이 이 개역본을 축복하시고 한국교회에 주신다는 것을 확신한다."[71]

박동현 박사는 2015년에 발표한 논문에서, "개역성경은 대체로 구역보다 더 원문의 형식을 존중하여 개정한 성경입니다… 개역성경보다 더 나은 한글성경을 아직은 찾을 수 없습니다."라고 평가했다.[72] 또한 같은 해 대한성서공회의 한글성서 전시회 자료집에서는 개역성경에 대해 다음과 같이 평가를 하고 있다. "이처럼 한국교회는 한 세기가 넘는 동안 교파를 초월하여 각 시대마다 하나의 위원회를 구성하여 공인역 성경인 개역 성경을 번역, 개정하는 작업을 함께 해왔다. 이를 통해 교파가 서로 다른 선교사들이 서로 협력하여 연합할 수 있었고, 급변하는 한국교회 상황에서도 불구하고 성서사업을 통하여 교회 일치 정신을 보여줄 수 있었다. 이러한 연합운

---

70) 그런데, 창세기 12장 2절의 경우에 "… 너는 복의 근원이 될지라"라고 개역한 것(1938)은 구역(1911, "네가 복이 되라")에 비하면 잘못된 번역이다. 히브리어 원문에는 '근원'이라는 말이 없고, '너는 복이 되라'라고 했는데, 왜 '근원'이란 단어가 들어 왔는지 알 수 없다. 현재 개역개정은 이 구절을 원문에 맞게 개정했다.

71) A. A. Pieters, "Notes on Old Testament Revision", 〈*The Korea Mission Field*〉 (1940. 5), 78-80쪽.

72) 박동현, "한국교회에서 개역성경이 갖는 의미", 『한글성경 번역과 보급의 역사』, 대한성서공회 창립 120주년 기념 학술 심포지엄, 2015년 11월 24일, 7-55쪽, 특히 38-41쪽.

동의 결실인 '개역' 성경은 교파를 초월하여 한국교회가 함께 사용해온 강단용 성경으로, 한국교회가 함께 지켜나가야 할 자랑스러운 유산이다."[73] 그러나 옥성득 박사는 개역성경을 폄하하여 "개역본(1938)—그 철자법만 고친 새 맞춤법 개역판(1961)이나 개역개정판(1998) 포함—은 1911년 구역본 성경전서에 비해 더 보수적인 신학과 일본어의 영향 하에서 이루어진 번역이었다. … 한국교회는 당분간 『성경전서 개역개정판』을 사용해야 하겠지만, … 새 성경전서 판본을 만들기 위해 함께 힘을 모으고… 구역본 성경전서의 번역 과정을 깊이 참고할 필요가 있다"[74]라고 한 것은 편견이고 국소적인 관점이다. 옥 박사가 개역성경이 '더 보수적이며 일본어의 영향 하에서 이루어진 번역'이라고 주장하는 것은 단순한 강변을 넘어서 근본적으로는 성경번역사(교회사)를 투쟁과 갈등 구조로 보고, 보수와 진보의 진영논리로 이념적 편향에 따라 판단한 것으로 보인다. 위에서 살펴본 대로, 한글 성경 번역사에서 무슨 보수와 진보의 싸움이 있었는가? 개역성경은 신구약 모두 원전을 대본으로 번역하는 것을 원칙으로 삼았기 때문에, 이 한 가지만으로도 구역은 개역과 비교가 되지 못한다.

　개역 과정에서는 신약 분과와 구약 분과가 따로 작업을 했는데, 신약 분과의 대본은 '네스틀레(네슬레) 원전'(Nestle Text, by Erwin Nestle 14판, 1923)이었다.[75] 당시 기록에 보면 주로 신약 분과에서 참고하는 번역본들 중에는 '개역 일본어 성서'를 선호한 것으로 보인다.[76] 신약 개역 위원회에서는 당시 일본어 성서가 원문에 충실한 직역이라는 점을 들어 개역 작업에서도 그 점을 참고하면 좋겠다는 언급이 당시 신약 개역분과 문건에 다음과 같이 나타나 있다. "… 실제 작업에서 번역의 상당 부분이 재독되고 여러 번 헬라어와 검토·대조된다. 비교를 위해 사용된 다른 언어로 된 번역본 중에서 가장 유용했던 것은 개역 일본어 본이었다. 개역 일본어 성경은 구역 한글 성경보다 동양어로 된 성경이 원문에 얼마나 근접할 수 있는가를 보여주었고, 동시에 여러 구절에서 암시를 주었다."[77]

　1910년부터 본격화된 일제 식민지 강점기에는 일본어를 '국어'로 강요했기 때문

---

73) 전무용 조지윤, "한글 성서의 번역", 대한성서공회 창립 120주년 기념, 『한글 성서 전시회 자료집』, 2015년 11월 24일, 61-62쪽.

74) 옥성득, "구역본 성경전서(1911)의 번역, 출판, 반포의 역사적 의미", 『한글 성경이 한국 교회와 사회, 국어 문화에 끼친 영향』, 대한성서공회, 2011, 136-178, 특히 176쪽 이하.

75) 『대한성서공회사 II』, 위의 책, 171쪽.

76) 여기서 개역 일본어 성서는 곧 '대정역 大正譯'이다. 1887년 출판된 최초의 일본어 신구약 전서를 '명치역 明治譯'이라고 하는데, 이 명치역을 원전에 충실한 문어체로 개역한 것이 1917년의 대정역이다. 현재 일본에서는 1937년에 설립된 '일본성서협회'의 주관으로 현대 일본어 구어체로 번역한 신구약 성서가 1955년에 완간되었고, 이 성서를 '소화역 昭和譯'이라고 하며 현재 일본에서 가장 많이 읽히는 성서로 알려졌다.

77) 『대한성서공회사 II』, 위의 책, "신약성경의 개역, 1926-1937", 신약개역 완성에 대한 커닝햄의 보고서(1937년 9.22), 170-172쪽.

에 일본어 성서의 어휘가 개역성경 본문에 직·간접적인 영향을 주었을 것은 불문가지의 사실이다. 이미 구역에서도 그랬고 개역 작업에도 한문성경이나 일본성서만 참고한 것이 아니고, 번역자의 역량에 따라 칠십인역, 불가타를 위시하여 영어, 독일어, 불어, 그 외에도 러시아어 성경 등 당시에 가용할 수 있는 번역본 성경들을 비교하고 참고문헌으로 사용한 것은 당연지사였고 또 사실이 그러했다. 개역성경에 구역보다 일본어 성서가 사용한 한자 어휘가 더 들어와 있다고 해서 개역 번역이 마치 일본어 성서를 추종하여 잘못된 번역이라도 되는 듯이 오도하는 것은 주의해야 한다. 이미 언급한 대로 개역 성경은 신약 분과와 구약 분과가 나누어 작업을 진행했는데, 구약 개역분과의 회의록이나 최종 보고서에서는 일본어 성서를 선호한 기록은 볼 수 없다. 옥성득 박사가 개역은 구역보다 '더 보수화'되었고, 개역성경은 '한국교회의 보수화 과정의 산물'이라고 한 것은 부적절하고 이념적으로 굴절된 관점이다. 그것은 아마도 국역 성경 번역의 원칙과 개역 과정에 대한 이해가 불충분한 입장에서 내린 결론으로 보인다.[78]

성경 번역이 직역(literal translation)이면 보수적이고, 자유역(free translation)이면 진보적이라는 생각은 오해이며 잘못된 생각이다. 자유역을 포함하지 않는 직역도 없고, 직역을 포함하지 않은 자유역도 없다. 그동안 성경 번역은 원전의 문법적 형식을 가능한 한 충실하게 따르는 직역 원칙과 원전의 형식보다는 원전의 의미를 전달하는데 주안점을 두는 자유역으로 구분되어 왔다. 직역은 보수고 자유역은 진보라는 이분법은 세계 성경 번역사에서 존재하지 않는다. 지난 20세기 후반에는 미국성서공회 번역실장을 역임했던 목사이며 언어학자인 유진 나이다(Eugene A. Nida, 1914-2011) 박사가 제시한 소위 '역동적 동등성 이론'(dynamic equivalence theory)을 성경 번역에 적용하는 것이 유행했다. 이 '역동적 동등성'이란 용어는 그 '역동적'이란 의미가 다소 불분명하기 때문에 점차 '기능적 동등성 이론'(functional equivalence theory)으로 그 용어를 개선했다. 역동적 또는 기능적 동등성 이론이란 다름이 아니고, 원전 언어(source language)의 수사법과 그 표현(문학) 양식을 파악하여 번역을 하는 수용어(receptor language) 문화권에서도 그에 기능적으로(!) 상응하는 동등한(등가의) 언어관습과 표현양식을 찾아 그 성경 번역에서도 재현함으로써, 지금 그 번역문을 읽는 독자가 성경이 기록된 당시의 독자가 원전의 본문을 이해하고 느꼈던 내용과 의미를 동등하고(등가적이고) 실감 나게 받아들일 수 있도록 전달해야 한다는 이론이

---

78) 옥성득은 "초기 한글성경 번역에 나타난 주요 논쟁 연구"라는 제목으로 장신대 석사논문을 썼는데, 이때부터 "평민적 성격을 띠었던 초기 한국기독교가 3·1 운동을 거쳐 체제 내화하면서 강화됐던 보수적 성격이 성경 번역에도 결정적 영향을 끼친 것으로 드러났다"라는 식의 일방적인 주장을 계속하고 있다. 〈한겨레〉, "'개역 성경' 교회 보수화 과정 산물", 1993.3.21, 9면.

다.[79] 예컨대, 구약의 창세기나 이사야나 잠언을 번역하거나 복음서에서 예수님이 하신 말씀들을 번역할 때, 오늘 창세기 기자나 이사야 예언자나 잠언의 지혜자나 또는 복음서 기자가 한국에 와서 원전 본문에 상응한 내용을 현재 한국인들이 일상에서 사용하고 있는 구어체 한국어로 표현하고 기록했다면 어떻게 했을까 하는 그 '역동적이며 기능적인 동등성'(등가성!)을 찾아 번역을 통해 실현해야 한다는 것이다. '역동적–동등성(기능적–등가적) 이론'에 따르면, "어느 정도까지 번역본문 수용자의 반응이 최초 원전 본문 수용자의 반응에 본질적으로 같아지는가를 판정할 때, 번역의 '정확성'이 올바르게 규정될 수 있다"라고 한다.[80] 그 의도는 알겠는데, 나이다 박사의 번역이론은 실제로 성경 번역에서는 실현하기가 거의 불가능한 낭만적인 이론이다.[81] 독일 루터성경의 개역에 참여했고, 독일어권에서 성경 번역 문제에 대한 전문가인 슈타이너(R. Steiner) 목사는, "각각의 성경본문은 해설을 필요로 한다. 해설이 필요 없게 되는 데까지 도달할 수 있는 번역은 없을 것이다… 역동적–등가적 번역 또한 주석을 하지 않을 수 없다. 따라서 이 번역 방법은 단지 번역을 통해서 본문의 올바른 의미를 수용어로 완전하게 표현하는 것을 자신의 의무로 여기지 말아야 한다"라고 했다.[82] 독일 하이델베르그대학교의 구약학 교수 폰 라트(G. von Rad)도 나이다 박사의 이론에 대해 이렇게 평했다. "언어와 정신은 동일한 성질의 것이다. 우리는 이사야나 요한이 독일어로 말한 것처럼 번역할 수 없다. 그것은 충실한 번역이 아닐 것이다. 따라서 히브리어나 그리스어로 표현될 수 있었던 어떤 것을 번역 안으로 받아들여야만 한다. 이러한 이질성은 매끄럽고 유창한 독일어로 없어지는 것이 아니다. 그러므로 좋은 번역에서 낯선 것을 받아들이기 위해 생각해 낼 수 있는 우리 언어의 모든 가능성이 활성화되어야 한다. 동일성은 도달될 수 없는 것이다."[83] 나이다의 번역이론을 좀 더 검토하고 평가할 자리가 아니기 때문에, 우리나라 성경 번역의 역사에서 이 나이다의 이론이 적용된 첫 성경 번역이 1977년에 출간된 공동번역 성서였다는 것을 지적해 둔다. 공동번역 성서는 직역도 아니고 자유역도 아니며, '역동적–기능적 동등성' 번역 원칙에 따른 새로운 시도였다.[84] 나이다 박사의 번역이론

---

79) Eugene A. Nida, *Towards a Science of Translating*, Leiden, 1964. 동일저자, *Theory and Practice of Translation*, Leiden, 1969. Eugene A. Nida und Charles R. Taber, *Theorie und Praxis des Übersetzens*, unter besonderer Berücksichtigung der Bibelübersetzung, Weltbund der Bibelgesellschaften, 1969.

80) E. A. Nida und C. R. Taber, 위의 책, 27쪽.

81) 나이다의 역동적-기능적 동등성 이론이 성경 번역에 적용될 경우 교회의 신앙과 신학에 유익을 주기는커녕 오히려 손해와 문제를 야기할 소지가 있다는 비평에 관해서는 다음의 소논문을 참고할 수 있다. Stefan Felber, "Chomsky's Influence on Eugene Nida's Theory of Dynamic Equivalence in Translating", *Bibelübersetzung als Wissenschaft*, E. Werner, hrsg., Deutsche Bibelgesellschaft, 2012, 253-262쪽.

82) Robert Steiner, *Neue Bibelübersetzungen*, Neukirchener Verlag, 1975. 특히 20-21쪽.

83) Gerhard von Rad, *Predigt-Meditationen*, Vandenhoeck & Ruprecht, 1973, 9-10쪽.

은 그 이론 자체로는 매력적인 요소와 장점도 있지만, 교회가 공식 예배에 사용하는 성경 번역에 적용하는 데는 문제가 있다. 그래서 공동번역 성서가 우리나라 교회에서는 (한국 천주교도 마찬가지로) 받아들여지지 않았다.

이러한 나이다 번역이론의 문제를 넘어서서 21세기에 들어와서는 성경 번역에 '스코포스 이론'(skopos theory)이 새롭게 대두되었고, 공감대를 형성하고 있다. 스코포스란 그리스어에서 온 용어인데, '목표 또는 대상(對象)'을 의미한다. 과거에는 원전의 본문과 그것을 번역한 수용어 본문 사이에서 번역의 적합성이나 잘잘못을 논했다면, 이 이론에서는 성경 번역이 어떤 독자들을 대상(목표)으로 할 것이냐가 실제로 더 중요하다고 본다. 스코포스 이론은 먼저 번역 원칙을 정하는 것이 아니고, 어떤 독자층을 대상으로 할 것인가를 정한 후에 번역 원칙을 정하는 것이 순서라고 한다. 어린이들이나 청소년들을 위한 성경이나 아직 예수를 믿지 않는 사람들을 대상으로 전도나 선교를 목적으로 성경을 번역하려고 한다면 물론 직역이나 자유역도 선택할 수 있지만, 나이다의 역동적–기능적 등가성 원칙도 시도해 볼 만하다고 본다. 그러나 이미 예수 믿는 신자들이 전통적으로 교회에서 예배 시에 사용하는 공적인 성경 번역은 원전과 형식적 유사성을 나타내는 직역이 적합하다는 것이다. 성경 번역에서는 그 대상 독자층이 누구냐에 따라 직역, 자유역, 역동적–기능적 동등성 번역의 원칙이 달라질 수 있고, 다 그 나름대로의 기능과 장단점이 있다고 인정한다. 간단히 말해서, 성경 번역에서 번역 원칙을 정하거나 불필요한 잡음이나 갈등을 해소하는 데는 먼저 '그 대상 독자가 누구냐'를 정하는 것이 더 중요하다고 주장하는 것이 스코포스 이론이다.[85] 대한성서공회에서는 곧 '다음 세대 젊은이들'을 위한 '새 한글 성경 전서'(가칭)를 출간할 것이며, 이것은 한국교회가 지금까지 사용하고 있는 개역(개정) 성경을 대체하기 위한 것이 아니라는 점을 분명히 하고 있다.[86] 이렇게 다음에 오는 '젊은 세대'라고 하는 독자 대상이 분명하게 정해지면 기존의 한국교회가 전통적으로

---

84) 민영진, 『국역성서연구』, 성광문화사, 1984. "3. 공동번역의 번역원칙", 172-173쪽. 비교, 민영진, "83-84년 출판 북한 성경, 남한 공동번역판 일부교정", 〈조선일보〉 제21625호, 1991년 5월 8일, 문화면, 10면.

85) 성경 번역에서 스코포스 이론에 대해서는 다음 글들을 참고할 수 있다. 조지윤, "성서 번역자 양성 과정을 위한 제언-스코포스 이론과 번역의 실제를 중심으로", 〈성경원문연구〉, 제12호, 2003. 2, 121-140쪽, 특히 '3. 동등성 이론에서 스코포스 이론으로', 124-127쪽. 비교, Junichi Iwamoto, "Publication of the Japan Bible Society Interconfessional Version", 〈성경원문연구〉, 제44호, 2019. 4, 284-302쪽, 특히 287쪽.

86) 2024년 12월 10일 마침내 『새한글 성경』이 대한성서공회에서 완간되었다. 2011년 12월 27일부터 각 교단의 40대 젊은 성경학자 36명이 번역위원으로 참여했고, 국어학자 3명이 국어 문체를 다듬었다. 디지털 매체에 익숙한 젊은 세대를 위해, 한글 번역문의 한 문장은 50자내외, 16어절을 넘지 않게, 짧은 문장으로 나누어 번역한 것이 특징이다. 이 『새한글 성경』은 "목회자들에게는 역본 비교용으로, 평신도들에게는 가정 예배용으로, 어린이들과 청소년들에게는 교육용으로 널리 읽혀"지는 것을 목표로 삼았다. "머리말" 참조. 비교, 〈성경원문연구〉, 2024년 12월/제55호 별책, 대한성서공회. 『새한글 성경』을 중심으로 한 역본 비교연구 논문 13편 수록(신약만). 그런데, 이 『새한글 성경』 번역의 원칙에서, '형식 일치'(formal correspondence)와 '내용 동등성'(dynamic equivalence) 개념에 대한 이해가 불충분이다.

사용하고 있는 개역(개정) 성경과의 관계는 물론이고, 다른 번역본들과의 불필요한 마찰이나 경쟁을 줄일 수 있을 것이다.

개화기 이후 일본어에서 우리말에 들어온 어휘 수는 약 3,634단어라고 한다.[87] 김사요(金佐代)는 창세기에서 구역(1911)과 차이가 나는 개역성경(1938) 본문이 일본어 개역(대정역) 성서의 어휘(주로 한자어)와 서로 같은 경우를 58개 찾아내었는데[88], 그 비중이 크다고 볼 수는 없다. 중국어 성경에서 차용한 한자 어휘는 괜찮고 일본 성서의 일본식 한자 어휘는 문제라고 하는 사고는 불균형적이며, 일종의 언어 국수주의가 아닐까? 과거에 한문성경에서 우리말에 들어온 어려운 한자 어휘들이나 불필요하고 어색한 일본식 어휘들이 있다면 앞으로 적절한 기회에 한국어에서 그것들을 대체할 수 있는 대응어나 고유어들을 되찾아 다시 개정을 하면 될 것이다. 지금 우리는 한국교회가 '하나의 성경'으로 사용하는 개역성경의 좋은 전통을 버리지 말고, 문제점들이 있으면 앞으로 기회가 있는 대로 계속해서 개선하고 개정해 나가면 더 좋은 번역 성경으로 만들어 갈 수 있을 것이다.[89]

개역성경에 대한 평가에서 당시 한국 성서위원회에서는, "… 구역에서는 복잡하고 외국적인 느낌을 주는 곳이 너무 많았다. … 또한 구역에는 30년 전 당시로서는 최선이었겠지만, 풀이식이거나 부정확하게 옮긴 곳이 많이 있는데, 지금은 한국어로 원래 의미에 아주 가까이 다가갈 수 있다"라고 정리했다.[90] 어쨌든, 위에서 살펴본 대로 피터스는 1938년 판 한글 개역성경의 구약본문을 완간하는 데 결정적인 역할을 했다. 뿐만 아니라, 피터스는 게일이 시작한 『한영자전』(1897년 1판, 35,000어휘; 1911년 2판, 50,000어휘)을 이어받아 제3판(1927년 75,000어휘; 1931년 82,000어휘)을 편찬하여 출간하는 업적도 세웠다.[91]

대한성서공회는 1952년 부산 피난 시절에 1938년 판 개역 성경을 '한글맞춤법통일안'(받침을 어법에 맞게, 옛말을 현대말로, 띄어쓰기, 사투리를 표준어로 등)에 따라 『성경전서 개역 한글판』으로 출판했다. 이 1952년 개역 성경전서를 다시 새로운 활자로 조판하고 추가로 교정과 표기법을 보완하여 1961년에 신판 『성경전서 개역 한글판』

---

87) 이한섭, 『일본어에서 온 우리말 사전』, 고려대학교출판부, 2014, 14쪽.

88) 김사요, "한국어 개역 성서의 용어가 일본어 번역 성서로부터 받은 영향-창세기를 중심으로", 〈성경원문연구〉, 제8호, 2001. 2, 216-230쪽.

89) 민영진 전무용, "한국어 번역 성경에 나타난 중국어 성경과 일본어 성경의 영향", 〈성경원문연구〉, 제19호, 2006. 10, 176-197쪽. 비교, 히로다카시(廣剛), "한글 번역 성서의 한자어에 대한 일본어 성서의 영향 연구- 한글 〈개역〉과 일본어 〈대정역〉을 중심으로", 〈일본어학연구〉 제12호, 2005, 193-211쪽. '신약성경의 개역, 1926-1937'에 관해서는 『대한성서공회사 II』, 위의 책, 160-179쪽 참조.

90) 'The Minutes of the Bible Committee of Korea'(Sep. 22, 1937), 『대한성서공회사 II』, 위의 책, 170쪽.

91) J. S. Gale, *The Unabridged Korean-English Dictionary*, 3rd ed. by Alexander A. Pieters, The Christian Literary Society of Korea, 1927/1931.

이 나왔다. 대한성서공회가 발행한 간이 국한문『貫珠 聖經全書』는 1964년에 초판이 출판되었다.[92] 1961년 판 이후 한글 개역 성경전서 본문은 거의 변함없이 한국교회에서 사용되었다. 시간이 흐름에 따라 국어 사용에도 변화가 생겼고(문법, 어휘, 표현, 외래어 표기 등), 젊은 세대는 개역 본문의 한문투 문어체를 읽는 데 불편함과 어려움을 호소하게 되었다. 대한성서공회는 이러한 문제를 해결하기 위해 1983년부터 개역 개정판을 준비하기 시작했고(나채운 교수팀의 개정 준비 작업), 1993년에는 한국교회의 14개 대표 교단들이 파송한 위원들로 구성된 '개역개정 감수위원회'를 조직했다. 일찍이 언더우드는, "하나님의 말씀이 기록된 원어에 통달한 한국인 학자들을 통하여 이루어지는" 성경 번역을 기대했는데,[93] 이 개역개정 감수위원회에는 성경 원문에 '통달'까지는 아니라도 모두 한국인들로서, 신구약 성경을 원문으로 읽을 수 있는 성서학자나 목사 또는 국어학자가 같이 참가했다는데 역사적인 의미가 있다. 구약 개역 개정작업에서 사용한 원전 성경은 킷텔의 히브리 성경 제3판에 이어 히브리 성경 제4판으로 불리는 '비블리아 헤브라이카 슈투트가르텐시아(BHS, 1967-1977)이다.[94] 물론 그 외에도 개역개정 감수위원회에서는 다른 역본들이나 사전, 주석 등 자료들도 필요한 경우에 참고했다. 그 결과 1995년 11월 28일 대한성서공회 100주년을 기념하여 먼저 신약전서 개역개정판이 나왔다. 신구약 합본으로 한글 개역개정판 성경전서는 1998년 8월 31일에 대한성서공회의 재정 자립을 기반으로 출간되었다. 이것은 1938년에 개역 성경전서가 완간된 지 60년 만의 일이다.[95]

---

92) 일찍이 1911년 구역 성경전서가 출판되었을 때부터 식자층에서는 국한문(國漢文) 혼용 성경 출판에 대한 요구가 계속되었다. 1911년에 신약전서 국한문 성경(유성준)이 출판되었고, 1926년에는 국한문 성경 관주(貫珠) 성경(유성준, 이익채, 정태용, 조용규)도 출판되었다. 개역의 경우는, 1939년에 국한문 구약 개역성경(簡易鮮漢文, 개역자회)이 출간되었고, 1940년에는 국한문 신약 개역성경(簡易鮮漢文, 개역자회)도 나왔다.

93) H. G. Underwood, "Bible Translation", 〈The Korea Mission Field〉, Oct. 1911, 298쪽, 『대한성서공회사 II』, 위의 책, 128쪽에서 재인용함.

94) 비블리아 헤브라이카(히브리 성경) 출판본들에 관해서는, 알렉산더 아킬레스 피셔, 『구약성서 본문: 역사와 본문비평』, 위의 책, 59-62쪽 참조. BHS(Biblia Hebraica Stuttgartensia) 이후 아드리안 쉥커(Adrian Schenker)의 이름으로 히브리 성경 제5판인 BHQ(Biblia Hebraica Quinta)가 1997년에 시작을 알렸다. 여기서는 본문비평장치의 라틴어 약자 해설을 새롭게 첨부했다. '비블리아 헤브라이카 퀸타'로 불리는 이 히브리 성경 역시 제4판과 마찬가지로 '레닌그라드 사본'을 대본으로 사용하며, 다만 보다 확충되고 주석 자료까지 포함하는 비평장치와 특히 대 마소라 자료를 BHS에서처럼 목록(Mm) 숫자로 제시하지 않고 필사본에 있는 자료를 그대로 인쇄하여 제시함으로써 원전본문을 사용하는데 편리함을 제공한다. BHQ의 새로운 히브리 성경 판본은 본문 편집체제도 개선하여 앞으로 BHS를 대체할 것이며, 2004년 '므길로트'(megillot, 다섯 두루마리: 룻기, 아가, 전도서, 애가, 에스더)를 시작으로 개별 편집본을 출간하고 있으나 아직 완간을 기다리고 있다. 현재까지 출간된 개별 BHQ 편집본들은 다음과 같다: 에스라/느헤미야, 2006; 신명기, 2007; 잠언, 2009; 12소예언서, 2010; 사사기, 2012; 창세기, 2016. 비교, 대한성서공회는 역사상 처음으로 히브리어 그리스어 성경전서를 합본으로 출판했는데, 여기서는 BHS(제4판) 5쇄(1997)의 본문과 서문 및 비평장치 기호인 라틴어 약자를 한글로 해설하는 자료를 함께 제공하고 있다. 『슈투트가르트 히브리어 구약성서와 네스틀레 알란트 그리스어 신약성서』, 2011.

95) 나채운, 『개역성경, 개정판에서 무엇이 어떻게 바뀌었나』, 갈릴리, 2007. 민영진, 『개역개정판을 말한다』, 대한성서공회. 김중은, "한글성경 개역개정판 구약전서", 『옛것과 새것』, 한국성서학연구소, 2013, 325-329쪽. 옥성득, 『대한성서공회사 III』, 1945-2002, 대한성서공회, 2020, 385-399쪽.

　한글 개역개정판 성경전서의 1998년 초판은 2판(2000년 9월 27일)과 3판(2003년 10월 25일)의 개선과 교정을 거처 4판이 2005년 11월 1일에 확정판으로 출간되었다. 지금 한국교회의 한글 개역개정판 성경전서는 제4판의 본문을 사용하고 있다. 그동안 한국교회는 교단 분열의 아픔을 겪었지만, 대체로 교회의 공식예배를 위한 성경은 개역(개정)성경을 한 가지로 사용하고 있는 것은 긍정적이다. 현재 2019년 말 기준으로 세계 인구 77억 명이 사용하는 언어는 약 7,359종인데, 그중에 신약전서만 번역된 언어는 1,542종이고, 우리 한국어를 포함하여 신구약 성경전서가 번역·출판된 언어는 694종이며, 약 57억 명의 사람들이 자국어로 신구약 성경전서를 읽을 수 있게 되었다.[96] 16세기 교회개혁 시대 스위스 개혁교회의 츠빙글리 역본(또는 취리히 성경전서, 1531년)이나 독일의 루터 성경전서(1534년)가 지금까지 500여 년 동안 개역과 재개역의 역사를 이어 오듯이, 한글 개역(개정) 성경전서도 한국교회의 귀중한 역사적 자산이요 유산으로서 앞으로도 필요한 시점에서 개역과 개정 작업이 계속되어야 할 것이다. 조만간 남북통일이 되고 북한에 교회가 재건되면 통일기념 개역개정 성경전서가 나오기를 기대한다.

　맺는말. 한국의 성경번역사에서 최초의 한글 성경 번역본은 1882년에 중국 심양에서 출판된 존 로스(한국명 나약한) 목사 선교사의 『누가복음전서』이고, 구약의 경우는 1898년 서울에서 출판된 권서 알렉산더 피터스(한국명 피득)의 『시편촬요』가 그 효시이다. 피터스는 러시아계 정통 유대인 가정 출신으로서 일찍이 청년 시절 유대교에서 기독교로 개종한 분이며, 구약 국역의 선구자일 뿐 아니라, 미국으로 건너가 신학을 공부하고 미북장로회 목사가 되어 1904년 다시 한국에 선교사로 파송되었다. 피터스는 1911년 판 한글 구역(舊譯) 구약 번역에 부분적으로 참여했고, 1938년 판 개역 성경전서를 완간함에 있어서 구약개역 본문을 최종 확정하는 데 주역의 역할을 했다. 구약 국역사에서 보는 피터스의 이러한 경우는 세계 성경번역사에서도 매우 드문 사례일 것이다. 우리 한국교회는 피터스의 이름과 그의 공적을 잊어버릴 수 없고 잊지 않아야 한다. 박준서 박사가 그동안 잊혀졌던 피터스 목사의 묘소를 다시 찾아서 한국교회에 알리고, '알렉산더 피터스 목사 기념사업회'를 조직하여 그 이름으로 2018년 12월 1일 오전 11시(현지 시간) 미국 로스앤젤레스 근교의 패서디나(Pasadena) 인근 알타디나(Altadena) 지역에 있는 '마운틴 뷰'(Mountain View) 묘원 추모관에 '구약성경을 한글로 읽을 수 있게 해주신 공로자요 은인'으로서 피터스 목사를 기리는 기념 동판을 설치했으며(남포교회 박영선, 최태준 목사 후원), 그 묘소에 헌화하

---

96) 대한성서공회, 〈성서한국〉 2020년 봄호, 20-21쪽.

고 관리하는 일을 시작한 것은 역사적으로 중요하고 의미 있는 일이라고 생각한다.[97]

하나님의 섭리 가운데 알렉산더 피터스는 1898년부터 1938년까지 약 40년이라는 오랜 세월을 특히 구약성경 번역을 통해 우리 한국 민족과 교회를 위해 큰 공헌을 했고 하나님의 말씀을 통해 한국교회와 잊을 수 없는 인연을 맺었다. 피터스는 만 70세가 되는 1941년 자기의 생일인 12월 30일에 명예롭게 은퇴한 후 부인과 함께 미국으로 갔다. 한국교회가 지금까지 사용하고 있는 한글 개역(개정) 구약본문의 경우는 피터스에게 빚진 바가 실로 크다고 할 것이다. 이 글의 성격상 피터스의 다른 활동과 업적(권서활동, 개척교회 설립, 복음전도 여행과 사경회 인도, 선교사회 회계업무, 찬송가 가사 작시, 의료사업 지원, 기타 저술 활동 등)은 생략했다.[98] 현재 한국교회가 사용하고 있는 한글 개역(개정) 성경전서는 신구약 모두 학문적인 관점에서도 원전에 충실하며 직역 원칙에 따른 좋은 번역으로 평가할 수 있다.

지난 19세기와 20세기 전반에 서구 열강 제국주의의 식민지 강점과 패권주의 경쟁이 치열한 와중에서 한국이 일본 제국주의의 국권 침탈과 암울한 식민지 강점기에 처해있을 때, 내한한 개신교 선교사들과 함께 스코틀랜드 성서공회, 미국 성서공회와 특히 영국성서공회의 물심양면의 도움을 받아 신구약 성경전서가 한글로 번역·개역되고 출판되었으며, 널리 반포될 수 있었던 것은 하나님의 섭리와 은혜이다. 1910년에 8월 29일에 '경술의 국치'(대한제국이 일본제국에 멸망한 사건)가 있었는데, 바로 그 다음 해인 1911년 3월 3일에 역사상 처음 신구약 성경전서가 순 한글로 출판된 사실을 우리는 단순히 우연으로만 볼 것인가? 이 '구역'(舊譯) 성경전서를 기초로 하여 그 해부터 한국교회의 미래를 위해 다시 신구약 성경을 원전에 충실한 번역으로 만들기 위해 공인개역위원회를 조직했고, 27년이라는 오랜 시간에 걸친 각고의 노력 끝에 신구약 한글 개역(改譯)성경전서가 1938년 9월 3일에 완간되었다. 한국교회가 현재 사용하고 있는 개역개정판 성경전서(2005년 4판이 확정판이다)는 1911년 '구역' 성경전서를 뒤이어 1938년 판 '개역' 성경의 자랑스러운 역사적 전통을 계승하고 있다.

돌이켜 보건대, 우리나라의 성경 번역과 출판과 반포는 삼위일체이신 하나님의 섭리이며, 특히 일제 식민지 강점기에 국권을 잃고 실의에 빠진 우리 민족에게 놀라운 사랑과 위로와 희망을 주신 큰 은혜의 선물이다. 이제 남녀노소 누구든지 한글로 성경전서를 읽을 수 있게 되었고, 하나님의 말씀으로서 성경은 개인과 가정과 사회

---

97) 〈국민일보〉, 2017년 11월 28일, 미션라이프 1면, '한국교회가 잊은 피득 선교사… 그 쓸쓸한 무덤을 찾다'. 〈기독교개혁신보〉, 2018년 12월 15일 제784호, 5면, '피터스 목사 기념동판 제막식' 보도. 〈한국기독공보〉, 2017년 12월 9일, 성서주일특별기획, '한국교회 최초로 구약성경 번역한 알렉산더 엘버트 피터스 선교사' 기사 참조.

98) 피터스의 생애와 관련된 더 자세한 내용은 다음의 글의 참고할 수 있다. 박준서, 『최초의 한국어 구약성경 번역자 알렉산더 알버트 피터스 목사』, 대한기독교서회, 2022, 초판 2쇄 수정본.

와 민족에게 새로운 믿음과 희망과 함께 긍정적인 의식의 변화와 생활의 활력을 가져다주었다. 무엇보다 이제 한국교회는 '성경 중심의 교회', '성경을 사랑하는 교회'로 세계에 널리 알려지게 되었다.[99] 한글 성경을 통해 한국인들은 새로운 인생관과 사회·국가관과 세계관에 눈뜨게 되었으며, 한국교회의 신앙과 신학이 건실하게 뿌리내리고 성장할 수 있는 옥토가 마련되었다. 덧붙여, 1911년에 출판된 역사상 최초의 한글 성경전서('구역')의 번역에서는 신약과 함께 특히 구약 번역을 마무리하는데 레이놀즈(미남장로회 William Davis Reynolds, Jr., 李訥瑞, 1867-1951. 평양장로회신학교 교수, 1917-1937)가 주도적인 역할을 했고, 레이놀즈는 은퇴를 앞두고 개역 작업에도 참여하여 지연되고 있던 구약 개역을 마무리하는 일에 피터스와 협력했다. 한국 성경번역사에서 레이놀즈 선교사 목사에 대한 한글 성경 번역자로서의 평가는 장을 달리하여 이루어져야 할 것이다. 또한 여러 한국인 조사(助師)들과 번역위원들, 특히 이창직, 김정삼, 이승두, 이원모 등의 이름을 기억하고, 앞으로 이들의 생애와 신앙과 성경 국역에서 역할과 업적에 대해 연구할 필요가 있다. 지금부터 122년 전인 1898년에 권서 알렉산더 피터스가 번역·출판한 역사상 최초의 한글 구약성경 본인 『시편촬요』(1898)에서 119편 105절을 인용하면서 이 글을 끝맺는다.

"쥬의 말숨이 내 발 압헤 등이 되엿스며 내 길에 빗치 되엿습ᄂ이다."

---

99) 이덕주, "성서 중심의 생활신앙", 『한글 성경이 한국 교회와 사회, 국어 문화에 끼친 영향』, 위의 책, 64-129쪽.

74

통일성 속의 다양성

성경공부: 주후 49년부터 1991년 EMS 포럼에 이르는 예루살렘 공의회의 연속성에 관한 고찰 – 차이의 해석학.[1]

1. 여는 기도

거룩하신 우리의 아버지 하나님, 영광과 존귀를 받으시기에 합당하신 주님의 이름을 찬양합니다. 온 피조 세계를 사랑하시고 우리를 위해 구원의 은총을 베풀어주셔서 감사드립니다. 우리는 "모이기를 폐하는 어떤 사람들의 습관과 같이 하지 말고 오직 권하여 그날이 가까움을 볼수록 더욱 그리하자"라고 하신 성경의 말씀을 기억합니다. 오늘 우리는 함께 만나 서로를 격려하기 위해 동서남북 각처로부터 이곳 예루살렘에 모였습니다. 우리에게 복을 내려 주시고, 주후 49년에 있었던 예루살렘 공의회 위에 임재하신 동일한 성령님을 통해 지혜와 능력을 허락해 주셔서 세계 각처에 흩어진 주님의 교회들이 믿음 안에서 더욱 힘을 얻고 날마다 부흥케 하옵소서. 우리에게 맡겨진 책무를 완수할 수 있도록, 그리하여 주님께서 다시 오실 때까지 거룩한 삶을 살아가며, 우리 안에 그리고 이 세계 안에서 복음으로 화해를 이룰 수 있도록 우리를 인도하여 주옵소서. 우리 주 예수 그리스도의 이름으로 기원하옵나이다. 아멘.

---

1) 이 성경공부 원고는 필자가 EMS 포럼(1991. 6월 2-8일, 예루살렘)에 즈음하여 PCK(예장통합)의 신학적 입장을 대변하여 6월 5일 예루살렘의 성(聖) 조지대학교 대성당(성공회)에서 발제한 것으로서, 발제원고는 참석자들에게 배부되었고, 발제에서는 시간 관계상 4번까지만 발표하였다. EMS란 'Evangelisches Missionswerk in Sudwestdeutschland'(독일서남 지역 개신교 선교단체)의 줄임말이다. 이 원고는 영문으로 된 것인데, 장성민 박사가 한글로 옮겼다.

2. 안디옥과 예루살렘이 무슨 상관이 있는가?

예루살렘은 기독교가 태동한 곳이며 기독교의 모교회가 그곳에 있었다는 사실과 관련하여 두 도시를 비교해 보자면, 시리아 안디옥은 최초의 이방인 교회가 설립된 곳으로서 주후 1세기 이방 기독교의 선교 중심지였습니다. 잘 알려져 있는 바와 같이 예루살렘은 한때 여부스의 도성이었으나(삿 19:10), 다윗 왕이 정복하여 다윗의 도시로 삼았습니다(삼상 5:9). 예루살렘은 정치적-지정학적-신앙적 중요성에 걸맞게 이스라엘 통일 왕국과 남왕국 유다의 수도일 뿐 아니라, 이후 오늘날까지 이어지는 오랜 역사에서 구심적 역할을 했습니다. 예루살렘은 '거룩한 성'(사 52:1. 비교, 아랍어로 Al-Kuds, The Holy)이라고 불렸는데, 그것은 여호와 하나님의 성전이 이곳에 건축되었을 뿐 아니라, 신학적으로는 이 도성의 이름이 역사적인 이스라엘 민족뿐 아니라 하나님의 백성 전체를 지칭한다고 이해되었던 까닭입니다. 종말론적 관점에서 예루살렘은 메시아 왕국의 예배 처소로 나타납니다. 하나님의 백성이 세계 열방으로부터 와서 이곳으로 순례할 뿐만 아니라(사 2:2 이하; 미 4:1-3; 슥 8:20-23; 시 122-134), 신약에서도 예루살렘은 하나님의 나라를 보여주는 절정의 상징이기도 합니다(갈 4:26; 계 21:2). 그럼에도 예루살렘은 예수 그리스도께서 비탄의 눈물을 흘리신 도시였으며(마 23:37), 무엇보다 그분을 십자가에 못 박은 곳이 되었습니다(막 10:33; 눅 19:41-44). 하지만 예수 그리스도께서는 이곳 예루살렘에서 사망의 권세를 이기시고 부활하셨으며, 기독교의 복음이 바로 여기서부터 세계만방으로 퍼져나가기 시작했습니다(행 1:8; 눅 24:47).

널리 알려진 히브리어 명칭으로 '예루샬라임'(Yerushalayim)은 고어형인 예루살렘(Yerushalem)에서 파생된 후대의 변형으로 보입니다. 고대에 예루살렘이라는 도시 이름을 가장 먼저 언급하는 예는 아마도 에블라 문서(Ebla Archives, 주전 2,500년경)까지 소급되며, 여기서는 우루샬리마(Urushalima)로 나옵니다. 또한 이집트 텍스트들(주전 19-18세기)에는 루샬리뭄(Rushalimum)으로, 아마르나 서신들(Amarna Lettes, 주전 14세기)에는 우루살림(Urusalim)으로, 후대의 아시리아 텍스트들에는 우르살림무(Ursalimmu)로 나오지만, 그 정확한 의미는 여전히 확실하지 않습니다. 학자들에 따르면, 이 명칭은 두 가지의 의미 요소들, 곧 "기초와 가나안의 신(神) 샬렘(shalem)"으로 이루어져 있습니다. 시간이 지남에 따라 두 번째 의미소는 히브리어 샬롬(Shalom)과 관련되면서 변형되었습니다. 이로써 이제 예루살렘은 '평화의 기초'라는 뜻을 갖게 되었습니다(비교, 히 7:2).

다른 한편 오론테스 강변에 자리한 시리아 안디옥은 주전 300년경 셀레우코스 왕조의 시조인 셀레우코스 1세(Seleucus I)가 그의 선친(先親) 안티오코스를 기념하여 건설하였습니다. 안티오코스('Αντίοχος)라는 그리스 이름은 '저항하는 자'라는 뜻입니다. 셀레우코스 1세는 몇 개의 다른 안디옥들(예컨대 비시디아 안디옥, 행 13:14)도 건설했지만, 로마제국 시대에 시리아의 안디옥은 여전히 가장 유명한 도시였을 뿐 아니라 약 50만 명에 이르는 인구 덕택에 그레코-로만의 다신교 문화에서 "자부심과 즐거움과 부도덕의 중심지" 역할을 구가했습니다. 로마와 알렉산드리아를 제외하면 그 어느 곳도 이 도시를 능가하지 못했습니다. 시리아 안디옥은 예루살렘으로부터 북쪽으로 약 500km 떨어진 곳에 위치하고 있으며, 사도 바울의 고향인 다소(Tarsus)는 시리아 안디옥에서 북서쪽으로 약 165km 떨어진 곳에 자리하고 있습니다. 시리아 안디옥에는 '크게 번성하는 유대인 거주지'가 있었고, 최초의 이방인 교회가 설립될 무렵 시리아 안디옥은 예루살렘에 버금갈 정도로 기독교가 범세계적인 신앙으로 태동하는 데 뗄 수 없는 관련을 맺게 되었습니다.[2]

예루살렘 교회와 안디옥 교회의 만남은 오늘도 우리에게 매우 중요한 함의를 지닙니다. 이 만남을 통하여 오직 예수 그리스도의 복음 진리에 근거하여(sola gratia[오직 은혜로], sola fide[오직 믿음으로]) 교회들의 하나 됨을 이루기 위해, 유대인과 이방인 사이에 남아있는 차별을 극복하고 결정적으로 제거했다는 의미에서 말입니다. 아울러 통일성 속에서도 다양성을 존중하기 위해, 개별 교회들 사이의 차이(distinction)를 존중하고 유지했다는 의미서도 그러합니다. 신구약이 증언하는 성경적인 신앙은 늘 그것의 본질상 이방인 지향적입니다(창 12:3; 말 1:11; 마 28:19; 행 28:28 등). 구약의 예언자들은 하나님의 선택을 오해한 이스라엘 백성의 배타주의적 선민사상을 책망하고 이를 교정해 왔습니다(예컨대, 사 19:24-25; 암 9:7; 욘 4:11). 결정적으로 예수님은 하나님의 선택에 기초한 차별이라는 왜곡된 생각을 다음과 같이 바로잡으셨습니다. "속으로 아브라함이 우리 조상이라고 생각하지 말라. 내가 너희에게 이르노니 하나님이 능히 이 돌들로도 아브라함의 자손이 되게 하시리라"(마 3:9). 누가는 종말론적인 관점에서 "사람들이 동서남북으로부터 와서 하나님의 나라 잔치에 참여하리니, 보라 나중 된 자로서 먼저 될 자도 있고 먼저 된 자로서 나중 될 자도 있느니라"라고 증언했습니다(눅 13:29-30). 주후 49년 최초의 예루살렘 공의회 때 그리했던 것처럼, 1991년 오늘 EMS 포럼에 우리는 세계 각처로부터 와서 함께 하나님 나라 백성의 모임에 참여하고 식탁 교제와 친교를 나누게 되었습니다: "하나님은 그들이나 우리나 차별하지 아니하셨습니다"(행 15:9).

---

2) "Antioch," *Dictionary of the Bible*, ed. by J. L. McKenzie, Macmillan, 1965, 36쪽 이하.

그리스어 동사 '디아크리네인'(διακρίνειν, '서로를 구별하거나 나누다, 차이를 만들다'. 독일어로는 'einen Unterschied machen')은 용례에 따라 미묘한 의미 차이를 보여 주는 것 같습니다. 부정적인 뜻으로 쓰일 경우에 차이란 우월한 위치에서 행하는 차별을 의미하며, 이는 피해야 할 것이었습니다(행 11:12; 15:9; 롬 14:23; 고전 4:7 등). 이에 반해 긍정적인 뜻으로 쓰일 경우에는, 차이란 좋은 의미의 구별을 뜻합니다(마 16:3; 고전 6:5; 11:29,31; 14:29 등). 신약성경 시대에는 특히 세 가지 유형의 고질적인 차별이 존재했는데, 이것들은 인류에게 지워진 실로 크나큰 멍에와 짐으로 인식되었습니다. 1) 인종 차별(유대인이냐 헬라인이냐), 2) 신분 차별(노예냐 자유민이냐), 3) 성별에 따른 차별(남성이냐 여성이냐). 성경은 우리에게 이러한 종류의 멍에는 그리스도 예수 안에서 과거로부터 현재, 그리고 미래에 이르기까지 영원히 철폐되었다고 말씀하십니다(갈 3:28).

하지만 이렇듯 차별(discrimination)이 철폐되었다고 해서 구별(distinction)이 폐기되었다는 의미는 아닙니다. 우리가 그리스도 안에서 아무런 차별 없이 하나라는 사실은 머리 되신 그리스도와 더불어 한 몸이 된 우리의 신앙적-실존적 존재 양식을 의미합니다. 사도 바울이 언급한 것처럼(롬 12:4-6; 고전 12:12-27), 그러나 이 한 몸 안에는 다양한 지체들이 존재합니다. 이 지체들은 차별로써 서로를 배제해서는 안 되며 그렇게 할 수도 없습니다. 오히려 각 지체들은 각기 구별되는 기능들을 가지고 유기적으로 긴밀하게 결속되어 전체 몸이 유지되고 생동하도록 합니다. 이와 같은 구별은 하나님의 창조의 조화와 질서에 근거합니다. 하나님의 창조 행위를 표현하는 중요한 동사들 가운데 하나는 구별이라는 의미의 '나누다'(to separate, 히브리어로 '힙딜')입니다(창 1:4,6,7,14,18. 비교, 레 20:24; 민 16:9 등). 차별(discrimination)은 인간의 일이지만, 구별(distinction)은 하나님의 일인 것입니다! 남자는 남자이며, 여자는 여자이고, 빛은 빛이며, 어두움은 어두움입니다. 하늘은 하늘이며 땅은 땅입니다. 구별은 통일성 속에서의 조화를 가져옵니다. 한국 철학에서 태극(太極, Great Absolute)이라는 개념(또는 음양이라는 이중 원리의 근원에 관한 개념)은 두 가지 요소가 구별되면서 서로 조화를 이루는 것을 의미합니다. 이 상징은 계란에 빗댈 수 있습니다. 계란은 노른자와 흰자로 구별되지만 그 자체로 통합된 전체를 이룹니다. '미국-그리스도인', '독일-그리스도인', '아프리카-그리스도인', '일본-그리스도인', '한국-그리스도인'이라는 표현은 차별적인 의미를 지닌 것처럼 들립니다. 오히려 '그리스도인-미국인', '그리스도인-독일인', '그리스도인-일본인', '그리스도인-중국인, '그리스도인-한국인'이라는 표현이 그들의 정체성을 긍정적으로 구별시켜 줍니다. 우리 안에 존재하는 구별은 창조적이고 필수불가결하며 통일성 안에서의 다양성을 통해

서로 협력하고 서로를 섬기는 데 유익합니다.

지금까지 인류는 프랑스 대혁명 이래 '평등' 의식을 하나의 중요한 역사적 자산으로 높이 평가하고 있습니다. 서구 자본주의의 사회적 구조는 '자유'를 매우 강조하는 것처럼 보이며, 이와 대조적으로 평등을 추구하는 것은 약해 보입니다. 사회주의—공산주의 사회는 평등을 더 강조하려 애쓰지만, 그들은 인간들 사이의 창조적인 구별을 무시하는 탓에 그저 신분과 계급 차별 철폐라는 공허한 시도에 사로잡혀 있을 뿐입니다. 희망으로 가득 찬 평등과 자유에 이르는 길은 차별의 장벽을 극복하고 구별이라는 지혜의 문에 들어서는 데 있습니다. 우리는 이러한 삶의 태도를 '차이의 해석학'(a hermeneutics of difference)이라고 명명할 수 있습니다. 하지만 우리 안에 엄존하는 창조 질서의 구별이 우리의 이기주의, 자만, 무관심 따위로 인해 왜곡되거나 오용될 수도 있다는 사실을 간과해서는 안 됩니다. 구별은 스스로를 자랑하는 한 아무런 가치를 지니지 못합니다. 구별은 오로지 사랑으로 섬길 때에만 빛을 발합니다(고전 4:7). 시리아 안디옥은 예루살렘과 무슨 상관이 있을까요? 분명히 구별을 가진 그 두 교회는 주후 49년 예루살렘 공의회에서 성령의 인도하심을 받아 그리스도 예수 안에서 서로 간에 구별을 인정하는 '차이의 해석학'이라는 즐거운 경험을 공유했던 것입니다.

3. 본문: 사도행전 15장 1절—16장 6절(The Revised English Bible, 1989)

4. 주해: 예루살렘 공의회

누가는 복음서 말미에서 그리스도 예수 안에 있는 구원의 메시지가 예루살렘으로부터 시작하여 온 열방에 선포되어야 한다는 점을 미리 말하고 있습니다(눅 24:47 이하). 이제 누가는 자신의 두 번째 저작, 곧 모두 28장으로 이루어진 사도행전을 통해 이 약속이 성취되는 과정을 묘사합니다. 이런 맥락에서 사도행전 15장이 보도하는 예루살렘 공의회(주후 49년경)는 초기 기독교의 분수령이 됩니다. 이 회의의 성패에 따라 기독교가 단순히 하나의 유대 종파로 퇴행할 것이냐 범세계적인 신앙으로 진전을 이룰 것이냐가 결정된다는 의미에서 그렇습니다. 예수 그리스도의 십자가 죽음과 부활이라는 복음서의 메시지는 예루살렘에서 시작하여 유대, 사마리아, 그리고 갈릴리를 거쳐 전파되었고(행 2:41; 4:4; 6:7; 8:14; 9:31), 이후 시리아, 페니키아, 키

프로스와 키레네 등지로 쉼 없이 퍼져나갔습니다(행 11:19 이하).

역설적으로, 복음 전파는 초기 교회의 집사 스데반이 모세의 율법과 하나님을 거역하여 신성모독을 저질렀다고 고소당하고 결국 순교함으로써 촉발되었습니다. 스데반의 순교는 또한 예루살렘 교회에 대한 박해의 계기가 되었고, 유대교 지도자들이 예루살렘 그리스도인들을 박해함이 더욱 심해져서 급기야 그리스도인 제자들은 각기 자기들의 증언을 간직한 채 사방으로 흩어지게 만들었습니다. 히브리인이자 바리새인이었던 사울은 한때 스데반의 처형과 교회에 대한 박해를 주도하였으나 극적으로 회심하여 이방인 선교를 위한 그리스도의 사도가 되었고, 이는 삼위일체 하나님께서 당신의 섭리 가운데에서 구체적으로 어떻게 구원의 역사를 행하시는지를 보여주는 중요한 표지였습니다.

본문에 따르면, 시리아 안디옥에 있던 교회는 예루살렘으로부터 시작하여 온 열방으로 퍼져간 복음 역사의 여정에서 최초의 이방인 그리스도인들의 중심지였던 것으로 보입니다. 이 시리아 안디옥 교회는 그리스도인 유대인들과 그리스도인 헬라 이방인들로 구성된 혼합 공동체였습니다. 예루살렘에 있던 모교회는 안디옥 교회에 관한 소식을 듣고 바나바를 파송하여(행 4:36) 사정을 알아보고, 그 교회를 돌보게 하였습니다(행 11:22 이하. 비교, 8:14 이하). 아마도 주후 42년에 바나바는 다소에 있던 바울을 방문한 것으로 보이며, 함께 교회를 섬길 목적으로 그를 시리아 안디옥으로 데리고 온 이후 이 두 사람의 지도와 가르침 아래에서 안디옥 교회는 빠르게 성장을 했습니다. 안디옥 교회는 몇 가지 중요한 특징을 지니고 있습니다. 이 교회는 예루살렘 모교회가 인정한 이방인 그리스도인들의 첫 번째 중심지였습니다. "그리스도인들"(Χριστιανοί)이라는 명칭이 처음 시작된 곳이기도 합니다(행 11:26). 또한 이곳은 기근을 당한 예루살렘 교회를 위해 구호금을 보낸 첫 번째 동역 교회이자, 세계 선교를 위한 최초의 선교 센터였습니다(행 11:19-30). 안디옥 교회는 처음부터 '오직 믿음으로 말미암는 구원'(sola fide)라는 원칙에 입각하여 개방적인 태도를 견지하고 있었는데, 바울은 후일 자기 서신들에서 이러한 원칙을 신학적으로 확립하였습니다(롬 1:17; 10:4. 비교, 롬 3:31).

예루살렘 교회가 안디옥 교회에 대해 긍정적인 관심을 표명한 이유는 두말할 나위도 없이 복음의 원리에 근거한 것으로서, 이 복음의 원리는 사도 베드로가 욥바에서 부정한 동물들에 관한 세 번에 걸친 환상을 통해 이미 경험한 바 있습니다. 그는 이 환상을 통해 부정한 동물들을 잡아먹으라는 하나님의 명령을 들었습니다. 이 환상은 이방인이자 로마 군대의 백인대장이었던 고넬료와 그의 가족들이 최초로 개종한 사건과 연결 지어 해석되었습니다. 환상 가운데 다음과 같은 계시의 음성이 들렸던 것입니다. "하나님께서 깨끗하게 하신 것을 네가 속되다 하지 말라"(행 10:15). 베드로는 예루살렘에 있는 교회 공동체 앞에서 이 사건을 한 분 성령님께서 행하신 동일한 사역이라고 증언하였습니다. 그럼에도 불구하고 늘 그렇듯이 그리스도인 유대인들 가운데 이른바 '유대주의자들'(Judaizers)로 불리는 몇몇 형제들이 베드로를 비난하면서 그리스도 예수 안에서 구원을 얻기 위해서는 믿음 이외에도 반드시 모세의 율법―할례야말로 율법을 대표하는 상징이었습니다―을 지켜야 한다고 주장하였습니다(갈 2:1-16!). 이렇듯 복음을 율법주의적으로 이해하는 것은 악명 높은 '요나―콤플렉스'의 일종으로 보입니다.

복음 진리의 원리는 '오직 그리스도'(solus Christus), '오직 은혜'(sola gratia), 그리고 '오직 믿음'(sola fide)이었습니다. 하지만 율법주의적 그리스도인 유대주의자들은 침묵을 지키지만은 않았습니다. 그들은 그리스도인 이방인들 사이에서 한사코 문제를 불러일으켰고, 복음과 율법의 두 가지 입장이 마주치는 곳이면 어디서든 복음의 원리에 대항하여 반대를 표명했습니다. 그리스도를 믿는 믿음과 율법의 행위 사이의 다툼을 두고 바울이 갈라디아인들에게 보낸 논쟁적인 서신은 초기 기독교의 선교가 막 시작될 무렵의 어려운 상황을 반영합니다. 바울 사도는 단호하게 말했습니다. "율법 안에서 의롭다 함을 얻으려 하는 너희는 그리스도에게서 끊어지고 은혜에서 떨어진 자로다"(갈 5:4).

바울과 바나바는 시리아 안디옥 교회의 파송을 받아 제1차 선교 여행(주후 46-48년)을 떠났는데, 그 선교 여행에서 그들은 적의에 가득 찬 유대주의자들의 비난에 직면하였고, 밤빌리아, 비시디아 안디옥, 소아시아의 이고니온, 루가오니아 등의 도시들을 포함하는 남갈라디아 등지(행 13:45; 14:2,19)에서 유대주의자들에 의해 죽음의 위협을 받았습니다. 그들이 제1차 선교 여행을 마치고 시리아 안디옥 교회로 귀환했을 때, 바울은 남갈라디아와 인근 지역의 상황을 전해 들었던 것 같습니다. 그것은 제1차 선교 여행의 직접적인 결과였던 그리스도인 이방인들이 유대주의자들 탓에 구원에 대한 확신에서 심각할 정도로 타격을 받고 있다는 소식이었습니다. 바울이 저 유명한 갈라디아서를 쓰지 않을 수 없는 상황이 되었던 것입니다. "어리석도다 갈라디아 사람들아! 누가 너희를 꾀더냐? … 너희가 이같이 어리석으냐?"(갈 3:1-3). 바울이 이 편지를 보내기가 무섭게 유대주의자들의 선동의 불꽃이 시리아 안디옥 교회에 들이닥쳤습니다. 이 상황과 연관하여, 우리가 함께 읽은 예루살렘 공의회에 관한 본문은 다음과 같이 시작합니다. "어떤 사람들이 유대로부터 내려와서 형제들을 가르치되 너희가 모세의 법대로 할례를 받지 아니하면 능히 구원을 받지 못하리라 하니"(행 15:1). 이 문제를 해결하기 위해 주후 49년에 예루살렘에서 예루살렘 교회와 안디옥 교회가 회동함으로써 기독교 최초의 에큐메니칼 공의회가 개최되기에 이르렀습니다. 이 공의회는 두 교회가 유일한 복음의 진리에 기초하여 하나 됨을 확증하기에 좋은 기회였습니다.

이제 사도행전 15장 1절부터 16장 5절까지의 내용을 간략하게 분석함으로써 예루살렘 공의회의 경과를 따라가 보도록 합시다.

1) 개최 동기(15:1-2a). 외부로부터 온 몇몇 유대주의자들이 할례를 기독교 구원의 전제조건이라고 주장하는 바람에 안디옥 교회에서는 바울과 바나바와 더불어 "격렬한 의견충돌과 논쟁"이 벌어졌습니다. 복음의 진리와 교회의 통일성을 위해서 이 문제를 두고 많은 토론이 벌어진 것은 불가피한 일이었습니다.

2) 조정(15:2b-3). 이 문제와 관련하여 바울과 바나바를 비롯한 안디옥 교회의 대표들이 함께 예루살렘에 있는 모교회에 가서 자문을 받는 것이 좋겠다는 조율이 이루어졌습니다.

3) 영접(15:5). 예루살렘 교회는 안디옥 교회의 대표단을 환대했습니다. 안디옥 교회가 "하나님께서 행하신 모든 일"에 관해 보고했지만, 예루살렘 교회 모두가 한마음으로 이 보고를 받아들인 것은 아니었습니다.

4) 반대(15:5). 예루살렘 교회의 몇몇 그리스도인 바리새인들이 안디옥 교회 대표단의 면전에서 유대주의자들과 동일한 논지를 반복했습니다.

5) 특별 위원회(15:6-21). 예루살렘 교회의 사도들과 장로들로 구성된 특별 위원회가 열려 오래도록 토의를 했고, 이 과정에 바울과 바나바의 참고 진술도 경청했습니다. 다행스럽게도 예루살렘 교회의 두 기둥들(갈 2:9 참조)인 베드로와 야고보(예수님의 형제. 비교, 갈 1:18-19)가 합의에 이르렀습니다. 베드로는 사도들을 대표하여, 그리고 야고보는 장로들을 대표하여 발언했습니다. 두 사람 사이의 핵심적인 합의 내용은 베드로의 입장 발표를 통해 다음과 같이 표명되었습니다. "또 마음을 아시는 하나님이 우리에게(그리스도인 유대인들)와 같이 그들에게도(그리스도인 이방인들) 성령을 주어 증언하시고 믿음으로 그들의 마음을 깨끗이 하사 그들이나 우리나 차별하지 아니하셨느니라. 그런데 지금 너희가 어찌하여 하나님을 시험하여 우리 조상과 우리도 능히 메지 못하던 멍에를 제자들의 목에 두려느냐. 그러나 우리는 그들이 우리와

동일하게 주 예수의 은혜로 구원 받는 줄을 믿노라 하니라"(행 15:8-11). 예루살렘 공의회가 베드로의 발표를 통해 표명된 기독교 공동체의 신앙 원리, 즉 "주 예수의 은혜로"라는 원칙을 받아들임에 따라, 시리아 안디옥 교회와 예루살렘 교회는 그리스도 예수 안에서 통일성을 유지하고 복음의 진리를 보존할 수 있었습니다.

6) **전체 회의(15:22).** 특별 위원회의 결정이 예루살렘의 온 교회 앞에서 보고되고 인준되었습니다. 그런 다음 특별 위원회는 예루살렘 공의회의 논의 결과를 따라 두 가지 내용을 결의하였습니다. 안디옥 교회에 바울 및 바나바와 동행할 대표단을 선택하는 일과 공식 서한을 발송하는 일이었습니다.

7) **공식 서한(15:23-29).** 이 서한에서는 두 가지 요점이 명확히 표명되었습니다. 예루살렘 교회는 이 서신을 가지고 갈 그들의 대표단으로 유다와 실라를 보내면서 첫째, 그리스도인 이방인들 사이에 혼란을 야기한 유대주의자들은 예루살렘 교회와 아무런 관련이 없다는 것. 둘째, 그리스도인 유대인들과 그리스도인 이방인들이 평화롭게 공존하기 위해서 네 가지 윤리-도덕적 처방이 권고되었습니다(우상의 제물, 피, 목매어 죽인 것을 먹지 말고, 음행을 멀리하라는 것).

8) **안디옥 교회의 반응(15:30-35).** 시리아 안디옥 교회는 예루살렘 교회의 대표를 환영하고 공식 서한에 기쁨으로 응답했습니다. 예루살렘 교회의 대표인 유다와 실라도 안디옥 교회의 신자들을 격려하고 그들의 믿음을 굳건하게 하였습니다.

9) **후기(15:36-16:5).** 바울은 실라를 대동하고 제2차 선교 여행길에 올랐습니다. 누가는 예루살렘 공의회가 이 선교 여행에 끼친 영향을 다음과 같이 소개하고 있습니다. "여러 성으로 다녀갈 때에 예루살렘에 있는 사도와 장로들이 작성한 규례를 그들에게 주어 지키게 하니 이에 여러 교회가 믿음이 굳건해지고 수가 날마다 늘어가니라"(행 16:4-5). 신약학자 하워드 마샬(I. Howard Marshall)은 예루살렘 공의회의 기본적인 의의를 다음과 같이 올바르게 요약합니다. "원칙상 이방인 그리스도인들이 반드시 유대인들의 율법을 수용해야 한다는 점은 확고하게 거부되었고, 예수를 믿는 믿음이 구원을 얻고 하나님 백성의 일원이 되기 위한 유일한 원칙이라는 사실이 인정되었다. … 이 원칙은 초기 교회의 미래를 위한 근간이 될 정도로 중요하였으며, 시대를 막론하고 여전히 근본적인 중요성을 지니고 있다. 그 어떤 민족적, 인종적, 또는 사회적 요구 조건들이라 할지라도 결코 구원을 얻고 교회의 일원이 되기 위

한 조건이 될 수는 없다."[3]

　위에서 살펴본 예루살렘 공의회의 경과에 관한 설명에 기초하여 우리에게 도움이 될 만한 몇 가지 교훈을 도출하고자 합니다. 첫째, 불필요한 논쟁과 분쟁을 피하는 것이 좋겠습니다만(비교, 딤전 1:4; 6:20-21; 딛 3:9 등), 안디옥 교회와 바울과 바나바의 경우처럼 복음의 정체성과 구원의 원리가 위험에 처할 경우에 우리는 복음의 진리를 위해 마땅히 비판적인 문제들을 제기한 사람들에게 대처해야 합니다. 이러한 관점에서, 단순한 관용, 결론 없는 대화, 무관심 그리고 회피하는 태도는 반드시 재고되어야 합니다.

　둘째, 안디옥 교회가 대표들(바나바와 바울)을 보내 예루살렘 교회의 사도들 및 장로들과 더불어 이 성가신 문제를 논의하고 입장을 정하도록 한 것은 모범적인 행동입니다. 교회 직제 내의 합법적인 권위를 무시해서는 안 되며, 교회의 권위는 성령님으로부터 나오는 것입니다(행 15:28).

　셋째, 예루살렘 교회가 복음의 진리를 위해서 안디옥 교회의 입장을 수용한 것은 정당한 처사였습니다. 일전에 베드로는 안디옥을 방문했다가 그리스도인 이방인들을 향해 이중적인 태도를 보여주었다는 이유로 바울로부터 책망을 들은 바 있었습니다(갈 2:11-14). 이와 관련하여 야고보의 견해도 다소 서투르고 편견에 사로잡혀 있었던 것 같습니다(갈 2:12). 따라서 예루살렘 공의회 기간에 개최된 특별 위원회에서 "많은 논쟁"이 오고 간 것은 불가피한 일이었습니다(행 15:7). 무엇보다 예루살렘 교회의 두 지도자들이 자신들이 가졌던 불편한 감정들을 극복하고 바나바와 바울과 안디옥 교회의 입장을 이해한 것은 칭찬할 만한 일입니다. 그리스도인 바리새인들이 처음에는 반론을 제기했음에도, 결국은 암묵적으로 공의회 결의에 동의한 것 역시 잘했다고 할 것입니다.

　넷째, 시리아 안디옥 교회가 예루살렘 공의회의 결의 사항뿐 아니라 부수적인 권고사항들도 기쁘게 수용했다는 것은 그들을 위해서도 잘한 일입니다. 이제 안디옥과 예루살렘 사이에 존재하던 차별은 없어졌고, 양편에서의 새로운 구별이 인식되기 시작했고, 복음 진리의 통일성 속에서 각자의 다양성에 입각하여 서로를 섬기게 되었습니다(비교, 마 25:15; 고전 12:27-31 등).

　다섯째, 바울은 복음의 본질을 이해하는 데 있어서 누구보다 철두철미했다는 견지에서 볼 때(롬 3:22-24; 10:12; 갈 5:6 등), 그가 무엇보다 야고보가 제안한 율법 전

---

3) I. Howard Marshall, *The Acts of the Apostles*, Tyndale New Testament Commentaries, Eerdmans, 1980, p. 247.

통과 관련된 음식 규정을 용인하기는 쉽지 않았을 것입니다. 바울에게 있어서 복음의 자유가 지닌 특징은 그와 같은 율법의 멍에에 메일 수 없었습니다(롬 14:1-3; 고전 8:13; 10:31. 비교, 마 15:11). 하지만 훌륭하게도 바울은 그것이 복음의 진리에 저촉되지 않는 권고 사항이라면 토를 달거나 그 어떤 불평도 제기하지 않았습니다.

5. 논의를 위한 제안들

1) 사도행전 15장 9절에 따르면, 복음에는 그리스도 예수 안에서 인간의 마음을 깨끗케 하는 능력이 있습니다. 여러분은 이 점에 동의하십니까? 동의하신다면, 여러분 자신의 경우를 설명해 줄 수 있습니까? 동의하지 않으신다면, 그 이유는 무엇입니까?

2) 오늘 그리스도인들 사이에 존재하는 현대적 차별의 유형들은 무엇이라고 생각하십니까? 차별은 철폐되어야 하지만 구별(차이)은 유지되어야 한다는 생각에 동의하십니까? 동의하신다면, 차별과 대조되는 긍정적인 구별의 몇 가지 예를 들 수 있습니까? 이와 관련하여 다음의 차별 항목들에 대한 의견을 나누어 봅시다. 인종, 사회적 신분과 지위, 성별, 나이, 종교, 지역, 문화, 언어, 교파, 이데올로기, 능력, 관습 등.

3) 우리의 협력 교회들은 각기 다른 역사적 전통과 문화적 배경으로부터 왔습니다. 우리는 서로 나눌만한 긍정적인 문화적 전통들과 교회의 전통들을 가지고 있습니까? 또는 유대인들의 음식법과 할례가 그러했던 것처럼 다른 협력 교회들에게 걸림돌이 되는 경우들도 있습니까?

4) 오늘 각 협력 교회들이 직면한 가장 심각한 문제들은 무엇입니까? 이러한 문제들이 복음의 원리(solus Christus, sola fide, sola gratia, sola Scriptura)와 관련되어 있습니까? 만일 그렇다면 우리는 바울과 바나바가 했던 것처럼 치열한 토론과 논쟁에 참여하고 있습니까? 그렇지 않다면, 그 이유는 무엇입니까?

5) 협력 교회들 간에 의사결정 과정의 투명성을 확보하기 위해서 성경 공부의 관점에서 제시되어야 할 가장 중요한 우선순위들은 무엇입니까?

6. 마치는 기도

참된 사랑과 한량없는 은혜의 하나님! 이곳 예루살렘에서 모인 EMS 포럼에 즈음하여 우리에게 성령님을 보내주시고 서로 협력하고 즐거워할 수 있게 하시니 감사드립니다. 우리를 인도하셔서 이 역사 가운데 펼쳐지는 주님의 뜻을 올바르게 분별하고, 복음의 진리에 순종할 수 있도록 도와주시옵소서. 주님의 말씀을 공부할 수 있게 하시니 감사합니다. 우리의 마음을 열어주시고 말씀으로 우리를 정결케 하옵소서! 우리에게 지혜를 허락하셔서 의사결정 과정에 투명성을 가질 수 있게 해주시고, 그리하여 우리가 조화로움과 화해 그리고 하나님의 나라를 섬기는 일에서 하나 된 것을 증언하게 하옵소서. 우리 모두가 영육 간에 강건하도록 복을 내려 주옵소서. EMS 포럼을 초대해 준 예루살렘에 있는 주님의 교회에 복을 내려 주시고, 중동에서 고난받는 그리스도인들을 기억해 주옵소서. 예수 그리스도의 이름으로 기원하옵나이다. 아멘.

부록: 한국 교회의 경험과 문제점들

한국 개신교는 1984년에 백주년 기념식을 거행하였습니다. 한국 교회는 오직 예수 그리스도를 통해서만 성경이 약속한 구원이 성취된다는 믿음의 터전에 굳건하게 서 있습니다. 이 믿음은 이미 주후 49년에 열린 예루살렘 공의회에서도 확인된 바 있습니다. 지난 여러 해 동안 한국 교회는 다양하고 복잡한 문제들을 겪었습니다. 먼저 한국 교회는 조상 제사를 우상숭배로 여겼고, 한편 조상 제사는 한국의 문화적 전통에서 핵심 중의 핵심으로 간주되었습니다. 한국 교회는 그리스도인이 되기 위해서 이러한 조상제사 관행을 포기해야 한다고 가르쳤습니다. 이로써 교회의 가르침과 전통적 조상제사 사이에 엄청난 갈등이 야기되었습니다. 그리스도인이 아닌 사람과 혼인한 분들(특히 여성들)에게는 이러한 갈등이 야기하는 부담이 더욱 컸습니다. 한국의 천주교회는 1930년대 이래로 수정된 방식으로 조상제사를 조상에 대해 존경심을 표할 수 있는 예식으로 수정하여 허용해 왔습니다. 한국의 천주교회는 지난 19세기에 이 문제로 인해 극심한 박해(순교를 포함하여)를 겪은 경험이 있습니다. 이에 반해 한국 개신교는 이제까지 조상제사에 반대하는 엄격한 입장을 견지하고 있습니다.

둘째, 한국 교회는 일제 식민지 강점기(1910-1945) 후기에 신사참배를 강요당하는 어려움을 겪었습니다. 교회는 강제적으로 일제의 천황과 신사에 참배를 해야 했습니다. 교회의 공식적인 입장은 신사참배를 국가 예식의 문제로 간주하고 참배를 용인한 것이었습니다. 교회의 공식적인 입장에도 불구하고 평신도와 성직자를 막론하고 수많은 그리스도인들이 신사참배에 불복종하였고, 신앙을 지키기 위해 감옥에 갇히고 고문을 당하거나 순교하였습니다. 1945년 8월 일본 제국주의로부터 해방된 후, 고난을 감내하며 신앙의 순수함을 지킨 그리스도인들은 이른바 신사참배를 한 배교자들과 스스로 거리를 두면서 1951년에 고신교단을 조직했습니다. 한국 개신교회는 신사참배라는 이 중요한 문제를 신학적으로 충분히 정리하지 못한 채 오늘에 이르고 있습니다.

셋째, 한국의 장로교회는 1953년에 다시 한번 분열했는데, 그 이유는 성경관과 신학적 방법론을 둘러싼 견해 차이 때문이었습니다. 예를 들어, 성서비평과 관련하여 고등비평을 수용할지 여부와 같은 것이었습니다. PROK('기장')는 이때부터 고등비평을 받아들이고 신앙은 보수적이지만 신학은 자유라는 입장을 취했습니다. 기장은 성경해석에서 자유주의적-비평적 입장을 견지하고 있습니다. 다른 한편, 대한예수교장로회(PCK)는 중도적 입장을 견지해 왔으며 동시대의 성경해석 입장들, 곧 자유주의 신학, 신정통주의 신학, 민중신학, 페미니즘 신학 등을 다루는 데 신중을 기했습니다. PCK는 이러한 현대 신학들에 대하여 다음과 같은 질문을 제기해 왔습니다. 어떤 종류의 자유주의 신학인가? 어떤 종류의 페미니즘 신학인가? 어떤 종류의 민중신학인가? 예를 들어 민중신학에는 두 가지 유형이 있습니다. 하나는 사뭇 급진적인 접근으로서, 이 유형은 민중(the people)이 주도하는 정치적 메시아주의를 추구합니다. 이 관점에 따르면 정치적 메시아주의는 민중은 죄가 없으며, 이 세상에서 민중은 자기 의를 통해서 하나님 나라를 성취할 수 있다고 합니다. 이러한 민중신학은 민중 그 자체가 자신들의 구원을 위한 일종의 메시아라고 주장합니다. 급진적 민중신학자 가운데 한 명인 서남동(PROK) 목사는 예수 그리스도께서 십자가에서 스스로 목숨을 끊었다고 주장했습니다. 더욱이 그는 한국 교회사의 지평에서 볼 때 예수 그리스도의 십자가가 전태일—그는 젊은 그리스도인이자 노동자로서 극도로 열악한 노동 환경에 저항하여 분신으로 저항했습니다—의 희생적 죽음을 통해 재현되었다고 했습니다. 전태일이 스스로 분신자살한 비극적인 사건이야말로 한국의 토착 기독교가 태동한 시점이라고 주장했습니다. 서남동 목사는, "이러한 유형의 양들이 희생함으로써 참된 생명이 계시된다"라고 말했습니다. 이러한 급진적 민중신학의 영향으로 이후 젊은 그리스도인들이 기꺼이 자기희생적 분신을 결행하는 사건들이 생겼습니다. 1991년 5월 3일, 당시 대학생이었던 전세용 군이 서울의 한 성공회 교회에 출석했다가 당시의 사악한 국가권력을 통렬히 비판하고 자신의 숙원인 한국의 민주화를

　　　　74. 통일성 속의 다양성

위해 분신하였습니다. 서울 성공회 본부 당국자들은 스스로 목숨을 끊은 자들을 위해 장례 예식을 집전해서는 안 된다는 교리를 어기고, 전세용의 경우를 두고 예외적인 사면을 공표했습니다. 결과적으로 서울 성공회 대성당에서는 대규모의 전세용 군의 장례 미사가 공식적으로 거행되었습니다. 이와는 대조적으로, 다른 하나는 이른바 복음주의적 민중 신학이며, 이는 압제당하고 소외되며 경제적으로 가난한 이웃들의 자유와 인권을 위한 행동을 그 무엇보다 강조하는 입장입니다(비교, 마 25:31-46).

넷째, 1959년에는 대한예수교장로회(PCK)가 다시 한번 분열했습니다. 분열의 이유는 상당수의 사람들이 WCC의 에큐메니즘이 신학적으로 자유주의이며 공산주의에 호의적인 용공이라는 의구심을 표명했고, 이들은 결국 기존 교단을 떠나 또 하나의 장로교단을 설립했습니다. 이 새로운 교단 PCK('합동')는 WCC에서 탈퇴하고 거리를 두면서, 오늘까지 반공주의적이고 보수적(근본주의적)인 신학적 입장을 지켜오고 있습니다.

반면에 분열에 동조하지 않은 PCK('통합')는 WCC의 회원 교단으로 계속 남아있으면서, 중도적-보수적(복음주의적) 신학 입장을 견지하고 있습니다. 다른 두 장로회 교단들(고신과 합동)과 달리, PROK('기장')은 한국의 정치적 상황과 연관하여 정치-사회적 이슈들에 활발하게 참여해 왔습니다. 일반적으로 말해서 한국의 개신교회는 전체적으로 분열이라는 비극과 쓴맛을 경험했습니다. 하지만 동시에 역설적으로 사람들은 한국교회가 이러한 분열을 통해 성장했다고 말하기도 합니다.

KNCC(한국기독교 교회협의회)의 보고서에 따르면, 현재 한국 개신교라는 이름 아래에는 대략 60개의 장로 교단을 비롯하여 감리교, 침례교, 구세군, 성결교 등을 위시한 28개의 복음주의 교파들이 있으며, 5,355개에 이르는 교회 건물, 61,714명의 목사, 그리고 13,309,686명의 평신도(남성 신도, 2,512,426; 여성 신도, 10,320,170)가 있습니다.[4]

교단	PCK(고신)	PCK(합동)	PCK(통합)	PROK(기장)
신학적 경향	극단인 보수 (부분적으로 보수)	보수	중도	자유주의 (부분적으로 급진)
교회수	1,191	4,706	4,636	1,209
교역자수 (안수/비안수 포함)	1,946	10,942	10,134	1,813
성도수	183,103	2,216,476	1,764,256	290,790

우리 한국 교회는 마땅히 서로 불필요하고 과도한 경쟁 상대가 되지 않도록 주의해야 하지만, 각 교단의 정체성을 바르게 하는 것도 소홀히 하면 안 된다고 생각합니다. 한 몸에 여러 지체가 있듯이 다양성 속에서 통일성을 추구한다면, 한국교회의 각 교단들이 다양성을 가지고 있다는 사실은 오히려 서로에게 유익이 될 수도 있습니다.

다섯째, 오늘 한국교회의 신학적 관심이 직면한 시대적 임무는 JPIC 과제를 실천하는 것이며, 여기에는 현대과학과의 대화 및 타종교와의 대화와 한반도의 통일 문제가 포함됩니다. 다른 한편으로 한국교회는 현대판 바알신 숭배(Baalism)로 볼 수 있는 문선명 교주의 통일교 운동과 이단 사이비들에 적절히 대처해야 할 임무도 있습니다. 한반도의 통일이라는 주제에 관하여는 남북의 교회 지도자들이 노력을 기울여 왔습니다. 양쪽의 대표자들이 이미 스위스의 글리온(Glion)에서 세 차례 회동했습니다. 그들은 이 회의를 통해 1995년을 "한국통일의 희년"으로 선포했습니다. 1995년은 한반도가 분단된 지 50년째가 되는 해입니다. 하지만 다른 한편으로, 1995년을 '통일의 희년'으로 선포하는 희년 해석에 대해서 의구심을 표명하는 입장도 있습니다. 사실 우리는 한반도 통일이라는 사건을 미래 시제가 아니라 완료 시제(perfectum propheticum, 예언적 완료)로 이해해야 합니다. 그 이유는 한국의 그리스도인들이 예수 그리스도 안에서 한반도 통일에 대해 가진 믿음 때문입니다. "믿음은 바라는 것들의 실체를 인정하는 일이며, 보이지 않는 것들에 대하여 확신을 가지는 일입니다."(히 11:1)라고 말씀하신 것처럼 말입니다.[5]

다른 종교들(특히 유교와 불교, 이슬람, 힌두교, 도교, 그리고 한국천도교, 원불교 등)과의 관계는 단순히 대화나 관용적 패러다임에 기반을 두어서는 안 되고, 오히려 복음이 지닌 진리의 본질을 분명히 하는 것이어야 합니다. 예수 그리스도의 복음은 다른 종교에 속한 사람들에게도 열려있습니다. 그 관계는 배타가 아니라 '초청의 패러다임'이 되어야 합니다. 다른 한편으로 종교다원주의는 예수 그리스도의 복음을 상대화하는 것으로 보이며, 결국에는 기독교의 정체성을 왜곡하게 될 것입니다. 이는 기독교 신학의 범주를 벗어나는 것입니다. PROK(기장)에 속한 일부 신학자들의 입장은 종교 다원주의에 호의적이이며 타종교에도 구원이 있다고 인정하는 듯 보입니다.

여섯째, 이 시점에 한국 교회가 직면한 문제는 임박한 종말론을 두고 벌어지는

---

4) KNCC 편, 『한국기독교연감』(서울: 1990), 540-543쪽 참조.

5) 박창환 역, 『신약성경』, 코리아엠마오, 2007.

논쟁들과 종교혼합주의입니다. 1990년대 초부터 어떤 순복음 계열 그리스도인들이 1992년 10월에 그리스도인들의 휴거가 있을 것이라는 믿을 수 없는 주장을 퍼트리기 시작했습니다. 더 나아가 이 사람들은 휴거에 이어서 7년 동안의 대환난이 있을 것이며, 그 후 천년왕국이 시작될 것이라고 주장합니다. 마태복음 24장 36절과 25장 13절을 인용하면서 그날과 그 시는 아무도 알 수 없지만, 종말이 어느 해 어느 달에 있을지는 자기들에게 계시되었다고 말합니다. 이에 따라 상당수의 신자들이 이렇게 사람들을 오도하고 기만하는 주장에 미혹당하고 있습니다. 한국 교회 지도자들은 이러한 종류의 종말적 현상들이 한국 사회의 병적인 불안정과 모순을 고스란히 반영한 것이라고 해석하기도 합니다.

종교혼합주의와 관련하여서는 제7차 WCC 총회에서 정현경 교수(이화여대)의 초혼 공연이 제기한 문제가 많은 논란을 불러일으켰습니다. 급진적 실천 신학을 따르는 자들은 정현경 교수가 자기 강연에서 보여준 놀라운 무속공연을 두고 상찬을 아끼지 않았습니다. 하지만 대다수의 한국 교회들은 정 교수의 무속적인 혼합주의 성격을 두고 우려를 표하고 있으며, 한국에 있는 수많은 그리스도인들도 그녀가 한국 교회의 참모습을 세계교회에 제대로 전달하지 못했다고 느낍니다. 그녀의 강연과 공연은 그녀가 가진 신학적 사고가 한국의 무속신앙으로부터 강한 영향을 받았다는 사실을 분명히 보여줍니다. 특히 그녀가 시연한 "한(恨) 풀이"(한국어로 '한'은 '억울하고 원통한 일이 풀리지 못하고 응어리져 맺힌 마음'을 의미합니다)에서 망자들의 혼을 불러오는 초혼 굿거리야말로 무속종교 혼합주의적인 사이비 기독교의 일종에 다름이 아닐 것입니다. 이러한 유형의 무속적인 행태는 일반 한국 문화에서도 점차 그 맥이 단절되고 있으며, 이러한 초혼 굿거리는 오히려 사람들로 하여금 대체로 미신이라는 불편한 감정을 느끼게 합니다. 한국교회 지도자들은 WCC가 어떻게 그녀를 총회의 주강사 가운데 한 명으로 선정하였는지 의아해하며, 그 의사결정 과정의 투명성에 대해 의구심을 가지고 있습니다.

에큐메니칼 차원의 한국기독교 선교는 JPIC 이슈를 중요하고 우선적인 과제로 이해합니다. 그러나 대다수의 한국 교회는 개인의 회심에 강조점을 두며, 복음을 받은 사람이 새사람이 되고 믿음으로 그 사람의 마음이 정결케 되는 것에 더 관심이 많습니다. 사실 개인 구원과 사회구원이 다 중요하지만, 개인 구원이 선행한다고 생각합니다. 사도행전 15장 9절에서도 말씀합니다. "그리고 그들의 마음을 정결케 하심으로써, 우리와 그들 사이에, 믿음에 있어서는, 아무런 차이도 두지 않으셨습니다."(박창환 역. 비교, 고후 5:17). 실로 기독교가 감당해야 할 가장 중요한 일은 사람들을 예수 그리스도에게로 인도하며 그분을 구세주로 믿게 하는 것이며, 사람들은 오로지 이 신앙을 통해서만 구원(죄사함과 영생)을 받고 새사람으로 변화될 수 있습니다. 인간 존재 자체의 변화 없이는 사회구조라는 죄악의 현실 역시 결코 변화될 수 없습니다.

일곱째, 한국의 개신교는 주로 영어를 사용하는 서양(영국, 스코틀랜드, 미국, 호주, 캐나다 등) 선교사들에 의해 한국에 소개되었습니다. 한국 선교 역사의 장점들은 다음과 같이 평가할 수 있습니다.

1) 성경전서를 한글로 번역한 일과 번역된 성경의 하나님의 말씀에 기초한 교회와 신학의 성장.
2) 초기 선교사들의 청교도적 삶의 방식이 끼친 영향. 금연, 금주, 도박과 축첩 금지 등.
3) 차별적 신분과 사회 계급의 철폐. 예컨대, '사농공상'과 '양반과 상놈'.
4) 서구 과학과 문화의 도입. 의료시설, 교육기관 설립(특히 여성 교육), 음악, 예술, 스포츠 등.
5) 독립을 위한 국가관과 민족의 정체성 의식 고양, 일제 강점기 동안 펼쳐진 독립운동.

이와는 대조적으로 복음과 문화적 전통을 적절하게 조화시키는 데 실패한 것, 토종 지도자들을 양성하는데 적극성이 결여된 점, 그리고 내세에 관한 믿음을 편향적으로 강조한 것 등은 한국 선교 역사가 보여주는 약점들로 보입니다.

구약의 묵시사상 이해에 대한 몇 가지 재검토
─ 다니엘서를 중심으로

Ⅰ. 묵시사상에 대한 관심

미국의 구약학자 폴 핸슨(P. D. Hanson, 1939-2023)은 세계 제2차대전 이후 핵무기시대의 "묵시록적 분위기"와 사해사본(쿰란 공동체)의 발견으로 묵시문학에 대한 관심이 증대되었으며, 여기에 지구종말을 경고하는 생태계학자들과 미래학자들 및 종말신앙의 설교자들이 가세하여 묵시신학 사상의 이해에 혼선을 초래하기도 하였다고 지적하였다.[1] 사실 20세기의 인류는 "마지막 때"에 살고 있다는 느낌을 가지고 있으며, 지난 세기와는 달리 20세기 후반에는 종말론에 관한 관심의 뚜렷한 증가로 그 신학적인 특징을 말할 수 있을 것이다. 금년은 우리나라에서도 시한부종말론이 교계나 신학계뿐 아니라 일반 사회적으로도 큰 물의를 일으켰고, 성경적인 묵시사상 이해에 대한 관심을 촉구하는 계기가 되었다.[2]

그런데 지난 1980년에는 "묵시문학과 한국교회"라는 신학자들의 심포지움이 있었고, 해외 묵시문학 연구동향에 대한 관심과 함께 한국교회가 묵시사상 이해를 위해 연구와 올바른 인식이 필요하다는 의견들이 개진되었다. 일반적으로 묵시문학이라고 하면 말세의식 및 종말론과 연계하여 생각하게 되는데, 한국교회나 신학계에서 이러한 말세적 종말신앙은 지금까지 현실의 삶이나 역사를 도피하는 초월적 타계주

---

1) P. D. Hanson, "Apocalyptic Literature", *The Hebrew Bible and Its Modern Interpreters*, Scholars press, 1985, 465쪽 이하.

2) 『시한부종말론 과연 성경적인가』, 대한예수교 장로회 총회 사이비신앙운동 및 기독교 이단 대책위원회/장로회신학대학교 다원화 목회연구원 공동기획 편집, 대한예수교장로회총회 출판국, 1991 참조.

의 신앙성격이 너무 강했다는 것이다.[3] 감신대 왕대일 교수는 묵시문학이 가지는 역사 이해로서 "옛 에온(aeon)과 새 에온(aeon) 사이의 불연속성을 읽으려는 노력에서 파루시아(Parousia)에 대한 대망"은 이해하지만, 현실 역사인 지금 여기에 함께 하시는 하나님의 현존에 대한 임마누엘 신앙을 포기한 채 묵시신앙이 장차 도래할 하나님의 나라만을 강조할 때는 기형적 신앙 유형을 만들어내게 될 위험의 소지가 매우 크다는 점을 잘 지적해 주었다.[4] 연세대 박준서 교수도 오늘날 세계의 구약학계가 묵시문학을 재발견하고 있다고 소개하면서, 1950년대까지 전통적인 구약 묵시문학 연구는 다니엘서에 집중되어 왔으며 대다수의 비평학자들은 다니엘서가 페르시아 종교의 이원론의 영향을 받은 구약의 묵시사상의 출발로 보았으나, 오늘날 구약 묵시문학 연구의 공통적인 경향은 다니엘서의 묵시문학 출발 가설을 극복하고, 구약의 묵시사상은 예언사상의 아들로서 주전 6세기 바벨론 포로기 이후의 특수한 사회–역사적 상황에서 예언 전승이 변형되어 생긴 것이라는 서구 신학자들의 주장을 수용하고 있다.[5] 이러한 관점에서 박준서 박사는 묵시문학은 그 문학적 유형(예컨대, 환상이나 상징적 표현 등)이 중요한 것이 아니라, 이스라엘의 전통적인 역사이해, 이를테면 토라의 구속 사관이나 신명기 역사관이 설명해 줄 수 없는 주전 587년 유다왕국의 멸망 전후의 역사적 맥락을 설명하고, 신앙으로 그 위기를 극복하기 위한 그 자체의 독특한 역사관을 가진 신앙유형으로서의 파악이 중요하며, 따라서 묵시사상의 역사 이해는 묵시문학 연구의 핵심적 위치를 차지한다고 주장한다.[6] 그럼에도 폰 라트(G. von Rad)는 묵시사상의 기원을 예언 전통에서가 아니라 지혜사상에서 찾았으며(전도서 3장의 정해진 때에 관한 지혜사상), 본(Bonn)대학 구약학 교수 슈미트(W. H. Schmidt)도 다니엘서의 저자는 경건파의 지혜자 그룹에 속한 것으로 추정하고 있다.[7]

어쨌든 폴 핸슨에 의하면 오늘날 묵시신학에 대한 구약신학적 관심은 4가지 범주로 정리해 볼 수 있으며, 그것은 ① 묵시사상에 대한 정의 ② 묵시사상의 기원 문제 ③ 묵시문학 양식의 확정 내지 묵시문학의 자료 문제(예컨데, 구약에서 에스겔서와 제2 이사야를 원묵시문서로 보고, 초기 묵시 문서자료로는 제3 이사야, 이사야 묵시록 24~27장, 요엘, 말라기, 중기 묵시문서로는 스가랴 12, 14장, 후기 묵시문서로서 에녹 1서

---

3) 심포지움 "묵시문학과 한국교회", 〈신학사상〉 30 (1980, 가을), 535-553쪽.
4) 왕대일, "묵시문학운동의 역사이해", 〈기독교사상〉 특집: 말세의식과 종말의식, 37-50쪽, 특히 49쪽을 보라.
5) 박준서, "구약묵시 문학의 역사 이해", 〈신학논단〉 15집, 1982, 21-26쪽.
6) 위의 글, 30-31쪽.
7) W. H. Schmidt, *Einleitung in das Alte Testament*, "§ 24, Daniel", 289쪽. 비교, 왕대일, 위의 글, 43쪽.

6~11장과 함께 다니엘 7~12장으로 구분하는 문제) ④ 구약의 묵시사상의 현대적 적용 내지 그 의미를 묻는 물음이다.[8] 이 글에서는 그동안 구약학계의 이러한 묵시문학 연구에 대한 새로운 관심과 연구내용을 살펴보면서, 주로 다니엘서를 통해 나타나는 묵시사상에 대한 오늘의 이해에 있어서 몇 가지 문제점을 검토해보려고 한다.

Ⅱ. 구약 묵시사상과 다니엘서

묵시문학 또는 묵시록이란 이 세상의 종말과 하나님 나라의 도래에 일어날 일들에 관한 하늘의 비밀을 계시하는 내용을 담고 있는 책이다. 묵시(默示, apocalypse)란 말은 그리스어에서 온 어휘로서 '계시'(啓示, revelation, Offenbarung)를 뜻하며, 묵시자는 특별히 하늘로부터의 계시를 통해 세상 종말에 관한 비밀을 안다고 믿는다. 묵시사상이란 하나님과 사탄(또는 그에 상응하는 악의 세력)이 우주적인 세력으로 대결하고 있다는 이원론적이며, 우주적-세계종말론적 신앙이다. 현재의 역사는 비록 일시적이지만 돌이킬 수 없이 사탄의 지배를 받고 있으며, 따라서 하나님께 속한 의인들은 수난을 당할 수밖에 없다. 그러나 하나님은 머지않은 장래에 사탄의 세력을 완전히 무너뜨리고, 다가오는 미래는 하나님의 왕권통치 아래 완전한 세상이 될 것이며, 이때 수난 중에 신앙을 사수한 의인들은 영원한 복을 누리게 된다는 것이다.[9]

대다수의 구약학자들은 묵시사상의 기본모형을 ① 우주적인 선신과 악신의 대결 구도로 보는 이원론과 ② 초월적 하나님이 현실 역사에 개입하시어 사탄의 세력을 물리치시고 새 세상을 만드시는 내세주의적 종말론으로 파악하고 있으며, 이러한 기본적 모형에 2차적인 특징으로서 신화적 동물의 상징, 환상, 예언된 재난, 천사론(귀신론), 구세주로서 인자 또는 메시아사상, 정해진 때에 대한 도식이나 숫자풀이, 등장 인물에 대한 가명 사용, 별들의 세력의 지상역사에 대한 영향력 등이 사용되고 있다는 것이다.[10] 그러나 구약의 묵시사상 이해는 저러한 기본모형이나 그 기본모형을 장식하는 특징들에 대한 파악보다는, 이스라엘 역사에 있어서 묵시사상의 기원 문제를 어떻게 보는가 하는 관점에 더 직결된다고 여겨진다.

폴 핸슨은 구약 이스라엘의 묵시사상의 여명은 주전 722년 사마리아 멸망, 609

---

8) P. D. Hanson, 위의 글, 465쪽 이하, 480쪽.

9) M. Rist, "Apocalypticism", *IDB* vol. 1, 157쪽 이하.

10) M. Rist, 위의 글.

년 유다왕 요시야의 죽음, 그리고 597년 바벨론 포로와 결국 587년 유다왕국 멸망으로 계속되는 역사에 대한 절망의식에서 태동되었다고 본다. 그런데 묵시사상의 그 구체적 모습은 바벨론 포로귀환 이후의 역사적 좌절에 대처하는 신앙태도에서 출현하였다는 것이다. 즉, 당시 바벨론제국에서 페르시아제국으로 이어지는 제국주의 지배하의 이교적 환경에서 ① 동화해 버리는 경우(assimilation) ② 배교하는 경우(apostasy) ③ 타협-적응하는 경우(accommodation)에 반대하고 나선 '제4의 물결'이 묵시운동이요 묵시사상이라는 것이다. 특히 제③의 태도는 페르시아제국과 타협한 사독계 제사장들을 중심으로 제2 성전신학으로 나타났는데, 여기서 새로운 성직계급이 생겨나고 이방 제국주의 세력과 합작함으로써 야웨(여호와)신앙의 순수성과 그 목표를 상실한 것으로 보았다. 따라서 초기 묵시사상은 이스라엘이 전통신앙(시내산 언약)의 순수성을 사수하여 '제사장들의 나라'로서 모든 백성이 거룩하게 되어 하나님을 섬기며, 이방에 빛으로의 사명을 감당할 것을 비젼으로 삼았다(사 24~27; 56~66; 슥 9~14 참조). 그러나 현실 역사의 흐름은 묵시자들(visionaries)의 사회참여와 개혁활동을 박탈 내지 불가능하게 악화되었으며, 이러한 상황에서 묵시사상은 새 창조(사 65:17)나 부활사상(사 25:8; 단 12:2), 또는 초월적인 하나님나라의 도래(단 7:13-14; 슥 14:7-8; 겔 48:35 참조)를 꿈꾸며 하나님의 역사 개입을 수동적으로 기다리게 되었다고 본다.[11] 지금까지 이스라엘의 예언자들은 하나님 나라의 이상적 질서를 현실 역사의 사회-정치적 차원에서 실현하려고 했다. 그러므로 예언자들의 회개 신학이 가능했다. 그러나 예언자적인 정의와 공의를 역사적 지평에서 실현할 수 없다는 절대 절망의 역사적 산물이 묵시사상의 출현이라는 것이다. 여기서 스위스 바젤대학교의 구약학 교수 예니(E. Jenni)는 "예언자적 종말론"과 "묵시적 종말론"을 식별해보는 것이 중요하다는 사실에 대해 주의를 환기시키고 있다.[12] 예언자적 종말은 어디까지나 역사 내재적이며, 묵시적 종말은 역사 초월적이다.

폴 핸슨은 구약의 종말론은 주전 8세기 아모스와 고전 예언자들에게서 나타난다고 보며, 묵시사상은 예언자적 종말론 사상의 영향을 받았으나 예언자적 종말론과 묵시적 종말론은 공통점과 차이점을 분명히 보여준다고 한다. 먼저, 공통점은 양자가 모두 인간 역사의 의미와 방향에 대한 열쇠는 역사의 주재이신 하나님의 행동에 달려있다는 비젼을 가진다는 점이다. 양자는 인간 역사의 모든 현실은 선악 간에 하나님이 정하신 목표를 향해 움직여 나간다고 본다. 그러나 양자의 차이점은, 예언자

---

11) P. D. Hanson, *The Diversity of Scripture*, 51쪽 이하. 비교, 동일저자, *The Dawn of Apocalyptic in Israel*.
12) E. Jenni, "Eschatology of the OT", *IDB* Vol. 2, 132쪽.

적 종말론(prophetic eschatology)은 종말을 향한 하나님의 목적을 이룸에 있어서 현실역사에 대한 인간의 역할을 통합시킨다. 그러나 묵시적 종말론(apocalyptic eschatology)은 사회·정치적 및 종교적 상황의 열악한 상황 때문에 하나님의 종말을 향한 행동은 이 세상의 역사 현실 및 인간의 역사 참여와는 점점 유리된 차원에서 진행된다는 것이다.[13] 박준서 교수는 이러한 구별을 다음과 같이 정리한다. 예언신학에서의 심판과 종말은 새이스라엘, 새계약, 새다윗, 새성전, 새출애굽과 같이 역사의 연장선상에서 이루어지지만, 묵시문학에서 종말은 구원역사의 완성이 아니라, 악의 세력의 파멸을 의미한다는 것이다. 미래에 대한 희망과 도래할 아름다운 세계의 비젼은 공통점이지만, 예언자적 종말은 역사의 '연속성(현실성)'을 강조하고, 묵시적 종말론은 역사의 '질적인 불연속성'을 강조한다고 본다.[14] 따라서, 구약의 종말론 이해는 정상적인 현실상황에서는 역사내재적인 하나님의 구원역사 성취의 목표가 제시된 반면, 극도의 열악한 상황에서는 역사 초탈적인 종말시대의 도식적 이해가 가능해진다. 여기서 묵시적 종말론을 가진 소외계층의 사회집단(예컨대, 쿰란공동체)은 상징적 세계관을 형성하면서, 이것을 이데올로기로 하여 현실사회와 맞선 대안 사회공동체를 건설하는 "묵시주의 운동"을 보여주게 된다는 분석이다.[15] 이 지점에서 왕대일 교수는, "그러나 묵시문학의 역사 이해를 역사에 대한 비관주의, 또는 이원론적 태도로만 보아야할까? 묵시문학이 여전히 역사가 하나님의 계획에 따라서 진행되고 있다는 신념을 포기하고 있지 않음에 관심을 모아야 한다."[16]고 지적한 것은 앞으로 묵시사상 이해의 재검토를 위해 중요한 관점이라고 생각된다. 이와 관련하여, 폴 핸슨도, "묵시적 종말론에서 나타나는 연대기적 때의 관심은 묵시사상의 뿌리인 예언자적 종말론에서 완전한 결별을 막아주고 있다. 역사적 맥락에서 완전히 단절된 종말사상은 묵시사상이 아니라 영지주의사상(gnosticism)이다."[17]라고 명쾌하게 밝힌 것은 매우 중요한 지적이다. 그러므로 묵시문학의 중심사상은 하나님이 적어도 현실역사에서 어느 한도까지는 경과적으로 거리를 두고 계신 것을 선포하는 것으로서, 이 과정(하나님의 침묵)에서 악한 세력의 자유로운 확장을 허용하고 있다는 의견은 다소 과장된 것임이 틀림없다.[18]

이상에서 살펴본 묵시사상이 구약에서 충분히 발전된 모습으로 나타나는 유일한

---

13) P. D. Hanson, "Apocalyptic Literature", 위의 글, 468쪽 이하.

14) 박준서, 위의 글, 36쪽.

15) P. D. Hanson, 위의 글, 470쪽.

16) 왕대일, 위의 글, 44쪽.

17) P. D. Hanson, 위의 글, 469쪽.

18) TRE: "Apokalyptik", II. AT, 196쪽.

책이 다니엘서이다. 18세기 이후 다니엘서의 전통적인 주전 6세기 기원설은 도전을
받게 되었고, 19세기에 베르톨트(L. Bertholdt)의 다니엘 주석(1806-1808)을 선두로
하는 역사-비평적 연구는 ① 언어 ② 역사 ③ 신학사상 ④ 논리에 기준하여, 다니엘
서는 주전 2세기 마카비 형제들의 봉기시대에 서남아시아 지역에 군림하던 헬레니
즘 셀류코스 왕조의 8대 왕인 안티오쿠스 4세 에피파네스(Antiochus IV Epiphanes.
통치년대, 주전 176-164)의 예루살렘 성전 약탈과 모독 및 성전 제사 금지와 할례 금
지 등 박해 아래 고난당하는 유대인들을 격려하기 위해 쓰여진 가명의 문서라고 주
장하게 되었다. 다니엘서의 예언들은 '사건 이후의 예언'(vaticinium ex eventu,
prophecy from an outcome)으로 규정되었으며, 이러한 예언들은 묵시적 메시지의
권위를 확보하기 위한 수단으로 사용되었다는 것이다.[19] 그러므로 다니엘서의 묵시
사상이란 특정한 문학기법의 도움으로 그 가명의 저자와 그의 동시대 독자들이 처한
현재 역사적 상황에 관해 행해진 일종의 역사해석으로 이해되었다. 구체적으로, 이
러한 다니엘서의 묵시사상은 이방세력의 통치권력에 대한 유대교 특유의 모든 반작
용을 나타내며, 디아스포라 신앙의 모습을 가지고 현실 역사의 정치참여에서 배제된
"소수"를 위한 역사관이라는 것이다.[20] 특히 안티오쿠스 4세는 주전 167년에 예루살
렘 성전제사를 폐지시켰으며(비교, 단 8:12 이하; 9:27; 11:31,36 이하; 12:11), 그는 유다
사회를 강제로 헬레니즘화 하려고 했다. 유다 사회는 헬레니즘파와 전통신앙을 고수
하는 유다주의파로 갈렸다(비교, 단 11:32). 이렇게 유다인의 신앙의 생존이 풍전등화
와 같을 때, 주전 165년경 익명의 저자는 이 모든 사건들을 지켜보면서 다니엘서를
썼다는 추측이다. 그러나, 이 익명의 저자는 틀림없이 마카비 항쟁을 경험했고(주전
166년 이후), 그 항쟁 경험에서 '적은 도움'(비교, 단 11:34)을 인정하고 있으나, 결정적
인 구원은 초월적인 하나님 자신으로부터 기대하고 있다는 것이다.

이 익명의 저자는 전설적인 지혜자 '다니엘'(비교, 겔 14:14,20; 28:3. 여기서 다니엘
은 주전 6세기의 유다인 다니엘이 아니라 우가릿 문서의 아크하트 전설 이야기에 나오는 군주
'단엘'이라고 본다)[21]을 사용하여 바벨론 포로기의 느부갓네살 왕 때부터 페르시아의
고레스 왕때까지 살았던 인물로 등장시킨다. 다니엘서의 전반부 1~6장은 전설적 이
야기로서 다니엘을 3인칭으로 서술하며, 7~12장의 후반 환상이야기는 다니엘을 일
인칭 저자로서 처리하고 있다(단 7:1; 10:1의 도입양식 제외). 따라서 다니엘서는 무명

---

19) B. S. Childs, *Introduction to the Old Testament*, Fortress, 1980. "Daniel", 611쪽.

20) TRE: "Apokalyptik", II. AT, 198-199쪽.

21) "The Legend of Aqhat, son of Dan'el", *Documents from Old Testament Times*, ed. by D. Winton Thomas, Harper Torchbooks, 1961, 124-128쪽.

의 저자에서 가명(위명)의 저자로 바뀌는 모습을 보여주는데 이것은 후대 묵시문학의 특징이라는 것이다. 이러한 역사적 맥락에서, 다니엘서에는 유다 마카비의 예루살렘 성전 재봉헌(주전 164년, 하누카 축제. 비교, 수전절, 요 10:22) 사건과 안티오쿠스 4세의 죽음(파르테르 원정 도중 병사함, 주전 164년)에 대한 언급이나 반영이 없는데, 그것은 예루살렘 성전 모독 후 3년 반 만에 종말의 시대가 기대되었으나, 다니엘의 묵시환상(단 7:25; 8:14; 9:24; 12:7)을 통해 그 정한 때는 역사의 진행과정에 따라 수정될 수 있음이 점점 분명해지고 있었다는 해석이다(단 12:11 이하).[22]

그러나 이상의 역사-비평적인 다니엘서에 대한 해석은 또한 많은 문제점을 안고 있는 서구의 성서비평적 입장이라는 점에서, 보수적인 복음주의 신학자들의 비평을 받고 있는 것이 사실이다. 그중에서도 최근에 존 왈튼(John H. Walton)은 고대 서아시아(고대 근동)의 소위 묵시예언 양식과 후기 유대교의 묵시문학 양식과의 비교연구를 통해 다니엘서의 예언은 '사건 후의 예언'(vaticinium ex eventu)이 아니라는 점을 주장하였다. 그에 의하면, 아카드 묵시문학의 '사건 후 예언' 다음에는 진정한 의미에서 예언이 나타나지 않는 반면, 후기 유대교 묵시문학에서는 사건 후 예언 문맥 다음에는 우주적 종말의 심판예언이 나타나는데, 흔히 다니엘 11장 1-39절을 '사건 후 예언'으로 볼 때, 후속하는 다니엘 11장 40-45절에는 미래에 나타날 역사적 인물에 관한 특별한 예언을 담고 있다는 점에서 독특하며, 이것을 '사건후 예언'의 내용으로 보기는 어렵다는 것이다.[23] 또한 비평학자들이 말하는 대로 에스겔서에서 언급되는 다니엘은 우가릿 문서에 나오는 전설적 인물 "단엘"(Danel)이 아니라, 에스겔과 같이 바벨론 포로시대에 유명해진 인물로서 주전 6세기의 역사적 인물인 다니엘을 언급한다고 보는 바르톤 페인의 주장이 오히려 설득력이 있다고 여겨진다.[24] 왜냐하면 우가릿 문서에서 '단엘'은 실제 바알 종교와 관련된 인물로 등장하며, 그가 등장하는 이야기에서도 그의 아들 '아크하트'가 주인공이며, 지금까지 알려진 내용에서 볼 때 '단엘'이 이스라엘 역사와 관련해서 신앙적 영웅으로 연결될 수 있는 근거가 희박하기 때문이다.[25]

다니엘서의 다니엘은 신흥 바벨론 제국의 느부갓네살 왕에 의해 유다왕 여호야김 3년 즉 주전 605년에 제1차 바벨론에 포로로 잡혀가서(단 1:1-7. 비교, 에스겔은 주전 597년 제2차 포로로 잡혀갔다), 페르시아 제국의 고레스 대왕이 등장할 때까지 활동

---

22) W. H. Schmidt, 위의 책, 289쪽 이하, 특히 291쪽.

23) John H. Walton, *Ancient Israelite Literature in Its Cultural Context*, Zondervan, 1989, 224-5쪽. 비교, J. Barton Payne, *Encyclopedia of Biblical Prophecy*, 1973/1991, 372쪽.

24) J. Barton Payne, 위의 책, 370쪽.

25) M. D. Coogan, *Stories from Ancient Canaan*, 1978, 27-31쪽. "Aqhat" 참조.

한 것으로 보면(단 10:1), 다니엘은 고레스 때 80세 이상의 고령이었다고 여겨진다. 다니엘서는 다니엘이 남긴 히브리어(단 1:1~2:4a; 8:1~12:13)와 아람어(단 2:4b~7,28)의 비망록 자료들을 모아(단 7:1!; 8:26; 12:4) 그의 사후에 그의 제자들이 지금의 본문 모습으로 편집했을 가능성이 크다.

다니엘(דָּנִיֵּאל; 에스겔에서는 דָּנִאֵל)은 "하느님(엘)이 나의 심판자다"라는 뜻인데, 이것이 곧 다니엘서의 주제로 볼 수 있다. 하나님은 "옛적부터 항상계신 이"로서 천군 천사들의 호위 아래 심판책을 펼치시고 세상을 심판하시는 우주적인 왕으로 소개된다(단 7:9-13. 비교, 계 3:5; 13:8; 17:8; 20:12,15; 21:27). 다니엘서는 세상에서 권력을 휘두르는 죄악의 세력들에 대한 신학적-역사적 해결을 찾고 있으며, 그 해결의 열쇠는 어떤 인간의 프로그램이나 노력에 있지 않고 하나님의 주권적 심판에 달려있다고 하는 종말론적인 역사철학이다. 심판되어야 할 악의 세력들은 느부갓네살 왕의 꿈에 나타난 금신상의 해석에서 나타나는 것처럼, 정금(바벨론 제국) → 은(메데-페르시아 제국) → 놋(희랍 제국) → 철(로마 제국)의 세상 권력들이며, 이 악의 세력들은 "사람의 손으로 하지 아니하고 산에서 뜨인 돌"(단 2:45)에 의해 부숴뜨려진다. 이러한 묵시적-종말론적 역사 이해는 7장의 네 짐승에 대한 해석에서도 재현 반복되는 것이다. 사자(바벨론 제국) → 곰(메대-페르시아 제국) → 표범(희랍 제국) → 열뿔달린 괴수(로마 제국). 하나님의 역사심판인 종말의 때는 저러한 세상 주권자들의 역사 진행을 거쳐서 나타난다. 심판주 하나님은 '인자'(a son of man)에게 '권세와 영광과 나라'를 주고(단 7:13-14. 비교, 마 24:30-31), 역사의 수난 속에서 신앙을 지킨 성도들은 '때가 이르매'(단 7:22) 인자와 함께 그 나라, 곧 하나님의 나라를 얻게 된다(비교, 시 149:4-9).

다니엘은 예레미야의 예언대로 바벨론 포로기 70년이 끝나면 이스라엘 역사가 회복되기 위해 기도하지만(단 9:3-19), 가브리엘 천사는 그에게 '70 이레'(490년)가 이스라엘의 죄악을 대속하는 기간으로 정해졌다는 묵시를 보여준다(단 9:24). 그러나 아직 하나님의 나라가 도래할 마지막 정한 때는 아니다. '멸망케 할 가증한 것'(단 11:31; 12:11)이 거룩한 곳에 세워지며, 천지간에 큰 환란이 있을 것이다. 다니엘은 두 사람들(천사들)이 하는 말을 듣는다. "이 놀라운 일의 끝이 어느 때까지냐?"(단 12:6) 그 대답은, "반드시 한 때 두 때 반 때를 지나서 성도들의 권세가 다 깨어지기까지이니, 그렇게 되면 이 모든 일이 다 끝나리라."(단 12:7)는 것이다. 이 말을 들은 다니엘은 "내가 듣고도 깨닫지 못한지라. 내가 가로되 내 주여 이 모든 일의 결국이 어떠하겠나이까"(단 12:8)라고 물었을 때, 그 두 사람 중 세마포 입은 사람이 "다니엘아 갈지어다. 대저 이 말은 마지막 때까지 간수하고 봉함할 것임이니라"(단 12:9)고 말한다. 결국 세상 환란 중에서도 "1,290일을 지내고, 또다시 1,335일을 참으며 마지막까지 기다릴 수 있는 사람은 복되다"라는 말을 듣는다(단 12:11-12). 여기서 우리는 박준서 박사의 지적대로 종말이 실현되었느냐가 중요한 것이 아니라, '종말의 도래를 갈망하며 참고 기다리는 역사적 사고'가 묵시사상의 특징임을 알 수 있다.[26]

다른 한편 다니엘의 종말예언은 성서신학적으로 예수님의 예언에서 역사적으로 재현되었으며(비교, 마 24:15-31; 막 13:14-27; 눅 21:20-28), 그것은 요한계시록의 예수재림과 최후심판의 예언과 유기적으로 연결된 것임을 알 수 있다. 다니엘서는 단순히 유다인들이 안티오쿠스 4세의 극악한 박해 아래 당한 수난 역사에 대한 역사해석이 아니라, 역사적인 예수 그리스도의 초림과 재림에 대한 예언이며(비교, 계 20:1-6), 그 예언은 신약 교회의 역사에서 그 궁극적 의미와 가치가 드러난다고 하겠다.

Ⅲ. 다니엘서에서 보는 묵시사상에 대한 몇 가지 재검토

구약학자 데즈먼드 포드(D. Ford)는 역사-비평적 방법으로 다니엘서를 분석하고 주석적 연구를 한 다음, 매우 주목할 만한 지적을 해주었다. 그것은 지금까지 비평학자들이 다니엘서를 후기 유대 묵시문학과 같은 내용으로 취급한 것은 잘못이라는 것이다. 일반적으로 비평학자들은 외경과 위경에서 나타나는 묵시문학과 다니엘서의 공통점으로서, ① 가명사용 (pseudonymity) ② 사건 후의 예언(vaticinium ex eventu) ③ 역사 결정론(determinism) ④ 윤리적 수동성(ethical passivity)을 지적한다. 그러나 포드에 의하면, 다니엘서에 나타나는 다니엘은 결코 가명의 인물이 아니며, 신약은 다니엘의 예언이 예수 그리스도 사건과 연결된 참 예언임을 증거하고 있고(마 24:15; 막 13:14; 눅 21:20), 다니엘서의 "정한 때"도 결코 역사 결정론으로 몰아부칠 성격의 것이 아니며, 다니엘서에는 오히려 수동적이 아닌 강한 윤리적 강조가 나타난다(비교, 단 1:8; 4:27; 5:20-23; 6:4; 9:1-21; 11:32-35; 12:,10)고 주장한다.[27]

이러한 관점에서 우리는 위에서 언급한 내용들을 전제로, 오늘날 일반적으로 구약의 묵시사상과 연관해서 주장되는 점들이 다니엘서에 비춰 볼 때 그 타당성이 지속 가능한 것인지의 여부를 다시 짚어보아야 할 때가 되었다고 생각한다. 박준서 교수의 정리에 의하면, ① 묵시문학의 역사이해가 신정론적인 것인가 ② 묵시사상은

---

26) 박준서, 위의 글, 35쪽.
27) Desmond Ford, *Daniel*, 1978, 61쪽.

역사비관론과 시간적 이원론을 말하는가 ③ 묵시적 역사이해는 역사결정론인가 ④ 묵시적 종말론과 예언적 종말론은 반드시 구별되는가 ⑤ 묵시신학에서 윤리는 수동성이거나 무시되는가 하는 점들을 우리는 재검토의 대상으로 삼을 수 있다.[28]

첫째로, 묵시문학은 역사에 대해 근본적으로 비관주의적 태도를 나타내는데, 그 이유는 현재의 역사는 악의 세력이 지배하고 있으며, 따라서 현실의 역사는 하나님의 뜻이 실현되는 활동무대가 아니기 때문에 의인들은 수난을 당할 수밖에 없다는 것이다. 그러나 다니엘서는 역사의 수난과 시련을 근본적으로 신정론적이 아닌 인과응보론적으로 보고 있다(단 8:12). 다니엘의 기도에서도 이스라엘의 범죄와 죄악에 대한 강한 고백과 회개가 나타난다(단 9:5,20!).

둘째로, 다니엘서 2장에서 볼 때, 금신상의 4왕국은 인간의 역사가 하나님께 대항하는 악의 세력 아래에 있다는 것을 말해주며, 현재의 역사는 악의 세력 밑에 있기 때문에 구원은 이러한 악의 역사의 개선이라는 연장선상에서 이루어질 수 없다고 본다는 것이다. 역사 비관주의는 역사 적대적인 태도로 발전하며, 시간적 이원론으로서 현재 역사는 악의 세력이 지배하는 암흑시대이며, 앞으로 올 시대는 하나님이 통치하시는 빛의 시대라는 것이 묵시사상의 역사 이해이다. 고로 최후의 종말을 기다린다는 것이다. 그러나 다니엘서는 하나님이 이 현실 역사의 암흑기에서 침묵하시는 것이 아니라, 다니엘의 세 친구를 불가마에서 보호하시며, 다니엘을 사자굴에서 구원하시는 하나님의 행동을 증언하고 있다. 그러므로 이러한 하나님의 살아계신 구원행동을 경험하고 이방의 대왕도 이스라엘의 하나님을 칭송하고 있다: "너희 하나님은 참으로 모든 신들의 신이시요 모든 왕의 주재시로다"(단 2:47; 3:29; 4:34; 6:26). 다니엘서의 하나님은 빛과 어두움을 모두 다스리고 주관하시는, "하늘에서든지 땅에서든지 이적과 기사를 행하시는자"(단 6:27. 비교, 사 45:7)로 이해되고 있다.

셋째로, 역사 결정론에 관해서는 역사는 하나님의 시간표에 따라 종말을 향해 나가며, 역사 진행의 궤도수정은 있을 수 없다는 것이다. 이것은 "닫혀진 미래"로서 예언자의 "열려진 미래"(회개 여부에 따라)와 큰 대조를 이룬다는 것이다. 물론 다니엘 9장의 정해진 때에 관한 숫자 계산식의 연대 구분은 그 정해진 계획표의 수정이 불가능한 닫혀진 미래를 상징하는 것 처럼 보인다. 만약 이것이 역사 결정론이라면, 인간은 역사도피와 현세도피적인 태도를 취할 수밖에 없을 것이다. 왜냐하면 그 종말의 때는 다니엘서에서 3년 반 이내로 임박해 있기 때문이다(단 12:7). 그러나 그 때는 다시 1,290일로 연장되며 또다시 1,335일로 확장된다(단 12:11-12). 마지막 때는 임

---

28) 박준서, 위의 글, 25-37쪽.

박했으나, 그 때의 연장도 가능하다고 보는 것이다. 다니엘의 태도는 현실도피주의가 아니라, 오히려 적극적으로 현실 역사에 참여하였고(단 6:3-4), 역사변혁을 위해 성경에 약속하신 하나님의 말씀을 공부하고 감사하며(단 9:2), 기도하는 모습으로 나타난다(단 6:10-11).

넷째는, 묵시적 종말론과 예언자적 종말론의 구분은 불연속선인가의 문제이다. 예언자(prophet)는 그래도 사회참여의 기회가 봉쇄되지 않았기 때문에 역사적 지평에서 이루어지는 종말사건으로서 회개와 개혁을 선도했으나, 묵시자(visionary)는 사회참여의 기회를 완전히 박탈당한 상태이기 때문에 극한 상황에서 신앙을 지키기 위해 역사도피적이며 타계주의적인 종말신앙을 강조한다는 것이다. 폴 핸슨은 이점에 있어서 묵시적 종말사상은 전략적인 후퇴로 보아야 하며, 진정한 묵시자는 예언신학의 후예로서 기회만 주어지면 다시 역사참여와 개혁의 사명을 수행할 것이라고 설명한다. 만약 그렇지 않다면 이원론적으로 이 세상을 포기하고 하늘나라만 바라는 "영지주의자"로 전락하고 말 것이라고 경고한다.[29] 다니엘의 경우에는 예언자적 활동(바벨론 제국과 페르시아 제국 왕궁의 관리로서 신앙적 현실참여 및 기도 활동)과 묵시자적 활동(단 7~12장의 4가지 환상)이 일체 양면성을 가지고 나타난다.

마지막 다섯째로, 묵시사상에서 개인과 집단의 윤리성은 수동적이거나 무시되는가 하는 점이다. 일반적인 이해로는 말세론자나 내세를 강조하는 신앙에서는 "나와 세상은 간곳없고 구속한 주만" 보이기 때문에 개인의 책임성과 윤리성이 무시되기 쉽다. 그러나 이미 앞서 언급한 것처럼, 다니엘서에서는 다니엘의 현실 참여적인 삶의 태도를 통해 오히려 강한 윤리성과 책임성이 강조되고 있다. 예컨대, 저러한 묵시적 상황에서도 다니엘은 정상적인 생활인으로서 생활했을 뿐 아니라, 오히려 원수의 나라 제국에서 고위직을 맡아 현실 역사에 깊숙이 참여하였으며, 그의 대적들이 "고소할 틈을 찾으려고 하였으나 능히 아무 틈 아무 허물을 찾지 못하였으니 이는 그가 충성되어 아무 그릇함도 없고 아무 허물도 없음이었더라"(단 6:4)고 본문은 말하고 있다. 이로써 보건대, 한국교회에서 자주 지적되는 잘못된 말세 사상과 도피주의적이며 비윤리적 종말론은 다니엘서를 통한 올바른 종말론적 윤리에 의해 시정되어야 할 점이라고 여겨진다. 세상만사는 결코 헛된 것이 아니며, 고난의 역사는 묵시사상에서 볼 때 오직 하나님의 주권과 그 역사적 경륜 속에서만 그 참 의미와 목표를 발견할 수 있는 것이다.

위에서 검토한 내용들을 종합해 볼 때, 다니엘서는 주전 2세기에 헬레니즘을 강

---

29) P. D. Hanson, *The Diversity of Scripture*, 57쪽 이하.

요하고 유다인들을 박해하는 안티오쿠스 4세 시대에 고난당하는 유다인들을 격려하고 위로하는 위문서(僞文書)가 아니라고 생각한다. 안티오쿠스 4세의 극악한 예루살렘 성전 모독과 제사 금지에 대항한 유다인 제사장 마타티아스의 아들 5형제들(유다 마카비의 형제들)의 무력 항쟁과 그 당시 유다인들의 신앙과 순교 상황은 다니엘서가 아니라 외경 마카비 1서에 자세히 기록되어 있기 때문이다(비교,『천주교 성경』, 마카베오기 상권). 마키비 1서에는 아브라함, 요셉, 비느하스, 여호수아, 갈렙, 다윗, 엘리야와 같은 믿음의 조상들에 대한 언급과 함께 다니엘의 세 친구들의 이름들인 하나냐, 아사랴, 미사엘과 사자들의 입에서 구출된 다니엘의 이야기를 언급하고 있다. 마타티아스의 유언을 인용하여, 유다인들은 박해와 고난 중에도 율법을 지키고, 믿음의 조상들을 구원하신 하나님께 희망을 가지라고 권면하고 있다. 그러면, 유다인들은 '큰 영광과 영원한 이름을 얻을 것'이라고 말하고 있다(마카베오기 상권, 2:51-60). 다니엘서는 박해와 순교 상황에서 단순히 격려와 위로를 목적으로 한 책이 아니라, 신흥 바벨론 제국과 연이어 페르시아 제국의 속국이 된 유다의 암울한 역사적 상황을 배경으로 바벨론 왕궁과 페르시아 왕궁에서 고위직을 맡았던 다니엘(바벨론식 이름은 '벨드사살', 단 1:7. Belteshazzar, 신바벨론의 주신인 벨, 또는 마르둑에게 '왕의 생명을 보호하소서'라고 기원하는 의미이다)이 여호와 하나님의 살아있는 주권과 역사통치를 재확인하고 강조하는 내용이며, 종말의 하나님 나라가 도래할 때 인자 메시아가 오실 것(단 2:44-45; 7:13-14,27; 9:24-26. 비교, 마 24:15)을 미리 예언한 책이다.

　　덧붙여서 묵시사상과는 다른 이야기지만, 역사적 다니엘의 생애를 생각할 때, 만일 우리나라의 경우와 비교해 본다면, 일제가 조선을 침략하고 조선왕조가 멸망했을 때, 조선의 양반 자제들을 일제가 포로로 일본에 잡아가서 그 곳에서 일본 왕실 교육을 시키고, 다니엘과 그의 세 친구들의 경우와 같이 일본식으로 이름도 개명하고, 다니엘은 유다를 멸망시킨 느부갓네살 대왕의 꿈을 해석해 주고 바벨론 제국의 고위직에 올라서 평생을 바벨론 제국을 위해 일했던 것같이, 일본 왕의 꿈을 해석해 주고 일본제국의 고관직에 올라 평생을 지냈다면, 그에 대한 한국 역사의 평가는 어떻게 되어야 하겠는가? 오늘 우리나라의 상황에서 판단해 볼 때, 아마도 친일파 인명사전에 그 이름이 올라가는 것 같이, 친바벨론파 인명사전에 다니엘의 이름이 올라가는 것은 물론이고, 다니엘은 유다 역사에서 유다를 멸망시킨 적국을 위해 일한 반역자요 매국노로 비난의 대명사가 되어야 하지 않았을까? 예레미야도 유다가 바벨론에게 항복하고 포로가 되는 것이 하나님의 뜻이라고 예언했을 때(렘 25:11-13; 27:8-15), 예레미야 예언자는 친 바벨론주의자 또는 적국의 간첩이며 미친 자로 오해받기에 충분했고(비교, 렘 29:24-32), 그의 고향 친족을 포함하여 유다의 애국자들이 그를 죽이려고 한 것은 이해할 만하다(렘 11:21; 26:24). 그러나 성경에서 예레미야 예언자는 참 예언자로 기억되고 있으며(비교, 단 9:2), 다니엘도 신앙의 영웅이며 참 예언자로 기록되어 있다(비교, 겔 14:14; 28:3; 마 24:15). 페르시아 제국의 속국이 된 유다에 페르시아 왕의 술 맡은 관원이었던 유다인 느헤미야가 유다 총독으로 임명을 받아 페르시아 제국에 협력한 역사도 예레미야나 다니엘의 경우와 비교하여 그 역사적 역할의 정당성에 대한 문제가 제기될 수 있다(느 1:11; 8:9; 10:1 등). 그러나 느헤미야나 예레미야나 다니엘은 어디까지나 자신의 사리사욕이나 영달을 위한 목적이 아니었고, 여호와 하나님과의 인격적 관계에서 하나님의 백성 유다를 위해 자신들의 소명에 따른 처신이었다는 점이 주목된다(단 9:3-19; 렘 17:12-18; 25:3-14; 느 8:8-10).

76

구약학, 어떻게 할 것인가?

Ⅰ. 구약학의 성격과 과제

구약학(舊約學, Old Testament Studies)은 기독교 신학에서 성서학(聖書學)의 한 분야이다. 신학(神學)이 하나님의 계시(특별계시와 자연계시)에 대해 인간의 신앙적 응답을 올바르게 하려는 공부와 훈련이라고 한다면, 성서학은 구체적으로 하나님의 말씀이 기록된 계시로서 성경(聖經)의 가르침에 대한 우리 인간의 올바른 이해와 이에 기초한 성경적 신앙생활의 확립과 그 신앙에 대한 설명을 그 과제로 삼는다(벧전 3:15-16. 비교, 박동현, "2. 구약학의 흐름과 미래", 『신학이란 무엇인가』, 김동건 엮음, 대한기독교서회, 2010, 39-71쪽. 이 글에서 박동현 박사는 "교회와 세상의 문제를 안고 씨름하는 신앙의 자기 표현이 신학"이라고 했는데, 이러한 입장은 신학에 대한 피상적인 이해가 아닐까 생각하다. 현대 서양의 비평적 성서신학의 방법론에 대한 문제의식은 이해할 수 있지만, 성경의 권위(계시와 영감)를 인정하지 않는 하나님의 말씀 듣기나 성서학의 성립은 생각하기 어렵다. 16세기 이후 교회개혁 전통의 복음주의 신학에서 사용하는 "역사적-문법적-신학적 방법"을 능가하는 성경해석 방법을 찾기는 어렵다. 시대의 요청에 응답하는 것이 성서신학이 아니고, 시대가 성경이 말씀하는 하나님의 말씀에 적합한 생각과 생활을 하고 있는지를 먼저 물어야 한다. 특히, 67쪽 이하). 성서신학은 성경이 계시하는 하나님과 인간에 대한 공부이며, 그와 연관하여 세계에 대한 공부이다. 나아가 궁극적으로 구약학은 신학의 제반 분야들과 협력하여 사람들을 예수 그리스도에게로 인도하려는 목적을 가지고 있다(눅 24:27,44-48; 요 20:31). 사실 성서신학을 포함한 모든 신학의 궁극적 목적과 과제는 삼위일체이신 하나님께 영광을 올려드리는 데 있다(사 43:21; 시 66:1-4; 79:13; 102:18; 엡 1:4-6; 벧전 2:9 등). 구약학은 하나님의 말씀으로서 구약성경 창세기에서 역대기(또는 칠십인역 전통에 따라, 창세기에서 말라기)까지의 마소라 본문을 일차적 대상으로 인식한다. 그리고 개혁교회 전통의 그 성경 해석의 방법은 '문법적-역사적-신학적 방법'이다(L. Berkhof, *Principles Of Biblical Interpretation*, Baker, 1950/1980. 비교, '역사적-비평적 방법', Edgar Krentz, *The Historical-Critical Method*, Fortress, 1975). 구약(舊約)이라는 명칭 자체가 시사해 주듯이(고후 3:14 참조), 구약학의 출발점은 역사적 예수 그리스도의 성육신과 십자가와 부활을 통한 새 언약의 사건인 신약(新約)에 놓여있다(요 5:39; 히 1:1-2). 개혁교회 전통의 복음주의 구약학은 유대교의 성서신학이나, 자유주의 종교사학파의 이스라엘 종교역사 연구와도 구별된다.

구약학을 공부한다는 것은 예수 그리스도 안에서 새로운 피조물된 인간의 경험에서 비롯되며(고후 5:17 참조), 골로새서 3장 10절에서 의하면, "이 새 사람은 창조하신 이의 형상을 따라 끊임없이 새로워져서 하나님을 아는 지식에 이르게 되는 것"을 의미한다. 구약학의 이러한 영적(靈的) 세계의 인식 원리는 '성령의 내적 조명'에 의해 증거된다(요 14:26; 고전 2:10; 엡 1:17, 벧전 1:11; 요일 2:27 참조). 구약학을 하는 사람은 예수 그리스도 안에 나타나신 하나님이 구약에서 말씀하시는 동일하신 여호와(야웨, 야훼) 하나님이신 것을 알게 된다(히 1:1-3. 비교, 요 10:30; 14:9; 17:11,22). 그러나 일찍이 고대 교회사에서 주후 2세기 중엽에 마르시온(Marcion)은 구약이 말하는 유대 종교의 창조주 하나님은 신약의 예수 그리스도 안에 나타난 사랑의 하나님과는 결코 양립하거나 동일시될 수 없다는 주장을 했으며, 그의 제자 아펠레스(Apelles)는 심지어 구약성경을 "믿을 수 없는 거짓말과 설화로 된 책"이라고까지 폄하하였다(Hans Walter Wolff, *Bibel AT*, Kreuz-Verlag, 1970, 7쪽에서 재인용함). 이러한 마르시온적인 구약과 신약에 대한 부정적 이분법은 독일 자유주의 신학자들인 슐라이어마허(F. Schleiermacher)나 하르낙(A. Harnack)과 같은 이들의 주장을 통해 계속되었고, 이들의 주장은 현대 성서학에도 영향을 미치고 있다. 이러한 맥락에서 우리에게도 그 이름이 알려진 독일 신약성서 학자 불트만(R. Bultmann)은 "기독교 신앙을 위해서 구약은 진정한 의미에서 하나님의 말씀이 아니다"라고 강변하였다. 불트만은 신약본문이 기록하고 있는 내용의 역사성을 부인하며, 신약의 언어는 상징적 신화적 언어인데, 그것을 오늘 문자 그대로 교회의 신앙에 대입해서는 안되고, 그 신화(神話)의 옷을 벗기고 "비신화화의 작업"을 통해 신약 본문의 실존적 의미를 전달해야 한다고 주장한다. 불트만의 이러한 실존적 신약이해는 독일 철학자 하이데거(M. Heidegger, 1889-1976)의 실존주의 철학을 도입한 것이며, 신약성경이 말하는 진리(眞理, 곧 예수 그리스도의 복음의 의미)는 인간이 예수 그리스도를 통하여 죄와 사망의 권세에서 해방되고 영생을 얻는 도리가 아니라, 결국 과거의 인간을 옥죄는 모든 규범적 족쇄에서 해방되어 '미래에 대한 인간존재의 자기 개방성과 자기 결정권'으로 규정한다(비교, R. C. Roberts, "Bultmann, Rudolf, 1884-1976", *Evangelical Dictionary of Theology*, ed. by D. J. Treier and W. A. Elwell, 3rd edition, BakerAcademic, 2017, 148쪽). 어쨌든, 마르시온적 구약관은 근거가 없는 잘못된 주장이며, 현대의 대다수의 성서학자들은 그러한 편견과 왜곡을 극복하고 있다. 또한 구약학은 구약의 신앙 세계를 고대 서아시아의 역사 내재적인 히브리 종교의 사상사적 진화론적 발전 과정에서 출현된 "이스라엘의 종교"로 파악하려는 종교사학파의 입장과도 구별된다. 구약학은 기록된 구약성경을 통해 말씀하시는 삼위일체 하나님의 계시의 규범성을 신약성경과의 유기적인 연관성 안에서 탐구한다. 이 점에 있어서 구약학은 기독교 성서신학의 분야로서 일반 종교학이나 철학과는 구별되는 자기 정체성을 분명히 해야 할 것이다.

구약은 그 사용에 따라 삼중적인 성격을 가지고 있다. 첫째는 시내산 계약을 통해 역사 무대에 출현한 하나님의 백성 이스라엘의 전체 삶을 규정하고 인도하는 과거 이스라엘 백성의 정치·종교적 율법(법률) 문서의 성격이다. 이러한 구약의 사용은 이미 지나간 과거에 속하며, 더 이상 그리스도인들에게 효력이 없다(롬 10:4; 갈 3:19; 히 8:13 등). 둘째로, 구약은 죄를 깨닫게 하고 믿음으로 의롭다함을 얻게 하려고 인간을 예수 그리스도에게로 인도하는 '개인교사'로서의 역할을 한다(갈 3:24-25). 이것이 구약의 제2의 사용이다. 구약은 이 점에 있어서 하나님의 백성인 역사적 이스라엘이 믿음으로 의롭다함을 얻게 하시는 하나님의 의(창 15:6; 합 2:4; 롬 3:21-22 참조)를 버리고 힘써 "자기 의"를 좇다가 실패한 역사를 교훈으로 보여준다(롬 10:2-3). 그러면 이제 그리스도 예수 안에 있는 사람에게는 율법(구약성경)이 필요없다는 말인가? 아니다. 우리 그리스도인들에게 구약성경은 여전히 유효하다. 이것이 교회개혁자들이 가르친 율법(구약)의 제3의 사용이다. 그러므로 셋째는, '율법의 마침'이 되신 예수 그리스도 안에서 믿음으로 의롭게 되고 거듭난 하나님의 자녀들에게 있어서 구약은 과거 이스라엘의 정치-종교적 법률이나 예수 그리스도에게로 인도하는 '개인교사'의 역할을 넘어서서, 신약의 하나님의 말씀과 똑같은 가치와 타당성과 효력을 가진다. 왜냐하면 살아계신 하나님의 동일하신 말씀으로서 구약성경은 그리스도인들의 성화(聖化), 즉 올바른 삶의 능력인 '지혜'를 얻게 하는 하나님의 말씀이기 때문이다. 딤후 3장 15절은 이 점을 가장 잘 표현해 주고 있다: "또 네가 어려서부터 성경을 알았나니 이 성경은 능히 너로 하여금 그리스도 예수 안에 있는 믿음으로 말미암아 구원에 이르는 지혜가 있게 하느니라." 여기서 말하는 '성경'은 구약성경이며,

구약은 오늘도 우리 그리스도인들이 성숙한 신앙인이 되도록 자라가는데 필요한 지혜, 곧 능력을 공급한다(딤후 3:16-17; 비교, 요 5:39; 8:31-32 등). 이것이 또한 바울 사도가 "그런즉 우리가 믿음으로 말미암아 율법을 파기하느냐 그럴 수 없느니라 도리어 굳게 세우느니라"라고 기록한 말씀의 의미이다(롬 3:31). 무엇보다 예수님도, "내가 율법이나 선지자를 폐하러 온 줄로 생각하지 말라. 폐하러 온 것이 아니요 완전하게 하려 함이니라"고 하신 말씀의 뜻이다(마 5:17).

이제 우리는 구약학의 궁극적 목표가 어디에 놓여있는가를 가늠할 수 있게 된다. 구약학은 단순히 과거 이스라엘의 신앙세계를 탐구하는 학문이 아니며, 구약성경은 신약의 복음과는 정반대되는 율법으로서 이스라엘 백성의 실패를 교훈하는 참고서가 아니다. 구약학을 공부하는 것은 예수 그리스도 안에서 믿음을 통하여 구원에 자라가는 지혜를 발견함으로써 우리가 이 세상에서 인내를 가지고 성경의 위로로 영생의 소망을 가질 수 있게 하기 때문이다(롬 15:4 참조). 이러한 지혜(비교, 고전 1:24)와 소망(비교, 딤전 1:1)은 바로 예수 그리스도 그 자체이며, 구약학은 예수 그리스도를 발견하고 그를 증거하는 학문이다(요 5:39; 빌 3:8-9. 비교, 요 20:31). 구약학은 어떤 학문적 가설과 이론을 정립하는 것이 아니며, 진리 탐구와 진리 실천의 사명이 있다. 성경이 말하는 진리는 비인격적인 이론이 아니고 존재론적인 인격체이다. 왜냐하면 예수 그리스도가 곧 그 길이요 그 진리요 그 생명이기 때문이다(요 14:6). 예수 그리스도는 진리로 인도하는 길이며, 그 진리는 궁극적으로 영생을 얻게 하는 지혜이다. 자연과학이나 인문학이 탐구하는 지식은 "진리"가 아니며, 창조세계의 신비를 탐구하고 이미 그 창조질서에 내재되어 있는 사물의 원리를 발견하려는 것이다. 인간이 추구하는 그 어떤 지식도 영생을 얻게 하지는 못하기 때문이다. 성경은 "세상지혜"는 스스로 지혜 있다 하나 오히려 어리석은 것이라고 말씀한다(롬 1:21-23, 고전 1:18-31 참조). 물론 세상의 지식과 지혜는 이 세상에서 약간의 유익이 있으나 구원(영생)을 줄 수 없고, 예수 그리스도 안에는 영생을 얻기 위한 "모든 지혜와 지식의 보화"(골 2:2-3)가 있다. 구약성경의 계시를 통하여 이러한 보화를 구약학은 발견하고 발굴해내야 하고, 이러한 보화를 사람들에게 공급할 수 있어야 한다. 성경이 약속하는 모든 지혜와 지식의 보화는 다른 것이 아니라 새 사람에게 필요한 양식(마 4:4; 암 8:11; 렘 15:16)과 양약(잠 3:1-8; 16:24; 시 107:20 등, 비교, 말 4:2)과 등불과 빛(시 119:105; 잠 6:23: 벧후 1:19 등)이며, 또한 영적인 무기(엡 6:17; 히 4:12)와 거울(약 1:23-25)과 더러움을 씻어내는 세제(시 119:9)이다.

신구약의 상관관계는 흔히 "율법과 복음"이나 "약속과 성취"의 대비구도에서 파악하려는 경향이 있으나, 보다 구체적이고 적절한 이해는 '어린이와 어른'의 유비 관계에서 가장 잘 드러난다고 생각한다. 어느 시인이 표현한 것처럼 "어린이는 어른들의 아버지이다." 그러나 어른은 어린이의 일(생각, 말, 행동)을 더 이상 반복하지 않는다. 어른은 어린이의 옷을 입을 수도 없고, 어린이의 생각과 말과 행동을 하지 않는다. 이 점에 있어서 과거 이스라엘의 정치-종교법으로서의 율법(구약)은 신약의 복음과는 분명히 단절(discontinuity)된다(고전 13:11, 갈 4:3, 엡 4:13-15 참조). 그러나 성장한 어른은 자신의 어린 시절의 본질적인 "자아"와 분리될 수 없고, 생명적 유대성과 생리적 연속성을 유지하는 것은 자명한 것이다. 구약과 신약의 이러한 연속성(continuity)은 예수 그리스도의 오심에 이르기까지(행 3:24 참조) 강화되면서, 마침내 예수 그리스도 안에서 그 성숙도에 있어서 온전(완전)하게 되는 것이다(마 5:17; 롬 3:31 참조). 이러한 관점에서, 구약학이 구약 계시문학의 역사적 성장 과정과 그 시대적 특징들을 연구하고 이해하려는 노력은 흥미 있고 또한 필수적인 것이다.

Ⅱ. 구약학의 분야

구약학(Old Testament Studies)의 분야는 크게 두 가지로 나누어 볼 수 있다. 첫째는 성경공부(Bible Study)로서 구약본문을 통해 현재 나에게 주시는 하나님의 말씀의 의미를 올바로 이해하고 실천하기 위한 것이다. 성경공부는 내가 구약성경의 본문을 읽고 내게 주시는 하나님의 말씀으로 받아들이는 것이다. 이러한 성경공부는 주관적인 방법으로 기도와 명상과 때로는 찬송을 수반하며, 성령의 인도하심으로 본문과의 살아있는 만남의 경험이 중요하다. 성경공부는 성경 본문을 머리가 아닌 마음으로 읽는 것이다(비교, 눅 10:26; 신 6:6). 이러한 성경공부에는 연구용 성경의 해설자료나 성경핸드북, 성경 사전, 또는 성경공부 자료집이나 개인 또는 그룹 성경공부를 통한 인도자의 지도가 도움이 될 수 있다(행 8:30-31; 18:26; 골 1:7; 딤후 3:14, 비교, 갈 1:12). 성경공부는 예수 그리스도 안에 있는 "믿음"이 없이는 불가능하다(롬 10:17). 믿음을 통해 구약의 말씀을 들음으로 우리는 오늘 우리의 신앙과 생활에 하나님의 뜻이 무엇인가 분명하며 이해하게 된다(롬 12:2). 성경공부는 우리에게 신앙과 생활의 규범을 제공한다. 그런데 성경공부는 그 방법론상의 주관적 성격 때문에 때로는 주관주의 빠져 성경 해석의 심각한 오류에 빠져들 위험성도 있다는 점을 주의해야 한다(벧후 1:20; 3:16 참조). 그러므로 구약학은 다른 한편에 객관성을 강조하는 성서연구를 필요로 하게 된다.

구약학의 둘째 분야는 성서연구(Biblical Studies)이다. 성경 공부가 믿음의 방법을 전제한다면, 성서연구는 믿음의 방법과 함께 이성(理性)의 방법을 사용한다. 그러나 성서연구에서 이러한 객관성을 추구하는 인간의 이성도 어디까지나 죄 아래 있는 이성임을 분명히 해야 하며, 성서연구에서 이성은 예수 그리스도 안에 있는 믿음과 함께 가야 한다(비교, 고후 1:18-31; 2:5,10 등). 18세기 계몽주의 사조의 막강한 영향으로, 현대 서양의 성서연구는 인간 이성의 능력을 거의 절대시하는 합리주의에 빠져서 결과적으로 오늘날 서양의 신학과 교회가 몰락하는 한 큰 요인이 되었다고 여겨진다. 그러므로 오늘 우리의 성서연구에 있어서는 성경적인 "같은 믿음의 정신"(고후 4:13)을 가지는 것이 필수적이다. 성서연구는 과거 하나님의 백성 이스라엘에게 구약을 통해 계시하셨던 그 하나님의 계시 내용과 그에 응답한 이스라엘의 신앙 세계를 탐구하려는 것이다. 이러한 목적을 효과적으로 올바르게 수행하기 위해 구약학 성서연구는 다음의 다섯 가지분야로 나뉘어 협력한다: ① 구약언어 ② 구약개론 ③ 구약역사(이스라엘 역사) ④ 구약주석 ⑤ 구약신학.

먼저 구약언어 연구는 과거에 형성된 구약 원문(히브리 성경)이 대부분 고대 히브리어 또는 일부 아람어(스 4:8-6:18; 7:12-26; 단 2:4-7:28; 렘 10:11 등)로 기록되었기 때문에, 그 구약성경 본문 본래의 올바른 의미를 파악하기 위해서는 원전어 공부가 필수적인 것이다. 현재 히브리 성경(구약)을 지칭하는 마소라 본문(Masoretic Text)에 사용된 어휘수는 약 8,230단어이며, 그 중에 단 한 번만 나오는 어휘(hapax legomenon) 수는 고유명사를 제외하고도 무려 1,630단어에 이른다. 이러한 어휘들 중에는 아직까지 그 뜻이 불분명한 단어들이 많이 있으며, 종래에는 주로 고대 번역본들(이를테면 칠십인역이나 불가타, 페쉬타 등)을 통해서 그 의미를 역으로 추정해 왔으나, 오늘날 구약학자들은 비교 셈어학을 통해 이 문제 해결에 접근하고 있다. 이러한 연관에서, 구약학도에게는 그리스어, 라틴어, 시리아어 등 고대역본들과 사본들의 언어 지식뿐만 아니라, 구약 원문과 연관하여 고대 셈족어 자료들인 주전 14세기 고대 가나안 방언으로 기록된 우가릿어(Ugaritic) 문서, 아카드어(Akkadian, 고대 앗시리아-바벨론 언어) 문서(주로 고대 앗수르, 바벨론 자료), 에블라(Eblaite)문서 등 고대 언어들에 대한 지식이 요구되고 있는 실정이다. 그외에도 고대 아람어와 페니키아어와 그 비문자료들, 애굽 상형문자 자료들 및 고대 아랍어에 이르기까지 비교 셈어학을 통해 구약언어 연구는 그 전문성이 넓고 깊어지고 있다.

지난 세기 독일학자 빌헬름 게제니우스(W. Gesenius, 1786-1842)의 구약 히브리어와 아람어에 대한 문법과 사전 편찬 작업 이래 구약 히브리어와 아람어에 관한 학문적 지식은 그 확고한 기초와 기틀을 마련해 온 것이 사실이지만, 그 문장론과 문법-사전적인 이해의 철저성과 정확도에 있어서는 영국 구약학자 제임스 바아(James

Barr)가 올바로 지적한대로 아직도 많은 숙제가 남아있는 실정이다. 그러나 한편으로 스위스 바젤대학교의 구약학 교수 예니(Ernst Jenni)의 조사에 따르면, 히브리 성경에 100번 이상 사용된 고유명사(35개)를 포함한 불과 431개 단어들의 총빈도수가 전체 마소라 구약본문 분량의 82.3%를 차지하고 있다는 사실은 구약 원전어 공부에 접근하는 구약학도에게 히브리 성경 읽기는 결코 난공불락의 영역이 아니라는 것을 말해준다(비교, Miles V. Van Pelt and Gary D. Pratico, *The Vocabulary Guide to Biblical Hebrew*, Zondervan, 2003). 엄격한 의미에서 구약학의 학문적 본문연구는 히브리 성경의 마소라 본문을 읽고 문법-사전적인 이해를 함으로써 비로소 그 첫걸음을 시작하는 것이라고 해도 결코 과언이 아닐 것이다.

둘째로, 구약개론은 한 마디로 구약성경의 역사적 형성사(形成史)에 대한 연구이다. 구약개론은 먼저 일반개론에서 구약의 경전사와 사본학과 번역사를 취급하며, 특별개론에서는 구약의 각 책들에서 그 본문의 역사적 진정성(authenticity)과 내용적 통일성(unity)을 찾아보는 것이다. 이에 기초하여 구약개론은 구약성경의 성립 역사와 그 배경을 밝혀줌으로써 구약의 각 책들에 관해 누가·언제·어디서·어떤 동기로 이러한 기록을 남기에 되었는지를 확인하려는 것이다. 따라서 구약성경 본문의 구전(口傳)과 서전(書傳)의 과정을 거쳐 최종 편집에 이르기까지의 역사적 과정을 추적함으로써, 구약개론은 구약성경의 각 책과 그 본문의 역사적 성격과 가치를 파악케 하는 매우 중요한 기초 연구임을 알 수 있다. 그런데 현재 서양 성서연구의 구약개론은 "역사적-비평적 방법"(the historical-critical method)을 적용한 나머지 구약성경의 본문들은 대부분이 사실 역사적 사건과는 유리된 후대의 신앙전승에서 유래한 종교 문서로서 "신앙으로 꾸며낸 이야기"(pious fiction)라는 주장까지 나오고 있는 형편이다. 서양 구약개론의 이러한 문제점은 독일의 구약학자 벨하우젠(J. Wellhausen, 1844-1918)의 기호 J-E-D-P로 표기되는 소위 5경의 문서가설(the Documentary Hypothesis)에서 잘 드러나고 있으며, 앞으로 구약개론의 연구는 '역사-비평적 방법'의 극복과 벨하우젠식의 문서가설에 대한 재검토와 그 대안 제시의 방향으로 나가야 하지 않을까 생각한다. 지난 19세기에 본격적으로 성서비평학이 등장하기 전까지 사실 역사적 개혁교회 전통의 복음주의 입장에서는 '역사적-비평적 방법'이 아니라 '역사적-문법적 방법'(the historical-grammatical method)을 사용했다. 현대 복음주의에서는 성경의 저자는 인간들이 아니고 궁극적으로는 하나님이라는 점을 강조하기 위해 그 방법론에 신학적 요소를 더하여 "역사적-문법적-신학적 방법"(the historical-grammatical-theological method)을 사용한다. 한편 현대 서양의 비평적 성서학에서도 역사-비평적 방법 일변도의 문제점을 심각하게 인식하고, 그 대안을 위한 새로운 연구 방향감각에서 신문학비평을 표방하는 수사학적 비평(제임스 멀렌버그), 구조주의 비평(롤랑 바르트), 경전 비평(브리바드 차일즈) 등의 실험적 방법과 이론들을 소개하기 시작했다.

셋째는 구약역사인데, 즉 구약본문의 무대와 배경이 되는 고대 이스라엘 역사에 대한 연구는 구약개론 못지 않게 구약성서 연구의 신학적 입장과 성격을 결정하는 중요한 과목이다. 지금까지 서양 구약학에서 이스라엘 역사 연구는 역사실증주의적 입장에 서서 구약성경이 말하는 이야기에서 "무엇이 정말로 일어났는가?"에 대한 사실 규명에 집중했으나, 결국 그 역사의 실체를 밝히는 데 실패했다. 신정통주의 신학의 대두 이후 이스라엘 역사 탐구의 내용은 사실 역사인 "히스토리"(Historie)에서 믿어진 역사인 "게쉬히테"(Geschichte)로 전환됨으로써 실존주의적 해석에 치중했으나, 결과적으로는 불가지론 내지는 역사도피주의에 빠지게 되었다. 20세기에 주도적 역할을 한 독일의 알트–노트(A. Alt–M. Noth)학파의 이스라엘 역사연구는 성서고고학과 성서지리학에 근거하여 구약본문이 말하는 이스라엘 역사에 대한 비평적 이스라엘 역사의 재구(再構)에 정열을 쏟았다. 그러나 그 결과 역시 구약본문이 말하는 이스라엘 역사는 '히스토리'가 아니라 대부분 '게쉬히테'라는 것이며, 특히 출애굽 사건 이전의 이스라엘 초기 역사에 대해서는 거의 그 사실성을 부인해 버림으로써 알트–노트 학파는 "역사적 허무주의"라는 비판도 받게되었다. 이에 맞서서 미국의 올브라이트–브라이트(W. F. Albright–J. Bright)학파는 구약본문과 팔레스틴 고고학의 증거 자료를 서로 연관시키는 방법론을 주창했으며, 구약 본문에 나타나는 게쉬히테와 히스토리의 상호보완적 성격을 규명하고자 하였고, 적어도 아브라함 이후의 사실 역사성을 옹호하였다. 한편 미국의 복음주의 구약학자 레온 우드(Leon wood)는 구약본문이 기술하는 내용의 사실 역사성에 대해 여러 학자들의 논증과 고고학적 증거들을 사용하여 구약 본문이 보여주는 이스라엘 역사의 그림을 최대한 사실로 받아들이면서, 가능한한 구약 성경의 역사 그대로 재현해 보이려는 노력을 하였다. 이러한 현대적 상황에서 이스라엘 역사 연구는 다음과 같은 다섯 가지 핵심적 문제들을 놓고 계속 고민하고 있다. ① 이스라엘 역사는 언제부터 시작된다고 보아야 하는가?(세상 창조로부터? 출애굽? 사사시대의 지파동맹? 족장시대?) ② 이스라엘은 어떻게 가나안 땅을 점유하게 되었나?(정복설? 이주설? 농민혁명설?) ③ 이스라엘 왕국 성립을 가능케 한 그 뿌리들은 무엇인가? ④ 열왕기와 역대기의 연대기적 자료들과 거기에 나타난 예언자들의 이야기들(엘리야, 엘리사 등)의 역사적 신빙성 ⑤ 에스라와 느헤미야 중에 연대적으로 누가 먼저인가?

그동안 고대 서아시아(고대 근동)의 토판 문서 자료들, 이를테면 마리(Mari), 누지(Nuzi), 아마르나(Amarna), 에블라(Ebla) 문서들이 족장사와 가나안 정복사에 이르기까지 이스라엘 초기역사의 역사성을 상당히 뒷받침해 주었다는 평가도 있으나, 아직까지 팔레스틴의 자체 내에서 이스라엘 초기 역사와 직결되는 성서 외의 기록 자료의 발견 부족으로 어려움이 계속 남아있다. 최근에 미국 구약학자들인 멘덴홀(G. Mendenhall)이나 갓왈드(N. K. Gottwald)는 이스라엘 역사 재구에 있어 사회학적 방법을 제시하고 있다. 그러나 문제는 사회학적 방법이 지금까지 불가능했던 역사적 정보를 구약 본문이나 관련된 자료들로부터 새로 끄집어내는 것은 아니라는 것이다. 다만 사회학적 방법의 이스라엘 역사 이해는 이스라엘 역사에 영향을 끼쳤을 사회학적 요인들(주로 정치, 경제적인 요인들)에 더 주의를 기울이려는 점이 특징이다. 그럼에도 이스라엘 형성의 역사적 시발점을 가나안땅에서의 "농민봉기가설"(the peasants' revolt hypothesis)로 설명하려는 사회학적 입장의 시도는 대부분 "대담한 추측"(bold speculation)으로 비판되고 있다.

서양 구약학의 이스라엘 역사 재구(再構)의 근저에는 서양 학자들의 역사철학(이를테면 헤겔의 역사철학이나 19세기 랑케학파의 역사실증주의 등)의 전 이해들이 두텁게 깔려있음을 본다. 이 점에 유의하면서, 우리는 '사건 없는 해석은 공허하며 해석 없는 사건은 맹목적이다'라는 인식을 재확인하게 된다. 구약 본문의 메시지와 불가분의 연관성을 가지고 있는 이스라엘 역사의 실체에 대한 탐구는 포기될 수 없다. 이스라엘 역사 연구와 연계하여 종래의 성서고고학과 성서지리학에 대한 연구도 매우 중요하다. 현재 구약본문에 나타난 이스라엘 역사에 대한 학계의 입장은 세 가지로 정리할 수 있다. 첫째는 구약본문이 진술하는 역사적 사건을 최대한 수용하는 입장인데, '최대주의자들'(maximalists)들로 알려졌다. 둘째는 구약본문이 진술하는 역사적 사건은 그대로 믿을 수 없고 역사-비평적 관점에서 재구성해야 하는데, 족장역사나 출애굽 역사, 가나안 정복 역사, 사사시대 역사는 사실로 인정할 수 없으며, 사울 왕이나 다윗 왕과 솔로몬 왕의 역사도 사실 역사로 인정하기에는 객관적인 증거가 부족하다고 한다. 이러한 이스라엘 역사에 대한 부정적인 입장을 '최소주의자들'(minimalists)이라고 한다. 셋째는 성서고고학과 성서지리학, 고고인류학 등의 객관적이며 학문적인 증거들과 함께 구약본문의 역사적 사건 진술을 함께 고려하며, 가능한 한 역사적인 실체에 접근하려는 입장이 있는데, 이들을 '사실주의자들'(factualists)이라고 한다.

넷째로, 구약주석은 이상에서 논의한 성서연구, 즉 구약언어, 구약개론, 이스라엘 역사에서 얻은 학습의 성과를 기초로 구약 각 책의 본문을 해석하는 과업이다. 오늘의 서양 성서학의 주석은 '역사적-비평적 방법'(the historical-critical method)에 기초하여 본문비평 → 본문번역 → 문학비평(자료비평) → 양식비평 → 전승사비평 → 편집비평의 분석적이고 복합적인 작업 과정을 거쳐서, 과거 본문의 역사적 의미를 해석하고 설명하는 작업이다(참조, Edgar Krentz, *The Historical-Critical Method*, Fortress, 1975). 그런데 이러한 성서비평적 주석은 그 절차와 내용에 있어서 비평적 학자들 간에도 해석의 불일치를 보이고 있으며, 나아가 정말로 이런 식의 비평적 주석을 통해 성경본문의 고유한 메시지, 곧 살아계신 하나님의 말씀을 듣도록 인도하거나 도움을 줄 수 있을까에 대한 위기감과 절망감을 줄 때가 많이 있다는 데 문제가 있다. 이에 대비하여, 16세기 교회개혁 이후 개혁교회 정통주의(즉, 복음주의, 깔뱅주의, 개혁주의)의 주석은 '문법−역사적−신학적 방법'(the grammatical−historical−theological method)에 기초하며, 구약본문의 과거의 역사적 의미와 함께 그 본문이 신약과의 유기적 연관에서 오늘 우리에게 말씀하고 있는 메시지를 발견하는 것이 그 주된 과제이다(Louis Berkhof, *Principles Of Biblical Interpretation*, Baker, 1950/1980). 주석책(commentary)은 본문의 과거의 의미를 밝히는 것만으로는 부족하며, 그것은 과거의 의미(meaning)를 주석하는 것(exegesis)과 함께 본문이 오늘 우리에게 어떤 의의(significance)가 있는가를 또한 적절히 설명해 줌으로써(exposition), 일반독자나 신학생, 나아가 설교를 준비하는 목회자들에게 실제로 도움이 되어야 할 것이다. 성서 주석과 함께 구약 해석학(hermeneutics)은 구약해석사와 주석 방법론에 대한 성찰을 함으로써 구약성경이 오늘도 살아계신 하나님의 말씀으로 올바로 이해되고 전달될 수 있는 방안을 연구해야 한다. 해석학의 전제로서 인식론(epistemology)에 대한 안내도 필요하다.

다섯째로, 구약신학의 경우 프랑스 스트라스부르대학교의 구약학자 에드몽 쟈꼽(E. Jacob)은, "구약신학이란 구약 전체를 통해 발견되고 그것이 구약 전체 사상의 밑바닥에서부터 통일성을 이루고 있는 특별한 종교적 사상들에 관해 조직적인 설명을 하려는 노력으로 정의해 볼 수 있을 것이다"라고 조심스런 견해를 피력한 바 있는데, 그럼에도 불구하고 오늘에 와서 구약신학이 무엇이며 그 방법론이 무엇인가에 대한 구약학자들간의 의견의 일치는 찾아보기 힘들다. 본 필자의 견해로는, 구약신학은 구약성경에 나타난 하나님의 계시의 규범(規範)에 대해 신약과의 유기적 관련에서 그 통일성(메시아 약속)과 다양성(메시아의 4대 직무: 제사장, 왕, 예언자, 지혜자)을 이스라엘 역사의 맥락에서 정리하고 설명하는 공부이다. 구약신학은 위에서 언급한 구약언어, 구약개론, 구약역사(이스라엘 역사) 공부를 전제하며, 구약주석과 함께 대화하면서 구약에 나타난 하나님의 계시의 규범을 신약의 예수 그리스도와의 연관에서 이해하려는 것이다(비교, 눅 24:27,44−45; 요 5:39; 히 1:1−2 등).

어쨌든 현대적 의미의 구약신학은 서구에서 18세기 계몽주의를 배경으로 종교 역사적 관점에서, 구약 히브리 종교사상의 진화과정에 대한 역사적 관심으로 시작되었다고 할 수 있다. 독일의 비평적 구약학자 아이히호른(J. G. Erichhorn, 1752-1827)의 제자 가블러(J. P. Gabler)는 1787년 알트도르프대학 교수 취임강연에서 ① 성서신학과 교의학은 구분되어야 한다고 했고, 성서신학은 역사연구의 영역에 속한다는 것과 ② 그 성서신학의 과제는 각 시대와 각 저자에 따라 상이한 각각의 사상과 표현 방식들을 구분해 보아야 한다는 것이었으며, 따라서 성서신학은 역사적 성격을 가지고 성서의 기자들이 신학적 문제들에 관해 사고한 내용을 시대적으로 구분하여 전달하는 것이며, 그 신학적 사상들이 발전되어 나온 역사적 배경들을 식별해 보는 작업이라고 보았다. 이러한 현대적 성서신학의 장점은 성경의 세계와 오늘 우리들 자신의 세계와 사이에 놓여있는 역사적·문화적 간격을 합리적으로 설명할 수 있다는 것이며, 반면에 그 단점으로는 역사적인 과거의 의미에만 집착할 때 신학적으로 시대를 초월한 하나님의 계시 말씀으로서의 진리를 찾는 데 문제가 생긴다는 지적이다.

가블러의 교의학에서 구분되는 성서신학의 독립성 주장은 분명히 설득력 있는 주장이었으나, 실제로는 당시 계몽주의 철학에 근거하여 합리주의의 방법론에 경사되어 성경의 계시와 영감을 소홀히 함으로써 성경의 권위를 약화 내지는 부인하게 되었고, 역사—비평적 방법을 사용한 구약 히브리 신앙세계에 대한 역사적 이해는 구약의 종교를 종교진화론적인 발전 과정에서 파악하려는 경향으로 나타나게 되었다. 그러므로 구약의 족장종교는 일종의 정령숭배(animism) 내지는 조상숭배 단계에서 출발하였으며, 점차 다신교신앙(polytheism) 시대와 배일신교신앙(henotheism) 시대를 거쳐, 마침내 주전 8세기경 본격적으로 히브리 문서 예언자 아모스의 출현 이후 이스라엘 종교는 "윤리적 유일신 신앙"(ethical monotheism)으로서 그 정체성과 독특한 가치를 확립했다고 보았다. 헤겔의 역사 철학에 근거하여, 히브리 종교의 역사적 발전과정에서 이러한 윤리적 유일신 사상의 예언자신학을 정(正)이라고 볼 때, 바벨론 포로기를 통해 이후 형성된 소위 유대교적 제의의 율법신앙이 반(反)으로 대립되었고, 이러한 대립관계를 지양하고 절대가치의 사랑의 종교로 합(合)을 이룬 것이 기독교의 출현으로 보려는 종교사학파의 역사 변증법적이며 도식적인 설명도 생겨났다.

20세기 전반기로 들어오면서, 구약신학은 19세기적인 종교사학파의 역사주의 횡포를 벗어나, 구약 계시의 성격을 강조하면서 그 신앙세계를 역사적으로 파악하려는 새로운 운동들이 생겨나게 되었다. 역사—비평적 방법을 사용하면서 또한 계시의 차원을 강조하는 이러한 신학운동을 우리는 넓은 의미에서 구약신학의 신정통주의라고 불러도 좋을 것이다. 이러한 흐름을 오늘까지 대변하는 신정통주의 구약신학이 스위스 바젤대학교의 구약학 교수인 아이히로트(W. Eichrodt, 1890-1978)의 구약신학이다. 그러나 아이히로트의 구약신학은 초월적 계시와 내재적 역사이해의 방법론적 모순과 갈등으로 인해, 구약신학의 관점을 역사에서 언어로 패러다임 전환을 한 신자유주의 구약신학자인 독일 하이델베르그대학교의 구약학 교수 폰 라트(G. von Rad, 1901-1971)에게 주도권을 내어주게 되었다. 시내산 언약(출 19:5-6)을 구약신앙의 역사적 출발점인 동시에 구약시대에 일관된 핵심 개념으로 파악한 아이히로트의 계약신학이나, 고대 이스라엘의 역사적 신앙고백들(예컨대, 신 6:20-24; 26:5-9; 수 24:2-13)을 구약신앙의 출발점이요 모체로 보고, 이러한 신앙고백의 언어가 구약의 신앙세계에서 전승되면서 역사 속에서 행동하고 말씀하시는 여호와(야웨, 야훼) 하나님에 대한 다양한 신앙 전승들이 생겨났다고 설명하는 폰 라트의 전승사 신학도, 방법론적으로는 전자가 공시적(共時的)이라면 후자는 통시적(通時的)이며, 내용면에서는 전자가 단일한 신앙세계의 일관성을 강조한다면 후자는 다양한 신앙고백 언어를 통한 전승사의 다원적 신학을 강조하는 차이가 있으나, 아이히로트나 폰 라트는 결국 역사-비평적 방법론에 근거하여 구약본문 자체가 주장하는 성경의 역사성이나 계시적 규범을 약화하거나 그러한 초점을 흐리게 하는 점에 있어서는 양자가 꼭 같은 문제점을 안고 있는 입장이라고 하겠다.

　영국 구약학자 클레멘츠(R. E. Clements)는 '이스라엘 종교'(내지 그들의 신앙의 독특한 개념들) 연구와 '계시의존적인 구약신학'은 구별되어야 하지 않을까, 라는 적절한 질문을 던지고 있으며, 가블러 이래의 성서신학의 개념은 충분한 의미에서 신학이라고 하기에는 미흡한 점이 있다는 문제를 제기한다. 특히 구약이 역사적 예수와 초기 교회의 "성경"이었다면 예수와 초기교회가 구약성경을 어떻게 읽고 해석했는가에 구약신학은 마땅히 관심을 가져야 할 것임에도 불구하고, 현대 구약신학자들의 경우 지금까지 이 점이 너무 소홀히 취급되어 왔다는 것이다. 그러므로 미국 예일대학교의 구약학자 차일즈(B. S. Childs)가 구약신학을 연구하는데 구약의 "경전"(canon) 개념을 되찾은 것은 환영할 만한 일이다. 왜냐하면 클레멘츠의 말대로 오늘 우리가 구약에서 "신학"을 기대하는 것도 그것이 "경전"(하나님의 계시의 말씀)으로 주어졌기 때문이다. 그러므로 구약신학은 결국 역사-비평적인 입장과 방법에 얽매이거나 국한되는 것이어서는 안되며, 신학적으로 하나님이 어떻게 그리고 무엇을 구약성경을 통해 계시하셨고, 그 하나님의 음성이 아직도 구약본문을 통해 들려질 수 있는가 하는 절실한 문제의식을 해결하는 작업이어야 할 것이다.

　이러한 시각에서 구약신학의 성격과 내용은 다음과 같이 정리해 볼 수 있을 것이다. 즉, 구약신학은 과거 구약시대 이스라엘 역사를 통해 여호와(야웨, 야훼) 하나님이 계시하신 규범적 내용과 그에 응답한 이스라엘의 신앙 세계를 역사적으로 탐구하고 배우면서, 신약과의 연관에서 하나님의 말씀으로서 구약의 내용적 통일성과 다양성을 찾아보고(히 1:1-3), 기독교 경전으로서 구약이 신약과 대비되는 점을 그 단절성과 연속성 및 증가부분에서 파악하여(마 5:17; 눅 24:44-45; 고후 3:12-18 참조), 오늘도 구약성경이 기독교 신앙과 생활과 신학을 지탱하는 하나님의 말씀으로서 그 의미와 가치가 있다는 것을 설명하는 공부이다(롬 15:4 참조).

이상에서 열거한 구약학 분야들 외에도, 유대교(Judaism)와 이슬람(Islam, 코란/꾸란)에 대한 비교 연구가 앞으로 구약학 이해와 연관해서 필요하며, 구약과 신약의 중간사 시대의 역사와 함께 외경(Apocrypha)이나 위경(Pseudepigrapha) 문학에도 좀 더 비중을 두고 연구해야 한다. 실제로 현재 신학대학원에서는 성서연구에만 치중한 나머지 성경공부에 대한 교과목이 취약한 것도 앞으로 개선되어야 할 점이라고 생각한다.

Ⅲ. 구약학 어떻게 할 것인가?

이상에서 필자는 이 글을 청탁한 편집인의 집필요령에 따라 구약학의 성격과 과제 및 그 학문의 세부 분야에 관해 포괄적인 소개를 시도하였다. 편집자의 남은 요구는 신학으로서 구약학을 하는 학문하는 자세와 신학교 입학 준비생들을 위한 참고도서들을 추천해 달라는 것이었다. 그러므로 본 필자는 여기서 이 문제에 관해 잠시 언급하고 이 글을 마감하고자 한다.

먼저, 신학으로서 구약학을 하는 학문하는 자세에 관해서, 흔히 학문을 하려면 교회에서 배운 신앙을 접어두고 열려진 자세로 객관적으로 냉철한 지성적 태도를 가져야 한다는 말을 듣곤 한다. 신앙과 신학은 별개라는 것이다. 일리 있는 말이다. 그러나 교회의 신앙 없이 신학을 하고 구약학을 한다는 것은 착각이고 잘못된 것임을 알아야 한다. 물론 잘못된 신앙, 즉 맹신이나 광신 미신은 버려야 하지만, 성경이 말하는 바 올바른 "믿음"이 없이는 학문도 할 수 없고 하나님을 기쁘시게 할 수 없는 법이다(비교, 요 15:5; 히 11:6; 시 14:1 등). 또 비바람이 치고 먼지와 광풍이 몰아치며 고약한 냄새가 들어오는 데도 언제나 마음의 창문을 활짝 열어놓으라는 말은 참으로 어리석은 태도이다. 마음의 창문도 열 때 열고, 닫을 때 닫을 줄 알아야 올바른 학문의 길에 정진할 수 있을 것이다.

일찍이 학문하는 자세에 관해 맹자(孟子)는 "학문의 길이란 다른 것이 아니다. 잃어버린 자기 본연의 마음을 찾자는 것일 따름이다"라고 하였고, 우리 한국의 유학자인 퇴계(退溪) 선생도 "학문을 하는 것은 이로써 마음을 바르게 하는 것이다"라고 제자들에게 교훈하였다. 이것은 신학을 하며, 구약학 어떻게 할 것인가를 진지하게 생각하는 오늘 우리에게도 귀중한 가르침이라고 여겨진다. 새로운 지식을 축적하는 것에 만족하는 것은 학문하는 자세가 아니다. 새로운 지식을 통해 그 사람의 마음이 새로워지고 그 인격이 바르게 되는 것이 학문의 본연의 목적이다. 신학적으로 말하자면, 하나님의 마음에 합한 사람이 되는 것이 신학의 목적이고 구약학의 목표이고 학문하는 자세이다(비교, 행 13:22). 구약의 잠언에서도, "모든 지킬 만한 것 중에 네 마음을 지키라. 마음에서 삶이 발원하기 때문이다"(잠 4:23)라고 말씀하지 않았는가? 구약성경에는 머리가 좋다는 말이 없다. 그 대신 하나님은 인간의 외모나 아이큐나 두뇌 회전을 보시지 않고, 사람의 마음을 감찰하신다고 했다(삼상 16:7; 왕상 8:39; 시 7:9; 44:21; 잠 15:11; 요 2:25; 벧전 3:4 등). 일찍이 우리 한국의 선배 학자들은 책을 읽을 때에 머리털을 쥐어 뜯으며 독서를 해서는 안된다고 충고했다. 왜냐하면, 머리 털을 쥐어뜯으며 공부한 사람은 결국 남의 머리털을 쥐어뜯는 사람이 되기 때문이라는 이유이다. 모름지기 구약학으로 학문한다는 것은 죄로 말미암아 왜곡된 내 자신의 심성(心性)을 날마다 바로잡고, 예수 그리스도 안에서 나의 삶을 통해 하나님께 영광을 돌리며 이웃을 위해 봉사하는 인격(人格)을 도야하기 위한 것이다. 그러나 동서고금을 막론하고 학문의 세계에는 또한 곡학아세(曲學阿世)하는 무리들이 끊임없이 일어나 사람들의 마음을 도둑질하고 있음을 우리는 주목하고 경계하지 않을 수 없다(딤후 4:3-5, 벧후 2:1-21 참조).

신학교 입학을 준비하는 분들을 위한 구약학에서의 개론서를 3권 이상 소개해 달라는 주문에 관해서는, 나는 다른 어떤 책보다 "성경"(신구약)을 다독하고 또 정독하라고 말하고 싶다. 가능하다면 몇 가지 번역본들을 비교하며 읽을 것을 권하고 싶다. 요즈음 성경에 "관한" 책들이 쏟아져 나오다 보니 정작 핵심인 성경은 잊어버리고 신학생들조차 성경을 등한시하고 읽지 않는 상황이 생겨나고 있다. 히브리 원전 성경으로 3부 24책(칠십인역 전통에 따라 4부 39책)의 구약성경은 적어도 천 년 이상의 세월을 거쳐 형성된 문자 그대로 하나의 "도서관"이라고 해도 과언이 아닐 것이다. 오늘 우리가 읽는 한글 개역성경 구약전서의 분량은 빠르면 75시간에서 80시간 정도면 통독이 가능한 것이다. 신학교 입학을 준비하는 학생들이라면, 공동번역이나 새번역, 천주교 성경, 영·독·불·일어·중국어 등의 여러 번역본을 놓고 비교해 읽을 수 있으면 더욱 유익할 것이다. 이와 연관해서 공동번역에 포함된 외경도 꼭 한번쯤 읽어보도록 권하고 싶다. 그래도 여력이 있는 사람은 복음주의 개혁신학의 고전인 쟝 깔뱅의 『기독교 강요』를 가까이 하는 것이 좋겠고, 최근에 많이 선보이는 연구용 성경들(*The Reformation Study Bible*, ESV, 2005; *Zondervan TNIV Study Bible*, 2006) 이나 성경핸드북 종류를 참고하는 것이 도움이 될 것이다(예컨대, *The Lion Handbook to the Bible*, Revised edition, Lion Publishing, 1983; Lawrence O. Richards, *The Word Bible Handbook*, Word Books, 1982).

구약학의 전공 분야별 추천도서는 신학하는 입장에 따라 다를 수 있고, 또 각 신학대학의 강의와 세미나를 통해 충분히 소개되고 있기 때문에 여기서 몇 책을 지정하는 것은 필요하지 않다고 생각한다. 신학을 하고 구약학을 하는 것은 내가 선택하고 내가 하고 싶다고 되는 일은 아닌 것 같다. 그것은 하나님의 은혜요 예수 그리스도 안에서 우리를 신학하고 구약학을 하도록 부르시는 하나님의 은혜의 소명과 그에 대한 응답의 장에서 이루어지는 신비한 삶의 경험이다.

77

오늘의 영적 현실과 영적 분별

　김영한 박사가 쓴 책『영적분별』은 현재 한국 교회와 우리 사회에서 나타나고 있는 복잡하고 다양한 영적현상에 대한 연구 내용을 담고 있다. 이 책에서 저자는 '성령과 사탄에 의한 영적 현상의 공통점과 차이점'에 주목하면서, 그 부제가 보여주는 바와 같이 특히 여러 혼란스러운 영적 현실에 대해서 성경신학적, 역사신학적, 종교현상학적, 그리고 영성신학적인 고찰을 하고, 그 결과 올바른 영분별을 위해 '사도신경'의 신앙고백을 중심으로 구체적 기준을 제시하고 있다. 진리의 영적 현상을 감지할 수 있는 기준은 김영한 박사에 의하면 5가지로 정리할 수 있는데, 즉 성경을 하나님의 말씀으로 인정하는 영, 예수 그리스도를 시인하는 영, 삼위일체 하나님을 고백하는 영, 공교회를 인정하는 영, 그리고 사도신경의 내용을 고백하는 영이다. 이 5가지 기준은 어느 하나도 생략할 수 없다. 한 가지만 덧붙이자면, 사탄의 영적 현상의 특징은 거짓말이다. 성경이 말하는 사탄(마귀)은 '거짓말쟁이요 거짓의 아비'이기 때문이다(요 8:44. 비교, 골 3:9; 계 14:5; 22:15 등).

　진리의 영적 5가지 기준은 또한 일상생활에서 성결, 인격적 믿음, 인격적인 삶, 이웃을 위한 헌신, 그리고 선행의 삶과 불가분의 관계를 가지고 있다. 어떤 기적이나, 신비현상, 직통계시, 입신, 방언, 예언기도, 축사(귀신축출), 신유(병고침), 그리고 지도자(교주)의 카리스마나 열광적 종교행사가 결코 진리의 영적 현상을 담보하는 기준이 될 수 없다는 것이다(마 7:22-23 참조). 그러나 저자는 구 프린스턴 신학의 '은사 중지설'을 따르지 않고, 교회개혁(종교개혁)이후 복음주의 개혁신학의 전통에 따라 '은사 지속설'을 지지한다. 저자는 전반적으로 '신령주의'와 '합리주의'의 양 극단을 지양하면서 성경적이며 신학적으로 바른 영 분별의 입장을 추구하고 있다. 21세기는 성령의 시대인 동시에 치열한 영적 전쟁의 시대이다. 매일 우리는 21세기의 과학과 철학만으로는 설명할 수 없는 수많은 긍정적 또는 부정적인 영적 현상들을 오늘 우리 개인의 삶과 공동체의 삶에서 체험하고 있다. 부정적인 영적 현상으로는, 이단과 사이비 종교들의 활동 및 전국적 사령(死靈) 카페 운영, 각종 중독(특히 음란, 도박, 알콜, 마약, 폭력 등), 이혼, 자살, 극악한 패륜과 지능적 범죄의 증가가 이것을 말하고 있다. 평화를 말하지만 평화가 없고, 사랑을 말하지만 미움이 도사리고 있으며, 믿음을 말하지만 불신이 더 커지고, 정직을 말하지만 거짓이 난무하는 현실이다. 인간의 이성과 도덕과 법과 양심만으로는 도저히 설명할 수도 없고 이해할 수 없는 전도된 인간관계와 왜곡된 사회현상을 경험하면서 오늘 우리는 영적 싸움을 계속하고 있다.

저자는 요한일서 4장 1절 이하의 말씀을 인용하여 강조한다. "사랑하는 자들아 영을 다 믿지 말고 오직 영들이 하나님께 속하였나 분별하라. 많은 거짓 선지자가 세상에 나왔음이라." 이 말씀은 비단 초기 기독교 시대의 상황만이 아니라, 오늘도 우리 눈앞에서 벌어지고 있는 개인과 가정과 교회와 사회의 현장 상황이다. 어느 일간지 신문 보도에 의하면, 현재 우리나라에서 자칭 하나님이라는 사람이 20명, 자칭 재림 예수라는 사람이 40명이나 된다고 한다. 이러한 각종 이단의 득세와 사이비 종파들의 발호는 우리 교회와 사회의 영적 건강에 심각한 적신호를 나타내는 것이다.

이 책에서 저자 김영한 박사는 다른 한편으로 무분별한 '이단감별사'의 횡포나 영적 현상에 대한 섣부른 예단을 경계하고 있다. 한경직, 길선주, 주기철, 박형룡 등 한국 교회와 사회에서 바른 영적 인물들의 영성을 부각하는 한편, 저자는 강신술이나 최면술이나 무속신앙과 깊이 연관된 '혼합주의의 영' 또는 '미혹의 영'의 현상이 분명한 이단이나 사이비 종파들, 예를 들면, 통일교, 천부교, 하나님의 교회, 신천지, 다미선교회, 장막성전추수꾼과 열광주의 성령운동, 구원파, 신사도 운동 등에 대하여 확실한 분별 기준을 제시하고 있다. 김하중의 '간증' 문제나 '하나님의 음성 들음'의 경우에 대해서는 옥석을 가리는 신중한 접근을 하면서, 특히 손기철의 신유 사역 등에 관해서는 '무조건 정죄하는 태도'보다는 이들의 사역이 좋은 열매를 맺도록 '목회적 신학적인 지도'가 필요하다고 한다. 많은 관련 자료를 제시하고 있는 이 책은 오늘의 영적 현실과 영적 분별에 관심 있는 독자들에게 참고서의 역할과 함께 좋은 길잡이가 될 것으로 믿는다.

   77. 오늘의 영적 현실과 영적 분별

78

이방 나라들에 대한 심판 예언, 암몬의 경우
(암 1:13-15)

1. 오늘의 설교 현실

오늘 한국교회 강단에서 아쉽게 느껴지는 점은 성경에 기초한 예언자적 설교가 듣기 어렵다는 것이다. 오늘 21세기의 상황은 문자 그대로 불신과 혼란의 시대요, 하나님이 어디 있느냐고 하는 시대요, 온갖 거짓된 우상들이 하나님의 자리에 들어서 있는 시대이다. 예수께서 지적하신 대로 마지막 환난의 날이 다가올 때, "멸망의 가증한 것이 서지 못할 곳에 서 있는 그 때"(막 13:14)가 바로 이 시대가 아닐까 생각하게 된다. 축복을 주제로 하는 제사장적 설교, 성공적인 인생길을 제시하는 지혜자의 설교, 왕적인 권위로 하나님 나라와 교회의 질서를 세우고 다스리는 설교도 필요하지만, 21세기 오늘 우리의 상황은 더욱 어두워져만 가는 죄악의 현실에 대한 예민한 관심과 함께 죄 문제 해결을 촉구하는 예언자적 설교를 필요로 하고 있다.

설교는 목회 성공을 위한 수단이 되어서는 안 된다. 설교에 '히트'를 치기 위해 남이 히트 친 예화나 설교를 수집하는 데 관심을 집중하고, 짜릿한 목소리나 교묘한 말의 위력에 정신을 파는 설교자는 진정한 설교자가 아니다. 그러한 작태는 예언자적 관점에서 보면, "서로 하나님의 말씀을 도둑질하는 것"(렘 23:30-32)과 무엇이 다르다고 하겠는가! 바울 사도도 예수 그리스도의 복음을 전할 때 무엇보다 조심한 것은 사람의 "말의 지혜"로 하지 않겠다는 다짐이었다. 그 이유는 그리스도의 십자가가 헛되지 않게 하기 위함이라는 것이다(고전 1:17; 2:13. 비교, 고후 10:10). 오늘의 설교는 어디까지나 예수 그리스도 안에서 하나님이 주시는 말씀(즉 성경 말씀)을 받아 전하는 내용이 되어야 한다(비교, 사 29:13-14; 마 15:7-9). 그렇게 하기 위해서는 평소에 성경 본문을 읽고 공부하며 묵상하고 기도에 힘쓰는 방법 외에는 왕도가 따로 없다고 생각한다. 성경에 나타난 예언자들의 말씀 전하기에는 대체로 청중들의 환영과 칭찬과 박수 소리보다는, 그 말씀 전하는 것 때문에 따라오는 '고난'이 있었다. 오늘의 설교자에게도 하나님의 말씀을 전하는 것 때문에 받는 고난이 있는가? 이스라엘 백성들은 종종 예언자들에게 "예언하지 말라"고 위협하며 강압하였다(암 2:12; 7:13, 16; 사 30:8-14!; 미 2:6; 렘 11:21). 오늘 교회의 강단 현실에 비추어 설교자가 깊이 생각해 볼 대목이라고 여겨진다. 설교자는 때때로 자신에게 물을 수 있어야 한다. 하나님의 말씀을 전함으로 인한 어려움과 고난이 내게도 있는가? 아니면 나는 준비 없이 즉흥적인 설교를 해도 교인들이 감동하고 은혜받았다고 하며, 설교 잘하는 목사로 불려 다니고 있는가? 고난 없이 환영받고 교인들이 빵터지게 하는 설교만 하고 있다면, 무엇인가 분명 잘못된 설교가 아니겠는가? 물론 교인들을 지루하게 하고 짜증 나게 하며, 하품이 저절로 나오게 하고 교회에 가기 싫어지게 만드는 설교자도 크게 반성을 해야 한다.

　이번에 설교를 위한 성경 연구에서는 이방 나라들에 대한 구약 예언자들의 심판 예언을 주제로 생각해 보았다. 구약 예언서에는 이방 나라와 민족들에 대한 심판의 예언이 다수 기록되어 있고 또 강조되고 있는데(J. Barton Payne, *Encyclopedia of Biblical Prophecy*, Baker, 1991, 660-664쪽, "Summary B, Prophecies concerning the Foreign Nations More Prominent in Scripture" 참조), 오늘 우리 교회의 예언자적 강단 설교에서는 이 점이 소홀히 되고 간과되지 않았는가 생각해 보게 되었다(이와 연관하여 소위 '저주 시편들'에 대한 올바른 평가와 설교도 새롭게 관심을 가져야 하지 않을까 생각한다(비교, 알렉스 루크, "시편에 나타난 저주의 이해"『구약 신학 논문집(10)』, 윤영탁 역편, 2002, 113-141쪽; 머스 마틴, "시편에 나타난 저주"『구약 신학 논문집(1)』, 윤영탁 역편, 1979, 115-146쪽). 특히, 요즈음 한반도를 둘러싼 세계열강의 움직임이 심상치 않아 보이고, 약소국가들에 대한 주권 침해와 침략야욕을 드러내는 주변 강대국들의 움직임이 감지되고 있기 때문이다.

　오늘의 설교자는 이러한 세계 국가들의 정세에 대하여 모른다고 하고 침묵만 할 것인가? 아니면, 세계 국가들의 세력 다툼과 그들이 저지르고 있는 영토야욕과 전쟁과 범죄행위와 그들의 미래에 대하여 관심을 가지고, 이 문제에 대하여 어떻게 설교할 것인가를 생각해 보아야 하지 않을까? 구약성경에서는 이스라엘과 유다가 남북으로 갈라져 분열왕국의 역사를 통해 수 많은 갈등과 어려움에 직면하였고, 그와 함께 주변 이방 나라들의 침략과 만행과 범죄를 겪어야 했다. 이러한 때 구약의 예언자들은 이스라엘과 유다에 대한 예언뿐 아니라, 이방 나라들과 민족들을 향해서도 하나님의 말씀을 예언하였던 사실을 기억할 필요가 있다.

이러한 관점에서, 현재 일본은 독도를 자기 영토라고 강변하고 그 정부 각료들이 정월 초하루마다 야스쿠니 신사(神社)를 참배하는 망동과 망언을 되풀이 하고, 또한편 중국은 고구려사를 중국의 역사로 변조하여 야욕을 드러내고 있으며, 또한 러시아는 금년 2월 11일 인천항 연안 부두에 러시아 수병 전몰추모비를 세우고 추모식을 하며 그 비석을 관리한다는 소식을 듣게 되고, 또한 미국은 한국과 북한의 미래를 자기가 좌지우지하는 듯한 현실을 마주하면서(그러나 본 필자는 이근복 목사의 일방적인 '반미적이고 친북적'인 주장을 지지할 수 없다. 이근복 "지금은 어떤 때인가?", 『교회와 신학』 2003 여름호 제53호, 시론, 6-9쪽 참조), 오늘의 설교자는 이러한 국내와 국제적인 난국 상황에서 이념적으로 어느 진영에도 속하지 않고, 오직 하나님의 말씀(성경)을 통해 공의와 정의의 메시지를 선포함으로써 어둠의 세력들에 빛을 비추어야 할 예언자적 사명이 있다고 생각한다. 그러나 한정된 지면에서 이러한 구약 예언자들의 이방 심판 예언의 사례들을 다 취급할 수는 없고, 영토확장 욕심 때문에 저지른 범죄에 대해 아모스의 심판 예언을 받은 '암몬'의 경우를 통해 오늘의 예언자적 설교와 적용을 위한 메시지를 찾아보려고 한다.

2. 본문. 아모스 1:13-15

- 1:13 이같이 여호와께서 말씀하셨다. "암몬 자손의 서너 가지 반역죄들 때문에 내가 그것을 돌이키지 아니하리니, 그들의 영토를 넓히려고 그들이 길르앗의 임신한 여인들을 갈랐기 때문이다.
- 1:14 그러므로 내가 랍바 성벽에 불을 지르리니 전쟁의 날에 함성과 폭풍의 날에 돌풍과 함께 그 불이 그 성의 요새들을 삼킬 것이다.
- 1:15 그리고 그들의 왕은 그와 그의 고관들이 함께 포로로 잡혀가리라." 여호와께서 말씀하셨다.(개인역)

3. 본문 연구

구약의 예언자들은 한결같이 여호와 하나님이 이스라엘의 국가신이나 민족의 수호신이 아니라, 천지만물을 창조하시고 세계의 역사를 다스리시는 우주적이며 세계적인 하나님으로 이해하였다. 이것은 구약 예언자들이 사용하는 하나님의 칭호인 "만군의 (하나님) 여호와"에서 볼 수 있는데, 이 만군의 (하나님) 여호와라는 예언자들의 하나님 성호는 특히 이스라엘의 편협한 배타주의적 선민사상에 반하여, 예언자들이 의도적으로 사용한 '세계를 통치하시는 하나님'을 강조한 칭호라고 볼 수 있다(특히, 암 3:13; 4:13; 5:8; 6:8,14; 9:5-6 참조). 아모스에 의하면, 만군의 여호와 하나님은 이스라엘뿐만 아니라 이방 나라와 그 민족들의 역사와 운명을 지배하신다(암 9:7. 비교, 사 20:19-25; 습 3:8-9; 슥 14:16-19 등). 이것은 아모스나 구약 예언자들이 어느 날 갑자기 만들어 낸 범 세계사적 보편주의 신학이 아니며, 이미 모세 5경의 창조신학과 구원신학에서 드러난 여호와 하나님의 우주적이며 세계적인 통치 주권에 기초한 것이다.

아모스에 의하면, 이방 민족들도 만군의 여호와(야훼) 하나님의 세계사적 통치를 인정하고 그 공의와 정의 요구를 따라야 한다. 아모스서 1:3~2:3에 나오는 이방 나라들에 대한 심판 예언이 그 좋은 예를 보여주는 것이다. 그 만군의 여호와의 요구는 보다 구체적으로 하나님의 창조질서에 근거하는 것으로서(비교, 창 9:6-7; 롬 2:14-15; 행 17:24-27 등), 국가 간에 저지르는 범죄 행위들, 특히 ① 엄청난 잔인성 ② 노예 매매 ③ 유괴(납치) ④ 부녀자와 어린이 살해 ⑤ 조상묘 훼손 ⑥ 무리한 영토 확장 욕심 등은 만군의 여호와 하나님이 심판하시는 구체적인 범죄사례로 제시되었다(R. B. Chisholm, Jr., "Amos", *New Dictionary of Biblical Theology*, IVP, 2000, 242-245쪽, 특히 243쪽 이하).

출애굽 한 이스라엘이 모세의 영도 하에 요단 동편지역을 점령할 때, 아모리인들의 땅은 차지했으나 암몬 자손의 영토는 점령하지 않았다(민 21:21-35). 신명기의 설명에서 보면, 여호와(야웨, 야훼) 하나님은 모압의 경우와 같이 암몬 자손의 땅도 롯의 후손에게 기업으로 주었기 때문에 이스라엘이 암몬 족속과 싸우지 말라고 지시하셨다(신 2:9,17-37; 3:12-17; 비교, 창 19:30-38). 그럼에도 불구하고 구약 예언자들의 이방 심판 예언에서 암몬은 모압과 에돔과 함께 전통적으로 이스라엘의 적대세력으로 등장하며, 예언자들의 이방 심판 예언에 거듭하여 전승되고 있는 것을 볼 수 있다(비교, 렘 49:1-6; 겔 21:28-32; 25:1-7; 습 2:8-11).

아모스 1장 13절. 암몬은 사사기의 입다 이야기에서 보는 바와 같이 일찍부터 살기 좋은 길르앗 땅(갓 지파 차지, 민 32:1 이하; 신 3:12)을 빼앗기 위해 이스라엘과 자주 국경 충동을 일으켰다(비교, 삿 11:5,15-27). 주전 7세기 말 예언자 스바냐(주전 622-612년경 활동)도 암몬이 모압과 함께 이스라엘 백성에게 망언을 하고 국경을 침범하였음에 대해 엄중한 심판 예언을 하였다(습 2:8-11). 예레미야도 암몬이 갓 지파의 땅을 점령하여 그 성읍들에 살고 있는 상황을 두고 하나님의 심판 예언을 하였다(렘 49:1 이하).

아모스가 1장 13절에서 지적하는 바 암몬이 길르앗을 침공한 사건이 어느 때인지는 분명하지 않다. 그러나 위에서 언급한 대로, 암몬은 영토 확장의 야욕을 품고 갓 지파의 땅 길르앗을 공격했고, 그곳의 임신한 여인들의 배를 칼로 가르는 잔혹한 만행을 저질렀던 것이다. 이같은 살육행위는 아마도 장차 태어날 아이들까지 없애버림으로써 길르앗 땅의 권리를 이스라엘의 갓 지파 후손들이 다시 주장하지 못하게 하려는 의도가 있었지 않았나 생각해 볼 수 있다. 영토 확장을 위해 이러한 만행을 저지르는 것은 물론 암몬에만 국한된 것은 아니었다. 구약에서는 적어도 세 번 이러한 사례들을 지적하였다(왕하 8:12; 15:16; 호 13:16). 또한, 고대 서아시아(고대 근동)의 전쟁에서는 사실 적대국 주민에 대한 잔인한 살상행위는 관행적인 것이었고, 그러한 전쟁에서 승리한 왕은 영웅적 전쟁행위로 인해 오히려 칭송되었다. 예컨대, 앗시리아 제국의 티글랏 필레세르 1세(주전 1114-1076년경)의 승전비문에서는, "그가 임신한 여인들의 배를 가르고, 어린 아이들의 눈알을 도려내고, 그 장정들의 목을 베었다"고 자랑하였다(Shalom M. Paul, *Amos*, Hermeneia, Fortress, 1991, 68쪽 참조).

아모스 예언자는 암몬 자손이 그 동안 저지른 범죄들이 많이 있지만(아모스의 이방심판 예언에서 반복되는 "서너 가지"는 히브리어 숙어로서 '거듭 반복되는' 의미를 나타낸다), 그 중에서도 영토 확장 야욕 때문에 거듭하여 저지른 야만적 범죄는 만군의 여호와 하나님께 대한 반역 행위일 뿐 아니라, 그 벌을 돌이킬 수 없는 악행임을 지적하였다. "그것을 돌이키지 않겠다"는 말에서 '그것'은 만군의 '여호와가 그 악행을 처벌하시겠다는 뜻'을 의미한다고 해석할 수 있다(*Life Application Study Bible: New Living Translation*, Tyndale, 1996, Amos 1:13, 1,316쪽). 구약성경에서 볼 때, 모든 민족과 그들의 영토(국경)는 하나님께서 정해주시는 것이다(신 32:8; 비교 출 34:24; 사 26:15; 행 17:26 등).

아모스 1장 14절. 암몬의 영토야욕으로 인한 길르앗 침략과 잔인한 만행에 대해, 예언자 아모스는 만군의 여호와 하나님이 암몬의 수도인 랍바(현재 요르단의 암만) 성벽에 불을 지르시고 그 요새들을 파괴하며 심판하시는 전쟁에 직접 관여하신다는 점을 강조하고 있다. "전쟁의 날에 함성"과 "폭풍의 날에 돌풍"은 여기서 동의적인 평행구절을 이루면서 만군의 여호와가 주도하시는 여호와 전쟁의 날을 묘사하는 전통적인 예언자적 용어이다(사 29:6; 40:24; 렘 23:19; 호 8:7; 암 4:6-11; 시 83:15 이하 등;

비교, 마 24:6-8).

아모스 1장 15절. 만군의 여호와의 암몬에 대한 심판의 결과는, 암몬 왕과 그의 고위 관리들이 함께 전쟁포로로 잡혀간다는 것이다. 아모스는 여기서 국가적 범죄를 저지른 책임자들(지도자들)에 대한 심판을 강조하고 있다. 이것은 어디까지나 아모스 예언자 자신의 개인감정을 드러낸 것이 아니고, 여호와께서 말씀하신 말씀임을 또한 밝혀두었다.

4. 본문의 메시지

아모스 예언자는 1장 3절에서 시작하여 2장 3절까지 유다와 이스라엘을 둘러싼 6개국 이방 나라들이 만군의 여호와 하나님께 대해 반역한 죄악들을 지적하고, 돌이킬 수 없는 하나님의 심판을 선포하였다. 먼저 북쪽 아람 왕국의 대표적 세력인 다메섹이 침략전쟁에서 자행한 잔인한 범죄, 그리고 블레셋과 두로가 전쟁포로와 함께 이웃나라 사람들을 사로잡아 노예매매(인신매매)를 한 범죄, 에돔이 형제와 같은 이스라엘 나라(창 25:19-28)에 대해 끊임없이 위해를 가한 범죄, 그리고 암몬의 거듭되는 잔인한 전쟁범죄와 모압이 이웃나라의 조상묘를 훼손한 범죄를 지적하고 있다. 한마디로, 아모스 예언자의 메시지에 따르면, 국제사회에서 나라와 민족들 사이에 저질러지는 비인도적 만행은 창조주이시며 온 세계를 통치하시는 만군의 여호와 하나님께 대한 반역죄(히브리어로 '패샤', 영어로 rebellion)라는 사실이 이방 심판 예언에서 두드러진다. 구약학자들의 연구에 의하면 이러한 이방 나라들의 악행과 범죄에 대한 만군의 여호와 하나님의 심판 예언은 아모스가 시작한 것이 아니고, 이미 오랜 구약 예언자들의 설교전통에 근거한 것으로 본다(John Barton, *Amos's Oracles against the Nation*, the Society for Old Testament Study Monograph Series 6, Cambridge, 1980, 8쪽 이하).

어쨌든, 위의 본문 연구에서도 잠깐 언급한 대로, 암몬은 요단 동쪽에 자리잡고 서, 일찍이 사사시대부터(삿 10:6-9) 길르앗 지역의 이스라엘 주민을 공격하였고(삿 3:12-14), 요단을 건너와 요단 서쪽의 이스라엘 지파들을 괴롭히기도 했다. 아모스 예언자가 지적한 대로, 암몬은 이제 길르앗을 자기 영토로 빼앗기 위해 전쟁을 일으켰고, 아이 밴 여인들의 배를 가르는 흉악한 범죄를 저지른 것이다. 그것도 한두 번이 아니라, 세 번 네 번 거듭거듭 기회를 노려 계획적으로 악행을 저질렀던 것이다

(비교, 삼상 11:1-11; 삼하 12:26-31). 이제 아모스 예언자의 메시지는 분명하고 단호한 것이다. 남의 나라 땅을 자기 땅이라고 우기고 야만적 범죄를 저지르는 나라는 반드시 만군의 여호와 하나님이 심판하시며, 그러한 민족과 나라는 반드시 그에 상응하는 벌을 받는다는 것이다. 역사적으로 아모스의 암몬 심판 예언은 오래지 않아 앗시리아 제국의 암몬 침공(주전 745년 이후 앗시리아의 티글랏 필레세르 3세의 침공)으로 가시화되었다.

물론 여기서 한 가지 분명하게 짚고 넘어가야 할 점은, 아모스의 이방 심판예언은 그 자체로 끝나지 않고, 이방 나라들의 범죄를 심판하시는 만군의 여호와 하나님은 선택된 하나님의 백성인 유다의 반역죄, 그리고 나아가 이스라엘이 반역한 범죄도 반드시 심판하신다는 것이다(암 2:4,6!). 이러한 관점에서, 오늘의 설교자는 주변 국가들의 범죄에만 시선을 고정시켜서는 안 되며, 결국 우리나라와 민족이 저질렀고 저지르고 있는 죄악의 현실을 직시하는 데까지 예언자적 통찰력을 가져야 한다! 예언자 아모스에 의하면, 특히 하나님이 택하신 백성(오늘의 교회와 그리스도인들)이 저지르는 범죄와 악행은 더더욱 심판을 피할 수 없다는 경고의 말씀이다.

5. 본문의 적용과 설교

오늘 한반도의 정세는 다시 한번 구한 말 열강들의 세력다툼의 각축장으로서의 역사가 되풀이되는 느낌을 주고 있다. 그리하여, 우리는 국가와 민족과 교회의 미래가 걱정되는 시점에 서 있다. 고려대학교 사학과 조명철 교수는 이러한 상황에 대해 다음과 같이 증언하고 있다. "지금도 한반도가 동아시아의 핵심적인 문제로 다뤄지고 있는 지정학적 중요성은 1백 년 전과 동일하다. 한반도 문제가 주변 강대국에 의해 좌우되고 있는 상황도 비슷하다. 더욱 안타까운 것은 주변의 강대국 중 누구도 한국이 자신의 운명을 결정한 만큼 강해지기를 원치 않는다는 사실이다. 지금도 거부할 수 없는 운명처럼 한반도를 둘러싼 판이 짜이고 있지만 우리의 역량은 정파 간의 싸움으로 사분오열되어 총제적으로 국력을 약화시키고 있다. 나라가 망해도 소모적 정쟁을 자제하지 못했던 1백년 전의 역사는 되풀이되고 있는 것인가".(조명철, "나라가 망해도 정쟁만 되풀이 100년 전과 같아", 〈중앙일보〉 2004년 2월 7일, 제 6면).

그러므로, 오늘의 설교자들은 먼저 한반도 주변의 국가들이 우리나라의 미래에 걸림돌이 되고, 통일의 앞길에 방해를 하고, 해악을 끼치지 못하도록 예언자적인 설교를 하고, 기도하면서 만군의 여호와 하나님의 도우심을 의지해야 할 것이다. 만군의 여호와 하나님이 지켜주시고 돕지 않으시면 우리 민족과 나라의 장래는 암담할 뿐이다. 우리 애국가에 "하느님 하나님이 보우하사 우리나라 만세"라는 가사는 어느 나라 국가의 가사보다 훌륭하고 뛰어난 내용이라고 생각한다. 중국뿐 아니라, 특히 일본은 오랜 역사를 통해서 이웃 나라로서 우리에게 많은 악행과 범죄를 저질렀다. 가야 지역을 일본이 지배했다는 임나일본부설로부터 시작하여 고려시대 왜구의 빈번한 친입과 약탈 방화는 조선시대에 이르러 임진왜란과 정유재란으로 확대되었고, 근대에는 1905년 을사늑약을 통해 대한제국의 외교권을 강탈하고, 1910년 8월 29일 대한제국을 강제합병하여(경술의 국치), 1945년 8월 15일 해방을 맞이할 때까지 조선을 강압적으로 식민지배했다. 어떻게 여기서 그 역사적 만행들을 다 열거할 수 있겠는가? 김인수 교수는 일본이 우리나라에 대해 저지른 죄과는 "수만년을 두고 사죄하고 보상해도 다 갚지 못할 것이다"(김인수, 『한국교회사』, 한국장로교출판사, 1994, 370쪽. 특히 한국교회에 대한 일제의 탄압과 범죄사실에 관해서는 같은 책, 166쪽 이하 참조)라고 적고 있다. 우리는 일본의 과거 잔악한 범죄 사실들과, 그들이 최근까지 거듭하여 되풀이하는 망동과 망언을 듣고 보면서, 한 번이라도 그것의 잘못을 지적하여 예언자적인 심판 경고의 설교를 해 본 적이 있는가? 다가오는 3·1절과 8·15 해방기념일 때는 한반도 주변 국가들의 범죄 현실을 다시 한번 상기하면서, 우리 자신의 죄악도 함께 반성하고 회개하는 기회로 삼아야 할 것이다(한·일 관계 현안들, 특히 독도문제의 실상과 우리의 대응에 관한 전문적 견해에 관해서는 다음 문건을 참고 할 수 있다. 한방교 편저, 『일본·일본인, 우리에게 무엇인가』, 깊은 샘, 2003, 특히 111쪽 이하). 그런데 잘못을 반성하지 않는 일본인들과 소수이지만 그리스도인-일본인은 구분해서 보야야 한다. 일본은 현재 그리스도인 비율이 과거 전체 인구의 1%에서 0.3% 정도로 약해졌고, 반면에 천황을 신으로 모시는 신사는 12만여 곳에 이르고, 그 신사에서 섬기는 귀신들이 약 800만이라고 한다. 일본의 미래 역사가 밝지 못한 근본적인 이유가 여기에 있다고 생각한다.

우리는 아모스 본문에서 암몬이 이스라엘의 길르앗 영토를 탐내어 국경분쟁을 일으키고 길르앗 주민에게 잔악한 범죄행위를 가한 것을 보았다. 요즈음 일본이 거듭하여 독도를 탐내어 자기들 영토라고 망언을 하고, 중국도 고구려 역사를 중국 변방의 역사라고 변조하고 있다. 언젠가는 그들이 이를 빌미로 영토분쟁을 일으키고 침략의 구실로 사용하는지 모른다. 이케하라 마모루라는 일본의 언론인은 얼마 전 『맞아죽을 각오를 하고 쓴 한국, 한국인 비판』이란 책에서 다음과 같이 쓰고 있다. "독도는 누가 봐도 분명히 한국 땅이다… 물론 일본 교과서에는 독도가 일본 땅이라고 표시되어 있지만, 알만한 사람들은 억지라는 걸 안다. … 일본의 정치인들 가운데 극도로 우익적이고 보수적인 몇몇 인사를 제외하면 진심으로 독도가 일본 땅이라고 믿는 사람은 없다"(이케하라 마모루, 『맞아죽을 각오를 하고 쓴 한국, 한국인 비판』, 중앙 M&B, 1999, 189쪽 이하). 그러면서도, 그는 한국 정치인(김종필)이 대일 외교석상에서 했다는 말을 인용하여, "차라리 독도를 폭파해 버리면 어떻겠느냐"고 글을 맺고 있다. 정말 어처구니없는 맞아 죽을 만한 소리가 아닌가! 이기백 교수에 의하면, 울릉도의 속도인 독도는 러·일 전쟁 당시 광무 9년(1905년)에 일본이 강제로 약탈하였으며, 독도 주변에서 일본 어부들이 마음대로 고기잡이를 할 수 있게 하기 위하여 독도를 불법적으로 일본영토로 편입시켰다는 것이다(이기백, 『한국사 신론』신수판, 일조각, 1993. 397 및 409쪽 참조). 최근 노무현 대통령은, 정부가 나서서 독도 영유권을 적극적으로 주장하지 않는 것에 관해, 자기 아내를 자기 아내라고 나서서 주장할 필요가 있는가, 라고 해명했다. 그러나 일본의 독도(일본명 다케시마) 영토권 주장은 그러한 유비로 얼버무릴 성질의 것이 아니다. 동해의 명칭을 굳이 "일본해"로 바꾸어 부르려는 억지도 그냥 넘어가서는 안 된다. 그뿐 아니라, 신타로 이시하라 동경 시장은 최근 "1910년의 한일합방은 조선인들의 요구에 의한 것이었다"는 해묵은 망언을 되풀이하고 있으며, 일본 수상 고이즈미 준이치로는 주변국의 강한 불쾌감과 반대에도 불구하고 매년 정월 초하루에 거듭하여 일본의 전몰장병과 2차 대전 전범자들의 영혼을 신으로 추앙하는 야스쿠니 신사(神社)를 참배하는 망동을 보이고 있다.

우리는 먼저, 일본, 러시아, 중국, 미국, 영국, 프랑스, 독일, 북한이 남한에 대해 어떤 야욕을 가지고 전쟁범죄와 악행을 저지르지 못하도록 평소에 세계사의 주권자이신 만군의 여호와 하나님이신 우리 주님께 진심으로 간구해야 한다. 그리고 예언자들의 설교 전통에 서서, 특히 과거의 역사를 반성하지 않고 망언과 망동을 일삼는 이웃 일본 정치인들에 대해 정문일침(頂門一鍼)을 가하는 예언자적 설교를 해야 한다(얼마 전, 강상중 저, 『일본인의 망동, 그 뿌리를 찾아서』라는 책이 이산 출판사에서 나왔다고 해서 서점에서 찾아보았으나 구하지 못했다). 일본이 지금과 같이 독도에 대한 야욕과, 과거사를 반성하지 않고 망언과 망동을 계속한다면, 일찍이 범죄한 이방 나라들과 암몬을 심판하신 그 만군의 여호와 하나님은 일본이 일찍이 경험하지 못한 큰 지진이나 재난으로 일본을 심판하시고 그 지도자들을 벌하실 것이다(비교, 마 24:7-8; 계 16:17-20). 일본을 방문했을 때 일본 신학교의 일본인 교수 목사님 한 분을 만났는데, 그분이 일본은 천황제와 귀신들을 섬기는 신사(神社)를 폐지해야 미래의 희망이 있다는 말을 하는 것을 듣고 놀랐으며, 그 말은 일본을 사랑하는 진심에서 우러난 말이라고 이해했다. 에이즈는 물론이고, 지금 중국과 여러 나라들에 사스나 조류독감과 같은 전염병 괴질이 만연하는 것도 결코 우연이 아니며, 이 시대에 하나님의 심판의 경고로 생각할 수 밖에 없다(비교, 민 14:11-12). 북한과 우리나라의 범죄도 결코 예외로 생각해서는 안 된다. 오늘의 설교자가 중국, 일본, 러시아, 미국, 영국, 프랑스, 이스라엘을 포함하여 북한과 남한의 범죄와 죄악에 대해 예언자적인 설교를 한 적이 있는가? 아모스 예언자와 같이 국제 정세에도 예민한 관심을 가지고 오늘의 설교자는 하나님의 말씀(성경)에 비추어 이 시대의 실상(實狀)을 읽어내어야 하며, 하나님 나라 역사의 목표인 사랑과 정의와 공의와 평화를 이루는 일에 헌신하고, 궁극적으로는 예수 그리스도의 복음의 평화가 충만한 새 하늘과 새 땅으로 이루어지는 신천신지를 바라보면서, 이 시대의 설교자로서 파수꾼 사명을 감당해야 할 것이다.

79

오직 예수그리스도, 오직 성경
(렘 2:12-13; 갈 1:6-12)

　　오늘 우리 한국교회와 신학이 위기에 처해 있습니다. 최근에 『일그러진 한국교회의 얼굴』(IVP, 2013)이란 책을 쓴 고신대의 박영돈 교수는 "한국교회가 속히 돌이켜 참된 개혁의 길로 들어서지 않는다면 한국교회를 향해 내려치는 하나님의 심판의 철퇴를 피할 수 없을 것이다."(64쪽)라고 했습니다. "지금 한국교회를 보면 지옥 갈 목사들이 꽤 많을 성싶다."(138쪽)라는 말도 했습니다. 무엇보다 오늘 이러한 "한국교회의 심각한 문제는 신학의 부재다."(128쪽)라고 박 교수는 지적했습니다. 신학(神學, theology)은 성경에서 하나님을 배우고 하나님을 가르치고 사람들을 하나님께로 인도하는 학문인데, 여기서 '신학의 부재'라고 하는 것은 교회에서도 먼저 사람을 의식하고 사람들의 비위를 맞추다 보니 하나님을 잊어버린 목회를 가르키는 말이라고 생각합니다. 한국교회가 이렇게 심각한 위기에 처해있다면, 그 책임은 목사들에게 있을 것이고, 결국은 그 목사들을 배출한 신학교, 더 분명하게 말해서 목사들을 교육한 신학대학교 교수들에게 큰 책임이 있다고 해도 과언이 아닐 것입니다. 그런데 이러한 교회와 신학의 위기는 우리나라에만 해당되는 현상이 아니고, 오늘날 전세계적인 문제입니다.

　　얼마 전 2010년에 에든버러 선교 100주년을 맞이하여 스코틀랜드 장로교회를 취재하기 위해 현장에 갔던 우리나라 일간지 신문기자의 보도를 보고 정말 마음이 아팠습니다. 우리나라에 역사상 최초로 성경을 한글로 번역하여 1882년 누가복음을 시작으로 신약전서를 출판했던 존 로스 선교사가 스코틀랜드 연합장로교회 소속이었습니다. 일찍이 1553년경 스코틀랜드에서 로마 가톨릭 교회를 재건하려는 메리 여왕의 개신교도 박해를 피하여 존 녹스(John Knox, 1513-1572) 목사는 제네바로 가서 쟝 깔뱅의 아카데미에서 장로교회 복음주의 개혁신학을 배웠고, 1559년 다시 에든버러에 돌아와 교회개혁에 뜻을 같이하는 동료들과 함께 스코틀랜드 장로교회를 세운 것이 그 역사적 전통이 된 것입니다. 그런데 그 스코틀랜드 장로교회의 현장을 취재하러 갔던 기자는 큰 충격을 받았다고 했습니다. 그 내용을 인용하겠습니다. "교회의 대부분은 비었고, 일부 교회는 술집으로, 공연장으로, 귀신체험관으로 전락해 있었다. 또 이슬람교로 넘어가 모스크로 변했고, 신학교는 거의 문을 닫았다."라고 했습니다 (이승한, "역사를 변화시키는 위대한 한 사람", 〈국민일보〉, 2014년 11월 8일, 오피니언, 15면). 이러한 교회와 신학의 황폐화는 런던과 버밍엄, 옥스퍼드와 캠브리지에서도 예외가 아니며, 프랑스, 독일, 스위스와 미국, 캐나다, 호주의 장로교회와 하버드, 예일, 프린스턴과 같은 신학교들도 마찬가지라는 것입니다. 미국 연합장로교회는 동성애자도 목사로 안수하는 것을 총회에서 가결했고, 동성애 결혼도 합법화했습니다. 미국 장로교회, 캐나다 장로교회, 호주 장로교회가 선교사를 보내서 역사적으로 평양장로회신학교가 세워졌고, 오늘 한국 장로교회의 역사가 이루어진 것을 생각할 때 정말 남의 일 같이 생각할 수 없습니다. 이러한 추세대로 간다면, 우리 한국의 장로교회와 신학도 미국 장로교회의 전철을 따라가게 되는 것은 거의 분명하다고 보겠습니다.

오늘 서양의 교회와 신학이 황폐화된 주 원인은 18세기이후 서구 계몽주의 철학에 기초한 비평적 성경해석과 '세속화'에 있다고 할 수 있는데, 신학적 관점에서 좀 더 구체적으로 지적한다면, 서양대학교의 강단신학에서 '역사-비평적 방법'(historical-critical method)을 절대화한 자유주의신학의 패권주의가 이러한 결과를 초래했다고 볼 수 있습니다. 우리 장신대와 지역신학교들도 그동안 알게 모르게 이러한 서양신학의 비평적 성경해석이 이제는 깊숙이 침투하여 자리잡게 되었다고 할 수 있습니다. 그 결과가 어떻게 될지는 불문가지가 아닙니까? 로마 가톨릭(천주교)도 상당히 보수적이라고 알려져 있지만, 성경해석에서 역사-비평적 방법을 사용하는 데는 오히려 개신교를 앞지르는 현실입니다. 듣기로는, 지난 바티칸 제2 공의회 이후로 성경을 역사-비평적으로 연구하고 가르치는 것을 로마 가톨릭이 공식적으로 허용했다는 것입니다. 현재 광주 가톨릭대학교에서 구약을 가르치는 교수로 있는 김혜윤 수녀는 최근 5경의 '문헌가설'에 대해 이렇게 소개하고 있습니다. "… 오경은, 야훼계 문헌(J), 엘로힘계 문헌(E), 신명기계 문헌(D), 사제계 문헌(P)의 연합으로 완성된 책이며, 토라의 저자는 이 문헌들을 저술한 '익명의 학자들'이라는 입장이 공식화되었다. … 이 입장을 '문헌 가설'이라고 하며, 이 주장은 거의 1980년대까지 오경 연구의 기본적인 통찰로 자리잡게 된다. 그러나 1980년대 이후, 문헌가설은 여러 측면에서 비판을 받아 왔다. 문헌가설만으로는 오경의 복잡한 전승층 간의 문제를 완벽히 설

79. 오직 예수그리스도, 오직 성경(렘 2:12-13; 갈 1:6-12)

명해 낼 수 없기 때문이다. 하지만 현재 성서학계에서는 문헌 가설을 능가할 만한 적절한 대안을 내놓지 못하고 있는 형편이기에, 이 가설은 여전히 오경 연구를 위한 필수적 지식으로 남아 있다. … 문헌 가설은 '법이 예언보다 후대'(Lex post Prophetas)라는 유명한 슬로건을 제시함으로써… 예언서의 고유성과 자체적 가치를 입증하는 데 결정적 역할을 하였고, 구약성경이 가지는 복잡하고 다원적 편집 과정과 전승층을 발견하는 시발점이 되었다."(김혜윤, 『구약성경 통권 노트』, 생활성서사, 2009, 22-23쪽). 이것은 현재 로마 가톨릭의 성경해석이 어떻게 변했는가를 알 수 있는 구체적인 예라고 할 수 있습니다.

벌써 오래전 이야기입니다. 제가 대학교 다닐 때, 중앙도서관에서 학기말 시험 준비를 하고 있었는데, 독문과에 다니던 허금동이란 친구가 와서 책을 읽다가 도저히 알 수 없는 기호들이 나오는데 성경과 관계된 것 같으니 설명을 해줄 수 있는냐, 라고 했습니다. 야스퍼스의 철학책이라고 기억하는데, 거기에 J, E, D, P와 같은 기호들이 있었습니다. 아무리 보아도 처음 보는 것이어서 나도 모르겠다고 했습니다. 그 후에 장신대 신대원에 입학하고 구약 수업 시간에 5경의 문서가설 소개를 받고, 그 기호들에 관해 알게 되었습니다. 그때까지는 5경을 모세가 썼다고 알고 있었는데, 문서가설의 설명을 들어보니 전혀 새로운 세계가 5경에 전개되고 있다는 것을 보게 되었습니다. 모세의 연대도 주전 15세기가 아니고 13세기로 내려오고, 모세는 역사적 인물이 아니라는 말도 하고, 출애굽 사건도 홍해를 건넌 것이 아니고 '갈대바다(호수)'를 건넜다는 것입니다. 장정만 60만이 건넜다고 했지만, 그 당시 인구 비율을 생각하면, 훨씬 적은 수백 명의 히브리 노예 장정들이 애굽의 학대를 피해 애굽 국경수비대의 추적을 따돌리고 갈대 늪과 같은 지역을 탈출했던 기억이 후대 이스라엘 왕국시대에 일종의 건국설화를 만드는 과정에서 확대 재생산되면서 여러 전승들을 편집하는 과정을 거쳐서 오늘과 같은 5경 본문의 모습을 보여주고 있다는 것입니다. 이 정도는 약과입니다. 지금은 구약 역사에 대해 소위 '최소주의 학자들'이 나와서, 태초의 역사나 족장시대 역사, 사사시대 역사, 출애굽 역사는 물론이고, 다윗, 솔로몬 시대 역사까지 부인하는 형편이 되었습니다. 오늘 이 자리에 모인 여러분이 이미 잘 알고 있는 내용이기 때문에 더 이상 부연 설명이 필요하지 않다고 생각합니다. 신학대학교에 소명감을 가지고 입학한 많은 학생들이 이러한 문서가설과 역사-비평적인 방법으로 성경을 해석하는 것을 듣고 심각한 신앙적 갈등을 일으키는 것은 당연하다고 하겠습니다. 제 경우를 말씀드리자면, 저는 신대원 시절에 문서가설의 내용을 듣고 벨하우젠의 문서가설이 옳다면 성경이 틀린 것이고, 성경이 옳다면 문서가설과 역사-비평적인 방법이 틀린 것이라고 생각했습니다.

　　1974년 2월에 신대원을 졸업하고, 그해 4월 첫 주에 저는 스위스 바젤대학교 신학부 박사과정에서 구약학을 전공하기 위해 유학을 떠났습니다. 첫 여름학기에 강의도 듣고 세미나에도 참석하면서, 지도교수인 에른스트 예니(Ernst Jenni) 교수와 만나서 박사 논문에 관해 의논을 했습니다. 처음에 어떤 주제에 대해 관심이 있느냐고 물으셨고, 저는 구약에 나타난 '사탄'에 관심이 있다고 했습니다. 다소 놀랍다는 표정을 지으시면서, 예니−베스터만 편집으로 출판된 『구약 신학 어휘사전』에서 '사탄'에 관한 항목을 읽어 보라고 하셨습니다. 그 후에 다시 지도교수인 예니 교수를 만났을 때, 동료 구약학 교수인 슈퇴베 박사와 의논해 보았는데, '사탄'의 주제로 박사논문을 쓰려면, 무엇보다 현대 심리학 공부도 해야 하고 시간이 너무 많이 걸리기 때문에 곤란하다는 것이었습니다. 만 3년 정도에 끝낼 수 있는 주제가 좋겠다고 하시면서, 좀 생각할 시간을 갖자고 했습니다. 겨울학기에 예니 교수의 구약주석 방법론 세미나에서 역사−비평적 방법을 사용한 세미나 아르바이트를 써냈고, 좋은 평가도 받았습니다. 그 후 다시 만나는 기회에 예니 교수가 박사학위 논문으로 구약에 나타난 '색채'(Farbe)에 대해 써보면 어떻겠느냐고 했습니다. 저는 그 주제에 대해 마음이 내키지 않는다고 했습니다. 그러면서 겨울학기가 지나게 되었고, 해가 바뀌어 여름 학기가 시작되었는데 다시 예니 교수님이 저를 불렀습니다. 미국 보스턴대학교에서 한국 사람이 쓴 구약학 전공 박사논문이 있어서 복사를 해오셨다는 것입니다. 함성국이란 분이 영어로 쓴 "시편 51편을 중심한 한국어 구약 새번역을 위한 연구"라는 주제의 박사학위 논문이었습니다. 읽어보고 평을 해 달라고 했습니다. 읽어보니, 제일 큰 문제가 그동안 한국교회가 사용하고 있는 한글 개역성경의 구약번역사가 확인이 안된다는 것이었습니다. 함성국 박사의 논문에서는 기존의 한글 개역성경은 영어성경에서 선교사들이 번역했기 때문에 구약의 경우는 히브리 성경 원문과 거리가 있고, 번역상 오류가 많다는 전제를 하고 있었습니다. 또 앞으로 한국교회(대한성서공회)의 구약 번역은 현재 새롭게 소개되고 있는 유진 나이다(Eugene A. Nida) 박사의 '역동적 동등성 이론'(dynamic equivalence theory)을 사용해야 한다는 주장이었습니다. 그래서 크게 세 가지 문제점을 제시했습니다. 첫째로, 한글 개역성경은 영어성경(American Standard Version: ASV, 1901)에서 개역한 것이 아니고 히브리 원문 성경에서 번역한 것이라는 점(한글 개역성경 구약의 히브리어 성경 대본은, 영국성서공회가 출간한 긴즈버그 편 히브리 성경이다. Christian D. Ginsburg, *The Old Testament, diligently revised according to the Massorah and the early editions with the various readings from MSS and the ancient versions*, new edition, 1926). 둘째는 나이다 박사의 '역동적 동등성 이론'으로 한국교회가 사용하는 성경을 번역하는 것은 적절하지 않다는 점, 그리고 셋째는 시편 51편만 가지고 번역상의 문제를 토론하는 것은 한계가 있다고 했습니다. 지도교수와 이러한 문제점들에 관해 대화하면서, 구약국역사에 대한 연구가 필요하다는 점이 부각되었고, 역동적 동등성 이론의 성격과 문제점을 구체적으로 확인하는 작업이 필요하다는 것, 그리고 기존의 한글 개역 구약성경을 마소라 본문(주로 신명기 1~11장)과 대조해 볼 때 구체적으로 어떤 번역상의 오류들이 얼마나 있는가를 조사하는 것이 필요하다는 점에 의견의 접근이 있었습니다.

이러한 연구를 하면 한글 개역 구약성경의 성격도 확인할 수 있고, 앞으로 예견되는 새번역 시대에 대한 학문적인 준비와 대안도 제시할 수 있다는 생각을 했습니다. 그래서 지도교수의 동의와 허락을 받아서 "구약의 한국어 번역에 대한 연구"라는 제목으로 박사학위 논문을 쓰기로 하고, 제1부는 구약국역사를 다루고, 제2부는 신명기 1~11장의 내용을 히브리 성경 원전과 대조하여 번역상의 문제를 검토했으며, 보록으로 나이다 박사의 번역 이론을 채택한 함성국의 박사학위 논문에 대한 비평적 논찬을 썼습니다. 여름방학이 시작되면서, 영국 런던에 있는 영국성서공회(British & Foreign Bible Society: BFBS)를 방문하고, 약 4–5일간 그 곳 도서관과 아카이브에 있는 구약국역에 관한 가능한 모든 자료들을 수집하여 바젤로 돌아 왔습니다. 그리고 바젤시 헤벨 가(Hebel Strasse) 17번지에 있는 신학기숙사(Das theologisches Alumneum)에서 본격적으로 논문을 쓰는데, 1주일 또는 2주일 마다 독일어 타자기로 쓴 분량을 가지고 예니 교수님 댁으로 가서 점심식사를 같이 하고 제출하면, 교수님이 읽고 필요한 교정을 하여 다시 돌려주는 식으로 하여 논문이 끝날 때까지 지도해 주었습니다. 그래서 비교적 빠른 시간 내에 논문을 완성할 수 있었습니다.

이러한 과정에서, 언제 어디선가 갑자기 예니 교수님이 역사–비평적으로 성경을 읽어야 한다는 다짐을 한 번 개인적으로 말씀한 적이 있었는데, 그 말을 듣는 순간 저는 잠시 가만히 있었던 생각이 납니다. 그런데 제 대답을 기다리지 않고, 교수님은 얼른 다른 데로 화제를 돌렸습니다. 그리고 언젠가는 '너는 나보다 보수적이다'라는 말도 했고, 너는 아돌프 슐라터(Adolf Schlatter)의 입장과 비슷하다고도 하셨습니다. 그 외에는 신학적 입장 때문에 곤란한 적은 없었습니다. 제가 볼 때 예니 교수님의 신학적 입장은 신정통주의인데, 그 입장에서 볼 때 더 보수적이라면 제 입장은 복음주의가 맞다고 생각했습니다. 박사학위 논문을 제출하고, 몇 달을 기다려서 최종 박사학위 시험을 보게 되었습니다. '리고로숨'(rigorosum, 박사학위 구두시험)이라고 알려진 시험인데, 나델베르그 10번 가에 있는 신학부 연구소 건물 2층에 있는 큰 방에서 전공 구약학 시험 1시간 외에 부전공으로는 50분씩 두 과목 교회사(M. A. Schmidt 교수)와 신약학(Bo Reicke 교수)을 구두시험으로 보았습니다. 시험이 다 끝나고 밖에 나가서 기다리라고 해서 기다리고 있는데, 다시 들어오라고 해서 들어가니 시험보던 방 옆에 작은 방으로 가서 다른 사람들(학생들)도 들어오라고 해서, 예니 교수님이 제 학위 논문과 최종시험에 대한 총평을 한 다음 '인시그니 꿈 라우데'(insigni cum laude)라는 성적을 발표했습니다. 이어서 탁자위에 놓인 바젤대학교 신학부 휘장이 장식된 금속으로 만든 학교 상징물(손잡이가 있는 약 80 센티미터 크기의 둥근 막대기 형태)에 손을 얹고 박사(Doktor designatus) 선서를 따라 했던 기억이 납니다. 그리고 예니 교수 사모님이 백장미 한송이를 저에게 건네 주었습니다. 그 순간 저도 모르게 눈물이 나왔습니다. 여러분도 박사학위를 하면서, 이런 저런 추억과 기억들이 있겠지요. 지금 생각하면 제 경우는 모든 것이 하나님의 은혜였다고 고백할 수밖에 없습니다. 바젤대학교 신학박사 학위증은 제 논문의 일부가 출판된 후, 1979년 우편으로 받았습니다(Joong-Eun Kim, *Die Geschichte der Übersetzung des Alten Testaments ins Koreanische*, Europäische Hochschulschriften, Reihe XXIII Theologie, Bd./Vol. 114, 1979).

만 3년 3개월 만에 바젤 유학에서 공부를 마치고 귀국하여 영남신학교 부산 신학사에서 교수로 가르치면서, 한국 나이로 33세에 결혼도 했습니다. 1979년 1학기에 서울에 있는 본교 장신대에 부르심을 받아 구약학 교수가 되었고, 2004년부터 4년간 18대 총장을 역임했으며, 정년이 되기 전 한 학기를 앞당겨서 2010년 8월에 퇴직을 했습니다. 30년을 본교에서 구약학 교수로 봉직할 수 있었던 것 역시 전적으로 하나님의 은혜라고 고백합니다. 퇴직 후 3년간은 아무 일도 맡지 않고 쉬겠다고 생각했습니다. 이 3년 동안 연로하신 양친 부모님이 별세하셨습니다. 퇴직한지 만 3년이 지난 금년 본교 구약학과에서 2014년 1학기에 대학원 구약학 박사과정 '구약신학 세미나', 2학기에는 신대원 '중급 히브리어 문법'을 맡아 달라고 해서 퇴직 후 처음 출강하고 있습니다.

지금 여기까지 오면서 일관되게 주장한 바이지만, 구약학 교수로서 저는 역사-비평적 방법으로는 성경을 바로 해석할 수 없다는 생각이 더욱 분명해졌습니다. 그동안 교수 시절 교실에서 5경의 문서설을 소개할 때는 '김중은의 5경 문서설'(가칭)을 함께 소개하기도 했습니다. 잠정적이지만, J-E-D-P 대신 그것은 'M-A-P/L-J-N-E'라는 기호로 표시할 수 있습니다. M은 모세자료, A는 아론자료, P/L은 제사장과 레위인 자료, J는 여호수아 자료, N은 예언자 자료, E는 에스라 자료입니다. 창세기에 P와 J의 각각 서로 다른 두 개의 창조이야기가 있다는 가설도 저는 따라가지 않습니다. 오히려 창세기 5:1에 "이것은 아담의 족보 책이다"(히브리어로는 '재 세패르 톨르도트 아담')에서 볼 수 있는대로, 창세기는 J, E, P라는 문서들이 결합되어 있다고 설명하는 것보다는, 10번 이상 등장하는 '톨르도트' 자료들로 일관성 있게 편집되어 있다고 설명하는 것이 더 좋다고 생각합니다(창 2:4; 5:1; 6:9; 10:1; 10:32; 11:10; 11:27; 25:12; 25:19; 36:1; 37:2). 비평학자들이 재구성한 역사(예언이 율법에 선행한다)보다는, 구약성경이 말하고 있는 역사(율법이 예언에 선행한다)와 그 전승의 흐름에 따라가는 것이 더 자연스럽다고 생각합니다. 흔히 문서설에 대한 대안이 없다고 하는데, 사실은 구약성경 본문이 원안이고 문서가설이 대안입니다. 그런데 그 대안이 설득력이 없으니, 정말 확실하고 유익한 대안이 나올 때까지는(그러나 그러한 다른 대안의 가능성은 없다고 봅니다), 원안대로 하는 것이 순리라고 저는 생각합니다. 서양의 비평학자들은 창세기 1장과 2장에는 두 개의 서로 다른 창조 이야기(창 1:1-2:4a, P/ 창 2:4b-25, J)가 있다고 주장하는데, 특히 창세기 2장 19절이 그 결정적 증거라고 합니다. 그런데, 창 2:19의 히브리어 첫 동사(연속의 바브 미완료형, '바이채르')는 문법적으로 과거완료 시제로 번역할 수 있기 때문에 1장의 창조순서와 2장의 창조순서가 모순이라는 서양 비평학자들의 주장을 그대로 받아들이기 어렵습니다(비교, ESV 창 2:19 각주; NIV 창 2:19!).

좀 더 말씀을 드리고 싶지만, 시간이 없기 때문에(20분 설교를 부탁받았습니다) 이제 말씀을 맺겠습니다. 금년 초에 본교 도서관 잡지 서가에서 2013년 세계구약학회가 발행한 '베투스 테스타멘툼' 잡지의 특집 서문을 보고 깜짝 놀랐습니다. 그 서문에서는 편집장이 "하나의 학파 즉 독일 역사비평학이 패권을 행사하던 시대는 지나갔다"고 천명한 것입니다(Vetus Testamentum IOSOT/2013, "Preface", p.1). '사필귀정'이라는 사자성어가 떠올랐습니다. 그 뒤에 이어 나오는 구약학의 전망에 관한 글에서는, 아브라함이 갈대아 우르를 떠날 때 우상 장사를 하던 아버지 상점의 우상을 때려 부수고 떠났던 것과 같이(유대교에서 전해지는 전설이지만), 그동안 서양의 비평적 구약학자들이 만들어 놓은 우상들을 부수는 것이 앞으로 차세대의 구약학자들이 할 일이라는 글을 읽고 정말 고마운 생각이 들었습니다.

오늘 본문의 말씀에 다시 귀를 기울여 봅시다. 예레미야 예언자는 당시 하나님의 백성 이스라엘이 두 가지 죄악을 범했는데, 그 하나는 '생수의 근원되는 살아계신 하나님'을 저버린 것과 다른 하나는 '자기를 위해 스스로 웅덩이를 판 것'으로, 그것은 물을 저장할 수 없는 터진 웅덩이라고 했습니다(렘 2:13). 이 말씀을 읽으면서 저는 현대신학에서 지금까지 패권과 주도권을 행사하고 있는 역사-비평학을 생각했습니다. 역사-비평학이 문제가 되는 것은 단순히 그 학문적 방법이 아니라 그것이 전제하고 있는 두 가지 죄악, 곧 살아계신 하나님의 말씀(성경)의 권위(계시와 영감)를 저버린 것과, 생수를 저장할 수 없는 웅덩이들(예컨대 5경의 문서가설 등)을 파놓고 목마른 사람들에게 여기 생수가 있다고 잘못 선전한 것이 아닌가 생각했습니다. 사도 바울은 당시에 복음을 받아들였던 그리스도인들이 '다른 복음'을 너무도 빨리 쉽게 받아들이는 것을 보고, "그리스도의 은혜로 너희를 부르신 이를 이같이 속히 떠나 다른 복음을 따르는 것을 내가 이상하게 여기노라"고 했습니다(갈 1:6). 또한 바울 사도는 "이제는 너희가 하나님을 알 뿐 아니라 더욱이 하나님이 아신 바 되었거늘, 어찌하여 다시 약하고 천박한 초등학문으로 돌아가서 다시 그들에게 종노릇 하려 하느냐"라고 깨우쳤습니다(갈 4:9). 오늘 이 자리에 모인 구약학 교수들의 역할이 그 어느 때보다도 중요하고 그 책임이 크다고 여겨집니다. 여러분은 정말 성경의 진리를 왜곡하지 않고 사람들의 학설과 교훈이 아니라(비교, 사 29:13; 마 15:8-9; 골 2:8,20-23; 딤 1:14; 벧후 1:16 등), 성경을 하나님의 살아있는 말씀으로 학생들을 가르치고 있다고 생각하십니까? 저를 포함하여 우리 모두 다시 한번 이 질문에 자문자답해 볼 수 있기를 바랍니다. 아멘.

79. 오직 예수그리스도, 오직 성경(렘 2:12-13; 갈 1:6-12)

80

믿음의 성장(벧후 1:5-11)

성경은 우리에게 거듭남에 대해 말씀합니다. 우리 그리스도인들은 말하자면 예수 그리스도 안에서 새생명으로 다시 태어난 사람들입니다 (영어로는 'born-again' Christian). 옛 사람은 죽고 새사람이 되었습니다. 어린 아이가 태어나면 유아기와 소년기를 거쳐, 청년이 되며, 어른으로서 장년이 되고 노년이 됩니다. 분명한 변화가 생깁니다. 자라나는 것입니다. 거듭난 그리스도인도 마찬가지 이치입니다. 성령으로 거듭난 새사람도 자라납니다. 믿음도 자라고 지혜(능력)도 자라는 것입니다. 자라지 않으면 문제가 됩니다. 성경은 우리 인간이 노년이 되어서도 겉사람은 낡아지나, 속사람은 날로 새로워진다고 했습니다(고후 4:16). 나이가 들면서 육신은 점점 쇠약해지지만, 믿음과 지혜가 자라가는 데는 한계가 없다고 할 수 있습니다.

그런데 우리 그리스도인들이 오래 믿음의 생활을 하고 교회를 오래 다녔는데도 '변화'가 없다는 말을 듣습니다. 유명한 교회에서 훌륭한 목사님들의 설교를 그렇게 많이 들었는데도 제자리 믿음이고 생활에 변화가 없다면, 정말 문제가 아닙니까. 다른 사람 생각하지 말고, 이 시간 우리 각 사람이 자신의 믿음이 어디까지 자라고 있는지 생각해 볼 수 있기를 바랍니다. 무화과나무를 심고 가꾸었는데 자라서 열매를 맺지 못하면 어떻게 해야 합니까? 예수님은 비유를 통해 그 나무 주인의 심정을 이렇게 말씀했습니다. "내가 삼 년을 와서 이 무화과나무에서 열매를 구하되 얻지 못하니, 찍어 버리라 어찌 땅만 버리게 하겠느냐?" 그때 그 나무를 가꾸는 농부가 이렇게 대답했다는 것입니다. "주인님, 금년에도 그대로 두소서. 내가 두루 파고 거름을 주리니, 이후에 만일 열매가 열면 좋거니와 그렇지 않으면 찍어버리소서"(눅 13:6-9). 성경에서 믿음이 자라나고 열매 맺는다는 비유는 대체로 어린이가 자라서 어른이 되고 나무가 자라서 열매 맺는 현상에 견주어 사용되었습니다. "예수는 지혜와

키가 자라가며 하나님과 사람에게 더욱 사랑스러워 가시더라."(눅 2:52). 예수님도
어린 아기로 태어나서 키가 자라고 지혜가 자라갔다고 했습니다. 12살 때는 부모님
과 함께 나사렛에서 예루살렘 성전으로 유월절 순례도 하면서, 성전에서 선생들 중
에 앉으사 그들에게 듣기도 하고 묻기도 하시니, 듣는 자가 다 그 지혜와 대답을 놀
랍게 여겼다고 했습니다(눅 2:46-47). 물론 우리가 어떻게 감히 예수님에게 비교할
수 있겠습니까? 그럼에도 성경은 우리 그리스도인들이 예수님을 본받고, 믿음과 지
혜에 자라가야 할 것을 말씀했습니다. 바울 사도도 자라남에 대해 유명한 비유를 말
씀했지요. "나는 심었고, 아볼로는 물을 주었으되 오직 하나님께서 자라나게 하셨
다"(고전 3:6). 우리 하나님은 사역자들을 통해 하나님의 밭에서 심게도 하시고, 거름
도 주고 해충이나 잡초도 제거하게 하시고, 함께 일하게 하시며 우리 믿음과 지혜가
자라나게 하시는 것입니다(비교, 고후 9:10).

여러분도 잘 아시는 대로, 복음서에서 예수님은 우리의 믿음을 '겨자씨'에 비유
하셨습니다(마 13:31; 17:20; 눅 17:6). 예수님은 처음부터 큰 믿음을 요구하지 않으시
고 작은 겨자씨 한 알만한 믿음을 말씀했습니다. "사도들이 주께 여짜오되 우리에게
믿음을 더하소서 하니, 주께서 이르시되 너희에게 겨자씨 한 알만한 믿음이 있었더
라면 이 뽕나무더러 뿌리가 뽑혀 바다에 심기어라 하였을 것이요, 그것이 너희에게
순종하였으리라." 놀라운 말씀이 아닙니까? 여러분 팔레스틴에서 나는 '겨자씨'를 보
신 분이 많이 계신 줄 압니다. 제가 장신대 교수 재직 시절에 신학생들을 인솔하고
성지에 학술여행을 갔을 때 거기서 처음 겨자씨를 보고 그 나무와 핀 꽃을 보았을 때
정말 새로운 느낌이 들었습니다. 돌아올 때 그 겨자씨를 한 봉지 사가지고 와서 학생
들에게 보여 주기도 하고 달라는 사람들에게 나누어 주기도 했습니다. 그때 제 아버
지가 진해교회에서 목회하고 계셨는데, 겨자씨를 드렸더니 그것을 성경책 제일 앞면
여백에 투명 테이프로 붙여 놓고 '겨자씨'라고 써 놓으신 것을 보았습니다. 겨자씨는
정말 작은 씨앗입니다. 우리는 작은 것을 "깨알 같다"는 비유적 표현을 하는데, 겨자
씨는 깨알보다 훨씬 더 작습니다. 다시 예수님의 말씀입니다. "천국은 마치 사람이
자기 밭에 갖다 심은 겨자씨 한 알 같으니 이는 모든 씨보다 작은 것이로되 자란 후
에는 풀보다 커서 나무가 되매 공중의 새들이 와서 그 가지에 깃들이느니라"(마
13:31-32). 팔레스틴에서 겨자는 1-2년생 초본 식물로서 자라면서 줄기가 목질화하
여 나무처럼 되는데, 원줄기는 어른의 팔뚝만큼 큰 것도 있고, 보통 2-3미터, 때로
는 5미터까지 자라기도 합니다. 어쨌든 모든 씨앗보다도 작은 겨자씨 한 알이 자라
나면 이렇게 큰 나무가 된다는 사실입니다. 믿음도 그렇습니다. 믿음도 처음에는 겨
자씨와 같이 작아서 잘 보이지도 않습니다. 겨자씨는 너무 작아서 이것이 정말 싹을

틔우고 자라날까 의심스럽기까지 합니다. 그런데 그 씨앗을 옥토에 뿌리고 잘 가꾸면 큰 나무가 되고 꽃이 피는 것입니다. 저도 이스라엘에서 가져온 겨자씨로 싹을 틔워보려고 해 보았는데 잘 안되었습니다. 그런데 휘경교회 한정원 목사님이 성공해서 거기 가면 겨자나무를 볼 수 있다고 해서 한 번 구경을 간 적도 있습니다. 정말 겨자씨 싹을 틔워서 큰 나무로 자라 노란색 꽃을 피우고 있었습니다. 한 목사님은 특별한 은사가 있어서 어떤 씨앗도 그의 손에 들어가면 싹을 틔우고 자란다고 말씀하는 것을 들었습니다.

다시 본문으로 돌아가서 보면, 베드로 서신에서는 믿음의 성장에 대해 중요한 말씀들이 있습니다. 먼저 벧전 2:2에서 베드로 사도를 통해 이렇게 말씀했습니다. "갓난 아기들같이 순전하고 신령한 젖을 사모하라. 이는 그로 말미암아 너희로 구원에 이르도록 자라게 하려함이라." 우리 그리스도인들은 예수 그리스도 안에서 구원을 받았습니다. 다시 태어났습니다. 갓 태어난 아기와 같이 우리는 '신령한 젖'인 성경의 하나님의 말씀을 사모하고 그 하늘 양식을 먹고 자라나는 것입니다. 그 믿음이 예수 그리스도 안에서 하나님을 아는 지식과 지혜로 자라가야 합니다. 그리고 점점 자라서 회개에 합당한 열매도 맺고, 하나님이 원하시는 포도열매도 맺고, 성령의 열매를 맺어야 하는 것입니다(비교, 갈 5:22). 하나님은 오늘도 우리가 포도나무이신 예수님에게 붙은 가지들로서 좋은 열매 맺기를 원하시는 것입니다. 이제 본문 말씀 베드로후서 1:5 이하를 다시 읽어 보겠습니다. "그러므로 너희가 더욱 힘써 너희 믿음에 덕을, 덕에 지식을, 지식에 절제를, 절제에 인내를, 인내에 경건을, 경건에 형제 우애를, 형제 우애에 사랑을 더하라. 이런 것이 너희에게 있어 흡족한즉 너희로 우리 주 예수 그리스도를 알기에 게으르지 않고 열매 없는 자가 되지 않게 하며… 이것을 행한즉 언제든지 실족하지 아니하리라. 이같이 하면 우리 주 곧 구주 예수 그리스도의 영원한 나라에 들어감을 넉넉히 너희에게 주시리라." 여기에서 보면 우리 믿음이 어떻게 자라야 하는가에 대해 매우 구체적인 이정표와 목표를 말씀하고 있습니다.

이미 아시는 대로, 신약성경에 바울 사도의 편지는 13개(또는 히브리서를 포함한다면 14개)가 있는 반면에 베드로 사도의 서신은 2개가 있습니다. 신약학자들은 벧전의 진정성은 인정하지만, 벧후는 대체로 베드로의 사후에 그와 친했던 어떤 사람이 베드로의 이름을 빌어 이 편지를 썼다고 주장합니다. 그러나 저는 베드로전후 서신이 모두 베드로 사도의 편지들이라고 생각합니다. 왜냐하면 벧후 1:1을 보십시오. "예수 그리스도의 종이며 사도인 시몬 베드로는 우리 하나님과 구주 예수 그리스도의 의를 힘입어 동일하게 보배로운 믿음을 우리와 함께 받은 자들에게 편지한다"고 했기 때문입니다(비교, 벧전 5:12; 벧후 3:1). 전에는 수신인이 소아시아의 중부 이북 지역인

'본도, 갈라디아, 갑바도기아, 아시아와 비두니아'에 흩어져 살고 있는 그리스도인들에게 한 편지인데, 베드로후서에는 수신인이 불분명하지만, 역시 베드로전서에서 명시한 동일한 수신인들에게 보낸 것이라고 생각합니다(벧후 3:1. 비교, 벧전 5:12). 이 베드로 사도의 편지들은 로마의 네로 황제 때 그리스도인들에 대한 극심한 박해가 일어났을 때인 주후 65-67년 사이에 로마에서 쓴 것으로 여겨집니다. 이 박해 기간 중에 사도 바울도 순교하고, 베드로 사도도 순교했습니다. 디모데후서가 사도 바울의 마지막 편지라면, 사도 베드로의 이 두 편지들은 베드로 사도의 마지막 '유언'과 같은 편지라고 할 수 있습니다(벧후 1:12-15).

베드로전서가 이러한 박해와 시련 중에 그리스도인들이 믿음을 지키고 믿음으로 승리하라는 '격려의 편지'라면, 베드로후서는 앞으로 교회 안과 밖에서 예견되는 거짓 선생들의 위험에 대비하여 그리스도인들의 믿음이 자라가야 할 것을 '권면한 편지'입니다. 특히 벧후 2장에서 보는 바대로 초기교회 에서는 '거짓 예언자들과 거짓 선생들'의 위협이 고조되고 있었습니다. 이들은 성도들에게 '자유'를 누리게 해주겠다는 명분으로 교회 안에서도 '음란과 육체의 정욕으로' 사람들을 유혹한다고 했습니다(벧후 2:18-19). 유다서 1장 4-19절에는 당시 거짓 예언자들과 거짓 선생들의 언행이 보다 적나라하게 기록되어 있습니다. 한 구절만 인용합니다. "이 사람들은 원망하는 자며 불만을 토하는 자며 그 정욕대로 행하는 자라 그 입으로 자랑하는 말을 하여 이익을 위하여 아첨하느니라 … 이 사람들은 분열을 일으키는 자며 육에 속한 자며 성령이 없는 자니라"(유 1:16,19). 베드로 사도는 이 거짓 선생들이 '예수 그리스도의 재림'을 부인한다고 했습니다(벧후 3:4). 지금 서양의 신학교과 교회들도 거짓 선생들의 위험에 노출되어 있는데, 오늘 우리 한국교회와 신학에서도 이러한 거짓 예언자들과 거짓 선생들의 위협이 그 어느 때보다도 심각하다고 생각합니다. 이러한 거짓 선생들과 거짓 예언자들에게 속지 않는 길은 우리의 믿음이 자라가는 것입니다.

우리 한국에 선교하고 새문안교회를 설립하도록 도운 미국 장로교회와 (북장로회와 남장로회가 합한 현재 PCUSA), 또한 함께 동역한 캐나다 장로교회, 호주 장로교회들도 다 황폐화되고 있습니다. 정말 정신을 차릴 때가 되었습니다. 한 가지만 예를 들면, 얼마 전 미국장로교회는 동성애자를 목사로 안수하자는 안건을 총회에서 가결하여 통과했으며, 교인들의 동성애 결혼도 합법화했습니다. 많은 교인들이 교회를 떠나고 있습니다. 상상조차 하기 어려운 일들이 벌어지고 있습니다. 하나님의 사랑을 강조한 나머지 하나님의 정의와 심판은 경시하고, 사탄과 귀신들과 지옥의 존재도 부인하며, 하나님의 말씀인 성경의 권위를 상대화하거나 무시하는 현실이 되었습니다. 이것이 오늘 미국을 위시하여 서양 교회가 몰락하고 황폐화되는 원인들 중에 큰 비중을 차지하고 있습니다. 아마도 다음 차례는 한국교회가 될 것입니다. 그러면 교회가 이러한 거짓 예언자들과 거짓 선생들의 위협에 어떻게 대처해야 하는가? 오늘 베드로 사도는 그의 두번째 편지를 통해 다른 방법은 없고, 우리 그리스도인들의 믿음이 자라나야 할 것을 말씀했습니다.

그러면 이제 본문이 말씀하는 믿음이 자라는 과정과 그 내용을 살펴보겠습니다. 전체적으로 8가지 범주로 구분해 볼 수 있습니다. 첫째는, 믿음(그리스어로 '피스티스', faith)이지요(믿음의 내용은 '사도신경' 참조). '믿음 장'으로 잘 알려진 히브리서 11:1절에서는 믿음에 대해 유명한 정의를 하고 있습니다. "믿음은 우리가 바라는 것들에 대해서 확신하는 것입니다. 또한 보이지는 않지만 그것이 사실임을 아는 것입니다."(『쉬운성경』). 믿음은 자라야 합니다. 믿음은 성경에 기록된 하나님의 말씀을 먹고 자랍니다. "믿음은 들음에서 나고 들음은 그리스도의 말씀으로 말미암았느니라"고 했습니다(롬 10:17). 그래서 우리 장로교회는 특히 성경 중심의 목회, 본문 말씀 중심의 설교를 강조하고 있습니다. 제가 볼 때 이수영 목사의 장점은 성경중심의 목회, 성경중심의 설교라고 생각합니다. 성경에 대한 바른 이해가 없이는 믿음이 자랄 수 없습니다. 여러분의 믿음은 어떻습니까? 성경 말씀의 양식을 먹고 자라나고 있다고 생각하십니까? 아니면 믿음의 성장이 멈추었습니까?

둘째는, 이 믿음에 '덕(德)'을 더하라고 말씀합니다. 한글사전에서는 덕을 "공정하고 포용성 있는 마음이나 품성"이라고 풀이합니다. 덕은 동양철학에서는 '이웃을 생각하는 마음'이라고 하겠습니다. 그래서 '덕불고필유린'(德不孤必有隣)이란 말도 생겼습니다. 그런데 신약 그리스어 원문에서 덕은 '아레테'인데 영어로는 'virtue'보다는 'goodness'로 번역하는 것이 더 좋습니다. 이것을 직역하면 '착한 것' 즉 '인간성이 좋은 것'이라고 하겠는데, 달리 표현하면 '좋은 성품'이라고도 할 수 있습니다. 이 명사의 동사는 '아레스코'이며, 누구를 '기쁘게 하려고 노력한다'는 의미입니다. 그러므로 하나님과의 관계에서 성경이 말하는 '아레테'(개역성경의 '덕')는 다른 무엇이 아니라 먼저 '하나님을 기쁘시게 하려는 마음과 성품'을 가리키는 것이라고 봅니다(비교, 살전 2:4). 우리의 믿음에 이러한 '아레테'가 자라야 합니다. 하나님을 가까이하고 하나님을 기쁘시게 하려는 사람은 그와 함께 이웃을 사랑하고 하나님이 창조하신 세계를 또한 사랑하게 되기 때문입니다(비교, 요일 4:20). 초기 기독교 교회가 예수 그리스도의 복음을 전파하던 주후 1세기 그리스-로마 문화권에서는 아리스토텔레스(주전 384-322)의 철학이 유행했고, 그리스 철학에서도 '아레테'를 강조했습니다. 아리스토텔레스가 강조한 '아레테'는 인간이 스스로 '자아실현'을 하여 행복에 이르는 훈련과 노력을 의미합니다. 여기서 그리스어 '아레테'는 라틴어로 '비르투스(virtus,

노력 또는 힘)'로 번역되었고, 여기에서 다시 영어의 '버츄'(virtue, 영향력 있는 힘)가 나왔습니다. 아리스토텔레스의 아레테는 4가지 힘을 훈련할 것을 가르쳤습니다: 용기(courage), 정의(justice), 분별력(prudence), 절제(temperance). 이 네 가지가 있으면, 인간은 자아실현을 하고 행복할 수 있다는 것입니다. 그러나 현재 영국의 신약학자인 엔 티 라이트(N. T. Wright)는 신약이 말하는 '아레테'는 아리스토텔레스의 '아레테'와 비슷한 점도 있으나, 비교해 보면 매우 다른 길을 제시하고 있다고 했습니다. 한마디로 라이트 교수는 아리스토텔레스의 아레테가 인간적인 관계의 2차원적이라면, 신약이 말하는 아레테는 하나님의 창조와 구원 능력을 아우르는 3차원적이라고 했습니다. 아리스토텔레스의 아레테가 오랜 훈련을 통하여 자동적인 습관이 되도록 하라는 것이라면, 신약성경이 말씀하는 아레테는 예수 그리스도를 믿는 믿음안에서 자라나게 하시는 하나님의 능력이고 은혜의 선물이라는 것입니다. 신약은 아리스토텔레스가 제시하지 못하는 더 높은 힘(덕목)들인 '용서', '친절'과 함께 무엇보다 '사랑'을 강조하고 있으며, 나아가 그 당시 고대 이방 세계에서 전혀 사용하지 않았던 덕목인 '겸손'(humility)을 말씀하고 있다고 했습니다.

오늘 베드로후서 본문에서는 이렇게 믿음 위에 하나님이 기뻐하시는 '아레테'가 자라도록 하라고 우리에게도 말씀합니다. 다시 말씀드리면, 믿음 위에 자라는 아레테는 '하나님이 기뻐하시는 마음이요 성품이며 인격'입니다. 저를 포함하여 믿음은 분명히 있는데, 때로는 마음이 고약하고 성품(성격)이 나쁜 분도 없다고는 할 수 없겠습니다. 인간의 관점에서는 불가능해도, 하나님의 관점에서는 이러한 인간의 고약한 마음과 나쁜 성격도 변하여 새사람이 될 수 있습니다(예를 들자면, 모세와 사도 요한과 사도 바울의 경우를 말할 수 있습니다). 우리 그리스도인들은 그 마음과 성격과 인격이 하나님이 보시기에 합당한 데까지 자라나야 하는 것입니다.

믿음과 덕과 그다음 세 번째는 '지식'입니다. '알기 위하여 믿느냐, 믿기 위하여 아느냐?'는 유명한 신학적 화두입니다. 분명한 것은 참된 지식이 없는 맹신, 광신, 미신은 잘못된 것입니다. 나의 믿음의 나무에는 덕과 함께 지식이 자라고 있습니까? 여기서 말씀하는 지식('그노시스', knowledge)은 무엇보다 하나님의 말씀인 성경을 아는 지식이고 하나님과 예수 그리스도를 아는 지식을 의미합니다(비교, 호 2:19-20; 6:6). 앞서 잠시 말씀한 대로, 베드로 사도는 이 벧후 서신에서 교회 안과 밖에서 일어나는 거짓 예언자들과 거짓 선생들의 위험을 경고했습니다. 그래서 베드로 사도는 이 서신의 시작과 마지막 절에서 특히 '지식'을 강조한 것입니다. "우리를 부르신 이를 앎으로, … 우리 주 예수 그리스도를 알기에 게으르지 않고 … 그를 아는 지식에서 자라가라"(벧후 1:3,8; 3:18). 그렇습니다. 모르기 때문에 속는 것입니다. 알면 속지 않습니다. 성경을 알고 신학도 알아야 합니다. 그래야 거짓 예언자들과 거짓 선생들이 가르치는 이단의 속임수에 넘어가지 않습니다. 성경에서 하나님을 안다는 것은 "하나님의 이름을 안다"는 것으로 표현하기도 합니다. 시편 9:10에, "여호와여 주의 이름을 아는 자는 주를 의지 하오리니 이는 주를 찾는 자들을 버리지 아니하심이니이다"라고 했습니다. 예수님은 대제사장의 기도 마지막에 이렇게 말씀했습니다. "내가 아버지의 이름을 그들에게 알게 하였고 또 알게하리니, 이는 나를 사랑하신 사랑이 그들 안에 있고 나도 그들 안에 있게 하려 함이니이다"(요 17:26). 그러므로 믿음과 덕과 함께 자라나는 '지식'은 성경을 통하여 삼위일체이신 하나님을 아는 지식이고 또한 내가(우리가) 누구인지를 아는 지식입니다. 쟝 깔뱅 목사는 그의 유명한『기독교강요』제1권에서 성경에 근거하여, '창조주 하나님을 아는 지식'을 설명하고, 제2권에서는 '그리스도를 아는 지식'에 대해 설명했습니다. 1권 1장에서 깔뱅은 우리가 반드시 알아야 할 참된 지식은 두 가지인데, 하나는 '하나님에 관한 지식'이고 다른 하나는 '우리 자신에 관한 지식'이라고 했습니다. 그리고 이 두 지식은 분리되지 않고 서로 긴밀히 통합되어 있다고 했습니다. 하나님을 믿는 것과 아는 것이 같이 가야 합니다. 나아가 성경이 말씀하는 지식은 하나님의 계획과 방법과 하나님의 때를 이해하는 지식입니다.

　　넷째는 '절제'('엥크라테이아', self-control)입니다. 믿음과 덕과 지식에 '절제'를 더해야 합니다. 절제는 '스스로 알맞게 조절하여 제한한다'는 뜻입니다. 절제의 반대는 방종입니다. 자기 자신을 통제할 힘을 잃는다는 것은 비극입니다. 믿음과 덕과 지식에 근거하여 우리 육신의 생각을 통제하지 못하면 인간은 누구나 실수하고 방탕하게 되고 타락하게 되는 것입니다. 절제와 통제가 되지 않는 욕망은 결국 파멸을 불러옵니다. 욕심이 잉태하면 죄를 낳고 죄가 장성하면 사망을 낳게 된다고 성경은 말씀했습니다(약 1:15). 할 수 있는 자유도 중요하지만, 하지 않을 수 있는 자유는 더 귀하고 중요합니다. 절제를 달리 표현하면, '하지 않을 수 있는 자유'입니다. 술에 취할 수 있는 자유도 있지요. 그러나 술취하지 않을 수 있는 자유도 있습니다. 거짓말하는 자유도 있지요. 그러나 거짓말 하지 않을 수 있는 자유도 있습니다. 도둑질 할 수 있는 자유도 있지요. 그러나 도둑질 하지 않을 수 있는 자유도 있습니다. 불평불만 하는 자유도 있지요. 그러나 도리어 감사할 수 있는 자유도 있습니다. 그래서 바울 사도는 "그리스도께서 우리를 자유롭게 하려고 자유를 주셨으니, 그러므로 굳건하게 서서 다시는 종의 멍에를 메지 말라"(갈 5:1)고 했습니다. 여러분은 그리스도께서 주신 참 자유를 누리고 계십니까? 절제는 결코 위선이 아닙니다. 절제는 매사에 자신의 연약함을 인정하는 겸손한 태도이고, 예수 그리스도가 나의 삶의 주인이라고 하는 하나님의 주권을 앞세우는 그리스도인의 삶의 태도입니다.

다섯째는 '인내'('휘포모네', patient endurance)입니다. 지금까지 세계역사가 증언하는 바와같이, 이 세상은 결코 정의와 평화와 평등과 사랑이 구현되는 곳이 아닙니다. 성경이 약속하는 '하나님 나라'에 대한 믿음과 소망이 없다면 절망하고 자포자기할 수밖에 없는 현실입니다. 인내는 하나님의 살아계심에 대한 신뢰의 표현입니다. 매사에 따지고 싸우고 내가(우리가) 해결하는 것이 아닙니다. 인내하며 주님이 주시는 선한 결말을 바라고 기다리는 것이 필요합니다. 사필귀정이란 사자성어도 그러한 의미입니다. 교회안에서도 '인내'가 꼭 필요합니다. 고린도전서 13장 사랑장에서 사랑의 속성을 말씀하는 가운데, 그 첫 번과 마지막이 인내에 대한 것입니다. "사랑은 오래 참고… 모든 것을 견디느니라"! 그렇습니다. 이 세상에서 인내 없이는 우리의 믿음생활 자체가 불가능할 것입니다. 한문으로 '백인(百忍)'이란 말이 있습니다. 옛날 중국의 황제가 가정이 화목하기로 소문난 신하에게 그 비결을 물었는데, 그 신하는 종이와 먹을 달라고 해서 그 자리에서 참을 '인(忍)'자를 백번을 써서 받쳤다는 고사(故事)에서 유래한 말입니다. 예수님은 씨뿌리는 비유를 설명하시면서, "좋은 땅에 있다는 것은 착하고 좋은 마음으로 말씀을 듣고 지키어 인내로 결실하는 자니라"고 인내의 중요성을 말씀했습니다(눅 8:15). 약 1:4에서는, "인내를 온전히 이루라 이는 너희로 온전하고 구비하여 조금도 부족함이 없게 하려 함이라"고 말씀하고 있습니다. 베드로 사도를 통하여 성경은 믿음과 덕과 지식과 절제와 함께 우리 그리스도인들이 인내에 자라가야 할 것을 강조하였습니다.

여섯째는 '경건'('유세베이아', godliness, piety)입니다. 본문에서 경건으로 번역한 그리스어 '유세베이아'에서 '유'는 '잘, 올바르게'라는 부사이고, '세베이아'는 '세보마이' 곧 '예배하다' 라는 동사에서 온 명사입니다. 그러므로 '경건'은 무엇보다 하나님이 기뻐 받으시는 올바른 예배를 통해 드러납니다. 성경은 하나님이 찾고 기뻐하시는 예배는 '영과 진리 안에서' 드리는 예배라고 말씀했습니다(요 4:23-24). 여기서 '영'은 하나님의 말씀이고(요 6:63) '진리'는 예수 그리스도입니다(요 14:6). 예수 그리스도 안에서 성경말씀 중심의 신앙과 생활이 곧 예배이고 경건의 실체입니다. 거룩한 목소리, 거룩한 제스처, 거룩한 옷차림이 경건을 나타내는 것이 아니며, 나아가 어떤 특정한 인물이나 장소나 건물이 경건하거나 거룩한 것이 아닙니다. 하나님을 진심으로 경외하는 마음이 경건의 핵심입니다. 우리가 정말 하나님이 기뻐하시는 경건의 생활, 즉 올바른 예배를 드리고 있는지 다시 한 번 스스로 살펴볼 수 있기를 바랍니다. 약 1:26에는 경건과 연관하여 매우 주목할 만한 말씀이 나옵니다. "스스로 자신이 경건하다고 생각하면서 말을 함부로 하는 사람은 자신을 속이고 있는 것입니다. 그의 경건은 아무 가치도 없습니다. 하나님께서 받으시는 경건은, 어려운 처지에 있는 고아와 과부를 돌보고, 세상의 악에 물들지 않도록 자신을 잘 지키는 것입니다. 하나님께서는 이런 순수하고 깨끗한 신앙을 보십니다."(약 1:26-26, 『쉬운성경』, 아가페). 우리가 예배드리는 것은 우리 자신과 세상에 있는 죄악에 대하여 저항하는 의미가 있습니다. 우리는 이러한 경건에 더욱 자라도록 힘써야 하겠습니다.

　일곱 번째는, 경건에 '형제우애'('휠라델휘아', brotherly love)를 더 하라고 말씀했습니다. 곧 이웃사랑입니다. 성경은 보는 바 그 형제를 사랑하지 않는 자가 하나님을 사랑한다는 것은 거짓이라고 말씀합니다(요일 4:20). 또 이렇게 성경은 말씀합니다: "누가 이 세상의 재물을 가지고 형제의 궁핍함을 보고도 도와줄 마음을 닫으면 하나님의 사랑이 어찌 그 속에 거하겠느냐. 자녀들아 우리가 말과 혀로만 사랑하지 말고 행함과 진실함으로 하자"(요일 3:17-18). 김수환 추기경이 별세하기 전에 사랑에 대해 한 말이 관심을 끈 적이 있습니다. 자기는 평생 이웃을 사랑한다고 생각하고 살았는데 그 사랑이 머리에서 가슴으로 내려오는 데 오랜 시간이 걸렸다는 것입니다. 이 말을 들은 이어령 교수가, 그 사랑이 다시 가슴에서 팔과 다리로 내려오는 데도 그만큼 오랜 시간이 걸린다고 평을 했습니다. 어쨌든 형제우애가 말처럼 그렇게 쉽지 않다는 것을 알고, 시간이 좀 걸리더라도 꾸준히 이웃 사랑에 자라가도록 힘써야 하겠습니다. "그의 형제를 사랑하지 아니하는 자는 하나님께 속하지 아니하니라"(요일 3:10). 좀 심한 말씀으로 들리지만, 꼭 우리가 마음에 새겨야 할 말씀입니다.

　마지막으로, 여덟 번째는 '사랑'('아가페', love)를 더 하라고 말씀했습니다. 아가페 사랑에 대해서는 많은 설명이 필요하지 않은 줄 생각합니다. 아가페 사랑은 하나님의 사랑을 본받는 사랑입니다. 여기서 강조하는 것은 '형제우애'의 한계를 벗어나 모든 사람을 사랑하는 마음을 가지라는 뜻입니다. 나와 이해관계를 가지고 있는 사람들만 사랑하지 말고, 나를 미워하고 괴롭게 하는 원수까지도 사랑할 수 있도록 성장하라는 격려의 말씀입니다. 영국 캠브리지대학교 영문학 교수이며 평신도 신학자인 씨 에스 루이스(C. S. Lewis, 1898-1963)는 원수사랑에 대해, 비록 원수라도 미워하지 않고 그 사람이 잘 되기를 바라는 마음을 가지는 것이 원수를 사랑하는 것이라고 했습니다. 교회 안에서도 보면, 믿음의 형제가 아니라 낯선 사람처럼 느껴지고 마주치기가 싫은 사람들이 있지요. 그러나 우리는 사랑으로 먼저 인사하고 친절하게 대하도록 연습을 해야 합니다. 하나님은 이 세상을 사랑하사 독생자까지 내어주시고, 죄인들을 먼저 사랑하셨기 때문입니다(롬 5:8; 요일 4:19). "내가 너희를 사랑한 것 같이 너희도 서로 사랑하라"(요 13:34-35)고 말씀했기 때문입니다. 하나님은 인류의 모든 족속을 한 혈통으로 만드사 온 땅에 살게 하셨다고 했습니다(행 17:26). 그리고 믿음의 조상 아브라함을 부르실 때부터 땅의 모든 족속이 너로 말미암아 복을 받게 하겠다고 하셨습니다(창 12:3). 하나님은 악인과 선인에게 해를 비추시며 의인과 불의한 자에게 비를 내려주신다는 사실을 우리는 기억해야 합니다(마 5:45). "하나님은 모든 사람이 구원을 받으며 진리를 아는 데에 이르기를 원하신다"(딤전 2:4. 비교, 벧후 3:9)고 했습니다. 사랑은 다른 말로 하면 '관심'입니다. 사랑의 반대는 '안사랑'이나 '미움'이 아니고 '무관심'입니다. 우리 그리스도인은 자기 취미, 자기 전공, 자기 가정, 자기 친척, 자기 동향, 자기 동문, 자기 나라, 자기 민족, 자기 교회에만 관심을 가지는데서 한 걸음 더 나아가 교회의 울타리를 넘어서 고난당하는 모든 사람들, 모든 민족, 모든 나라, 지금 세계에서 벌어지는 사건들에도 관심을 가지고 살필 수 있어야 합니다. 지금 이시간도 북한의 공산주의 주체사상 3대 세습독재하에 고난당하는 동포들은 물론이고, 시리아, 이락, 팔레스틴, 아프가니스탄, 아프리카 등지에서 벌어지고 있는 잔인한 전쟁과 참혹한 테러에 희생당하는 사람들을 위해 관심을 가지고 기도해야 합니다. 지금 우리나라 자살률이 세계 1위라고 합니다. 정말 부끄러운 일이 아닙니까? 우리 주위에도 외롭고 힘든 사람들이 의외로 많습니다. 기도로 돕고 우리에게 주신 모든 은사를 가지고 하나님의 사랑을 전하도록 해야 하는 것입니다. 이것이 사랑에 자라가는 것입니다.

이제 말씀을 맺겠습니다. 우리의 믿음은 자라나고 꽃피고 열매를 맺어야 합니다. 처음에는 누구나 겨자씨 한 알만한 믿음으로 시작합니다. 사도 바울도 "내가 어렸을 때는 말하고 깨닫는 것, 생각하는 것이 어린아이와 같다가 장성한 사람이 되어서는 어린아이의 일을 버렸다."고 고백하였습니다(고전 13:11). 그리고 믿음이 자라는 것에 대해 매우 중요한 말씀을 했습니다. "우리가 다 하나님의 아들을 믿는 것과 아는 일에 하나가 되어 온전한 사람을 이루어 그리스도의 장성한 분량이 충만한 데까지 이르리니, … 오직 사랑 안에서 참된 것을 하여 범사에 그에게 까지 자랄지라 그는 머리니 곧 그리스도라"(엡 4:13, 15). 또 "온몸이 머리로 말미암아 마디와 힘줄로 공급함을 받고 연합하여 하나님이 자라게 하심으로 자라느니라"고 했습니다(골 2:19). 베드로 사도는 그의 마지막 서신인 벧후 3장 18절 마지막 절에서 다시 한번 그리스도인들의 믿음이 하나님의 은혜 가운데서 자라나도록 격려하였습니다. 믿음에 덕을, 덕에 지식을, 지식에 절제를, 절제에 인내를, 인내에 경건을, 경건에 형제우애를, 형제우애에 사랑을 더하라고 말씀했습니다. 새문안 교회 성도 여러분 모두에게 이러한 믿음의 성장이 있기를 기원합니다. 오늘 여러분의 믿음은 어디까지 자라고 꽃피고 열매 맺고 있습니까? 혹시 믿음의 성장이 멈추지는 않았습니까? 다시 한번 되돌아보면서, 2015년 을미년 새해에는 우리 모두 예수 그리스도 안에서 믿음

이 자라서 뿌리와 줄기와 가지들이 충실해지고 잎이 푸르고 하나님이 기뻐하시는 꽃
과 열매가 풍성한 한 해가 되기를 진심으로 바랍니다. 아멘.

81

겉사람과 속사람
(고후 4:16-18; 빌 3:12-16)

무학교회 성도 여러분 안녕하십니까? 성탄절과 2016년 새해에 삼위일체이신 우리 하나님의 은혜와 사랑과 인도하심이 여러분과 함께 하시기를 기원합니다. 김창근 목사님이 오늘 장로님, 안수집사님, 권사님 모두 열다섯 분의 직분 은퇴 감사예배에 설교를 부탁하셔서 이 자리에 서게 되었습니다. 이 시간 말씀을 통해 우리 모두 하나님께 감사하고 하나님의 뜻을 깨닫는 시간이 되기를 바랍니다. 〈본질과 현상〉이란 잡지의 금년 겨울호에서 마종기 시인이 쓴 '다행이다'라는 제목의 시를 읽었는데, 여러분에게도 잠깐 읽어드리고 싶습니다.

"왼쪽 다리가 언제부터 저릿저릿 아프다. 해가 갈수록 아픈게 더하는 것 같다. … 늙어 생긴 퇴행성 변화가 틀림없어. 그래도 은퇴를 한 뒤니 얼마나 다행이냐. 잘 적에는 별 아프지 않으니 얼마나 다행이냐…/ 나이 들면 어디가 아픈 것은 흔한 일인데, 그게 사람을 좀 겸손하게 만드니 다행이다. … 힘이 달려 생각을 천천히 하는 것도, 조금씩 낮게 말하고 느리게 행동하는 것도, 나이 들어가는 내 짧은 머리에는 다행이다./ 제일 다행인 건 알 듯한 곳으로 향하는 걸음, 그 길에서 자주 들리는 따뜻한 음성의 위안, 누구는 그게 다 생각 나름이라고도 하지만, 그래도 기댈 곳이 늘 있으니 다행이다./ 어둠 속에 혼자일 때, 세상을 헤매 다닐 때, 손잡아 주는 동행이 있으니 천만다행이다."

오늘 은퇴하시는 여러분, 여러분도 이제 이곳 저곳 아픈 곳이 더하시지요? 여러분의 걸음은 이제 어디를 향하고 있습니까? 쓸쓸한 생각이 들 때 위로하는 '따뜻한 음성'을 여러분도 자주 듣고 계십니까? 힘들 때 여러분이 '기댈 곳'은 어디에 있습니까? 여러분에게도 '손잡아 주는 동행'이 있으십니까? 은퇴를 하면서 한번 생각해 보시기 바랍니다. 은퇴 전에도 그렇지만 은퇴 후에도 예수 잘 믿는 것보다 더 큰 다행이 없다고 저는 생각합니다. 이제 우리가 향하는 곳은 우리 주님이 계시는 하늘나라이고, 성경 말씀과 기도와 찬송이 언제나 위로와 격려가 되며, 임마누엘 주님의 품에 우리의 기댈 곳이 있고, 이제 은퇴 후에 어디로 가든지 우리 주님이 언제나 나의 손을 잡아주시고 세상 끝날까지 동행해 주실 줄 믿습니다. 은퇴는 인생의 전반전이 끝난 것을 의미합니다. 이제 후반전이 기다리고 있습니다. 전반전에 골을 못 넣어도, 후반전에서 넣으면 됩니다. 억지로는 안 되겠지만 후반전 종료 직전에 공이 들어가면 더욱 짜릿합니다. 예수님의 십자가 좌우편에 달렸던 두 행악자 중에 한 강도의 경우가 그랬습니다(눅 23:39-43). "예수님, 당신의 나라에 들어가실 때 저를 기억해주십시오." 예수께서 대답하셨습니다. "내가 진실로 네게 말한다. 너는 오늘 나와 함께 낙원에 있게 될 것이다." 이 강도는 인생의 후반전 막판에 예수님을 만났고, 말 한마디로 인생이 역전되었습니다.

내 사전에는 '은퇴'란 없다고 말하는 분도 있지만, 우리 인간은 누구나 은퇴를 피할 수 없습니다. 저도 만 5년 전에 은퇴를 했습니다. 은퇴로써 모든 것이 끝난다면 허탈하고 슬프고 미래가 불안할 수 있겠지요. 그러나 아직 끝난 것이 아닙니다. 오늘 무학교회에서 장로와 안수집사와 권사의 직분에서 은퇴하시는 여러분께 그동안의 사랑과 봉사와 수고에 대해 정말 감사와 위로를 드리고, 이제 은퇴 후에 시작되는 후반전을 위해 성경의 말씀으로 위로와 용기와 격려를 드리고 싶습니다. 성경에 보면 우리 삼위일체이신 하나님께서는 착하고 신실한 종들을 칭찬하고 하나님의 나라에서 주인의 즐거움에 참여하게 하며, 상을 주시겠다고 약속하셨습니다. 예수 잘 믿는 것만 해도 복인데, 믿음을 지키고 자기의 사명을 충성스럽게 행한 사람은 생명책에 그 이름이 기록되고 생명의 면류관, 의의 면류관을 주신다고 약속했습니다. 바울 사도는 "나는 선한 싸움을 싸우고 나의 달려갈 길을 마치고 믿음을 지켰으니, 이제 후로는 나를 위하여 의의 면류관이 예비되었으므로 주 곧 의로우신 재판장이 그 날에 내게 주실 것이며 내게만 아니라 주의 나타나심을 사모하는 모든 자에게도니라"라고 했습니다(딤후 4:7-8; 비교, 계 2:10; 3:5).

은퇴는 우리의 '겉사람'이 늙고 낡아지는 것과 같이 합니다. 어느 누구도 예외가 없습니다. 시편 90편 모세의 기도에서 보면, 우리의 연수가 칠십이요 강건하면 팔십이라고 했습니다. 요즘은 수명이 연장되어 백세시대가 눈앞에 다가왔다고도 합니다. 그럼에도 우리 인간의 육신과 정신은 누구나 나이가 들면 병들고 약해집니다. 성경

시대에도 나이가 들면 은퇴를 했습니다. 구약시대 레위인의 경우는 25세 이상은 회막(또는 성막, 성전)에 들어가서 복무하고 50세부터는 그 일을 쉬도록 했습니다. 다만 필요할 때 돕는 일은 할 수 있다고 했습니다(민 8:24-26). 성경에서는 대체로 50세부터 노년과 은퇴 연령이 시작되었습니다. 남자와 여자가 60세 이상 되면 자신을 하나님께 드리겠다고 서원한 몸값도 훨씬 적게 평가했습니다(레 27:7 참조). 지금 우리나라 평균 은퇴 연령이 54세라고 하는데, 우리 교회법으로는 만 70세에 직분에서 은퇴하도록 규정을 만들었습니다. 예외는 있을 수 있지만, 우리가 나이 들어 은퇴하는 것도 하나님의 선하신 창조질서라고 생각합니다.

'은퇴하다'라는 말을 영어로는 '리타이어'(retire)라고 하는데, 자동차 바퀴 '타이어를 다시 바꾸어 다는 것'이라고 잘못 풀이하는 분도 있지만, 자동차 바퀴 '타이어'와는 전혀 상관없는 말입니다. '리타이어'라는 영어는 중세 프랑스어 '러띠레'라는 어원에서 왔고, 그 뜻은 '뒤로 잡아당기다, 물러나다'라는 의미입니다. 산에 올라가면 다시 내려오는 이치와도 같습니다. 무대에 나가서 자기 역할을 다한 배우는 무대 뒤로 다시 돌아가야 합니다. 인생도 노년이 되면 후배와 후손에게 자리를 내어주고 인생의 무대에서 물러나는 것이 도리입니다. 자신의 역할이 끝났는데도 무대에 남아 다른 사람들의 역할에 간섭하고 방해가 되는 것은 삼가야 합니다. 물론 성경에도 예외는 있습니다. 아브라함은 75세에, 모세는 80세, 아론은 83세에 사명을 받았고, 갈렙은 85세에 헤브론 산지를 점령했습니다(창 12:4; 출 7:7; 수 14:10).

오늘 본문 고린도후서 4장 16절의 말씀에서 보면, "우리의 겉사람은 낡아지고 있으나 속사람은 나날이 새로워지고 있다. 그러므로 우리가 낙심하지 않는다"라고 했습니다. 은퇴하면 육신의 몸은 늙고 병들고 점점 약해지지만 속사람은 날마다 새롭게 된다는 것입니다. 그리고 걱정하고 두려워하는 대신에, 오히려 하나님 나라에 대한 소망을 가지고 새로운 용기를 얻는다는 것입니다. 그리고 17절에서는, 우리가 잠시 받는 환난이나 어려움은 앞으로 우리가 받을 영원하고 큰 영광에 비하면 가볍게 생각하고 넉넉히 견딜 수 있다고 했습니다(비교, 롬 8:18). 그러므로 여러분도 이제 은퇴한다고 낙심하거나 걱정하지 마시기 바랍니다. 겉사람은 낡아지지만 우리의 속사람은 날로 새로워지고, 우리 주님이 우리를 더 큰 영광으로 인도하실 것이기 때문입니다.

바울 사도는 에베소서 3장 16절에서 우리의 '속사람'을 능력으로 강건하게 해주실 것을 간구했습니다. 이제 은퇴와 더불어 시작되는 인생의 후반전에서는 겉사람이 아니고 속사람이 더 중요합니다. 우리의 '속사람'이 강건하고 날마다 새로워진다는 것은 무슨 의미일까요? 먼저 겉 사람과 속사람의 대비를 달리 표현하자면 '옛사람'과

     81. 겉사람과 속사람(고후 4:16-18; 빌 3:12-16)

'새사람'의 대비로 말할 수 있습니다. 바울 사도는 에베소서 4장 22절 이하에서 이렇게 기록했습니다. "옛 모습을 벗어 버리십시오. 옛사람은 한없는 욕망으로 점점 더 눈이 어두워져 더 악하고 더러운 모습이 될 뿐입니다."(아가페, 『쉬운성경』). 예수 믿고 거듭난 새사람도 이 세상에서 살면서 육신의 정욕, 안목의 정욕, 이생의 자랑('살림살이' 자랑, ESV: 'pride in possessions', 그리스어 '비오스', 요일 2:16; 눅 8:14 참조) 때문에 세상 때가 묻고 더러워집니다. 우리 그리스도인들은 그러므로 믿음 안에서 하나님의 말씀과 기도로 날마다 세상 더러움을 씻고 속사람이 새로워져야 합니다.

옷도 오래 입으면 더러워지고 냄새가 나지 않습니까? 자주 세탁을 하면 다시 깨끗한 새 옷을 입을 수 있습니다. 우리가 사는 집도 자주 청소를 해야 깨끗한 환경에서 건강하게 살 수 있습니다. 은퇴 후에 옛사람이 옛 생활방식 그대로 살면 고약한 냄새가 나고 추한 늙은이가 됩니다. 이제는 속사람이 날마다 새롭게 더 강해져서 겉사람인 옛사람의 습관과 정욕을 이겨야 합니다. "너희가 음란과 정욕과 술취함과 방탕과 향락과 무법한 우상 숭배를 하여 이방인의 뜻을 따라 행한 것은 지나간 때로 족하도다"라고 성경은 말씀했습니다(벧후 4:3). 은퇴 후에는 달라져야 합니다. 전반전의 잘못을 그대로 되풀이해서는 안 됩니다. 우리의 속사람이 날로 새로워지고 강건해져서 겉사람의 추한 모습이 예수 그리스도 안에서 날마다 주님을 닮는 아름다운 모습으로 변해야 합니다. 은퇴는 인생이 달라질 수 있는 마지막 기회가 주어졌다는 것을 의미합니다.

나이가 들수록 세수도 하고 양치도 하고 샤워하는 것도 게을리하지 말아야 합니다. 자기 자신은 잘 모르지만 곁에 있는 사람에게는 나쁜 냄새가 나기 때문입니다. 늙은이가 지나치게 향수를 사용하는 것도 바람직하지 않지만, 피부 관리를 위해 적당히 화장품도 발라야 합니다. 그러나 아무리 노력해도 겉사람은 점점 낡아지고 결국 육신은 죽어서 흙의 티끌로 돌아가는 것이 인생의 이치입니다(창 3:19). 비싼 화장품을 쓰고 보톡스 주사를 맞고 주름을 펴는 성형수술을 하고 머리를 까맣게 염색해도 소용이 없습니다. 육신은 낡아지는 것이 정상입니다. 육신도 건강하게 관리를 해야 하지만 이런 일에 너무 시간과 돈을 들이고 과도하게 신경을 쓸 필요가 없습니다.

오늘 본문의 성경 말씀은 겉사람, 곧 옛사람에 집착하지 말고 날마다 속사람이 새로워져서 새사람으로 사는 즐거움을 누리라고 말씀했습니다. 본문 18절에서는, "이제 우리가 주목하는 것은 보이는 것이 아니요 보이지 않는 것이니, 보이는 것은 잠깐이요 보이지 않는 것은 영원함이라"고 했습니다. 여기서 '주목한다'는 것은 관심을 가진다는 뜻입니다. 이제 은퇴 후에 우리가 정말 관심을 두어야 할 중요한 것은 눈에 보이는 것보다는 보이지 않는 것입니다. 지금까지 내가 귀중하게 생각하고 곁에 두었던 보이는 것들은 이제 하나씩 정리하고 내 곁에서 떠나보낼 때가 되었습니다. 그런데 은퇴 후에도 여전히 우리 곁에 남아서 정말 귀중한 것은 눈에 보이지 않는 것들입니다. 믿음이 그렇고, 하늘나라 소망이 그렇고, 사랑이 그렇습니다. 이런 것은 결코 세상 권력이나 돈을 주고 얻을 수 없는 것들입니다. 구체적으로 말씀드리자면, 우리가 이 세상을 떠날 때까지 우리 곁에 남아서 마지막까지 중요한 두 가지는, 눈에는 보이지 않는 성령 하나님의 인도하심과 하늘나라에 들어가는 시민권이라고 생각합니다(빌 3:20-21). 은퇴 후에는 이 두 가지가 중요합니다.

바울 사도는 "만일 땅에 있는 우리의 장막집이 무너지면 하나님께서 지으신 집 곧 손으로 지은 것이 아니요 하늘에 있는 영원한 집이 우리에게 있는 줄 아느니라"고 기록하였습니다(고후 5:1). 우리 주님도 "내가 가서 너희를 위하여 있을 곳을 마련하면 내가 다시 와서 너희를 네게로 영접하여 나 있는 곳에 너희도 있게 하리라"고 약속하셨습니다(요 14:3). 은퇴 후에는 이러한 말씀들이 우리에게 위로가 되고 우리의 관심이 되어야 합니다. 우리가 믿는 예수님은 우리 육신의 눈에는 보이지 않지만 이 세상의 무엇보다 귀중합니다. 예수님은 우리와 함께 하실 성령을 보내주시겠다고 약속하셨습니다(눅 11:13; 요 14:16-17,26). 그리고 우리가 시민권을 가지고 있는 하늘나라는 우리 육신의 눈에는 보이지 않지만 정말 다른 무엇과 비교할 수 없는 우리의 희망입니다. 은퇴 후에 이 두 가지만 확실하게 가지고 있다면 정말 아무 염려나 걱정을 할 필요가 없습니다. 나이가 들어 은퇴하면 육신의 건강도 약해지고 경제력도 약해지고 의욕과 용기도 약해지는 것이 사실입니다. 원하지 않는 질병도 생기고 사는 것이 힘들어집니다. 예수 믿는 사람도 안 믿는 사람들과 똑같이 늙고 병들고 죽습니다. 차별이 없습니다. 다른 점이 있다면 성도들은 예수 그리스도를 믿고, 장차 하늘 나라에서 육의 몸이 썩지 아니하는 영의 몸으로 변화되는 영원한 부활 생명을 누리는데 대한 약속을 믿는 믿음이 있다는 것입니다(고전 15:50-52. 비교, 롬 8:18). 제 어머니가 88세에 별세하셨는데, 요양병원에서 1년 반 정도 계셨습니다. 같은 방에는 안 믿는 분들도 몇 분이 같이 계셨습니다. 간병인들이 도와주지만 주로 침대에 누워서 생활하고 겉으로 보기에도 아프고 힘들어하는 것은 다 똑같아 보였습니다. 제 어머니는 복수가 차고 나중에는 폐에도 물이 차서 고통이 있었고 힘들었습니다. 그런데 예수 믿는 제 어머니의 경우 한 가지 다른 점은 그러한 상황에서도 '감사하다'는 말을 자주 하신다는 것입니다. 한 번은 저녁에 제가 곁에 가니까, 어머니가 감고 있던 눈을 뜨시면서 "고맙습니다. 아버지, 감사 영광 돌립니다"라고 또렷하게 말씀하는 것을 듣고 제가 놀랐습니다. 그래서 제 수첩을 꺼내 얼른 그대로 적어놓았습니다(2012년 10월 3일). 육신의 겉사람은 할 수 없는 말을 속사람이 하고 있다고 생각했습니다.

     81. 겉사람과 속사람(고후 4:16-18; 빌 3:12-16)

저도 목사지만 노년에 병들어 고통 중에서 그런 감사의 말이 나온다면 정말 좋겠습니다. 사실 우리 육신의 겉사람이 점점 늙어서 병상에 누우면 정말 아무것도 소용이 없고 즐거운 것도 없다는 것을 새삼 실감했습니다. 우리 주님 예수 그리스도에 대한 믿음, 그리고 죽음 이후 하나님 나라에서 영원한 부활생명의 약속이 남아 있을 뿐입니다. 은퇴 후에는 보이는 것들에 집착하지 말고, 보이지 않는 하늘나라에 대한 관심과 희망이 날마다 새로워져야 합니다. 그래야 은퇴 이후 인생의 후반전이 의미 있고 보람되고 행복할 것입니다.

우리의 속사람은 하나님의 형상 곧 예수 그리스도의 형상을 따라 지으심을 받은 사람이고, 그것은 다른 무엇이 아니라 날마다 예수 그리스도를 본받는 새사람이 되는 것입니다(고후 5:17). 반면에 우리의 겉사람, 옛사람은 여전히 육신의 소욕을 따르려고 합니다. 그래서 성경은 "살리는 것은 영이니 육은 무익하다"(요 6:63)고 했고, "육체의 욕심은 성령을 거스르고 성령은 육체를 거스르나니… 너희는 성령을 따라 행하라 그리하면 육체의 욕심을 이루지 아니하리라"고 말씀했습니다(갈 5:16-17). 또 성경은 우리의 속사람을 영혼에 비교했습니다. "사랑하는 자여 네 영혼('프시케')이 잘됨같이 네가 범사에 잘 되고 강건하기를 내가 간구하노라"고 했습니다(요삼 1:2. 비교 '프뉴마', 마 27:50; 눅 8:55 등). 이것은 육신은 본래 악한 것이고 영혼만 구원받으면 된다고 주장하는 그리스 철학의 영향을 받은 영지주의와는 사뭇 다른 것입니다. 영지주의 이단과 달리 성경은 우리의 겉사람인 육신의 몸과 속사람인 영혼을 이원론적으로 구분하지 않습니다. 이제 우리의 속사람은 예수 그리스도 안에서 성령의 인도하심을 받는 새사람으로서 우리의 육신(겉사람)과 함께 전인(全人)으로서 존재하는 것입니다. 예수 믿으면 육신(겉사람)도 새로워집니다. 바울 사도는, "그러므로 너희는 죄가 너희 죽을 몸을 지배하지 못하게 하여 몸의 사욕에 순종하지 말고, 또한 너희 지체를 불의의 무기로 죄에게 내주지 말고… 너희 지체를 의(義)의 무기로 하나님께 드리라"고 권면하였습니다(롬 6:12-13). 바울 사도는 "내가 내 몸을 쳐 복종하게 한다"(고전 9:27)라고 했고, "이제 내가 육체 가운데 사는 것은 나를 사랑하사 나를 위하여 자기 자신을 버리신 하나님의 아들을 믿는 믿음 안에서 사는 것이라"(갈 2:20)고 했으며, "나는 날마다 죽노라"(고전 15:31)고 한 것이 그러한 뜻입니다. 악에게 지지말고 선으로써 악을 이기는 사람이 곧 날마다 새사람이 되고 속사람이 강건하게 되는 것입니다(롬 12:21). 노년이 되면 정욕의 불도 꺼진다고 합니다. 그러나 은퇴했으니 이제 나는 괜찮다고 자만해서는 안 됩니다. '꺼진 불도 다시 보자'라는 불조심 구호가 생각납니다. 은퇴 이후에도 우리 성도들의 영적 싸움은 계속됩니다.

'노인이 되면 어린애가 된다'는 말도 있습니다. 그러나 그렇지 않습니다. 바울 사도는 "내가 어렸을 때는 말하는 것이 어린아이와 같고 깨닫는 것이 어린아이와 같고 생각하는 것이 어린아이와 같다가 장성한 사람이 되어서는 어린아이의 일을 버렸노라"고 했습니다(고전 13:11). 우리 그리스도인들은 은퇴하고 노년이 되어도 날마다 새롭게 되고 속사람이 날마다 강건해져서 정말 멋진 인생의 정점을 맛볼 수 있습니다. 시편에서는 이렇게 기록하고 있습니다. "의인은 종려 나무같이 번성하며 레바논의 백향목같이 성장하리로다. 이는 여호와의 집에 심겼음이여 우리 하나님의 뜰 안에서 번성하리로다. 그는 늙어도 여전히 결실하며 진액이 풍족하고 빛이 청청하리로다"(시 92:12-14). 오늘 은퇴하시는 여러분 모두에게 이러한 우리 하나님의 은혜와 축복이 함께 하시기를 기원합니다.

조금만 더 말씀드리겠습니다. 에베소서 4:24 이하에서 보면 옛사람을 벗어버리고 날마다 예수 그리스도를 닮아 새롭게 되는 속사람에 대해 다음과 같이 구체적으로 권면하고 있습니다. 거짓말하지 말기, 화내지 않기, 도둑질하지 않기, 험담하지 말기, 말로 상처주지 말기, 친절하기, 서로 용서하기, 온유하며 서로 사랑하기를 강조했습니다. 예수 믿으면 믿기 전과 믿은 후에 사람이 달라지고 또 달라져야 합니다. 은퇴도 그렇습니다. 은퇴하면 은퇴 전과 은퇴 후의 생활이 달라지고 달라져야 합니다. 나쁘게 달라지면 안 되고, 긍정적으로 좋게 달라져야 합니다. 외모지상주의나 소유욕에서도 자유할 수 있습니다. '너 늙어 봤어?'라고 젊은이들 기죽이는 고약한 늙은이가 되지 않을 수 있습니다. 나는 이미 젊어 보았고 인생의 전반전에서 요즈음 말로 산전, 수전, 공중전까지 다 경험해 보았기 때문에, 은퇴 후에는 젊은 세대가 더 잘 되도록 이해하고 포용하고 기다려주고 도와 줄 수 있어야 합니다.

성경학자들은 사도 바울(본래 사울)이 주후 5년경에 태어났고, 주후 35년경 그가 다메섹 도상에서 회심할 때 나이가 약 30세라고 봅니다. 예수님보다 적게는 5살 많게는 10살 아래였습니다. 고린도후서 서신을 쓸 때 그의 나이는 50세쯤 되었고, 빌립보서는 57세쯤 되었을 때 기록했다고 합니다. 로마로 갈 때 바울 사도는 50대 후반으로 오늘날 은퇴할 나이에 해당합니다. 그리고 주후 68년경 폭군 네로 황제 때 바울 사도는 베드로 사도와 같은 시기에 로마에서 순교했는데, 순교할 때 나이가 63세 전후였을 것으로 봅니다. 바울 사도는 약 30년 남짓 사역했고, 그가 순교 직전에 쓴 마지막 서신이 디모데후서입니다(딤후 4:6-8 참조). 노년의 바울 사도는 빌립보서 3장 12절 이하에서 이렇게 기록했습니다: "내가 이미 얻었다 함도 아니요 온전히 이루었다함도 아니라. 오직 내가 그리스도 예수께 잡힌 바 된 그것을 잡으려고 달려가노라. 형제들아 나는 아직 내가 잡은 줄로 여기지 아니하고 오직 한 일 즉 뒤에 있는 것은 잊어버리고 앞에 있는 것을 잡으려고 푯대를 향하여 그리스도 예수 안에서 하나님이 위에서 부르신 부름의 상을 위하여 달려가노라". 이 말을 하고 약 5년 후에 바울 사도는 순교했습니다. 은퇴하면 이 세상에서 살 날도 많이 남지 않았다는 것을 우리는 압니다. 오늘 은퇴하시는 여러분과 저도 사도 바울의 이러한 모습을 본받으면 좋겠습니다. 여기서 푯대를 향해 달려간다고 할 때, 그 푯대는 골인 지점의 표시입니다. 달리기 선수는 그 마지막 골인 지점을 통과해야 완주를 하고 상을 받을 수 있습니다. 아무리 잘 달려왔어도 마지막 골인 지점 앞에서 넘어지면 지금까지 달려온 것이 모두 헛수고가 되는 것입니다. 바울 사도는 순교 직전에 믿음의 아들 디모데에게 쓴 그의 두 번째 편지에서, "나는 달려갈 길을 마치고 믿음을 지켰다"고 했습니다(딤후 4:7). 그리고, "이제 후로는 나를 위하여 의의 면류관이 예비되었으므로 주 곧 의로우신 재판장이 그날에 내게 주실 것이며, 내게만 아니라 주의 나타나심을 사모하는 모든 자에게도니라"라고 기록했습니다. 은퇴 후에도 우리 모두 바울 사도의 믿음을 본받아, 우리 인생의 달려갈 길을 마치고 끝까지 믿음을 지킬 수 있기를 바랍니다. 그리스도 예수 안에서 하나님이 우리를 부르신 부름의 상을 위하여 바울 사도와 같이 끝까지 믿음을 지키는 승리의 삶을 살고, 우리 모두 주님 앞에서 다시 만나는 기쁨을 누릴 수 있기를 바랍니다. 아멘.

82

Diversity in Unity

Bible study for the continuity of the Council of Jerusalem from A.D. 49 to 1991 EMS Forum: A Hermeneutics of Difference[1]

I. Opening prayer

O Holy God, we praise Thy name, as is befitting to Thy glory and power. We thank Thee for Thy love of all creation and the grace of salvation for us. We remember Thy words: "Do not neglect to meet together, as is the habit of some, but encourage one another, and all the more as you see the Day approaching." Today, we have gathered here in Jerusalem from north, south, east and west to meet together and encourage one another. Bless us and give us wisdom and strength through the same Holy Spirit, which presided over the Council in Jerusalem in A.D. 49, so that Thy churches around the world may be strengthened in the faith and increase in numbers daily. Lead us to fulfill our duties to live in holiness and to bring reconciliation among us and throughout the world, until our Lord comes. We ask this in the name of our Lord Jesus Christ. Amen.

---

1) This paper was presented and partly read by the writer on the occasion of EMS Forum (June 2-8, 1991), on June 5 at St. George's Cathedral in Jerusalem, representing the theological position of PCK (Tonghap). EMS is the *Evangelisches Missionswerk in Südwestdeutschland.*

II. What does Antioch have to do with Jerusalem?

Jerusalem is the birthplace of Christianity and the mother church, which served as its center. In comparison, Syrian Antioch is the place where the first Gentile Church was founded, and it became the mission center of Gentile Christianity in the first century A.D.

As is known, Jerusalem was a Jebusite citadel (Judges 19:10), which king David conquered and made the city of David (1 Samuel 5:9). Due to her political–topological significance, Jerusalem played the central role as capital city of the United Monarchy of Israel and later of the Southern Kingdom of Judah. Her importance has continued throughout the history of Palestine until today. Jerusalem has been called the Holy City (Isaiah 52:1; cf. Arabic Al–Kuds, The Holy) since the temple of Yahweh God was built there, and theologically her name is understood to denote not only the historical people of Israel but the entire people of God. From an eschatological perspective, Jerusalem appears as the worship place of the Messianic Kingdom, where the people of God from all the nations around the world go on a pilgrimage (Isaiah 2:2f; Micah 4:1–3; Zechariah 8:20–23; Psalms 122~134). It is also the consummate symbol of the Kingdom of God in the sense of the New Testament (Galatians 4:26; Revelation 21:2 etc.). But Jerusalem was also the city for which Jesus Christ shed tears of grief (Matthew 23:37) and where He was ultimately crucified (Mark 10:33; Luke 19:41–44). Yet, in Jerusalem, Jesus Christ was resurrected from the power of death, and the Gospel of Christianity started to spread out all over the world (Acts 1:8; Luke 24:47).

The popular Hebrew name *Yerushalayim* seems to be a later variation from the ancient name *Yerushalem*. The earliest reference to the name of Jerusalem in antiquity likely appears as *Urusalima* in the Ebla archives (ca. 2500 B.C.), as *Rushalimum* in Egyptian texts (19–18th Century B.C.), as *Urusalim* in the Amarna Letters (14th Century B.C.), and as *Ursalimmu* in late Assyrian texts, though the exact meaning remains uncertain. According to the scholars, the name consists of two semantic elements, that is, "foundation plus a Canaanite deity Shalem." In the course of time, the second semanteme was modified in relation with the Hebrew word *Shalom*. Thus, Jerusalem now means the foundation of peace! (Cf. Hebrews 7:2).

On the other hand, Syrian Antioch by the Orontes river was built about 300 B.C. by Seleucus I, the founder of the Seleucid dynasty, in honor of his father Antiochus, whose Greek name means "withstander." Seleucus I constructed several other Antiochs (e.g. Pisidian Antioch, Acts 13:14), but Syrian Antioch remained the most famous down to the Roman Empire. With a population of ca. 500,000, it became "a center of pride, pleasure and vice" in the Greco–Roman polytheistic culture which was only surpassed by the cities of Rome and Alexandria. Syrian Antioch is located about 500 km north of Jerusalem, and Tarsus, the birthplace of St. Paul, lies some 165 km to the northwest of Syrian Antioch. There was "a large and prosperous Jewish colony" in Syrian Antioch, and when the first Gentile church was founded there, the city became inseparably linked with the beginning of Christianity as a worldwide faith, along with Jerusalem[2].

The encounter between the Jerusalem church and the Antioch church holds paradigmatic significance for us. It overcame and decisively eliminated the lingering discrimination between the Jews and the Gentiles, unifying the Christian church on the sole basis of the gospel truth of Jesus Christ (sola gratia, sola fide). At the same time, it respected and retained the distinctions between the respective churches (analogia fide) for diversity in unity. The biblical faith in both Testaments is always in its essence Gentile-oriented (cf. Genesis 12:3; Isaiah 20:23–25; Malachi 1:11; Matthew 28:19–10; Luke 24:47; Acts 28:28 etc.). The exclusivism born from a misunderstood idea of God's elect was challenged and corrected by biblical prophets (e.g. Isaiah 19:24–25; Amos 9:7; Jonah 4:11; cf. Matthew 3:9; 24:30–31). Decidedly, Jesus set right the distorted idea of discrimination on the basis of God's elect as follows: "Do not presume to say to yourselves, 'We have Abraham as our ancestor'; for I tell you, God is able from these stones to raise up children to Abraham." (Matthew 3:9). Eschatologically, Luke is witnessing that "Then people will

---

2) "Antioch", *Dictionary of the Bible*, ed. by J. L. McKenzie, Macmillan, 1965, p. 36f.

82. Diversity in Unity

come from east and west, from north and south, and will eat in the King-
dom of God. Indeed, some are last who will be first, and some are first
who will be last" (Luke 13:29–30). Today, in 1991, on the occasion of the
EMS–Forum at Jerusalem, as it was at the first Jerusalem Council in 49 A.D.,
we gather to partake and eat at the feast of the kingdom of God from every
quarter of the world: "God made no difference between us!" (Acts 15:9).

The Greek verb "diakrinein" (to make a difference or separate one from an-
other; einen Unterschied machen) conveys subtle shades of meaning depend-
ing on its usage. In a negative context, it refers to a form of superior dis-
crimination which is to be avoided (Acts 15:9; cf. Acts 11:12; Romans 14:23; 1
Corinthians 4:7). However, in a positive context, it is a beneficial distinction (1
Corinthians 11:29; 11:31; cf. Matthew 16:3 ; 1 Corinthians 6:5; 14:29). In New Tes-
tament times, there were especially three types of chronic discrimination,
which were perceived as a real yoke and burden on humanity:

1) Racial discrimination (Jew or Greek), 2) Social discrimination (slave or
free), and 3) Sex discrimination (male and female). The Bible tells us that this
kind of yoke was, is and will be abolished in Christ Jesus (Galatians 3:28).
However, this abolition of discrimination does not necessarily mean the
annulment of distinction. That we are one in Christ without discrimination
implies our mode of existence as one body with Christ as its head. There
are naturally many various members in this one body as Paul mentioned
(Romans 12:4–8; 1 Corinthians 12:12–27; Ephesians 4:16). These members do not
and cannot exclude one another by discrimination; rather, they are closely
organized by distinctive functions to keep the body alive. This kind of dis-
tinction is based upon the harmony and integrity of God's creation. One of
the important verbs of God's creative activity is "to separate" in the sense of
making distinctions (Hebrew 'hibdil.' See, Genesis 1:4,6–7,14,18; cf. Leviticus
20:24; Numbers 16:9). Discrimination is human, distinction divine! Man is
man, and woman is woman; light is light, and darkness is darkness; heav-
en is heaven, and earth is earth. Distinction brings harmony in unity. The
idea of the Great Absolute ("Taegeok") in Korean Philosophy (or the idea of the
source of the dual principle of Yin and Yang) signifies distinctive harmony of

the dual elements. This symbol can be compared with an egg, which is an integrated whole with the distinctive yolk and the white within itself. I think that the expressions American—Christian, German—Christian, African—Christian, and Korean—Christian sounds somewhat discriminating. Instead, terms like Christian—African, Christian—German, Christian—American, Christian—Japanese, and Christian—Korean more effectively convey distinct identity. And distinction among us is creative, necessary, and profitable, allowing us to cooperate and serve one another through diversity in unity.

Nowadays, the equality (or equity) consciousness is highly evaluated as an important historical asset, at least since the French Revolution. The social structure of Western capitalism puts great emphasis on liberty, while the pursuit of equality often appears weaker in comparison. On the other hand, the socialist—communist society tries to lay more stress on equality but are obsessed by futile attempts to abolish discrimination because they are ignorant of creative human distinction. The way to the hopeful equality is to be found in surmounting the barrier of discrimination and entering the wisdom gate of distinction. We can call this attitude of life a hermeneutics of difference. But, we also should not be ignorant of the fact that the concept of creative distinction among us can be distorted and misused because of our egoism, conceit, and indifference. Distinction is worthless if it boasts itself; distinction shines only when it serves (1 Corinthians 4:7). So, what does Syrian Antioch have to do with Jerusalem? The two churches experienced the positive practice of a hermeneutics of difference between them, guided by the Holy Spirit in Christ Jesus.

III. Text: Acts 15:1—16:5(The Revised English Bible, 1989)

IV. Exposition: The Council at Jerusalem.

At the end of his Gospel, Luke noticed in advance that the message of salvation in Christ Jesus is to be proclaimed to all nations beginning from Jerusalem(Luke 24:47–48). Now, Luke is describing the process of fulfillment of this promise through his second writing, i.e. Acts of the Apostles that consists of 28 chapters. In this context, the Council at Jerusalem (ca. 49 A.D.) reported in Acts Ch. 15 marks a watershed in early Christianity in the sense that according to its success or failure, it would decide whether Christianity would retreat back to being a mere Jewish religious sect or would progress further as a worldwide faith. Beginning from Jerusalem, the gospel message of crucifixion and resurrection of Christ Jesus was relayed throughout Judaea, Samaria, and Galilee (Acts 2:41; 4:4; 6:7; 8:14; 9:31 etc.), and then continued unceasingly to Syria, Phoenicia, Cyprus, Cyrene, and beyond (Acts 11:19–21).

Paradoxically enough, the propagation of the gospel was ignited by the martyrdom of Stephen who was accused of blasphemy against the Law of Moses and God. This event, followed by the persecution of the Jerusalem church by Jewish authorities, led to the dispersion of Christian disciples, who then carried out their witnessing mission. The dramatic conversion of the Hebrew Pharisee Saul, who was at the forefront of the execution of Stephen and persecution of the church, into the Christian apostle Paul for the Gentile mission was an inexplicably significant sign of the triune God acting concretely in His Providence.

According to the text, the church at Syrian Antioch appears as the first center of Gentile Christians along the path of gospel history beginning from Jerusalem to all nations. Exactly speaking, the Antioch church was a mixed community of Christian Jews and Christian Hellenistic Gentiles. The mother church in Jerusalem heard of the Antioch church and sent Barnabas (Acts 4:36) to oversee and take care of it (Acts 11:22–24; cf. 8:14–17). Perhaps in the year of 42 A.D., Barnabas visited Paul at Tarsus and brought him to Syrian Antioch so they could serve the church together. Under the teaching of these two men, the Antioch church grew rapidly and steadily. The Antioch church had several important characteristics. It was the first center of Christian Gentiles recognized by the mother church. It was the first place where the name of "Christians" was introduced (Acts 11:25–26). It was the first partner church to send famine relief to the Jerusalem church. And it was the first mission center to evangelize the world (Acts 11:19–30). From the outset, the Antioch church was wide open for the principle of "salvation by faith alone" (sola fide), which was theologized by Paul later in his Epistles (cf. Romans 1:17).

The positive concern of the Jerusalem church with the Antioch church was of course based upon the gospel principle, which Peter has already experienced with his three times repeated vision of unclean animals at Joppa, that he was ordered to kill and eat. This vision was interpreted in connection with the first conversion of a Gentile—the Roman centurion Cornelius and his family. The revelatory voice from the vision said, "It is not for you to call profane what God counts clean." (Acts 10:15). Peter witnessed to this event as the same work of the same Holy Spirit before the church community in Jerusalem (Acts 11:15–18). Nevertheless, there were always some brethren among Christian Jews, so called "Judaizers", who found fault with Peter and argued that, besides the faith, it was absolutely necessary for salvation in Christ Jesus to keep the Law of Moses, with circumcision being the representative symbol (cf. Galatians 2:1–14!). This legalistic understanding of the gospel seems to be a notorious Jonah–complex of sorts. The principle of gospel truth was 'solus Christus, sola gratia and sola fide'. However, the legalistic Christian Judaizers did not keep silent. They invariably stirred up misgivings among the Christian Gentiles and raised objections against the gospel principle everywhere the two positions came into contact. The Epistle to the Galatians, which addresses the controversial debate between faith in Christ and work of the Law, reflects the challenging situation during the first mission period of early Christianity.

Paul and Barnabas on their first missionary journey sent by the church at Syrian Antioch(ca. A.D. 46–48) were confronted with the same bitter adverse criticism and threatened with death by the Judaizers at Pamphylia, Pisidian Antioch, and South Galatia, including Iconium and the Lycaonian cities (Acts 13:45; 14:1–4,19) in Asia Minor. When they returned to Syrian Antioch from the first journey, it seems probable that Paul might have heard about the situation in and around South Galatia that the Christian Gentiles, who were the direct outcome of the first mission, were seriously troubled in their conviction of salvation due to the Judaizers. It is very likely that Paul could not but write that famous Epistle to the Galatians: "You foolish Galatians! Who has bewitched you? ⋯ Are you so foolish?"(Galatians 3:1–3). No sooner had Paul sent the letter than the sparks of agitation of the Judaizers fell upon the very church at Syrian Antioch. Our text concerning the Council at Jerusalem starts with the following scene: "Some people who had come down from Judaea began to teach the brotherhood that those who were not circumcised in accordance with Mosaic practice could not be saved."(Acts 15:1).

To solve this problem, the first ecumenical Council of Christianity was held in Jerusalem around 49 A.D.—a meeting between the Jerusalem church and Antioch church. This council was a good opportunity for the two churches to ascertain their unity and diversity in the truth of the gospel. Now let us pursue the process of the Council by analyzing briefly the contents from Acts 15:1 to 16:5.

1. Motivation (15:1-2a). Some Judaizers from outside gave rise to "fierce dissension and controversy" with Paul and Barnabas at the Antioch church because of the precondition of circumcision for Christian salvation. For the unity of the church and truth of the gospel, it was unavoidable that there would be a lot of debate about this.

2. Arrangement (15:2b-3). It was arranged that Paul and Barnabas with some delegates from Antioch should consult this problem with the mother church in Jerusalem.

3. Reception (15:4). The delegation from Antioch church was welcomed by the Jerusalem church. But the Antiochian report on "all that God had done" was not unanimously accepted.

4. Objection (15:5). Some Christian Pharisees in Jerusalem church repeat the same contention of the Judaizers before the Antiochian delegation.

5. Special committee (15:6-21). An ad hoc committee consisting of the apostles and elders was held with a long debate including a testimony by Paul and Barnabas. Fortunately, the two authorities of the Jerusalem church (cf. Galatians 2:9)—James and Peter—were able to reach an agreement. Peter spoke for the apostles, and James spoke on behalf of the elders. The core of their consensus was expressed in Peter's speech as follows: "And God, who can read human hearts, showed his approval by giving the Holy Spirit to them (the Christian Gentiles) as he did to us (the Christian Jews). He made no difference between them and us; for he purified their hearts by faith··· For our belief is that we are saved in the same way as they are by the grace of the Lord Jesus." (Acts 15:8–11). As the Jerusalem Council accepted Peter's declaration of the principle of faith in the Christian community, the church at Syrian Antioch and the Jerusalem church could maintain the unity and diversity and retain the truth of the gospel in Christ Jesus "by the grace of the Lord Jesus."

6. Plenary session (15:22). The decision of the special committee was brought before and approved by the whole church in Jerusalem. As a result, the special committee resolved to do two things in response to the Antioch church: to choose representatives to accompany Paul and Barnabas and to send an official letter.

7. Official letter (15:23-29). In this letter, two points were made publicly clear. First, the Judaizers who fomented confusion among the Christian Gentiles were not affiliated with the Jerusalem church. Second, for the peaceful coexistence between Christian Jews and Christian Gentiles, four ethical prescriptions were recommended (the dietary laws and continence of unchastity).

8. Response (15:30-35). The church at Syrian Antioch responded to the official letter with rejoicing. The Jerusalem delegates, Judas and Silas, encouraged and strengthened the Antiochian believers.

9. Epilogue (15:36-16:5). Paul went on his second missionary journey accompanied by Silas. Luke introduced the impact of the Council at Jerusalem on this journey as follows: "As they went from town to town, they delivered to them for observance the decisions that had been reached by the apostles and elders who were in Jerusalem. So the churches were strengthened in the faith and increased in numbers daily"(Acts 16:4).

New Testament Scholar I. Howard Marshall sums up the basic significance of the Council at Jerusalem correctly: "In principle the need for Gentile Christian to accept the Jewish law was firmly rejected, and it was recognized that faith in Jesus was the sole condition for the reception of salvation and entry into the people of God… The principle was of basic significance for the future of the early church and it remains basic for all time; no national, racial or social requirements can ever be made conditions for salvation and membership of the church…"[3]

From the above mentioned observations on the procedure and result of the Council at Jerusalem, I would like to draw several lessons for our reflection. First, while it is natural for us to shun unnecessary argument and dissension (e.g. 1 Timothy 1:4; 6:20–21; Titus 3:9), when the identity of gospel and the principle of salvation are at stake, as was the case with Paul and Barnabas, we are called to engage with the people who raise the contentious problems in order to produce fruitful results. In this respect, mere

---

3) I. Howard Marshall, *The Acts of the Apostles,* Tyndale New Testament Commentaries, Eerdmans, 1980, p.247.

tolerance, dialogue, indifference and avoidance must be reconsidered.

Second, it is exemplary conduct that the Antioch church sent their delegation to discuss and solve the vexing problems especially with the apostles and the elders at the Jerusalem church. Legitimate authority in the church order should not be ignored, and the source of that authority is the Holy Spirit (Acts 15:28).

Third, it was fair for the church at Jerusalem to have fully recognized the theological position of the church at Antioch concerning the truth of the gospel. Earlier, Peter was once publicly called to task by Paul for his ambivalent attitude towards Christian Gentiles during his visit to Antioch (Galatians 2:11–14). In this context, the opinion of James seems to have been also biased and awkward (Galatians 2:12). Therefore, it is understandable that during the special committee session at the Jerusalem Council "much debate" was necessary (Acts 15:7). After all, it is admirable for these two great figures to have sided with Paul by overcoming their personal feelings. The tacit consent of the Christian Pharisees, who raised objection at the outset, is praiseworthy, too.

Fourth, it is to the credit to the church at Syrian Antioch that they received with rejoicing not only the decision but also the incidental exhortation from the Council at Jerusalem. Now the discrimination between Antioch and Jerusalem was repealed, and a new distinction began to emerge on both sides to serve each other with diversity in unity (cf. Matthew 25:14–15).

Fifth, from the perspective of Paul's thorough understanding of the essence of the gospel (Romans 3:22–24; 10:12; Galatians 5:6 etc.), it might have been particularly difficult for him to accept the Jewish traditional dietary laws suggested by James. For Paul, the proper character of Christian liberty could not be bound under the yoke of such trivial laws (Romans 14:1–3; 1 Corinthians 8:13; 10:31–33; cf. Matthew 15:11). However, it was commendable of him not to raise further any discontent, as long as it did not conflict with the truth of the gospel.

V. Suggestions for discussions

1. According to Acts 15:9, the Gospel has the power to cleanse human hearts by faith in Christ Jesus. Do you agree with this point? If so, can you share your personal experience? If not, why do you disagree?

2. What do you think are the modern types of offending discriminations among Christians? Would you agree that discriminations should be annulled but distinctions should be maintained? Could you provide examples where positive distinctions contrast with discrimination? Consider aspects such as race, social status, sex, religion, region, culture, language, history, denomination, ideology, ability, customs, etc.

3. Our partner churches come from diverse traditional–cultural backgrounds. Are there commendable cultural or church traditions to share among us? Or are there any modern practices that can be stumbling–blocks to other partner churches, as was the case with the Jewish dietary law and circumcision?

4. What are the most serious problems each partner church faces today? Are these problems connected to the principles of the Gospel (sola scriptura, sola fide, solus Christus, sola gratia)? If they are, do we engage in intense debate and controversy as Paul and Barnabas did? If not, why not?

5. In order to enhance transparency in the decision–making process among the partner churches, what do you think should be the top priorities from the perspective of the Bible study?

VI. Closing prayer

O God of true love and bountiful grace, we thank Thee for the partnership and rejoicing among us on the occasion of the EMS–Forum at Jerusalem, which Thou hast provided us with the Holy Spirit. We thank Thee that Thou hast guided us to pray and study Thy Word in order that we may discern Thy will rightly and obey the gospel of Thy truth. Open our hearts and purify us by faith in Jesus Christ! Give us wisdom to be able to accomplish transparency in our decision-making process, so that we may demonstrate our oneness in harmony, reconciliation, and service for the Kingdom of God. Bless us all with health in body and spirit. Especially bless Thy Episcopal Church in Jerusalem, who invited us, and remember the Christians in the Middle East. We ask this for Christ Jesus' sake. Amen.

Appendix. The experience of Korean Church and its problems

The Korean Protestant church, which is firmly established on the belief that Christian salvation should be achieved only through Jesus Christ our Saviour, celebrated its centennial in 1984. This belief was also already confirmed at the council of Jerusalem in A.D. 49. Over the years, the Korean church has experienced a variety of complex problems.

Firstly, the church has viewed the ancestral worship rites, which are recognized to be the very core of Korean cultural traditions, as idolatry. Therefore, the church proclaimed that this practice must be abandoned in order to become a Christian. This always causes a great deal of conflict between the church and those who have difficulty in renouncing the ancestral worship. The burden of conflicts become even worse for those who marry non-Christians (especially for women). After all, the Korean Catholic church has allowed ancestral veneration in a modified manner since the 1930s, even though it went through bitter martyrdom due to this issue in the previous century. The Korean Protestant church, in contrast, sticks to its rigid stance against ancestral veneration until now.

Secondly, the church suffered from the coercion of Japanese Shinto Shrine worship during the late period of Japanese occupation (1910–1945). The church was forced to pay respect to Japanese Shinto shrines. The official position of the church regarded it as a matter of national rite and permitted its practice. Despite this, many individual Christians, both laity and clergy, disobeyed Shintoism and died as martyrs for the sake of their Christian faith. Some of them were tortured and jailed for many years. After the liberation from Japanese imperialism, those who suffered to retain the purity of their faith separated themselves from the so-called apostate Christians, and organized a new Presbyterian denomination in 1951. This Korean Protestant church ('Koshin') has struggled to theologically deal with this very crucial issue of Shintoism until present day.

Thirdly, the Presbyterian church in Korea split again in 1953 because of differing views on the Bible and theological methodologies, such as whether or not to accept 'Higher Criticism' in relation to theology. The PROK (called 'Kijang') accepted Higher Criticism and has retained its liberal position in theology and its application since then. The PROK seems to feel free to use liberal ways of thinking and doing in interpreting the Bible.

On the other hand, the Presbyterian Church of Korea(PCK) has been maintaining its moderate attitude, carefully engaging with contemporary praxis theologies such as liberation theology, Minjung theology, and feminist theology. The PCK has been asking questions regarding such theologies: what kind of liberation theology?, what kind of feminine theology?, and what kind of Minjung theology? For example, there are two types of Minjung theology. One is a rather radical approach that seeks the political messianism of the people ('Minjung'). According to this view, political messianism can only be achieved through people's self consciousness and righteousness. It is argued whether the Minjung itself is a messiah for its own salvation. The other is the so-called evangelical Minjung theology, and this position puts a great emphasis on ethics for neighbors who are oppressed, alienated, and in urgent need (cf. Matthew 25:31-46).

A radical Minjung theologian, Nam-Dong Suh (PROK), insisted that Jesus Christ committed suicide on the cross. And he went on to contend that the tragic suicidal death by self-burning of Tai-Il Jeon(Nov. 13, 1970), a young Christian and blue-color worker who protested against his extremely poor working conditions, was the very starting point of Korean indigenous Christianity in the sense that the cross of Jesus Christ was repeated through Jeon's sacrificial death in the horizon of Korean history. "A true life is revealed through sacrifices of this type of lambs," said Rev. Suh. As a result, we can assume that this is probably the reason why some young Christians today are willing to submit themselves to sacrificial self-burning. They may have been influenced by the radical interpretation of the death of Christ with respect to Minjung theology.

On May 3, 1991, Seh-Yong Chon, a college student attending the Anglican church in Seoul, burnt himself to death for the purpose of deploring and destroying the evils of the present regime and advocating for his dearest wish of the democratization of Korea. The parish authorities of the Anglican church in Seoul broke the doctrine, which forbids holding funeral services for those who commit suicide, by announcing an exceptional remission for his case. Consequently, a large-scale funeral mass was publicly held in the Anglican Cathedral in Seoul.

Fourth, in 1959 the Presbyterian Church of Korea (PCK) was split once more. This time, a good number of church people was concerned that the WCC's Ecumenism was theologically liberal and pro-communist, so they left the church and established another Presbyterian denomination. This new PCK (called 'Hapdong') withdrew from the WCC and has since kept its anti-communistic conservative theological position based on Fundamentalism.

On the contrary, the PCK (called 'Tonghap') has been a member of the WCC, maintaining a moderate theological position. Unlike two other denominations (Koshin and Hapdong), the PROK (called 'Kijang') is also a member of the WCC and is actively involved with societal issues on the basis of liberalism and political contextualization theology. Generally speaking, the Korean Protestant church as a whole has experienced the bitterness of tragedies and disruptions. But at the same time, it is ironically said that the church has grown through these disruptions. Even though Korean churches should be careful not to enter into rivalry with each other, it is important to be aware of each denomination's unique identity. The variety of different denominations can be helpful for each other, if they foster harmony in diversity.

According to the KNCC report, currently there are approximately 60 Presbyterian denominations and 28 other Evangelical church denominations such as Methodist, Baptist, the Salvation Army, and the Holiness under the name of the Korean Protestant church, with 5,355 church buildings, 61,714 pastors and 13,309,686 lay members (2,512,426 male members; 10,320,170 female members). A comparison of the major Presbyterian denominations can be seen in the following chart.[4]

	Denomination			
	PCK (Koshin)	PCK (Hapdong)	PCK (Tonghap)	PROK (Kijang)
Theological tendency	conservative (fundamental)	conservative (partly fundamental)	moderate	liberal (partly radical)
Number of churches	1,191	4,706	4,636	1,209
Number of ordained and unordained pastors	1,946	10,942	10,134	1,813
Membership	183,103	2,216,476	1,764,256	290,790

Fifth, the contemporary urgent task that the Korean churches and her theological efforts are confronting today is to solve the JPIC issue, including the problem of dialogue with other religions, and the reunification of the Korean peninsula. On the other hand, the Korean churches are being threatened by Sun-Myoung Moon's Unification Church movement which appears to resemble a modern Baalism. On the subject of the reunification of Korea, efforts have been made by the church leaders from North and

---

4) See, *The Christian Yearbook of Korea*, 1990, by the KNCC, Seoul, Korea, pp. 540-543

South Korea. The representatives of both churches have already met 3 times in Glion, Switzerland. They proclaimed "the Jubilee year of Unification of Korea" in 1995. The year 1995 marked the 50th anniversary of the division of the Korean peninsula. However, a doubt has also been cast against the subjective interpretation of the year 1995 as the Reunification Jubilee. In fact, we have to understand the event of the reunification not in the future tense but in the perfect tense (perfectum propheticum), for it is the faith of Korean Christians for reunification in Jesus Christ, i.e. "only faith can guarantee the blessings that we hope for, or prove the existence of realities that at present remain unseen···" (Hebrews 11:1).

Relations with other religions (esp. Confucianism, Buddhism, Islam, Hinduism, Taoism, and Korean Chondokyo, etc.) should not simply depend upon dialogues or tolerable paradigms but emphasize the nature of the calling of the Gospel, which is open to the people of other religions. It should be a paradigm of invitation. On the other hand, religious pluralism seems to relativize the Gospel of Jesus Christ, which gravely distorts the identity of Christianity, and it goes beyond the boundaries of Christian theology. However, the PROK's position seems to be in favor of religious pluralism, recognizing the redemptive spirituality of the other religions.

Sixth, the problems the Korean churches face at the present moment are the debates on an immediate eschatology and religious syncretism. From the beginning of 1990, a group of Pentecostal Christians began to spread incredible propaganda that the rapture of Christians would occur in October 1992. These people further insisted that there will be a great disastrous period of 7 years following the rapture, after which the Millennial Kingdom would begin. Quoting Matthew 24:36 and 25:13, they say the day and the hour are still unknown but claim the year and the month of the eschaton have been revealed to them. So a considerable number of believers were bewildered by such misleading and delusive talk. Korean church leaders construe this sort of eschatological phenomena as a forthright reflection of the morbid instability and contradiction of Korean society.

With regard to the issue of syncretism raised by Hyun−Kyoung

Cheong's lecture at the 7th WCC convention, much has been disputed. Those who follow radical contextualization theology have highly praised Dr. Cheong's startling presentation. Most of the churches, however, are deeply concerned about the nature of shamanistic syncretism in her performance. Also, many Christians in Korea feel that she misrepresented the true picture of the Korean church to the world churches. Her lecture clearly shows that her theological thinking has been strongly influenced by Korean Shamanism. In particular, the invocation rite of the dead spirits of "han" that she performed ("han" in Korean means bitter feelings of regret and resentment) seems to be a type of syncretistic Christianity. In general, such shamanistic practice has largely fallen out of favor in contemporary Korean culture. It rather makes people largely feel disgusted and consider it as a superstition. Some church leaders are wondering and suspicious how she was appointed by the WCC as one of main lecturers at the convention. They are dissatisfied with the decision process on the matter by the WCC.

Today's Christian mission in Korea, from an ecumenical perspetive, understands the JPIC issues as the top priority. However, most churches in Korea put emphasis on the individual conversion, focusing on the cleansing of human hearts through faith, as seen in Acts 15:9. Truly, the foremost thing Christianity must do is help people to meet and believe in Jesus Christ as their Saviour in the world. Only through this faith can people be saved and transformed. Without the transformation of the human being itself, the evils of social structure can never be changed.

Seventh, Protestantism was introduced to Korea mainly by English speaking Western missionaries. The merits of Korean mission history are evaluated as follows:

1) The translation of the Bible into Korean and growth of the church based on the translated Word of God.
2) The influence of early missionaries' puritan life style: prohibitions of smoking, drinking, gambling, concubinage, etc.
3) The abolition of discriminatory social caste: e.g. "Yangban and Sang-

nom."

4) The introduction of Western sciences and culture: education, music, medicine, arts, sports, etc.
5) The raising consciousness of national identity for independence and the liberation movement during Japanese occupation.

In contrast, some weaknesses appear to be the failure to adequately harmonize the Gospel with cultural traditions, the neglect of the development of indigenous leadership, and a one-sided emphasis on faith in the world.

83

The PCTS Theological Education: Retrospect and Prospect

The Presbyterian College and Theological Seminary was established in 1901 in Pyongyang, Chosun, and is celebrating its centennial here in Seoul this year. In order to understand the nature of this institution, we must examine its identity along with its theological direction. In this lecture, I will explore the one-hundred-year-old theological tradition of PCTS and its responsibility and mission as the seminary enters into the new millennium. Of course, this study of the PCTS tradition must also include other important factors: the people who have shaped its history—especially the board of trustees, professors, students, and staff—the significant events, the library and facilities, and financial management. Furthermore, since it is the first theological seminary in Korea and remains under the direction of the Presbyterian Church of Korea, we must also consider the seminary's historical relationship with Korean Presbyterian churches, seminaries of cooperating churches overseas, ecumenical organizations, various missionary activities here and abroad, and the history of this land in general. More details of the centennial history can be found in a forthcoming book (edited by In-Soo Kim, 2002), but here we shall focus on understanding the theological education and direction of PCTS and contemplate the future of the seminary.

Ⅰ. The Idea and Identity of PCTS Theological Education

The concept of education embodies the heart behind it, and the heart is expressed through its purpose. Hence, an idea represents the thought, while a purpose is the call to realize the thought. A goal is then set up to specify the means to achieve the purpose, and an educational system and curriculum are developed as practical methods. Professors and students are the main constituents in the scene of education. Therefore, the idea and purpose of education, goals, system, and curriculum form an organic relationship that sets the direction of the education in question.

The Bible, as the Word of God, has determined the identity of PCTS theological education (1 Thess 2:4; Jn 8:12; Mtt 28:29–30; Ac 1:8, etc.). At present in 2001, the purpose of establishing PCTS is as follows: "The purpose is to carry out higher education for nurturing leaders and ministers of the church according to the constitution and creed of the Presbyterian Church, by the principle of biblical understanding, under the behest of the General Assembly of the Presbyterian Church of Korea, and in accordance with the educational policy of the Republic of Korea." In relation to this, PCTS puts forward "Spreading the Gospel of Jesus Christ and Realizing the Kingdom of God" as its educational idea. This purpose and idea are applied to each program as follows:

- College: To nurture leaders and ministers who will serve the church, society, and nation
- Seminary: To nurture pastors who will serve the church and the Kingdom of God
- Graduate School: To nurture leaders and scholars who will contribute to the development of the church, society, and nation.

In other words, on the passive side, the purpose of PCTS theological education is to nurture pastors and ministers that the church needs; on the active side, it embodies the ecumenical spirit by proposing to nurture scholars, leaders and missionaries who will preach the Gospel to the ends of the earth and realize the Kingdom of God. To fulfill this purpose, PCTS has established the following goals:

- College: 1) To cultivate piety, 2) to develop academic knowledge, 3) to practice the Gospel.
- Seminary: 1) To shape the character of ministers through piety training, 2) to acquire the theological knowledge necessary for the pastoral field domestically and internationally, 3) to enhance creativity and professional skills for ministry.
- Graduate School: 1) To elevate research standards and cultivate professional capabilities to develop leaders for the church and society, 2) to engage in in-depth scholarly research that integrates both theory and practice, 3) to contribute effectively with the church and society through relevant fieldwork, and 4) to promote future-oriented research for the church and society.

In short, the educational goals of PCTS can be summarized into two key elements: 1) piety (pietas) and 2) the cultivation of academics (scientia). "Pietas et scientia" is the motto engraved in the emblem of the school. It was the motto of Jean Calvin's Genevan Academy in 1559 and was adopted by PCTS under the leadership of the then-president Rhee Jong-Sung in 1971. On the emblem of PCTS is another well-known phrase in Latin, "Soli Deo Gloria (glory solely to God)." This idea of glorifying God and God alone is central not only to Calvin's theology but also to the tradition of the Reformed church. By incorporating both, PCTS clarified that its education and theology stands in the tradition of Calvin's Reformed church. PCTS exists in order to give glory to God alone.

As for the academic programs, PCTS offers a four-year undergraduate course (majors: theology, Christian education, and church music). The school opened an M.Div. program for the first time in Korea in 1962. Currently, the areas of study include the Old Testament, the New Testament, historical theology, systematic theology, Christianity and culture, general education, practical theology, missions, Christian education, and church music.

The college provides 110 different courses (69 required, 41 electives) and the seminary offers 80 courses (28 required, 52 electives). The graduate school offers Th.M. programs in each department, along with D.Min. (in cooperation with McCormick Theological Seminary) and Th.D. programs. For the fiscal year 2001, the budget was set at 13.5 billion won (KRW). New facilities have been built, and the school now employs 47 full-time professors and 54 staff members. There are 2,889 students enrolled, including 687 female students. Since the General Assembly approved the ordination of women in 1992, the number of female seminarians has increased (the number of male students in the M.Div. program is 614 while that of female students is 121). Additionally, 44 international students study here. At present, the Lee Sang-Jo Memorial Library holds 93,823 Eastern and 64,058 Western volumes, totaling 157,881 volumes. Of these, 51,740 Eastern and 43,325 Western volumes are related to theology and religion, totaling 95,065. As for academic journals, the library subscribes to 89 published in Korea and 105 from overseas. Since its establishment in Pyongyang, the school has produced 19,806 graduates over 100 years with the most recent graduation of the 94th class on Feb. 15, 2001. They have become the torchbearers of the Korean Presbyterian Church and the main partakers of the Asian and world mission. As we celebrate the centennial of PCTS, we cannot but cry out to God, "Who am I, O Sovereign Lord, and what is PCTS, that you have brought us this far?" (2 Sam 7:18) and confess, "Thus far has the Lord helped us"(1 Sam 7:12).

The Pyongyang Presbyterian Seminary started in 1901 but was officially established in 1903 as an institution to raise pastors for the Korean Presbyterian Church with the cooperation of the Presbyterian Mission Board (Northern and Southern U.S., Australian, and Canadian Presbyterian Churches). A 5-year course was determined, and Dr. Samuel A. Moffett became the first president in 1904. Under Moffett's leadership, which continued until Dr. S. L. Roberts took over as the second president in 1925, the seminary had continued to mold its identity. Regarding the theological education of the early seminary, Dr. Paik Lak-Joon evaluates negatively: "The prospective pastors were not given higher education. The theological subjects they studied were not treated from a philosophical point of view but were merely Bible studies." He claims that there were a few "theology" courses, but the seminary was actually nothing more than a "Bible school" for workers of the church. Paik's statement reflects a limited view of the Pyongyang Seminary's academics. As it is impossible to think of theology without church, teaching theology from a "philosophical point of view" without first teaching the Bible was unthinkable. In any age and place, the foundation of theological education lies in the knowledge and understanding of the Bible. A seminary in that sense must be a top "Bible school." PCTS today should succeed the "Bible school" tradition and be proud of it. From the beginning, the Pyongyang Seminary set the admission standard very high. Dr. Moffett records the criteria as requiring "a young man, who has finished his studies at a secondary school and a college and is serving as an assistant teacher or itinerant evangelist with a sharp mind along with a sacrificial and challenging spirit."

In any case, the identity of the seminary's educational principles became clearer under the leadership of Dr. Moffett and Dr. Roberts to nurture pastors and ministers with the capability to preach the Gospel of the Kingdom of God and also demonstrate academic proficiency. The following from the "educational purpose" section of the Pyongyang Seminary handbook confirms this:

1. To nurture ministers who would study aright the Word of God revealed in the Bible and preach it.
2. To provide the church with capable pastors by teaching the Bible in depth.
3. To nurture leaders who execute their spiritual, moral, and intellectual duties as pastors and furthermore undertake social responsibilities.
4. To establish the church of Christ by preserving and promoting the evangelical spirit.
5. To nurture persons who would be respected by the society in general

after they graduate and would defend the orthodoxy against the at-
tacks of heresy.

6. To uphold the historical standard of the Presbyterian Church, i.e.,
   the creed, the catechism, the constitution, and the guide to worship.

In summary, the educational idea of Pyongyang Presbyterian Seminary
is clearly identified with evangelicalism in the tradition of the Swiss Re-
formed Church, and this tradition continues to influence the education of
PCTS today. The school remains dedicated to nurturing the disciples of Je-
sus Christ who realize the Kingdom of God in history is based on the Bible.

Doe Yang—Sool once commented on the Pyongyang Seminary's educa-
tion as thus: "Since the establishment of Pyongyang Presbyterian Seminary
by the American Presbyterian missionaries, the seminary has followed the
American tradition of nurturing pastors instead of the European theoretical
education⋯ teaching mainly the Bible. As a result, it has produced gradu-
ates with pure faith, untainted by science and philosophy, who have suc-
ceeded in developing the Korean church more quickly than in any other
country⋯ The PCTS has succeeded the tradition of Pyongyang Seminary's
conservative theological and nurturing of pastors. On the other hand, PCTS
is working on nourishing the theological poverty." This "theological pover-
ty" has been a focus of PCTS's theological education since the 1960s until
the present. It reflects both dissatisfaction with the past education by mis-
sionaries and in part due to the hunger for advanced knowledge peculiar
to the Korean people.

Until the late 1970s, the students of PCTS were generally dissatisfied
with the quality of education they received. 22.2% of the students were sat-
isfied with the curriculum, while 77.5% were not. Regarding the academic
level of the seminary, 32.3% responded positively, and 67.7% negatively.
Interestingly enough, they answered that the area most in need of im-
provement was biblical studies (47.2%), followed by general education (21%),
and religious and theological studies (13.6%). As professors who had re-
ceived degrees in Europe and the U.S. began joining the faculty since the

1980s (currently, 15 out of 47 professors received doctorates in Europe), PCTS has been working to address the problem of "theological poverty." The school has also moved beyond the boundaries set by foreign missionaries and is establishing independence in research and education. We should not, however, expect perfection. The school's motto, *pietas et scientia,* does not connote a dualism but a harmony between the two, but these days we are witnessing an undesirable division among seminarians between "those who do ministry" and "those who study." In doing theology, the ultimate purpose of not only *pietas* but also *scientia* is to be one that pleases God. As Tweghe, the great 16th century Confucian scholar of Korea, said, "the pursuit of learning is for the attainment of a right heart." The complete solution of the theological poverty of PCTS will be achieved when seminarians cultivate the right heart before God and people.

II. The Theological Direction of PCTS

Now let us examine the theological trend of PCTS, which has followed evangelical theology in the tradition of the Reformed Church. As we celebrate the centennial, we must question whether PCTS has inherited the theological line of Pyongyang Seminary and has fruitfully developed it. And we should also ask, "In what sense has PCTS departed from Pyongyang Seminary and walked a new path?" Not only the identity of its education but also that of its theology must be addressed.

The shortcut to understanding the theological trajectory of PCTS since its beginning a century ago within the context of the tradition of the Presbyterian theology is to examine its view on the Bible. All Christian theologies start from the Scripture and are characterized by their interpretations of the Bible. The Korean Presbyterian Church has undergone the suffering of severe schisms, which has always been instigated under the name of the interpretation of Bible. It is crucial that we first understand the problem of viewing the Bible as the root of the Great Schism of the 1950s. Dr.

Kim Myung-Yong rightly points out that "the central theological factor of schism of the Korean Presbyterian Church is the view of the Bible, and at its center is the problem of what to do with historical criticism and the doctrine of biblical inerrancy." Thus, I shall delineate the theological trend of PCTS from the viewpoint of this theological problem. Before that, let us briefly review the general characteristics of PCTS theology.

President Dr. Gye Il-Seung, the first president after the seminary's move to the current location in Gwangnaru in the 1960s, described the theological stance of PCTS as "the preservation of conservative theology in the ecumenical spirit." He emphasized that the seminary should carefully critique both extreme theologies, whether fundamental or liberal, and should concentrate on the healthy development and mission of the Korean church. Nevertheless, at the 70th anniversary, the seminary was still struggling with its theological identity: "Which path is PCTS currently following? People say that Hapdong side has the conservative theology and the Christian Presbyterian Church(PROK) has taken progressivism. We want neither the extremely conservative nor the extremely progressive." Consequently, PCTS theology came to be known as neither left nor right but as middle-road conservative or even bland and colorless. It is positioned within the context of conservative theology but differentiates itself from fundamentalism on one hand and liberalism on the other. Does the PCTS theology, then follow Neo-orthodox theology that claims to have overcome both "Orthodox-fundamentalism" and "Liberal-progressivism"? In 1979, the General Assembly inquired then-president Dr. Rhee Jong-Sung: "Do you regard Neo-orthodoxy as the theological model of PCTS?" He answered, "No… Our theological tendency is to promote biblical evangelical theology in accordance with the Westminster Confession and the Ecumenical Movement that this denomination espouses."

President Rhee thereafter repeatedly emphasized that not only PCTS but also the Korean Church must carry on the "biblical evangelical theology" beyond denominational boundaries. However, Prof. Kim Rhee-Tae felt the terms "biblical" and "evangelical" were insufficient and described the PCTS theology as "theology in the center." Prof. Kim contributed more than any-body to establishing concept of the theological identity of PCTS. As the sem-inary celebrated its 80th anniversary, he clarified that PCTS theology is not a bland or non-descriptive theology that waddles awkwardly between the liberal and the conservative. Instead, it is a theology that embraces the two sides and leads as "the theology in the center of the tradition of the Gos-pel." Prof. Kim also pointed out the weaknesses of PCTS theology and ar-gued that in order to carry out the theology in the center of the Gospel, it should not become "a blind conservatism" but become a continually re-newing "Reformed theology." He suggested two additions: First, it must "promptly respond to newly emerging social problems," and second, it must "boldly expose itself to new ideas and theories." At the same time, he pointed out the difference between "being exposed" and "being swallowed up" and urged that the PCTS theology "should swim in the new flows but do so by holding tightly to the rope of tradition." Referring to Gal 1:9–10, Prof. Kim concluded that the interest of PCTS theology is "not in how to satisfy the human curiosity but in how to be faithful to the Word of God and to glorify Him." We can now establish that the theology of PCTS, as it celebrates its centennial, stands in the center of evangelicalism in the tradi-tion of the Reformed church, founded on the Bible and interested in glori-fying God alone.

The Seven Theses of the Pyongyang "Presbyterian Theological Seminary Confession of Faith" drafted by the committee of professors was not pro-duced by chance. As the Presbyterian Church in the United States was struggling with imminent schism in the late 1910s and the early 1920s due to differences in Biblical views and theology, the Pyongyang Seminary also confronted a crisis of identity. The seminary declared its theological stance as follows:

1. We believe that the New and Old Testaments were produced by God's supernatural revelation, and we accept the Bible as the sole authority and guide for our faith and life.

2. We believe in the eternally living, true, and only God as well as in

the Trinity of the Father, the Son, and the Holy Spirit.

3. We believe in the eternal divinity and the true humanity of Jesus Christ, His immaculate birth, perfect innocence, atonement through His death on the cross, physical resurrection and ascension, becoming the high priest for us, His returning to this world with great glory at the time appointed by God, judgment of all nations, final victory over all enemies, and the dedicating of His Kingdom to the Father.

4. We believe the absolute divinity and humanity of the Lord and in His creation, providence, and salvation, especially the rebirth, sanctification, and glorification of believers.

5. We believe that all people are sinners before God and will be eternally separated from God and perish unless they repent before their end.

6. We believe that those who confess the Lord Jesus Christ as the personal Lord and Savior are born again by the power of the Holy Spirit and become children of God and that there is no other way to salvation.

7. We believe that the bodies of the righteous and the unrighteous will be resurrected and that those who are in Christ Jesus will gain eternal life.

This confession reflects many of the basic doctrines of the orthodox−evangelical confession of the Reformed tradition. It clearly expresses an effort to respond to the liberal−progressive theology of the time. The confession emphasized the supernatural revelation of the Bible before anything else and then the immaculate birth, the atonement of the cross, the resurrection and ascension of Jesus Christ, the returning and judgment, and the eternal life of believers. This stance of the Pyongyang Seminary shares much in common with the Five Doctrines of fundamentalism, but it does not endorse the doctrine of "mechanical literal inspiration," which is regarded as the hallmark of fundamentalist theology. Also, on other issues, the confession does not take an aggressive, exclusivist, or antagonistic attitude, aligning it more with evangelical theology rather than fundamentalist theology.

In the theological tradition of the Korean Presbyterian Church, the problem of the authority of Bible and biblical criticism, especially Higher criticism, has been at the center. Japanese seminaries started accepting Higher criticism already in the 1910s. In Korea, however, it was introduced through a series of articles titled "Introduction to the Old and New Testaments" in the journal *The Theological World* by the Methodist Theological Seminary from 1916 to 1917 by a Methodist pastor and theologian named Yang Joo-Sam. In contrast, it is often argued that Pyongyang Seminary was hostile to Biblical criticism from the beginning. This assertion is not entirely true. Yang did not even use the term "Higher criticism" in his articles. Instead, it was first introduced in a translated article titled "Higher Criticism" in Pyongyang Seminary's journal *Shinhakjinam* (1921, vol.3 no.4) by Prof. W. C. Eerdman, a professor of Biblical exposition at the seminary. Amazingly, the author wrote in the article that Higher criticism is "theoretically appropriate." What does that mean? He probably meant to distinguish Higher criticism from Lower criticism, emphasizing that the former seeks internal historical evidences within a text and examines the formation history of biblical documents. In this context, Prof. John P. Brown argues that the early missionaries' stance on Biblical interpretation was not fundamental, mechanical inspiration. Unlike Rev. Kim Jae-Joon, who, in the 1930s, claimed errors of the Bible from a Neo-Orthodox perspective, or Dr. Park Hyung-Ryong who adhered to a fundamentalist doctrine of verbal inspiration, the Biblical hermeneutics employed by the early missionaries at Pyongyang Seminary utilized a "pure evangelical hermeneutical method." Their main interest was in proclaiming Jesus Christ as the Savior of the world. To them, the Bible was "the book that proves Jesus Christ as the Son of God and the Savior for all." Therefore, Eerdman's position was understood as stating that one could "conduct Biblical criticism, but do so carefully." Despite this, the theology of PCTS, as made evident in the *Shinhakjinam*, which was first published in March of 1918, was wary and vociferous in addressing the potentially faith−destructive nature of Higher criticism.

The issue of how to view the Bible is directly linked to the authority(i.e. revelation and inspiration) of Scriptures. According to the conservative perspective of the Reformed Church tradition, although the Bible was written through the efforts of human scribes in the context of history it was recorded with the revelation of God through the inspiration of the Holy Spirit. As such the true author of the Bible is none other than God himself, and the Bible is the infallible and inerrant Word of God. However, with the influence of 18th Century Enlightenment Liberal Theology began to deny the revelational character and inspiration of Scripture, reducing the authority of the Bible to relativism. However, the reason for the division of the Presbyterian Churches in Korea was not over the issue of liberalism or conservatism but the issue of differing views on the Bible expressed by Neo−orthodox theology. Neo−orthodox theology, represented notably by Karl Barth, took place in the faith and theology of the Reformed Church tradition and responded to the liberal humanitarian ideologies of the time. Despite this strength, it possesses a critical weakness in its view of the Bible. For Barth, the written Bible is not the Word of God; rather, it becomes the Word of God existentially here and now through an encounter with the Holy Spirit. This weakness comes from viewing the Bible, not as inspired revelation, but as a human witness to Jesus Christ, the only true revelation. As such, it sees this human witness written in the Bible as being inexact and erroneous in history, thereby weakening the authority of the Bible. Therefore, the Neo−orthodox theology presumes as prior knowledge the use of Biblical criticism(Higher Criticism) which adopts the historical−critical method. As a result, the Neo−orthodox theology deems the infallibility of the Bible as applying only to the content of the Gospel in terms of God's salvation of humankind, allowing for potential errors in historical and scientific matters. In other words, while Neo−orthodox theology acknowledges the infallibility of the Bible in leading and guiding the faith and the life of the Christian, it does not uphold the inerrancy of the Bible in other areas. This is why Rev. Kim Jae-Joon was adamant about his assertion that although he can believe in and accept the infallibility of the Bible in keeping with the Neo-orthodox view of the Bible, he could not accept its inerrancy. In contrast, Dr. Park Hyung-Ryong, who was called the Machen of Korea, asserted that the infallibility and inerrancy of the Bible cannot be separated. He denounced the Neo-orthodox position as being a new form of liberalism and maintained a fundamentalist view, asserting that the Bible was written through literal inspiration.

Although such an antagonistic position, which refuses to acknowledge the method of Biblical interpretation set forth by the Neo-orthodox theology and denounces the faith of others, is understandable from the perspective of the Korean conservative evangelical circles of the Reformed tradition, it is a clear fact that such a position is neither Biblical or theologically proper (cf. Ro. 14:1; 1 Pet. 3:15-16). The theological position of PCTS, which follows the tradition of the old school in Pyongyang, is neither fundamental nor Neo-orthodox but evangelical within the tradition of the Reformed Presbyterian Church. The evangelical view of the Bible respects the authority of the Bible and does not acknowledge the errancy of the Bible. The evangelical view of the Bible does not speak of "errors" but refers to them as "differences." Similarly, the evangelical view of the Bible does not speak of "contradictions" but sees them as "difficulties" due to the different historical and cultural context of the authors. Although these difficulties and differences cannot be resolved immediately, the evangelical view of the Bible continues to study and conduct research with trust in the Word of God. The evangelical view of the Bible, while not ignorant of the historical-critical method, nonetheless maintains a critical position towards it and utilizes the historical-grammatical-theological method instead.

The faculty of PCTS in 1985 issued the "Presbyterian College and Theological Seminary Theological Statement" with the purpose of clarifying its evangelical theology in keeping with the Reformed Church tradition. The Preamble states: "We endeavor to put forward seven statements in regard to the premise of theology. The Reformed theological tradition and ecumenical theology; theology and church; the missiological and social function of theology; the role and direction of theology; the limit of theology; and the dialogical aspect of theology. This is for the purpose of assessing the theological education of our school and to determine our attitude and action in our church and society." The seven statements are:

1) Our theology is evangelical and Biblical.

2) Our theology is in accordance with the Reformed faith and ecumenical.

3) Our theology serves the church and Kingdom of God.

4) Our theology fulfills its missiological function and the function of participating in our history and society.

5) The field of our theological activities is Korea, Asia, and the world.

6) Our theology must provide a response to the issues set forth by today's technocratic society.

7) Our theology is dialogical in nature.

Although it is impossible to introduce detailed explanations of each statement in this presentation, the explanation of the first statement is sufficient to clearly show the view of the Bible and theological position of PCTS today. The statement declares: "The Bible contains the central message for the world today. That message is the Gospel of Jesus Christ. The words and deeds of Jesus as shown in the light of the resurrection and the coming of the Holy Spirit, and more importantly the crucifixion and resurrection of Jesus and the apostolic pronouncement of its meaning is the core of the Gospel. The truths inherent in the Bible and spiritually inspired by the Holy Spirit must be understood and interpreted in light of this Gospel. By the guidance of the Holy Spirit, and in necessary cases with the insight gathered through human efforts of Biblical criticism we must take the truths revealed in the Bible as the norm for our theological efforts. These revealed truths are a personal truth and the meaning of these truths can only be fulfilled through Jesus Christ, the Word itself." Such a theological position is in keeping with the one hundred years of history that began in the old school at Pyongyang as well as the two thousand years of Christian history and all its legitimate creeds. More importantly, this position carries forth the orthodox evangelical position of theology rooted in the 16th century Reformed faith and theological tradition. The theology of PCTS does not utilize Biblical criticism as "the absolute tool," but neither does it wholly refute it. It simply endeavors to use it wisely under the guidance of theological responsibility and according to the conscience of faith "as is required" under the guidance of the Holy Spirit. In other words, to quote from Paul, it is a position which enjoys the freedom given in the Gospel by realizing that although "everything is permissible for me, but not everything is beneficial and everything is permissible for me, but I will not be mastered by anything"(1 Cor. 6:12). Dr. J. C. Crane, who was a successor to Prof. W. D. Reynolds at the Pyongyang school quoted from a proverb by a wise scholar of the ancient East and expressed the evangelical position of a dynamic theology in the following way: "Though all say it is good, and though all criticize it as bad, search carefully and then choose what is good".

Ⅲ. The Future of Theological Education in PCTS, Its Responsibility and Calling

In 1991, on the 90th anniversary of the establishment of PCTS, a series of seminars, in which invited professors from each field of theology presented their articles in relation to the future of theological education in the 21st century, were held under the guidance of then-President Dr. Maeng Yong-Gil. These seminars were undertaken in accordance with a mandate issued by the General Assembly of the Presbyterian Church of Korea which requested that all affiliated organizations respond to the long term development plan envisioned by the entire Church. The articles presented during the seminar were also published in one volume. The common understanding of the responsibility and calling of PCTS and its theological education in the future was one which would respond to the challenges of the 21st century, establishing a proper and healthy theology, and more avidly pursuing education so that the Korean church and Christians can better practice their faith in areas of daily life. However, after reviewing the contents of all past articles, Professor Rhee Hyung-Ki stated, "Though there is diversity in the theological education of PCTS, there is no unity." In order for the theology of PCTS to be true to its idea of education of combining unity with diversity, the three principal fields of theology—namely Biblical Theology, Historical and Doctrinal Theology, and Practical Theology (which includes Christian Education, Missiology, Christian Ethics, Homiletics and Worship, and Church Music)—must become organically linked so that she may fulfill her responsibility.

Given this predicament, it would then be proper for PCTS as it celebrates its centennial to prioritize structuring its education system in such a way that all the fields of theology are organically united—much like a tree's roots, stems, leaves, flowers, and fruits form a living tree. This approach should replace the current model of sporadic progress by individual disciplines. The time has come for PCTS to critically review its methods of doing theology to consider whether each discipline and department has been constructive and helpful to each other. This is not merely a statement of principle. For example, the field of Biblical Theology must play an important role in publishing a series of commentaries and a Dictionary of the Bible in the name of PCTS, Historical Theology and Systematic Theology should be able to produce appropriate textbooks which take into account the content of the commentaries, and Practical Theology must be able to produce practical materials which combine the works of the above three fields of discipline. In order for this theological effort of unifying the three fields of theology to become a reality, the faculty of PCTS must first begin to read each other's books and articles with sincerity, offer positive criticism, and initiate debates, and appropriately cite each other's work in their own articles. It has now come to the point where it is realistic for us to move away from quoting only the texts of scholars from western countries. In order for PCTS to participate in and contribute to the wider ecumenical movement, more and more articles that contain the works of the PCTS faculty must be presented before the global readers. This will pave the way for deeper dialogue between the PCTS faculty and theologians in Asia and other regions. Despite being a bit late, the fact that the faculty of PCTS has decided to begin publishing articles in English and the completion of the Center for the Global Church with its wonderful facilities are all positive steps in fulfilling the responsibility of PCTS to the wider ecumenical movement. It is the strong hope and desire of the lecturer that these steps will serve to facilitate a wider role of PCTS in the theological development across Asia and the world. In line with such developments, the lecturer hopes that an International Institute of Theology may be established at PCTS in order to better facilitate the theological exchange and cooperation in Asia and other regions of the world.

The period from 1992 to 1996 was the first phase of a long–term development plan envisioned by PCTS focused on improving the basic framework of hardware in the form of new buildings and computer facilities for future education. The period between 1997 and 2006 is the second phase of this plan which emphasizes the establishment of the software for education in the 21st century. This phase emphasized: ① inviting a sufficient number of teachers on to the faculty, ② systematizing the management and operation of school administration, ③ establishing a complete LAN network and upgrading the computerization of the school to the standards of a global theological education institution. In line with its educational philosophy and theological position, PCTS has stated its vision for the 21st century as "Evangelizing the Korean Nation and Witnessing the Gospel to the World." In order to pursue this vision, PCTS has set the following strategic objectives: ① education under the guidance of the Christian spirit, ② global academic exchange and study, ③ computerization and structuring a database for education and administration, and ④ enhanced practical application of academia. In accordance with this strategy, the following specific goals were pinpointed: ① developing a comprehensive plan for each course curriculum, ② specializing in each field of education, ③ strengthening the functions of the research institutes, ④ increasing opportunities for training and academic exchange with overseas institutions, ⑤ establishing a computer network and database for academic, research, and administrative information, ⑥ reviewing of school operational procedures and improving administrative functions, ⑦ strengthening the position of an open theology and the education system, and ⑧ supporting the research institutes and their research projects through the formation of a school, church, and research institute cooperation network. And according to these goals milestones to assess the process were developed for all areas of education, research, faculty, student, administration, facilities, and finance. A distinctive feature of this vision for the 21st century espoused by PCTS is that it re-emphasized the responsibility of PCTS for national evangelism in light of the potential re-unification of North and South Korea, as well as its call to responsibly take up the task of sharing the Gospel of Jesus Christ with the world. The future of education for PCTS is in re-structuring its current program of teaching to emphasize the importance of research and social service, while strengthening the relationship between church and the realm of practical daily living as well as maintaining an 'open' theological stance. The term 'open' in this sense is in direct opposition of 'closed'. Of course, all processes of life are a repetition of opening and closing oneself to one's surroundings. If one remains open, then one ceases to exist. If one remains closed, then one is dead. The fact that PCTS is willing to seek—and must seek—an open theology shows its resolve not to shy away from the challenges that will be put before her in the 21st century. It is a sign of its resolve to engage in a proper theology, which "demolishes arguments and every pretension that sets itself up against the knowledge of God and takes captive every thought to make it obedient to Christ" (2 Cor. 10:5). It is an effort to fulfill its calling and responsibility to the wider ecumenical movement and to serve the global church community.

Despite having such a positive vision of its role in the 21st century, PCTS is not simply optimistic of the future and what it holds. Former President Dr. Suh Jung-Woon states the PCTS's understanding of the historical

21st century in the following way: "In contrast to the optimism which prevailed at the beginning of the century, humankind is closing out the 20th century in pain and confusion⋯ Countless people are struck down by the emptiness which pervades their lives, and many feel that they are entering into the new century as if they were but mere twigs being whipped down the stream of history, and their hearts are filled with dissatisfaction. In such a context, it has become even more important for the church to become truly church. We must seek first His kingdom and His righteousness, witnessing the Gospel of Jesus Christ and teaching all to abide by Him, saving humankind and transforming the world by putting into action God's holy word⋯ Truly the responsibility that PCTS has as a theological education institution, is in nurturing and training able ministers and leaders who can form the church in such a way as to realize the Kingdom of God, and all its justice, love and peace on earth today."

The 21st century, when viewed from the perspective of world mission, is an opportunity for a great harvest; when viewed from the perspective of spiritual warfare, it is a time of fierce battles and overwhelming challenges. This is why the current President of the school, Dr. Koh Yong-Soo, argues that the theological education of PCTS in the 21st century must be that which is internally rooted in the tradition of the Reformed church and which establishes the identity and communal nature of the Gospel, and outwardly that which responds to the historical challenges posed by modern society and which nurtures church leaders who can lead the way in establishing God's kingdom and rule in the world. Many are in agreement that the hardware needed for effective theological education of PCTS in the 21st century has been quite adequately installed and that what is needed now is development of the necessary software and how best to upgrade it to the level desired. As the wise saint warns in the Bible, "many are the plans in a man's heart, but it is the Lord's purpose that prevails" (Prov. 19:21). And so, PCTS must not be arrogant nor should it despair but persevere and strive to seek the heart and will of God in faith as it moves into the 21st century.

On another note, the entire faculty of PCTS issued a statement earlier this year titled "Seeking to be Renewed Before God." In this statement, the faculty of PCTS acknowledged their primary responsibility for the current situation in which the Korean churches have become tainted by materialism and secularism. By first confessing their shortcomings before God, the faculty of PCTS resolved to "begin anew and work more valiantly to nurture and train servants of God who possess the strength of character to answer the challenges of the 21st century". This was an historical moment in the history of PCTS where it once again came face to face with its responsibility and calling in keeping with the evangelical theology of the Reformed Church tradition. An evaluation of this statement was published in the Editorial of the *Kidokgongbo*, the Presbyterian Church of Korea's denominational newspaper, which gave a proper assessment of the overall mood stating, "The reason that this statement issued by the faculty of PCTS is drawing so much attention is because of their acknowledgement that theological education lies at the very center of church renewal and reform··· The role of the church can only be fulfilled when the church becomes church. And becoming church is deeply related to the personal character and integrity of the church leaders. In this sense, the contents of the statement which reflect the resolve of the faculty of PCTS to reform and renew their theological education in such a way that more able, better equipped, but most importantly, better conscientious leaders are brought forth to serve the church is most heartily welcomed. However, it is a fact that such renewal and reform cannot be achieved simply through a renewed attitude from the faculty members alone. It is now up to the churches all across the country to support them with their prayers and financial support and specific action".

The 21st century which faces us today in this historic moment of celebrating our 100 year anniversary is a time when the perception and recognition of God is becoming weaker and there is a greater lack of God's word (cf. Amos 8:11). Although many claim that Neo−orthodox theology has become the global trend in the 20th century, even replacing Orthodoxy and

Liberalism of the past, the fact of the matter remains that Neo-orthodox theology has begun to lose its theological capacity even during the early 1970s due to the disharmony and inconsistency between its critical method of Biblical interpretation and its transcendental theological propositions. It has now given way to Neo-liberal theology which is based on historical agnosticism and emphasizes linguistic-rhetorical phenomena in the Bible as central to modern theology. In the latter 20th century, even Neo-liberal theology has lost its persuasive influence and has been replaced by religious pluralism, postmodernism, as well as the New Age movement. Postmodern theology based on cosmic pantheism is endeavoring to deconstruct the existing paradigms of Biblical faith and theology employed by the church. It appears that this effort is an experiment in thought which seeks to create a new order only through the process of deconstructing the old paradigm in accordance with "chaos theory." Hermeneutical basis of the world view of the Enlightenment era which was based on the third dimensional traditional physics of Newton and the rationalism of Descartes has now been forced to undergo a paradigm shift to a fourth dimension by Einstein's theory of relativism and Heisenberg's Principle of Uncertainty.

In a situational context where such enormous scientific ideological change and confusion is expected to occur, the PCTS must incorporate its own theological and hermeneutical paradigm shift in its idea of education and theological position. Recently, Professor Hyun Yo-Han published an appropriate article entitled "The Merging of Hi-tech Science and Traditional Theology." In this article Professor Hyun points to the reality of change in science and stresses the important fact that "theology and science are not immovable entities." He also goes on to state, "Unless we have clear and objective proof to the contrary, it is not necessary for us to forgo the perspective of Creation theology and that which positively acknowledges the occurrence of miracles as the larger frame of interpretation for Christians in the realm of judgment according to one's worldview or belief." This insight is important in that it opens up avenues of possibility for the theology of PCTS to carry on and develop the evangelical faith and identity of theology on the basis of the authority of the Bible in the 21st century of new scientific thought.

The theology of PCTS in the 21st century must not simply remain at the level of seeking theoretical academia. The theological education of PCTS, which carries on one hundred years of tradition must incorporate the evangelical faith and theology of the old school with the sweat and effort of tearful confession, faithful revival, prayer, and witness. I would like to introduce a special experience of the Spirit during the May 1928 revival at the old school in Pyongyang. "The special outpouring of God's grace upon the faculty and students of the school is much more than we can ever hope to contemplate. As Professor Eerdman read from Jonah chapter 1, verses 8 and thereafter in the morning devotion on May 23, and as he continued to give his sermon based on this text, the outpouring of God's grace upon the students was extraordinary. Students began to fall over and cry out their sins. Classes were canceled for the day and the student body continued in prayer. The students also went out into the city streets, witnessing the Gospel of Jesus Christ to passersby. Many were saved through this event and the faculty and students were so thrilled by the results that they decided to continue this revival the next day. The revival gathered heat and momentum as time passed and many of the ministers in the Pyongyang area joined the students. The revival continued for an entire week. Beginning from June 31 a committee composed of Eerdman, Roberts, Reynolds and the students Rhee Suhk-Rahk, Chung Jae-Myun, Rhee Ihn-Seop was formed and they decided that they would cancel the final examinations of that semester and only hold classes in the mornings with the afternoons being devoted to street evangelism··· We expect that this spontaneous revival will have an effect throughout the church community of Korea, and foresee many lost individuals returning to the flock under the Good Shepherd's care. We pray that this fire which has been kindled in the hearts of all the students will last until eternity." The advantage and characteristic of theological education at the old school in Pyongyang was that they learned and experienced the Word of the Gospel with fire in their hearts. It was a theological education which witnessed the gospel in the context of their society and history. In comparison, how can we characterize the theological education of PCTS today? If truth be told, the current theological education of PCTS has lost the dynamic livelihood of the old school, and we are faced with the crisis of our education having lost touch with reality. Dr. Lee Soo-Young, who is now the Head Pastor of Saemunan Presbyterian Church and served as a Professor of Systematic Theology until last year, analyzed the current state of affairs in his article "The Division Between The Ministerial Field and The World of Theology." He noted: "The criticism that the Seminary only teaches theories appropriate inside an ivory tower, theories which are abstract, speculative, and far removed from reality is nothing new⋯ Graduates of today's Seminaries leave without possessing the most important knowledge that a minister needs. They leave without knowing how to preach or lead a Bible study class, or evangelize the person next to them on the street⋯ They lack a sense of historical awareness, the will to participate in the social reality of their times, and the zeal to fight against the injustices and systematic evils of their society, never mind critically evaluating the state of affairs in today's world." While acknowledging that the first responsibility lies with the faculty of the school, Rev. Lee asserts that the faculty of the Seminary needs to produce "life" which can respond dynamically to the tasks placed before the church and its leaders in today's society through continuous efforts in study, research, writing of articles, and teaching in the classrooms. This effort to produce life is not merely a passing on of professional "skills," but of nurturing "potential." In other words, to quote from Paul, the theological education of PCTS in the 21st century is called upon to go through the "pains of childbirth" (1 Cor. 4:15; Gal. 4:19).

I would like to close my presentation with a brief quote from the poem written by the Nobel laureate Sir Rabindranath Tagore in 1929 to encourage the people of Korea in their suffering under Japanese colonial rule. This poem was written at a time when the old school in Pyongyang was deepening its roots in providing life-giving theology and faith, remaining steadfast in its evangelical stance within the traditions of the Reformed church under the guidance of God's grace.

Light of the East

Korea, a lamp which shone brightly
In the golden age of Asia,
Korea was one of its lamp—bearers,
And that lamp is waiting
to be lightened once again
for the illumination
in the East,
You shall shine bright
On that day when you are lit again.
A land where no fear resides in the heart
Where the head is held high
Where knowledge is pursued in freedom
Where the land is not divided by narrow walls
Where the Word springs forth from the depth of truth
Where endless efforts stretch out its hands to perfection
Where the clear flow of intellect
Will not lose its way in the desert of hardened customs
Where our minds and hearts are led by endless thought and action
To such a free heaven
The nation of my heart, arise and stand.

I believe that the same triune God who moved the heart of Cyrus, king of Persia, who allowed the Israelites that had been prisoners of Babylon for seventy years to return to their homelands and rebuild their temple in Jerusalem (2 Chr. 36:22—23) inspired this prophetic poet from India to write this poem and present it as a gift to the Korean people who were then suffering under Japanese colonial oppression. It is my sincere wish that PCTS will become such a homeland of the heart in the light of the gospel and truth of Jesus Christ: "⋯ a place where the Word springs up from the depth of truth," "⋯ where the clear flow of intellect does not lose its way in the desert of hardened customs," "⋯ where endless efforts stretches out its hands to perfection"!

In the center of the PCTS school emblem is a picture of a burning lamp. This signifies the light of truth of the Bible. Around this lamp, there are two circles representing Korea and the world. Therefore, as PCTS celebrates its one hundredth year, it calls upon the people of God to arise and shine, "for your light has come, and the glory of the Lord rises upon you."(Isaiah 60:1–3; Matthew 5:14–16. cf. John 1:4; 8:12). Thank you.

출처

1. 구약성경은 어떤 책인가?
   - 〈빛과 소금〉 통권1호 (1985.4.), 30-31.

2. 구약신학은 어떻게 발전되어 왔는가?
   - 〈빛과 소금〉 통권2호 (1985.5.), 36-38.

3. 시론. 기독교적 복과 행복 이해
   - 〈빛과 소금〉 통권3호 (1985.6.), 28-29.

4. 레위기의 제사예식과 예배정신
   - 〈빛과 소금〉 통권6호 (1985.9.), 38-40.

5. 삶과 교육의 주제로서 지혜 - 구약의 지혜교육을 중심으로
   - 〈교육교회〉 통권122호 (1986.1.), 314-319.

6. 교회와 신학과 신학교
   - 〈빛과 소금〉 통권13호 (1986.4.), 43-45.

7. 이단에 이끌리는 여러 요인들
   - 〈빛과 소금〉 통권24호 (1987.3.), 74-75.

8. 요나서 강해 1. 요나 1:1-16, 다시스로 가는 배
   - 〈빛과 소금〉 통권27호 (1987.6.), 44-47.

9. 요나서 강해 2. 요나 2:1-11(개역 1:17-2:10), 불순종과 순종
   - 〈빛과 소금〉 통권28호 (1987.7.), 39-41.

10. 요나서 강해 3. 요나 3:1-10, 니느웨 사람들의 회개
    - 〈빛과 소금〉 통권29호 (1987.8.), 44-47.

11. 요나서 강해 4. 요나 4:1-11, 요나의 신학과 하나님의 신학
    - 〈빛과 소금〉 통권30호 (1987.9.), 44-47.

12. 목회 현장을 위한 성서신학의 모색
    - 〈기독교사상〉 통권346호 (1987.10.), 42–49.

13. 서평. 구약원전 신학용어 사전
    - 〈빛과 소금〉 통권37호 (1988.4.), 197.

14. 레위기 연구 서설
    - 〈기독교사상〉 통권365호 (1989.5.), 212–225.

15. 레위기 5대 제사, 평신도지침을 중심으로(레 1–5장)
    - 〈기독교사상〉 통권366호 (1989.6.), 222–235.

16. 새롭게 하시는 성령과 한국교회, WCC 총회 주제에 대한 연구세미나 성서연구:
    "성령이여 오셔서 만물을 새롭게 하소서"
    - 〈기독교와 한국사회〉 통권2호 (1991), 12–46.

17. 창조신학적 입장에서 보는 환경파괴에 대한 대응적 관심
    - 〈교육교회〉 통권191호 (1992.6.), 9–16.

18. 한국 통일과 희년 이해에 대한 성서신학적 접근
    - 〈교회와 세계〉 통권114호 (1992.9.), 9–12.

19. 아모스 강해 1. 아모스의 말씀들
    - 〈목회와 신학〉 통권50호 (1993.8.), 190–195.

20. 아모스 강해 2. 이렇게 여호와께서 말씀하셨다.
    - 〈목회와 신학〉 통권51호 (1993.9.), 186–192.

21. 아모스 강해 3. 거듭되는 이방 심판예언
    - 〈목회와 신학〉 통권53호 (1993.11.), 188–192.

22. 아모스 강해 4. 두로(초르)에 대한 심판예언
    - 〈목회와 신학〉 통권54호 (1993.12.), 188–191.

23. 아모스 강해 5. 애돔에 대한 심판경고
    - 〈목회와 신학〉 통권55호 (1994.1.), 180–183.

24. 아모스 강해 6. 암몬에 대한 심판경고
    - 〈목회와 신학〉 통권56호 (1994.2.), 192–195.

25. 아모스 강해 7. 모압에 대한 심판경고
    - 〈목회와 신학〉 통권57호 (1994.3.), 181–185.

26. 아모스 강해 8. 유다에 대한 심판경고
    - 〈목회와 신학〉 통권58호 (1994.4.), 155–159.

27. 아모스 강해 9. 이스라엘에 대한 심판경고
    - 〈목회와 신학〉 통권61호 (1994.7.), 183–189.

28. 선교에 대한 구약성경의 관심
   - 〈교회와 신학〉 통권28집 (1996.4.), 35-49.

29. 언어 혼돈의 진원지 바벨론
   - 〈목회와 신학〉 통권92호 (1997.2.), 118-121.

30. 시리아의 수도 다메섹
   - 〈목회와 신학〉 통권100호 (1997.10.), 134-137.

31. 레위기를 어떻게 설교할 것인가?
   - 〈그말씀〉 통권67호 (1998.2.), 118-129.

32. 서평. 윤영탁 역편, 『구약신학 논문집』, 구약논문시리즈 제1-8/9-10권
   - 〈교회와 신학〉 통권33집 (1998.6.), 202-205; 은퇴기념논총출판위원회 편, 『그 아들에게
   입맞추라』 (수은 윤영탁 박사 은퇴 기념 논총), 합동신학대학원출판부, 2005, 492-495.

33. "네 이웃을 네 몸과 같이 사랑하라"에 대한 논평
   - 〈성경과 신학〉 통권25호 (1999.6.), 68-77.

34. 말라기 1:1-2:9의 본문 주해와 적용
   - 〈그말씀〉 통권110호 (1999.8.), 50-56.

35. 성경이 말하는 거짓 선생들에 대한 주의
   - 〈성서마당〉 통권42호 (2000.4.), 2-3.

36. 서평. 노세영, 박종수 공저, 『구약세계 바로 이해하기: 고대 근동의 역사와 종교』
   - 〈기독교사상〉 통권 500호 (2000.8.), 252-258.

37. 100주년 기념 강연. 장로회신학대학교 신학교육의 회고와 전망
   - 『21세기의 신학교육』, 장로회신학대학교 개교 100주년 기념 국제학술대회 준비위원회 편,
   장신대출판부, 2002, 155-184; 비교, 〈한국기독공보〉, 2001.5.19.
   = 83. The PCTS Theological Education: Retrospect and Prospect

38. 21세기를 향한 장로회신학대학교 구약학의 신학교육 과제
   - 〈교회와 신학〉 통권51집 (2002.12.), 12-20.

39. 장신대의 신학노선, 성서신학적 관점에서
   - 〈장신논단〉 통권18집 (2002), 11-53.

40. 성서신학적 관점에서 본 세대 간 신앙교육
   - 〈교육교회〉 통권309호 (2003.1.), 4-9.

41. 고난의 성경적 의미
   - 〈교육교회〉 통권311호 (2003.3), 4-9.

42. 믿지 아니하면 서지 못한다
   - 〈성서마당〉 통권59호 (2003.3.), 2-3.

43. 스가랴 14:1-21 주해와 적용. 여호와의 날, 그날에
    - 〈그말씀〉 통권170호 (2003.8.), 73-87.

44. 룻기의 구조와 신학
    - 〈그말씀〉 통권171호 (2003.9.), 18-27.

45. 아모스 예언자의 메시지
    - 〈성서마당〉 통권62호 (2003.9.), 2-3.

46. 빌리 그래함의 후회
    - 〈성서마당〉 통권64호 (2004), 2-3.

47. 모세의 축복과 죽음, 신명기 33-34장 주해와 적용
    - 〈그말씀〉 통권178호 (2004.4.), 100-111.

48. 구약성경의 제사신학, 레위기를 중심으로
    - 〈장신논단〉 통권21집 (2004.6.), 13-44.

49. 시론. 기독교적 관점에서 생각하는 올림픽 경기
    - 〈성서마당〉 통권68호 (2004.9.), 2-3.

50. 열린 것과 닫힌 것
    - 〈기독공보〉 주간논단, 2004.10.9.

51. 실패와 실수를 넘어 믿음의 발자취를 남기자
    - 〈기독공보〉 주간논단, 2004.11.6.

52. 역설 대 역설
    - 〈기독공보〉 주간논단, 2004.12.4.

53. 축시. 물안개 피어오르는
    - 〈광나루 문학〉 통권13호 (2005), 39-40.

54. 시론. 말씀을 지키는 사람이 복이 있다
    - 〈성서마당〉 통권70호 (2005.3.), 13-17.

55. 시론. 예배의 위기
    - 〈성서마당〉 통권72호 (2005.7.), 5-10.

56. 시론. 교수와 괴수의 차이
    - 〈성서마당〉 통권74호 (2005.11.), 5-7.

57. 시론. 하나님과 하느님
    - 〈성서마당〉 통권79호 (2006.9.), 5-8.

58. 축시. 패배의 미학을 넘어 – 예레미야를 생각하며
    - 〈광나루 문학〉 통권14호 (2006), 39.

59. 개역개정판 성경의 변천 과정과 한국교회의 선택
    - 〈목회와 신학〉 통권200호 (2006.2.), 74-77.

60. 2007년 제91회 총회 주제에 기초한 교회교육에 대한 제언
    - 〈교육교회〉 통권353호 (2007.1.), 14-18.

61. 이 땅에 무섭고 놀라운 일-목회와 신학의 가교
    - 〈목회와 신학〉 통권217호 (2007.7.), 266-267.

62. 시론. 짝퉁시대
    - 〈성서마당〉 통권83호 (2007.9.), 4-6.

63. 축시. 오늘의 이야기
    - 〈광나루 문학〉 통권15호 (2007.9.), 40-41.

64. 구약성경 국역사에서 알렉산더 피터스의 위치와 의의
    - 〈구약논단〉 통권27집 (14:1), 2008, 159-182.

65. 알렉산더 피터스(Alexander Albert Pieters, 彼得)와 한글 구약성경 번역 이야기
    - ① 〈성서한국〉 통권54-2호 (2008.6.), ② 〈성서한국〉 통권54-3호 (2008.9.).

66. 자살 문제에 대한 성경적-신학적 접근
    - 〈장신논단〉 통권38집 (2010.8.), 11-40.

67. 권두 에세이. 어떤 인연(因緣), 그리고 본질에 대하여
    - 〈본질과 현상〉 통권34호 (2013. 겨울), 19-31.

68. 권두 에세이. 불법을 행하는 자들, 기독교와 지도자의 본질을 생각하며
    - 〈본질과 현상〉 통권38호 (2014. 겨울), 19-33.

69. 장로회신학대학교의 신학 정체성과 구약학의 전통
    (장신대 성서학연구원 제100회 기념 특별 심포지엄 주제강연)
    - 〈성서학 연구원 저널〉 통권100호 (2019.4.15.), 장로회신학대학교, 10-34.

70. 김정준의 『구약성서의 이해』 연구
    - 『김정준 구약신학』, 김정준 구약학연구회 편, 경건과 신학연구소, 2004, 305-330.

71. 16세기 취리히 종교개혁, 개혁교회 신학교육의 전통과 개혁
    (임희국 교수의 강연 논문에 대한 논찬)
    - 『개혁교회의 목회리더십과 16세기 신학교육(제 9·10회 종교개혁기념학술강좌)』, 고재길 편, 장
    로회신학대학교출판부. 2013.

72. 하나님인가, 하느님인가?
    - 〈성경원문연구〉 50호 별책 (2022.8.), 84-93.

73. 『시편촬요』로부터 한글 개역(개정) 성경까지, 구약 국역사(國譯史)의 관점에서
    - 『최초의 한글 구약성경 시편촬요- 찬성시 수록』, 박준서 엮음 · 김중은 해설. 대한기독교서
    회. 2022.3.30. 초판 2쇄(교정본), 13-56.

 출처

74. 통일성 속의 다양성

(성경공부. 주후 49년부터 1991년 EMS 포럼에 이르는 예루살렘 공의회의 연속성에 관한 고찰 - 차이의 해석학)

- EMS(독일서남지역 개신교 선교회 포럼, 1991.6.2.-8.(6.5.), 예루살렘; *Korea Presbyterian Journal of Theology* 1:1 (2001.5.), 9-30.

= 82. Diversity in Unity

75. 구약의 묵시사상 이해에 대한 몇 가지 재검토-다니엘서를 중심으로

- 〈성경과 신학〉 통권13호 (1993.4.), 35-51; "제20차 한국복음주의 신학회 논문 발표회(주제 '종말론')", 1992.10.23.-24., 성결교신학대학교, 5-14.

76. 구약학, 어떻게 할 것인가?

- 『신학(神學), 어떻게 할 것인가?』, 김중은 외 11인 공저, 아멘출판사, 1992, 11-24.

77. 추천사. 오늘의 영적 현실과 영적 분별

- 『영적 분별』, 김영한, 기독교학술원·킹덤북스, 2014, 18-20.

78. 이방 나라들에 대한 심판 예언, 암몬의 경우(암 1:13-15)

- 〈교회와 신학〉 통권56집 (2004.3.), 70-80.

79. 설교. 오직 예수그리스도, 오직 성경(렘 2:12-13; 갈 1:6-12)

- 통합구약학회, 2014년 12월 12일 오후 3시, 장로회신학대학교 교수휴게실.

80. 설교. 믿음의 성장(벧후 1:5-11)

- 새문안교회(이수영 담임목사), 2015년 1월 4일, 제직수련회 저녁예배.

81. 설교. 겉사람과 속사람(고후 4:16-18; 빌 3:12-16)

- 무학교회(김창근 담임목사) 직분 은퇴 감사예배, 2015년 12월 27일(주일) 오후 3시.

82. Diversity in Unity

- *Korea Presbyterian Journal of Theology* 1:1 (2001.5.), 9-30.

= 74. 통일성 속의 다양성

83. The PCTS Theological Education: Retrospect and Prospect

= 37. 100주년 기념 강연. 장신대 신학교육의 회고와 전망

성구 찾아보기

* 쪽 수 위에 있는 위첨자는 해당 쪽의 각주번호를 가리킨다.

창세기

1장	185, 568, 657, 717, 761[6], 770	2장	770	4:3	168
1~3장	93	2:1	305, 338	4:4	341
1~11장	145, 148, 322, 403, 461, 744	2:4	37, 302, 303, 794	4:5-15	572[17]
		2:4b-25	330[8], 893	4:6	116
		2:4 이하	618, 795, 893	4:8	505
1~50장	578	2:7	672	4:16-22	213
1:1	188, 199	2:8	242	5:1	139, 338, 892, 893
1:1 이하	120, 618, 800	2:15-17	17	5:29	505
1:1-2	37	2:17	18, 505, 564	6:5	10, 505
1:1-2:3	303, 618, 795	2:19	893	6:9	175, 893
1:1-2:4a	330[8], 893	3장	213, 657	6:11-13	53
1:2	181, 199, 338, 800	3:1	77	6:18	798, 799
1:3	654	3:4	684	7:1	175
1:4	833	3:6-7	168	7:12	282
1:6	17, 833	3:6-8	601	8장	572
1:7	833	3:8	46	8:20	53, 166
1:11-12	208	3:9	601	8:20 이하	163
1:14	833	3:9-10	17	8:21	10, 168
1:18	833	3:14-19	505	8:21-22	505
1:20 이하	208	3:15	158, 505, 601	9:1-2	210
1:24	208	3:15b	800	9:1-7	201, 208
1:24-31	208	3:17	211	9:1-17	213
1:25	17	3:19	18, 505, 909	9:1 이하	213
1:26	199	3:21	601	9:4	63
1:26-28	17, 138	3:22	199	9:4-6	58
1:27	32, 209, 672	3:22-23	17	9:5	213
1:27-28	17, 213	4장	577	9:6	139, 210, 673
1:28	45, 201, 207, 209, 210, 212, 213	4:1-5	163	9:6-7	880
		4:3-4	168	9:9	799
1:31	210	4:3-7	59	9:11	798, 799

레위기

19:11-18	345	22:29-30	583	25:25	309, 537
19:12	292, 590	22:31	606	25:30	217
19:15	76	23~25장	153, 326	25:32-34	217
19:16	590	23:1	57, 150	25:32 이하	152
19:18	152, 288, 325, 325,	23:22	309	25:35-38	218
	343, 344, 345, 346,	23:27	173	25:38	217
	347, 348, 590	23:27-28	325	25:39	218, 504
19:18a	345, 347, 348	23:33	526	25:39-55	218
19:22	175	23:34	525	25:42	218
19:23-25	347	23:36	282	25:48	537
19:26	63	23:38	63	25:55	218
19:29	590	23:42-43	526	25:60	309
19:33-34	309	24:1	57, 150	26장	155, 157, 328, 345
19:33-37	290	24:5-9	169	26~27장	153, 326
19:34	346, 347	24:7	62	26:9	488, 799
19:37	347	24:8	488	26:14-45	493
20:1	150	24:16	309	26:24-28	162, 335
20:2	309	24:18	486	26:42	33, 253
20:2-5	266	25장	153, 216, 325	26:42-45	162, 493
20:7	154[18]	25:1	57, 58, 150, 323	26:44	335
20:24	833	25:1-7	217, 218	26:45-46	218
20:26	154[18]	25:8-9	217	26:46	150, 157, 323, 330
21~22장	153, 326	25:8-10	214	27장	156, 176, 328, 345,
21:1	57, 150	25:8-54	217		347, 586
21:1-24	322	25:9	325	27:1	57, 150, 587
22:1	150	25:11	217	27:2	63
22:10	309	25:11-55	214	27:7	908
22:10-16	176	25:12	217	27:16-24	217
22:18	310	25:13	217	27:16-25	217
22:18-23	63	25:23	218, 309	27:17-21	325
22:18-30	172	25:23-34	541	27:20-21	217
22:23	63	25:24-28	217	27:34	57, 58, 149, 218, 322

민수기

1:1	800	6:24-26	45, 356, 557	13:28-29	293
3:5-10	555	7:13 이하	526	13:30-33	112
3:5-13	322	7:89	173[28]	14장	160, 333
4:14	526	8:24-26	908	14:1-5	332
5:5-8	66, 176	9:14	310	14:11	774
5:9-10	62	10~36장	149, 323	14:11-12	886
5:15	170	10:11	57, 149, 323	14:34	783
6:1-21	542	민 10:28~신 34장	579	15:3	63
6:1 이하	294	11:4	306	15:14-15	310
6:9-10	282	11:16-30	191	15:28-29	579
6:12	67, 177	11:29	199	15:30-31	64, 173
6:22-26	550, 585	12:13	300	15:37-41	487

16:9	833	21:24	266	28:1-10	166
17:2	146	21:27-30	232	28:5 이하	169
17:2-3	27	21:29	274, 275, 537	29:7-11	566
17:3	146	22:2	272	29:12	525
18:6-8	152	22:5 이하	275	32:1	238, 268
18:8-24	62	23:7-8	552	32:1-5	556
18:19	62, 171[18], 594	23:14	562	32:1 이하	880
18:30-32	62	23:24	556	32:29 이하	556
19:12	819	24:2	201	32:33	556
20:1-13	560	24:3-9	551	33:2	146
20:8-12	560	24:15-19	551	33:38-39	562
20:10-13	560	24:20-24	232	33:47-48	562
20:12	564	24:24	245	34:3	260
20:14-21	261	25:1	272	34:12	260
20:22-29	562	25:11-13	356	35:11	673
20:29	563	25:12-13	488	35:15	309
21:1-3	53	25:13	34, 486, 555	35:25	61
21:14	305	27:12	562	35:30-31	672
21:21-30	266	27:12-14	560	36:3-4	218
21:21-35	880	27:14	564	36:4	217, 325
21:13	266	27:15-23	563	36:6-7	218
21:13-15	273	28:1-8	61, 582		

신명기

1~11장	891	3:23-27	564	5:1 이하	552
1:1	222	3:23-29	560	5:2	799
1:1 이하	552	3:27	237, 562	5:3	799
1:16	309	4:1	160	5:7	302
1:32	774	4:1 이하	552	5:7-10	284
1:37	560, 564	4:2	27, 606	5:9	795
2:4-5	260	4:6	281	5:11	292
2:8-11	273	4:6-8	28	5:12-15	589
2:9	266, 268, 880	4:9	68, 69, 487[12]	5:14	310
2:12	260	4:13	303	5:14-15	210
2:17-19	266	4:21-22	560	5:15	161, 218, 575
2:17-37	880	4:23	798, 799	5:16	493, 588
2:19	268	4:28	797	5:17	672
2:23	248	4:29	18, 545	5:22-33	150
2:26-37	266	4:30	504, 508	5:26	302
2:33	245	4:34	819, 820	5:32	76, 119, 693
2:37	266	4:35	794, 795	6:1 이하	552
3:1-13	266	4:37	354	6:3-4	160
3:11	267	5:1	160	6:4	500, 524
3:12	881	5:1-3	289	6:4-6	10
3:12-13	238	5:1-6	490	6:4-9	70, 333, 334, 487, 488,
3:12-17	266, 880	5:1-21	75		496[32], 566

여호수아

사사기

1:1	534	8:30-31	675	12:1-7	238
1:3	554	8:33	794	13:1 이하	245, 294
1:34	245	9:6	675	13:5	676
2:10-15	245	9:9	303	13:5 이하	294
2:15	504	9:13	303, 618	13:15-20	585
3:1-6	309	9:20	676[24]	14:4	676
3:3	250	9:22	675	15:9-11	245
3:10	200	9:23	89	15:20	676
3:12-30	274	9:24	54	16:4-22	676
3:12	272	9:50-56	675	16:19	676
3:15	168	9:52-54	675	16:28	676
3:25	819	9:56	676	16:28-31	676
3:31	245	10:1-5	238	16:29-30	676
4:6	556	10:6	794	16:31	676
5장	551	10:6-9	882	18:1	245
5:4	552[2]	11:5	268, 880	18:27-31	245
5:8	617	11:12-15	266	18:27 이하	556
6:1-6	504	11:15-27	880	18:30-31	560
6:7-12	294	11:12-28	268	19:10	831
6:34	200	11:24	537	20:1	238, 245
7:1	69	11:26	268	21:25	538
7:21	525	11:29-33	266		

룻기

1:1	534	1:12-15	536	3:13-18	536
1:1-4:17a	532	1:15-18	534	3:18	537
1:1-4:17	537	1:20-21	532, 540	4:1-22	537
1:1-5	272	2:1-23	537	4:7	534
1:1-6	536	2:3	537	4:9-10	537
1:1-12	536	2:20	538	4:10	531, 536
1:1-22	537	3:1-8	536	4:13-22	272
1:6	310[19], 540	3:1-18	537	4:14	541
1:6-21	504	3:10	538	4:17	532
1:8	487[8], 538	3:11	535	4:18-22	308, 532, 534, 537

사무엘상

1:3	234, 579	2장	802	2:18	50
1:11	69, 294, 304	2:1-10	186	2:22	500[44]
1:19-20	539	2:6	673	2:22-25	50, 701
1:21	63, 171	2:12-17	50	2:25	504
1:23	798	2:13-14	171[22], 701	2:26	50
1:26-28	294	2:17	168, 355	2:27-36	50

2:28-34	358	10:25	28	16:14	89
3:19-21	50, 294, 491, 535, 539	11:1-11	883	17:4	247
4:1 이하	245	11:1-15	266	17:41-54	246
5:1 이하	246	12:3-4	292	17:45	305
5:2	247	12:11	819	17:47	512
5:9	525, 831	12:23-25	539	18~26장	678
6:3 이하	176	13:1	246	19:20	201, 492
6:4	250	13:3	217	19:20-24	235
6:19	819	13:7	238	20:16	798
7:3	245	13:19-21	246	21:3-6	169
7:7-14	246	14:20	525	22:1-4	533
7:9	60	14:47	261	22:3-4	272
7:12	372	14:47-48	274	26:19	168
8:1-3	563	15:2	305	28:15	504
9:6	552	15:13	799	31:1-10	246
9:9	294, 227	15:22	59	31:1-13	677
10:1	61, 170	15:22-23	577	31:3-47	678
10:5	492	16:1 이하	533	31:5	679
10:10	199	16:7	13, 636, 873	31:6	678
10:10-12	235	16:13	172	31:10	247

사무엘하

1장	678	8:13-14	261, 263	14:2 이하	69
1:1-16	678	8:16-18	69	15:7	63
1:17-27	679	8:18	307	15:18	307
1:17 이하	504	10:1-11:1	266	15:18 이하	247
5:10	302	10:15-19	237	15:30	504
5:11	254, 255	11:18-21	676[23]	17:1-4	679
6:18	305	12:1-15	235	17:14	679
7:3 이하	44	12:25	555	17:23	680
7:18-22	17	12:26	267	21:1 이하	229
8:1	246	12:26-31	266, 883	23:2	27, 461
8:1-15	562	12:27	267	23:5	486[6]
8:2	274	12:31	238	24:7	254
8:5 이하	316	13:19	504		
8:6	168	14:2	223		

열왕기상

1:38	307	4:29-34	72	8:9	798
2:1-3	289	5:1	254	8:21	798
2:3	28	5:3	54	8:39	13, 873
2:4	798	5:12	257	8:41-43	97, 304, 308
2:5	54	5:26	798	8:54-61	585
4:1-6	69	7:21	532, 753	8:59-60	304
4:21	562	7:40 이하	526	8:62-66	576

9:13	257	15:20	241	19:4	682
9:26-28	255	15:25-32	680	19:9-18	181
10:22	99	16:1-4	680	19:10	53, 96, 305
11:1	266	16:8-10	680	19:15	241
11:1-2	274	16:15-18	681	19:16	239
11:1-25	238	16:19	681	19:17	241
11:4-8	266	16:30-33	255	19:19-21	239, 274
11:7	275, 537	17장	769	20:1 이하	237, 238
11:23 이하	316	17:1 이하	229	20:23	301
12:6-7	69	17:9	311[20]	20:23-28	241
12:25	798	17:18	552	20:34	241, 316
12:25-33	591	18:4	295	20:35	492
12:28	301	18:13	54	21:26	293
13:1 이하	552	18:15	305	22:5-28	53
13:33-34	96	18:17-22	297	22:10-12	297
14:8-18	680	18:19	53, 96	22:10-28	96
14:16	96, 228	18:19-21	54	22:11	54
14:19	243	18:21 이하	284	22:19	305
14:29	243	18:22	53	22:19-23	89
14:31	266	18:22-39	585	22:24	54
15:5	76, 543	18:36	488	22:20-24	201
15:16	54	18:39	16, 302	22:26-27	295
15:16-21	238	18:39-40	54	22:29-40	238
15:18	241	19장	182, 183	22:39	255
15:18 이하	238	19:1	54		

열왕기하

1:1	272, 274	5:12	242	10:32-33	225, 238
1:3	247	5:18	241	10:32 이하	316
1:18	243	5:22	492	11:1 이하	255
2:3	235, 492	6:1	492	11:17	303
2:3 이하	69	6:1 이하	235	12:6	176
2:13	239	7:24 이하	237	12:17	247
3:4	223, 272	8:7-15	238, 241	13:3	241, 316
3:4-27	274, 275	8:7 이하	238	13:4	241
3:9	261	8:12	239, 268, 881	13:11	54
3:12	261	8:16-19	255	13:14-19	225
3:26	261	8:18	255	13:14-21	274
3:27	177[36]	8:20-22	262	13:20	274
4:1	235	8:23	243	14:7	262
4:1 이하	492	8:26	255	14:8 이하	54
4:7	552	9:1	492	14:22	262
4:9	552	9:1-13	224	14:23-29	542
4:38-41	526	9:31	680	14:23-15:7	290
5:1 이하	310[19]	10:5 이하	69	14:24	228
5:7	316	10:30-31	224	14:25	92, 95, 296

14:25-28	95, 225	17:5-6	504	22:8	28
14:25-29	96	17:6-18	226	22:13	28
14:28	240, 296	17:7-18	284	23:1-23	52
15:3-5	283	17:13-18	546	23:1-20	275
15:5	227	17:23	313, 493	23:3	798, 799
15:16	268, 881	17:31	794	23:5 이하	284, 574
15:19	225, 226, 511	17:34-40	28	23:10	266
15:26	243	18장	773, 774	23:13	275
15:29	226, 511	18:4	284, 561	23:21-23	219
15:37	317	18:4 이하	574	23:26-27	493
16:5	317	18:8	250	24:2	272
16:5-9	243	18:9-12	226	24:2-4	267
16:5 이하	242	18:13 이하	226	24:2 이하	274
16:7	511	18:16-21	591	25:1-7	313
16:9	242, 243, 317	18:26	109	25:1 이하	504
16:10 이하	574	19:36	108	25:4 이하	314
16:19	243	22~23장	489[17]	25:8-9	285
17:1-23	291	22:2	119, 693	25:8-17	255
17:3-4	225	22:3-13	566		
17:3-6	313	22:8-13	52		

역대상

1:34-54	249	10:13-14	679	22:5	44
1:45	264	11:9	305	22:6-10	54
2:9-17	537	18:1	246	22:6-12	44
2:13-15	282	18:5-6	237	28:2-3	44, 54
4:10	504	18:11-12	263	28:18	488
5:4	226	18:11-13	261	29:14	45,177[37]
5:6	511	19:1-20:3	266	29:15	309
5:25-26	226	22:2	307	29:17	76

역대하

2:1-16	255	17:16	220	24:20	237
2:17-18	307	18:28-34	238	24:20-21	520
3:17	532, 753	20:1 이하	267	25:11-12	262
5:10	798	20:10	268	25:11-16	263
6:10	798	20:10-13	263, 266	25:19	263
6:32-33	308	20:14 이하	201	26:2	262
7:1-3	585	20:15	513	26:6	29, 247, 250
7:4-10	576	20:20	223	26:8	267
9:26	562	20:25-26	525	26:10	223
13:5	62, 170[18]	21:16-17	249	26:16-21	543
15:1 이하	201	21:16 이하	246	26:16-23	227
15:3	289	22:7-9	224	26:16 이하	283
16:1-6	238	24:2-4	267	27:5	267

28:1 이하	510	29:31	63	31:1-28	219
28:10	212	29:34	167[13]	33:16	63
28:16-17	263	29:35	63	34:2	693
28:17-18	249	30:1-9	226	34:29-33	275
28:18-19	246	30:5 이하	489	35:10-14	167[13]
28:26	243	30:6	488	36:22-23	519
29:10	303	30:16-17	167[13]		

에스라

1:1-4	519	5:1 이하	518	7:1-11	158
1:8	519	5:3 이하	519	7:1 이하	520
1:11	519	5:12	794	7:6	353
2:2	519	5:16	519	7:6-9	28
3:2	518	6장	195	7:6-10	561
3:8-10	519	6:13-15	519	7:12-26	143, 740, 865
4:2	313	6:14	520	7:20	330
4:8-6:18	143, 740, 865	6:14-15	518	8:2	500[43]
4:9-10	313	6:15	195	8:34	28
4:23-24	195	6:15-18	158	9:1-2	351
4:24	519	6:18	330	10:3	799
5:1	195	6:20	167[13]		

느헤미야

1:1	223	8:8	180	12:16	518, 519, 520
1:11	859	8:8-10	859	12:27 이하	353
2:1 이하	520	8:9	859	13:1-3	272
2:10	267	8:9-10	520	13:1 이하	275, 310[19]
2:11	520	8:18	351	13:6	520
3:1 이하	524	9:7	314	13:6-9	267
5:10-13	218	9:38	28	13:7	351
5:15	293	10:1	859	13:7-31	354
7:7	519	10:30-31	351	13:23-27	310, 532
8:1-12	28, 158	10:37-39	351	13:23-31	93
8:1-18	353	11장	655	13:27-30	308
8:5-6	575	12:1	518, 519	13:28-30	351

에스더

2:12	69	7:8	212

욥기

1:1	175	6:5-6	682	27장	504
1:5	60, 166, 173	7:15	682	27:6	10
1:6	795	9:13	240[8]	28:28	70, 80, 498
1:8	175, 403[97]	11:7	571	31:2	618
1:8-12	507	12:6	507	33:4	202
1:13-19	504	13:15	819	33:19-22	504
1:20-22	507	13:18	819	37:12	79
1:21	673	14:22	504	38:1-4	73
2:1	795	15:14	506	38:6	451
2:9	540, 682	16:17	53	42:1-6	507, 508
2:10	682	19:2	504	42:7-8	658
2:11	264	19:23-27	338	42:16-17	682
3:1-9	654	23:13	241[8]		

시편

1편	45, 808	8:6	303	18:22	283
1:2	70	9편	808, 808[28]	18:28	5
1:4	46	9:3	504	19편	808
2편	808	9:9	76	19:1-4	31
2:1 이하	277	9:10	901	19:1-12	120
2:4	513	9:15-17	808[28]	19:7-12	284
2:6	809	9:19-20	808[28]	19:8	283
2:10	513	10편	808, 808[28]	19:9-10	420, 475
3편	808, 809	10:4	15, 18	20편	808
3:1	504	10:12	794	20:7	305
3:6-8	296	10:15-17	808[28]	22편	683, 808
3:8	159, 303	11:5	53	22:1-2	504
4편	808	12:1-2	129	22:14	228
4:4	627	13편	683	23편	777, 808
4:5	322	14:1	15, 73, 872	23:5	61
5편	808, 808[28]	14:1-3	175, 433	24편	568
5:5-6	808[28]	14:1 이하	46	24:1	45, 58, 233, 257
5:10	808[28]	15편	568, 808	24:1-2	305
6편	683, 808	15:1-5	10, 575, 589	24:8	512
7편	808, 808[28]	16편	808	24:8 이하	305
7:4	819	16:10	505	24:10	305
7:11-12	115	18편	808	25편	808
7:16	53	18:3	504	27편	808
7:22	819	18:6	104	27:1	311
8편	208, 808	18:7	504	27:1-3	504
8:4-5	32	18:7-18	553	27:6	322
8:4-6	17, 139	18:10	557	29:1	794
8:5	210, 618, 672	18:13	228	29:3-9	227, 228

29:9	799	50:9-15	177[36]	69:25	683
30편	808	50:10-11	119	69:28	527
31편	103, 683	50:10-15	161	69:30	504, 577
31:1	104	50:12	257, 654	72:8-11	300
31:11	504	50:13	51	73:1-17	507
31:22	104	50:14	322, 577	75:2	76
32편	808	50:14-15	105	76:8	586
32:11	586	50:23	105	76:11	63
33:1-3	586	51편	808, 890, 891	77편	683
33:15	10	51:1	104	77:16-19	553
35편	808[28]	51:1-5	65	78:1-4	487
35:27-28	586	51:5	168, 506	78:1-8	494
36:6	119	51:8-13	58	78:2	15
36:9	311	51:10	9, 10	78:2-4	68
37편	808	51:11	199	78:3-4	69
37:7	627	51:16-17	59, 320, 577	78:8	495
37:11	270	51:17	602	78:35	795
37:31	13	51:19	55, 60, 166	78:71	799
37:36-37	507	53:1	15, 73	79:12	808[28]
37:38-40	115	53:1-3	175, 433	79:13	582, 860
38편	504, 683	54:6	63	81:3	526
38:13-14	505	55편	808[28]	82:1	618, 794, 795, 797
38:15	104	55:23	808[28]	82:6	795
39:7	627	56:8	527	82:6-7	797
39:12	309	56:12-13	63	83편	808[28]
40:1	180	58편	808[28]	83:15	269
40:1-2	507	58:1	76	83:15 이하	881
40:5	282	58:6-10	808[28]	84편	808
40:6	51	59편	808[28]	84:1	305
42~72편	618	59:9	819	85:8	794, 795
42:1	180	60:1	261	85:9	301
42:3	769	60:10	246	86편	808
43:3	311	62편	808	86:7	104
44:21	13	62:1	627	86:9	525
45:12	254	62:5	627	87:4	246
46편	808	63편	808	88편	683
46:6-7	277	65편	808	89:6-8	305
46:7	305	66:1-4	586, 860	89:8	305
47:6-9	575	67편	808	89:26	56, 487
48:7	99	68:5	487	89:27-28	486[6]
48:8	305	68:7-10	228, 551[2]	90편	552, 808, 809, 907
49:1	796	68:23	808[28]	90:1-2	15
50편	808	68:33	557	90:8	311
50:1	302, 303, 796	68:36	301	90:10	563
50:3 이하	553	69편	683, 808[28]	90:17	186
50:5	55, 56, 322, 798	69:1	104	91편	808
50:9	51	69:13-14	104	92:12-14	912

잠언

1:1-7	72	8:18-21	45	20:18	79
1:2	79	8:22-31	73	21:2	13
1:2-4	73	8:33-36	73	21:3	59, 320
1:3	76	9:1-6	69	21:7	53
1:3a	74	9:9	78	21:12	819
1:3b	74	9:10	70, 80, 498, 778	21:27	59
1:5a	78	9:13-18	76	21:31	296
1:5b	79	9:15	75	22:2	75
1:6	79	10:1	497, 504, 589	22:17	223
1:7	70, 80, 498, 778	10:6	53	22:22-23	292
1:7-9 이하	69	10:11	53	23:3	76
1:8	68, 69, 487, 496, 497, 589	10:12	239	23:16	76
1:8-9	497	10:19	239	23:22-25	497
1:10-19	74	11:14	79	24:6	79
1:10 이하	69	12:13	239	24:12	13
1:18-19	53	12:21	507	24:18	240[8]
2:4-5	180	13:5	88	24:23	76
2:9	76	14:13	504	25:1	496
2:16	76	14:31	75, 293	27:11	497
3:1-8	863	15:8	51, 59, 578	27:27-28	76
3:3	13	15:11	13, 873	28:2	239
3:11-12	508	15:20	497	28:13	104
3:31	53	15:27	291	29:6	239
4:1-5	497	15:33	70, 498	29:22	239
4:2	78	16:1-2	10	30:1	223
4:3	69	16:1-3	78	30:3	70
4:4	281	16:17-18	382	30:6	27
4:23	8, 382, 873	16:18	513	30:11	497
4:25-27	76	16:21	78	30:15-16	239
4:27	119, 693	16:23	78	30:18	239
5:3	76	16:24	863	30:21	239
5:20	76	17:5	75	30:24	239
6:16-19	239	17:6	498	30:29	239
6:20	69, 487, 496	17:19	239	31장	541
6:20-21	497, 589	17:21	497, 504	31:1	223, 353
6:21	13	17:23	291	31:1-2	496
6:23	863	17:25	497	31:1-9	69
7:4	69	18:5	76	31:1 이하	589
7:14	63, 172	19:11	239	31:8-9	293
7:21	78	19:16	281	31:10-31	535, 589
7:25-27	76	19:17	293	31:26	496
8:6	76	19:21	78, 424	31:26-29	69
8:13	80	20:1	293		

전도서

1:1	223	7:29	168	11:18-12:1	73
1:18	79	8:5	282	12:9-11	496
3:11	10, 733, 778	8:14	507	12:12	79
5:1	51, 59, 60, 79	8:17	733	12:12-13	9
5:4	63	9:3	505		

아가

1:4	76	6:5	238		
4:1	238	7:10	76		

이사야

1:1	220, 224	7:2	512	13:16	523
1:5-6	543	7:4 이하	158, 797, 819	13:19	313
1:6	61, 229	7:7	317	13:19 이하	314
1:9	305	7:8	237	14:3-20	313
1:10	110, 281, 543, 700	7:9	316	14:12 이하	234
1:10-17	612, 706	7:9b	774	14:21-23	313
1:10-20	577	7:14	510	14:29-31	250
1:10 이하	575	8:16	69	15:1	273, 353
1:11-14	320	8:16 이하	493	15:1-9	272
1:11-17	51	8:4	316	16:6	234
1:15-17	543	8:5	237	16:6-14	272
1:23	292	8:8	300	17:1	353
2:1	491	9:1-2	307	17:1-3	240, 316
2:2-3	304, 522	9:1-7	93	18:4	237
2:2-4	97, 300, 304, 525	9:1 이하	556	19:1	353
2:2 이하	831	9:3-7	53	19:18-25	97
2:3	227, 289	9:4	522	19:21	63
2:4	53	9:15	88	19:23-25	93, 118, 298, 308, 311
2:12	305	10:1-4	292	19:24-25	797
2:17	522	10:5-12	226	20:1	250
3:5	493	10:12-14	109	20:19-25	880
3:27	217	10:12-15	241	21장~27:13	521
4:2	516	10:20-22	523	21:1	353
5:6	229	11:1	516	21:9	313
5:8-9	493	11:6-9	119, 212	21:11 이하	234
5:23	292	11:10-11	97	22:1	353
5:24	281, 289, 543	11:11	226	22:5	523
6:1 이하	257	11:11-16	219	22:6	242
6:5-13	96	11:14	234, 260	23:1	353
7장	763	13:1	220, 313, 353	23:1-18	254, 257
7:1 이하	226	13:1-22	97	23:6 이하	234

29:17-20	255	34:10	96	43:24	594
29:21	304	35:15	264, 354	44장	154
30:25-26	304	36:26	182, 492	44장 이하	327
31:8-9	242	37:1-4	193	45:9	53
31:16	242	37:1-14	199	44:11	167[13]
33:10-20	111	37:4-10	627	46:13-15	63
33:8-9	96	37:13	162	45:15	63
33:11	118, 297	37:15-28	219	44:15-21	294
33:14-16	118	37:24-28	492	46:17	217
33:19	118	37:26	799	47:1	524
33:21	255	37:26-28	486[6]	47:13-48:29	562
34장	157, 330	38:21-23	525	47:22-23	300, 308, 310
34:2-4	633	39:8-10	525	48:17	237
34:2-10	702	39:14	654	48:35	850
34:3-6	529	39:29	199		
34:7-16	125	40~48장	521, 591		

다니엘

1~6장	852	6:3-4	857	10:1	852, 854
1:1-7	853	6:4	855, 857	11:6	76
1:1-2:4a	854	7~12장	852, 857	10:21	27
1:3 이하	69	7:1	852, 854	11:1-39	853
1:4	314	7:1-12:13	521	11:31	852, 854
1:7	858	7:9-12	505	11:32	852
1:8	855	7:9-13	854	11:32-35	855
2:4b-7:28	143, 854	7:10	305	11:34	852
2:4-7:28	740, 865	7:13-14	850, 854, 858	11:36	797
2:18	794	7:22	854	11:36 이하	852
2:34-35	110	7:25	853	11:40-45	853
2:44-45	858	7:27	858	12:1	527
2:45	110, 854	8:1-12:13	854	12:1-3	508, 530
2:47	797, 856	8:12	856	12:10	855
3:29	856	8:12 이하	852	12:11	852, 854
4:8	794	8:14	853	12:11-12	855, 856
4:27	855	8:21	516	12:11 이하	853
4:34	856	8:26	854	12:2	850
5:3	794	9장	856	12:2-3	18
5:5 이하	314	9:1-21	855	12:4	854
5:20-23	855	9:2	27, 353, 546, 857, 859	12:6	854
5:23	794	9:3-19	854, 859	12:7	853, 854, 856
5:30-31	519	9:5	856	12:8	854
6:10-11	857	9:20	856	12:8-10	30
6:26	519, 794, 856	9:24	853, 854	12:9	854
6:26-27	794	9:24-26	858		
6:27	856	9:27	852		

호세아

1:1	96, 201, 222, 224	6:1-2	54	8:12	28, 281, 289		
1:4	224, 591	6:1-3	103	8:14	241		
1:10	108	6:5	110	10:14	269		
2:6	508	6:6	16, 50, 51, 164, 320,	11:1	56, 159, 332, 485, 487,		
2:7	281, 508		355, 575, 612, 701,		487[15]		
2:19-20	900		900	11:10	228, 281		
4~13장	95	6:8	238	12:5	305		
4:1-3	490	7:1-16	95	12:10	28		
4:6	28, 281, 289, 355	7:11	226	13:1-3	591		
5:1	556	8:1	28, 281, 289, 491	13:4	159		
5:11	281	8:4	54, 95, 96, 680	13:16	268, 881		
5:13	226	8:7	881	14:2	577		

요엘

1:1	222	2:12-14	110, 111	3:4-8	256		
1:3	487, 488	2:13-14	115	3:10	53		
1:5	234	2:18-27	228	3:12	115		
1:15	295, 522	2:28 이하	200	3:14-17	523		
1:28	61	2:28-29	199	3:16	227, 228		
2:1	522	2:28-32	182	3:19	260, 263		
2:1-3	295	3:1-8	249				

아모스

1:1	221, 222, 523, 543,	1:10	257	2:6 이하	490		
	296[9]	1:10-17	221	2:6-7a	291		
1:1b	221	1:11	253, 261, 262, 355	2:6-8	282, 291		
1:1-2	220, 231	1:11-12	252, 259	2:6-12	287		
1:2	221, 227, 228, 229	1:12	263	2:6-16	95, 286		
1:3	235, 236	1:13	235, 268, 880, 881	2:7	292		
1:3 이하	232, 306, 316	1:13-15	265, 877, 879	2:7b	291, 292		
1:3-5	231, 248, 316	1:14	269, 881	2:8	291, 292		
1:3-2:3	97, 115, 232, 880, 882	1:15	235, 269, 882	2:9-11	293		
1:3-2:16	231, 232, 236	2:1	235, 275	2:10	288, 293		
1:4	241	2:1-3	271	2:10 이하	287		
1:4 이하	226	2:2	276	2:11	287		
1:5	237, 241, 242, 269	2:3	235, 277	2:11b	296		
1:6	248, 257, 260	2:4	253, 281, 283, 284,	2:12	291, 294, 543, 878		
1:6-8	244, 516		543, 883	2:13	226, 287		
1:7	221, 249	2:4-5	252, 278	2:13 이하	295		
1:8	235, 250	2:4b	280	2:13-16a	287		
1:9	253, 256, 260	2:5	285	2:13-16	295		
1:9-10	252	2:6	287, 291, 883	2:14-16	226, 282, 296		

스바냐

1:1	222, 267	2:8	267, 268	3:1-8	292
1:2-18	523	2:8-10	272	3:4	96, 355
1:7	586	2:8-11	267, 880, 881	3:8-9	880
1:11	526	2:9-10	305	3:13	523
1:15	522	2:11	526		
2:4	247, 250, 516	2:13	108		

학개

1:1	195, 222, 518	1:5	305	2:8	257
1:3-4	195	1:8	353	2:9	353
1:4	519	2:1-9	520	2:18	519

스가랴

1~8장	514, 516, 518, 522	4:6 이하	197	8:20-23	518, 522, 831, 310[19]
1~14장	517	4:6-10	353	9~11장	517, 518, 521
1:1	222, 516, 518, 520	4:7	196, 198	9~14장	514, 516, 517, 518,
1:1-6	517, 521	4:14	61		521, 522, 850
1:3	305	4:19	519	9:1	353, 517
1:4	517	5:1 이하	518	9:1-8	234
1:7	516, 518	5:1-3	520	9:1-14:21	521
1:7-6:8	521	5:1-11	518	9:3-4	257
1:7-6:15	195	5:5 이하	520	9:5	250
1:8-6:8	517, 520	6:9-15	517	9:5 이하	516
1:12-16	517	6:9-8:23	521	9:5-6	247
1:18-21	515	6:10	517, 522	9:5-7	518
2:1-13	515, 517	6:11	517	9:7	518
2:4-5	525	6:11-13	527	9:8-10	517
2:5	520	6:12	516	9:9	516, 527
2:11	518, 310[19]	6:13	517	9:9-10	517
2:11-14:21	518	6:14-15	518	9:11	303
2:13	586, 627	7~8장	517	9:14	553
2:15	522	7:1	516, 518	9:15	212
2:16	517	7:7	517, 520	9:16	522
3:1-7	795	7:12	520	10:2	504
3:2	403[97]	8:4	517	10:9	518
3:3-5	518	8:4-5	494	10:9-10	517
3:8	516, 517	8:5	517	10:10	238, 268
3:10	522	8:7	517	11:4	529
4:1-14	194, 196, 197, 521	8:8	518	11:7-8	529
4:4	197	8:9	517, 519	11:11	522
4:6	196, 517, 518, 520,	8:12	518	11:14	518
	529, 628	8:16-17	520, 529	11:15-17	518

11:17	517, 529	13:9	518	14:7-11	527	
12~14장	517, 518, 521	14장	523, 527, 528, 529	14:8	518	
12:1	353, 517	14:1	522	14:9	515, 517, 522, 524,	
12:1-13	517	14:1 이하	525		527, 530	
12:3	522	14:1-4	518	14:10-11	524	
12:4	522	14:1-5	530	14:12-15	523, 525	
12:6	522	14:1-8	521, 523	14:13	522	
12:6-9	525	14:1-21	514, 515, 517	14:14	525	
12:8	522	14:2	523	14:15	525, 543	
12:9	522	14:3	523	14:16	307, 525	
12:10	199, 517, 518, 522,	14:4	522	14:16-17	525	
	527, 819	14:5	226, 514, 515, 519,	14:16-19	304, 518, 880	
12:11	241, 522		524, 527, 553	14:16-21	523, 525, 591	
12:11-14	500[45]	14:6	515	14:17	526	
13:1	522	14:6-7	524	14:18	525, 526	
13:1-2	518, 520	14:6-8	522	14:19	525	
13:2	522	14:6-11	523, 524	14:20	522, 526	
13:4	522	14:7	522	14:20-21	518	
13:7	527	14:7-8	850	14:21	305, 522, 526, 528	

말라기

1:1	222, 350, 351, 352,		357, 358, 524, 525,	2:16	53, 493	
	357, 517		526, 797, 832	2:17-3:6	351, 352	
1:1-13	351	1:11 이하	355	3:1	340, 350, 352	
1:1-14	351	1:12-13	54	3:1-4	55	
1:1-2:9	350, 352	1:14	352, 524	3:3-4	322	
1:2	354	2:1-4	356	3:5-6	355	
1:2-5	260, 351, 352, 353,	2:1-9	54, 174, 354, 355	3:6	352, 357	
	357	2:10	56	3:7	351, 352	
1:4	305, 352, 354, 355	2:2	351, 357	3:7-10	351	
1:5	352, 355	2:2-3	356	3:8-11	354	
1:6	355, 356, 487[15]	2:3	357, 358	3:8-12	351, 352	
1:6-7	54, 356	2:4	357	3:12	354	
1:6-8	351	2:5	356	3:13-4:3	351, 352	
1:6-10	174	2:6	356	3:16-18	354	
1:6-14	354, 355	2:6a	356	3:18	352	
1:6-2:9	351, 352, 353, 355,	2:6b	356	4:1-6	350	
	358	2:7	351, 356	4:2	863	
1:7-10	320, 321	2:8a	356	4:2-3	357	
1:7-14	356	2:8-9	356	4:3	305	
1:8	355, 356	2:9	356, 357	4:4	352	
1:9	355	2:10-16	351, 352	4:4 이하	491	
1:10	55, 355, 591, 612, 702	2:10-17	354, 355	4:4-5	29	
1:10 이하	320	2:11	300	4:5	350, 352	
1:11	55, 93, 300, 322, 352,	2:14	356	4:5-6	340, 352	

19:8	749	23:23	706	25:31-33	19, 530
19:8 이하	493	23:24-28	119	25:31-46	843
19:16-22	75	23:27	275[5]	25:34	210
19:18	672	23:33	481[125]	25:46	19
19:19	152, 325	23:35	520, 590	26:14-16	527
19:23-26	119	23:37	831	26:24	684
19:28	211	24:1-2	82	26:27-28	167
20장	115	24:5	89, 393	26:28	25, 59, 60, 62, 161,
20:12	115	24:6-8	882		175, 303
20:15	115	24:7	276	26:31	297, 527
20:28	165, 190, 508	24:7-8	885	26:39	44, 581
21:4-11	527	24:11	393	26:52	53, 54
21:12-13	320, 529, 614	24:14	93, 359	26:61	82
21:12-17	53, 526	24:15	855, 858, 859	27:3	683
21:13	52, 592	24:15-31	855	27:3-4	683[40]
22:29	26, 407, 463	24:24	393, 636	27:3-5	683
22:32	488, 492	24:24-25	360	27:9	411, 412
22:34-40	74, 177	24:29-31	530, 539	27:9-10	683
22:37-40	10, 116, 549	24:30	276	27:42	505
22:39	152, 325	24:30-31	854	27:51	321
23:2-3	146	24:36	524, 845	28:18-20	97, 98, 436
23:3-4	195	25:13	845	28:19	298, 832
23:9	487	25:15	839	28:19-20	93, 112, 300
23:13-33	808[28]	25:31	527	28:20	162, 335
23:15	300, 311[20]	25:31 이하	524	28:29-30	370

마가복음

1:1	29	6:30-44	499	11:7	52
1:2-4	350	7:6-7	633	11:15-17	529
1:4-13	193	7:10	146	11:15-18	526
1:21-22	72	7:10-13	589	12:26	146
1:44	146, 158, 330	7:11	167	12:26-27	463
2:14	29	8:11-13	102	12:27	407
2:17	14, 297	8:12	111	12:28-34	74, 177
2:23-28	589	8:15	62, 195	12:31	152, 325
2:27	210	8:17-18	465	13:1-2	82
2:27-28	58, 210	8:18	89	13:14	855, 877
3:8	262, 264, 354	8:34	509, 581	13:14-27	855
3:18	782	9:11-13	350, 352	13:22-23	360
3:22	247	9:33-37	498[36]	13:24-27	530
4:9	409	9:43	18	14:24	62, 161
4:23	409	9:47-49	481[125]	14:49	26
4:33-34	72	9:50	62, 170, 593	15:15	76
4:35-41	102	10:3	146	16:12-13	409
6:2	72	10:17-31	75	16:14-15	112
6:13	61	10:33	831	16:15	304, 797

1:1-4	29, 419[147], 473[96]	6:35-36	116	16:29-31	146
1:5	264, 520	6:39	616	16:31	25, 357
1:70	26	7:5	500[40]	17:5-10	194
1:8-11	62	7:18-23	82	17:6	896
1:9-10	62	7:27	350, 352	17:10	196, 553
1:13-17	294	8:8	409, 465	17:14	158, 330
1:17	350, 352	8:10	733	18:9 이하	175
1:31-32	539	8:14	909	18:9-14	59, 66, 138, 584
1:35	186	8:15	902	18:18-30	75
1:46-55	185	8:16	311	18:20	589
1:76	352	8:22-25	102	18:24-27	96
2:19	13	8:55	911	19:1-10	67, 584
2:22	146	9:10-17	499	19:8-9	177
2:22-24	321	9:23	61	19:41-44	831
2:24	27	10:3	121	19:42	692
2:30-32	93, 307	10:18	636	19:45-46	529
2:32	311	10:20	527	19:45-47	526
2:40	71, 336	10:22	15, 16, 133[30]	19:45-48	53
2:41-48	499	10:25-28	74, 177	19:46	52, 503
2:46-47	896	10:26	34, 733, 864	20:28	146
2:51	13, 71, 336	10:27	12, 152, 325	21:5-6	82, 704
2:52	896	10:29	344	21:20-26	504, 855
3:8	307	10:29-37	173	21:25-28	530
3:22	190	10:46-48	498[36]	22:1-6	683
3:31-32	539	11:13	910	22:3	684
3:32	272	11:15	247	22:3,31	403[97]
4:1-4	90	11:27-28	606	22:15	504
4:16-20	26	11:29	102	22:20	25, 34, 59, 62, 161,
4:17	500[40]	11:29-32	111		335, 492, 798
4:18	61, 216	12:5	18, 48[1]	22:30	525
4:18 이하	219	12:48	118	23:23-25	76
4:18-19	214	13:6-9	895	23:34	119, 508
4:18-21	190, 218	13:20-21	62	23:39-43	907
4:21	409	13:29	525	23:43	18
4:31-32	72	13:29-30	832	24:1	589
5:8	32	14:26	354	24:15-16	409
5:14	146, 158, 330	14:34	62	24:25-27	683
5:27-28	29	14:34-35	170, 593	24:27	25, 26, 27, 29, 146,
5:31-32	707	15:7	118		409, 431, 573, 627,
6:1-5	589	15:7,10	118, 297		733, 860, 869
6:5	210	15:11-32	103	24:29-31	409
6:15	782	15:22	107	24:32	409
6:20	10, 46	16:16	31, 34	24:36-49	181
6:20-23	46	16:17	726	24:44	26, 27, 29, 31, 146,

	431, 627, 683, 731,		749, 860, 869, 872	24:47 이하	834
	763	24:45	180	24:48	435
24:44-45	25, 409, 465, 573, 733,	24:47	831		

요한복음

1:1	435	4:5-24	191	7:19	146
1:1-2	728[60]	4:20-26	359	7:22-23	146
1:1-3	75	4:21	82, 704	7:52	95
1:1-4	14, 435, 571[12]	4:21-23	526	8:5	146
1:1-7	42	4:23	56	8:11	602
1:4-5	311, 593	4:23-24	58, 67, 82, 137, 163,	8:12	5, 13, 139, 370, 612,
1:5	14, 627		165, 319, 358, 593,		628, 753
1:8-10	602		611, 902	8:21-22	674
1:9	628	4:24	701	8:31	192
1:11-13	527	4:25-26	219	8:31-32	15, 190, 418, 436, 472,
1:12	56, 139, 506	5:24	10, 18, 32, 47, 506, 584		593, 751, 863
1:12-13	57, 84, 307, 581	5:24-25	409, 529	8:32	434
1:12-14	31	5:25	17, 465, 627	8:34-36	13
1:14	162, 335, 435, 627	5:29	18	8:44	8, 88, 636, 637, 684,
1:17	25, 31, 146	5:39	18, 25, 42, 434, 435,		875
1:18	563		573, 593, 627, 731,	8:44-45	129
1:21	563		751, 752, 763, 861,	8:46	406
1:45	146		863, 869	8:51	606
2:1-11	120	5:45-47	146	9:28-29	146
2:13-16	529	5:46	31	9:35-39	219
2:13-22	526	5:46-47	552, 573, 731, 741,	10:3-5	42
2:17	54		752, 769	10:7-15	529
2:18-22	82	6:1-14	499	10:8	708
2:19-22	704	6:25-59	582	10:8-10	125
2:20	82	6:28-29	590	10:10	433
2:22	26	6:32-35	61	10:16	525
2:25	873	6:33-35	170	10:22	592, 853
3:1-12	83	6:35	18	10:28	335
3:1-8	188	6:39-40	14	10:28-30	162
3:5-8	593[46]	6:45	29	10:30	861
3:14	146	6:46	563	10:35	26
3:15-16	10	6:53	60	11:25-26	506, 684
3:16	13, 18, 32, 83, 103,	6:53-56	18, 59	11:33-35	504
	123, 298, 359, 433,	6:53-58	63	12:24	170
	506, 527, 593, 684,	6:54-56	172[26]	12:46	529, 628
	798	6:60,67-69	30	13:2	684
3:16-21	98	6:63	42, 67, 593, 594, 612,	13:34	348
3:17	232		902, 911	13:34-35	116, 903
3:21	593	6:68	29, 42	13:35	8
3:31	593[46]	6:70	684	14:3	910
3:63	593[46]	7:7	14	14:6	13, 14, 16, 18, 320,

13:45	836	15:23-29	838	18:26	864
13:47	311	15:28	839	18:28	752
14:2	836	15:30-35	838	20:28	59, 334, 541
14:16-17	31, 797	15:36-16:5	838	20:28-35	125
14:19	836	16:4-5	838	20:29-30	87, 393
15:1	836	16:14	465	20:29-31	147, 360
15:1-16:5	837	16:17	795	20:7	589
15:1-16:6	834	16:27	674	22:4-21	602
15:1-2a	837	16:31	123	22:5 이하	315
15:2b-3	837	17:2,11	26	23:3	275[5]
15:5	837	17:22-31	594, 797	23:8	89, 403[97]
15:6-21	837	17:22-32	298, 597	26:8	120, 769
15:7	839	17:23-24	794	26:12 이하	315
15:8-9	17	17:24 이하	303	26:18	403[97]
15:8-11	838	17:24-27	880	26:22-25	362
15:9	832, 840, 845	17:26	269, 881, 903	26:23	311
15:21	500[40]	18:5	752	26:24-25	120
15:22	838	18:18	63, 294	28:28	832

로마서

1~11장	594	4:3	26	7:12	26
1:1-2	27	4:13	148	7:15-25	32
1:2	25, 26	4:16	148	7:18	505
1:16-17	506	4:20-24	148	7:24	505
1:17	835	5:3-4	506	8:1-27	188
1:18-23	433, 797	5:8	32, 83, 103, 348, 358, 507, 602, 903	8:3	406
1:18-25	15			8:14-17	499
1:20-23	31	5:8-9	686[46]	8:15	485
1:21-23	10, 168, 863	5:8-10	14	8:18	18, 504, 508, 908, 910
1:25	88, 129	5:9	59, 60	8:18-22	208
2:14-15	12, 880	5:10	527	8:19-21	84, 601, 119, 211
2:22-23	603	5:12	18, 104, 168, 505, 684	8:22	505
2:24	603	5:14	601	8:28	538
2:29	408	5:14-21	601	8:35-39	358
3:4	129	5:15-17	32	8:37	509
3:9-12	174	5:19	168	8:37-39	686[46]
3:9-18	175, 583	6:4-7	139	9:4	487[15]
3:9-20	65	6:6-7	13	9:6-8	123
3:10	506, 602	6:6-11	18	9:13	354
3:21-22	862	6:12-13	911	9:27	523
3:22-24	839	6:12-14	107	9:29	305
3:23-25	103	6:14-23	13	10:1-3	47, 310
3:25	167, 175	6:17-23	56	10:1-4	93
3:25 이하	173[28]	6:22	505	10:2-3	542, 611, 862
3:31	31, 34, 166, 321, 580, 731, 749, 835, 864	6:22-23	10	10:3	8, 196
		6:23	18, 104	10:3-4	513

10:4	33, 34, 835, 862	12:1-3	67, 137	14:1-3	840
10:12	839	12:2	138, 139, 211, 864	14:5	504
10:17	864, 899	12:3	440	14:17	122, 180
10:17-18	42	12:4-6	833	14:17-18	525
10:18	359	12:13	63	14:23	833
11장	319	12:18-21	54	15:4	26, 31, 34, 158, 331,
11:8	99, 408, 465	12:19-21	263		357, 435, 488, 573,
11:29	549	12:21	911		863, 872
11:33	571, 733	12:33-34	197	16:3-5	499
11:33-34	8, 197	12:36	75	16:17-18	89
11:33-36	116	13:9	152, 325, 672	16:19	77
12~16장	594	13:11-12	626	16:20	505, 636, 684
12:1	165, 319	13:11-14	13, 83	16:25-26	15
12:1 이하	58, 170	13:9	152, 325, 672	16:25-27	15, 16
12:1-2	61, 63, 612	14:1	392, 657, 726		

고린도전서

1:11-13	91	3:21-23	91	11:11	496
1:17	108, 571, 627, 877	4:6	169	11:18-19	91
1:17-25	782	4:7	833, 834	11:23-24	170
1:18	90	4:15	428	11:25	25, 165
1:18-25	14	4:20	109	11:29	833
1:18-31	863	5:6-8	62, 170	11:31	833
1:24	71, 863	5:8	582	12:1-13:3	191
1:30	71	5:17	13	12:12	17
2:1	108, 571	6:5	833	12:12-13	499
2:4	108	6:9-10	481[125]	12:12-27	16, 496, 833
2:4-5	571	6:12	418, 472	12:27-31	839
2:5	197	6:12-13	13	13장	902
2:13	108, 571	6:19	16, 704	13:9-12	31, 120
2:6-7	15	6:19-20	689	13:11	83, 334, 336, 864, 904,
2:6-16	8	6:20	541		912
2:9-11	408	7:23	541	13:12	733
2:10	861	8:9	13	14:20	336
2:10-13	440	8:13	840	14:29	833
2:10-14	197, 733	9:4	841	15:3	26
2:12	169	9:4-15	62	15:12 이하	505
2:12-13	29	9:13	169	15:12-19	90
2:12-14	746	9:24-27	597	15:31	911
2:13	627, 877	9:27	911	15:50-52	910
2:13-14	573	10:1-4	25	15:51-54	18
2:14	147	10:16	59	15:55-58	686[46]
3:6	896	10:20	284, 320, 594	16:2	589
3:16	16, 592	10:20-21	56, 358	16:19	499
3:16-17	82, 528, 704	10:23	613	16:22	808[28]
3:16-23	203	10:31	840		

고린도후서

1:6	504	4:13	16, 18, 440, 865, 895, 908	8:3	63
1:8-10	509	5:1	16, 910	8:9	603
1:18-31	865	5:2-4	505	8:17	63
1:57	508	5:8	684	9:6	86
2:5	865	5:17	32, 83, 138, 139, 211, 441, 845, 861, 911	9:10	896
2:10	865			10:4-5	8, 138, 434, 756
3:6	34, 162	5:17-19	581	10:5	85, 339, 423
3:12-18	872	5:18-20	527	10:10	108, 627, 877
3:13-17	441	5:19	123, 137, 192	11:6	627
3:14	25, 861	5:21	406	11:13	636
3:14-17	25, 408, 573, 731, 746	6:8	603	11:14	87, 436, 403[97]
3:14-18	8, 733	6:8-10	603	11:19-20	708
4:4	139	6:14-18	310	11:22	766
4:7-12	509	6:16	704	12:7	509
4:10-18	509			12:10	604

갈라디아서

1:6	894	3:13	541	4:4-5	798
1:6-9	89	3:15	386	4:8-9	750
1:6-10	147	3:15 이하	492	4:9	18, 329, 375, 441, 733, 894
1:6-12	887	3:16	148		
1:7-8	434	3:17-18	303	4:19	428
1:8-9	808[28]	3:19	862	4:21-31	123
1:9-10	388, 448	3:23-25	31, 579, 749	4:26	831
1:11-12	29, 30, 461, 750	3:23-29	31	5:1	13, 418, 901
1:12	864	3:24-25	862	5:1-13	190
1:18-19	837	3:25-28	83	5:4	836
2:1-16	836	3:26	84	5:6	839
2:4	636	3:26-28	139	5:14	152, 325
2:9	837	3:26-29	93, 526	5:16-17	911
2:11-14	839	3:28	12, 17, 118, 499, 501, 502, 705, 798, 833	5:22	190, 897
2:12	839			5:22-23	180, 528
2:20	139, 168, 911	3:28-29	57, 93, 307, 496	5:25	190
3:1-3	836	4:3	375, 864	6:7	86
3:8	26, 298	4:4	158, 783	6:15	193

에베소서

1:3-6	783	1:6-7	168	1:17-19	735
1:3-14	435	1:7	59, 60, 103, 167, 175	1:23	16
1:3-23	299	1:9-10	798	2:1	17
1:4-6	860	1:13	15	2:1-3	168
1:6	582	1:17	15, 861	2:2-3	505

2:5	17	3:9	15	4:24	138, 211
2:11-22	359	3:16	908	4:24 이하	912
2:12-13	307	4:4-6	192, 499	4:25	88, 129
2:13	59	4:13	904	4:27	587, 684
2:14-16	527	4:13-14	336	5:2	165
2:14-18	527	4:13-15	864	5:6-7	90
2:16	348	4:14	334	5:8-11	529
2:17-20	307	4:15	904	5:8-9	311
2:20-22	592	4:16	499	6:2	493, 589
2:21-22	704	4:21-24	13, 18	6:10-17	138, 756
3:1-4	29	4:22 이하	909	6:11	684
3:5	26	4:22-24	83	6:17	90, 110, 441, 756, 863

빌립보서

1:21-23	684	3:5	766	3:20-21	910
2:6	139	3:8-9	863	4:3	527
2:7	46	3:12 이하	912	4:13	71, 194
2:17	62, 169	3:12-16	906	4:18	64

골로새서

1:6	359	1:20-23	527	2:16-17	31, 589
1:7	864	1:23	359	2:19	904
1:13-20	75	1:26-27	15	2:20-23	90, 894
1:14-23	116	1:27	529	3:8	749
1:15	563	2:2-3	863	3:9	88, 129, 875
1:15-17	139, 211	2:3	71, 441	3:9-10	8, 13, 18, 83, 138, 193,
1:15-20	299	2:4	90		211, 441, 636
1:18	16	2:8	15, 89, 375, 442, 558,	3:10	861
1:20	59		894	3:15	63
1:20-22	527	2:8-10	34	4:15	499

데살로니가전서

2:4	5, 370, 370[3], 899	3:1	597	5:19	183
2:13	29, 30, 110, 461, 527,	5:5	529	5:22	8
	573, 730	5:16-18	13, 44		

데살로니가후서

1:7	527	2:3	419[150], 474[100]
1:7-10	524	2:9-12	87, 129

디모데전서

1:1	863	2:4	18, 232, 359, 904	5:8	541
1:1-2	529	2:6	798	5:18	26
1:4	839	4:1 이하	87	6:3-5	89
1:5	88	4:1-3	393	6:9 이하	257
1:13	13	4:1-5	13	6:9-10	291
1:15	14, 65, 138, 175, 194,	4:2	8	6:16	311
	584	4:3	88, 90	6:20-21	89, 375, 839

디모데후서

1:3	88	3:14	180, 864	4:3-4	90, 393, 749
1:4	34	3:14-17	336, 435, 573	4:3-5	873
1:5 이하	69	3:15	26, 73, 180, 862	4:4	89
1:10	505, 686[46]	3:15-17	17, 42, 70, 408, 441,	4:6	169
2:15	746		573, 621	4:6-8	564[15], 912
2:18	393	3:16	26, 27, 36, 404, 437,	4:7	34, 913
2:24-26	118		461, 465, 467, 724,	4:7-8	18, 907
3:11	504		728, 730		
3:12-17	441	3:16-17	30, 436, 863		

디도서

1:2	411, 466, 636	3:2	392	3:10	90
1:10-11	89	3:9	839		
1:14	894	3:9-11	393		

빌레몬서

1:2	499

히브리서

1:1 이하	435, 766	4:8	131[34]	6:18	636
1:1-2	25	4:8-9	562	7~13장	321
1:1-2	357, 436, 728[60], 731,	4:12	30, 110, 436, 441, 465,	7:2	831
	769, 861, 869		467, 573, 730, 733,	7:11	33, 152
1:1-3	26, 34, 298, 861, 872		863	7:11-19	322
1:9	61	4:12-13	408, 749	7:11-28	165, 321
2:5-16	139	4:13	10	7:22	25
2:14	505, 636	4:15	406	7:26	406
2:14-15	684	5:1-10:18	335	7:27	506
2:17-18	406	5:12-14	334, 336	8~10장	161
3:1-6	563	6:4-6	64	8:1-2	592

8:6	251, 798	9:23-26	580	11:1-3	18
8:8	299, 798	9:26	686[46]	11:4	59
8:13	34, 862	9:27	688	11:6	18, 73, 872
9~10장	164	10:1-8	580	11:20	550
9:5	173[28]	10:4	60, 167	11:21	550
9:11	592	10:6	173[28]	11:24-26	508
9:11-12	167	10:8-9	321	11:32 이하	294, 677
9:11-14	66, 175, 321, 581	10:10	506	12:5-7	508
9:11-15	161, 506	10:10-18	60	13:5	582
9:11-22	58	10:10-22	165	13:6	61, 170
9:12	59, 175	10:11-12	64	13:8	15, 25
9:12-15	580	10:14	161, 580, 581	13:15	168, 582
9:13	579	10:19	59	13:15-16	612
9:14	10, 59, 334	10:36-37	524	13:16	64, 138, 173, 583, 584
9:15	798	11장	550	13:20	303
9:22	58, 60, 175, 334, 584	11:1	844, 899		

야고보서

1:4	902	2:5	46	3:14	129
1:5	71	2:9	76	3:15-17	71
1:13-14	508	2:11	672	3:17	70
1:15	18, 104, 635, 684, 901	2:14-17	783	4:7	90, 587, 637, 684
1:17	311	2:17	475, 606	4:11	682
1:19	79	3:1	616	5:1-6	53, 75, 291
1:23-25	10, 863	3:1-12	79	5:4	305
1:26	902	3:2 이하	549	5:10-11	509
1:26-27	177, 903	3:9	138, 210, 673	5:14	61

베드로전서

1:2	59, 60, 66, 175	2:5	162, 165, 349	3:15-17	420
1:11	861	2:6	26	3:16	88
1:13-16	193	2:9	162, 311, 335, 349,	3:17	509
1:15-17	590		582, 860	3:17 이하	47
1:18-19	66, 165, 175, 334, 541	2:22	406	4:1-5	13
1:19	59, 60	2:22-23	53	4:3	139
1:18-21	161	3:4	13, 873	4:7	587
1:23	110, 461, 465, 467,	3:8-12	263	4:16	509
	573, 730, 749	3:13-16	441	5:6-10	434
1:23-25	408, 436	3:15	84, 727	5:8-9	90, 587
2:1-5	335	3:15-16	34, 83, 319, 392, 475,	5:10	509
2:2	897		573, 714, 860	5:12	897, 898

성구 찾아보기

베드로후서

1:1	440, 897	1:21	26, 36, 404, 461, 573	3:3-5	90
1:3	900	1:21-22	27	3:4	898
1:4-8	336	2:1	91, 129, 360, 636	3:6-13	211
1:5 이하	897	2:1-3	87, 89, 393, 524, 616	3:8-13	524
1:5-11	83, 895	2:1-21	873	3:8-9	18, 528
1:8	900	2:2	89	3:9	111, 359, 904
1:10-21	467	2:3	89	3:10	295
1:12-15	898	2:4	18	3:13	506
1:16	31, 34, 362, 407, 463, 769, 894	2:8	894	3:15-16	29, 147
		2:12	894	3:16	84, 91, 440, 686[46], 733, 749, 864
1:19	863	2:15	275		
1:20	30, 84, 91, 864	2:18-19	898	3:18	900, 904
1:20-21	17, 147, 197, 437, 440, 461, 465, 573, 724, 730, 733, 749	3:1	897, 898	4:3	909
		3:1-3	393		
		3:2	26		

요한1서

1:1	362, 769	2:17	139	4:1-3	201
1:1-4	29, 34, 463	2:20	440	4:1-16	193
1:3	31	2:21	88	4:3	89
1:5	311, 529, 628	2:22	89	4:9	14
1:6-10	103	2:27	861, 440	4:10	66, 173, 173[27], 348
1:7	10, 59, 60, 66, 167, 175, 529	3:2-3	18	4:14-21	118
		3:5	406	4:16	54
1:8	90, 505	3:8	505, 636, 684	4:19	348, 903
1:8-10	14, 65, 174, 176, 583, 602	3:10	903	4:20	541, 899, 903
		3:14	18	5:9	29
1:10	505	3:16	684	5:11-12	18
2:2	66, 173, 173[27]	3:17-18	903	5:16-19	335
2:3	161	4:1	88, 129, 193, 634, 636	5:18-21	139
2:16	89, 909	4:1 이하	876	5:20	16, 465

요한2서

1:7	89	1:10-11	90

요한3서

1:2	911

유다서

1:4-19	898	1:14	527	1:18-19	91
1:11	275	1:16	898	1:19	898

요한계시록

1:3	609	7:13-17	59	20:12	527, 854
1:5	59, 60, 167	7:9-10	298	20:14	686[46]
1:6	162	8:3-4	62	20:14-15	481[125]
1:7	559	10:7-11	18	20:15	527, 854
1:8	15, 31, 528, 797	10:8-11	42	21장	186
1:10	589	11:15	524	21:1 이하	506
1:13	15, 75	12:9	403[97], 684	21:1-4	212
1:18	15, 16	12:12	783	21:1-5	185
1:20	59	13:8	527, 854	21:1-8	18
1:26	15	14:1-5	523	21:2	524, 831
2:2	634	14:5	875	21:5	211
2:3	71	14:8	313	21:6	31
2:6	15, 89, 634	14:13	18	21:6-8	528
2:7	465	15:5-8	592	21:8	18, 129, 481[125]
2:8	15, 34	16:1	592	21:9-27	527
2:10	508, 907	16:14-16	523	21:22	592, 704
2:15	89, 634	16:17-20	885	21:23-25	524
2:16	31	17:8	527, 854	21:24	311
2:20	634	18:2-3	97	21:27	527, 854
2:24	634	18:11-13	256	22장	204
3:5	527, 854, 907	18:20	808[28]	22:1-2	524
3:9	8, 13, 15, 18, 83, 88	18:21	313	22:1-5	527
3:12	524	19:5-10	525	22:5	524
3:14	73	19:9	45	22:7	45, 530, 609
3:15	63	19:11-16	305	22:10-15	18
3:20-22	46, 527	20:1-6	855	22:12	530
5:8	62, 170	20:2	403[97]	22:13	14, 15, 31, 120, 528
5:9-10	59	20:6	162	22:15	875
5:10	162	20:10	481[125]	22:18-19	27
6:12-17	277	20:11-15	18	22:20	18, 530

인명 찾아보기

* 쪽 수 위에 있는 위첨자는 해당 쪽의 각주번호를 가리킨다.

Kurtz, J. H.   57

La Sor, W. S.   152[11], 152[12], 161[37], 162[39]
Larson, E. J.   697[8]
Laurin, Robert B.   785[33]
Layard, A. H.   225[5]
Leander, P.   740[102]
Lehmann, P. L.   588[42]
Leibowitz, Nehama   343[3]
Leith, John H.   454[37]
Lemche, N. P.   745
Lete, G. del Olmo   157[30]
Letham, Robert   388[59]
Levine, Baruch A.   590[44]
Levy, Thomas E.   744[113]
Lewis, G. R.   461[56], 739[92], 903
Lind, Millard C.   299
Lindberg, Carter   789[10]
Livingstone, E. A.   405[104], 478[118]
Lohse, E.   298[1]
Long, Burke O.   240[7]
Lotz, David W.   789[11]

Macquarrie, John   124[10]
Magary, Dennis R.   463[64], 722[46], 743[111]
Markert, L.   746[119]
Mattingly, G. L.   245[1], 534[4]
Mauchline, John   740[103]
Mays, James L.   223, 227[7], 249[4]
McDermott, G. R.   475[106]
McDonald, L. M.   30[4]
McDowell, Josh   330[9]
Mchugh, John   164[6]
McIntire, C. T.   455[38]
McKenzie, J. L.   832[2], 916[2]
McKim, Donald K.   389[62], 411[124], 449[22], 466[76],
    716[24], 737[87], 750[126]
McKnight, Scot   311[20]
Merrill, Eugene H.   555[4, 6, 7], 558[10]
Meyers, Carol   486[7]
Milgrom, Jacob   153[15], 154[20], 586[37]
Miller, Douglas B.   740[98], 740[98]
Miller, G.   411[123], 466[75]
Miller, J. D.   557[9]
Motyre, J. A.   808[28]

Mouw, Richard J.   454[37]
Muddiman, J.   532[2], 551[2]
Muraoka, Takamitsu   739[93], 740[101, 102]
Murray, Hodder   433[5], 733[75]
Myrray, John   744[113]

Neuhaus, Richard John   439[13], 463[64]
Neuser, Wilhelm H.   411[122]
Neusner, Jacob   732[74], 748[124]
Nicholson, Ernest   768[12], 775[20]
Nicole, Roger   461[56]
Niehaus, J.   256[7], 285[9]
Noordtzij, A.   170[19]
Norris, Richard A.   789[11]

Olinger, Danny E.   750[126]
Olson, Dennis T.   555[5], 557[8]
Otto, Eckart   344[4], 348[6]

Parrot, Andre   120
Paul, Garrett E.   436[10]
Pelikan, Jaroslav   126[15], 390[63], 450[23], 734[78]
Pentiuc, Eugen J.   748[123], 758
Phillips, James M.   400[93]
Porter, Stanley E.   389[62], 735[81], 743[111], 758
Postgate, Nicholas   740[98]
Pratico, Gary D.   143[2], 143[3], 650[26], 740[96], 800[14], 866
Pritchard, James B.   250[6], 290[4]
Puckett, David L.   389[62], 411[124], 449[22], 466[76], 736[84]

Rahlfs, A.   796
Rebell, Walter   509
Reddit, Paul L.   516[3]
Reicke, Bo   673[16], 891
Reid, W. S.   397[83]
Rhodes, Erroll F.   732[71], 736[84], 817[61]
Richards, Lawrence O.   153[17], 874
Riemschneider, Kaspar K.   740[98]
Rist, M.   849[9, 10]
Rösel, H. N.   236[4]
Roth, M.   596[1]
Ruse, M.   697[8]

Schmeider, Tammi J.   677[26]
Schmidt, H. H.   771[15]

그린 Green, W. H.　37, 338, 716, 737, 750

글리슨 아처 Archer, Gleason L., Jr.　142, 174[30], 223, 284[8], 407[112], 464[67], 738, 741[104]

길맨　803[8], 810, 810[40]

길선주　375[16], 492, 607, 876

김광식　407[113], 464[68]

김구　492

김귀엽　19, 498[37]

김규당　469, 470, 470[87], 709[1]

김기수 Crim, Keith R.　415, 470, 470[89], 475[106], 721

김기홍　392[70], 452[31], 716[25], 757

김길창　413[132]

김득신　608

김명수　453[34]

김명엽　802[4]

김명용 Kim, Myung Yong　89[3], 134, 135[39], 383, 383[44], 386, 386[52], 403[97], 404, 404[102, 103], 405, 411, 411[126], 412, 412[127], 444, 444[4], 446, 446[13], 451, 451[28, 29], 462, 462[57, 58], 464, 466[73], 479, 479[119], 480, 480[125], 481, 481[125], 710, 720, 720[39, 41], 721, 728, 728[59], 757, 783[27]

김명준　805

김명혁　399, 399[89], 457, 458[44, 46], 477

김병화　696[4]

김사요　825, 825[88]

김상기　133[30], 737[86]

김선두　379

김선형　88[1]

김성은　492

김양선　380[36], 385[50], 394[76], 396[81], 413[131], 414, 414[134], 443[2], 462[60], 468, 468[80, 83], 711[4], 712[10], 713, 713[11], 714[16], 715[23], 717[26, 27, 28], 718[30], 719[31, 32], 757

김영한　875, 876

김영훈　376

김용복　203

김윤희　343, 344, 345, 346, 347, 348, 588

김의원　109

김의환　464[67]

김이곤　153[16], 155[21], 509, 759[2]

김이태　387, 387[57], 388, 388[58], 431, 447, 448, 448[18, 19], 710, 710[2], 727

김인수　369, 369[1], 375[14], 376[17], 378[26], 384, 384[46, 48], 385[49], 413[132], 444[5], 445, 445[9], 464[17, 18, 19], 647[20], 709[1], 730[65], 757, 802[5], 884

김인준　385, 445, 445[10], 651, 652

김일성　13, 445, 544, 545, 547

김재성　388[59]

김재준, 장공　384, 385, 394, 395, 395[77, 78, 79], 396, 396[80, 81], 410[121], 411, 411[126], 414, 444, 445, 445[8], 452, 452[32, 33], 453[34, 35], 456[72], 460, 466[72], 468, 711, 712, 713, 715, 717, 718, 719, 723, 729, 729[65], 730[65], 735, 761[5], 762, 762[7], 780[22], 784, 784[28], 787[3]

김재희　426[162]

김정삼　648, 811, 829

김정일　512, 544

김정준, 만수　415, 470, 660[42], 759, 759[1, 2], 760, 760[2], 768[13], 777[21], 784, 784[29], 785[31]

김정형　480[123]

김정훈　732[71], 817[59]

김종섭　372, 754

김종우　413[132]

김중은 Kim, Joong-Eun　7, 9, 135[39], 181, 199, 200, 202, 300[10], 330[8], 369[1], 393[74], 396[80], 401[95], 403[98], 432[3], 451[26], 459[51], 471[90], 474[99], 482[129], 487[14], 581[31], 622[2], 639[1, 2], 640[6], 649[24], 650[25], 651[28, 31], 652[32], 653[34], 661[46], 662[1], 666[6], 667[8], 714[16], 715[20], 723[48], 728[58], 731[66, 67, 68, 69], 737[86], 755[138], 757, 761[5], 765[10], 773[18], 790[13, 14], 791[3], 793[7], 801[2], 802[4], 805[18], 806[24], 809[36], 812[43], 814[50], 816[54], 818[66], 826[95], 892

김지철　136[42], 418, 419[147], 473, 473[96], 509

김지하　685[44], 692

김진기　802, 802[5]

김진명 Kim, Jin-Myung　134[33], 325[2], 332, 332[11], 588[41], 747[120]

김창근　906

김창렬　377[22]

김충렬　671[4], 673[13]

김필수　651

김하중　876

김혜윤　888, 889

김호경　516[2]

김호용　802[6]

김회권　489[17]

나부열 羅富悅, Roberts, Stacy Lippincott　373, 377, 414, 415, 415[136, 137], 469, 469[85, 86]

유진 나이다 Nida, Eugene A.　822, 890

마가렛 힐스 643, 809

마르시온 Marcion 31, 361, 437, 780, 861, 862

마르텐스 786[33]

마르틴 루터 Martin Luther 65, 144, 175, 337, 405, 411, 411[126], 420, 450[24], 466[73], 475, 583, 629, 673, 689[52], 703, 787, 788, 788[5]

마르틴 하아스 787[3]

마삼락 馬三樂, Moffett, Samuel Hugh 412, 412[129], 420, 420[153], 467, 467[78], 474, 475, 475[103, 104, 105], 709[1], 719, 719[35]

마크 A. 놀 38, 757

마틴 노트 Martin Noth 155, 327, 328, 338, 743

마포삼열, 마삼열, 마펫 馬布三悅, Moffett, Samuel Austin 369, 372, 374, 374[8], 375, 376, 377, 379, 380, 393, 393[73], 399, 400, 412, 420, 458, 474, 754, 754[137], 757

매리 더글라스 Douglas, Mary 344

매킨타이어 802

매튜스 365, 366, 367

맥코믹 McCormick, Mrs. Nettie Fowler 377, 377[25]

맹용길 420

맹자 8, 32, 558, 873

머스 마틴 878

메이첸 Machen, John Gresham 396, 414, 415, 453, 468, 470

멘덴홀 Mendenhall, G. 868

명성황후 372

모빙켈 Mowinckel, S. 567, 777

모세 바인펠트 Weinfeld, Moshe 157, 157[28], 329, 330[8]

모제스 허쉬 세갈 Segal, Moshe H. 38, 38[3], 338, 743[109]

목창균 724[51], 731, 731[66], 757

위르겐 몰트만 Moltmann, J. 133[32], 208, 477[113], 480[125], 527, 757

묄러 Möller, Wilhelm 58, 150, 150[5], 151, 151[8], 323, 324, 738[89]

무라토리 Muratori, L. A. 30

문선명 89, 844

문승아 717

문준경 492

문회석 415, 415[138], 460[54], 470, 470[88, 89], 721, 723

미셸 옹프레 694[2]

민영진 621, 621[1], 624[5], 639[1], 641[6], 643, 643[13], 661, 661[45], 824[84], 825[89], 826[95]

밀러, 민휴 閔休, Miller, Hugh 648, 650, 665, 804, 804[12], 812, 815[52], 817[56]

바르톤 Barton, John 232, 233, 253, 278, 289, 882

바르톤 페인 Barton, Payne J. 142, 853[23, 24], 878

바우어 Bauer, G. L. 35

박경수 737[84], 788[4]

박동현 721, 820, 820[72], 860

박마리아 492

박봉랑 389, 389[61], 403, 403[98], 409, 409[115], 449, 449[15], 465[70], 780[23]

박상진 754, 755[138], 757

박성규 459[49], 480[124], 481[126]

박수암 390[65], 418, 418[145, 146], 451[26], 473, 473[94, 95], 781[25]

박영돈 703, 887

박영선 827

박영신 693, 693[1], 704, 705[4], 705[5]

박완서 507, 508, 508[1]

박용규 377, 379[31], 385, 385[51], 446[12], 460[54], 480[124], 640[6], 643, 643[10], 645[15, 16], 648[22], 664, 664[4], 665[5], 717[29], 719, 719[34], 720, 721, 721[43], 757, 809, 809[37], 811[42]

박종수 364, 364[1], 365, 366, 367, 368

박준서 573, 575, 575[20], 576, 576[21], 622[2], 640[3, 4, 5, 6], 643[12], 646[17], 652[33], 653[35], 663[2], 667, 667[9], 765[10], 793[7], 801, 802[4], 805[19], 806, 806[20, 21, 23], 809[34], 810[41], 827, 828[98], 848, 848[5], 851, 851[14], 855, 855[26], 856[28], 962

박창환, 청포 26, 66, 132[29], 147, 173[27, 28], 211[1], 336[12], 391[67], 452[30], 470, 709[1], 721, 723, 723[47], 844[5], 845

박태로 376

박형룡, 죽산 379, 379[34], 384, 385, 392, 393, 393[72, 73, 74], 394[75], 396, 396[81], 401, 407, 407[111], 410, 410[119, 120], 413, 413[130], 414, 442[18], 445, 446, 453, 460, 463, 464[66], 466[71], 467, 467[79], 468, 711, 715, 717, 718, 719, 729, 757, 876

발렌타인 Balentine, Samuel E. 565, 565[1], 566[2], 567[3, 4], 568[5, 6], 569[7, 8, 9], 570[10, 11], 571[13, 16], 573[18], 579[28], 585[36], 588[42], 773[17]

방기창 372, 375[16], 754

방위량 379

방지일 374, 374[9, 10], 739[94], 757

배위량 379

엥겔, 왕길지 王吉志, Engel, George O.　378, 378[29],
　　379, 397, 455, 650, 651, 739, 814, 815
오노　596
오닐 O'Neill, J. C.　403[99], 403[100], 461[55], 743[110]
오드 Ord, D. R.　406[106], 462, 463[61, 62]
오리겐　535
오성춘　121[1], 124[9], 125[11], 137, 137[45]
오스왈드 앨리스 Allis, Oswald T.　37
오스카 쿨만 Cullmann, Oscar　133[30], 425, 737, 737[86],
　　781
오창희　762[6]
오택현　516[2]
오토 베버　344, 407[113], 408[114], 464[68], 465[69]
옥성득　624[6], 639[1], 643[9], 661[44], 711, 711[8], 712, 713,
　　713[12, 13, 14], 756, 756[142], 757, 793[6], 801[2], 803[8],
　　804[11], 807[25], 812[44], 813[46], 821, 821[74], 822,
　　822[78], 826[95]
올렌버거　786[33]
올브라이트 Albright, William Foxwell　156, 156[25],
　　225[6], 254[5], 273, 329, 329[6], 366, 867
와이즈먼 Wiseman, D. J.　37, 142, 245[1], 273[1], 274[2]
왕대일　564[15], 848, 848[4, 7], 851, 851[16]
외밍 Oeming　781[24], 786[33]
욀러 Oehler, Gust. Fr.　34, 749, 750[125]
요시야끼 하토리　340
요아킴 스태트케　723[49], 787[3]
요한 히르카누스 Hyrcanus, John　264
우택주　781[24]
워필드 Warfield, B. B.　415, 470, 716
윌리스 벗지 Budge, E. A. Wallis　740[98]
월터 카이저 2세 Kaiser, Walter C., Jr.　142, 151[6], 340,
　　464[67], 588, 672[11], 735[81], 738, 752, 782[26]
웨슬레　399, 458, 685
웬햄 Wenham, G. J.　66, 144, 151, 151[9], 152[10], 154[18],
　　157, 157[29], 158, 158[31], 161, 161[35], 162[38], 168[15],
　　170[18], 171, 172[24], 174, 174[31], 176[35], 324, 330,
　　331, 331[10], 335, 345, 348, 738
위르겐 하버마스 Habermas, Jürgen　128, 527
윌리암 헌트　754
윌리엄 헨리 그린 Green, W. H.　338, 403[99]
유경재　191, 199, 200
유동식　400, 400[94], 401, 459[50]
유발 하라리 Harari, Yuval N.　11, 12, 439[11], 670, 670[1],
　　698[11]
유성준　826[92]

유은걸　622[3]
유진 피터슨　683[40]
유형기　413[132], 468[81], 804[13]
유혜연　198
윤영탁　337, 339, 342, 373[7], 400[93], 459[49], 487[13], 715[22],
　　878
윤철원　675[22], 686[47]
윤철호　128, 129[21], 130[24], 131[27, 28], 476[120], 720[39]
이계성　197
이근복　879
이기동　16
이기백　885
이기춘　121[1, 2], 125[11]
이기풍　375[16]
이덕주　818, 818[64], 829[99]
이만열　639[1], 643[9], 648[21], 793[6], 801[2], 804[11], 812[44]
이명직　413[132]
이상근　410[117], 465[70]
이상원　672[8], 675[22], 685[45], 689[52]
이상재　492
이상조　372
이상훈　593[46]
이석락　427
이성하　802, 802[5]
이성휘　379, 385, 445, 445[10]
이수영　122[4], 388[59], 417, 417[142], 427, 427[167, 168], 454[37],
　　476[111], 700, 700[2], 723, 723[50], 757, 899
이수정　792, 803, 803[8, 9]
이승구　700, 700[1]
이승두　648, 665, 811, 829
이승만　492
이언 프로반 Provan, Iain　744, 745[116, 117]
이용복　610[1]
이원모　651[29], 652, 653, 653[36], 659, 666, 667, 668, 792,
　　810[39], 814, 816, 817, 818, 829
이응찬　802, 802[5]
이익채　826[92]
이인섭　427
이인호　700
이일선　492
이자익　717
이재근　38[5], 720[36], 727[55, 56], 754[136], 758
이종성, 춘계　371, 379, 379[32], 383[42, 43], 386, 387[56],
　　398[86], 411, 411[125], 443, 444[3], 447, 447[17], 456[41],
　　459[49], 467[77], 470[89], 471, 479, 479[120], 480[122, 124],

존 헤이즈 Hayes, John H.   578, 578[26]
죠나단 에드워즈   399, 458
죠이스 볼드윈 Baldwin, Joyce G.   353[2], 517, 517[4], 518[6]
주기철   444[5], 492, 876
주선애   381[39], 709[1]
주시경   793
주요한   367, 428
준더마이어 Sundermeier, Theo   298, 298[3]
진전선(쓰다센)   803
진희성   460[54]

차준희   732[71], 817[59]
찰스 다윈 Darwin, Charles   13, 72, 361, 693, 698[9]
찰스 브릭스 Briggs, Charles A.   140, 716, 716[24]
찰스 휘니   399, 458
채필근   384, 413[132], 444, 444[5], 717
최덕성   384[47], 445[8], 481, 481[127], 482, 482[128]
최민순   708[8]
최병헌   805
최성회   492
최영민   684[41]
최영전   117
최윤배   459[49], 480[124], 481[126], 737[84]
최재천   16
최종진   301[12]
최태준   827
츠빙글리 Zwingli, Ulrich/Huldrich   144, 374[12], 381, 405, 454[37], 476[110], 596, 723, 723[50], 755[138, 139], 787, 787[1, 2], 788, 788[4, 6], 789, 789[9, 10], 790, 827

카수토 Cassuto, Umberto   38
칸트 Kant, I.   13, 126, 133[32], 390, 450, 721[42], 733, 734, 734[79], 743[110]
칼 E. 브라튼   783[27]
칼 뮐러 Müller, Karl   299[7], 300[8, 9]
칼 바르트 Barth, Karl   89[3], 393, 393[74], 394[75], 403, 403[97, 98, 99, 100, 101], 407, 407[113], 408, 408[113], 409, 409[115], 410, 410[116, 117, 118], 411[126], 412[127], 435, 435[8], 436, 436[9, 10], 450[24], 451, 451[29], 453[35], 456[56], 459[49], 461[55], 464, 464[68], 465, 465[70], 480[125], 481, 481[126], 482, 527, 600, 656, 674, 715, 715[23], 717[29], 720, 720[42], 721[42], 725, 728, 728[58, 59, 60], 729, 729[60, 61], 730, 735, 737, 743[110], 753, 758, 763, 763[8], 780, 781, 790, 790[13], 944

칼 헨리   403[99]
커닝햄   821[77]
컬버트슨   803
케이블 Cable, Elmer M.   650, 651, 815
켄뮤어 Kenmure, A.   804
코닐리어스 밴틸 Van Til, Cornelius   409, 410[117], 465[70]
쾨니히 König, Eduard   38
크라우스 Kraus, Hans-Joachim   35[1], 136[41], 565, 567, 568
크램 Cram, Willard Gliden   648, 665, 811
크리스챤 긴즈버그 Ginsburg, Christian David   622, 651, 651[30], 654, 666, 666[7], 667, 732, 816, 817, 817[61], 890
크리스트만 Christmann, W. J.   34
클라우스 베스터만 Westermann, C.   140, 143[1], 154[18], 155, 155[22], 201, 309[17], 327, 650[26], 738, 771[15, 16], 774[19], 794[10], 890
클라크 Clark, William Monroe   651
클레멘츠 Clements, R. E.   496[31], 871
클로스터만 Klostermann, A.   344
키친 Kitchen, Kenneth A.   38, 245[1], 273, 330, 330[9], 722[46], 744, 744[115]
킬거 Kilgour, R.   651, 652, 666, 667, 815, 815[52], 817[56]

타고르 Tagore, Sir Rabindranath   428, 955
태프트   372
토마스 C. 오덴   121[1, 2], 124[9], 125, 125[11]
토마스 아퀴나스   133, 672, 750
토저 Tozer, Aide Wilson   610, 610[1]
퇴계   7, 382
트렐취   389, 449
트렘퍼 롱맨 3세 Longman III, Tremper   517[5], 737[85], 745, 745[116)]
트롤로프 Trollope, Mark Napier   644, 805
트뢸취 Troeltsch, Ernst   451[26], 734[80]
티게이 Tigay, J. H.   551, 551[3], 558[11]
티모시 라슨   38[5]
티투스 Titus   29, 704
틸리히 Tillich, Paul   707[7]

파울 칼레 Kahle, Paul   817[60]
판넨베르그 Pannenberg, Wolfhart   436, 436[10], 481[125], 436
패트릭 밀러 Miller, Patrick D.   551[1], 560, 560[13]

   인명 찾아보기